de Gruytersche Sammlung Deutscher Gesetze.
Handkommentare.

Das Aufwertungsrecht

nach den Aufwertungsgesetzen und nach allgemeinem bürgerlichen Rechte

Kommentar

zu den Gesetzen vom 16. Juli 1925 über die Aufwertung von Hypotheken und anderen Ansprüchen und über die Ablösung öffentlicher Anleihen, sowie systematische Darstellung des Aufwertungsrechts außerhalb dieser Gesetze

Zweite gänzlich umgearbeitete Auflage des Kommentars zur dritten Steuernotverordnung vom 14. Febr. 1924 (Aufwertung)

von

Richard Michaelis

Reichsgerichtsrat a. D.

Mit einer Fristentabelle von Rechtsanwalt Dr. H. Hoormann

Berlin und Leipzig 1926

Walter de Gruyter & Co.

vormals G. J. Göschen'sche Verlagshandlung — J. Guttentag, Verlagsbuchhandlung — Georg Reimer — Karl J. Trübner — Veit & Comp.

Vorwort zur ersten Auflage.

Durch zwei Ereignisse: das sie für rechtswirksam erklärende Urteil des Reichsgerichts vom 1. März 1924 und die Auflösung des Reichstages, ist die Dritte Steuernotverordnung einstweilen allen gegen sie gerichteten Anfechtungen entzogen und Wirklichkeit geworden, mit der gerechnet werden muß, wie man sich auch im Werturteile zu ihr stellen mag. Sie ist auch auf steuerlichem und finanzpolitischem Gebiete bereits in tatsächliche Wirksamkeit gesetzt worden, während für ihre Aufwertungsbestimmungen die zur Lebensbetätigung erforderlichen Organe noch fehlen. Eine Erläuterung ihrer zum Teil sehr schwer verständlichen und unklaren Bestimmungen erscheint deshalb zurzeit als ein dringendes Bedürfnis des praktischen Wirtschaftslebens. Zugleich aber kann und soll eine gründliche Untersuchung und Durchleuchtung ihres rechtlichen Inhalts ohne Verzicht auf kritische Stellungnahme, wie sie in der nachstehenden Arbeit versucht wird, dazu beitragen, für die bevorstehenden parlamentarischen und außerparlamentarischen Kämpfe um die Verordnung Klarheit darüber zu schaffen, ob und durch welche Abänderungen sie etwa derart gestaltet werden kann, daß sie ohne Schädigung der richtig verstandenen Staatsinteressen, die freilich auch in höchster Not den fiskalischen nicht unbedingt gleichgesetzt werden dürfen, für das deutsche Volk auf die Dauer ertragbar ist. In diesem Sinne will die nachstehende Arbeit dem Wohle des Vaterlandes dienen!

Leipzig, am Tage der Reichstagswahl (4. Mai) 1924.

Michaelis.

Vorwort zur zweiten Auflage.

Die durch die neue Gesetzgebung erforderlich gewordene Umarbeitung meines Kommentars zur Dritten Steuernotverordnung erscheint später als die meisten übrigen Kommentare der neuen Aufwertungsgesetze, die bereits in reicher Auswahl vorliegen. Es hat das seinen Grund in der Absicht des Verfassers und des Verlages, eine wirklich vollständige Darstellung des gesamten Aufwertungsrechts zu bieten, eine Absicht, die nur in der Weise verwirklicht werden konnte, daß das Erscheinen der wichigsten Durchführungsbestimmungen abgewartet wurde und diese nicht nur äußerlich als Anhänge oder Nachträge dem Buche angereiht, sondern in den Zusammenhang der Darstellung eingefügt und ihrem Hauptinhalt nach erläutert und gewürdigt wurden. Denn ein erheblicher Teil der Bestimmungen der Aufwertungsgesetze hat nur den Charakter von Rahmenvorschriften, die erst durch die zu ihrer Durchführung erlassenen Verordnungen einen brauchbaren, die Anwendung in der Praxis ermöglichenden Inhalt gewinnen. Die Durchführungsvorschriften selbst aber bieten vielfach erhebliche Schwierigkeiten für das Verständnis und sind deshalb erläuterungsbedürftig. Nachdem nunmehr durch die große Durchführungsverordnung vom 29. November 1925, welche sich auf fast alle Teile des Aufwertungsgesetzes erstreckt und einen Teil der früher ergangenen Verordnungen in sich aufgenommen hat, die Durchführungsgesetzgebung im wesentlichen zum Abschlusse gekommen ist, steht dem Erscheinen kein Hindernis mehr entgegen. — Die in der ersten Auflage durch die äußerliche Zusammenfassung des Stoffes in der Dritten Steuernotverordnung gebotene Behandlung auch der rein steuer- und finanzrechtlichen Abschnitte konnte aufgegeben werden, nachdem die neue Gesetzgebung diesen Zusammenhang gelöst hat. Anderseits erforderte die gebotene Berücksichtigung auch des außerhalb der Aufwertungsgesetze geltenden Aufwertungsrechts eine Durchbrechung der Kommentarform durch systematische Darstellung in dem entsprechenden Teile des Buches. — Eine kritische Stellungnahme zu dem durch die gesetzgebende Gewalt geschaffenen positiven Rechte von den Gesichtspunkten des „richtigen Rechts“ und der Billigkeit aus konnte auch gegenüber der jetzigen, als endgültig gedachten Regelung nicht gänzlich unterbleiben, da zwar die von manchen Seiten immer noch erstrebte umstürzende Änderung in naher Zeit wohl nicht zu erwarten, auch, wie die Verhältnisse nun einmal liegen, im Interesse der Allgemeinheit nicht einmal zu wünschen wäre, aber doch eine teilweise Wiedergutmachung manches durch die Not der Zeit herbeigeführten Unrechts unter geänderten, glücklicheren Verhältnissen vielleicht früher oder später in Frage kommen könnte!

Freiburg (Breisgau), Ende November 1925.

Michaelis.

Inhaltsverzeichnis.

Anhänge.

Einleitung

I. Die Entwicklung der Währungsgesetzgebung in Deutschland

Die Währung Deutschlands gehörte bis zum Weltkriege zu den Schöpfungen aus der ersten Zeit des wiedererstandenen Reiches, die dessen Ansehen in der ganzen Welt begründet haben und auf die der Deutsche alle Ursache hatte stolz zu sein. Auf die Währung des Reichs war die deutsche Wirtschaft (Landwirtschaft, Industrie und Handel) wie auf einen Felsen von Erz, oder richtiger von Gold, fest gegründet und dadurch zu den höchsten Leistungen befähigt. Das deutsche Geld wurde überall in der Welt zu den höchsten Kursen gern genommen, und der Deutsche, der es brachte, nahm infolgedessen eine geachtete Stellung im internationalen Geschäftsleben ein. Diese Währung, wie sie durch die Gesetzgebung des Reichs gestaltet war, hatte sich nicht ohne schwere Kämpfe, insbesondere zwischen den Anhängern der reinen Goldwährung und denjenigen der Doppelwährung, welche ein gesetzlich bestimmtes Wertverhältnis zwischen Gold und Silber zur Grundlage hat, durchgesetzt; auch noch nachdem die Goldwährung gesetzlich eingeführt worden, war sie längere Zeit hindurch heftigen Angriffen von bimetallistischer Seite ausgesetzt, namentlich aus agrarischen Kreisen, die geltend machten, daß die Produktionskosten der Landwirtschaft durch eine hochvalutarische Währung in nicht tragbarem Maße erhöht würden. Allmählich verstummten diese Angriffe, und die Goldwährung blieb seitdem eine kaum mehr angefochtene und allgemein anerkannte Errungenschaft.

Den Ausgangspunkt der ganzen Entwicklung bildet das Reichsgesetz, betreffend die Ausprägung von Reichsgoldmünzen, vom 4. Dezember 1871 (RGBl. S. 404). Dieses Gesetz enthielt bereits eine Begriffsbestimmung der „Mark“. Mark ist danach (§§ 1, 2) der zehnte Teil der auszuprägenden Reichsgoldmünze, von welcher aus einem Pfunde feinen Goldes 139½ Stück ausgebracht werden sollten, und die später „Krone“ genannt wurde (Erlaß vom 17. Februar 1875). Die auszuprägenden Reichsgoldmünzen (Zehn- und Zwanzigmarkstücke) traten nach diesem Gesetze neben die Münzen der bestehenden deutschen Landeswährungen als gesetzliche Zahlungsmittel, indem bestimmt wurde (§ 8), daß alle Zahlungen, die gesetzlich in einer der bestehenden Landeswährungen (Taler, süddeutsche Gulden, hamburgische und lübische Kurantwährung, Bremer Goldtaler) zu leisten waren, auch in Reichsgoldmünzen geleistet werden konnten. Die grundlegende Regelung brachte dann das Münzgesetz vom 9. Juli 1873 (RGBl. S. 233). Es führte an Stelle des bunten Durcheinander der Landeswährungen ein einzige Währung ein, die Reichsgoldwährung (Art. 1), ordnete die Ausprägung weiterer Reichsgoldmünzen (Fünfmarkstücke, Art. 2) sowie von

Reichssilbermünzen in Markrechnung in beschränkten Beträgen (Art. 3, 4, 5) an, bestimmte aber, daß niemand verpflichtet sei, Reichssilbermünzen im Betrage von mehr als 20 Mark sowie Nickel- und Kupfermünzen im Betrage von mehr als einer Mark in Zahlung zu nehmen (Art. 9). Die Reichsgoldwährung trat mit dem durch Kaiserliche Verordnung vom 22. September 1875 (RGBl. S. 303) bestimmten Zeitpunkte, 1. Januar 1876, in Kraft. Sie blieb jedoch zunächst noch eine „hinkende", insofern als noch gewisse Münzen der Talerwährung, insbesondere die Ein- und Zweitalerstücke deutschen Gepräges, bis zur Außerkurssetzung in Zahlung genommen werden mußten (Art. 15). Die Außerkurssetzung dieser Münzen ist dann mehrfach hinausgeschoben und schließlich mit Wirkung vom 1. Oktober 1907 erfolgt. Unter dem 1. Juni 1909 (RGBl. 507) wurde dann ein abschließendes neues Münzgesetz erlassen, in welches unter formeller Aufhebung der Gesetze vom 4. Dezember 1871 und 9. Juli 1873 die Vorschriften dieser Gesetze übernommen wurden.

Damit war die Goldwährung in Deutschland vollständig durchgeführt. Geld in dem engeren Sinne eines gesetzlichen Zahlungsmittels (Währungsgeld)*) waren — abgesehen von den nur im Kleinverkehr als solches zugelassenen Silber- und Kupfer- (Scheide-) Münzen — lediglich die Reichsgoldmünzen. Papiergeld in diesem Sinne (als Währungsgeld) gab es überhaupt nicht; weder die Reichskassenscheine, zu deren Ausgabe der Reichskanzler zunächst durch das Gesetz vom 30. April 1874 (RGBl. S. 90) ermächtigt wurde, noch die Reichsbanknoten, welche die durch das Bankgesetz vom 14. März 1875 (RGBl. S. 177) gegründete Reichsbank auf Grund des Art. 16 dieses Gesetzes unter Einhaltung des vorgeschriebenen Deckungsverhältnisses ausgab, hatten die rechtliche Natur eines gesetzlichen Zahlungsmittels; ein Zwang zu ihrer Annahme bestand nicht. Die Einlösung beider Arten von Noten in Währungsgeld konnte aber jederzeit verlangt werden (RG. vom 30. April 1874, § 5; Bankgesetz § 18); sie erfüllten deshalb wirtschaftlich im Verkehr die Funktion eines Zahlungsmittels und konnten sonach in diesem weiteren Sinne als Geld (Verkehrsgeld, usuelles Geld)*) bezeichnet werden. Hinsichtlich der Reichsbanknoten trat in dieser Beziehung eine Änderung dadurch ein, daß das Gesetz, betreffend die Abänderung des Bankgesetzes, vom 6. Juni 1909 in Art. 3 sie zum gesetzlichen Zahlungsmittel erklärte. Diese Änderung ist in der Begründung zu dem Gesetze durch die Erwä-

*) Die Frage, ob als Geld im Rechtssinne nur das gesetzliche Zahlungsmittel (Währungsgeld) bezeichnet werden darf (so Laband, Staatsrecht, 5. Aufl., III S. 170), ist sehr bestritten. In der neueren geldrechtlichen Literatur wird vorzugsweise der weitere Geldbegriff vertreten, der auch das umfaßt, was im Verkehr tatsächlich als ordentliches Zahlungsmittel angesehen und ohne gesetzlichen Zwang angenommen zu werden pflegt; so bei Helfferich, Das Geld, 6. Aufl., S. 321 ff.; Knapp, Staatliche Theorie des Geldes, 3. Aufl., S. 85 (der nur die Annahmepflicht durch staatliche Kassen, nicht den allgemeinen Annahmezwang als wesentlich für den Geldbegriff ansieht); ferner bei Breit, Bankgesetz, S. 35, 66. Über den Geldbegriff im bürgerlichen Recht vgl. unter II.

gung gerechtfertigt worden, daß Deutschland nunmehr einen reichlichen und jedem Bedürfnis des Verkehrs entsprechenden Umlauf von Hartgeld aufweise, anderseits aber auch die Banknoten im Verkehr regelmäßig als Zahlung angenommen und zu Zahlungen von großen Summen fast ausschließlich verwendet würden; daß es sich empfehle, sie mit der Eigenschaft eines gesetzlichen Zahlungsmittels auszustatten, um der Möglichkeit eines schikanösen Verhaltens einzelner Gläubiger entgegenzutreten; daß dadurch nur dem tatsächlich bestehenden Zustande eine sichere rechtliche Grundlage verliehen werde und daß, da die Deckungsvorschriften und die Einlösungspflicht der Reichsbank unangetastet blieben, irgendwelche Nachteile dem Zahlungswesen dadurch nicht erwachsen könnten. In der Tat ist durch diese Änderung der Charakter der Reichswährung als einer reinen Goldwährung nicht berührt worden. Denn Banknoten, deren jederzeitige Einlösung in Währungsmünzen gesichert ist, sind kein selbständiges Währungsgeld, sondern stellen nur das Währungsgeld vor, in das sie jederzeit verwandelt werden können (vgl. Lexis, Handbuch der Staatswissenschaften, unter „Papiergeld"; Walker, Internationales Privatrecht, S. 373); sie haben Legalkurs (legal tender), aber nicht Zwangskurs im technischen Sinne (vgl. Helfferich, Das Geld, 6. Aufl., S. 341 Anm. 2); dieser kommt nur dem „definitiven", nicht dem „provisorischen" Gelde zu (Breit, Bankgesetz S. 69; Knapp S. 91). Auch in England haben die Noten der Bank von England, in Frankreich diejenigen der Bank von Frankreich die Eigenschaft gesetzlicher Zahlungsmittel, ohne daß dadurch die Währung dieser Staaten angetastet wird. Die Reichsgoldwährung bestand vielmehr unberührt und vom vollen Vertrauen des In- und Auslandes getragen bis zum Beginne des Weltkrieges Anfang August 1914. Die aus diesem Anlasse erforderlich gewordene Vervollständigung auch der finanziellen Kriegsrüstung des Reichs brachte grundlegende Änderungen auf dem Gebiete der Währungsgesetzgebung mit sich. Unter dem 4. August 1914 erging das Gesetz, betreffend die Reichskassenscheine und die Banknoten, das in § 1 nunmehr auch die Reichskassenscheine „bis auf weiteres" als gesetzliches Zahlungsmittel erklärte und in § 2 bestimmte, daß „bis auf weiteres" die Reichshauptkasse zur Einlösung der Reichskassenscheine und die Reichsbank zur Einlösung ihrer Noten nicht verpflichtet seien, sowie in § 3, daß gleichfalls „bis auf weiteres" die Privatnotenbanken, die bisher zur Einlösung ihrer Noten in Gold verpflichtet waren, zu dieser Einlösung Reichsbanknoten zu verwenden berechtigt sein sollten; in § 4 wurde der Bundesrat ermächtigt, den Zeitpunkt zu bestimmen, zu welchem die Vorschriften der §§ 1 bis 3 außer Kraft treten sollten.

In der Begründung (Schlegelberger, Kriegsbuch I S. 470) ist ausgeführt, daß die Aufrechterhaltung der Einlösungspflicht der Reichskassenscheine und der Reichsbanknoten im Kriegsfalle den ernstesten Bedenken unterliege; sie würde den Metallvorrat der Reichsbank der Gefahr einer Schwächung durch spekulative Goldentziehungen aussetzen, während das öffentliche Interesse gebiete, den Goldbestand tunlichst ungeschmälert zu erhalten, da er in Verbindung mit den gesetzlich als Deckungsmittel zugelassenen durchgängig soliden Anlagewerten der Bank die Grundlage des Notenkredits und in Verbindung mit der starken Goldzirkulation im freien Verkehr die Grundlage der Landeswährung bilde. Der als provisorisch gedachte Charakter der Bestimmungen des Notgesetzes hat noch besonderen Ausdruck gefunden in der Begründung zu § 4 durch die Ausführung, daß es in der Absicht liege, die Einlösungspflicht, sobald es die Verhältnisse irgend gestatten würden, wiederherzustellen.

In Wirklichkeit griffen diese aus der Not der Zeit hervorgegangenen Gesetze in einer (wie sich seitdem herausgestellt hat) nicht wieder rückgängig zu machenden Weise in die Grundlagen der Währung des Reiches ein und zerstörten sie vollständig. Durch die Nichteinlösbarkeit der Reichskassenscheine und Reichsbanknoten wurden diese echtes Papiergeld (Knapp a. a. O. S. 129; Helfferich, Das Geld, 6. Aufl., S. 66), besonders da gleichzeitig durch das Gesetz vom 4. August 1914, betreffend die Abänderung des Münzgesetzes (RGBl. S. 326), bestimmt wurde, daß die Reichs- und Staatskassen bei Umwechslung von Silber- und Kupfermünzen statt der Goldmünzen Reichskassenscheine und Reichsbanknoten verabfolgen konnten. Dazu kam, daß zu gleicher Zeit auch die bisher bestandene sogenannte indirekte Kontingentierung der Notenausgabe der Reichsbank durch Besteuerung des ungedeckten Teiles ihres Notenumlaufes, soweit er das ihr zugewiesene Kontingent überstieg (Bankgesetz §§ 9, 10), durch das Gesetz vom 4. August 1914, betreffend Abänderung des Bankgesetzes (RGBl. S. 327), § 1, außer Kraft gesetzt und anderseits durch das gleiche Gesetz (§§ 2, 3) bestimmt wurde, daß zur Deckung des nicht bar gedeckten Betrages der Reichsbanknoten (§ 17 Bankgesetz) auch solche Wechsel des Reiches, aus denen ein zweiter Verpflichteter nicht hafte, sowie Schuldverschreibungen des Reichs von kürzerer als dreimonatlicher Verfallzeit (Reichsschatzwechsel) dienen können.

Damit war der unbegrenzten Vermehrung des Notenumlaufes der Reichsbank und zugleich der Deckung des vom Reiche für die Kriegsausgaben benötigten Geldbedarfes durch Inanspruchnahme der Reichsbank, also der Papiergeldwirtschaft und der später so verhängnisvoll gewordenen Inflation, Tür und Tor geöffnet. Freilich befand man sich hierüber zunächst noch in einer durch die patriotische Erregung und die Hoffnung auf einen günstigen Ausgang des Krieges erklärlichen Selbsttäuschung. Durch eine auf Grund des Ermächtigungsgesetzes vom 4. August 1914 vom Bundesrat erlassene Verordnung (Bekanntmachung vom 28. September 1914, RGBl. S. 417) wurden die vor dem 31. Juli 1914 getroffenen Vereinbarungen, nach denen eine Zahlung in Gold zu erfolgen hatte (Goldklauseln), bis auf weiteres für nicht verbindlich erklärt. In der Begründung (Schlegelberger I S. 368) wurde noch unter Hinweis auf die seit Kriegsbeginn hervorgetretene Entwicklung der „unerschütterliche Kredit der Reichsbanknoten" betont, der sich daraus ergebe, daß „in einer Zeit, in der die Reichsbank die Einlösung ihrer Noten in Gold sperre, der

Verkehr nichtsdestoweniger die Vollwertigkeit der Noten unbeschränkt anerkenne", und es wurde, um den Schuldner gegen „schikanöse" Ausübung des Gläubigerrechts zu schützen, die „vorübergehende" Außerkraftsetzung derartiger Goldklauseln für erforderlich, aber auch für unbedenklich erklärt, „da sie den Gläubiger in keiner Weise benachteilige"!

Der durch diese als lediglich vorübergehendes Auskunftsmittel gedachte und bezeichnete Notgesetzgebung geschaffene Rechtszustand der deutschen Währung blieb nun aber nicht nur während des Krieges, sondern auch während der ganzen folgenden Zeit bestehen, in welcher die Papiermark schließlich bis zu einem Billionstel ihres früheren Goldmarkwertes entwertet wurde (vgl. unter IV dieser Einleitung). Auch die Gründung der Rentenbank und die Einführung der Rentenmark (Ges. vom 15. Oktober 1923, RGBl. I S. 963) brachte keine Änderung der gesetzlichen Währung, da die Rentenmark kein gesetzliches Zahlungsmittel war. Einziges gesetzliches Zahlungsmittel blieb tatsächlich, da die Reichsgoldmünzen sowohl wie die mit beschränkter Zahlungskraft ausgestatteten Silber- und Kupfermünzen aus dem Verkehr verschwunden waren, die „Papiermark" in Gestalt der in ungeheuren Mengen und in immer größeren Nennwertabschnitten ausgegebenen Reichsbanknoten und der Reichskassenscheine. Dieser ungeheuerliche Zustand der rechtlichen Geltung eines weder als Tauschmittel noch als Wertmesser mehr geeigneten „Geldes" wurde erst beseitigt durch das Münzgesetz vom 30. August 1924 (RGBl. II S. 254), an dessen Spitze in § 1 der mehr ein Programm und Ziel des Wiederaufbaues als eine vollendete Tatsache bedeutende Satz gestellt ist: „Im Deutschen Reiche gilt die Goldwährung", und das Bankgesetz vom gleichen Tage (RGBl. II S. 235). Nach den Bestimmungen dieser Gesetze sollen einzige unbeschränkte gesetzliche Zahlungsmittel in Deutschland sein die Reichsgoldmünzen, die gemäß § 3 des Münzgesetzes mit einem bestimmten Goldfeingehalte auszuprägen sind, und die auf die neu eingeführte Rechnungseinheit „Reichsmark" lautenden Reichsbanknoten (Bankgesetz § 3), denen jedoch vorläufig die auf Mark bisheriger Währung lautenden Reichsbanknoten bis zum Ablauf von drei Monaten nach ihrem der Reichsbank, freilich ohne bestimmten Termin, zur Pflicht gemachten Aufrufe*) gleichstehen sollten in der Weise, daß eine Billion Papiermark einer Reichsmark gleichgesetzt werde (§ 1 der ersten Durchf.VO. zum Münzgesetze vom 10. Oktober 1924). Sofern eine Schuld in bisheriger Währung gezahlt werden kann, ist der Schuldner berechtigt, die Zahlung in den neuen gesetzlichen Zahlungsmitteln in der Weise zu leisten, daß eine Billion Papiermark einer Reichsmark gleichgesetzt wird (§ 5 Abs. 2 Münzges.). Diese Bestimmung bedeutet selbstverständlich nicht, daß bei Zahlung der

*) Der Aufruf sämtlicher vor dem 11. Oktober 1924 ausgegebener auf Papiermark lautender Reichsbanknoten ist erfolgt durch Bekanntmachung des Reichsbankdirektoriums vom 5. März 1925 mit Frist bis zum 5. Juni 1925, nach deren Ablauf sie ihre Eigenschaft als gesetzliches Zahlungsmittel verloren haben.

auf bisherige Währung lautenden Schulden in allen Fällen ihr Nennbetrag in Papiermark zugrunde zu legen und im Verhältnisse von einer Billion = 1 Reichsmark umzurechnen ist, sie setzt vielmehr voraus, daß ihr wirklicher Goldmarkwert, unter Berücksichtigung der Aufwertungsgrundsätze, zunächst festgestellt und in der bisherigen Währung ausgedrückt ist; dieser Betrag kann dann in der neuen Währung bezahlt werden. Zur wirklichen Durchführung der Goldwährung fehlt jedoch noch die Verpflichtung der Reichsbank, ihre Noten jederzeit in Gold einzulösen, die ein wesentliches Erfordernis einer wahren Goldwährung bildet (vgl. oben). Eine solche Verpflichtung ist zwar in dem Bankgesetze (§ 3) grundsätzlich ausgesprochen, aber diese Bestimmung ist noch nicht in Kraft getreten, da für ihre Inkraftsetzung gemäß § 52 ein übereinstimmender Beschluß des Reichsbankdirektoriums und des Generalrats erforderlich ist, der noch nicht ergangen ist und in naher Zeit auch wohl nicht zu erwarten sein dürfte.

II. Währung und Privatrecht

In das Gebiet des bürgerlichen Rechts greift die Währungsfrage überall da ein, wo es sich um „Geld" oder „Geldschulden" handelt. Diesen Ausdrücken im BGB. und in den sonstigen privatrechtlichen Gesetzen liegt, soweit nicht die Annahmepflicht des Gläubigers in Frage steht, der weitere Begriff des Geldes im Rechtssinne (vgl. oben) zugrunde, der nicht nur das gesetzliche Zahlungsmittel (Währungsgeld), sondern auch das usuelle Verkehrsgeld umfaßt. Das ist ersichtlich der Fall in den §§ 244 und 245 BGB., die von in ausländischer Währung oder in einer nicht mehr im Umlauf befindlichen Münzsorte ausgedrückten „Geldschulden" handeln; ebenso aber in § 935 BGB., wo die Vindikation von Geld ausgeschlossen wird; ferner in dem Ausdruck „Geldsummen" in Art. 4 der Wechselordnung und § 1 des Scheckgesetzes, der auch auf ausländische Währung lautende Wechsel und Schecke umfaßt; ebenso in den Rechtssätzen über den Kauf insofern, als diese für den Begriff des Kaufs, im Gegensatz zum Tausche, einen Austausch von Ware und Geld voraussetzen, und in den Sonderbestimmungen der §§ 270, 301 und anderen. Demgemäß stellt sich auch die Erfüllung einer Geldverpflichtung durch Leistung von nicht währungsmäßigem Gelde (z. B. bis zum Jahre 1909 durch Reichsbanknoten), sofern der Gläubiger sie als solche annimmt, nicht etwa als Hingabe eines anderen Gegenstandes an Stelle des geschuldeten (datio in solutum), sondern als Leistung des geschuldeten Gegenstandes selbst, also als Zahlung dar (Komm. von RGRäten zum BGB. § 244 Anm. 1; Helfferich, Das Geld, 6. Aufl., S. 314/315). Sobald es sich aber um die Frage handelt, durch welche Leistung der Schuldner einer Geldschuld berechtigt ist, sich zu befreien, und welche Leistung als Erfüllung anzunehmen der Gläubiger verpflichtet ist, kommt der engere Begriff des Geldes im Sinne des gesetzlichen Zahlungsmittels in Betracht. Das BGB. selbst enthält Bestimmungen darüber, durch welche Zahlungsmittel eine Geldschuld erfüllt werden kann, nur für die Sonderfälle, in denen eine in ausländischer Währung oder in einer nicht mehr im

Umlaufe befindlichen Münzsorte ausgedrückte Geldschuld zu erfüllen ist (§§ 244, 245). Ob, soweit nicht besondere gesetzliche Vorschriften bestehen, der Nennwert oder der Kurswert des Geldes maßgebend ist, war in der älteren Rechtslehre streitig. Savigny (Obligationenrecht § 47) vertritt die Auffassung, daß nach dem Willen der Parteien, wie er sich aus der Auslegung des Rechtsgeschäfts ergibt, grundsätzlich der Kurswert, nicht der Nennwert maßgebend sein soll, wobei er nicht verkennt, daß durch staatliches Gesetz die Maßgeblichkeit des Nominalwerts vorgeschrieben werden kann, wie das für Darlehensverpflichtungen durch die von ihm jedoch als bedenklich und ungerecht getadelte Vorschrift des Art 1895 des französischen Code civil geschehen ist, der vorschreibt, daß die Verbindlichkeit, welche aus einem Gelddarlehen entsteht, stets nur die im Vertrage ausgedrückte Summe nach ihrem Nennwerte zum Gegenstande hat, und noch ausdrücklich hinzufügt, daß im Falle der vor der Rückzahlung eingetretenen Verschlechterung der Geldsorte, in der das Darlehen zurückzuzahlen ist, der Schuldner die Summe nur in denjenigen Geldsorten, die zur Zeit der Zahlung im Umlauf sind, zurückzuzahlen braucht, daß also der Gläubiger die Gefahr der Verschlechterung trägt, anderseits allerdings auch im Falle eingetretener Verbesserung der Geldsorte Zahlung der gleichen Summe in der besser gewordenen Geldsorte verlangen kann.

Entgegen der Savignyschen Auffassung hat sich aber in der neueren geldrechtlichen Lehre die Nennwertstheorie ziemlich allgemein durchgesetzt, derzufolge den Inhalt einer Geldschuld, sofern nicht besondere Vereinbarungen bestehen, die Leistung einer bestimmten Anzahl von Geldstücken bildet, die von der staatlichen Gesetzgebung mit Zahlkraft zu einem bestimmten Nennwerte ausgestattet sind, ohne Rücksicht auf die Wertbeziehung zu einem bestimmten Metall (Gold) oder auf die Kaufkraft dieser Stücke (Helfferich, Das Geld, 6. Aufl., S. 367). Diese Theorie konnte sich aber nur durchsetzen, weil überall, wo (wie es in Deutschland bis 1914 der Fall war) das staatliche Geldsystem die Forderung eines wertbeständigen, in seiner Kaufkraft nur geringen Schwankungen unterliegenden Geldes verwirklichte, die Streitfragen zwischen Kurs- und Nennwerttheorie nahezu bedeutungslos sind, während, sobald durch eine Erschütterung des Geldsystems dieses Verhältnis zerstört wird, auch die Grundlage wegfällt, auf der allein sich das allgemeine Rechtsgefühl mit der Durchführung der Nennwerttheorie abgefunden hat (Helfferich a.a.O.). Das BGB. enthält, wie gesagt, keine ausdrückliche Vorschrift über die Anwendung des Kurs- oder Nennwertes bei Geldschulden, insbesondere auch nicht, wie der Code civil, für das Darlehen; es trifft vielmehr gerade für das Darlehen die entgegengesetzte Vorschrift, indem es in Anlehnung an das preußische Recht (Pr. ALR. I 11 § 653) in § 607 bestimmt, daß auch das als Darlehen empfangene Geld „in Sachen von gleicher Art, Güte und Menge" zurückzuerstatten ist. Das entspricht auch allein der zu vermutenden Parteiabsicht; denn gerade beim Darlehen, das nur eine Gebrauchsleihe darstellt, soll die Substanz grundsätzlich dem Gläubiger erhalten bleiben. Durchaus abwegig ist die in der Literatur zur Aufwertungsfrage mehrfach hervorgetretene Meinung, unter „Güte“ im Sinne des § 607 BGB. sei die Eigenschaft als gesetzliches Zahlungsmittel zu verstehen. Der Staat vermag zwar durch seinen Machtspruch einer Sache die Eigenschaft als Geld im Rechtssinne zu verleihen, aber die Eigenschaft eines guten Geldes vermag er dem von ihm geschaffenen Gelde nicht zu geben; diese bestimmt sich nach dem Maße der Anerkennung des Geldes in dem freien Verkehr als allgemeines Tauschmittel, die sich in seiner Kaufkraft ausdrückt. Was nützt es dem Gläubiger, daß er mit dem zurückempfangenen Gelde eine Schuld in gleichem Nennbetrage bezahlen kann, wenn er keine Schulden hat? Zur Annahme des entwerteten Geldes in Tausch gegen eine dem früheren Werte entsprechende Gütermenge kann er niemanden zwingen; vgl. in diesem Sinne Helfferich a. a. O. S. 336. Die Motive zum BGB. (II S. 12 bis 15) verweisen für Geldschulden allgemein auf das durch die Reichsmünzgesetzgebung eingeführte gesetzliche Währungssystem, demgegenüber für besondere Vorschriften nur in sehr beschränktem Maße Raum sei, und erklären, für im Inlande zahlbare Geldschulden folge schon aus dem eingeführten Währungssystem, daß der Wert einer in Reichswährung ausgedrückten Schuld der Nennwert sei und die Zahlung in Geld der Reichswährung zum Nennwerte genommen werden müsse; aus dem unbedingten Annahmezwange ergebe sich von selbst die Annahmepflicht zum Nennwerte. Es muß danach zugegeben werden, daß zwischen dem § 607 BGB. und den währungsgesetzlichen Bestimmungen, die einem Gelde die Eigenschaft als gesetzliches Zahlungsmittel verleihen, eine gewisse Antinomie besteht, und man könnte immerhin zweifelhaft sein, welcher Vorschrift nach den Grundsätzen der Gesetzesauslegung der Vorzug zu geben ist, wofür ja die Motive nicht unbedingt ausschlaggebend sind, zumal sie nur auf Geldschulden im allgemeinen sich beziehen und die besondere Vorschrift für das Darlehen außer acht lassen. In Frage könnte noch kommen, ob, soweit es sich um Zahlungen in „Papiermark“ (Reichsbanknoten und Reichskassenscheinen) handelt, welche „Papiergeld“ erst durch die Gesetzgebung von 1914 geworden sind, die Vorschriften dieser Gesetzgebung auf früher entstandene Geldschulden anzuwenden seien — vgl. darüber Dernburg, Bürg. Recht, 8. Aufl., II S. 599 Anm. 10 —, da eine Bestimmung darüber fehlt und ein Eingriff des Gesetzgebers in wohlerworbene Rechte nicht vermutet wird. Die Motive zum BGB. (II S. 15) verweisen für den Fall einer Änderung der Reichswährung in der Zeit zwischen der Begründung des Schuldverhältnisses und der Zahlung auf das betreffende künftige Reichsgesetz. Man wird aber wohl aus dem Zwecke der Gesetze, die zur Abhilfe der augenblicklichen Kriegsnot bestimmt waren, auch ohne besonderen Ausspruch entnehmen müssen, daß sie auch auf damals bereits begründete Verbindlichkeiten Anwendung finden sollten, weil sie andernfalls jenen Zweck schwerlich hätten erfüllen können. Anderseits wird nicht außer acht zu lassen sein, daß sie von der Voraussetzung der wirtschaftlichen Gleichwertigkeit des neueingeführten papiernen Währungsgeldes mit dem bisherigen Goldwährungsgelde ausgingen, also eine Rückzahlung in schlechterem Gelde nicht ins Auge faßten und sonach der grundsätzlichen Verpflichtung zur Rückzahlung von Gelddarlehen in Geld gleicher Güte nicht bewußt entgegentreten wollten. Immerhin wird anzunehmen sein, daß für den Regelfall die Bezeichnung als gesetzliches Zahlungsmittel nicht nur die Verpflichtung zur Annahme überhaupt, sondern auch zur Annahme zum Nennwerte in sich schließt. Keinesfalls aber kann dieser Gesetzgebung die Bedeutung beigelegt werden, daß sie einen „Zwangskurs" in dem Sinne einführen wollte, daß er auch gegen den Willen der Vertragsparteien maßgebend sein und demgemäß seine Abdingung durch ausdrückliche oder stillschweigende Vereinbarung ausgeschlossen sein sollte. Zwangskurse in diesem Sinne sind allerdings in der Geschichte des staatlichen Geldwesens schon vorgekommen; so bei den Assignaten der Französischen Revolution, bei denen die gewaltsamsten Mittel zur Durchführung des Zwangskurses (Verbote, Strafen, Konfiskation) nicht gescheut wurden, vgl. Savigny, Obligationenrecht, § 42, I S. 446; auch in England durch die im Jahre 1811 erlassenen Verbote der Annahme von Goldmünzen zu höherem Nennwerte in Noten oder von Noten zu niedrigerem Werte in Goldmünzen (Helfferich, Das Geld, 6. Aufl., S. 67/68). Solche Verbote hat aber die deutsche Währungsgesetzgebung von 1914 nicht aufgestellt. Sie waren auch nicht erforderlich zur Erreichung des ausgesprochenen Zweckes der Gesetze, der dahin ging, einen zu großen Abfluß von Gold aus den Beständen der Reichsbank zu verhüten. Solchem Zwecke stehen Vereinbarungen des Inhalts, daß unter Umständen zur Tilgung einer Geldschuld ein höherer als der Nennbetrag in Papiergeld gezahlt werden sollte, nicht entgegen, ebensowenig wie die nach wie vor zulässige Vereinbarung der Tilgung einer Geldschuld in ausländischer Währung. Es ist aber auch von den Vertretern der Nennwerttheorie von jeher anerkannt worden, daß, wo nicht besondere Verbotsbestimmungen bestehen, Vereinbarungen, welche die Erfüllung von Geldschulden in gesetzlichen Zahlungsmitteln nicht nach dem Nennwerte, sondern nach dem Kurswerte vorsehen, zulässig und rechtswirksam sind (vgl. Helfferich, Das Geld, 6. Aufl., S. 372). Solche Vereinbarungen können ebensowohl ausdrücklich wie stillschweigend erfolgen. Sie werden allerdings, soweit nur normale Schwankungen des Papiergeldkurses innerhalb mäßiger Grenzen in Frage stehen, nicht zu vermuten sein; vielmehr muß angenommen werden, daß Parteien, die eine Schuldverbindlichkeit in der Währung ihres Landes ausdrücken, dies im Vertrauen auf die Beständigkeit dieser Währung tun und derartige geringfügige Schwankungen innerhalb normaler Grenzen in den Kauf nehmen. Ganz anders liegt aber die Sache, wenn anormale und nicht vorauszusehende Veränderungen des Geldwertes eintreten. Für solche Fälle wird die Anwendung der allgemeinen Grundsätze des bürgerlichen Rechts durch die Währungsgesetzgebung keineswegs ausgeschlossen. Die Währungsgesetzgebung gehört allerdings insoweit dem öffentlichen Rechte an, als sie die Ordnung des Geld- und Münzwesens durch den Staat, insbesondere die Ausübung des ihm zustehenden Münzhoheitsrechts, die Form und den Gehalt der Münzen, die Befugnis zur Ausgabe von Banknoten usw. betrifft. Dagegen gehört sie zum Privatrechte insoweit, als sie die Beziehungen der einzelnen zueinander, insbesondere ihre vermögensrechtlichen Beziehungen ordnet.

III. Die Veränderung der bestehenden Verhältnisse und ihre Einwirkung auf Verträge

Durch den Weltkrieg und seine Auswirkungen, zu denen auch die sich an ihn unmittelbar anschließende gewaltsame Änderung der bisherigen staatlichen Einrichtungen, die Revolution, gerechnet werden muß, ist eine ungeheure Umwälzung auch der wirtschaftlichen Verhältnisse für Deutschland eingetreten. Zunächst war für die Dauer des Krieges durch die Abschnürung Deutschlands von der Zufuhr von Rohstoffen und Waren, durch die Beschlagnahme vorhandener Rohstoffe und Waren für Zwecke der Kriegführung usw. eine Ausführung vorher abgeschlossener Verträge, die auf Lieferung von Waren gingen, deren Herstellung oder Beschaffung durch diese Umstände berührt wurde, vielfach unmöglich geworden. Das hatte zweifellos für den zur Lieferung Verpflichteten die unmittelbar aus den §§ 276, 323 BGB. sich ergebende rechtliche Folge, daß er von seiner Lieferungspflicht für die Dauer der Unmöglichkeit frei wurde, anderseits aber auch den Anspruch auf die Gegenleistung verlor. Während aber in den ersten Kriegsjahren die Anschauung vorherrschte und begründet erschien, daß die entstandenen Schwierigkeiten keine dauernden seien, vielmehr nach Beendigung des Krieges wieder gleiche oder ähnliche Verhältnisse eintreten würden, wie sie in der Vorkriegszeit bestanden hatten, trat hierin infolge der langen Dauer des Krieges, seiner räumlichen Ausdehnung und der Art, wie er geführt wurde, ein vollständiger Umschwung ein. Es ergab sich deshalb die Frage, ob und inwieweit langfristige Lieferungsverträge, deren Erfüllung während des Krieges infolge der eingetretenen zeitweiligen Unmöglichkeit nicht hatte gefordert werden können, nach Beendigung des Krieges und nach Fortfall der unmittelbaren, eine tatsächliche Erfüllungsunmöglichkeit begründenden Behinderungen wieder erfüllt werden müßten. Es war das die Frage nach der Einwirkung der veränderten Umstände auf die Verpflichtung zur Erfüllung abgeschlossener Verträge, der sog. clausula rebus sic stantibus. Daß eine solche Klausel im BGB. nicht als allen Verträgen ohne weiteres zugrunde liegend anerkannt ist, die Erfüllung vielmehr grundsätzlich nicht unter Berufung darauf abgelehnt werden kann, daß Umstände, deren Bestehen und Bestehenbleiben lediglich die Voraussetzung des Vertragsabschlusses oder (um mit Oertmann zu reden) die Geschäftsgrundlage gebildet haben, sich geändert haben oder fortgefallen seien, war bisher, unter Ablehnung der weitergehenden Windscheidschen Voraussetzungslehre, von der Rechtslehre und Rechtsprechung, namentlich auch des Reichsgerichts, angenommen. Die Rechtsprechung des Reichsgerichts ist aber in stufenweiser Entwicklung, entsprechend dem immer stärkeren Hervortreten der durch die Einwirkungen des Weltkrieges hervorgerufenen ungeheuerlichen und alles bisherige von Grund auf umstürzenden Veränderungen, dazu gelangt, daß die frühere Auffassung, soweit solche Veränderungen in Frage stehen, nicht aufrechterhalten werden kann, daß vielmehr auch nach Beendigung des Krieges der zur Leistung (Lieferung) Verpflichtete dann zur Verweigerung der Leistung berechtigt sein muß, wenn die Leistung infolge der Veränderung der Verhältnisse sich als eine wirtschaftlich durchaus andere darstellen würde, als sie sich zur Zeit des Vertragsabschlusses vor dem Kriege dargestellt hatte, indem sie namentlich nur mit verhältnismäßig höheren Aufwendungen herzustellen oder zu beschaffen sein würde. Diese Auffassung liegt namentlich den in RGZ. **92** 87, **93** 341, **94** 46, **99** 116, **100** 130, **100** 134 veröffentlichten Entscheidungen zugrunde. Sie ist wohl seitdem ein im Ergebnisse unbestrittenes Gemeingut der Rechtslehre und Rechtsprechung geworden. Ob der Rechtssatz, auf den sie sich gründet, unmittelbar aus dem Parteiwillen oder aus gesetzlichen Normen sich ergibt, und ob er demnach aus den Bestimmungen über die Auslegung der Verträge (§§ 133, 157) oder denjenigen über die Leistungspflicht des Schuldners (§ 242 BGB.) herzuleiten ist, die in gleicher Weise auf Treu und Glauben und die Verkehrssitte verweisen, ist von geringer praktischer Erheblichkeit. Daß nicht beide Gruppen von Bestimmungen nebeneinander herangezogen werden könnten, wie es das Reichsgericht mehrfach getan hat, wird Oertmann (Geschäftsgrundlage S. 130) nicht zugegeben werden können, da auch die Vorschrift des § 242 auf einer gesetzlichen Vermutung über den Parteiwillen beruht, dem eine nach Treu und Glauben und der Verkehrssitte sich bestimmende Leistungspflicht des Schuldners entspricht. Der oft mißbräuchlich zur Widerlegung herangezogene schlagwortähnliche Satz: „Pacta sunt servanda" steht demgemäß auch weder der einen noch der anderen Art der Begründung entgegen, da es sich auf alle Fälle nur darum handelt, den wirklichen Sinn und Inhalt des Vertrages zu bestimmen, der durch die Ablehnung einer darüber hinausgehenden Leistungspflicht nicht verletzt, sondern gerade gewahrt wird. Die vom RG. ursprünglich gemachte und noch in RGZ. **100** 134 festgehaltene Begründung mit einer „wirtschaftlichen Unmöglichkeit" und die damit zusammenhängende Einschränkung, daß die Leistung für den Schuldner „ruinös" sein müsse, ist in den späteren Entscheidungen des RG. aufgegeben worden. Im übrigen ist, wie nicht geleugnet werden kann, die neuere Auffassung, auch insofern sie sich mit Vorliebe auf die Oertmannsche Lehre von der „Geschäftsgrundlage" beruft (so RGZ. **103** 332), eine Annäherung an die früher verworfene Windscheidsche Lehre von der Voraussetzung, die mit Begrenzung auf den Eintritt ganz außergewöhnlicher Umstände dadurch nach dem Worte Cohens (JurWoch. 1916 S. 109) „rediviva" geworden ist. Es werden ihr auch die gleichen Einwendungen entgegengesetzt wie der Windscheidschen Lehre, insbesondere die Rücksicht auf die Sicherheit des Rechtsverkehrs, die aber hinter der Vermeidung einer so fundamentalen Verletzung der Grundsätze von Treu und Glauben zurücktreten muß. — Die durch die früheren Urteile bereits festgelegte Auffassung des RG. hat eine — insbesondere auch für die uns hier beschäftigenden Fragen — bedeutsame Erweiterung erfahren durch das Urteil des 3. Zivilsenats vom 21. September 1920 (RGZ. **100** 130). Es ist dort ausgesprochen, daß die grundstürzende Veränderung der Verhältnisse nicht nur ein Abgehen des aus einem langfristigen Vertrage (über Lieferung von Wasserdampf für gewerbliche Zwecke im Anschlusse an einen Mietvertrag) Verpflichteten von diesem Vertrage durch Verweigerung der Lieferung, sondern auch einen Anspruch desselben unter Festhalten an dem Vertrage auf eine Erhöhung der für die Lieferung zu machenden Gegenleistung in Geld (Aufwertung), und zwar auch durch Nachzahlungen für bereits erfolgte Lieferungen, rechtfertigen könne, freilich nur unter der Voraussetzung, daß beide Parteien an dem Vertrage festhalten wollen, und in der Weise, daß durch das vom Gericht zu erlassende „Gestaltungsurteil", das die Höhe der Gegenleistung festsetzt, ein Ausgleich der beiderseitigen Interessen geschaffen wird (also keine volle Aufwertung). Gegen eine solche Gestaltungsbefugnis des Gerichts hat sich freilich mehrfach Widerspruch erhoben, indem nicht ohne Berechtigung darauf hingewiesen wird, daß das Festhaltenwollen des zum Bezuge der Lieferung Berechtigten, das das Urteil voraussetzt, sich nur auf den Bezug zu dem bisherigen Vertragspreise, nicht aber zu einem erhöhten Preise bezogen habe. Es ist hier zum ersten Male die Frage von der Geldseite her behandelt, indem nicht die erschwerte Beschaffung der Sachleistung an sich, sondern die Nicht-Äquivalenz der dafür in Geld zu machenden Gegenleistung einen rechtfertigenden Grund für die anderweite Gestaltung des Vertrags durch eine Aufwertung der Geldleistung bildet. Der Äquivalenzgedanke fand aber zunächst noch kein volles Verständnis, und es lehnte namentlich der 5. Zivilsenat des Reichsgerichts in dem Urteile vom 16. April 1921 (RGZ. 102 98) seine Anwendung auf einen Fall, in welchem sich ein Grundstückseigentümer durch langfristiges Angebot zur Übertragung des Eigentums an einem Grundstücke verpflichtet hatte, als eine „im Interesse der Rechtssicherheit und der Vertragstreue zu beanstandende Erweiterung" der bisherigen Rechtsprechung ab; der Grundstückseigentümer wurde für verpflichtet erklärt, das Grundstück zu dem früher vereinbarten Preise in Papiermark zum Nennwerte herzugeben, ungeachtet der nach der Feststellung des Berufungsgerichts „im wesentlichen auf die Entwertung der Reichsmark als Folge der Papierwährung zurückzuführenden unerhörten Preissteigerung". Das wurde damit begründet, daß die dem Grundstückseigentümer obliegende Leistung sich in keiner Weise verändert habe oder schwerer zu beschaffen geworden sei, und daß auch die Gegenleistung sich nicht verändert habe (Mark gleich Mark!), vielmehr nur das Wertverhältnis zwischen Leistung und Gegenleistung sich wesentlich verschoben habe, insofern, als der Geldwert erheblich gesunken, der Wert des Grundstücks aber fast um das Dreifache gestiegen sei; diese außerordentliche Änderung des Wertverhältnisses berechtige aber den Grundstückseigentümer nicht, sich von dem Vertrage loszusagen, seine Leistung sei nicht unmöglich geworden; auch vom Standpunkte der clausula rebus sic stantibus sei eine Lossagung nicht gerechtfertigt, weil der Gesichtspunkt nicht Platz greife, daß dem Grundstückseigentümer das Aushalten des Vertrags nicht zugemutet werden könne. Dieser Rechtsauffassung trat (allerdings ohne die unbedingt erforderliche Plenarentscheidung herbeizuführen) der 2. Zivilsenat in dem Urteile vom 3. Februar 1922 (RGZ. 103 329) entgegen, indem er ausführte, daß der Fortfall der „Geschäftsgrundlage", auf den es ankomme, auch als Folge einer bloßen „Valutaverschiebung" möglich sei, wenn die Fortdauer der Äquivalenz von Leistung und Gegenleistung bei Vertragsschluß vorausgesetzt worden sei, und daß dazu in der Regel (vorbehaltlich des Nachweises einer aleatorischen Natur des Vertrags) die Erwägung hinreichen werde, daß eine Geldentwertung, wie sie im Herbst 1919 eintrat, für die Geschäftswelt überraschend gekommen sei und von ihr nicht vorausgesehen werden konnte. Der 5. Zivilsenat hat sodann in dem Urteil vom 6. Januar 1923 (RGZ. 106 10) unter Bezugnahme auf die seit dem früheren Urteile in ungeahnter Weise fortgeschrittene Geldentwertung, infolge deren die Geldleistung nur noch einen geringen Bruchteil des Wertes darstelle, den sie bei ihrer Vereinbarung gehabt habe, und auf den Wegfall der Geschäftsgrundlage, die in der Vorstellung der beiderseitigen Leistungen als gleichwertig oder mindestens in einem bestimmten Wertverhältnisse zueinander stehend zu finden sei, seine frühere Ansicht aufgegeben und sich im wesentlichen den Gründen des Urteils des 2. Zivilsenats angeschlossen. Seitdem ist der Gesichtspunkt der Äquivalenz zwischen Leistung und Gegenleistung vom 5. Zivilsenat in einer Anzahl von Entscheidungen als maßgebender Gesichtspunkt für die Frage der Einwirkung der veränderten Umstände festgehalten worden und hat auch in der Rechtsprechung anderer Senate sowie im Schrifttum Anerkennung gefunden. Die gegen ihn vereinzelt im Schrifttum erhobenen Einwendungen (vgl. namentlich Kiehl im Komm. von RGRäten, 5. Aufl., zu § 242 Anm. 1 I d und e S. 343 und II S. 345) können nicht als überzeugend befunden werden. Daß das Gegenseitigkeitsverhältnis von Leistung und Gegenleistung bei gegenseitigen Verträgen lediglich ein rechtliches und nicht auch ein wirtschaftliches sei, ist durchaus nicht zuzugeben; es ist vielmehr gerade der wirtschaftliche, auf den Austausch von Leistung und Gegenleistung gerichtete Charakter der gegenseitigen Verträge, der die Vorschriften über die rechtliche Abhängigkeit erst erzeugt hat. Ein in normalen Grenzen sich haltendes Wertverhältnis zwischen den beiderseitigen Leistungen bildet nach Treu und Glauben, die einen ehrlichen Geschäftsverkehr erfordern, die Geschäftsgrundlage oder die Voraussetzung; Hingabe der Leistung gegen eine absolut unzureichende, unverhältnismäßig geringe Gegenleistung kann auch nach § 242 BGB. keiner Partei zugemutet werden. Einer besonderen Feststellung, daß der den Kauf Antragende oder der Verkäufer auf die dauernde Gleichwertigkeit der Leistungen erkennbar Gewicht gelegt und daß der andere Teil diese Vorstellung wirklich erkannt habe (die Kiehl für erforderlich hält), bedurfte es nicht, da eine solche Vorstellung in den Regelfällen jedem gegenseitigen Vertrage zugrunde liegt. Daß das Geschäft keinen spekulativen Charakter trug, ist in dem Urteile vom 6. Januar 1923 und auch in anderen Urteilen besonders hervorgehoben. Eine Gefahrübernahme desjenigen, der ein langfristiges Kaufangebot macht (des Verkäufers), kann nur für voraussehbare Umstände in Frage kommen, nicht aber für ganz außergewöhnliche und nicht vorauszuahnende Verschiebungen des Wertverhältnisses bis zur Erfüllung. Wenn Kiehl schließlich dem Reichsgericht ein „Caveant Consules!“ zuruft, so möchte dies in weit höherem Maße als für die buchstäbliche Ausführung der Verträge dafür am Platze sein, daß nicht durch solch starres Festhalten am Buchstaben eine Kluft entstehe zwischen dem gesprochenen Rechte und dem „richtigen Rechte“ (im Sinne Stammlers), zwischen Recht und Rechtsgefühl!

IV. Geldentwertung und Geldschulden. Das Urteil des Reichsgerichts vom 28. November 1923

Durch die Gesetze vom 4. August 1914, welche die jederzeitige Einlösbarkeit der Reichsbanknoten und Reichskassenscheine in Gold beseitigten (vgl. oben unter I), war die Verbindung des Papiergeldes mit dem bis dahin die Grundlage der Währung bildenden Golde gelöst und Raum für eine gegenüber dem Goldwerte selbständige Entwicklung des Papiergeldwertes geschaffen, die bei dessen unbegrenzter Vermehrungsfähigkeit, von welcher zur Deckung der Staatsbedürfnisse auf dem Umwege der Ausgabe von Reichsbanknoten gegen Diskontierung von Reichsschatzwechseln durch die Reichsbank Gebrauch gemacht wurde, früher oder später zur vollständigen Entwertung des Papiergeldes führen mußte. Diese zwangsläufige Entwicklung kam in den ersten Kriegsjahren noch nicht zu voller Auswirkung. Der Wert der Papiermark blieb zwar in allmählich steigendem Maße, aber doch innerhalb normaler Grenzen an den ausländischen Börsenplätzen hinter dem Werte der früheren Goldmark, gemessen nach deren Parität mit den ausländischen Valuten, zurück, derart, daß im Januar 1919 die Mark auf etwa ½, im Juli 1919, nach Abschluß des Versailler Friedens, aber bereits auf weniger als ⅓ ihrer Friedensparität gesunken war (Helfferich a. a. O. S. 254; nach den in der JurWoch. 1923 hinter S. 804 veröffentlichten Tabellen stellte sich die Goldmark im Januar 1919 noch auf 1,90, im Juli 1919 aber bereits auf 4,46 Papiermark). Doch war die Kaufkraft der Mark im inneren deutschen Verkehr nicht in gleichem Maße gesunken; die während des Krieges eingetretene Steigerung der Preise war mehr eine naturgemäße Folge der Knappheit der Einfuhr und der Einschränkung der Produktion auf allen Gebieten. Nach Abschluß des Friedens und infolge der Wiederaufbau- und Reparationsschwierigkeiten änderte sich die Sachlage; die Entwertung der Mark machte unter ungeheuren Schwankungen, die aber stets nur vorübergehende Besserung brachten, immer größere und raschere Fortschritte, so daß im November 1922 zum ersten Male ein Dollarkurs von 9000 Mark überschritten wurde (Goldmark 7. November 2011 Mark); dann aber ging es nach kurzfristiger Erholung, namentlich nach Eintritt der Ruhrbesetzung, rapide abwärts, und nachdem es im Frühjahr 1923 der Reichsbank gelungen war, den Kurs der Mark für einige Zeit stabil zu erhalten, trat der Rückschlag ein, der zur vollständigen Katastrophe der Papiermark führte, so daß der Dollar im August 1923 einen Kurs von über 5 Millionen, im September schon einen solchen von über 50 Millionen, im Oktober von über 60 Milliarden erreichte, bis er dann Ende

November auf 4,2 Billionen (Goldmark = 1 Billion) stieg und in dieser Höhe seitdem stabil gehalten wurde. Gleichzeitig hatte sich auch die Kaufkraft der Mark im inneren Verkehr ihrer Entwertung im Auslande vollständig angepaßt, in der Weise, daß für die Kalkulation der Preise nur noch die ausländischen Valuten zugrunde gelegt wurden. Durch diese ungeheuerliche Entwicklung wurde die Nennwerttheorie aufs gründlichste ad absurdum geführt, und auch von ihren Anhängern wurde anerkannt, daß sich „das öffentliche Rechtsempfinden dagegen auflehnte, daß die Reichsmark des Jahres 1923, die nur noch einen verschwindenden Bruchteil dessen bedeutete, was sie im Jahre 1913 darstellte, von Gesetz und Rechtsprechung als identisch mit der Reichsmark des Jahres 1913 behandelt wurde" (so Helfferich a. a. O. S. 368). Es konnte sich, wollte man nicht alle Rücksicht auf Recht und Billigkeit als die Grundlage staatlicher Ordnung außer acht lassen, nur darum handeln, ob auf dem Wege der Gesetzgebung oder auf dem der Rechtsprechung eine, wenn auch nur notdürftige und den Zeitverhältnissen Rechnung tragende Abhilfe geschaffen werden sollte. Die Gesetzgebung versagte gegenüber dieser Aufgabe in merkwürdiger und unerklärlicher Weise. Am 1. März 1923 (Drucksachen des Reichstages Nr. 5597) brachte der Abgeordnete Dr. Düringer, unterstützt von führenden Mitgliedern der meisten Fraktionen, den Antrag auf Erlaß eines Gesetzes ein, das für eine begrenzte Frist (bis zum 1. Januar 1927) die Zurückzahlung von Hypotheken und Grundschulden nur mit Zustimmung des Gläubigers zulassen sollte. In der Begründung wird hervorgehoben, daß es sich nur um eine Übergangsvorschrift, eine Sperrmaßnahme, handle, um zu verhüten, daß durch Rückzahlung der Hypotheken in entwerteter Papiermark die wirtschaftliche Existenz des Hypothekengläubigers vernichtet werde, ehe noch die Entwicklung der Verhältnisse zu übersehen und die Rechtsfrage geklärt sei. In dem Rechtsausschusse des Reichstages trat dem Antrage besonders die Regierung lebhaft entgegen; der damalige Justizminister Dr. Heinze erklärte, das Sperrgesetz könne nicht erlassen werden, wenn man nicht beabsichtige, nach Ablauf der Sperrfrist die gesperrten Hypotheken und Grundschulden aufzuwerten; das aber sei ganz unmöglich, da alsdann zahlreiche andere Gläubiger das gleiche Recht für ihre Forderungen in Anspruch nehmen würden und kein Grund bestehe, die dinglich Berechtigten zu bevorzugen; die Entwertung ihrer Forderungen sei eine Folge der allgemeinen Geldentwertung; ihr abzuhelfen sei der Staat außerstande; es dürften nicht Hoffnungen erweckt werden, die später doch nicht erfüllt werden könnten. (Vgl. Düringer in JurWoch. 1923 S. 433). Diese wenig staatsmännische Resignation gegenüber einem so offensichtlich die Ausbeutung einer Bevölkerungsklasse durch eine andere ermöglichenden Zustande brachte den Antrag zu Falle; er wurde im Rechtsausschusse und kurz nachher auch im Reichswirtschaftsrat abgelehnt. Bei der dritten Lesung des Antrags, der unterdessen durch eine von hervorragenden Juristen ausgearbeitete Denkschrift (JurWoch. 1923 S. 873) unterstützt worden war, im Reichstage (ebenda S. 893) wandte sich der Reichsjustizminister wiederum lebhaft gegen den Entwurf, der dann mit zwei anderen, die Aufwertung von Hypotheken und Industrieobligationen betreffenden Anträgen nochmals an den Rechtsausschuß verwiesen wurde, in welchem er begraben geblieben ist. Die Folge war, daß bei weiterer ins Ungeheure sich steigender Entwertung der Papiermark zahlreiche Hypotheken von skrupellosen Schuldnern gekündigt und zurückgezahlt wurden, so daß später, als die Frage der Hypothekenaufwertung spruchreif wurde, ein anderer Reichsjustizminister sich mit einem Schein von Recht darauf berufen konnte, daß die meisten Hypotheken bereits zurückgezahlt und die Gläubiger solcher und anderer Geldforderungen ihre durch die Geldentwertung erlittenen Verluste bereits „abgeschrieben" hätten, ein kaufmännischer Ausdruck, der mit Bezug auf die große Zahl solcher Gläubiger, die sich aus den Kreisen des Kleinrentner- und Mittelstandes, aus Witwen und Mündeln zusammensetzten und durch die Entwicklung der Verhältnisse in höchste Lebensnot geraten waren, wie bitterer Hohn klang! Übrigens hat der Gesetzgeber selbst angesichts der weiteren Entwicklung seinen starr ablehnenden Standpunkt doch nicht voll aufrechterhalten können; er hat vielmehr im Spätsommer und Herbst 1923 durch eine Reihe von gesetzgeberischen Maßnahmen für Einzelfälle, insbesondere für gewisse Steuern, aber auch für Bezüge aus Altenteilsverträgen und dergleichen, eine Aufwertung zugelassen und dadurch den Grundsatz „Mark gleich Mark" durchbrochen. Diese Maßnahmen sind in dem Urteile des Reichsgerichts vom 28. November 1923 (Anh. I) im einzelnen aufgeführt, und es kann hier darauf Bezug genommen werden.

Im übrigen aber fiel der Rechtsprechung die schwere und undankbare Aufgabe zu, auf ihrem Gebiete ohne Beihilfe des Gesetzgebers dem, was Recht und Billigkeit als unabweisbar erscheinen ließen, nach Möglichkeit Rechnung zu tragen. Für eine solche Aufgabe war sie vorbereitet durch die in neuerer Zeit mehr und mehr zur Geltung gelangte Auffassung über das Verhältnis des Richters zum Gesetzgeber. Unter Ablehnung der weitergehenden Ansprüche der sogenannten Freirechtslehre, die den Richter von der Bindung an das positive Gesetz in weitgehender Weise befreien will, hat die Rechtsprechung seit längerer Zeit schon erkannt, daß auch das Gesetz Lücken aufweist, die nicht durch rein logische Konstruktionen ausgefüllt werden können, daß solche Lücken besonders dann zutage treten, wenn seit dem Erlasse der Gesetze ganz neue Entwicklungen und ungeahnte Verhältnisse eingetreten sind, und daß es bei Auslegung und Anwendung der Gesetze Aufgabe des Richters ist (ähnlich wie nach § 157 BGB. bei Auslegung von Privatwillenserklärungen), diese Lücken dadurch auszufüllen, daß er zu erforschen sucht, was der Gesetzgeber verordnet haben würde, wenn er die eingetretene Entwicklung vorausgesehen und die dadurch geschaffene Lage in den Kreis seiner Erwägungen aufgenommen hätte. In solchem Sinne „rechtsschöpferisch" zu wirken, war besonders als Aufgabe der höchsten Instanz, des Reichsgerichts, die als ausschlaggebend dazu unter Wahrung des Grundsatzes der Rechtseinheit in der Lage ist, bereits früher erkannt und geübt, wenn auch nicht immer unumwunden ausgesprochen worden. Daß dabei an das positive Gesetzesrecht angeknüpft, die Lücke nicht im Sinne subjektiver Anschauungen des

Richters, sondern in Anlehnung an den Sinn und Geist der vorhandenen objektiven Rechtsnormen ausgefüllt werden muß, ist von der Rechtsprechung nicht verkannt worden. Am klarsten kommt eine solche Auffassung, zugleich mit den notwendigen vorsichtigen Einschränkungen, in dem oben bereits angeführten Urteile des 3. Zivilsenats vom 21. September 1920 (RGZ. 100 130) zum Ausdruck, wo dargelegt ist, daß es die erste und vornehmste Aufgabe des Richters sei, den unabweislichen Bedürfnissen des Lebens gerecht zu werden und sich in dieser Beziehung von den Erfahrungen des Lebens leiten zu lassen. Auf dieser Grundlage ist das Reichsgericht, dem übrigens durch das Schrifttum und durch einzelne Urteile erst- und zweitinstanzlicher Gerichte*) bereits vorgearbeitet worden war, an die Aufgabe herangetreten, und zwar schrittweise nach Maßgabe der ihm zur Entscheidung unterbreiteten Einzelfälle. Bereits die oben unter III angeführten Urteile, welche das Äquivalenzprinzip bei gegenseitigen Verträgen anerkannten, enthielten eine Abweichung von dem für den Regelfall in der Währunggesetzgebung anerkannten Grundsatze der Maßgeblichkeit des Nennwertes bei Geldschulden, da sie darauf beruhten, daß die Gegenleistung in entwerteter Papiermark nicht die gleiche Leistung sei wie die ursprünglich vereinbarte, also Mark nicht unter allen Umständen gleich Mark. Es wäre daher schwerlich folgerichtig gewesen, bei nicht synallagmatischen Verträgen, bei denen durch eine von der einen Seite gemachte Geldleistung die Verpflichtung zu einer gleichwertigen künftigen Geldleistung des anderen Teils, insbesondere zur Rückerstattung des empfangenen Betrages, begründet wurde, also namentlich bei Darlehen, die Rückzahlung mit entwerteter Papiermark unter Berufung auf den Satz: „Mark gleich Mark“ unter allen Umständen als Erfüllung der übernommenen Verpflichtung anzusehen. Freilich hat gerade der hierin liegende Schritt die größten Bedenken im Schrifttum hervorgerufen, obwohl gerade das Darlehen, wie oben gezeigt ist, nach seinem inneren Wesen und auf Grund der es regelnden positiven Gesetzesbestimmung (§ 607 BGB.) eine der Hingabeleistung gleichwertige Rückerstattungsleistung grundsätzlich erfordert. Nicht nur Schriftsteller, welche diese Natur des Darlehensvertrags verkennen (wie Rosenfelder in Iherings Jahrbüchern 71 237), sondern auch solche, welche die ganze Ungeheuerlichkeit erkennen und hervorheben, sind vor diesem Schritte zurückgeschreckt. So erklärt Henle (Mark gleich Mark, S. 9) die Zulassung der Erfüllung in Goldmark begründeter Geldschulden durch Leistung des Nennwerts in Papiermark für eine „Enteignung, die durch die blinde Naturgewalt des Zwangskurses ohne Entschädigung stattfinde“ und die eine „katastrophale Niederlage des bürgerlichen Rechts“ bedeute, aus der aber allein die Gesetzgebung helfen könne. Eine Wissenschaft oder Rechtsprechung, die zu solchen Ergebnissen führt,

*) Vgl. namentlich Oberlandesgericht Darmstadt, Beschluß vom 29. März 1923 (JurWoch. S. 459) und Urteil vom 18. Mai 1923 (ebenda S. 522); ferner Obergericht Danzig 16. Mai 1923 (ebenda S. 691); Polnischer oberster Gerichtshof 26. Februar 1922 (ebenda 1922 S. 332).

begründet wohl schon dadurch die recht naheliegende Vermutung, daß sie von falschen Voraussetzungen ausgegangen ist oder irgendwo ein Fehler auf dem Wege liegt, der zu dem Ergebnis in die Irre geführt hat. Dem Gesetzgeber kann, ohne ihm zu nahe zu treten, nicht unterstellt werden, daß solche Ergebnisse seinem Willen entsprechen, und der Richter, der sie ablehnt und aus ihnen rückschließend entnimmt, daß der wahre Sinn und Inhalt des Gesetzes ein anderer ist, handelt durchaus innerhalb der ihm zugewiesenen Aufgabe, ohne für sich eine an das Gesetz nicht gebundene Stellung in Anspruch nehmen zu müssen. Zur Annahme eines zu den gekennzeichneten Ergebnissen führenden gesetzgeberischen Willens ist hier um so weniger Veranlassung angesichts der oben dargelegten Entstehungsgeschichte der gegenwärtig bestehenden Währungsgesetzgebung, ihres Charakters und ihrer Ziele. Besonders abwegig waren die von verschiedenen Seiten dem Reichsgerichte zugehenden Mahnungen, eine Aufwertung nicht zuzulassen mit Rücksicht auf die daraus von den Staatsgläubigern zu ziehenden Folgerungen und deren Auswirkung für die öffentlichen Finanzen. Denn gerade das Reich und der Staat haben die Klinke der Gesetzgebung in der Hand und sind dadurch (anders wie private Schuldner) in der Lage, sich allzu drückenden Verpflichtungen unter Bezugnahme auf das vorangestellte Wohl der Gesamtheit zeitweise oder dauernd zu entziehen, eine Möglichkeit, von der sie in den letzten Jahren bereits reichlich Gebrauch gemacht haben — man denke an das Reichsentlastungsgesetz vom 9. Juni 1923, das die Forderungen der geschädigten Ausland- und Inlanddeutschen und der Ausgleichsgläubiger, von denen besonders die letzteren bereits mit voller Rechtswirksamkeit entstanden waren, bis auf ein lächerlich geringes Mindestmaß beseitigt hat. Aus solchen Rücksichten heraus den Gläubigern privater Schuldner ihre Rechte verkümmern zu sollen, war eine unerhörte Zumutung für die Rechtsprechung.

So ist denn das Reichsgericht in folgerichtigem Beharren auf dem für richtig erkannten Wege zu dem Urteile vom 28. November 1923 — V 31/1923 — in Sachen Stolz gegen Reinshagen gelangt, dessen hier in Betracht kommender Teil als Anhang I abgedruckt ist. Seitdem bekannt geworden war, daß dem 5. Zivilsenate ein die Aufwertung der Hypotheken betreffender Fall vorlag, ist dem Senate eine Flut von Zuschriften zugegangen, die beweisen, mit welch leidenschaftlichem Interesse und welcher Spannung der Entscheidung entgegengesehen wurde. Gläubiger wie Schuldner von Hypotheken schilderten ihre Lage und die Umstände ihres Einzelfalles und suchten dadurch zur Beleuchtung der Rechtsfrage beizutragen; auch Rechtsausführungen in dem einen und anderen Sinne wurden in großer Zahl noch dem Senate von Berufenen und Unberufenen unterbreitet. Nachdem es verkündet war, entstanden Meinungsverschiedenheiten über seine Tragweite und die aus ihm für andere Fälle zu ziehenden Folgerungen. Es dürfte deshalb angebracht sein, die für die Bedeutung des Urteils maßgebenden Gesichtspunkte hier kurz hervorzuheben. Das Urteil beschränkt sich zunächst, wie erklärlich und in der Rechtsprechung des Reichsgerichts üblich, durchaus auf die Entscheidung derjenigen Rechtsfragen, deren Beantwortung für den vorliegenden Rechtsstreit unumgänglich war. Der Rechtsstreit hatte zum Gegenstande eine Klage auf Löschung einer Hypothek, die seit dem Jahre 1913 auf einem im Gebiete unserer früheren Kolonie Südwestafrika — in Lüderitzbucht — belegenen Grundstücke für den Beklagten eingetragen war und deren Betrag in Papiermark der Kläger dem Beklagten nach eingetretener Fälligkeit im April 1920 durch eine Bank hatte überweisen lassen, ohne daß jedoch der Beklagte, soweit festgestellt ist, die Überweisung als Zahlung angenommen hätte. Der Beklagte hatte in erster Linie geltend gemacht, daß nach dem für Südwestafrika geltenden Währungsrechte, das zur Anwendung zu kommen habe, er zur Annahme von Papiergeld nicht verpflichtet sei. Das Berufungsgericht hatte aber angenommen, daß, da beide Parteien zur Zeit der Hypothekenbestellung ihren Wohnsitz in Berlin gehabt hätten, das im eigentlichen deutschen Reichsgebiete geltende Recht zur Anwendung zu kommen habe und nach diesem der Beklagte zur Annahme der Papiermark zum Nennwerte verpflichtet gewesen sei. Das Reichsgericht läßt dahingestellt, ob das eine oder das andere Recht anwendbar sei, da in beiden Fällen das Berufungsurteil nicht aufrechterhalten werden könne. Hier interessieren nur die Gründe, die für den Fall der Anwendung des im eigentlichen deutschen Rechtsgebiete geltenden Rechts gegeben werden (unter B der Urteilsgründe). Für diesen Fall erkennt das Reichsgericht unter der vom Berufungsrichter noch zu prüfenden Voraussetzung, daß die tatsächlichen Voraussetzungen für eine „Aufwertung" der Hypothek — starke Entwertung der Papiermark — zur Zeit der Fälligkeit oder auch (sofern der Beklagte trotz Eintritt des Verzugs etwa noch das Recht haben sollte, sich auf die Aufwertung zu berufen) zu einem späteren Zeitpunkte vorhanden waren, die rechtliche Möglichkeit einer Aufwertung von Hypothekenforderungen grundsätzlich an. Dafür beruft sich das Urteil in erster Linie auf § 242 BGB., für dessen Anwendung in Betracht komme, daß gerade bei Hypothekenforderungen der Schuldner regelmäßig in dem — wenigstens nach dem Papiergeldnennwerte — erheblich gestiegenen Werte des Grundstücks einen entsprechenden Ausgleich erhalten habe; dabei wird gleich hinzugefügt, daß die in § 242 geforderte Berücksichtigung dessen, was Treu und Glauben erforderte, die Berücksichtigung der Interessen beider Teile gebiete, und daraus folge, daß nicht schlechthin jede Hypothekenforderung oder jede in gleichem Maße, etwa gar in vollem Wertverhältnis der Papiermark zur Goldmark, aufgewertet werden müsse, sondern daß neben dem hauptsächlich maßgebenden gesteigerten Grundstückswerte auch die anderen Umstände des Falles in Betracht kommen müssen, die im einzelnen beispielsweise aufgezählt werden. Als zweiten grundlegenden Satz spricht das Urteil aus, daß die Bestimmungen des deutschen Währungsrechts der Zulässigkeit der Aufwertung nicht entgegenstehen. Das wird unter Bezugnahme auf die Entstehungsgeschichte, den Zweck und die Verhältnisse, unter denen die in Betracht kommenden Gesetze entstanden sind, dargelegt. Nach dem später eingetretenen Verfall der Papiermark sei ein

„Widerstreit" zwischen diesen Gesetzen und der das Rechtsleben beherrschenden Vorschrift des § 242 BGB. eingetreten, bei dem diese letztere den Vorrang haben und die Währungsvorschriften insoweit zurücktreten müßten, als sie mit den Grundsätzen von Treu und Glauben nicht vereinbar seien; denn bei ihrem Erlasse sei die Möglichkeit eines solchen Währungsverfalls nicht in Betracht gezogen, ein starres Festhalten an ihnen für diesen Fall also nicht vorgesehen worden. Es wird dann hervorgehoben, daß auch die Reichsgesetzgebung selbst den Satz „Mark gleich Mark" in der letzten Zeit nicht mehr ohne Einschränkung habe aufrechterhalten können, und es wird das durch Anführung einer Anzahl von reichsgesetzlichen Bestimmungen, die in der letzten Zeit ergangen sind, belegt. In gleicher Weise wird gezeigt, daß auch die Rechtsprechung des Reichsgerichts sich in immer steigendem Maße in dieser Richtung bewegt habe. Wenn das bisher im wesentlichen nur bei gegenseitigen Verträgen geschehen sei, so könne es doch keinem begründeten Bedenken unterliegen, aus § 242 die Zulässigkeit der Aufwertung auch für hypothekarisch gesicherte Darlehnsforderungen anzunehmen. Das wird aus dem Wesen des Darlehens und aus der Vorschrift des § 607 BGB. dargelegt. Diese Grundsätze würden allerdings durch die Währungsvorschriften in gewissem Umfange durchbrochen; der durch sie den gesetzlichen Zahlungsmitteln verliehene Zwangskurs, durch den dem Gläubiger die Tragung der Gefahr einer Geldentwertung zugemutet werde, sei aber nur für normale wirtschaftliche Verhältnisse berechnet und müsse zurücktreten, falls er infolge einer außergewöhnlich starken, bei Erlaß der Währungsvorschriften nicht voraussehbaren Entwertung zu Ergebnissen führen würde, die mit § 242 BGB. nicht mehr vereinbar wären. Das Urteil zeigt sodann noch einen anderen Weg, auf dem man zur Bejahung der Zulässigkeit der Aufwertung gelangen könne, nämlich die ergänzende Auslegung des Vertrages durch Lückenausfüllung auf Grund des § 157 BGB. dahin, daß nach der (zu unterstellenden) Absicht der Parteien, falls sie an den Fall einer außerordentlichen Entwertung des gesetzlichen Zahlungsmittels gedacht hätten, der Anspruch des Gläubigers sich gegenüber der ziffermäßigen Festlegung der Geldsumme im Vertrage in angemessenem Umfange vergrößern sollte. Daß die Währungsvorschriften einer vertraglichen Wegbedingung des Zwangskurses nicht entgegenstehen, wird (im wesentlichen in Übereinstimmung mit dem, was oben dargelegt ist) ausgeführt. Das ist der positive Inhalt des Urteils, soweit er sich auf die Aufwertung der durch eine Hypothek gesicherten persönlichen Darlehensforderung im Verhältnisse zwischen dem Gläubiger und dem persönlichen Schuldner bezieht. Es wird dann noch hervorgehoben, daß es für die Entscheidung des Rechtsstreits keiner Stellungnahme zur Frage der Zulässigkeit der Aufwertung bei anderen als Hypothekenforderungen, insbesondere bei Anleiheforderungen von Privatunternehmungen oder Körperschaften des öffentlichen Rechts, bei Sparkassenguthaben, Pfandbriefforderungen usw. bedürfe. Auch die Entscheidung der Frage nach der dinglichen Sicherung der aufgewerteten Forderung wird als für den Rechtsstreit nicht erforderlich abgelehnt, da der hier allein erhobene Anspruch des Schuldners auf Löschung der Hypothek gegen Papiermarkzahlung in jedem Falle ungerechtfertigt sei; denn ein solches Verlangen widerspreche Treu und Glauben, solange nicht der Gläubiger mit seiner ganzen Forderung, einschließlich der Aufwertung, befriedigt sei; unter allen Umständen aber könne der Gläubiger solange die Löschung verweigern auf Grund des ihm aus § 273 BGB. zustehenden Zurückbehaltungsrechts.

Das Urteil hat alsbald nach seinem Bekanntwerden einerseits begeisterte, teilweise allzu überschwänglich ausgedrückte Zustimmung, wie anderseits scharfe Kritik und Gegnerschaft gefunden. Ohne auf die durch Interessenerwägungen hin und her bewegte öffentliche Meinung allzu viel Gewicht zu legen, kann man doch wohl sagen, daß die Entscheidung von denjenigen, die sich ein unbefangenes Urteil und ein gesundes natürliches Rechtsgefühl erhalten haben, wozu wohl auch die Mehrzahl der Juristen heute gerechnet werden darf, begrüßt wurde als eine Erlösung von dem schwer bedrückenden Gefühl, daß schließlich summum ius summa iniuria, Vernunft Unsinn werden könne, eine Gefahr, der man ziemlich nahe gekommen war. Unter denjenigen, die auf Grund ernstlicher Nachprüfung der rechtlichen Grundlagen des Urteils dazu gelangten, ihm zuzustimmen, sind namentlich zu nennen Oertmann (Die Aufwertungsfrage bei Geldforderungen, Hypotheken und Anleihen, bes. S. 39), Mügel in seinem Vortrage über Geldentwertung und Hypotheken (S. 6) und im Ergebnisse auch Stampe (Das Aufwertungsurteil des Reichsgerichts, S. 58 ff.). Dieser letztere billigt insbesondere die Grundsätze, welche das Urteil über das Wesen des Darlehens und die Bedeutung des § 607 BGB. aufgestellt hat; er tritt aber der Auffassung entgegen, daß diese Grundsätze durch die Währungsgesetzgebung von 1914 „in gewissem Umfange durchbrochen" seien, indem er verneint, daß durch jene Währungsgesetzgebung eine „Nennwertzahlkraft" für die Papiermark eingeführt worden sei in dem Sinne, daß verfügt worden wäre, es müsse jedermann bei der Zahlung von Geldschulden den Zwanzigmarkschein ebenso hoch anrechnen wie das Zwanzigmarkstück. Er meint (im Anschluß an seine besonderen Theorien über den Unterschied von Forderung und Anrecht), daß bei Rückzahlung eines Darlehens in entwertetem Gelde ein „Anrecht" auf Rückzahlung der ganzen Darlehenssumme in Geldrechten von gleicher Tauschkraft zurückbleibe und daß als Durchsetzungsmittel für dieses Anrecht sofort ein „Auffüllungsanspruch" entstehe. Daß dieser Anspruch sich von dem „Aufwertungsanspruche", den das Reichsgericht annimmt, mehr als in der Theorie unterscheide, kann nicht zugegeben werden. Wenn Stampe ferner (ebenso Mügel, S. 9, 26) betont, daß es sich eigentlich nicht um einen Aufwertungsanspruch für die Gläubiger, sondern um ein Abwertungsrecht des Schuldners handle, das diesem unter gewissen Umständen zustehe, so steht diese Auffassung dem reichsgerichtlichen Urteile nicht entgegen, das nicht verkennt, daß es sich nur um eine ziffermäßige Aufwertung handelt, während in Wirklichkeit der Gläubiger nicht mehr als den Wert seiner ursprünglichen Forderung erhält, und daß es eine — durch die besonderen Umstände gerechtfertigte — Rücksichtnahme auf den Schuldner ist, wenn die „Aufwertung" nicht auf die volle Höhe des Goldmarkbetrages des Darlehens erfolgt. — Unter den das Urteil mit Rechtsgründen bekämpfenden beachtenswerten Gegnern befinden sich besonders die Anhänger der älteren Juristenschule, die in der freieren Stellung des Richters gegenüber dem Gesetze eine Gefahr für die Voraussehbarkeit und Sicherheit der Rechtsprechung sehen und solche Sicherheit als ein bedeutungsvolles Element des Rechtes betrachten, dem auch die Rücksichten auf Billigkeit und Treu und Glauben weichen müssen. Weniger Beachtung verdient eine Kritik wie diejenige von Lehmann im Bankarchiv vom 9. Januar 1924; sie beruht auf einer durchaus anderen rechtspolitischen und sozialen Einstellung, die auch schon in seiner Schrift über die „Geldentwertung als Gesetzgebungsproblem des Privatrechts" hervortritt. Bezeichnet er doch die Anlage von Geld in Hypotheken und Staatspapieren zur Vorkriegszeit, die der Gesetzgeber den Vormündern als „mündelsicher" zur Pflicht gemacht hatte, als eine Spekulation auf die Hausse der Mark, während anderseits der Schuldner à la baisse spekuliert habe und lehnt die Aufwertung ab, weil sie eine Prämie auf die verunglückte Spekulation des Gläubigers wäre! Auch die von ihm behauptete „Verständnislosigkeit des Auslandes gegenüber dem reichsgerichtlichen Urteil" wird durch die angeführten einzelnen Äußerungen keineswegs bewiesen; andere bekanntgewordene Kundgebungen des Auslandes gehen gerade in entgegengesetzter Richtung. Die deutsche Auffassung davon, was „Recht" ist, findet sich schon in dem Erlasse Friedrichs II. von Preußen ausgesprochen, der angesichts der durch den siebenjährigen Krieg entstandenen Geldentwertung die Rückzahlung entliehener Gelder in guter Münze befahl. Überraschenderweise ist noch in jüngster Zeit von autoritativer Seite (Reichsbankpräsident Schacht) die Auffassung des Reichsgerichts in ihren wesentlichen Grundlagen angegriffen worden, indem gesagt wurde, Treu und Glauben könnten nicht in Betracht kommen, wenn ein großes allgemeines Unglück, wie ein Erdbeben, eine große Feuersbrunst u. dgl., eingetreten sei. Dabei ist aber außer acht gelassen, daß es sich bei der Geldentwertung weniger um eine Vernichtung von Sachwerten, als vielmehr um ihren Übergang von einer Hand in andere Hände, um gewaltige Verschiebungen des Besitzstandes gehandelt hat, die auszugleichen Aufgabe eines billigen und sozialen Rechts ist.

Bald nach dem Urteile vom 28. November 1923 hat der 5. Zivilsenat des Reichsgerichts noch drei weitere, die Aufwertung von Hypotheken behandelnde Urteile, sämtlich vom 16. Januar 1924 — V 750/23, V 111/23, V 603/23 — erlassen, in welchen die Grundsätze des erstgenannten Urteils zusammengefaßt und bestätigt worden sind. Seitdem hat das Reichsgericht diese Grundsätze seiner weiteren Rechtsprechung ständig zugrunde gelegt und ausgebaut. Vgl. die nähere Darstellung dieser Rechtsprechung im dritten Teile dieses Buches.

V. Geldentwertung und Gesetzgebung. Die Entstehung der dritten Steuernotverordnung

Es ist oben schon dargelegt, daß die Gesetzgebung sich gegenüber der Frage der Einwirkung der Geldentwertung auf die Verhältnisse des Privatrechts lange Zeit hindurch untätig und einem Eingriffe irgendwelcher Art abgeneigt gezeigt hat. Nunmehr, als die Frage unmittelbar zur reichsgerichtlichen Entscheidung stand, verbreitete sich das Gerücht, die Regierung wolle die Aufwertung der Hypotheken oder der Geldforderungen überhaupt „verbieten". Dieses Gerücht erhielt nach Bekanntwerden des Urteils vom 28. November 1923 durch anscheinend beeinflußte Presseäußerungen erhebliche Verstärkung. Es erregte in dieser Form in weiten Kreisen begreifliches Befremden und rief vielfache Äußerungen der Entrüstung hervor. Es war nicht klar, ob den Parteien Vereinbarungen verboten werden sollten, die eine „Aufwertung" enthielten, oder ob den Gerichten untersagt werden sollte, das, was sie als Recht erkannt hatten, auszusprechen und danach zu entscheiden (vgl. über den Begriff der Aufwertung unten Anm. 4 vor § 1 Aufw.Ges.). Der Richterverein beim Reichsgericht sah sich bei dieser Sachlage veranlaßt, die (als Anhang III abgedruckte) Eingabe vom 8. Januar 1924 an den Reichsjustizminister und die sonst in Betracht kommenden Instanzen zu richten und gegen die geplante Maßregel „seine warnende Stimme" zu erheben. Es war dies, wie zugegeben werden muß, ein ungewöhnlicher Schritt, der sich aber aus der grundsätzlichen und praktischen Bedeutsamkeit der Frage und der Art, wie in jener Zeit Gesetze und Gesetzeskraft beanspruchende Verordnungen zustande kamen — überraschend, ohne Anhörung der berufensten Instanzen —, erklärt. Die Eingabe sollte ersichtlich nichts weiter sein als ein spontanes Gutachten über die rechtliche Zulässigkeit und die praktische Zweckmäßigkeit der geplanten Maßregel vom Standpunkte des Rechts und der Rechtsordnung aus. Dabei wurde auch darauf hingewiesen, daß die ernste Gefahr bestehe, es könnte auch durch das Reichsgericht ein gänzliches oder teilweises Verbot der Aufwertung als verfassungswidrige Enteignung, möglicherweise auch als unsittlich und deshalb rechtsunwirksam beurteilt werden. Vgl. über diese Fragen unten Anm. 5 vor § 1 Aufw.Ges. Eine vorgreifende sachliche Stellungnahme zu der Frage der Grenzen des richterlichen Nachprüfungsrechts gegenüber verkündeten Gesetzen lag dieser Eingabe wohl sicherlich fern. Sie wollte nur das Mißliche einer im Verordnungswege ergehenden Anordnung hervorheben, die solche Zweifel hervorrufen könnte. Die Antwort des Reichsjustizministers wurde in der Tagespresse abgedruckt; sie ist unten als Anhang IV wiedergegeben. Einigermaßen geklärt wurden die Absichten der Reichsregierung erst durch die Erklärung, die der Reichsjustizminister am 18. Januar 1924 in einem Ausschusse des Reichsrats anläßlich des bayerischen Antrags auf Erlaß eines Sperrgesetzes zwecks Vorbereitung der Hypothekenaufwertung abgegeben hat (abgedruckt als Anhang V). Diese Erklärung ging dahin, es sei unmöglich, die Durchführung des in der Entscheidung des Reichsgerichts vom 28. November 1923 ausgesprochenen Grundsatzes, wonach eine Aufwertung der Hypothekenforderungen unter Berücksichtigung der persönlichen Verhältnisse von Gläubigern und Schuldnern sowie unter Berücksichtigung der öffentlichen Lasten des Grundstücks berechtigt sei, allein der Rechtsentwicklung zu überlassen; das würde bedeuten, Deutschland in den nächsten Monaten in Millionen von Prozessen zu stürzen; es erscheine daher notwendig, einen Durchschnittssatz einzuführen sowie eine Unterbrechung der bereits zahlreich anhängig gewordenen Prozesse herbeizuführen; bei Berechnung des Durchschnittssatzes werde zu berücksichtigen sein, daß für die Landwirtschaft jetzt schwere wirtschaftliche Verhältnisse entstanden seien. Eine baldige rasche Klärung erscheine auch notwendig, damit nicht aus der Ungeklärtheit steuerliche Verluste für Reich, Länder und Gemeinden entständen, dies um so mehr, da, wie näher dargelegt wird, die Lage der Reichsfinanzen nach wie vor äußerst ernst sei. Eine Aufwertung der Schuldverpflichtungen von Reich, Ländern und Gemeinden komme nach den Grundsätzen der reichsgerichtlichen Entscheidung nicht in Frage, da diese öffentlichen Schuldner infolge des verlorenen Krieges und der Verpflichtungen aus dem Friedensvertrage zahlungsunfähig geworden seien.

Der am 2. Februar 1924 in der Presse veröffentlichte Entwurf einer „dritten Steuernotverordnung" brachte dann eine Bestätigung des schon früher verbreiteten Gerüchts, daß das „Verbot" oder die Regelung der Aufwertung mit finanz- und steuerpolitischen Maßregeln von weitreichendem Umfange verbunden und in einer „Steuernotverordnung" vereinigt werden sollte. Über den Entwurf scheinen im Reichsrate, in dem Fünfzehnerausschuß des Reichstages, in den Reichstagsfraktionen und schließlich auch im Schoße der Reichsregierung selbst erhebliche Meinungsverschiedenheiten bestanden zu haben, über die nur unvollständige Nachrichten in die Öffentlichkeit drangen, die aber zu einer wiederholten Verschiebung der Verkündung der Verordnung geführt haben, bis sie dann endlich kurz vor Ablauf des Ermächtigungsgesetzes, auf das sie sich gründete, am 14. Februar 1924 im Reichsgesetzblatt (Teil I S. 74) veröffentlicht wurde. Ihre Bezeichnung als „Steuernotverordnung" deutet schon darauf hin, daß für ihren Erlaß und ihren Inhalt weniger privatrechtliche Grundsätze als Rücksichten steuerlicher und, im Zusammenhange damit, behufs Erhaltung der Steuerkraft, wirtschaftspolitischer Art maßgebend waren.

In der Tat enthielt sie nur in den ersten zwei Artikeln Vorschriften privatrechtlichen Inhalts, und zwar in Artikel I („Aufwertung") über die Regelung der durch den Währungsverfall entwerteten Ansprüche gegen private Schuldner, in Artikel II („Öffentliche Anleihen") über die von Schuldnern, die Personen des öffentlichen Rechts sind, im Wege der Anleihe eingegangenen Verbindlichkeiten. Der Artikel III („Geldentwertungsausgleich") war bestimmt, die durch die Geldentwertung in Verbindung mit den Aufwertungsbeschränkungen des Artikels I zugunsten der Schuldner sich ergebenden Vermögensverschiebungen (Inflationsgewinne) dadurch teilweise „auszugleichen", daß von den Schuldnern, denen daraus auf Kosten ihrer Gläubiger ein Gewinn zufloß, das Reich und die Länder gewisse Steuern und Abgaben erheben. Die übrigen Artikel hatten steuerlichen und finanziellen Inhalt. Auf Grund der durch § 64 VO. von der Reichsregierung ihr selbst erteilten Ermächtigung wurde von der Reichsregierung eine Reihe von Durchführungsverordnungen erlassen, und zwar zu Artikel I (Aufwertung) die folgenden: 1. erste Durchf.VO. vom 1. Mai 1924 (RGBl. I 430) (abgedruckt in der ersten Auflage S. 376 ff.); 2. zweite Durchf.VO. vom 24. Mai 1924 (RGBl. I S. 561); 3. dritte Durchf.VV. vom 15. August 1924 (RGBl. I S. 682) betreffend die Aufwertung der Pfandbriefe; 4. vierte Durchf.VO. vom 28. August 1924 betreffend Aufwertung der Lebensversicherungsansprüche. Diese Durchführungsverordnungen sind abgedruckt in den Nachträgen zur ersten Auflage dieses Buches.

VI. Die Bestrebungen zur Abänderung der 3. Steuernotverordnung und die Entstehung der neuen Aufwertungsgesetzgebung

Die auf die Aufwertung und die öffentlichen Anleihen sich beziehenden Vorschriften der Artikel I und II der 3. StNVO. stellten sich unverkennbar in scharfen sachlichen Gegensatz zu der durch die Rechtsprechung des Reichsgerichts festgestellten bisherigen Rechtslage, insbesondere zu dem Urteile des RG. vom 28. November 1923 (vgl. oben unter IV) das, wie in der Begründung des Entwurfs zugegeben wurde*), den unmittelbaren Anlaß zu ihrem Erlasse gebildet hatte. Die nach dieser Rechtsprechung begründeten Rechte der Gläubiger von auf Geldleistung gerichteten Ansprüchen persönlicher und dinglicher Art wurden sowohl den privaten wie den öffentlichrechtlichen Schuldnern gegenüber in erheblichster Weise eingeschränkt. Die Begründung dieser Einschränkungen, die sich unter Hintansetzung der Gesichtspunkte des Rechts und der Billigkeit auf wirtschaftliche und finanzielle Staatsnotwendigkeiten bezog, erschien vielfach recht dürftig und anfechtbar und jedenfalls, weil aus der damals gerade auf das Höchste gestiegenen Not des Augenblicks geboren,

*) Die Stelle lautet: „In dem Streite über die Aufwertung der durch den Währungsverfall völlig entwerteten Forderungen und sonstigen Rechte ist durch die Entscheidung des 5. Zivilsenats des Reichsgerichts vom 28. November 1923 die Rechtslage dahin geklärt, daß die Zulässigkeit der Aufwertung für hypothekarisch gesicherte Darlehnsforderungen grundsätzlich anerkannt ist, die Gestaltung des Aufwertungsanspruchs im Einzelfall aber der Rechtsprechung überlassen bleibt. Bei der Verschiedenartigkeit der für diese Gestaltung in Betracht kommenden Verhältnisse ist nicht abzusehen, wann sich in der Rechtsprechung feste Grundsätze herausbilden werden, die den Beteiligten eine auch nur einigermaßen sichere Beurteilung der konkreten Rechtslage ermöglichen. Bis dahin wird die Ungewißheit darüber, ob und in welcher Höhe im Einzelfall eine Aufwertung verlangt werden kann, eine Unzahl von Rechtsstreitigkeiten zur Folge haben, die weitere Beleihung bereits belasteter Grundstücke und die richtige Bewertung aller Forderungen und Schulden in den Bilanzen unmöglich machen und damit die an sich schon ungemein schwierige Umstellung der Wirtschaft auf die neuen Währungsverhältnisse noch weiter erschweren. Von unübersehbarer Tragweite würde ein Andauern der unsicheren Verhältnisse auch für die Wirtschaft des Staates, der Not leidet, bei der Auslegung der unerläßlichen Steuern sein."

nicht hinreichend, um so einschneidende Eingriffe in bestehende Rechte als endgültige Entziehungen dieser Rechte für alle Zeit zu rechtfertigen. Zudem war die Fassung vieler einzelner Bestimmungen unklar und gab zu Meinungsverschiedenheiten über ihre Auslegung im Schrifttum und in der Rechtsprechung Anlaß. Auch die Rechtsgültigkeit einiger wichtiger Bestimmungen wurde in Zweifel gezogen. Es entstand deshalb bald nach dem Inkrafttreten der Verordnung eine weitverbreitete und tiefgehende Bewegung, die ihre Aufhebung oder Abänderung forderte. Namentlich die Organisationen der Gläubiger-Interessentenkreise, insbesondere der Hypothekengläubiger, der Sparer und der Besitzer von industriellen sowie staatlichen und kommunalen Anleihepapieren bekämpften sie mit zäher Hartnäckigkeit, während anderseits die Organisationen der Schuldner, insbesondere die großwirtschaftlichen Interessenverbände und die ihre Interessen vertretenden Sachverständigen, womöglich jede Aufwertung für untragbar erklärten und bekämpften. Aber auch in juristischen und parlamentarischen Kreisen machten sich Bestrebungen gegen die Aufrechterhaltung der Verordnung in ihrer bisherigen Fassung geltend. Im Reichstage wurde schon am 25. Februar 1924 ein Antrag des Abg. Düringer und Genossen eingebracht (Reichstagsdrucksachen I Wahlperiode 1920—1924, Nr. 6522; erste Auflage, Anhang XI, S. 357) auf Erlaß eines Abänderungsgesetzes, in welchem statt des nach der 3. StNVO. die Regel bildenden 15%igen Höchstsatzes für die Aufwertung von Vermögensanlagen ein Normalsatz bestimmt werden sollte, unter Zulassung von Abweichungen nach oben wie nach unten, und zwar wurde eine solche von 40 v. H. für angemessen erachtet. Ferner etwa gleichzeitig am 20. Februar 1924 ein Antrag Müller-Franken und Genossen (ebenda Nr. 6470; erste Auflage, Anhang XII, S. 362), der u. a. die Zulassung einer bis auf 20 v. H. erhöhten Aufwertung vorschlug, wenn die Vermögenslage des Schuldners es offensichtlich gestatte. Diese Anträge kamen infolge der Auflösung des Reichstags nicht mehr zur Verhandlung. Unterdessen wurden auch von privater Seite Gesetzentwürfe zur Abänderung der Verordnung ausgearbeitet; so der Entwurf der Juristischen Arbeitsgemeinschaft, der in der Hauptsache dem Inhalt des Antrags Düringer entsprach); sodann aber der Bestsche Gesetzentwurf (veröffentlicht in der Zeitschrift „Die Aufwertung"), der die grundsätzliche Rückkehr zur „individuellen", d. h. der nach Treu und Glauben unter Berücksichtigung der Verhältnisse des Einzelfalles frei zu bemessenden Aufwertung verlangte. Die Frage der Aufwertung wurde mehr und mehr zum Agitationsmittel der politischen Parteien, namentlich in den Wahlkämpfen vor den im Mai und Dezember 1924 stattfindenden Reichstagswahlen. In dem im Mai 1924 neu gewählten Reichstage und dem von ihm eingesetzten Aufwertungsausschusse wurden von verschiedenen Parteien Abänderungsanträge gestellt; am weitesten ging derjenige der Deutschnationalen Volkspartei, der Aufhebung der 3. StNVO. zum 30. September 1924 mit rückwirkender Kraft forderte und für etwaige neue Vorschriften bestimmte aufwertungsfreundliche Richtlinien aufstellte. Zu dem Artikel über die öffentlichen Anleihen wurde im Unterausschusse von dem Abg. Dr. Fleischer ein Antrag gestellt, der im wesentlichen für die Hälfte des Nennbetrags der Anleihen des Reichs und der Länder eine Verzinsung in Höhe von 0,5 v. H. vom 1. Juli 1924 ab eintreten lassen wollte. Für die Dezemberwahlen 1924 wurde der Vorkämpfer der individuellen Aufwertung, der Darmstädter Oberlandesgerichtspräsident Best, von der Deutschnationalen Volkspartei auf ihre Liste gesetzt und gewählt. Als aber infolge der Wahlen diese Partei Regierungspartei geworden war, ließ sie den von ihr eingereichten Antrag fallen, der dann von der Demokratischen Partei aufgenommen wurde. Bei der Regierung hatte der Aufwertungsausschuß, wie der Berichterstatter feststellte, keine positive Mitarbeit gefunden; sie hielt vielmehr an der Verordnung und den dazu erlassenen Durchführungsbestimmungen in allen Teilen fest und ging sogar, nachdem die Rechtsprechung gewisse Durchführungsbestimmungen für ungültig erklärt hatte (vgl. unten zu § 9 Anm. 1), so weit, durch eine vom Reichspräsidenten auf Grund der ihm in Art. 48 RV. verliehenen außerordentlichen Gewalt am 4. Dezember 1924 erlassene Verordnung (RGBl. I S. 765) die gesamte 3. StNVO. einschließlich der Durchführungsbestimmungen für rechtsgültig erklären zu lassen. Aber auch die Rechtsgültigkeit dieser Notverordnung wurde in Zweifel gezogen und von dem Reichsfinanzhofe verneint; vgl. unten zu § 9 Aufw.Ges. Anm. 1. Die Unhaltbarkeit dieser Zustände trat immer deutlicher zutage, und die Regierung wurde im Reichstage nunmehr so ziemlich von allen Seiten gedrängt, binnen kurzer Frist einen Gesetzentwurf zur endgültigen Regelung der Aufwertungsfrage vorzulegen; auch wurden erneut Anträge auf Aufhebung der 3. StNVO. und der Notverordnung des Reichspräsidenten gestellt. Die Regierung sagte schließlich die Vorlage eines Gesetzentwurfs innerhalb einer Frist von drei Wochen zu. Innerhalb dieser Frist erschien jedoch nur der Referentenentwurf einer im Reichsfinanzministerium ausgearbeiteten Denkschrift, in welcher die bisherige Entwicklung und die verschiedenen Lösungsvorschläge dargestellt sind, mit Andeutungen darüber, in welcher Richtung sich der Gesetzentwurf bewegen würde. Endlich, einige Zeit nach Ablauf der Frist, legte die Regierung dem Reichsrate die Entwürfe zu zwei Gesetzen vor: 1. zu einem Gesetze über die Aufwertung von Hypotheken und anderen privatrechtlichen Ansprüchen (Aufwertungsgesetz), durch welches den §§ 1—15 (Art. I) der 3. StNVO. eine andere Fassung gegeben werden sollte; 2. zu einem Gesetze über die Ablösung öffentlicher Anleihen, durch welches unter Aufhebung des Art. II der 3. StNVO. eine neue gesetzliche Regelung der Ansprüche aus Anleihen öffentlich-rechtlicher Schuldner erfolgen sollte. Der Reichsrat stimmte den Entwürfen mit einigen nicht unerheblichen Abänderungen zu. Die Regierung hielt ihre Vorlage zum Teil aufrecht und legte dem Reichstage, entsprechend der Verfassung, die Entwürfe in eigener Fassung, sowie in derjenigen des Reichsrats vor (Drucksachen des Reichstags III Wahlperiode 1924/25 Nr. 804). Der Reichstag überwies die Vorlagen einem Ausschusse. In diesem lehnte die Deutschnationale Volkspartei es ab, den von ihrem Mitgliede, dem

Abgeordneten Best, ausgearbeiteten Gesetzentwurf zu vertreten. Der Abgeordnete Best trat darauf aus der Partei aus. Durch die Sozialdemokratische Partei wurde ihm aber ein Sitz in dem Aufwertungsausschusse als Sachverständiger zur Verfügung gestellt. Die persönlichen Streitigkeiten, die sich aus diesem Anlaß zwischen Best und seinen früheren Fraktionsgenossen entwickelten, bedürfen in dieser Darstellung nur der Erwähnung. Sachlich einigten sich die Mehrheitsparteien des Ausschusses auf ein Kompromiß, das sogenannte Aufwertungskompromiß vom 14. Mai 1925 mit der Maßgabe, daß die beteiligten Fraktionen sich verpflichteten, die Vorlagen der Reichsregierung im Sinne des Kompromisses umzugestalten und keinerlei Abänderungsanträge zu stellen, die dem Kompromisse widersprächen. Der Inhalt dieses Kompromisses ist als historisches Dokument in Anhang VI dieses Kommentars abgedruckt. In den weiteren Beratungen wurden dann von den Mehrheitsparteien alle Anträge, welche nicht im Einklange mit den in dem Kompromisse niedergelegten Grundsätzen standen, abgelehnt. In formaler Beziehung wurde das Aufwertungsgesetz einer vollständigen Umarbeitung unterzogen, durch welche seine äußerliche Anknüpfung an die 3. StNVO. in Form einer Novelle zu dieser beseitigt und es als selbständiges Gesetz gestaltet und übersichtlich gegliedert wurde; vgl. näheres unter Anm. 2 vor § 1. An den Reichstag zurückgelangt, wurden die Gesetze in drei Lesungen beraten und schließlich unter Ablehnung aller auch in der Plenarberatung noch gestellten weitergehenden Anträge der Oppositionsparteien mit einigen noch in letzter Stunde erfolgten unerheblichen Abänderungen angenommen, jedoch, wie bei beiden Gesetzen durch den Reichstagspräsidenten festgestellt wurde, nicht mit verfassungsändernder Mehrheit. Die Annahme des Aufwertungsgesetzes erfolgte mit 228 gegen 197 Stimmen bei einer Stimmenthaltung; die des Ablösungsgesetzes mit 220 gegen 196 Stimmen bei zwei Stimmenthaltungen.

Ein Versuch der Oppositionsparteien, die Aussetzung der Verkündung der Gesetze gemäß Art. 72, 73 RVerf. herbeizuführen, um dadurch die Möglichkeit eines Volksentscheides zu schaffen, scheiterte daran, daß zwar die für einen solchen Beschluß erforderliche Minderheit von einem Drittel der Stimmen bei dem Aufwertungsgesetze erreicht, aber das Gesetz dann von der Mehrheit für dringlich erklärt wurde. Der Reichsrat beschloß, keinen Einspruch zu erheben. Der Reichspräsident machte von dem ihm bei dieser Sachlage immer noch (selbstverständlich mit Gegenzeichnung des Reichskanzlers) zustehenden Rechte, die Verkündung auszusetzen, keinen Gebrauch. Die Gesetze wurden von ihm am 16. Juli vollzogen und in dem am 17. Juli 1925 erschienenen Reichsgesetzblatte verkündet. Sie sind beide gleichzeitig mit Wirkung vom 15. Juli 1925 in Kraft getreten. Die Artikel I und II der 3. StNVO. sind auf Grund des Art. III des Gesetzes vom 27. März 1925 (RGBl. I 29) in der Fassung des Gesetzes vom 28. Juni 1925 (RGBl. I 92) mit dem 15. Juli 1925 außer Kraft getreten; ebenso die dazu erlassenen Durchführungs-, Änderungs- und Ergänzungsvorschriften.

Ein objektives Gesamturteil über die durch die nunmehr zunächst abgeschlossene Gesetzgebung geschaffene, als endgültig gedachte Regelung der Aufwertungsfragen, die das deutsche Volk bis ins Tiefste aufgewühlt haben, zu fällen, ist nicht leicht. Sicher ist, daß sie weit von dem entfernt ist was das Reichsgericht aus den das normale Recht beherrschenden Grundsätzen von Treu und Glauben als bisher in Deutschland in Geltung gewesenes Recht hergeleitet hat. Anderseits ist zuzugeben, daß eine Rückkehr zu unbeschränkter individueller Aufwertung für alle Fälle nach der zwangsläufigen Entwicklung, welche die Dinge infolge des verhängnisvollen, wenn auch durch die im damaligen Augenblick aufs höchste gestiegene Not der Zeit erklärbaren Eingriffs in das geltende Recht, den die Reichsregierung unter Ausnutzung der ihr zeitweilig anvertrauten Gesetzgebungsgewalt mit der 3. StNVO. vorgenommen hat, kaum mehr durchführbar gewesen wäre ohne gefahrvolle Erschütterung unseres erst allmählich wieder in geregelten Gang kommenden Wirtschaftslebens und der finanziellen Grundlagen der staatlichen Ordnung. Auch läßt sich wohl sagen, daß wenigstens den Hypothekengläubigern durch den regelmäßigen (freilich in dieser Höhe nicht voll zur Auswirkung gelangenden) Aufwertungssatz von 25 v. H. eine, wenn auch erst in Zukunft greifbar werdende Aussicht auf eine zwar den Einzelfällen in keiner Weise gerecht werdende, aber im groben Durchschnitt vertretbare teilweise Ausgleichung der durch die Geldentwertung ihnen einseitig zugefügten Verluste gewährt wird. Erheblich ungünstiger muß das Urteil lauten über die Behandlung der Gläubiger von Industrieobligationen und Schuldverschreibungen von wirtschaftlichen Betrieben öffentlich-rechtlicher Körperschaften, die eine einseitige Rücksichtnahme auf die Interessen der großen Wirtschaft erkennen lassen unter Außerachtlassung der für das Staatsganze nicht minder bedeutungsvollen Erhaltung der kleinen Wirtschaften, namentlich des Mittelstandes. Auf die gleiche einseitige Rücksichtnahme ist letzten Endes auch die einer vollständigen Enteignung nahekommende Behandlung der Gläubiger des Reiches, der Länder und der Gemeinden zurückzuführen, nicht der Neubesitzer — Inländer wie Ausländer —, welche die Papiere in der Inflationszeit so gut wie um nichts erworben haben in unverkennbar spekulativer Absicht und dafür jetzt wenigstens ein Scheinrecht erhalten, mit dem sie wieder spekulieren können; wohl aber der Altbesitzer, die wirkliche Werte im Vertrauen auf die Zuverlässigkeit der öffentlichen Einrichtungen und zum großen Teil in vaterländischer Gesinnung hergegeben haben und nun mit ganz dürftigen Brocken abgefunden werden ohne Rücksicht auf die möglicherweise in Zukunft wieder eintretende, zum Teil, namentlich bei Gemeinden, jetzt schon bestehende günstige Vermögenslage und, namentlich bei richtiger Ausnützung des Besteuerungsrechts, herbeizuführende größere Leistungsfähigkeit ihrer Schuldner. Es wäre gewiß zu wünschen, ist aber kaum zu erwarten, daß durch diese Lösung eine wirkliche Beruhigung und eine Ausschaltung des in den Aufwertungsfragen liegenden Erregungsstoffes auf die Dauer eintreten werde.

I. Gesetz über die Aufwertung von Hypotheken und anderen Ansprüchen (Aufwertungsgesetz)

Vom 16. Juli 1925 (RGBl. 1925 I S. 117).

Der Reichstag hat das folgende Gesetz beschlossen, das mit Zustimmung des Reichsrats hiermit verkündet wird[1, 2, 3]:

1. Vgl. über die Entstehungsgeschichte des Gesetzes die Einleitung unter VI.

2. Die Regelung der Aufwertung (vgl. über diesen Begriff Anm. 4), die den Gegenstand des vorliegenden Gesetzes bildet, ist erfolgt zunächst durch Artikel I der 3. StNVO. vom 14. Februar 1924 (vgl. die Einleitung unter V). Diese Verordnung war von der Reichsregierung erlassen auf Grund des Ermächtigungsgesetzes vom 8. Dezember 1923 und es mußte deshalb ihre Rechtsgültigkeit daraufhin geprüft werden, ob sie sich in den Schranken des Ermächtigungsgesetzes gehalten habe und insbesondere eine Abweichung von der Verfassung, die nach diesem Gesetze nicht zulässig war, nicht enthielt. Vgl. darüber die erste Auflage dieses Kommentars Anm. 1—4 und 10 vor § 1. Das jetzt vorliegende Gesetz ist als einfaches Reichsgesetz ergangen in der Weise, daß der Reichstag es beschlossen und der Reichspräsident es mit Zustimmung des Reichsrats verkündet hat. Daß es mit der zu Verfassungsänderungen erforderlichen Mehrheit zustande gekommen wäre, ist in der Eingangsformel nicht festgestellt, trifft auch tatsächlich nicht zu; vgl. die Einleitung unter VI. Die Rechtsgültigkeit auch seiner Bestimmungen wird demnach davon abhängen, ob sie nicht einen Verstoß gegen Vorschriften der RVerf. enthalten. Bestritten ist freilich, inwieweit den Gerichten gegenüber einem formell richtig verkündeten Gesetze ein Recht der Prüfung zusteht, ob es in verfassungsmäßiger Weise, insbesondere, sofern es eine Änderung der Verfassung enthält, unter Beobachtung der für eine solche bestehenden besonderen Vorschriften, zustande gekommen ist; vgl. gegen ein solches Prüfungsrecht, in Übereinstimmung mit der von Laband (Staatsrecht II S. 46) für den Rechtszustand unter der alten RVerf. vertretenen Auffassung, Arndt, RVerf. zu Art. 102; Meißner, Das neue Staatsrecht S. 117; Hatschek, Staatsrecht I S. 28; das RG. hat es unter der neuen Verfassung wiederholt, insbesondere auch in RGSt. 55, 246, ausgeübt. An der Berechtigung der Gerichte zur Ausübung eines solchen Prüfungsrechts muß angesichts der Art, wie die Gesetzgebung in der gegenwärtigen Zeit sich vollzieht, unbedingt festgehalten werden, wenn der Charakter des Deutschen Reiches als eines Rechtsstaates gewahrt bleiben und die Verfassung gegen willkürliche Durchbrechungen geschützt werden soll. Das liegt durchaus im Sinne der Verfassung.

3. Die dem Reichstage zugegangene Regierungsvorlage stellte sich ihrer äußeren Form nach als eine Novelle zur 3. StNVO. dar, durch welche die §§ 1—15 dieser VO., die deren Artikel I bildeten, eine andere „Fassung" erhalten, die neuen Bestimmungen also als Bestandteile der VO. eingefügt werden sollten. Auch war das System und die sehr verwickelte, schwer übersichtliche Anordnung der VO. beibehalten unter Aufpfropfung der neuen Bestimmungen. Nachdem bei der ersten Lesung in dem Reichstagsausschusse noch weitere umfangreiche Änderungen und Zusätze be-

schlossen waren, erwies sich ein Weitergehen auf diesem Wege als nicht mehr möglich, da sich sonst ein wahres Monstrum eines Gesetzes ergeben hätte. Es wurde deshalb zwischen der ersten und zweiten Lesung eine vollständige Umarbeitung der Form und Anordnung vorgenommen, die dem Gesetze nunmehr wenigstens eine übersichtlich gegliederte, dem Verständnis eher zugängliche Gestalt gegeben hat. Die Eingliederung in die 3. StNVO. ist fallen gelassen.

Das Gesetz zerfällt nunmehr in 88 Paragraphen (an Stelle der 15 des Art. I 3. StNVO.), die in zwölf Abschnitte gegliedert sind. Der erste Abschnitt bringt unter der Überschrift „Allgemeine Bestimmungen" die Bezeichnung des Gegenstandes der Aufwertung (§ 1) und die Bestimmungen über Berechnung des Goldmarkbetrages als gemeinsame Grundlage für alle Arten der Aufwertung (§§ 2, 3). Der zweite Abschnitt (§§ 4—30) enthält eine ausführliche Regelung der Aufwertung von Hypotheken, und zwar in einzelnen Unterabteilungen zunächst getrennt die Grundsätze für die Aufwertung des dinglichen Rechts (I §§ 4—8) und der persönlichen Forderung (II §§ 9—13); über Aufwertung „trotz der Bewirkung der Leistung" bei Annahme unter Vorbehalt und ohne solchen, sog. „Rückwirkung" (III §§ 14—24); über Rückzahlung, Verzinsung und Tilgung des Aufwertungsbetrags (IV §§ 25—30). Abschnitt 3 (§§ 31, 32) regelt die Aufwertung der anderen in Betracht kommenden dinglichen Rechte (Grundschuld, Rentenschuld, Reallasten, Schiffs- und Bahnpfandrechte) durch kurze Bezugnahme auf die für entsprechend anwendbar erklärten Vorschriften über die Hypothekenaufwertung; Abschnitt 4 (§§ 33—44) die Aufwertung von Industrieobligationen; Abschnitt 5 (§§ 47—50) von Pfandbriefen; Abschnitt 6 (§§ 51—54) von Schuldverschreibungen juristischer Personen des öffentlichen Rechts als Unternehmer wirtschaftlicher Betriebe; Abschnitt 7 (§§ 55—58) von Sparkassenguthaben; Abschnitt 8 (§§ 59—61) von Versicherungsansprüchen; Abschnitt 9 (§§ 62—66) von anderen Ansprüchen. Abschnitt 10 (§§ 67, 68) bestimmt, welchen Einfluß Vergleiche und andere Vereinbarungen, sowie gerichtliche Entscheidungen auf die Aufwertung haben; Abschnitt 11 (§§ 69—77) regelt das Aufwertungsverfahren und Abschnitt 12 (§§ 78—88) bringt Schluß- und Übergangsbestimmungen.

Erster Abschnitt

Allgemeine Bestimmungen

I. Gegenstand der Aufwertung[4, 5]

4. Das Gesetz unterläßt es ebenso, wie die 3. StNVO. es unterlassen hatte eine **Bestimmung des Begriffs „Aufwertung"** zu geben. Dieser Begriff ist keineswegs ein von lange her bekannter und feststehender Bestandteil der juristischen Terminologie; er ist vielmehr erst neuerdings anläßlich der durch die Geldentwertung entstandenen Fragen in der Sprache der Rechtslehre und der Gerichte gebräuchlich und daraufhin auch in der Gesetzgebung über diese Materie verwendet worden. Wenn freilich in den Beschlüssen der Vereinigten Zivilsenate des Reichsgerichts vom 31. März 1925 (RGZ. 110, 321) daraus, „daß die Aufwertung ein rechtlich bestimmter Begriff nicht ist", die Folgerung gezogen wird, „daß rechtliche Bedenken gegen ein Hinausgehen über die Aufwertung nach dem Dollarstande aus dem Begriffe der Aufwertung nicht zu entnehmen seien", so ist dem doch entgegenzuhalten, daß es gerade die Aufgabe des Gerichts gewesen wäre, diesen Begriff aus dem zu ordnenden Lebensverhältnisse heraus zu bestimmen und in die bestehende Rechtsordnung einzugliedern und dann erst zu entscheiden, welche Rechtssätze und mit welchem Ergebnisse sie auf ihn anzuwenden sind. — Der Begriff der Aufwertung wird zu bestimmen sein als die Erhöhung des Betrages einer

in entwertetem Gelde ausgedrückten Geldschuld über ihren Nennbetrag hinaus. Eine solche Erhöhung ist von der Rechtsprechung als Folge der in der Nachkriegszeit eingetretenen außerordentlichen und ungeheuerlichen Entwertung des deutschen Währungsgeldes zugelassen in Anwendung des § 242 BGB., und zwar zunächst in der Weise, daß der Sachschuldner (Geldgläubiger) bei einem gegenseitigen Vertrage für berechtigt erklärt wurde, sich von dem Vertrage loszusagen, also seinerseits nicht zu erfüllen, falls der Geldschuldner (Sachgläubiger) die ziffernmäßige Erhöhung der Geldleistung ablehnte; später ist sie dazu gelangt, bei gegenseitigen wie auch bei nicht gegenseitigen Vertragsverhältnissen einen Anspruch des Geldgläubigers einer vor der Geldentwertung oder vor ihrer vollen Auswirkung begründeten Geldforderung auf eine im Nennbetrage erhöhte Geldleistung zuzulassen, und zwar zunächst für Hypotheken, seitdem sinngemäß auch für andere Geldforderungen; vgl. die Einleitung unter III und IV. Diese „Aufwertung" ist im Sinne der Rechtsprechung keine Schaffung einer neuen oder Zusatzforderung, keine das Rechtsverhältnis umschaffende „Gestaltung", sondern die aus dem geltenden Rechte, zu dem die dabei zur Anwendung kommenden Grundsätze von Treu und Glauben gehören, sich ergebende deklarative Feststellung der wirklich geschuldeten Leistung. In diesem Sinne ist Stampe (vgl. Einleitung unter IV) zuzustimmen, wenn er ausführt, daß es sich dabei eigentlich gar nicht um eine „Aufwertung", d. h. um eine Erhöhung des der Forderung wirklich innewohnenden Wertes, sondern um die gänzliche oder teilweise Aufrechterhaltung dieses Wertes gegenüber dem nicht mehr zutreffenden Ausdrucke handelt, den dieser Wert in dem Nennbetrage der Forderung gefunden hat. Die schon erwähnte Entscheidung der Vereinigten Zivilsenate, die selbst keine Begriffsbestimmung der Aufwertung gibt, legt freilich ersichtlich einen anderen Begriff zugrunde, wenn sie ein Hinausgehen über den Goldwert der Geldforderung zur Zeit ihrer Begründung durch Berücksichtigung eines zur Zeit der wirklichen Lieferung der Ware bestehenden höheren Marktpreises wenigstens bei Großhandelsgeschäften für zulässig erklärt, um dadurch entsprechend Treu und Glauben nicht die seit dem Vertragsschlusse eingetretene Geldentwertung, sondern die bei dem Vertragsschlusse, zum Teil in Verkennung der bis dahin bereits eingetretenen Geldentwertung, erfolgte Vereinbarung eines unverhältnismäßig niedrigen Preises behufs Wahrung der „berechtigten Interessen der Verkäufer im Großhandel" zu korrigieren. Das kommt auf eine recht bedenkliche Erweiterung der Rückgängigmachung von Verträgen auf Grund eines Motivirrtums hinaus. — Es muß aber Stampe aaO. auch darin beigepflichtet werden, daß, soweit der Goldwert der Forderung nicht vollständig aufrechterhalten wird, in Wirklichkeit keine „Aufwertung", sondern eine „Abwertung" stattfindet. Auch äußerlich stellte sich übrigens die „Aufwertung" nur so lange als eine ziffermäßige Erhöhung des zu zahlenden Betrags dar, als dieser noch in der entwerteten Papiermarkwährung auszudrücken war. Nachdem nunmehr die neue Reichswährung in Kraft getreten ist, wird nichts im Wege stehen, den zu zahlenden Aufwertungsbetrag durch Umrechnung in diese auszudrücken, und demgemäß an Stelle des in Goldmark begründeten Nennbetrags nicht ein höherer, sondern ein geringerer Betrag in der der Goldmark, von geringen Schwankungen abgesehen, bisher gleichstehenden neuen Reichsmark sich ergeben.

[5] Soweit das Aufwertungsgesetz unter Außerkraftsetzung der allgemeinen Normen des bürgerlichen Rechts eine geringere als die in diesem begründete Aufwertung vorschreibt, stellen sich sonach ihre Vorschriften als Einschränkungen, also teilweise Entziehungen bestehender wohlerworbener Privatrechte dar. Zugleich enthält die Bestimmung, daß über die Höhe der Aufwertung nicht die ordentlichen Gerichte, sondern von der Regierung zu bestimmende „Aufwertungsstellen" zu entscheiden haben (§ 69), eine Einschränkung des Rechtswegs. Es bedarf deshalb

der Prüfung (vgl. Anm. 2), ob diese Vorschriften eine Abweichung von der Verfassung enthalten, was hinsichtlich der entsprechenden Bestimmungen der 3. StNVO. von manchen Seiten behauptet und auch in der Rechtsprechung (vgl. den Beschluß des Landgerichts Berlin, JW. 1924, 332[1]) vereinzelt angenommen worden ist*). Auch gegenüber dem Aufwertungsgesetze ist übrigens bereits im Reichstage (vgl. die Sitzungsberichte S. 3202, Abg. Seiffert) behauptet worden, daß es verfassungswidrig und deshalb eine Zweidrittelmajorität erforderlich sei, um ihm Gesetzeskraft zu verleihen.

Art. 153 RVerf. lautet:

„Das Eigentum wird von der Verfassung gewährleistet. Sein Inhalt und seine Schranken ergeben sich aus den Gesetzen.

Eine Enteignung kann nur zum Wohle der Allgemeinheit und auf gesetzlicher Grundlage vorgenommen werden. Sie erfolgt gegen angemessene Entschädigung, soweit nicht ein Reichsgesetz etwas anderes bestimmt. Wegen der Höhe der Entschädigung ist im Streitfalle der Rechtsweg vor den ordentlichen Gerichten offenzuhalten, soweit Reichsgesetze nichts anderes bestimmen ..."

Der Ausdruck „Eigentum" begreift in der deutschen privatrechtlichen Rechtssprache (anders im Auslande, z. B. in Frankreich) nur die dingliche Herrschaft über körperliche Sachen in der Gesamtheit ihrer Beziehungen, nicht beschränkte dingliche Rechte an Sachen und auch nicht die Rechtsbeziehung des Gläubigers zu einer ihm zustehenden Forderung. Im Verfassungsrechte (Art. 9 der Preuß. Verf., § 32 der Frankfurter Grundrechte) ist aber der Ausdruck vielfach in weiterem Sinne angewendet und bedeutet jedes subjektive Privatvermögensrecht (so Arndt und Anschütz zu Art. 9 aaO.); in diesem Sinne wird daher der Ausdruck auch in der RVerf. verstanden werden können (ebenso Arndt, RVerf., zu Art. 153 Anm. 1). Doch gewährleistet die Verfassung das Eigentum nur „mit dem Inhalt und innerhalb der Schranken, die sich aus den Gesetzen ergeben"; sie verweist also in diesem Umfange selbst auf die gewöhnliche Gesetzgebung**). Das Gesetz regelt aber gerade den Inhalt

*) Man könnte freilich auch sagen, daß die Entziehung der Rechte bereits durch die 3. StNVO., deren Rechtsgültigkeit anerkannt ist, erfolgt sei und daß deshalb das Aufwertungsgesetz, da es in der Entziehung von Rechten im wesentlichen nicht über die 3. StNVO. hinausgeht, seinerseits keine derartige Entziehung enthalte, es also auch einer Prüfung seiner Verfassungsmäßigkeit daraufhin nicht bedürfe. Aber diese Betrachtungsweise würde der Sache doch wohl nicht gerecht. Die 3. StNVO. war nicht Ausfluß einer normalen und endgültigen Gesetzgebung; sie hatte einen provisorischen Charakter, da ihre Aufhebung vom Reichstage jederzeit verlangt werden konnte, auch verlangt worden ist und ihre Aufwertungsvorschriften auch tatsächlich wiederaufgehoben worden sind (vgl. die Einleitung unter VI). Damit haben die durch sie erfolgten Rechtsentziehungen ihre gesetzliche Grundlage mit rückwirkender Kraft verloren und würden die durch sie entzogenen Rechte wieder in Kraft getreten sein, wenn nicht das Aufwertungsgesetz sie von neuem entzogen hätte.

**) Bei der Beratung der durch den Verfassungsausschuß vorgeschlagenen Fassung des jetzigen Art. 153 RVerf. (Art. 150 des damaligen Entwurfs) hat der Berichterstatter, Abg. Dr. Sinzheimer, hervorgehoben, daß die Anerkennung dieser individuellen Rechtsbeziehungen (darunter des Eigentums) an sich nicht bedeute, daß nunmehr diese einzelnen Rechtsbeziehungen unter den Schutz der Verfassung gestellt seien in dem Sinne, daß die Notwendigkeit eines verfassungsändernden Gesetzes ihren Bestand gewährleiste; denn in allen diesen Beziehungen sei ausdrücklich Bezug genommen auf die bestehenden Gesetze; daraus ergebe sich, daß nicht etwa ein verfassungsmäßiger Schutz diesen individuellen Rechtsbeziehungen gewährleistet sei, sondern daß über ihren Schutz die gewöhnliche Gesetzgebung verfügen solle (Verhand-

und die Schranken der Aufwertungsansprüche und enthält nichts, was darüber hinausginge. Insoweit konnte es auch in bereits bestehende Ansprüche eingreifen, ohne dadurch von der Verfassung abzuweichen. Auch eine Enteignung liegt nicht (wie auch wohl behauptet wird) in der Einschränkung der Aufwertungsansprüche durch gesetzliche Vorschrift. Enteignung ist die Entziehung oder Einschränkung von Privatrechten durch speziellen Verwaltungsakt, nicht durch gesetzgeberischen Eingriff (Fleischmann, Staatslexikon II S. 17; Anschütz, RVerf. Art. 153 Anm. 4); deshalb kann auch aus Abs. 2 des Art. 153 eine Unwirksamkeit des Gesetzes nicht hergeleitet werden. Eine Abweichung von den Vorschriften dieses Absatzes würde übrigens auch dann nicht vorliegen, wenn die Aufwertungsvorschriften des Gesetzes eine Enteignung darstellten. Denn auch eine Enteignung kann nach Art. 153 Abs. 2 stattfinden zum Wohle der Allgemeinheit auf gesetzlicher Grundlage, und zwar ohne Entschädigung, wenn ein Reichsgesetz so bestimmt. Diese Voraussetzungen sind aber durch das Gesetz erfüllt. Daß die Aufwertungsgesetzgebung, die durch die 3. StNVO. eingeleitet und durch das Aufwertungsgesetz fortgesetzt worden ist, dem Wohle der Allgemeinheit dienen will, kann nach ihrem Anlasse und den für sie in der Öffentlichkeit von verantwortlicher Stelle angegebenen Gründen, deren subjektive Ernstlichkeit nicht angezweifelt werden kann und die sie als geradezu lebensnotwendig für das deutsche Volk mit dem größten Nachdruck bezeichnet haben, nicht bestritten werden und wird auch dadurch nicht widerlegt, daß sie neben anderen Zielen, insbesondere der Verhütung angeblich untragbarer rechtlicher, wirtschaftlicher und steuerlicher Unsicherheit und daraus entstehender zahlloser Prozesse auch die steuerliche Ausnutzung der infolge der Beschränkung der Aufwertung den Schuldnern verbleibenden Inflationsgewinne ermöglicht hat. Ob sie letzten Endes dem Gemeinwohle tatsächlich einen Dienst geleistet hat, kann bei ihrer Anwendung durch die Gerichte unmöglich nachgeprüft werden. Ausgeschlossen wird der Zweck, dem Allgemeinwohle zu dienen, auch nicht dadurch, daß im Erfolge gewisse Einzelne (Schuldner) daraus Vorteile ziehen, andere (gewisse Gläubiger) durch sie Schaden erleiden. Die Nichtentschädigung der letzteren aber würde, falls eine „Enteignung" vorläge, gedeckt sein dadurch, daß ein Reichsgesetz die Entschädigung ausgeschlossen hat.

Es ist aber auch behauptet worden, daß die Aufwertungsvorschriften eine Abweichung von Art. 105 RVerf. enthielten, der lautet:

„Ausnahmegerichte sind unstatthaft. Niemand darf seinem gesetzlichen Richter entzogen werden."

Auch das kann aber nicht als richtig anerkannt werden. Das RG. hat in dem Beschlusse der Vereinigten Zivilsenate vom 22. Februar 1924 (RGZ. 107 320), in welchem es sich um die Rechtsgültigkeit der §§ 1 und 2 der Demobilmachungs-Abgeltungs-Erweiterungsverordnung vom 24. Oktober 1923 handelte, ausgesprochen, daß der aus dem GVG. (§ 16) herübergenommene Art. 105 Satz 1 RVerf. nichts daran geändert hat, daß die Abgrenzung des Gebietes der Zuständigkeit der ordentlichen Gerichte in bürgerlichen Rechtsstreitigkeiten Sache der einfachen (nicht verfassungsändernden) Gesetzgebung ist, und daß diese zu bestimmen hat, wer der „gesetzliche Richter" sein soll. Es kann deshalb kein Verstoß gegen die genannte Verfassungsvorschrift darin gefunden werden, daß die Aufwertungsgesetzgebung es der Reichsregierung ermöglicht hat, als „Aufwertungsstellen" auch nicht gerichtliche Behörden oder sonstige Stellen zu bezeichnen, zumal diese unter der Rechtskontrolle der Oberlandesgerichte stehen und jetzt auch die Nachprüfung in tatsächlicher Hinsicht durch

---

lungen der Nationalversammlung, 62. Sitzung S. 1748). Die Möglichkeit der „Sozialisierung" des Eigentums sollte innerhalb gewisser Schranken gewahrt bleiben. Von dieser Möglichkeit hat die dritte Steuernotverordnung und jetzt das AufwGes. Gebrauch gemacht.

die Landgerichte zugelassen ist (vgl. § 9 und Anm. dazu). Auch Ausnahmegerichte (§ 105 Satz 2 RVerf.) sind die Aufwertungsstellen nicht, vielmehr Sondergerichte.

Schließlich wird auch die in der Eingabe des Vorstandes des Richtervereins beim RG. (Anh. III) angedeutete Möglichkeit, daß die Gerichte die Anwendung eines Gesetzes, welches die Aufwertung verbietet, als den guten Sitten widersprechend ablehnen könnten, nicht anerkannt werden können. Zwar kann bei Auslegung eines der Auslegung bedürftigen Gesetzes der Richter davon ausgehen, daß der Gesetzgeber etwas Unsittliches nicht gewollt habe. Wo aber klar ist, was der Gesetzgeber gewollt hat, und es daher einer Auslegung nicht bedarf, ist der Richter an den gewollten Gesetzesinhalt gebunden, ohne darüber ein für die Entscheidung in Betracht zu ziehendes Werturteil fällen zu können. Die Rechtsprechung muß eben vor der höheren Macht des Gesetzgebers, deren Ausübung dieser allein zu verantworten hat, die Segel streichen!

Im wesentlichen in Übereinstimmung mit den oben hervorgehobenen rechtlichen Gesichtspunkten hat der 5. Zivilsenat des Reichsgerichts in dem Urteile vom 1. März 1924 RGZ. 107 370 (Auszug in Anhang II) die Rechtsgültigkeit der Aufwertungsbestimmungen der 3. StNVO. unter dem Gesichtspunkte der Verfassungsmäßigkeit anerkannt. Sehr mit Unrecht ist ihm daraus von einzelnen und von Verbänden der Beteiligten in direkten Zuschriften und in der Presse der Vorwurf gemacht worden, er sei von den in seinem Urteile vom 28. November 1923 vertretenen Grundsätzen abgewichen und habe die Rechte der Gläubiger der Regierung zuliebe preisgegeben. Ein Hinausgehen des höchsten Gerichtshofes über die ihm durch die Gesetze zugewiesenen Aufgaben würde die Vollendung des Chaos im Staatsleben bedeuten! In dem gleichen Sinne hat der Senat seitdem auch in einem Beschlusse vom 24. Mai 1924, RGZ. 108 182, und einem Urteile vom gleichen Tage, Warn. 1923/24, 203[165] sich ausgesprochen.

§ 1.

(1) Ansprüche, die auf vor dem 14. Februar 1924 begründeten Rechtsverhältnissen beruhen[1] und die Zahlung einer bestimmten in Mark oder einer anderen nicht mehr geltenden inländischen Währung ausgedrückten Geldsumme zum Gegenstande haben[2], werden nach Maßgabe dieses Gesetzes[3] aufgewertet, wenn sie durch den Währungsverfall betroffen sind[4]. Dies gilt nicht, wenn der verbliebene Goldwert das für die Aufwertung vorgesehene Maß erreicht oder übersteigt[5].

(2) Soweit die Aufwertung durch ein Sondergesetz geregelt ist, finden die Vorschriften dieses Gesetzes keine Anwendung[6].

1. „**Anspruch**" ist das Recht, von einem anderen ein Tun oder Unterlassen zu verlangen (§ 194 BGB.). Er entspringt aus einem **Rechtsverhältnisse**, d. h. aus einem Inbegriffe von rechtlich bedeutsamen Beziehungen einer Person zu einer anderen oder einer Person zu einer Sache. Im ersteren Falle ist das Rechtsverhältnis ein schuldrechtliches (Schuldverhältnis), im letzteren Falle ein dingliches. Auch aus einem dinglichen Rechtsverhältnisse können Ansprüche entstehen, und zwar bei manchen Arten von dinglichen Rechtsverhältnissen nicht erst durch die Verletzung, sondern von vornherein, so bei der Hypothek, der Grundschuld und der Rentenschuld der Anspruch gegen den Eigentümer, die Zwangsvollstreckung in das Grundstück zur Befriedigung des Gläubigers zu dulden (§§ 1113, 1191, 1199; RGZ. 49 109). — Ein Anspruch

fällt dann unter das Gesetz, wenn das **Rechtsverhältnis**, auf dem er beruht, **vor dem 14. Februar 1924** — das war der Tag des Inkrafttretens der 3. StNVO. — **begründet** war. Begründet ist das Rechtsverhältnis, sobald die rechtlichen Beziehungen, die seinen Inhalt bilden, eingetreten sind, also bei vertraglichen schuldrechtlichen Rechtsverhältnissen, sobald der sie begründende Vertrag rechtsverbindlich geschlossen ist. Ein dingliches Rechtsverhältnis wird, sofern es auf Rechtsgeschäft beruht, erst mit der Eintragung begründet (§ 873 BGB.); es genügt also nicht zur Anwendung des Gesetzes, wenn die Einigung vor ihrem Inkrafttreten stattgefunden hat. Nicht erforderlich ist, daß auch der Anspruch, der aufgewertet werden soll, bereits vor Inkrafttreten der VO. im Sinne des § 194 BGB. „entstanden" ist; auch zu dieser Zeit noch betagte oder bedingte Ansprüche fallen daher unter das Gesetz also namentlich noch nicht fällige Darlehnsforderungen, Hypothekenansprüche, Lebensversicherungsansprüche u. dgl.

2. Dem Gegenstande nach muß das Rechtsverhältnis oder richtiger der in Frage stehende einzelne Anspruch gerichtet sein auf **Zahlung einer bestimmten in Mark** — d. h. in der bis zu dem neuen Münzgesetz in Geltung gewesenen Papiermarkwährung (vgl. die Einleitung I S. 1ff., insbesondere S. 7) — **oder einer anderen nicht mehr geltenden inländischen Währung** — als solche kommen die früher in Deutschland in Geltung gewesenen Währungen der Länder (Thaler, süddeutsche Gulden, Hamburger Mark Banko usw.) in Betracht — **ausgedrückten Geldsumme**. Über den Begriff der Geldsumme vgl. Einleitung aaO. Ausgeschlossen sind demnach Geldforderungen auf eine in ausländischer Währung ausgedrückte Geldsumme (§ 244 BGB.); sie sind von der Geldentwertung nicht betroffen, da, soweit sie in Reichswährung bezahlt werden können, die Umrechnung nach dem Kurswerte erfolgt, der zur Zeit der tatsächlichen Zahlung (nicht der Fälligkeit, RGZ. 101, 312) maßgebend ist. Geldsortenschulden, d. h. solche, die in einer bestimmten inländischen Münzsorte zu zahlen sind (§ 245 BGB.), fallen insoweit unter das Gesetz, als die Vereinbarung der Münzsorte nicht mehr wirksam ist, so die vor 31. Juli 1914 vereinbarten Goldklauseln (vgl. Einleitung unter I), oder die Münzsorte nicht mehr in Umlauf ist, da sie in diesem Falle einer gewöhnlichen Währungsschuld gleichstehen (§ 245). Letzteres ist der Fall bei nach 31. Juli 1914 vereinbarten Goldklauseln, da Goldmünzen in Deutschland seit Kriegsbeginn nicht mehr in Umlauf waren und es auch jetzt noch nicht sind. Forderungen mit Goldwertklauseln, d. h. Vereinbarungen, wonach ein dem jeweiligen Wertverhältnis des Goldes zur Währung entsprechender Betrag in Reichswährung zu zahlen ist (RGZ. 103, 385), fallen nicht unter das Gesetz, da sie nicht auf eine bestimmte Geldsumme gerichtet sind. Ob eine Goldklausel hilfsweise als Goldwertklausel aufgefaßt werden kann (in welchem Falle sie den Aufwertungsbeschränkungen entzogen sein würde), ist Sache der Auslegung; bisher ist die Frage von den Instanzgerichten wohl regelmäßig verneint und diese recht bedenkliche Auslegung als mit der Revision nicht angreifbar erachtet worden (RGZ. 101, 141; 103, 384; RG. 16. Januar 1924 — V 660/1922 —). Wegen der schweizerischen Goldhypotheken vgl. Anm. 1 zu § 87. Auch Vereinbarungen, denen zufolge der Schuldner die Gefahr des Sinkens der deutschen Valuta zu tragen hat (RGZ. 100, 79), bleiben von dem Gesetze unberührt, weil das Rechtsverhältnis nicht eine bestimmte Geldsumme zum Gegenstande hat (vgl. § 67 Abs. 3 u. Anm.). — Ansprüche, die auf eine Geldsumme lauten, deren Betrag sich nach dem derzeitigen Werte (Kurse) eines anderen wirtschaftlichen Gutes — Kohle, Roggen, Kali — richten soll, sind gleichfalls nicht auf eine bestimmte Geldsumme gerichtet und werden deshalb von den Aufwertungsbestimmungen des Gesetzes nicht betroffen. Auch Ansprüche auf Zahlung in Goldmark oder Rentenmark fallen nicht unter die nach § 1 aufzuwertenden Ansprüche.

3. Den Gegenstand der Aufwertung **nach Maßgabe dieses** (des Aufwertungs-)

Gesetzes bilden alle Arten von Ansprüchen. Doch regelt das Gesetz selbst materiell erschöpfend nur die Aufwertung der in den Abschnitten 2—8 aufgeführten einzelnen Arten von Ansprüchen; hinsichtlich der Aufwertung von anderen Ansprüchen verweist es grundsätzlich auf die „allgemeinen Vorschriften" (§ 62) und gibt nur für gewisse „andere Ansprüche" einzelne davon abweichende Vorschriften (§§ 63—66), welche die Anwendung der allgemeinen Vorschriften insoweit ausschließen, so namentlich für „Vermögensanlagen" (zu ergänzen: „anderer als der in den Abschnitten 2—8 bezeichneten Art") durch Festsetzung eines Höchstbetrages der Aufwertung, der nicht überschritten werden darf. Vgl. näheres zu §§ 62, 63. Diese Stoffanordnung ist an die Stelle der noch verwickelteren der 3. StNVO. getreten, die zwischen Ansprüchen aus „Vermögensanlagen im Sinne dieser Verordnung" (§ 1 Abs. 1, 2) und „Vermögensanlagen anderer als der in § 1 Abs. 2 bezeichneten Art" (§ 12 Abs. 1) unterschied und dann gewisse Ansprüche aufzählte, die nicht als Vermögensanlagen im Sinne des (§ 12) Abs. 1 gelten sollten (§ 12 Abs. 2). Vgl. näheres in der ersten Auflage dieses Kommentars zu § 1 Anm. 3 und zu § 12 Anm. 1, 2.

4. Weitere Voraussetzung der Aufwertung ist, daß der Anspruch durch den Währungsverfall betroffen ist. Unter dem Währungsverfalle wird im Sinne des Gesetzes, wie vorher schon der 3. StNVO., der bis kurz vor ihrem Inkrafttreten eingetretene, in der letzten Zeit vorher (seit Mitte November 1923) durch die überraschend erfolgte Stabilisierung der Mark zum Stillstand gekommene Verfall der damaligen gesetzlichen Reichswährung (also der Papiermark, vgl. Einleitung unter IV) zu verstehen sein. Ein etwa in Zukunft wieder eintretender neuer Währungsverfall, der von mancher Seite immer noch befürchtet, von autoritativer Seite — dem Reichsbankpräsidenten Dr. Schacht — aber für ausgeschlossen erklärt wird, würde die Anwendung der Bestimmungen des Gesetzes, die aus der gegenwärtigen wirtschaftlichen Lage hervorgegangen und ihr angepaßt sind, nicht rechtfertigen. Das Rechtsverhältnis braucht aber anderseits nicht zu einer Zeit begründet zu sein, als der Währungsverfall noch nicht begonnen hatte, also in vollem Goldmarkbetrage; auch während der Zeit des Verfalls, aber vor dem zuletzt eingetretenen katastrophalen Umfange begründete Ansprüche unterliegen der Aufwertung, unter Zugrundelegung des sich für sie ergebenden Goldmarkbetrags (§§ 2, 3), und zwar, soweit nicht die „allgemeinen Vorschriften", sondern die besonderen Bestimmungen des Aufwertungsgesetzes anzuwenden sind, ohne Rücksicht darauf, ob ihnen nach Treu und Glauben überhaupt eine Aufwertung zukommen würde, insbesondere ob sie nicht in spekulativer Absicht unter Ausnutzung der bereits eingetretenen Geldentwertung aus der Erwartung künftig wieder steigenden Geldwerts heraus erfolgt sind. Auch darin liegt eine bemerkenswerte Abweichung von der reichsgerichtlichen Rechtsprechung. — Der Anspruch muß von dem Währungsverfalle „betroffen" sein; dieser Ausdruck ist von dem Reichstagsausschusse an die Stelle des in der 3. StNVO. und noch in der Reichstagsvorlage gebrauchten Ausdrucks „entwertet" gesetzt worden, und zwar, wie der Bericht (zu § 1 S. 4) ergibt, „um auch der Rechtsauffassung Rechnung zu tragen, daß durch die Geldentwertung überhaupt keine Entwertung des Rechts eingetreten, die Forderungen vielmehr ihrer Substanz nach erhalten geblieben seien". Diese Begründung bezieht sich auf die in Anm. 3 vor § 1 dargelegte Rechtslage. Folgerichtig durfte allerdings das Gesetz, wenn es der in dem Bericht bezeichneten Rechtsauffassung Rechnung tragen wollte, derzufolge die Ansprüche nicht entwertet sind, überhaupt nicht von Aufwertung, sondern nur von Aufrechterhaltung oder Verminderung ihres Wertes (Abwertung) sprechen. — Der Ausdruck: „Die Ansprüche werden aufgewertet" bedeutet nicht etwa eine Anweisung an das Gericht oder die Aufwertungsstelle, durch eine rechtsgestaltende Entscheidung die Ansprüche „aufzuwerten", sondern enthält selbst schon die Aufwertungshandlung, die somit

durch das Gesetz erfolgt und der gegenüber der Ausspruch der im Streitfalle zur Entscheidung berufenen Stelle nur die Bedeutung einer deklarativen Feststellung des eingetretenen gesetzlichen Rechtszustandes hat, während Vereinbarungen über die Aufwertung, die gleichfalls zulässig sind (vgl. § 67 Abs. 3 und Anm. dazu), eine rechtsgeschäftliche Gestaltung des Rechtsverhältnisses bedeuten. Das Gesetz spricht deshalb folgerichtig von „aufgewerteten" Ansprüchen (Rechten) und bezeichnet damit die der Aufwertung nach Maßgabe des Gesetzes unterliegenden Ansprüche (§§ 6, 7, 22, 23, 56, 60). Über die Herabsetzung der Aufwertung vgl. Anm. zu § 8.

5. Das im Satz 1 Verordnete gilt nicht, d. h. eine Aufwertung findet nicht statt, wenn der verbliebene Goldwert das für die Aufwertung vorgesehene Maß erreicht oder übersteigt. Der „verbliebene Goldwert" ist der nach Abschluß der Inflationsperiode durch Stabilisierung der Mark dem Papiermarknennwerte des Anspruchs noch innewohnende Goldwert, der dadurch gefunden wird, daß der Nennbetrag durch 1 Billion geteilt wird. Statt der Worte: „das für die Aufwertung vorgesehene Maß" hieß es in der 3. StNVO. (§ 1 Abs. 1 Satz 2): „fünfzehn vom Hundert des ursprünglichen Goldmarkbetrags" und in der Reichstagsvorlage zum Aufwertungsgesetz: „das in § 2 Abs. 1 Satz 1, 2, Abs. 2—4 vorgesehene Maß". Beide Fassungen nahmen Bezug auf das für Vermögensanlagen vorgesehene normale Höchstmaß von 15 bzw. 25 v. H.; wenn dieses durch den verbliebenen Goldwert noch erreicht wurde, sollte keine Aufwertung stattfinden. In dem Reichstagsausschusse (vgl. den Bericht zu § 1 S. 4) wurde bei der ersten Lesung darauf aufmerksam gemacht, daß diese Vorschrift für sich allein keine praktische Bedeutung habe, da ihr Inhalt selbstverständlich sei, daß sie aber bedenklich sei im Hinblick auf § 3, der für (gewisse) dinglich gesicherte Forderungen eine höhere Aufwertung gestatte, die durch die Bestimmung ausgeschlossen werden würde, da eine Aufwertung nicht stattfinden solle, sobald der verbliebene Goldwert den normalen Höchstbetrag noch erreiche. Ein Antrag auf Streichung wurde abgelehnt. Zwischen der ersten und zweiten Lesung wurde aber die Fassung in die jetzige umgeändert. Auch und gerade in dieser Fassung sagt die Vorschrift etwas Selbstverständliches, da für eine Aufwertung kein Raum ist, wenn der verbliebene Goldwert das „für die Aufwertung vorgesehene Maß" erreicht. Sie ist aber anderseits auch nicht mehr bedenklich, da das „für die Aufwertung vorgesehene Maß" nicht unter allen Umständen das an den „normalen Höchstsatz" gebundene, vielmehr, soweit eine Aufwertung nach allgemeinen Vorschriften ohne Einschränkung auf einen solchen zulässig ist (§§ 10, 62), das nach diesen sich ergebende, nicht an den Höchstsatz gebundene Maß ist. Danach wird, sofern es sich um eine Hypothek handelt, die nach § 4 auf 25 v. H. aufzuwerten ist, eine Aufwertung noch stattzufinden haben, falls sie am 12. November 1923 erworben ist, da das Umrechnungsverhältnis (vgl. § 2) für diesen Tag laut der Anlage zum Gesetz 1 Billion = 5,27 Goldmark ist, mithin der schließlich verbliebene Goldwert von 1 Billion = 1 Goldmark weniger als 25 v. H. des ursprünglichen Goldmarkbetrags ausmacht; nicht dagegen, falls die Hypothek am 13. November 1923 erworben ist (Umrechnungsverhältnis für diesen Tag 1 Billion = 3,19 Goldmark, also verbliebener Goldwert mehr als 25 v. H. des ursprünglichen). Handelt es sich dagegen um einen Anspruch aus einem gegenseitigen Vertrage (§ 63 Abs. 3), so steht einer etwa aus allgemeinen Vorschriften sich ergebenden Aufwertung auch bei verbliebenem Goldwert von 25 v. H. nichts entgegen.

6. Die Bestimmung des Abs. 2 ist aus § 14 der 3. StNVO. hierher übernommen worden. Als Sondergesetz kommt namentlich in Betracht das Reichsgesetz über die anderweitige Festsetzung von Geldbezügen aus Altenteilsverträgen vom 18. August 1923. Da die Bestimmungen über den Altenteilsvertrag auf Grund des Vorbehalts in Art. 96 EG. BGB. landesgesetzlich geregelt sind, so überläßt das Gesetz es den obersten Landesbehörden, für wiederkehrende Geld-

leistungen, die aus solchen Verträgen geschuldet werden, eine den veränderten Verhältnissen entsprechende anderweite Festsetzung, soweit dies der Billigkeit entspreche, anzuordnen, sie also aufzuwerten, und zwar möglichst in der Form, daß die Geldleistung in eine Naturalleistung umgewandelt wird (§§ 1, 2). Zugleich läßt es auch eine Erweiterung des etwa zur Sicherheit der Geldleistung bestellten dinglichen Rechts zu, doch nicht mit dem Range dieses Rechts, sondern nur mit dem Range der „nächstbereiten Stelle", an der es im Grundbuche einzutragen ist (§ 4). Die Entscheidung über die Aufwertung ist dem Amtsgerichte in einem Einigungsverfahren übertragen (§ 5). Entsprechende Regelung ist vorgesehen für die gleichfalls landesgesetzlich (Art. 59 EG. z. BGB.) geregelten Versorgungsansprüche der Familienmitglieder gegenüber den Fideikommißinhabern (§ 1 Abs. 2). Da infolge der Sonderregelung die Vorschriften des Aufwertungsgesetzes keine Anwendung finden, so wird für die Rechte der in Betracht kommenden Gläubiger ausschließlich das genannte Sondergesetz maßgebend sein, auch soweit es sie ungünstiger stellt, als sie nach dem Aufwertungsgesetze gestellt sein würden, also namentlich hinsichtlich des Ranges der dinglichen Sicherung des 25 v. H. nicht übersteigenden Aufwertungsbetrags bei Hypotheken. Eine weitere sondergesetzliche Regelung der Aufwertung ist erfolgt durch mehrfache Verordnungen über die Erhöhung und Berechnung der Preise von elektrischer Arbeit, Gas und Leitungswasser (VO. vom 1. Februar 1919, RGBl. 135, in neuer Fassung bekanntgemacht am 16. Juni 1922, RGBl. 510, und VO. vom 24. Oktober 1923, RGBl. 996). Auch durch mehrere Gesetze, welche sich mit den Pachtverhältnissen befassen (Pachtschutzordnungen vom 9. Juni 1920, RGBl. 1193, und vom 29. Juni 1922, RGBl. I S. 529, abgeändert durch eine VO. vom 13. Februar 1924), ist die Möglichkeit eröffnet worden, Leistungen, welche unter den veränderten Verhältnissen nicht mehr gerechtfertigt sind, anderweit „festzusetzen", eine Aufgabe, die den Pachtschutzämtern übertragen ist.

II. Berechnung des Goldmarkbetrags[1] als Grundlage der Aufwertung

§ 2.

(1) Als Goldmarkbetrag[1] gilt bei Ansprüchen, die vor dem 1. Januar 1918 erworben sind, der Nennbetrag[2]. Ist der Anspruch später erworben, so wird der Goldmarkbetrag dadurch festgestellt, daß der Nennbetrag, im Falle des entgeltlichen Erwerbes der Erwerbspreis[3], nach Maßgabe des Wertverhältnisses umgerechnet wird, das in der Anlage zu diesem Gesetze für den Tag des Erwerbes bestimmt ist; ist ein Umrechnungsverhältnis für diesen Tag nicht bestimmt, so ist das letzte vorhergehende Umrechnungsverhältnis maßgebend[4]. An Stelle des Erwerbspreises ist der Nennbetrag der Berechnung zugrunde zu legen, wenn er, nach dem Zeitpunkt der Begründung des Anspruchs in Goldmark umgerechnet, niedriger ist[3]. Ein Erwerb, der nach dem 13. Februar 1924 stattgefunden hat, bleibt für die Berechnung des Goldmarkbetrags außer Betracht[5].

(2) Für Industrieobligationen, Pfandbriefe, Rentenbriefe, Kommunalobligationen und andere verzinsliche oder an Stelle der Verzinsung mit einem Aufgeld rückzahlbare Schuldverschreibungen, die auf den Inhaber lauten oder durch Indossament übertragbar sind,

gilt, wenn sie vor dem 1. Januar 1918 ausgegeben sind, als Goldmarkbetrag der Nennbetrag[3]. Sind die Schuldverschreibungen später ausgegeben, so wird der Nennbetrag nach Maßgabe des Wertverhältnisses umgerechnet, das in der Anlage zu diesem Gesetze für den Tag der Ausgabe bestimmt ist; ist ein Umrechnungsverhältnis für diesen Tag nicht bestimmt, so ist das letzte vorhergehende Umrechnungsverhältnis maßgebend[4]. Die näheren Bestimmungen über die Feststellung des Ausgabetags trifft die Reichsregierung[5].

1. Soweit Ansprüche nach einem von vornherein festbestimmten Satze zur Aufwertung gelangen, bildet die Grundlage der Aufwertung der **Goldmarkbetrag**, von welchem der Aufwertungssatz als ein größerer oder geringerer Hundertsatz bestimmt ist (§§ 4, 33, 51 des Gesetzes). Auch der Höchstsatz, den die Aufwertung von Vermögensanlagen nicht übersteigen darf (§ 63), ist ein Hundertsatz des Goldmarkbetrages. Der Goldmarkbetrag ist der Betrag des Anspruchs, ausgedrückt in der Währungseinheit der deutschen Vorkriegszeit, der Mark, die bis zum 4. August 1914 in einem bestimmten Wertverhältnisse zum Golde stand, also eine Goldmark war. Vgl. die Einleitung unter I. Bis zu diesem Zeitpunkte war deshalb der Markbetrag (Nennbetrag), von unerheblichen Kursschwankungen abgesehen, dem Goldmarkbetrage gleich. Seit dieser Zeit tritt eine, wenn auch zunächst allmähliche, Loslösung der Mark vom Golde ein. Es bedurfte deshalb für die spätere Zeit einer Bestimmung darüber, in welcher Weise der Goldmarkbetrag aus dem Nennbetrage berechnet werden soll. Diese Bestimmung ist in den §§ 2 und 3 des Gesetzes enthalten. Für die Berechnung des Goldmarkbetrags hat das Gesetz nicht bei allen derart aufgewerteten Ansprüchen den gleichen Zeitpunkt zugrunde gelegt; es erklärt vielmehr für einen Teil davon den Tag des „Erwerbs", für einen anderen Teil den Tag der Ausgabe der Schuldverschreibungen usw. als maßgebend. Auf die Ansprüche der ersteren Art bezieht sich § 2 Abs. 1 und § 3, auf die der anderen § 2 Abs. 2. Das ist im Texte nicht zu deutlichem Ausdrucke gekommen, indem Abs. 1 des § 2 von Ansprüchen, die vor dem 1. Januar 1918 oder später „erworben" sind, ohne Einschränkung spricht und Abs. 2 dann die Ansprüche (aus Schuldverschreibungen usw.) aufführt, bei denen nicht der Erwerb, sondern die Ausgabe der Schuldverschreibungen usw. maßgebend sein soll. Es erklärt sich das aus der Entstehungsgeschichte des Gesetzes. In der 3. StNVO. und noch in der Reichstagsvorlage waren nämlich die Bestimmungen über die Berechnung des Goldmarkbetrags bei den einzelnen Ansprüchen getroffen (§ 2 Abs. 2, § 4 Abs. 2, § 12 Abs. 1 VO.), während sie in dem Gesetze infolge der eingetretenen systematischen Umarbeitung unter die „allgemeinen Bestimmungen" aufgenommen worden sind. Bei der zweiten Lesung im Reichstagsausschusse sind auf Anregung der Reichsregierung in § 3 Abs. 1 und 2 an die Stelle der Worte: „bei Feststellung des Erwerbstages" die Worte gesetzt worden: „bei Berechnung des Goldmarkbetrags". In Wirklichkeit handelt es sich um die für die Feststellung bzw. Berechnung des Goldmarkbetrags erforderliche Feststellung, welcher Tag als Erwerbstag zu gelten hat (vgl. Anm. 1 zu § 3).

2. Obwohl bereits seit dem 4. August 1914 die Mark nicht mehr Goldmark war (vgl. Anm. 1), erklärt das Gesetz den Nennbetrag als maßgebend für die Aufwertung der auch später noch, und zwar **vor dem 1. Januar 1918** erworbenen Ansprüche (Abs. 1 Satz 1) bzw. ausgegebenen Schuldverschreibungen (Abs. 2 Satz 1). An diesem Tage entsprach der Wert der damaligen Währungseinheit, die schon Papiermark war, nicht mehr vollständig dem Werte, den die Mark als Mark der Goldwährung im Verhältnis zum Golde gehabt hatte. Die bis dahin eingetretene Entwertung war aber verhältnismäßig unbedeutend (der Stand der Mark im Verhältnis zum Dollar war

im Auslande im Januar 1918 etwa 1 zu 5,5 an Stelle der Friedensparität von 1 zu 4,2; die innere Kaufkraft der Mark war aber noch eine höhere). Das Gesetz konnte deshalb die bis dahin eingetretene Differenz außer acht lassen und den Goldmarkbetrag eines Anspruchs zu diesem Zeitpunkte seinem Nennbetrage gleichsetzen. Die Aufwertung vollzieht sich hier einfach in der Weise, daß 25 v. H. des Nennbetrags in „Goldmark" berechnet werden, also in einer wertbeständigen Rechnungseinheit, und zu zahlen sind in der zur Zeit der Zahlung ihr entsprechenden Menge von gesetzlichen Zahlungsmitteln. Nach § 2 I DurchfVO. zur 3. StNVO. sollte die Höhe der Geldsumme, die auf Grund des so aufgewerteten Rechts zu zahlen ist, in der Weise bestimmt werden, daß eine Goldmark des Aufwertungsbetrags dem jeweiligen Preise von $^1/_{2790}$ Kilogramm Feingold gleichgesetzt wird, wobei der für den Tag der Fälligkeit amtlich festgestellte Preis (§ 2 VO. zur Durchführung des Gesetzes über wertbeständige Hypotheken vom 29. Juni 1923, RGBl. I 482) maßgebend sein sollte. Die Gültigkeit dieser Durchführungsbestimmung ist von Mügel (2. Aufl. S. 57 und DJZ. 1924 S. 420) verneint worden, weil sie eine Abänderung des § 2 Abs. 2 VO. enthalte, wonach der Dollarkurs maßgebend sein sollte. Sie bezog sich indessen nicht auf die in § 2 Abs. 2 VO. geregelte Feststellung des Goldmarkbetrags, sondern auf die Umrechnung des festgestellten Goldmarkbetrags in die gesetzliche Währung. Eine derartige Umrechnung über den Goldpreis würde jetzt nicht mehr erforderlich sein, nachdem durch das Münzgesetz (vgl. die Einleitung unter I) die Reichsmark als gesetzliche Währungseinheit eingeführt und der Schuldner als berechtigt erklärt worden ist, eine in der bisherigen Währung zahlbare Schuld in der Weise zu leisten, daß eine Billion (Papier-) Mark einer Reichsmark gleichgesetzt wird*). Darüber, welcher Tag als Tag des Erwerbes anzusehen, vgl. § 3 und Anm. dazu. Danach bestimmt es sich, ob der Anspruch als vor dem 1. Januar 1918 erworben gilt.

3. **Für die nicht vor dem 1. Januar 1918 erworbenen Ansprüche** (Abs. 1), die zu einem bestimmten Hundertsatze des Goldmarkbetrags oder nicht über diesen hinaus aufgewertet werden, bedarf es zur Feststellung ihres Goldmarkbetrags (vgl. Anm. 1) einer Umrechnung des Papiermarkbetrags, in dem sie ausgedrückt sind, in Goldmark für den maßgebenden Stichtag. Als Stichtag ist (soweit es sich nicht um die in Abs. 2 bezeichneten Schuldverschreibungen handelt; über diese vgl. Anm. 4) maßgebend der **Tag des Erwerbes** (Abs. 1 Satz 2). Darüber, welcher Tag als Tag des Erwerbes zu gelten hat, vgl. Anm. 1, 2 zu § 3. Der Umrechnung ist bei entgeltlichem Erwerbe der Erwerbspreis; im übrigen, also bei unentgeltlichem Erwerbe, der Nennbetrag zugrunde zu legen (Abs. 1 Satz 2). Auch bei entgeltlichem Erwerbe ist der Nennbetrag zugrunde zu legen, falls er, nach dem Zeitpunkte der Begründung des Anspruchs in Goldmark umgerechnet, niedriger ist. Diese Unterscheidung bezieht sich nur auf den Fall, daß eine Rechtsnachfolge auf der Gläubigerseite eingetreten ist. Die Differenz muß danach bestehen zwischen dem nach der Zeit der Begründung des Anspruchs (des Erwerbs durch den ursprünglichen Gläubiger) in Goldmark umgerechneten Nennbetrage und dem nach dem Zeitpunkte des Erwerbs des Anspruchs im Sinne von § 3 in Goldmark umgerechneten Erwerbspreise; nur wenn dabei jener sich als niedriger erweist, so daß, falls der Anspruch in der Hand des ursprünglichen Gläubigers geblieben wäre, dieser nur eine geringere Aufwertung hätte verlangen können, kommt nicht der Erwerbspreis, sondern der Nennbetrag

---

*) Durch die VO. des Reichsjustizministers vom 9. Oktober 1925 (RGBl. 385), die auf Grund des § 88 Abs. 2 Aufw.Gesetz erlassen worden ist, — **Anhang XXIII** — ist jedoch die gleiche Bestimmung wiederum eingeführt worden. Die Aufwertungsbeträge sind dadurch bis zur Fälligkeit auch gegenüber der jetzigen Währung wertbeständig. Vgl. aber zu § 34 Anm. 8.

in Betracht. Es liegt darin eine Abweichung von der 3. StNVO., die in § 2 Abs. 2 Satz 2, 4 der Feststellung des Goldmarkbetrages grundsätzlich den Nennbetrag und nur ausnahmsweise, falls der Erwerbspreis niedriger, diesen zugrunde legte, wobei sowohl der Nennbetrag wie der Erwerbspreis in ihrem Papiermarkbetrage bei der Vergleichung berücksichtigt wurden. Durch diese Änderung sollen (wie die Begr. S. 12 ausführt) die Unbilligkeiten vermieden werden, die sich daraus ergäben, daß derjenige, der bei dem Erwerbe eines Anspruchs im Wege der Zession dem Zedenten bereits eine gewisse Aufwertung zugebilligt hat, geschädigt werde, zugleich aber Vorsorge getroffen werden, daß einem solchen Erwerber in keinem Falle ein höherer Betrag zukomme als dem Ersterwerber des Rechts; vgl. Anm. 1 zu § 3. — Ein entgeltlicher Erwerb im Sinne des Gesetzes wird nur vorliegen, wenn ein Erwerbspreis, also eine Gegenleistung in Geld, für den Erwerb gewährt worden ist; nicht wenn andere Gegenleistungen (Sachwerte, Dienste) dafür gegeben worden sind. Steht der angebliche Erwerbspreis in so auffälligem Mißverhältnis zu dem Werte des übertragenen Rechts, daß damit auf die Absicht einer ganz oder teilweise unentgeltlichen Verfügung geschlossen werden kann, so wird insoweit der Nennbetrag, auch wenn er höher ist, zugrunde zu legen sein. Der Erwerbspreis wird sich nicht immer leicht feststellen lassen, da das der Abtretung zugrunde liegende Kausalgeschäft (Kauf usw.) in der Regel formlos abgeschlossen werden kann. Ist er streitig, so wird der Nennbetrag zugrunde gelegt werden müssen, falls nicht der Schuldner einen Erwerbspreis nachweist, der niedriger ist, als der nach der Zeit seiner Begründung in Goldmark umgerechnete Nennbetrag.

4. Für die **Umrechnung** zum Zwecke der Feststellung des Goldmarkbetrags der nicht vor dem 1. Januar 1918 erworbenen Ansprüche gemäß § 2 Abs. 1 Satz 2 (vgl. Anm. 3) bedarf es der Feststellung, in welchem Verhältnisse an dem maßgebenden Tage die damals zur Papiermark gewordene Mark, in welcher der Nennbetrag des Anspruchs ausgedrückt war, zu der früheren Goldmark stand. Dazu bedarf es der Zuhilfenahme eines das Verhältnis der Papiermark zum Golde anzeigenden Wertmessers (Index). Als solcher war in der 3. StNVO. (§ 2 Abs. 2 Satz 2 Halbsatz 2, § 4 Abs. 2 Satz 2) der nach dem letzten auf Grund der amtlichen Berliner Kurse für Auszahlung New-York errechnete Mittelkurs des im Golde verankerten amerikanischen Dollars bestimmt. Gegen diese Art der Umrechnung wurde aber alsbald mit Recht geltend gemacht, daß der für den Devisenverkehr mit dem Auslande maßgebend gewesene Kurs nicht der gleichzeitigen inneren Kaufkraft der Mark entsprochen habe, diese vielmehr längere Zeit hindurch, insbesondere seit Juni 1919 bis zum Beginne der letzten Stadien der Inflationsperiode, eine erheblich höhere gewesen sei, und daß deshalb durch die Umrechnung nach dem Devisenkurse die Gläubiger geschädigt würden, da die von ihnen für den Erwerb des Anspruchs aufgewendeten Mittel (Sach- oder Papiermarkwerte) einen höheren Goldmarkwert dargestellt hätten als unter Zugrundelegung des Dollarkurses errechnet wurde. Es wurde deshalb namentlich von den Organisationen der Hypothekengläubiger verlangt, daß der Lebenshaltungsindex der Umrechnung zugrunde gelegt werde, d. h. das statistisch festgestellte Verhältnis der in Papiermark ausgedrückten Kosten der allgemeinen Lebenshaltung zu der maßgebenden Zeit zu den gleichen Kosten in der Vorkriegszeit, unter Herrschaft der Goldmark. Von anderer Seite (Zeiler) wurden Umwertungszahlen aufgestellt und als Grundlage der Aufwertung vorgeschlagen, die unter Berücksichtigung der seit der Vorkriegszeit eingetretenen Senkung des Durchschnittswohlstandes des deutschen Volkes berechnet waren. Die Denkschrift (S. 36) führte aus, daß diese Umrechnungsarten zu Aufwertungsbeträgen führen müßten, die um ein Vielfaches höher seien als die in der 3. StNVO. vorgesehenen, und daß sie für viele Schuldner eine „Vervielfältigung ihrer Lasten" (d. h. der ihnen durch die 3. StNVO. nach belassenen Lasten) bedeuten

würde. Dabei ist freilich außer acht gelassen, daß die Aufwertung der 3. StNVO. in Wirklichkeit eine doppelte Abwertung bedeutete, nämlich zunächst durch Umrechnung nach dem gegenüber der Kaufkraft der Mark zu hohen Dollarkurs und sodann noch durch die Herabsetzung auf einen geringen Hundertsatz des berechneten Goldmarkbetrags. Gegen die Abkehr von dem Dollarindex erhob die Denkschrift noch das besondere Bedenken, daß die 3. StNVO. alle Hypotheken ohne Rücksicht auf ihren Rang, auch die „Schornsteinhypotheken", gleichmäßig aufgewertet habe und daß es nicht richtig sein würde, durch Abkehr von dem Dollarindex mit der Nivellierung aller Hypotheken ohne Rücksicht auf ihren Rang fortzufahren. Die Denkschrift führte weiter aus, wenn man von dem Dollarindex durchaus abgehen wolle, so könne der Lebenshaltungsindex nicht in Frage kommen, da man dadurch „von einem Extrem ins andere geraten würde". Dementsprechend hat die Reichstagsvorlage in Abs. 4 des § 2 der Berechnung des Goldmarkbetrags ein bestimmtes, für die in Betracht kommenden einzelnen Zeitpunkte in einer Anlage zum Gesetz angegebenes Umrechnungsverhältnis zwischen Papiermark und Goldmark zugrunde gelegt, das der inländischen Kaufkraft der Mark Rechnung tragen soll (Begr. S. 11), wie in der beigefügten „Wirtschaftlichen Begründung für das Umrechnungsverhältnis zur Goldmark" (Anhang VII dieses Kommentars) näher dargelegt ist. Dieses Umrechnungsverhältnis ist in der Weise gefunden worden, daß der Umrechnung eine „Aufwertungsmeßzahl" zugrunde gelegt ist, die im allgemeinen den arithmetischen Durchschnitt (das „Mittel") darstellt zwischen dem Dollarindex (d. i. der jeweilige Dollarkurs geteilt durch die Vorkriegsparität) und dem Großhandelsindex (d. i. die Notierung der Großhandelspreise für den in Betracht kommenden Stichtag im Verhältnisse zu der von 1913, diese gleich eins gesetzt); nur in den Fällen, in denen der Großhandelsindex den Dollarindex überstieg, ist der Dollarindex allein als Aufwertungsmeßzahl zugrunde gelegt. Die „Aufwertungsmeßzahlen" sind in Unteranlage 1 u. 2 zur Begründung der Reichstagsvorlage (S. 19ff.) angegeben und erläutert. Die daraus sich ergebenden Umrechnungsverhältnisse von Papiermark in Goldmark sind dem Gesetze als Anlage beigefügt; vgl. den Abdruck am Schlusse des Textes. Nach diesen Verhältnissen ist der Nennbetrag bzw. der Erwerbspreis des Anspruchs umzurechnen, z. B. für den 1. Januar 1920 Wert von 100 Papiermark gleich 9,67 Goldmark. Das Ergebnis bildet den Goldmarkbetrag. Im Reichstagsausschusse ist freilich die Zugrundelegung dieses „Mittels" und die dafür gegebene Rechtfertigung lebhaft bekämpft und es ist geltend gemacht worden, daß der Großhandelsindex sich nur unwesentlich von dem Dollarindex unterschieden habe und daß deshalb ein „Mittel" zwischen beiden ebensowenig wie dieser allein die wirkliche innere Kaufkraft der Mark, die maßgebend sein müsse, zur Geltung bringe; es wurde von dem Abg. Best ein Antrag gestellt, der unmittelbar die innere Kaufkraft der Mark, die danach in jedem einzelnen Falle vom Gerichte frei hätte festgestellt werden müssen, zur Grundlage der vorzunehmenden Aufwertung machen wollte. Dieser Antrag wurde abgelehnt und es ist somit bei der in der Reichstagsvorlage vorgeschlagenen Art der Umrechnung verblieben. Das Umrechnungsverhältnis ist in der „Anlage" nicht durchweg für jeden einzelnen Tag, sondern für die Jahre 1918 und 1919 nur je für einen Monat, für die Jahre 1920—1922 und für 1923 bis Ende Mai je für eine Periode von 10 Tagen angegeben. Mit Rücksicht hierauf bestimmt § 2 Abs. 1 Satz 2 Halbsatz 2, daß, wenn ein Umrechnungsverhältnis für den Stichtag selbst nicht bestimmt ist, das letzte vorhergehende Umrechnungsverhältnis maßgebend sein soll.

5. Ein Erwerb, der nach dem 13. Februar 1924 — also seit dem Inkrafttreten der 3. StNVO. — stattgefunden hat, soll für die Berechnung des Goldmarkbetrags außer Betracht bleiben (§ 2 Abs. 1 Satz 4). Dieser zwischen der ersten und zweiten Lesung des Reichstagsausschusses eingefügte Satz gehört eigentlich nicht

hierher, sondern nach § 3, wo bestimmt ist, welcher „Erwerb" für die Feststellung des Erwerbstages und damit für die Berechnung des Goldmarkbetrags in Betracht kommt. Er bedeutet im übrigen, daß für die Aufwertung zugunsten des Gläubigers, der den Anspruch unter der Herrschaft der 3. StNVO. erworben hat, nicht der Tag dieses seines Erwerbs, sondern der Tag des Erwerbs desjenigen seiner Rechtsvorgänger, der den Anspruch zuletzt vor dem Inkrafttreten dieser Verordnung erworben hat, maßgebend ist. Es wird augenscheinlich vom Gesetze angenommen, daß bei einer unter der Herrschaft der 3. StNVO. erfolgten Veräußerung des Anspruchs die durch diese bestimmte Aufwertung in dem Erwerbspreise bereits berücksichtigt ist. Über die daraus für die Konkurrenz des früheren und des gegenwärtigen Gläubigers bei der „Rückwirkung" sich ergebenden Folgen vgl. Anm. zu § 17.

6. Über den Begriff der „Industrieobligationen" vgl. Anm. zu § 33, der Pfandbriefe, Rentenbriefe und Kommunalobligationen Anm. 3 zu § 47. Die Schuldverschreibungen juristischer Personen des öffentlichen Rechts als Unternehmer wirtschaftlicher Betriebe (Abschn. 6) fallen unter die in Abs. 2 näher bezeichneten „anderen" Schuldverschreibungen. — Bei den unter Abs. 2 fallenden Ansprüchen ist, in Abweichung von den unter Abs. 1 fallenden, nicht der Tag des Erwerbs der Schuldverschreibung durch den gegenwärtigen oder einen früheren Gläubiger, sondern der Tag der Ausgabe für die Feststellung bzw. Berechnung des Goldmarkbetrags maßgebend. Ist die Ausgabe vor dem 1. Januar 1918 erfolgt, so gilt — wie bei den Ansprüchen des Abs. 1 — der Nennbetrag ohne weiteres als Goldmarkbetrag; vgl. Anm. 2. Liegt der Ausgabetag später, so hat eine Umrechnung für den Tag der Ausgabe in der gleichen Weise zu erfolgen wie bei den Ansprüchen des Abs. 1 für den Tag des Erwerbes; vgl. die Anm. 4, 5. — Sonach ist es bei diesen Schuldverschreibungen für die Höhe der Aufwertung unerheblich, ob der Gläubiger, der sie im Augenblick besitzt, sie ursprünglich gezeichnet oder zu einer Zeit erworben hat, als noch Goldvaluta bestand, und ob er sie infolgedessen mit Goldvaluta bezahlt hat oder ob er sie in der Zeit der mehr oder weniger fortgeschrittenen Geldentwertung für Papiermarkbeträge, die einen unverhältnismäßig geringen Gegenwert darstellten, meist wohl in spekulativer Absicht erworben hat. Zur Rechtfertigung dieser abweichenden Behandlung ist in der Begründung zur 3. StNVO. angeführt, bei Massenanleihen könne naturgemäß nicht auf den Erwerbsakt der einzelnen Gläubiger abgestellt werden, vielmehr müsse die Aufwertungsquote für jede Obligationsserie einheitlich, und zwar vom Werte zur Zeit ihrer Ausgabe berechnet werden. Aus demselben Grunde kann bei Teilschuldverschreibungen über die Höhe der Aufwertung usw. nur einheitlich gegenüber allen Gläubigern entschieden werden; vgl. § 46 u. Anm. — Der Tag der Ausgabe ist derjenige, an welchem die Schuldverschreibungen den ersten Erwerbern von dem Anleiheschuldner zu Eigentum übertragen sind. Er wird nicht immer leicht festzustellen sein. Nicht maßgebend ist der Tag der Datierung der Schuldverschreibungen. Ob der Tag der Emission maßgebend ist, richtet sich nach der Form, in welcher die Emission erfolgt. Erfolgt sie durch freihändigen Verkauf, so ist die Ausgabe mit der Übergabe an den Käufer geschehen. Erfolgt sie im Wege der Zeichnung, so soll nach Koenige (Ges. v. 4. 12. 99 zu § 1 Anm. 50) die Ausgabe mit der Zuteilung an den Zeichner geschehen sein, da von da ab dieser über das Papier verfügen könne. Das wird aber nur dann zutreffen, wenn das Papier dem Zeichner bei der Zuteilung wirklich übergeben (§ 929) oder zwischen dem Ausgeber und ihm ein Verhältnis vereinbart wird, vermöge dessen der Zeichner den mittelbaren Besitz erlangt, constitutum possessorium (§ 930 BGB.). Hat das Emissionshaus die Begebung der Anleihe im eigenen Namen und für eigene Rechnung von dem Anleiheausgeber übernommen, so wird man die „Ausgabe" schon in der Übergabe der Stücke an das Emissionshaus als vollzogen ansehen können, da dieses dadurch Eigentümer der Schuldverschreibungen wird. Sind zunächst

Interimsscheine ausgegeben, so wird man, da diese ja die endgültigen Stücke vertreten, die Ausgabe der Schuldverschreibungen als mit diesem Tage vollzogen ansehen können. Augenscheinlich mit Rücksicht auf diese bei der Auslegung der 3. StNVO. (vgl. 1. Aufl. S. 111) hervorgetretenen Schwierigkeiten hat das Aufwertungsgesetz im Schlußsatze des Abs. 2 der Reichsregierung die Aufgabe zugewiesen, die näheren Bestimmungen über die Feststellung des Ausgabetages zu treffen*).

§ 3.

(1) Für die Berechnung des Goldmarkbetrags ist maßgebend[1]:

1. soweit in Ziffer 2 bis 11 nichts Abweichendes bestimmt ist[2], der Erwerb[3] durch den Gläubiger selbst[1];
2. bei Erwerb von Todes wegen der Erwerb durch den Erblasser[2a];
3. bei Erwerb durch Gütergemeinschaft der Erwerb durch den Ehegatten, der das Recht in die Gütergemeinschaft eingebracht hat[2b];
4. bei Erwerb durch Auseinandersetzung einer Erbengemeinschaft oder einer Gütergemeinschaft der Erwerb durch die Gemeinschaft[2c];
5. bei Erwerb als Ausstattung der Erwerb durch Vater oder Mutter[2d];
6. bei Erwerb mit Rücksicht auf ein künftiges gesetzliches Erbrecht der Erwerb durch den Veräußerer[2e];
7. bei Erwerb auf Grund eines Treuhandverhältnisses der Erwerb durch den Geschäftsherrn oder, wenn zuerst der Treuhänder das Recht erworben hat, der Erwerb durch den Treuhänder[2f];
8. bei Erwerb durch Übernahme eines Vermögens als Ganzen der Erwerb durch den Veräußerer[2g];
9. bei Erwerb durch Übernahme eines der Deckung von Pfandbriefen dienenden Hypothekenbestandes als Ganzen der Erwerb durch den Veräußerer[2h];
10. bei Erwerb durch Übernahme eines Versicherungsbestandes oder bei durch Währungsschwierigkeiten bedingter Übernahme einzelner Versicherungen durch eine andere Versicherungsunternehmung der Erwerb durch die übertragende Versicherungsunternehmung[2i];
11. bei Erwerb durch Schenkung der Erwerb durch den Schenker[2k].

(2) Änderungen des Inhalts des Rechtes, insbesondere die Hinausschiebung der Fälligkeit (Prolongation), bleiben für die Berech-

*) Diese sind enthalten in den Art. 30—32 der DurchfVO. vom 29. November 1925 (Anhang XXVI). Wegen der Spruchstelle vgl. Anm. 2 zu § 41 und Fußnote dazu.

nung des Goldmarkbetrags außer Betracht. Ist im Falle der Gewährung eines Zusatzdarlehns oder aus anderen Gründen unter Aufhebung des bisherigen Rechtes zugunsten desselben Berechtigten ein neues einheitliches Recht begründet, so gilt für den bisherigen Betrag diese Vorschrift entsprechend[4, 5].

1. § 3 bezieht sich auf die bei der Aufwertung von Ansprüchen für die Feststellung bzw. Berechnung des Goldmarkbetrags gemäß § 2 Abs. 1 erforderliche Feststellung des Tages, an dem die Forderung als „erworben" gilt. Diese Feststellung ist erforderlich sowohl für die Entscheidung darüber, ob ein Anspruch vor dem 1. Januar 1918 erworben ist und deshalb ohne weiteres der Nennbetrag den Goldmarkbetrag bildet (§ 2 Abs. 1 Satz 1, vgl. Anm. 2 zu § 2), wie auch für die Berechnung des Goldmarkbetrags durch Umrechnung bei den nicht vor dem 1. Januar 1918 erworbenen Ansprüchen. Die Feststellung des Erwerbstages hängt davon ab, welcher Erwerb für die Berechnung des Goldmarkbetrages in Betracht kommt. Das Aufwertungsgesetz hat grundsätzlich daran festgehalten, wovon schon die 3. StNVO. ausgegangen war, daß bei der Aufwertung von Ansprüchen auf oder bis zu einem bestimmten Höchstsatze, soweit es sich nicht um in Massen ausgegebene Schuldverschreibungen (§ 2 Abs. 2) handelt, nicht der Tag der Entstehung des Schuldverhältnisses, also der Tag des Erwerbes der Forderung durch den ursprünglichen Gläubiger vom Schuldner maßgebend zu sein hat, sondern der Tag, an welchem der derzeitige Gläubiger, der in erster Linie aufwertungsberechtigt ist, den Anspruch erworben hat, also, sofern eine Rechtsnachfolge stattgefunden hat, der Tag des Überganges des Anspruchs auf den (letzten) Rechtsnachfolger (§ 3 Ziffer 1). Es soll dadurch verhindert werden, daß ein Gläubiger, der den Anspruch von dem bisherigen Gläubiger zu einer Zeit, als die Entwertung der Mark bereits weit vorgeschritten war, gegen entwertetes Geld ohne Aufwertung, und zwar in den meisten Fällen in spekulativer Absicht, erworben hat, die Aufwertung unter Zugrundelegung eines höheren Betrages als des von ihm tatsächlich aufgewendeten von dem Schuldner erlange. In der Begründung zum Entwurfe der 3. StNVO. ist diese Regelung als die Treu und Glauben entsprechende bezeichnet. Das ist insofern richtig, als sie verhindert, daß dem Gläubiger, der den Anspruch im Wege der Rechtsnachfolge erworben hat, ein ungerechtfertigter Vorteil zufließe. Anderseits läßt sich aber nicht verkennen, daß für den Schuldner sich dadurch die Situation günstiger oder ungünstiger gestaltet je nach dem zufälligen Umstande, ob der Anspruch in der Hand des ursprünglichen Gläubigers geblieben oder früher oder später in andere Hand übergegangen ist und daß ihm im letzteren Falle ein mindestens ebenso ungerechtfertigter Vorteil zufließt, und zwar auf Kosten des Gläubigers, der den Anspruch gegen entwertetes Geld abgegeben hat. Aus diesem Grunde wurde im Reichstagsausschusse von dem Abg. Dr. Best der Antrag gestellt (vgl. den Bericht S. 6), daß auch in solchem Falle für die Aufwertung durch den Schuldner die Zeit der Entstehung des Anspruchs maßgebend sein und daß der von ihm zu zahlende Aufwertungsbetrag in einem gewissen Verhältnisse zwischen dem früheren Gläubiger und demjenigen, welcher den Anspruch durch Kauf erworben hat, verteilt werden sollte. Dem wurde entgegengehalten, daß allerdings dem Schuldner (Eigentümer) nicht ein unverdienter Gewinn in den Schoß geworfen werden dürfe, daß aber die Frage der Beteiligung des Zedenten das Wiederaufleben eines früheren Gläubigerrechts bedeute und deshalb in das Gebiet der Rückwirkung gehöre und dort erledigt werden müsse. Die Regelung ist dann im wesentlichen im Sinne des Antrags durch § 17 des Gesetzes erfolgt; vgl. Näheres zu diesem Paragraphen.

2. Von dem Grundsatze der Maßgeblichkeit des Erwerbs durch den derzeitigen Gläubiger, der in § 3 Ziff. 1 als Regel vorangestellt ist, hatte bereits die 3. StNVO.

eine Ausnahme gemacht für den Fall des Erwerbs von Todes wegen, in welchem sie den Erwerb durch den Erblasser für maßgebend erklärte. Das Aufwertungsgesetz hat diesem Falle (§ 3 Ziff. 2) eine Anzahl von anderen Fällen (§ 3 Ziff. 3—11) gleichgestellt, und zwar Fälle „anderweiter Gesamtrechtsnachfolge und einzelne Fälle unentgeltlichen Rechtserwerbs" (Begr.). Es ist dadurch namentlich die (in der 1. Aufl. S. 91 hervorgehobene) Unbilligkeit abgestellt worden, die entstehen konnte, wenn von Mitgliedern einer Familie ein Teil durch Zuwendungen unter Lebenden (Mitgift, Ausstattung, Ausbildungsbeihilfen) solche Ansprüche erhalten hat und diese nach dem Erbfalle zur Ausgleichung mit den übrigen Familienmitgliedern gebracht worden sind. Bei solchen Zuwendungen ist jetzt gemäß Ziff. 5, 6, 11 für die Aufwertung der Tag des Erwerbs durch denjenigen, der die Zuwendung gemacht hat (Vater, Mutter, Veräußerer, Schenker), maßgebend. Im übrigen ist zu den einzelnen Ziffern folgendes zu bemerken:

a) Zu Ziff. 2: Erblasser ist derjenige, von dem ein anderer etwas von Todes wegen als gesetzlicher Erbe, Erbe auf Grund Erbvertrags, letztwilliger Verfügung oder Schenkung von Todes wegen, Pflichtteilsberechtigter oder Vermächtnisnehmer erhalten hat. Erblasser des Nacherben (§ 2100) oder des Nachvermächtnisnehmers (§ 2191 BGB.) ist nicht etwa der Vorerbe bzw. der Vorvermächtnisnehmer, sondern derjenige, welcher die Nacherbschaft oder das Nachvermächtnis angeordnet hat; auf dessen Erwerb kommt es also an.

b) Zu Ziff. 3: Der Erwerb durch (eheliche) Gütergemeinschaft tritt mit dem Zeitpunkte, in welchem die Gütergemeinschaft begründet wird, ein für denjenigen Ehegatten, dem das Recht bisher nicht zugestanden hat; er wird Mitberechtigter; maßgebend ist aber nicht dieser Erwerb der Mitberechtigung, sondern der Erwerb des Rechts durch den Ehegatten, der es in die Ehe eingebracht hat.

c) Zu Ziff. 4: Hat der derzeitige Gläubiger das Recht bei Auseinandersetzung einer Erben- oder Gütergemeinschaft erworben, so ist nicht der Zeitpunkt dieses seines Erwerbs, sondern der des Erwerbs des Rechts durch die Gemeinschaft maßgebend. Das gilt nicht für andere Gemeinschaften: Gesellschaften des bürgerlichen Rechts, Handels- und sonstige Erwerbsgesellschaften, Bruchteilsgemeinschaften (§§ 741ff. BGB.).

d) Zu Ziff. 5: Eine Ausstattung (§ 1624 BGB.) gilt, auch wenn eine Verpflichtung nicht besteht, insoweit nicht als Schenkung, als sie das den Umständen, insbesondere den Vermögensumständen des Vaters oder der Mutter entsprechende Maß nicht übersteigt. Sie fällt also insoweit nicht unter Ziff. 11. Durch Ziff. 5 wird aber für sie auch insoweit der Erwerb durch Vater oder Mutter für maßgebend erklärt. Ist die Ausstattung durch einen anderen als Vater oder Mutter gewährt, so findet Ziff. 5 keine Anwendung und auch Ziff. 11 nicht insoweit, als das den Umständen entsprechende Maß nicht überstiegen ist.

e) Zu Ziff. 6: Was das Gesetz unter „Veräußerung mit Rücksicht auf ein künftiges gesetzliches Erbrecht" versteht, ist nicht ganz klar. Gedacht ist wohl an Fälle, in denen jemand seinem vermeintlichen Erben schon bei Lebzeiten Vermögensgegenstände in der Form eines (entgeltlichen) Veräußerungsgeschäfts zugewendet hat.

f) Zu Ziff. 7: Erwerb auf Grund eines Treuhandverhältnisses durch den Treuhänder findet statt, wenn jemand (Treuhandgeber, Geschäftsherr) ein ihm zustehendes Recht einem anderen (dem Treuhänder) zu treuen Händen übereignet, derart daß das übereignete Recht rechtlich dem Treuhänder eigenen Namens zusteht, von ihm aber nicht in seinem Interesse, sondern im Interesse des Treuhandgebers ausgeübt und diesem unter gewissen Voraussetzungen zurückübereignet werden soll (fiduziarisches Rechtsverhältnis, so namentlich bei der Sicherungsübereignung); das übereignete Recht gehört in solchem Falle wirtschaftlich zum Vermögen des Treuhandgebers, der es aus der Konkursmasse des Treuhänders aussondern kann (RGZ. 84, 217; 91, 12; 94, 308). In diesem Falle soll für die Berechnung des Goldmarkbetrags nicht der Tag der Übereignung des Rechts an den Treuhänder, sondern der des Erwerbs durch den Treuhandgeber maßgebend sein. Der andere, von dem Gesetze unterstellte Fall, daß das Recht zuerst von dem Treuhänder erworben ist, steht, insofern auch ein solches Verhältnis als Treuhandverhältnis bezeichnet ist, nicht im Einklange mit der Rechtsprechung des Reichsgerichts, das ein Treuhandverhältnis nur annimmt, wenn ein bereits im Vermögen des Treuhandgebers befindlich gewesener Vermögensgegenstand übereignet wird (RGZ. 94, 308); allerdings ein bedenklich enger Standpunkt. Im Sinne des Gesetzes wird jedenfalls, wenn jemand auf Grund einer einem anderen gegenüber eingegangenen Verpflichtung ein Recht im eigenen Namen, aber für Rechnung des anderen als stiller Stellvertreter für diesen erworben und es ihm später übereignet hat, für die Goldmarkberechnung nicht der Tag der Übereignung an den Geschäftsherrn, sondern der des Erwerbes durch den stillen Stellvertreter maßgebend sein, wenn auch ein eigentliches Treuhandverhältnis nicht als vorliegend anzunehmen ist.

g) Zu Ziff. 8: **Übertragung eines Vermögens als Ganzes.** Unter „Vermögen" versteht das BGB. in der Regel nur die Gesamtheit der Aktiva ohne Einbeziehung der Passiva (Komm. v. RGRäten zu § 211 Anm. 1; 419 Anm. 1; 1922 Anm. 5). In diesem Sinne wird der Ausdruck auch hier zu verstehen sein und die Vorschrift sonach auch Anwendung finden, wenn eine Übernahme der Passiva durch den Übernehmer im Verhältnis zu dem Übertragenden nicht stattgefunden hat, die übrigens von den Gläubigern auch ohne Übernahme gegen den Vermögensübernehmer geltend gemacht werden können (§ 419 BGB.). Maßgebender Zeitpunkt für die Berechnung des Goldmarkbetrags bei der Aufwertung der einzelnen zu dem Vermögen gehörigen Ansprüche ist der Tag des Erwerbs der einzelnen Rechte durch den Veräußerer des Vermögens.

h) Zu Ziff. 9: Über die Deckung der Pfandbriefe durch Hypotheken vgl. zu § 47. Der Hypothekenbestand muß als Ganzes übertragen sein. Maßgebend ist alsdann für die Berechnung des Goldmarkbetrages der in dem Bestande enthaltenen Hypotheken bei ihrer Aufwertung nicht der Tag des Erwerbes des Bestandes durch den Übertragnehmer bei der Übertragung, sondern der Tag, an welchem die veräußernde Pfandbriefanstalt ihrerseits die einzelnen Hypotheken erworben hat. Auf den Erwerb des Bestandes einer anderweiten Deckung von pfandbriefähnlichen Schuldverschreibungen wird die Vorschrift entsprechend anzuwenden sein.

i) Zu Ziff. 10: Versicherungsbestand ist die Gesamtheit der von einem Versicherungsunternehmen abgeschlossenen und noch laufenden Versicherungen. Sind bei Übertragung eines solchen Bestandes die als Deckung angeschafften Vermögensbestandteile der übertragenden Versicherungsunternehmung (Prämienreservefonds und dergl.), die nach Maßgabe des Aufwertungsgesetzes aufgewertet sind, mitübertragen worden, so soll für die Berechnung des Goldmarkbetrags dieser Ansprüche nicht der Tag der Übernahme, sondern der Tag ihres Erwerbes durch die übertragende Versicherungsunternehmung maßgebend sein. Gleiches gilt bei Übernahme solcher Vermögensbestandteile anläßlich der Übernahme einzelner Versicherungen, wenn diese durch Währungsschwierigkeiten bedingt war. Es ist dabei wohl an die Fälle gedacht, in denen Versicherungsgesellschaften Versicherungen in ausländischer Währung abgeschlossen hatten und dadurch in Schwierigkeiten geraten waren, die sie zur Abstoßung einzelner Versicherungen mit der dazugehörigen Deckung nötigten. Die 4. DurchfVO. zur 3. StNVO. (§ 15) sprach klarer von der „Übertragung von Vermögensanlagen aus Anlaß der Übertragung" eines Versicherungsbestandes oder einzelner Versicherungen.

k) Zu Ziff. 11: Schenkung (unter Lebenden) § 516 BGB. Bei Schenkungen auf den Todesfall trifft Ziff. 2 zu.

[3] Über die für die Berechnung des Goldmarkbetrags bei der Aufwertung von

Hypotheken und anderen dinglichen Rechten hinsichtlich des Erwerbstages eingreifende Vermutung vgl. § 5 und Anm. 1 dazu.

4. Änderungen des Inhalts des Rechts sollen nach § 3 Abs. 2 für die Berechnung des Goldmarkbetrags, d. h. für die dazu erforderliche Feststellung des maßgebenden Erwerbs und damit des als Stichtag zugrunde zu legenden Erwerbstages, außer Betracht bleiben. Diese in der 3. StNVO. nicht enthaltene, aber bereits durch die 1. DurchfVO. (§ 4) eingeführte und von da in das Gesetz übernommene Vorschrift ist ihrem Wortlaute nach zu weit gefaßt. Solche Änderungen sollen nur dann außer Betracht bleiben, wenn mit ihnen nicht der Erwerb des Anspruchs durch einen neuen Gläubiger oder die Erhöhung des Nennbetrags des Anspruchs verbunden ist; in letzterem Falle (Zusatzdarlehn) soll die Änderung nur für den bisherigen Betrag nicht in Betracht kommen. Als Hauptfall einer Änderung des Rechtsinhalts („insbesondere") ist denn auch die Prolongation hervorgehoben, d. h. die Hinausschiebung der Fälligkeit eines Anspruchs, der ohne diese Änderung infolge Eintritts des vorherbestimmten Termins oder infolge erfolgter Kündigung demnächst fällig geworden sein würde oder auch bereits fällig geworden war. Andere Fälle bloßer Änderung des Rechtsinhalts werden vorliegen, wenn die sonstigen Zahlungsbedingungen oder der Zinssatz geändert worden sind; ferner bei Änderung des Ranges eines dinglichen Rechts (§ 880 BGB.); Umwandlung einer Hypothek in eine Grundschuld oder umgekehrt (§ 1198); Ersetzung der durch eine Hypothek gesicherten Forderung durch eine andere (§ 1180 BGB.). Darüber hinausgehend soll aber auch eine Aufhebung des bisherigen und eine Begründung eines neuen einheitlichen Rechts für den Betrag des bisherigen Rechts bei der Goldmarkberechnung nicht in Betracht kommen, wenn sie im Falle der Gewährung eines Zusatzdarlehens oder aus anderen Gründen zugunsten desselben Berechtigten erfolgt ist. Ist also zu einem bestehenden Darlehen nachträglich ein weiteres als „Zusatzdarlehn" gewährt und aus diesem Anlasse die das Darlehen sichernde bisherige Hypothek aufgehoben und an ihrer Stelle eine neue für den nunmehrigen Gesamtbetrag begründet worden, so wird der Goldmarkbetrag des neuen Rechts für den Betrag der bisherigen Hypothek nach deren Erwerbstage und nur für den überschießenden Betrag nach dem Erwerbstage des neuen Rechts berechnet. Die Generalklausel: „oder aus anderen Gründen" ist im Reichstagsausschusse zwischen der ersten und zweiten Lesung eingeschaltet worden; „andere Gründe" werden vorliegen, wenn es sich nicht um ein Zusatzdarlehen, sondern um eine anderweite Erhöhung der gesicherten Forderung gehandelt hat; aber auch wenn mehrere Hypotheken zu einem einheitlichen Rechte zusammengelegt werden sollten u. dgl. Einzelne weitere Fälle der Aufhebung und Neubegründung eines Rechts zugunsten des gleichen Berechtigten, die in § 2 Abs. 3 der Reichstagsvorlage neben dem Zusatzdarlehen angeführt waren, sind jetzt in § 5 Abs. 2 des Gesetzes enthalten; vgl. Anm. 2 zu § 5.

5. Beispiele für die Feststellung des Goldmarkbetrages gemäß §§ 2, 3.

1. Hypothek von 100000 Mark, begründet für den derzeitigen Gläubiger am 1. April 1920. Umrechnungsverhältnis für diesen Tag 100 Papiermark = 7 Goldmark. Goldmarkbetrag 7000.

Aufwertungsbetrag (25 v. H. des Goldmarkbetrags) 1750 Goldmark, zahlbar mit 1750 Billionen Papiermark oder 1750 Reichsmark.

2. Hypothek von 100000 Mark, begründet für den ursprünglichen Gläubiger am 1. Januar 1920, übertragen an den derzeitigen Gläubiger 1. April 1920; Erwerbspreis 80000 Mark.

α) Goldmarkbetrag berechnet vom Erwerbspreis per 1. April 1920 — Umrechnungsverhältnis 100 = 7 —: 5600 Goldmark.

β) Goldmarkbetrag berechnet vom Nennbetrag per 1. Januar 1920 — Umrechnungsverhältnis 100 = 9,67 —: 9670 Goldmark.

Aufwertungsbetrag zu berechnen vom Erwerbspreis (weil Nennbetrag umgerechnet höher). 25 v. H. von 5600 = 1400 Goldmark, zahlbar in 1400 Billionen Papiermark oder 1400 Reichsmark.

3. Hypothek von 100000 Mark, begründet für den ursprünglichen Gläubiger am 21. Februar 1920, übertragen an den derzeitigen Gläubiger am 21. Mai 1920; Erwerbspreis 150000 Mark.

α) Goldmarkbetrag berechnet vom Erwerbspreis (150000) per 21. Mai 1920 — Umrechnungsverhältnis 100 = 11,01 —: 16 515 Goldmark.

β) Goldmarkbetrag berechnet vom Nennbetrage (100000) per 21. Februar 1920 — Umrechnungsverhältnis 100 = 4,86 —: 4860 Goldmark.

Aufwertungsbetrag zu berechnen vom umgerechneten Nennbetrage (weil dieser niedriger als der Erwerbspreis), 25 v. H. von 4856 = 1214 Goldmark, zu zahlen in 1214 Billionen Papiermark oder 1214 Reichsmark.

In diesem Falle ist sonach der Erwerber (derzeitige Gläubiger) besonders benachteiligt, weil er, obwohl er — allerdings wohl aus Spekulation auf die Fortdauer des in dieser Periode vorübergehend eingetretenen Steigens der Mark — mehr bezahlt hat, als der ursprüngliche Gläubiger aufgewendet hatte, nicht mehr erhält als dieser erhalten haben würde.

4. Darlehensanspruch von 100 000 Mark, begründet für den Erblasser des derzeitigen Gläubigers am 21. Februar 1920, durch Tod des Erblassers auf diesen übergegangen am 1. Juli 1923. Höchstbetrag der Aufwertung nach § 63 — 25 v. H. — zu berechnen von dem Nennbetrage (100 000) für den 21. Februar 1920, Umrechnungsverhältnis 100 : 4,86 = 4860 Gold- (Reichs-) Mark.

5. Grundschuld von 100000 Mark, begründet für den ursprünglichen Gläubiger am 21. Februar 1920, übertragen an den derzeitigen Gläubiger am 1. Juli 1922, unter Annahme der Zahlung, Erwerbspreis 300 000 Mark.

α) Aufwertung zugunsten des derzeitigen Gläubigers:

Goldmarkbetrag berechnet vom Erwerbspreis (300 000) für den 1. Juli 1922, — Umrechnungsverhältnis 1000 = 9,50 —: 2850 Goldmark; Aufwertungsbetrag 25 v. H. = 712,50 Gold- (Reichs-) Mark.

β) Aufwertung zugunsten des früheren Gläubigers gemäß §§ 17, 18:

Goldmarkbetrag berechnet vom Nennbetrag (100 000) für den 21. Februar 1920 — Umrechnungsverhältnis 100 = 4,86 — : 4860 Goldmark; 25 v. H. = 1215 Goldmark. Davon ab Aufwertungsbetrag des derzeitigen Gläubigers (unter α) 712,50 Goldmark. Aufwertungsbetrag des früheren Gläubigers 502,50 Gold- (Reichs-) Mark.

Zweiter Abschnitt

Aufwertung von Hypotheken[1]

I. Aufwertung des dinglichen Rechtes

1. Aufwertungsbetrag[4]

§ 4.

Hypotheken[2] werden auf 25 v. H. des Goldmarkbetrags, jedoch nicht höher aufgewertet als die durch sie gesicherten Forderungen[3] (Aufwertungsbetrag)[4].

1. Die 3. StNVO. hatte die Aufwertung der dinglichen Belastungen von Grundstücken, die Vermögensanlagen im Sinne von § 1 Abs. 2 der VO. waren — Hypothek, Grundschuld, Rentenschuld, Reallasten —, sowie die Aufwertung der Pfandrechte an eingetragenen Schiffen und an Bahneinheiten (§ 1 Abs. 2 Ziff. 1 bis 3 VO.) gemeinsam in § 2 und getrennt davon in § 3 die Aufwertung der durch

Hypothek, Schiffs- und Bahnpfandrecht gesicherten Forderungen geregelt. Diese Trennung entsprach der anders gearteten Behandlung der dinglich gesicherten Forderungen, die grundsätzlich nach „allgemeinen Vorschriften" aufgewertet wurden, gegenüber den dinglichen Rechten, deren Aufwertung auf einen bestimmten Hundertsatz beschränkt war. Die Reichstagsvorlage hatte diese Anordnung noch beibehalten. Im Reichstagsausschusse ist dieses System geändert worden. Das Gesetz ordnet demgemäß zunächst in Abschnitt 2 (§§ 4—30) nur die Aufwertung von Hypotheken und versteht darunter in der Überschrift des Abschnittes sowohl das dingliche Recht, dessen Aufwertung in dem Unterabschnitt I (§§ 4—8) geregelt wird, wie die gesicherte Forderung, deren Aufwertung den Gegenstand des Unterabschnitts II (§§ 9—13) bildet; dingliches Recht und gesicherte Forderung gemeinsam betreffen sodann die Unterabschnitte III (§§ 14—24), welcher die Vorschriften über Aufwertung nach Annahme der Leistung mit Vorbehalt oder ohne solchen (Rückwirkung) enthält; IV (§§ 25—30) über Rückzahlung, Verzinsung, Tilgung. Die Vorschriften des zweiten Abschnitts bilden zugleich die Grundlage für die Regelung der Aufwertung der übrigen obenerwähnten dinglichen Belastungen, die in Abschnitt 3 im wesentlichen durch Bezugnahme auf die Vorschriften des Abschnittes 2, soweit sie sich zur entsprechenden Anwendung eignen, erfolgt ist.

2. Die Hypothek (§ 1113 BGB.) ist diejenige dingliche Belastung eines Grundstücks, auf Grund deren aus diesem an denjenigen, zu dessen Gunsten die Belastung erfolgt ist (den Gläubiger), eine bestimmte Geldsumme zur Befriedigung wegen einer ihm zustehenden Forderung zu zahlen ist. Der Anspruch des Gläubigers gegen den Eigentümer ist nicht unmittelbar auf Zahlung der Geldsumme gerichtet, sondern geht nur auf Duldung der Zwangsvollstreckung zum Zwecke der Beitreibung der Forderung aus dem Grundstücke; doch ist der Eigentümer berechtigt, durch Zahlung der Geldsumme die Zwangsvollstreckung abzuwenden. Den Gegenstand des Anspruchs bildet aber die durch die Zwangsvollstreckung in das Grundstück herbeizuführende Zahlung der Geldsumme, die in Mark ausgedrückt ist; deshalb unterliegt er nach § 1 des Gesetzes der Aufwertung nach Maßgabe desselben. Die Aufwertung erstreckt sich aber zugleich auf das einen weiteren Bestandteil des dinglichen Rechts ausmachende Recht auf einen bestimmten Platz in der Rangordnung der Gläubiger; das ergibt sich aus § 6 Abs. 1 Satz 1, demzufolge die aufgewertete Hypothek ihren bisherigen Rang behält; deshalb spricht die Überschrift zu dem Unterabschnitt I von dem „aufgewerteten dinglichen Rechte" (wie früher schon § 2 Abs. 3 der 3. StNVO.). — § 4 bestimmt, in welcher Weise das dingliche Recht der Hypothek aufzuwerten ist. Die Aufwertung erfolgt danach durch Erhöhung des ziffermäßigen Betrages des Rechts über den in Papiermark eingetragenen Nennbetrag hinaus auf einen für alle Fälle gleichen schematischen Hundertsatz des Goldmarkbetrages. Dieser Satz war durch die 3. StNVO. auf 15 v. H. bestimmt in der Weise, daß eine Abweichung von ihm nur nach unten zugunsten des Eigentümers in dem in § 2 Abs. 1 Satz 2 VO. bezeichneten Ausnahmefalle zulässig, dagegen nach oben zugunsten des Gläubigers ausgeschlossen war. Das ihm nach den von der Rechtsprechung dargelegten rechtlichen Grundsätzen (vgl. Einleitung unter IV) gegebenenfalls zustehende Recht auf einen höheren Betrag wurde ihm durch die VO. abgesprochen, also ein wohlerworbenes Vermögensrecht ihm entzogen. Über die infolgedessen gegen die Rechtsgültigkeit der VO. entstandenen Bedenken und über die jetzige Rechtslage in dieser Frage vgl. Anm. 5 vor § 1. In der Begründung zu dem Entwurf der VO. war die Rechtsentziehung lediglich damit zu rechtfertigen versucht worden, daß gesagt wurde, der Entwurf sehe davon ab, den (von ihm sogar nur auf 10 v. H. bemessenen) Satz als „Normalsatz", von dem je nach Lage des Falles nach oben oder nach unten abgewichen werden könne, vorzuschreiben, um eine möglichst schnelle Festsetzung des Aufwertungsbetrags zu ermöglichen.

Gegen diese aus der Not des damaligen Augenblicks erklärliche Regelung richteten sich hauptsächlich die Angriffe, denen die 3. StNVO. ausgesetzt war; vgl. Einleitung unter VI. Die Abänderungsanträge Düringers und der Arbeitsgemeinschaft wollten statt des absoluten Höchstsatzes Normalsätze unter Zulassung von Abweichungen nach oben wie nach unten einführen; der Gesetzentwurf Best wollte grundsätzlich zur „individuellen" Aufwertung zurückkehren. Die Denkschrift des Finanzministeriums (S. 34) bezeichnet den Vorschlag einer Rückkehr zur individuellen Aufwertung als den „bedenklichsten aller Abänderungsvorschläge". Es wird ausgeführt, jeder einzelne Aufwertungsfall stelle einen Ausschnitt dar aus dem großen volkswirtschaftlichen Problem, inwieweit „durch Lasten, die in der Vergangenheit wurzeln, der deutschen Volkswirtschaft die Entwicklungsmöglichkeiten beschnitten werden sollen"; eine Verweisung auf Treu und Glauben würde einen Verzicht auf die Aufstellung inhaltlich bestimmter Normen bedeuten und der Gesetzgeber würde, statt daß er selbst die der Wirtschaft aufzuerlegende Last bestimmte, es dem Richter überlassen, von Fall zu Fall die Belastung festzusetzen; an Stelle der Rechtssicherheit würde die Ungewißheit treten. Diese rein einseitig auf wirtschaftspolitische Gesichtspunkte eingestellte Begründung übersah freilich völlig die für das Staatsinteresse nicht minder wichtigen Gesichtspunkte der Aufrechterhaltung wohlerworbener Rechte und der Ungewöhnlichkeit und Normwidrigkeit des Eingriffs des Gesetzgebers in solche Rechte, und daß es sich nach diesen Gesichtspunkten nicht um eine der Wirtschaft aufzuerlegende, sondern um eine ihr rechtlich obliegende Last handelte, zu deren Feststellung im Rechtsstaate gerade der Richter berufen ist, während der Eingriff des Gesetzgebers nur gerechtfertigt werden kann durch die Darlegung einer absoluten und dauernden Staatsnotwendigkeit unter Erwägung aller in Betracht kommenden rechts-, wirtschafts- und sozialpolitischen Gründe. An einer solchen ließ es auch die Begründung zu dem Aufwertungsgesetzentwurfe der Regierung, für die doch nicht nur das Finanzministerium verantwortlich ist, fehlen. Dieser Entwurf wollte aber einen durchaus gesunden Gedanken insofern zur Geltung bringen, als er eine Unterscheidung der aufzuwertenden Hypotheken usw. nach ihrem Verhältnisse zum Werte des Grundstücks vorschlug in der Weise, daß bei solchen Hypotheken, deren Aufwertungsbetrag innerhalb der ersten Hälfte des auf der Grundlage des berichtigten Wehrbeitragswertes festzustellenden Grundstückswertes liegt, eine Zusatzaufwertung von 10 v. H. eintreten sollte, die freilich nicht den bisherigen Rang des aufgewerteten Rechts haben, sondern der eine dem Eigentümer vorzubehaltende Eigentümergrundschuld bis zum Goldmarkbetrage des unbelasteten Teiles der ersten Hälfte des Grundstückswerts vorgehen und deren Zahlungszeit und Verzinsung noch erheblich ungünstiger für den Gläubiger festgesetzt werden sollte als für den „normalen" Aufwertungsbetrag vorgesehen war. Der Reichsrat hat die Regierungsvorlage dahin abgeändert, daß er unter Beseitigung dieser Unterscheidung nach dem Werte der Hypotheken den einheitlichen Höchstsatz auf 20 vom Hundert erhöhte. Dem Reichstage wurden beide Fassungen vorgelegt. Im Ausschusse wurde die Rückkehr zur „individuellen" Aufwertung (Gesetzentwurf Best) auch von der eigenen Partei dieses Abgeordneten nicht mehr vertreten. Es wurde aber der einheitliche „normale Höchstsatz" auf 25 vom Hundert des Goldmarkbetrags erhöht. Die Differenzierung der Hypotheken nach ihrem Verhältnis zum Werte des Grundstücks wurde bis zu einem gewissen Grade durch den für den Eigentümer einzutragenden, den schlechteren Hypotheken im Range vorgehenden Eigentumsvorbehalt (vgl. § 7 u. Anm. dazu) gewahrt. Die bis in die dritte Lesung des Plenums hinein wiederholten Versuche, die bezweckten, teils zur individuellen Aufwertung zurückzukehren, teils einen Normalsatz an Stelle des absoluten Höchstsatzes einzuführen, teils auch nur den Hundertsatz auf 40 oder 50 v. H. zu erhöhen, scheiterten an dem Widerstande der Reichsregierung. Es blieb bei dem vom

Reichstagsausschusse beschlossenen absoluten Höchstsatze von 25 vom Hundert. Dieser Satz findet Anwendung auf Hypotheken (§ 4) und auf die in Abschnitt 3 behandelten dinglichen Rechte (§§ 31, 32).

3. Bei der Hypothek ist das Bestehen einer Forderung, die aus dem Grundstücke befriedigt werden soll, Rechtsbedingung für das Bestehen der Hypothek als solcher. Ist die Forderung nicht entstanden oder erloschen, so besteht keine Hypothek, sondern eine Grundschuld, die dem Eigentümer zusteht (§ 1163 BGB.); die Hypothek ist in diesem Sinne ein Akzessorium der Forderung. Die 3. StNVO. hatte die Aufwertung der dinglich gesicherten Forderungen grundsätzlich in anderer Weise geregelt als die Aufwertung der sie sichernden dinglichen Rechte. Vgl. Näheres zu § 9 Anm. 1. Danach konnte die Aufwertung der dinglich gesicherten Forderungen, die nach allgemeinen Vorschriften zu erfolgen hatte, zu einer höheren sowohl wie auch zu einer niederen Aufwertung führen, wie die regelmäßig auf einen festbestimmten Höchstsatz erfolgende Aufwertung der dinglichen Rechte. Wurde aber das dingliche Recht höher aufgewertet als die Forderung, die es sicherte, so trat an die Stelle des akzessorischen dinglichen Rechts für den Mehrbetrag eine Grundschuld, die ohne Forderung bestehen kann. Es war aber streitig geworden, ob diese Grundschuld zugunsten des Gläubigers entstand oder gemäß § 1163 BGB. zugunsten des Eigentümers (Eigentümergrundschuld). Die letztere Auffassung war mit dem ganzen Gedanken der Aufwertung, die, soweit sie zugelassen wurde, dem Gläubiger zugute kommen sollte, nicht vereinbar. Vgl. Näheres in der 1. Aufl. zu § 2 Anm. 3a. Ebenso Mügel 2. Aufl. zu § 3 Anm. 5 S. 75; RG. 13. Februar 1925 V B 2/1925. Auch nach dem Aufwertungsgesetze sind gewisse Arten dinglich gesicherter Forderungen, namentlich die Grundstückskaufgeldforderungen, noch „nach allgemeinen Vorschriften" aufzuwerten (vgl. zu § 10 Anm. 3); bei ihnen könnte also auch jetzt noch eine höhere Aufwertung des akzessorischen dinglichen Rechts gegenüber der dinglich gesicherten Forderung und demgemäß die Entstehung einer Gläubigergrundschuld in Frage kommen. Auch bei anderen dinglich gesicherten Forderungen könnte eine wegen der Verhältnisse des persönlichen Schuldners gemäß §§ 8, 9 (vgl. Anm. 2 zu § 9) erfolgende Herabsetzung des Aufwertungsbetrags der persönlichen Forderung dazu führen, daß das dingliche Recht höher aufgewertet wird als die gesicherte Forderung. Das wird aber für beide Fälle ausgeschlossen durch § 4 Halbsatz 2, der bestimmt, daß Hypotheken usw. nicht höher aufgewertet werden als die durch sie gesicherten Forderungen. Die Begr. (S. 11 zu § 2 unter b) erklärt, daß dies „zur Vermeidung der entstandenen Zweifel" geschehe. Damit ist aber der gordische Knoten nicht gelöst, sondern durchhauen. Ein sachlicher Grund wird nicht angeführt. Richtiger wäre es gewesen, die entstandenen Zweifel dadurch zu beseitigen, daß eine klare Bestimmung in dem Sinne getroffen wurde, der allein dem Aufwertungsgedanken entspricht. Die jetzige Bestimmung enthält eine weitere, nicht gerechtfertigte Entrechtung des dinglichen Gläubigers besonders in dem Falle, wenn der Eigentümer nicht der persönliche Schuldner ist und die Herabsetzung der Aufwertung der gesicherten Forderung auf den Verhältnissen des persönlichen Schuldners beruht, während der Eigentümer durch den Besitz des Grundstücks zu höherer Aufwertung (nach dem Höchstsatze) durchaus in der Lage ist. Anderseits ist es auch jetzt noch möglich, daß das dingliche Recht niedriger aufgewertet wird als die gesicherte Forderung. In diesem Falle kann, wenn der Eigentümer nicht persönlicher Schuldner ist, nur der Aufwertungsbetrag des dinglichen Rechts dinglich aus dem belasteten Grundstücke beigetrieben werden. — Die Vorschrift des Halbsatzes 2 hat gemäß § 32 entsprechende Anwendung zu finden auf Schiffs- und Bahnpfandrechte, die gleichfalls zur Sicherung einer Forderung dienen; nicht dagegen auf die in § 31 genannten Grundschulden, Rentenschulden und Reallasten, denen eine persönliche Forderung nicht zugrunde zu liegen braucht.

4. Als „Aufwertungsbetrag" bezeichnet das Gesetz hier, wie an anderen Stellen (§§ 21 Abs. 2, 22, 28, Überschrift vor § 33 usw.) den Betrag, auf welchen ein Anspruch oder ein Recht aufgewertet wird, also den Gesamtbetrag des aufgewerteten Anspruchs, nicht, was wohl sprachlich richtiger wäre, den Betrag der Aufwertung, d. h. den Betrag, um welchen sich der Nennbetrag des Anspruchs durch die Aufwertung ziffermäßig erhöht hat. Diesen letzteren Betrag bezeichnet das Gesetz als „die Aufwertung" (§ 6 Abs. 1 Satz 2); doch wird dieser Ausdruck auch für den ganzen Aufwertungsvorgang gebraucht. Die Ausdrucksweise der 3. StNVO. war schwankend (vgl. § 2 Abs. 1 Satz 2, 3, Abs. 3 VO.); wohl aus diesem Grunde hat das Gesetz in dem in Klammern beigefügten Schlußworte des § 4 den Sinn des Ausdrucks festgelegt.

§ 5.

(1) Für die Berechnung des Goldmarkbetrags (§ 2) wird vermutet[1], daß die Hypothek an dem Tage erworben ist, an dem sie für den Gläubiger in das Grundbuch eingetragen ist[1]. Ist die Hypothek durch Abtretungserklärung und Übergabe des Briefes abgetreten, so wird vermutet, daß sie an dem Ausstellungstage der Abtretungsurkunde erworben ist[1].

(2) Die an Stelle einer Rangänderung vorgenommene Abtretung oder Neueintragung bleibt für die Berechnung des Goldmarkbetrags außer Betracht[2]. Das gleiche gilt, wenn eine Hypothek deshalb gelöscht und alsbald wieder eingetragen ist, weil nach landesgesetzlicher Vorschrift bei einem Eigentumswechsel die Beseitigung aller auf dem Grundstück ruhenden Lasten geboten ist; es gilt ferner im Falle der Auswechslung des belasteten Grundstücks gegen ein anderes Grundstück desselben Eigentümers[2].

(3) Der Goldmarkbetrag einer Hypothek für die Forderung aus einer verzinslichen oder an Stelle der Verzinsung mit einem Aufgeld rückzahlbaren Schuldverschreibung, die auf den Inhaber lautet oder durch Indossament übertragbar ist, wird nach den für die Forderung geltenden Vorschriften des § 2 Abs. 2 berechnet[3, 4].

1. Der nach § 2 Abs. 1 (vgl. Anm. 1 zu § 2) für die Berechnung des Goldmarkbetrags als Stichtag maßgebende Tag des Erwerbes des Anspruchs durch den Gläubiger fällt bei der Hypothek und den in Abschnitt 3 behandelten sonstigen dinglichen Rechten nicht unter allen Umständen zeitlich mit der Eintragung des Rechts oder des Gläubigers in das Grundbuch zusammen. Er kann vielmehr sowohl später wie auch früher liegen. Später liegt er (sofern nicht die Erteilung eines Hypotheken- usw. Briefes ausgeschlossen ist), wenn der Brief erst an einem späteren Tage dem Gläubiger übergeben worden ist (§§ 1117, 1192); auch wenn (was zulässig) die zur Begründung des Rechts erforderliche Einigung (§ 873) erst nachträglich nach der Eintragung zustande gekommen ist; ferner bei der Hypothek, wenn sie erst später „valutiert", d. h. die durch sie zu sichernde Forderung erst nach der Eintragung entstanden ist (§ 1163 BGB.). Ein vor der Eintragung liegender Erwerbstag kann vorkommen in Fällen, in denen der Erwerb durch einen neuen Gläubiger sich außerhalb des Grundbuchs vollzieht; so bei der Abtretung durch Abtretungserklärung und Übergabe des Hypothekenbriefes (§ 1154); bei der Befriedigung des Gläubigers durch den persönlichen Schuldner, der von dem Eigentümer Ersatz verlangen kann, durch den mit der Befriedigung eintretenden Übergang

der Hypothek auf ihn (§ 1164 BGB.). Zum Zwecke der Erleichterung der Berechnung des Goldmarkbetrages hat das Gesetz in § 5 Abs. 1 Satz 1 für die Hypothek eine Vermutung aufgestellt des Inhalts, daß sie an dem Tage erworben ist, an dem sie für den Gläubiger in das Grundbuch eingetragen ist. „Der Gläubiger" ist derjenige, dessen Erwerb für die Berechnung des Goldmarkbetrags maßgebend ist. Diese Vorschrift ist gemäß §§ 31, 32 auf die dort behandelten dinglichen Rechte entsprechend anwendbar. Es bedarf sonach, falls die Eintragung des Gläubigers erfolgt ist, nicht des Nachweises des Tages der Übergabe des Hypothekenbriefes, der Valutierung der Hypothek, der Einigung, der Befriedigung usw. Vielmehr gilt bis zum Beweise des Gegenteils der Erwerb als am Tage der Eintragung erfolgt. Die Vermutung kann aber widerlegt werden durch den Nachweis, daß die genannten Ereignisse an einem späteren oder früheren Tage stattgefunden haben; alsdann ist dieser maßgebend. Für den Fall der Abtretung der Hypothek in den Formen des § 1154 stellt § 5 Abs. 1 in Satz 2 noch eine andere Vermutung auf, die dahin geht, daß der Erwerb an dem Ausstellungstage der Abtretungsurkunde erfolgt ist. Die Vermutung betrifft nur den Zeitpunkt des Erwerbs, nicht etwa den Erwerb selbst. Es muß also, damit sie eintritt, feststehen, daß die Abtretungserklärung und der Hypothekenbrief dem neuen Gläubiger übergeben worden sind. Steht das fest, so wird vermutet, daß das am Tage der Ausstellung der Abtretungsurkunde, d. h. an dem Tage, der in der Urkunde als Ausstellungstag bezeichnet ist, geschehen ist. Diese speziell für den Fall der Abtretung eintretende Vermutung wird die generelle des Satzes 1 ausschließen; ist also der neue Gläubiger im Grundbuch eingetragen, so wird nicht der Tag der Eintragung, sondern der in Satz 2 bezeichnete Tag im Zweifel als Erwerbstag zu gelten haben. — Für Hypotheken usw., die zur Teilungsmasse bei Aufwertung von Pfandbriefen oder zum Aufwertungsstock eines Versicherungsunternehmens gehören, waren entsprechende Vorschriften bereits durch § 5 3. DurchfVO. und § 3 Abs. 1 Satz 3 4. DurchfVO. gegeben worden.

2. § 5 Abs. 2 bringt eine Ergänzung der in § 3 Abs. 2 aufgeführten Fälle, in welchen die erfolgte Aufhebung und Neubegründung eines Rechts für die zum Zwecke der Berechnung des Goldmarkbetrags erforderliche Feststellung des Erwerbstags des Rechts außer Betracht bleiben soll, für Hypotheken und entsprechend auch für die fraglichen, in Abschnitt 3 behandelten dinglichen Rechte (§§ 31, 32). Diese Fälle waren in der Reichstagsvorlage in § 2 Abs. 3 (entsprechend § 3 Abs. 2 des Gesetzes) aufgeführt und sind bei der Umarbeitung im Reichstagsausschusse hierher verpflanzt worden. Es sind folgende Fälle: a) Die an Stelle einer Rangänderung vorgenommene Abtretung oder (und?) Neueintragung. Eine Rangänderung kann nach § 880 BGB. durch Einigung des zurücktretenden und vortretenden Berechtigten und Eintragung dieser Änderung in das Grundbuch erfolgen; diese Eintragung hat zu geschehen durch einen entsprechenden Vermerk über das Rangverhältnis bei den bestehenden Eintragungen der beiden in Betracht kommenden Rechte; einer Neueintragung der Rechte bedarf es dazu nicht; ebensowenig einer Abtretung dieser Rechte von dem einen an den anderen Gläubiger. In solchem Falle handelt es sich um eine bloße Änderung des Inhalts der beiden Rechte, die schon nach § 3 Abs. 2 Satz 1 bei der Feststellung des Erwerbstages außer Betracht bleibt. Das gleiche soll aber gelten, wenn zu dem gleichen Zwecke der Rangänderung die Berechtigten in der Weise vorgegangen sind, daß sie die Rechte gegenseitig einander abgetreten haben und infolgedessen jeder von ihnen als Gläubiger des Rechts, das ihm bisher nicht zustand, neu eingetragen worden ist (das Wort: „oder" beruht anscheinend auf einem Versehen). b) Der Fall, daß das Eigentum an dem belasteten Grundstücke auf einen anderen Eigentümer übergegangen ist und die Aufhebung und alsbaldige Wiederbegründung erfolgt ist mit Rücksicht auf landesgesetzliche Vorschriften, nach welchen bei einem Eigen-

tumswechsel die Beseitigung der auf dem Grundstück ruhenden Lasten geboten ist. In der Begr. (S. 12) ist darauf hingewiesen, daß solche landesgesetzlichen Vorschriften vereinzelt, z. B. in Bremen, vorkommen. Wo sie bestanden haben, sind sie nach Inkrafttreten des BGB. solange in Kraft geblieben, als das Grundbuch für die betreffenden Bezirke noch nicht als angelegt anzusehen ist (Art. 189 EGBGB.). Vgl. auch § 24. c) Der Fall der Auswechselung des belasteten Grundstücks gegen ein anderes desselben Eigentümers. Auch dies ist ein Fall, in welchem das alte Recht untergegangen und ein neues entstanden ist; denn der belastete Gegenstand ist wesentlich für die Identität des dinglichen Rechts.

3. Abs. 3 des § 5 enthält eine Abweichung von § 2 Abs. 1, wonach bei Hypotheken für die Berechnung des Goldmarkbetrags der Tag des Erwerbs maßgebend ist. Das müßte an sich auch gelten, wenn die Hypothek zur Sicherung des Anspruchs aus einer Schuldverschreibung der in § 2 Abs. 2 bezeichneten Arten bestellt ist. Der Goldmarkbetrag der Hypothek würde in diesem Falle ein anderer sein als der der gesicherten Forderung. Es ist aber hier bestimmt, daß in solchem Falle auch für die Hypothek, wie für die Forderung § 2 Abs. 2 anwendbar, demnach bei der Berechnung des Goldmarkbetrags der Tag der Ausgabe der Schuldverschreibung zugrunde zu legen ist.

4. Auf die in Abschnitt 3 behandelten dinglichen Rechte finden die Vorschriften des § 5 entsprechende Anwendung (§§ 31, 32).

2. Rang der aufgewerteten Hypothek

§ 6.

(1) Die aufgewertete Hypothek behält ihren bisherigen Rang[1], soweit sich nicht aus den Vorschriften über den Rangvorbehalt für den Eigentümer (§ 7) oder über die Rückwirkung (§§ 20, 21) etwas anderes ergibt[2]. Die Aufwertung der Hypothek ist auf Antrag des Gläubigers oder des Eigentümers in das Grundbuch einzutragen; wird der Antrag von dem Eigentümer gestellt, so bedarf es der Vorlegung des Hypothekenbriefs nicht[3].

(2) Den in der Zeit vom 14. Februar 1924 bis zum 1. Oktober 1924 von einem anderen erworbenen oder für ihn vorgemerkten Rechten geht die Hypothek insoweit im Range nach, als sich nach den Vorschriften dieses Gesetzes gegenüber den Vorschriften der Dritten Steuernotverordnung ein höherer Aufwertungsbetrag ergibt[4]. Die Erhöhung bleibt unberücksichtigt, soweit sie auf der Einführung des Umrechnungsverhältnisses (§ 2) beruht[4,5].

1. Die Aufwertung des dinglichen Rechts erstreckt sich nicht nur auf den Anspruch des Berechtigten gegen den Eigentümer, die Zwangsvollstreckung in den belasteten Gegenstand zu dulden, sondern sie ergreift auch das Verhältnis des Berechtigten zu den übrigen an dem belasteten Gegenstande Berechtigten, den Rang des dinglichen Rechts. Das aufgewertete Recht behält grundsätzlich den Rang, der ihm vor der Aufwertung zustand, für den ganzen Aufwertungsbetrag, über den eingetragenen Nennbetrag hinaus. Diese Regelung war schon durch die 3. StNVO. geschaffen worden, welche den entsprechenden Satz wie folgt gefaßt hatte (in § 2 Abs. 3 Satz 1): „Der Aufwertungsbetrag (d. i. nach dem Sprachgebrauche der VO., vgl. Anm. 4 zu § 4, die durch die Aufwertung eingetretene Erhöhung des Nennbetrags) hat den dinglichen Rang des aufgewerteten Rechts." Diese Bestimmung, die von

dem Aufwertungsgesetze in anderer Fassung, aber sachlich im gleichen Sinne in § 6 Satz 1 beibehalten ist, griff, wie nicht verkannt werden kann, in das Hypotheken- und Grundbuchrecht tief ein und stand im Widerspruch zu den bis dahin herrschend gewesenen Anschauungen von der unbedingten Maßgeblichkeit des eingetragenen Nennbetrags für das Verhältnis zu dem Nachberechtigten. Gerade aus den Vorschriften des Hypotheken- und Grundbuchrechts wurden gegen eine Aufwertung von dinglichen Ansprüchen die gewichtigsten Bedenken entnommen und die Unmöglichkeit einer solchen Aufwertung hergeleitet; so namentlich vom Kammergericht in den Entscheidungen des 31. Zivilsenats vom 24. Mai 1923 (JurWoch. 1923, 1044[13]). Auch das Reichsgericht hat in dem Urteile vom 28. November 1923 lediglich die rechtliche Möglichkeit der Aufwertung von hypothekarisch gesicherten Forderungen in dem Verhältnisse zwischen dem Gläubiger und dem persönlichen Schuldner grundsätzlich anerkannt, dagegen unentschieden gelassen, „welche Folgerungen aus der Aufwertung solcher Forderungen in bezug auf deren dingliche Sicherung sich ergeben, insbesondere ob dem Hypothekengläubiger für seine aufgewertete Forderung ein unmittelbares dingliches Recht an dem Grundstücke, gegebenenfalls ob ihm ein solches dingliches Recht an derselben Rangstelle wie die bereits für ihn eingetragene Hypothek, also mit dem Vorrange vor den dieser nachstehenden dinglich Berechtigten, zuzubilligen sei oder ob dem Bestimmungen des Liegenschaftsrechts, insbesondere der Grundsatz der Spezialität, entgegenständen." Die Bedenken gründeten sich besonders darauf, daß Hypotheken, Grundschulden usw. mit einem zum mindesten der Höchstgrenze nach bestimmten, in Reichswährung auszudrückenden Betrage in das Grundbuch eingetragen werden müssen (§§ 1115, 1190, 1199 Abs. 2 BGB.) und daß die Nachberechtigten, die ihre Rechte im Vertrauen auf den Inhalt des Grundbuchs erworben haben, durch § 892 BGB. davor geschützt sind, daß zu ihrem Nachteile ein ihnen vorgehendes Recht mit einem höheren als dem eingetragenen Geldbetrage in dem Zwangsvollstreckungsverfahren berücksichtigt wird (vgl. auch §§ 1119 BGB., 45, 114 ZwVerstG.). Auch der Gedanke, alle Hypotheken in gleichem Maße entsprechend der Wertsteigerung des Grundstücks zu erhöhen oder „elastische" Hypotheken einzuführen (Heymann in DJZ. 1923 S. 214), wurde als mit den Grundsätzen des Liegenschaftsrechts nicht vereinbar abgelehnt. Aus dem gleichen Grunde hat das RG. in dem Urteile vom 20. Mai 1922 (RGZ. 104, 352) dem Schweizer Goldhypotheken-Abkommen in seiner ersten Gestalt (Ges. vom 19. Dezember 1920, RGBl. S. 2023) Anh. XI a die dingliche Wirkung versagt. Bald indessen hat sich unter dem Drange der Verhältnisse die Reichsgesetzgebung für einzelne Fälle genötigt gesehen, die Grundsätze des Liegenschaftsrechts zu durchbrechen; so zunächst durch die VO. vom 13. Februar 1920 (RGBl. S. 231) über die Eintragung von Hypotheken in ausländischer Währung, welche die Angabe des Geldbetrags der Forderung bei Hypotheken und des Geldbetrags der Grundschuld in ausländischer Währung in der Eintragung sowie die Umwandlung bereits eingetragener Rechte in ausländische Währung, diese jedoch nur mit Zustimmung der gleich oder nachstehend Berechtigten, ermöglichte. Ferner hat das Reichsgesetz vom 23. Juni 1923 (RGBl. II S. 284) auf Grund des mit der Schweiz abgeschlossenen weiteren Abkommens über die schweizerischen Goldhypotheken (Anh. XI b vgl. § 15 Anm. 1) die Umwandlung dieser Hypotheken in Frankengrundschulden mit dinglicher Wirkung gestattet, freilich nur für den Nennbetrag der bisherigen Hypothek in Mark mit dem ursprünglichen Range, für den Mehrbetrag an letzter Stelle, jedoch unter Verpflichtung des Eigentümers, die Zwischenberechtigten abzufinden, was nach der damaligen Auffassung durch Zahlung des Nennwerts in Papiermark, und zwar auch wenn die Hypothek usw. noch nicht fällig war, geschehen konnte, so daß wohl vor Inkrafttreten der 3. StNVO. die meisten derart Zwischenberechtigten bereits abgefunden worden sein dürften, die aber nunmehr trotzdem nach §§ 14 ff. noch Aufwertung geltend machen können. Auch in dem Gesetze über die anderweite Festsetzung von Geldbezügen aus Altenteilsverträgen vom 18. August 1923 (RGBl. I S. 815; vgl. auch Anm. 6 zu § 1) ist für die den veränderten Verhältnissen entsprechend erhöhten Geldleistungen die Erweiterung des dinglichen Rechts, allerdings auch nur durch Eintragung an der „nächstbereiten" Stelle vorgesehen. Über diese schüchternen Anfänge ist die 3. StNVO. hinausgegangen. Dieser Schritt war für sie deswegen unbedenklich, weil sie die Aufwertung auf einen so geringen Hundertsatz des Goldmarkbetrags beschränkte, daß in aller Regel der Wert des Grundstücks sich mindestens in dem gleichen Verhältnisse zu seinem früheren Werte erhalten haben oder doch bis zu dem für die Rückzahlung vorgesehenen Zeitpunkte wieder erreicht sein wird, so daß die Aufwertung allen Berechtigten in gleichem Maße zugute kommen wird. Das kann wohl auch noch von dem durch das Aufwertungsgesetz eingeführten erhöhten Hundertsatze gelten.

Die rechtliche Folge der Bestimmung ist, daß das aufgewertete Recht, ohne daß die Erhöhung des Nennbetrags in das Grundbuch eingetragen ist, bei der Festsetzung des geringsten Gebotes im Zwangsversteigerungsverfahren gemäß § 44 ZwVerstGes. zu dem Aufwertungsbetrage in der gleichen Weise berücksichtigt wird, wie wenn der Aufwertungsbetrag bereits bei Eintragung des Rechts in voller Höhe eingetragen worden wäre, also mit dem Range dieses Rechts, so daß dieses, falls es in das geringste Gebot fällt, zu dem Aufwertungsbetrage bestehen bleibt (§ 52 Abs. 1 Satz 1 ZwVerstGes.); ferner daß das Recht, falls es nicht in das geringste Gebot gefallen und deshalb durch den Zuschlag erloschen ist (§ 52 Abs. 1 Satz 2 aaO.) bei der Verteilung des Erlöses in den Teilungsplan nicht zu dem aus dem Grundbuche ersichtlichen Betrage (§ 114 ZwVerstGes.), sondern zu dem Aufwertungsbetrage mit dem eingetragenen Range aufzunehmen ist. Diese Rechtswirkungen treten auch ein, wenn die Höhe der Aufwertung durch einen Vergleich oder eine andere Vereinbarung bestimmt ist, soweit der vereinbarte Aufwertungsbetrag 25 v. H. nicht übersteigt; § 67 Abs. 1 Satz 3 und Abs. 3, vgl. Anm. dazu.

2. „Etwas anderes" ergibt sich: a) aus den Vorschriften über den Rangvorbehalt des Eigentümers (§ 7) insofern, als die auf Grund dieser Vorschriften auf Ansuchen des Eigentümers einzutragende Hypothek oder Grundschuld (Eigentümergrundschuld) ihren Rang erhält vor denjenigen aufgewerteten Rechten, welche dem aufgewerteten Rechte, an das sie sich anschließt, im Range nachstehen (vgl. Anm. 1, 2 zu § 7); b) aus den Vorschriften über die Rückwirkung (§§ 20, 21) insofern als danach gelöschte oder umgeschriebene Hypotheken usw. bei ihrer Wiedereintragung oder Wiederumschreibung den früheren Rang (§ 6) nur soweit erhalten, als nicht die Vorschriften über den öffentlichen Glauben des Grundbuchs oder über das Erlöschen von Rechten durch den Zuschlag bei der Zwangsversteigerung entgegenstehen; vgl. Anm. zu §§ 20, 21.

3. Die Eintragung der Aufwertung in das Grundbuch hat, sofern das aufgewertete Recht eingetragen ist — was in der Regel der Fall sein wird, da die hier in Frage stehenden Rechte zu ihrer Entstehung der Eintragung in das Grundbuch bedürfen (§ 873 BGB.) —, **auf Antrag des Gläubigers oder des Eigentümers** zu erfolgen (§ 6 Satz 2 Halbsatz 1). Wird der Eintragungsantrag von dem Gläubiger gestellt, so muß dieser zu seiner Legitimation, sofern es sich nicht um eine Hypothek handelt, bei der die Erteilung des Hypothekenbriefs ausgeschlossen ist, den Hypothekenbrief vorlegen (§ 1116 BGB., § 42 GBO.). Nach Art. 6 DurchfVO. vom 29. November 1925 (Anhang XXVI) gilt die Erteilung des Hypothekenbriefs als nachträglich ausgeschlossen, wenn der Aufwertungsbetrag 500 Goldmark nicht übersteigt. Wird der Antrag von dem Eigentümer gestellt, so würde an sich gleichfalls der Hypothekenbrief vorzulegen sein, damit die Eintragung erfolgen und auf

dem Brief vermerkt werden kann (§§ 92, 62 GBO.); Satz 2 Halbsatz 2 bestimmt aber, daß es in diesem Falle der Vorlegung des Hypothekenbriefs nicht bedürfen soll. Dem Eigentümer soll dadurch erleichtert werden, die Eintragung herbeizuführen, an der er zur Klarstellung der Belastung seines Grundstücks Interesse haben kann, obwohl er seinen Rangvorbehalt auch vor der Eintragung der Aufwertung eintragen lassen kann (§ 7 Abs. 3). Die Eintragung hat die Bedeutung einer Berichtigung des Grundbuches (§ 894 BGB.), das durch die außerhalb seiner eingetretene, nicht eingetragene Aufwertung unrichtig geworden ist. Sie hat zu erfolgen, wenn die Bewilligung des Eigentümers (die, falls er der Antragsteller ist, schon in der Stellung des Antrags liegt) sowie der nachstehend Berechtigten, deren Rechte gleichfalls von der Aufwertung betroffen werden, in öffentlicher oder öffentlich beglaubigter Form beigebracht wird (§§ 19, 29 GBO.). Andernfalls bedarf es des Nachweises der eingetretenen Aufwertung durch öffentliche Urkunden (§ 29 GBO.). Dieser Nachweis kann geführt werden, wenn über die Höhe der Aufwertung durch die Aufwertungsstelle entschieden oder die Aufwertung in einem gerichtlichen Urteile festgestellt ist, durch Vorlage einer mit Rechtskraft versehenen Ausfertigung der Entscheidung; ferner durch Vorlage eines in öffentlicher Urkunde abgeschlossenen Vergleichs oder einer sonstigen Vereinbarung (§ 67 u. Anm. dazu). In anderen Fällen könnte ein die Bewilligung ersetzender Nachweis der Aufwertung mit allen dazu gehörigen Erfordernissen durch öffentliche Urkunden schwerlich geführt werden. Die Führung war aber erleichtert durch § 3 Abs. 2 I Durchführungsverordnung zur 3. StNVO., eine Bestimmung, deren Rechtsgültigkeit als Durchführungsbestimmung wohl nicht zu beanstanden war (vgl. Mügel DJZ. 1924 Sp. 421). Dort war bestimmt, daß der Nachweis des Erwerbstages und des Erwerbspreises nicht der in § 29 vorgesehenen Form bedarf, sonach auch durch Privaturkunden und durch Zeugen oder in sonstiger Weise erfolgen kann. Stehen diese aber fest, so kann die Feststellung des einzutragenden normalen Aufwertungsbetrages durch das Grundbuchamt selbst auf Grund einer Umrechnung nach § 2 Abs. 1 unter Zuhilfenahme des festgesetzten Umrechnungsverhältnisses für den maßgebenden Tag (vgl. Anm. 1—5 zu § 2) erfolgen. Die gleiche Bestimmung ist nunmehr in Art. 2 der DurchfVO. vom 29. November 1925 (Anhang XXVI) getroffen. Dort ist ferner in Art. 5 bestimmt, daß es der Eintragung der Aufwertung nicht entgegensteht, wenn ein Antrag auf Herabsetzung der Aufwertung nach § 8 des Gesetzes gestellt oder die Frist für einen solchen Antrag noch nicht abgelaufen ist. Der Grundbuchrichter kann deshalb nunmehr die Eintragung zu dem normalen Aufwertungssatze (25 v. H.) vornehmen, ohne den Ablauf der Frist des § 8 oder die Entscheidung über einen im Laufe dieser Frist gestellten Antrag auf Herabsetzung abzuwarten, wie das nach der 3. StNVO. (vgl. Mügel S. 60) angenommen werden mußte. — Zur Erleichterung des bei der Eintragung zu führenden Beweises sind ferner in der DurchfVO. Vermutungen aufgestellt, nämlich: a) es wird vermutet, daß nur die von dem Gläubiger angegebenen Zahlungen und zwar zu den von ihm angegebenen Zeiten, angenommen (und deshalb nach § 18 des Gesetzes anzurechnen) sind — Art. 3 —; b) die Vermutung des § 891 Abs. 1 BGB., derzufolge vermutet wird, daß ein Recht demjenigen zusteht, für den es eingetragen ist, ist hinsichtlich der dem aufgewerteten Rechte im Range gleichstehenden oder nachgehenden Rechte auch in den Fällen des § 1155 BGB., also wenn ein anderer als der eingetragene Gläubiger legitimierter Besitzer des Hypothekenbriefes ist, für anwendbar erklärt — Art. 5 —. Die Eintragung des Verzichts auf das aufgewertete Recht und einer Vorrangseinräumung ist auch dann für zulässig erklärt, wenn der Aufwertungsbetrag noch nicht eingetragen ist, und ohne den Nachweis, daß das Recht aufgewertet ist — Art. 7 —. Diese Vorschriften finden auch auf die Wiedereintragung (§§ 20, 21 des Gesetzes) Anwendung — Art. 8 —. —

Die Höhe der zu zahlenden Geldsumme ist nach Art. 1 DurchfVO. — der sachlich übereinstimmt mit der VO. vom 9. Oktober 1925 (Anhang XXIII), an deren Stelle er gemäß Art. 135 Abs. 2 Satz 3 DurchfVO. vom 10. Dezember 1925 ab getreten ist — in der Weise zu bestimmen, daß eine Goldmark des Aufwertungsbetrags dem jeweiligen Preise von $^1/_{2790}$ kg Feingold gleichgesetzt wird; die Eintragung hat, soweit es sich nicht um eine Hypothek für Industrieobligationen handelt, in Goldmark zu erfolgen. Der Aufwertungsbetrag ist dadurch einer etwa eintretenden künftigen Entwertung der gesetzlichen Währung entzogen. — Die Bestimmung des § 6 Abs. 1 Halbsatz 2, wonach es in dem dort bezeichneten Falle der Verlegung des Hypothekenbriefes nicht bedarf, ist durch Art. 17 DurchfVO. vom 29. November 1925 auf andere Fälle der Eintragung und Wiedereintragung von Hypotheken ausgedehnt und zugleich Vorsorge getroffen, daß die Eintragung nachträglich auf den Briefen vermerkt werden kann. Durch Art. 16 der genannten DurchfVO. sind ferner die Erleichterungen des § 41 GBO. auf die Fälle der Eintragung und Wiedereintragung aufgewerteter Hypotheken für anwendbar erklärt.

4. Abs. 2 des § 6 will diejenigen Rechte schützen, die nach dem Inkrafttreten der 3. StNVO. erworben sind im Vertrauen darauf, daß durch diese VO. die Aufwertung der im Grundbuche eingetragenen vorgehenden Rechte auf den darin festgesetzten Hundertsatz von 15 v. H. eingeschränkt worden sei und eine höhere Aufwertung nicht stattzufinden habe. Die Reichstagsvorlage (Art. II § 1 Abs. 1) nahm an, daß dieses Vertrauen berechtigt gewesen sei bis zum 1. Januar 1925, aber nicht mehr nach diesem Zeitpunkte, weil, wie die Begr. (S. 16) ausführte, der in der breitesten Öffentlichkeit geführte Kampf um die Aufwertung, sowie die wiederholte Erklärung der Reichsregierung, innerhalb der Grenzen des wirtschaftlich Möglichen einer Ergänzung der 3. StNVO. geneigt zu sein (?; vgl. die Einleitung VI!), schon seit längerer Zeit in den Kreisen der Geldgeber wie der Schuldner die gesetzliche Zubilligung einer höheren Aufwertung als wahrscheinlich hätten erscheinen lassen, wobei die Möglichkeit, daß eine solche höhere Aufwertung im Range etwaigen in der Zwischenzeit erworbenen Rechten vorgehen könne, nicht verkannt worden sei; daher habe ein Gläubiger, der in der letzten Zeit ein Grundstück hinter einem aufgewerteten Rechte erwarb, mit einer solchen Möglichkeit rechnen müssen; auch müsse damit gerechnet werden, daß Schuldner versucht haben, das (in Aussicht stehende) Recht des Gläubigers auf eine höhere Aufwertung dadurch zu beeinträchtigen, daß sie ihre Grundstücke möglichst hoch belasteten; deshalb sei es im Interesse der Aufwertungsgläubiger erforderlich und für die Gläubiger (Rechtserwerber) erträglich, erst nach dem 31. Dezember 1924 erworbene Rechte hinter die höhere Aufwertung des Aufwertungsgesetzes zurücktreten zu lassen. — Im Reichstagsausschusse (Bericht S. 28) wurde von einer Seite (Best) behauptet, daß ein Vertrauen auf die Fortdauer der durch die 3. StNVO. getroffenen Regelung angesichts der sofort nach ihrem Erlasse einsetzenden Kämpfe gegen sie von vornherein nicht berechtigt gewesen sei und deshalb keinen Schutz verdiene. Die Kompromißparteien vertraten demgegenüber den Standpunkt, daß der Verkehr sich zunächst entsprechend dem Rechte der 3. StNVO. eingestellt habe, zumal die Regierung durch amtliche Stellen habe verlautbaren lassen, daß sie an eine Änderung nicht denke, daß aber dieses Vertrauen erschüttert worden sei, als im Sommer 1924 der Reichskanzler nach der Rückkehr von London erklärt habe, daß die Regierung sich nunmehr einer Umarbeitung des Aufwertungsrechts nicht widersetzen werde, und daß vom Herbst 1924 ab das Aufwertungsrecht so umstritten gewesen sei, daß auch der Laie nicht mehr Vertrauen in seine Fortgeltung hätte haben dürfen. Deshalb beschloß der Ausschuß, den Schutz nur den bis zum 1. Oktober 1924 (d. h. wohl vor dem 1. Oktober 1924) erworbenen oder vorgemerkten Rechten zu gewähren. — Der Schutz wird dadurch gewährt, daß das aufgewertete Recht den bis zum 1. Oktober 1924 erworbenen

oder vorgemerkten Rechten eines anderen soweit im Range nachsteht, als sich aus den Vorschriften des Aufwertungsgesetzes gegenüber den Vorschriften der 3. StNVO. ein höherer Aufwertungsbetrag ergibt. Daß der Erwerb durch Eintragung erfolgt oder gewahrt worden sei, ist nicht erfordert; er wird daher auch einem Gläubiger zugute kommen, der eine Hypothek in der bezeichneten Zeit durch Abtretungserklärung und Übergabe des Hypothekenbriefes außerhalb des Grundbuches erworben hat (§ 1154 BGB.). Der Schutz betrifft jedoch nur die Erhöhung des Aufwertungsbetrages, die durch die Änderung des Hundertsatzes der Aufwertung (§ 4: 25 statt 15) herbeigeführt ist. Unberührt bleibt die Erhöhung, die auf der Einführung des Umrechnungsverhältnisses (§ 2) beruht (Abs. 2 Satz 2), d. h. darauf, daß bei Berechnung des Goldmarkbetrags statt des nach der 3. StNVO. maßgebend gewesenen Dollarindex das in § 2 bestimmte Umrechnungsverhältnis (vgl. Anm. 4 zu § 2) getreten ist. Gegen diese Gesetzesänderung sind die unter der Herrschaft der VO. erworbenen Rechte nicht geschützt; vielmehr geht ihnen insoweit das aufgewertete Recht vor.

5. Die in § 6 für die Hypothek gegebenen Vorschriften finden auf die in Abschnitt 3 behandelten dinglichen Rechte entsprechende Anwendung, jedoch für die Reallast mit der in § 31 (vgl. Anm.) bezeichneten Maßgabe (§§ 31, 32).

3. Rangvorbehalt für den Eigentümer

§ 7.

(1) Der Eigentümer ist befugt, im Range nach dem an erster Stelle eingetragenen aufgewerteten Rechte und vor den diesem nachgehenden Rechten eine Hypothek oder Grundschuld in Höhe von 25 v. H. des Goldmarkbetrags des aufgewerteten Rechtes mit dem üblichen Zinsfuß eintragen zu lassen[1, 2]. Liegt der Goldmarkbetrag eines aufgewerteten, im Range nachgehenden Rechtes in voller Höhe innerhalb der für die Anlegung von Mündelgeld geltenden Sicherheitsgrenze, so ist der Eigentümer befugt, auch im Range nach diesem Rechte und vor den diesem im Range nachgehenden Rechten eine Hypothek oder Grundschuld in Höhe von 25 v. H. des Goldmarkbetrags mit dem üblichen Zinsfuß eintragen zu lassen[3]. Sind in unmittelbarem Zusammenhang mit dem an erster Stelle eingetragenen aufgewerteten Recht zugunsten desselben Gläubigers andere aufgewertete Rechte eingetragen, so gelten, sofern der Gläubiger ein öffentlich-rechtliches oder unter Staatsaufsicht stehendes Unternehmen ist, das nach Gesetz oder Satzung bestimmte Beleihungsgrenzen einzuhalten hatte, die Rechte zusammen im Sinne dieser Vorschrift als ein einheitliches an erster Stelle eingetragenes Recht[5].

(2) Soweit es bei der Beurteilung der Mündelsicherheit auf das Verhältnis des Rechtes zum Grundstückswert ankommt, ist als Grundstückswert der berichtigte Wehrbeitragswert (Artikel II § 3 Abs. 1 Ziffer 1 der Zweiten Steuernotverordnung vom 19. Dezember 1923, Reichsgesetzbl. I S. 1205) oder, soweit ein berichtigter Wehrbeitragswert nicht festgestellt ist, der unter entsprechender Anwen-

dung der bezeichneten Vorschriften durch die Aufwertungsstelle zu ermittelnde Wehrbeitragswert zugrunde zu legen[4].

(3) Die Befugnis, an der vorbehaltenen Rangstelle eine Hypothek oder Grundschuld eintragen zu lassen (Abs. 1) wird, auch solange die Befugnis nicht eingetragen ist, dadurch nicht berührt, daß ein im Range nachgehendes Recht von einem Dritten erworben ist. Die Befugnis ist bei der Eintragung der Aufwertung von Amts wegen, auf Antrag des Eigentümers auch früher, in das Grundbuch einzutragen[6].

(4) Bestehen an dem Grundstück Rechte, die auf Reichsmark, eine ausländische Währung, auf Feingold, Roggen oder einen anderen wertbeständigen Maßstab lauten, so nehmen sie in der Reihenfolge ihres Ranges die für den Eigentümer vorbehaltene Rangstelle ein. Der Gläubiger eines solchen Rechtes kann an Stelle des Eigentümers die Eintragung des Rechtes an der dem Eigentümer vorbehaltenen Rangstelle beantragen. Die Reichsregierung wird ermächtigt, Vorschriften zur Berechnung des Goldmarkwerts dieser Rechte zu erlassen[7].

(5) Der Eigentümer kann mit Zustimmung der im Abs. 4 bezeichneten Gläubiger auf die Befugnis, an der vorbehaltenen Rangstelle eine Hypothek oder Grundschuld eintragen zu lassen (Abs. 1), verzichten. Der Verzicht bedarf zu seiner Wirksamkeit der Eintragung in das Grundbuch. Soweit ein Verzicht erfolgt ist, findet die Vorschrift des Abs. 4 keine Anwendung[8].

1. Der in § 7 geordnete **Rangvorbehalt für den Eigentümer** ist an die Stelle der in der Regierungsvorlage vorgeschlagenen Zusatzaufwertung, die vom Reichsrate gestrichen wurde (vgl. Anm. 2 zu § 4), getreten und soll, wie mit dieser beabsichtigt war, eine unterschiedliche Behandlung der Hypotheken bei der Aufwertung nach ihrem Verhältnisse zum Werte des Grundstücks und damit nach ihrer Güte herbeiführen, zugleich aber dem Eigentümer die Möglichkeit neuer hypothekarischer Kredite eröffnen. Dafür wurde im Reichstagsausschusse angeführt (Bericht S. 7), daß bei allgemeiner „Abwertung" auf 25 v. H. (hier ist die sog. „Aufwertung" einmal bei ihrem richtigen Namen genannt) die zweiten und folgenden Hypotheken möglicherweise Rangstellen erhalten, die (im Verhältnis zum Werte des Grundstücks) besser seien als ihr Rang zur Zeit der Rechtsbegründung; andererseits bestehe für den Eigentümer landwirtschaftlichen Besitzes, aber auch für den Hausbesitzer, ein Kreditbedürfnis, das um so schwerer zu befriedigen sei, je mehr alte Hypotheken der neu aufzunehmenden vorgingen; deshalb sei unter Wahrung des Grundsatzes, daß das aufgewertete Recht möglichst den alten Rang behalten soll, eine Rangverteilung empfehlenswert, bei der der Eigentümer an kreditfähiger Stelle einen kreditfreien Platz erhalte, der Hypothekengläubiger aber nicht schlechter im Range stehe als zur Zeit der Begründung seines Rechts. Das sollte nach dem Antrage der Kompromißparteien erreicht werden dadurch, daß der Eigentümer stets hinter der an erster Stelle eingetragenen Hypothek, unter Umständen auch hinter der folgenden einen freien Raum für Neubelastung zur Verfügung gestellt erhalte. Gegen den Antrag wurde geltend gemacht, daß er sowohl bei einer hohen ersten Hypothek als auch bei Häufung von Eigentümergrund-

schulden nach mehreren kleineren Hypotheken zur Schädigung der Nachhypotheken führe, auch einen Anreiz zur Verschuldung biete; auch seien wohl Schwierigkeiten bei Feststellung der Mündelsicherheit zu erwarten. Der Antrag wurde aber angenommen. Als Beispiel für die erstrebte Regelung wurde in dem Berichte (S. 8) folgendes angeführt:

„Berichtigter Wehrbeitragswert 100 000 Mark. Belastung aus Friedenszeit 10 000 + 40 000 + 10 000 Mark Hypotheken. Aufwertung derselben zu 25 v. H. auf 2500, 10000, 2500 Goldmark".

Da alle drei Hypotheken in der mündelsicheren Friedensgrenze (in Preußen bei ländlichen Grundstücken $66^2/_3$ v. H.) liegen, entsteht hinter jeder ein ihr gleicher Raum für eine „Eigentümergrundschuld" (vgl. Anm. 2). Werden diese Eigentümergrundschulden eingetragen, so stellt sich die Gesamtbelastung des Grundstücks nach der Aufwertung auf 15 000 Goldmark Hypotheken + 15 000 Goldmark Eigentümergrundschulden = 30 000 Goldmark, also auf die Hälfte der früheren Belastung und auf $^3/_{10}$ des berichtigten Wehrbeitragswerts. Erreicht der Wert des Grundstücks heute noch auch nur die Hälfte des berichtigten Wehrbeitragswertes, so steht auch der dritte Hypothekengläubiger bei einer Zwangsversteigerung nicht schlechter als früher.

2. Die dem Eigentümer gewährte Befugnis geht zunächst dahin, eine Hypothek oder Grundschuld eintragen zu lassen. Eine Hypothek kann er, da sie eine Forderung voraussetzt, nur für einen Dritten, eine Grundschuld aber auch für sich als Eigentümergrundschuld eintragen lassen (§ 1198 BGB.), um sie dann behufs Erlangung von Kredit als Grundschuld oder Hypothek an einen Dritten abzutreten. Der Kürze halber ist beides in dem Berichte (vgl. Anm. 1) als „Eigentümergrundschuld" zusammengefaßt und das soll auch hier geschehen. — Die Eigentümergrundschuld kann in Höhe (d. h. bis zur Höhe) von 25 v. H. des aufgewerteten Rechts eingetragen werden; bis zu dieser Höhe also auch dann, wenn das Recht in Anwendung der Härteklausel (§ 8) nicht auf 25 v. H., sondern auf einen geringeren Hundertsatz aufgewertet worden ist, das ist durch die Änderung des Wortlautes in der zweiten Lesung des Ausschusses klargestellt worden (Bericht S. 31). Auf die Einzahl wird kein Wert zu legen, der Eigentümer vielmehr als befugt zu erachten sein, auch mehrere Hypotheken oder Grundschulden bis zu der angegebenen Gesamthöhe eintragen zu lassen. Nach Art. 9 DurchfVO. vom 29. November 1925 (Anhang XXVI) hat die Eintragung sowohl der Befugnis (vgl. Anm. 6) wie der Eigentümergrundschuld selbst in der gleichen Weise zu erfolgen wie die Eintragung der aufgewerteten Hypotheken (vgl. Anm. 3 zu § 6), nämlich in Goldmark, deren Begriff hier in gleicher Weise bestimmt ist wie dort. In Art. 10 ist die Vorlegung der Hypothekenbriefe über vor- oder nachgehende Rechte zur Erleichterung der Eintragung als nicht erforderlich erklärt, zugleich aber Vorsorge getroffen, daß die Eintragung nachträglich auf diesen Briefen vermerkt wird. Nach Art. 11 hat die Eintragung der Befugnis unter Beifügung der Worte: „mit dem üblichen Zinsfuß" zu erfolgen; als üblicher Zinsfuß gilt bis auf weiteres ein solcher von 11 vom Hundert; Änderungen sind bekanntzumachen. Bei der Eintragung der Eigentümergrundschuld selbst dagegen muß der Zinsfuß angegeben werden, und zwar in der für die Zeit der Eintragung als üblich festgestellten Höhe. Art. 13 Abs. 1 trifft Bestimmung über die Berechnung des Goldmarkbetrags einer Rentenschuld oder Reallast, an welche sich der Rangvorbehalt zugunsten des Eigentümers anschließen soll. Ihren Rang erhält die Eintragung nach dem an erster Stelle eingetragenen und vor den diesem nachstehend eingetragenen dinglichen Rechten, also als zweitstellige Hypothek.

3. Eine weitergehende Befugnis steht dem Eigentümer zu, falls das an erster Stelle eingetragene aufgewertete Recht (die Ersthypothek) nicht den vollen, für die

Anlegung von Mündelgeld als sicher geltenden Teil des Grundstückswertes in Anspruch nimmt, vielmehr auch nachgehenden aufgewerteten Rechten (Nachhypotheken) noch Raum innerhalb dieser Sicherheitsgrenze freiläßt. In diesem Falle ist der Eigentümer befugt, im Range hinter jeder Nachhypothek, die in voller Höhe noch innerhalb der Sicherheitsgrenze liegt, und vor den dieser nachstehenden Rechten eine weitere Hypothek oder Grundschuld mit dem üblichen Zinsfuße eintragen zu lassen, und zwar bis zur Höhe von 25 v. H. des Goldmarkbetrages der noch innerhalb der Sicherheitsgrenze liegenden Nachhypothek. Vgl. das Beispiel in Anm. 1. Liegt eine Nachhypothek nur teilweise noch innerhalb der Sicherheitsgrenze, so kann hinter ihr keine Eintragung für den Eigentümer mehr erfolgen.

4. Darüber, welche Voraussetzungen erfüllt sein müssen, damit eine Hypothek, Grundschuld oder Rentenschuld noch innerhalb der für die Anlegung von Mündelgeld geltenden Sicherheitsgrenze liege, gibt das Reichsrecht keine unmittelbaren Vorschriften. § 1807 BGB. bestimmt nur, daß die Anlegung von Mündelgeldern in sicheren Hypotheken usw. erfolgen darf, überläßt es aber den Landesgesetzen, für die innerhalb ihres Geltungsbereichs belegenen Grundstücke die Grundsätze zu bestimmen, nach denen die Sicherheit eines solchen dinglichen Rechts festzustellen ist. Hiervon haben die Länder nur zum Teil Gebrauch gemacht, und zwar meist in der Weise, daß die Belastung innerhalb eines gewissen Teiles des Grundstückswertes gelegen sein muß. So Bayern: innerhalb der ersten Hälfte (Art. 92 AGBGB.); Baden: desgleichen (landesherrl. VO. vom 11. November 1899 § 35). Für Preußen ist bestimmt, daß die Belastung entweder innerhalb des Fünfzehnfachen oder, wenn sie die einzige erststellige ist (ein Fall, der hier nicht in Betracht kommt), des Zwanzigfachen des Grundsteuerreinertrags oder bei ländlichen Grundstücken innerhalb der ersten zwei Drittel, bei städtischen innerhalb der ersten Hälfte des Grundstückswertes zu stehen kommen muß (Art. 73 AGBGB. § 1 Abs. 1). Über die Art und Weise der Ermittlung des Grundstückswertes sind in Preußen gleichfalls eingehende Bestimmungen getroffen. Diese kommen aber hier nicht in Betracht, weil Abs. 2 des § 7 bestimmt, daß, soweit es bei der Beurteilung der Mündelsicherheit auf das Verhältnis des Rechts zum Grundstückswert ankommt, als Grundstückswert der **berichtigte Wehrbeitragswert**, soweit aber ein solcher nicht festgestellt ist, der durch die Aufwertungsstelle zu ermittelnde Wehrbeitragswert zugrunde zu legen ist. Der Wehrbeitragswert ist der zum Zwecke der Erhebung des Wehrbeitrags für den 31. Dezember 1913 festgesetzte Wert des Grundstücks. Er soll bei Feststellung des Grundstückswertes zugrunde gelegt werden als der zuletzt festgestellte Vorkriegswert, der übrigens auch für die auf seine Feststellung folgenden Kriegs- und Nachkriegsjahre maßgebende Bedeutung behalten habe (Begr. S. 11). Dabei sollen aber die Berichtigungen berücksichtigt werden, die dieser Wert später im Interesse einer gleichmäßigen Bewertung und Veranlagung erhalten hat, der sog. „**berichtigte Wehrbeitragswert**", d. h. derjenige, der nach Maßgabe des Art. II § 3 Abs. 1 der 2. Steuernotverordnung vom 19. Dezember 1923 (RGBl. I 1205) auf Grund der von dem Reichsfinanzminister für die Veranlagung zur Vermögenssteuer 1924 erlassenen Durchführungsbestimmungen festzusetzen war. Diese Bestimmungen sollen auch von den Aufwertungsstellen bei der in Fällen, in denen ein Wehrbeitragswert nicht festgestellt ist — sei es, weil das Grundstück unterhalb der Freigrenze lag oder weil es zu einem Betriebsvermögen gehört hatte und deshalb nicht besonders veranlagt worden ist — von ihnen vorzunehmenden Ermittelung des Wehrbeitragswerts entsprechend angewendet werden. Sie sind als Anhänge VIII a und b abgedruckt. In den Bestimmungen sind für landwirtschaftliche Grundstücke gewisse Abschläge zugelassen; in der Regierungsvorlage (§ 2 Abs. 1 Satz 3) war ausdrücklich bestimmt, daß diese Abschläge bei der Feststellung des Grundstückwerts für die Zusatzaufwertung

(vgl. Anm. 1) zu berücksichtigen sein. Diese Bestimmung ist im Gesetz weggeblieben; daraus wird aber nicht zu folgern sein, daß die Abschläge keine Berücksichtigung finden sollen.

5. Eine besondere Vergünstigung ist den **öffentlich-rechtlichen oder unter Staatsaufsicht stehenden Unternehmungen**, die nach Gesetz oder Satzung bestimmte Beleihungsgrenzen einzuhalten hatten, das sind die Grundkreditanstalten, Hypothekenbanken und dergleichen Anstalten, für die Aufwertung ihrer Gläubigerrechte eingeräumt. Sind nämlich für einen solchen Gläubiger im unmittelbaren Zusammenhange (d. h. in unmittelbarer Rangfolge, ohne Zwischenstehen anderer Rechte) mit der aufgewerteten Ersthypothek weitere aufgewertete Rechte eingetragen, so sollen sie im Sinne von Satz 1, 2 zusammen als ein einheitliches an erster Stelle eingetragenes Recht, eine einheitliche Ersthypothek, gelten (Abs. 1 Satz 3). Das bedeutet, daß im Range vor den an zweiter, dritter und weiterer unmittelbar folgender Stelle eingetragenen aufgewerteten Rechten solcher Gläubiger der Eigentümer keine Hypothek oder Grundschuld eintragen lassen kann. Es soll (wie die Begr. S. 31 ausführt), dadurch im Interesse der Grundkreditanstalten die Zusammenfassung einzelner „Splitterhypotheken" damit ermöglicht werden, „daß die Kreditgrundschuld des Eigentümers nicht hinter jeder Einzelhypothek zur Entstehung gelangt, sondern geschlossen hinter allen in unmittelbarem Zusammenhange stehenden Einzelhypotheken". Die „geschlossene" Eintragung der Eigentümergrundschuld kann danach erfolgen bis zur Höhe von 25 v. H. des Gesamtbetrages der aufeinanderfolgenden aufgewerteten Rechte, die als ein einheitliches Recht gelten.

6. Dem Eigentümer steht zunächst nur die „Befugnis" zu, eine Hypothek oder Grundschuld eintragen zu lassen; die Hypothek oder Grundschuld selbst, also das dingliche Recht, entsteht erst durch die Eintragung. Eine nicht in das Grundbuch eingetragene „Befugnis" (etwa im Sinne eines schuldrechtlichen Anspruchs) könnte nach den Grundsätzen des BGB. über den öffentlichen Glauben des Grundbuchs (§ 892) denjenigen nicht entgegengesetzt werden, welche vor der Eintragung der Hypothek oder Grundschuld des Eigentümers im Vertrauen auf den Inhalt des Grundbuchs, das die Eintragung nicht enthielt, Rechte an dem Grundstücke erworben haben, also insbesondere den Nachhypothekaren. Dieser Grundsatz wird aber schon dadurch außer Kraft gesetzt, daß die Befugnis des Eigentümers dahin geht, eine Hypothek oder Grundschuld mit einem bestimmten Range, und zwar im Range vor den Rechten eintragen zu lassen, die dem aufgewerteten Rechte, an das sich eine Hypothek oder Grundschuld anschließen soll, im Range nachgehen. Daraus war bereits zu folgern, daß die Hypothek, sobald sie eingetragen wurde, auch bereits vorher eingetragenen Rechten vorgehen sollte. Diese Rechtslage war wohl von dem Aufwertungsausschusse des Reichstags nicht klar erkannt worden, nach dessen Fassung in zweiter Lesung die Befugnis, wenn sie eingetragen war, die Wirkung einer Vormerkung haben, also die einzutragende Hypothek gegen weitere, nach der Eintragung der Befugnis erfolgende Eintragungen schützen, und auch, solange sie nicht eingetragen war, dadurch nicht berührt werden sollte, daß ein im Range nachstehendes aufgewertetes Recht vor dem 1. Januar 1926 von einem Dritten erworben sei. Vgl. den Bericht des Ausschusses S. 31, 75, 105. Durch einen zur zweiten Lesung im Plenum des Reichstags gestellten Antrag (Drucksachen des Reichstags Nr. 1144), der Annahme fand, wurde die jetzige Fassung dem Abs. 3 des § 7 gegeben. Die Abänderung wurde von dem Abg. Dr. Heinze (vgl. Sitzungsberichte S. 3016) damit begründet, daß die Nötigung des Eigentümers, seine Befugnis bis zum 1. Januar 1926 eintragen zu lassen, wegfallen sollte, mit dem Hinzufügen, dadurch werde der öffentliche Glaube des Grundbuchs nicht alteriert, denn das Grundbuch gelte nur in Verbindung mit dem bestehenden Gesetze und aus dem bestehenden Gesetze (ge-

meint ist der § 7 Aufwertungsgesetz) ergebe sich, daß die Eigentümergrundschuld eben ex lege bestehe. Durch diese Argumentation wird freilich nicht aus der Welt geschafft, daß Gesetze, die außerhalb des Grundbuchs bestehende Rechte mit dinglicher Wirkung schaffen, eben dadurch in den öffentlichen Glauben des Grundbuchs eingreifen, indem sie ihn einschränken. Es ist aber durch die Änderung nunmehr außer Zweifel gestellt, daß die „Befugnis", auch wenn sie nicht eingetragen ist, durch den Erwerb von Rechten an dem Grundstücke von seiten Dritter nicht berührt wird und die auf Grund ihrer einzutragende Eigentümergrundschuld, auch wenn vorher die Befugnis nicht eingetragen war, mit der Eintragung mit dem im Gesetze bestimmten Range rückwärts wirkend ins Leben tritt. Obwohl es sonach der Eintragung der Befugnis nicht bedarf, wird doch angeordnet, daß sie, um den Inhalt des Grundbuchs richtig zu erhalten, bei der Eintragung der Aufwertung des aufgewerteten Rechts, an das sie sich anschließen soll, von Amts wegen durch das Grundbuchamt einzutragen ist. Dieses wird dadurch genötigt, bei der Eintragung einer Aufwertung jedes Mal zu prüfen, ob die Voraussetzungen für eine nach dem aufgewerteten Rechte einzutragende Eigentümergrundschuld erfüllt sind. Auf Antrag des Eigentümers hat die Eintragung der Befugnis auch schon früher, also vor der Eintragung der Aufwertung, zu erfolgen. Sie hat aber zur Voraussetzung, daß die Höhe der Aufwertung feststeht, was nicht vor Ablauf der Herabsetzungsfrist des § 8 der Fall sein wird.

7. „Reichsmark" ist die durch die neue Währungsgesetzgebung eingeführte Rechnungseinheit; erst seitdem können eingetragene Rechte auf diese Währung lauten. In ausländischer Währung können Rechte (Hypotheken und Grundschulden) seit der Verordnung vom 13. Februar 1920 (RGBl. S. 231) eingetragen werden; auch auf Grund des Zusatzabkommens zu dem Abkommen über schweizerische Goldhypotheken mit der Schweiz vom 23. Juni 1923 (RGBl. II S. 284; Anhang VIII b können Frankengrundschulden eingetragen werden. Die Eintragung von Rechten, die auf Feingold, Roggen oder einen anderen wertbeständigen Maßstab — als solcher kommt namentlich auch der Dollar, ferner die Kohle und andere mehr oder weniger als wertbeständig angesehene Sachgüter in Betracht — lauten, ist zugelassen durch das Gesetz über wertbeständige Hypotheken vom 23. Juni 1923 (RGBl. I 407). Auch solchen Rechten gegenüber behält nach § 6 Abs. 1 Aufwertungsgesetz (vgl. Anm. 1 dazu) das aufgewertete Recht den durch die Eintragung bestimmten Rang, es geht ihnen also nicht nur für den eingetragenen Papiermarkbetrag, sondern für den Aufwertungsbetrag vor, mit der aus Abs. 2 des § 6 (vgl. Anm. 4 dazu) sich ergebenden Einschränkung. Das soll aber nicht gelten für die Eigentümergrundschuld des § 7. Dem Eigentümer soll nicht die Möglichkeit gewährt werden, sich neuen Sachkredit zu verschaffen, der den von ihm oder den von einem Vorgänger eingegangenen, nicht von der Geldentwertung der deutschen Währung betroffenen Sachkreditbelastungen im Range vorginge. Das will das Gesetz (Abs. 4 des § 7) durch die Bestimmung erreichen, daß solche Rechte in der Reihenfolge ihres Ranges die für den Eigentümer vorbehaltene Rangstelle einnehmen. Soweit solche Rechte bestehen, hat also der Eigentümer nicht die Befugnis, eine anderweite Hypothek oder Grundschuld im Anschlusse an ein aufgewertetes Recht nach § 7 Abs. 1—3 eintragen zu lassen. Die eingetragenen, nicht entwerteten Rechte nehmen ohne weiteres, und ohne daß es dazu der Eintragung ihres Vorranges bedarf, den dem Eigentümer vorbehaltenen Rang vor den aufgewerteten Rechten, die vor ihnen eingetragen sind, ein, und zwar in der Reihenfolge ihres eigenen Ranges. Die Gläubiger solcher Rechte können an Stelle des Eigentümers die Eintragung des Rechts (d. h. ihres Rechts) an der dem Eigentümer vorbehaltenen Rangstelle beantragen. Ein Recht, auch die Eintragung der Befugnis zu verlangen (entsprechend Abs. 3 Satz 2, vgl. Anm. 6) ist ihnen vom Gesetze nicht ausdrücklich verliehen, wird auch nicht ohne das anzunehmen sein. Dagegen wird das Grundbuchamt bei der Eintragung der Aufwertung des Rechts, an das

sich die Befugnis des Eigentümers anschließt, von Amts wegen an Stelle des Eigentümers die Gläubiger solcher Rechte als befugt einzutragen haben. Die Vorschriften zur Berechnung des Goldmarkwerts der Rechte sind getroffen in Art. 12 und 13 Abs. 2 DurchfVO. vom 29. November 1925 (Anhang XXVI).

8. Der (gleichfalls auf den in Anm. 6 erwähnten Antrag) erst bei der zweiten Lesung im Plenum des Reichstags in das Gesetz eingefügte Abs. 5 des § 7 gewährt dem Eigentümer das Recht eines dinglich wirkenden Verzichts auf die ihm gemäß Abs. 1 zustehende Befugnis (Satz 1). Ein solcher Verzicht bedarf der Eintragung in das Grundbuch (Satz 2) entsprechend der für die Aufhebung von Rechten an einem Grundstücke allgemein geltenden Vorschrift des § 875 BGB. Ohne Eintragung hat der Verzicht nur schuldrechtliche Wirkung zwischen dem Eigentümer und denjenigen Nachberechtigten, denen gegenüber er ausgesprochen worden ist. Durch die Eintragung erlangt er Wirksamkeit zugunsten aller Berechtigten, denen die einzutragende Eigentümergrundschuld vorgehen würde. Ein Verzicht zugunsten einzelner von ihnen wird mit dinglicher Wirkung nicht zulässig sein, kann aber einen schuldrechtlichen Anspruch darauf erzeugen, daß der Eigentümer dem Rechte des anderen Teils den Vorrang lasse. Auch ein später eingetretener Eigentümer ist an einen eingetragenen Verzicht seines Rechtsvorgängers gebunden. Sind aber nachstehend eingetragene Rechte der in Abs. 4 bezeichneten Art vorhanden, also nicht durch die Geldentwertung betroffene Rechte, so bedarf der Verzicht, um dinglich zu sein, ihrer Zustimmung (Satz 1, 3). Ist diese erfolgt, so findet insoweit die Vorschrift des Abs. 4 keine Anwendung, d. h. diese Rechte treten im Range an die Stelle ihrer Eintragung hinter die einzutragende Eigentümergrundschuld zurück. Die Vorschrift des Abs. 5 ist wohl der Erwägung entsprungen, daß ohne die Möglichkeit eines solchen Verzichts der Rangvorbehalt unter Umständen dem Eigentümer für die Erlangung weiteren Hypothekenkredits eher hinderlich als förderlich sein könnte; allerdings dürfte diese Befürchtung für die Zukunft auch ohne die Verzichtsmöglichkeit kaum gerechtfertigt sein, da nur Kredite in den in Abs. 4 genannten Währungen in Betracht kommen werden, die durch den Rangvorbehalt des Eigentümers nicht berührt werden. Über die Eintragung des Verzichts sind in Art. 14 DurchfVO. vom 29. November 1925 (Anhang XXVI) nähere Bestimmungen getroffen.

4. Herabsetzung der Aufwertung

§ 8.

(1) Der Eigentümer kann eine Herabsetzung der Aufwertung um höchstens 10 v. H. des Goldmarkbetrags verlangen, wenn dies mit Rücksicht auf seine wirtschaftliche Lage zur Abwendung einer groben Unbilligkeit unabweisbar erscheint[1]. Die Herabsetzung der Aufwertung ist nur zulässig, wenn das Verlangen vor dem 1. April 1926 bei der Aufwertungsstelle gestellt wird[2]. In den Fällen der §§ 203, 204, 206, 207 des Bürgerlichen Gesetzbuchs kann das Verlangen noch bis zum Ablauf von drei Monaten nach Fortfall des Hindernisses gestellt werden[2].

(2) Ist die Herabsetzung der Aufwertung rechtzeitig bei der Aufwertungsstelle beantragt, so ist auf Antrag des Eigentümers ein Widerspruch in das Grundbuch einzutragen. Die Eintragung des Widerspruchs setzt die Eintragung der Aufwertung nicht voraus[3].

1. Dem Eigentümer des mit der Hypothek belasteten Grundstücks, der verpflichtet ist, die Zwangsvollstreckung in das Grundstück für den Aufwertungsbetrag zu dulden, ist das Recht verliehen, eine **Herabsetzung der Aufwertung** zu verlangen, wenn dies mit Rücksicht auf seine wirtschaftliche Lage zur Abwendung einer groben Unbilligkeit unabweisbar erscheint (**Härteklausel**). Die Herabsetzung, die nach der 3. StNVO. unbeschränkt erfolgen konnte, wurde im Reichstagsausschusse durch die Kompromißparteien derart beschränkt, daß der regelmäßige Aufwertungssatz von 25 v. H. nur **„um höchstens 10 v. H. des Goldmarkbetrags"** herabgesetzt werden darf, so daß mindestens eine Aufwertung von 15 v. H. verbleiben muß. Obwohl der Eigentümer als solcher nicht mit seinem persönlichen Vermögen, sondern nur mit dem Grundstücke haftet, soll für die Frage der Herabsetzung seine wirtschaftliche Lage, also neben dem Werte des Grundstücks, das er in Händen hat, auch seine persönlichen wirtschaftlichen Verhältnisse in Betracht gezogen werden. Danach wird in erster Linie zu prüfen sein, ob etwa durch die eingetretenen Verhältnisse auch das Grundstück derart entwertet ist, daß es keine ausreichende Grundlage für die Zahlung des auf 25 v. H. des Goldmarkbetrags aufgewerteten Nennbetrags (also des um 75 v. H. herabgesetzten Goldmarkbetrages) mehr bietet; daneben aber auch, ob die wirtschaftliche Lage des Eigentümers eine derartige ist, daß das Grundstück, um den Aufwertungsbetrag nach Ablauf der Stundungsfrist beizutreiben, zur Zwangsversteigerung gebracht werden müßte, und bejahendenfalls, ob es für ihn derart unentbehrlich ist, daß es als eine „grobe Unbilligkeit" erscheinen müßte, es ihm zu entziehen. Die weiter aufgestellte Voraussetzung der Unabweisbarkeit weist darauf hin, daß eine strenge Prüfung eintreten und nur in Fällen, in denen kein anderer Ausweg möglich erscheint, eine Herabsetzung bewilligt werden darf. Freilich wird es schwer sein, bei der Entscheidung über die Herabsetzung, die schon jetzt binnen kurzer Frist eintreten soll, die Verhältnisse, die nach Eintritt der Fälligkeit (vgl. § 25) etwa bestehen können, zu berücksichtigen. Der Ausweg, die Entscheidung unter Vorbehalt späterer Änderung der Verhältnisse zu treffen, liegt nahe, erscheint aber gegenüber der Absicht des Gesetzes, möglichst rasch eine bestimmte und endgültige Entscheidung über die Höhe der Belastungen herbeizuführen, bedenklich und ist vom KG. (20. Oktober 1924, DJZ. 1925 Sp. 116) für unzulässig erklärt worden. — Um zu beurteilen, ob eine „grobe Unbilligkeit" eintreten würde, wenn die Herabsetzung nicht erfolgte, wird aber auch die Lage des Gläubigers nicht außer acht zu lassen sein; ist auch dieser durch die Geldentwertung und durch die Abwertung seiner Hypothek um 75 v. H. stark geschädigt worden und in ungünstige wirtschaftliche Lage geraten, so wird von einer groben Unbilligkeit, die zu weiterer Herabsetzung führen könnte, keine Rede sein können. — Daß aber nur einseitig dem Eigentümer ein Anspruch auf Herabsetzung und nicht auch anderseits dem Gläubiger ein Anspruch auf Heraufsetzung des Aufwertungsbetrages im Falle grober Unbilligkeit gewährt wurde, namentlich für den Fall, daß einem durch die Inflation verarmten Gläubiger ein durch Wertsteigerung des Grundstücks, vielleicht mit Hilfe des von dem Gläubiger hingegebenen Geldes, reichgewordener Eigentümer gegenübersteht, war eine „grobe Unbilligkeit" der 3. StNVO. selbst, die sehr wohl ohne Gefährdung ihrer Zwecke hätte vermieden werden können. Bereits die Abänderungsanträge von Düringer und der Arbeitsgemeinschaft (vgl. die Einleitung VI) wollten ihr abhelfen; in der gleichen Richtung gingen später im Aufwertungsausschusse die Anträge Dr. Best und Kell (Bericht S. 5, 6, 31); sie wurden aber abgelehnt und die Unbilligkeit der 3. StNVO. wurde durch das Aufwertungsgesetz aufrechterhalten.

2. Das in Satz 1 (vgl. Anm. 1) zugelassene Herabsetzungsverlangen des Eigentümers ist vom Gesetze (Satz 2) auf eine **bestimmte Frist** (Ausschlußfrist) beschränkt „im Interesse baldiger Klarstellung der bestehenden Schuldverpflichtungen" (Begr.). Diese Frist war in der 3. StNVO. bis zum 31. Dezember 1924 bestimmt; das

Aufwertungsgesetz hat sie verlängert, indem es bestimmt, daß das Verlangen vor dem 1. April 1926 bei der Aufwertungsstelle gestellt sein muß. Über die Aufwertungsstelle vgl. zu § 69. Da es sich um eine Ausschlußfrist handelt, sind die Vorschriften über die Verjährung an und für sich auf sie nicht anwendbar (RGRKomm. zu § 186 Anm. 1). Doch ordnet das Gesetz für die Fälle, in denen nach den Vorschriften des BGB. die Verjährung von Ansprüchen gehemmt ist, — es sind dies die Fälle der §§ 203, 204, 206, 207 — eine Hemmung der für das Herabsetzungsverlangen vorgesehenen Ausschlußfrist an. Danach läuft die Frist nicht ab, solange der Eigentümer durch Stillstand der Rechtspflege oder in anderer Weise durch höhere Gewalt an der Stellung des Herabsetzungsantrags innerhalb der letzten sechs Monate der Frist gehindert ist (es kommen sonach nur Ereignisse in Betracht, die in der Zeit vom 1. Oktober 1925 bis 31. März 1926 eintreten oder fortdauern, § 203); unter Ehegatten, solange die Ehe besteht, sowie bei Ansprüchen zwischen Eltern und Kindern während der Dauer der Minderjährigkeit, zwischen Vormund und Mündel während der Dauer des Vormundschaftsverhältnisses (§ 204); für geschäftsunfähige oder in der Geschäftsfähigkeit beschränkte Eigentümer, die ohne gesetzlichen Vertreter sind (§ 206); sowie für Ansprüche, die zu einem Nachlasse gehören vor der Annahme der Erbschaft, der Eröffnung des Konkurses über den Nachlaß oder dem Eintritt eines Vertreters (Nachlaßpflegers, Nachlaßverwalters, Testamentsvollstreckers), der den Anspruch für den Nachlaß geltend machen kann (§ 207). Sie läuft aber auch nach Wegfall des Hindernisses nicht früher ab, als drei Monate nach diesem Wegfall. Ist das Hindernis länger als drei Monate vor dem 1. April 1926 weggefallen, so bleibt dieser Tag als Endpunkt der Frist bestehen: andernfalls kann das Verlangen noch nach diesem Tage bis zum Ablaufe von drei Monaten nach dem Wegfall des Hindernisses gestellt werden. In solchen Fällen wird sonach der Herabsetzungsantrag unter Umständen noch nach einer Reihe von Jahren gestellt werden können und bis dahin Ungewißheit über die Höhe des Aufwertungsbetrags bestehen.

3. Es könnte zweifelhaft erscheinen, ob die auf Verlangen des Eigentümers erfolgende Herabsetzung der Aufwertung eine deklaratorische Entscheidung des Inhalts enthält, daß eine höhere Aufwertung kraft Gesetzes nicht eingetreten ist, oder ob sie sich als eine rechtsgestaltende Maßregel der Entscheidungsstelle darstellt, durch welche die kraft Gesetzes eingetretene Aufwertung im Sinne einer Herabsetzung abgeändert wird. Nach der Ausdrucksweise des Gesetzes und der in ihm zum Ausdruck gekommenen Auffassung des Begriffs der Aufwertung (vgl. Anm. 3 vor § 1) muß letzteres angenommen werden. Die Aufwertung des dinglichen Rechts auf 25 v. H. tritt danach kraft Gesetzes schematisch und ausnahmslos ein, ohne daß es dabei auf die Verhältnisse des Einzelfalles ankommt. Demgegenüber erscheint die Herabsetzung der Aufwertung nach § 8 lediglich als ein außerordentlicher Rechtsbefehl, durch den in bestimmten Formen und Fristen auf Grund besonderer Umstände die kraft Gesetzes eingetretene Rechtslage gestaltend abgeändert wird. Die durch das Gesetz geschaffene Aufwertung auf 25 v. H. besteht, solange sie nicht herabgesetzt ist, außerhalb des Grundbuchs; dessen Inhalt ist sonach, falls sie nicht eingetragen ist, unrichtig, und die Eintragung erscheint als eine Berichtigung des Grundbuchs (vgl. Anm. 3 zu § 6). Hat aber der Eigentümer den Antrag auf Herabsetzung der Aufwertung rechtzeitig gestellt, so ist nach Absatz 2 des § 8 auf seinen Antrag ein Widerspruch in das Grundbuch einzutragen. Nach der 3. StNVO. (§ 2 Abs. 3 Satz 3) mußte angenommen werden, daß dieser Widerspruch sich, entsprechend §§ 894, 899 BGB., gegen den Inhalt des Grundbuchs richte und deshalb voraussetze, daß die Aufwertung auf 25 v. H., gegen die sich der Herabsetzungsantrag richtet, in das Grundbuch eingetragen sei (vgl. in diesem Sinne die erste Auflage Anm. 12 zu § 2 S. 100). Durch die von dem Aufwertungsgesetze hinzugefügte Bestimmung (Satz 2), daß die Eintragung des Widerspruchs die Eintragung der Aufwertung nicht voraussetzt, stellt sich der Widerspruch als ein solcher

bar, der sich nicht gegen den Inhalt des Grundbuchs, sondern gegen den außerhalb des Grundbuchs eingetretenen Rechtszustand richtet, dessen Abänderung infolge des Herabsetzungsantrags erstrebt wird. Zum Schutze der Herabsetzung gegenüber einem gutgläubigen Erwerber des aufgewerteten Rechts bedarf es freilich der Eintragung des Widerspruchs nur, wenn die Aufwertung auf 25 v. H. eingetragen ist, da nur in diesem Falle der Erwerber sich auf den öffentlichen Glauben des Grundbuchinhalts berufen kann (§ 892 BGB.). Die Möglichkeit, einen Widerspruch eintragen zu lassen, auch wenn die Aufwertung noch nicht eingetragen ist, erschien aber wohl zweckmäßig mit Rücksicht darauf, daß die Eintragung der Aufwertung jederzeit beantragt werden und im unmittelbaren Anschlusse an sie alsdann ein gutgläubiger Erwerb des aufgewerteten Rechts erfolgen konnte, demgegenüber die Geltendmachung der Herabsetzung ausgeschlossen sein würde.

II. Aufwertung der persönlichen Forderung[1]

§ 9.

Die durch die Hypothek gesicherte persönliche Forderung wird nach Maßgabe der für das dingliche Recht geltenden Vorschriften der §§ 4, 5, 8 aufgewertet[2]. (Normaler Höchstsatz[3].)

1. In der 3. StNVO. (§ 3) war die Aufwertung der dinglich gesicherten Forderungen grundsätzlich anders geregelt als die der zu ihrer Sicherung dienenden Rechte; sie sollten nämlich nur insoweit nach den für diese geltenden Vorschriften des § 1 Abs. 1, 2 VO. — also zu dem festbestimmten Höchstsatze von 15 v. H. — aufgewertet werden, als nicht nach allgemeinen Vorschriften eine höhere oder geringere Aufwertung zu erfolgen habe. Diese Vorschrift konnte nach ihrem Wortlaute und Zusammenhange gar nicht anders verstanden werden als in dem Sinne, daß für die Aufwertung der bezeichneten Forderungen, obwohl sie als Vermögensanlagen im Sinne der VO. zu gelten hatten (§ 1 Abs. 2 Ziff. 4), die von der Rechtsprechung, insonderheit durch das Urteil des RG. vom 28. November 1923, als im bestehenden Rechte begründet erkannten allgemeinen Rechtssätze, namentlich der Grundsatz von Treu und Glauben, in ihrer Anwendung auf die eingetretene Geldentwertung (vgl. die Einleitung unter IV), nach wie vor Anwendung zu finden hatten. Vgl. die erste Auflage dieses Kommentars zu § 3 Anm. 1, S. 101 ff. Der dort vertretenen Auffassung der Vorschrift in diesem Sinne haben sich seitdem das Schrifttum und die Rechtsprechung überwiegend angeschlossen. Vgl. Näheres bei Mügel (2. Auflage zu § 3 Anm. 3 S. 68 ff.). Die Verfasserin der VO., die Regierung, war freilich nicht dieser Meinung. Wie nunmehr von ihr in der Denkschrift (S. 36) ausgesprochen ist, soll bei Abfassung der Vorschrift der Gedanke maßgebend gewesen sein, daß nur bei gewissen Arten von dinglich gesicherten Forderungen, nämlich bei Ansprüchen zwischen unterhaltsberechtigten und unterhaltspflichtigen Personen und gewissen anderen erb- und familienrechtlichen Ansprüchen, schließlich bei Restkaufgeldforderungen, soweit letztere noch nicht den Charakter von Vermögensanlagen angenommen hätten, Fälle denkbar seien, in denen ein Hinausgehen über den 15prozentigen Höchstsatz geboten erscheine; nur für derartige Fälle habe die Möglichkeit einer höheren Aufwertung auch dann offen gehalten werden sollen, wenn der Anspruch hypothekarisch gesichert sei; dies sei der Zweck des § 3 gewesen. Irgendeinen Ausdruck hat freilich dieser „Zweck" in dem klaren, ganz uneingeschränkten Wortlaute des § 3 nicht gefunden; deshalb konnte er auch für die Auslegung der Vorschrift nicht in Betracht kommen. Die Regierung versuchte aber, der in der Rechtsprechung zur Herrschaft gelangten Auffassung, die in der Denkschrift als „weit über den Zweck der Vorschrift hinausgehend" bezeichnet ist, mit ihren Machtmitteln entgegenzutreten, und zwar zunächst durch den § 7 der I. Durchf.-

BO., der als Grundsatz aufstellte, daß dinglich gesicherte Forderungen nach Maßgabe der Vorschriften des § 2 Abs. 1 Satz 1, Abs. 2 der 3. StNVO. auf 15 v. H des Goldmarkbetrages („normaler Höchstsatz") aufgewertet werden sollten und daß eine Abweichung, unbeschadet der Herabsetzung nach § 2 Abs. 1 Satz 2, 3, also nach oben nur bei bestimmten einzeln aufgeführten Arten von solchen Forderungen, die dem angeblichen „Zweck" der Vorschrift des § 3 entsprachen, zulässig sein sollte. In der ersten Aufl. d. Komm. (zu § 64 Anm. 1 S. 272 und Nachtrag S. 377) ist bereits darauf hingewiesen worden, daß diese Bestimmung nicht eine Durchführung, sondern eine wesentliche, durch das inzwischen abgelaufene Ermächtigungsgesetz nicht mehr gedeckte Abänderung der 3. StNVO. enthielt und deshalb der Rechtswirksamkeit entbehrte. In gleichem Sinne hat sich seitdem das Schrifttum und die Rechtsprechung überwiegend ausgesprochen; vgl. u. A. Mügel 2. Aufl. Anm. 4 zu § 3; RG. 13. November 1924 (JurWoch. 2001[1]). Demgegenüber griff die Regierung mit bemerkenswerter Energie in der Durchsetzung ihrer Auffassung zu dem Mittel der außerordentlichen Gewalt des Reichspräsidenten in der VO. vom 4. Dezember 1924; aber auch dieses Mittel versagte, da die Verfassungsmäßigkeit der Ausnahmeverordnung durch die Rechtsprechung beanstandet wurde. Vgl. die Einleitung unter VI S. 27. Die dadurch entstandene Unsicherheit sollte, wie die Denkschrift (S. 37) ausführte, im Wege der ordentlichen Gesetzgebung ausgeräumt werden, und zwar „könne es sich nur darum handeln, auch für die Aufwertung hypothekarisch gesicherter Forderungen eine Höchstgrenze festzusetzen und die Fälle aufzuzählen, in denen sie ausnahmsweise überschritten werden könne", also um grundsätzliche Ausschließung der „individuellen Aufwertung". Dem entsprach dann der § 3 der Regierungsvorlage, welcher den wesentlichen Inhalt des § 7 I. DurchfVO. mit gewissen unten noch hervorzuhebenden Abänderungen im einzelnen und in der Fassung übernommen hatte. Der Reichsrat trat diesem Paragraphen der Regierungsvorlage in allen Punkten bei. Die im Ausschusse des Reichstags von dem Abg. Dr. Best gestellten Anträge, die eine Aufrechterhaltung des Rechts der 3. StNVO., wie es durch die Rechtsprechung festgestellt war, bezweckten, wurden abgelehnt (Bericht S. 8, 32). Der in der I. DurchfVO. aufgestellte Grundsatz, daß auch für die dinglich gesicherten Forderungen regelmäßig der für die Aufwertung des dinglichen Rechts bestimmte feste Hundertsatz des Goldmarkbetrags maßgebend sei und Abweichungen nur für gewisse, einzeln aufgeführte Arten von solchen Forderungen stattfinden dürfen, wurde, mit einigen Abänderungen hinsichtlich des Verzeichnisses der Forderungen, bei denen eine Abweichung zulässig sein sollte, in den §§ 9, 10 des Aufwertungsgesetzes zum Gesetz erhoben.

2. Auch die Aufwertung persönlicher Forderungen erfolgt sonach, wenn sie durch eine Hypothek gesichert sind, nach Maßgabe der für das dingliche Recht geltenden Vorschriften der §§ 4, 5, 8. Gleiches gilt für die durch ein anderes akzessorisches dingliches Recht — Schiffs- oder Bahnpfandrecht — gesicherten Forderungen (§ 32). Der Aufwertungsbetrag der Forderung wird demnach in der Weise berechnet, daß er 25 v. H. ihres Goldmarkbetrages ausmacht (§ 4). Die Berechnung des Goldmarkbetrags und die dazu erforderliche Feststellung des Erwerbstages erfolgen auch für die dinglich gesicherte Forderung in der Weise, wie es in den §§ 2, 3 vorgeschrieben ist. Doch fällt der Erwerb der Forderung keineswegs notwendig mit dem des dinglichen Rechts zusammen, insbesondere kann dieses später begründet und erworben sein als jene, z. B. wenn die Hypothek erst nachträglich bestellt worden ist, während allerdings ein Erwerb der Hypothek durch den Gläubiger vor Entstehung der Forderung durch § 1163 BGB. ausgeschlossen wird. Es besteht aber nach dem in § 9 gleichfalls für anwendbar erklärten § 5 die Vermutung, daß die Forderung an dem gleichen Tage erworben ist, an dem die Eintragung in das Grundbuch erfolgt ist. Diese Vermutung kann jedoch widerlegt werden durch den Nachweis eines früheren Erwerbs; alsdann muß für die Aufwertung der Forderung der Tag in Betracht kommen,

an dem sie erworben worden ist. A. M. Mügel 2. Aufl. zu § 3 Anm. 1 S. 66 auf Grund der Fassung der 3.StNVO., die jedoch ebensowenig wie die jetzige ergibt, daß die Aufwertung der persönlichen Forderung notwendig zu dem gleichen Betrage führen muß wie die des dinglichen Rechts. Daß das nicht der Fall ist, läßt auch der § 4 des Gesetzes erkennen, der vorschreibt, daß das dingliche Recht nicht höher aufgewertet werden darf wie die gesicherte Forderung und sonach voraussetzt, daß die Aufwertung jenes und dieser zu verschiedenen Beträgen führen kann. Ist danach der Aufwertungsbetrag der Forderung ein geringerer, so richtet sich die Aufwertung des dinglichen Rechts nach der Aufwertung der Forderung, nicht umgekehrt diese nach jener: Wie hier im Ergebnisse Cammerer in BayNotZ. 1924 S. 256.

3. Der aus den Vorschriften der §§ 4, 5, 8 sich ergebende Aufwertungssatz ist in Klammern als „normaler Höchstsatz" bezeichnet und dadurch eine Begriffsbestimmung dieses Ausdrucks in seiner Anwendung auf die dinglich gesicherte Forderung gegeben; in den folgenden Paragraphen (10—13) wird er sodann in dem gleichen Sinne gebraucht. Als „normal" wird dieser Satz bezeichnet, weil er für die Regelfälle der dinglich gesicherten Forderungen maßgebend ist, denen gegenüber die Fälle, in denen eine Abweichung zulässig ist, als Ausnahme erscheinen.

§ 10[1].

(1) Eine höhere oder geringere Aufwertung der persönlichen Forderung nach allgemeinen Vorschriften unter Abweichung von dem normalen Höchstsatz ist unbeschadet der Herabsetzung nach § 8[1] nur zulässig[2],

1. wenn die Forderung auf einem Gesellschaftsvertrag oder einem anderen Beteiligungsverhältnis,[2a] oder
2. auf einem Gutsüberlassungsvertrag oder auf den Beziehungen aus der Auseinandersetzung unter Miterben, unter Ehegatten, unter geschiedenen Ehegatten, unter Eltern und Kindern oder zwischen Erben und Pflichtteilsberechtigten oder Vermächtnisnehmern[2a], oder
3. auf den Beziehungen zwischen unterhaltsberechtigten und unterhaltsverpflichteten Personen beruht[2a];
4. wenn es sich um eine Forderung auf wiederkehrende Leistungen handelt, die bei Abfindungen, Auseinandersetzungen, Überlassungen oder ähnlichen Rechtsvorgängen begründet ist[2a];
5. wenn es sich um eine Kaufgeldforderung (Kaufgeld für den Erwerb des mit der Hypothek belasteten Grundstücks) handelt, die nach dem 31. Dezember 1908 begründet worden ist; dies gilt auch dann, wenn die Kaufgeldforderung bei ihrer Begründung in eine Darlehnsforderung umgewandelt worden ist[2b];
6. bei Forderungen anderer als der in Ziffer 1 bis 5 bezeichneten Art, wenn die Hypothek eine Sicherungshypothek ist, mit Ausnahme von Darlehnsforderungen[2c].

(2) Als allgemeine Vorschriften im Sinne dieser Bestimmungen gelten auch die Vorschriften der §§ 63 bis 66[3].

(3) In den Fällen des Abs. 1 Ziffer 5 und bei Gutsüberlassungsverträgen (Abs. 1 Ziffer 2) darf bei der Aufwertung nach allgemeinen Vorschriften, wenn die Forderung vor dem 1. Januar 1912 begründet worden ist, der Satz von 75 vom Hundert und, wenn sie vor dem 1. Januar 1922 begründet worden ist, der Satz von 100 vom Hundert des Goldmarkbetrags der Forderung nicht überschritten werden[4, 5].

1. § 10 zählt unter den Ziffern 1—6 die Fälle auf, in denen ausnahmsweise eine **Abweichung von dem „normalen Höchstsatze"** (vgl. § 9 und Anm. 3 dazu) durch höhere oder geringere Aufwertung, also nach oben wie nach unten, gestattet sein soll, jedoch „unbeschadet der Herabsetzung nach § 8", d. h. ohne daß dadurch die Herabsetzung nach § 8 in anderen Fällen ausgeschlossen wird. Die in § 8 vorgesehene Herabsetzung ist die auf Antrag des Eigentümers erfolgende, durch seine Verhältnisse zur Vermeidung einer groben Unbilligkeit bedingte Herabsetzung des Aufwertungsbetrags des dinglichen Rechts. Nach dem Wortlaute des Gesetzes müßte angenommen werden, daß es auch für die Aufwertung der persönlichen Forderung in den Regelfällen eine Abweichung von dem normalen Höchstsatze durch Herabsetzung nur zuläßt, wenn eine solche Herabsetzung auf Antrag des Eigentümers für das dingliche Recht erfolgt ist; daß es dagegen nicht (was nahegelegen hätte) in entsprechender Anwendung des § 8 für den Fall, daß der Eigentümer und der persönliche Schuldner verschiedene Personen sind, auch dem persönlichen Schuldner das Recht gibt, die Herabsetzung des Aufwertungsbetrags der gesicherten Forderung mit Rücksicht auf seine Verhältnisse zur Vermeidung einer groben Unbilligkeit zu beantragen. Es würde das ein besonders krasser Beweis dafür sein, zu welchen Unbilligkeiten die Aufwertung nach einem schematischen Höchstsatze, und zwar in diesem Falle zuungunsten des Schuldners, führt. Da aber der Wortlaut kein ganz klarer, sonach der Auslegung zugänglich ist, so wird man bei freier Auslegung dazu gelangen können, auf Grund der zu vermutenden Absicht des Gesetzgebers, eine sachgemäße Regelung zu treffen und grobe Unbilligkeiten zu vermeiden, in entsprechender Anwendung des § 8 auf die Aufwertung der gesicherten Forderung zu dem Antrage auf Herabsetzung dieser Aufwertung den persönlichen Schuldner für berechtigt zu erklären. Eine solche Herabsetzung würde allerdings auch ohne weiteres dem Eigentümer zugute kommen wegen § 4. — Sind die formellen und materiellen Erfordernisse der hier behandelten „Herabsetzung" nicht erfüllt, so kann in den Regelfällen bei der Aufwertung der gesicherten Forderung eine Abweichung von dem normalen Höchstsatze auch nach unten hin nicht erfolgen; dieser erweist sich daher zugleich als der normale Mindestsatz.

2. Abgesehen von der in Anm. 1 behandelten „Herabsetzung des Aufwertungsbetrags" ist eine Abweichung von dem „normalen Höchstsatze" nach oben wie nach unten nur bei der Aufwertung der in § 10 unter 1—6 aufgezählten Arten von dinglich gesicherten Forderungen zulässig. Diese Aufzählung ist an die Stelle der in § 7 der I. DurchfVO. zur 3. StNVO. unter Ziff. 1—3 und in § 3 der Reichstagsvorlage unter Ziff. 1—3a und b enthaltenen Aufzählungen getreten, nachdem in den Verhandlungen des Reichstagsausschusses einzelne, unten noch zu erwähnende Änderungen in dem Verzeichnisse der so aufzuwertenden Forderungen beschlossen waren (vgl. den Bericht S. 8, 32, 43). Die Aufzählung umfaßt nunmehr folgende Fälle:

a) Die unter den Ziffern 1—4 aufgezählten Forderungen decken sich mit den in § 63 Abs. 2 unter den gleichen Ziffern aufgeführten Forderungen, welche nicht als Vermögensanlagen im Sinne des Abs. 1 des § 63 gelten und für die deshalb, wenn sie nicht dinglich gesichert sind, eine Aufwertung „nach allgemeinen Vorschriften“ ohne Einschränkung stattzufinden hat. Doch soll es nach einer Erklärung des Regierungsvertreters im Reichstagsausschusse (Bericht S. 32) für die Anwendung des § 10 Abs. 1 Ziffer 1—3 genügen, daß die Forderungen auf einem der dort genannten Verträge oder Verhältnisse beruhen; sie sollen also auch dann nicht als Vermögensanlagen gelten, wenn sie in Darlehensforderungen umgewandelt und deshalb nicht mehr Forderungen „aus“ den Verträgen usw. sind. Diese Auslegung dürfte den Begriff des ursächlichen Zusammenhanges („beruhen“) zu weit ausdehnen; eine umgewandelte Forderung „beruht“ nicht mehr auf dem ursprünglich zugrunde liegenden Rechtsverhältnisse, von dem sie durch die Umwandlung losgelöst ist, sondern auf der Umwandlung, die ein selbständiges Rechtsgeschäft ist (Novation). Vgl. Näheres zu § 63 Anm. 5a—e. Diese Forderungen sollen, auch wenn sie dinglich gesichert sind, unter Abweichung von dem normalen Höchstsatze nach allgemeinen Vorschriften aufgewertet werden können, und zwar unbeschränkt, also, sofern das nach allgemeinen Vorschriften für zulässig zu erachten ist, unter Umständen auch über 100 v. H. des Goldmarkbetrages hinaus, jedoch mit Ausnahme der unter Ziffer 2 aufgeführten Forderungen aus Gutsüberlassungsverträgen, für welche, wie für Kaufgeldforderungen (Ziffer 5) in Abs. 3 des § 10 eine Höchstgrenze festgesetzt ist; vgl. Näheres in Anm. 4.

b) (Ziff. 5): **Kaufgeldforderungen, die nach dem 31. Dezember 1908 begründet sind.** Es handelt sich hier, wie das Gesetz erläuternd hinzufügt, nur um solche Kaufgeldforderungen, die das Entgelt (Kaufgeld) für den Erwerb des mit der Hypothek belasteten Grundstücks darstellen. Forderungen aus Kaufverträgen über andere Grundstücke oder über bewegliche Sachen oder Rechte, die etwa durch eine Hypothek auf das Grundstück gesichert sind, fallen also nicht unter die Vorschrift; sie können nur nach dem normalen Höchstsatze (§ 9) aufgewertet werden. Ebenso Kaufgeldforderungen für das mit der Hypothek belastete Grundstück selbst, wenn sie vor dem bestimmten Zeitpunkte, also am 31. Dezember 1908 oder früher, begründet worden sind. Andrerseits fallen unter die Vorschrift die nach dem 31. Dezember 1908 begründeten Kaufgeldforderungen für den Erwerb des Grundstücks auch dann, wenn sie bei der Begründung in Darlehnsforderungen umgewandelt sind (§ 607 Abs. 2 BGB.), während eine nachträglich etwa vereinbarte derartige Umwandlung sie von der Aufwertung nach allgemeinen Vorschriften ausschließt. Bereits in § 7 der I. DurchfVO. zur 3. StNVO. war für Kaufgeldforderungen für das belastete Grundstück (dort ungenau: „Restkaufgeldforderungen“ genannt) eine Aufwertung nach allgemeinen Vorschriften für zulässig erklärt, wenn sie nach dem 31. Dezember 1918 begründet waren. Nach der Reichstagsvorlage sollte der Anfangstermin auf den 31. Dezember 1911 bestimmt werden; im Reichstagsausschusse wurde er auf den 31. Dezember 1908 zurückverlegt. Zur Behandlung der Kaufgeldforderungen war in der Begründung der Reichstagsvorlage (S. 12) erwogen, daß jüngere derartige Forderungen materiell noch im Zusammenhange mit dem abgeschlossenen Kaufvertrage stehen und den Charakter von Vermögensanlagen noch nicht angenommen haben, während das bei solchen, die bereits während einer größeren Zahl von Jahren mit hypothekarischer Sicherung bestanden haben, angenommen werden müsse; daß aber der Stichtag in die Vorkriegszeit zurückverlegt werden müsse, weil die Gläubiger während des Krieges durch die Notgesetze, in der Nachkriegszeit durch die Geldentwertung in der freien Entschließung über die Rücknahme des Geldes behindert gewesen seien. Für die Ausdehnung der Vorschrift auf die bei der Begründung in Darlehnsforderungen umgewandelten Kaufgelder wurde im Ausschusse (Bericht S. 8) noch hervorgehoben, daß die Grenze von Darlehen und Restkaufgeld häufig ineinander übergehe und die vertragsmäßige Formulierung vielfach nur auf Zufall beruhe. Es wurde aber für die Aufwertung auch jüngerer Kaufgeldforderungen die in Abs. 3 bezeichnete Höchstgrenze bestimmt; vgl. Näheres in Anm. 4. — Als „begründet" wird die Forderung anzusehen sein mit dem Zeitpunkte, an dem sie ihrem Grunde nach entstanden war, auch wenn sie damals noch nicht einforderbar, sondern gestundet war.

c) (Ziff. 6): **bei Forderungen anderer als der in Ziff. 1—5 bezeichneten Art, wenn die Hypothek eine Sicherungshypothek ist, mit Ausnahme von Darlehnsforderungen.** Sicherungshypothek (§ 1184 BGB.) ist diejenige Form der Hypothek, bei der das Recht des Gläubigers sich nur nach der Forderung bestimmt und der Gläubiger sich zum Beweise der Forderung nicht auf die Eintragung berufen kann; ihren Gegensatz bildet die Verkehrshypothek, bei der der öffentliche Glaube des Grundbuchs sich auch auf die Forderung erstreckt. Die Begr. (S. 11) rechtfertigt die besondere Behandlung der Sicherungshypothek damit, daß hier die akzessorische Bedeutung der Hypothek besonders stark hervortrete und daß im Wirtschaftsleben die Sicherungshypothek hauptsächlich zur Sicherung von Ansprüchen aus gegenseitigen Verträgen, insbesondere von Forderungen der Bauhandwerker, von Kautionen, sowie von Ansprüchen aus laufenden Geschäftsverbindungen und Kontokurrentverhältnissen verwendet werde, also von Ansprüchen, die ihrer Natur nach nicht Vermögensanlagen seien; ferner daß in der Öffentlichkeit wiederholt auf die Unbilligkeit der „bisherigen" (soll heißen: „der durch § 7 I. DurchfVO. versuchten") Regelung hingewiesen worden sei, nach der die Aufwertung einer Forderung lediglich deshalb beschränkt werden sollte, weil sie durch die rein akzessorische Sicherungshypothek gesichert sei. Diese Begründung läßt freilich außer acht, daß in vielen Gegenden Deutschlands, namentlich in Süddeutschland, vielfach, wenn nicht ausschließlich, die Form der Sicherungshypothek auch zur Sicherung von Forderungen verwendet wird, die materiell Vermögensanlagen sind, namentlich für hypothekarische Darlehen. Für Fälle, in denen dies zutrifft, wird eine Abweichung von dem normalen Höchstsatze jedoch ausgeschlossen durch die Schlußworte der Ziffer, durch welche Darlehnsforderungen ausgenommen werden. Auch durch Sicherungshypothek gesicherte Darlehnsforderungen können demnach nur zu dem normalen Höchstbetrage aufgewertet werden. Im Reichstagsausschusse stellte der Abg. Dr. Best (Bericht S. 8/9) den Antrag, für Forderungen aus einem Darlehen, das zum Erwerbe, zur Verbesserung oder zur Erhaltung des belasteten Grundstücks für den Schuldner aufgenommen wurde, die Aufwertung nach allgemeinen Vorschriften zuzulassen, da ein solches Darlehen doch jedenfalls dem Kaufgelde für den Erwerb des Grundstücks gleichgestellt werden müsse; der Antrag wurde aber unter Hinweis darauf, daß man dadurch den Begriff der Vermögensanleihe auf diesem Gebiete preisgeben würde, abgelehnt. Als Sicherungshypothek gilt auch die Höchstbetragshypothek (§ 1190 BGB.). Es fragt sich daher, ob auch auf Forderungen, für die eine solche Hypothek bestellt ist, die Vorschriften der Ziff. 6 zur Anwendung zu kommen haben. Mügel (2. Aufl. zu § 3 Anm. 3 S. 72) vertrat für das bisherige Recht der 3. StNVO. die Auffassung daß Forderungen, für die eine Höchstbetragshypothek bestellt ist, überhaupt nicht unter § 1 Abs. 2 Ziff. 4 und demnach auch nicht unter § 3 VO. fielen, d. h. nicht durch die Hypothek gesicherte Forderungen seien, da der Zusammenhang zwischen Forderung und Hypothek ein loser sei, indem die Feststellung der Forderung, für die das Grundstück hafte, vorbehalten und die Forderung ohne die Hypothek übertragbar sei und somit zunächst gar nicht feststehe, welche Forderung durch die Hypothek gesichert sei. Auch Schlegelberger (Anm. 14 zu § 1) steht für das bisherige Recht auf dem Standpunkte, daß § 3 VO. auf die Höchstbetragshypothek so lange nicht anwendbar, als eine Feststellung der Forderung nicht erfolgt sei. Für das Recht des Aufw.-Gesetzes ergibt sich die gleiche Zweifelsfrage. Sie wird verschieden zu beantworten sein, je nachdem bei Bestellung der Höchstbetragshypothek der Kreis der Forderungen, für welche sie haften soll, bereits bestimmt ist, was die Regel bildet, z. B. für alle zur Zeit bestehenden oder künftig entstehenden Forderungen aus einer bestimmten

Geschäftsverbindung, oder die Bestimmung der Forderung überhaupt vorbehalten ist. Im ersteren Falle werden die Forderungen von ihrer Entstehung ab ohne weiteres als durch die Höchstbetragshypothek bis zu dem eingetragenen Höchstbetrage gesichert anzusehen sein; im anderen Falle erst von dem Zeitpunkte ab, in welchem, sei es durch einseitige Wahl des Gläubigers (sofern diesem solche Wahl zusteht) oder durch Einigung zwischen Gläubiger und Eigentümer und Eintragung festgestellt worden ist, daß die Höchstbetragshypothek für die Forderung haftet, ohne daß es aber dazu einer Umwandelung der Höchstbetragshypothek in eine gewöhnliche Sicherungshypothek bedürfen wird. Von dem entsprechenden Zeitpunkte ab wird deshalb die Aufwertung nach den Vorschriften der §§ 9, 10 für durch Sicherungshypothek gesicherte Forderungen erfolgen müssen; auch werden von da ab die Stundungs- und Verzinsungsvorschriften der §§ 25ff. Anwendung zu finden haben. Wird die Forderung ohne die Höchstbetragshypothek abgetreten, so ist sie von da ab nicht mehr durch diese gesichert, fällt also nicht mehr unter die §§ 9ff. des Gesetzes.

3. Soweit nach diesen Bestimmungen bei der Aufwertung dinglich gesicherter Forderungen eine Abweichung von dem „normalen Höchstsatze" zulässig ist, hat die Aufwertung „nach allgemeinen Vorschriften" zu erfolgen. Dieser Ausdruck findet sich schon in § 3 der 3. StNVO., wo die Aufwertung „nach allgemeinen Vorschriften" in viel weiterem Umfange, ohne Einschränkungen und Klauseln, für die dinglich gesicherten Forderungen zugelassen war. Vgl. die 1. Aufl. dieses Kommentars Anm. 2 zu § 3 S. 104. Wie dort bereits ausgeführt, ist unter den „allgemeinen Vorschriften" — Vorschrift ist jede Rechtsnorm — zu verstehen die Gesamtheit der für die Aufwertungsfrage in Betracht kommenden allgemeinen Rechtsnormen des bürgerlichen und, soweit solches in Betracht kommt, auch des öffentlichen Rechts, wie sie in Gesetzen (im materiellen Sinne) oder auch im Gewohnheitsrechte (insbesondere in Handelsgebräuchen) enthalten und daraus durch Rechtslehre und Rechtsprechung entwickelt sind, namentlich die in dem Urteile des Reichsgerichts vom 28. November 1923 dargelegten Grundsätze, die sich aus der Berücksichtigung von Treu und Glauben im Rechtsverkehr für die Aufwertung ergeben. In diesen Ausnahmefällen ist also die „individuelle Aufwertung" mit den aus den weiteren Vorschriften des Paragraphen sich ergebenden Einschränkungen auch jetzt noch zugelassen. Den Gegensatz zu den allgemeinen Vorschriften bilden an sich die besonderen für die Aufwertung gegebenen Vorschriften, insbesondere also früher die Vorschriften der 3. StNVO. und jetzt diejenigen des Aufwertungsgesetzes, welche die Anwendung der Normen des allgemeinen bürgerlichen Rechts für die Aufwertung einschränken oder ausschließen, indem sie an Stelle der individuellen Aufwertung die Aufwertung nach einem festbestimmten Satze setzen oder die Aufwertung ganz ausschließen. Doch ist im Abs. 2 des § 10 ausdrücklich bestimmt, daß als allgemeine Vorschriften „im Sinne dieser Bestimmungen", nämlich der Bestimmung des Abs. 1, wonach die Aufwertung der dort bezeichneten Forderungen „nach allgemeinen Vorschriften" erfolgen kann, auch die Vorschriften der §§ 63—66 des Aufwertungsgesetzes zu gelten haben. Die Bedeutung dieser Vorschrift besteht darin, daß die Einschränkungen, welche in den §§ 63—66 für die gemäß § 62 stattfindende Anwendung der „allgemeinen Vorschriften" auf die dort bezeichneten Ansprüche angeordnet sind, auch dann Platz greifen, wenn diese Ansprüche dinglich gesichert sind. Von erheblicher praktischer Bedeutung wird freilich diese Vorschrift nicht sein. Denn von den in § 10 aufgeführten dinglich gesicherten Forderungen, bei denen eine Aufwertung „nach allgemeinen Vorschriften" zulässig ist, sind die unter Ziff. 1—4 aufgeführten gemäß § 63 Abs. 2 Ziff. 1—4, mit denen sie sich decken (vgl. Anm. 2a), keine Vermögensanlagen im Sinne des § 63 Abs. 1; ihre Aufwertung ist daher nicht auf höchstens 25 v. H. beschränkt. Gleiches gilt von den unter Ziff. 5 aufgeführten Kaufgeldforderungen, die als Ansprüche aus gegenseitigen Verträgen gemäß § 63 Abs. 3 nicht als Vermögensanlagen im Sinne des Abs. 1 da-

selbst gelten. Bei den unter Ziff. 6 aufgeführten, durch Sicherungshypotheken gesicherten „Forderungen anderer Art" geht das Gesetz von der Vermutung aus, daß sie keine Vermögensanlagen sind (vgl. Anm. 2c); für den Hauptfall, in welchem eine Vermögensanlage vorliegen könnte, die Darlehnsforderung, ist, wenn sie durch Sicherungshypothek gesichert ist, die Anwendung der allgemeinen Vorschriften überhaupt ausgeschlossen. Von Bedeutung ist die Bestimmung des Abs. 2 dagegen für die in den §§ 65 und 66 aufgeführten Kontokorrentforderungen und Bankguthaben; sie bedeutet, daß eine Aufwertung dieser Forderungen auch dann nicht stattfindet, wenn sie dinglich gesichert sind.

4. Die Frage, ob für die Aufwertung des Kaufpreises bei Lieferungsgeschäften der nach dem Dollarindex oder nach der inneren Kaufkraft der Mark zur Zeit des Vertragsschlusses in Goldmark umzurechnende Nennbetrag des vereinbarten Kaufpreises die Höchstgrenze bilde, oder ob auch eine Aufwertung über 100 v. H. des danach sich ergebenden Goldmarkbetrages hinaus mit Rücksicht auf den gegenwärtigen Preis oder Wert der zu liefernden Sache zulässig sei, ist in der Rechtsprechung streitig geworden. Das KG. hat in mehreren Entscheidungen für hypothekarisch gesicherte Restkaufgeldforderungen für Grundstücke eine Aufwertung über die Goldmarkparität hinaus für zulässig erklärt und andere Oberlandesgerichte haben sich dieser Auffassung angeschlossen (DJZ. 1925 S. 591, 959; Z. f. Rechtspfl. in Bayern 1925 S. 71). Vom Reichsgerichte haben der I. und II. Zivilsenat für beiderseits noch nicht erfüllte Geschäfte des Großhandels die Zulässigkeit einer Aufwertung über den nach Dollarindex berechneten Goldmarkwert des vereinbarten Kaufpreises zur Zeit des Vertragsschlusses hinaus unter Berücksichtigung des gegenwärtigen Marktpreises gleichfalls bejaht (RGZ. 108, 329; 109, 97 und 241), während der VI. Zivilsenat (RGZ. 109, 146) sie verneint hatte. Die angerufenen Vereinigten Zivilsenate (RGZ. 110, 371) haben die Frage, ob die Aufwertung in dem für die Zeit des Vertragsschlusses amtlich festgestellten Dollarkurs ihre Höchstgrenze finde, verneint und die Frage, ob ein heutiger höherer Marktpreis als Anhaltspunkt für die Höhe der Aufwertung neben anderen Umständen berücksichtigt werden könne, bejaht. In einem neuerdings ergangenen Urteile (JurWoch. 1925, 1626[6]) hat auch der fünfte Zivilsenat für hypothekarisch gesicherte Kaufgeldforderungen ausgesprochen, daß zwar eine Umwertung lediglich nach dem Dollarstande nicht zulässig sei und daß ebensowenig die Reichsrichtzahl (Lebenshaltung) ausschließlich zugrunde gelegt werden könne; daß aber Ausgangspunkt für die Aufwertung regelmäßig die Kaufkraft des Geldwertes des Preises zur Zeit seiner Festsetzung, nicht etwa zur Zeit seiner Fälligkeit sein müsse; daß jedoch alle Umstände des Einzelfalles zu berücksichtigen seien und es hierbei zulässig sei, die weitere Entwicklung der Verhältnisse auf dem Grundstücksmarkte in Betracht zu ziehen und demgemäß auch den gegenwärtigen — gesunkenen oder gestiegenen — Grundstückspreisen Rechnung zu tragen. Der in dieser Rechtsprechung zutage tretenden Auffassung ist nicht ohne Grund entgegengehalten worden, daß sie über den Gedanken der Aufwertung, die lediglich die eingetretene Veränderung des Geldwerts auszugleichen die Aufgabe habe, hinausgehe und eine Korrektur des Parteiwillens durch Abänderung des vereinbarten Kaufpreises enthalte. Auch im Reichstagsausschusse hielten die Kompromißparteien es nicht für vereinbar, für dinglich gesicherte Kaufgeldforderungen eine Aufwertung über 100 v. H. des Goldwertes zuzulassen, auch nicht für Kaufgeschäfte aus der Inflationszeit, weil man damit in die vertragsmäßige Bindung der Parteien eingreife, den Kaufpreis nachprüfe und die Gefahr heraufbeschwöre, daß alle Geschäfte der Inflationszeit in ihrem Bestande erschüttert würden (Bericht S. 9, 32). Obwohl darauf erwidert wurde, daß durch ein Verbot einer über 100 v. H. hinausgehenden Aufwertung den Ausländern große Gewinne geliefert würden, die in der Zeit der Papierflut ganze Häuserblöcke um ein Nichts erworben hätten, fand der Antrag Annahme, die Aufwertung der ge-

sicherten Kaufgeldforderungen auf 100 bzw. 75 des Goldmarkbetrags zu beschränken. Auch wurde beschlossen, die gleichen Rücksichten, wie sie gegenüber den Restkaufschuldnern genommen wurden, auch auf Schuldner aus Gutsüberlassungsverträgen auszudehnen, um so mehr da diese Verträge vielfach durch erbrechtliche Grundsätze beeinflußt seien und zur Vermeidung der Zerreißung landwirtschaftlicher Einheiten Vorsorge getroffen werden müsse, daß der Gutsübernehmer nicht durch schrankenlose Aufwertung der Abfindungsansprüche erdrückt werde (Bericht S. 43). Dagegen wurde es nicht für angebracht erachtet, auch die Aufwertung der andern in § 10 Abs. 1 Ziff. 2 sowie der in Ziff. 4 aufgeführten Forderungen im Höchstbetrage einzuschränken, vielmehr müsse bei diesen „auch mit Rücksicht auf die schon in den Jahren 1918 bis 1922 eingetretene Entwertung dieser Leistungen" der Aufwertungsstelle überlassen bleiben, über den Prozentsatz von hundert hinauszugehen.

5. Für die **vor dem 1. Januar 1912**, also noch in vollem Goldmarkwerte des Nennbetrags, begründeten dinglich gesicherten Kaufgeld- und Gutsüberlassungsforderungen ist nicht einmal eine Aufwertung bis zum vollen Goldmarkbetrage, sondern nur bis zu $^3/_4$ davon — 75 v. H. — zugelassen; ein rechtfertigender Grund dafür ist nicht erkennbar. Für die vom 1. Januar 1912 bis zum 31. Dezember 1921 begründeten derartigen Forderungen bildet der volle Goldmarkbetrag die Höchstgrenze. Für die nach dem 31. Dezember 1921 begründeten derartigen Forderungen besteht keine Höchstgrenze; für sie kommt also die in Anm. 4 behandelte Streitfrage auch weiter noch in Betracht. In diese Zeit fällt die Inflationsperiode, in welcher die Unklarheit über den wirklichen Geldwert besonders groß war und für welche deshalb eine Korrektur der damals vereinbarten Preise aus Billigkeitsgründen, wie sie von der obenerwähnten Rechtsprechung erstrebt wird, besonders nahe liegt. Die Absicht des Ausschusses, die Gefahr zu vermeiden, daß „alle Geschäfte der Inflationszeit in ihrem Bestande erschüttert würden" (Bericht S. 9), wird freilich danach von der Bestimmung nicht restlos erfüllt. — Eine besondere Bestimmung darüber, in welcher Weise der Goldmarkbetrag zu berechnen sei, ist in § 10 Abs. 3 nicht getroffen; es muß deshalb das in § 2 bestimmte Umrechnungsverhältnis (vgl. Anm. 4 zu § 2) auch hier zugrunde gelegt werden, obschon der Index, auf dem es beruht (Mittel zwischen Dollar- und Großhandelsindex) den von der Rechtsprechung an die Aufwertung nach allgemeinen Vorschriften gestellten Billigkeitsanforderungen keineswegs entspricht.

§ 11.

In den Fällen des § 10 Ziffer 1 bis 5 ist eine Abweichung von dem normalen Höchstsatz unzulässig, wenn die Forderung vor dem 14. Februar 1924 von dem ursprünglichen Gläubiger auf einen anderen übergegangen ist, es sei denn, daß es sich um einen Rechtsübergang der im § 3 Abs. 1 Ziffer 2 bis 11 bezeichneten Art handelt[1].

1. Das „Vorrecht der höheren Aufwertung", d. h. der Aufwertung nach allgemeinen Vorschriften unter Berücksichtigung von Treu und Glauben im Einzelfalle, die aber unter Umständen auch zu einer geringeren Aufwertung führen kann, soll, wie der Bericht (S. 9) ausführt, sich aus dem Gedanken der Hingabe eines Sachwerts ableiten und deshalb nur für den „von Bestand sein", dessen Kaufgeldforderung noch in erster Hand ist; gehe sie auf einen anderen über, der sie im Wege der Einzelfolge und nicht als Gesamtnachfolger erwerbe, so werde sie Vermögensanlage wie jedes andere Darlehen. Auf diesen Erwägungen beruht die Vorschrift des § 11. Anträge, sie zu streichen, weil die Forderungen durch die Abtretung ihren Rechtscharakter nicht verloren hätten, wurden abgelehnt.

2. Danach hat nur der ursprüngliche Gläubiger in den Fällen der Ziff. 1 bis 5 den wenn auch erheblich eingeschränkten Anspruch auf eine Aufwertung der dort bezeichneten dinglich gesicherten Forderungen nach allgemeinen Vorschriften, insbesondere bei Kaufgeldforderungen der Verkäufer; jede Zession, auch die bei dem Verkaufe selbst bereits erfolgte, schließt eine Abweichung von dem normalen Höchstsatze aus. Ebenso Rechtsübergänge, die kraft Gesetzes eingetreten sind, so in den Fällen, in denen ein Ablösungsberechtigter (§ 268), ein Bürge (§ 774) oder der persönliche Schuldner einer hypothekarisch gesicherten Forderung (§ 1143 BGB.) den Gläubiger befriedigt hat, und in sonstigen Surrogationsfällen. Nur die in § 3 Abs. 1 unter Ziff. 2—11 bezeichneten Rechtsübergänge, durch welche ein anderer als der ursprüngliche Gläubiger die Forderung erworben hat, bleiben außer Betracht. Es sind das Fälle des Erwerbs von Todes wegen und der sonstigen Gesamtrechtsnachfolge, ferner familien- und erbrechtliche Verhältnisse sowie der unentgeltliche Erwerb durch Schenkung unter Lebenden. Ebenso wie durch die Berechnung des Geldwertbetrages nach dem Tage des Erwerbs durch den derzeitigen Gläubiger (vgl. § 3 Abs. 1 Ziff. 1 und Anm. 1 dazu) wird auch hier für den Fall, daß die Forderung abgetreten ist, dem Schuldner ein ungerechtfertigter Vorteil zugewendet auf Kosten des neuen Gläubigers, der keineswegs immer die Forderung in spekulativer Absicht erworben hat. — Keine Anwendung findet die Bestimmung auf Forderungen, die durch Sicherungshypothek gesichert sind (§ 10 Abs. 1 Ziff. 6); sie können ungeachtet dieser Sicherung, wenn sie nicht Vermögensanlagen sind und deshalb unter § 63 Abs. 1 fallen (vgl. § 10 Abs. 2 und Anm. 3) oder Darlehensforderungen, ohne Beschränkung nach oben hin bis zum vollen Goldmarkbetrage, unter Umständen zufolge der mehrerwähnten Rechtsprechung auch darüber hinaus nach allgemeinen Vorschriften aufgewertet worden. — Das Gesetz will, wie die oben (Anm. 1) erwähnte Stelle des Gerichts erkennen läßt, dem Erwerber der Forderung, der nicht der ursprüngliche Gläubiger ist, den Anspruch auf eine höhere Aufwertung, als die auf den normalen Höchstsatz, versagen. Nach dem Wortlaut würde aber einem solchen Gläubiger gegenüber auch der Schuldner sich nicht darauf berufen können, daß nach Lage des Falles bei Anwendung der allgemeinen Vorschriften eine von dem normalen Höchstsatze abweichende geringere Aufwertung stattzufinden habe. Das entspricht aber nicht dem Sinne des Gesetzes und dürfte deshalb trotz des ungenauen Wortlautes abzulehnen sein.

§ 12.

Eine Abweichung von dem normalen Höchstsatz ist nur zulässig, wenn sie vor dem 1. April 1926 bei der Aufwertungsstelle beantragt ist. In den Fällen der §§ 203, 204, 206, 207 des Bürgerlichen Gesetzbuchs kann der Antrag noch bis zum Ablauf von drei Monaten nach Fortfall des Hindernisses gestellt werden[1, 2].

1. Entsprechend der Herabsetzung des Aufwertungsbetrags bei der Aufwertung des dinglichen Rechts (§ 8) ist auch die Abweichung von dem normalen Höchstbetrage bei der Aufwertung dinglich gesicherter Forderungen an eine Ausschlußfrist gebunden, innerhalb welcher sie bei der Aufwertungsstelle beantragt werden muß. Diese Frist endigt normalerweise mit dem 31. März 1926. Zu einem späteren Termine kann sie endigen in den Fällen der §§ 203, 204, 206, 207 BGB., nämlich nicht vor dem Ablaufe von drei Monaten nach Fortfall des in den genannten Paragraphen bezeichneten Hindernisses für die Stellung des Antrags. Vgl. Näheres in Anm. 2 zu § 8.

2. Eine Abweichung von dem normalen Höchstsatze kann sich bei Anwendung allgemeiner Vorschriften im Einzelfalle sowohl nach unten wie nach oben

ergeben; vgl. Anm. 2 zu § 8. In beiden Fällen wird die Abweichung nur zulässig sein, wenn der Antrag innerhalb der Ausschlußfrist gestellt wird. Zu dem Antrage auf eine Aufwertung über den normalen Höchstbetrag hinaus wird der Gläubiger, zu dem Antrage auf eine geringere Aufwertung der Schuldner berechtigt sein. Anders wie im Falle des § 11 (vgl. Anm. 2 dazu) entspricht hier der Wortlaut durchaus dem Sinne des Gesetzes, da dessen Absicht dahin geht, daß möglichst innerhalb bestimmter Fristen die Höhe der aufgewerteten Verbindlichkeiten und Belastungen festgestellt werde.

§ 13.

In die Bilanz ist die Forderung, unbeschadet der Vorschrift des § 38 der Dritten Steuernotverordnung[2], als Aktivum oder Passivum mit einem Betrage einzustellen, der unter Zugrundelegung des normalen Höchstsatzes errechnet wird, sofern nicht durch abweichende Vereinbarung oder durch rechtskräftige Entscheidung der Aufwertungsstelle eine höhere oder geringere Aufwertung bestimmt ist[1]

1. Nach § 40 HGB. ist die Bilanz in Reichswährung, seit dem Inkrafttreten der neuen Währungsgesetzgebung (vgl. Einleitung unter I) also in der durch diese eingeführten Rechnungseinheit, der neuen Reichsmark, aufzustellen und es sind dabei sämtliche Vermögensgegenstände und Schulden nach dem Werte anzusetzen, der ihnen in dem Zeitpunkte beizulegen ist, für welchen die Aufstellung stattfindet. Welcher Wert im Zeitpunkte der Bilanzaufstellung einer aufgewerteten dinglich gesicherten Forderung beizulegen ist, kann zweifelhaft sein, wenn es sich um eine Forderung handelt, bei deren Aufwertung eine Abweichung von dem normalen Höchstbetrage zulässig ist (§ 10 Abs. 1 Ziff. 1—6). Bereits § 7 Abs. 4 der I. DurchfVO. zur 3. StNVO. hatte bestimmt, daß solche Forderungen einstweilen mit Beträgen einzustellen seien, die unter Zugrundelegung des nach dieser Durchführungsverordnung auch für dinglich gesicherte Forderungen der Regel nach maßgebenden „normalen Höchstsatzes", der damals 15 v. H. des Goldmarkbetrags betrug, errechnet würden. Dem entspricht die Vorschrift des § 13 Aufwertungsgesetzes mit der Änderung, daß an die Stelle des früher geltend gewesenen der jetzt geltende „normale Höchstsatz" von 25 v. H. (vgl. § 9 und Anm. 2 dazu) getreten ist. Die Einstellung sowohl in die Aktiven wie in die Passiven der Bilanz hat in dieser Weise zu erfolgen, sofern und solange nicht eine von dem normalen Höchstsatze abweichende höhere oder geringere Aufwertung durch Vereinbarung (vgl. § 67 Abs. 3 und Anm. 7 dazu) oder rechtskräftige Entscheidung der Aufwertungsstelle (§§ 69, 75) bestimmt ist. Der Entscheidung der Aufwertungsstelle muß eine Entscheidung des ordentlichen Gerichts gleichstehen, das auch zur Entscheidung über die Höhe der Aufwertung berufen ist, wenn kein Streit darüber besteht oder kein Aussetzungsantrag gestellt wird (vgl. §§ 69, 77 und Anm. 1 zu § 77). — Für die Einstellung anderer, nicht gesicherter Forderungen, bei denen die Aufwertung nach allgemeinen Vorschriften erfolgen kann, vgl. §§ 62, 63, in die Bilanz hat das Gesetz keine ausdrückliche Vorschrift getroffen. Für sie kann die Vorschrift des § 13 nicht ohne weiteres zur Anwendung kommen, da eine Aufwertung zu dem „normalen Höchstbetrag" bei ihnen keineswegs die Regel bildet. Es wird deshalb bei ihnen, wie bei anderen Vermögensgegenständen, deren Wert nicht in einer bestimmten Geldsumme ausgedrückt ist, das pflichtmäßige Ermessen des Kaufmannes, nötigenfalls nach erfolgter Abschätzung, für die Einstellung maßgebend sein. Bei Industrieobligationen wird gleiches zu gelten haben, da neben dem Hundertsatze von 15 v. H. bei ihnen noch das Genußrecht für ihren Wert in Frage kommt (vgl. §§ 33, 37), allerdings nur für Altbesitzer; soweit sie einen Markt-

oder Börsenkurs haben, wird dieser einen Anhalt für die Wertsermittlung bieten. Auch Pfandbriefe können nur auf Grund einer Schätzung ihres Wertes, unter Berücksichtigung eines etwaigen Kurses, zur Einstellung gelangen; ebenso Sparkassenguthaben.

2. In § 38 der 3. StNVO. ist bestimmt, daß Forderungen und Schulden, die auf Reichsmark (der alten Währung, gleich Papiermark) lauten, bei gewissen Neuveranlagungen auch dann zum Papiermarknennbetrage zu bewerten sind, wenn die Möglichkeit einer Aufwertung besteht, solange diese nicht durch Vereinbarung oder rechtskräftige Entscheidung erfolgt (festgestellt) ist. Diese Vorschrift soll durch § 13 nicht berührt werden. Die Forderungen sind also in diesen Fällen für die Steuerveranlagung nicht mit dem in die Bilanz eingestellten Betrage, sondern mit ihrem Papiermarknennbetrage zu bewerten, der meist gleich Null sein wird. Das kann namentlich für Erbschaftssteuerveranlagungen (§ 38 Abs. 2 3. StNVO.) auch in Zukunft noch von Bedeutung sein.

3. Für die vor dem Inkrafttreten des Aufwertungsgesetzes aufgestellten Bilanzen vgl. die Übergangsvorschrift des § 80.

III. Aufwertung bei Vorbehalt der Rechte — Rückwirkung[1, 1a]

1. Der § 11 der 3. StNVO. (erste Aufl. S. 146) griff besonders tief und mit einer Gewaltsamkeit, die einer unter normalen Verhältnissen sich vollziehenden Gesetzgebung fremd ist, in die Grundsätze der allgemeinen Ordnung des Privatrechts ein. Er begnügte sich nicht damit, eine Aufwertung bereits erledigter Ansprüche insoweit auszuschließen, als es den allgemeinen Rechtsgrundsätzen über das Erlöschen der Schuldverhältnisse (§§ 362—397) und der dinglichen Rechte (§§ 875ff., 1255ff. BGB.) entspricht, obwohl Rücksichten der Billigkeit auch damals schon gerade in dieser Richtung wohl eine Ausnahme von den allgemeinen Rechtssätzen gerechtfertigt haben würden zugunsten derjenigen Gläubiger, welche durch die noch in der Zeit weit vorgeschrittener Geldentwertung festgehaltene Auffassung der Gerichte bis in die höchste Instanz hinein, daß Mark = Mark sei, und durch die Erklärungen verantwortlicher Regierungsstellen, daß eine Aufwertung nicht in Frage kommen könne (vgl. Einleitung V), noch in den letzten Monaten vor dem Inkrafttreten der VO. veranlaßt worden waren, Zahlungen im Nennbetrage als Erfüllung anzunehmen und Quittungen sowie Löschungsbewilligungen ohne Vorbehalt zu erteilen. Der Paragraph verbot vielmehr ohne alle Rücksicht auf diese Vorgänge für die Aufwertung sogar die Anwendung der besonderen Grundsätze des bürgerlichen Rechts, welche dazu bestimmt sind, aus Billigkeitsgründen unter Umständen einen von Rechts wegen eingetretenen Rechtsverlust rückgängig machen zu können, nämlich der Rechtsgrundsätze über die ungerechtfertigte Bereicherung (§§ 812ff.), die Anfechtung wegen Irrtums (§§ 119ff. BGB.) und anderer Rechtsgrundsätze, die etwa noch in Betracht kommen könnten. In der Begr. zu dem Entwurfe der 3. StNVO. war zur Rechtfertigung der Vorschrift angeführt, „es müsse verhindert werden, daß der wirtschaftliche Erfolg einer nachträglichen Aufwertung bereits erloschener Ansprüche auf Umwegen herbeigeführt werde; andernfalls würde eine Unzahl längst abgewickelter Verhältnisse wieder aufleben und eine Beunruhigung in das Wirtschaftsleben hineingetragen werden, die nicht tragbar sei". Dieses rigorose Vorgehen gab Anlaß zu einer tiefgehenden und weitverbreiteten Gegenbewegung in der öffentlichen Meinung, nicht nur der unmittelbar betroffenen Interessentenkreise, die auf verletztem Rechtsgefühl beruhte, wenn sie auch in ihren Äußerungen nicht immer die rechte Form fand. Schon der Antrag Düringer (Anhang XI der ersten Aufl. § 7) wollte die Vorschrift dahin gemildert wissen, daß sie unbeschränkt nur für die vor dem 1. Oktober 1922 erfolgten Zahlungsannahmen und Löschungsbewilli-

gungen, für später erfolgte nur bei Erreichung eines bestimmten Hundertsatzes des Goldmarkbetrags durch den vom Schuldner gezahlten Betrag oder bei Unterlassung eines in bestimmter Frist zu stellenden nachträglichen Aufwertungsverlangens Geltung haben sollte. Noch weitergehend wollte der Antrag Müller-Franken (Anhang XII der ersten Aufl. Ziff. 5) die Aufwertung zulassen für alle nach dem 1. Juli 1922 zurückgezahlten Forderungen. Die Bewegung fand weitere Förderung durch mehrere Entscheidungen des Reichsgerichts, die anläßlich einer bei der Anwendung des § 11 hervorgetretenen Streitfrage (die in der ersten Auflage in Anm. 2, S. 148ff. erörtert ist) ergingen. In § 11 war nämlich ein Unterschied in der Weise gemacht, daß die dort vorgesehene Ausschließung der Aufwertung für die dinglichen Rechte (§ 1 Abs. 2 Ziff. 1—3 VO.) erst durch die Erteilung einer Löschungsbewilligung, für die schuldrechtlichen Ansprüche dagegen, und zwar auch für die dinglich gesicherten Forderungen (§ 1 Abs. 2 Ziff. 4) bereits durch die Annahme der Zahlung ohne Vorbehalt eintreten sollte. Da nun § 1163 BGB. bestimmt, daß bei einer Hypothek nach Erlöschen der Forderung die Hypothek dem Eigentümer zusteht, so war die Frage aufgetaucht, ob eine Aufwertung des dinglichen Anspruchs zugunsten des Gläubigers noch erfolgen könne, nachdem die Forderung durch vorbehaltlose Annahme der Zahlung untergegangen und ihre Aufwertung gemäß § 11 unter allen Umständen ausgeschlossen sei. In der Rechtslehre (auch mit gewissen Einschränkungen in der ersten Auflage dieses Komm. a. a. O.) und in der Rechtsprechung von mehreren Oberlandesgerichten, namentlich vom KG. 3. April 1924 (Jur. Woch. 1924, 1259[1]), wurde die Auffassung vertreten, daß in solchem Falle der Gläubiger auch eine Aufwertung des dinglichen Rechts als solchen nicht mehr verlangen könne, obwohl er eine Löschungsbewilligung nicht erteilt habe. Dieser Ansicht trat der 5. Zivilsenat des RG. zunächst in dem Urteil vom 3. Dezember 1924 (RGZ. 109, 111) entgegen und führte dabei aus, daß die als Erfüllung angenommene Zahlung ohne Aufwertung eine Bewirkung der geschuldeten Leistung, durch die das Schuldverhältnis gemäß § 363 BGB. zum Erlöschen gebracht worden sei, nicht dargestellt habe, da der Gläubiger nach dem Urteile des RG. vom 28. November 1923 einen Anspruch auf Aufwertung gehabt habe und die Leistung sonach unvollständig gewesen, auch eine ausdrückliche oder stillschweigende Vereinbarung, die eine über die nach § 363 BGB. eintretende Umkehrung der Beweislast hinausgehende Wirkung der Annahme als Erfüllung hätte hervorbringen können, nicht stattgefunden habe. Bis zum Erlasse der 3. StNVO. hätte deshalb der Eigentümer die Löschung der Hypothek auf Grund der Zahlung des Nennbetrages nicht verlangen können. Daran sei auch durch § 11 VO. nichts geändert worden, da diese Bestimmung nur die Aufwertung der persönlichen Forderung nach vorbehaltloser Annahme der Zahlung ausschließe, den Ausschluß der Aufwertung der Hypothek aber erst mit der Erteilung der Löschungsbewilligung eintreten lasse. Das wurde aus der Entstehungsgeschichte des § 11, der Analogie der Grundschuld und der Erwägung hergeleitet, daß die VO., wenn sie in weiterem Umfange in die Rechte der Hypothekengläubiger eingreifen wollte, dem einen unzweideutigen Ausdruck hätte geben müssen. Das RG. nahm deshalb auf Grund des § 11 ein Fortbestehen der Hypothek nach Annahme der unaufgewerteten Zahlung ohne vollwirksame Forderung, ähnlich wie nach eingetretener Verjährung, an. Diese Auffassung hat das RG. auch gegenüber der weiter festgehaltenen entgegengesetzten Auffassung des KG. aufrechterhalten und näher begründet (V B 2 13. Februar 1925 und V B 3 13. März 1925 RGZ. 110 78); dabei hat es besonders hervorgehoben, daß § 11 die Natur einer Ausnahmevorschrift habe, die einen ungewöhnlich tiefen Eingriff in bestehende Privatrechte enthalte und daher jede ausdehnende Auslegung ausschließe. Ob die Auffassung des RG. in allen Punkten zutraf, kann zweifelhaft erscheinen; jedenfalls war daran soviel richtig, daß nach bisherigen Rechtsgrundsätzen durch die bloße Annahme unaufgewerteter Zahlungen weder die Forderung getilgt wurde noch die sie sichernde Hypothek auf den

Eigentümer überging. Soweit Löschungsbewilligung erteilt und daraufhin die Hypothek gelöscht worden, war sie nach bisherigem Rechte zwar erloschen (§ 875 BGB.), aber ein Bereicherungsanspruch auf ihre Wiederherstellung (condictio indebiti) begründet. In allen diesen Richtungen enthielt daher die Vorschrift des § 11 3. StNVO. Eingriffe in wohlerworbene Privatrechte, die ohne sie fortbestanden haben würden. Demungeachtet ist noch in der Denkschrift (S. 39) die Auffassung vertreten worden, es handle sich bei den hervorgetretenen Bestrebungen auf Abänderung des § 11 darum, „den Aufwertungsbestimmungen der 3. StNVO. rückwirkende Kraft zu verleihen und damit die bereits erloschenen (d. h. vor der 3. StNVO. erloschen gewesenen) Hypotheken wieder ins Leben zurückzurufen". Daß gegen solche Absicht „schwere Bedenken" bestünden, suchte die Denkschrift darzulegen an der Hand eines umfangreichen (aber schwer zu kontrollierenden) statistischen Materials dafür, welche Last der deutschen „Gesamtwirtschaft" durch eine solche „Rückwirkung" auferlegt werden und in welcher Weise die Haushalte des Reichs, der Länder und Gemeinden durch Herabminderung der von der 3. StNVO. zum Ausgleich der Inflationsgewinne geschaffenen Geldentwertungssteuern getroffen werden würden. Die Regierungsvorlage brachte die in § 14 des Gesetzes enthaltene ausdrückliche Bestimmung über die Wirkung eines bei Annahme der Leistung gemachten Vorbehalts, die sie „wegen der zahlreichen über die Auslegung des § 11 in Rechtsprechung und Schrifttum auftgetauchten Zweifel" für erforderlich hielt (Begr. S. 14); sie „stellte ferner klar" (Begr. a. a. O.), gegenüber der obenerwähnten Rechtsprechung des Reichsgerichts, daß bei Hypotheken eine Aufwertung des dinglichen Rechts dann nicht erfolgen könne, wenn die gesicherten Forderungen infolge vorbehaltloser Annahme der Zahlung (ohne Löschungsbewilligung) „bereits erloschen seien". Demzufolge stand die Vorlage, ohne sich weiter mit der Begründung der reichsgerichtlichen Entscheidungen auseinanderzusetzen, auf dem Standpunkte, die Zulassung der Rückwirkung bedeute ein Zurückgreifen auf bereits erledigte Rechtsverhältnisse und erscheine daher als eine besondere Vergünstigung für den Gläubiger; dadurch rechtfertige sich die von ihr vorgeschlagene Beschränkung der Aufwertung „auf Grund Rückwirkung" auf die Hälfte des Aufwertungsbetrages. Sie hielt diesen Vorschlag noch gegenüber der vom Reichsrate vorgeschlagenen Zulassung der ganzen Aufwertung fest. Durch das Kompromiß (Anhang VI) Ziff. 9 wurde im Reichstagsausschusse der „Rückwirkungstermin" auf den 15. Juni 1922 zurückverlegt, unter Erweiterung der Härteklausel, und die Aufwertung „infolge Rückwirkung" in voller Höhe des Aufwertungsbetrags zugelassen. Der Ausdruck „Rückwirkung" ging als offizielle Bezeichnung in das Gesetz über. Er soll, wie sich aus obigem ergibt, im Sinne der Denkschrift und der Verfasser der Regierungsvorlage bedeuten, daß durch das Gesetz bereits durch Leistung (Zahlung) erloschene Schuldverhältnisse rückwirkend wieder ins Leben zurückgerufen werden. Nach der oben in Übereinstimmung mit dem Reichsgerichte vertretenen Auffassung waren die Schuldverhältnisse durch die ungenügende Zahlung nicht erloschen; ein Erlöschen trat aber durch die 3. StNVO. ein, soweit kein Vorbehalt stattgefunden hatte, und insofern hat das Aufwertungsgesetz dadurch, daß es eine Aufwertung auch nach ohne Vorbehalt angenommener Zahlung zuließ, allerdings „rückwirkend" bereits erloschene Ansprüche wiederhergestellt. — Das Gesetz behandelt in § 14 die Aufwertung bei Vorbehalt der Rechte, in § 15 die Rückwirkung und bringt in den §§ 16—24 Vorschriften, die für beide Fälle gemeinsam gelten.

1a. Die Vorschriften über Aufwertung von Hypotheken nach Annahme der Leistung bei Vorbehalt und auf Grund von Rückwirkung (§§ 14—30) finden entsprechende Anwendung auf Grundschulden, Rentenschulden, Reallasten (§ 31) sowie auf Schiffs- und Bahnpfandrechte (§ 32). Für die Aufwertung bei Vorbehalt ist inhaltlich die gleiche Vorschrift, wie in § 14, für die anderen Ansprüche, deren Aufwertung im Gesetze geregelt ist, einzeln bei jeder Anspruchsart getroffen

(§§ 35 Abs. 1, 49 Abs. 1, 53 Abs. 1, 57 Abs. 2 Satz 1, 60 Abs. 3 Satz 1). Eine Rückwirkung ist allgemein zugelassen, wenn die Leistung nach dem 13. Februar 1924 angenommen ist; § 78, vgl. die Anm. dazu. Im übrigen ist ein Rückwirkung nur noch zugelassen bei Versicherungsansprüchen (§ 60 Abs. 3 Satz 2) und in gewisser Weise bei ausgelosten und gekündigten Schuldverschreibungen (§§ 35 Abs. 2, 3; 49 Abs. 2, 3; 53 Abs. 2, 3; vgl. die Anmerkungen zu diesen Paragraphen).

1. Vorbehalt der Rechte[2]

§ 14.

Trotz der Bewirkung der Leistung findet die Aufwertung statt, wenn der Gläubiger sich bei der Annahme der Leistung[3] seine Rechte vorbehalten hat[3]. Liegt diese Voraussetzung für die persönliche Forderung vor, so wird neben dieser auch die Hypothek aufgewertet; dies gilt nicht, wenn der Gläubiger sich seiner Rechte auf Aufwertung der Hypothek ausdrücklich begeben hat[4]. Liegt die Voraussetzung für die persönliche Forderung nicht vor, so findet auch eine Aufwertung der Hypothek nicht statt[5].

2. Das Gesetz behandelt zunächst in § 14 den Fall, daß sich der Gläubiger einer Hypothek bei der Annahme einer Leistung seine Rechte vorbehalten hat; in diesem Falle soll eine Aufwertung „trotz der Bewirkung der Leistung" stattfinden. Der Ausdruck „trotz der Bewirkung der Leistung" ist ungenau und irreführend; gemeint ist die unaufgewertete oder nicht nach den zur Zeit der Zahlung geltenden Rechtssätzen entsprechend aufgewertete Zahlung des Nennbetrags; das aber ist keine Bewirkung der (geschuldeten) Leistung, da das, was geleistet worden ist, unzulänglich und unvollständig war. Daß eine solche Leistung, wenn sie nur unter Vorbehalt angenommen worden ist, eine Tilgung des nicht geleisteten Teiles des Anspruchs, nämlich der dem Gläubiger zustehenden Aufwertung, nicht bewirken und das Erlöschen des Aufwertungsrechts nicht herbeiführen kann, ist eigentlich selbstverständlich. Das RG. hat in dem in Anm. 1 vor § 14 erwähnten Beschlusse vom 13. März 1925 (RGZ. 110 65) ausgesprochen, daß eine unter Vorbehalt der Rechte angenommene Zahlung des Nennbetrags in entwertetem Gelde keine volle Befriedigung des Gläubigers wegen seiner Darlehnsforderung herbeiführen und daß eine mit solchem Vorbehalte ausgestellte Quittung und Löschungsbewilligung keine geeignete Grundlage für die Löschung der Hypothek in voller Höhe bilden konnte; daß daher eine auf Grund einer solchen Löschungsbewilligung erfolgte Löschung der Hypothek unter Verletzung gesetzlicher Vorschriften im Sinne des § 22 GBO. erfolgt ist; vgl. Anm. 2 zu § 20. Die Reichstagsvorlage hielt es „wegen der zahlreichen in Rechtsprechung und Schriften aufgetauchten Zweifel über die Auslegung des § 11 der 3. StNVO." für geboten, auch über die Aufwertung von nur unter Vorbehalt erledigten Ansprüchen ins einzelne gehende Bestimmungen zu treffen". (Begr. S. 14.) Demgemäß bestimmt Satz 1 des § 14 ausdrücklich (was eigentlich selbstverständlich ist), daß die Aufwertung ungeachtet der Bewirkung der „Leistung" stattfinden soll, wenn der Gläubiger sich bei der Annahme seine Rechte vorbehalten hat. Die Sätze 2 und 3 regeln sodann die eigentlich streitigen Fragen des Verhältnisses zwischen der Aufwertung der persönlichen Forderung und der sie sichernden Hypothek bei Vorbehalt.

3. Annahme der Leistung liegt vor, wenn der Gläubiger die ihm erkennbar als Erfüllung, nicht als bloße Teilleistung angebotene Zahlung nicht zurückgewiesen, sondern entgegengenommen hat. Hat er hierbei zum Ausdruck ge-

bracht, daß er die Zahlung nicht als endgültige Tilgung der Schuld gelten lassen wolle, so liegt darin der in § 14 erforderte **Vorbehalt seiner Rechte**. Die Erklärung des Vorbehalts muß gegenüber dem aus der Entgegennahme der Zahlung zu folgernden Einverständnisse bestimmt und unzweideutig sein; doch ist nicht erforderlich, daß gerade die Worte: „Ich behalte mir meine Rechte vor" gebraucht sind. Eine bloße Äußerung der tatsächlichen Unzufriedenheit mit dem Empfangenen genügt nicht; insbesondere nicht eine Quittung, in der gesagt ist, die Schuld (das Kapital) sei „in Papiermark zum Nennwerte" bezahlt worden, so KG. 2. Oktober 1924 (DNotV. S. 386); 16. Oktober 1924 (JW. S. 1903); anders, wenn gesagt ist, der Betrag sei „auf das Kapital" oder „wegen der Hypothek" bezahlt (BayObLG. 4. Oktober 1924; DJZ. 1925, 266). Daß der Vorbehalt sich besonders auf das Aufwertungsrecht bezogen habe, ist nicht erforderlich; es genügt der Vorbehalt „der Rechte" im allgemeinen. Klargestellt ist durch die jetzige Fassung die nach der 3. StNVO. (vgl. Mügel 2. Aufl. Anm. 3b S. 116) streitige Frage, ob der Vorbehalt bei Annahme der Leistung erfolgt sein muß; doch wird der Ausdruck nicht zu streng zu nehmen sein und auch ein vor der Annahme erklärter Vorbehalt hinreichen, wenn anzunehmen ist, daß er bei der Annahme aufrechterhalten worden ist (a. M. für § 341 Abs. 3 BGB. die Rechtsprechung des Reichsgerichts, vgl. RGRKomm. Anm. 2). Ist eine Quittung ausgestellt, welche den Vorbehalt enthält, so wird im Zweifel anzunehmen sein, daß erst durch die Quittung die Annahme der Leistung erfolgt ist; wird aber bewiesen, daß die Quittung nachträglich ausgestellt ist, so ist der Vorbehalt unwirksam.

4. Die Voraussetzung des Satzes 1 (vgl. Anm. 3) liegt bei einer Hypothek für die persönliche Forderung vor, wenn der Gläubiger bei Annahme der Zahlung, durch welche diese getilgt werden sollte, sich seine Rechte vorbehalten hat. Die persönliche Forderung kann getilgt werden durch den persönlichen Schuldner; hat dieser gezahlt, so genügt ein ihm gegenüber gemachter Vorbehalt, auch wenn er zur Zeit der Zahlung nicht mehr Eigentümer war; es bedarf nicht einer Wiederholung des Vorbehalts bei Erteilung der Umschreibungs- oder Löschungsbewilligung gegenüber dem Eigentümer. Auch der Eigentümer, der nicht persönlicher Schuldner ist, kann die Forderung tilgen; alsdann ist der Vorbehalt ihm gegenüber zu machen. In diesen Fällen wird neben der persönlichen Forderung auch die Hypothek (das dingliche Recht) aufgewertet. Die Aufwertung findet also gegenüber dem Eigentümer statt, auch wenn der Vorbehalt nur gegenüber dem persönlichen Schuldner, der gezahlt hat, erklärt worden und nicht zur Kenntnis des Eigentümers gelangt ist. Die Aufwertung des dinglichen Rechts gegenüber dem Eigentümer findet jedoch nur statt, **sofern nicht der Gläubiger sich seines Rechts auf die Hypothek ausdrücklich begeben hat.** Ein solcher Verzicht auf die Hypothek wird nur wirksam sein, wenn er in den Formen des § 1168 Abs. 2 BGB. erfolgt, also dem Grundbuchamt oder dem Eigentümer gegenüber erklärt und in das Grundbuch eingetragen ist. Er hat zur Folge, daß die Hypothek in vollem Umfange auf den Eigentümer übergegangen ist (§ 1168 Abs. 1) und also für den Gläubiger nicht mehr aufgewertet werden kann.

5. Liegt dagegen die Voraussetzung des Satzes 1 für die persönliche Forderung nicht vor — d. h. ist bei Annahme der Leistung kein Vorbehalt gemacht, also etwa ohne Vorbehalt Quittung erteilt worden —, so **findet auch eine Aufwertung der Hypothek nicht statt.** (Satz 3.) Das Aufwertungsrecht hinsichtlich der Hypothek erlischt also schon mit der vorbehaltlosen Annahme der Zahlung, nicht erst mit der Erteilung der Löschungs- oder Umschreibungsbewilligung, selbstverständlich nur soweit nicht nach § 15 ungeachtet vorbehaltloser Leistungsannahme auch die Forderung noch aufgewertet werden kann, also nicht bei nach dem 14. Juni 1922 geleisteten Zahlungen. Durch diesen Satz sollte (wie die Begr. S. 14 hervorhebt) klargestellt werden, „daß bei Hypotheken eine Aufwertung des dinglichen Rechts dann nicht erfolgen kann, wenn die gesicherten Forderungen infolge vorbehaltloser Annahme

der Zahlung bereits erloschen sind und daß ein Vorbehalt bei Abgabe der für das Grundbuch erforderlichen Erklärungen dem Gläubiger das ihm durch das Erlöschen der Forderung gemäß § 1163 BGB. entzogene Recht nicht wieder verschaffen kann". Damit ist die aus der ursprünglichen Fassung (vgl. Anm. 1 vor § 14) hergeleitete Streitfrage aus der Welt geschafft. Die Begr. führt weiter noch aus, ein Vorbehalt bei der Löschungs- oder Umschreibungsbewilligung sei jedoch nicht schlechthin bedeutungslos; denn mit einem dabei erklärten Vorbehalte könne je nach Lage des Falles, namentlich bei einem zeitlich nahen Zusammenhange zwischen der Zahlung und der Erteilung der Löschungs- und Umschreibungsbewilligung, zugleich auch ein Vorbehalt bei der Annahme der Leistung erklärt werden; desgleichen könne die Verweigerung der Erteilung der Löschungs- oder Umschreibungsbewilligung gegebenenfalls als Vorbehalt bei Annahme der Leistung aufzufassen sein. Diesen Ausführungen kann nur sehr bedingt zugestimmt werden; sie verwischen den Unterschied zwischen den beiden Rechtshandlungen und setzen an Stelle des bestimmten Erfordernisses der Gleichzeitigkeit von Zahlungsannahme und Vorbehalt den unbestimmten Begriff eines „zeitlich nahen Zusammenhanges". Nur wenn Annahme der Zahlung und Löschungsbewilligung in einem Zuge (uno actu) erfolgen, wird es unerheblich sein, ob der Vorbehalt etwa mündlich gegenüber dem die Zahlung leistenden Schuldner oder schriftlich in der Quittung oder aber in der in besonderer Urkunde ausgestellten Löschungsbewilligung seinen Platz gefunden hat.

2. Rückwirkung[1]

§ 15.

Hat der Gläubiger die Leistung in der Zeit vom 15. Juni 1922 bis zum 14. Februar 1924 angenommen[2], so findet eine Aufwertung der Hypothek und der persönlichen Forderung auch dann statt, wenn der Gläubiger sich bei der Annahme der Leistung seine Rechte nicht vorbehalten hat (Rückwirkung)[1]. Die Aufwertung kraft Rückwirkung findet nicht statt, soweit sie, ganz oder zum Teil[3, 4],

1. für den Eigentümer des belasteten Grundstücks oder für den persönlichen Schuldner mit Rücksicht auf seine wirtschaftliche Lage, insbesondere auch auf erhebliche, auf den Währungsverfall oder die Verdrängung oder die Liquidation des Vermögens zurückzuführende Vermögensverluste[3a], oder
2. für den persönlichen Schuldner mit Rücksicht auf die Höhe des bei der Veräußerung des belasteten Grundstücks erzielten Erlöses oder mit Rücksicht darauf, daß das belastete Grundstück nicht mehr im Inland liegt und deshalb die Inanspruchnahme des Eigentümers wesentlich erschwert ist[3b], oder
3. deshalb für den Eigentümer des belasteten Grundstücks oder für den persönlichen Schuldner eine unbillige Härte bedeuten würde, weil er nachweislich durch die Kündigung des Gläubigers gezwungen wurde, Vermögensgegenstände weit unter dem wirklichen Werte zu veräußern, um die Hypothekenschuld zurückzahlen zu können[3c],

1. § 15 behandelt den Fall, daß bei Annahme der Leistung, d. h. einer unaufgewerteten oder nicht entsprechend aufgewerteten Zahlung — vgl. Anm. 1 vor § 14 —, der Gläubiger einer Hypothek sich seine Rechte nicht vorbehalten hat. Auch in diesem Falle soll eine Aufwertung, und zwar sowohl der Hypothek, wie der persönlichen Forderung stattfinden, falls die Annahme nach dem 14. Juni 1922 erfolgt ist. Die Worte: „trotz Bewirkung der Leistung" (vgl. Anm. 2 zu § 14) sind hier nicht wiederholt; sie würden hier ebensowenig zutreffen, da nach der mehrerwähnten Rechtsprechung des Reichsgerichts auch die vorbehaltlos angenommene unvollständige Leistung eine die Tilgung der Forderung herbeiführende Bewirkung der geschuldeten Leistung nicht darstellt. Durch die Bestimmung soll, vielfachem Verlangen entsprechend, auf die Irrtumserregung Rücksicht genommen werden, die infolge der in den Urteilen der Gerichte und in den Äußerungen verantwortlicher Regierungsvertreter zutage getretenen Auffassung, daß Mark = Mark und eine Aufwertung rechtlich unbegründet und tatsächlich unmöglich sei, bei vielen Gläubigern eingetreten ist und sie zur Annahme von Zahlungen ohne entsprechende Aufwertung veranlaßt hat (vgl. Anm. 1 vor § 14. Eine besondere Vergünstigung für den Gläubiger liegt darin nicht; vielmehr enthält die Beschränkung, daß die Aufwertung bei früher als am 15. Juni 1922 geleisteten Zahlungen nicht eintritt, immer noch einen scharfen Eingriff in die nach allgemeinen Rechtsgrundsätzen bestehenden Rechte der Gläubiger. Die in § 15 zugelassene Aufwertung wird als „Rückwirkung" bezeichnet, anscheinend von der auch anderweit hervortretenden rechtsirrigen Auffassung aus, daß dadurch bereits erloschene Ansprüche rückwirkend wieder ins Leben zurückgerufen werden; vgl. darüber Anm. 1 vor § 14. Der Zeitpunkt in der Vergangenheit, bis zu welchem rückwärts man diese „Rückwirkung" zulassen wollte, hat in den Entstehungsstadien des Gesetzes geschwankt; er ist schließlich auf das vorgenannte Datum bestimmt worden; vgl. Anm. 1 vor § 14. Dadurch ist zugleich für den Fall, daß eine vorbehaltslose Annahme der Leistung vor dem 15. Juni 1922 stattgefunden hat, eine Aufwertung ausgeschlossen, obwohl gerade in den früheren Stadien der Geldentwertung, noch als sie bereits einen sehr hohen Grad erreicht hatte, die unrichtige Meinung, daß Mark = Mark sei, in der Rechtsprechung, auch der höchsten Instanz (vgl. RGZ. 102, 98), allgemein verbreitet war und die Gläubiger zur Annahme entwerteter Zahlungen veranlaßt hat. Aber eine Grenze nach rückwärts mußte wohl aus praktischen Erwägungen gezogen werden.

Eine Zeitgrenze nach vorwärts war in der Reichstagsvorlage nicht vorgesehen. Im Reichstagsausschusse wurden aber die Worte: „bis zum 14. Februar 1924" hinzugefügt. Das geschah offenbar mit Rücksicht auf § 78 des Gesetzes, der für die Fälle, in denen nach dem Inkrafttreten der 3. StNVO. eine Leistung angenommen worden ist, die Aufwertung unbeschränkt zuläßt. Vgl. Näheres zu § 78.

Im Falle vorbehaltloser Annahme einer vor dem 15. Juni 1922 geleisteten Zahlung ist die Aufwertung sowohl des dinglichen Rechts wie der Forderung zugunsten des Gläubigers, der die Zahlung angenommen hat, ausgeschlossen, gleichviel ob die Zahlung durch den Eigentümer oder den persönlichen Schuldner erfolgt ist. Hat der Eigentümer oder ein persönlicher Schuldner, der von dem Eigentümer keinen Ersatz verlangen kann, gezahlt, so ist die Hypothek Eigentümer-Grundschuld geworden (§ 1163 BGB.); diese ist kein Anspruch und wird nicht aufgewertet. Kann der persönliche Schuldner, der gezahlt hat, von dem Eigentümer Ersatz verlangen, so ist die Hypothek mit der Forderung auf ihn übergegangen (§ 1164 BGB.) und wird eine Aufwertung des von ihm gezahlten Betrages zu seinen Gunsten nicht ausgeschlossen sein, da dieser Anspruch weder dinglich noch persönlich durch die Zahlungsannahme des früheren Gläubigers erledigt ist.

2. **Annahme der Leistung**, vgl. zu § 14 Anm. 5. Voraussetzung für eine Annahme ist, daß der Gläubiger von der Leistung Kenntnis erhalten hat; Überweisung auf sein

Bank- oder Postscheckkonto genügt also nicht (so auch RG. in dem Urteile vom 28. November 1923, Anhang I). **Hinterlegung** kann, auch wenn die gesetzlichen Voraussetzungen für eine befreiende Hinterlegung vorliegen (§§ 372ff. BGB.), die hier erforderliche freiwillige Annahme der Leistung nicht ersetzen. Anders wenn der Gläubiger der Hinterlegungsstelle die Annahme erklärt hat (§ 376 Abs. 2 Ziff. 2). Der Schuldner hat den Nachweis zu führen, daß er die Leistung dem Gläubiger in für diesen erkennbarer Weise **als Erfüllung**, nicht etwa als Teilleistung angeboten hat. Das wird, wenn die Zahlung dem Nennbetrage der Forderung entsprach, oder ihn überstieg, in der Regel anzunehmen sein; Sache des Gläubigers wird es dann sein, nachzuweisen, daß er einen Vorbehalt gemacht hat. Hat der Gläubiger auf den Anspruch **verzichtet** — etwa den ihm übersandten Nennbetrag wegen seiner Geringfügigkeit zurückgewiesen mit der Erklärung, er verzichte auf die Forderung — so kann § 15 **keine** Anwendung finden; ob der Verzicht in Frage gestellt werden kann, wird sich nach allgemeinen Rechtsgrundsätzen bestimmen; vgl. zu § 67 Anm.

3. Für die Fälle, in denen die Aufwertung ungeachtet vorbehaltloser Annahme einer nicht entsprechend aufgewerteten Leistung zugelassen wird, hat das Gesetz es für nötig befunden, in Satz 2 des § 15 eine **Härtebestimmung** einzuschalten, welche diese Aufwertung ausschließt oder einschränkt, soweit sie ganz beziehungsweise zum Teil eine **unbillige Härte** bedeuten würde, und zwar wahlweise in drei Richtungen:

a) entweder für den **Eigentümer oder den persönlichen Schuldner** mit Rücksicht auf die wirtschaftliche Lage eines von ihnen, wobei besonders der Fall hervorgehoben wird, daß dem Inflationsgewinne, den er durch die unaufgewertete Tilgung der Schuld etwa gemacht hat, erhebliche Vermögensverluste gegenüberstehen, die gleichfalls auf den Währungsverfall oder auf **Verdrängung** (im Sinne des Verdrängungsschädengesetzes) aus einem infolge des Kriegsverlustes abgetretenen Gebiete oder durch **Liquidation** seines Vermögens im ehemals feindlichen Auslande (im Sinne des Liquidationsschädengesetzes) zurückzuführen sind; oder

b) für den **persönlichen Schuldner** (den früheren Eigentümer), und zwar α) **mit Rücksicht auf die Höhe des bei der Veräußerung des belasteten Gegenstandes erzielten Erlöses.** Diese, vom Reichstagsausschusse neu hinzugefügte Vorschrift hat den Fall im Auge, wo der persönliche Schuldner — was in der Inflationszeit sehr häufig vorgekommen ist — in Verkennung des wirklichen Geldwertes das Grundstück oder den sonstigen belasteten Gegenstand zu einem unverhältnismäßig niedrigen Preise, weit unter dem Werte, veräußert hat; β) mit Rücksicht darauf, daß das belastete Grundstück **nicht mehr im Inlande liegt**, daß es also zu einem im Friedensvertrage oder auch sonst etwa abgetretenen Gebiete gehört, und hierdurch dem persönlichen Schuldner, der von dem Eigentümer Ersatz verlangen kann (insbesondere wenn dieser ihm gegenüber die Hypothek unter Anrechnung auf den Kaufpreis übernommen hat, ohne daß er dadurch befreit worden ist) die **Inanspruchnahme des Eigentümers wesentlich erschwert worden ist**, da er vor den Gerichten des Auslandes klagen müßte und es unsicher ist, ob diese die Aufwertung anerkennen würden;

c) für den **Eigentümer oder den persönlichen Schuldner** (der früher Eigentümer war) kann eine unbillige Härte aus der Aufwertung infolge Rückwirkung entstehen mit Rücksicht darauf, daß er **durch die Kündigung des Gläubigers** gezwungen worden ist, Vermögensgegenstände weit unter dem wirklichen Werte zu veräußern, um die Hypothekenschuld zurückzahlen zu können. Durch diese, erst bei der zweiten Lesung des Gesetzes im Plenum des Reichstags (Drucksache 1152, Sitzungsberichte S. 3033) eingefügte Erweiterung der Härteklausel sollen diejenigen Schuldner geschützt werden, die nicht freiwillig die Schuld zum unaufgewerteten Betrage abgestoßen haben, sondern denen sie vom Gläubiger gekündigt worden ist und der sonach seinerseits die Zahlung veranlaßt hat, wenn sie zum Zwecke der Rückzahlung um sich das dafür erforderliche Geld zu verschaffen, nachweislich gezwungen waren, Vermögensstücke weit unter dem wirklichen Wert zu veräußern. In diesem Falle wurde der Inflationsgewinn, der ihnen durch die unaufgewertete Tilgung der Hypothek zugeflossen ist, mehr oder weniger aufgehoben durch den Verlust, den sie infolge der Veräußerung der Vermögensstücke erlitten haben. Erforderlich ist, daß die Vermögensstücke weit unter dem Werte veräußert worden sind, wie das in der Inflationszeit vielfach wegen unzureichender Erkenntnis des gesunkenen Geldwertes im Verhältnis zum Werte der Sachgüter geschehen ist. Keine Anwendung wird die Vorschrift finden können, wenn der erlöste Preis dem damaligen Werte (Goldwerte) des Vermögensstücks entsprach, der Verlust aber dadurch entstanden ist, daß das für das Vermögensstück erlöste Geld infolge des fortschreitenden Währungsverfalles bei dem Schuldner entwertet wurde.

4. Die Aufwertung kraft Rückwirkung soll nicht stattfinden, „soweit sie, ganz oder zum Teil" eine Härte im Sinne der Ziffern 1—3 bedeuten würde. In der Presse (Frankf. Ztg. vom 2. August 1925) ist hieraus geschlossen worden, daß in solchen Fällen entweder zu dem normalen Satze von 25 v. H. oder gar nicht aufgewertet werde, dagegen eine Herabsetzung des Aufwertungsbetrags auf einen geringeren Hundertsatz mit Rücksicht auf solche Verhältnisse ausgeschlossen sei. Das dürfte weder aus dem Wortlaute, noch aus dem Sinne des Gesetzes zu folgern sein. Nach dem Wortlaute findet die Aufwertung nicht statt, soweit sie eine Härte bedeuten würde; dadurch ist geradezu darauf hingewiesen, daß sie insoweit — also in solcher Höhe — stattzufinden hat, als das nicht zutrifft. Auch die Worte „ganz oder zum Teil" müssen danach sinngemäß auf das Zeitwort des Hauptsatzes: „findet nicht statt" bezogen werden („die Aufwertung findet ganz oder zum Teil nicht statt"), wenn sie auch bei streng grammatischer Auslegung zu dem Bedingungssatze (wenn usw.) zu gehören scheinen. Sachlich wäre kein Grund denkbar, aus dem das Gesetz nicht statt der gänzlichen Ausschließung hier eine prozentuale Herabsetzung der Aufwertung hätte zulassen wollen, entsprechend § 8.

3. Gemeinsame Vorschriften

a) Anmeldezwang[1]

§ 16.

(1) Die Aufwertung auf Grund des Vorbehalts der Rechte oder kraft Rückwirkung findet nur statt, wenn der Gläubiger den Anspruch auf Aufwertung bis zum 1. Januar 1926 bei der Aufwertungsstelle anmeldet[1]. Die Aufwertungsstelle hat die Anmeldung dem Eigentümer des belasteten Grundstücks und dem ihm vom Gläubiger bezeichneten persönlichen Schuldner mitzuteilen[1]. Innerhalb einer Frist von drei Monaten seit Mitteilung der Anmeldung kann der Eigentümer und der Schuldner bei der Aufwertungsstelle Einspruch erheben[1].

(2) Ist die Hypothek bereits gelöscht, so findet ihre Wiedereintragung, falls sie nicht der Eigentümer bewilligt, erst statt, nachdem die Einspruchsfrist abgelaufen ist, ohne daß ein Einspruch eingelegt ist, oder nachdem durch rechtskräftige Entscheidung festgestellt ist, daß ein wirksamer Vorbehalt der Rechte vorliegt oder eine Rückwirkung stattfindet[2]. Der Anspruch auf Wiedereintragung der Hy-

pothek ist auf Antrag des Gläubigers durch Eintragung eines Widerspruchs zu sichern[2].

(3) Ist die Hypothek noch nicht gelöscht, und behauptet der Eigentümer, daß nach den Vorschriften der §§ 14, 15 eine Aufwertung nicht stattfindet, so ist auf seinen Antrag ein Widerspruch in das Grundbuch einzutragen[3].

1. Der vom Reichstagsausschusse (vgl. den Bericht S. 63) eingefügte § 16 macht die Aufwertung, soweit sie in den §§ 14, 15 behandelt und zugelassen ist, also die Aufwertung nach Annahme der Leistung mit wie ohne Vorbehalt davon abhängig, daß der Gläubiger seinen Anspruch darauf **bis zum 1. Januar 1926 bei der Aufwertungsstelle anmeldet.** Das Gesetz bezeichnet das als „Anmeldezwang". Die Anmeldung ist dem Eigentümer **und dem ihm vom Gläubiger bezeichneten persönlichen Schuldner** von der Aufwertungsstelle mitzuteilen. Die gesperrt gedruckten Worte sind erst in zweiter Lesung des Reichstagsausschusses nachträglich in das Gesetz hineingekommen (vgl. den Bericht S. 78). Es ist zu vermuten, daß das Wort „ihm" infolge eines Versehens an Stelle des Wortes „ihr" steht, da anzunehmen ist, daß der Gläubiger den persönlichen Schuldner nicht dem Eigentümer bezeichnen soll, sondern der Aufwertungsstelle, die die Mitteilung an den persönlichen Schuldner zu machen hat. Die Bezeichnung ist erforderlich, da der persönliche Schuldner, der nicht Eigentümer ist, aus dem Grundbuche nicht zu entnehmen ist; ist sie unterblieben und die Anmeldefrist abgelaufen, so wird der Gläubiger die Aufwertung gegen den persönlichen Schuldner nicht mehr geltend machen können. — Die Genannten können innerhalb von drei Monaten nach der Mitteilung bei der Aufwertungsstelle gegen die Aufwertung Einspruch erheben. Wird ein solcher Einspruch nicht erhoben, so wird anzunehmen sein, daß sie mit der Aufwertung einverstanden sind und es deshalb einer Entscheidung nicht bedürfen. Die Annahme läge nahe, daß im Falle des Streites die Aufwertungsstelle auch zur Entscheidung über die Aufwertung im ganzen, insbesondere darüber, ob die Voraussetzungen des Vorbehalts oder der Rückwirkung vorliegen, berufen sei. Eine solche Zuständigkeitsbestimmung ist indessen in § 16 nicht enthalten; die Zuständigkeit regelt sich lediglich nach den §§ 69, 70, denen zufolge die Aufwertungsstelle nur über die Höhe der Aufwertung und über die Härtevorschriften der §§ 15, 16 (§ 16 ist hier wohl versehentlich zitiert, da er keine Härtevorschrift enthält) entscheidet; im übrigen ist sie nur Anmeldestelle und Stelle für die Entgegennahme des Einspruchs und steht die Entscheidung den ordentlichen Gerichten zu. — Auffälligerweise ist hier nicht, wie in den §§ 8, 12 und 23 Abs. 2 des Gesetzes, eine Hemmung der Frist und eine Nachfrist in den Fällen, in denen nach den Vorschriften des BGB. die Verjährung gehemmt ist, vorgesehen. Diesem Mangel wird wohl im Wege der Durchführungsvorschriften gemäß § 88 Abs. 2 abgeholfen werden können, da nicht anzunehmen ist, daß das Gesetz hier etwas anderes gewollt hat, wie in den genannten Paragraphen. Vgl. zu § 88.

2. Ist nach Annahme der Leistung und auf Grund einer daraufhin erteilten Löschungsbewilligung die Hypothek bereits gelöscht, so findet nach § 20 (vgl. die Anm. dazu) ihre Wiedereintragung statt. Das soll aber erst geschehen, wenn die Aufwertung endgültig feststeht, also wenn entweder a) der Eigentümer die Wiedereintragung bewilligt oder b) die Einspruchsfrist abgelaufen, ohne daß ein Einspruch eingelegt ist oder c) nachdem durch rechtskräftige Entscheidung das Vorliegen eines wirksamen Vorbehalts oder das Stattfinden der Rückwirkung festgestellt ist. (§ 16 Abs. 2 Satz 1.) An sich würde auch der Ablauf der Einspruchsfrist gegen den

persönlichen Schuldner abzuwarten sein, da auch dessen Einspruch wegen § 4 Halbsatz 2 zur Nichtwiedereintragung der gelöschten Hypothek führen kann. Doch ist in Art. 15 DurchfVO. vom 29. November 1925 (Anhang XXVI) bestimmt, daß es des Ablaufs der Einspruchsfrist gegen den persönlichen Schuldner zur Wiedereintragung der Hypothek nicht bedürfen, das Recht des Eigentümers vielmehr in solchem Falle durch einen Widerspruch gesichert werden soll.

3. **Die Eintragung eines Widerspruchs** sieht das Gesetz in dem Aufwertungsverfahren nach Zahlungsannahme mit Vorbehalt oder auf Grund Rückwirkung in zweierlei Richtung vor:

a) Nach Abs. 2 Satz 2 findet die Eintragung eines Widerspruchs statt zur Sicherung des Anspruchs des Gläubigers auf Wiedereintragung der bereits gelöschten Hypothek im Falle des Satzes 1 daselbst (vgl. Anm. 2) gegen den in der Zwischenzeit zwischen der Löschung und der Wiedereintragung sich etwa vollziehenden Erwerb von Rechten an dem Grundstücke auf Grund des Grundbuchinhalts, die der wiedereinzutragenden Hypothek im Range vorgehen würden (§ 20 und Anm. 1 dazu). Der Widerspruch richtet sich gegen die aus § 892 BGB. drohende Gefahr, daß den Rechtserwerbern gegenüber der Inhalt des Grundbuchs, in welchem die Hypothek nicht mehr enthalten ist, als richtig gelte. Er wird erforderlich, wenn die Wiedereintragung der Hypothek im Wege des Grundbuchberichtigungsverfahrens der §§ 19, 22 GBO. zu dem Rest-Aufwertungsbetrage nicht ohne weiteres erfolgen kann, weil der Eigentümer sie nicht bewilligt und deshalb der Ablauf der Einspruchsfrist oder eine rechtskräftige Entscheidung abgewartet werden muß (Abs. 2 Satz 2). Zurzeit wird allerdings die Eintragung eines solchen Widerspruchs nicht dringlich sein, da für nach dem 1. Juli 1925 erfolgende Eintragungen der öffentliche Glaube des Grundbuchs gegenüber wiedereinzutragenden Aufwertungshypotheken bis auf weiteres nicht Platz greift; vgl. § 22 Abs. 2 und dazu Anm. 1 unter b.

b) Falls die Hypothek noch nicht gelöscht ist, findet nach Abs. 3 die Eintragung eines Widerspruchs statt auf Antrag des Eigentümers, der behauptet, daß nach den Vorschriften der §§ 14, 15 infolge erfolgter Zahlungsannahme eine Aufwertung nicht stattfinde, sei es, weil die Zahlungsannahme ohne Vorbehalt vor dem 15. Juni 1922 erfolgt sei oder weil die Härteklausel des § 15 eingreife. In letzterem Falle wird die Eintragung des Widerspruchs auch zulässig sein, wenn die Behauptung des Gläubigers dahin geht, daß eine geringere als die Aufwertung zum Satze von 25 v. H. zu erfolgen habe. Die bloße Behauptung des Eigentümers genügt nach dem Wortlaute, einer Glaubhaftmachung wird es nicht bedürfen. Die Eintragung des Widerrufs erfolgt in diesem Falle zur Sicherung des Eigentümers gegen die Folgen des gutgläubigen Erwerbs der noch eingetragenen Hypothek durch Dritte, die von der stattgehabten Zahlungsannahme keine Kenntnis haben und deshalb die Aufwertung der Hypothek nach Maßgabe ihrer Eintragung beanspruchen könnten.

b) Aufwertung nach Abtretung der Hypothek[1]

§ 17.

Hat der Gläubiger die Hypothek abgetreten und die Gegenleistung nach dem 14. Juni 1922 oder unter Vorbehalt der Rechte angenommen[2], so wird die Hypothek und die persönliche Forderung auf der Grundlage des für ihn maßgebenden Goldmarkbetrags (§§ 2, 3), unbeschadet der Aufwertung zugunsten des Erwerbers, auch zu seinen Gunsten aufgewertet[1], sofern sich nicht nach dem

Schlußsatz des § 2 Absatz 1 oder nach § 3 Absatz 1 Ziffer 2 bis 11 die Höhe der Aufwertung zugunsten des Erwerbers nach der Zeit des Erwerbes durch den früheren Gläubiger bestimmt[3]. Die Vorschriften des § 16 finden Anwendung[4].

1. § 17 regelt Fälle des „Vorbehalts" und der „Rückwirkung", in welchen es sich nicht um Annahme von Leistungen des Schuldners (Eigentümers) handelt, sondern um Annahme der Gegenleistung für die Abtretung der Hypothek, also der Zahlung des Zessionspreises durch den Zessionar von seiten des Gläubigers, der die Hypothek abgetreten hat. Im Falle der Abtretung der Hypothek wird die Hypothek zugunsten des derzeitigen Gläubigers, der sie durch die Abtretung erworben hat, aufgewertet unter Zugrundelegung eines Goldmarkbetrags, der in der Regel nach dem Umrechnungsverhältnis berechnet wird, das für den Tag des Erwerbes der Forderung durch diesen Gläubiger, also für den Tag der Abtretung, bestimmt ist (§§ 2 und 3 Abs. 1 Ziff. 1). Diese Umrechnung führt zu einem geringeren Aufwertungsbetrage, als sich durch das Umrechnungsverhältnis des Tages, an dem die Forderung begründet, also durch den ursprünglichen Gläubiger erworben wurde, ergeben würde. Es würde daher dem Schuldner (Eigentümer) auf Kosten des Gläubigers, der die Hypothek abgetreten hat, ein ungerechtfertigter Vorteil entstehen, wenn die Aufwertung lediglich zugunsten des Zessionars nach diesem Umrechnungsverhältnis erfolgen würde. Vgl. zu § 2 Anm. 3 und zu § 3 Anm. 1. Den Wünschen, zur Vermeidung der darin liegenden Unbilligkeit auch abgetretene Rechte nach dem Tage der Begründung in Gold umzurechnen und den Goldwert dann auf die mehreren Rechtsinhaber (Zedent und Zessionare) zu verteilen, glaubte der Reichstagsausschuß (Bericht S. 18—19) durch Anwendung der Rückwirkungsvorschriften entgegenkommen zu können, wodurch es möglich werde, das Recht des Zedenten nicht nur mit obligatorischer, sondern auch mit dinglicher Wirkung (über diese vgl. §§ 20, 21 und Anm. 1 zu § 21) wieder ins Leben zurückzurufen. Doch solle diese Regelung sich dem Rückwirkungstermin anpassen und könne deshalb das Recht eines Hypothekengläubigers nicht wiederhergestellt werden, der am 15. Juni 1922 oder vorher seine Hypothek abgetreten habe. Dagegen sei „aus den gleichen Billigkeitserwägungen, die den Papiermarkzahlungen des Schuldners nach dem 15. Juni 1922 nur eine beschränkte Zahlungskraft beilegen", zu fordern, daß das Recht des früheren Gläubigers, der nach diesem Tage die Zahlung des Zessionspreises erhalten hat, wieder hergestellt werde, soweit es nicht auf den Zessionar übergegangen sei; damit würden gleichzeitig die Fälle der echten und der unechten Zession gleichmäßig erfaßt, wobei unter unechter Zession der Fall zu verstehen sei, daß der Schuldner den Gläubiger mit dem Betrage befriedigt hat, den er sich von einem Dritten beschafft hat, auf den alsdann die Hypothek übertragen wurde. Dieser letztere Fall (der „uneigentlichen Zession") ist derjenige, den die Regierungsvorlage in § 11 Abs. 5 Satz 2 mit den Worten treffen wollte: „wenn der Gläubiger an Stelle der Erteilung einer Löschungs- oder Umschreibungsbewilligung oder einer löschungsfähigen Quittung das Recht auf Veranlassung des Eigentümers an einen anderen abgetreten hat". In diesem Falle erscheint als „Gegenleistung" für die Abtretung der Hypothek an den Dritten die zwar durch den Schuldner, aber mit dem Gelde des Dritten erfolgte Befriedigung des Gläubigers. Die Abtretung muß aber in diesem Falle vor oder gleichzeitig mit der Befriedigung des Gläubigers erfolgen, da andernfalls die der Hypothek zugrunde liegende Forderung erloschen ist und die Hypothek nicht mehr dem Gläubiger zusteht (§ 1163 BGB.), also von ihm nicht mehr abgetreten werden kann.

2. Die Abtretung kann auch am 15. Juni 1922 oder vorher erfolgt sein; dagegen muß die Annahme der Gegenleistung, sofern sie ohne Vorbehalt erfolgt ist,

nach diesem Zeitpunkte liegen. Sind diese Voraussetzungen erfüllt, so findet eine Aufwertung der Hypothek zugunsten zweier oder mehrerer Personen statt, und zwar: a) des Erwerbers unter Zugrundelegung des Goldmarkbetrages, der nach Maßgabe des Tages der Zession errechnet wird; b) zugunsten des früheren Gläubigers — des Zedenten — unter Zugrundelegung des Goldmarkbetrags, der für den Tag des Erwerbes durch ihn — also, wenn er der ursprüngliche Gläubiger ist, der Begründung der Forderung — errechnet wird, jedoch für diesen nur insoweit, als der Aufwertungsbetrag nach dieser für ihn maßgebenden Berechnung den Aufwertungsbetrag nach der für den Zessionar maßgebenden Berechnung übersteigt (§ 18 Abs. 2). Haben mehrere Abtretungen stattgefunden, so beträgt der Aufwertungsbetrag für jeden vorangehenden Gläubiger (Zedenten) nur soviel, als durch die Aufwertung zugunsten der ihm nachfolgenden Gläubiger von dem für ihn maßgebenden Aufwertungsbetrage übrig geblieben ist. Der Schuldner (Eigentümer) hat also in keinem Falle mehr zu leisten, als den Aufwertungsbetrag, der sich ergeben würde, wenn die Hypothek ohne Zession in der Hand des ursprünglichen Gläubigers geblieben wäre (§ 18 Abs. 2).

3. Eine Aufwertung zugunsten des Zedenten kann nicht stattfinden, wenn die Aufwertung zugunsten des Zessionars sich nicht nach dem für dessen Erwerbstag zu errechnenden Goldmarkbetrage, sondern nach der Zeit des Erwerbs durch den früheren Gläubiger bestimmt, weil in diesem Falle der Aufwertungsbetrag zugunsten des Erwerbers nicht geringer ist als der, welcher zugunsten des früheren Gläubigers sich ergeben würde. Das ist zunächst der Fall, wenn die Zession nach dem 13. Februar 1924 stattgefunden hat, da ein Erwerb, der nach diesem Tage stattgefunden hat, für die Berechnung des Goldmarkbetrags außer Betracht bleibt (§ 2 Abs. 1 Schlußsatz). Als weitere Fälle dieser Art werden in § 17 Satz 1 Schlußhalbsatz die Fälle des § 3 Abs. 1 Ziff. 2—11 aufgeführt. Diese können jedoch hier nur insoweit in Betracht kommen, als der in Frage kommende Erwerb durch eine Zession vermittelt ist. Das kann vorliegen in den Fällen der Ziffer 4—11, wenn bei der Auseinandersetzung oder bei der Ausstattung usw. oder bei der Schenkung die Hypothek dem Erwerber zediert worden ist; in solchen Fällen findet keine Aufwertung zugunsten der zedierenden Auseinandersetzungsbeteiligten, der ausstattenden Eltern, des Schenkgebers usw. statt. Dagegen ist nicht einzusehen, wie in den Fällen der Ziffer 2 und 3 (Erwerb von Todes wegen oder durch Gütergemeinschaft) der Erwerb durch eine Zession vermittelt sein könnte.

4. Die Aufwertung zugunsten des Zedenten ist ebenso wie die Aufwertung in den Fällen der §§ 14, 15, davon abhängig gemacht, daß der Anspruch auf Aufwertung innerhalb einer bestimmten Ausschlußfrist von dem Gläubiger (Zedenten) bei der Aufwertungsstelle angemeldet wird. Die Vorschriften des § 16 sind für anwendbar erklärt (§ 17 Schlußsatz); vgl. die Anmerkungen zu § 16.

c) Anrechnung von Zahlungen[1]

§ 18.

(1) Findet auf Grund des Vorbehalts der Rechte oder kraft Rückwirkung eine Aufwertung statt, so sind geleistete Zahlungen in Höhe ihres Goldmarkbetrags (§§ 2, 3) auf den Aufwertungsbetrag anzurechnen[1]. Dies gilt nicht für Zahlungen, die vor dem 15. Juni 1922 ohne Vorbehalt angenommen sind; solche Zahlungen sind zum Nennbetrag auf den Nennbetrag anzurechnen[2].

(2) Auf Grund der §§ 14 bis 17 wird die Hypothek außer für den gegenwärtigen Gläubiger für einen früheren Gläubiger nur insoweit aufgewertet, als der für diesen zu berechnende Aufwertungsbetrag die Gesamtheit der Aufwertungsbeträge der ihm zeitlich nachfolgenden Gläubiger übersteigt[3].

1. Werden Hypotheken gemäß den Vorschriften der §§ 14, 15 aufgewertet, **nachdem bereits Zahlungen auf sie erfolgt sind**, so fragt es sich, in welcher Weise die geleisteten Zahlungen bei der Aufwertung auf den Anspruch **anzurechnen** sind*). Die Frage war für den durch die 3. StNVO. geschaffenen Rechtszustand streitig. Das RG. hat in RGZ. 110 79 eingehende Darlegungen darüber gegeben; vgl. auch Mügel, 2. Aufl. Anm. 6 zu § 11 S. 120. Das RG. ist dabei zu der auch von Mügel vertretenen Auffassung gelangt, daß der Goldmarkwert, der vor dem Inkrafttreten der 3. StNVO. geleisteten Zahlungen zu vergleichen sei nicht mit dem durch die 3. StNVO. bestimmten Aufwertungsbetrage, sondern mit dem Goldmarkbetrage, auf welchen die Hypothek nach den damals in Geltung befindlichen Rechtssätzen von Treu und Glauben am Tage der Zahlung aufzuwerten gewesen sein würde, wobei die Goldmarkbeträge sowohl der Zahlungen wie der Hypothek zu berechnen seien nicht nach § 2 Abs. 2 der 3. StNVO. (Dollarindex), sondern nach der inneren Kaufkraft der Mark, und daß hiernach zu bestimmen sei, zu welchem Bruchteile die Hypothek nach der Zahlung dem Gläubiger noch verblieben sei, ferner daß der ihm verbliebene Bruchteil dann nach Maßgabe der 3. StNVO. (also auf 15 v. H.) aufzuwerten sei. Es hat dabei nicht verkannt, daß diese (nach den Grundsätzen der Logik und Billigkeit unzweifelhaft zutreffende) Berechnungsart zu großen Weiterungen und Schwierigkeiten Veranlassung gebe und für das Grundbuchverfahren ganz ungeeignet sei und daß gerade wegen der mit einer Aufwertung nach Billigkeitsgrundsätzen für den Verkehr entstehenden Unzuträglichkeiten von der 3. StNVO. ein fester Maßstab für die Berechnung des Aufwertungsbetrags eingeführt und eine Aufwertung nach Treu und Glauben habe ausgeschlossen werden sollen; trotz dieser schwerwiegenden Bedenken sei aber die dargelegte Berechnungsart als die allein richtige anzuerkennen, solange keine abweichende gesetzliche Regelung erfolge, da nicht anzunehmen, daß durch die 3. StNVO. die Rechtslage hinsichtlich des bei ihrem Inkrafttreten bestehenden Anteilsverhältnisses des Gläubigers an der Hypothek geändert worden sei. Durch das Aufwertungsgesetz ist diese Berechnungsart, wohl mit Rücksicht auf die auch vom RG. anerkannten praktischen Bedenken gegen sie, kraft positiver Bestimmung ausgeschlossen worden. § 18 Abs. 1 bestimmt nämlich, daß solche Zahlungen in Höhe ihres Goldmarkbetrages (§§ 2, 3) auf den Aufwertungsbetrag anzurechnen sind. Damit ist der vom Reichsgerichte für die Anwendung dieser Berechnungsart als erforderlich erklärte Eingriff des Gesetzgebers in das durch die unter Herrschaft des früheren Rechts erfolgte Zahlung begründete Anteilsverhältnis an der Hypothek gegeben. Die Zahlungen werden nicht mehr nach dem zu der Zeit, als sie geleistet wurden, maßgebenden Rechte (innere Kaufkraft der Mark) in Goldmark berechnet und von dem nach dem damals geltenden Rechte frei unter Berücksichtigung von Treu und Glauben zu bestimmenden Aufwertungsbetrage der Hypothek abgezogen, sondern die Berechnung des Goldmarkbetrags erfolgt nach dem in §§ 2, 3 des Aufwertungsgesetzes bestimmten, mit der inneren Kaufkraft der Mark keineswegs übereinstimmenden Umrechnungsverhältnisse (vgl.

*) Über die Anrechnung von Sachleistungen und über die Aufrechnung sind in den Artikeln 18, 19, 20, 23 DurchfVO. vom 29. November 1925 Anhang XXVI) besondere Vorschriften getroffen.

Anm. 4 zu § 2) und sie werden abgezogen nicht von dem nach Treu und Glauben ermittelten, sondern von dem durch das Aufwertungsgesetz ein für allemal schematisch auf 25 v. H. des Goldmarkbetrags festgesetzten Aufwertungsbetrage (vgl. Anm. 2 zu § 4). Sie selbst werden aber nicht „aufgewertet", d. h. auf einen dem Aufwertungssatze der Hypothek entsprechenden Hundertsatz des Goldmarkbetrages herabgesetzt, sondern die Anrechnung erfolgt zum vollen Goldmarkbetrage auf den herabgesetzten Goldmarkbetrag des Anspruchs. Daß das eine im Ergebnisse für den Gläubiger sehr ungünstige Anrechnungsweise sein muß, ist klar und schon vom RG. a. a. O. hervorgehoben und an dem nachstehenden Beispiele gezeigt.

Beispiel des Reichsgerichts:

Vor 1918 vom Gläubiger erworbene Hypothek von 100000 Mark; Goldmarkwert nach Billigkeitsgrundsätzen am Zahlungstage 50000 Mark; Rückzahlung des Nennbetrages im Goldmarkwerte von 20000 Mark.

Berechnung: Goldmarkwert der Hypothek nach der 3. StNVO. (gleich dem Nennbetrage) 100000, Aufwertungsbetrag (15 v. H.) 15000; Goldmarkwert der Zahlung 20000; also keine Aufwertung mehr, da der Gläubiger den Aufwertungsbetrag bereits erhalten hat. (Nach dem Aufwertungsbetrage des Aufwertungsgesetzes — 25 v. H. = 25000 M. — würde der Gläubiger noch 5000 Goldmark erhalten.)

Weniger kraß tritt die Unbilligkeit zum Nachteil des Gläubigers hervor in folgendem Beispiel:

Hypothek von 100000 Mark, erworben Mitte Januar 1919, Goldmarkbetrag 51300 Goldmark.

Aufgewertet auf 25 v. H.	12825,— GM.
Ab am 2. Januar 1923 erfolgte und ohne Vorbehalt angenommene Zahlung des Nennbetrags von 100000 M., Goldmarkbetrag	57,85 „
Verbleibender Aufwertungsbetrag:	12767,15 GM.

2. Diese Art der Anrechnung findet jedoch nicht statt bei Zahlungen, die vor dem 15. Juni 1922 — dem „Rückwirkungstermine", § 15 — erfolgt und vorbehaltlos angenommen sind (Absatz 1 Satz 2). Es kann sich hierbei nur um Teilzahlungen (Abschlagszahlungen) handeln, die als solche, nicht zur Erfüllung des gesamten Anspruchs geleistet und angenommen worden sind, da Erfüllungszahlungen im letzteren Sinne, die vor dem 15. Juni ohne Vorbehalt angenommen sind, gemäß § 15 die Aufwertung ausschließen. Sind solche Teilzahlungen angenommen und es erfolgt später eine Erfüllungszahlung, so sollen bei der gemäß § 15 stattfindenden Aufwertung die Abschlagszahlungen zum Nennwerte auf den Nennbetrag angerechnet werden.

Beispiel:

Hypothek von 100000 Mark, erworben Mitte Januar 1919, Nennbetrag	100000,— M.
Ab am 2. Januar 1920 vorbehaltlos angenommene Zahlung im Nennbetrage von	5000,— „
bleibt Nennbetrag:	95000,— M.
Goldmarkbetrag von 95000 Mark, berechnet für Mitte Januar 1919 = 48735 GM.; also Aufwertungsbetrag 25 v. H. .	12183,75 GM.
Ab am 2. Januar 1923 angenommene Zahlung des Restnennbetrages von 95000 Mark, umgerechnet in den Goldmarkbetrag von	54,95 „
bleibt Aufwertungsbetrag:	12128,80 GM.

Sind Teilzahlungen nach dem 15. Juni 1922 angenommen, so erfolgt deren Anrechnung nach Satz 1.

Beispiel:

Hypothek von 100000 Mark, erworben Mitte Januar 1919, Goldmarkbetrag 51300, aufgewertet auf 25 v. H. . . .	12825,— GM.
Ab angenommene Teilzahlung von 50000 Mark am 1. Oktober 1922, Goldmarkbetrag	106,50 „
	12718,50 GM.
Ab angenommene Zahlung von 50000 M. als restliche Totalerfüllung am 1. Januar 1923, Goldmarkbetrag 24,70. .	24,70 „
bleibt Aufwertungsbetrag:	12693,80 GM.

3. Über die Vorschrift des Abs. 2 vgl. Näheres in Anm. 2 zu § 17.

d) Ausschluß weitergehender Ansprüche

§ 19.

Soweit im Falle der Bewirkung der Leistung eine Aufwertung nach §§ 14 bis 17 nicht stattfindet[1], kann sie auch wegen ungerechtfertigter Bereicherung oder auf Grund einer Anfechtung wegen Irrtums oder aus einem anderen Rechtsgrunde nicht verlangt werden[2]. Ansprüche wegen arglistiger Täuschung bleiben unberührt[3].

1. **„Im Falle der Bewirkung der Leistung"** — richtiger: im Falle der Bewirkung einer nicht entsprechend aufgewerteten, daher unvollständigen Leistung; vgl. Anm. 2 zu § 14 — findet eine Aufwertung der Hypothek nach §§ 14—17 nicht statt in folgenden Fällen:

a) wenn die Annahme der Leistung durch den Gläubiger vor dem 15. Juni 1922 vorbehaltlos erfolgt ist (§ 15 Abs. 1 Satz 1, vgl. Anm. 1 dazu);

b) bei vorbehaltloser Leistungsannahme, die am 15. Juni 1922 oder später bis zum 14. Februar 1924 erfolgt ist, insoweit als die Härtebestimmung des § 15 Satz 2 — vgl. Anm. 3 zu § 15 — eingreift.

2. Soweit im Falle der „Bewirkung der Leistung" die Aufwertung ausgeschlossen ist (vgl. Anm. 1), greift § 19 — insoweit entsprechend dem § 11 der 3. StNVO., vgl. Anm. 1 vor § 14 — noch über die die Aufwertung ausschließenden Vorschriften des § 15 hinaus in die Rechtssätze des bürgerlichen Rechts ein, indem er insoweit auch die Anwendung der in diesem zum Zwecke der Ausgleichung kraft Rechtens eingetretener Folgen aus Billigkeitsrücksichten gewährten außerordentlichen Rechtsbehelfe ausdrücklich verbietet, durch welche der Erfolg der Aufwertung auf anderem Wege erreicht werden könnte. Über die Begründung dieser weitgehenden Maßnahme vgl. Anm. 1 vor § 14. Ob freilich, wenn die Vorschrift nicht vorhanden wäre, der Gläubiger durch einen solchen außerordentlichen Rechtsbehelf zur Aufwertung gelangen könnte, erscheint zweifelhaft. Der in erster Linie hervorgehobene Rechtsbehelf der ungerechtfertigten Bereicherung (§§ 812ff. BGB.) dürfte wohl daran scheitern, daß der dem Schuldner etwa zugeflossene Vorteil seine Rechtfertigung nunmehr in der die Aufwertung ausschließenden Vorschrift des Gesetzes findet, also nicht oder doch nicht mehr „ohne rechtlichen Grund" erlangt ist. Eher könnte eine Anfechtung des Rechtsgeschäfts der Zahlungsannahme wegen Irrtums über eine verkehrswesentliche Eigenschaft der geleisteten Zahlung (§ 119 Abs. 2) in Frage kommen, die als Erfüllung angenommen wurde, obwohl sie es nicht war; eine solche Anfechtung könnte, wenn § 19 nicht bestände, dazu führen, daß die Zahlungsannahme nichtig und deshalb durch §§ 14—17 die Aufwertung nicht ausgeschlossen wäre. Durch § 19 wird aber die Anwendung der Irrtums-Anfechtungsrechtssätze ausdrücklich ausgeschlossen. Ein „anderer Rechtsgrund" könnte zur Aufwertung führen, wenn die vorbehaltlose Zahlungsannahme

etwa einen Bestandteil eines über andere streitige Fragen geschlossenen Vergleichs gebildet hat, bei dessen Abschluß die Parteien übereinstimmend von der unrichtigen Vorstellung ausgingen, daß ein Aufwertungsrecht nicht bestehe (§ 779 BGB.); oder wenn der Vergleich aus einem sonstigen Grunde, insbesondere jetzt wegen § 67 Abs. 2 (vgl. Anm. zu § 67) unwirksam ist. Auch dieser und jeder andere derartige Rechtsbehelf wird durch die Generalklausel ausgeschlossen.

3. Unberührt sollen jedoch (Satz 2) **Ansprüche wegen arglistiger Täuschung** bleiben, die nach der Fassung des § 11 der 3. StNVO. gleichfalls ausgeschlossen waren. Hat also der Schuldner bei dem Gläubiger arglistig den Irrtum hervorgerufen, daß sein Aufwertungsrecht nicht bestehe, und ihn dadurch zur Annahme der Leistung veranlaßt, so kann der Gläubiger die Leistungsannahme durch Anfechtung beseitigen (§ 123 BGB.) und dann, ohne durch die Vorschriften der §§ 14—17 gehindert zu sein, den Aufwertungsanspruch geltend machen; er kann aber auch ohne Anfechtung Schadenersatz aus unerlaubter Handlung (§ 826 BGB.) verlangen — vgl. über diese streitige Frage RGRKomm. Vorbem. 4e vor § 823. — Zur Arglist (§ 123) und ebenso zum Vorsatze (§ 826) genügt schon, daß der Schuldner mit der Möglichkeit gerechnet hat, daß seine Angaben über das Nichtbestehen eines Aufwertungsrechts oder über die auch in Zukunft nicht zu erwartende Ermöglichung einer Aufwertung durch die Gesetzgebung unrichtig seien, und auch für diesen Fall den Erfolg, den Gläubiger zur Annahme der Zahlung zu veranlassen, in seinen Willen aufgenommen hat (RGRKomm. zu § 123 Anm. 2 und zu § 826 Anm. 3). Das wird für Angaben in Prospekten und Mitteilungen, durch welche industrielle Gesellschaften ihre Gläubiger zur Einlösung der Obligationen gegen geringfügige Aufwertung veranlaßt haben, unter Umständen angenommen werden können. Dagegen ist eine Ermöglichung der Aufwertung durch Anfechtung der Zahlungsannahme wegen widerrechtlicher Drohung, die in dem gleichen § 123 BGB. wie die wegen arglistiger Täuschung zugelassen ist, durch § 19 ausgeschlossen, da eine Ausnahme für diesen Fall nicht gemacht ist. Auch im Wege des Schadenersatzanspruchs (§ 826) kann wegen widerrechtlicher Drohung trotz des den guten Sitten höchlichst widersprechenden Verhaltens des Schuldners das Ergebnis einer Aufwertung nicht erreicht werden.

e) Wiedereintragung gelöschter Hypotheken[1]

§ 20.

(1) Ist die Hypothek im Grundbuch bereits gelöscht, so findet ihre Wiedereintragung in Höhe der Aufwertung[1b] mit dem sich aus § 6 ergebenden Range statt[2], soweit nicht die Vorschriften über den öffentlichen Glauben des Grundbuchs oder über das Erlöschen von Rechten durch den Zuschlag bei der Zwangsversteigerung entgegenstehen[1].

(2) Die Vorschriften über den öffentlichen Glauben des Grundbuchs sind entsprechend anzuwenden, wenn in dem in § 892 Abs. 2 des Bürgerlichen Gesetzbuchs bestimmten Zeitpunkt eine dem § 29 der Grundbuchordnung entsprechende Löschungsbewilligung oder löschungsfähige Quittung bereits erteilt war oder gleichzeitig erteilt wurde[1a].

1. Nach § 6 behält die aufgewertete Hypothek ihren bisherigen dinglichen Rang, vgl. Anm. 1 zu § 6. Sie besteht danach mit dem Range, der ihrer Eintragung entspricht, zu dem durch die Aufwertung erhöhten Betrage (dem „Auf-

wertungsbetrage", vgl. Anm. 4 zu § 4), ohne daß die Erhöhung eingetragen ist. und zwar auch gegenüber solchen Personen, die Rechte an dem Grundstücke auf Grund des Grundbuchinhalts erworben haben, sei es das Eigentum oder eine Hypothek, Grundschuld usw., auch soweit sie bei Erwerb des Rechts noch in gutem Glauben an den Satz „Mark gleich Mark" angenommen haben, daß das Recht nicht aufgewertet sei, sondern nur zu dem eingetragenen Papiermark-Nennbetrage bestehe. Das gilt an sich auch für die in den §§ 14, 15 zugelassene Aufwertung der Hypothek „trotz Bewirkung der Leistung", richtiger: nach Bewirkung einer nicht entsprechend aufgewerteten Erfüllungsleistung, die mit oder ohne Vorbehalt angenommen worden ist. Durch eine solche Leistungsannahme ist nach den Grundsätzen der Rechtsprechung das dingliche Recht ebensowenig, wie die zugrunde liegende Forderung, für den nicht geleisteten Teil des Aufwertungsbetrages untergegangen. Vorausgesetzt wird aber, daß die Hypothek selbst zu dem Nennbetrage noch eingetragen ist. Ist sie auf Grund einer Löschungsbewilligung oder einer löschungsfähigen Quittung des Gläubigers infolge der bewirkten Leistung gelöscht, so kann sie auch für den nicht geleisteten Betrag mit Vorrang vor eingetragenen Rechten zunächst nicht mehr in Betracht kommen. § 20 ordnet aber an, daß in solchem Falle die Wiedereintragung der Hypothek in Höhe der Aufwertung mit dem sich aus § 6 ergebenden Range stattzufinden hat, jedoch nur soweit nicht die Vorschriften über den öffentlichen Glauben des Grundbuchs — das sind insbesondere die §§ 891, 892 BGB. sowie die Vorschriften über das Erlöschen von Rechten durch den Zuschlag bei der Zwangsversteigerung (§ 91 ZwVG.) — entgegenstehen. Das bedeutet, daß das gelöschte Recht nicht wieder eingetragen werden kann zum Nachteile einer Person, die inzwischen, ohne davon Kenntnis zu haben, daß das Recht früher eingetragen war und nach Bewirkung einer nicht entsprechend aufgewerteten Leistung gelöscht worden ist und daß die Aufwertung trotz der Löschung noch geltend gemacht werden kann, ein Recht an dem Grundstücke erworben hat. Um den guten Glauben des Rechtserwerbers, der vermutet wird, zu widerlegen, muß ihm sonach nachgewiesen werden, nicht nur daß er von der früher bestandenen Eintragung, sondern auch daß er von der Eigenschaft der Leistung als einer nicht entsprechend aufgewerteten, sowie, falls sie ohne Vorbehalt angenommen worden ist, davon Kenntnis gehabt hat, daß die Annahme nicht vor dem 15. Juni 1922 erfolgt ist. Wird dieser Nachweis nicht geführt, so kann, wenn es sich um den Erwerb des Eigentums handelt, das gelöschte Recht überhaupt nicht mehr eingetragen werden, und wenn es sich um den Erwerb einer Hypothek usw. handelt, nur in der Weise, daß diese dem wiedereingetragenen Rechte vorgeht. — Ist, solange die Hypothek gelöscht war, ein Zuschlag bei einer Zwangsversteigerung erfolgt, so ist sie endgültig erloschen (§ 91 ZwVG.) und kann eine Aufwertung gegen den Ersteher nicht mehr geltend gemacht werden. — Gegenüber dem Eigentümer, der es zur Zeit der Löschung war und gegenüber Personen, die vor erfolgter Löschung oder nach erfolgter Wiedereintragung ein Recht an dem Grundstück erworben haben, ist das wiedereingetragene Recht mit dem Range des gelöschten Rechts wirksam.

1a. Ferner ist in dem vom Reichstagsausschusse hinzugefügten Absatz 2 des § 20 die entsprechende Anwendung der Vorschriften über den öffentlichen Glauben des Grundbuchs angeordnet, wenn der Erwerb des Rechts zu einem Zeitpunkte erfolgt ist, als das eingetragene Recht des Gläubigers zwar noch nicht gelöscht, aber bereits eine den Vorschriften der GBO. (§ 29) entsprechende, also öffentlich beglaubigte Löschungsbewilligung oder löschungsfähige Quittung erteilt war, so daß der Rechtserwerber mit einer gewissen Sicherheit darauf rechnen konnte, daß die Löschung demnächst erfolgen werde. In solchem Falle soll der Rechtserwerber auch geschützt werden, wenn er in gutem Glauben im oben dargelegten Sinne war zu der Zeit, als er den Antrag auf Eintragung des von ihm erworbenen Rechts stellte, oder, falls die zu seinem Rechtserwerbe nach § 823 BGB. erforderliche Einigung erst später zustande gekommen ist, zur Zeit der Einigung (§ 892 Abs. 2 BGB.). Vorausgesetzt wird dabei, daß die Löschung später tatsächlich erfolgt ist.

1b. Die Wiedereintragung soll „in Höhe der Aufwertung" erfolgen, d.h. des Betrags, um den sich der eingetragene Nennbetrag durch die Aufwertung erhöht. Bei der Bestimmung der Höhe der Aufwertung sind die geleisteten Zahlungen gemäß § 18 (vgl. Anm. 1, 2 dazu) auf den Betrag der Aufwertung, bzw. auf den Nennbetrag anzurechnen.

2. Die Wiedereintragung findet statt. Darüber, ob sie von Amts wegen oder nur auf Antrag stattzufinden hat und in welchem Verfahren sie herbeizuführen ist, sagt das Gesetz nichts. Die Wiedereintragung stellt sich als Berichtigung des durch die infolge der unaufgewerteten Zahlung erfolgte Löschung der Hypothek unrichtig gewordenen Grundbuchs gemäß § 22 GBO. dar (RGZ. 110 74). Eine solche Berichtigung kann durch das Grundbuchamt erfolgen, wenn der Eigentümer sie bewilligt oder wenn die Unrichtigkeit dem Grundbuchamte nachgewiesen wird. Dieser Nachweis ist dem Grundbuchamte in der durch § 29 Satz 2 GBO. vorgeschriebenen Form, nämlich durch öffentliche Urkunden zu führen. Der Gläubiger wird in dieser Weise nachzuweisen haben, welcher Betrag geleistet ist und daß die Annahme der Leistung entweder unter Vorbehalt oder nach dem 14. Juni 1922 ohne solchen erfolgt und das Recht daraufhin gelöscht worden ist, sowie daß er den Anspruch auf Aufwertung gemäß § 16 rechtzeitig bei der Aufwertungsstelle angemeldet hat. Kann er den Nachweis in dieser Weise nicht führen, so muß er gegen den Eigentümer Klage auf Bewilligung der Wiedereintragung erheben. Lehnt das Grundbuchamt die Wiedereintragung ab, die sich als Beseitigung der Löschungseintragung darstellt, so ist eine Beschwerde gegen diesen Beschluß nur in der Richtung zulässig, daß das Grundbuchamt angewiesen wird, einen Widerspruch einzutragen, sofern die Löschung unter Verletzung gesetzlicher Vorschriften erfolgt ist (§§ 71, 94 GBO.; RGZ. 110 70). Das ist dann der Fall, wenn die Löschung auf Grund einer Löschungsbewilligung erfolgt ist, die einen Vorbehalt enthielt und deshalb als Grundlage für eine Löschung nicht geeignet war (RGZ. 110 69; vgl. zu § 14 Anm. 2). War dagegen die Löschung auf Grund einer Löschungsbewilligung erfolgt, die einen Vorbehalt nicht erkennen ließ, so liegt eine Verletzung gesetzlicher Vorschriften nicht vor und ist deshalb eine Beschwerde nicht statthaft. Die Wiedereintragung muß in diesem Falle, wenn das Grundbuchamt ablehnt, durch Klage gegen den Eigentümer auf Bewilligung herbeigeführt werden. Das RG. (a. a. O. S. 76) hat hervorgehoben, es wäre im Interesse der Gläubiger, die im Hinblick auf die vor dem Erlaß der 3. StNVO. bestehende Unsicherheit der materiellen Rechtslage Quittung oder Löschungsbewilligung unter Vorbehalt erteilt haben, eine gesetzliche Vorschrift zur Erleichterung der Wiedereintragung ihrer materiell zu Unrecht gelöschten Hypotheken erwünscht gewesen; da aber die 3. StNVO. eine derartige Vorschrift nicht enthalte, müsse es zurzeit bei dem sich aus den Bestimmungen der GBO. ergebenden Verfahren, insbesondere bei der durch die §§ 71, 54 bestimmten Begrenzung des Beschwerdeverfahrens sein Bewenden behalten. Das Aufwertungsgesetz selbst hat eine Abhilfe des in diesen Ausführungen hervorgehobenen Mangels nicht gebracht. Doch ist in § 88 der Reichsregierung die Ermächtigung erteilt, Durchführungsbestimmungen insbesondere zur Erleichterung des Grundbuchverkehrs zu treffen und ist zu erwarten, daß sie von dieser Ermächtigung im Sinne einer Erweiterung des Beschwerdeverfahrens Gebrauch machen wird.

Die Wiedereintragung kann ferner, falls nicht der Eigentümer sie bewilligt, erst erfolgen, wenn in der im § 16 Abs. 2 (vgl. Anm. 2 zu § 16) vorgesehenen Weise festgestellt ist, daß ein Einspruch gegen die Aufwertung (§ 16 Abs. 1 Satz 3) nicht mehr in Frage kommen kann.

Auch darüber, in welchem Betrage und in welcher Währung die Wiedereintragung zu erfolgen hat, trifft das Gesetz keine ausdrückliche Bestimmung. Aus dem Ausdrucke „Wiedereintragung" könnte die Auffassung hergeleitet werden, daß die früher bestandene Eintragung der Papiermarkhypothek einfach als solche wiederherzustellen sei. Doch könnte keinesfalls die Eintragung in dem vollen früheren Papiermarkbetrage erfolgen, da die geleistete Zahlung berücksichtigt werden muß (RGZ. 110 70.) Da aber eine Wiedereintragung nur in Frage kommt, wenn eine Zahlung mit Vorbehalt oder ohne Vorbehalt nach dem 14. Juni 1922 angenommen worden ist, und da solche Zahlungen gemäß § 18 Abs. 1 nicht zum Nennbetrage auf den Nennbetrag, sondern zum Goldmarkbetrage auf den Aufwertungsbetrag anzurechnen sind, so kann die Papiermarkhypothek als solche auch nicht teilweise wiederhergestellt werden; es wird vielmehr unter Berücksichtigung der Aufwertung und Anrechnung der Zahlungen die Berechnung des verbliebenen Restes des Aufwertungsbetrags in Goldmark und dementsprechend die Eintragung in Goldmark oder jetzt auch in der neuen Reichswährung stattzufinden haben (ebenso RGZ. 110 74, 75).

f) Wiedereintragung des früheren Gläubigers einer umgeschriebenen oder abgetretenen Hypothek[1, 2]

§ 21.

(1) Die Vorschriften des § 20 finden entsprechende Anwendung

1. wenn die Hypothek zwar nicht gelöscht, aber nicht mehr für den früheren Gläubiger eingetragen, z. B. als Grundschuld auf den Eigentümer oder im Falle der Abtretung (§ 17) auf den Erwerber umgeschrieben ist[1];
2. wenn die Hypothek noch für den früheren Gläubiger eingetragen ist, das Gläubigerrecht eines anderen sich jedoch aus § 1155 des Bürgerlichen Gesetzbuchs ergibt[1].

(2) Der Aufwertungsbetrag des früheren Gläubigers geht dem Aufwertungsbetrage des gegenwärtigen Gläubigers und den diesem im Range gleichstehenden oder nachgehenden Rechten im Range nach[2].

1. Ist eine nicht oder nicht entsprechend aufgewertete Zahlung auf die Hypothek erfolgt und angenommen, ohne daß die Hypothek mit Zustimmung oder auf Antrag des Eigentümers gelöscht worden ist, so ist dadurch eine Beteiligung mehrerer Personen an der Hypothek entstanden in der Weise, daß die Hypothek im Verhältnis des bezahlten Nennbetrags oder sonstigen Papiermarkbetrags zu ihrem aufgewerteten Betrage dem Eigentümer oder demjenigen, der die Zahlung für ihn geleistet hat und Ersatz verlangen kann (persönlicher Schuldner, Bürge) einerseits und dem Gläubiger anderseits nach entsprechenden Bruchteilen zusteht; vgl. RGZ. 110 65 ff. Im Grundbuch ist das in der Regel nicht zum Ausdruck gelangt, vielmehr die Hypothek auf Grund einer vom Gläubiger in Verkennung des ihm zustehenden Aufwertungsrechts ausgestellten Umschreibungsbewilligung in ganzer Höhe auf den Eigentümer oder denjenigen, der für ihn gezahlt hat, umgeschrieben worden. Dadurch ist das Grundbuch ebenso unrichtig geworden, wie im Falle des § 20 durch die Löschung der Hypothek. Das Gesetz ordnet deshalb in § 21 Abs. 1 an, daß in solchen Fällen die Vorschriften des § 20 entsprechend anzuwenden sind. Die entsprechende

Anwendung wird bei erfolgter Umschreibung (Ziffer 1) dazu führen, daß die Hypothek „in Höhe der Aufwertung", d. h. für denjenigen Restbetrag des Aufwertungsbetrages, der sich unter Anrechnung der geleisteten Zahlungen gemäß § 18 (vgl. Anm. 1, 2 dazu) ergibt, wieder auf den früheren Gläubiger umgeschrieben wird, und zwar mit dem gleichen Range, mit dem sie auf den Eigentümer oder neuen Gläubiger umgeschrieben war, sofern nicht Rechte im Wege stehen, die auf Grund des öffentlichen Glaubens des Grundbuchs oder auf Grund einer Zwangsversteigerung von einem Dritten gutgläubig erworben sind im Vertrauen darauf, daß derjenige, auf den die Umschreibung erfolgt war, der allein Berechtigte sei. Als Beispiele sind angeführt die erfolgte Umschreibung als Grundschuld auf den Eigentümer und in dem durch § 17 geregelten Falle der Zession auf den Erwerber (Zessionar). Gleiches muß aber auch gelten, wenn die Umschreibung auf den persönlichen Schuldner (§ 1164) oder auf den Bürgen (§ 774 BGB.) oder in einem sonstigen Surrogationsfalle auf denjenigen, der durch die Zahlung an die Stelle des bisherigen Gläubigers getreten war, stattgefunden hat. Vorausgesetzt wird aber, daß die Umschreibung mit einer Zahlungsleistung in Zusammenhang gestanden hat; aus anderem Grunde erfolgte Umschreibungen kommen nicht in Frage. — Die entsprechende Anwendung soll aber auch stattfinden (Abs. 1 Ziffer 2), wenn keine Umschreibung erfolgt, die Hypothek vielmehr noch für den früheren Gläubiger eingetragen ist, das Gläubigerrecht eines andern sich aber aus § 1155 BGB. ergibt. Nach § 1155 finden die Vorschriften über den öffentlichen Glauben des Grundbuchs auf den Besitzer eines Hypothekenbriefes, dessen Gläubigerrecht sich aus einer zusammenhängenden, auf einen eingetragenen Gläubiger zurückführenden Kette von öffentlich beglaubigten Abtretungserklärungen ergibt, in der gleichen Weise Anwendung, als wenn er als Gläubiger im Grundbuch eingetragen wäre. Die entsprechende Anwendung des § 20 wird sonach in diesem Falle dahin führen, daß die Hypothek, ohne daß es einer Wiederumschreibung bedarf, zu dem die anzurechnenden Zahlungen übersteigenden Aufwertungsbetrage für den noch für das Ganze eingetragenen früheren Gläubiger, der die Zahlung angenommen hat, aufgewertet wird, sofern nicht der Besitzer des Hypothekenbriefs den Besitz gutgläubig — vgl. Anm. 1 zu § 20 — auf Grund einer Abtretungserklärung erlangt hat, die auf einen eingetragenen Gläubiger zurückgeht. Im letzteren Falle findet eine Aufwertung nur zu seinen Gunsten statt.

2. Der von dem Reichstagsausschusse beigefügte Absatz 2 bezweckt, den Rang festzustellen, in welchem mehrere bei der Aufwertung berücksichtigte Gläubiger desselben Rechts einander folgen und wie sie dem Range nach zu später erworbenen Rechten stehen, und zwar in der Art, daß die wiedererstandenen Rechte stets im Range zurücktreten sollen (Bericht S. 20). Mehrere bei der Aufwertung beteiligte Gläubiger (vgl. Anm. 1) können nach § 18 Abs. 2 (vgl. Anm. 3 zu § 18) zusammen nicht mehr erhalten als den Aufwertungsbetrag, der sich für den zeitlich ersten („früheren") von ihnen ergeben würde, wenn die Aufwertung nur zu seinen Gunsten stattfände. Soweit dieser Betrag nicht für alle ausreicht, geht der Aufwertungsbetrag des früheren Gläubigers dem des späteren nach; der frühere erhält also nichts, wenn der im ganzen zu zahlende Aufwertungsbetrag durch den späteren bereits erschöpft wird. Diese besondere Regelung ist an Stelle der im allgemeinen bürgerlichen Rechte begründeten getreten, nach welcher, wenn der teilweise Übergang kraft Gesetzes erfolgt ist, der neue Gläubiger die Hypothek nicht zum Nachteil des dem früheren verbliebenen Teilbetrages geltend machen dürfte (§ 1176 BGB.), während, wenn der Übergang durch Abtretung (wiewohl an Stelle der Umschreibungsbewilligung) erfolgt ist, die Teilhypotheken gleichen Rang haben würden (RGRKomm. zu § 1151 Anm. 1). — Hinsichtlich des Vorranges der später erworbenen Rechte geht das Gesetz weiter als die Regierungsvorlage

(§ 11 Abs. 5), die, soweit die Zeit vor dem Inkrafttreten der 3. StNVO. in Frage kommt, die Aufwertung zugunsten des früheren Gläubigers grundsätzlich mit dem alten Range in Kraft treten lassen und demgegenüber nur demjenigen die Berufung auf den öffentlichen Glauben des Grundbuchs gestatten wollte, der das Recht oder ein Recht an dem Rechte von dem Eigentümer, im Falle der Abtretung von dem Erwerber, erworben habe, während nach § 18 Abs. 2 des Gesetzes die dem gegenwärtigen Gläubiger — d. h. dem zurzeit eingetragenen (Absatz 1) oder durch den Hypothekenbrief legitimierten (Absatz 2) — gleichstehenden oder nachgehenden Rechte sämtlich ohne weiteres den Vorrang vor dem Aufwertungsbetrage des früheren Gläubigers haben. Ein gewisser Schutz gegen die in der letzten Zeit erfolgten Zwischeneintragungen wird übrigens durch die §§ 22, 23 — vgl. die Anmerkungen zu diesen Paragraphen — gewährt.

g) Schutz gegen zwischenzeitliche Eintragungen[1]

§ 22.

(1) In den Fällen der §§ 20, 21 steht der Eintragung des Aufwertungsbetrags an der bisherigen Rangstelle der öffentliche Glaube des Grundbuchs und die Vorschrift des § 21 Abs. 2 insoweit nicht entgegen, als nach dem 1. Januar 1925 Rechte durch den Eigentümer, seinen Ehegatten vor oder während der Ehe, durch seine oder seines Ehegatten Verwandten auf- oder absteigender Linie, durch seine oder seines Ehegatten voll- oder halbbürtigen Geschwister oder durch den Ehegatten einer dieser Personen erworben sind; dies gilt nicht, wenn der Erwerber beweist, daß ihm zur Zeit des Erwerbes eine Absicht des andern Teiles, das Recht des Gläubigers zu beeinträchtigen, nicht bekannt war oder wenn das Recht vor dem 1. Juni 1925 auf einen nicht zum Kreise dieser Personen gehörenden Dritten übergegangen ist[1a].

(2) Der Eintragung des Aufwertungsbetrags an der bisherigen Rangstelle steht der öffentliche Glaube des Grundbuchs und die Vorschrift des § 21 Abs. 2 nur insoweit entgegen, als der Zeitpunkt des Erwerbes eines Rechtes an dem Grundstück oder der im § 892 Abs. 2 des Bürgerlichen Gesetzbuchs bestimmte Zeitpunkt vor dem 1. Juli 1925 liegt. Die Reichsregierung bestimmt den Zeitpunkt, mit dem diese Vorschrift außer Kraft tritt[1b].

(3) Bis zum 31. Dezember 1925 kann der Gläubiger des aufgewerteten Rechtes Verfügungen, die der Eigentümer nach der Löschung oder Umschreibung des Rechtes seit dem 1. Januar 1925 über das belastete Grundstück getroffen hat, anfechten, wenn die Verfügungen in der dem anderen Teile bekannten Absicht, die Eintragung des aufgewerteten Rechtes an der bisherigen Rangstelle zu vereiteln, vorgenommen sind. Die Vorschriften der §§ 6 bis 9, des § 11 Abs. 1 bis 3 und des § 13 des Gesetzes vom 21. Juli 1879 in der Fassung der Bekanntmachung vom 20. Mai 1898 (Reichsgesetzbl.

S. 709) finden entsprechende Anwendung. An die Stelle der im § 13 Abs. 4 bezeichneten Fristen tritt eine Frist von sechs Monaten seit der Beendigung des Konkursverfahrens[1c].

1. Der gegenüber der Aufwertung von infolge angenommener Leistung gelöschten oder umgeschriebenen oder außerhalb des Grundbuchs auf einen anderen übergegangenen Hypotheken den Erwerbern von Rechten an dem Grundstücke oder von Rechten an solchen Rechten in den §§ 20, 21 des Gesetzes gewährte Schutz erfährt in § 22 eine Einschränkung hinsichtlich solcher Rechte, die zu einer Zeit erworben worden sind, als der Aufwertungsgedanke im Rechtsleben bereits derart Wurzel gefaßt hatte, daß mit einer Beseitigung oder Erweiterung der in der 3. StNVO. für die Aufwertung nach Zahlungsannahme gesetzten Schranken gerechnet wurde. Als dieser Zeitpunkt war in der Regierungsvorlage der 1. Januar 1925 in Aussicht genommen. Im Reichstagsausschusse wurden Anträge, diesen Termin auf einen früheren Zeitpunkt zurückzuverlegen, abgelehnt (Bericht S. 28). Durch diese Einschränkungen wird der Aufwertungsgläubiger seinerseits gegen Vereitelung seines Aufwertungsrechts infolge „zwischenzeitlicher Eintragungen" geschützt. Solchen Schutz gewährt ihm das Gesetz in dreifacher Richtung:

a) Ist der Eigentümer selbst der Erwerber (z. B. wenn er eine Grundschuld für sich hat eintragen lassen) oder steht dieser zu jenem in einem der in Abs. 1 aufgezählten nahen verwandtschaftlichen Verhältnisse, so steht der öffentliche Glaube des Grundbuchs der Eintragung des Aufwertungsbetrags an der bisherigen Rangstelle nicht entgegen (Abs. 1). Sie kann also auch dann zugunsten des früheren Gläubigers an dieser Stelle erfolgen, wenn der Rechtserwerber im Falle des § 20 von der früher eingetragen gewesenen, gelöschten Hypothek usw. keine Kenntnis gehabt oder nicht gewußt hat, daß die Löschung infolge Annahme einer nicht entsprechend aufgewerteten Zahlung, die mit Vorbehalt oder nach dem 14. Juni 1922 ohne Vorbehalt erfolgt war, stattgefunden hatte (vgl. Anm. zu § 20), oder wenn er im Falle des § 21 das auf einen anderen als den früheren Gläubiger übergegangene Recht unter den dort angegebenen Voraussetzungen gutgläubig erworben hatte (vgl. Anm. zu § 21). Der Rechtserwerb ist sonach in solchen Fällen dem früheren Gläubiger gegenüber ohne weiteres unwirksam; das Gesetz geht von einer Vermutung aus dafür, daß er in der Absicht erfolgt ist, das Aufwertungsrecht des Gläubigers zu beeinträchtigen. Gegen diese Vermutung hatte die Reichstagsvorlage einen Gegenbeweis nicht vorgesehen; durch den vom Reichstagsausschusse hinzugefügten Halbsatz 2 von Abs. 1 des § 22 ist aber im Gesetze bestimmt, daß die Unwirksamkeit nicht eintritt, wenn der Erwerber beweist, daß ihm zur Zeit des Erwerbes eine Absicht des anderen Teils, das (Aufwertungs-) Recht des Gläubigers zu benachteiligen, nicht bekannt war. Vgl. über diesen Nachweis unter b.

b) Darüber hinaus unterwirft der vom Reichstagsausschusse (Bericht S. 30) eingefügte Abs. 2 solche Rechte einer besonderen Einschränkung, die nicht vor dem 1. Juli 1925, also zu einer Zeit, als die Beratungen des Reichstagsausschusses über das Aufwertungsgesetz sich bereits ihrem Abschlusse näherten, oder später erworben worden sind. Sofern es sich um einen Erwerb von Rechten handelt, der an oder nach diesem Termine erfolgt ist, soll, auch wenn der Erwerber nicht in einem der in Abs. 1 bezeichneten Verhältnisse zum Eigentümer steht, der öffentliche Glaube des Grundbuchs der Eintragung des Aufwertungsbetrags gelöschter oder umgeschriebener oder außerhalb des Grundbuchs auf einen anderen Gläubiger übergegangener Hypotheken zugunsten des früheren Gläubigers (also nach Maßgabe des für diesen in Betracht kommenden Aufwertungsbetrages) an der bisherigen Rangstelle, sonach vor den nach der Löschung usw. eingetragenen Rechten, nicht, wie nach § 20 (vgl. Anm. dazu) die Regel bildet, entgegenstehen und auch die Vorschrift des § 21, derzufolge die wieder in dem früheren Bestande ins Leben tretenden aufgewerteten Hypotheken im Range zurücktreten müssen, soll solchen Rechtserwerben gegenüber keine Anwendung finden; vgl. oben unter a. Dem Zeitpunkte des Erwerbes des Rechtes durch die Eintragung ist auch hier der Zeitpunkt gleichgestellt, in welchem der Antrag auf Eintragung gestellt ist (§ 892 Abs. 2 erster Alternativfall), in der Weise, daß es genügt, wenn dieser Zeitpunkt vor dem 1. Juli 1925 liegt, sollte auch der Erwerb (durch die Eintragung oder die etwa erst später zustande gekommene Einigung) nicht vor diesem Termin liegen. Bei den nach diesem Zeitpunkte erworbenen Rechten wird eine so starke Vermutung der Absicht, das Aufwertungsrecht des Gläubigers zu vereiteln, angenommen, daß der in Abs. 1 zugelassene Gegenbeweis hier nicht zugelassen ist. Die Vorschrift gilt auch für in Zukunft nach Inkrafttreten des Aufwertungsgesetzes noch erfolgende Rechtserwerbe, solange noch eine derartige Absicht zu vermuten ist. Die Bestimmung des Zeitpunktes, zu welchem das nicht mehr der Fall sein wird, und die dadurch veranlaßte Außerkraftsetzung der Vorschrift ist der Reichsregierung überlassen. Es läßt sich nicht verkennen, daß diese Vorschrift eine starke Einschränkung auch des legitimen Hypothekenkreditverkehrs bildet und nur für eine kurze Übergangszeit wird aufrechterhalten werden können. Mit dem 1. Januar 1926 verliert sie übrigens erheblich an Bedeutung, da bis dahin die Wiedereintragungsansprüche angemeldet sein müssen (§ 16).

c) Des weiteren gibt das Gesetz in Abs. 3 dem Aufwertungsgläubiger ein Anfechtungsrecht gegen Verfügungen, die der Eigentümer nach der Löschung oder Umschreibung (oder dem anderweiten Übergange des Rechts, vgl. § 21) seit dem 1. Januar 1925 über das belastete Grundstück in der dem anderen Teile bekannten Absicht getroffen hat, die Eintragung des aufgewerteten Rechts an der bisherigen Rangstelle zu vereiteln. Die Fassung dieser Voraussetzung lehnt sich an § 3 Ziff. 1 des Anfechtungsgesetzes vom 21. Juli 1879/20. Mai 1898 und an § 31 Ziff. 1 KonkOrdn. an. „Verfügung" ist jedes Rechtsgeschäft, durch welches auf die an dem Grundstücke bestehenden Rechte unmittelbar eingewirkt wird (RG. 90 399), es mag im übrigen entgeltlich oder unentgeltlich, unter Lebenden oder von Todes wegen vorgenommen sein, in der Übertragung des Eigentums oder der Bestellung eines beschränkten dinglichen Rechts bestanden haben. Auch die Bestellung von Reallasten, Grunddienstbarkeiten usw. ist anfechtbar, wenn sie (obwohl in einer anderen Abteilung eingetragen) dem aufgewerteten Rechte vorgehen und dadurch die bisherige Rangstellung dieses Rechts beeinträchtigen. Hinsichtlich der Absicht und der Kenntnis von ihr wird regelmäßig das Bewußtsein eines nach dem gewöhnlichen Laufe der Dinge zu erwartenden Erfolges genügen; der Zweck der Verfügung braucht die Vereitelung nicht gewesen zu sein; RG. JurWoch. 1894 547[16]; 1895 127[3]; bei Gruchot 56 1079. Erforderlich wird aber das Bewußtsein sein, daß die ungünstigere Rangstellung auch tatsächlich, namentlich wegen des unzureichenden Wertes des Grundstücks, die Aufwertung beeinträchtigt oder gefährdet. Das Anfechtungsrecht ist lediglich ein schuldrechtlicher Anspruch, der sich gegen den Erwerber des Rechts richtet. Die Anfechtung kann nur bis zum 31. Dezember 1925 erfolgen, und zwar vor den ordentlichen Gerichten durch Klage oder auch im Wege der Einrede. Die entsprechende Anwendung der in Satz 2 aufgezählten Vorschriften des Anfechtungsgesetzes ergibt folgendes: Die Anfechtung wird dadurch nicht ausgeschlossen, daß für die anzufechtende Verfügung ein vollstreckbarer Schuldtitel erlangt oder sie im Wege der Zwangsvollstreckung oder des Arrestes erwirkt ist (§ 6); der Gläubiger kann, soweit es für die Durchführung seiner Aufwertung erforderlich ist, beanspruchen, daß ihm der bisherige Rang des aufgewerteten Rechts gewährt werde (§ 7); wegen Erstattung einer Gegenleistung oder im Falle, daß eine Leistung angefochten wird (die Übertragung des Rechts nach vorheriger schuldrechtlicher Verpflichtung), kann der Empfänger wegen seiner Forderung sich nur an den Eigentümer halten (§ 8);

falls die Anfechtung im Wege der Klage erfolgt, hat der Klagantrag bestimmt zu bezeichnen, in welchem Umfange und in welcher Weise (durch Zurücktreten des erworbenen Rechts) die Rückgewähr seitens des Empfängers bewirkt werden soll (§ 9); die gegen den Erblasser begründete Anfechtung findet auch gegen den Erben, gegen andere Rechtsnachfolger unter den in § 11 Abs. 2 Ziff. 1—3 aufgezählten Voraussetzungen statt (§ 11); im Konkurse über das Vermögen des Eigentümers gilt der Aufwertungsgläubiger als Konkursgläubiger, das Anfechtungsrecht übt der Konkursverwalter aus; die Frist zur Anfechtung läuft für den Aufwertungsgläubiger in diesem Fall bis zum Ablauf von sechs Monaten nach der Beendigung des Konkursverfahrens (§ 13 AnfGes. in Verbindung mit dem Schlußsatze des § 22 Abs. 3 Aufw. Ges.). Ein dem Gläubiger auf Grund der Vorschriften des Anfechtungsgesetzes unmittelbar zustehendes Anfechtungsrecht gegen Verfügungen und sonstige Rechtsgeschäfte des Eigentümers wird, wie die Begründung (S. 16) hervorhebt, durch die Vorschriften des § 22 Abs. 3 nicht berührt.

§ 23.

(1) Ist vor der Wiedereintragung der aufgewerteten Hypothek im Grundbuch des belasteten Grundstücks eine Gesamthypothek eingetragen worden, die nach den Vorschriften des § 20 der aufgewerteten Hypothek im Range vorgeht, so hat auf Antrag des Gläubigers der aufgewerteten Hypothek die Aufwertungsstelle den Betrag zu bestimmen, der auf die mitverhafteten Grundstücke entfallen würde, wenn eine angemessene Verteilung der Gesamthypotheken stattfände. In Höhe dieses Betrags hat der Gläubiger der Gesamthypothek dem Gläubiger der aufgewerteten Hypothek den Vorrang einzuräumen [1, 3].

(2) Der Antrag kann nur bis zum 1. Januar 1926 gestellt werden. In den Fällen der §§ 203, 204, 206, 207 des Bürgerlichen Gesetzbuchs ist der Antrag noch bis zum Ablauf von drei Monaten nach Fortfall des Hindernisses zulässig. [2]

1. Der von dem Reichstagsausschusse (vgl. den Bericht S. 21) hinzugefügte § 23 behandelt den Fall, daß nach Löschung einer Hypothek infolge angenommener Zahlung im Grundbuche des Grundstücks eine Gesamthypothek (§ 1132 BGB.), d. h. eine Hypothek, die für eine Forderung an mehreren Grundstücken besteht, eingetragen wird. Auf Grund einer solchen Gesamthypothek haftet jedes Grundstück für die ganze Forderung; der Gläubiger kann die Befriedigung nach seinem Belieben aus jedem der Grundstücke ganz oder zu einem Teile suchen (§ 1132 Satz 1, 2). Der § 23 will verhindern, daß durch die Eintragung einer solchen Hypothek das Wiedereintragungsrecht des Gläubigers der gelöschten Hypothek (§ 20) dadurch vereitelt werde, daß sie im Range hinter einer nach ihrer Löschung eingetragenen Gesamthypothek zu stehen kommt und der Gläubiger der Gesamthypothek die Forderung in voller Höhe aus dem Grundstücke beitreibt, auf welches die Wiedereintragung erfolgt ist (Bericht S. 21). Zu diesem Zwecke ist bestimmt, daß auf Antrag des Gläubigers der wiedereingetragenen aufgewerteten Hypothek die Aufwertungsstelle den Betrag zu bestimmen hat, der auf die mitverhafteten Grundstücke entfallen würde, wenn eine angemessene Verteilung der Gesamthypothek stattfände. Als angemessen wird in der Regel eine solche Verteilung anzusehen sein, wie sie in § 1172

Absatz 2 BGB. für den dort geregelten Fall einer gemeinschaftlichen Eigentümer-Gesamthypothek vorgesehen ist. Danach würden die auf die mitverhafteten Grundstücke entfallenden Beträge zu bemessen sein nach dem Verhältnisse, das dem Werte desjenigen Grundstücks, auf das die gelöschte aufgewertete Hypothek wieder eingetragen werden soll, zu ihnen entspricht, wobei der Wert der Grundstücke unter Abzug der Belastungen zu berechnen ist, die der Gesamthypothek im Range vorgehen. Dabei wird die wiedereinzutragende Hypothek als im Range vorgehend zu berücksichtigen sein, weil ja gerade festgestellt werden soll, inwieweit ihr dieser Rang wiedergegeben werden kann, ohne daß der Gläubiger der Gesamthypothek geschädigt wird. Doch wird die Aufwertungsstelle nicht unbedingt an diesen Verteilungsmaßstab gebunden sein, sondern nach freiem Ermessen zu entscheiden haben. In Höhe des durch sie festgestellten Betrags hat dann der Gläubiger der Gesamthypothek dem Gläubiger der aufgewerteten Hypothek den Vorrang einzuräumen. Der Vorrang tritt sonach nicht ohne weiteres ein; die Wiedereintragung der gelöschten Aufwertungshypothek wird vielmehr, sofern nicht eine Einigung mit dem Gläubiger der Gesamthypothek erfolgt, zunächst im Range nach der Gesamthypothek zu erfolgen haben und nach der durch die Aufwertungsstelle getroffenen Entscheidung wird der Eigentümer der Gesamthypothek verpflichtet sein, in eine entsprechende Rangänderung in den Formen des § 890 BGB. einzuwilligen, und wird dazu nötigenfalls im Prozeßwege anzuhalten sein.

2. Für den Antrag auf Bestimmung des Verteilungsbetrages durch die Aufwertungsstelle ist eine **Ausschlußfrist bis zum 1. Januar 1926** bestimmt (Abs. 2), entsprechend der für die Anmeldung des Anspruchs auf Aufwertung auf Grund Vorbehalts der Rechte oder kraft Rückwirkung in § 16 Abs. 1 gesetzten Frist; vgl. Anm. 1 zu § 16. Der Antrag wird also mit dieser Anmeldung verbunden werden können. Anders wie in § 16 ist hier, wie in § 8 Abs. 1 Satz 3, ausdrücklich die Anwendung der für die Hemmung der Verjährung geltenden Bestimmungen des BGB. auf die Ausschlußfrist angeordnet unter Bewilligung einer Nachfrist von drei Monaten; vgl. Näheres zu § 8 Anm. 2.

3. Ein im Reichstagsausschusse bei der ersten und zweiten Lesung (vgl. den Bericht S. 21, 34) gestellter Antrag Best, auch für eine nach der Löschung eingetragene Sicherungshypothek, die der wiedereinzutragenden Hypothek im Range vorgehen würde, eine Einschränkung dieses Vorranges in der Weise zuzulassen, daß durch die Aufwertungsstelle die Höhe der der Sicherungshypothek zugrunde liegenden Forderung für den 1. Juni 1925 festgestellt werden und für den zu dieser Zeit noch nicht begründeten Forderungsbetrag der Gläubiger der Sicherungshypothek der wiedereingetragenen Hypothek den Vorrang einzuräumen habe, wurde abgelehnt. Es wurde zur Begründung dieses Antrags darauf hingewiesen, daß namentlich bei der Kredithypothek (Höchstbetragshypothek) der Gläubiger in der Lage sei, durch entsprechende Valutierung seiner Hypothek einen Inhalt zu geben derart, daß das Recht des Aufwertungsgläubigers nicht mehr zur Hebung komme. Demgegenüber wurde geltend gemacht, daß das Anfechtungsrecht (vgl. § 22 und Anm. dazu) genügende Handhaben zur Abwehr betrügerischer Machenschaften biete und daß der legitime Kreditverkehr nicht beeinträchtigt werden dürfe.

h) Berücksichtigung eines landesrechtlichen Sonderfalls[1]

§ 24.

Der Aufwertung und Eintragung nach den Vorschriften der §§ 14 bis 23[2] steht es nicht entgegen, daß die Hypothek aus Anlaß

der Anlegung des Grundbuchs[3] oder eines Eigentumswechsels[1] nach landesrechtlichen Vorschriften wegen Nichtanmeldung innerhalb einer Ausschlußfrist erloschen ist[1, 2, 4].

1. Die Überschrift zu diesem Paragraphen erklärt sich daraus, daß die von dem Reichstagsausschusse hinzugefügte Bestimmung (§ 11b der Beschlüsse der ersten Lesung; vgl. den Bericht S. 23) ausging von einer Bestimmung des Bremer Landrechts nach welcher im Falle eines Eigentumswechsels sämtliche Rechte, die auf dem Grundstücke lasten, gelöscht und wieder neu eingetragen werden, und zwar in der Weise, daß es zu der Neueintragung einer Anmeldung innerhalb einer Ausschlußfrist bedarf. Landesgesetzliche Bestimmungen wie diese haben auch nach Einführung des BGB. solange Geltung behalten, als das Grundbuch für den betreffenden Bezirk nicht als angelegt anzusehen ist (Art. 189 EGBGB.). Es wurde nun im Reichstagsausschusse darauf hingewiesen, daß Gläubiger, deren Hypotheken durch Annahme einer unaufgewerteten Leistung nach der damaligen Anschauung als getilgt betrachtet wurden, es in dieser Meinung unterlassen haben, sie neu anzumelden, und daß, da nach dem neuen Gesetze die Hypotheken, auf die eine Leistung angenommen, wieder aufleben sollen, auch solchen Gläubigern die Möglichkeit gegeben werden müsse, die Wiedereintragung ihrer Rechte zu erlangen. Diese „Folge der Rückwirkung" fand allseitige Anerkennung und daher wurde der darauf bezügliche § 11b angenommen. Folgerichtig hätte man freilich auch für alle anderen Handlungen und Unterlassungen, die in der irrigen Meinung, daß die Hypothek durch die Zahlung getilgt sei, vorgenommen worden sind und das Erlöschen der Hypothek zur Folge gehabt haben, eine gleiche Vorschrift treffen müssen. Außer dem Bremer Falle wird übrigens noch das wohl in manchen Ländern, namentlich des früheren französischen Rechtsgebietes, bis zur Anlegung des Grundbuchs noch in Kraft gebliebene Hypothekenreinigungsverfahren oder ein ähnliches Löschungsverfahren unter die Bestimmung fallen.

2. Die Vorschrift beschränkt sich aber nicht auf den in der Überschrift bezeichneten „landesrechtlichen Sonderfall". Sie bezieht sich vielmehr auch auf solche Fälle, in denen nach landesrechtlichen Vorschriften die Hypothek aus Anlaß der Anlegung des Grundbuchs wegen Nichtanmeldung innerhalb einer Ausschlußfrist erloschen ist. Nach Art. 186 EGBGB. wird das Verfahren, in welchem die Anlegung des Grundbuchs erfolgt, für jedes Land durch landesherrliche Verordnung bestimmt. Danach war und ist die Landesgesetzgebung befugt, zu bestimmen, daß bei Anlegung des Grundbuchs Rechte innerhalb einer Ausschlußfrist angemeldet werden müssen und, falls sie nicht angemeldet werden, untergehen, und sie hat von dieser Befugnis vielfach, auch für Hypotheken, namentlich in solchen Gebieten, in denen ein auf grundbücherlichem System geordnetes Hypothekenwesen noch nicht bestand, Gebrauch gemacht.

3. Ein in den in Anm. 1 und 2 behandelten Fällen eingetretenes Erlöschen der Hypothek steht ihrer Aufwertung und (Wieder-) Eintragung **nach den Vorschriften der §§ 14—23** nicht entgegen. Also nur solche Hypotheken können in diesen Fällen wieder eingetragen werden, bei denen eine Zahlung als Erfüllung mit oder ohne Vorbehalt angenommen worden und dann nach einem Eigentumswechsel oder in dem Grundbuchanlegungsverfahren die vorgeschriebene Anmeldung unterlassen worden ist. Daß die Anmeldung aus dem Grunde unterlassen worden sei, weil der Gläubiger irrig angenommen hatte, die Hypothek sei durch die Zahlung getilgt, wird zu unterstellen und ein Beweis eines solchen Zusammenhanges daher nicht zu fordern sein. In diesen Fällen tritt sonach ein Wiederaufleben erloschener Hypotheken, zu deren Tilgung Zahlungen erfolgt und angenommen sind, ein, während Hypotheken, auf die solche Zahlungen nicht erfolgt und angenommen sind, erloschen bleiben.

4. Beispiele

für die Aufwertung bei Vorbehalt des Ranges und infolge Rückwirkung (§§ 14 bis 24), unter Zugrundelegung der in der Begründung (S. 15) auf der Grundlage der Regierungsvorlage aufgestellten Beispiele, unter Berücksichtigung der durch das Gesetz eingetretenen Änderungen:

I. Der Eigentümer A. hat am 1. Februar 1923 dem Gläubiger B. eine erststellige Vorkriegshypothek von 100000 Mark zum Nennbetrage zurückgezahlt; der Goldmarkwert der Zahlung betrug nach der Anlage zum Aufwertungsgesetze 13,50 GM. B. hat bei der Zahlungsannahme einen wirksamen Vorbehalt gemacht. Die Hypothek ist ungeachtet des Vorbehalts am 15. Februar 1923 gelöscht. Am 1. Januar 1924 hat C. an dem Grundstück eine Hypothek von 8000 GM. erworben.

Aufwertung der Hypothek des B. gemäß § 14 auf 25 v. H. des (nach § 2 Abs. 1 Satz 1) dem Nennwert gleichen Goldmarkbetrages, also auf 25000 GM., unter Anrechnung des Goldmarkwerts der Zahlung mit 13,50 auf den Aufwertungsbetrag; also Aufwertung auf 24986,50 GM. Dieser Betrag ist wiedereinzutragen mit dem Range nach der Hypothek des C. (§ 20). Der Eigentümer ist befugt, im Range nach der Hypothek des A. eine Hypothek oder Grundschuld im Betrage von 25000 GM. eintragen zu lassen (§ 7).

II. Der Fall liegt wie zu I.; B. hat jedoch keinen Vorbehalt gemacht. Auch in diesem Fall wird, da die Zahlung nach dem 14. Juni 1922 angenommen wurde, seine Hypothek aufgewertet auf 25 v. H. = 25000 GM., unter Anrechnung der Zahlung mit 13,50 GM., also einzutragen 24986,50 GM. mit dem Range nach der Hypothek des C. Dem Eigentümer steht die gleiche Befugnis zu, wie im Falle unter I.

III. In den Fällen I und II hat C. keine Hypothek, sondern das Eigentum an dem Grundstücke erworben. Die gelöschte Hypothek des B. kann nun nicht mehr eingetragen werden; aufgewertet wird lediglich die persönliche Forderung gegen A. (falls dieser persönlicher Schuldner ist) auf 24986,50 GM.

IV. Im Falle I oder II ist die Hypothek des B. nicht gelöscht, sondern an D., der die Zahlung geleistet hat, abgetreten; D. hat alsdann die Hypothek am 1. Dezember 1923 gegen eine Papiermarkzahlung im Goldmarkbetrage von 100 GM. an E. abgetreten.

Aufgewertet wird die Hypothek:

1. zugunsten des E. auf 25 v. H. des nach seinem Erwerbspreise von 100 GM. (§§ 2 Abs. 1, 3 Abs. 1 Ziff. 1) berechneten Goldmarkbetrags, also auf 25 GM.;
2. zugunsten des D. nicht, da der für ihn nach seinem Erwerbspreise von 13,50 GM. zu berechnende Aufwertungsbetrag den Aufwertungsbetrag des E. nicht erreicht (§ 18 Abs. 2);
3. zugunsten des B. auf 25000 — 13,50 — 25 = 24961,50 GM. (§ 18 Abs. 1, 2).

Der Eigentümer hat die gleiche Befugnis wie im Falle unter I. Macht er von ihr in voller Höhe zugunsten des F. Gebrauch, so ergibt sich folgendes Grundbuchbild:

1. E. 25 GM.,
2. C. 8000 GM.,
3. B. 24961,50 GM.
4. F. 24961,50 GM.

V. Auf dem Grundstück des A. lastet 1. eine Hypothek des B., eingetragen am 2. Januar 1916, im Betrage von 100000 Mark; 2. eine Hypothek des C., eingetragen am 1. April 1920, im Betrage von 50000 Mark. Berichtigter Wehrbeitragswert des Grundstücks 300000 M. A. hat bezahlt: auf die erste Hypothek am 1. Juni 1922 — 50000, am 1. August 1922 — 50000 Mark; auf die zweite Hypothek am 1. Juli

1922 — 50000 Mark; alle Zahlungen sind ohne Vorbehalt angenommen. Die erste Hypothek ist nach der Zahlung gelöscht, die zweite bei der Zahlung abgetreten und sodann umgeschrieben auf D. Am 15. Juli 1925 ist für E. eine Hypothek von 5000 Reichsmark eingetragen.

Aufwertung: 1. der ersten Hypothek: Auf diese wird die Zahlung vom 1. Juni 1922 mit 50000 M. auf den Nennbetrag zum Nennbetrage angerechnet; bleiben 50000 M. Die Zahlung vom 1. August 1922 wird auf den Aufwertungsbetrag dieser 50000 M. angerechnet, der 25 v. H. ihres dem Nennbetrage gleichen Goldmarkbetrages = 12500 GM. ist; darauf anzurechnen der Goldmarkbetrag der Zahlung mit 303 GM.; bleibt Aufwertungsbetrag 12197 GM. (§ 18 Abs. 1).

2. der zweiten Hypothek: a) zugunsten des D.: Erwerbspreis am 1. Juli 1922 50000 M. = 475 GM.; Aufwertung auf 25 v. H. = 118,75 GM.;

b) zugunsten des E.: Goldmarkwert seiner Hypothek am Tage des Erwerbs (1. April 1920) 3500 GM.; aufgewertet auf 25 v. H. = 875 GM., soweit dieser Betrag den Aufwertungsbetrag für D. (unter a) übersteigt (§ 18 Abs. 2), also auf 875 — 118,75 = 756,25 GM.

Eintragungen:

1. Wiedereintragung der ersten Hypothek für B. in Höhe von 12197 GM.;

2. auf Antrag des Eigentümers A. Eigentümergrundschuld für diesen in Höhe von 12197 GM. (§ 7 Abs. 1 Satz 1);

3. Umschreibung der zweiten Hypothek: a) für D. 118,75 GM., b) für E. 756,25 GM.;

4. auf Antrag des Eigentümers A. Eigentümergrundschuld für diesen in Höhe von 875 GM. (§ 7 Abs. 1 Satz 2, Abs. 2);

5. die am 15. Juli 1925 eingetragene Hypothek in Höhe von 5000 Reichsmark für E. (§ 22 Abs. 2).

IV. Rückzahlung, Verzinsung, Tilgung[1, 2]

1. Rückzahlung[3]

§ 25.

(1) Die Zahlung des Aufwertungsbetrags kann der Gläubiger vor dem 1. Januar 1932 weder von dem Eigentümer des belasteten Grundstücks noch von dem persönlichen Schuldner verlangen[4]. Vorschriften in Gesetzen, Satzungen oder Verträgen, die für besondere Fälle eine vorzeitige Fälligkeit der Schuld anordnen, bleiben unberührt[5]. Bestimmungen, die eine vorzeitige Fälligkeit der Schuld für den Fall der Rangänderung der Hypothek vorsehen, finden auf Rangänderungen, die auf den Vorschriften dieses Gesetzes beruhen, keine Anwendung[5].

(2) Der Eigentümer und der Schuldner sind berechtigt, den Aufwertungsbetrag nebst den fälligen Zinsen drei Monate nach Kündigung schon vor dem 1. Januar 1932 zu zahlen[6, 7].

1. Der 4. Unterabschnitt des zweiten Abschnitts enthält in den §§ 25—30 die Bestimmungen über Rückzahlung, Verzinsung und Tilgung des Aufwertungsbetrags von Hypotheken. Sein Inhalt entspricht in den Grundlagen, allerdings mit erheblichen Änderungen im einzelnen, dem Inhalte des § 5 der 3. StNVO. Wie dieser — vgl. erste Aufl. zu § 5 Anm. 1 S. 112—113 —, so bedeuten auch die entsprechenden Bestimmungen des Gesetzes eine erhebliche weitere Verkürzung und Verkümmerung der immer noch bescheidenen Aufwertungsansprüche, die den Hypothekengläubigern

durch die vorangehenden Bestimmungen gewährt worden sind. Hinsichtlich der Kapitalbeträge wird den Schuldnern ein vollständiges Moratorium für eine Reihe von Jahren gewährt (§§ 25—27), während hinsichtlich der Zinsen ein zunächst gänzlicher, dann teilweiser Erlaß, letzteres in Form einer Zinsherabsetzung für mehrere Jahre eintritt (§ 28). — Die Vorschriften dieses Unterabschnittes finden entsprechende Anwendung auf die Rückzahlung, Verzinsung und Tilgung von Grundschulden, Rentenschulden, Reallasten, sowie von Schiffs- und Bahnpfandrechten (§§ 31, 32). Auf die Rückzahlung, Verzinsung und Tilgung der Industrieobligationen und der Schuldverschreibungen von Wirtschaftsbetrieben öffentlich-rechtlicher Körperschaften sind die Bestimmungen nur anwendbar, soweit nicht die Reichsregierung etwas anderes bestimmt (§§ 36, 54).

2. Durch die Stundungs- und Zinsherabsetzungsvorschriften wird den Hypothekengläubigern die Verwertung ihrer Hypotheken erheblich erschwert. Es wurde deshalb im Reichstagsausschusse erörtert, in welcher Weise sich eine Mobilisierung der Hypotheken ermöglichen lasse, insbesondere in der Weise, daß die Grundkreditanstalten den Hypothekengläubigern ihre Hypotheken gegen Ausreichung von Pfandbriefen abnehmen (Bericht S. 12). Auf Wunsch des Ausschusses hat die Reichsregierung Verhandlungen gepflogen, die dazu geführt haben, daß eine Ermöglichung der Mobilisierung (vorzeitigen Realisierung) von Hypotheken in dreifacher Richtung in Aussicht genommen werden konnte (Bericht S. 34), nämlich: 1. durch Übertragung der aufgewerteten Hypotheken an Grundkreditanstalten, die sich der Reichsregierung in verbindlicher Form bereit erklärten, gegen Übertragung solcher Hypotheken Pfandbriefe zuzuweisen, die unmittelbar verwertbar sind; 2. durch Übertragung der Hypotheken an Versicherungsgesellschaften gegen Gewährung einer Lebensrente oder einer Kapitalversicherung, wozu sich die führenden Versicherungsgesellschaften grundsätzlich bereit erklärten; 3. durch Gewährung besonderer Vergünstigungen im Rahmen des Fürsorgewesens an hilfsbedürftige, fürsorgeberechtigte Personen, insbesondere einer Leibrente auf Zeit oder Lebenszeit, oder einmaliger oder in den Jahren 1916 bis 1922 sich wiederholender Zuschüsse, gegen gänzliche oder teilweise Abtretung der aufgewerteten Hypotheken. Ein von kommunistischer Seite im Plenum des Reichstags gestellter Antrag, dem Gesetze einen § 30 a einzufügen, in welchem die Gründung einer Ablösungsbank angeordnet werden sollte zum Zwecke der Mobilisierung von Hypotheken bedürftiger Hypothekenbesitzer, der als Mittel die Beträge zugeführt werden sollten, um welche die Eigentümer der belasteten Grundstücke durch die „Abwertung der Hypotheken um 75 v. H." ungerechtfertigt bereichert seien, wurde abgelehnt (Drucksachen Nr. 1149; Sitzungsberichte S. 3065, 3081).

3. Bei dem Ausdruck „Rückzahlung" hat das Gesetz nur den Fall der Darlehenshypothek im Auge; für Hypotheken, denen Forderungen anderer Art zugrunde liegen, z. B. Kaufgeldforderungen, trifft der Ausdruck nicht zu; es handelt sich bei ihnen nicht um Rückzahlung, sondern um Zahlung.

4. Gestundet wird bis zum 1. Januar 1932 der Aufwertungsbetrag im Sinne des § 4, also der Betrag, auf den die Hypothek aufgewertet wird; vgl. Anm. 4 zu § 4. Auch die Verzinsungsbestimmungen des § 28 betreffen den „Aufwertungsbetrag". Angesichts dessen läßt sich der in der ersten Auflage (Anm. 4 zu § 5 S. 114) geäußerte Zweifel nicht aufrechterhalten, ob wirklich auch der ursprüngliche Betrag (der Nennbetrag in Papiermark) gestundet und nur beschränkt verzinslich sein soll. Die Bejahung der Frage ergibt sich jetzt aus dem Wortlaute. Ein rechtfertigender Grund für diesen weiteren Eingriff in die Rechte der Gläubiger, der durch die Aufwertung keineswegs bedingt war, ist nicht ersichtlich; nur der rein praktische Grund kann dafür angeführt werden, daß es sich in der Regel um minimale, in Geldzeichen kaum mehr darstellbare Beträge handeln wird.

5. Das Recht, die Zahlung der aufgewerteten Kapitalbeträge zu verlangen, wird bis zum 1. Januar 1932 aufgeschoben. Das bedeutet eine gesetzliche Stundung der Leistung. Es müssen infolgedessen die Wirkungen der Stundung eintreten, insbesondere ist die Verjährung des Anspruchs während der Stundungsfrist gehemmt (§ 202 BGB.). Eine in dieser Zeit erhobene Klage auf Verurteilung zu der gestundeten Leistung müßte als verfrüht abgewiesen werden, sofern nicht die Voraussetzungen für Anstellung einer Klage auf künftige Leistung (§§ 257 bis 259 ZPO.) gegeben sind. Auf Feststellung des Bestehens des Anspruchs kann in der Zwischenzeit geklagt werden, falls das erforderliche Interesse an der alsbaldigen Feststellung gegeben ist (§ 256 ZPO.); doch muß, wenn über die Höhe der Aufwertung Streit entsteht, auf Antrag Aussetzung nach § 77 (vgl. Anm. 1 dazu) erfolgen. Eine fernere Wirkung der Stundung ist, daß Leistungsverzug des Schuldners während der Stundungsfrist mit den sich aus ihm ergebenden Folgen nicht eintreten kann (§§ 286ff. BGB.).

Gestundet wird sowohl der dingliche Anspruch auf Zahlung aus dem Grundstücke gegen den Eigentümer, wie die schuldrechtliche Forderung gegen den persönlichen Schuldner. Unberührt bleiben Vorschriften in Gesetzen, Satzungen oder Verträgen, die für besondere Fälle eine vorzeitige Fälligkeit der Schuld anordnen, also insbesondere gesetzliche oder vertragsmäßige Verfallklauseln, wie die in den Hypothekenverträgen üblichen, daß im Falle nicht pünktlicher Zahlung der Zinsen oder bei Verzug des Schuldners mit der Zinszahlung die Hypothek fällig wird. Eine gesetzliche Verfallklausel enthält die Bestimmung des § 1133 BGB., derzufolge der Gläubiger sofortige Befriedigung aus dem Grundstücke suchen kann, wenn die Sicherheit der Hypothek infolge einer Verschlechterung des Grundstücks (die nicht vom Eigentümer verschuldet zu sein braucht; vgl. Komm. v. RGR. Anm. 1 zu § 1133) gefährdet ist und der Eigentümer nicht innerhalb einer ihm vom Gläubiger bestimmten angemessenen Frist die Gefährdung beseitigt. Doch sollen Bestimmungen (gesetzliche oder vertragsmäßige) die für den Fall der Rangänderung der Hypothek die vorzeitige Fälligkeit der Schuld vorsehen, keine Anwendung finden auf solche Rangänderungen, die auf den Vorschriften des Aufwertungsgesetzes beruhen (Satz 3). Ein Anspruch auf Zahlung vor dem 1. Januar 1932 auf Grund einer derartigen Bestimmung kann sonach z. B. daraus nicht hergeleitet werden, daß der Eigentümer von seiner Befugnis, im Range vor der aufgewerteten Hypothek (im Anschlusse an eine ihr vorgehende) eine Hypothek oder Grundschuld eintragen zu lassen (§ 7), Gebrauch macht oder daß (was allerdings nur ausnahmsweise vorkommen kann) der Rang der aufgewerteten Hypothek durch Wiedereintragung einer gelöschten Hypothek verschlechtert wird (§ 20). Dagegen tritt eine Vereinbarung, in welcher ein Recht auf Rückzahlung oder ein Kündigungsrecht für einen vor dem 1. Januar 1932 liegenden Zeitpunkt, das ohne Eintritt besonderer Umstände besteht, begründet ist, insoweit außer Kraft, sofern sie sich nicht als Vergleich oder Vereinbarung über die Aufwertung darstellt oder einen Bestandteil eines solchen Vergleichs oder einer solchen Vereinbarung bildet. In letzterem Falle regelt sich ihre Wirksamkeit nach § 67 des Gesetzes (vgl. Anm. dazu).

6. Auf Grund der Fassung des § 5 der 3. StNVO. waren Zweifel entstanden, ob die Stundung nur zugunsten des Schuldners oder auch zugunsten des Gläubigers wirke, so daß in letzterem Falle der Gläubiger nicht genötigt war, das nach den Vorschriften der damals geltenden Gesetzgebung aufgewertete Kapital vor dem 1. Januar 1932 anzunehmen, es vielmehr in der Hoffnung auf eine spätere Änderung der Gesetzgebung zu seinen Gunsten zurückweisen konnte. Die Fassung der Bestimmung: „die Zahlung kann nicht vor dem ... verlangt werden" gewährte allerdings kaum die Möglichkeit einer Auslegung in letzterem Sinne. Dementsprechend hat das RG. in dem Urteile vom 29. Mai 1924 (Warn. 1923/24, 202[1] [65])

sich dahin ausgesprochen, daß der Hypothekengläubiger die Löschung nicht verweigern könne, wenn ihm Zahlung eines den gesetzlichen Vorschriften entsprechenden Betrages angeboten werde. Ebenso Dresden (JW. 1924, 1621 [14]); RG. (ebenda 1924, 1781[4] und 2104, sowie DJZ. 1925, 115). Das Aufwertungsgesetz hat nunmehr für die Zukunft die Frage vermittelnd in der Weise entschieden, daß der Schuldner zwar berechtigt ist, den aufgewerteten Kapitalbetrag nebst den fälligen Zinsen auch schon vor dem 1. Januar 1932 zurückzuzahlen, jedoch nur unter Einhaltung einer dreimonatigen Kündigungsfrist (§ 25 Abs. 2). Der Kapitalbetrag muß dabei nach den zurzeit geltenden gesetzlichen Vorschriften, also in den Regelfällen auf 25 v. H., aufgewertet sein. Für Angebote, die vor Inkrafttreten des Aufwertungsgesetzes nach Maßgabe der Fassung der 3. StNVO. ohne Kündigungsfrist erfolgt sind, ist die Frage auch jetzt noch durch die Rechtsprechung zu entscheiden. — Die „fälligen Zinsen" sind die nach Maßgabe von § 28 geschuldeten, also die vom 1. Januar 1925 ab bis zum Tage der Zahlung zu den dort bestimmten Sätzen aufgelaufenen. Doch kann nach den Vorschriften der Art. 21, 22 DurchfVO. vom 29. November 1925 (Anhang XXVI), die in § 88 Abs. 2 Satz 2 AufwGes. ihre rechtliche Grundlage haben, der Schuldner (Eigentümer) in solchem Falle einen Zwischenzins abziehen, der bis auf weiteres auf der Grundlage von 9 v. H. jährlich zu berechnen ist.

Im Reichstagsausschusse wurde die Frage aufgeworfen (Bericht S. 43), ob die Befugnis des Eigentümers zur vorzeitigen Rückzahlung des Aufwertungsbetrags auch für die Fälle gelte, in denen nach Gesetz, Satzung oder Vertrag völlige oder zeitlich beschränkte Unkündbarkeit bestimmt sei. Die Frage wurde dort (von wem, ist nicht ersichtlich) bejaht. Das dürfte aber nicht richtig sein. Die Vorschrift des Abs. 2 hat nur die Bedeutung klarzustellen, ob und in welcher Weise die in Abs. 1 vorgesehene Stundung auch zugunsten des Gläubigers wirke. Ein durch anderweite Bestimmungen zugunsten des Gläubigers oder des Schuldners begründeter Ausschluß der Fälligkeit über den 1. Januar 1932 hinaus wird durch § 25 überhaupt nicht berührt (vgl. Anm. 5). Es würde weit über den Zweck der Aufwertungsgesetzgebung hinausgehen und kann dem Gesetze nicht unterstellt werden, daß es weiter als erforderlich in Vereinbarungen oder gesetzliche Vorschriften über Fälligkeit und Kündigungsbefugnis eingreifen und feststehende Kreditverhältnisse erschüttern wollte. Eine solche Absicht würde, wenn sie bestanden haben sollte, keinenfalls im Gesetze hinreichenden Ausdruck gefunden haben.

§ 26.

(1) Wenn es mit Rücksicht auf die wirtschaftliche Lage des Eigentümers oder des Schuldners zur Abwendung einer groben Unbilligkeit unabweisbar erscheint, kann die Aufwertungsstelle auf seinen Antrag[2] anordnen, daß der Aufwertungsbetrag in Teilbeträgen, jedoch spätestens bis zum 1. Januar 1938, zu zahlen ist; die Aufwertungsstelle kann dabei bestimmen, daß schon vom 1. Januar 1930 ab Zahlungen zu leisten sind[1].

(2) Der Antrag ist nur bis zum 1. Januar 1927 zulässig. In den Fällen der §§ 203, 204, 206, 207 des Bürgerlichen Gesetzbuchs kann der Antrag noch drei Monate nach Fortfall des Hindernisses gestellt werden[3].

(3) Werden dem Eigentümer oder dem Schuldner von der Auf-

wertungsstelle Teilzahlungen gestattet, so ist dies auf Antrag des Eigentümers oder des Gäubigers in das Grundbuch einzutragen[3].

1. Das Aufwertungsgesetz hat das den Schuldnern durch die 3. StNVO. gewährte Moratorium noch erheblich erweitert durch Eröffnung der Möglichkeit für sie, die aufgewerteten Kapitalbeträge nicht auf einmal am 1. Januar 1932 zahlen zu müssen, sondern sie von da ab in Teilbeträgen berichtigen zu können auf Grund einer Anordnung der Aufwertungsstelle, welche die Zahlung in Teilbeträgen bis spätestens zum 1. Januar 1938 gestatten kann (die Regierungsvorlage hatte 1935, der Reichsrat 1945 [!] vorgeschlagen). Dabei kann, um einen gewissen Ausgleich zu schaffen, der Anfangstermin der Teilzahlungen vor den normalen Rückzahlungstermin, nämlich bis zum 1. Januar 1930 zurückverlegt werden (Abs. 1 Halbsatz 2); auch findet eine Erhöhung des Zinssatzes statt (§ 28 Abs. 1 Satz 3; vgl. Anm. 2 dazu). Voraussetzung ist in materieller Beziehung, daß die wirtschaftliche Lage des Eigentümers oder des von diesem verschiedenen persönlichen Schuldners die Gestattung von Teilzahlungen als zur Abwendung einer groben Unbilligkeit unabweisbar erscheinen läßt. Diese strengere Formulierung, die der in § 8 (vgl. Anm. dazu) für die Herabsetzung der Aufwertung aufgestellten entspricht, ist an die Stelle der erheblich dehnbareren Formulierung getreten, die in der Regierungsvorlage (§ 5 Abs. 1 Satz 3) enthalten war und lediglich dahin ging, daß „die wirtschaftliche Lage des Schuldners es erfordere". Es wird nach der jetzigen Fassung auch die wirtschaftliche Lage des Gläubigers herangezogen und gefragt werden müssen, ob mit Rücksicht auf sie es als „grobe Unbilligkeit" bezeichnet werden kann, wenn der Schuldner, obwohl auch er in mißlicher Lage ist, die Schuld nach mehrjähriger Stundung nun endlich am 1. Januar 1932 voll ausbezahlen soll.

2. In formeller Beziehung ist zur Anordnung von Teilzahlungen durch die Aufwertungsstelle ein **Antrag des Eigentümers oder des Schuldners** erforderlich. Ob jeder von ihnen den Antrag nur unter Hinweis auf seine eigenen Verhältnisse oder auch auf die des andern stellen kann, erscheint nach der Fassung der Vorschrift nicht unzweifelhaft. Mit Rücksicht darauf, daß in gewissen Fällen der Eigentümer vom Schuldner, in anderen der Schuldner vom Eigentümer Ersatz verlangen kann und in solchen Fällen die Forderung beziehungsweise die Hypothek auf den Zahlenden übergeht (§§ 1143, 1164 BGB.), kann jeder von ihnen ein Interesse daran haben, auch die Verhältnisse des anderen geltend zu machen und wird die Frage dementsprechend zu entscheiden sein. Jedenfalls aber muß, wenn mit Rücksicht auf die Verhältnisse des einen die Anordnung erfolgt das auch dem anderen zugute kommen. — Für die Stellung des Antrags bei der Aufwertungsstelle ist eine Ausschlußfrist bis zum 1. Januar 1927 gesetzt. Auch hier ist, wie in §§ 8, 12 die Hemmung der Ausschlußfrist in den Fällen vorgeschrieben, in denen nach den Vorschriften des BGB. die Verjährung gehemmt ist, und für solche Fälle eine Nachfrist von 3 Monaten von dem Fortfalle des Hindernisses ab gesetzt. Vgl. Näheres zu § 8 Anm. 2.

3. Die Gestattung von Teilzahlungen hat, wie die Aufwertung und als ein Bestandteil dieser, ohne in das Grundbuch eingetragen zu sein, dingliche Wirkung gegenüber Personen, die Rechte an dem Grundstück erwerben. Der Eigentümer kann sie also auch einem Rechtsnachfolger desjenigen Gläubigers, demgegenüber die Anordnung erwirkt worden ist, entgegensetzen. Das Grundbuch ist aber, solange die Eintragung nicht erfolgt, unrichtig. Es ist deshalb dem Eigentümer und dem Gläubiger (nicht dem persönlichen Schuldner) das Recht verliehen, die Eintragung der Gestattung in das Grundbuch herbeizuführen, und zwar sei es, daß dem Eigentümer oder dem Schuldner die Teilzahlungen gestattet sind. Auch hieraus ergibt sich, daß die dem einen gewährte Vergünstigung auch für den anderen wirksam ist (vgl. Anm. 1).

§ 27[1].

(1) Soweit die wirtschaftliche Lage des Gläubigers es dringend erfordert und der Eigentümer des belasteten Grundstücks oder der persönliche Schuldner hierdurch keine erhebliche Erschwerung seiner wirtschaftlichen Lage erleidet, kann die Aufwertungsstelle auf Antrag des Gläubigers anordnen, daß der Eigentümer oder der Schuldner frühestens vom 1. Januar 1926 ab den Aufwertungsbetrag ganz oder teilweise abzüglich eines Betrags für Zwischenzinsen, den die Aufwertungsstelle festsetzt, vorzeitig zu leisten hat[1]. Die Summe der angeordneten vorzeitigen Zahlungen darf innerhalb eines Jahres höchstens 10 v. H. des Aufwertungsbetrags erreichen und 1000 Reichsmark nicht übersteigen[1]. Zwischen der Bekanntmachung der Entscheidung der Aufwertungsstelle und dem ersten Zahlungstage müssen mindestens drei Monate liegen[1].

(2) Der Antrag ist nur bis zum 1. April 1926 zulässig[2]. In den Fällen der §§ 203, 204, 206, 207 des Bürgerlichen Gesetzbuchs kann der Antrag noch drei Monate nach Fortfall des Hindernisses gestellt werden[2]. Der Antrag kann nicht gestellt werden, wenn der Ertrag des belasteten Grundstücks durch eine Zwangswirtschaft zum Nachteil des Verpflichteten beschränkt worden ist[2].

(3) Diese Vorschriften finden keine Anwendung auf Forderungen, die der Gläubiger erst nach dem 13. Februar 1924 erworben hat; es sei denn, daß es sich um einen Rechtserwerb der im § 3 Abs. 1 Ziffer 2 bis 11 bezeichneten Art handelt[2].

1. Während die Regierungsvorlage auch in der Frage der Fälligkeit der Kapitalbeträge aufgewerteter Ansprüche Ausnahmen aus Billigkeitsrücksichten einseitig nur zugunsten des Schuldners vorsah (§ 26), wurde im Reichstagsausschusse auf Antrag des Abg. Emminger (Bericht S. 11 und 12) der jetzige § 27 eingefügt, der zur Vermeidung grober Unbilligkeiten, die sonst zu Lasten des Gläubigers eintreten könnten, zu dessen Gunsten dem Schuldner unter Umständen eine frühere Rückzahlungspflicht auferlegt. Dabei ist die Berücksichtigung der beiderseitigen wirtschaftlichen Lage nicht nur, wie in § 26 (vgl. Anm. 1), dem Sinne nach, sondern ausdrücklich vorgeschrieben, indem als Voraussetzung aufgestellt wird, daß a) die wirtschaftliche Lage des Gläubigers es dringend erfordert und b) der Eigentümer oder der persönliche Schuldner dadurch keine erhebliche Erschwerung seiner wirtschaftlichen Lage erleidet. Auch ist durch Begrenzung der bei Vorliegen dieser Voraussetzungen nach Ermessen der Aufwertungsstelle anzuordnenden früheren Rückzahlungspflicht nach Zeit und Höhe Vorsorge getroffen, daß der Eigentümer oder Schuldner nicht zu stark belastet werde. Es ist nämlich bestimmt, daß die Aufwertungsstelle die Leistung vorzeitiger (d. h. vor dem 1. Januar 1932 zu bewirkender) Zahlungen 1. frühestens vom 1. Januar 1926 ab, entweder ganz an diesem Tage oder zum Teil später, und 2. innerhalb eines Jahres nur im Betrage von höchstens 10 v. H. des Aufwertungsbetrages und 1000 Reichsmark anordnen darf; daß ferner für Zwischenzinsen ein Betrag abgezogen werden muß, den die Aufwertungsstelle festsetzt, und daß zwischen der Bekanntmachung der Entscheidung und dem ersten Zahlungstermine dem Eigentümer oder Schuldner eine Frist von min-

bestens 3 Monaten gelassen werden muß. Es sind danach im ganzen höchstens 60 v. H. des Aufwertungsbetrages und 6000 Reichsmark vorzeitig zu leisten. Namentlich diese letzteren ziffermäßig absolute Höchstgrenze wird in Fällen, wo es sich um größere Beträge handelt, durchaus hinderlich sein für eine der Billigkeit entsprechende Berücksichtigung der Bedürfnisse des Gläubigers und der Leistungsfähigkeit des Schuldners (Eigentümers).

2. In formeller Beziehung ist die Anordnung von einem Antrage des Gläubigers abhängig, der innerhalb einer bis zum 1. April 1926 laufenden Ausschlußfrist zu stellen ist (Abs. 2 Satz 1), jedoch nicht gestellt werden kann, wenn der Ertrag des belasteten Grundstücks durch eine Zwangswirtschaft zum Nachteil des Verpflichteten beschränkt worden ist (Abs. 2 Satz 3). Diese Vorschrift kann nach ihrer Fassung nur dahin verstanden werden, daß die vorzeitige Zahlung nicht nur während der Dauer der Zwangswirtschaft („solange, als der Ertrag usw. beschränkt worden ist"), sondern überhaupt nicht gestellt werden kann, wenn zu irgendeiner Zeit, gleichgültig, ob für längere oder kürzere Dauer, das Grundstück einer Zwangswirtschaft unterworfen war*). Für den gesamten Hausbesitz, auch wenn dessen Zwangsbewirtschaftung lange vor 1932 außer Kraft tritt, wird sonach eine vorzeitige Zahlungspflicht nicht begründet werden können. — Der Lauf der Frist wird auch hier wie in anderen Fällen, gehemmt durch solche Umstände, die eine Hemmung der Verjährung nach den Vorschriften des BGB. bewirken (vgl. Näheres zu § 8 Anm. 2) und es wird eine Nachfrist von drei Monaten gewährt.

3. Eine vorzeitige Zahlung kann nicht angeordnet werden, wenn der Gläubiger die Forderung erst nach dem 13. Februar 1924 — also unter der Herrschaft der 3. StNVO. — erworben hat, weil er dann bei dem Erwerbe mit der durch diese VO. bereits angeordneten Stundung rechnen konnte. Anders, wenn er die Forderung durch eine der in § 3 Abs. 1 Ziff. 2—11 aufgezählten Erwerbsarten erworben hat, bei welchen der Erwerb durch den Rechtsvorgänger, wie für die Berechnung des Goldmarkbetrages, so auch hier maßgebend sein soll.

2. Verzinsung und Tilgung[1]

§ 28.

(1) Der Aufwertungsbetrag ist bis zum 1. Januar 1925 unverzinslich[2]. Rückständige Zinsen gelten als erlassen[3]. Vom 1. Januar 1925 ab beträgt der Zinssatz 1,2 v. H., vom 1. Juli 1925 ab 2½ v. H., vom 1. Januar 1926 ab 3 v. H. und vom 1. Januar 1928 ab 5 v. H.[4]. Insoweit dem Eigentümer des belasteten Grundstücks oder dem persönlichen Schuldner über den 1. Januar 1932 hinaus Stundung bewilligt ist, erhöht sich der Zinssatz um einen Betrag, den die Reichsregierung unter Berücksichtigung der allgemeinen Wirtschaftslage bestimmt[5].

(2) Wird die Hypothek infolge Aufwertung kraft Rückwirkung wieder eingetragen, so beginnt die Verzinsung erst mit dem Beginne des auf die Wiedereintragung folgenden Kalendervierteljahrs[6].

---

*) Daß das der Sinn der Bestimmung ist, ergibt sich auch aus der erst in der dritten Lesung erfolgten Änderung der früheren Fassung, nach welcher der Antrag nach Ablauf eines Jahres seit Beendigung der Zwangswirtschaft zulässig sein sollte (Bericht S. 11, 57, 82, 109).

1. Unter „Tilgung“ versteht das Gesetz nicht die in einem Male oder auch in mehreren Raten erfolgende Leistung des geschuldeten Geldbetrages — diese nennt es „Rückzahlung“ —, sondern die allmähliche Abtragung durch in bestimmten Perioden wiederkehrende Leistungen im Anschlusse an die Zinszahlungen in Hundertsätzen vom Kapitalbetrage (Tilgungsbeträge, Amortisation). Vgl. § 29.

2. Die vertragsmäßige oder gesetzliche Verpflichtung zur Verzinsung des Kapitals war schon durch die 3. StNVO. (§ 5 Abs. 2 Satz 1) bis zum 31. Dezember 1924 aufgeschoben. Die Vorschrift des § 28 Abs. 1 Satz 1 bringt daher nichts Neues. Durch die Nennung des 1. Januar 1925 an Stelle des 31. Dezember 1924 hat eine sachliche Änderung wohl nicht geschaffen werden sollen; das Wortpaar „bis zum“ ist hier in dem Sinne gebraucht, daß es den in Verbindung mit ihm genannten Tag nicht einschließt, was schon daher zu vermuten ist, daß dieser Tag den Beginn eines neuen Zeitabschnittes bedeutet. Auch sonst braucht das Gesetz das Wortpaar „bis zum“ meistens gleichbedeutend mit „vor dem“ (§§ 15 Abs. 1 Satz 1, 16 Abs. 1 Satz 1 usw.; anders nur in § 22 Abs. 3). — „Rückständige Zinsen“ sind diejenigen, die bis zum 1. Januar 1925 entstanden waren und seitdem nicht bezahlt sind; hinsichtlich ihrer stellt das Gesetz eine Rechtsvermutung (Fiktion) des Erlasses auf. Die Verzinslichkeit hat wieder begonnen mit dem 1. Januar 1925 zum Satze von 1,2 vom Hundert; vom 1. Juli 1925 ab beträgt sie 2½ v. H., vom 1. Januar 1926 ab 3 v. H. und bleibt auf diesem Satze stehen bis zum 1. Januar 1928; von da ab beträgt sie 5 v. H. Eine Erhöhung über 5 v. H. tritt nicht ein, auch wenn ein höherer Zinsfuß für die Forderung vor der Aufwertung gesetzlich oder vertragsmäßig begründet war. Nur im Falle der gesetzlichen Stundung über den 1. Januar 1932 hinaus (§ 26) ist ein über 5 v. H. hinausgehender Zinssatz zu zahlen, den die Reichsregierung „unter Berücksichtigung der allgemeinen Wirtschaftslage“ bestimmen soll. Bleiben die Kreditverhältnisse nur einigermaßen so, wie sie sich bisher entwickelt und im Verkehr zu einem erheblich höheren Zinssatze geführt haben, so erwächst den Schuldnern aus dem bis zur Fälligkeit im Jahre 1932 auf nicht mehr als 5 v. H. ansteigenden Zinssatze ein weiterer, sehr erheblicher Vorteil, der die den Gläubigern zugebilligte Aufwertung beeinträchtigt und die Verwertung ihrer Hypotheken (vgl. Anm. 2 zu § 25) erschwert. — Die Zinsen sind zahlbar zu den durch Gesetz, Satzung oder Vertrag bis zur Aufwertung in Geltung gewesenen periodischen Terminen. Seit dem 1. Januar 1925 war auch schon nach der 3. StNVO. bereits wieder Verzinslichkeit (und zwar zu höherem Zinssatze als nach dem Aufwertungsgesetze) eingetreten und sind die seitdem laufenden Zinsen an den dafür bestimmten Terminen auch schon vor dem Inkrafttreten des Gesetzes fällig geworden; es ist deshalb die in der Presse (Frankf. Ztg. vom 30. Juli 1925) vertretene Meinung unrichtig, daß der Zahlungstermin für die im ersten Halbjahr 1925 aufgelaufenen Zinsen erst nach Inkrafttreten des Aufwertungsgesetzes, und zwar am 1. August 1925 eingetreten sei. Doch sind diese Zinsen durch das Aufwertungsgesetz rückwirkend auf 1,2 v. H. ermäßigt worden.

3. Auch für „nach Bewirkung der Leistung“ mit oder ohne Vorbehalt aufgewertete Hypotheken (§§ 14, 15) ist für den nicht bezahlten Rest des Aufwertungsbetrags (vgl. Anm. 4 zu § 18) die Verzinsung wieder in Kraft getreten; sind sie aber gelöscht, so ist das dingliche Recht erloschen und kann deshalb für die Zwischenzeit bis zur Wiedereintragung von dem Eigentümer Verzinsung nicht verlangt werden. Darüber hinaus bestimmt aber Absatz 2, daß die Verzinsung erst mit dem Beginn des auf die Wiedereintragung folgenden Kalendervierteljahres beginnen soll. Ob aus dieser Bestimmung zu folgern ist, daß auch die Verzinsung der persönlichen Forderung mit der Löschung der Hypothek aufgehört hat und erst mit dem bezeichneten Zeitpunkte wieder beginnt, erscheint zweifelhaft. Das Gesetz versteht keineswegs ausnahmslos unter „Hypothek“ auch die durch sie gesicherte Forderung mit (vgl. z. B. § 4, § 9; anders in der Überschrift zum zweiten Abschnitte). Es besteht deshalb keine

Notwendigkeit, anzunehmen, daß § 28 Abs. 2 sich auch auf die persönliche Forderung beziehe. Diese ist in ihrem Bestande durch die Löschung des dinglichen Rechts (der Hypothek) nicht berührt; deshalb wird anzunehmen sein, daß ungeachtet dieser Löschung die Verzinsung der persönlichen Fordberung mit dem 1. Januar 1925 wieder begonnen hat.

§ 29.

Die Verpflichtung zur Leistung von Tilgungsbeträgen[1] ruht bis zum 1. Januar 1926[1]. Auf Antrag des Gläubigers kann die Aufwertungsstelle, falls nicht die wirtschaftliche Lage des Eigentümers des belasteten Grundstücks oder des persönlichen Schuldners es untunlich erscheinen lassen, bestimmen, daß ein höherer als der vereinbarte Tilgungssatz zu leisten ist[2]. Ist der Ertrag des belasteten Grundstücks durch eine Zwangswirtschaft zum Nachteil des Verpflichteten beschränkt worden, so ist der Antrag erst nach Ablauf eines Jahres seit Beendigung der Zwangswirtschaft zulässig[2].

1. „Tilgungsbeträge" (Amortisationsquoten) vgl. Anm. 1 vor § 28. Sie stellen sachlich zwar Leistungen auf das Kapital dar, werden aber wegen ihrer Verbindung mit den Zinsen, mit denen gleichzeitig sie in Form eines prozentualen Zuschlags zu ihnen periodisch zahlbar sind, nicht mit dem Kapital aufgewertet und wie dieses gestundet, sondern unterliegen besonderen Vorschriften (§ 29). Danach ruht die Verpflichtung, solche Beträge zu leisten, bis zum 1. Januar 1926; von diesem Tage ab werden wieder Amortisationsbeträge periodisch mit den Zinsen fällig.

2. Als Ersatz für die ausgefallenen Amortisationsbeträge kann die Aufwertungsstelle auf Antrag des Gläubigers anordnen, daß von da ab ein höherer als der vereinbarte Tilgungssatz zu leisten ist so daß die Tilgung des Kapitals nicht verzögert wird. Die Anordnung ist jedoch nicht zulässig, wenn die wirtschaftliche Lage des Eigentümers oder des persönlichen Schuldners (also auch nur eines von ihnen, vgl. Anm. 1 zu § 26) eine solche Maßnahme als untunlich erscheinen läßt. War das Grundstück einer Zwangswirtschaft unterworfen, so ist der Antrag auf erhöhte Tilgungsbeträge nicht, wie im Falle des § 27 Abs. 2 Satz 2 der Antrag auf vorzeitige Kapitalzahlung, überhaupt, sondern nur innerhalb eines Jahres nach Beendigung der Zwangswirtschaft unzulässig. Ob diese Abweichung, für die ein innerer Grund nicht ersichtlich ist, beabsichtigt oder nur aus Versehen hier die frühere Fassung stehen geblieben ist, läßt sich nicht feststellen.

§ 30.

(1) Reicht der Ertrag eines der Zwangswirtschaft unterliegenden Grundstücks zur Befriedigung des Anspruchs des Gläubigers auf Leistung der Zins- und Tilgungsbeträge nicht aus, weil Miets- oder Pachtzinszahlungen ausgeblieben sind, und kann in Anbetracht der Vorschriften über die Zwangswirtschaft durch eine anderweitige Vermietung oder Verpachtung der Ausfall nicht rechtzeitig gedeckt werden, so kann auf Antrag des Eigentümers die Zwangsversteigerung durch das Gericht für die Dauer von längstens sechs Monaten eingestellt werden, sofern dies zur Abwendung einer unbilligen Härte erforderlich erscheint[1]. Die Parteien haben die tatsächlichen Behauptungen glaubhaft zu machen[2].

(2) Die Einstellung ist auch vor der Anordnung der Versteigerung zulässig. Sie kann mehrfach erfolgen².

(3) Erfolgt die Einstellung des Verfahrens nach der Anordnung der Versteigerung, so ist der Beschluß allen Beteiligten (§ 9 des Gesetzes über die Zwangsversteigerung und die Zwangsverwaltung) zuzustellen².

(4) Wird die Zwangsversteigerung eingestellt, so beginnt die im § 31 Abs. 2 des Gesetzes über die Zwangsversteigerung und die Zwangsverwaltung vorgesehene Frist erst mit dem Ablauf der Frist, für deren Dauer die Einstellung angeordnet ist³.

1. Der auf Antrag des Vertreters der Wirtschaftsparteien bei der dritten Lesung des Gesetzes im Reichstagsausschusse hinzugefügte § 30 ist, wie die Bestimmungen in den §§ 27 Abs. 2 Satz 2 und 29 Satz 2, dem Bedürfnisse entsprungen, auf die schwierige Lage, in die der Hausbesitz durch die Zwangsbewirtschaftung geraten ist, auch beim Verzuge des Schuldners mit der Verzinsungs- und Tilgungspflicht Rücksicht zu nehmen (Bericht S. 44). Deshalb ist dem Eigentümer die Möglichkeit gegeben, die Einstellung eines eingeleiteten Zwangsversteigerungsverfahrens*) durch das Gericht (Vollstreckungsgericht) auf die Dauer von höchstens 6 Monaten auf seinen Antrag unter gewissen Voraussetzunge herbeizuführen. Diese Voraussetzungen sind: a) daß das Grundstück der Zwangswirtschaft unterliegt und daß sein Ertrag zur Befriedigung des Anspruchs des Gläubigers auf Leistung der Zins- und Tilgungsbeträge um deswillen nicht ausreicht, weil Miet- oder Pachtzinszahlungen ausgeblieben sind und infolge der Vorschriften über die Zwangswirtschaft, welche die Kündigung des Vermieters und die zwangsweise Ausweisung des mit der Zahlung säumigen Mieters erschweren, der Ausfall nicht rechtzeitig durch anderweite Vermietung oder Verpachtung gedeckt werden konnte. Dazu muß aber weiter noch kommen, b) daß die Einstellung zur Abwendung einer unbilligen Härte erforderlich erscheint. Das wird nicht der Fall sein, wenn der Eigentümer in der Lage ist, anderweite Mittel zur Befriedigung des Gläubigers zu beschaffen.

2. Für das Verfahren sind mehrere Abweichungen von bzw. Ergänzungen zu dem Zwangsversteigerungsgesetze vorgeschrieben, nämlich: a) daß die Parteien die tatsächlichen Behauptungen glaubhaft zu machen haben (Abs. 1 Satz 2), also sowohl der Eigentümer die von ihm zur Begründung seines Antrags vorgebrachten wie auch der Gläubiger seine etwaigen Gegenbehauptungen. Ferner b) daß die Einstellung auch vor der Anordnung der Versteigerung, mit der das gerichtliche Verfahren beginnt, also sobald der Antrag des die Zwangsversteigerung betreibenden Gläubigers gestellt ist, erfolgen kann, sowie daß sie mehrmals erfolgen kann, sei es dem gleichen oder anderen Gläubigern gegenüber; sodann c) für die Zustellung des Einstellungsbeschlusses, die an alle Beteiligten erfolgen soll (dabei ist auf § 9 ZwVerstGes. Bezug genommen, wo angegeben ist, welche Personen außer dem Gläubiger und dem Schuldner als Beteiligte in dem Zwangsversteigerungs-

*) Die hier vorausgesetzte Einleitung eines Zwangsversteigerungsverfahrens kann erfolgt sein auf Grund eines vollstreckbaren Urteils oder einer Urkunde im Sinne des § 794 Abs. 1 Nr. 5 ZPO., in welcher der Eigentümer sich der sofortigen Zwangsvollstreckung aus der Hypothek unterworfen hat und von welcher eine vollstreckbare Ausfertigung über den Aufwertungsbetrag nach Maßgabe der in Art. 24 DurchfVO. vom 29. November 1925 (Anhang XXVI) getroffenen Vorschriften erteilt ist.

verfahren gelten); schließlich d) daß die (in § 31 Abs. 2 ZwVerstGes. bestimmte) Frist, innerhalb welcher nach einer einstweiligen Einstellung der Antrag des Gläubigers auf Fortsetzung des Verfahrens zur Vermeidung seiner Aufhebung gestellt sein muß, nicht mit dem Einstellungsbeschlusse beginnt, sondern erst mit dem Ablauf der Frist, für deren Dauer die Einstellung angeordnet ist. Es ist daraus zu folgern, daß der Beschluß, durch welchen die Einstellung angeordnet wird, die Dauer der Einstellung zu bestimmen hat; fehlt eine solche Bestimmung, so wird anzunehmen sein, daß die Einstellung auf die zulässige Höchstdauer von 6 Monaten erfolgt ist.

Dritter Abschnitt

Aufwertung von Grundschulden, Rentenschulden und Reallasten, Schiffs- und Bahnpfandrechten[1]

I. Grundschulden, Rentenschulden und Reallasten

§ 31.

(1) Auf Grundschulden finden die Vorschriften der §§ 4 bis 8 und der §§ 14 bis 30 entsprechende Anwendung[2, 3]. Dasselbe gilt hinsichtlich der §§ 4 bis 8 und der §§ 14 bis 24 für Rentenschulden und Reallasten[4]; für Reallasten jedoch mit der Maßgabe, daß die Eintragung der Aufwertung (§ 6) nicht verlangt werden kann, wenn die Eintragung der Reallast unterblieben war[5].

(2) Wiederkehrende Leistungen, die auf Grund einer Rentenschuld oder einer Reallast geschuldet werden, sind im Jahre 1925 mit 40 v. H., vom 1. Januar 1926 ab mit 60 v. H. und vom 1. Januar 1928 ab in voller Höhe des Aufwertungsbetrags der Jahresleistung zu bewirken. Rückständige Leistungen gelten als erlassen[6].

1. Die Aufwertung der in der Überschrift zum dritten Abschnitt bezeichneten dinglichen Rechte war in der 3. StNVO. nicht nur sachlich entsprechend, sondern auch in räumlichem Zusammenhange mit der Aufwertung der Hypotheken geregelt, nämlich in § 2, dessen Gegenstand die Aufwertung von Ansprüchen aus Vermögensanlagen „der in § 1 Abs. 2 Ziffer 1—3 bezeichneten Art" war. Das Aufwertungsgesetz hat sowohl der besseren Übersicht wegen, wie auch wohl aus sachlichen Gründen (da nicht alle für die Hypotheken getroffenen Vorschriften auf die übrigen, in der juristischen Struktur von der Hypothek verschiedenen Rechte anwendbar sind; vgl. Anm. 2) die Regelung räumlich getrennt, indem es im Abschnitt 2 die Hypotheken, in Abschnitt 3 die übrigen dinglichen Rechte behandelt.

2. **Grundschuld**; § 1191 BGB. Sie ist, wie die Hypothek (vgl. zu § 4 Anm. 2) eine dingliche Belastung eines Grundstücks, kraft deren aus dem Grundstücke eine bestimmte Geldsumme an denjenigen, zu dessen Gunsten die Belastung erfolgt (den Gläubiger) zu zahlen ist. Sie unterscheidet sich aber von der Hypothek dadurch, daß sie eine Forderung nicht voraussetzt. Deshalb schreibt § 1192 BGB. vor, daß die Vorschriften über die Hypothek auf die Grundschuld entsprechende Anwendung finden, soweit sich nicht ein anderes aus der eben bezeichneten Verschiedenheit ergibt. Das Aufwertungsgesetz zählt die zur entsprechenden Anwendung geeigneten Vor-

schriften einzeln auf; es sind die Paragraphen, die sich auf die Aufwertung des dinglichen Rechts (§§ 4—8), auf die Aufwertung bei Vorbehalt der Rechte und Rückwirkung (§§ 14—24) und auf die Rückzahlung, Verzinsung und Tilgung des Aufwertungsbetrags beziehen (§§ 25—30), während die Vorschriften, welche die Aufwertung der dinglich gesicherten persönlichen Forderung betreffen (§§ 9 bis 13), auf die Grundschuld ihrer rechtlichen Natur nach keine Anwendung finden können. Allerdings kann auch die Grundschuld zu einer Forderung in Beziehung gesetzt sein; sie kann und wird sogar in der Regel insbesondere zur Sicherung einer Forderung dienen; aber sachenrechtlich ist das Entstehen und das Fortbestehen der Grundschuld von dem Bestehen der Forderung gänzlich unabhängig; sie bildet kein Akzessorium der Forderung; das Nichtbestehen der letzteren erzeugt nur einen schuldrechtlichen (Vertrags- oder Bereicherungs-) Anspruch des Eigentümers gegen den Grundschuldgläubiger auf Rückgabe bzw. Nichtgeltendmachung der Grundschuld. Vgl. RGRKomm. zu § 1191 Anm. 1. Dementsprechend setzt auch das Aufwertungsgesetz die Aufwertung der Forderung nicht in Beziehung zur Aufwertung der Grundschuld, die etwa zu ihrer Sicherung dient; die Aufwertung der ersteren erfolgt vielmehr lediglich nach den für schuldrechtliche Ansprüche ihrer Art geltenden Vorschriften. Sie wird sonach nicht „nach Maßgabe der für das dingliche Recht geltenden Vorschriften der §§ 4, 5, 8" aufgewertet (§ 9); auch die Vorschriften der §§ 10—12 über ausnahmsweise Abweichungen von dem normalen Höchstsatze bei durch Hypothek gesicherten Forderungen finden auf sie keine Anwendung. Eine andere Frage ist, ob die Forderung dadurch, daß sie durch eine Grundschuld gesichert ist, sich als Vermögensanlage im Sinne des § 63 darstellt, deren Aufwertung zwar nach allgemeinen Vorschriften (§ 62) erfolgt, aber den Satz von 25 v. H. nicht übersteigen darf, (§ 63). Die Frage wird, wenn es sich um eine Darlehensforderung handelt, in der Regel zu bejahen sein. Handelt es sich dagegen um eine der in § 63 Abs. 2 und 3 bezeichneten Forderungsarten, insbesondere um Forderungen aus gegenseitigen Verträgen, die nicht als Vermögensanlagen gelten, so werden sie auch dadurch nicht zu Vermögensanlagen, daß eine Grundschuld zu ihrer Sicherung dient. Daraus ergibt sich, daß Kaufgeldforderungen für das mit der Grundschuld belastete Grundstück unbeschränkt nach allgemeinen Vorschriften aufgewertet werden können, ohne die für hypothekarisch gesicherte Kaufgeldforderungen in § 10 Abs. 1 Ziff. 5 und Abs. 2 (vgl. Anm. 2b zu § 10) gemachten Einschränkungen. — Zweifelhaft könnte andererseits auf den ersten Blick erscheinen, ob die Aufwertung einer Grundschuld, ebenso wie die einer Hypothek (§ 4), von der Aufwertung der durch sie gesicherten Forderung derart abhängig ist, daß sie nicht höher aufgewertet werden kann als diese. Die Frage dürfte zu verneinen sein. Im § 31 ist nur die entsprechende Anwendung der bezeichneten Paragraphen vorgeschrieben, also nur derjenigen darin enthaltenen Vorschriften, die sich zur entsprechenden (d. h. in der Ähnlichkeit des Rechtsverhältnisses begründeten) Anwendung eignen. Das ist bei der Vorschrift in Halbsatz 2 des § 4 eben nicht der Fall, weil die Beziehung der Grundschuld zur Forderung der der Hypothek zur Forderung nicht rechtsähnlich ist. Die Aufwertung der Grundschuld wird sonach nicht auf das Maß, in welchem die etwa durch sie gesicherte Forderung aufgewertet wird, zu beschränken sein. Das ergibt sich auch aus der Reichstagsvorlage, wo bei der gemeinsamen Regelung der dinglichen Rechte in § 2 Abs. 1 Satz 5 der Regierungsfassung (Satz 2 der Reichsratsfassung) die hier in Frage stehende Bestimmung ausdrücklich auf Hypotheken, Schiffspfandrechte und Bahnpfandrechte beschränkt ist, Grundschulden also ausgeschlossen sind. Eine sachliche Änderung sollte durch die systematische Umstellung in diesem Punkte sicherlich nicht vorgenommen werden.

3. In gleicher Weise sind auch die übrigen Vorschriften des zweiten Abschnitts auf die Aufwertung der Grundschuld nur entsprechend anzuwenden. Eine solche Anwendung wird zu folgendem Ergebnisse führen: Anwendbar ist § 4 Halbsatz 1:

Grundschulden werden wie Hypotheken auf 25 v. H. aufgewertet. Ebenso § 5: für die Berechnung des Goldmarkbetrags Vermutung des Erwerbs der Grundschuld am Tage der Eintragung, bei Abtretungen am Tage der Ausstellung der Abtretungsurkunde (Abs. 1); Außerachtlassung gewisser Änderungen dabei (Abs. 2). Dagegen nicht anwendbar Abs. 3, da er auf den besonderen Beziehungen der Hypothek zu den durch sie gesicherten Forderungen (aus Inhaber- oder Orderpapieren) beruht; vgl. auch § 11 Satz 2 der Reichstagsvorlage, wo die entsprechende Bestimmung ausdrücklich auf die Hypothek beschränkt ist. Anwendbar ferner § 6 für den Rang der aufgewerteten Grundschuld; § 7 (der übrigens schon seinem Wortlaute nach sich nicht nur auf die Hypothek, sondern auch auf andere aufgewertete [dingliche] Rechte bezieht) für den Rangvorbehalt zugunsten des Eigentümers; § 8 für die Herabsetzung der Aufwertung. Sodann die Vorschriften über Aufwertung bei Vorbehalt der Rechte und kraft Rückwirkung (§§ 14—24), jedoch nur soweit sie die Aufwertung des dinglichen Rechts gegenüber dem Eigentümer betreffen, da eine Forderung bei der Grundschuld sachenrechtlich nicht in Betracht kommt; in der gleichen Weise die Vorschriften über Rückzahlung, Verzinsung und Tilgung des dinglichen Rechts durch den Eigentümer (§§ 25—30)*).

4. **Die Rentenschuld** (§ 1199 BGB.) ist eine Grundschuld, bei welcher die Geldsumme in regelmäßig wiederkehrenden Terminen aus dem Grundstücke zu zahlen ist. — Die Reallast (§ 1105 BGB.) ist eine Belastung des Grundstücks in der Weise, daß an denjenigen, zu dessen Gunsten sie erfolgt, wiederkehrende Leistungen, die nicht in der Zahlung von bestimmten Geldsummen zu bestehen brauchen, sondern jeden erlaubten Inhalt haben können, aus dem Grundstücke zu entrichten sind; doch kann auch eine auf Leistung bestimmter Geldsummen gerichtete Belastung, soweit nicht landesgesetzliche Vorschriften entgegenstehen (Art. 115 EG. z. BGB.) als Reallast bestellt werden. Nur auf diese Art von Reallasten bezieht sich das Aufwertungsgesetz, da es nur Ansprüche betrifft, die die Zahlung bestimmter Geldsummen zum Gegenstande haben (§ 1). — Auf Rentenschulden und Reallasten finden die §§ 4—8 und 14—24 in der gleichen Weise entsprechende Anwendung, wie auf Grundschulden (Anm. 2, 3); dagegen nicht die §§ 25—30, welche die Rückzahlung, Verzinsung und Tilgung betreffen; diese Vorgänge sind für die Rentenschuld und die Reallast besonders geregelt in Abs. 2 des § 31; vgl. Anm. 6.

5. Für die Reallasten ist außerdem eine Abweichung insofern bestimmt, als die Eintragung der Aufwertung gemäß § 6 Abs. 1 Satz 2 nicht verlangt werden kann, wenn die Eintragung der Reallast unterblieben war. In der Reichstagsvorlage war die Eintragung der Aufwertung für alle dinglichen Rechte nur zugelassen, wenn das aufgewertete Recht eingetragen sei (§ 2 Abs. 5 Satz 2); das Gesetz enthält diese Bestimmung nur noch für Reallasten, weil die anderen dinglichen Rechte zu ihrer Entstehung der Eintragung ausnahmslos bedürfen, während Reallasten, wenn auch ohne Wirkung Dritten gegenüber, nach landesrechtlichen Vorschriften auch ohne Eintragung bestehen können (RGRKomm. zu § 1105 Anm. 1); bei solchen nicht eingetragenen Reallasten soll auch die Aufwertung nicht eingetragen werden.

6. **Wiederkehrende Leistungen, die auf Grund einer Rentenschuld oder einer Reallast geschuldet werden,** bilden nach der Natur dieser Rechte die Hauptleistung,

---

*) Durch die Art. 27, 28 der DurchfVO. vom 29. November 1925 (Anhang XXVI) sind auch die Vorschriften dieser Verordnung über die Aufwertung von Hypotheken (Abschnitt I), soweit sie sich zur Anwendung auf die übrigen dinglichen Rechte eignen (Artt. 1—8, 16—26 VO.), für entsprechend anwendbar erklärt.

da Kapitalzahlungen bei ihnen nicht geschuldet werden. Das Gesetz gewährt aber bei ihnen nicht, wie bei den Kapitalbeträgen, die bei anderen Rechten die Hauptleistung bilden, eine langjährige Stundung, sondern regelt die Zahlung der aufgewerteten Beträge in ähnlicher Weise wie bei den anderen Rechten die Zahlung der Zinsen und Tilgungsbeträge geregelt ist (vgl. §§ 28, 29). Danach sind die aufgewerteten Leistungen in steigenden Hundertsätzen ihres Aufwertungsbetrages zu bewirken, und zwar im Jahre 1925 mit 40, vom 1. Januar 1926 ab mit 60 v. H., vom 1. Januar 1928 ab in voller Höhe der Jahresleistung. Die Reichstagsvorlage hatte erheblich höhere und rascher ansteigende Sätze vorgeschlagen (1925 70 v. H., von 1926 ab 100 v. H., § 5 Abs. 3); die Kompromißparteien des Reichstagsausschusses haben hier, wie bei der Verzinsung der Kapitalrechte, die jährlichen Leistungen zuungunsten der Rentengläubiger, die gerade bei solchen Ansprüchen vielfach auf die Renten als hauptsächlichen Lebensunterhalt angewiesen sein werden, erheblich herabgesetzt, ohne Gründe dafür anzugeben (Bericht S. 13, 57). — Für die „rückständigen", d. h. die bis 1. Januar 1925 verfallenen und bis dahin nicht bezahlten, Beträge tritt auch hier die Fiktion eines Erlasses ein.

II. Schiffs- und Bahnpfandrechte

§ 32.

Auf Pfandrechte an im Schiffsregister eingetragenen Schiffen[1] und an Bahneinheiten[2] sowie auf die durch Schiffspfandrecht oder Bahnpfandrecht gesicherten Forderungen[3] finden die Vorschriften der §§ 4 bis 6 und der §§ 8 bis 30 entsprechende Anwendung[4].

1. **Pfandrechte an im Schiffsregister eingetragenen Schiffen;** Für Seeschiffe ist durch §§ 4ff. des Gesetzes über das Flaggenrecht der Kauffahrteischiffe vom 22. Juni 1899 (RGBl. 319), für Binnenschiffe durch §§ 119ff. des Gesetzes über die privatrechtlichen Verhältnisse der Binnenschiffahrt vom 15. Juni 1895 in der Fassung der Bekanntmachung vom 20. Mai 1898 (RGBl. 868) ein Schiffsregister eingeführt. Die Pfandrechte an den in diesen Registern eingetragenen Schiffen sind durch die §§ 1259 bis 1272 BGB. geregelt als dingliche Belastungen beweglicher Sachen zur Sicherung einer Forderung in der Weise, daß der Gläubiger berechtigt ist, Befriedigung aus dem Schiffe zu suchen (§ 1204 BGB.), aber mit der Besonderheit, daß es einer Übertragung des Besitzes an den Gläubiger nicht bedarf — also kein Faustpfand, sondern entsprechend der Hypothek an einem Grundstücke — und daß es zur Entstehung des Pfandrechts der Eintragung desselben in das Schiffsregister bedarf. In der Eintragung müssen der Gläubiger, der Geldbetrag der Forderung und, wenn die Forderung verzinslich ist, der Zinssatz angegeben, im übrigen kann auf die Eintragungsbewilligung Bezug genommen werden (§ 1260 BGB.). Im Unterschiede von der Hypothek ist anzunehmen, daß die Forderung keine Geldforderung zu sein braucht; ist dies nicht der Fall, so muß bei der Eintragung der Betrag in Geld veranschlagt werden (Komm. v. RGR. zu § 1260 Anm. 5). Schon früher waren sogenannte *Valutaschiffspfandrechte* üblich, namentlich für holländische Gläubiger in der Form eines zu dem in Mark eingetragenen Geldbetrage des Darlehenspfandrechts hinzutretenden *Sicherungspfandrechts zum Höchstbetrage von x Mark für die etwaigen Ansprüche aus einer Veränderung des Kurses der holländischen Währung* (vgl. darüber JurWoch. 1920 S. 370 und 634). Auch solche Sicherungspfandrechte fallen unter die Aufwertungsvorschriften des Gesetzes, da sie in deutscher Währung eingetragen sind. Durch die Gesetze vom 26. Januar 1923 (RGBl. 90) und vom 29. März 1923 (RGBl. 232) ist die Umwandlung bestehender

Schiffspfandrechte sowie die Neueintragung von solchen in ausländischer Währung unter gewissen Voraussetzungen (Zustimmung der obersten Landesbehörde) gestattet worden, wenn die durch das Schiffspfandrecht gesicherte Forderung auf ausländische Währung lautet. So eingetragene Schiffspfandrechte unterliegen, da sie keine in Reichswährung ausgedrückte Geldsumme zum Gegenstande haben (§ 1 Abs. 1), nicht den Bestimmungen des Gesetzes.

2. **Pfandrechte an Bahneinheiten.** Nach Art. 112 EG. z. BGB. sind die landesrechtlichen Vorschriften über die Behandlung der einem Eisenbahn- oder Kleinbahnunternehmen gewidmeten Grundstücke und sonstigen Vermögensgegenstände als Einheit (Bahneinheit) unberührt geblieben. Solche Vorschriften sind für Preußen durch das Gesetz vom 19. August 1895 (GS. S. 499), abgeändert durch Gesetz vom 11. Juni 1902 (GS. S. 215), gegeben. Danach wird die Bahneinheit in ein Bahngrundbuch eingetragen (§ 8), und es gelten für sie die sich auf Grundstücke beziehenden Vorschriften des BGB. (§ 16). Sie können also mit Hypotheken, Grundschulden, Rentenschulden und Reallasten dinglich belastet werden. Es können aber auch Bahnpfandschulden ohne Bezeichnung des Gläubigers im Bahngrundbuche eingetragen werden, wenn die Schuld in Teile zerlegt und die Genehmigung zur Ausstellung von Teilschuldverschreibungen auf den Inhaber erteilt ist (§ 20).

3. Schiffs- und Bahnpfandrechte sind, wie die Hypothek, akzessorische Rechte, deren Natur darin besteht, daß sie zur Sicherung einer Forderung dienen in der Weise, daß der Gläubiger für diese Forderung Befriedigung aus dem Schiffe bzw. der Bahneinheit suchen kann. Sie bestehen nicht ohne die Forderung und gehen unter, wenn diese erlischt. Wegen dieses engen Zusammenhanges zwischen Pfandrecht und Forderung finden, anders wie bei Grundschulden (vgl. zu § 31 Anm. 2), nicht nur die Vorschriften des Gesetzes über die Aufwertung des dinglichen Rechts bei Hypotheken mit der unten noch zu erwähnenden Ausnahme auf das dingliche Recht bei solchen Pfandrechten, sondern auch die Vorschriften über die Aufwertung der persönlichen Forderung bei Hypotheken auf die durch solche Pfandrechte gesicherte Forderung entsprechende Anwendung.

4. § 32 führt als entsprechend anwendbar die §§ 4 bis 6 und 8 bis 30 auf. Ausgelassen ist dabei der § 7, der den Rangvorbehalt für den Eigentümer betrifft; diese Vorschrift findet daher auf Schiffs- und Bahnpfandrechte keine Anwendung; dem Eigentümer ist kein Platz zur Eintragung einer Kredithypothek vorbehalten. Das entspricht der bei diesen Pfandrechten bestehenden Rechtslage, nach welcher, anders wie bei der Hypothek, das Recht im Falle der Befriedigung des Gläubigers für die Forderung nicht auf den Eigentümer übergeht, sondern erlischt, so daß die nachgehend Berechtigten aufrücken. Die entsprechende Anwendung der übrigen Paragraphen ergibt in der Hauptsache, daß Schiffs- und Bahnpfandrechte auf 25 v. H. aufgewertet werden, aber nicht höher als die durch sie gesicherten Forderungen (§ 4); daß für Berechnung des Goldmarkbetrages die Vorschriften des § 5 maßgebend sind; daß das aufgewertete Pfandrecht seinen bisherigen Rang behält und die Aufwertung auf Antrag in das Schiffsregister bzw. Bahngrundbuch einzutragen ist (§ 6); daß auch die Herabsetzung der Aufwertung nach § 8 erfolgen kann; ferner hinsichtlich der gesicherten persönlichen Forderung, daß sie nicht nach allgemeinen Vorschriften, sondern nach Maßgabe der für das dingliche Recht geltenden Vorschriften, also auf 25 v. H. oder im Falle der Herabsetzung auf einen geringeren Hundertsatz aufgewertet wird (§ 10); daß eine Abweichung von dem normalen Höchstsatz nur in den besonderen Fällen der §§ 10—12 zulässig ist; daß auch die Aufwertung nach Zahlungsannahme unter Vorbehalt oder auf Grund Rückwirkung in der bei der Hypothek vorgeschriebenen

Weise (§§ 14—24) stattfindet und daß schließlich auch für die Rückzahlung, Verzinsung und Tilgung der aufgewerteten gesicherten Forderung und damit des Pfandrechts die für die Hypotheken gegebene Regelung (§§ 25—30) Platz greift*).

Vierter Abschnitt

Aufwertung von Industrieobligationen und verwandten Schuldverschreibungen[1, 2, 2a]

1. Die 3. StNVO. hatte die Ansprüche aus Schuldverschreibungen, die jetzt in der Überschrift des vierten Abschnittes des Gesetzes als „Industrieobligationen und verwandte Schuldverschreibungen" zusammengefaßt werden, in § 1 Abs. 2 Ziffer 6 und 7 aufgeführt und dabei unterschieden, ob es sich um Schuldverschreibungen handle, denen ähnlich wie bei Pfandbriefen (§ 1 Abs. 2 Ziffer 5 der 3. StNVO.) eine besondere Deckung zugrunde liege, ohne daß jedoch, wie bei jenen, den Gläubigern an dieser Deckung ein Pfandrecht oder ein Recht auf vorzugsweise Befriedigung im Konkurse zustehe (Ziffer 6) oder um solche, bei denen eine solche Deckung nicht bestehe (Ziffer 7). Vgl. darüber die erste Auflage zu § 1 Anm. 14, 15. Diese Unterscheidung hat die Reichstagsvorlage aufgegeben und die in Betracht kommenden Schuldverschreibungen unter eine Ziffer (6) zusammengefaßt. Die Aufwertung dieser Schuldverschreibungen war in der 3. StNVO. auf den festen Aufwertungssatz von 15 v. H., unter Zulassung lediglich einer Herabsetzung wie bei dinglichen Rechten bestimmt (§ 4, 3. StNVO.). Die Reichstagsvorlage wollte es bei der Gleichstellung der Hypotheken und Schuldverschreibungen hinsichtlich des Aufwertungssatzes von 15 v. H. belassen. Der Reichstagsausschuß, der den Aufwertungssatz von 25 v. H. für Hypotheken einführte, konnte sich nicht entschließen, auch für die Aufwertung der Schuldverschreibungen eine Erhöhung in gleicher Weise unterschiedslos vorzunehmen. Er suchte lediglich für eine bestimmte Klasse von Gläubigern solcher Schuldverschreibungen — die Altbesitzer — eine Besserstellung durch Gewährung eines Genußrechts zu erreichen. Für eine solche Einteilung der Gläubiger in zwei Klassen wurde geltend gemacht (Bericht S. 10), daß nach dem 1. Juli 1920 — dem vorgeschlagenen Stichtage — der Dollar schon zwischen 40 und 100 gestanden habe, der Erwerb einer Schuldverschreibung zu diesem Zeitpunkte also schon zu einem geringeren Goldmarkbetrage als selbst 15 v. H. des Nennwertes geschehen sei und daß keine Veranlassung vorliege, den Nichtaltbesitzern durch Gewährung einer Aufwertung über 15 v. H. hinaus einen höheren Betrag zuzusprechen als sie selbst im Erwerbspreis angelegt hätten. Im Zusammenhange mit den Erörterungen über den Aufwertungssatz der Industrieobligationen wurde von denjenigen, die eine höhere Aufwertung für billig und tragbar erklärten, auf die Leistungsfähigkeit der deutschen Industrie verwiesen und zum Beweise dafür auf eine Schrift des Justizrats Brink „Tragbarkeit der industriellen Aufwertungsverpflichtungen" Bezug genommen, aus der sich ergebe, daß eine Reihe von industriellen Gesellschaften ihr vor dem Kriege vorhandenes Goldmarkkapital sogar vermehrt hätten. Demgegenüber wurde aber von seiten der Regierung an der Hand eines umfangreichen Materials vorgetragen, die Erhöhung des Goldkapitals sei zum großen Teile darauf zurückzuführen, daß Fusionen stattgefunden hätten, und trotzdem sei in der Schrift das frühere Nominalkapital (einer von den fusionierten Gesellschaften?) mit dem heutigen Nominalkapital verglichen worden, die Sachlage also unrichtig dargestellt; auch was

*) Vgl. auch die Fußnote zu § 31 Anm. 3.

in der Schrift hinsichtlich der Angaben der Gesellschaften über ihre Vermögensverhältnisse bei Kreditgesuchen in Amerika behauptet werde, sei unrichtig, die Gesellschaften hätten nicht ihre bilanzmäßige Bewertung höher angegeben, sondern unter dem Gesichtspunkte der Gestehungskosten eine höhere Bewertung errechnet, da letzteres Verfahren in Amerika das allgemein übliche und teilweise sogar das gesetzliche sei. Zutreffend war jedenfalls der Einwand, daß ein Hinweis auf die Leistungsfähigkeit der Industriegesellschaften zwar zur Begründung eines höheren Aufwertungssatzes dienen könne, aber nicht zum Aufgeben der Unterscheidung zwischen Alt- und Neubesitz. Der Gedanke einer solchen Unterscheidung war sicherlich berechtigt. Die gegen ihn von anderer Seite, insbesondere von Börsenkreisen, erhobenen Einwendungen, daß sie der rechtlichen Natur des Inhaberpapiers widerspreche und den Kredit Deutschlands im Auslande untergrabe, waren Scheingründe; der Kredit im Auslande ist allerdings durch die bisherige, die Grundsätze von Recht und Billigkeit rücksichtslos außer Kraft setzende gesetzgeberische Behandlung der Aufwertungsfrage sicherlich beeinträchtigt worden; die der Billigkeit durchaus entsprechende Ausschließung der Spekulation von ungerechtfertigten Gewinnen kann ihn in soliden Kreditgeberkreisen des Auslandes nicht ernstlich gefährden. Dagegen konnte mit Recht gegen den Regierungsentwurf eingewendet werden, daß auch die den Altbesitzern zugedachte angeblich höhere Aufwertung in Wirklichkeit noch eine mit Rücksicht auf die jedenfalls zum Teil sehr kapitalkräftigen und durch Sachwerte, die von der Inflation unberührt geblieben sind, gedeckten Schuldner durchaus unzulängliche und der Billigkeit in keiner Weise entsprechende war, zumal da keinesfalls (wie die Regierung laut Bericht S. 10 behauptet hat) durch die Gewährung des höchst verklausulierten, in der Mehrzahl der Fälle bedeutungslosen Genußrechts die Altbesitzer auch nur eine der Hypothekenaufwertung im Ergebnisse gleiche Aufwertung von 25 v. H. erhalten. Es wurden aber alle Anträge auf Gewährung eines höheren Aufwertungssatzes, die in den verschiedenen Lesungen des Gesetzes im Ausschusse gestellt wurden, abgelehnt (S. 10, 37 des Berichts) und auch im Plenum verfielen die dort noch erneuerten Anträge dem gleichen Schicksal (Sitzungsberichte S. 3080). Auch in bezug auf technisch-juristische Durcharbeitung und praktische Durchführbarkeit ist dieser Abschnitt mit seinen vielfachen Unklarheiten, seinen unmöglich einzuhaltenden Fristen usw. der am wenigsten gelungene des Gesetzes.

2. Was unter „Industrieobligationen und verwandten Schuldverschreibungen" zu verstehen ist, ergibt sich aus der in § 33 (vgl. Anm. 4—6) enthaltenen erschöpfenden Aufzählung der Eigenschaften der unter diese Begriffe fallenden Schuldverschreibungen. Es sind in der Hauptsache die wesentlich auf dem durch Inanspruchnahme des öffentlichen Marktes ausgenutzten persönlichen und geschäftlichen Kredit beruhenden verbrieften Schulden von Industriellen und Gewerbetreibenden, ohne Unterschied, ob sie daneben auch noch hypothekarisch gesichert sind oder nicht. Den Gegensatz dazu bilden die Pfandbriefe und die diesen verwandten Schuldverschreibungen (Abschnitt 5).

2a. Entsprechend der zweifachen Form, in der nach dem Gesetze die Aufwertung der Industrieobligationen und verwandten Schuldverschreibungen erfolgt — vgl. Anm. 1 — ordnet der Unterabschnitt I (§§ 33—36) die Aufwertung des Anspruchs aus der Schuldverschreibung — d. h. die Aufwertung dieses Anspruchs, soweit sie in der Form der Herabsetzung des Anspruchs auf einen gewissen Hundertsatz des Goldmarkbetrages erfolgt —; der Unterabschnitt II (§§ 37—45) das Genußrecht, dessen Gewährung einen weiteren Teil der Aufwertung des Anspruchs aus der Schuldverschreibung bildet. Unterabschnitt III (§ 46) bringt eine für beide gemeinsame Verfahrensvorschrift.

I. Aufwertung des Anspruchs aus der Schuldverschreibung[3]

1. Gegenstand der Aufwertung — Aufwertungsbetrag[3]

§ 33.

Ansprüche aus verzinslichen oder an Stelle der Verzinsung mit einem Aufgeld rückzahlbaren[5] Schuldverschreibungen[4], die auf den Inhaber lauten oder durch Indossament übertragbar sind[4], und die von natürlichen Personen, Personenvereinigungen oder juristischen Personen des Privatrechts ausgegeben sind[6], werden ohne Rücksicht darauf, ob sie durch Hypothek gesichert sind[7], auf 15 vom Hundert des Goldmarkbetrags[8] aufgewertet.

3. Der Unterabschnitt I des vierten Abschnitts, der die Aufwertung des Anspruchs aus der Schuldverschreibung (vgl. Anm. 2a vor § 33) zum Gegenstande hat, enthält unter Ziffer 1 (§ 33) die Bezeichnung des Gegenstandes der Aufwertung — d. h. der unter die Regelung fallenden Schuldverschreibungen — und die Bestimmung des normalen Aufwertungsbetrags; unter Ziffer 2 (§ 34) die Bestimmung über die ausnahmsweise in gewissen Fällen erfolgende Herabsetzung der Aufwertung unter den normalen Aufwertungsbetrag; unter Ziffer 3 (§ 35) die Bestimmungen über die Aufwertung nach Annahme der unaufgewerteten Leistung infolge Vorbehalts der Rechte (Rückwirkung findet nicht statt), sowie nach Kündigung und Auslosung der Schuldverschreibungen; unter Ziffer 4 (§ 36) die Vorschriften über Rückzahlung, Verzinsung und Tilgung des Aufwertungsbetrags.

4. Der Begriff der Schuldverschreibung ist kein ganz feststehender. Im weitesten Sinne versteht man darunter jede Urkunde, in der das nicht von einer Gegenleistung abhängig gemachte Versprechen einer Leistung, insbesondere von Geld oder anderen vertretbaren Sachen, beurkundet ist, also auch den einfachen Darlehens- und abstrakten Verpflichtungsschuldschein, der nur Beweismittel ist. Das BGB. kennt keinen so allgemeinen Begriff der Schuldverschreibung; es wendet ihn nur für die „Schuldverschreibungen auf den Inhaber" (§§ 793ff.) an, also für Urkunden, die Träger der Forderung (Wertpapiere) sind. Ebenso die Reichsstempelgesetze (Greiff, RStG. zu Tarifnummer 2 Anm. 1b S. 493). Im engsten und eigentlichen Sinne aber versteht man unter Schuldverschreibungen solche Schuldurkunden, die nicht für einzelne Personen auf Grund individuellen Vertrags mit ihnen ausgestellt, sondern als Teile größerer einheitlicher Kreditaufnahmen auf offenem Markt auf Grund eines an die Allgemeinheit oder doch einen weiteren Personenkreis gerichteten Angebots, also im Wege der Anleihe, ausgegeben (emittiert) worden sind und die volkswirtschaftliche Aufgabe erfüllen, verfügbare Geldbestände der Einzelwirtschaften zusammenzufassen und der Volks- oder Staatswirtschaft dienstbar zu machen. Solche Schuldverschreibungen werden auch Obligationen, Partiarobligationen, Teilschuldverschreibungen genannt. In diesem Sinne ist der Ausdruck „Schuldverschreibungen" namentlich in dem Reichsgesetze über die gemeinsamen Rechte der Besitzer von Schuldverschreibungen vom 4. Dezember 1899 gebraucht; vgl. Koenige, Komm. zu § 1 A 1 S. 34. Auch das Gesetz gebraucht den Ausdruck in dieser Bedeutung. Die Schuldverschreibungen können an Order oder auf den Inhaber gestellt sein. Schuldverschreibungen auf den Namen fallen nicht unter § 33; ihre Aufwertung richtet sich nach § 63. Schuldverschreibungen an Order können nur von Personen oder Gesellschaften des Handelsrechts ausgestellt

werden; sie sind durch Indossament übertragbar (§§ 363—365 HGB.). Bei der Emission von Schuldverschreibungen werden diese häufig an die Order einer Bank gestellt, die sie dann in blanco indossiert. Schuldverschreibungen auf den Inhaber, die auf Zahlung einer bestimmten Geldsumme lauten, dürfen nur mit staatlicher Genehmigung in Verkehr gebracht werden (§ 795 BGB.). Gleiches galt auf Grund der Verordnung vom 8. März 1917 (RGBl. S. 220) für die Ausgabe anderer im Inland ausgestellter Teilschuldverschreibungen, die auf Geld mit bestimmtem Nennwert lauten, wenn sie nach dem Verhältnis dieser Nennwerte zur aufgenommenen Schuld den Gläubigern im wesentlichen gleiche Rechte gewähren, bis zur Aufhebung dieser Verordnung, die durch Bekanntmachung vom 7. Februar 1920 (RGBl. S. 202) erfolgt ist. Auch Interimsscheine, die bis zur Fertigstellung der definitiven Stücke ausgegeben zu werden pflegen, sind Schuldverschreibungen. Auch Zinsscheine sind (unselbständige) Schuldverschreibungen, fallen aber, da sie selbst nicht verzinslich sind, nicht unter § 33. Keine Schuldverschreibungen, sondern Urkunden über Gesellschafts- (Mitgliedschafts-) Rechte sind Aktien, ebenso Kuxen. „Genußscheine" fallen unter den Begriff der Mitgliedschaftsurkunden (Aktien) oder der Schuldverschreibungen, je nachdem sie Mitgliedschaftsrechte oder nur Anteile am Reingewinn usw. gewähren (RGZ. 30 16, 70 54, 54 26), meist ist nur letzteres der Fall (Obst, Geld-, Bank- und Börsenwesen S. 258). Als „Vorzugsaktien" werden im eigentlichen Sinne solche Aktien bezeichnet, welchen gewisse Vorrechte vor den Inhabern der gewöhnlichen (Stamm-) Aktien gewährt sind, namentlich häufig mehrfaches Stimmrecht, auch Vorzug bei der Verteilung der Dividende (Obst a. a. O. S. 257); solche Vorzugsaktien sind keine Schuldverschreibungen. In neuerer Zeit werden aber häufig auch sogenannte Vorzugsaktien ausgegeben, die in Wirklichkeit keine Aktien, d. h. keine Teilhaberrechte an der Substanz des Gesellschaftsvermögens sind, da sie zwar Stimmrecht (meist mehrfaches) in den Generalversammlungen und vorzugsweise Anteile am Reingewinne gewähren, aber in Gold zum Nennwerte oder mit einem gewissen Aufgelde über den Nennwert von der Gesellschaft zurückgezahlt werden können. Derartige Vorzugsaktien werden als Schuldverschreibungen nach § 33 aufzuwerten sein.

5. Die aufgeführten Schuldverschreibungen fallen nur dann unter § 33, wenn sie verzinslich oder an Stelle der Verzinsung mit einem Aufgelde rückzahlbar sind. Nicht darunter fallen würden demnach etwa solche Schuldverschreibungen, bei denen die Zinsen für die Zeit bis zum Verfall der Hauptforderung bereits in den Betrag der Schuldverschreibung miteingerechnet sind. Auch der Wechsel fällt nicht darunter, da er keine verzinsliche Schuldverschreibung ist. Unverzinsliche Schuldverschreibungen sind die einlösbaren Banknoten (die uneinlösbaren haben nur die Form der Schuldverschreibung und sind in Wirklichkeit nur Geldzeichen).

6. **Personen des Privatrechts** bilden den Gegensatz zu den Personen des öffentlichen Rechts, d. h. denjenigen vom Rechte als Träger von subjektiven Rechten anerkannten Gebilden, deren Anerkennung als solche im öffentlichen Rechte ihre Wurzel hat. Darunter fallen zunächst das Reich, die Länder, die Gemeinden und die Gemeindeverbände. Im übrigen ist die begriffliche Grenze zwischen den juristischen Personen des Privatrechts und denen des öffentlichen Rechts in der Rechtslehre bestritten und wenig geklärt. Ein durchgreifendes Merkmal für die Unterscheidung ist bisher noch nicht zu allgemeiner Anerkennung gelangt. (Vgl. Gierke, Genossenschaftstheorie I § 158; Waldecker, Begriff der Korp. d. öff. R. 1913 S. 26ff.; Hubrich im Archiv f. bürg. Recht 43 S. 101; Planck, BGB. § 89 Anm. 1.) Welche juristische Personen solche öffentlichen Rechts sind, bestimmt sich nach dem Staatsrechte des Reichs und der Länder. Daß sie dem Organismus des Staates oder der Kirche „eingefügt" oder „eingegliedert" sein müßten (so Prot. d. II. Komm. z.

BGB. S. 586), wird nicht verlangt werden können; andererseits wird auch nicht genügen, daß sie öffentlichen Interessen dienen; maßgebend muß sein, daß sie vom Staate mit der Erfüllung von Aufgaben im Interesse des Gemeinwohls betraut und zu diesem Zwecke mit gewissen besonderen Rechten ausgestattet sind (vgl. Waldecker a. a. O.). Danach gehören die *Religionsgemeinschaften*, soweit sie bis zum Inkrafttreten der RVerf. von 1919 in den einzelnen Ländern anerkannt waren oder ihnen gemäß Art. 137 Abs. 5 RVerf. später die gleichen Rechte gewährt sind, zu den juristischen Personen des öffentlichen Rechts; die von ihren Anstalten ausgegebenen Schuldverschreibungen fallen daher nicht unter § 33. Anders bei *den* Religionsgesellschaften, die nur die Rechte privater Korporationen haben. Eine Aufzählung der wichtigeren juristischen Personen öffentlichen Rechts kraft Reichsrechts findet sich bei Dernburg, Bürg. Recht I § 71, derjenigen kraft Landesrechts ebenda § 72. Kraft Reichsrechts gehört dazu u. a. die Reichsbank (Bankgesetz vom 14. März 1875); ihre Banknoten sind aber ungeachtet der Form des Zahlungsversprechens keine Schuldverschreibungen mehr, sondern nur noch Geldzeichen, nachdem die Einlösungspflicht aufgehoben ist; ferner die sozialen Versicherungsanstalten (RVO. vom 19. Juli 1911 §§ 3, 4); die Landlieferungsverbände nach § 12 Abs. 1 des Reichssiedlungsgesetzes vom 11. August 1919; die Innungen (§ 86 GewO.). Nach Landesrecht kommen besonders für Preußen die landschaftlichen und ritterschaftlichen Kreditanstalten in Betracht soweit ihre Schuldverschreibungen nicht unter Nr. 5 fallen; ferner die sonstigen vom Staate und von Gemeinden oder Gemeindeverbänden eingerichteten Geld- und Kreditinstitute, soweit sie nicht lediglich fiskalische Zwecke verfolgen; auch die durch Ges. vom 31. Juli 1895 errichtete Preußische Zentralgenossenschaftskasse.

Die juristischen Personen des öffentlichen Rechts können ebenso, wie die des Privatrechts, Privatrechte erwerben und privatrechtliche Verpflichtungen eingehen. Auch hinsichtlich der Aufwertung der gegen sie gerichteten privatrechtlichen Ansprüche stehen sie im allgemeinen den privatrechtlichen Personen als Schuldnern gleich. Eine sehr erhebliche Durchbrechung dieser Regel besteht aber für die von ihnen ausgegebenen *Schuldverschreibungen*. Diese fallen nicht unter § 33 des Aufwertungsgesetzes und unterliegen daher nicht dessen Vorschriften. Darüber, welche Vorschriften für die von Personen des öffentlichen Rechts ausgegebenen Schuldverschreibungen zur Anwendung zu kommen haben, vgl. den sechsten Abschnitt des Gesetzes (§§ 51—54) und die Anmerkungen dazu.

Juristische Personen sind wirtschaftliche Gebilde (Personenvereinigungen oder Stiftungen), deren Fähigkeit, Träger von Rechten und Verpflichtungen zu sein, vom Gesetze anerkannt ist. Dazu gehören auf dem Gebiete des bürgerlichen Rechts die *Vereine*, die durch Eintragung oder Verleihung Rechtsfähigkeit erlangt haben, ferner die genehmigten Stiftungen; auf dem Gebiete des Handelsrechts die Aktiengesellschaften und Kommanditgesellschaften auf Aktien, die Gesellschaften mit beschränkter Haftung und die eingetragenen Genossenschaften; auf dem Gebiete des Bergrechts die Gewerkschaften. Außerdem sind aber auf dem Gebiete des Handelsrechts auch die handelsrechtlichen Vereinigungen, die nicht selbständige Träger von Rechten und Verpflichtungen sind — die offene Handelsgesellschaft und die Kommanditgesellschaft — für befugt erklärt, *unter ihrer Firma* Rechte zu erwerben und Verbindlichkeiten einzugehen (§§ 124, 161 Abs. 2 HGB.). Sie können daher auch unter ihrer Firma im Wege der Anleihe Kredite aufnehmen und darüber Schuldverschreibungen ausgeben. Auch die von solchen Personenvereinigungen ausgegebenen Schuldverschreibungen fallen unter § 33. Desgleichen die von *Einzelpersonen* ausgegebenen Schuldverschreibungen.

7. Nach der 3. StNVO. konnte es zweifelhaft erscheinen, ob *dinglich gesicherte* Ansprüche aus Schuldverschreibungen industrieller Körperschaften gemäß § 3 nach allgemeinen Vorschriften oder gemäß § 4, wie die ungesicherten, auf den festbestimmten

Satz von 15 v. H. des Goldmarkbetrags aufzuwerten seien. Das Gesetz macht diesem Zweifel ein Ende, indem es vorschreibt, daß die Aufwertung auf 15 v. H. zu erfolgen hat, ohne Rücksicht darauf, ob sie hypothekarisch (oder, wie zu ergänzen ist, durch ein anderes akzessorisches Pfandrecht) gesichert sind oder nicht. Auch solche industriellen Anleihen, für welche Hypotheken, Schiffspfandrechte oder Bahnpfandrechte bestellt sind, unterliegen sonach der Vorschrift des § 33.

8. Der Aufwertungssatz ist der gleiche geblieben wie in der 3. StNVO. — 15 v. H.; er ist deshalb nunmehr geringer als der Aufwertungssatz der Hypotheken. Vgl. Anm. 1. Die Berechnung des Goldmarkbetrags erfolgt nach § 2 Abs. 2, § 3; vgl. die Anmerkungen dazu. Doch wird nach den in den Artikeln 33, 34 Durchf. VO. vom 29. November 1925 (Anhang XXVI) getroffenen Bestimmungen die Höhe der Geldsumme, die auf Grund eines aufgewerteten Anspruchs aus einer Schuldverschreibung zu zahlen ist, nicht, wie bei Hypotheken (vgl. Anm. 3 zu § 6) in Goldmark, sondern in Reichsmark bestimmt, wobei eine Goldmark einer Reichsmark gleichzusetzen ist. Der Wert dieser Geldsumme ist daher von dem Schicksal der jetzt geltenden gesetzlichen Währung abhängig (nicht wertbeständig). Gleiches gilt für Hypotheken und Schiffspfandrechte, die für solche Schuldverschreibungen bestellt sind (daß dabei in Art. 33 Abs. 2 Satz 1 nicht auch Bahnpfandrechte erwähnt sind, beruht wohl auf einem Versehen, da in Satz 2 von dem Bahngrundbuch die Rede ist). Der Schuldner hat die Wahl, den neuen Nennbetrag auf den alten Schuldurkunden durch Stempelaufdruck zu vermerken oder neue Urkunden auszustellen, die ohne staatliche Genehmigung (die sonst für Inhaberschuldurkunden gemäß § 795 BGB. erforderlich sein würde) in den Verkehr gebracht werden dürfen.

2. Herabsetzung der Aufwertung

§ 34.

Der Schuldner kann eine Herabsetzung der Aufwertung verlangen, wenn dies mit Rücksicht auf seine wirtschaftliche Lage zur Abwendung einer groben Unbilligkeit unabweisbar erscheint[1]. Die Herabsetzung der Aufwertung ist nur zulässig, wenn das Verlangen vor dem 1. April 1926 bei der Aufwertungsstelle gestellt wird[2]. In den Fällen der §§ 203, 204, 206, 207 des Bürgerlichen Gesetzbuchs kann das Verlangen noch bis zum Ablauf von drei Monaten nach Fortfall des Hindernisses gestellt werden[3].

1. Das dem Schuldner der Industrieobligationen gegebene Recht, eine Herabsetzung der Aufwertung zu verlangen, ist entsprechend dem Rechte des Eigentümers, eine Herabsetzung der Aufwertung der Hypothek zu verlangen (§ 8), geordnet, jedoch mit dem bemerkenswerten Unterschiede, daß die Herabsetzung nicht, wie bei den Hypotheken, auf höchstens 10 v. H. des Goldmarkbetrags beschränkt ist. Auch in dieser Beziehung ist sonach der Gläubiger von Schuldverschreibungen jetzt ungünstiger gestellt als der Hypothekengläubiger. Die Herabsetzung kann bis zu solchem Maße erfolgen, daß eine Aufwertung tatsächlich ausgeschlossen ist, wenn auch formell nicht wird ausgesprochen werden dürfen, daß überhaupt keine Aufwertung stattfinden, sondern nur der Nennbetrag bezahlt werden soll. Bei der Entscheidung können überdies, soweit es sich um Teilschuldverschreibungen im engeren Sinne handelt, hier nicht, wie bei Hypotheken (vgl. Anm. 1 zu § 8), auch die Verhältnisse des Gläubigers bei der Entscheidung über die Vermeidung einer „groben Unbilligkeit" herangezogen werden, weil § 46 (vgl. Anm. dazu) eine solche Berücksichtigung

dadurch ausschließt, daß er einheitliche Entscheidung gegenüber allen Gläubigern erfordert.

2. Hinsichtlich der Ausschlußfrist, innerhalb welcher das Verlangen auf Herabsetzung der Aufwertung zu stellen ist, und hinsichtlich der Hemmung dieser Frist gilt das gleiche wie für die Herabsetzung der Aufwertung bei Hypotheken (§ 8). Vgl. die Anmerkungen zu § 8.

3. Aufwertung bei Vorbehalt der Rechte, Kündigung und Auslosung

§ 35.

(1) Trotz Bewirkung der Leistung findet die Aufwertung statt, wenn der Gläubiger sich bei der Annahme der Leistung seine Rechte vorbehalten hat[1, 2].

(2) Schuldverschreibungen, die ausgelost oder gekündigt sind, aber sich noch im mittelbaren oder unmittelbaren Besitze des Gläubigers befinden, werden zu seinen Gunsten auch dann aufgewertet, wenn bereits eine Abrechnung mit dem Schuldner oder eine Hinterlegung zugunsten des Gläubigers stattgefunden hat[3].

(3) Schuldverschreibungen, die bei Banken zur Einlösung eingereicht sind[4], werden, wenn sie sich noch im Besitze der Bank befinden, zugunsten des einreichenden Gläubigers auch dann aufgewertet, wenn bereits eine Abrechnung mit dem Gläubiger oder mit dem Schuldner oder eine Hinterlegung zugunsten des Gläubigers stattgefunden hat[3]. Eine Aufwertung zugunsten der Bank findet nicht statt[5]. Ablieferungen aus dem Besitze der Bank an den Schuldner, die seit dem 1. Juni 1925 erfolgt sind, gelten als nicht geschehen[3]. Entsprechendes gilt für Bankiers und andere Unternehmungen, die die Aufbewahrung und Verwaltung fremder Wertpapiere gewerbs- oder geschäftsmäßig betreiben[4]. Die Reichsregierung wird ermächtigt, Vorschriften über die Anmeldung und den Nachweis des Rechtes der Gläubiger und für den Fall, daß die Rechte nicht rechtzeitig oder ordnungsgemäß angemeldet oder nachgewiesen werden, über den Ausschluß der Rechte zu erlassen[6].

(4) Gezahlte Beträge sind in den Fällen der Abs. 1 bis 3 in Höhe des Goldmarkbetrags (§§ 2, 3) auf den Aufwertungsbetrag anzurechnen[7]. Hinterlegte Beträge kann der Schuldner auch dann zurücknehmen, wenn er auf das Recht zur Rücknahme verzichtet hatte[7].

(5) Liegen die Voraussetzungen der Abs. 1 bis 3 nicht vor, so kann im Falle der Bewirkung der Leistung eine Aufwertung, auch wegen ungerechtfertigter Bereicherung oder auf Grund einer Anfechtung wegen Irrtums oder aus einem anderen Rechtsgrund, nicht verlangt werden. Ansprüche wegen arglistiger Täuschung bleiben unberührt[8].

1. Die Vorschrift entspricht derjenigen des § 14 Satz 1 über die Aufwertung trotz einer unter Vorbehalt erfolgten Leistungsannahme bei Hypotheken. Über deren Bedeutung vgl. die Anmerkungen 2, 3 zu § 14. Das Gesetz spricht sich nicht ausdrücklich darüber aus, welche Folgen es hat, wenn bei der Annahme der Leistung die Schuldverschreibung — mit oder ohne Quittung — dem Schuldner zurückgegeben und demnächst vernichtet worden ist. Diese Frage hat hier eine besondere Bedeutung, weil es sich um Wertpapiere handelt, bei denen die Forderung sich in der Urkunde verkörpert und regelmäßig nur mit der Urkunde in der Hand ausgeübt werden kann. Indessen bringt auch bei solchen Forderungen der Besitzverlust oder Untergang der Schuldurkunde nicht unbedingt unter allen Umständen das Erlöschen der Forderung mit sich, wie die Zulassung des Amortisationsverfahrens erkennen läßt (§§ 799, 800 BGB.; Art. 73 WO.; vgl. Staub-Strantz zu Art. 73 WO. Anm. 10ff.) Ähnlich wie nach durchgeführter Kraftloserklärung einer solchen Urkunde wird angenommen werden müssen, daß der Anspruch auf die Aufwertung ohne den Besitz der Urkunde von dem Gläubiger geltend gemacht werden kann, wenn er nachzuweisen vermag, daß er Besitzer der Schuldverschreibung war, als solcher die Zahlung angenommen und dabei den Vorbehalt gemacht, die Schuldurkunde aber dem zahlenden Schuldner ausgehändigt hat. Obwohl eine Form für den Vorbehalt nicht vorgeschrieben ist, werden demgemäß nur schriftlich bestätigte Vorbehalte in Betracht kommen.

2. Von einer Rückwirkung im Sinne des Gesetzes (vgl. Anm. 1 zu § 15) — d. h. von der Zulässigkeit einer Aufwertung trotz Annahme einer nicht oder nicht entsprechend aufgewerteten Leistung, wenn bei der Annahme kein Vorbehalt gemacht wurde, — ist für die hier in Rede stehenden Ansprüche im Gesetze keine Rede. Dadurch, daß die Aufwertung bei Vorbehalt ausdrücklich zugelassen ist, wird mit dem hier wohl statthaften Schluß aus dem Gegenteil zu folgern sein, daß sie hier ausgeschlossen sein soll, obwohl das RG. bei so einschneidenden Eingriffen des Gesetzgebers in wohlerworbene Rechte, wie sie hier nach seiner Rechtsprechung vorliegen, grundsätzlich einen unzweideutigen und zweifelsfrei zum Ausdruck gebrachten Willen des Gesetzgebers verlangt (RGZ. 110 78). Gegen die Rückwirkung bei Industrieobligationen sind bereits in der Denkschrift (S. 41) Bedenken erhoben aus dem Gesichtspunkte, daß in weitem Umfang die besonderen Entschuldungsgewinne, die der Industrie dadurch zugeflossen seien, daß sie ihre Obligationen mit entwertetem Gelde eingelöst habe, beseitigt werden würden, wenn ihre bereits erloschenen Schulden wieder ins Leben zurückgerufen werden würden, und daß dadurch der auf diese Gewinne gegründeten erhöhten Obligationensteuer (§ 21 Abs. 2 der 3. StNVO.) der Boden entzogen werden würde. Im Reichstagsausschusse wollte ein Antrag Dr. Emminger die Rückwirkung in den Fällen zulassen, in denen Schuldverschreibungen, die auf Grund von Vertragsbestimmung, Kündigung oder Auslosung fällig geworden, nach dem 15. Juni 1922 eingelöst und in den Besitz des Schuldners zurückgelangt seien. Der Antrag wurde aber abgelehnt und nur entsprechend einem Antrage Wunderlich eine Art von Rückwirkung in Fällen zugelassen, in denen eine Einlösung noch nicht erfolgt ist, aber bereits gewisse vorbereitende Maßnahmen dazu getroffen sind. Es sind das die Fälle der Abs. 2—4 des § 35 (vgl. Anm. 3).

3. Eine große Anzahl von industriellen Schuldnern hat in der Inflationszeit von den ihnen zustehenden Kündigungs- und Auslosungsrechten Gebrauch gemacht und die Gläubiger aufgefordert, aus diesem Anlasse die Schuldverschreibungen zur Einlösung einzureichen, meist wohl innerhalb einer bestimmten Frist zur Vermeidung der Kraftloserklärung. Soweit die Gläubiger diesem Verlangen nachgekommen sind und daraufhin die Einlösung erfolgt ist und die Schuldverschreibungen in den unmittelbaren Besitz der Schuldner, sei es direkt von den Gläubigern oder durch Vermittelung einer Bank, übergegangen sind, kann eine Aufwertung zu-

gunsten der Gläubiger nur noch stattfinden, wenn die Voraussetzungen des Abs. 1 (Vorbehalt bei Annahme der Leistung) vorliegen. In vielen Fällen aber haben die Banken den Gläubigern zwar eine Abrechnung erteilt, meist in der Form, daß ie ihnen die Einlösungsbeträge für die Schuldverschreibungen gutschrieben; sie haben aber dann die Schuldverschreibungen bei sich liegen lassen. Insbesondere bei den Großbanken hatte sich (wie in dem in RGZ. 109 30 entschiedenen Falle festgestellt wurde) die Übung herausgebildet, daß nach Bekanntwerden der Kündigung die Bank in Ausführung des ihr von dem Gläubiger erteilten Verwahrungs- und Verwaltungsauftrags, der auch die ordnungsmäßige Einlösung im Falle von Kündigung und Auslosung umfaßte, die Stücke dem Depot des Kunden entnahm und diesem den Einlösungsbetrag „Eingang vorbehalten“ gutschrieb, die Stücke auch entwertete, um dadurch die Abrechnung mit dem Anleiheschuldner vorzubereiten. War in solchen Fällen die Bank (wie in RGZ. 109 30) zugleich Einlösungsstelle des Schuldners, so war sie (wie dort ausgeführt ist) in der Lage, gemäß § 181 BGB. in ihrer doppelten Eigenschaft als Vertreterin des Gläubigers und des Schuldners durch Rechtsgeschäft, das sie mit sich selbst abschloß, die Forderung des Gläubigers wirksam zu tilgen. Ob aber eine solche Absicht vorgelegen habe, wurde in dem dortigen Falle als eine vom Berufungsgerichte für das Revisionsgericht bindend verneinte Tatfrage angesehen und deshalb die Verurteilung der Bank zur Herausgabe der noch in ihrem Besitze befindlichen Schuldverschreibungen auf Grund des Verwahrungsvertrages an den Gläubiger bestätigt. Dabei wurden die sachenrechtlichen Fragen hinsichtlich des Eigentums und des Besitzes des Gläubigers als für die Sache unerheblich ausdrücklich unentschieden gelassen. Die Absätze 2 und 3 des § 35 gehen dagegen von der sachenrechtlichen Sachlage aus. Sie unterscheiden, ob der Gläubiger noch im unmittelbaren oder mittelbaren Besitze der Schuldverschreibungen geblieben ist (Abs. 2) oder ob er den Besitz verloren hat (Abs. 3). Für den ersteren Fall ist bestimmt, daß die Aufwertung zu seinen Gunsten erfolgen soll, auch wenn bereits eine Abrechnung mit dem Schuldner oder eine Hinterlegung zugunsten des Gläubigers stattgefunden hat. Das dürfte lediglich den allgemeinen Rechtsregeln entsprechen nach denen eine Abrechnung der Tilgung der Schuld nicht gleichsteht und eine Geltendmachung von Rechnungsirrtümern, also auch des dabei nicht berücksichtigten Aufwertungsanspruchs, nicht ausschließt, und ebensowenig der Schuldner durch Hinterlegung des nicht entsprechend aufgewerteten Schuldbetrags sich von der Schuld befreien und die Aufwertung ausschließen kann. Etwas anders liegt die Sache in den Fällen des Abs. 3. Hier wird vorausgesetzt, daß durch die Einreichung der Schuldverschreibungen bei der Bank der Gläubiger den Besitz daran verloren hat, sei es, daß die Bank diesen Besitz nunmehr im eigenen Namen für sich oder daß sie ihn für den Schuldner, dessen Einlösungsstelle sie ist, ausübt; auch im letzteren Fall ist sie noch Besitzerin (§ 868 BGB.); Eigenbesitz (§ 872) wird nicht erfordert. In diesem Falle soll trotz des Verlustes des Besitzes eine Aufwertung zugunsten des Gäubigers noch stattfinden, auch wenn die Bank bereits, sei es mit dem Gläubiger oder mit dem Schuldner, abgerechnet hat oder eine Hinterlegung des unaufgewerteten Einlösungsbetrags zugunsten des Gläubigers stattgefunden hat. Die Bestimmungen der Abs. 2 und 3 wollen (Bericht S. 23) „diejenigen Schuldverschreibungsgläubiger berücksichtigen, deren Papier sich noch in ihrer Hand oder in der Hand einer unmittelbar besitzenden Bank befindet“. Es genügt daher nicht zum Ausschlusse des Aufwertungsanspruchs des Gläubigers, wenn die Bank die Papiere, wie häufig geschehen sein soll, in das bei ihr befindliche Depot des Schuldners gelegt hat; sie ist dadurch unmittelbare Besitzerin geblieben; erst mit der Ablieferung in den unmittelbaren Besitz des Schuldners aber ist das Aufwertungsrecht des Gläubigers erloschen. Mit dieser freilich auch dann, wenn sie (wie häufig geschehen) erfolgt ist, ohne daß die Bank, bei der die Schuldverschreibungen deponiert waren, ihren Kunden vorher befragt hatte; in solchen Fällen kann nur ein schuldrechtlicher Ersatzanspruch des Gläubigers gegen die Bank in Frage kommen, der auch häufig im Rechtswege erhoben ist. Doch gelten Ablieferungen, die seit dem 1. Juni 1925 aus dem Besitze der Bank an den Schuldner erfolgt sind, gemäß Satz 3 als nicht geschehen. Damit sollen Ablieferungen getroffen werden, die etwa durch Kollusion der Banken mit den ihnen vielfach geschäftlich nahestehenden industriellen Schuldnern in letzter Stunde erfolgt sein könnten, als die Ergebnisse der Ausschußberatungen bereits bekannt waren, in der Absicht, das Aufwertungsrecht des Gläubigers zu vereiteln. Dadurch, daß bei oder nach der Abrechnung der aus ihr sich ergebende Einlösungsbetrag bereits bezahlt worden ist, wird, wenn die Voraussetzungen der Abs. 2 oder 3 vorliegen, die Aufwertung nicht ausgeschlossen; vgl. Abs. 4 u. Anm. 7. — Im Falle des Abs. 3, wo der Gläubiger den Besitz verloren hat, setzt die Geltendmachung des Anspruchs aus der aufgewerteten Schuldverschreibung, da sie ein Wertpapier ist, voraus, daß der Gläubiger wieder in den Besitz der Schuldverschreibung oder eines Ersatzstückes gelangt. Auf welche Weise das zu ermöglichen, ist im Gesetze nicht gesagt. Es muß aber angenommen werden, daß ihm gegen die Bank, bei der er die Schuldverschreibungen eingereicht hat, ein Anspruch auf Herausgabe zusteht, und zwar sowohl ein dinglicher auf Grund des ihm verbliebenen Eigentums, wie auch ein schuldrechtlicher auf Grund des mit ihr abgeschlossenen Vertrags. Davon geht auch die von der Reichsregierung erlassene DurchfVO. vom 10. August 1925 aus, die diesen Herausgabeanspruch im einzelnen regelt; vgl. Anm. 6.

4. Als Voraussetzung bezeichnet Satz 1 des Abs. 3, daß die Schuldverschreibungen bei einer Bank zur Einlösung eingereicht sind. Dem wird es aber nach dem Sinne der Vorschrift gleichzustellen sein, wenn die Papiere bei der Bank zur Aufbewahrung und Verwaltung deponiert waren und diese sie in Ausführung des ihr erteilten Verwaltungsauftrags, der auch die Besorgung der Einlösung einschloß, aus dem Depot des Kunden entnommen, aber noch im Besitze hat. Den Banken sind für die Anwendung der Vorschrift des Abs. 3 in Satz 4 gleichgestellt Bankiers, d. h. Einzelpersonen, die Bankgeschäfte betreiben, sowie andere Unternehmungen (Einzelpersonen oder Personenvereinigungen), die die Aufbewahrung und Verwaltung fremder Wertpapiere gewerbs- oder geschäftsmäßig betreiben, also Depotbanken oder Depotstellen, auch wenn sie sonstige Bankgeschäfte, insbesondere die Vermittlung des An- und Verkaufs von Wertpapieren nicht betreiben (Satz 4).

5. Eine Aufwertung zugunsten der Bank findet nicht statt. Die Bank kann, auch wenn sie die Papiere von dem Gläubiger auf eigenen Namen erworben und ihm den Einlösungsbetrag ausgezahlt hat, also Eigentümerin und Eigenbesitzerin der Papiere geworden ist, einen Aufwertungsanspruch zu ihren Gunsten gegen den Schuldner nicht geltend machen. Wäre das nicht der Sinn der Vorschrift, so hätte sie überhaupt keine Bedeutung, da es selbstverständlich ist, daß eine Bank aus Schuldverschreibungen, an denen sie nicht das Eigentum erworben hat, keine Aufwertungsansprüche für sich geltend machen kann. Voraussetzung, ist aber daß die ganze Transaktion aus dem Anlaß der Kündigung oder Auslosung und zu dem Zwecke erfolgt ist, die Einlösung der Schuldverschreibungen herbeizuführen. Hat die Bank das Eigentum an den Schuldverschreibungen nicht als Vermittlerin der Einlösung, sondern im gewöhnlichen Geschäftsverkehr erworben (was auch bei gekündigten und ausgelosten Schuldverschreibungen der Fall sein kann), so stehen ihr die vollen Gläubigerrechte, einschließlich des Aufwertungsrechts, zu.

6. Für die Ausübung des Rechts auf Aufwertung von Schuldverschreibungen nach Leistungsannahme unter Vorbehalt oder nach Abrechnung bei gekündigten oder ausgelosten Schuldverschreibungen ist durch das Gesetz selbst den Gläubigern nicht, wie im Falle des Vorbehalts und der Rückwirkung bei Hypotheken (§ 16), eine

Ausschlußfrist bestimmt. Doch ist die Reichsregierung ermächtigt, vorzuschreiben, daß das Recht der Gläubiger anzumelden und in welcher Weise es nachzuweisen ist und für den Fall, daß die Rechte nicht ordnungsgemäß (in der bestimmten Form und bei der bestimmten Stelle) oder nicht rechtzeitig (innerhalb einer zu bestimmenden Ausschlußfrist) angemeldet werden, über den Ausschluß der Rechte Vorschriften zu erlassen (Satz 5). Die Vorschrift bildet ihrer Stellung nach einen Satz des Abs. 3; doch wird sie auch auf die Fälle der Abs. 1 und 2 anzuwenden sein, also insbesondere auch auf den Fall des Vorbehalts, besonders da auch in § 16 für Hypotheken die Aufwertung nach Vorbehalt ebenso wie die Rückwirkung an eine Ausschlußfrist gebunden ist, und auch aus rechtspolitischen Gesichtspunkten eine solche Bindung im Sinne des Gesetzes liegt, das eine möglichst baldige Feststellung der bestehenden Belastungen herbeiführen will. Die Reichsregierung hat aber von der Ermächtigung bisher nur für die Fälle des Abs. 3 Gebrauch gemacht, und zwar durch die DurchfVO. vom 10. August 1925 (RGBl. I S. 187) abgedruckt als Anhang XI zu diesem Kommentar. Diese VO. bestimmt für die Anmeldung der gegen die Banken gerichteten Ansprüche auf Herausgabe der bei ihnen eingereichten Schuldverschreibungen (vgl. Anm. 3) eine Frist bis zum 30. September 1925 und als Anmeldestelle die Stelle, bei der die Einreichung erfolgt ist (also auch bei Zweiganstalten von Banken kann die Anmeldung erfolgen); die erforderlichen Angaben sollen bei der Anmeldung gemacht und die Beweisstücke beigefügt und bezeichnet werden (also keine Ausschlußfrist hierfür). Die Bank hat zu prüfen, ob der Anspruch begründet erscheint und im Falle der Bejahung dieser Frage die Schuldverschreibungen dem Gläubiger gegen Erstattung des Goldwerts des etwa bereits ausgezahlten Einlösungsbetrags (vgl. Anm. 3) herauszugeben; liegen die Schuldverschreibungen bereits im Depot des Schuldners bei der Bank (vgl. Anm. 3), so darf die Herausgabe nur mit Zustimmung des Schuldners (in dessen mittelbaren Besitz dadurch eingegriffen wird) erfolgen. Bereits entwertete Schuldverschreibungen sind vor der Herausgabe mit einem entsprechenden Vermerk zu versehen. Kommt die Bank bei der Prüfung zu dem Ergebnisse, daß der Herausgabeanspruch unbegründet ist, sei es, weil sie die Schuldverschreibungen bereits vor dem 1. Juni 1925 an den Schuldner ausgeliefert hat, sei es aus anderem Grunde, so hat sie dem Gläubiger unverzüglich Mitteilung zu machen, dem es dann überlassen bleibt, seine Rechte (gegen die Bank oder den Schuldner) im Klagewege geltend zu machen. Hat die Bank die Schuldverschreibung nach dem 1. Juni 1925 an den Schuldner abgeliefert, so ist sie vom Schuldner unverzüglich an die Bank zurückzugeben, die sie dann dem Gläubiger herauszugeben hat; falls sie vernichtet ist, hat der Schuldner ein Ersatzstück zu liefern. Zur Erfüllung dieser Verpflichtungen wird der Gläubiger den Schuldner im Klagewege anhalten können. Ist der Herausgabeanspruch nicht bis zum 30. September 1925 angemeldet oder im Falle der Nichtanerkennung nicht bis zum 30. November 1925 im Klagewege geltend gemacht worden, so darf die Bank die Schuldverschreibung nicht mehr an den Gläubiger herausgeben, sondern hat sie dem Schuldner zur Vernichtung abzuliefern. Eine Verlängerung der Frist zur Anmeldung bis zum 31. Dezember 1925 und zur Klagerhebung bis zum 28. Februar 1926 tritt ein, wenn der Gläubiger seinen Wohnsitz oder gewöhnlichen Aufenthalt außerhalb Europas hat. Ist eine rechtzeitige Anmeldung bei der Bank erfolgt, so soll der Verlust des Genußrechts als Altbesitzer, der gemäß § 39 Abs. 1 Satz 1 (vgl. die Anm. zu § 39) sonst wegen Versäumung der Anmeldung dieses Rechts bei dem Schuldner innerhalb Monatsfrist nach Aufforderung eintritt, erst einen Monat nach Herausgabe bzw. rechtskräftiger Entscheidung über den Herausgabeanspruch eintreten (§ 5); auch soll an Stelle der in § 39 Abs. 1 Satz 1 bestimmten Frist eine Frist von vier Monaten treten, falls der Gläubiger seinen Wohnsitz oder gewöhnlichen Aufenthalt außerhalb Europas hat (§ 7). Diese beiden Bestimmungen, die zweifellos

Verbesserungen des Gesetzes bedeuten, dürften allerdings außerhalb der der Reichsregierung durch § 35 Abs. 3 Satz 3 erteilten Ermächtigung liegen*).

7. Die Anrechnungsvorschrift des Abs. 4 Satz 1 entspricht derjenigen des § 18 Abs. 1 Satz 1; vgl. Anm. 1 zu § 18. Wenn eine Zeitgrenze nach rückwärts für diese Art der Anrechnung hier nicht, wie in § 18 Abs. 1 Satz 2 gesetzt ist, so ist das wohl daraus zu erklären, daß es sich bei ausgelosten oder gekündigten Schuldverschreibungen, die noch nicht abgeliefert sind, regelmäßig um Vorgänge aus neuerer Zeit handeln wird. Durch die Bestimmung wird bestätigt, daß die Aufwertung in den Fällen der Abs. 2 und 3 auch stattfindet, wenn nicht nur Abrechnung stattgefunden hat, sondern auch Zahlungen bereits angenommen worden sind, also wirkliche „Rückwirkung". Dem entspricht es, daß der Schuldner seinerseits hinterlegte Beträge zurücknehmen kann, auch wenn er auf die Rücknahme verzichtet hat und die Hinterlegung deshalb als Zahlung zu gelten haben würde (§ 378 BGB.).

8. Die Vorschrift in Abs. 5 entspricht derjenigen in § 19 über den Ausschluß sonstiger Rechtsbehelfe bei der Aufwertung von Hypotheken nach Annahme der Leistung. Vgl. die Anmerkungen zu § 19. Wenn die Voraussetzungen der Abs. 1—3 nicht vorliegen, so soll im Falle der Bewirkung der Leistung die Wirkung einer Aufwertung auch nicht auf Grund außerordentlicher Rechtsbehelfe erreicht werden können. Die Anwendung der Vorschrift auf den Fall des Abs. 1 ist klar; dessen Voraussetzungen liegen nicht vor, wenn eine Leistungsannahme stattgefunden hat, ohne daß dabei ein Vorbehalt gemacht worden ist. Zweifelhafter ist die Anwendung auf die Fälle der Abs. 2 und 3, da diese eine bereits erfolgte Bewirkung der Leistung (Zahlungsannahme) keineswegs voraussetzen. Liegen ihre Voraussetzungen nicht vor, d. h. sind gekündigte oder ausgeloste Schuldverschreibungen nicht mehr im Besitze (unmittelbaren oder mittelbaren) des Gläubigers und auch nicht mehr im Besitze der Bank, bei der sie zur Einlösung eingereicht sind (Abs. 3), so wird eine Aufwertung um deswillen ausgeschlossen sein, weil der Anspruch aus dem Wert-

---

*) Daß die in dieser Verordnung bestimmten Fristen zu kurz waren, ist nachträglich erkannt und sie sind deshalb durch Verordnung der Reichsregierung vom 29. September 1925 (RGBl. vom 6. Oktober, S. 383), hier abgedruckt als Anhang XXI, in der Weise verlängert worden, daß die Endtermine hinausgeschoben sind, und zwar für die Regelfälle (§§ 1, 4) bei der Anmeldungsfrist vom 30. September auf den 30. November 1925, bei der Frist zur Klagerhebung (§ 4) vom 30. November 1925 auf den 31. Januar 1926; für den Fall, daß der Gläubiger außerhalb Europas wohnt (§ 6), bei der Anmeldungsfrist vom 31. Dezember 1925 auf den 28. Februar 1926, bei der Frist zur Klagerhebung vom 28. Februar auf den 30. April 1926. Die Verordnung ist zunächst im Reichsanzeiger vom 29. September 1925 (Nr. 229) verkündet und laut Art. II mit dem Tage dieser Verkündung in Kraft getreten, so daß auch die Frist, die ursprünglich am 30. September ablaufen sollte, noch rechtzeitig verlängert worden ist. — An die Stelle der VO. vom 10. August 1925 in der Fassung der Abänderungsverordnung vom 29. September 1925 sind nunmehr die Vorschriften der Artt. 41—48, 50 DurchfVO. vom 29. November 1925 (Anhang XXVI) getreten, und zwar mit Wirkung vom 10. Dezember 1925 ab (Art. 135 Abs. 2 Nr. 2 ebenda). Diese Vorschriften stimmen inhaltlich mit denen der genannten Verordnung und Abänderungsverordnung überein mit der Ausnahme, daß die Frist für die Anmeldung, falls der Gläubiger seinen Wohnsitz oder gewöhnlichen Aufenthaltsort außerhalb Europas hat, statt bis zum 31. Dezember 1925 bis zum 30. April 1926 läuft (Art. 42 DurchfVO.). Im übrigen ist es bei der bereits abgelaufenen Anmeldefrist bis zum 30. November 1925 und bei den Klagerhebungsfristen geblieben.

papiere nur mit dem Papiere in der Hand ausgeübt werden kann (vgl. Anm. 3), auch wenn eine Zahlungsannahme noch nicht erfolgt ist. Der Ausschluß der weiteren Rechtsbehelfe dagegen soll nur eintreten „im Falle der Bewirkung der Leistung". Ist die Leistung nicht bewirkt (also zwar Abrechnung erteilt, aber keine Zahlung geleistet und angenommen), so wird ein etwa im sonstigen Rechte begründeter Bereicherungs- oder Anfechtungsanspruch (z. B. wegen Irrtums bei der Abrechnung über den wirklichen Betrag der Forderung) durch Abs. 5 nicht ausgeschlossen sein.

4. Rückzahlung, Verzinsung, Kündigung[1]

§ 36.

Für die Rückzahlung, Verzinsung und Tilgung des Aufwertungsbetrags gelten die Vorschriften der §§ 25, 26, 28, 29 entsprechend[1, 2], soweit nicht die Reichsregierung etwas anderes bestimmt[2].

1. Für die Rückzahlung, Verzinsung und Tilgung — das Wort „Kündigung" in der Überschrift beruht auf einem offenbaren Versehen — des Aufwertungsbetrags bei Schuldverschreibungen sind die Bestimmungen für entsprechend anwendbar erklärt, die für die gleichen Vorgänge bei Hypotheken gelten, nämlich die §§ 25, 28, 29, jedoch mit der bemerkenswerten Ausnahme des § 27, der die Anordnung von Zahlungen, die vor dem normalen Rückzahlungstermine, dem 1. Januar 1932 zu erfolgen haben, durch die Aufwertungsstelle in gewissen Fällen zuläßt. Diese Bestimmung konnte nicht wohl ohne weiteres auf die Aufwertung der Schuldverschreibungen für anwendbar erklärt werden, weil sie in erster Linie eine Berücksichtigung der wirtschaftlichen Verhältnisse des einzelnen Gläubigers erfordert, die bei Schuldverschreibungen, die in Massen ausgegeben werden, nicht durchführbar sein würde; vgl. § 46 und Anm. dazu. Ob es aber nicht angemessen und für die „Wirtschaft" tragbar gewesen wäre, einen Anspruch auf vorzeitige Rückzahlung auf Anordnung der Aufwertungsstelle generell zugunsten der an einer Anleihe beteiligten Gläubiger zuzulassen, wenn ihnen ein besonders kapitalkräftiger und leistungsfähiger Schuldner gegenübersteht, so daß die Hinausschiebung der Zahlung durch ihn sich als eine „grobe Unbilligkeit" darstellt, wäre immerhin erwägenswert gewesen. Jedenfalls ist als Ergebnis festzustellen, daß auch in diesem Punkte die Gläubiger industrieller Schuldverschreibungen ungünstiger gestellt sind als die Hypothekengläubiger. Die in die Hand der Regierung gelegte Befugnis, „etwas anderes zu bestimmen" (vgl. Anm. 2) bietet keinen Ersatz für einen Rechtsanspruch.

2. Die entsprechende Anwendung der §§ 25, 26 über die Rückzahlung ergibt: Stundung der Kapitalbeträge zugunsten des Schuldners, der nach dreimonatiger Kündigung auch vorher zahlen kann, regelmäßig bis zum 1. Januar 1932, unter Umständen auf Anordnung der Aufwertungsstelle auch über diesen Zeitpunkt hinaus durch Gestattung von Teilzahlungen, von denen in diesem Falle ein Teil auch vor den 1. Januar 1932 verlegt werden kann. Die Anwendung des die Verzinsung betreffenden § 28 ergibt vom 1. Januar 1925 ab Verzinslichkeit; zunächst bis 30. Juni 1925 zu 1,2 v. H., dann bis 31. Dezember 1925 zu $2^1/_2$ v. H., vom 1. Januar 1926 ab zu 3 v. H. und vom 1. Januar 1928 ab zum Höchstsatze von 5 v. H., bei Stundung über den 1. Januar 1932 hinaus zu einem höheren Zinssatze. — Für Tilgungsbeträge ergibt die Anwendung des § 29: Ruhen der Verpflichtung bis zum 1. Januar 1926; für die von da ab fällig werdenden Tilgungsbeträge Möglichkeit der Anordnung eines höheren als des vereinbarten Tilgungssatzes durch die Aufwertungsstelle, falls die wirtschaftliche Lage des Schuldners es nicht untunlich erscheinen läßt. — Die Vorschriften finden jedoch nur Anwendung, „soweit nicht

die Reichsregierung etwas anderes bestimmt". Diese hat sonach freie Hand zu Eingriffen sowohl durch generelle Anordnungen, wie auch in Einzelfällen. Sie hat insbesondere die Möglichkeit, zugunsten der Gläubiger auch frühere Rückzahlung und höhere Verzinsung in Fällen offenbarer Leistungsfähigkeit und Kapitalkraft des Schuldners anzuordnen (vgl. Anm. 1); allerdings ist es dadurch auch in ihre Hand gegeben, die den Gläubigern vom Gesetze gewährten Ansprüche noch weiter zu beschränken. Mit dem Erfordernisse eines gesicherten Rechtszustandes sind solche Befugnisse einer außergerichtlichen Stelle nicht vereinbar*).

II. Genußrecht[1]

1. Kreis der Berechtigten[1]

§ 37.

(1) Wer Schuldverschreibungen der im § 33 bezeichneten Art vor dem 1. Juli 1920 erworben hat und bis zur Anmeldung (§ 39 Abs. 1)[2a] Gläubiger geblieben ist (Altbesitzer)[2], erwirbt mit dem 1. Juli 1925 neben der Aufwertung einen Anspruch auf Beteiligung am Reingewinne des Schuldners und am Liquidationserlöse nach Maßgabe der §§ 40 bis 42 (Genußrecht)[3]. Der Beteiligung werden 10 vom Hundert des Goldmarkbetrags der Schuldverschreibung als Nennwert des Genußrechts zugrunde gelegt[4, 5].

(2) Der Erwerb der im Abs. 1 bezeichneten Genußrechte durch den ersten Inhaber ist von der Gesellschaftssteuer des Kapitalverkehrsteuergesetzes befreit[6].

1. Der Unterabschnitt II des vierten Abschnittes regelt das Genußrecht, das den Gläubigern von Schuldverschreibungen neben der Aufwertung des Anspruchs aus der Schuldverschreibung selbst gewährt wird als Ersatz dafür, daß diese Aufwertung auf 15 v. H. des Goldmarkbetrags beschränkt geblieben ist. Vgl. über die Entstehungsgeschichte des Genußrechts Anm. 1 vor § 33; über Wesen und Bedeutung des Rechts Anm. 3. Das Genußrecht wird nicht allen Gläubigern von Schuldverschreibungen gewährt, sondern nur einer bestimmten Klasse von ihnen, den Altbesitzern; darüber, wer zu diesem Kreise der Berechtigten gehört und in welcher Weise er seine Berechtigung zur Geltung zu bringen hat, ist unter Ziffer 1 (§§ 37—39)

---

*) Auf Grund dieses Vorbehalts hat die Reichsregierung in den Artt. 35—40 der DurchfVO. vom 29. November 1925 (Anhang XXVI) besondere Bestimmungen über die Rückzahlung, Verzinsung und Tilgung von Industrieobligationen getroffen, welche namentlich betreffen: die Ablösung kleinerer Beträge und Spitzen (Art. 35), die Rückzahlung von Teilbeträgen auf Grund von Auslosungen (Art. 36) und die Barablösung von Anleihen (Art. 37); ferner ist die Verzinsung einigermaßen abweichend von den für Hypotheken geltenden Vorschriften (§ 28 AufwGes.) geordnet, nämlich für 1925 zu 2, 1926 und 1927 zu 3 und vom 1. Januar 1928 ab zu 5 v. H. (Art. 38 Abs. 1); auch ist die Fälligkeit der Zinsen auf einheitliche Jahrestermine (für 1925 auf 2. Januar 1926, für die späteren Jahre auf 1. Juli) bestimmt (Art. 38 Abs. 2); Zinsen für kleinere Beträge sind erst bei Fälligkeit des Kapitals zu zahlen (Art. 39). Zinserhöhung im Falle längerer Stundung (§ 28 Abs. 1 Satz 4 AufwGes.) ist ausgeschlossen (Art. 38 Abs. 3); Auslosung gilt nicht als Tilgung im Sinne von § 29 AufwGes. (Art. 40).

Bestimmung getroffen. Das Genußrecht gewährt Beteiligung am Reingewinn und am Liquidationserlöse; die erstere ist unter Ziffer 2 (§§ 40, 41), die letztere unter Ziffer 3 (§ 42) geregelt. Der Schuldner hat das Recht, die Genußrechte in bestimmter Weise in besonderen Urkunden zu verbriefen und diese abzulösen; darüber ist unter Ziffer 4 (§§ 44, 45) Bestimmung getroffen. Unter Ziffer 5 (Rückwirkung, § 45) ist bestimmt, inwieweit bereits zurückgezahlten Schuldverschreibungen ein Genußrecht zu gewähren ist.

2. Altbesitzer ist, wer Schuldverschreibungen der in § 33 bezeichneten Art (vgl. Anm. 4 zu § 33) vor dem 1. Juli 1920 erworben hat und bis zur Anmeldung (§ 39 Abs. 1) Gläubiger geblieben ist. Maßgebend ist hiernach der Erwerb und die Fortbauer des Gläubigerrechts aus der Schuldverschreibung. Das Gläubigerrecht wird bei Schuldverschreibungen, die auf den Inhaber lauten, erworben mit dem Eigentum an dem Papier, in welchem die Forderung verkörpert ist, nach den Vorschriften über den Eigentumserwerb an beweglichen Sachen (§§ 929 ff. BGB.), also durch Übergabe des Papiers oder Ersatz der Übergabe in den zugelassenen Fällen (Besitzkonstitut, brevi manu traditio, Abtretung des Herausgabeanspruchs) und Einigung über den Eigentumsübergang. Doch ist für die Ausübung des Gläubigerrechts der Besitz der Schuldurkunde ausreichend und steht dem Besitzer die Eigentumsvermutung des § 1006 BGB. zur Seite (RGRKomm. zu § 793 Anm. 3). Derjenige, welcher den Anspruch auf das Genußrecht aus einer Inhaberobligation geltend macht, wird sonach lediglich durch Vorlage der Urkunde sich als derzeitiger Besitzer zu legitimieren und außerdem darzutun haben, daß er vor dem 1. Juli 1920 Besitzer war. Alsdann wird die ununterbrochene Fortbauer des Besitzes und damit der Gläubigerschaft während der Zwischenzeit vermutet werden und es wird Sache des Schuldners sein nachzuweisen, daß der Besitz unterbrochen worden ist. Diese für die Ersitzung von jeher anerkannte Verteilung der Beweislast (vgl. § 937 BGB.) wird hier um so mehr Platz greifen müssen, als sonst dem Gläubiger ein unmöglich zu führender Beweis einer Negative — der Nichtunterbrechung — eine probatio diabolica, aufgebürdet werden würde, die es ihm unmöglich machen würde, die Anerkennung als Altbesitzer und damit das Genußrecht zu erlangen. Denn während der Inflationszeit haben nach Aufhebung des Depotzwanges die Besitzer festverzinslicher Wertpapiere fast sämtlich angesichts der eingetretenen Wertlosigkeit der Papiere und der Unverhältnismäßigkeit der nach dem Nennwerte berechneten Depotgebühren auf Veranlassung der Banken, welche die weitere Verwaltung ablehnten, notgedrungen ihre Papiere in eigene Verwahrung genommen. Über die Art, wie der dem Gläubiger obliegende Beweis zu führen ist, enthält das Gesetz keine besondere Vorschriften, insbesondere keine Einschränkung auf bestimmte Beweismittel, wie Urkunden; es werden daher die gewöhnlichen Regeln des Zivilprozeßrechts zur Anwendung gelangen; der Beweis wird mit allen zulässigen Beweismitteln, insbesondere auch durch Zeugen geführt werden können und das Ergebnis wird der freien Beweiswürdigung des Gerichts unterliegen. Die Durchführbarkeit der Unterscheidung zwischen Alt- und Neubesitz ist wegen der Schwierigkeit der Beweisführung von manchen Seiten bezweifelt worden. Zur Mitwirkung dabei werden hauptsächlich die Banken berufen sein durch Ausstellung von Zeugnissen darüber, daß die Schuldverschreibung vor dem 1. Juli 1920 im Depot des Gläubigers bei ihnen geruht hat; auf diese Weise wird der erforderliche Nachweis in der Regel geführt werden können, da am 1. Juli 1920 auf Grund der Kapitalfluchtverordnung vom 24. 10. 1919 (vgl. zu § 9 Abl. Ges. Anm. 1) der Depotzwang bestand und auch wohl zumeist durchgeführt war. Immerhin wird in vielen Fällen der Beweis Schwierigkeit machen und nicht allen wirklichen Altbesitzern die Erlangung des Genußrechts möglich sein. Ein loyales Verhalten der Schuldner durch freiwillige Anerkennung in allen nicht bedenklich erscheinenden Fällen wird erwartet

werden müssen und auch, soweit es zur gerichtlichen Entscheidung kommt, werden die Gerichte, um noch weitergehende Entrechtungen der Gläubiger zu vermeiden, es mit den Beweisanforderungen nicht allzu streng nehmen dürfen und namentlich zur Ergänzung unvollständig gebliebener Beweisführung in allen irgend geeigneten Fällen von dem Mittel der Zulassung zum richterlichen Eid (§§ 475 ff. ZPO.) Gebrauch zu machen gut tun*). — Soweit es sich um Schuldverschreibungen handelt, die auf den Namen lauten und durch Indossament übertragbar sind (vgl. Anm. 4 zu § 33) wird sich der Inhaber der Urkunde durch eine bis auf ihn herabgehende Kette von Indossamenten zu legitimieren haben. Da die Indossamente meist ohne Beifügung eines Datums vollzogen werden, wird er außerdem nachweisen müssen, daß das auf ihn lautende Indossament vor dem 1. Juli 1920 erfolgt ist. Auch das wird vielfach Schwierigkeiten machen. Durch § 38 ist in einer Anzahl von Fällen ein nicht vor dem 1. Juli 1920 in der Person desjenigen, der den Anspruch auf das Genußrecht geltend macht, eingetretener Erwerb einem Erwerbe vor diesem Zeitpunkte gleichgestellt; vgl. Näheres zu diesem Paragraphen. Auch in dem Gesetze über die Ablösung der öffentlichen Anleihen ist ein Unterschied zwischen Altbesitzern von Anleihen und solchen, die Nicht-Altbesitzer, gemacht und in § 9 eine entsprechende Bestimmung des Begriffs „Altbesitzer" gegeben. Vgl. die Anmerkungen zu § 9 des Ablösungsgesetzes, Teil II dieses Kommentars.

2a. Nach der Anmeldung kann die Schuldverschreibung mit dem Genußrechte frei übertragen werden; sie bleibt dann „Altbesitz"; vgl. zu § 39 Anm. 1, 4.

3. Der Altbesitzer (vgl. Anm. 1) erwirbt mit dem 1. Juli 1925 neben der Aufwertung (des Anspruchs aus der Schuldverschreibung auf einen Hundertsatz des Goldmarkbetrags), die ihm bereits zusteht, das Genußrecht. Es ist also ein neues Recht, das ihm gewährt wird, als Ersatz für die durch den Währungsverfall eingetretene Geldentwertung und das seiner Art nach verschieden ist von dem bisher allein begründeten Anspruche auf Zahlung einer bestimmten Geldsumme. Das Genußrecht ist entstanden mit dem 1. Juli 1925, also schon vor Inkrafttreten des Aufwertungsgesetzes, ohne daß es anerkannt oder beurkundet zu sein braucht. Das Genußrecht besteht in einem Anspruch auf Beteiligung am Reingewinn des Schuldners und am Liquidationserlös seines Unternehmens. Es stellt sich sonach dar als ein Beteiligungsrecht an dem Unternehmen, ähnlich sonstigen Beteiligungsverhältnissen, wie der Gesellschaftsanteil, die Aktie usw., jedoch mit dem Unterschiede, daß es keinerlei Einflußnahme auf die Verwaltung und Geschäftsgebarung des Unternehmens, insbesondere kein Stimmrecht in den Gesellschafter- und Generalversammlungen gewährt. Doch ist den Inhabern der Genußrechte ein gewisser Schutz gewährt gegen Maßnahmen der Organe des Unternehmens, die ihr Genußrecht beeinträchtigen könnten; vgl. § 41 und die Anm. dazu. Das Genußrecht ist ferner, im Unterschiede von der Aktie, durch Zahlung des Nennbetrages ablösbar (§ 43 Ziff. 3). Das Genußrecht hat sonach Ähnlichkeit mit den Vorzugsaktien (vgl. Anm. 4 zu § 33). In welcher Weise die Beteiligung an dem Reingewinne und an dem Liquidationserlöse zu erfolgen hat, ist in den §§ 40, 41, bzw. 42 näher geregelt; vgl. die Anmerkungen zu diesen Paragraphen.

4. Das Genußrecht wird berechnet auf einen bestimmten Geldbetrag, „Nennwert". Dieser wird der Beteiligung an dem Reingewinn und dem Liquidationserlöse in der Weise zugrunde gelegt, daß die Beteiligung an den auf die Genuß-

---

*) In Art. 49 DurchfVO. vom 29. November 1925 (Anhang XXVI) ist ausdrücklich vorgeschrieben, daß der Gläubiger behufs Glaubhaftmachung des Altbesitzes Versicherungen an Eides Statt vor einem Gericht oder Notar abgeben kann.

rechte im ganzen entfallenden Beträgen nach dem Verhältnis des Nennwerts des einzelnen Genußrechts zu dem Gesamtnennwert der Genußrechte bestimmt wird. Der Nennwert (Nennbetrag) wird auch der Ablösung der Genußrechte zugrunde gelegt (vgl. § 43). Er wird berechnet auf 10 v. H. des Goldmarkbetrags der Schuldverschreibung, also gleich dem Unterschiede zwischen dem Aufwertungssatze der Hypotheken (§ 4) und dem Aufwertungssatze der Schuldverschreibungen (§ 33), für den er Ersatz bieten soll*).

5. Ein Recht auf Ausstellung einer besonderen Urkunde über das Genußrecht (Genußschein) hat der Gläubiger nicht. Er ist nur berechtigt, die Kenntlichmachung der Anerkennung als Altbesitz durch Stempelaufdruck auf der Schuldverschreibung zu verlangen (§ 39 Abs. 2, vgl. Anm. 4 zu § 39). Dagegen hat der Schuldner das Recht, die Genußrechte in besonderer Urkunde zu verbriefen (§ 43, vgl. die Anmerkungen dazu).

6. Als Erwerb des Beteiligungsrechts an einer Erwerbsgesellschaft würde der Erwerb des Genußrechts der Gesellschaftssteuer nach dem Kapitalverkehrsteuergesetz (in der Fassung des Art. V § 1 Nr. 17 der zweiten Steuernotverordnung vom 19. Dezember 1923, RGBl. I S. 1205) unterliegen. Durch § 37 Abs. 2 ist jedoch der Erwerb durch den ersten Inhaber (also der auf Grund des Gesetzes mit dem 1. Juli 1925 eingetretene Erwerb durch den Altbesitzer der Schuldverschreibung (vgl. Anm. 3), von der Steuer befreit.

§ 38.

Schuldverschreibungen gelten auch dann als vor dem 1. Juli 1920 erworben[1], wenn sie

1. dem Gläubiger nach dem 30. Juni 1920 zur Erfüllung eines vor dem 1. Juli 1920 begründeten Anspruchs auf Übereignung von einer Bank, einem Bankier, einer Sparkasse oder einer Versicherungsgesellschaft übereignet worden sind[1a],

2. der Gläubiger von einer Bank, einem Bankier oder einer Sparkasse nach dem 30. Juni 1920 in Erfüllung eines darlehnsartigen Verwahrungsvertrags übereignet erhalten hat, falls er der Bank, dem Bankier oder der Sparkasse auf Grund des gleichen Vertrags vor dem 1. Juli 1920 erworbene Schuldverschreibungen übergeben hat und der Anspruch auf Übereignung von Schuldverschreibungen gleicher Art und gleichen Betrags von dieser Übergabe bis zum Erwerb ununterbrochen bestanden hat[1b],

3. der Gläubiger von Todes wegen oder in einem der sonstigen Fälle des § 3 Abs. 1 Ziffer 2 bis 11 nach dem 30. Juni 1920, der Erblasser oder andere Rechtsvorgänger aber vorher erworben hat[1c].

---

*) In Art. 51 DurchfVO. vom 29. November 1925 (Anhang XXVI) ist bestimmt, daß der Nennwert des Genußrechts auf Reichsmark zu stellen und dabei eine Goldmark einer Reichsmark gleichzusetzen ist; vgl. zu § 33 Anm. 8.

1. Während § 37 als Erfordernis für die Eigenschaft eines Altbesitzers in den Regelfällen verlangt, daß der Erwerb des Gläubigerrechts aus der Schuldverschreibung, also des Eigentums an dem Papier (vgl. Anm. 2 zu § 37) vor dem 1. Juli 1920 erfolgt ist, führt § 38 eine Anzahl von Fällen an, in denen ein rechtlich erst nach diesem Zeitpunkte eingetretener Erwerb als vorher erfolgt gelten soll. Es sind dies die folgenden:

a) (Ziffer 1): Wenn der derzeitige Gläubiger bereits vor dem 1. Juli 1920 einen schuldbrechtlichen Anspruch auf Übereignung — aus einem vorher abgeschlossenen Kauf-, Tausch- oder sonstigen, die Verpflichtung zur Übertragung des Eigentums begründenden Vertrag, insbesondere durch einen Kommissionsauftrag — gegen eine Bank, einen Bankier, eine Sparkasse oder eine Versicherungsgesellschaft erworben hatte, die Übereignung in Erfüllung des Kaufgeschäftes aber erst nachher stattgefunden hat. In dieser Weise begünstigt ist nur der Erwerb von den einzeln genannten Personen oder Anstalten, welche sich mit der Vermittlung des An- und Verkaufes von Wertpapieren geschäftsmäßig zu befassen pflegen, wohl mit Rücksicht darauf, daß bei ihnen lediglich aus technischen Gründen zwischen der Begründung des schuldbrechtlichen Anspruchs und seiner Erfüllung einige Zeit zu vergehen pflegt. Bei Erwerbungen aus der Hand von Privatleuten genügt die Begründung des schuldbrechtlichen Anspruchs nicht. Erfordert ist nur, daß die Begründung des Anspruchs vor dem 1. Juli 1920 liegt, d. h. daß er seinen Grundlagen nach vorher entstanden ist; daß er zu dieser Zeit noch bedingt oder betagt war, hindert die Anwendung des § 38 Ziff. 1 nicht. Es wird daher auch ein vor dem 1. Ju i 1920 erteilter Kommissionsauftrag zum Ankauf von nach Anzahl und Gattung bestimmten Wertpapieren, der erst nachher vollzogen worden ist, genügen, weil bereits mit der Annahme des Auftrags die bedingte Verpflichtung des Kommissionärs entstanden ist, die in Ausführung des Auftrags in sein Eigentum gelangenden Papiere dem Auftraggeber zu übereignen (§ 667 BGB.).

b) (Ziffer 2): Wenn es sich um einen „darlehnsartigen Verwahrungsvertrag" handelt. Es ist dies das sog. „depositum irregulare", auch „Summenverwahrung" genannt, das darin besteht, daß vertretbare Sachen in der Art hinterlegt werden, daß das Eigentum auf den Verwahrer übergehen und dieser verpflichtet sein soll, Sachen von gleicher Art, Güte oder Menge, zurückzugewähren (§ 700 BGB.). In solcher Weise werden Wertpapiere häufig Banken usw. in Verwahrung gegeben. Nach § 2 des Gesetzes über die Pflichten der Kaufleute bei Aufbewahrung fremder Wertpapiere ist eine Erklärung des Hinterlegers, durch welche der Verwahrer ermächtigt wird, an Stelle hinterlegter Wertpapiere gleichartige Wertpapiere zurückzugewähren, in der Regel nur gültig, soweit sie für das einzelne Geschäft ausdrücklich und schriftlich abgegeben wird. Darüber, was unter „Ausdrücklichkeit" hier zu verstehen ist, vgl. RGZ. 65 177. In einer solchen Ermächtigung soll nach der Ansicht des RG. (RGZ. 52 202; 58 287) nicht ohne weiteres die Erklärung gefunden werden müssen, daß das Eigentum sofort auf den Verwahrer übergehen soll; soweit ein solcher Wille daraus nicht ersichtlich, soll der Eigentumsübergang erst mit der Aneignung der Papiere durch den Verwahrer erfolgen. Aber auch ein solcher Vertrag, bei dem nicht der sofortige Eigentumsübergang gewollt ist, wird als darlehensartiger Verwahrungsvertrag im Sinne des § 38 Ziff. 2 anzusehen sein, sofern nur der Verwahrer befugt sein soll, sich die Stücke anzueignen und dafür gleichartige zurückzugewähren. Nicht ganz unzweifelhaft erscheint, ob man von einem darlehensartigen Verwahrungsvertrage auch dann sprechen kann, wenn, wie es häufig geschieht, Wertpapiere verpfändet werden mit der Verpflichtung oder Ermächtigung, an ihrer Stelle nach Erledigung der Verpfändung gleichartige zurückzugeben. Doch dürfte die Frage zu bejahen sein; auch in diesem Falle übernimmt die Bank den Gewahrsam der verpfändeten Papiere und der darlehnsartige Charakter zeigt sich darin, daß sie nicht in Natur, sondern nur in gleicher Menge, Art und Güte zurückzugewähren sind. — Hat auf Grund eines solchen Vertrages der Gläubiger vor dem 1. Juli 1920 einer Bank usw. Wertpapiere übergeben und zur Erfüllung des gleichen Vertrages von ihr nach dem 30. Juni 1920 andere gleichartige Wertpapiere übereignet erhalten, so soll der Erwerb dieser letzteren Papiere, die an die Stelle der übergebenen getreten sind, als vor dem 1. Juli 1920 erfolgt gelten. Voraussetzung ist weiter, daß der Anspruch auf Übereignung von Schuldverschreibungen gleicher Art und gleichen Betrags von der Übergabe der ersten Papiere durch den Gläubiger an die Bank bis zur Übereignung der an ihre Stelle getretenen durch die Bank an den Gläubiger ununterbrochen bestanden hat. Auch hier wird, wie im Falle des § 37 (vgl. Anm. 2 zu diesem Paragraph), wenn die Entstehung des Anspruchs bei Übergabe der ersten Papiere und das Bestehen noch bei der Übereignung der Ersatzpapiere nachgewiesen wird, die ununterbrochene Fortdauer in der Zwischenzeit bis zum Beweise des Gegenteils zu vermuten sein.

c) (Ziffer 3): Wenn es sich um einen der im § 3 Abs. 1 Ziffer 2—11 aufgezählten Fälle handelt, in welchen die Berechnung des Goldmarkbetrages nicht nach dem Zeitpunkt des Erwerbs des derzeitigen Gläubigers, sondern eines früheren Gläubigers erfolgt. Vgl. Anm. 2 zu § 3. In diesen Fällen soll es zur Anerkennung als Altbesitzer genügen, wenn zwar nicht der Erwerb des derzeitigen Gläubigers, aber der desjenigen früheren Gläubigers, auf den es ankommt, vor dem 1. Juli 1920 liegt. In den Fällen des Erwerbs von Todes wegen (§ 3 Abs. 1 Ziffer 2) ist das der Erblasser; es genügt also, wenn dieser das Wertpapier vor dem 1. Juli 1920 erworben oder es gemäß § 38 Ziffer 1 oder 2 als von ihm vor diesem Tage erworben zu gelten hat. Entsprechendes gilt in den anderen Fällen.

§ 39.

(1) Schuldverschreibungen, für die die Vorrechte des Altbesitzes in Anspruch genommen werden, sind zur Vermeidung des Verlustes des Genußrechts spätestens innerhalb einer Frist von einem Monat seit Aufforderung durch den Schuldner bei diesem oder der von ihr bestimmten Stelle anzumelden[1]. Die erforderlichen Beweismittel sind der Anmeldung beizufügen oder binnen einer weiteren Frist von einem Monat nachzureichen[2]. Die Aufforderung erfolgt durch Bekanntmachung im Deutschen Reichsanzeiger und in den anderen für die Veröffentlichungen des Schuldners bestimmten Blättern, und zwar spätestens am 30. September 1925[1]. Ist der Schuldner eine Aktiengesellschaft oder eine Kommanditgesellschaft auf Aktien, so können Revisoren gemäß §§ 266, 267, 320 Abs. 3 des Handelsgesetzbuchs auch zur Nachprüfung der Vorgänge bei der Anerkennung des Altbesitzes bestellt werden[3]. Das gleiche gilt für Gesellschaften mit beschränkter Haftung, eingetragene Genossenschaften, Gewerkschaften und Vereine; die Vorschriften der §§ 266, 267 des Handelsgesetzbuchs finden insoweit entsprechende Anwendung[3]. Bei eingetragenen Genossenschaften und Vereinen bedarf es zur Ernennung von Revisoren durch das Gericht eines Antrags des zehnten Teiles der Mitglieder. Revisoren sind durch das Gericht, in dessen Bezirk

der Schuldner seinen Sitz hat, auch dann zu bestellen, wenn eine gemäß §§ 3 bis 10 des Gesetzes, betreffend die gemeinsamen Rechte der Besitzer von Schuldverschreibungen, vom 4. Dezember 1899 in der Fassung des Gesetzes vom 14. Mai 1914 (Reichsgesetzbl. 1899 S. 691, 1914 S. 121) einberufene und abgehaltene Versammlung der als Altbesitzer bereits anerkannten Gläubiger dies mit einfacher Mehrheit beschließt[3].

(2) Die Anerkennung der Eigenschaft als Altbesitz ist auf den Schuldverschreibungen durch Stempelaufdruck kenntlich zu machen[4].

1. Das gemäß § 37 (vgl. Anm. 3 dazu) von dem Altbesitzer mit dem 1. Juli 1925 erworbene Genußrecht geht ihm wieder verloren — und zwar, wie wohl angenommen werden muß, mit rückwirkender Kraft, so daß auch die für die Zwischenzeit entstandenen Beteiligungsrechte erlöschen —, wenn es von ihm nicht innerhalb der in § 39 bestimmten Ausschlußfrist und in der dort bezeichneten Form angemeldet wird. Die Frist wird in Gang gesetzt durch eine Aufforderung von seiten des Schuldners, die durch Bekanntmachung im Deutschen Reichsanzeiger und in den anderen für die Veröffentlichungen des Schuldners bestimmten Blättern zu erfolgen hat. Es wird dabei vorausgesetzt, daß der Schuldner eine handelsrechtliche Gesellschaft ist, deren Veröffentlichungen nach dem Gesellschaftsvertrage in bestimmten Blättern zu erfolgen haben, wie für Aktiengesellschaften in § 182 HGB. als Inhalt des Gesellschaftsvertrages vorgeschrieben ist. Vielfach aber sind die Schuldner Gesellschaften oder Einzelpersonen, für die solche Bestimmungen nicht bestehen. Die hier allein übrig bleibende Bekanntmachung im Deutschen Reichsanzeiger ist ein sehr ungeeignetes Mittel, um die Aufforderung zur wirklichen Kenntnis der beteiligten Gläubiger zu bringen. Trotzdem beginnt mit dieser Bekanntmachung die sehr kurze einmonatige Ausschlußfrist, die häufig ablaufen wird, bevor die Gläubiger in der Lage waren, sich den Reichsanzeiger zugänglich zu machen und von der darin enthaltenen Aufforderung Kenntnis zu nehmen. Die Frist wird auch nicht gehemmt, falls eines der Hindernisse vorliegt, die den Lauf der Anspruchsverjährung hemmen, da die Vorschriften über diese (§§ 203, 204, 206, 207 BGB.) auf Ausschlußfristen nicht anwendbar sind, wenn die Anwendung nicht besonders vorgeschrieben ist, wie das für andere Ausschlußfristen durch das Gesetz (§ 8 Abs. 1 Satz 3, § 12 Satz 2, § 23 Satz 2), hier aber nicht geschehen ist. Die Frist wird daher auch gegen geschäftsunfähige Gläubiger, die ohne gesetzlichen Vertreter sind, laufen und ablaufen. Die Einhaltung der Frist ist ganz unmöglich, wenn der Gläubiger außerhalb Europas seinen Wohnsitz oder gewöhnlichen Aufenthalt hat. Wohl in Erkenntnis dessen hat die Reichsregierung in der Durchführungsverordnung vom 10. August 1925 — vgl. Anm. 6 zu § 35 — in § 7 bestimmt, daß in dem genannten Falle an Stelle der einmonatlichen Frist des § 39 Abs. 1 Satz 1 eine Frist von vier Monaten treten soll*). Ob sie zu einer solchen Bestimmung ermächtigt war, erscheint fraglich; wird aber bejaht werden können, wenn man annimmt, daß das Gesetz an diesen Fall nicht gedacht hat (Ergänzung einer Gesetzeslücke). Die Aufforderung erfolgt „spätestens am 30. September 1925". Es ist das ein an den Schuldner gerichtetes Gebot, daß er die Aufforderung spätestens an diesem Tage zu erlassen hat. Welche Folgen

*) Die gleiche Bestimmung ist nunmehr in Art. 50 Abs. 2 DurchfVO. vom 29. November 1925 (Anhang XXVI) enthalten. Wegen des Ablaufs der Fristen des § 39 Abs. 1 im Falle der Anmeldung von Ansprüchen aus bereits eingelieferten ausgelosten oder gekündigten Schuldverschreibungen vgl. die Fußnote zu § 35 Anm. 6.

eintreten, wenn er diesem Gebote nicht nachkommt, sagt das Gesetz nicht. Man könnte annehmen, daß dann eine Frist überhaupt nicht in Lauf gesetzt wird, die Anmeldungen also zeitlich unbeschränkt erfolgen können, da eine spätere Aufforderung mit der Wirkung der Inlaufsetzung der Frist nicht erfolgen kann. Es dürfte das aber der Tendenz des Gesetzes, die Geltendmachung der Genußrechte auf ganz bestimmte, kurze Zeiträume einzuschränken, nicht entsprechen. Man wird deshalb wohl als Sinn des Gesetzes eher anzunehmen haben, daß die Frist auch durch eine später ergehende Aufforderung noch in Gang gesetzt werden kann. Die Anmeldung wird auch vor dem Erlasse der Aufforderung wirksam erfolgen können. Das ist aus dem Wortlaute von Satz 1 zu entnehmen, wo gesagt ist, daß die Anmeldung „spätestens" innerhalb der Frist zu erfolgen hat, woraus folgt, daß sie auch früher, nämlich vor Beginn der Frist erfolgen kann. Die Anmeldung hat bei dem Schuldner oder der von ihm — das Wort: „ihr" im Gesetzestexte des Reichsgesetzblattes ist ein offenbarer Druckfehler — bestimmten Stelle zu erfolgen. Man wird annehmen müssen, daß diese Bestimmung, entsprechend der dem Schuldner überlassenen Bestimmung der Leistung gemäß § 315 BGB., nach billigem Ermessen zu erfolgen hat und daß eine dem nicht entsprechende Bestimmung, z. B. die einer schwer erreichbaren, etwa im Auslande befindlichen Stelle, für die Gläubiger nicht verbindlich ist. Im ganzen genommen, sind die Bestimmungen über die Ausschlußfrist von einer rücksichtslosen Härte, die fast den Eindruck macht, daß die Erreichung des Genußrechts möglichst wenigen Gläubigern ermöglicht werden sollte.

Durch VO. vom 29. August 1925, veröffentlicht im Reichsanzeiger vom gleichen Tage*), abgedruckt als Anhang XII, hat die Reichsregierung auf Grund des § 88 Aufwertungsgesetz für die Aufforderung zur Anmeldung des Altbesitzes von Industrieobligationen eine ganz bestimmte Form wörtlich vorgeschrieben. Danach hat die Aufforderung den Hinweis zu erhalten, daß die Mäntel der Schuldverschreibungen oder der Nachweis ihrer Hinterlegung der Anmeldung beizufügen sind; ferner daß Beweismittel für den Altbesitz binnen einer Frist von zwei Monaten seit dem Erscheinen der Aufforderung im Deutschen Reichsanzeiger einzureichen sind (was der mit dem Ablaufe der Anmeldungsfrist beginnenden zweiten Monatsfrist zur Nachreichung, vgl. Anm. 2, entspricht, § 1) sowie daß in der Aufforderung im Deutschen Reichsanzeiger der Zeitpunkt der Veröffentlichung in den übrigen Gesellschaftsblättern in ganz bestimmter Form anzugeben ist (§ 2). In § 3 ist bestimmt, daß die in § 39 vorgesehene Anmeldefrist nur durch eine Aufforderung, die der in §§ 1 und 2 angeordneten Fassung entspricht, in Lauf gesetzt wird und daß der Lauf der Frist mit der Veröffentlichung im Reichsanzeiger beginnt. Da in § 4 die VO. sich rückwirkende Kraft vom 16. Juli 1925 ab beilegt, so werden demnach die bereits vor ihrem Erscheinen zahlreich erfolgten Aufforderungen, die ihren Anforderungen nicht entsprechen, wiederholt werden müssen, um die Anmeldefrist in Lauf zu setzen.

2. Mit dem Ablaufe der Anmeldefrist beginnt eine zweite Monatsfrist, innerhalb welcher die erforderlichen Beweismittel, sofern sie nicht der Anmeldung beigefügt sind, nachzureichen sind (Satz 2). Daß auch dies „zur Vermeidung des Verlustes des Genußrechts" zu geschehen habe, ist hier nicht, wie im Satz 1 für die Anmeldefrist, ausdrücklich gesagt. Nach dem Grundsatz, daß Verfallbestimmungen nicht ausdehnend angewendet werden dürfen, wird man nicht dazu gelangen können, anzunehmen, daß auch die Nichteinhaltung dieser Frist den Verlust des Genußrechts

*) Später nochmals veröffentlicht im RGBl. S. 384. Die Rechtsgültigkeit dieser Verordnung ist von industriellen Schuldnern, die bereits vor ihrer Verkündung im Reichsanzeiger Aufforderungen in abweichender Form erlassen hatten, bestritten worden. Sie dürfte indes durch § 88 Aufwertungsgesetz gedeckt sein.

zur Folge hat. Eine solche Auslegung erscheint aber auch deshalb unzulässig, weil die Auslegung davon ausgehen muß, daß sie es mit einem loyalen Gesetzgeber zu tun hat, der nicht eine Vorschrift hat treffen wollen, die, wie ihm nicht unerkannt geblieben sein kann, ein von ihm, wie anzunehmen, in ernstlicher Absicht, gewährtes Recht in einer großen Zahl von Fällen illusorisch machen würde. Denn die Gläubiger werden in einer großen Zahl von Fällen den an sich schon schwierigen Beweis ihres Altbesitzes nicht innerhalb so kurz bemessener Frist zu erbringen in der Lage sein. Daß das nicht der Sinn des Gesetzes sein kann, ergibt aber auch schon der Wortlaut; denn eine „Beifügung" oder „Nachreichung" der Beweismittel ist nur denkbar, wenn es sich um Urkunden handelt; die Beweisführung ist aber (vgl. zu § 37 Anm. 4) keineswegs auf Urkunden beschränkt, kann vielmehr mit allen sonst statthaften Beweismitteln (Zeugen, Eid) erfolgen. Die Vorschrift kann deshalb nur als instruktionelle Bestimmung aufgefaßt werden, durch welche dem Schuldner die Möglichkeit geboten werden soll, die etwa bereiten Beweise zu prüfen und auf Grund derselben sich über die Anerkennung oder Nicht-Anerkennung schlüssig zu machen, damit, wenn möglich, ein Rechtsstreit vermieden wird. Den Verlust des Genußrechtes kann ihre Nichtbefolgung nicht zur Folge haben. Der Gläubiger kann vielmehr noch im Prozesse die erforderlichen Beweismittel nachbringen. Wird dabei festgestellt, daß er in der Lage gewesen wäre, sie dem Schuldner vorher mitzuteilen, und daß er das schuldhafterweise unterlassen hat, während andernfalls der Rechtsstreit hätte vermieden werden können, so werden ihm die dadurch entstandenen Prozeßkosten auferlegt werden können, jedenfalls auf Antrag unter dem Titel des Schadenersatzes.

3. Nach erfolgter Anmeldung liegt die Prüfung des Anspruchs des Gläubigers auf die Eigenschaft als Altbesitzer und damit auf das Genußrecht zunächst dem Schuldner, und zwar, soweit es sich um Gesellschaften handelt, den zu ihrer Vertretung verfassungsmäßig berufenen Organen ob. Wird von diesen der Anspruch als begründet anerkannt, so ist dadurch die Eigenschaft des Gläubigers als Altbesitzer endgültig festgestellt. Es bestand aber offenbar im Reichstagsausschusse ein gewisses Mißtrauen, daß die Gesellschaftsorgane des Schuldners bei der ihnen obliegenden Prüfung unredlicherweise oder unter fahrlässiger Außerachtlassung gesetzlicher Vorschriften zugunsten von Personen, die keinen Anspruch auf die Eigenschaft von Altbesitzern haben, diese als solche zur Anerkennung bringen könnten, wodurch sich der Kreis der Personen, die am Reingewinn und Liquidationserlöse Anteil zu nehmen haben, vergrößert und die wirklich berechtigten Altbesitzer, wie auch die Gesellschaften (vgl. §§ 40, 41, 42) geschädigt werden würden. Deshalb wurden in den durch Anträge des Abg. Dernburg ergänzten Beschlüssen der Kompromißparteien (Bericht S. 10) Bestimmungen eingeschaltet, die eine **Nachprüfung der Vorgänge bei der Anerkennung der Altbesitzerrechte** gestatten, in Anwendung der für die Zwecke solcher Nachprüfungen in ähnlichen Fällen für Aktiengesellschaften und Aktienkommanditgesellschaften gegebenen Vorschriften des HGB. (§§ 266, 267, 320 Abs. 3). Danach können, wenn der Schuldner eine solche Gesellschaft ist, durch Beschluß der Generalversammlung oder, wenn diese einen dahingehenden Antrag abgelehnt hat, auf Antrag von Aktionären, deren Anteile zusammen den zehnten Teil des Grundkapitals ausmachen, durch das Gericht Revisoren bestellt werden zur Nachprüfung der Vorgänge bei der Anerkennung des Altbesitzes (Satz 4). Erforderlich ist für die Bestellung durch das Gericht eine Glaubhaftmachung, daß Unredlichkeiten oder grobe Verletzungen des Gesetzes stattgefunden haben (§ 266 Abs. 3 HGB.). Die Bestellung der Revisoren durch das Gericht kann aber zu diesem Zwecke nicht nur auf Antrag eines bestimmten Teiles der Aktionäre erfolgen, sondern auch auf Antrag einer Mehrheit der bereits als Altbesitzer anerkannten Gläubiger, die in einer nach den Bestimmungen des Gesetzes über die gemeinsamen Rechte der Besitzer von Schuldverschreibungen einberufenen und abgehaltenen Versammlung dieser Gläubiger

sich ergeben hat (Satz 7). Diese Bestimmung ist insofern eigenartig, als zu einer solchen Versammlung auch diejenigen Gläubiger als Stimmberechtigte gehören, gegen deren Anerkennung sich die Nachprüfung richten soll. Diese werden dabei vom Stimmrecht ausgeschlossen sein. Die Ernennung von Revisoren ist aber auch für zulässig erklärt bei Gesellschaften mit beschränkter Haftung, eingetragenen Genossenschaften, Gewerkschaften und Vereinen; die Bestimmungen der §§ 266, 267 HGB. sollen hier entsprechende Anwendung finden; Satz 5. Bei G. m. b. H.-Gesellschaften wird hiernach zum Antrag berechtigt sein ein Teil der Gesellschafter, deren Geschäftsanteile zusammen den zehnten Teil des Gesellschaftskapitals ausmachen. Ebenso bei Gewerkschaften der zehnte Teil des in Kuxen zerlegten Gewerkschaftskapitals. An Stelle dieser Berechnung nach Anteilen tritt für eingetragene Genossenschaften und Vereine, bei denen ein in solche Anteile zerlegtes Kapital nicht besteht, der zehnte Teil der Mitglieder (Satz 6). Auch in diesen Fällen sind außer den Gesellschaftern, Gewerkschaftern, Genossenschaftern bzw. Vereinsmitgliedern auch die anerkannten Altbesitzer gemäß Satz 7 antragsberechtigt. — Ist der Schuldner eine offene Handelsgesellschaft oder eine Einzelperson, so ist für eine derartige Nachprüfung keine Möglichkeit geschaffen, obgleich auch in diesen Fällen die berechtigten Altbesitzer ein Interesse daran haben, daß nicht Unberechtigte als solche anerkannt werden.

4. Wegen der Beurkundung des Genußrechts vgl. Anm. 5 zu § 37, Anm. 2 zu § 43. Die Anerkennung der Eigenschaft als Altbesitzer soll auf den Schuldverschreibungen durch Stempelaufdruck kenntlich gemacht werden. Das gilt sowohl wenn die Anerkennung freiwillig durch den Schuldner, wie wenn sie auf Klage durch das Gericht erfolgt ist. Der Schuldner kann durch den Altbesitzer dazu angehalten werden. Die Vorschrift ist von Bedeutung für die Verkaufsfähigkeit der Altbesitz-Schuldverschreibung. Die Eigenschaft „als Altbesitz" und die damit verbundenen Rechte haften ihr dauernd an, auch wenn sie nach der Anmeldung von dem Altbesitzer in andere Hände übergegangen ist.

2. Beteiligung am Reingewinn

§ 40[1].

(1) Mit Beginn des am 1. Juli 1925 laufenden Geschäftsjahrs, jedoch frühestens mit Beginn des am 31. Dezember 1925 endenden Geschäftsjahrs[2] wird der nach der Bilanz zur Ausschüttung an die Gewinnberechtigten zur Verfügung stehende Jahresreingewinn[3] in folgender Weise verwendet: vorweg stehen 6 v. H., berechnet auf das gewinnberechtigte Gesamtkapital, zur Verteilung an die Geschäftsinhaber oder Gesellschafter zur Verfügung. Der Überschuß des Reingewinns wird auf die Gesamtheit der gewinnberechtigten Geschäftsinhaber oder Gesellschafter und der Inhaber der Genußrechte in der Weise verteilt, daß für je 1 vom Hundert, das als Gewinnanteil in irgendeiner Form den Geschäftsinhabern oder Gesellschaftern zugewiesen wird, je 2 vom Hundert bis insgesamt 6 vom Hundert des Gesamtnennbetrags der Genußrechte auf die Inhaber der Genußrechte entfallen[4].

(2) Die auf die Genußrechte entfallenden Beträge sind bis zur Höhe des ursprünglichen Zinssatzes der Schuldverschreibung, jedoch

nicht über 5 vom Hundert hinaus, zur Verzinsung, im übrigen zur Tilgung des Nennwerts des Genußrechts zu verwenden[5]. Eine Verwendung von Mitteln für die Genußrechte findet jeweils nur für das Geschäftsjahr statt, aus dessen Gewinn die Mittel bereitgestellt werden[5a]. Die Tilgung erfolgt durch Auslosung zum Nennwert, und zwar mindestens einmal im Verlauf zweier Geschäftsjahre[5, 6].

1. § 40 regelt die Art und Weise sowie das Maß, in welchem die Inhaber der Genußrechte am Reingewinn des Unternehmens des Schuldners beteiligt werden. Im Reichstagsausschusse (Bericht S. 10) wurde hervorgehoben, daß die gesellschaftlichen Unternehmungen auch noch in Zukunft in großem Umfange auf fremdes Kapital angewiesen sein werden; daß der Wert einer Gesellschaft hauptsächlich nach ihrer Dividende beurteilt werde und danach sich auch ihre Kreditfähigkeit richte; deshalb wurde die gleichmäßige Beteiligung der Genußscheininhaber und der Aktionäre an dem Reingewinn „als Gefahr" angesehen und bestimmt, daß zunächst immer eine Mindestdividende von 6 v. H. für die Aktionäre gesichert werden solle, bevor der Genußscheininhaber berechtigt sein solle, einen Anteil zu erhalten. Sei jedoch (so wurde weiter erwogen) mit dieser Mindestdividende für die Aktionäre auf die wirtschaftlichen Interessen gebührend Rücksicht genommen, so sei von da an das Recht der Genußscheininhaber in den Vordergrund gestellt und es entspreche deshalb nach der Vorzugsdividende jedem Prozent für die Aktionäre 2 v. H. für die Genußscheininhaber. Auf diese Weise solle der Genußscheininhaber bis zu 6 v. H. seines Genußrechts erhalten. Bis zur Höhe der Verzinslichkeit der alten Obligation sollten diese Beträge als Zinsen gelten; darüber hinaus zur Tilgung dienen. Dementsprechend ist die Beteiligung der Genußrechtsinhaber am Reingewinn im Verhältnis zu der Beteiligung der Aktionäre (Gesellschafter) in § 40 geordnet.

2. Die Beteiligung der Genußrechtsinhaber am Reingewinn beginnt mit Beginn des am 1. Juli 1925 laufenden Geschäftsjahrs, jedoch frühestens mit Beginn des am 31. Dezember 1925 endenden Geschäftsjahrs. Die Fassung des zweiten Halbsatzes ist anscheinend verunglückt, da am 31. Dezember nicht immer ein Geschäftsjahr endet; es soll wohl heißen: „frühestens mit dem 1. Januar 1925". Alsdann würde die Bestimmung folgenden Sinn haben: Wenn das Geschäftsjahr in der ersten Hälfte des Kalenderjahres (1. Januar bis einschließlich 1. Juli) beginnt, so läuft am 1. Juli 1925 das Geschäftsjahr 1925 bzw. 1925/26; in diesem Falle beginnt die Beteiligung mit dem Beginne dieses Geschäftsjahres. Liegt der Beginn des Geschäftsjahres innerhalb des zweiten Kalenderhalbjahrs (2. Juli bis 31. Dezember), so läuft am 1. Juli 1925 noch das Geschäftsjahr 1924/25; in diesem Falle beginnt aber die Beteiligung nicht mit dem (vor dem 1. Januar 1925 liegenden) Beginne dieses Geschäftsjahres, sondern erst mit dem 1. Januar 1925; sie findet also nur für einen Teil des Geschäftsjahres statt. Es wird in letzterem Falle für diesen Zeitraum eine besondere Bilanz aufzustellen sein.

3. Die Grundlage für die Beteiligung der Genußrechtsinhaber am Reingewinn bildet der Jahresreingewinn, der nach der Bilanz zur Ausschüttung an die Gewinnberechtigten zur Verfügung steht. Zur Aufstellung einer jährlichen Bilanz ist nach §§ 39, 40 HGB. jeder Kaufmann, der nicht Minderkaufmann (§ 4 Abs. 1 HGB.) ist, verpflichtet. Sie besteht in einem auf Grund des aufzustellenden Inventars zu machenden Abschluß, der das Verhältnis des Vermögens und der Schulden darstellt. Für Aktiengesellschaften und Aktienkommanditgesellschaften ist durch §§ 261 Ziff. 6, 320 Abs. 2 vorgeschrieben, daß am Schlusse der Bilanz der aus der Vergleichung sämtlicher Aktiva und Passiva sich ergebende

Gewinn (Reingewinn) oder Verlust besonders angegeben werden muß. Gleiches gilt für Gesellschaften m. b. H. gemäß § 42 Ziff. 5 G. m. b. H. Ges. Soweit der Reingewinn in der Bilanz nicht besonders angegeben wird, ist er aus den in ihr gegebenen Unterlagen in Verbindung mit den Büchern zu berechnen. Schuldverschreibungen der im § 33 bezeichneten Art werden aber häufig auch von Einzelpersonen ausgegeben, die nicht Kaufleute und zur Buchführung an sich nicht verpflichtet sind, so von Großgrundbesitzern, Standesherren (Fürst von Fürstenberg); solche Schuldner werden den Inhabern der Genußrechte gegenüber aber gleichfalls verpflichtet sein, eine Aufstellung (Bilanz) zu machen, aus welcher sich die zur Berechnung der Beteiligung der Genußrechte am Jahresreingewinn notwendigen Unterlagen ergeben. — **Zur Ausschüttung an die Gewinnberechtigten zur Verfügung** steht der Jahresreingewinn nach Abzug des etwa auf Grund gesetzlicher Bestimmungen oder Satzungen einem Reservefonds zuzuführenden Betrages; vgl. für Aktiengesellschaften § 262 Satz 2 Ziffer 1. Gewinnberechtigte sind bei Aktiengesellschaften die Aktionäre (§ 213 HGB.), bei offenen Handelsgesellschaften (§ 121 HGB.) und bei G. m. b. H.-Gesellschaften (§ 29 G. m. b. H.-G.) die Gesellschafter, bei Genossenschaften die Genossenschafter (§§ 19, 20); sie haben Anspruch auf einen dem Verhältnis ihrer Gesellschaftsanteile entsprechenden Anteil an der Verteilung des jährlichen Reingewinnes, soweit nicht eine solche Verteilung durch das Gesetz oder den Gesellschaftsvertrag ausgeschlossen ist. Bei Vereinen bestimmt lediglich die Satzung darüber, ob und in welchem Verhältnisse der Reingewinn zu verteilen ist. Ist der Schuldner eine Einzelperson, so kann von einer „Ausschüttung" nicht die Rede sein; der gesamte Reingewinn steht ihm zu.

4. Die Beteiligung der Genußrechtsinhaber an dem hiernach zur Verfügung stehenden Reingewinne hat nun in folgender Weise zu erfolgen:

Zunächst stehen 6 vom Hundert, „berechnet auf das gewinnberechtigte Gesamtkapital" zur Verteilung an die Geschäftsinhaber oder Gesellschafter zur Verfügung. Das soll heißen: ein Betrag, der eine Verzinsung des gewinnberechtigten Gesamtkapitals zum Satze von 6 v. H. darstellt, wird zunächst von dem Reingewinne vorweggenommen. Ob er wirklich unter die Geschäftsinhaber oder Gesellschafter verteilt oder in anderer Weise verwendet wird, ist hierfür unerheblich; er steht zur freien Verfügung der Gesellschaft. Bei solchen Personenvereinigungen, bei denen die Berechtigung und Verpflichtung der Teilhaber sich nicht nach dem Verhältnisse bestimmter Geldeinlagen richtet, gibt es kein „gewinnberechtigtes Gesamtkapital"; so bei offenen Handelsgesellschaften, Vereinen, eingetragenen Genossenschaften; ebenso bei Einzelpersonen. In diesen Fällen wird die Verzinsung von 6 vom Hundert auf das in dem Unternehmen angelegte Gesamtkapital zu berechnen sein. — Ein etwaiger Überschuß des Reingewinnes sodann gelangt zur Verteilung unter die gewinnberechtigten Geschäftsinhaber oder Gesellschafter einerseits und die Inhaber der Genußrechte andererseits in der Weise, daß „für je 1 v. H. (des gewinnberechtigten Gesamtkapitals bzw. des Anlagekapitals), das in irgendeiner Form als Gewinnanteil jenen zugewiesen wird, je 2 v. H. des Gesamtnennbetrags des Genußrechts der Gesamtheit der Genußrechtsinhaber zuzuweisen sind (Abs. 1 Satz 3). Hiernach liegt es an sich in der Hand der Geschäftsinhaber oder Gesellschafter, durch Unterlassung einer über 6 v. H. hinausgehenden Zuweisung aus dem Reingewinne an sich selbst, insbesondere dadurch, daß sie den Überschuß einem Reservefonds zuführen oder sonst als unverteiltes Gesellschaftskapital in Geld oder Sachwerten anlegen, die Zuweisung eines Teiles dieses Überschusses an die Genußrechtsinhaber und damit ihre Beteiligung am Reingewinne zu verhindern oder beliebig einzuschränken. Zwar kommen die so angelegten Beträge schließlich doch den Geschäftsinhabern oder Gesellschaftern zugute, indem sie das Vermögen des Unternehmens oder der Gesellschaft und damit den zukünftigen Liquidationserlös vergrößern; das wird aber nicht als eine

Form der „Zuweisung von Reingewinn an die Geschäftsinhaber oder Gesellschafter" angesehen werden können, zumal an dem schließlichen Liquidationserlös gemäß § 42 unter Umständen auch die Inhaber der Genußrechte noch teilnehmen. Einen gewissen Schutz gegen Beeinträchtigungen soll diesen der § 41 (vgl. Näheres in den Anmerkungen dazu) gewähren, freilich geschieht das in recht umständlicher und unzulänglicher Weise. — Erreicht der auf diese Weise den Inhabern der Genußrechte zugewiesene Betrag 6 vom Hundert des Gesamtbetrags der Genußrechte, so findet eine Beteiligung der Genußrechtinhaber an einem etwaigen weiter noch vorhandenen Überschusse des Reingewinnes nicht mehr statt.

5. Absatz 2 regelt die Verwendung der gemäß Abs. 1 bereitzustellenden Beträge aus dem Jahresreingewinne für die Zwecke der Genußrechte, und zwar in erster Linie für ihre Verzinsung, in zweiter für eine Tilgung. Die Genußrechte sind nicht, wie der 15prozentige Aufwertungsbetrag, zu einem bestimmten Satze verzinslich, sondern ihre Verzinsung erfolgt lediglich insoweit, als Beträge dafür aus dem Überschusse des Reingewinnes gemäß Abs. 1 zur Verfügung stehen. Aus diesen Beträgen sind die Genußrechte zu einem Hundertsatze ihres Nennbetrages zu verzinsen, der derart zu bemessen ist, daß die zur Verfügung stehenden Beträge zur gleichmäßigen Beteiligung aller Genußrechtsinhaber nach dem Verhältnisse des Nennwertes ihrer Genußrechte zu dem Gesamtnennwerte der Genußrechte ausreichen. Der Zinssatz darf jedoch nicht hinausgehen über die Höhe des Satzes, zu welchem die Schuldverschreibungen ursprünglich, d. h. vor der durch die Aufwertung erfolgten Zinsherabsetzung — vgl. § 36 — zu verzinsen waren, und 5 v. H. nicht übersteigen. — Sind nach dieser Verzinsung noch überschießende Beträge vorhanden, so sollen sie zur Tilgung der Genußrechte verwendet werden, die durch Auslosung zum Nennwerte zu erfolgen hat; die Bestimmung, daß dies mindestens einmal im Verlaufe zweier Jahre zu geschehen hat, wird nur erfüllt werden können, soweit Beträge aus dem Reingewinn für diesen Zweck zur Verfügung stehen. Weitere freiwillige Tilgungen kann der Schuldner gemäß § 43 Ziff. 1 (vgl. Anm. dazu) jederzeit vornehmen.

5a. Satz 2 des Abs. 2 bestimmt, daß eine Verwendung von Mitteln für die Genußrechte jeweils nur für das Geschäftsjahr stattfindet, aus dessen Gewinn die Mittel bereitgestellt sind. Demnach kann, wenn in einem Geschäftsjahr eine Verzinsung überhaupt nicht oder nur zu einem geringeren Satze als 5 v. H. hat stattfinden können, diese Verzinsung nicht aus Mitteln des nächsten oder eines folgenden Jahres ergänzt werden.

6. Beispiele

für die Beteiligung der Genußrechtsinhaber am Reingewinn.

I. Aktiengesellschaft A; Aktienkapital 1 Million; anerkannte Genußrechte 100000 RM. Geschäftsjahr 1928. Reingewinn laut Bilanz 100000 RM.

Verwendung des Reingewinns:

1. Zur Verfügung für die Aktionäre 6 v. H. von 1 Million	60000	RM.
2. Weitere Dividende für die Aktionäre 3 v. H. von 1 Million	30000	„
3. Für die Genußrechte 6 v. H. von 100000 RM.	6000	„
4. Bleibt zur Verfügung für die Aktionäre	4000	„
	100000	RM.

gleich dem Reingewinne.

Für die Genußrechte sind zu verwenden von dem Betrage unter 3:

a) Zur Verzinsung zu 5 v. H.	5000	RM.
b) Zur Tilgung	1000	„
	6000	RM.

II. Aktiengesellschaft B; Aktienkapital 2 Millionen; anerkannte Genußrechte 300000 RM.; Geschäftsjahr 1927; Reingewinn laut Bilanz 10000 RM. Der Reingewinn steht, da er unter 6 v. H. des Aktienkapitals bleibt, ganz zur Verfügung für die Aktionäre; eine Verzinsung oder Tilgung der Genußrechte findet nicht statt.

III. Großindustrieller C. Angelegtes Kapital 2 Millionen; anerkannte Genußrechte 200000; Geschäftsjahr 1926/27; Reingewinn 156000 RM.

Verwendung:

1. Für den Geschäftsinhaber 6 v. H. seines Anlagekapitals	120000 RM.
2. Weiter für ihn 1 v. H.	20000 „
3. Für die Genußrechte 2 v. H. von 200000 RM.	4000 „
4. Für den Geschäftsinhaber 1/2 v. H.	10000 „
5. Für die Genußrechte 1 v. H.	2000 „
	156000 RM.

Der auf die Genußrechte entfallende Betrag (Ziffer 3, 5) von 4000 + 2000 = 6000 RM. wird zu ihrer Verzinsung mit 3 v. H. verwendet, Tilgung findet nicht statt.

IV. Gesellschaft mit beschränkter Haftung D. Stammkapital 50000 RM.; anerkannte Genußrechte 20000 RM. Geschäftsjahr vom 1. Oktober 1924 bis 30. September 1925. Reingewinn für die Zeit vom 1. Januar bis 30. September 1925 (vgl. Anm. 2 zu § 40) 4800 RM.

Verwendung:

1. 6 v. H. auf das Stammkapital zur Verfügung für die Gesellschafter	3000 RM.
2. 2 v. H. desgleichen weiter für die Gesellschafter	1000 „
3. 4 v. H. auf den Gesamtnennbetrag der Genußrechte	800 „
	4800 RM.

Der Betrag unter 3 wird zur Verzinsung der Genußrechte verwendet.

§ 41.

Die Beteiligung der Genußrechtsinhaber am Reingewinne darf durch Kapitalserhöhungen oder sonstige Maßnahmen des Schuldners nicht beeinträchtigt werden[1]. Ein für die als Altbesitzer anerkannten Gläubiger (§ 39) bestellter Vertreter kann darüber, ob eine solche Beeinträchtigung vorliegt und wie sie auszugleichen ist, die Entscheidung der gemäß der Vierten Verordnung zur Durchführung der Verordnung über Goldbilanzen vom 28. August 1924 (Reichsgesetzbl. I S. 697) gebildeten Spruchstelle anrufen[2]. Der Schuldner hat der Spruchstelle alle Auskünfte zu erteilen, die für die Beurteilung der Frage, ob eine Beeinträchtigung vorliegt, zweckdienlich sind[3]. Stellt die Spruchstelle das Vorliegen einer Beeinträchtigung fest, so ist die Maßnahme insoweit den Genußrechtsinhabern gegenüber unwirksam[2].

1. § 41 bringt Bestimmungen, die dem Schutze der Genußrechtsinhaber gegen Beeinträchtigung der ihnen zustehenden Beteiligung am Reingewinn dienen sollen. Zunächst in Satz 1 eine materiell-rechtliche Bestimmung: Die Beteiligung darf durch Kapitalerhöhungen oder sonstige Maßnahmen des Schuldners nicht beeinträchtigt werden. Soll diese Bestimmung einen wirklichen Schutz

der Genußrechtsinhaber bedeuten, so wird man sich hüten müssen, die dafür aufgestellten Voraussetzungen zu überspannen. Insbesondere wäre es abwegig anzunehmen, daß sie nur Anwendung finden könne bei Maßnahmen, die nicht in einer vom Standpunkte des Schuldners gerechtfertigten wirtschaftlichen Erwägung ihren Grund haben, sondern der *Absicht* entsprungen sind, die Beteiligung der Genußrechte am Reingewinn zu vereiteln oder einzuschränken. Das Gesetz fordert lediglich eine *objektive* Beeinträchtigung dieser Beteiligung. Eine solche kann auch durch Maßnahmen erfolgen, die vom Standpunkte des Schuldners im Interesse der Wirtschaftskraft der Gesellschaft für die Zukunft gerechtfertigt erscheinen, namentlich Kapitalerhöhungen. Die Interessen der Genußrechtsinhaber sind, da die Genußrechte jederzeit ablösbar sind, keineswegs so eng mit dem wirtschaftlichen Schicksal der Gesellschaft auch in der Zukunft verbunden, wie die der Teilhaber. Eine Kapitalerhöhung stellt sich zunächst jedenfalls als eine Beeinträchtigung ihrer Beteiligung am Reingewinne dar, da die den Teilhabern (Aktionären) im voraus zuzuweisende Dividende von 6 v. H. für ein größeres gewinnberechtigtes Gesamtkapital zur Verfügung stehen muß, bevor die Genußrechte an dem Reingewinne beteiligt werden. Eine Ausgleichung kann allerdings dadurch erfolgen, daß sich der Reingewinn durch die Kapitalerhöhung vergrößert; aber ein solcher Ausgleich kommt für die Genußrechtsinhaber unter Umständen gar nicht mehr in Betracht, wenn er sich erst in mehr oder minder ferner Zukunft vollzieht. Um eine Beeinträchtigung, die prima facie vorliegt, auszuschließen, wird deshalb die Feststellung erforderlich sein, daß der Reingewinn sich bereits in dem in Betracht kommenden Geschäftsjahre im Zusammenhange mit der Kapitalserhöhung in entsprechender Weise erhöht hat; andernfalls wird die Vorzugsdividende nur von dem alten Kapital zu berechnen sein. Andere Maßnahmen, wie Abschreibungen, Zuweisung von Tantiemen usw., stellen eine Beeinträchtigung der Beteiligung der Genußrechtsinhaber am Reingewinn insofern nicht ohne weiteres dar, als dieser Beteiligung der *bilanzmäßige* Reingewinn zugrunde zu legen ist, die Maßnahmen aber bereits bei der Aufstellung der Bilanz Berücksichtigung finden. Gegen sie werden deshalb die Genußrechtsinhaber nur insoweit geschützt werden können, als sie mit einer ordnungsmäßigen Geschäftsgebarung nicht im Einklang stehen. Es wird eines großen Taktes und Billigkeitsgefühls der zur Entscheidung berufenen Stellen (vgl. Anm. 2) bedürfen, um in diesen Fragen den richtigen Ausgleich zu finden.

2. Die Wahrnehmung der den Genußrechtsinhabern aus der Schutzbestimmung im Satz 1 gegenüber dem Schuldner erwachsenden Rechte kann sowohl durch die einzelnen Berechtigten persönlich wie durch einen für sie bestellten *Vertreter* geschehen. Die Bestellung eines Vertreters zur Wahrung des gemeinschaftlichen Interesses der Gläubiger einer in Teilschuldverschreibungen mit im wesentlichen gleichen Gläubigerrechten ausgegebenen Anleihe kann schon in den Anleihebedingungen vorgesehen sein (*Vertragsvertreter*); sie kann aber auch auf Grund des *Gesetzes betreffend die gemeinschaftlichen Rechte der Besitzer von Schuldverschreibungen vom 4. Dezember 1899*, abgeändert durch das Gesetz vom 14. Mai 1914, durch eine nach dessen Vorschriften einzuberufende und abzuhaltende *Gläubigerversammlung* erfolgen. An dieser Versammlung können nur die *Inhaber anerkannter Genußrechte* teilnehmen; „Altbesitzer" brauchen sie nicht zu sein; sie können auch das Genußrecht mit der Schuldverschreibung oder im Falle der Trennung auch ohne diese (§ 43 Ziff. 1) nach Anerkennung des Altbesitzes erworben haben. Der so bestellte Vertreter kann die sich aus Satz 1 ergebenden Rechte der Genußrechtsinhaber vor Gericht geltend machen; er kann aber auch — und das ist der Inhalt des § 41 Satz 2 — *in einem besonderen außergerichtlichen Verfahren* eine Entscheidung über sie herbeiführen, indem er die gemäß der 4. Durchf.VO. zur *Goldbilanzenverordnung vom 28. August 1924* gebildete Spruchstelle anruft. Die Spruchstelle, die aus einem Richter als Vorsitzenden und zwei

von diesem nach einer Liste einzuberufenden sachverständigen Beisitzern besteht (§§ 3, 4 der VO.) entscheidet in einem Verfahren nach Maßgabe des FGG. (§ 10); in Preußen (VO. vom 22. November 1924) wird sie bei den Oberlandesgerichten gebildet. Sie ist nur auf Anrufen des Vertreters zur Entscheidung berufen; der Schuldner kann sie nicht anrufen, ebensowenig die einzelnen Genußrechtsinhaber. Sie entscheidet darüber, ob eine Beeinträchtigung der Genußrechtsinhaber vorliegt und im Falle der Bejahung, in welcher Weise diese auszugleichen ist. Sie wird insbesondere, und zwar nach billigem Ermessen, festzustellen haben, ob eine Maßnahme, die den bilanzmäßigen Reingewinn zuungunsten der Genußrechtsinhaber beeinflußt hat, wirtschaftlich gerechtfertigt war (vgl. Anm. 1). Sie braucht aber die Maßnahme nicht unbedingt und in vollem Umfange für unwirksam zu erklären, kann vielmehr sie ganz oder teilweise aufrechterhalten und zur Beseitigung der durch sie entstandenen Beeinträchtigung ausgleichende Maßnahmen anordnen. Soweit sie das Vorliegen einer Beeinträchtigung feststellt und — wie hinzugefügt werden muß — nicht dennoch im Ausgleichswege die Maßnahme aufrechterhält, ist diese den Genußrechtsinhabern gegenüber unwirksam (Satz 4). Dem Schuldner ist eine Auskunftspflicht gegenüber der Spruchstelle auferlegt (Satz 3). Ist die Spruchstelle ordnungsmäßig angerufen, so wird ein gerichtliches Verfahren gemäß § 148 ZPO. ausgesetzt werden können; die Entscheidung der Spruchstelle st für die Gerichte bindend; vgl. Anm. 4 zu § 46*).

3. Beteiligung am Liquidationserlös

§ 42.

Sind im Falle der Auflösung oder der Liquidation des Unternehmens des Schuldners die Genußrechte noch nicht getilgt oder auf andere Weise abgelöst[1], so ist das nach Berichtigung der Schulden verbleibende Vermögen auf die Geschäftsinhaber oder Gesellschafter einerseits und die Genußrechtsinhaber andererseits nach Maßgabe der Bestimmungen des § 40 Abs. 1 Satz 3 so lange zu verteilen, bis auf die Genußscheininhaber der Nennwert der Genußrechte ausgeschüttet ist[2]. Die überschießenden Beträge fallen den Geschäftsinhabern oder Gesellschaftern zu[2, 3].

1. Die zweite Richtung, in der sich die Beteiligungsrechte der Genußrechtsinhaber auswirken, ist die Beteiligung am Liquidationserlöse. Voraussetzung ist, daß zur Zeit der Auflösung oder des Eintritts des Unternehmens des Schuldners in die Liquidation noch nicht alle Genußrechte getilgt (vgl. §§ 40 Abs. 2, 43 Ziffer 1) oder in anderer Weise abgelöst sind (vgl. § 43 Ziffer 2, 3). Auflösung ohne Liquidation kann, außer im Falle der Konkurseröffnung, vorkommen bei der offenen Handelsgesellschaft, sofern eine andere Art der Auseinandersetzung von den Gesellschaftern vereinbart ist (§ 145 HGB.), ferner bei Vereinen und auch bei Einzelpersonen wenn sie ihr Unternehmen auflösen. Auch wenn die Auflösung in solchen Fällen ohne Liquidation erfolgt, sind die Genußrechtsinhaber an der Verteilung des Vermögens in der in § 42 bestimmten Weise beteiligt. Erfolgt die Auflösung durch Eröffnung des Konkursverfahrens, so sind die Genußrechtsinhaber nicht Konkurs-

---

*) Weitere Bestimmungen über die Zuständigkeit, die Zusammensetzung und das Verfahren der Spruchstellen sind getroffen in den Artikeln 54—56 DurchfVO. vom 29. November 1925 (Anhang XXVI).

gläubiger (§ 3 KonkO.), weil ihre Rechte sich nicht als Gläubigerrechte, sondern als Beteiligungsrechte darstellen. Dagegen nehmen sie für die auf 15 v. H. aufgewerteten Schuldverschreibungen an dem Verfahren teil.

2. Hinsichtlich der Beteiligung am Liquidationserlöse ist nicht, wie hinsichtlich der Beteiligung am Reingewinne (§ 40), den Gesellschaftern oder Geschäftsinhabern eine Vorzugsdividende gewährt es ist im Gegenteil den Genußrechten eine gewisse Vorzugsstellung vor jenen eingeräumt. Das ist im Reichstagsausschusse damit begründet worden (Bericht S. 11), daß der Gesichtspunkt der Kreditwürdigkeit des Unternehmens im Liquidationsstadium entfallen sei. Es tritt aber eine Trennung ein in der Weise, daß zwei Klassen von Teilnahmeberechtigten gebildet werden: die Geschäftsinhaber oder Gesellschafter einerseits und die Genußrechtsinhaber andererseits. Auf diese beiden Klassen ist das nach Berichtigung der Schulden verbliebene Vermögen nach Maßgabe des § 40 Abs. 1 Satz 3 (vgl. Anm. 3 zu § 40) zu verteilen, d. h. in der Weise, daß auf je 1 v. H. des Gesamtkapitals für die Geschäftsinhaber oder Gesellschafter je 2 v. H. des Gesamtnennwerts der Genußrechte auf die Genußrechtsinhaber entfallen. Den Genußrechtsinhabern wird jedoch nur solange etwas zugeteilt, bis der Nennwert (Gesamtnennwert) der Genußrechte an sie ausgeschüttet ist; die überschießenden Beträge des Vermögens fallen lediglich den Geschäftsinhabern oder Gesellschaftern zu. Unter den Genußrechtsinhabern sind die ihnen als Gesamtheit zugewiesenen Beträge nach Maßgabe ihres Anteiles an dem Gesamtnennwerte der Genußrechte zu verteilen. Zu den vor der Verteilung zu berichtigenden Schulden gehören auch die in der Regel auf 15 v. H. aufgewerteten Schuldverschreibungen.

3. Beispiele für die Beteiligung der Genußrechte am Liquidationserlöse.

I. Aktiengesellschaft A in Liquidation. Aktienkapital 2 Millionen. Noch nicht abgelöste Genußrechte 50000 RM. Liquidationsüberschuß 126000 RM.

Verteilung:

$6 \times {}^{1}/_{100}$ von 2 Millionen für die Aktionäre	120000 RM.
$6 \times {}^{2}/_{100}$ von 50000 RM. für die Genußrechtsinhaber	6000 „
	126000 RM.

Die Genußrechtsinhaber erhalten ${}^{6}/_{50}$ des Nennwertes der Genußrechte.

II. Aktiengesellschaft i. L. B. Aktienkapital 1 Million. Liquidationsüberschuß $1^1/_2$ Millionen. Genußrechte 50000 RM.

Die Genußrechte werden zum vollen Nennwerte ausbezahlt mit 50000 RM. Das übrige (1450000) erhalten die Aktionäre.

4. Verbriefung und Ablösung der Genußrechte[1]

§ 43.

Der Schuldner ist berechtigt[1]:

1. über die Genußrechte besondere, von den Schuldverschreibungen getrennte, auf den Inhaber oder, wenn die Schuldverschreibungen an Order lauten, an Order lautende Genußscheine auszugeben. Genußscheine werden nur über Nennbeträge von mindestens 20 Reichsmark und nur über durch 10 teilbare Beträge ausgegeben; die entstehenden Spitzenbeträge sind durch Zahlung des Nennbetrags abzulösen[2]. Die Ausgabe von Genußscheinen ist auf den Schuldverschreibungen zu vermerken[3];

2. an Stelle der Genußrechte eine Zusatzaufwertung oder eine Barabfindung zu gewähren, die den Wert, den die Genußrechte im Zeitpunkt der Gewährung haben, nicht unterschreiten dürfen[2]. Ob dies der Fall ist, entscheidet auf Antrag des Schuldners oder eines für die Genußrechtsinhaber bestellten Vertreters die gemäß der Vierten Verordnung zur Durchführung der Verordnung über Goldbilanzen vom 28. August 1924 (Reichsgesetzbl. I S. 697) gebildete Spruchstelle[3]. Die Spruchstelle kann die Entscheidung über einen Antrag des Schuldners gemäß Satz 2 auf Zeit zurückstellen, wenn sie der Ansicht ist, daß durch die alsbaldige Entscheidung die Gefahr einer unbilligen Benachteiligung der Genußrechtsinhaber entstehen könnte[3];

3. die Genußrechte durch Zahlung des Nennbetrags abzulösen[4].

1. Es läßt sich nicht verkennen, daß die Genußrechte in der in den §§ 37—42 geregelten Gestalt, so wenig sie auch für die Gläubiger bringen, doch andererseits für die industriellen Schuldner bis zu einem gewissen Grade eine Einschränkung in ihrer wirtschaftlichen Bewegungsfreiheit und eine Belastung ihrer gesellschaftlichen Organisation mit einem Fremdkörper bedeuten oder doch von ihnen so empfunden werden können. Deshalb gewährt das Gesetz in den §§ 43, 44 ihnen die Möglichkeit, den Genußrechten, möglichst ohne daß die Rechte der Gläubiger noch weiter verkümmert werden, eine andere Form zu geben oder sich von ihnen zu befreien. Das soll geschehen können: a) (§ 43 Ziff. 1) durch Trennung des Genußrechts von der Schuldverschreibung; b) (§ 43 Ziff. 2) durch Gewährung einer Zusatzaufwertung oder Barabfindung an Stelle der Genußrechte; c) (§ 43 Ziff. 3) durch Ablösung des Genußrechts mittels Zahlung des Nennbetrages.

2. a) (Ziffer 1) Trennung des Genußrechts von der Schuldverschreibung. Das Genußrecht bildet nach § 37 ein Akzessorium (Zubehör) der Schuldverschreibung. Es wird nicht besonders beurkundet, sondern auf der Urkunde selbst durch Stempelaufdruck vermerkt (§ 39 Abs. 2). Es teilt deshalb vollständig das Schicksal der Schuldverschreibung: nur mit dieser kann es übertragen werden oder kraft Rechtens übergehen, nur mit der Schuldverschreibung in der Hand kann es ausgeübt werden; mit dem Untergange der Schuldverschreibung erlischt auch das Genußrecht. Das Gesetz nimmt an, daß der Schuldner ein Interesse haben kann, dieses Abhängigkeitsverhältnis des Genußrechts von der Schuldverschreibung zu beseitigen; deshalb gewährt es ihm das Recht, beide zu trennen durch besondere Verbriefung des Genußrechts mittels Ausgabe von Genußscheinen. Diese können auf alle Fälle, also auch wenn die Schuldverschreibungen an Order lauten, auf den Inhaber gestellt werden; an Order dagegen nur, wenn auch die Schuldverschreibungen an Order lauten. Einer staatlichen Genehmigung zur Ausgabe der auf Inhaber zu stellenden Genußscheine (§ 795 BGB.) bedarf es nicht, da in ihnen nicht die Zahlung einer bestimmten Geldsumme versprochen wird, sondern sie ein Beteiligungsrecht darstellen. Vgl. § 37 Anm. 3. Durch die besondere Verbriefung wird das Schicksal des Genußrechts von dem der Schuldverschreibung vollständig getrennt; das Genußrecht kann selbständig auf einen anderen übergehen; seine Ausübung und sein Fortbestehen sind unabhängig von der Ausübung und dem Fortbestehen der Schuldverschreibung. Auch Einwendungen (§ 796 BGB.) können dem Inhaber des Genußscheins, wenn er auf den Inhaber lautet, nur insoweit entgegengesetzt werden, als sie die Gültigkeit der Ausstellung des Genußscheines

betreffen oder sich aus ihm ergeben oder dem Aussteller unmittelbar gegen den Inhaber des Genußscheines zustehen; Einwendungen aus der Ausstellung oder dem Inhalte der Schuldverschreibung oder der Person des Gläubigers der Schuldverschreibung sind ausgeschlossen. Entsprechendes gilt bei dem Order-Genußschein, dem durch Indossament legitimierten Gläubiger gegenüber. — Über die Form und den Inhalt des Genußscheines trifft das Gesetz keine näheren Bestimmungen; doch ergibt sich aus ihm, daß er, wie die Aktie, auf einen bestimmten Rennwert auszustellen ist, ohne eine Verpflichtung zur Zahlung dieses Nennwertes zu enthalten; eine Bezugnahme auf die Schuldverschreibung, auf Grund deren er ausgestellt ist, ist nicht erforderlich, wird aber zulässig und vielleicht zweckmäßig sein, jedoch ohne rechtliche Bedeutung (vgl. oben). Eine Bezeichnung des Schuldners muß der Genußschein selbstverständlich enthalten. Eine Bezugnahme auf das Aufwertungsgesetz wird erforderlich sein. Danach wird ein Genußschein etwa wie folgt zu lauten haben:

„Genußschein über RM. 100.

Der Inhaber dieses Genußscheins (bei Ordergenußscheinen: „Herr X. oder Order") ist nach Maßgabe der §§ 37—46 des Aufwertungsgesetzes vom 16. Juli 1895 zur Beteiligung an dem Reingewinn und dem Liquidationserlöse der unterzeichneten Firma berechtigt. (Ausgestellt auf Grund der Schuldverschreibung Nr. ... vom... über... Mark.)

Datum. Unterschrift."

Die Ausgabe von Genußscheinen in zu kleinen Beträgen würde zu Unzuträglichkeiten führen. Es ist deshalb, wie bei Aktien, ein Mindestnennbetrag, und zwar von 20 RM., ferner (zur Erleichterung der Feststellung des Beteiligungsverhältnisses) eine Abrundung auf durch 10 teilbare Beträge, unter Barablösung der sich ergebenden Spitzenbeträge, vorgeschrieben. Für Nennbeträge unter 20 RM., also für Genußrechte, die auf Grund von Schuldverschreibungen im Goldmarkbetrage von weniger als 200 GM. gewährt werden, kann nur nach Ziffer 2 oder 3 vorgegangen werden.

Die Ausgabe der Genußscheine kann gleichzeitig mit der Anerkennung des Altbesitzes der Schuldverschreibung oder nachher erfolgen; jedoch nur, wenn innerhalb einer Frist von 3 Monaten nach Ablauf des ersten gemäß § 40 Abs. 1 (vgl. Anm. 2 zu § 40) in Betracht kommenden Geschäftsjahres ein entsprechender Beschluß bekannt gemacht worden ist; vgl. § 44 Satz 1 und Anm. 2 dazu. Einer Zustimmung der Gläubiger bedarf es nicht. Der Schuldner kann die Ausgabe von Genußscheinen für alle oder einen Teil der Schuldverschreibungen vornehmen Die Ausgabe ist auf den Schuldverschreibungen zu vermerken, die zu diesem Zwecke dem Schuldner vorzulegen die Gläubiger verpflichtet sein werden. Solange der Vermerk nicht erfolgt ist, wird sich der Schuldner einem gutgläubigen Erwerber der mit dem Vermerke des Altbesitzes versehenen Schuldverschreibung gegenüber nicht auf die Trennung berufen können.

3. b) (Ziffer 2): Gewährung einer Zusatzaufwertung oder Barabfindung. Zusatzaufwertung ist eine zu der gesetzlichen Aufwertung auf 15 v. H. des Goldmarkbetrags (§ 33) hinzutretende Erhöhung des Aufwertungsbetrags. Sie tritt an Stelle des Genußrechts. Der Inhaber der als Altbesitz anerkannten Schuldverschreibung hat fortan nur Gläubigerrechte auf Verzinsung und Zahlung des erhöhten Aufwertungsbetrags nach Maßgabe des § 36, kein Beteiligungsrecht am Reingewinn und Liquidationserlöse. Barabfindung ist die Tilgung des Genußrechts durch Zahlung eines Barbetrags. Durch sie erlischt das Genußrecht. — Die Zusatzaufwertung und die Barablösung können erfolgen durch einen Beschluß des Schuldners, der gemäß § 44 innerhalb von 3 Monaten nach Ablauf jedes Geschäftsjahres gefaßt werden kann und bekanntzumachen ist und nach Ablauf der dort bezeichneten Frist in Kraft tritt. Sie dürfen aber den Wert, den die Genußrechte zur Zeit der Ge

währung (der Zusatzaufwertung oder Barabfindung) haben, nicht unterschreiten. Als Zeitpunkt der „Gewährung" wird der Zeitpunkt des Inkrafttretens des Beschlusses anzusehen sein. Darüber, ob sie diesen Wert erreichen, entscheidet die gleiche Spruchstelle, die in § 41 (vgl. Anm. 2 dazu) bestimmt ist. Sie tritt in Tätigkeit auf Antrag des Schuldners oder eines Vertreters, der für die Genußrechtsinhaber bestellt ist (vgl. Anm. 2 zu § 41). Als Sicherungsvorschrift für die Genußrechtsinhaber (Bericht S. 49) ist in der 3. Lesung des Reichstagsausschusses die Vorschrift eingeschaltet worden, daß die Spruchstelle, sofern der Schuldner den Antrag gestellt hat, die Entscheidung vertagen kann, wenn mit Rücksicht auf die zurzeit bestehende ungünstige allgemeine Wirtschaftslage oder die derzeitige besondere Lage des Unternehmens des Schuldners ein besonders niedriger Wert in Betracht kommen und durch Entziehung der in der Zukunft liegenden Entwicklungsmöglichkeiten eine unbillige Benachteiligung der Genußrechtsinhaber entstehen könnte.

4. c) (Ziffer 3): Ablösung der Genußrechte durch Zahlung des Nennbetrags. Auch die unter Ziffer 2 vorgesehene Zusatzaufwertung und Barabfindung enthalten eine Ablösung der Genußrechte. Die unter Ziffer 3 behandelte Ablösung erfolgt durch Zahlung des Nennbetrags der Genußrechte, also von 10 v. H. des Goldmarkbetrags der Schuldverschreibung. Da diese auf 15 v. H. aufgewertet ist, erreicht die Aufwertung im ganzen 25 v. H., also dasjenige, was den Hypothekengläubigern als Regel durch § 4 gewährt ist. Deshalb steht die Ablösung durch Zahlung des Nennbetrages dem Schuldner frei, auch wenn die Genußrechte einen höheren Wert zurzeit haben oder in Zukunft erreichen würden.

§ 44.

Ein Beschluß über die Ausübung der im § 43 bezeichneten Befugnisse ist spätestens drei Monate nach Ablauf des im § 40 Abs. 1 bezeichneten Geschäftsjahrs in den im § 39 Abs. 1 bezeichneten Blättern bekanntzumachen[1]. Ein Beschluß über die Ausübung der im § 43 Ziffer 2 und 3 bezeichneten Rechte kann innerhalb von drei Monaten nach Ablauf jedes Geschäftsjahrs gefaßt werden; er ist in der gleichen Weise bekanntzumachen[2]. In der Bekanntmachung kann eine Frist bestimmt werden, nach deren Ablauf die Genußrechte nur noch in der bekanntgemachten Form ausgeübt werden können; die Frist darf nicht weniger als sechs Monate betragen[3].

1. Die Befugnis zur Trennung der Genußrechte von den Schuldverschreibungen (Ziffer 1 des § 43) kann der Schuldner nur in der Weise ausüben, daß er spätestens 3 Monate nach Ablauf des im § 40 Abs. 1 (vgl. Anm. 2 zu § 40) bezeichneten Geschäftsjahres, mit welchem die Beteiligung der Genußrechtsinhaber am Reingewinn und Liquidationserlös begonnen hat, einen Beschluß über ihre Ausübung bekanntmacht. Das ergibt sich aus dem Zusammenhange des sehr merkwürdig gefaßten § 44, der im Satz 1 eine Bekanntmachung innerhalb dieses Zeitraumes für die Ausübung der in § 43 bezeichneten Befugnisse allgemein vorschreibt und dann in Satz 2 u. 3 für die in § 43 Ziff. 2 u. 3 bezeichneten Befugnisse (Zusatzaufwertung, Barabfindung und Ablösung), nicht aber für die Trennung (Ziffer 1) bestimmt, daß ein Beschluß über ihre Ausübung innerhalb von 3 Monaten nach Ablauf eines jeden Geschäftsjahres gefaßt und bekanntgemacht werden kann. Vgl. Anm. 2.

2. Über die Befugnis zur Ausübung der in § 43 Ziffer 2 und 3 bezeichneten Befugnisse, also der Zusatzaufwertung, Barabfindung und Ablösung zum Nennwerte,

kann nach Satz 2 ein Beschluß innerhalb von 3 Monaten nach Ablauf eines jeden Geschäftsjahres gefaßt und in dieser Frist bekanntgemacht werden. Das steht freilich in einem gewissen Gegensatze zu Satz 1, wonach angenommen werden müßte, daß auch ein solcher Beschluß nur nach Ablauf des nach § 40 Abs. 1 in Betracht kommenden Geschäftsjahres, in welchem die Beteiligung der Genußrechtsinhaber am Reingewinn und Liquidationserlös begonnen hat, gefaßt werden kann. Nach anerkannten Auslegungsregeln wird angesichts dieser anscheinenden Antinomie die Bestimmung des Satzes 2 als die speziellere vorgehen müssen. Nahe liegt es, anzunehmen, daß die Antinomie sich einfach dadurch erklärt, daß im Satz 1 hinter den Worten „im § 43" die Worte „Ziffer 1" aus Versehen weggelassen worden sind, was auch einem besser geschulten Gesetzgeber, als es der Reichstagsausschuß, der die Bestimmung eingeschaltet hat, war, passieren kann. In der Bekanntmachung kann eine Frist bestimmt werden, nach deren Ablauf die Genußrechte nur noch in der bekanntgemachten Form — d. h. durch Entgegennahme der Zusatzaufwertung, Barabfindung oder Ablösung — ausgeübt werden können. Die Beteiligung am Reingewinn oder am Liquidationserlöse wird dadurch nach Ablauf der Frist, die nicht weniger als 6 Monate betragen darf, ausgeschlossen sein, auch wenn über die Höhe der Zusatzaufwertung oder Barabfindung (Ziffer 2) durch die Spruchstelle noch nicht entschieden ist. Ist eine solche Frist nicht bestimmt worden, so werden die Genußrechtsinhaber an der Ausübung der Genußrechte durch Beteiligung am Reingewinn oder Liquidationserlöse ungeachtet des gefaßten und bekannt gemachten „Beschlusses" bis auf weiteres nicht gehindert sein.

5. Rückwirkung

§ 45.

Auf Schuldverschreibungen, die nach dem 13. Februar 1924 zurückgezahlt sind, finden die Vorschriften der §§ 37 bis 44 Anwendung. Die Genußrechte können nur in einer der im § 43 Ziffer 1 bis 3 vorgesehenen Weisen gewährt werden[1].

1. Obwohl für Industrieobligationen eine „Rückwirkung" — d. h. eine Aufwertung ungeachtet ohne Vorbehalt erfolgter Annahme einer nicht oder nicht entsprechend aufgewerteten Zahlung, vgl. Anm. 1 zu § 15 — grundsätzlich nicht stattfindet (vgl. Anm. 2 zu § 35), so hat doch der Gesetzgeber es für nötig befunden, wenigstens für die unter der Herrschaft der 3. StNVO. nach deren Vorschriften, also mit in der Regel 15prozentiger Aufwertung, erfolgten Zahlungen, die im Hinblick auf den durch diese VO. geschaffenen Rechtszustand, der keine höhere Aufwertung zuließ, angenommen worden sind, eine ergänzende Aufwertung nach Maßgabe des durch das Aufwertungsgesetz geänderten Rechtszustandes, also durch Gewährung der Genußrechte nach den Vorschriften der §§ 37—44 zuzulassen. Die Genußrechte können jedoch in diesem Falle, nachdem der Anspruch aus der Schuldverschreibung auf Zahlung des Aufwertungsbetrags in Höhe von 15 v. H. erloschen und in dieser Beziehung keine Änderung eingetreten ist, nicht durch den Hinzutritt eines unselbständigen Genußrechts zu dem Anspruche aus der Schuldverschreibung gewährt werden, sondern nur durch einen selbständigen Genußschein (§ 43 Ziffer 1) oder durch Zusatzaufwertung, Barabfindung oder Ablösung zum Nennwerte (§ 43 Ziffer 2, 3). Die Ausübung der Genußrechte in solcher Weise kann erfolgen, ohne daß der Gläubiger noch im Besitze der Schuldverschreibung ist; legitimiert ist derjenige Gläubiger, der die Zahlung in Empfang genommen hat. Voraussetzung wird sein, daß er Altbesitzer (§ 37) der Schuldverschreibung zur Zeit der Zahlungsannahme war.

III. Gemeinsame Verfahrensvorschrift[3]

§ 46[3].

Bei Teilschuldverschreibungen[1] kann über die Höhe der Aufwertung, über das Verlangen auf Herabsetzung des Aufwertungsbetrags und über die Rechte aus den §§ 37 bis 45[3] nur einheitlich gegenüber allen Gläubigern entschieden werden[2, 4]. Die Entscheidung wirkt auch für und gegen die Gläubiger, die an dem Verfahren nicht beteiligt waren[4].

1. Über den Begriff der Teilschuldverschreibungen vgl. Anm. 4 zu § 33. Hier ist aber noch ein engerer Begriff der Teilschuldverschreibungen zugrunde gelegt, nämlich derjenige, der in § 1 des Gesetzes vom 4. Dezember 1899 über die gemeinsamen Rechte der Besitzer von Schuldverschreibungen zum Ausdruck gekommen ist. Danach muß es sich um Schuldverschreibungen handeln, die mit im voraus bestimmten Nennwerten ausgestellt sind, die nach dem Verhältnisse dieser Werte den Gläubigern gleiche Rechte gewähren. (Ebenso die Bekanntmachung vom 8. März 1917, RGBl. S. 220, über die staatliche Genehmigung zur Ausgabe von Teilschuldverschreibungen.) Bei diesen Teilschuldverschreibungen ist eine gesellschaftsähnliche Rechtsgemeinschaft aller in gleicher Lage befindlichen Schuldverschreibungsbesitzer vorhanden, die dazu geführt hat, ihnen durch das genannte Gesetz eine gemeinsame Vertretung zur Wahrung ihrer Interessen zu gewähren. Vorausgesetzt wird dabei, daß die Teilschuldverschreibungen von vornherein zu einem bestimmten, in der Verschreibung ausgedrückten Nennwerte ausgegeben sind; nur auf diesen, nicht auf den Ausgabe- oder Kurswert kommt es an; die Schuldverschreibungen können also einem Gläubiger billiger abgegeben sein als dem anderen. Die Forderungen der einzelnen Gläubiger brauchen nicht gleich hoch, müssen aber in bestimmtem, im voraus geordnetem Verhältnisse zueinander stehen (Stücke von 100, 1000, 5000 usw.) Nach dem Verhältnisse dieser Nennwerte müssen die Stücke gleiche Rechte gewähren, insbesondere hinsichtlich der Verzinsung, der Sicherheiten, der Rückzahlungsbedingungen usw. Ob die Forderungen sämtlich aus der gleichen Emission stammen, ist nicht erheblich. Näheres bei Koenige, Ges. vom 4. Dezember 1899 zu § 1 Anm. 47, 48. Sind Teilschuldverschreibungen mehrerer Klassen mit ungleichen Rechten vorhanden, so kommen für die Einheitlichkeit der Entscheidung nur die Gläubiger einer eben einzelnen Klasse in Betracht.

2. An sich stehen auch die Gläubiger von Teilschuldverschreibungen dem Schuldner als einzelne gegenüber und es kann jeder einzelne seine Rechte, unbehindert durch die Beteiligung anderer an der gleichen Anleihe, gegen den Schuldner geltend machen; die für oder gegen den einzelnen ergehende Entscheidung bewirkt keine Rechtskraft für oder gegen andere Teilschuldgläubiger, die an dem Verfahren nicht beteiligt waren. Nur wenn die Gläubiger durch einen nach Maßgabe des Schuldverschreibungsgesetzes oder durch den Anleihevertrag bestellten Vertreter vertreten waren, wirkt die Entscheidung ihnen allen gegenüber. In diese Rechtssätze greift die Vorschrift des § 46 in erheblicher Weise ein. Sie stellt eine Erweiterung der Vorschrift dar, die in § 4 Abs. 1 Satz 2 der 3. StNVO. für das Verlangen der Herabsetzung des Aufwertungsbetrags enthalten war.

3. § 46 ist als „gemeinsame Verfahrensvorschrift" bezeichnet, d. h. als eine das Verfahren bei Industrieobligationen sowohl für die Aufwertung des Anspruchs aus der Schuldverschreibung (Unterabschnitt I §§ 33—36), wie für die Genußrechte (Unterabschnitt II §§ 37—45) regelnde Vorschrift. Sie findet insbesondere Anwendung:

a) auf das die Höhe der Aufwertung, d. h. den Aufwertungsbetrag, also namentlich die Berechnung des ihm zugrunde zu legenden Goldmarkbetrags der Aufwertung (§§ 33, 2 Abs. 2) betreffende Verfahren;

b) auf das die Herabsetzung der Aufwertung betreffende Verfahren (§ 34);

c) auf Verfahren, welche die Rechte aus den §§ 37—45, das sind die Genußrechte, betreffen.

Danach handelt es sich keineswegs, wie in der 3. StNVO., lediglich um ein Verfahren vor der Aufwertungsstelle, das sich in den Formen der freiwilligen Gerichtsbarkeit abwickelt und deshalb auch eine prozessuale Betätigung der Stelle von Amts wegen ermöglicht (vgl. zu § 73), wie es auch vor der in §§ 41, 43 Ziffer 2 bezeichneten Spruchstelle stattfindet. Vielmehr kommen auch solche Verfahren in Frage, die sich im Wege des Rechtsstreits vor den ordentlichen Gerichten abspielen. Diese können auch für die Höhe der Aufwertung zur Entscheidung berufen sein, wenn diese Frage in einem vor ihnen anhängigen Rechtsstreite zur Entscheidung steht und ein Antrag auf Aussetzung nicht gestellt wird (vgl. zu § 77). Ein Verfahren vor ihnen kommt aber ferner in Betracht, wenn es sich um die Anerkennung der Schuldverschreibung als Altbesitz handelt (§§ 37—39); auch für die Fälle des § 41 ist der Rechtsweg keineswegs ausgeschlossen; vgl. Anm. 2 zu § 41.

4. Über die in Anm. 3 bezeichneten Fragen kann bei Teilschuldverschreibungen nur einheitlich allen Gläubigern gegenüber entschieden werden. Sonach liegt ein Fall der notwendigen Streitgenossenschaft, und zwar der erste Alternativfall des § 63 ZPO. vor. Haben sonach mehrere Gläubiger als Streitgenossen geklagt, so gelten die säumigen bei Terminen als durch die nicht säumigen vertreten. Keineswegs aber folgt daraus, daß notwendig alle Gläubiger gemeinsam klagen oder zu dem Verfahren hinzugezogen werden müßten, was beides unmöglich sein würde. Vielmehr kann das Verfahren auch von einem oder mehreren Gläubigern, ohne Zuziehung der anderen, betrieben werden und gegen sie stattfinden. Die Besonderheit der Regelung besteht aber darin, daß die Entscheidung auch für und gegen die Gläubiger wirkt, die an dem Verfahren nicht beteiligt, zu ihm nicht zugezogen waren. Es ist dadurch eine Erweiterung der Rechtskraft eingeführt, die nach den gewöhnlichen Prozeßregeln (§ 325 ZPO.) nur für und gegen die Parteien und ihre Rechtsnachfolger wirkt. Kollusionen zwischen dem Schuldner und einzelnen Teilschuldgläubigern zuungunsten der anderen ist hierdurch freilich Tor und Tür geöffnet. Sind (was tatsächlich nicht zu verhindern sein wird) einander widersprechende Entscheidungen ergangen, so wird die zeitliche Priorität maßgebend sein*).

Fünfter Abschnitt

Aufwertung von Pfandbriefen und verwandten Schuldverschreibungen[1]

I. Art der Aufwertung[2]

§ 47.

Ansprüche aus Pfandbriefen, Rentenbriefen, Kommunalobligationen und anderen verzinslichen oder an Stelle der Verzinsung

*) Im Zusammenhange mit dieser erweiterten Rechtskraft steht die im Art. 125 der DurchfVO. vom 29. November 1925 (Anhang XXVI) getroffene Bestimmung, daß die Anrufung der Aufwertungsstelle, sofern es sich um die Aufwertung von Teilschuldverschreibungen handelt, in der dort näher bezeichneten Weise öffentlich bekanntzumachen ist.

mit einem Aufgeld rückzahlbaren Schuldverschreibungen oder aus für Grundkredit- oder Kommunalkreditzwecke aufgenommenen verbrieften Darlehen von Grundkreditanstalten, privatrechtlichen Kommunalkreditanstalten, von Schiffsbeleihungsbanken sowie von Ablösungsanstalten[3] werden in der Weise aufgewertet, daß die Teilungsmasse gleichmäßig unter die Gläubiger im Verhältnis der Goldmarkbeträge ihrer Ansprüche verteilt wird[4]. Hierbei ist es unerheblich, ob den Gläubigern an der Deckung ein Pfandrecht oder ein Recht auf vorzugsweise Befriedigung im Konkurse zusteht[5].

1. Was in der Überschrift zu diesem Abschnitte unter „Pfandbriefen und verwandten Schuldverschreibungen" zu verstehen ist, ergibt sich aus der Aufzählung der in diesem Abschnitte geregelten Ansprüche in § 47; vgl. Anm. 3.

2. Die „Art der Aufwertung" ist hier und in den Abschnitten 7 (Sparkassenguthaben) und 8 (Versicherungsansprüche) eine andere als in den übrigen Abschnitten. Die Aufwertung erfolgt nicht in der Weise, daß jede einzelne Forderung auf einen bestimmten Hundertsatz ihres Goldmarkbetrags umgerechnet wird und zu diesem Betrage als Einzelforderung gegenüber dem Schuldner geltend gemacht werden kann; sondern die Geltendmachung der einzelnen Ansprüche unmittelbar gegen den Schuldner wird den Gläubigern ganz entzogen und an ihre Stelle tritt ein konkursartiges Verfahren, durch welches zur Befriedigung der sämtlichen, auf gleichartigen Schuldtiteln beruhenden Ansprüche eine im Vermögen des Schuldners vorhandene Masse nach bestimmten Regeln unter die Gläubiger verteilt wird. Ein solches Verfahren war in der 3. StNVO. bereits angeordnet für solche Pfandbriefe und pfandbriefähnliche Schuldverschreibungen, denen im Konkurse des Schuldners ein Vorzugsrecht an der „Deckung" gesetzlich zustand (§ 1 Abs. 2 Ziff. 5, § 6 3. StNVO.), während Pfandbriefe usw., denen ein solches Vorzugsrecht im Konkurse nicht zustand, in der gleichen Weise wie andere Schuldverschreibungen einzeln aufgewertet wurden (§ 1 Abs. 2 Ziff. 6, § 4 3. StNVO.). Das Gesetz hat die konkursmäßige Regelung beibehalten, sie aber auf die nicht mit einem Konkursvorrecht ausgestatteten Pfandbriefe usw. ausgedehnt; vgl. Näheres Anm. 5 zu § 47.

3. „Pfandbriefe" sind die von einer Hypothekenbank im Sinne von § 1 des Hypothekenbankgesetzes vom 13. Juli 1899 (RGBl. 375) oder von einer anderen Grundkreditanstalt auf Grund der von ihr erworbenen Hypotheken oder Grundschulden (§ 40 Abs. 1 HypBankG.) ausgegebenen Schuldverschreibungen. Über den Begriff der Schuldverschreibung vgl. Anm. 4 zu § 33. Reichsgesetzlich (durch das ebenerwähnte HypBankG.) sind nur die Verhältnisse der Hypothekenbanken geregelt, d. h. der Aktiengesellschaften und Kommanditgesellschaften auf Aktien, bei welchen der Gegenstand des Unternehmens in der hypothekarischen Beleihung von Grundstücken und der Ausgabe von Schuldverschreibungen auf Grund der erworbenen Hypotheken besteht und welche zur Ausübung ihres Geschäftsbetriebs die Genehmigung des Bundesrats (jetzt Reichsrats) erhalten haben. Den Pfandbriefgläubigern der von diesen ausgegebenen Pfandbriefe steht gemäß § 35 HypBankG. im Konkurse der Hypothekenbank ein Recht auf vorzugsweise Befriedigung aus den Werten, welche die „Deckung" der Pfandbriefe bilden, nämlich den in das Hypothekenregister eingetragenen Hypotheken und Wertpapieren der Bank sowie dem Gelde, das dem Treuhänder zur Deckung der Hypothekenpfandbriefe in Verwahrung gegeben worden ist, vor allen anderen Konkursgläubigern zu; unter sich haben sie gleichen Rang. Grundkreditanstalten, die nicht zu den Hypothekenbanken gehören, sind namentlich die landschaftlichen und ritterschaftlichen Kreditvereine; außer ihnen kommen noch die bei dem Inkrafttreten des HypBankG. in das Genossen-

schaftsregister eingetragenen Genossenschaften, sofern sie vor dem 1. Mai 1898 gemäß den Bestimmungen ihrer Satzung Hypothekenbankgeschäfte im Sinne des § 1 Abs. 1 HypBankG. betrieben haben, in Betracht; ihnen ist auch nach dem Inkrafttreten dieses Gesetzes der Betrieb solcher Geschäfte gestattet geblieben (§ 45 Abs. 2 in Verbindung mit § 2 HypBankG.). Diesen Anstalten steht reichsgesetzlich ein Vorzugsrecht an der „Deckung" im Falle des Konkurses nicht zu; doch sind gemäß § 14 (früher 17) EG.z. KO. in der Fassung nach § 43 HypBankG. die landesgesetzlichen Vorschriften unberührt geblieben, nach denen den Inhabern der von ihnen ausgestellten Pfandbriefe ein Vorrecht vor allen anderen Konkursgläubigern in Ansehung der Befriedigung aus den Hypotheken der Anstalt zusteht; es können somit auch weiter noch landesgesetzliche Vorschriften solchen Inhalts erlassen werden. Vor Inkrafttreten des HypBankG. hatten die Landesgesetze von dem zu ihren Gunsten durch den früheren § 17 KO. gemachten Vorbehalte der Schaffung solcher Vorzugsrechte nur hinsichtlich der Hypothekenbanken Gebrauch gemacht, hinsichtlich deren nun die reichsgesetzliche Regelung an die Stelle getreten ist. Nach diesem Zeitpunkte hat Bayern auf Grund des neuen § 14 KO. durch das Gesetz zur Sicherung der Inhaber von Pfandbriefen der Bayerischen Landwirtschaftsbank vom 22. Dezember 1899 (Ges. u. VBl. S. 1222) bestimmt, daß den Inhabern von Pfandbriefen dieser Bank im Konkurse ein Vorrecht vor allen anderen Konkursgläubigern in Ansehung der Befriedigung aus den Hypotheken der Anstalt nach Maßgabe der Bestimmungen in § 35 HypBankG. zusteht. Für die Art der Aufwertung ist das Bestehen oder Nichtbestehen eines Konkursvorrechts jetzt nicht mehr erheblich; vgl. Anm. 5.

Rentenbriefe sind die gemäß § 52 HypBankG. von einer Hypothekenbank auf Grund von Rentenforderungen, die vor dem 1. Januar 1899 als Reallasten (s. zu § 31 Anm. 4) in das Grundbuch eingetragen waren, ausgegebenen Schuldverschreibungen; auf sie finden nach § 52 a. a. O. die Vorschriften des § 35 HypBan G. entsprechende Anwendung; es steht demnach den Inhabern solcher Rentenbriefe an den diesen zugrunde liegenden Rentenforderungen ein Recht auf vorzugsweise Befriedigung vor allen anderen Konkursgläubigern zu.

Kommunalobligationen sind die von einer Hypothekenbank gemäß § 41 HypBankG. auf Grund nicht hypothekarischer, an inländische Körperschaften des öffentlichen Rechts oder gegen Gewährleistung durch solche Körperschaften gewährter Darlehen ausgegebenen Schuldverschreibungen; ihnen steht in entsprechender Anwendung des § 35 HypBankG. im Konkurse der Hypothekenbank ein Recht auf vorzugsweise Befriedigung aus den Darlehensforderungen zu, die den Schuldverschreibungen zugrunde liegen. Auch die von besonderen privatrechtlichen Kommunalkreditanstalten ausgegebenen Schuldverschreibungen fallen unter den Begriff der Kommunalobligationen.

Andere Schuldverschreibungen von Grundkreditanstalten sind z. B. die von einer Hypothekenbank auf Grund von Darlehen, die an Kleinbahnunternehmungen gegen Verpfändung der Bahn gewährt sind, ausgegebenen Schuldverschreibungen, denen nach § 42 in Verbindung mit § 35 HypBankG. ein Recht auf vorzugsweise Befriedigung aus den ihnen zugrunde liegenden Darlehnsforderungen im Konkurse der Hypothekenbank zusteht.

Schiffsbeleihungsbanken sind erst in den letzten Jahren in Deutschland gegründet worden, und zwar in Berlin, Hamburg und Duisburg (Mathies in Hans. RZ. I 257). Es wurde ihnen die Befugnis zur Ausgabe von Schiffspfandbriefen verliehen. Ein Recht auf vorzugsweise Befriedigung aus den zur Deckung der Pfandbriefe dienenden Schiffspfandrechten im Falle des Konkurses, wie es den Pfandbriefgläubigern der Hypothekenbanken gemäß § 35 HypBankG. zusteht, ist für die Schiffspfandbriefgläubiger reichsgesetzlich nicht begründet. Da es keine Briefschiffspfandrechte gibt, kann auch eine Verpfändung durch Übergabe der Schiffspfandrechtsurkunden an einen Treuhänder nicht in Frage kommen. Es kann daher nur durch Verpfändung der einzelnen Schiffspfandrechte in den für die Verpfändung von Rechten vorgeschriebenen Rechtsformen des BGB. (§§ 1205ff.) ein Pfandrecht an der Deckung begründet werden. Jedoch kann gemäß § 17 KO. durch landesgesetzliche Vorschriften den Schiffspfandbriefgläubigern ein Vorzugsrecht im Konkurse dadurch gewährt werden, daß ihre Forderungen in ein öffentliches Schuldbuch eingetragen werden; das Vorrecht gilt allerdings nur gegenüber solchen Konkursgläubigern, deren Forderungen nach der Eintragung entstanden sind. Hiervon hat **Hamburg** durch das Gesetz, betr. die Sicherung der Ansprüche aus Schuldverschreibungen von Schiffsbeleihungsbanken, vom 30. Januar 1918 (Amtsbl. S. 150) Gebrauch gemacht. Die Deckung bildet das gesamte Vermögen der Schiffsbeleihungsbank; insofern geht also das Vorzugsrecht über das der Hypothekenpfandbriefgläubiger noch hinaus. Ein Reichsgesetz, das für die Schiffspfandbriefe ein Vorrecht entsprechend dem § 35 HypBankG. schaffen soll, wird von den beteiligten Schiffahrtskreisen erstrebt.

Ablösungsanstalten sind die vom Staate zur Erleichterung und Förderung der Ablösung, Umwandlung und Einschränkung von landwirtschaftlichen Dienstbarkeiten und Reallasten (Art. 113 EG. z. BGB.) geschaffenen Kreditinstitute (**Ablösungskassen, Rentenbanken**). Solche wurden errichtet in Preußen als provinzielle Institute durch das Gesetz über die Errichtung von Rentenbanken vom 2. März 1850 (GS. S.. 112); die Rentenbanken wurden später geschlossen, aber wieder zugelassen durch Ges vom 17. Januar 1881 (GS. S. 5); vgl. über das Vorzugsrecht der an die Rentenbank abgetretenen Renten § 18 Ges. vom 2. März 1850. Für **Bayern** Ablösungskasse laut Ges. vom 4. Juni 1848, Art. 7, 25 (Ablösungsschuldbriefe werden ausgegeben mit voller Gewähr des Staates, welchen die damit erworbenen Grundrenten zum Unterpfande dienen). Für **Sachsen** Landrentenbank laut Ges. vom 17. März 1832, geschlossen 1. Oktober 1859; für **Württemberg** Ablösungskasse laut Ges. vom 14. April 1848, 13. und 17. Juni 1849, 2. Juli 1851, geschlossen laut Ges. vom 16. Januar 1871; für **Baden** Zehntschuldentilgungskasse (Gesetze vom 15. November 1833, 27. Mai 1836, 30. Juli 1840, 3. Dezember 1875). Den durch solche Anstalten ausgegebenen **Schuldverschreibungen** sind die von ihnen für Grundkredit- oder Kommunalkreditzwecke — nicht im Wege der öffentlichen Anleihe, sondern durch Einzelvertrag mit den Gläubigern — aufgenommenen **verbrieften Darlehen** gleichgestellt; auch sie werden nicht einzeln, sondern mittels Verteilung der „Deckung" aufgewertet.

4. Die Aufwertung der in § 47 aufgezählten Ansprüche erfolgt durch Verteilung einer „**Teilungsmasse**". Woraus diese besteht, ist in § 48 gesagt. Die Verteilung erfolgt **gleichmäßig im Verhältnis der Goldmarkbeträge der Ansprüche der Gläubiger**. Vorrechte bei der Verteilung für einzelne Klassen von Gläubigern bestehen danach nicht und können auch durch die von der Reichsregierung gemäß § 50 (vgl. die Anm. dazu) zu erlassenden Durchführungsbestimmungen nicht gewährt werden. Doch wird hierdurch nicht ausgeschlossen, daß **mehrere Teilungsmassen** gebildet werden, sofern für verschiedene Ausgaben (Serien) der Pfandbriefe getrennte Deckungen bestanden, und daß die Pfandbriefgläubiger nur an derjenigen Teilungsmasse beteiligt werden, die aus der Deckung für ihre Pfandbriefe besteht, wie das bereits in § 26 der 3. DurchfVO. zur 3. StNVO. bestimmt war. Für **wertbeständige** Pfandbriefe ist nach § 9 des Gesetzes über wertbeständige Hypotheken vom 23. Juni 1923 (RGBl. I 407) eine besondere Deckung durch wertbeständige Hypotheken vorgeschrieben; an dieser nehmen die aufgewerteten Pfandbriefe nicht teil, auch wenn sie bereits am 13. Februar 1924 in das Hypothekenregister eingetragen waren. Die Berechnung der Goldmarkbeträge hat nach § 2 Abs. 2 (vgl. Anm. zu § 2) zu erfolgen; maßgebend ist also der Ausgabetag.

5. Die 3. StNVO. hatte für die Art der Aufwertung einen Unterschied gemacht zwischen solchen Pfandbriefen und pfandbriefähnlichen Schuldverschreibungen, für

welche im Falle des Konkurses der Ausgabeanstalt den Gläubigern der Schuldverschreibungen ein Vorzugsrecht vor anderen Konkursgläubigern zustand, und denen, bei welchen das nicht der Fall war; die letzteren wurden nicht durch Verteilung der „Deckung", sondern einz in zum Satze von 15 v. H., mit Herabsetzungsmöglichkeit, aufgewertet. Zu diesen gehörten namentlich in Preußen die landschaftlichen und stadtschaftlichen Pfandbriefe (vgl. Anm. 3). Bei der praktischen Handhabung zeigte sich (wie die Begr. S. 10 ausführt), daß diese Unterscheidung aus wirtschaftlichen Gründen nicht aufrechterhalten werden konnte; deshalb wurde in § 31 der 3. DurchfVO. den obersten Landesbehörden das Recht gegeben, für die Pfandbriefe ohne Vorrecht allgemeine Grundsätze über die Herabsetzung des Aufwertungsbetrags und die Durchführung der Aufwertung festzusetzen. Von diesem Rechte wurde in Preußen durch die Verordnung vom 15. November 1924 (GS. S. 743) Gebrauch gemacht durch welche die Aufwertung der Pfandbriefe, für die ein Vorrecht an der Deckung nicht besteht, in der gleichen Weise geregelt wurde wie die der übrigen Pfandbriefe. Die Regierungsvorlage hat sich dem angeschlossen und den Unterschied fallen lassen. Demgemäß bestimmt Satz 2 des § 47 ausdrücklich, daß es unerheblich ist, ob den Gläubigern an der Deckung ein Pfandrecht oder Vorzugsrecht im Konkurse zusteht.

II. Teilungsmasse

§ 48.

(1) Die Teilungsmasse besteht aus[1]:

1. den bei Ablauf des 13. Februar 1924 als Deckung für die aufgewerteten Pfandbriefe, Rentenbriefe, Kommunalobligationen, anderen Schuldverschreibungen und Schuldurkunden bestimmten Werten[2];
2. den Werten, die früher zur Deckung gehört haben, soweit die Aufwertung 15 vom Hundert des Goldmarkbetrags übersteigt oder soweit die Aufwertung auf Grund der Vorschriften des § 15 über die Rückwirkung erfolgt ist[3];
3. einem etwa aus dem sonstigen Vermögen des Schuldners zu leistenden Beitrag[4].

(2) Von der Teilungsmasse ist nach näherer Bestimmung der Reichsregierung oder der von ihr bestimmten Stelle ein Beitrag zu den Verwaltungskosten abzuziehen, der 10 vom Hundert der Teilungsmasse nicht überschreiten darf[5].

1. Den in § 47 aufgeführten pfandbriefähnlichen Schuldverschreibungen ist gemeinsam, daß sie nur aufgenommen werden dürfen nach Maßgabe und im Verhältnis zu dem Vorhandensein gewisser Aktiv-Werte im Vermögen des Schuldners, der sog. „Deckung". Diese Deckung besteht nach dem Hypothekenbankgesetz für Pfandbriefe in Hypotheken und Grundschulden, für vor dem Hypothekenbankgesetze ausgegebene Pfandbriefe können auch Reallasten als Deckung dienen (§§ 40 Abs. 1, 52 HypBankG.); für Kommunalobligationen in den Darlehensforderungen gegen die öffentlich-rechtlichen Körperschaften aus den ihnen gewährten Darlehen (§ 41); für Kleinbahnschuldverschreibungen in den Forderungen aus den der Unternehmung gewährten Darlehen (§ 42 HypBankG.). Als Ersatzdeckung können vorübergehend auch Wert-

papiere und Bargelder, die der Hypothekenbank gehören, dienen. Die zur Deckung bestimmten Werte sind in ein Hypothekenregister einzutragen (§ 22). Über das Vorzugsrecht der Pfandbriefgläubiger im Konkurse vgl. Anm. 3 zu § 47. Ein solches Vorzugsrecht besteht keineswegs in allen Fällen, in denen eine Deckung vorhanden ist; aber auch wo ein solches besteht, waren die Pfandbriefgläubiger nach bisherigem Rechte nicht auf die Befriedigung aus der „Deckung" beschränkt; es haftete ihnen vielmehr außer dieser, insoweit in Konkurrenz mit den übrigen Gläubigern, das gesamte Vermögen der Grundkreditanstalt, das oft recht bedeutend ist, da die Grundkreditanstalten, insbesondere die Hypothekenbanken (diese soweit es ihnen durch das HypBankG., § 5 Ziff. 4 bis 6, gestattet ist), Bankgeschäfte, vielfach in großem Umfange, betreiben, aus denen ihnen erhebliche Gewinne zufließen können. Diese Geschäfte werden zum Teil betrieben mit dem Gewinne, den die Grundkreditanstalten durch die Überschüsse erzielen, welche der Unterschied zwischen den Zinsen aus den von ihnen gewährten hypothekarischen oder sonstigen Darlehen und den von ihnen an die Gläubiger der Schuldverschreibungen gewährten Zinsen, deren Zinsfuß erheblich niedriger zu sein pflegt, ihnen gewährt. Durch die 3. StNVO. und jetzt durch das Aufwertungsgesetz ist den Gläubigern der Schuldverschreibungen die Haftung dieses Vermögens für ihre Forderungen entzogen und statt dessen ein nicht unbedingt, sondern nur unter Umständen von der Schuldnerin aus ihrem sonstigen Vermögen zu leistender „etwaiger" Beitrag gewährt (§ 48 Abs. 1 Ziff. 3; vgl. Anm. 4).

2. Als maßgebenden Tag für die Frage, welche Werte zur „Deckung" gehören und sonach die Teilungsmasse bilden, setzt das Gesetz (§ 47 Abs. 1 Ziff. 1) den 14. Februar 1924 an, den Tag des Inkrafttretens der 3. StNVO. und damit des neuen Aufwertungsrechts, welches die Rechte der Gläubiger auf die Deckung beschränkte und sie auf eine Beteiligung an der Teilungsmasse verwies. Die Werte, welche bei Ablauf des 13., also am 14. als Deckung in das Hypothekenregister eingetragen waren, bilden die Teilungsmasse (Ziff. 1); vorher aus der Deckung herausgenommene Werte gehören (vorbehaltlich der Bestimmung in Ziff. 2, vgl. Anm. 3) nicht dazu, auch wenn die Herausnahme nach den Vorschriften des HypBankG. nicht hätte erfolgen dürfen. Andererseits wird die Zugehörigkeit zur Teilungsmasse nicht dadurch aufgehoben, daß nach dem 13. Februar 1924 eine Herausnahme erfolgt, auch wenn diese berechtigter Weise geschieht. Die Teilungsmasse ist mit dem 14. Februar 1924 festgelegt. Es fließen in sie die Erträge und die zur Tilgung eingehenden Beträge der zu ihr gehörigen Werte, also die Zinsen und Tilgungsbeträge der Hypotheken von dem Stichtage ab, abzüglich der Verwaltungskosten.

3. Eine gewisse Erweiterung erfährt aber die Teilungsmasse durch die Bestimmungen unter Ziff. 2 des Abs. 1. Sie sind getroffen mit Rücksicht auf die durch das Aufwertungsgesetz gegenüber der 3. StNVO. geänderte Rechtslage hinsichtlich der Zulassung einer höheren als fünfzehnprozentigen Aufwertung und der Zulassung einer Rückwirkung bei Hypotheken. Die hierdurch entstehenden Vorteile sollen nicht der Grundkreditanstalt, sondern den Gläubigern zugute kommen, auch wenn die Hypothek bei Ablauf des 13. Februar 1924 nicht mehr in dem Register eingetragen war. Deshalb ist bestimmt, daß zur Teilungsmasse auch die Werte heranzuziehen sind, die früher zur Deckung gehört haben, soweit die Aufwertung 15 v. H. übersteigt oder auf Grund aes § 15 (Rückwirkung) erfolgt ist. Ist sonach vor dem 14. Februar 1924 eine Hypothek bus der Deckung herausgenommen, so gehört sie zu dem Teile des Aufwertungsbetrags, der 15 v. H. übersteigt, also in der Regel zu 10 v. H., zur Teilungsmasse; war die Leistung auf die Hypothek vor dem 14. Februar 1924 bereits erfolgt und ohne Vorbehalt angenommen (in welchem Falle nach den Vorschriften des § 11 der 3. StNVO. eine Aufwertung ausgeschlossen gewesen sein würde) und wird sie nunmehr auf Grund der Vorschriften des Aufwertungsgesetzes über die Rückwirkung „trotz Bewirkung der Leistung" noch aufgewertet, so gehört der ganze Aufwertungsbetrag zur Teilungs-

masse. War dagegen die Annahme der Leistung und die Löschungsbewilligung vor dem 14. Februar 1924 **unter Vorbehalt** erfolgt, so wurde auch schon nach den Vorschriften der 3. StNVO. die Aufwertung auf 15 v. H. dadurch nicht ausgeschlossen; deshalb verbleibt eine solche Hypothek, wenn sie vor dem 14. Februar 1924 aus der Deckung herausgenommen war, nach der Regel der Ziffer 1 der Grundkreditanstalt, jedoch nur insoweit, als die Aufwertung nicht 15 v. H. übersteigt; für den übersteigenden Betrag wird sie der Teilungsmasse zufallen müssen, da insoweit der **erste** Alternativfall der Ziff. 2 vorliegt.

4. Zur Teilungsmasse gehört ferner ein „**etwa aus dem sonstigen Vermögen des Schuldners zu leistender Beitrag**". Das ist, was aus der nach allgemeinen Rechtsgrundsätzen bisher rechtlich bestehenden Haftung auch des übrigen, nicht zur Deckung gehörigen, gesamten Vermögens des Schuldners (vgl. Anm. 1) übrig geblieben ist. Ob von dem Schuldner ein solcher Beitrag zu leisten ist und in welcher Höhe, ist nach § 50 (vgl. Anm. 1c dazu) der Bestimmung der Reichsregierung oder der von ihr zu bestimmenden Stelle überlassen. Nach § 11 der 3. DurchfVO. zur 3. StNVO. war ein solcher Beitrag zu leisten, „wenn es die wirtschaftlichen Verhältnisse der Bank (oder Anstalt, § 30 daselbst) angemessen erscheinen lassen"; zur Festsetzung des Beitrags war die **Aufsichtsbehörde** bestimmt*).

5. Daß ein Beitrag zu den Verwaltungskosten von der Teilungsmasse abzuziehen sei, war schon in der 3. StNVO. bestimmt und die Reichsregierung damit beauftragt, Grundsätze für die Bemessung dieses Beitrags zu geben (§ 6 Abs. 1 Satz 2, Abs. 2 VO.); ein Höchstbetrag dieses Beitrags war nicht vorgeschrieben. Auf Grund dieser Vorschrift hatte die Reichsregierung in der 3. DurchfVO. zur 3. StNVO., § 12, bestimmt, daß die Bank berechtigt sei, von allen in die Teilungsmasse fließenden Eingängen vorweg 20 v. H. als Verwaltungskostenbeitrag in Anspruch zu nehmen. Es handelt sich um einen Beitrag zu den allgemeinen Verwaltungskosten der Bank als Vergütung für die Mitverwaltung der den Pfandbriefgläubigern zufließenden Teilungsmasse in Form eines Pauschquantums; gegen diese Vergütung hat dann die Bank die durch die Verwaltung und Liquidierung der Teilungsmasse entstehenden Kosten zu tragen; zur Berechnung und zum Abzug weiterer Beträge dafür ist sie nicht berechtigt. In der Regierungsvorlage war der Abzug eines Beitrags zu den Verwaltungskosten nach näherer Bestimmung der Reichsregierung, und zwar, wie bisher, ohne Festsetzung eines Höchstbetrages vorgesehen. Im Reichstagsausschusse (Bericht S. 14) wurde geltend gemacht, daß der Abzug von 20 v. H., der nach der DurchfVO. erfolgen könne, etwa 500 Millionen Goldmark ausmache, die den Pfandbriefbesitzern entzogen würden, und daß es verfehlt sei, den Hypothekenbanken versteckte Subventionen aus der Teilungsmasse zu geben. Es wurde deshalb Festsetzung eines Höchstbetrages von 5 v. H. beantragt. Vom Reichswirtschaftsministerium wurde die Berechnung auf 500 Millionen als viel zu hoch bestritten und behauptet, daß bei 12 v. H. Verwaltungskostenbeitrag sich nur 200—220 Millionen ergeben würden; das sei nicht zu viel, denn die Hypothekenbanken hätten seit 1920 die Verwaltung der Papiermarkhypotheken weitergeführt, die Auslosung und Rückzahlung und den Grundbuchverkehr besorgt, ohne dafür Einnahmen zu erzielen; ihr Geschäft sei seit 1921 ein reines Verlustgeschäft gewesen. Es wurde daraufhin der Höchstbetrag auf 10 v. H. festgesetzt. Unter Einhaltung dieser Höchstgrenze kann die Reichsregierung oder die von ihr bestimmte Stelle den Verwaltungskostenbeitrag generell oder auch für den Einzelfall festsetzen**).

*) Die gleiche Bestimmung ist nunmehr in Art. 76 DurchfVO. vom 29. 11. 1925 (Anhang XXVI) getroffen; vgl. auch Anm. 1 zu § 50

**) Die nach § 48 Abs. 2 von der Reichsregierung zu treffende nähere Bestimmung ist enthalten in Art. 77 DurchfVO. vom 29. November 1925 (Anhang XXVI). Danach ist die Bank berechtigt, von allen in die Teilungsmasse fließenden Eingängen

III. Beteiligung bei Vorbehalt der Rechte, Kündigung und Auslosung

§ 49.

(1) Trotz Bewirkung der Leistung ist der Gläubiger bei der Verteilung zu berücksichtigen, wenn er sich bei der Annahme der Leistung seine Rechte vorbehalten hat[1].

(2) Schuldverschreibungen, die gekündigt oder ausgelost sind, aber sich noch im unmittelbaren oder mittelbaren Besitze des Gläubigers befinden, werden zu seinen Gunsten auch dann aufgewertet, wenn bereits eine Abrechnung mit dem Schuldner oder eine Hinterlegung zugunsten des Gläubigers stattgefunden hat[2].

(3) Schuldverschreibungen, die bei Banken zur Einlösung eingereicht sind, werden, wenn sie sich noch im Besitze der Bank befinden, zugunsten des einreichenden Gläubigers auch dann aufgewertet, wenn bereits eine Abrechnung mit dem Gläubiger oder mit dem Schuldner oder eine Hinterlegung zugunsten des Gläubigers stattgefunden hat. Eine Aufwertung zugunsten der Bank findet nicht statt. Ablieferungen aus dem Besitze der Bank an den Schuldner, die seit dem 1. Juni 1925 erfolgt sind, gelten als nicht geschehen. Entsprechendes gilt für Bankiers und andere Unternehmungen, die die Aufbewahrung und Verwaltung fremder Wertpapiere gewerbs- oder geschäftsmäßig betreiben. Die Reichsregierung wird ermächtigt, Vorschriften über die Anmeldung und den Nachweis des Rechtes der Gläubiger und für den Fall, daß die Rechte nicht rechtzeitig oder ordnungsgemäß angemeldet oder nachgewiesen werden, über den Ausschluß der Rechte zu erlassen[2].

(4) Gezahlte Beträge sind in den Fällen der Abs. 1 bis 3 in Höhe des Goldmarkbetrags (§§ 2, 3) auf den Aufwertungsbetrag anzurechnen. Hinterlegte Beträge kann der Schuldner auch dann zurücknehmen, wenn er auf das Recht zur Rücknahme verzichtet hatte[3].

(5) Liegen die Voraussetzungen der Abs. 1 bis 3 nicht vor, so kann im Falle der Bewirkung der Leistung eine Aufwertung auch wegen ungerechtfertigter Bereicherung oder auf Grund einer Anfechtung wegen Irrtums oder aus einem anderen Rechtsgrund nicht

---

vorweg acht vom Hundert als Verwaltungskostenbeitrag in Anspruch zu nehmen. Der Beitrag ist also gegenüber der bisherigen Vorschrift dem Hundertsatze nach erheblich herabgesetzt; doch dürfte diese Herabsetzung zum Teil ausgeglichen werden durch die höhere Bewertung der in der Teilungsmasse vorhandenen Hypotheken, die auf 25 statt auf 15 v. H. aufgewertet sind. Über die bilanzmäßigen Folgen der Herabsetzung sind in Abs. 2 des Art. 77 entsprechende Bestimmungen getroffen wie in § 81 AufwGes.; vgl. die Anmerkungen dazu.

verlangt werden. Ansprüche wegen arglistiger Täuschung bleiben unberührt⁴.

1. Die Vorschrift des Abs. 1 entspricht den auch für alle anderen Ansprüche, deren Aufwertung durch das Gesetz geregelt wird, geltenden Vorschriften über die Aufwertung „trotz Bewirkung der Leistung" bei Vorbehalt der Rechte (§§ 14, 31, 32, 35, 53, 57 Abs. 2 Satz 1, 60 Abs. 3). Vgl. Näheres in Anm. 2 zu § 14. Hat der Pfandbriefgläubiger eine ihm als Erfüllung gemachte unaufgewertete oder nicht entsprechend aufgewertete Leistung nur unter Vorbehalt seiner Rechte angenommen, so nimmt er, unter Anrechnung der gezahlten Beträge nach Maßgabe des Abs. 3 — vgl. Anm. 3 — an der Verteilung der Teilungsmasse in der gleichen Weise teil, als wenn die Leistung nicht erfolgt wäre. Dagegen findet eine Rückwirkung (vgl. § 15 und Anm. dazu) — abgesehen von der Behandlung ausgeloster oder gekündigter Schuldverschreibungen gemäß Abs. 2, 3 — vgl. Anm. 2 — nicht statt; nach Annahme der Leistung ohne Vorbehalt hat der Gläubiger kein Recht mehr, an der Teilungsmasse beteiligt zu werden.

2. Die Absätze 2 und 3, welche die Aufwertung ausgeloster oder gekündigter Schuldverschreibungen, die noch nicht in den unmittelbaren Besitz des Schuldners gelangt sind, betreffen, entsprechen wörtlich und auch dem Sinne nach den Vorschriften, die über die gleichen Fälle in § 35 Abs. 2, 3 für Industrieobligationen und verwandte Schuldverschreibungen gegeben sind. Es kann deshalb hier auf die Anm. 3—6 zu § 35 Bezug genommen werden*).

3. Gleiches gilt von Abs. 4, der die Anrechnung von Zahlungen und die Zurücknahme von Hinterlegungen, die anläßlich der Vorbereitung der Einlösung ausgeloster

---

*) Von der ihr in Abs. 3 Schlußsatz erteilten Ermächtigung hat die Reichsregierung Gebrauch gemacht in den Artikeln 61—66 DurchfVO. vom 29. November 1925 (Anhang XXVI). Diese Vorschriften entsprechen inhaltlich durchweg den über die Anmeldung von ausgelosten und gekündigten Industrieobligationen durch die VO. vom 10. August 1925 (Anhang XI) und die mit Wirkung vom 10. Dezember 1925 ab an ihre Stelle getretenen Artikel 41 bis 48 DurchfVO. vom 29. November 1925 getroffenen Vorschriften (vgl. zu § 35 AufwGes. Anm. 6 und die Fußnote dazu), jedoch mit dem Unterschiede, daß die Fristen erheblich weiter gegriffen sind, als es für die Anmeldung der Industrieobligationen geschehen ist. Es ist nämlich hier für die Regelfälle zur Anmeldung eine Frist bis zum 30. April 1926 gesetzt (Art. 61 Abs. 2), zur Klagerhebung bis zum 30. Juni 1926 (Art. 64), sowie für den Fall, daß der Gläubiger außerhalb Europas Wohnsitz oder gewöhnlichen Aufenthalt hat, zur Anmeldung bis zum 31. Juli, zur Klagerhebung bis zum 30. September 1926 (Art. 65). Die Vorschriften sind zunächst (in den Artt. 61—66) getroffen für die Schuldverschreibungen der Hypothekenbanken und dann (in Art. 93) für entsprechend anwendbar erklärt auf Pfandbriefe und andere Schuldverschreibungen der anderen in § 47 AufwGes. genannten Anstalten, soweit sie privatrechtlichen Charakter haben, nicht jedoch auf solche Schuldurkunden dieser Anstalten, die nicht Schuldverschreibungen (vgl. über diesen Begriff Anm. 4 zu § 33 AufwGes.), sondern individuelle Schuldurkunden über Darlehen usw. sind; bei diesen richtet sich daher, wenn sie gekündigt und bereits zur Einlösung eingereicht sind, die Zulässigkeit der Aufwertung nach den im allgemeinen Rechte begründeten Rechtssätzen. Die Vorschriften sind ferner durch Art. 94 DurchfVO. für entsprechend anwendbar erklärt auf Pfandbriefe und andere Schuldverschreibungen (auch hier nicht auf sonstige Schuldurkunden), die von öffentlichrechtlichen Grundkredit- und Ablösungsanstalten ausgegeben sind; vgl. über diese Anm. 6 zu § 51 AufwGes.

oder gekündigter Pfandbriefe erfolgt sind, behandelt. Vgl. § 35 Abs. 4 und Anm. 7 zu § 35.

4. Abs. 5, der d n Ausschluß auch der besonderen Rechtsbehelfe des allgemeinen Rechts insoweit, als eine Aufwertung trotz Bewirkung der Leistung nach den Vorschriften der vorhergehenden Absätze nicht stattfindet, ausspricht, entspricht dem Abs. 5 des § 35, der das gleiche für Industrieobligationen anordnet. Vgl. Anm. 8 zu § 35 und Anm. 1—3 zu § 19.

IV. Durchführung der Aufwertung

§ 50.

Die Reichsregierung oder die von ihr bestimmte Stelle[3] trifft die näheren Bestimmungen[1] zur Feststellung der bei der Verteilung zu berücksichtigenden Ansprüche[1a], über die Bildung und Verteilung der Teilungsmasse[1b] sowie über den von dem Schuldner zu der Teilungsmasse zu leistenden Beitrag[1c]; sie kann bestimmen, daß die Gläubiger durch Gewährung von Goldpfandbriefen oder sonst in anderer Weise befriedigt werden und kann das Abfindungsverfahren regeln[1b]. Sie kann ferner Vorschriften zur Sicherstellung der Teilungsmasse und zur Erleichterung und Beschleunigung ihrer Liquidierung erlassen und darüber hinaus zur Ergänzung der Vorschriften dieses Gesetzes die Anordnungen treffen, die sie zur Durchführung der Aufwertung für notwendig erachtet[2,4].

1. § 50 erteilt in Satz 1 der Reichsregierung den Auftrag, in bestimmten Richtungen „nähere Bestimmungen" über die Aufwertung von Pfandbriefen und pfandbriefähnlichen Schuldverschreibungen zu treffen (Satz 1 Halbsatz 1: „Die Reichsregierung trifft die näheren Bestimmungen"). Zum Erlasse dieser Bestimmungen, die zur Ergänzung des Gesetzes notwendig sind, ist die Reichsregierung sonach nicht nur erechtigt, sondern verpflichtet. Es sind das Bestimmungen:

a) Zur Feststellung der bei der Verteilung zu berücksichtigenden Ansprüche. Die materiellen Grundlagen dafür, welche Ansprüche bei der Verteilung zu berücksichtigen sind, enthält das Gesetz selbst in den §§ 47 und 49. An ihnen kann durch di: Bestimmungen der Reichsregierung nichts geändert werden; vgl. Anm. 2. Diese Bestimmungen werden sich vielmehr darauf zu beschränken haben, die Art und Weise zu regeln, in der festzustellen ist, ob die Voraussetzungen für die Berücksichtigung bei der Verteilung gegeben sind, insbesondere also eine Anmeldepflicht innerhalb bestimmter Frist und die Art der Beibringung der erforderlichen Nachweise festzusetzen.

b) Über die Bildung und Verteilung der Teilungsmasse. Auch hierüber sind die grundlegenden Vorschriften bereits im Gesetze selbst (§ 48) enthalten und die Bestimmungen der Reichsregierung können an ihnen nichts ändern. Vgl. Anm. 2. Sie werden dagegen zu bestimmen haben, in welchen Formen und Fristen die Teilungsmasse zu bilden, in welcher Weise sie bis zur Verteilung zu verwalten, wie sie flüssig zu machen ist usw. Sie können, wie in Satz 1 Halbsatz 2 ausdrücklich hervorgehoben ist, auch bestimmen, daß die Gläubiger durch andere Werte, als die die Deckung bildenden Hypotheken, insbesondere durch Goldpfandbriefe der Hypothekenbank, abgefunden werden und das Abfindungsverfahren regeln, wie das in den §§ 19—23 der 3. DurchfVO. zur 3. StNVO. geschehen war.

c) Über den von dem Schuldner zur Teilungsmasse zu leistenden Beitrag, vgl. § 48 Abs. 1 Ziff. 3 und Anm. 4 zu § 48.

Auf Grund dieses Auftrags hat die Reichsregierung entsprechende Vorschriften getroffen in Abschnitt IV der DurchfVO. vom 29. November 1925 (Anhang XXVI), welcher die Aufwertung von Pfandbriefen und verwandten Schuldverschreibungen regelt (Art. 57—94 der DurchfVO.). Die Vorschriften schließen sich in der Form und, abgesehen von gewissen erheblichen Abweichungen und Ergänzungen, auch im Inhalte an die 3. DurchfVO. zur 3. StNVO. vom 15. August 1924 (RGBl. 682) an. Sie sind zunächst (in Artt. 58—92) getroffen für die Schuldverschreibungen der Hypothekenbanken (vgl. über diesen Begriff Anm. 3 zu § 47 AufwGes.), also für Hypothekenpfandbriefe, Kommunal- und Kleinbahnobligationen dieser Banken (§§ 1, 41, 42 HypBankG.), alsdann aber (in Art. 93) als entsprechend anwendbar erklärt auf Pfandbriefe und andere Schuldverschreibungen, die von den anderen in § 47 AufwGes. genannten Anstalten, soweit sie privatrechtlichen Charakter haben, ausgestellt sind; nicht dagegen auf die Schuldverschreibungen und Schuldurkunden von derartigen Anstalten mit öffentlich-rechtlichem Charakter; vgl. über diese zu § 50 Anm. 3 Fußnote. Die Bestimmungen enthalten, soweit sie auf Grund des § 50 Satz 1 ergangen sind, in der Hauptsache folgendes:

a) Bestimmungen über die bei der Verteilung zu berücksichtigenden Ansprüche enthalten die Art. 61—66 (vgl. über diese die Fußnote zu § 49 Anm. 2); ferner die Art. 78, wonach Zinsscheine der Pfandbriefe nicht eingelöst und neue nicht ausgegeben werden; 79, der über die Feststellung des Ausgabetags bei der Berechnung des Goldmarkbetrags der Pfandbriefe bestimmt; 80, der die Berechnung des Goldmarkbetrags der Pfandbriefe bei erfolgtem Umtausche gegen andere regelt; 81, 82, in welchen die Teilnahme der Bank mit den von ihr selbst erworbenen Pfandbriefen an der Verteilung geregelt wird.

b) Bestimmungen über die Bildung und Verteilung der Teilungsmasse sind enthalten in den Artt. 58—60 und 83—91. Nach Art. 58 fließen in die Teilungsmasse, deren Grundstock durch § 48 des Gesetzes (vgl. die Anmerkungen dazu) festgelegt ist, die Erträge (Zinsen und sonstige Erträgnisse) aus den zu ihr gehörigen Werten (gegenwärtigen und früheren Deckungshypotheken, sowie dem Beitrage aus dem sonstigen Vermögen des Schuldners) und die Leistungen, die von den Schuldnern der „Anlagen", d. h. der Hypotheken, in denen die Deckung angelegt ist, zu deren Tilgung gemacht werden; endlich die Erträge, welche durch die Anlegung der Teilungsmasse selbst gewonnen werden, die, soweit sie Barbeträge enthält, gemäß Art. 59 Abs. 1 Satz 2, vorbehaltlich anderweiter Bestimmung der Aufsichtsbehörde, bis zur Ausschüttung verzinslich anzulegen ist. In Art. 59 (Abs. 1 Satz 1) ist ferner bestimmt, daß die Teilungsmasse gesondert von dem sonstigen Vermögen der Bank zu verwalten ist. Durch Art. 60 ist für die periodische Publizierung des Standes der Teilungsmasse Vorsorge getroffen. Art. 83 bestimmt, wann ihre Verteilung zu beginnen hat. Nach Art. 84 soll die Bank an Stelle von Barbeträgen, soweit solche in der Masse noch nicht in hinreichenden Mengen vorhanden sind, den Gläubigern vorläufig Goldpfandbriefe aushändigen, die in Höhe ihres Nennbetrags auf den endgültigen Anteil anzurechnen sind; über die Beschaffenheit der auszuhändigenden Pfandbriefe, die Art ihrer Ausgabe und ihre Einlösung sind nähere Bestimmungen getroffen. Der Art. 85 gestattet der Bank eine endgültige Abfindung der Pfandbriefgläubiger durch andere Werte an Stelle der Verteilung der Teilungsmasse unter sie und regelt das Abfindungsverfahren.

c) Über den von dem Schuldner zur Teilungsmasse zu leistenden Beitrag aus seinem sonstigen Vermögen bestimmt Art. 76; vgl. zu § 48 Anm. 4 und Fußnote.

2. Außerdem ist in Satz 2 des § 50 der Reichsregierung eine Ermächtigung erteilt (sie „kann" Anordnungen treffen), und zwar zunächst zur Sicherstellung

der Teilungsmasse und zur Erleichterung und Beschleunigung ihrer Liquidierung). In der ersteren Richtung ist in Art. 59 Abs. 3 DurchfVO. bestimmt, daß während der Dauer des Verteilungsverfahrens Arreste und Zwangsvollstreckungen in die Teilungsmasse nicht stattfinden und daß den Gläubigern im Konkurse der Bank ein Konkursvorrecht zusteht. Zur Erleichterung und Beschleunigung der Liquidation sind u. a. durch Art. 59 Abs. 2 die Vorschriften des Hypothekenbankgesetzes über die Deckung (§§ 6, 22, 30, 31, 37 Abs. 2) für die Dauer des Verteilungsverfahrens außer Kraft gesetzt. Bereits in der 3. DurchfVO. zur 3. StNVO. waren aber auch Vorschriften getroffen worden, die sich auf das Verhältnis der Hypothekenbank zu ihren Hypothekenschuldnern bezogen und hinsichtlich der Aufwertung der Hypotheken, ihrer Verzinsung, Rückzahlung und Tilgung von den Vorschriften der 3. StNVO. abwichen. Die Rechtsgültigkeit dieser Vorschriften ist mit Recht in Zweifel gezogen worden; vgl. Mügel, 3. StNVO. 2. Aufl. zu § 6 Anm. 3 S. 95. Auch auf Grund des § 50 AufwGes. können Bestimmungen in dieser Richtung, die von den Vorschriften des Aufwertungsgesetzes abweichen, nicht mit Rechtswirksamkeit erlassen werden. Zwar enthält die der Reichsregierung in Satz 2 erteilte Ermächtigung noch eine Generalklausel des Inhalts, daß sie „darüber hinaus zur Ergänzung der Vorschriften dieses Gesetzes die Anordnungen treffen kann, die sie zur Durchführung der Aufwertung für erforderlich erachtet“. Solche Anordnungen können auch Rechtsverordnungen sein, die neues Recht enthalten. Aber sie dürfen nur erlassen werden zur Ergänzung des Aufwertungsgesetzes, also zur Ausfüllung von Lücken in diesem; eine Abänderung der Vorschriften dieses Gesetzes selbst sonach nicht enthalten. Daß das der Sinn der Bestimmung ist, ergibt sich klar aus ihrer Entstehungsgeschichte. Nach der Regierungsvorlage (Bericht S. 58) sollte die Regierung ermächtigt werden, „darüber hinaus in Abweichung von den Vorschriften dieser Verordnung oder zu ihrer Ergänzung Anordnungen zu treffen“ usw. Durch Beschluß des Reichstagsausschusses (Bericht S. 14, 58) wurden die Worte: „in Abweichung von .. oder“ gestrichen und an ihre Stelle die jetzige Fassung gesetzt. Damit ist deutlich zum Ausdruck gebracht, daß der Ausschuß es ablehnte, die Regierung zu abweichenden Anordnungen zu ermächtigen. Nun enthält aber der Abschnitt IV der DurchfVO. vom 29. November 1925 eine ganze Anzahl von Vorschriften, welche tief in das Verhältnis zwischen den Hypothekenbanken und ihren Hypothekenschuldnern hinsichtlich der aufgewerteten Hypotheken eingreifen und es abweichend von den Vorschriften des Gesetzes regeln. Als solche Vorschriften kommen namentlich folgende in Betracht:

In den Art. 67—70 sind besondere Vorschriften über Tilgungshypotheken, die zur Teilungsmasse gehören, getroffen. So ist in Art. 68 bestimmt, daß für die Berechnung des Aufwertungsbetrags die nach dem 31. Dezember 1922 angenommenen planmäßigen Tilgungsbeträge außer Betracht bleiben, daß dagegen die in der Zeit vom 15. Juni bis 31. Dezember 1922 (also in der Rückwirkungsperiode des § 15 AufwGes.) angenommenen planmäßigen Tilgungsbeträge in Höhe ihres Goldmarkbetrags auf den Aufwertungsbetrag anzurechnen sind, auch wenn die in § 16 AufwGes. für die Aufwertung auf Grund Vorbehalts oder kraft Rückwirkung vorgeschriebene Anmeldung nicht erfolgt ist. Ferner (Art. 70 Abs. 2), daß zugleich mit der ersten Tilgungsrate der Teil des Aufwertungsbetrags zu leisten ist, der die letzten vollen 100 RM. übersteigt. Noch erheblicher greift in das Aufwertungsrecht die Bestimmung ein, daß eine Tilgungshypothek auf Antrag der Bank unter Aufhebung des Tilgungsplanes in eine durch bestimmte Zahlungen zu tilgende Hypothek oder auch, falls der zu tilgende Restbetrag 500 GM. nicht übersteigt, in eine am 1. Januar 1932 dem ganzen Betrage nach auf einmal fällige Hypothek umgewandelt werden kann (Art. 69) und daß die Rückzahlung aller Tilgungshypotheken spätestens zum 1. Januar 1938 verlangt werden kann (Art. 70 Abs. 3). Bei allen Hypotheken ist der Schuldner für berechtigt erklärt, den Aufwertungsbetrag in bar zu leisten, auch wenn er nach dem Vertrage verpflichtet ist, das Kapital in Pfandbriefen zurückzuzahlen (Art. 73); andrerseits kann er vom 1. Januar 1927 ab das Kapital in Pfandbriefen zurückzahlen, wenn er Pfandbriefe in der Menge leistet, die dem Verhältnisse des Gesamtbestandes der Teilungsmasse zu dem Goldmarkbetrage des Pfandbriefumlaufs, also dem wirklichen Werte der Pfandbriefe, entspricht; dagegen kann er vor dem 1. Januar 1927 nur in bar zurückzahlen, auch wenn er nach dem Vertrage zur Rückzahlung in Pfandbriefen berechtigt ist (Art. 74). Die Rückzahlung in Pfandbriefen vom 1. Januar 1927 ab ist gestattet auf den übereinstimmenden Wunsch der Pfandbriefgläubiger und Hypothekenschuldner, um den Kurs der Pfandbriefe durch die von den Hypothekenschuldnern zwecks Rückzahlung zu betätigenden Käufe von Pfandbriefen zu verbessern. Auch die Zinstermine können abweichend von der Vereinbarung und dem Aufwertungsgesetze (§ 28) bestimmt werden (Art. 75). Ferner ist bestimmt (Art. 86), daß die Bank, wenn sie nach den Vorschriften der Artt. 84, 85 (vgl. Anm. 1) den Gläubigern als vorläufige Leistung oder endgültige Abfindung Pfandbriefe aushändigt und sich bereit erklärt, den Schuldnern die aufgewerteten Hypotheken als ihrerseits (d. h. von seiten der Bank) dauernd unkündbare Tilgungshypotheken zu belassen, von den Schuldnern dafür vom 1. Januar 1928 ab neben den nach dem Aufwertungsgesetze (§ 28) zu entrichtenden Zinsen eine jährliche Tilgung in Höhe von 3 vom Hundert verlangen und daß, wenn der Schuldner sich weigert, einer solchen Änderung des Inhalts der Hypothek zuzustimmen, seine Einwilligung durch die Entscheidung der Aufwertungsstelle ersetzt werden kann. Für Streitigkeiten über die Ausgestaltung der als Deckung der Pfandbriefe dienenden Hypotheken soll auch im übrigen die Aufwertungsstelle zuständig sein (Art. 86 Abs. 4). Auf die rechtliche Bedenklichkeit mindestens eines Teiles dieser Vorschriften ist oben hingewiesen. Sie dürfte auch dadurch nicht beseitigt sein, daß die Durchführungsverordnung sich auch auf § 88 Abs. 2 AufwGes. stützt; vgl. zu § 88 Anm. 3.

3. Die Reichsregierung kann den Erlaß der Durchführungsbestimmungen einer von ihr zu bestimmenden Stelle übertragen. Als solche Stellen werden in erster Linie die Aufsichtsbehörden der Hypothekenbanken und anderen Grund- und Kommunalkreditanstalten in Betracht kommen*).

Sechster Abschnitt

Aufwertung von Schuldverschreibungen der Genossenschaften des öffentlichen Rechtes und verwandter Körperschaften als Unternehmer wirtschaftlicher Betriebe[1, 2]

1. Die Überschrift zu diesem Abschnitte lautete in der Regierungsvorlage und in der Fassung des Reichstagsausschusses in allen drei Lesungen: „Aufwertung von Schuldverschreibungen juristischer Personen des öffentlichen Rechts als Unternehmer wirtschaftlicher Betriebe". Erst bei der zweiten Beratung des Gesetzes im Plenum des Reichstags ist auf einen Antrag v. Merveldt

---

*) Durch Art. 94 Abs. 2 DurchfVO. vom 29. November 1925, Anhang XXVI, hat die Reichsregierung die obersten Landesbehörden ermächtigt, die in § 50 AufwGes. vorgesehenen Bestimmungen zu treffen für die Aufwertung der Pfandbriefe, Schuldverschreibungen und Schuldurkunden öffentlich-rechtlicher Grundkredit- und Ablösungsanstalten; vgl. über diese zu § 51 Anm. 6.

und Gen. (Drucksachen Nr. 1170) die Abänderung der Überschrift in die jetzige Fassung beschlossen (Sitzungsberichte S. 3085, 3117). Über die Gründe, die zu dieser Änderung geführt haben, vgl. Anm. 2.

2. In der 3. StNVO. waren als Vermögensanlagen im Sinne der Verordnung in § 1 Abs. 2 Ziffer 8 aufgeführt: „Schuldverschreibungen der in Ziff. 7 bezeichneten Art, wenn sie von juristischen Personen des öffentlichen Rechts als Unternehmern wirtschaftlicher Betriebe ausgegeben sind"; mit dem Beisatze: „Ob im Einzelnen diese Voraussetzung vorliegt, entscheidet der Reichsminister der Justiz mit Zustimmung des Reichsrats." Solche Schuldverschreibungen, bei denen die Voraussetzung vorlag, wurden nach § 4 der VO., ebenso wie die in Ziff. 7 des § 1 Abs. 2 bezeichneten Schuldverschreibungen von Personen des Privatrechts „nach Maßgabe des § 2 Abs. 1", d. h. auf 15 v. H. des Goldmarkbetrags, unter Zulassung einer Herabsetzung mit Rücksicht auf die wirtschaftliche Lage des Schuldners aufgewertet. Über den Begriff der juristischen Personen des öffentlichen Rechts vgl. Anm. 6 zu § 33. Danach gehören zu ihnen in erster Linie das Reich, die Länder, die Gemeinden und Gemeindeverbände. Diese Körperschaften (juristischen Personen) des öffentlichen Rechts sind vielfach Unternehmer wirtschaftlicher Betriebe. Der Staat (Reich und Länder) betreibt Bergwerke, Eisenbahnen, Fabriken nach wirtschaftlichen Gesichtspunkten, die Gemeinden in der gleichen Weise Straßenbahnen, Gas- und Elektrizitätswerke, Schlachthöfe und dergl. Die zum Zwecke solcher Betriebe aufgenommenen Anleihen wurden nach der 3. StNVO., wie nicht bestritten war, wie diejenigen privater Schuldner aufgewertet. Zweifelhaft war nur, ob dafür auch Voraussetzung sei, daß für den Betrieb ein eignes, von der übrigen Staats- oder Gemeindeverwaltung getrenntes Rechnungswesen bestehe; vgl. darüber die erste Auflage dieses Buches zu § 1 Anm. 16a S. 81. Daran wurde auch nichts geändert durch die Bestimmung des § 16 der Verordnung über „öffentliche Anleihen", derzufolge die Verzinsung und Einlösung von Anleihen des Reichs und der Länder bis zur Erledigung sämtlicher Reparationsverpflichtungen nicht gefordert werden konnte. Denn die Bestimmung des § 4 in Verbindung mit § 1 Abs. 2 Ziff. 8 mußte nach anerkannten Auslegungsgrundsätzen als die speziell für eine gewisse Klasse von Anleihen der in Betracht kommenden Körperschaften gegebene Vorschrift der in § 16 für die Anleihen dieser Körperschaften im allgemeinen gegebenen Vorschrift vorgehen und ihr gegenüber als eine die Regel durchbrechende Ausnahmevorschrift angesehen werden. So ist sie auch wohl unwidersprochen im Schrifttum aufgefaßt worden. Die Vorschrift des § 4 in Verbindung mit § 1 Abs. 2 Ziff. 8 (nunmehr Ziff. 7) ging dann unverändert in die Regierungsvorlage für das Aufwertungsgesetz über und wurde bei der Umarbeitung der Vorlage im Reichstagsausschusse als § 51 in der Weise aufrechterhalten, daß die Aufwertung auf 15 v. H. mit Herabsetzungsmöglichkeit blieb, das den Gläubigern (Altbesitzern) von Schuldverschreibungen privatrechtlicher Schuldner gewährte Genußrecht aber nicht gewährt wurde. Daß hinsichtlich der Frage, auf welche juristischen Personen des öffentlichen Rechts die Vorschrift Anwendung finde, eine Änderung des durch die 3. StNVO. geschaffenen Rechtszustandes beabsichtigt sei, trat bei den Beratungen über das Aufwertungsgesetz bis zur zweiten Lesung im Plenum in keiner Weise zutage. Erst in diesem Stadium wurde von dem Abg. Dr. Steiniger, der eine Gleichstellung der öffentlichen Betriebe mit den privatrechtlichen für angezeigt hielt, darauf aufmerksam gemacht, daß von den Vertretern der Regierung höchstwahrscheinlich behauptet werden würde, die Anleihen der öffentlichen Betriebe, insbesondere der Gemeindebetriebe, gehörten überhaupt nicht in das Aufwertungs-, sondern in das Ablösungsgesetz (Sitz.-Ber. S. 3085). Darauf erklärten denn auch sogleich die Vertreter der Reichsregierung, die Bestimmung des § 51 sei „korrigiert" worden durch die Bestimmung des § 54 des Ablösungsgesetzes (vgl. diesen Paragraph in Teil II dieses Buches und die Anm. dazu), nach welcher **sämtliche** Mark-

anleihen, die die Gemeinden aufgenommen hätten, in Ablösungsanleihen umgetauscht würden, was auch für diejenigen Anleihen der Gemeinden gelten müsse, die für Zwecke ihrer werbenden Betriebe aufgenommen worden seien. Der § 51 Aufwertungsgesetz könne deshalb nur Anwendung finden auf die Schuldverschreibungen solcher juristischer Personen des öffentlichen Rechts, die nicht mit den Gemeinden oder Gemeindeverbänden identisch seien; das seien z. B. die Schuldverschreibungen von Entwässerungs- und Bewässerungsgenossenschaften, Deichverbänden, Fischereigenossenschaften und dergl. (Sitz.-Ber. S. 3087). Die Aufnahme einer diese Rechtslage klarstellenden Bestimmung in das Aufwertungsgesetz wurde vom Abg. Dr. Wunderlich für die dritte Lesung in Aussicht genommen (ebenda); sie unterblieb aber wohl infolge der Eile, mit der die Verabschiedung des Gesetzes vor sich ging, und es wurde nur die Überschrift in der Weise geändert, daß statt der „juristischen Personen" die „Genossenschaften" des öffentlichen Rechts darin genannt wurden. Über die sich aus diesen Bestimmungen, die Gesetz geworden sind, ergebende Rechtslage vgl. Anm. 3.

I. Aufwertungsbetrag

§ 51.

(1) Ansprüche aus verzinslichen oder an Stelle der Verzinsung mit einem Aufgeld rückzahlbaren auf den Inhaber lautenden oder durch Indossament übertragbaren Schuldverschreibungen, die von juristischen Personen des öffentlichen Rechtes als Unternehmer wirtschaftlicher Betriebe ausgegeben sind[3], werden ohne Rücksicht darauf, ob sie durch Hypothek gesichert sind, auf 15 vom Hundert des Goldmarkbetrags aufgewertet[5].

(2) Ob im Einzelfalle die Voraussetzungen des Abs. 1 vorliegen, entscheidet der Reichsminister der Justiz mit Zustimmung des Reichsrats[4].

(3) Die Länder werden ermächtigt, die Aufwertung von Ansprüchen aus Schuldverschreibungen öffentlich-rechtlicher Kreditanstalten, abweichend von den Vorschriften der §§ 51 bis 54, auf der Grundlage der §§ 47 bis 50 zu regeln, soweit diese auf die bezeichneten Schuldverschreibungen nicht ohnehin Anwendung finden[6].

3. Über den Begriff und die Erfordernisse der unter die Vorschrift fallenden Schuldverschreibungen vgl. Anm. 4, 5, über den Begriff der juristischen Personen des öffentlichen Rechts Anm. 6 zu § 33. Das Anwendungsgebiet der Vorschrift wird jedoch wesentlich eingeschränkt durch den an ziemlich versteckter Stelle stehenden und deshalb wohl in seiner Bedeutung für das Aufwertungsgesetz zu spät (vgl. Anm. 2) erkannten § 54 des Ablösungsgesetzes (vgl. diesen Paragraph und die Anm. dazu im zweiten Teil dieses Buches). Dadurch wird die Anwendung der §§ 51—54 des Aufwertungsgesetzes auf die Markanleihen, die auf Grund des Ablösungsgesetzes in Ablösungsanleihen umzutauschen sind, ausgeschlossen. Das sind nach den §§ 1, 30, 40 Ablösungsgesetz die Markanleihen des Reiches, der Länder, der Gemeinden und Gemeindeverbände; außerdem können nach § 46 von der Reichsregierung mit Zustimmung des Reichsrates die Vorschriften des Ablösungsgesetzes über die Markanleihen, also auch über deren Umtausch, auf die Markanleihen anderer öffentlich-rechtlicher Körperschaften für anwendbar erklärt werden. Die Schuldverschreibungen des § 51 sind im Wege des öffentlichen Kredits aufge-

nommene, auf Mark lautende Verbindlichkeiten, also Markanleihen im Sinne des Ablösungsgesetzes. Soweit sie von den genannten Körperschaften des öffentlichen Rechts, wenn auch in ihrer Eigenschaft als Unternehmer wirtschaftlicher Betriebe ausgegeben worden sind, ist deshalb ihre Aufwertung nach den Bestimmungen des Aufwertungsgesetzes nunmehr ausgeschlossen und sie unterliegen der Ablösung nach Maßgabe des Ablösungsgesetzes. Es bedeutet das eine ganz erhebliche Verschlechterung der Lage der Gläubiger gegenüber der Rechtslage nach der 3. StNVO., die ohne rechtzeitige und gründliche Erörterung des Für und Wider in das Gesetz hineingekommen ist. Eine derartige Unterscheidung zwischen in gleicher Weise privatwirtschaftlich geführten, auf Erwerb gerichteten und vielfach erhebliche Gewinne bringenden Unternehmungen der öffentlichen Körperschaften und der Privatindustrie muß als unbillig und ungerechtfertigt empfunden werden, ganz besonders bei den wohlhabenden und im Besitze ertragreicher Werte befindlichen Gemeinden (vgl. die Darlegungen des Abg. Dr. Steiniger bei der zweiten Lesung des Aufwertungsgesetzes S. 3084 f.). Schuldverschreibungen, die von mit selbständiger Rechtspersönlichkeit ausgestatteten Verwaltungsbezirken der Länder (Provinzen, Kreisen usw.) ausgegeben sind, sind nicht ohne weiteres von der Aufwertung nach den Vorschriften der §§ 51—54 Aufwertungsgesetz ausgeschlossen; der Ausschluß tritt aber ein, wenn die Reichsregierung auf Grund des § 46 Ablösungsgesetz die Anwendung der Vorschriften dieses Gesetzes auf ihre Anleihen anordnet. Gleiches gilt für die übrigen juristischen Personen des öffentlichen Rechts; vgl. die Aufzählung in Anm. 6 zu § 33. Daß dabei nur gerade die in Form von Genossenschaften des öffentlichen Rechts konstituierten Betriebe übrig bleiben, ist keineswegs sicher; daher ist die Überschrift in ihrer jetzigen Fassung nicht zutreffend. Nicht zu den juristischen Personen des öffentlichen Rechts gehören diejenigen Betriebe, die als selbständige Rechtssubjekte in privatrechtlicher Form bestehen, also als Aktiengesellschaften, Gesellschaften m. b. H. usw., auch wenn die Aktien oder Anteile ganz oder ihrer Mehrheit nach in den Händen des Reiches, Landes, einer Gemeinde usw. sind, insbesondere also die gemischt-wirtschaftlichen Betriebe; ihre Schuldverschreibungen fallen unter § 33.

4. Die Entscheidung darüber, ob im Einzelfalle die Voraussetzungen des Abs. 1 vorliegen, d. h. ob es sich um Schuldverschreibungen handelt, die von einer juristischen Person des öffentlichen Rechts in ihrer Eigenschaft als Unternehmer eines wirtschaftlichen Betriebes ausgegeben sind, ist, wie schon in der 3. StNVO. (§ 1 Abs. 2 Ziff. 8 Halbsatz 2), den Stellen, die über die Aufwertung zu entscheiden haben, entzogen und dem Reichsminister der Justiz mit Zustimmung des Reichsrats übertragen. Die Entscheidung wird sich darauf zu beschränken haben, ob ein wirtschaftlicher Betrieb einer juristischen Person des öffentlichen Rechts vorliegt. Ob, falls diese Frage bejaht wird, die Aufwertung nach §§ 51—54 Aufwertungsgesetz stattfindet oder durch § 54 Ablösungsgesetz ausgeschlossen ist, wird durch die zur Entscheidung über den Fall berufene Stelle zu entscheiden sein.

5. Die Aufwertung der nach Obigem (vgl. Anm. 3) unter die §§ 51—54 fallenden Schuldverschreibungen erfolgt auf 15 v. H. des Goldmarkbetrags unter Zulassung einer Herabsetzung nach § 52. Für die Berechnung des Goldmarkbetrags ist § 2 Abs. 2, also der Tag der Ausgabe, maßgebend. Auf 15 v. H. ist die Aufwertung auch dann beschränkt, wenn die Schuldverschreibungen hypothekarisch gesichert sind, also gemäß § 9 eine Aufwertung auf 25 v. H. einzutreten haben würde. Auch gegenüber den Gläubigern der Industrieobligationen stehen sich die Gläubiger von Schuldverschreibungen öffentlich-rechtlicher Betriebe schlechter insofern, als das jenen, falls sie Altbesitzer sind, neben der 15 prozentigen Aufwertung gewährte Genußrecht hier ganz wegfällt. Die Beteiligung der Gläubiger am Reingewinne und Liquidationserlös solcher Betriebe wurde für nicht durchführbar erachtet. Wiederholt und noch im Plenum bei der zweiten Lesung gestellte Anträge, ihnen als Ersatz dafür

einen höheren Aufwertungssatz zu gewähren, wurden abgelehnt (Sitz.-Ber. S. 3087, 3117).

6. Öffentlich-rechtliche Kreditanstalten sind juristische Personen des öffentlichen Rechts; vgl. Anm. 6 zu § 33. Soweit diese Anstalten Grund- oder Kommunalkreditanstalten sind und als solche Pfandbriefe oder pfandbriefähnliche Schuldverschreibungen auf Grund einer besonderen Deckung ausgegeben haben, erfolgt die Aufwertung der Schuldverschreibungen nach den §§ 47—50. Für Schuldverschreibungen anderer Art dagegen findet — soweit nicht etwa die Reichsregierung auf Grund des § 46 die Anwendung der Vorschriften des Ablösungsgesetzes auf sie angeordnet hat (vgl. Anm. 2), — die Aufwertung nach den Vorschriften der §§ 51—54 Aufwertungsgesetz statt. Das Gesetz erteilt jedoch den Ländern die Ermächtigung, statt dessen die Aufwertung auf der Grundlage der §§ 47—50, also durch Verteilung einer Teilungsmasse, zu regeln. Die Einzelheiten der Regelung sind den Ländern überlassen. Zuständig wird dasjenige Land sein, in dessen öffentlich-rechtlichen Normen die Kreditanstalt begründet ist.

II. Herabsetzung der Aufwertung

§ 52.

Der Schuldner kann eine Herabsetzung der Aufwertung verlangen, wenn dies mit Rücksicht auf seine wirtschaftliche Lage zur Abwendung einer groben Unbilligkeit unabweisbar erscheint. Die Herabsetzung der Aufwertung ist nur zulässig, wenn das Verlangen vor dem 1. April 1926 bei der Aufwertungsstelle gestellt wird. In den Fällen der §§ 203, 204, 206, 207 des Bürgerlichen Gesetzbuchs kann das Verlangen noch bis zum Ablauf von drei Monaten nach Fortfall des Hindernisses gestellt werden[1].

1. Eine Herabsetzung der Aufwertung zugunsten des Schuldners ist unter den gleichen Voraussetzungen und in den gleichen Formen und Fristen zugelassen, wie bei den Industrieobligationen. Vgl. § 34 und Anmerkung dazu.

III. Aufwertung bei Vorbehalt der Rechte, Kündigung und Auslosung

§ 53.

(1) Trotz Bewirkung der Leistung findet die Aufwertung statt, wenn der Gläubiger sich bei der Annahme der Leistung seine Rechte vorbehalten hat[1].

(2) Schuldverschreibungen, die gekündigt oder ausgelost sind, aber sich noch im unmittelbaren oder mittelbaren Besitze des Gläubigers befinden, werden zu seinen Gunsten auch dann aufgewertet, wenn bereits eine Abrechnung mit dem Schuldner oder eine Hinterlegung zugunsten des Gläubigers stattgefunden hat[2].

(3) Schuldverschreibungen, die bei Banken zur Einlösung eingereicht sind, werden, wenn sie sich noch im Besitze der Bank befinden, zugunsten des einreichenden Gläubigers auch dann aufgewertet, wenn bereits eine Abrechnung mit dem Gläubiger oder mit dem Schuldner oder eine Hinterlegung zugunsten des Gläubigers

stattgefunden hat. Eine Aufwertung zugunsten der Bank findet nicht statt. Ablieferungen aus dem Besitze der Bank an den Schuldner, die seit dem 1. Juni 1925 erfolgt sind, gelten als nicht geschehen. Entsprechendes gilt für Bankiers und andere Unternehmungen, die die Aufbewahrung und Verwaltung fremder Wertpapiere gewerbs- oder geschäftsmäßig betreiben. Die Reichsregierung wird ermächtigt, Vorschriften über die Anmeldung und den Nachweis des Rechtes der Gläubiger und für den Fall, daß die Rechte nicht rechtzeitig oder ordnungsgemäß angemeldet oder nachgewiesen werden, über den Ausschluß der Rechte zu erlassen[2].

(4) Gezahlte Beträge werden in den Fällen der Abs. 1 bis 3 zum Goldmarkbetrag (§§ 2, 3) auf den Betrag der Aufwertung angerechnet. Hinterlegte Beträge kann der Schuldner auch dann zurücknehmen, wenn er auf das Recht zur Rücknahme verzichtet hatte[3].

(5) Liegen die Voraussetzungen der Abs. 1 bis 3 nicht vor, so kann im Falle der Bewirkung der Leistung eine Aufwertung auch wegen ungerechtfertigter Bereicherung[4] oder auf Grund einer Anfechtung wegen Irrtums oder aus einem anderen Rechtsgrund nicht verlangt werden. Ansprüche wegen arglistiger Täuschung bleiben unberührt[4].

1. Für die Aufwertung „trotz Bewirkung der Leistung" gelten die gleichen Vorschriften wie bei Industrieobligationen: Aufwertung nur bei Vorbehalt der Rechte, keine „Rückwirkung", abgesehen von der besonderen Behandlung der ausgelosten und gekündigten Schuldverschreibungen (Abs. 2, 3). Vgl. § 35 Abs. 1 und Anm. 1, 2 zu § 35.

2. Ausgeloste und gekündigte Schuldverschreibungen unterliegen der gleichen Sonderbehandlung wie bei Industrieobligationen. Vgl. § 35 Abs. 2, 3 und Anm. 3—6 zu § 35.

3. Auch hinsichtlich der Anrechnung gezahlter und der Rücknahme hinterlegter Beträge gelten die gleichen Vorschriften wie bei Industrieobligationen. Vgl. § 35 Abs. 4 und Anm. 7 zu § 35.

4. Gleiches gilt für den Ausschluß besonderer Rechtsbehelfe. Vgl. § 35 Abs. 5 und Anm. 8 zu § 35. Das Wort „Berechnung" im Texte des Reichsgesetzblattes ist ein offenbarer Druckfehler.

IV. Rückzahlung, Verzinsung, Tilgung

§ 54.

Für die Rückzahlung, Verzinsung und Tilgung der Aufwertungsbeträge gelten die Vorschriften der §§ 25, 26, 28, 29 entsprechend, soweit nicht die Reichsregierung etwas anderes bestimmt[1].

1. Für die Rückzahlung, Verzinsung und Tilgung sind, wie bei Industrieobligationen (§ 36), die bei der Aufwertung der Hypotheken geltenden Vorschriften insoweit für entsprechend anwendbar erklärt, als die Reichsregierung nichts anderes bestimmt. Diese kann also zugunsten der Gläubiger frühere Rückzahlung des Kapitals, höhere Verzinsung und Tilgungsbeträge vorschreiben, aber auch die Rechte der Gläubiger in diesen Beziehungen noch weiter einschränken. Die Bestimmungen werden generell oder auch für Einzelfälle getroffen werden können.

Siebenter Abschnitt

Aufwertung von Sparkassenguthaben[3]

I. Art der Aufwertung[1]

§ 55.

(1) Sparguthaben[2] bei öffentlichen oder unter Staatsaufsicht stehenden Sparkassen[2] werden in der Weise aufgewertet, daß die Teilungsmasse von einem Treuhänder[4] unter die Gläubiger[5] verteilt wird[1]. Der von dem Treuhänder aufgestellte Teilungsplan bedarf der Genehmigung der obersten Landesbehörde oder einer von ihr bestimmten Stelle[6]. Mit der Genehmigung wird der Teilungsplan verbindlich[6].

(2) Der bei der Verteilung auf die Sparguthaben entfallende Betrag soll mindestens 12½ vom Hundert des Goldmarkbetrags erreichen, möglichst aber dem Aufwertungssatz entsprechen, der sich für die Anleihen des Schuldners oder seines Garanten ergibt[7].

1. Wie für Pfandbriefe (Abschnitt 5) und Versicherungsansprüche (Abschnitt 8), so hat auch für Sparguthaben bei öffentlichen Sparkassen die 3.StNVO. (§ 1 Abs. 2 Ziff. 9 und § 7) an die Stelle der Aufwertung der einzelnen Ansprüche die konkursmäßige Verteilung eines gewissen Teiles des Vermögens der Sparkasse — des „aufgewerteten Sparkassenvermögens" — unter die Spargläubiger gesetzt. Diesen ist dadurch die Einzelerhebung ihrer Guthaben vollständig, also auch zu dem allerdings zu einem Nichts gewordenen bisherigen Nennbetrage, entzogen. Zum Ersatz sind sie auf einen Anteil an der Teilungsmasse verwiesen. Diese wird aber nicht vor dem Jahre 1932 liquid sein, da das Vermögen der Sparkassen, soweit es für die Aufwertung in Betracht kommt (vgl. §. 56) zum größten Teile in Hypotheken angelegt ist, im übrigen in anderen Geldforderungen, die alle bis zu diesem Zeitpunkte gestundet sind. Das Aufwertungsgesetz hat die Regelung der 3. StNVO. im Wesentlichen beibehalten, bringt jedoch eine Besserung der Lage der Gläubiger insofern, als der bei der Verteilung auf die Sparguthaben entfallende Betrag mindestens $12^1/_2$ v. H. des Goldmarkbetrags erreichen soll (§ 55 Abs. 2); auch ist die Rangordnung der Sparer weggefallen und eine gleichmäßige Beteiligung an ihre Stelle getreten; vgl. Anm. 1 zu § 57. Statt der Verteilung einer Teilungsmasse kann nach § 58 Ziff. 7 die Einzelaufwertung nach einem Einheitssatze durch die Landesbehörden angeordnet werden; vgl. Anm. 1 zu § 58.

2. Öffentliche Sparkassen sind diejenigen, welche von öffentlich-rechtlichen Verbänden, insbesondere von Gemeinden und Gemeindeverbänden, innerhalb ihres Wirkungskreises errichtet sind und betrieben werden; unter Staatsaufsicht stehende sind solche, welche von Privaten betrieben werden, aber unter einer vom Staate oder seinen Organen auszuübenden Kontrolle stehen. Im Unterschiede von § 2 des Scheckgesetzes spricht das Gesetz nicht von amtlicher, sondern von staatlicher Aufsicht doch wird auch eine von den Gemeindebehörden als Delegierten des Staates ausgeübte Aufsicht genügen. Auch Sparkassen von Vereinen bedürfen vielfach zu ihrer Gründung staatlicher Genehmigung und stehen unter staatlicher Kontrolle (so in Preußen; Meyer, Verwaltungsrecht I S. 426). Doch können Sparkassen auch von einzelnen gegründet werden, und solche unterstehen keiner staatlichen Aufsicht. Sparkassen, die weder öffentliche sind noch unter staatlicher Aufsicht stehen, fallen nicht unter § 55; die Aufwertung der Guthaben der Einleger bei ihnen richtet sich nach § 63; vgl. Anm. 2 dazu.

3. Die Überschrift auch dieses Abschnitts, die von „Sparkassenguthaben" spricht, ist ungenau. Nur die **Sparguthaben** — Guthaben von Sparern — fallen unter die Vorschriften dieses Abschnittes. Das sind die bei den Sparkassen auf Grund ihrer Organisation und ihrer Bestimmung, das Sparen, namentlich des Mittelstandes, zu fördern, nach Maßgabe ihrer Satzung verzinslich eingelegten Beträge, deren Höhe nach oben hin durch die Satzung häufig, aber nicht immer begrenzt ist. Die Sparkassen, auch die öffentlichen und unter Staatsaufsicht stehenden, sind aber in den letzten Jahren mehr und mehr zu einem bankmäßigen Betriebe übergegangen, indem sie für ihre Kunden den Kauf und Verkauf von Effekten vermitteln und auch sonst börsenmäßige Geschäfte machen. Ob es sich noch um eine Sparkasse oder um eine „Bank" (Stadtbank) handelt, kann in solchen Fällen zweifelhaft sein; die Bezeichnung ist nicht entscheidend. Jedenfalls werden die aus bankmäßigen Geschäften herrührenden Guthaben nur dann nach Maßgabe dieses Abschnittes aufgewertet, wenn sie in den für Spareinlagen vorgeschriebenen Formen und unter den für solche geltenden Bedingungen angelegt sind. Üblich und auf solche Anlage hinweisend ist die Eintragung in ein Sparkassenbuch; doch ist die Ausstellung einer Urkunde kein rechtliches Erfordernis für die Aufwertung nach den Vorschriften dieses Abschnittes.

4. Abweichend von den Vorschriften über die Pfandbriefaufwertung, bei der die Verwaltung und Verteilung grundsätzlich durch die Bank oder Anstalt, die Schuldnerin ist, selbst erfolgt, ist die Verteilung der Teilungsmasse nicht der Sparkassen-Verwaltung und ihren Organisationen überlassen, sondern hat **durch einen Treuhänder**, also eine dritte Person, zu erfolgen. Nähere Vorschriften über die Persönlichkeit, die Art der Ernennung, die Rechte und Verpflichtungen des Treuhänders enthält das Gesetz nicht; nur daß er einen Teilungsplan aufzustellen hat, ergibt sich aus Satz 2 (Anm. 6). Im übrigen wird es Sache der obersten Landesbehörden sein, auf Grund des § 58 Ziff. 6 (vgl. Anm. 1 2 zu § 58) die erforderlichen Bestimmungen zu treffen; insbesondere auch zu bestimmen, ob das aufgewertete Vermögen bis zur Verteilung durch den Treuhänder oder durch die Sparkasse zu verwalten und flüssig zu machen ist.

5. Nach der 3. StNVO. sollten an der Verteilung der Teilungsmasse nur diejenigen Sparguthaben teilnehmen, die bis zum 31. Dezember 1924 bei der Aufwertungsstelle angemeldet sein würden. Das Aufwertungsgesetz stellt von sich aus das Erfordernis einer Anmeldung nicht auf, überläßt es vielmehr den obersten Landesbehörden, eine Anmeldung vorzuschreiben und eine Ausschlußfrist dafür festzusetzen (§ 58 Ziff. 1).

6. Der Treuhänder hat einen **Teilungsplan** aufzustellen. Dieser wird eine Aufstellung der Teilungsmasse unter Angabe ihres Geldwertes einerseits und der zu berücksichtigenden Guthaben (Schuldenmasse) andrerseits und eine Berechnung der danach auf die einzelnen Guthaben anteilsmäßig (vgl. § 57 und Anmerkung dazu) entfallenden Beträge zu enthalten haben. Er wird in der Regel erst nach erfolgter Flüssigmachung der zu verteilenden Vermögenswerte durch Einziehung der Hypotheken und sonstigen Geldforderungen aufgestellt werden können; eine Verteilung in Natur ist zwar durch das Gesetz nicht ausgeschlossen, wird aber bei der großen Zahl der Guthaben regelmäßig nicht in Frage kommen. In welcher Weise der Teilungsplan den Beteiligten mitzuteilen und ihnen Gelegenheit zu geben ist, Einwendungen gegen ihn zu erheben, ist im Gesetze nicht bestimmt. Auch darüber wird auf Grund des § 58 Ziff. 5 durch die obersten Landesbehörden zu bestimmen sein. Diese Bestimmungen werden von besonderer Bedeutung sein, weil das Gesetz vorschreibt, daß der Teilungsplan der Genehmigung der obersten Landesbehörde oder einer von ihr bestimmten Stelle bedarf und mit dieser Genehmigung verbindlich wird. Nach erfolgter Genehmigung ist danach eine Korrektur von in ihm enthaltenen Un-

richtigkeiten nicht mehr möglich. Die Gläubiger wie die Sparkasse sind an ihn gebunden. Der Rechtsweg ist ausgeschlossen.

7. Der auf einen bei der ersten Lesung im Ausschusse von den Regierungsparteien gestellten Antrag, „ein Mindestmaß festzusetzen, zu dem alle Sparkassen aufzuwerten hätten“ (Bericht S. 14) in das Gesetz eingefügte Abs. 2 des § 55 setzt ein solches Mindestmaß in Höhe von $12^1/_2$ v. H. des Goldmarkbetrags fest, allerdings nur in Form einer Sollvorschrift. Ein im Rechtswege verfolgbarer Anspruch auf die Erreichung dieses Mindestmaßes steht sonach den Sparglaubigern nicht zu. Die Vorschrift hat aber die Bedeutung, daß die obersten Landesbehörden oder die von ihnen bestimmten Stellen, denen es nach § 58 Ziff. 4, 5 obliegt, die Leistung eines Beitrags zur Teilungsmasse aus dem sonstigen Vermögen des Schuldners (der Sparkasse) oder durch den Garanten (vgl. § 56 Anm. 1) vorzuschreiben, dafür Sorge zu tragen haben, daß die Teilungsmasse, sofern sie nicht ohnehin dafür zureicht, auf diesem Wege derart aufgefüllt wird, daß aus ihr den Spargläubigern $12^1/_2$ v. H. zugeteilt werden können. Weniger praktische Bedeutung hat die weitere Sollvorschrift, die gleichfalls auf einen Beschluß des Reichstagsausschusses (Bericht S. 14) zurückzuführen ist, der dahin ging, es solle Sorge dafür getroffen werden, daß „der Sparkassenaufwertungssatz gegenüber dem bei der Entscheidung über die Ablösung der Kommunalanleihen den Gläubigern der Sparkassen und der Kommunalanleihen derselben Gemeinden zufallenden Aufwertungssatz nicht wesentlich zurückbleibt“. Dem will die recht unklar gefaßte Bestimmung im Schlußhalbsatze des Abs. 2 Rechnung tragen, wonach der auf die Sparguthaben entfallende Betrag „möglichst dem Aufwertungssatze entsprechen soll, der sich für die Anleihen des Schuldners oder seines Garanten ergibt“. Die „Anleihen des Schuldners“ sind die Anleihen der Sparkasse; soweit diese als selbständige öffentlich-rechtliche Körperschaft konstituiert ist und als solche Anleihen aufnehmen konnte und aufgenommen hat, würden ihre Anleihen unter die §§ 62, 63 des Aufwertungsgesetzes fallen, sofern nicht gemäß § 46 Ablösungsgesetzes die Reichsregierung die Anwendung der Vorschriften des Ablösungsgesetzes auf sie angeordnet hat. Selbständige Anleihen öffentlicher Sparkassen dürften aber nur in seltenen Fällen aufgenommen sein. Falls solche Anleihen nicht bestehen, soll der Aufwertungssatz der Anleihen ihres Garanten maßgebend sein. Garanten der öffentlichen Sparkassen sind in der Regel die Gemeinden; deren Anleihen werden nach den Vorschriften der §§ 40ff. des Ablösungsgesetzes (vgl. den zweiten Teil dieses Buches) in Form der Ablösung aufgewertet*).

II. Teilungsmasse

§ 56.

Die Teilungsmasse besteht aus dem aufgewerteten Sparkassenvermögen[1] und einem etwa aus dem sonstigen Vermögen des Schuldners oder durch den Garanten zu leistenden Beitrag[1] unter Abzug eines etwa zu den Verwaltungskosten zu gewährenden Beitrags[2].

1. Die Teilungsmasse soll a) „das aufgewertete Sparkassenvermögen“ und b) ein etwa aus dem sonstigen Vermögen des Schuldners oder durch den Garanten zu leistender Beitrag bilden. Das Gesetz macht also, wie bei den Pfandbriefen (§ 48), so auch hier einen Unterschied zwischen einem zur Befriedigung einer besonderen Klasse von Gläubigern (hier der Spargeldeinleger)

---

*) Vgl. für Preußen die Verordnung vom 24. Oktober 1925, Anhang XXIV, und Anm. 2 zu § 58, Fußnote.

dienenden Teile des Vermögens des Schuldners und seinem sonstigen Vermögen, obwohl hier nicht, wie bei den Pfandbriefen, eine besondere „Deckung“ besteht, die für die Befriedigung der Gläubiger bestimmt ist. Der Schuldner ist die Sparkasse; den Einlegern haftete aber bisher deren gesamtes Vermögen. Das aufgewertete Vermögen, auf das die Teilungsmasse sich zunächst beschränkt, besteht nur in den Markansprüchen, die durch den Währungsverfall entwertet sind und in geringfügigem Umfange wiederhergestellt werden. Daneben haben die Sparkassen aber vielfach noch sonstiges erhebliches Vermögen, das in Sachwerten, insbesondere Grundstücken, besteht und jedenfalls zum Teil aus den Überschüssen stammt, die ihnen durch die höhere Verzinsung aus der Anlage der Spargelder gegenüber der den Sparern gewährten Verzinsung zugeflossen sind, obwohl die Sparkassen ihrer Bestimmung nach Gewinne nicht machen sollen. Dazu kommt, daß die meisten Sparkassen nicht Rechtssubjekte für sich allein bilden, sondern von Körperschaften des öffentlichen Rechts, namentlich Gemeinden, wie auch privaten Körperschaften und einzelnen, namentlich Industriellen, eingerichtet sind und rechtlich einen Bestandteil von deren Rechtspersönlichkeit bilden, so daß das gesamte Vermögen des Sparkassenunternehmers bisher den Einlegern, in Konkurrenz mit anderen Gläubigern, haftete und die Sicherheit der Einleger bildete, die ihre Spargelder im Vertrauen auf diese Sicherheit den Sparkassen übergeben haben. Wo eine solche enge Verbindung zwischen den Sparkassen und ihren Gründern und Unternehmern nicht bestand, da haben doch diese häufig die Garantie der Sparkasseneinlagen übernommen; namentlich sind die von Gemeinden gegründeten Sparkassen meistens mit Bürgschaft der Gemeinden ausgestattet. Auch die hierin begründete Sicherheit wird den Sparern entzogen, da sie die Bürgen („Garanten“) nicht zu einem höheren Betrage heranziehen können als zu demjenigen, auf den die Hauptforderungen aufgewertet werden (§ 767 BGB.), also auf ihren Anteil an der Teilungsmasse, wodurch die Bürgschaften völlig illusorisch geworden sind. Die auf diese Weise durch die 3. StNVO. geschaffene Unbilligkeit ist im Aufwertungsgesetz nur zu einem Teile durch Anordnung eines Mindestsatzes (§ 55 Abs. 2) ausgeglichen worden; es ist zu erwarten, daß in den Durchführungsbestimmungen (§ 58) die obersten Landesbehörden, wo es die Verhältnisse der Sparkassen und ihrer Garanten gestatten, den „Beitrag“ in einer Höhe festsetzen, daß den Einlegern, die zumeist dem verarmten Mittelstande angehören, eine Aufwertung über 12½ v. H. hinaus gewährt wird.

2. Die Bestimmung darüber, ob ein Beitrag zu den Verwaltungskosten von der Teilungsmasse abzuziehen ist, und die Aufstellung der Grundsätze für seine Bemessung erfolgt gemäß § 59 Ziff. 11 (vgl. Anm. 2 zu § 58) durch die obersten Landesbehörden oder die von ihnen bestimmten Stellen. Der Abzug eines Verwaltungskostenbeitrags zugunsten der Sparkasse wird nur in Frage kommen, wenn und soweit diese die Verwaltung des aufgewerteten Vermögens geführt hat (vgl. Anm. 4 zu § 55).

III. Beteiligung an der Teilungsmasse

§ 57.

(1) Die Gläubiger werden im Verhältnis des Goldmarkbetrags ihrer Forderungen berücksichtigt[1]. Ist ein Guthaben von einer Sparkasse auf eine andere Sparkasse überwiesen worden, so ist der Gläubiger mit dem Goldmarkbetrage zur Zeit des Erwerbes der Forderung gegen die erste Sparkasse bei der Teilungsmasse zu berücksichtigen, die bei der zweiten Sparkasse zu bilden ist[2]. Die oberste Landesbehörde oder die von ihr bestimmte Stelle ordnet einen

Ausgleich zwischen beiden Sparkassen an; sind mehrere Länder beteiligt, so entscheiden sie in gegenseitigem Einvernehmen[2].

(2) Bereits ausgezahlte Guthaben werden bei der Verteilung berücksichtigt, wenn der Gläubiger sich bei der Annahme der Leistung seine Rechte vorbehalten hat[3]. Die Zahlung ist unbeschadet der Vorschrift im § 58 Ziffer 3 in Höhe des Goldmarkbetrags (§§ 2, 3) anzurechnen[3]. Mangels eines Vorbehalts der Rechte kann unbeschadet einer etwa auf Grund des § 58 Ziffer 3 angeordneten Rückwirkung die Aufwertung ausgezahlter Guthaben auch wegen ungerechtfertigter Bereicherung oder auf Grund einer Anfechtung wegen Irrtums oder aus einem anderen Rechtsgrund nicht verlangt werden. Ansprüche wegen arglistiger Täuschung bleiben unberührt[3].

1. Die 3. StNVO. (§ 7 Abs. 3) hatte für die Beteiligung der Spargläubiger an der Teilungsmasse eine Rangordnung aufgestellt, nach welcher an erster Stelle solche Guthaben berücksichtigt wurden, die auf Grund eines gesetzlichen oder diesem gleichgestellten Zwanges zur mündelsicheren Anlage begründet waren und erst in zweiter Linie alle übrigen Guthaben. Diese an sich nicht unberechtigte Unterscheidung würde zur Folge gehabt haben, daß in den meisten Fällen die sämtlichen anderen Einleger, unter denen sich sicherlich auch viele einer besonderen Berücksichtigung werte und bedürftige befinden, vollständig leer ausgingen, da die Teilungsmasse durch die Guthaben der ersten Rangstufe erschöpft sein würde. Wohl aus diesem Grunde hatte die Regierungsvorlage vorgeschlagen, daß den Gläubigern der ersten Rangklasse nur eine um 50 v. H. höhere Aufwertung zustehen solle als den Gläubigern der zweiten Rangklasse. Der Reichstagsausschuß hat „unter allseitiger Zustimmung" (Bericht S. 15) beschlossen, die Rangklassen überhaupt zu beseitigen, mit der freilich sehr anfechtbaren Begründung, daß jede Unterscheidung zu sozialen Ungerechtigkeiten führe, da auch große Mündelvermögen vielfach bei den Sparkassen angelegt seien. Demnach bestimmt das Gesetz nunmehr, daß die Gläubiger unterschiedslos im Verhältnis des Goldmarkbetrags ihrer Forderungen berücksichtigt werden.

2. Die Berechnung des Goldmarkbetrags, welcher der Beteiligung zugrunde zu legen ist, erfolgt nach Maßgabe der Vorschriften der §§ 2 Abs. 1 und 3; vgl. die Anmerkungen zu diesen Paragraphen. Maßgebend ist danach der Tag, an welchem der derzeitige Gläubiger oder in den Fällen des § 3 ein früherer Gläubiger den Anspruch gegen die Sparkasse erworben hat. Es kommt also auf den Zeitpunkt der einzelnen Einlagen bei der Sparkasse, an deren Teilungsmasse die Beteiligung erfolgt, an. Jedoch berücksichtigt das Gesetz den häufigen Fall, daß Überweisungen der Guthaben von einer Sparkasse an die andere erfolgt sind, wegen Wechsels des Wohnorts des Gläubigers oder aus anderen Gründen. In diesen Fällen ist der Goldmarkbetrag nach dem Tage des Erwerbs des Anspruchs gegen die „erste" (überweisende) Sparkasse zu berechnen und zu diesem Betrage der Gläubiger bei der Teilungsmasse der „zweiten" (d. i. derjenigen Sparkasse, auf die sein Guthaben überwiesen ist) zu berücksichtigen. Auch mehrmalige Überweisungen von Guthaben sind in dieser Weise zu berücksichtigen; die Sparkasse, bei deren Teilungsmasse die Beteiligung stattfindet, braucht deshalb nicht immer die „zweite", sondern kann auch eine dritte oder vierte sein. Unter den beteiligten Sparkassen soll dann auf Anordnung der für sie zuständigen gemeinsamen obersten Landesbehörde oder, wenn sie verschiedenen Ländern angehören, auf Grund einer im gegenseitigen Einvernehmen dieser Länder ergehenden Entscheidung ein Ausgleich stattfinden.

3. Abs. 2 regelt die Beteiligung bereits ohne Aufwertung oder mit nicht entsprechender Aufwertung ausgezahlter Guthaben an der Teilungsmasse. Eine solche Beteiligung erfolgt nur, wenn der Gläubiger sich bei der Annahme der Leistung (Auszahlung) seine Rechte vorbehalten hat, entsprechend der Aufwertung nach Bewirkung der Leistung bei Vorbehalt in den anderen Abschnitten. Eine Beteiligung nach vorbehaltloser Annahme der Auszahlung (Rückwirkung; vgl. § 15 und Anmerkungen dazu) findet nicht statt und es werden für diesen Fall auch die besonderen Rechtsbehelfe, die zur Wiederherstellung der Forderung führen könnten, entsprechend dem was darüber in anderen Abschnitten bestimmt ist — vgl. § 19 und Anm. 1—3 dazu — ausgeschlossen, lediglich unter Vorbehalt von Ansprüchen aus arglistiger Täuschung (Satz 3). Die unter Vorbehalt angenommenen Zahlungen sind in Höhe des nach den §§ 2, 3 zu berechnenden Goldmarkbetrages für den Tag der Zahlung auf den Betrag, mit dem der Gläubiger bei der Teilungsmasse zu beteiligen ist, anzurechnen. Jedoch „unbeschadet der Vorschrift in § 58 Ziff. 3", d. h. solche Auszahlungen, die nach dem durch die obersten Landesbehörden für die Berücksichtigung von Ein- und Auszahlungen festgesetzten Stichtage erfolgt sind, werden nicht angerechnet; vgl. zu § 58 Anm. 2.

IV. Durchführung der Aufwertung[1]

§ 58.

Die obersten Landesbehörden oder die von ihnen bestimmten Stellen werden ermächtigt[1],

1. die Anmeldung der Guthaben innerhalb einer Ausschlußfrist vorzuschreiben[2];
2. einen Goldmarkbetrag zu bestimmen, den die Guthaben erreichen müssen, um bei der Verteilung berücksichtigt zu werden und Vorschriften über die Ablösung der Guthaben, die bei der Verteilung nicht berücksichtigt werden, zu erlassen[2];
3. anzuordnen, daß Einzahlungen und Auszahlungen, die nach bestimmtem Stichtag erfolgt sind, bei der Aufwertung unberücksichtigt bleiben; die Stichtage dürfen jedoch nicht vor dem 15. Juni 1922 liegen[2];
4. die Leistung eines Beitrags zur Teilungsmasse aus dem sonstigen Vermögen des Schuldners oder durch den Garanten vorzuschreiben. Hierbei kann eine Beitragsleistung auch solcher öffentlich-rechtlichen Körperschaften vorgeschrieben werden die, ohne Garant der Sparkasse zu sein, nach deren Satzung an den Überschüssen der Sparkasse zu beteiligen sind oder ohne satzungsmäßige Bestimmung tatsächlich innerhalb der letzten 15 Jahre regelmäßig mit einem erheblichen Anteil an den Überschüssen teilgenommen haben[2];
5. nähere Bestimmungen über den zur Teilungsmasse zu leistenden Beitrag zu treffen[2];
6. sonstige Bestimmungen über die Bildung und Verteilung der Teilungsmasse sowie über ihre Liquidierung zu treffen;

insbesondere zu gestatten, daß den Schuldnern aufgewerteter Rechte der Sparkassen und den Eigentümern zur Sicherung dieser Rechte belasteter Grundstücke für den Fall vorzeitiger Leistung zur Teilungsmasse eine Kürzung der Schuld oder andere Vergünstigungen gewährt werden[2];

7. einen einheitlichen Aufwertungssatz (Einheitssatz) für sämtliche Sparkassen eines Landes oder einzelner Landesteile oder für bestimmte Arten von Sparkassen (städtische, Bezirks-, Kreis-, Provinzialsparkassen und ähnliche) festzusetzen und zu bestimmen, daß in solchem Falle die Bildung einer Teilungsmasse sowie die Bestellung eines Treuhänders unterbleiben darf. Der Einheitssatz wird unter Zugrundelegung des Gesamtbetrags der aufgewerteten Sparkassenvermögen schätzungsmäßig festgesetzt und darf nicht unterhalb desjenigen Satzes liegen, der sich aus dem Verhältnis der aufgewerteten Sparkassenvermögen zu den aufgewerteten Sparguthaben ergibt[2];

8. Vorschriften über die Aufbringung der für die Aufwertung zu einem Einheitssatze (Ziffer 7) erforderlichen Beiträge zu treffen; hierbei kann eine Beitragsleistung auch solcher öffentlich-rechtlichen Körperschaften vorgeschrieben werden, die, ohne Garant der Sparkasse zu sein, nach deren Satzung an den Überschüssen der Sparkasse zu beteiligen sind oder ohne satzungsmäßige Bestimmung tatsächlich innerhalb der letzten 15 Jahre regelmäßig mit einem erheblichen Anteil an den Überschüssen teilgenommen haben[2];

9. einen Mindestsatz für die Aufwertung zu bestimmen[2];

10. für mehrere Sparkassen die Zusammenlegung der Teilungsmassen und ihre einheitliche Verteilung unter die Gläubiger dieser Sparkassen anzuordnen[2];

11. die Gewährung eines Beitrags zu den Verwaltungskosten vorzuschreiben und Grundsätze für die Bemessung des Verwaltungskostenbeitrags zu geben[2];

12. zu bestimmen, daß die Auswechslung von zum Sparkassenvermögen gehörigen Hypotheken zwischen zwei Sparkassen aus Anlaß der Abtretung deutschen Gebiets auf Grund des Versailler Vertrags für die Feststellung des Erwerbstags außer Betracht bleibt[2].

1. Zum Zwecke der Durchführung der Aufwertung der Sparguthaben, für die das Gesetz selbst nur die grundlegenden Vorschriften gegeben hat, erteilt es für eine große Anzahl von Punkten spezielle Ermächtigungen zum Erlasse von Vorschriften den obersten Landesbehörden oder den von ihnen bestimmten

Stellen. Welche Behörden „oberste Landesbehörden" sind, richtet sich nach dem Staatsrecht der einzelnen Länder. Zuständig sind die obersten Landesbehörden desjenigen Landes, in dessen öffentlichem Rechte die Eigenschaft der Sparkasse als einer öffentlich-rechtlichen Körperschaft begründet ist (vgl. Anm. 6 zu § 33) oder dessen Aufsicht sie untersteht. Diese Behörden können ihre Zuständigkeit auf andere — behördliche oder nicht behördliche — „Stellen" übertragen.

2. Zu den einzelnen Ermächtigungen, die in den Ziffern 1—12 aufgezählt sind, ist folgendes zu bemerken:

Zu Ziff. 1: Vgl. Anm. 5 zu § 55.

Zu Ziff. 2: Im Interesse der Vereinfachung des Teilungsplanes können ganz kleine Guthaben von der Berücksichtigung bei der Verteilung ausgeschlossen und zum Ersatze eine „Ablösung" solcher Guthaben angeordnet werden.

Zu Ziff. 3: Die nach dem zu bestimmenden Stichtage in der Inflationszeit erfolgten Einzahlungen, die einen sehr geringfügigen Goldmarkwert darstellen, können von der Berücksichtigung bei der Verteilung ausgeschlossen und damit die aus ihnen entstandenen Ansprüche annulliert werden. Anderseits können Auszahlungen, die in dieser Zeit erfolgt sind, bei der nach § 57 Abs. 2 (vgl. Anmerkung zu § 57) erfolgenden Anrechnung von Zahlungen unberücksichtigt bleiben.

Zu Ziff. 4 und 5: Vgl. § 56 und Anm. 1 dazu. Über den Kreis der „Garanten" hinaus kann eine Beitragsleistung durch solche öffentlich-rechtliche Körperschaften vorgeschrieben werden, die an den Überschüssen der Sparkasse teigenommen haben.

Zu Ziff. 6: Vgl. zu § 55 Anm. 4. Im Reichstagsausschusse vertraten die Regierungsvertreter den Standpunkt, daß die Landesbehörden auf Grund der ihnen hier erteilten Ermächtigung als „sonstige Bestimmungen" über die Bildung und Liquidierung der Teilungsmasse auch Anordnungen treffen könnten, wonach die Hypothekenschuldner der Sparkassen den Aufwertungsbetrag bereits vor 1932 zu zahlen hätten. Vgl. die ähnliche Rechtsfrage hinsichtlich der Pfandbriefe in Anm. 2 zu § 50. Aus der Mitte des Ausschusses wurde dieser Standpunkt wohl mit Recht als bedenklich bezeichnet (Bericht S. 15). Durch die dann bei der Umarbeitung der Vorlage hinzugefügte Spezialisierung („insbesondere" usw.), die im Interesse der Beschleunigung der Liquidation gestattet, den Schuldnern, um sie zu freiwilliger früherer Zahlung zu veranlassen, gewisse Vorteile zu gewähren, ist wohl hinreichend klargestellt, daß ein zwangsweises Anhalten der Schuldner zu früheren Zahlungen über den Rahmen der Ermächtigung hinausgehen würde.

Zu Ziff. 7, 8: Hierdurch sind die Landesbehörden ermächtigt, von der Aufwertung im Wege der Verteilung einer zu bildenden Teilungsmasse ganz abzusehen und statt dessen für die Sparkassen bestimmter örtlicher Bezirke oder auch für bestimmte Arten von Sparkassen einen einheitlichen Aufwertungssatz zu bestimmen, auf Grund dessen die Einzelaufwertung der Ansprüche erfolgt. Statt der Berechnung des sich ergebenden Verteilungssatzes für jede einzelne Sparkasse durch Vergleichung der Guthaben und der Teilungsmasse hat in diesem Falle eine Vergleichung der aufgewerteten Vermögen der sämtlichen in Betracht kommenden Sparkassen, deren Gesamtbetrag schätzungsweise zu ermitteln ist, mit dem Gesamtbetrage der „aufgewerteten Sparguthaben" zu erfolgen, behufs Festsetzung des Einheitssatzes, der nicht unterhalb dieses Verhältnisses liegen darf. In welcher Weise dabei die Höhe des Aufwertungsbetrages der Guthaben festzustellen sei, ist nicht gesagt und auch nicht ohne weiteres ersichtlich. Es scheint hier eine Lücke des Gesetzes vorzuliegen. Die Guthaben würden als „Vermögensanlagen anderer Art" gemäß §§ 62, 63 „nach allgemeinen Vorschriften", also nach Lage des Einzelfalles bis zum Höchstsatze von

25 v. H. des Goldmarkbetrags aufzuwerten sein. Da bei der hier in Frage kommenden Gesamtschätzung eine Ermittelung des Einzelfalles ausgeschlossen ist, wird zur Ergänzung der bestehenden Lücke ein Durchschnittssatz nach dem Ermessen der Landesbehörden zu bestimmen sein. Zur Aufbringung der für die Aufwertung zum Einheitssatze erforderlichen Beträge kann eine Beitragsleistung in der gleichen Weise wie nach Ziff. 4 angeordnet werden (Ziff. 8).*)

---

*) Auf Grund des § 58 ist für Preußen eine Erste Verordnung zur Durchführung der Aufwertung der Sparguthaben vom 24. Oktober 1925 erlassen, die als Anhang XXIV unten abgedruckt ist. Durch diese VO. ist von der in Ziff. 7 des § 58 enthaltenen Ermächtigung in der Weise Gebrauch gemacht, daß bei allen unter das Aufwertungsgesetz fallenden Sparkassen Preußens die Aufwertung ohne Bildung einer Teilungsmasse und ohne Bestellung eines Treuhänders zu einem Aufwertungssatze von 12½ vom Hundert des Goldmarkbetrags der Sparguthaben zu erfolgen hat (§ 1). Daß dieser Aufwertungssatz (Einheitssatz) nach Maßgabe des Satzes 2 der Ziffer 7 schätzungsweise festgesetzt worden, ist nicht dargelegt, aber anzunehmen. Sodann aber ist in § 2 ein von diesem Einheitssatze abweichender höherer Satz für die Aufwertung der Sparguthaben bei solchen Sparkassen bestimmt, deren Gewährleistungsverband (Garant; als solcher werden namentlich die Gemeinden oder Gemeindeverbände in Betracht kommen, vgl. Anm. 1 zu § 56) eine seiner der Ablösung nach Maßgabe des Ablösungsgesetzes unterliegenden Markanleihen oder der Ablösungsanleihen, in welche jene umgetauscht sind, zu einem höheren Satze als 12½ vom Hundert ablöst oder tilgt; vgl. darüber Anm. 6 zu § 30 AblGes. Durch diese Vorschrift soll, wie in der von dem amtlichen Pressedienst veröffentlichten Begründung hervorgehoben ist, der Sollvorschrift des Aufwertungsgesetzes (§ 55 Abs. 2, vgl. Anm. 7 zu § 55) praktische Wirksamkeit verliehen werden und die Spargläubiger vor einer Benachteiligung gegenüber den Kommunalanleihegläubigern bewahrt bleiben. Zweifelhaft ist jedoch, ob diese Regelung mit der Vorschrift der Ziff. 7 vereinbar ist, welche für das Unterbleiben der Bildung einer Teilungsmasse und der Bestellung eines Treuhänders als Voraussetzung aufstellt, daß der einheitliche Aufwertungssatz für sämtliche Sparkassen eines Landes oder einzelner Landesteile oder für bestimmte Arten von Sparkassen eingeführt wird, und dadurch die Bestimmung eines höheren Aufwertungssatzes für einzelne individuelle Sparkassen auszuschließen scheint. — § 3 der VO. sieht auf Grund der Ermächtigung in Ziff. 8 des § 58 die Schaffung eines Sparkassenausgleichsstocks vor, durch welchen leistungsschwachen Sparkassen die Aufbringung des in § 1 vorgeschriebenen Aufwertungssatzes erleichtert werden soll. Zu diesem Ausgleichsstock haben diejenigen Sparkassen, bei denen Sparguthaben zu einem höheren Aufwertungssatze aufgewertet werden, einen Beitrag zu leisten in Höhe der Hälfte des Betrags, der für die über 12½ vom Hundert hinausgehende Aufwertung erforderlich ist. In einer Zuschrift an die Frankfurter Zeitung vom 30. Oktober 1925 wird diese Vorschrift dahin verstanden, daß „die Hälfte des über 12½ vom Hundert hinausgehenden Aufwertungsbetrags“ an den Ausgleichsstock abzuführen sei, und hierin ein Widerspruch zu § 2 gefunden, nach welchem die Aufwertung für Sparguthaben und Stadtanleihen in gleicher Höhe erfolgen soll. Der Wortlaut ergibt indessen klar, daß nicht die Hälfte des über 12½ vom Hundert hinausgehenden Aufwertungsbetrags selbst an den Ausgleichsstock abzuführen ist, so daß sich die Aufwertung um so viel vermindern würde, sondern daß die Aufwertung gemäß § 2 in voller Höhe zu dem Tilgungssatz der Anleihen des Gewährleistungsverbandes zu erfolgen hat und außerdem noch ein besonderer Beitrag in Höhe der Hälfte dieses Aufwertungssatzes an den Ausgleichsstock abzuführen ist. In diesem

Zu Ziff. 9: Der zu bestimmende Mindestsatz wird nicht unter dem in § 55 Abs. 2 (vgl. Anm. 7 dazu) vom Gesetze bestimmten Mindestsatze von $12^1/_2$ v. H. bleiben dürfen. Daß das hier nicht ausdrücklich gesagt ist, erklärt sich wohl daraus, daß der Mindestsatz des § 55 Abs. 2 erst nachträglich durch den Reichstagsausschuß in die Regierungsvorlage eingeschaltet worden ist.

Zu Ziff. 10: Danach kann eine Zusammenlegung und einheitliche Verteilung der Teilungsmassen mehrerer Sparkassen angeordnet werden.

Zu Ziff. 11: Vgl. § 56 und Anm. 2 dazu. Die Landesbehörden können die Gewährung eines Beitrags aus der Teilungsmasse zu den Verwaltungskosten generell vorschreiben, für dessen Bemessung aber nur Grundsätze aufstellen, nach welchen er im Einzelfalle durch den Treuhänder bei Aufstellung des Teilungsplanes zu bemessen ist.

Zu Ziff. 12: Die im Reichstagsausschusse bei der ersten Lesung hinzugefügte Vorschrift (Bericht S. 15, 60) betrifft den aus Anlaß der Abtretung deutschen Gebietes wohl in den Grenzbezirken vorgekommenen Sonderfall der Auswechslung von zum Sparkassenvermögen gehörigen Hypotheken zwischen zwei Sparkassen. Es kann bestimmt werden, daß eine solche Auswechslung für die Feststellung des Erwerbstages der Hypothek, der nach § 2 Abs. 1, § 3 für die Berechnung ihres Goldmarkbetrags maßgebend ist, außer Betracht bleibt. Die Hypothek gilt danach als erworben an dem Tage, an welchem sie die Sparkasse erworben hat, von der sie gegen eine andere später ausgewechselt worden ist.

Achter Abschnitt

Aufwertung von Versicherungsansprüchen [1]

I. Geltungsgebiet

§ 59.

(1) Versicherungsansprüche im Sinne der §§ 60, 61[1] sind die Ansprüche der Versicherten aus Lebensversicherungsverträgen[2], ferner die Ansprüche der Versicherten aus solchen Kranken-, Unfall- und Haftpflichtversicherungsverträgen, für die nach gesetzlichen Bestimmungen oder nach Vorschrift der Aufsichtsbehörde vor dem

---

Sinne ist die Vorschrift auch in der bereits erwähnten „Begründung" ausgelegt worden. Freilich ist die Besorgnis nicht ganz unbegründet, daß Gemeinden behufs Vermeidung dieser besonderen Beitragspflicht zu dem Ausgleichsstock sich davon abhalten lassen könnten, für ihre Anleihen eine höhere Aufwertung zu gewähren. — Die „Tilgung" der Markanleihen der Gemeinden erfolgt durch ihren Umtausch in Ablösungsanleihen regelmäßig zum Satze von 2½ vom Hundert (§§ 31, 41 AblGes.); die Tilgung der Ablösungsanleihen bei Altbesitz regelmäßig zum Fünffachen ihres Nennbetrags, also zu 12½ vom Hundert (§§ 34, 41 AblGes.). Wird dieser Aufwertungssatz überschritten, sei es dadurch, daß der Umtausch in Ablösungsanleihen zu einem höheren Satze als 2½ v. H. oder daß die Tilgung der Ablösungsanleihe bei Alt- oder auch bei Neubesitz (vgl. § 44 AblGes.) zu einem höheren Satze als 12½ v. H. erfolgt, so ist die Voraussetzung des § 2 VO. an sich gegeben. Beruht jedoch die Überschreitung auf der Vorschrift des § 11 AblGes., d. h. darauf, daß Markanleihen, die auf Grund eines Zwanges zu mündelsicherer Anleihe vor dem 1. Juli 1923 erworben sind, in Höhe des doppelten Goldmarkbetrags ihres Erwerbspreises als Altbesitzanleihen gelten (vgl. Anm. 2 zu § 11 AblGes.), so kommt diese Überschreitung für die Aufwertung der Sparguthaben nicht in Betrag (§ 2 Abs. 2 VO.).

14. Februar 1924 ein Prämienreservefonds im Sinne der §§ 56 ff. des Versicherungsaufsichtsgesetzes zu bilden war, mit Ausnahme von Ansprüchen aus Haftpflichtversicherungsverträgen mit unbegrenzter Deckung[2]. Als Lebensversicherung gilt die Versicherung auf den Lebensfall, auf den Todesfall, Kapitalversicherung, Rentenversicherung usw., ferner die Invaliditäts-, Alters-, Witwen-, Waisen-, Aussteuer- und Militärdienstversicherung, gleichviel ob auf Kapital oder Rente[3].

(2) Die Reichsregierung oder die von ihr bestimmte Stelle wird ermächtigt, Bestimmungen über die Voraussetzungen, die Art und die Höhe der Aufwertung von Ansprüchen der Versicherten aus Versicherungsverträgen anderer Art zu erlassen[4].

1. Die 3. StNVO. hatte in § 1 Abs. 2 Ziff. 10 als Vermögensanlagen im Sinne der VO. Ansprüche der Versicherten aus Lebensversicherungsverträgen bezeichnet, aber in § 8 bereits bestimmt, daß auch Versicherungen gegen gewisse ähnliche Gefahren als Lebensversicherungen gelten sollen. Das Aufwertungsgesetz hat den Kreis der von ihm geregelten Versicherungsarten noch erweitert und bezeichnet die Ansprüche aus solchen Versicherungsarten als Versicherungsansprüche im Sinne der (die Regelung enthaltenden) §§ 60, 61. Wie die Ansprüche aus Pfandbriefen (5. Abschnitt) und aus Sparguthaben (7. Abschnitt), so unterwirft es, wie schon die 3. StNVO. (in § 8) getan hatte, auch diese Ansprüche einer konkursmäßigen Aufwertung durch Verteilung einer Teilungsmasse und entzieht dadurch den Versicherten die Ausübung der ihnen aus den abgeschlossenen Verträgen zustehenden wohlerworbenen Privatrechte.

2. Der Lebensversicherungsvertrag ist eine Unterart der durch das Reichsgesetz über den Versicherungsvertrag vom 30. Mai 1908 (RGBl. 305) geregelten Versicherungsverträge, und zwar beschäftigen sich mit ihm die §§ 159 bis 178 des Gesetzes. Sein Wesen besteht darin, daß eine von dem Versicherer gegen Entgelt übernommene Leistung abhängig gemacht ist von dem Leben einer Person, des Vertragsgegners oder auch eines Dritten. Die Abhängigkeit kann in verschiedener Weise bestehen. Einmal in der Weise, daß die Leistung zu machen ist, sobald die Person gestorben ist, oder auch nur wenn sie vor einem bestimmten Zeitpunkte oder Ereignisse gestorben ist (Versicherung auf den Todesfall). Die Leistung erfolgt hier, wenn die Versicherung auf den Tod des Vertragsgegners gestellt ist, an dessen Erben (vgl. § 167 VVG.) oder an den im Vertrage bezeichneten Dritten. Die Leistung kann aber auch zu machen sein, falls die Person einen bestimmten Zeitpunkt oder ein bestimmtes Ereignis erlebt (Versicherung auf den Lebensfall). Endlich kann aber auch bestimmt sein, daß die Leistung in jedem Falle zu erfolgen hat, und zwar, wenn die Person einen gewissen Zeitpunkt oder ein gewisses Ereignis erlebt, nach Eintritt des Zeitpunktes oder Ereignisses; wenn sie aber vorher verstirbt, nach Eintritt ihres Todes (Versicherung mit unbedingter Leistungspflicht). Die Leistung kann in einer einmaligen Zahlung bestehen (Kapitalsversicherung) oder in fortlaufenden, periodisch wiederkehrenden Zahlungen (Rentenversicherung). Das Entgelt kann entweder in der Weise gewährt werden, daß der Versicherungsnehmer an den Versicherer einmalige oder periodisch wiederkehrende Beträge in bestimmter Höhe zu leisten hat (Prämienversicherung) oder in der Weise, daß jeder Versicherungsnehmer an dem Versicherungsunternehmen beteiligt ist und zu dessen Kosten beizutragen hat, dafür aber auch an den Überschüssen teilnimmt (Versicherung auf Gegenseitigkeit). Auch die Witwen- und Waisenversicherung fällt unter

den Begriff der Lebensversicherung, insofern die Leistung des Versicherers im Falle des Todes des Ehegatten oder Elternteiles zu erfolgen hat. Das Gesetz hat in Satz 3 noch ausdrücklich ausgesprochen, daß diese Versicherungsarten als Lebensversicherungen zu gelten haben; außerdem aber bestimmt, daß auch Versicherungen gegen gewisse dort aufgezählte ähnliche Gefahren als Lebensversicherungen gelten, obwohl sie nicht unter den Begriff der Lebensversicherung im Sinne des VVG. vom 30. Mai 1908 fallen (anders nach dem Ges. über die privaten Versicherungsunternehmungen vom 12. Mai 1901 (VAG.) § 6 Abs. 3). Es sind dies die Invaliditäts-, Alters-, Aussteuer- und Militärdienstversicherung. — Unter Ziff. 10 fallen auch Lebensversicherungsverträge, die mit Korporationen oder Anstalten des öffentlichen Rechts (vgl. über diesen Begriff Anm. 6 zu § 33) abgeschlossen sind; jedoch nicht Versicherungen, die kraft Gesetzes eintreten.

3. Das Aufwertungsgesetz erstreckt seine Regelung über die Versicherungen, die als Lebensversicherungen zu gelten haben, hinaus auf solche Kranken-, Unfall- und Haftpflichtversicherungen, die von den Versicherern unter Zugrundelegung gewisser Wahrscheinlichkeitsrechnungen, also nach Art der Lebensversicherungen, betrieben werden und deshalb durch das Gesetz vom 12. Mai 1901 hinsichtlich der Berechnung der Prämienreserve und der Vorschriften über den Prämienreservefonds den Lebensversicherungen gleichgestellt sind (§§ 11, 56ff., 12, 63 VAG.). Die Ausdehnung auf diese Arten der Personenversicherung war bereits von der Regierung durch die 4. DurchfVO. zur 3. StNVO. (Art. I § 1) versucht worden; das RG. hatte aber durch Urteil vom 21. November 1924 (RGZ. 109 216) diese Bestimmung für rechtsunwirksam erklärt, weil sie als Erweiterung der Vorschriften der 3. StNVO. anzusehen und durch das Ermächtigungsgesetz nicht mehr gedeckt gewesen sei, worauf die Regierung den gleichen Erfolg durch eine auf Grund des Art. 48 RV. ergangene Verordnung des Reichspräsidenten zu erreichen suchte, jedoch wiederum mit zweifelhaftem Gelingen, da der Reichsfinanzhof die VO. des Reichspräsidenten für unwirksam erklärte. Vgl. auch zu § 9 Anm. 1. Dieser unerquickliche Kampf zwischen der Rechtsprechung und der Verwaltung ist nun durch die in ihrer formalen Gültigkeit nicht zu beanstandende und sachlich durchaus angemessene Vorschrift des Aufwertungsgesetzes beendet worden. Kranken-, Unfall- und Haftpflichtversicherungen werden jedoch von der Regelung nur betroffen, wenn für sie vor dem Inkrafttreten der 3. StNVO. ein Prämienreservefonds zu bilden war, und Ansprüche aus Haftpflichtverträgen mit unbegrenzter Deckung überhaupt nicht. Vgl. jedoch Abs. 2 und Anm. 4.

4. Durch Abs. 2 hat sich die Reichsregierung, wohl um nicht wieder in die Gefahr zu kommen, in ihrer Rechtsgültigkeit zweifelhafte Anordnungen zu treffen, eine Blankovollmacht für alle nicht in Abs. 1 genannten Versicherungsarten geben lassen, derart daß sie ermächtigt ist, über die Voraussetzungen, die Art und Höhe der Aufwertung von Ansprüchen aus solchen Versicherungsverträgen Bestimmungen zu treffen. Damit ist die Regelung der Aufwertungsfragen für das ganze Gebiet des vertraglichen Versicherungsrechts, einschließlich aller Arten der Sachversicherung (Feuer-, Einbruchs-, Wasserschädenversicherung) dem normalen Gesetzgeber entzogen und der delegierten Gesetzgebung im Verordnungswege überwiesen worden, ein recht ungewöhnlicher Vorgang. Die Aufwertung nach allgemeinen Vorschriften, die für dieses Gebiet bisher unangetastet galt, da es sich um gegenseitige Verträge handelt (§ 63 Abs. 3), kann auf diese Weise beseitigt und ein weiterer tiefreichender Eingriff in wohlerworbene Vermögensrechte gemacht werden. Von dieser Möglichkeit hat aber die Reichsregierung in Abschnitt V der DurchfVO. vom 29. November 1925 (Anhang XXVI) keinen Gebrauch gemacht, vielmehr die dort getroffene Regelung auf die in § 59 Abs. 1 aufgezählten Arten von Versicherungsverträgen beschränkt (Art. 95 DurchfVO.).

II. Gegenstand und Art der Aufwertung[1]

§ 60.

(1) Versicherungsansprüche werden in der Weise aufgewertet[2], daß das aufgewertete Vermögen der Versicherungsunternehmung[2] nebst einem etwa aus dem sonstigen Vermögen des Schuldners zu leistenden Beitrag[2] einem Treuhänder überwiesen wird[3].

(2) Der Treuhänder hat den ihm überwiesenen Betrag (Aufwertungsstock) nach Abzug der Verwaltungskosten zugunsten der Versicherten nach einem von der Aufsichtsbehörde genehmigten Teilungsplane zu verwenden. Mit der Genehmigung durch die Aufsichtsbehörde wird der Teilungsplan verbindlich[3].

(3) Trotz der Bewirkung der Leistung nimmt der Gläubiger an der Verteilung des Aufwertungsstocks teil, wenn er sich bei der Annahme der Leistung seine Rechte vorbehalten hat[4]. Hat der Gläubiger die Leistung in der Zeit vom 15. Juni 1922 bis zum 14. Februar 1924 angenommen, so wird er an dem Aufwertungsstock auch dann beteiligt, wenn er sich bei der Annahme der Leistung seine Rechte nicht vorbehalten hat (Rückwirkung)[4]. Die Zahlungen sind unbeschadet der Vorschrift im § 61 in Höhe des Goldmarkbetrags (§§ 2, 3) anzurechnen[4]. Liegen diese Voraussetzungen nicht vor, so kann im Falle der Bewirkung der Leistung die Aufwertung auch wegen ungerechtfertigter Bereicherung oder auf Grund einer Anfechtung wegen Irrtums oder aus einem andern Rechtsgrund nicht verlangt werden. Ansprüche wegen arglistiger Täuschung bleiben unberührt[4].

1. In § 60 gibt das Gesetz die grundlegenden Bestimmungen für die Art und Weise der Aufwertung der Versicherungsansprüche, während die Regelung der Durchführung im einzelnen durch § 61 der Reichsregierung übertragen ist.

2. Versicherungsansprüche vgl. Anmerkung zu § 59. Wie für Pfandbriefe (5. Abschnitt) und für Sparguthaben (8. Abschnitt) hatte auch für Versicherungsansprüche — soweit sie sich mit ihnen befaßte — die 3. StNVO. (§ 8) bereits an die Stelle der Aufwertung der einzelnen Ansprüche die konkursmäßige Aufwertung durch Verteilung einer Teilungsmasse gesetzt und das Aufwertungsgesetz hat es bei dieser Regelung belassen. Auch hier wird unterschieden zwischen dem „aufgewerteten Vermögen" und dem „sonstigen Vermögen" des Schuldners, der Versicherungsanstalt oder Gesellschaft. Das erstere bildet den „Aufwertungsstock" und wird einem „Treuhänder" zur „Verwendung" zugunsten der Versicherten nach einem von der Aufsichtsbehörde genehmigten Teilungsplan überwiesen, während das letztere nur mit einem etwaigen „Beitrag" zur Befriedigung der Versicherten herangezogen werden soll. Den Versicherten wird also nicht nur die selbständige Durchführung ihrer vertragsmäßigen Rechte gegenüber der Versicherungsgesellschaft genommen, sondern es wird auch die Möglichkeit ihrer Befriedigung auf die durch den Währungsverfall entwerteten und durch die „Aufwertung" nur zu einem geringen Bruchteile wiederhergestellten Bestandteile des Vermögens ihrer Schuldnerin eingeschränkt, während die durch die Inflation nicht berührten Vermögensbestandteile — Grundstücke usw. —, die gerade bei den Versicherungsgesellschaften große Teile ihres Vermögens ausmachen und mit

den Überschüssen der von den Versicherten gezahlten Prämien und Beiträge angeschafft sind und die bisher ihnen gleichfalls hafteten, dieser Haftung entzogen werden und, abgesehen von dem etwaigen Beitrag, lediglich den sonstigen Gläubigern und den Teilhabern der Gesellschaft (Aktionären usw.) verbleiben.

3. Abweichend von der Regelung bei den Pfandbriefen, wo die Verwaltung und Verteilung des aufgewerteten Vermögens durch den Schuldner erfolgt (Anm. 4 zu § 47), wird hier (ähnlich wie bei den Sparguthaben, Anm. 4 zu § 55) ein Treuhänder zur Verwaltung und Verteilung berufen. Über die Persönlichkeit des Treuhänders und die Art seiner Ernennung, sowie seine Rechte und Pflichten im einzelnen bestimmt das Gesetz nichts; das ist den Durchführungsbestimmungen der Reichsregierung (§ 61) überlassen. Das aufgewertete Vermögen wird ihm „überwiesen"; er wird sonach berechtigt sein, sich in dessen Besitz zu setzen und die Auslieferung von der Versicherungsanstalt, nötigenfalls im Rechtswege, zu verlangen. Nicht klargestellt ist auch jetzt die schon für die 3. StNVO. bestehende Unklarheit (vgl. Anm. 2 zu § 8 in der ersten Auflage), daß von einem dem Treuhänder zu überweisenden „Betrage" die Rede ist, der „Aufwertungsstock" genannt wird, während doch angenommen werden muß, daß das aufgewertete Vermögen — die dazu gehörigen Hypotheken und sonstigen Geldansprüche — in Natur dem Treuhänder überwiesen werden und von ihm flüssig zu machen sind. Das ergibt sich auch daraus, daß hier nicht, wie bei den Pfandbriefen und Sparguthaben, ein Verwaltungskostenbeitrag zugunsten des Schuldners von der Teilungsmasse abgezogen wird, sondern daß der Treuhänder seinerseits „die entstehenden Verwaltungskosten" von dem Aufwertungsstocke abzuziehen (d. h. ihm zu entnehmen) und das übrige zugunsten der Versicherten zu verwenden hat. Darüber, in welchem Verhältnisse diese Verwendung zu erfolgen hat, insbesondere ob die Ansprüche aller Versicherten gleichmäßig nach dem Verhältnisse ihres Goldmarkbetrages zu berücksichtigen sind (wie in § 47 für die Pfandbriefe und in § 57 für die Sparguthaben) ist hier nichts gesagt; das bleibt also den Durchführungsbestimmungen der Reichsregierung überlassen. Daß überhaupt eine Verteilung stattzufinden hat, ist nur daraus zu entnehmen, daß der Treuhänder einen Teilungsplan aufzustellen hat. Über die Art und Weise, in welcher dieser den Beteiligten mitzuteilen ist und wie diese etwaige Einwendungen zu erheben haben, wird gleichfalls in den Durchführungsvorschriften zu bestimmen sein. Mit der vom Gesetz erforderten Genehmigung durch die Aufsichtsbehörde (d. i. diejenige Behörde, die nach dem VAG. die Aufsicht über die Versicherungsanstalt zu führen hat) wird der Teilungsplan verbindlich, und zwar, wie wohl anzunehmen ist, für alle Beteiligten, also nicht nur für die Versicherten untereinander, sondern auch für die Versicherungsanstalt hinsichtlich der Frage, welche Werte zu dem Aufwertungsstock gehören. — Über die Aufwertung in besonderen Fällen vgl. Anm. 1 zu § 61.

4. Abs. 3 des § 60 regelt für Versicherungsansprüche die Beteiligung der Versicherten an der Verteilung des Aufwertungsstocks trotz der Bewirkung der Leistung — d. h. nach erfolgter Annahme einer nicht oder nicht entsprechend aufgewerteten Leistung als Erfüllung (vgl. Anm. 2 zu § 14). War die Annahme der Leistung unter Vorbehalt erfolgt, so steht sie, wie bei allen anderen durch das Gesetz geregelten Ansprüchen, der Aufwertung durch Beteiligung des Versicherten an dem Aufwertungsstock nicht entgegen. Aber auch nach Annahme der Leistung ohne Vorbehalt ist hier (anders wie bei Industrieobligationen, Pfandbriefen und Sparguthaben, aber entsprechend wie bei Hypotheken) die Aufwertung noch zugelassen, wenn die Zahlungsannahme in der Zeit vom 15. Juni 1922 bis zum 14. Februar 1924 erfolgt ist (Rückwirkung). Vgl. Näheres in Anm. 1, 2 zu § 15. Die Anrechnung von Zahlungen erfolgt in Höhe des nach den Vorschriften der §§ 2 Abs. 1, 3, also nach dem Erwerbstage des Anspruchs gegen die Versicherungsgesellschaft, zu berechnenden Goldmarkbetrags. Vgl. § 18 und die Anmerkung dazu. Jedoch „unbeschadet

der Vorschrift in § 61", d. h. die Reichsregierung kann in Ausübung der ihr in § 61 erteilten Ermächtigung, nähere Bestimmungen über die Berechnung der Versicherungsansprüche erlassen, auch eine andere Anrechnung geleisteter Zahlungen anordnen. Für etwa vor dem 15. Juni 1922 geleistete Abschlagszahlungen (vgl. Anm. 2 zu § 18) ist hier keine dem § 18 Abs. 1 Satz 2 entsprechende Ausnahmebestimmung (Anrechnung zum Nennbetrage auf den Nennbetrag) getroffen; auch solche Zahlungen werden daher zum Goldmarkbetrage auf die Beteiligung an dem Aufwertungsstocke anzurechnen sein. — Die Ausschließung auch der besonderen Rechtsbehelfe in Fällen, in denen eine Aufwertung nach Annahme der Leistung nicht stattfindet (Satz 4), entspricht dem, was für die gleichen Fälle bei Hypotheken und anderen Ansprüchen angeordnet ist. Vgl. § 19 und Anmerkung dazu.

III. Durchführung der Aufwertung[1]

§ 61.

Die Reichsregierung oder die von ihr bestimmte Stelle trifft[1] die näheren Bestimmungen über die Berechnung der Versicherungsansprüche[1], über die Bildung, Erhaltung, Liquidierung und Verteilung des Aufwertungsstocks[1] sowie über den von dem Schuldner zum Aufwertungsstocke zu leistenden Beitrag[1]; sie kann einen Goldmarkbetrag bestimmen, den die Versicherungsansprüche erreichen müssen, um bei der Verteilung berücksichtigt zu werden[1]. Sie kann zulassen, daß in besonderen Fällen die Durchführung des Aufwertungsverfahrens in anderer Weise als durch Überweisung des Aufwertungsstocks an einen Treuhänder erfolgt und besondere Vorschriften für Ansprüche aus Versicherungsverträgen mit ausländischen, nicht unter Reichsaufsicht stehenden Unternehmungen erlassen[1]. Darüber hinaus kann sie zur Ergänzung der Vorschriften dieses Gesetzes die Anordnungen treffen, die sie zur Durchführung der Aufwertung für notwendig erachtet[1].

1. Auch für die Aufwertung der Versicherungsansprüche, wie für die der übrigen konkursmäßig aufzuwertenden Ansprüche (Pfandbriefe, Sparguthaben), gibt das Gesetz selbst nur grundlegende Vorschriften (§ 60) und überläßt die näheren Bestimmungen zur Durchführung der Aufwertung der Reichsregierung oder einer von ihr zu bestimmenden Stelle. Diesen Stellen wird dadurch eine delegierte Gesetzgebungsbefugnis verliehen, die sie zum Erlasse nicht nur von Ausführungsverordnungen, sondern auch von Verordnungen, die neues Recht schaffen, ermächtigt. Doch muß dabei der Rahmen der Ermächtigung innegehalten werden. Die in § 61 enthaltenen Ermächtigungen sind zunächst (Satz 1, 2) spezialisierte, nach bestimmten Richtungen gehende; ihnen schließt sich in Satz 3 eine generelle Ermächtigung an. Der Erlaß gewisser Bestimmungen wird der Reichsregierung zur Pflicht gemacht (die ... trifft ...). Das sind nähere Bestimmungen (also solche, die die Vorschriften des Gesetzes ergänzen) über die Berechnung der Versicherungsansprüche, die nicht durch die bloße Umrechnung des Nennbetrags in den Goldmarkbetrag nach Maßgabe der §§ 2, 3 erfolgen kann, sondern, da es sich teilweise um Ansprüche handelt, die durch zukünftige Ereignisse bedingt oder betagt sind, eine Feststellung ihres Zeitwerts erfordern wird, über die Bestimmungen zu treffen sein werden; ferner über die Bildung, Erhaltung, Liquidierung und Verteilung des Aufwertungsstocks; hier wird es sich um Instruktionen für die Gebarung des Treuhänders bei der

Verwaltung und Verteilung handeln, die sich innerhalb der in § 60 Abs. 2 gegebenen Grundlagen (vgl. Anm. 3 zu § 60) zu halten haben werden. Weitere Bestimmungen sind in das Ermessen der Reichsregierung gestellt (sie „kann" bestimmen). Dazu gehört der Ausschluß kleinster Ansprüche von der Berücksichtigung bei der Verteilung durch Bestimmung eines Mindestbetrags, den sie erreichen müssen, um dabei berücksichtigt zu werden (Satz 1, Halbsatz 2); entsprechend wie für Sparguthaben in § 58 Ziff. 2. Ferner aber die sehr weitgehende Ermächtigung, zuzulassen, daß in besonderen Fällen die in § 60 Abs. 2 bestimmte Art der Aufwertung überhaupt unterbleibt und die Aufwertung in anderer Weise erfolgt, z. B. durch Aufwertung der einzelnen Ansprüche zu einem bestimmten Hundertsatze des Goldmarkbetrags (Satz 2). Voraussetzung für eine solche Zulassung ist das Vorliegen besonderer, sie rechtfertigender Umstände; im übrigen wird sie sowohl generell wie für Einzelfälle erfolgen können. Solche besonderen Umstände werden namentlich vorliegen, wenn es sich um Versicherungsverträge mit ausländischen, einer inländischen Aufsicht nicht unterstehenden Versicherungsanstalten handelt; für solche Fälle kann daher die Reichsregierung, wie in Satz 3 besonders hervorgehoben wird, besondere Vorschriften erlassen. — Schließlich folgt die generelle Ermächtigung: darüber (d. h. über den Rahmen der Einzelermächtigungen) hinaus zur Ergänzung des Gesetzes die Anordnungen zu treffen, die sie zur Durchführung der Aufwertung für notwendig erachtet. Die Fassung der Regierungsvorlage, nach der solche Anordnungen „in Abweichung von den Vorschriften dieser Verordnung oder zu ihrer Ergänzung" sollten erfolgen können, ist im Reichstagsausschusse in die jetzige Fassung abgeändert (Bericht S. 61) und dadurch zum Ausdruck gebracht worden, daß eine Abweichung von den Vorschriften des Gesetzes auf Grund dieser generellen Ermächtigungsklausel nicht gestattet ist. Nur die Ausfüllung gewollter oder ungewollter Lücken darf erfolgen; was ausdrücklich angeordnet oder sich durch Auslegung als stillschweigend zum Ausdruck gekommener Gesetzesinhalt ergibt, darf nicht geändert werden. Vgl. die entsprechende Vorschrift in § 50 Satz 3 und dazu Anm. 2*).

Neunter Abschnitt

Aufwertung anderer Ansprüche[1]

I. Allgemeine Bestimmung

§ 62.

Die Aufwertung anderer als der in den §§ 4 bis 61 bezeichneten Ansprüche[1] richtet sich nach den allgemeinen Vorschriften, soweit sich nicht aus den Vorschriften der §§ 63 bis 66 ein anderes ergibt[2].

1. Vgl. Anm. 3 zu § 1. Das Aufwertungsgesetz regelt selbständig erschöpfend nur die Aufwertung der in den §§ 2—61 (Abschnitte 2—8) einzeln aufgeführten Geldansprüche. Für alle anderen Ansprüche verweist es grundsätzlich im Unterabschnitt I des Abschnitts 9 (§ 62), auf die Anwendung der „allgemeinen Vorschriften", die jedoch nur mit den sehr erheblichen Einschränkungen zur Anwendung kommen sollen, die für die Aufwertung von Vermögensanlagen im Unterabschnitt II (§ 63) gegeben sind,

———

*) Die Reichsregierung hat die in § 61 vorgesehenen Bestimmungen getroffen in Abschnitt V der DurchfVO. vom 29. November 1925 (Anhang XXVI). Wegen der näheren Erläuterung dieser Bestimmungen wird Bezug genommen auf den im gleichen Verlage wie dieses Buch erscheinenden Kommentar: Berliner und Pfaffenburg, Aufwertung von Versicherungsansprüchen.

der zugleich bestimmt, welche Ansprüche nicht als Vermögensanlagen in seinem Sinne zu gelten haben. Eine positive Feststellung des Begriffs der Vermögensanlagen enthält das Aufwertungsgesetz nicht. Vgl. über diesen Begriff zu § 63 Anm. 1. — Die 3. StNVO. hatte in etwas anderer, noch verwickelterer Systematik zunächst (in § 1 Abs. 2 Ziff. 1—10) bestimmt, daß gewisse Ansprüche ohne weiteres als Vermögensanlagen im Sinne der VO. zu gelten haben, und die Aufwertung der als solche bezeichneten Ansprüche, die im wesentlichen die gleichen waren, wie die jetzt in den Abschnitten 2—8 des Gesetzes geregelten, in den §§ 2—11 geregelt; alsdann in § 12 Abs. 1 für die Aufwertung von Ansprüchen aus Vermögensanlagen anderer als der in § 1 Abs. 2 bezeichneten Art einen Höchstsatz festgesetzt und in § 12 Abs. 2 bestimmt, daß gewisse Arten von Ansprüchen nicht als Vermögensanlagen im Sinne des Abs. 1 gelten sollen. Vgl. Näheres in der ersten Auflage dieses Buches zu § 1 Anm. 7 und zu § 12 Anm. 1. An diesem System hatte die Regierungsvorlage noch festgehalten; bei der Umarbeitung der Vorlage im Reichstagsausschusse ist es verlassen und an seine Stelle das System des Gesetzes gesetzt worden. Sachlich geht auch das Gesetz, wie früher die VO., von dem grundlegenden Gesichtspunkte aus, daß Ansprüche, die wirtschaftlich Vermögensanlagen sind, der individuellen Aufwertung unter unbeschränkter Berücksichtigung der Lage jedes Einzelfalles entzogen und generell auf bestimmte Hundertsätze des Goldmarkbetrags oder doch nicht darüber hinaus aufgewertet werden sollen. Daß es sich um Vermögensanlagen handelt, wird bei den in den Abschnitten 2—8 behandelten Ansprüchen vom Gesetze ohne weiteres angenommen, anderseits bei den in § 63 Abs. 2, 3 bezeichneten Ansprüchen kraft Gesetzes verneint, während es für andere Ansprüche im Einzelfalle festgestellt werden muß, wenn der § 63 Abs. 1 zur Anwendung gebracht werden soll.

2. „Die allgemeinen Vorschriften" sind diejenigen, welche sich aus den Vorschriften des bürgerlichen Rechts, mit Einschluß des Währungsrechts, für die Frage der Einwirkung des in der verflossenen Inflationsperiode eingetretenen Verfalles der gesetzlichen Währung durch Entwertung der Mark auf die bei Geldschulden, die in dieser Währung ausgedrückt sind, zu machende Leistung des Schuldners nach Umfang, Zeit und Art ergeben. Den Gegensatz bilden die besonderen Vorschriften, die über diesen Gegenstand anläßlich des eingetretenen Währungsverfalles ergangen sind, sei es in der 3. StNVO., soweit diese noch anwendbar wäre, dem Aufwertungsgesetze selbst oder in anderen Gesetzen oder Verordnungen. Die diesen Gegensatz verdunkelnde Vorschrift des § 10 Abs. 2, derzufolge als „allgemeine Vorschriften im Sinne der Bestimmungen des § 10 Abs. 1" auch die Vorschriften der §§ 63—66 gelten sollen, — vgl. darüber Anm. 3 zu § 10 — ist hier nicht wiederholt. — Der Inhalt der hiernach anzuwendenden Vorschriften ist von den zur Entscheidung berufenen Gerichten nach allgemeinen Rechtsgrundsätzen frei festzustellen. Dabei sind sie formell keineswegs an die Rechtsgrundsätze gebunden, welche die bisherige Rechtsprechung des Reichsgerichts aufgestellt und begründet hat. Auch das Reichsgericht selbst ist an diese Rechtsprechung für die Zukunft nicht gebunden. Sie ist auch in Einzelheiten nicht unbestritten geblieben. Der Sache nach aber werden die durch sie geschaffenen Grundlagen von maßgebendem Einfluß bleiben auf die künftige Ausgestaltung der Rechtsprechung über die Aufwertung außerhalb des Aufwertungsgesetzes. Sie ist deshalb im dritten Teile dieses Buches besonders dargestellt und erläutert und es wird hier darauf Bezug genommen.

II. Aufwertung von Vermögensanlagen

§ 63.

(1) Die Aufwertung von Vermögensanlagen[1] darf 25 vom Hundert des Goldmarkbetrags (§§ 2, 3)[3] nicht übersteigen[2]. Die

Vorschriften der §§ 14, 15, 17 bis 19 über den Vorbehalt der Rechte und die Rückwirkung finden entsprechende Anwendung[4].

(2) Als Vermögensanlagen im Sinne des Abs. 1 gelten nicht[5]:

1. Ansprüche aus Gesellschaftsverträgen und anderen Beteiligungsverhältnissen[5a];
2. Ansprüche aus Gutsüberlassungsverträgen sowie Ansprüche, die auf den Beziehungen aus der Auseinandersetzung unter Miterben, unter Ehegatten, unter geschiedenen Ehegatten, unter Eltern und Kindern oder zwischen Erben und Pflichtteilberechtigten oder Vermächtnisnehmern beruhen[5b];
3. Ansprüche, die auf den Beziehungen zwischen unterhaltsberechtigten und unterhaltsverpflichteten Personen beruhen[5c];
4. Ansprüche auf wiederkehrende Leistungen, die bei Abfindungen, Auseinandersetzungen, Überlassungen oder ähnlichen Rechtsvorgängen begründet sind[5d];
5. Ansprüche auf Entrichtung eines Erbbauzinses[5e];
6. Guthaben bei Fabrik- oder Werksparkassen sowie Ansprüche an Betriebs-Pensionskassen (§ 64). Die Vorschrift, daß die Guthaben und Ansprüche kraft Gesetzes nicht Vermögensanlage sind, gilt nicht, soweit die Mittel der Kasse aus freiwilligen Zuwendungen des Arbeitgebers herrühren; sie gilt auch nicht, sofern das Vermögen der Kasse gesondert vom Betriebsvermögen des Arbeitgebers zu verwalten und anzulegen war und verwaltet und angelegt worden ist[5f];

(3) Als Vermögensanlagen im Sinne des Abs. 1 gelten ferner nicht Ansprüche aus gegenseitigen Verträgen[6]. Soweit zum Zwecke der Versorgung von Arbeitern oder Angestellten eine Versicherung abgeschlossen ist, bleiben etwa daneben bestehende Versorgungsansprüche aus dem Anstellungsverhältnis unberührt[7]. Ist der Arbeiter oder Angestellte bei seinem Arbeitgeber versichert, so wird das Vorliegen eines solchen Versorgungsanspruchs aus dem Dienstvertrage vermutet[7].

(4) In den Fällen des Abs. 1 sowie des Abs. 2 Ziffer 1 bis 4 kann das Gericht über die Fälligkeit und die Verzinsung nach billigem Ermessen entscheiden. Über das aus §§ 25, 26, 28 ersichtliche Maß hinaus darf jedoch ohne Zustimmung des Gläubigers Stundung oder Zinsermäßigung nicht gewährt werden[8].

(5) Die Länder werden ermächtigt, im Wege der Gesetzgebung Vorschriften über die Aufwertung von Erbpachtzinsen (Kanon), Grundmieten, Erbleihen und ähnlichen Ansprüchen zu erlassen[9].

1. Der Begriff der Vermögensanlage ist (wie der der Aufwertung, Anm. 4 vor § 1) kein in der juristischen Terminologie gebräuchlicher und feststehender Rechtsbegriff.

Wirtschaftlich versteht man darunter den einem Rechtsgeschäfte als Beweggrund desjenigen, der dadurch ein Recht erwirbt, zugrunde liegenden Zweck, durch Verwandlung eines Vermögensbestandteils in einen anderen die Vermögenssubstanz zu erhalten, zu sichern und aus ihr Ertrag zu ziehen. Das Geschäft ist also Vermögensanlage immer nur von einer Seite (der des Rechtserwerbers oder Gläubigers) gesehen. Das dem genannten Zwecke dienende Rechtsgeschäft kann im übrigen der verschiedensten Art sein: entgeltlicher Erwerb von Eigentum, anderen dinglichen Rechten oder schuldrechtlichen Forderungen. Jedoch scheiden diejenigen Rechtserwerbungen aus, welche gemacht werden, um das erworbene Recht alsbald wieder in ein anderes zu verwandeln, also zum Zwecke des Umsatzes, dem namentlich die kaufmännischen Geschäfte dienen; vorausgesetzt wird vielmehr, daß nach der Absicht des Erwerbers das erworbene Recht dauernd oder doch für eine längere Frist unverwandelt in dem Vermögen des Erwerbers bleiben soll*). Für die Aufwertungsfrage kommen nur Vermögensanlagen in Geld in Betracht, da nur Geldansprüche aufgewertet werden. Für Vermögensanlagen dieser Art ist das typische Geschäft das Darlehen. Dieses ist jedoch Vermögensanlage nur dann, wenn es mindestens auch im Interesse des Darlehensgebers gegeben wird. Keine Vermögensanlagen sind sonach Darlehen, die nur im Interesse des Darlehensempfängers gegeben werden. Daß ein solcher Fall vorliege, wird durch die Vereinbarung einer Verzinsung nicht unter allen Umständen ausgeschlossen; immerhin wird eine Zinsvereinbarung die Vermutung begründen, daß es sich um eine Vermögensanlage handelt, namentlich wenn die Verzinsung die verkehrsübliche Höhe erreicht. Dagegen wird der Empfänger eines Darlehens, das lediglich aus Freundschaft oder Hilfsbereitschaft gegeben wird, sich für eine Beschränkung der Aufwertung auf § 63 Abs. 1 nicht berufen können, was auch in solchem Falle Treu und Glauben in besonders hohem Maße widersprechen würde**). So auch RG. 8. April 1924 (Warn. 162[183]) und 1. April 1924 (Warn. 1925, 7). Kaufpreise bilden, auch wenn sie gestundet sind, an sich keine Vermögensanlage; ist aber die Stundung auch im Interesse des Gläubigers erfolgt, was namentlich bei längerer Frist und voller verkehrsüblicher Verzinsung anzunehmen sein wird, so würde an sich eine Vermögensanlage vorliegen; doch findet eine Beschränkung der Aufwertung gemäß § 63 Abs. 1 nicht statt, weil es sich um einen Anspruch aus einem gegenseitigen Vertrage handelt, der nach § 63 Abs. 3 nicht als Vermögensanlage gilt, sofern er nicht etwa durch Novation (§ 607 BGB.) in eine Darlehensforderung umgewandelt worden ist. Vermögensanlagen sind auch Darlehen, die an Banken gegeben sind (Depositen); über ihre Auf-

---

*) Ähnlich wie hier ist der Begriff der Vermögensanlage aufgefaßt bei Maerck (JW. 1924, 1130); Mügel, 3. StNVO. 2. Aufl. S. 127; Schlegelberger, Aufwertungsgesetz S. 198. — Abenheimer (JW. 1925, 213) will mit Rücksicht auf den Zweck der Aufwertungsvorschriften nicht den wirtschaftlichen Begriff der Vermögensanlage gelten lassen, sondern einen anderen, bei dem es auf die Motive des Gläubigers bei Abschluß des Rechtsgeschäfts gar nicht ankommen, sondern nur maßgebend sein soll, daß es sich um einseitig verpflichtende Begründung von Geldforderungen handelt, denen nicht ein eindeutiger Aufwertungsmaßstab innewohne. Für eine solche Auffassung mochte vielleicht die 3. StNVO. dadurch Anlaß geben, daß sie in § 1 Abs. 2 eine Anzahl von Ansprüchen ohne weiteres als „Vermögensanlagen" bezeichnete, ohne daß jedoch daraus geschlossen werden mußte, daß sie auch für andere Ansprüche (in § 12) nicht den wirtschaftlichen Begriff der Vermögensanlage zugrunde legen wollte. Gegenüber dem System des Aufwertungsgesetzes (vgl. Anm. 1 zu § 62) ist für eine solche Auffassung jedenfalls kein Raum mehr.

**) Im Entwurfe zur 3. StNVO. waren Darlehen auf kürzere Frist als sechs Monate von der Anwendung der VO. ausgeschlossen.

wertung vgl. § 66 und Anmerkung dazu. Desgleichen für Kontokorrentansprüche, § 65. Auch Baugelderdarlehen sind Vermögensanlagen; bei mit Bierlieferungsverträgen verbundenen Darlehen von Brauern an Wirte werden gleichfalls Vermögensanlagen in Frage stehen. Vermögensanlagen sind auch Guthaben bei privaten Sparkassen, die nicht unter Abschnitt 7 fallen, und bei Pensionskassen; wegen der Fabrik-, Spar- und Pensionskassen vgl. Abs. 2 Ziff. 6 Anm. 5 unter f. Keine Vermögensanlagen sind im Zweifel Kautionen, die als Sicherheitsleistungen aus Anlaß anderer Verträge (Lieferungs-, Dienst-, Arbeits-, Werkverträge) gestellt werden; der Anspruch auf ihre Rückzahlung ist ein Anspruch aus dem Vertrage, zu dessen Sicherung sie gestellt sind, und ihre Aufwertung hat dementsprechend zu erfolgen. Auch durch Kauf kann eine Vermögensanlage in Gestalt eines auf Geld gerichteten Anspruchs erfolgen: Kauf einer Hypothek oder Grundschuld, zessionsweiser Erwerb einer Forderung auf Grund eines Kaufes; in diesen Fällen richtet sich die Aufwertung nach der Natur des als Vermögensanlage erworbenen Rechtes. — Die Aufwertung von Vermögensanlagen, für die eine Sicherung durch Hypothek, Schiffs- oder Bahnpfandrecht bestellt ist, richtet sich lediglich nach den §§ 9, 10; vgl. die Anmerkungen dazu. Dagegen wird die Aufwertung einer Vermögensanlage, für welche eine Grundschuld als Sicherung dient, dadurch nicht beeinflußt; sie erfolgt nach § 63 Abs. 11; vgl. zu § 31 Anm. 2. — Wegen der partiarischen Darlehen vgl. Anm. 5a.

2. Für solche Vermögensanlagen, die nicht zu den in den Abschnitten 2—8 behandelten Ansprüchen gehören, bestimmt das Gesetz eine Höchstgrenze, die durch ihre Aufwertung nicht überschritten werden darf, in Gestalt von 25 v. H. ihres nach den Vorschriften der §§ 2, 3 zu berechnenden Goldmarkbetrages. Ihre Aufwertung soll sonach zwar nach den „allgemeinen Vorschriften", also individuell nach Lage des Einzelfalles unter Berücksichtigung von Treu und Glauben, erfolgen, aber einer solchen Berücksichtigung sind die Hände gebunden derart, daß sie nicht zu einer höheren als der in § 63 Abs. 1 bestimmten Aufwertung führen darf. Treu und Glauben können also nur in Frage kommen, soweit sie zu einer diese Grenze nicht überschreitenden Aufwertung führen; darüber hinaus muß sie das Gericht aus seinen Erwägungen ausschalten. Daß damit dem Gerichte eine wenig erfreuliche Zwitterstellung angewiesen wird, die mit den ihm sonst gestellten Aufgaben gleichmäßiger Gerechtigkeit nach beiden Seiten hin kaum vereinbar ist, läßt sich nicht verkennen. Der Richter darf zwar unbeschränkt die zugunsten des Schuldners sprechenden Rücksichten auf Treu und Glauben im Sinne einer geringeren Aufwertung walten lassen; er muß aber vor den gleichen Rücksichten zugunsten des Gläubigers, die in vielen Fällen zu einer erheblich höheren Aufwertung führen würden, die Augen verschließen. Diese zwiespältige Aufgabe wird den ordentlichen Gerichten gestellt, die für die Aufwertung der hier in Frage stehenden Ansprüche allein zuständig sind (vgl. § 69 und Anmerkung dazu).

3. Der Goldmarkbetrag ist auch bei den hier in Frage stehenden Ansprüchen nach den Vorschriften der §§ 2, 3 zu berechnen, und zwar kommt § 2 Abs. 1 in Verbindung mit § 3 zur Anwendung. Zugrunde zu legen ist danach der Erwerbstag, und zwar in der Regel der Tag des Erwerbs des Anspruchs durch den derzeitigen Gläubiger (§ 3 Ziff. 1); in den besonderen Fällen des § 3 Ziff. 2—11 der Erwerb durch einen Rechtsvorgänger.

4. Zur entsprechenden Anwendung kommen auch die Vorschriften der §§ 14, 15, 17—19 über den Vorbehalt der Rechte und die Rückwirkung. Danach wird die Aufwertung nicht ausgeschlossen dadurch, daß Annahme einer nicht oder nicht entsprechend aufgewerteten Leistung unter Vorbehalt oder nach dem 14. Juni 1922 ohne Vorbehalt erfolgt ist, sofern nicht in letzterem Falle die Härtebestimmung zugunsten des Schuldners (§ 15 Satz 2) eingreift. Damit wird zugleich, zumal auch § 19 für anwendbar erklärt ist, die Aufwertung insoweit ausgeschlossen, als sie nach diesem

Vorschriften nicht stattfindet, also wenn vor dem 15. Juni 1922 eine Annahme der Leistung ohne Vorbehalt stattgefunden hat. Auch hierin liegt eine wesentliche Einschränkung der Anwendung der allgemeinen Vorschriften, da nach diesen Annahme einer unvollständigen Leistung ein Erlöschen des nicht getilgten Teiles der Forderung also des Betrages, um welchen sich der Nennbetrag durch die Aufwertung erhöht hat, nicht bewirkt, wie in der in Anm. 1 vor § 14 erwähnten Rechtsprechung des Reichsgerichts anerkannt ist. Auch die Ausschließung der besonderen Rechtsbehelfe, die im allgemeinen Rechte zur Ausgleichung für Rechtsverluste aus Billigkeitsgründen gewährt sind, dadurch, daß § 19 (vgl die Anmerkungen zu diesem Paragraphen) für anwendbar erklärt ist, bedeutet eine weitere Einschränkung der Anwendung allgemeiner Vorschriften. Die entsprechende Anwendung der mit der Maßgeblichkeit des Erwerbstages bei der Berechnung des Goldmarkbetrages in Zusammenhang stehenden Vorschrift des § 17 (vgl. die Anmerkung dazu) wird im Falle, daß eine Abtretung des Anspruchs stattgefunden hat, zu der dort näher geregelten Verteilung des Aufwertungsbetrages, der begründet sein würde, falls eine Abtretung nicht stattgefunden hätte, unter die mehreren in Betracht kommenden Gläubiger führen. — Nicht für anwendbar erklärt ist die Vorschrift des § 16 (Anmeldezwang); die Aufwertung nach Vorbehalt oder infolge Rückwirkung kann demnach bei den Ansprüchen des § 63 Abs. 1 zeitlich unbeschränkt innerhalb der gewöhnlichen Verjährungsfrist geltend gemacht werden.

5. Die im Abs. 2 unter den Ziff. 1—6 aufgeführten Ansprüche **gelten nicht als Vermögensanlagen im Sinne des Abs. 1, d. h.** a) die im Abs. 1 Satz 1 für Vermögensanlagen angeordnete Beschränkung der Aufwertung auf nicht mehr als 25 v. H. tritt für sie nicht ein und b) die in Abs. 1 Satz 2 für Vermögensanlagen angeordnete entsprechende Anwendung der Vorschriften über den Vorbehalt der Rechte und die Rückwirkung findet bei ihnen nicht statt. Sie werden sonach unbeschränkt auch der Höhe nach nach den „allgemeinen Vorschriften" aufgewertet (§ 62) und falls eine Leistung als Erfüllung mit oder ohne Vorbehalt angenommen ist, so richtet sich die Zulässigkeit der Aufwertung gleichfalls nach allgemeinen Vorschriften, insbesondere nach den Grundsätzen, die über die Bedeutung einer solchen Leistungsannahme in der Rechtsprechung des Reichsgerichts aufgestellt sind (vgl. vor § 14 Anm. 1); auch bedarf es keiner Anmeldung der Ansprüche, wie sie in § 12 für die Aufwertung auf Grund Vorbehalts oder Rückwirkung vorgeschrieben ist. Die Vorschriften des Abs. 1 finden auf die in Abs. 2 aufgeführten Ansprüche auch dann keine Anwendung, wenn diese, abgesehen von Abs. 2, unter den Begriff der Vermögensanlagen (vgl. zu § 63 Anm. 1) fallen würden, insbesondere also wenn sie nach ihrem wirtschaftlichen Zwecke Vermögensanlagen sind. Zu den einzelnen in Abs. 2 aufgeführten Ansprüchen ist folgendes zu bemerken:

a) (Ziff. 1): Ansprüche aus Gesellschaftsverträgen und anderen Beteiligungsverhältnissen. Gesellschaftsverträge (§ 705 BGB.) sind besonders genannt, obwohl sie zu den gegenseitigen Verträgen gehören (RGZ. 78 305) und deshalb auch unter Abs. 3 fallen würden. Ansprüche aus Geldleistungen, die ein Gesellschafter durch Einbringen in die Gesellschaft gemacht hat, auf Verzinsung und Rückzahlung fallen sonach nicht unter Abs. 1 sondern unter Abs. 2 Ziff. 1, obwohl sie sich wirtschaftlich als Vermögensanlagen darstellen. Auch die Verträge, durch welche handelsrechtliche Gesellschaften gegründet werden, sind im Gesetze (HGB.) als Gesellschaftsverträge bezeichnet und behandelt. Der Anspruch des stillen Gesellschafters auf Verzinsung und Rückzahlung seiner Einlage, sowie auf Gewinnbeteiligung, ferner der Anspruch des Aktionärs auf Dividende fallen deshalb unter Abs. 2 Ziff. 1. Das gilt auch dann, wenn ein als solcher im Handelsregister eingetragener Gesellschafter auf eine feste Vergütung für seine Tätigkeit beschränkt ist (RGZ. 90 14). Das partiarische Darlehen ist zwar kein Gesellschaftsvertrag, aber ein sonstiges Beteiligungsverhältnis, wenn das hingegebene Geld am Gewinne und Verluste teilnimmt, was in dem Urteile des RG. vom 26. Januar 1925 (JW. S. 936) auf Grund des festgestellten Sachverhältnisses wohl zutreffend verneint war; zu eng erscheint es aber (wie Mügel in der Anmerkung zu diesem Urteile richtig bemerkt), wenn das Reichsgericht lediglich prüft, ob ein „Gesellschaftsverhältnis" vorlag und meint, ein „anderes Beteiligungsverhältnis" komme in einem solchen Falle nicht in Frage. Gesellschaftsähnliche Verträge, wie sie bei Kartellen, Syndikaten und dergl. vorkommen, sind „andere Beteiligungsverhältnisse". Weitere Beteiligungsverhältnisse, die teils durch Vertrag, teils auch durch Gesetz entstanden sind, sind: Gemeinschaft des bürgerlichen Rechts (§§ 741 ff.); Miterbengemeinschaft (§§ 2032 ff.); eheliche Gütergemeinschaft (§§ 1437—1557 BGB.); die beiden letztgenannten fallen, wenn die Ansprüche aus der Auseinandersetzung herrühren, auch unter Abs. 2 Ziff. 2.

b) (Ziff. 2): α) Ansprüche aus Gutsüberlassungsverträgen, das sind die gemäß Art. 96 EG. z. BGB. der landesgesetzlichen Regelung vorbehaltenen Verträge, (in welchen gegen Überlassung eines Gutes Leibgedinge, Leibzuchten, Altenteile oder Auszüge bedungen werden. Ob die Verträge zwischen Eltern und Kindern oder sonstigen Verwandten oder unter Fremden geschlossen sind, ist unerheblich. Falls aber eine Regelung der Aufwertung solcher Ansprüche auf Grund des Reichsgesetzes über die anderweite Festsetzung von Geldbezügen aus Altenteilsverträgen vom 18. August 1923 erfolgt ist, bleibt diese sondergesetzliche Regelung unberührt, auch soweit sie die Aufwertung einschränkt; vgl. Anm. 6 zu § 1.

β) Ansprüche, die auf den Beziehungen aus der Auseinandersetzung unter Miterben usw. beruhen. Diese absichtlich so weite Fassung bedeutet, daß nicht nur Ansprüche, die unmittelbar aus solchen Auseinandersetzungen sich ergeben, sondern auch solche, die nur ihrem Ursprunge nach auf sie zurückzuführen sind, unter die Vorschrift fallen, also unbeschränkt aufgewertet können, auch wenn sie durch langfristige Stundung, Umwandlung in Darlehen oder sonst zu Vermögensanlagen im wirtschaftlichen Sinne geworden sind. „Auseinandersetzung" ist nicht im eigentlichen Sinne zu verstehen, in dem sie die Regelung der Verhältnisse nach Auflösung einer bestehenden Rechtsgemeinschaft bedeutet, von der zwar unter Miterben, unter Ehegatten und geschiedenen Ehegatten (sofern unter ihnen Gütergemeinschaft bestanden hat), unter Eltern und Kindern aber nur etwa im Falle der fortgesetzten Gütergemeinschaft und zwischen Erben und Pflichtteilsnehmern oder Vermächtnisnehmern überhaupt nicht gesprochen werden könnte, da unter ihnen keine Rechtsgemeinschaft bestanden hat. Vielmehr werden unter Auseinandersetzungen auch Abrechnungen, Vergleiche, Stundungs- und Sicherungsvereinbarungen über nicht gemeinschaftliche, gegenseitige oder einseitige Geldforderungen zu verstehen sein, die aus den angeführten Beziehungen unter den Beteiligten entstanden sind. — Die Ansprüche aus Auseinandersetzungen unter Miterben sowie unter Ehegatten, falls unter diesen Gütergemeinschaft bestanden hat, fallen zugleich unter Ziff. 1 (Beteiligungsverhältnisse; vgl. unter a).

c) (Ziff. 3): Ansprüche, die **auf den Beziehungen zwischen unterhaltsberechtigten und unterhaltsverpflichteten Personen beruhen.** Die Unterhaltsberechtigung und -verpflichtung kann auf Gesetz, Vertrag oder Verfügung von Todes wegen beruhen und aus familienrechtlichen oder anderen Gründen, auch aus unerlaubter Handlung, entstanden sein. Eine „Auseinandersetzung" (vgl. Ziff. 2 und oben unter b). wird hier nicht erfordert. Vorausgesetzt wird aber, daß die Beziehungen derart geregelt sind, daß die aus ihnen entstandenen Ansprüche sich begrifflich oder wegen ihrer dinglichen Sicherung als Vermögensanlagen (vgl. Anm. 3 zu § 1) darstellen. Sie sind auch in diesem Falle den Einschränkungen der Aufwertung entzogen.

d) (Ziff. 4): Ansprüche auf **wiederkehrende Leistungen, die bei Abfindungen, Auseinandersetzungen, Überlassungen oder ähnlichen Rechtsvorgängen begründet sind.** Wiederkehrende Leistungen sind solche, die in regelmäßigen zeitlichen Zwischenräumen, wenn auch nicht jedesmal zu gleichem Betrage, sich wiederholen (RGZ. 88 46). Der Gewinnanteil eines Gesellschafters fällt nicht darunter (RG. a. a. O.), wohl aber unter Ziff. 1 (oben unter a). Abfindungen kommen hier nur soweit in Betracht, als dabei an Stelle eines dinglichen Rechts (z. B. des Miteigentums oder einer Grunddienstbarkeit) oder eines schuldrechtlichen Anspruchs auf Sachleistungen oder auf Kapitalszahlung vertragsmäßig eine wiederkehrende Geldleistung gesetzt worden ist. Eine Leibrente (§ 759 BGB.), die in Geld besteht, fällt unter Ziff. 4, wenn sie im Wege der Abfindung oder eines ähnlichen Rechtsvorganges, nicht dagegen wenn sie im Wege des Kaufes bestellt ist. In letzterem Falle wird sie nur durch Abs. 3 (Ansprüche aus gegenseitigen Verträgen) betroffen. Als Abfindung im Sinne des jetzigen § 63 Abs. 2 Ziff. 4 (damals § 12 Abs. 2 der 3. StNVO.) ist nach der Rechtsprechung des Reichsgerichts (RGZ. 108 297) auch ein von dem Ehemanne bei Lebzeiten zugunsten der Ehefrau durch Vertrag bestelltes Leibzuchtsrecht anzusehen, wenn es dazu dienen sollte, ein der Ehefrau zustehendes Erbrecht an dem Grundstücke (Anerbenrecht) abzulösen. Für wiederkehrende Leistungen aus Altenteilsverträgen kommt auch hier, wie in Ziff. 2 (vgl. unter b α), das Sondergesetz vom 18. August 1923 in Betracht.

e) (Ziff. 5): **Ansprüche auf Entrichtung eines Erbbauzinses.** Erbbauzins ist der in wiederkehrenden Leistungen ausbedungene Entgelt für die Bestellung eines Erbbaurechts (§ 9 Erbbaurechtsverordnung vom 15. Januar 1919, RGBl. S. 72). Er ist eine dingliche Belastung des Erbbaurechts, auf welches die Vorschriften über Grundstücke Anwendung finden (§ 11); der Anspruch auf ihn kann hinsichtlich noch nicht fälliger Leistungen nicht von dem Eigentume am Grundstücke getrennt werden (§ 9 Abs. 2 Satz 2). Auf den Erbbauzins finden die Vorschriften des BGB. über die Reallasten entsprechende Anwendung (§ 9 Abs. 1 Satz 1). Daß auch die Vorschriften anderer Gesetze über Reallasten auf ihn Anwendung zu finden haben, ist nicht gesagt. Deshalb würden auch die Vorschriften des Aufwertungsgesetzes über die Aufwertung der Reallasten (§ 31) auf den Erbbauzins nur Anwendung finden, wenn dies besonders bestimmt wäre. Das ist aber nicht geschehen. Sonach ist der Anspruch auf den Erbbauzins ein „anderer" Anspruch im Sinne des neunten Abschnittes (§ 62). Seine Aufwertung hat somit „nach den allgemeinen Vorschriften" zu erfolgen. Sie würde jedoch gemäß § 63 Abs. 1 auf das dort bezeichnete Höchstmaß beschränkt sein, wenn er als Vermögensanlage im Sinne dieses Absatzes zu gelten hätte. Das wird jedoch durch § 63 Abs. 2 Ziff. 5 ausgeschlossen. Seine Aufwertung erfolgt daher unbeschränkt nach allgemeinen Vorschriften. Das Gesetz hat hier die Entstehung des Anspruchs aus einem wohl in der Regel, aber nicht notwendig zugrunde liegenden schuldrechtlichen gegenseitigen Vertrage in viel weitergehender Weise, wie bei anderen in gleicher Weise (z. B. auf Grund von Kaufverträgen) entstandenen dinglichen Rechten, zum Anlasse genommen, die Aufwertung des Anspruchs ohne Beschränkung zuzulassen.

f) (Ziff. 6): α) **Guthaben bei Fabrik- und Werksparkassen.** Guthaben bei privaten Sparkassen fallen nicht unter Abschnitt 7 (§§ 55—58) und werden deshalb nicht in dem dort bestimmten konkursmäßigen Verfahren aufgewertet; sie sind vielmehr Vermögensanlagen im Sinne des § 63 Abs. 1 und werden deshalb nach allgemeinen Vorschriften, aber nur bis zur Höchstgrenze von 25 v. H. des Goldmarkbetrags aufgewertet. Davon ist aber in Ziff. 6 eine Ausnahme gemacht für Guthaben bei Fabrik- und Werksparkassen, d. h. den für die Angehörigen einzelner Betriebe oder Werke — nicht notwendig nur für Arbeiter, sondern auch für Angestellte — eingerichteten Sparkassen. Die Guthaben bei solchen Kassen gelten nicht als Vermögensanlagen und ihre Aufwertung unterliegt daher keiner Beschränkung. Es wurde erwogen, daß Guthaben dieser Art fast überall dazu gedient hätten, in den gewerblichen Betrieben als Kapital zu arbeiten oder Sachwerte zu beschaffen (Bericht S. 24). Es muß sich aber um als solche eingerichtete und organisierte Sparkassen handeln; ein sozialdemokratischer Antrag, alle Einlagen eines Arbeitnehmers bei dem Arbeitgeber den Beschränkungen der Aufwertung zu entziehen, wurde im Reichstagsausschusse abgelehnt (Bericht S. 24). Sofern es sich dabei um Beteiligungsverhältnisse handelt, unterliegt jedoch die Aufwertung nach Ziff. 1 (vgl. unter a) keiner Beschränkung. Außerdem wurden aber zwei Ausnahmen gemacht, nämlich:

αα) soweit die Mittel der Kasse aus freiwilligen Zuwendungen des Arbeitgebers herrühren. Das kann auch bei Sparkassen zum Teil der Fall sein, wird aber hauptsächlich bei Betriebspensionskassen zutreffen (vgl. unter *β*);

ββ) sofern das Vermögen der Kasse gesondert vom Betriebsvermögen des Arbeitgebers zu verwalten und anzulegen war und verwaltet und angelegt worden ist. In diesem Falle trifft der für die unbeschränkte Aufwertung solcher Guthaben maßgebende Grund, daß die Guthaben im Betriebe des Arbeitgebers mitgearbeitet haben und diesem zugute gekommen sind, nicht zu.

β) Ansprüche an Betriebspensionskassen. Es sind das Kassen, die zu dem Zwecke eingerichtet sind, den Angehörigen eines Betriebes ein Ruhegehalt zu sichern. Ihre Befreiung von den Beschränkungen der Aufwertung ist auf sozialdemokratischen Antrag durch den Reichstagsausschuß in das Gesetz eingefügt worden (Bericht S. 24). Für sie gelten die gleichen Vorschriften, wie für die Betriebssparkassen (unter *α*). Doch werden bei ihnen häufig die Ausnahmen (unter *αα* und *ββ*) zutreffen und sie deshalb der Beschränkung der Aufwertung nach Abs. 1 unterworfen sein, insofern sie sich wirtschaftlich als Vermögensanlagen darstellen.

Der Reichsregierung sind in § 64 weitgehende Ermächtigungen zur näheren Regelung der Aufwertung für Guthaben bei derartigen Kassen erteilt; auch ist eine besondere Zuständigkeit für sie begründet. Vgl. Näheres zu dem genannten Paragraphen.

6. Abs. 3 Satz 1 entzieht der in Abs. 1 angeordneten Beschränkung der Aufwertung das ganze Gebiet der gegenseitigen Verträge. Gegenseitige Verträge (§§ 320—327 BGB.) sind solche, bei denen schon durch die Eingehung des Schuldverhältnisses für beide Teile Verpflichtungen zu Leistungen entstehen und die beiderseitigen Leistungen in solchem Verhältnisse zueinander stehen, daß nach dem Parteiwillen die Leistung des einen Teiles den Ausgleich (das Äquivalent) für die Leistung des anderen bilden soll (synallagmatische Verträge). Der ihnen innewohnende Äquivalenzgedanke hat bei ihnen zuerst zu dem Gedanken der Aufwertung geführt; vgl. Näheres in der Einleitung unter III S. 13 und im dritten Teile dieses Buches. Sie sind deshalb auch von dem Aufwertungsgesetze für die individuelle Behandlung der Aufwertung nach der Lage des Einzelfalles ohne Einschränkung grundsätzlich freigegeben. Eine Ausnahme besteht jedoch insofern, als durch Hypothek, Schiffs- oder Bahnpfandrecht gesicherte Forderungen, auch wenn sie sich auf gegenseitige Verträge gründen, nur nach den Vorschriften der §§ 9, 10 aufgewertet werden. — Zu den gegenseitigen Verträgen gehören auch die in Abs. 2 Ziff. 1 besonders genannten Gesellschaftsverträge (RGZ. 76 279, 78 305; vgl. Anm. 5 unter a). Vor allem aber kommt hier der Kaufvertrag wegen der Aufwertung der Kaufpreisforderung in Frage; ferner der Dienstvertrag, der Werkvertrag, der Mietvertrag. Den Gegensatz bilden Verträge, bei denen nach dem Schuldverhältnisse an sich von vornherein nur eine Partei verpflichtet ist, wenn auch infolge weiterer Vorgänge auch Verpflichtungen der anderen Partei daraus entstehen können, so bei der Leihe, der Verwahrung, dem Auftrag. Doch ist auch die Aufwertung solcher Gegenansprüche im Aufwertungsgesetze nicht allgemein geregelt. Sie fallen deshalb unter das Aufwertungsgesetz nur insoweit, als sie sich wirtschaftlich als Vermögensanlagen darstellen (§ 63 Abs. 1, vgl. Anm. 1) oder als sie dinglich gesichert sind (§§ 9, 10).

7. Die Sätze 2 und 3 des Abs. 3 sind im Reichstagsausschusse (Bericht S. 24) entstanden im Anschlusse an einen Antrag der sozialdemokratischen Partei, in Abs. 2

Ziff. 6 auch Forderungen aus Versicherungen zum Zwecke der Altersversorgung der eigenen Arbeiter als Ansprüche zu bezeichnen, die nicht Vermögensanlagen im Sinne des Abs. 1 sind. Dieser Antrag wurde abgelehnt, aber beschlossen, die hier in Frage stehende Vorschrift in Abs. 3 einzufügen. Dabei wurde erwogen, daß die Versicherungen zum Zwecke der Altersversorgung der eigenen Angestellten durch einen Arbeitgeber, die sich an den Dienstvertrag anlehnen, rechtlich in verschiedener Weise ausgestaltet sein können, indem der Arbeitgeber entweder die ihm auf Grund des Dienstvertrages obliegende Versicherungspflicht dadurch bereits erfüllt habe, daß er die Arbeiter bei irgendeiner Gesellschaft versichert und den Versicherungsschein ihnen übergeben hat (Versicherungsschein an Erfüllungsstatt), in welchem Falle die Arbeiter nur das Recht auf Beteiligung an dem Aufwertungsstock der Versicherungsgesellschaft (§§ 59ff.) haben würden, oder aber die Rechtslage die sei, daß der Arbeitnehmer gegenüber seinem Arbeitgeber einen Anspruch auf Altersversorgung hat und behufs Erfüllung dieser Verpflichtung die Versicherung abgeschlossen hat, wofür der Versicherungsschein nur den Beweis erbringt (Versicherungsschein erfüllungshalber). Es müsse den Gerichten überlassen bleiben, zu entscheiden, welche Art der Versicherung im Einzelfalle in Frage komme; sei der Arbeitnehmer bei seinem Arbeitgeber selbst versichert, so werde alles dafür sprechen, daß es sich um eine Versicherung erfüllungshalber handle. „Im Sinne dieser (nicht allzu klaren) Ausführungen“ erfolgte die Beschlußfassung. Die demzufolge an die Vorschrift über die Aufwertung von Ansprüchen aus gegenseitigen Verträgen (als welcher hier der Dienstvertrag in Frage steht) sich anschließenden Vorschriften sind eigentlich keine Aufwertungsbestimmungen, sondern Vorschriften über Auslegung und Erfüllung des Dienstvertrages. Etwa aus diesem sich ergebende Versorgungsansprüche, die über den Abschluß einer Versicherung durch den Arbeitgeber hinausgehen, sollen (zu ergänzen doch wohl: „durch einen solchen Abschluß“) unberührt bleiben und das Vorliegen eines solchen Versorgungsanspruchs aus dem Dienstvertrage soll vermutet werden, wenn der Arbeitnehmer bei seinem Arbeitgeber selbst versichert ist. Ein Zusammenhang mit der Aufwertung besteht nur insofern, als klargestellt ist, daß es sich bei diesen Versorgungsansprüchen um Ansprüche aus dem Dienstvertrage, also einem gegenseitigen Vertrage, handelt, die gemäß Satz 1 nicht als Vermögensanlagen im Sinne des Absatzes 1 gelten und deshalb unbeschränkt aufgewertet werden können. Dem Arbeitgeber soll (wie bei der zweiten Lesung im Ausschusse, Bericht S. 40) hervorgehoben wurde, durch Satz 3 die Beweislast dafür aufgebürdet werden, daß er „eine Versicherungspflicht“ (soll heißen: „eine Pflicht zu eigner Gewährung der Versicherung“) nicht übernommen habe. Der Satz 3 wurde, wie aus der Debatte hervorgeht, veranlaßt durch einen Fall, in welchem die Angestellten einer Versicherungsgesellschaft bei dieser versichert waren und streitig geworden war, ob sie sich mit der Beteiligung an der Liquidationsmasse dieser Gesellschaft begnügen müßten oder einen besonderen Vorzugsanspruch vor anderen Versicherten gegenüber der Gesellschaft hätten. Er trifft aber seinem Wortlaute nach auch auf Fälle zu, in denen andere Arbeitgeber eine eigne Versicherungskasse für ihre Arbeitnehmer gegründet und diese darin (also bei dem Arbeitgeber selbst) versichert haben. Es wird sich dann im Zweifel nicht um nach §§ 59 ff. aufzuwertende „Versicherungsansprüche“, sondern um Ansprüche aus dem Dienstvertrage handeln, die unbeschränkt aufgewertet werden können.

8. Abs. 4 bringt zwei Maßgaben für die Aufwertung, die sich über den Kreis der Vermögensanlagen des § 63 Abs. 1 hinaus auch auf die in Abs. 2 unter den Ziff. 1—4 aufgeführten Ansprüche, die nicht als Vermögensanlagen im Sinne des Abs. 1 gelten, erstrecken. Von diesen enthält die eine (Satz 1) keine eigentliche Einschränkung der Aufwertung nach den allgemeinen Vorschriften. Denn die Anwendung der allgemeinen Vorschriften muß an und für sich schon dazu führen, daß das Gericht, wie über die Höhe der Aufwertung, so auch über die Fälligkeit und die Verzinsung abweichend von

den ursprünglichen Vereinbarungen nach billigem Ermessen entscheiden kann. Das liegt innerhalb der Grenzen des § 242 BGB., der für die Bestimmung der Leistung des Schuldners nach Treu und Glauben und der Verkehrssitte angesichts der eingetretenen außerordentlichen Umstände eine Berücksichtigung aller Verhältnisse erfordert. Wie diese anerkanntermaßen keineswegs regelmäßig zu einer Aufwertung auf den vollen Goldmarkwert des Anspruchs, wie er vor der Geldentwertung bestanden hat, führt, also eine Änderung der Leistung dem Betrage nach mit sich bringen kann, so kann sie auch zu einer Änderung der vertraglichen Bestimmungen hinsichtlich der Fälligkeit und der Verzinsung führen, und zwar sowohl zugunsten des Gläubigers durch Bestimmung einer früheren Fälligkeit oder einer höheren Verzinsung, wie auch zugunsten des Schuldners in entgegengesetzter Richtung. Namentlich wird es die Billigkeit unter Umständen erfordern, die durch die Verhältnisse des Schuldners gebotene Hinausschiebung der Fälligkeit durch Bewilligung eines höheren Zinssatzes im Interesse des Gläubigers auszugleichen. — Die Maßgabe in Satz 2 setzt aber dem billigen Ermessen des Gerichts insofern eine Schranke, als über das aus §§ 25, 26, 28 ersichtliche Maß — also über dasjenige Maß, in dem für die Ansprüche, deren Aufwertung im Gesetze geregelt ist, dem Schuldner Stundung und Herabsetzung der Zinspflicht gewährt ist —, hinaus dem Schuldner Stundung oder Zinsermäßigung nicht gewährt werden darf, sofern nicht der Gläubiger zustimmt. Das Gesetz schränkt sonach durch diese einzige Vorschrift zugunsten des Gläubigers die Anwendung der allgemeinen Vorschriften auf die Aufwertung von Ansprüchen, die nicht Vermögensanlagen sind, in gewissem Maße ein.

9. Der Schlußabsatz des § 63 betrifft Ansprüche auf einem Rechtsgebiete, dessen Regelung durch Art. 63 EG. z. BGB. der Landesgesetzgebung überlassen ist, der bestimmt, daß die landesgesetzlichen Vorschriften über das Erbpachtrecht unberührt bleiben. Es sind das die Ansprüche auf die aus solchen Erbpachtverhältnissen als Entgelt für die überlassenen Nutzungen geschuldeten wiederkehrenden Leistungen: Erbpachtzins — namentlich in Mecklenburg als „Erbpachtkanon" bezeichnet —, Grundmieten, Erbleihzinsen und dergleichen. Im Reichstagsausschusse wurde von einer Seite verlangt (Bericht S. 23), daß die Aufwertung dieser Ansprüche reichsgesetzlich geregelt werde. Es wurde geltend gemacht, in Mecklenburg, wo die Naturalpacht stets in Geld umgerechnet bezahlt und alle 20 Jahre nach dem Roggenpreise neu umgerechnet werde, hätten sich die Verhältnisse so entwickelt, daß für den Kanon so gut wie nichts mehr bezahlt werde; widersprechende Entscheidungen der Gerichte, die geneigt seien, den Kanon als Reallast, also auf 25 v. H. des Goldmarkbetrags, aufzuwerten, machten eine Klarstellung erforderlich; Staat und Städte bedürften der Kanonzuschläge zur Erfüllung ihrer sozialen Pflichten; eine Herabsetzung auf 25 v. H. ergebe viel zu niedrige Beträge, da der Kanon an sich schon sehr gering sei. Von seiten der mecklenburgischen Regierung wurde aber hervorgehoben, daß es sich um Fragen handle, die nur landesgesetzlich geregelt werden könnten. Darüber, ob der Vorbehalt, den das BGB. zugunsten der Landesgesetzgebung macht, so weit gehe, daß auch die Aufwertungsfrage für Ansprüche aus solchen Rechtsverhältnissen landesgesetzlich geregelt werden könne, oder ob darin nicht ein Eingriff in das allgemeine Recht des BGB. liegen würde, wurden vor den Vertretern der Reichsregierung Zweifel geäußert. Es wurde deshalb beschlossen, in das Aufwertungsgesetz eine Bestimmung aufzunehmen, durch welche die Länder ermächtigt werden, im Wege der Gesetzgebung Vorschriften über die Aufwertung solcher Ansprüche zu erlassen. Es ist hierdurch klargestellt, daß die Regelung nicht im Verwaltungswege erfolgen darf. Wo eine Regelung durch die Landesgesetzgebung nicht erfolgt, wird auf Grund der rechtlichen Natur der Erbpacht und der aus ihr sich ergebenden Ansprüche, wie sie sich in den einzelnen Ländern entwickelt hat, zu entscheiden sein, ob und in welcher Weise diese Ansprüche aufzuwerten sind insbesondere ob sie etwa als wertbeständige (nach Roggenpreis bemessene) Ansprüche

der Aufwertung nicht unterliegen oder ob sie als auf Geldleistungen gerichtete Reallasten oder als Ansprüche aus gegenseitigen Verträgen aufzuwerten sind.

III. Aufwertung von Guthaben bei Fabrik- und Werksparkassen sowie von Ansprüchen an Betriebs-Pensionskassen

§ 64.

Über die Höhe der Aufwertung der Guthaben bei Fabrik- und Werksparkassen sowie der Ansprüche an Betriebs-Pensionskassen entscheidet im Streitfall die Aufwertungsstelle[1]. Die Reichsregierung wird ermächtigt, nähere Bestimmungen über die Abgrenzung des Begriffs der Fabrik- und Werksparkasse und der Betriebs-Pensionskasse, der freiwilligen Zuwendungen und der gesonderten Verwaltung und Anlegung, über den Ausgleich der Guthaben durch geleistete Zahlungen sowie über Zeit und Art der Auszahlung der Guthaben, ferner über die Zusammensetzung und das Verfahren der Aufwertungsstelle zu treffen[1].

1. § 64 enthält Ergänzungen zu der Vorschrift des § 63 Abs. 2 Ziff. 6, derzufolge Guthaben bei Fabrik- oder Werksparkassen sowie Ansprüche an Betriebs-Pensionskassen nicht als Vermögensanlagen im Sinne des Abs. 1 des Paragraphen gelten. Es wurde im Reichstagsausschusse für erforderlich gehalten (Bericht S. 24) „einerseits den Begriff der Betriebs- und Werksparkassen fester zu umgrenzen, anderseits die Feststellung der Guthaben (Ausgleich der Einzahlungen und Abhebungen) zu vereinfachen und das Verfahren vor einer nach Lage der Sache besonders gearteten Aufwertungsstelle zu beschleunigen". Demgemäß wurde in § 64 für die Entscheidung über die Höhe der Aufwertung, für die an sich — da es sich nicht um Ansprüche einer der in den §§ 4 bis 54 bezeichneten Arten handelt, vgl. § 69 — die ordentlichen Gerichte zuständig gewesen wären, „der Aufwertungsstelle" übertragen (Satz 1), zugleich aber die Reichsregierung ermächtigt, über die Zusammensetzung und das Verfahren „der Aufwertungsstelle" Bestimmung zu treffen. Es wird das in dem Sinne zu verstehen sein, daß die Regierung zwar nicht andere Stellen, als die von ihr nach § 72 bestimmten allgemeinen Aufwertungsstellen, zur Entscheidung über die Höhe der Aufwertung bei Fabrik- oder Werksparkassen bestimmen kann — denn zuständig ist nach Satz 1: „die Aufwertungsstelle" —, daß sie aber eine andere Zusammensetzung dieser Stellen anordnen, insbesondere also etwa bestimmen kann, daß die Amtsgerichte nicht als Einzelrichter zu entscheiden, sondern sachverständige Beisitzer aus den Kreisen der Arbeitgeber und Arbeitnehmer hinzuzuziehen haben. Auch kann das Verfahren abweichend von den Vorschriften der §§ 73ff. gestaltet werden. — Der Regierung ist ferner die Ermächtigung erteilt, nähere Bestimmungen über die Voraussetzungen, von denen die Anwendbarkeit des § 63 Abs. 2 Ziff. 6 abhängt, und über die Art dieser Anwendung zu treffen (Satz 2).

IV. Aufwertung von Kontokorrentforderungen und Bankguthaben

1. Aufwertung von Kontokorrentforderungen

§ 65.

Ansprüche aus einem Kontokorrent oder einer anderen laufenden Rechnung[1], einschließlich der Ansprüche aus dem Postscheckver-

kehr, werden ohne Rücksicht darauf, ob sie durch Hypothek gesichert sind[3], unbeschadet anderweitiger Vereinbarungen[3] nicht aufgewertet[1], es sei denn, daß es sich um eine Einlage des Arbeitnehmers bei seinem Arbeitgeber oder um Ansprüche der im § 63 Abs. 2 bezeichneten Art handelt[4].

1. Die 3. StNVO. hatte in § 12 Abs. 3 bestimmt, daß „Ansprüche aus einer laufenden Rechnung oder einem Kontokorrent, die den Saldo als solchen betreffen" nicht aufgewertet werden. Da das HGB. in § 355 die Begriffe: „laufende Rechnung" und „Kontokurrent" als gleichbedeutend behandelt und darunter nur das eigentliche Kontokorrentverhältnis versteht — d. h. dasjenige, bei welchem von beiden Seiten Leistungen gemacht und die aus ihnen entspringenden Ansprüche in regelmäßigen Zeitabschnitten durch Verrechnung und Feststellung des für den einen oder anderen Teil sich ergebenden Überschusses ausgeglichen werden sollen —, so war die Frage entstanden, ob durch die Bestimmung die Aufwertung auch ausgeschlossen war für das (in seiner rechtlichen Natur sehr unbestimmte) uneigentliche Kontokorrentverhältnis, bei welchem eine der des eigentlichen ähnliche Art der Buchführung und Rechnung gehandhabt wird und auch periodische Abrechnungen zu erfolgen pflegen, aber im wesentlichen nur von einer Seite forderungsbegründende Leistungen stattfinden (RGZ. 95 19), wozu auch das Bankdepositengeschäft gehört. Vgl. über diese Frage die erste Auflage dieses Buches Anm. 4 zu § 12; ferner Mügel 2. Aufl. Anm. 4; Schlegelberger 3. StNVO. Anm. 5. Das Aufwertungsgesetz hat die Fassung dahin geändert, daß von dem Verbote der Aufwertung „Ansprüche aus einem Kontokorrent oder einer anderen laufenden Rechnung" betroffen werden. Danach muß jetzt angenommen werden, daß das Gesetz, abweichend vom HGB., „Kontokorrent" und „laufende Rechnung" nicht als identische Begriffe ansieht, vielmehr auch „laufende Rechnungen" kennt, die nicht Kontokorrente sind. Solche laufenden Rechnungen können aber nur die uneigentlichen Kontokorrente sein. Damit ist freilich der Vorschrift eine bedenklich weite Ausdehnung gegeben auf ein sehr unbestimmtes und schwer zu begrenzendes Gebiet von Rechtsverhältnissen, zumal da auch die weitere Einschränkung weggefallen ist, daß die Ansprüche nur soweit nicht aufgewertet werden dürfen, als sie „den Saldo als solchen" betreffen. Es werden danach alle Ansprüche aus Geschäftsverbindungen, auch aus solchen, bei denen nur auf der einen Seite forderungbegründende Leistungen, auf der anderen lediglich Zahlungen erfolgen, von dem Verbote betroffen, sofern darüber von dem einen Teile — meist dem Lieferanten — fortlaufend Buch geführt und periodisch Buchauszüge übersandt zu werden pflegen, in welchen die Leistungen den Zahlungen gegenübergestellt sind und der Überschuß berechnet und als „Saldo" bezeichnet ist, obwohl eine solche Saldoziehung keineswegs die Bedeutung einer die Einzelforderungen tilgenden Novation hat. Dadurch wird die Aufwertung von Ansprüchen aus gegenseitigen Verträgen, namentlich Lieferungsverträgen, bei laufenden Geschäftsverbindungen regelmäßig ausgeschlossen sein. Eine Begründung, die schon für die 3. StNVO. vermißt wurde, ist auch jetzt nicht gegeben. Gadow (im Recht 1924 Sp. 64) glaubt sie darin finden zu können, daß „ein umständliches Aufrollen der Einzelposten vermieden werden soll". Das genügt aber keineswegs, um eine so eingreifende Maßnahme zu erklären. Das KG., das die Bedenklichkeit und mangelnde Erklärbarkeit der Vorschrift erkannte, hat damit zu helfen gesucht, daß es sie für nicht anwendbar erklärte, auf laufende Rechnungen aus der Zeit vor der Markentwertung (19 U 10787/23). Dafür bietet aber die Vorschrift keinen Anhalt. Auch ist sie gerade für Ansprüche aus der Zeit der fortschreitenden Geldentwertung bedenklich, solange diese noch nicht voll erkannt war und deshalb noch Kredit ohne Vorbehalt der Wertbeständigkeit gegeben wurde. Die Vor-

schrift gehört zu den Rätseln, die die 3. StNVO. aufgegeben und das Aufwertungsgesetz nicht gelöst hat*).

2. Die Ausschließung der Kontokorrentguthaben von der Aufwertung tritt ein ohne Rücksicht darauf, ob sie durch Hypothek gesichert sind. Hypothekarisch gesicherte Forderungen aus Kontokorrenten oder anderen laufenden Rechnungen können demnach nicht gemäß §§ 9ff. aufgewertet werden. Infolgedessen ist gemäß § 4 auch die Aufwertung der Hypothek ausgeschlossen. Es wird somit den Gläubigern auch die besonders für sie bestellte Sicherheit an dem vom Schuldner erworbenen und noch in seinem Vermögen befindlichen Sachwerte entzogen.

3. Die Ausschließung der Kontokorrentguthaben von der Aufwertung findet nur statt „unbeschadet anderweitiger Vereinbarungen". Es besteht also nicht ein „Verbot" in dem Sinne, daß die Parteien nicht die Aufwertung vereinbaren könnten. Das entspricht dem Standpunkte, den das Aufwertungsgesetz auch sonst gegenüber Parteivereinbarungen einnimmt; vgl. § 67 Abs. 3 und Anm. 7.

4. Der mit „es sei denn" eingeführte Nachsatz läßt einige Ausnahmen von dem Ausschlusse der Aufwertung von Kontokorrentguthaben zu. Es sind dies:

a) Einlagen des Arbeitnehmers bei seinem Arbeitgeber. Die Regierungsvorlage wollte diese Ausnahme nur zulassen, falls die Einlage „auf Veranlassung des Arbeitgebers" gemacht sei. Diese Einschränkung wurde im Reichstagsausschusse gestrichen. Es wurde dabei erwogen, daß, wenn auch diese Einlagen nicht den Werksparkassenguthaben gleichgestellt seien — was von der sozialdemokratischen Partei beantragt, aber abgelehnt worden war (vgl. Anm. 5 zu § 63 unter f) —, sie doch immerhin einen Vorzug verdienten „gegenüber den Guthaben, die völlig ins Leere fallen, weil sie in laufender Rechnung geführt werden". Daß diese Ausnahme durch das einfachste soziale Gerechtigkeitsgefühl geboten war, bedarf wohl keiner Ausführung.

b) Ansprüche der im § 63 Abs. 2 bezeichneten Art. Es sind dies die dort unter Ziff. 1—6 aufgeführten einzelnen Arten von Ansprüchen, die nicht als Vermögensanlagen im Sinne des Abs. 1 gelten und deshalb unbeschränkt aufgewertet werden können. Bei ihnen soll die Aufwertung auch nicht dadurch ausgeschlossen werden, daß über sie eine laufende Rechnung geführt ist. Dagegen ist die gleiche Ausnahme nicht gemacht hinsichtlich der im Abs. 3 des § 63 genannten Ansprüche aus gegenseitigen Verträgen, obwohl auch diese nicht als Vermögensanlagen im Sinne des Abs. 1 gelten und unbeschränkt aufgewertet werden können.

2. Aufwertung von Bankguthaben[1]

§ 66.

(1) Ansprüche aus einem Darlehen oder einem Verwahrungsvertrage der im § 700 des Bürgerlichen Gesetzbuchs bezeichneten

*) In der zweiten Lesung des Reichstagsausschusses (Bericht S. 40) wurde übrigens ein Zusatz angenommen folgenden Inhalts:

„Soweit hiernach eine Aufwertung stattfindet, wird die Behandlung eines Anspruchs als Vermögensanlage — wenn sonst die Voraussetzungen dafür vorliegen — nicht dadurch ausgeschlossen, daß er in ein Kontokorrent oder eine laufende Rechnung aufgenommen worden ist."

Ob dieser stark verklausulierte und unklare Zusatz eine Abhilfe gebracht haben würde, muß dahingestellt bleiben. Er wurde in der dritten Lesung (Bericht S. 45) mit allen anderen Zusätzen zu § 65 auf Antrag des Abg. Dr. Best gestrichen, „weil sie nur Verwirrung stifteten"!

Art[2] werden ohne Rücksicht darauf, ob sie durch Hypothek gesichert sind[2], unbeschadet anderweitiger Vereinbarungen[4], nicht aufgewertet[1], wenn sie sich gegen ein Unternehmen richten, dessen Geschäftsbetrieb der Anschaffung und Darleihung von Geld dient[3] und nicht der Schuldner das Geld vereinbarungsgemäß in wertbeständigen oder aufgewerteten Vermögensgegenständen anzulegen hat[3].

(2) Die Vorschrift des Abs. 1 gilt nicht, wenn es sich um eine Einlage des Arbeitnehmers bei seinem Arbeitgeber oder um Ansprüche der im § 63 Abs. 2 bezeichneten Art handelt[5].

(3) Darlehensansprüche der im Abs. 1 bezeichneten Art sind wie Vermögensanlagen aufzuwerten, wenn sie aus einer ehemaligen Geschäftsbeteiligung entstanden sind und als solche mehr als 5 Jahre bestanden haben[6].

1. Bankguthaben (vgl. Anm. 2, 3) werden meist schon unter § 65 fallen, da sie wohl regelmäßig in „laufender Rechnung" geführt werden. Ihre Aufwertung sollte aber auch dann ausgeschlossen werden, wenn es sich nicht um eine laufende Rechnung handle (Begr. S. 16). Die in der Regierungsvorlage vorgeschlagene restlose Ausschließung solcher Guthaben von der Aufwertung begegnete im Reichstagsausschusse lebhaftem Widerspruch. Es wurde geltend gemacht (Bericht S. 25), daß es „für die öffentliche Meinung unerträglich sei, gerade die Banken, die, wenigstens teilweise, die Möglichkeit der Devisenanlage gehabt, in der Inflationszeit große Sachwerte in Gebäuden erstellt und ungeheure Zinsen genommen hätten, mit jeder Aufwertung zu verschonen." Von anderer Seite (Kompromißparteien) wurde hervorgehoben, daß die Banken, namentlich Provinzbanken, vielfach den öffentlichen Sparkassen Konkurrenz gemacht und Spargelder an sich gezogen, auch Sparbücher darüber ausgestellt hätten und daß wenigstens die auf diese Weise erhaltenen Einlagen aufgewertet werden müßten. Diesen Auffassungen trat der Reichswirtschaftsminister durch eine Darlegung der Lage der Banken entgegen, aus der hervorgehe, daß schon eine noch so geringe Aufwertungspflicht den Ruin zahlreicher Banken unvermeidlich mit sich bringen würde. Dadurch wurden wenigstens die Kompromißparteien derart überzeugt, daß sie ihren Antrag nicht aufrechterhielten. Ein Antrag Dernburg, die Guthaben bei den sog. „Konzernbanken" von der Regel auszuschließen, weil hier die Einlagen im Unternehmen wertbeständig angelegt seien oder zur Werteschaffung mitgearbeitet hätten, fand allgemeine Zustimmung und Annahme durch einen entsprechenden Zusatz (Bericht S. 26, 62); in der zweiten Lesung wurde aber dieser Zusatz wieder gestrichen (!) (Bericht S. 40). Wegen Abs. 3 vgl. Anm. 5.

2. Die Ausschließung der Aufwertung betrifft Ansprüche aus Darlehen (§ 607) und **Verwahrungsverträgen nach § 700 BGB.** In Gestalt eines solchen Verwahrungsvertrags (depositum irregulare) vollzieht sich das Depositengeschäft der Banken, bei welchem Gelder in der Art hinterlegt werden, daß das Eigentum auf die Bank übergeht und diese verpflichtet ist, Geld „von gleicher Art, Güte und Menge" zurückzugewähren. Wird, was die Regel ist, darüber eine „laufende Rechnung" geführt, so liegt zugleich ein uneigentliches Kontokorrentverhältnis vor; vgl. zu § 65. Nicht unter die Vorschrift fallen Ansprüche gegen die Banken, die im Wege der Anleihe, durch Ausgabe von Schuldverschreibungen, entstanden sind; solche Ansprüche werden nach Abschnitt 4 (§§ 33ff.) aufgewertet. Dagegen ist die Aufwertung auch ausgeschlossen für solche Ansprüche aus Darlehen und Depositengeschäften, die durch Hypothek gesichert sind. Dadurch wird zugleich auch gemäß § 4 die Aufwertung der Hypothek selbst — des dinglichen Rechts —

ausgeschlossen, da dieses nicht höher aufgewertet wird, als die gesicherte Forderung. Es wird also den Gläubigern der Banken auch der ihnen als besondere Sicherheit bestellte Sachwert, der sich wertbeständig im Vermögen der Schuldner befindet, entzogen und diese werden damit bereichert.

3. Voraussetzung ist, daß die Ansprüche sich gegen ein Unternehmen richten, dessen Geschäftsbetrieb der Anschaffung und Darleihung von Geld dient, weil angenommen wird, daß ein solches Unternehmen die ihm zugeflossenen Gelder wieder durch Ausleihen von Geld habe anlegen müssen und diese Anlagen der Geldentwertung verfallen seien. Nicht berücksichtigt ist dabei freilich, daß, auch abgesehen von den Anlagen in Devisen und Häusern (vgl. Anm. 2), die Banken ihrerseits die Aufwertung der an die Kunden ausgeliehenen Gelder als Vermögensanlagen bis zu 25 v. H. des Goldmarkbetrags erlangen können (§ 63) und daß ihre Hypotheken ohne weiteres auf 25 v. H. aufgewertet werden. Nur wenn die Bank vereinbarungsgemäß das Geld in wertbeständigen oder aufgewerteten Vermögensbeständen anzulegen hatte, wird eine Aufwertung zugelassen; derartige Vereinbarungen werden aber höchstens in der letzten Inflationszeit getroffen worden sein. Ein weitergehender Antrag, die Aufwertung auch dann zuzulassen, wenn die Bank eine solche Anlegung ohne besondere Vereinbarung tatsächlich bewirkt habe oder dazu wegen der ihr gewährten längeren Rückzahlungsfrist in der Lage war, wurde wegen der angeblichen Unmöglichkeit, Feststellungen in dieser Richtung zu treffen, abgelehnt (Bericht S. 25).

4. „Unbeschadet anderweiter Vereinbarungen"; vgl. zu § 65 Anm. 3.

5. Die Vorschrift des Abs. 2 ist die gleiche, wie die in § 65 Nachsatz für Kontokorrentforderungen gegebene; vgl. darüber Anm. 4 zu § 65.

6. Der auf Antrag des Abg. Dr. Schetter in der zweiten Lesung des Reichstagsausschusses beschlossene Abs. 3 des § 66 läßt bei Banken die Aufwertung zu für frühere Beteiligungen, die bei Umgründungen und Geschäftsübertragungen vielfach in Darlehen umgewandelt seien, bei denen aber der Wille, das Beteiligungsverhältnis fortzusetzen, dadurch zum Ausdrucke gekommen sei, daß das Darlehen viele Jahre nicht zurückgefordert wurde (Bericht S. 41). Es wird vom Gesetze angenommen, daß der ehemalige Geschäftsbeteiligte, obwohl er nur noch Gläubiger der Bank war, sich doch noch mit dem wirtschaftlichen Schicksal der Bank verbunden gefühlt und deshalb das Darlehen, das im Geschäfte der Bank arbeitete, nicht hat zurückziehen wollen.

Zehnter Abschnitt

Vergleiche und andere Vereinbarungen über die Aufwertung — Gerichtliche Entscheidungen

I. Vergleiche und andere Vereinbarungen[1]

1. Das durch die Aufwertungsgesetzgebung geschaffene objektive Aufwertungsrecht ist nicht zwingendes, sondern dispositives Recht; es kann durch Parteivereinbarungen in beliebiger Richtung abgeändert werden; in diesem Sinne besteht kein „Verbot" der Aufwertung (vgl. Einleitung unter V). Das war in der 3. StNVO. grundsätzlich ausgesprochen, indem an die Spitze des § 13 der Satz gestellt war: „Vereinbarungen über die Aufwertung der in § 1 Abs. 2, § 12 bezeichneten Vermögensanlagen bleiben unberührt und können auch in Zukunft getroffen werden". Das Aufwertungsgesetz hat einen anderen, weniger grundsätzlichen Weg eingeschlagen, indem es im Unterabschnitt I des zehnten Abschnittes unter der Überschrift: „Vergleiche und andere Vereinbarungen" zunächst (in Abs. 1 u. 2) nur eine besondere Gattung der Vereinbarungen, nämlich Vergleiche, und zwar solche, die vor seinem Inkrafttreten geschlossen sind (vgl. Anm. 3), regelt und sodann in Abs. 3 erklärt, daß Vereinbarungen (also sowohl Vergleiche wie andere Vereinbarungen) auch in

Zukunft getroffen werden können. Über (andere) Vereinbarungen, die vor dem Inkrafttreten des Gesetzes getroffen sind, enthält das Gesetz keine ausdrückliche Bestimmung; daß es aber ihre Zulässigkeit und Wirksamkeit voraussetzt, ergibt sich aus dem Gebrauche des Wörtchens „auch" in der Bestimmung, die sich auf die in Zukunft zu treffenden Vereinbarungen bezieht.

§ 67.

(1) Vergleiche[2] über Ansprüche der in den §§ 4 bis 61 und im § 63 Abs. 1 bezeichneten Art[3a], die den Zweck hatten, den Streit oder die Ungewißheit über die Höhe des infolge der Geldentwertung zu zahlenden Betrags zu beseitigen[2], bleiben mit der aus Abs. 2 sich ergebenden Ausnahme[5] unberührt[3]. Soweit der vereinbarte Aufwertungsbetrag 25 vom Hundert des Goldmarkbetrags übersteigt, gilt die Vereinbarung als Begründung eines neuen Schuldverhältnisses[4]. Betrifft der Vergleich eine Hypothek, Grundschuld, Rentenschuld oder Reallast oder ein Schiffs- oder Bahnpfandrecht, so findet die Vorschrift des § 6 bis zur Höhe von 25 vom Hundert des Goldmarkbetrags Anwendung[4].

(2) Der Aufwertung nach den Vorschriften dieses Gesetzes steht ein Vergleich nicht entgegen, wenn er in der Zeit vom 15. Juni 1922 bis zum 14. Februar 1924 geschlossen ist[5]. Dies gilt nicht, wenn der Gläubiger Kaufmann war und den Vergleich im Betriebe seines Handelsgewerbes geschlossen hat[6]; soweit die Aufwertung zugunsten einer Teilungsmasse (Aufwertungsstock) erfolgt (§§ 48, 51 Abs. 3, §§ 56, 60), bewendet es bei der Vorschrift des Satzes 1[6].

(3) Vereinbarungen über die Aufwertung können auch in Zukunft getroffen werden[7]. Die Vorschriften des Abs. 1 Satz 2, 3 finden Anwendung[8].

2. **Vergleiche** (§ 779 BGB.) sind Verträge, durch die der Streit oder die Ungewißheit der Parteien über ein Rechtsverhältnis im Wege gegenseitigen Nachgebens beseitigt wird. Das Gesetz regelt hier nur die Wirksamkeit solcher Vergleiche, bei denen das streitige oder ungewisse Rechtsverhältnis die Höhe des infolge der Geldentwertung zu zahlenden Betrags, also nach der sonstigen Ausdrucksweise des Gesetzes die Frage, ob und in welcher Höhe eine Aufwertung stattzufinden habe, war. Inwieweit Vergleiche über andere ungewisse oder streitige Rechtsverhältnisse, denen zufolge eine Partei zur Zahlung einer Geldsumme verpflichtet ist, durch die Geldentwertung und die Aufwertungsgesetzgebung berührt werden, bestimmt sich nach allgemeinen Rechtsgrundsätzen und nach den sonstigen Vorschriften des Aufwertungsgesetzes. Demgemäß wird die Aufwertung der auf Grund eines solchen Vergleichs als eines gegenseitigen Vertrags (RGZ 93, 290) zu zahlenden Geldsummen nach § 63 Abs. 3 unbeschränkt nach den allgemeinen Vorschriften stattfinden. Es wird aber ferner gemäß § 779 ein solcher Vergleich unwirksam sein, wenn bei Abschluß desselben beide Parteien als feststehenden Sachverhalt die Tatsache zugrunde gelegt haben, daß eine Aufwertung der von einer Partei geschuldeten Geldsumme nicht oder in anderer Weise, als der jetzt durch das Gesetz festgestellten Wirklichkeit entspricht, stattzufinden habe, sofern bei Kenntnis der wirklichen Sachlage der Streit

oder die Ungewißheit nicht entstanden sein würde (RGRKomm. zu § 779 Anm. 6a). Das Wesen des Vergleichs erfordert ferner beiderseitiges Nachgeben; ist also ungeachtet des bestehenden Streites oder der Ungewißheit über die Aufwertung infolge einseitigen Nachgebens des Gläubigers nur der Nennbetrag oder infolge einseitigen Nachgebens des Schuldners der vom Gläubiger geforderte Betrag bezahlt oder in einer Vereinbarung festgelegt, so liegt kein Vergleich vor.

3. Vergleiche der in Anm. 2 erörterten Art bleiben unberührt mit der aus Abs. 2 sich ergebenden Ausnahme. Sie bleiben unberührt, d. h. ihre Wirksamkeit wird durch die infolge des Inkrafttretens des Aufwertungsgesetzes eingetretene Veränderung der Rechtslage nicht beeinträchtigt; es kommen auf den durch den Vergleich erledigten Anspruch die abweichenden Vorschriften des Aufwertungsgesetzes nicht zur Anwendung; es kann auf sie weder die Behauptung der Unwirksamkeit des Vergleichs (die übrigens an sich schon ausgeschlossen sein würde, weil der Vergleich gerade den Streit oder die Ungewißheit über die Aufwertung betraf) noch eine Anfechtung wegen Irrtums, noch ein Bereicherungsanspruch gegründet werden. Doch werden Schadenersatzansprüche aus unerlaubter Handlung im Falle arglistiger Täuschung nicht ausgeschlossen sein. Alles dies trifft jedoch nur zu, wenn der Abschluß des Vergleichs vor dem 15. Juni 1922 oder nach dem 14. Februar 1924 (dem Tage des Inkrafttretens der 3. StNVO.) abgeschlossen worden ist; für die in der Zwischenzeit abgeschlossenen Vergleiche gelten die Vorschriften des Abs. 2 (vgl. Anm. 5, 6). Daß die Vorschrift sich nur auf Vergleiche bezieht, die vor dem Inkrafttreten des Aufwertungsgesetzes abgeschlossen sind, ergibt sich daraus, daß sie von diesen unberührt bleiben sollen.

3a. § 67 findet Anwendung auf Vergleiche über Ansprüche der in den §§ 4 bis 61 des Gesetzes (Abschnitte 2—8) bezeichneten und geregelten Art, sowie über andere Ansprüche, die Vermögensanlagen im Sinne des § 63 Abs. 1 sind und deshalb nur bis zum Höchstbetrage von 25 v. H. aufgewertet werden; nicht dagegen auf die unbeschränkt aufgewerteten Ansprüche, die nicht Vermögensanlagen sind oder nicht als solche gelten (§ 63 Abs. 2, Abs. 3). Da die Aufwertung dieser letzteren Ansprüche nach wie vor nach allgemeinen Vorschriften erfolgt, werden die über sie geschlossenen Vergleiche durch das Inkrafttreten des Aufwertungsgesetzes nicht berührt, auch wenn diese nach dem 14. Juni 1922 geschlossen sind (Abs. 2).

4. Durch den Vergleich ist die bestehende Rechtslage insoweit geändert worden, als sein Inhalt den zur Zeit seines Abschlusses bestehenden Rechtsvorschriften über die Aufwertung nicht entsprach. Das waren bei Vergleichen, die vor dem 14. Februar 1924 abgeschlossen worden sind, die vielberufenen „allgemeinen Vorschriften"; bei nach dem 13. Februar 1924 abgeschlossenen Vergleichen die Vorschriften der 3. StNVO. Soweit der im Vergleiche vereinbarte Betrag den nach diesen Vorschriften geschuldeten Aufwertungsbetrag übersteigt, würde an sich ein Betrag geschuldet werden, der bisher noch nicht geschuldet war, also in diesem Sinne ein „neues Schuldverhältnis" entstanden sein. Satz 2 des Abs. 1 bestimmt aber, daß das Schuldverhältnis als ein durch die Vereinbarung neu begründetes insoweit zu gelten hat, als der vereinbarte Aufwertungsbetrag 25 v. H. übersteigt. Danach kommt es auch nicht darauf an, in welcher Höhe der Anspruch nach Maßgabe der 3. StNVO. aufgewertet war; der Satz von 25 v. H. ist absolut maßgebend. Nach der Fassung der 3. StNVO. (§ 13 Abs. 2) bezog sich die dortige Vorschrift nur auf den in § 2 Abs. 3 der VO. bestimmten dinglichen Rang des aufgewerteten Rechts, also nur auf dingliche Ansprüche (vgl. Mügel 2. Aufl. zu § 13 Anm. S. 132). Nach der jetzigen Fassung muß sie für alle im Aufwertungsgesetze geregelten Arten von Ansprüchen und für alle Beziehungen dieser Ansprüche gelten. Die Folge ist, daß Pfänder, Bürgen und sonstige Sicherheiten, die für den Anspruch bestellt sind, insoweit nicht haften, als eine Aufwertung über 25 v. H. ohne Neubestellung der Sicherheiten vereinbart ist;

auch soweit die Aufwertung darunter bleibt, werden die Bürgen bzw. die Besteller der Sicherheiten geltend machen können, daß die ohne ihre Zuziehung vereinbarte Aufwertung die gesetzliche übersteige und deshalb eine Erweiterung der Verbindlichkeit des Hauptschuldners darstelle, für die sie nach § 767 Abs. 1 Satz 3, 1210 Abs. 1 Satz 2 BGB. nicht haften. Für den Fall, daß es sich um dingliche Rechte handelt, ist in Satz 3 noch besonders vorgeschrieben (was wohl durch Schluß aus dem Gegenteil schon aus Satz 2 gefolgert werden könnte), daß die Vorschrift des § 6 bis zur Höhe von 25 v. H. Anwendung findet, d. h. daß bis zu dieser Höhe auch das durch Vereinbarung aufgewertete dingliche Recht seinen bisherigen Rang behält, ohne daß es der Bewilligung einer dinglichen Sicherung in der Vereinbarung und der Eintragung in das Grundbuch bedarf. Der vereinbarte Aufwertungsbetrag ist aber auf Antrag des Gläubigers oder des Schuldners einzutragen, und zwar an gleicher Stelle wie das aufgewertete Recht. Hierzu wird es der Vorlage einer öffentlichen Urkunde über die Vereinbarung bedürfen; eine öffentlich beglaubigte Urkunde wird genügen, falls die Vereinbarung die Erklärung enthält, daß die Eintragung bewilligt werde (§ 29 GBO.; vgl. zu § 6). Einer Form (Schriftlichkeit) bedarf die vergleichsweise Aufwertung, auch soweit durch sie ein neues Schuldverhältnis als begründet anzusehen ist, nicht, da nach § 782 BGB. auch ein selbständiges Schuldanerkenntnis oder Schuldversprechen, wenn es im Wege des Vergleichs erteilt wird, einer solchen Form nicht bedarf.

5. Abs. 2 enthält die in Abs. 1 Satz 1 vorbehaltene Ausnahme von dem Satze, daß Vergleiche über die Aufwertung durch das Aufwertungsgesetz nicht berührt werden. Sie betrifft die in der Zeit vom 15. Juni 1922 bis zum 14. Februar 1924 — also in derselben Zeit, für welche die Rückwirkung (§ 15), sofern sie für den in Frage stehenden Anspruch zulässig ist, eintritt — abgeschlossenen Vergleiche. Diese stehen der Aufwertung nach den Vorschriften des Aufwertungsgesetzes nicht entgegen. Das Gesetz legt sich sonach solchen Vergleichen gegenüber rückwirkende Kraft bei aus etwa den gleichen Gründen, aus denen es bei gewissen Ansprüchen nach Annahme von Zahlungen ohne Vorbehalt in der gleichen Zeit Rückwirkung zuläßt (vgl. zu § 15), nämlich mit Rücksicht auf die durch Erklärungen verantwortlicher Stellen herbeigeführte Irrtumserregung über die Unmöglichkeit einer Aufwertung. Der Anspruch, über dessen Aufwertung durch den Vergleich Bestimmung getroffen worden ist, wird ohne Rücksicht darauf nach den Vorschriften des Aufwertungsgesetzes aufgewertet. Diese können ebensowohl zu einem höheren wie zu einem geringeren Aufwertungsbetrage führen. Das gilt nicht nur für diejenigen Ansprüche, bei denen durch das Aufwertungsgesetz trotz Annahme der Leistung ohne Vorbehalt die Aufwertung stattfindet, also Rückwirkung in diesem Sinne eintritt — Hypotheken (§ 15), sonstige dingliche Rechte (§§ 31, 32) und Versicherungsansprüche (§ 60 Abs. 3) —, sondern für alle Ansprüche, deren Aufwertung nach den Vorschriften des Aufwertungsgesetzes erfolgt; vgl. Anm. 3a. Ist aber auf Grund des Vergleichs eine Zahlung als Erfüllung angenommen, so wird durch die Unwirksamkeit des Vergleichs die etwa durch eine solche Zahlungsannahme bedingte Ausschließung der Aufwertung nicht beseitigt. Eine Aufwertung kann deshalb, auch wenn die Zahlung auf Grund eines unwirksamen Vergleichs erfolgt ist, nur noch stattfinden, falls die Voraussetzungen für die Rückwirkung nach Zahlungsannahme vorliegen, also nur wenn die Annahme unter Vorbehalt erfolgt ist (was bei Zahlungen auf Grund Vergleichs in der Regel nicht zutreffen wird) oder wenn es sich bei vorbehaltloser Zahlungsannahme um eine Hypothek, ein Schiffs- oder Bahnpfandrecht, eine durch eines dieser Rechte gesicherte Forderung, eine Grundschuld, Rentenschuld oder Reallast oder einen Versicherungsanspruch gehandelt hat; vgl. zu § 15. Dagegen ist bei Industrieobligationen, Pfandbriefen, den Schuldverschreibungen des sechsten Abschnitts, sowie bei Spar-

guthaben die Aufwertung nach vorbehaltloser Zahlungsannahme auch dann ausgeschlossen, wenn die Annahme auf Grund eines unter § 67 Abs. 2 fallenden Vergleiches, also unter beiderseitigem Nachgeben hinsichtlich der Höhe des zu zahlenden Betrages, insbesondere nicht zum Nennbetrage, sondern mit einem Aufgelde erfolgt ist. Daß dies der Sinn des Gesetzes ist, wird durch die Entstehungsgeschichte der Vorschrift bestätigt. Die Regierungsvorlage (§ 13 Satz 2) wollte eine Ausnahme von dem Unberührtbleiben der Vergleiche anordnen gegenüber den Vorschriften des § 11 Abs. 2, d. h. den Vorschriften über die Aufwertung nach vorbehaltlos angenommener Leistung, (jetzt § 15 Aufw. Ges.), jedoch nur soweit Abfindung in barem Gelde vereinbart sei. Im Reichstagsausschusse (Bericht S. 27) wurde beanstandet, daß eine Abfindung in Sachwerten, wie sie gerade in der Inflationszeit massenhaft stattgefunden habe (Mehl, Schwein) anders behandelt werden solle als eine Geldabfindung. Infolgedessen wurde ein Antrag der Kompromißparteien angenommen, demzufolge die Beschränkung der Vorschrift auf Abfindung in barem Gelde wegfallen, die Bezugnahme auf § 11 Abs. 2 aber bestehen bleiben sollte; vgl. die Formulierung im Bericht S. 68. Bei der Umarbeitung der Vorlage ist dann diese Bezugnahme weggeblieben; vgl. die Formulierung im Bericht S. 98. Daß dadurch eine sachliche Änderung, insbesondere eine Ausdehnung auf andere als die der Rückwirkung unterliegenden Ansprüche nicht eintreten sollte, ist danach ohne weiteres klar. Aus dem Wortlaute ist sie nicht zu entnehmen, da die Vorschriften über die Wirkung von Vergleichen und von Leistungsannahmen voneinander ganz unabhängig getroffen sind. Es wäre auch (worauf in der Presse bereits hingewiesen worden ist) ein sehr befremdliches Ergebnis, wenn bei Zahlungsannahme mit Aufgeld eine Aufwertung noch stattfinden würde, bei Zahlungsannahme ohne Aufgeld aber nicht. Es wird demnach nicht auf die bei der zweiten Lesung der Vorlage im Reichstage (Sitzungsberichte S. 3200) erörterte Frage ankommen, wie sich die Rechtslage gestalte, wenn auf Grund eines vor dem 15. Juni 1922 abgeschlossenen Vergleichs nach diesem Zeitpunkte Erfüllung angenommen worden ist. A. M. Mügel, Aufwertungsrecht, zu § 67 Anm. 2.

Auf Vergleiche, die nicht bis zum 14. Februar 1924, sondern unter der Herrschaft der 3. StNVO. geschlossen sind, bezieht sich die Ausnahme des Abs. 2 nicht. Sie sollen vielmehr nach Abs. 1 „unberührt" bleiben, d. h. eine rückwirkende Anwendung der Vorschriften des Aufwertungsgesetzes auf sie soll nicht stattfinden. Das gilt aber nur von solchen Vergleichen, durch welche ein Streit über die Höhe des Aufwertungsbetrages beseitigt werden sollte (vgl. Anm. 2). Sind bei anderen Vergleichen die Parteien von der Regelung, die durch die 3. StNVO. geschaffen war, als von einer endgültigen ausgegangen, so wird, falls im übrigen die Voraussetzungen des § 779 BGB. vorliegen, ein solcher Vergleich unwirksam sein.

6. Von der Ausnahme in Satz 1 des Abs. 2 ist in Satz 2 eine Ausnahme gemacht („dies gilt nicht"), wenn der Gläubiger Kaufmann war und den Vergleich im Betriebe seines Handelsgewerbes geschlossen hat. Bei Kaufleuten soll der etwa in ihnen erregte Irrtum über die Möglichkeit einer Aufwertung nicht dazu führen können, daß sie an im Betriebe des Handelsgewerbes abgeschlossene Vergleiche nicht gebunden sind. Die Vorschrift wurde im Plenum des Reichstages in der zweiten Lesung gestrichen, in der dritten aber wiederhergestellt (Sitzungsberichte S. 3119, 3199). Von dieser Ausnahme der Ausnahme wurde aber in der dritten Lesung durch das Plenum wieder eine Ausnahme gemacht, die im Halbsatz 2 des Satzes enthalten ist. Danach soll es bei der Vorschrift des Satzes 1 sein Bewenden haben, d. h. der Vergleich soll, obwohl er von einem Kaufmann im Betriebe seines Handelsgewerbes geschlossen ist, der Aufwertung nicht entgegenstehen, wenn die Aufwertung zugunsten einer Teilungsmasse oder eines

Aufwertungsstocks erfolgt, also bei Pfandbriefen (§ 48), Sparguthaben (§ 56) Versicherungsansprüchen (§ 60), auch bei Schuldverschreibungen öffentlicher Kreditanstalten, falls die Länder eine Anordnung nach § 51 Abs. 3 getroffen haben. Es wurde erwogen, daß die hier in Betracht kommenden Anstalten, namentlich Grundkreditanstalten und Versicherungsanstalten, häufig Kaufleute seien (z. B. wenn sie Aktiengesellschaften sind), daß es sich aber nicht empfehle, den Pfandbriefgläubigern und den Versicherten die höheren Summen zu entziehen, die sich durch die nachträgliche Aufwertung von durch Vergleich in der kritischen Zeit erledigten Ansprüchen für die Teilungsmasse ergeben.

7. Zu Abs. 3 vgl. Anm. 1. Er bestimmt, daß Vereinbarungen über die Aufwertung auch in Zukunft, d. h. nach Inkrafttreten des Aufwertungsgesetzes, getroffen werden können, und bestätigt dadurch den dispositiven Charakter der Aufwertungsvorschriften auch gegenüber vorher getroffenen Vereinbarungen. Für Vergleiche gelten jedoch die in den Abs. 1 u. 2 enthaltenen besonderen Vorschriften. Vereinbarungen, die keine Vergleiche über die Aufwertung enthalten, sind solche, die nicht aus Anlaß eines Streits oder einer Ungewißheit über die Aufwertung getroffen sind oder bei denen nicht von beiden Seiten ein Nachgeben stattgefunden hat. Dazu gehören einerseits Anerkennungen des vom Gläubiger geforderten Betrages durch den Schuldner, anderseits Verzichte des Gläubigers auf Aufwertung. Sie bleiben, soweit sie in verbindlicher Weise getroffen sind, wirksam. Doch ist ihre Beseitigung auf Grund der besonderen Rechtsbehelfe, die das bürgerliche Recht gewährt (Anfechtung wegen Irrtums oder arglistiger Täuschung, Bereicherungsanspruch), sofern solche zutreffen, grundsätzlich nicht, wie im Falle des § 19, ausgeschlossen. Als **Vereinbarungen über die Aufwertung** werden auch solche anzusehen sein, die bereits vor der jetzt eingetretenen Geldentwertung im Hinblick auf die Möglichkeit des Eintritts einer solchen getroffen worden sind. Dazu gehören namentlich die sog. Goldwertklauseln, die dahin gehen, daß der Schuldner eine dem Goldwerte des hingegebenen Betrages entsprechende Menge des gesetzlichen Währungsgeldes zu zahlen hat. Gleiches wird aber auch von den eigentlichen Goldklauseln (Goldmünzklauseln), die nach dem 31. Juli 1914 vereinbart und daher von dem Gesetze vom 4. August 1914 nicht betroffen sind, zu gelten haben; die Ansprüche mit solchen Goldklauseln würden, da die Goldmünzen aus dem Verkehr verschwunden sind, gemäß § 245 BGB. durch Zahlung in der gesetzlichen Währungsmünze zu erfüllen sein; doch wird man in der Goldklausel nach Treu und Glauben die Vereinbarung finden müssen, daß für diesen Fall eine dem Goldwerte entsprechende Menge der Währungsmünze gezahlt werde, was allerdings das RG. für Forderungen, für die eine Hypothek bestellt ist, verneint hat, hauptsächlich mit Rücksicht darauf, daß eine Hypothek mit Goldwertklausel nicht eintragungsfähig ist (RGZ. 101 144; RG. 28. November 1923, Anhang I). — Auch Vereinbarungen schiedsrichterlicher Entscheidung über die Aufwertung sind nach § 1025 ZPO. zulässig und wirksam.

8. Auf Vereinbarungen über die Aufwertung finden die Vorschriften des Abs. 1 Satz 2, 3 Anwendung; vgl. Anm. 4.

II. Gerichtliche Entscheidungen[1]

§ 68.

(1) Ist die Aufwertung von Ansprüchen der in den §§ 4 bis 61 und im § 63 Abs. 1 bezeichneten Art durch eine rechtskräftige gerichtliche Entscheidung geregelt, so behält es dabei mit den aus Abs. 2 sich ergebenden Maßnahmen[2] sein Bewenden[1].

(2) Der Anwendung der §§ 15 bis 24 über die Aufwertung kraft Rückwirkung steht eine rechtskräftige gerichtliche Entscheidung nicht entgegen[2].

1. Daß ein durch rechtskräftige Entscheidung geregeltes Rechtsverhältnis durch ein neues Gesetz nicht berührt wird, ist selbstverständlich, es müßte denn das Gesetz sich ausdrücklich eine derartige rückwirkende Kraft beilegen. Das Aufwertungsgesetz spricht aber in § 68 noch ausdrücklich aus, daß es bei einer durch eine rechtskräftige Entscheidung geregelten Aufwertung sein Bewenden behalten soll. Es muß angenommen werden, daß es sich dabei um eine Bestimmung über die materielle Rechtskraft handelt, die gegenüber der Vorschrift des § 322 ZPO. selbständige Bedeutung hat und daher aus sich selbst auszulegen ist, wobei jedoch nichts im Wege steht, die Ergebnisse der Rechtslehre und Rechtsprechung zu der genannten Vorschrift heranzuziehen. Eine Regelung der Aufwertung durch die rechtskräftige Entscheidung ist dann erfolgt, wenn der erhobene Anspruch auf Aufwertung den Gegenstand der Entscheidung gebildet hat. Daß das im Urteilssatze selbst hervortritt, ist nicht unbedingt erforderlich; vielmehr sind die Urteilsgründe zur Erläuterung des Urteilssatzes heranzuziehen. Nicht hinreichend ist es dagegen, wenn die Frage der Aufwertung, ohne daß ein auf sie gerichteter Anspruch erhoben war, nur ein gedankliches Element für die Entscheidung gebildet hat. Hat ein Gläubiger den Papiermarkbetrag seines Anspruchs eingeklagt, ohne eine Aufwertung geltend zu machen und ist ihm daraufhin der eingeklagte Betrag rechtskräftig zugesprochen, so steht diese Entscheidung einer nachträglichen Geltendmachung des Aufwertungsbetrages unter Anrechnung des Goldmarkwertes des rechtskräftig zugesprochenen Betrages nicht entgegen (RGZ. 109, 345, 110, 127). War dagegen ein aufgewerteter Anspruch erhoben und hat das Gericht rechtskräftig nur den Papiermarkbetrag zuerkannt und dabei in den Gründen ausgeführt, daß eine Aufwertung nicht stattzufinden habe, so kann nicht nachträglich noch ein Aufwertungsanspruch erhoben werden. Die Entscheidung des Bay. Obersten Landesgerichts vom 11. Februar 1925 (DJZ. 747), die verlangt, daß im Urteilssatze die Abweisung des Aufwertungsanspruchs ausdrücklich ausgesprochen sein müsse, dürfte nicht haltbar sein, auch nicht nach dem Wortlaute der 3. StNVO. und jetzt des Aufwertungsgesetzes; eine rechtskräftige „Regelung der Aufwertung" liegt auch vor, wenn der Zusammenhalt des Urteilssatzes mit den Gründen ergibt, daß der erhobene Aufwertungsanspruch abgewiesen werden sollte.

2. Bei der Regelung der Aufwertung durch die rechtskräftige Entscheidung soll es sein Bewenden jedoch nur mit den aus Abs. 2 sich ergebenden „Maßnahmen" behalten. Diese Maßnahmen (Maßgaben?) bestehen darin, daß eine rechtskräftige Entscheidung der Anwendung der §§ 15—24 über die Aufwertung kraft Rückwirkung nicht entgegensteht. Die Vorschrift soll dem Gedanken entsprechen, daß jemand, dessen Widerstand gegen die Annahme einer Papiermarkzahlung erst durch eine gerichtliche Entscheidung gebrochen ist, nicht schlechter behandelt werden kann als derjenige, der es überhaupt nicht für nötig gehalten hat, bei der Annahme der Zahlung einen Vorbehalt zu machen (Begr. S. 16). Der Sinn dieser Bemerkung ist durchaus unklar; die Vorschrift wird daher aus sich selbst ausgelegt werden müssen. Danach kann sie nur bedeuten, daß ein Gläubiger, der vom Gerichte in Anwendung des bisherigen Rechts (insbesondere des § 11 der 3. StNVO.) mit seinem Aufwertungsanspruche um deswillen abgewiesen worden ist, weil er die unaufgewertete Leistung ohne Vorbehalt angenommen hatte, durch die Rechtskraft dieser Entscheidung nicht gehindert ist, den Anspruch nochmals geltend zu machen und sich dabei auf die Vorschriften des Aufwertungsgesetzes über die Rückwirkung

(§§ 15ff.) zu berufen, insbesondere also geltend zu machen, daß die Annahme der Leistung nach dem 14. Juni 1922 erfolgt war.

3. Unter „gerichtlichen Entscheidungen" werden auch die Entscheidungen der Aufwertungsstellen zu verstehen sein, die Gerichte (Sondergerichte) sind; vgl. Anm. 2 zu § 72.

Elfter Abschnitt

Aufwertungsverfahren[1] [2]

I. Zuständigkeit der Aufwertungsstelle

1. Gesetzliche Zuständigkeit[3]

1. Daß Streitigkeiten über die Aufwertung nicht vor den ordentlichen Gerichten im Wege des gewöhnlichen Zivilprozesses, sondern in einem besonderen Verfahren vor besonders dafür bestimmten Stellen erledigt wurden, war im Interesse der Vereinfachung und Beschleunigung der für die wirtschaftliche Wiedererstarkung Deutschlands außerordentlich bedeutsamen Regelung der gesamten Aufwertungsfrage nicht zu umgehen. Wenn auch die Besorgnis vor den „Millionen von Prozessen", die als hauptsächlicher Grund für die Abkehr von der individuellen Aufwertung nach Treu und Glauben angeführt wurde (vgl. die Einleitung unter V), übertrieben war, so ist doch nicht zu verkennen, daß auch bei der jetzigen Art der Regelung des Aufwertungsrechts sich eine große Menge von sachlichen und tatsächlichen Streitpunkten ergeben haben und ergeben werden, die im Wege Rechtens ausgetragen werden müssen, zumal die Berücksichtigung der Lage der einzelnen Fälle keineswegs durchweg ausgeschlossen, vielmehr vielfach, wenn auch meist nur einseitig zugunsten der Schuldner, zugelassen ist. Das schwierige Problem war aber, die richtigen Stellen, die mit der Entscheidung zu betrauen wären und das geeignete Verfahren zu finden. Die 3. StNVO. (§ 9) und ihr folgend das Aufwertungsgesetz haben die wichtige Frage der Auswahl der Entscheidungsstelle nicht selbst zu lösen gewagt, sondern die Bestimmung darüber der Reichsregierung überlassen; das Aufwertungsgesetz hat der Reichsregierung auch noch die Ermächtigung zu weiterer Delegation an die obersten Landesbehörden erteilt, von der die Reichsregierung auch bereits Gebrauch gemacht hat (§ 1 Abs. 2 VO. vom 21. Juli 1925; vgl. zu § 72 Anm. 1). Eine Sicherheit dafür, daß nur geeignete und vom Vertrauen der Beteiligten, das gerade in der durch die Aufwertungsfragen erzeugten Atmosphäre allseitigen Mißtrauens für die Entscheidungsstelle erforderlich ist, getragene Stellen mit diesen Aufgaben betraut werden, ist dadurch nicht geschaffen; auch die Rechtseinheit ist jetzt noch weniger als vorher gewahrt. Ob ferner die von der Reichsregierung als Aufwertungsstellen bestimmten Amtsgerichte in der Zusammensetzung als Einzelrichter ohne Mitwirkung sachverständiger Beisitzer der Erfüllung der Aufgabe, namentlich in tatsächlicher Hinsicht, die ein Vertrautsein mit wirtschaftlichen Verhältnissen auf den verschiedensten Gebieten erfordert, gewachsen sind, erscheint recht fraglich; die Möglichkeit der Zuziehung von Sachverständigen bietet dafür keinen ausreichenden Ersatz. Es war eben auch auf diesem Gebiete nur ein recht dürftiger Notbau, den die 3. StNVO. errichtet hatte, und das Aufwertungsgesetz hat ihn im wesentlichen übernommen, um die jetzt als endgültig angesehene materielle Regelung der Aufwertung zu tragen. Durch die von ihm neu eingefügte zweite Tatsacheninstanz bei dem Landgerichte (vgl. unten zu § 74) wird den bestehenden Bedenken nicht wesentlich abgeholfen. — Für das Verfahren haben die 3. StNVO. und das Gesetz im wesentlichen das Verfahren in Sachen der freiwilligen Gerichtsbarkeit zur Grundlage genommen (vgl. § 73), das den Vorzug weitgehender Unabhängigkeit der Entscheidungsstelle von Formvorschriften und Parteianträgen hat; vgl. Näheres zu den einzelnen Paragraphen. — Auf Grund

der ihr in § 88 erteilten allgemeinen und der in §§ 72, 73 enthaltenen besonderen Ermächtigungen hat die Reichsregierung die VO. vom 21. Juli 1925 über die Einrichtung und das Verfahren der Aufwertungsstellen (RGBl. I 154) erlassen, die als Anhang X abgedruckt ist*).

2. Das Gesetz regelt in Unterabschnitt I die sachliche Zuständigkeit der zur Entscheidung in Aufwertungssachen berufenen Stellen (Aufwertungsstellen), und zwar zunächst in §§ 69 und 70 die gesetzliche, dann in § 71 die durch Vereinbarung zu begründende. In Unterabschnitt II bestimmt es dann nicht selbst, welches diese Stellen sein, sondern nur durch wen und in welcher Weise sie ins Leben gerufen (eingerichtet) werden sollen (§ 71). Im Unterabschnitt III (§§ 72—76) ist das Verfahren vor den Aufwertungsstellen geregelt und § 77 enthält die Regelung einer Einzelheit aus dem Verfahren vor dem, soweit nicht die Zuständigkeit der Aufwertungsstelle eingreift, auch für die Entscheidung über die Aufwertung zuständigen ordentlichen Gerichte, dem Prozeßgerichte.

3. **Gesetzliche Zuständigkeit der Aufwertungsstelle.** Der Aufwertungsstelle ist keine allgemeine Zuständigkeit zur Entscheidung von Rechtsstreitigkeiten in Aufwertungsfragen verliehen; sie entscheidet vielmehr nur über bestimmte einzelne Fragen, die entweder für sich allein vor ihr oder als Inzidentpunkte in einem vor dem ordentlichen Gerichte verhandelten Rechtsstreite zur Entscheidung stehen. Ihre Entscheidungen haben deshalb in der Regel nicht die Natur von Verurteilungen zu einer Leistung oder Abweisungen eines Leistungsanspruchs, sondern nur von Feststellungsentscheidungen, entsprechend den von den ordentlichen Gerichten auf Feststellungsklagen (§ 256 ZPO.) ergehenden Urteilen. Sie entbehren deshalb in der Hauptsache der formellen Vollstreckbarkeit im Wege der Zwangsvollstreckung, vgl. zu § 75; sie bilden vielmehr insoweit, wenn rechtskräftig, nur die Grundlage für die materielle Gestaltung des Rechtsverhältnisses, auf welcher dieses, sei es freiwillig unter den Parteien oder durch Leistungsurteil des ordentlichen Gerichts oder auch durch Eintragungen im Grundbuche, zu ordnen ist. Diese Verteilung der Zuständigkeiten dürfte freilich nicht dazu beitragen, das Verfahren zu vereinfachen und zu beschleunigen. Die im Reichstagsausschusse gegebenen Anregungen, den Aufwertungsstellen die Entscheidung über alle das eigentliche Aufwertungsrecht betreffenden Fragen oder noch weitergehend über das Bestehen der aufgewerteten Ansprüche selbst zu übertragen, begegneten aber so starken (bei der Unsicherheit über die Zusammensetzung und Einrichtung dieser Stellen begreiflichen) Bedenken, daß sie keine Aussicht auf Annahme hatten (Bericht S. 16). — Kraft Gesetzes sind die Aufwertungsstellen in dieser Weise zuständig zur Entscheidung: a) über die Höhe der Aufwertung (§ 69); b) über die in § 70 Ziff. 1—5 aufgeführten einzelnen Fragen.

§ 69.

Besteht Streit darüber, in welcher Höhe Ansprüche der im § 4 bis 54 bezeichneten Art aufgewertet sind[4], so entscheidet hierüber ausschließlich die Aufwertungsstelle[5]. Dies gilt auch für den Fall,

---

*) Diese Verordnung ist durch eine Verordnung des Reichsjustizministers vom 27. November 1925 (RGBl. I S. 392) — Anhang XXV —, die sich auf § 72 (soll wohl heißen: 73) AufwGes. stützt und sich rückwirkende Kraft auf den 15. Juli 1925 beilegt, in einigen Einzelheiten geändert und ergänzt und sodann auf Grund der in ihrem Artikel II von dem Reichsjustizminister der Reichsregierung erteilten Ermächtigung (!) als Abschnitt VI in die Durchführungsverordnung vom 29. November 1925 aufgenommen worden. Dadurch dürfte die an sich zweifelhafte Rechtsgültigkeit der VO. vom 27. November hergestellt sein.

daß die Höhe der Aufwertung der durch Hypothek gesicherten Forderung sich nach allgemeinen Vorschriften bestimmt (§ 10)*.

4. Die Aufwertungsstelle ist zunächst zuständig zur Entscheidung darüber, in welcher Höhe Ansprüche der in den §§ 4 bis 54 bezeichneten Art aufgewertet sind (hier kommt zum Ausdruck, daß die Entscheidung keine rechtsgestaltende, sondern eine deklarative ist; vgl. vor § 1 Anm. 4). Die Zuständigkeit bezieht sich auf Ansprüche der in den §§ 4—54 bezeichneten Art, also Hypotheken und sonstige dingliche Rechte, Industrieobligationen, Pfandbriefe und Schuldverschreibungen öffentlich-rechtlicher Körperschaften als Unternehmer wirtschaftlicher Betriebe. Für die in konkursmäßiger Weise aufgewerteten Ansprüche außer den Pfandbriefen — nämlich für Sparguthaben und Versicherungsansprüche — ist die Zuständigkeit der Aufwertungsstelle nicht begründet; bei ihnen wird die Höhe der Aufwertung durch den Teilungsplan festgestellt, der mit der Genehmigung durch die Aufsichtsbehörde verbindlich wird; der Rechtsweg ist ausgeschlossen (vgl. zu § 55 Anm. 6 und zu § 60 Anm. 3). Ebensowenig ist die Zuständigkeit der Aufwertungsstelle begründet für die nach §§ 62 ff. aufgewerteten „anderen" Ansprüche. — Die Zuständigkeit beschränkt sich auf die Entscheidung über die Höhe der Aufwertung. Dazu gehört vor allem die Frage, welcher Aufwertungssatz anzuwenden, aber auch, ob überhaupt ein feststehender Aufwertungssatz anzuwenden oder der Anspruch „nach allgemeinen Vorschriften" aufzuwerten ist, was bei dinglich gesicherten Forderungen gemäß § 10 der Fall sein kann, soweit bei ihnen eine Abweichung von dem normalen Höchstsatze gestattet ist. In diesem Falle ist auch die Anwendung der „allgemeinen Vorschriften" Sache der Aufwertungsstelle; sie hat also darüber zu entscheiden, unter welche Kategorie von Ansprüchen innerhalb der §§ 4—54 der Anspruch fällt, sowie welche Leistung nach Treu und Glauben in Anwendung des § 242 von dem Schuldner zu machen ist. A. M. anscheinend mit Unrecht auf Grund der 3. StNVO. OLG. Karlsruhe 17. Juni 1924 (Bad. Rechtspr. 1924, 94). Die Frage ist jetzt durch § 69 Satz 2 Aufwertungsgesetz in obigem Sinne entschieden. Wird aber behauptet, daß der Anspruch nicht zu einer der in §§ 4—54 genannten Arten gehört, z. B. daß die Forderung nicht dinglich gesichert sei, so ist zur Entscheidung darüber die Aufwertungsstelle nicht zuständig. Zuständig ist die Aufwertungsstelle ferner für die Berechnung des Goldmarkbetrags (§§ 2, 3) als ein Element der Entscheidung über die Höhe. Dagegen ist die Aufwertungsstelle nicht zuständig, wenn streitig ist, ob überhaupt ein Anspruch besteht oder noch besteht (KG. 9. Oktober 1924, 11. Dezember 1924; DJZ. 1925 S. 115, 192); die Aufwertungsstelle hat in solchem Falle den Antrag wegen Unzuständigkeit abzuweisen oder das Verfahren auszusetzen (KG. a. a. O.). Gleiches gilt, falls ein Teil des Anspruchs bestritten ist, für diesen Teilbetrag; BayrObLG. 10. Januar 1925 im Recht S. 42 Nr. 33. Nicht zuständig ist die Aufwertungsstelle ferner für die Frage, ob bei Annahme der Leistung ein Vorbehalt gemacht worden ist, weil hiervon nicht die Höhe der Aufwertung, sondern nach der 3. StNVO. (§ 11) überhaupt, nach dem Aufwertungsgesetze bei vor dem 15. Juni 1922 angenommenen Zahlungen (§ 15) die Aufwertung selbst abhängt (KG. 19. Februar 1925, JurWoch. S. 798; RG. 26. Januar 1925, Recht S. 41 Nr. 25). In solchem Falle hat die Aufwertungsstelle das Verfahren auszusetzen (RG. a. a. O.).

5. Die Zuständigkeit der Aufwertungsstelle ist innerhalb des ihr durch § 69 überwiesenen Gebietes eine ausschließliche. Es kann sonach für die Entscheidung über die Höhe der Aufwertung nicht durch Vereinbarung die Zuständigkeit der ordentlichen Gerichte begründet werden. Doch hat die Aufwertungsstelle nur zu entscheiden, falls Streit über die Höhe besteht; sind die Parteien über die Höhe einig, so kann auch das ordentliche Gericht bei der Entscheidung über andere streitige Punkte die Höhe der Aufwertung festsetzen. Aber das im Falle des Streites über die Höhe

von dem ordentlichen Gerichte einzuschlagende Verfahren vgl. zu § 77. — Die ausschließliche Zuständigkeit der Aufwertungsstelle steht der Vereinbarung einer schiedsgerichtlichen Entscheidung (§ 1025 ZPO.) nicht entgegen, da es sich um einen Streit handelt, über dessen Gegenstand (Aufwertung) die Parteien berechtigt sind, einen Vergleich abzuschließen; vgl. zu § 67.

6. Satz 2 entscheidet die bisher bestrittene Frage, ob die Aufwertungsstelle auch zuständig ist zur Anwendung der allgemeinen Vorschriften, wenn sich die Aufwertung einer durch Hypothek gesicherten Forderung nach dieser bestimmt; vgl. Anm. 4 Die Frage wird hier in bejahendem Sinne entschieden.

§ 70.

Die Aufwertungsstelle ist, soweit es sich um Ansprüche der in den §§ 4 bis 54 und im § 64 bezeichneten Art handelt, weiter zuständig[1]:

1. für die Ermittlung des Wehrbeitragswerts im Falle des § 7 Abs. 2[2a];
2. für die Entscheidung über die Härtevorschriften der §§ 8, 15, 16, 34, 52[2b];
3. für die Aufteilung einer Gesamthypothek im Falle des § 23[2c];
4. für die Anordnung einer Teil- oder Vorleistung im Falle der §§ 26, 27[2d];
5. für die Entscheidung über die Höhe der Aufwertung der Guthaben bei Fabrik- und Werksparkassen und der Ansprüche an Betriebs-Pensionskassen gemäß § 64[2e].

1. § 70 erstreckt die Zuständigkeit der Aufwertungsstelle auf die Entscheidung über einzelne weitere Fragen, die nicht die Höhe der Aufwertung betreffen. Die Zuständigkeit ist begründet, wie in § 69 (vgl. Anm. 3), wenn es sich um die Aufwertung der in §§ 4—54 bezeichneten Anspruchsarten handelt, außerdem aber auch, wenn es sich um einen Anspruch der im § 64 bezeichneten Art handelt, vgl. darüber Ziff. 5 und Anm. 2e. Die Zuständigkeit in diesen Fällen ist nicht, wie in § 69, als eine ausschließliche bezeichnet; es ist deshalb auch eine Vereinbarung der Zuständigkeit eines ordentlichen Gerichts für die Entscheidung dieser Fragen zulässig.

2. Zu den einzelnen Fällen ist folgendes zu bemerken:

a) Ziffer 1: Die Ermittlung des Wehrbeitrags kann nach § 7 Abs. 2 erforderlich sein zur Entscheidung der Frage, ob ein nicht an erster Stelle eingetragenes Recht noch innerhalb der Grenze der Mündelsicherheit liegt und deshalb der Eigentümer nach § 7 Abs. 1 Satz 2 befugt ist, im Range nach diesem Rechte eine Hypothek oder Grundschuld für sich eintragen zu lassen; vgl. zu § 7 Anm. 3.

b) Ziffer 2: Die Härtevorschriften der hier genannten Paragraphen betreffen nach der Ausdrucksweise des Gesetzes nicht die Höhe der Aufwertung, d. h. der auf Grund des Gesetzes ohne gerichtliche Anordnung eingetretenen Abwertung des Goldmarkbetrags des Anspruchs auf einen bestimmten Hundertsatz, die durch das Gericht nur deklarativ festzustellen ist (vgl. zu § 8 Anm. 3). Sie bedeuten vielmehr eine durch besonderen rechtsgestaltenden Akt des Gerichts (der Aufwertungsstelle) eintretende Herabsetzung oder (im Falle des § 15 Satz 2) gänzliche Beseitigung der kraft Gesetzes eingetretenen Aufwertung auf Grund einer Berücksichtigung der besonderen Verhältnisse des Schuldners beziehungsweise Eigentümers. Eine Zuständigkeit der Aufwertungsstelle würde deshalb durch § 69 nicht begründet sein, ist aber durch die Vorschrift des § 70 Ziff. 2 angeordnet, nachdem in den betreffenden Paragraphen die Aufwertungsstelle nur als diejenige Stelle bezeichnet ist, bei der der Antrag zu stellen beziehungsweise anzumelden ist.

c) Ziffer 3: Vgl. Anm. zu § 23. In § 23 ist bereits die Zuständigkeit der Aufwertungsstelle begründet zur Bestimmung des Betrags, der bei einer nach Löschung einer aufgewerteten Hypothek eingetragenen Gesamthypothek auf die mitverhafteten Grundstücke entfallen würde, wenn eine angemessene Verteilung der Gesamthypothek stattfände, behufs Feststellung des Betrags, in dessen Höhe der Gläubiger der Gesamthypothek dem Gläubiger der wieder einzutragenden aufgewerteten Hypothek den Vorrang einzuräumen hat. Diese Zuständigkeitsbestimmung wird hier lediglich wiederholt.

a) Ziffer. 4: Vgl. Anm. zu §§ 26, 27. Auch in diesen Fällen ist bereits durch die genannten Vorschriften die Aufwertungsstelle dazu bestimmt, die dort zugelassenen Anordnungen zu treffen einerseits zugunsten des Eigentümers oder des Schuldners mit Rücksicht auf dessen Verhältnisse auf Leistung des aufgewerteten Kapitals in Teilzahlungen nach und teilweise auch vor dem 1. Januar 1932 (§ 26); anderseits zugunsten des Gläubigers mit Rücksicht auf dessen wirtschaftliche Lage auf Leistung von Zahlungen durch den Eigentümer oder Schuldner vor Beendigung des allgemeinen Moratoriums, also vor dem 1. Januar 1932.

d) Ziffer 5. Vgl. § 64 und Anm. dazu. Auch hier handelt es sich um eine Wiederholung der in § 64 bereits enthaltenen Bestimmung der Zuständigkeit der Aufwertungsstelle für die Entscheidung über die Höhe der Aufwertung der Guthaben bei Fabrik- und Werksparkassen, sowie der Ansprüche an Betriebs-Pensionskassen. Auf Grund des § 69 würde die Aufwertungsstelle hierfür nicht zuständig sein, da es sich nicht um eine der in §§ 9—54 bezeichneten Anspruchsarten handelt.

2. Vereinbarte Zuständigkeit[1]

§ 71.

Die Zuständigkeit der Aufwertungsstelle kann für die Entscheidung der Frage, ob ein nach den Vorschriften dieses Gesetzes aufgewerteter Anspruch besteht, sowie auch für andere mit der Aufwertung zusammenhängende Ansprüche vereinbart werden, auf die sich die Vorschriften der §§ 1 bis 54 und des § 64 nicht erstrecken[1].

1. Abweichend von der Zivilprozeßordnung, die eine Vereinbarung der Zuständigkeit nur auf ein ordentliches Gericht, nicht auf ein Sondergericht oder eine nicht richterliche Behörde kennt (§ 38 ZPO. und Gaupp-Stein Erl. III 3 dazu sowie RGZ. 66, 232), gestattet das Gesetz, die **Zuständigkeit der Aufwertungsstelle durch Vereinbarung zu begründen**, jedoch nur in beschränktem Maße. Die 3. StNVO. hatte die Vereinbarung zugelassen „für andere, mit der Aufwertung zusammenhängende Ansprüche, auf welche die Vorschriften der §§ 1—8 sich nicht erstrecken". Die Bedeutung dieser Vorschrift war nicht ganz klar. Welche Ansprüche, außer der Höhe der Aufwertung, „mit der Aufwertung zusammenhängen" könnten, war nicht ohne weiteres ersichtlich. Die Entscheidung über den Grund und die ursprüngliche Höhe (den Nennbetrag), an die man in erster Linie zu denken geneigt war, konnte man nicht wohl als mit der Aufwertung zusammenhängend bezeichnen. Doch konnte ungeachtet des ungenauen Ausdrucks damals schon als hinreichend zum Ausdruck gekommener Wille des Gesetzgebers der Verordnung unterstellt werden, daß für die Entscheidung hierüber die Zuständig-

keit der Aufwertungsstelle sollte vereinbart werden können. Vgl. die erste Auflage dieses Buches zu § 9 Anm. 12 S. 144. In dieser Richtung ist die Unklarheit durch das Aufwertungsgesetz beseitigt worden, indem dieses ausdrücklich „die Entscheidung der Frage, ob ein nach den Vorschriften dieses Gesetzes aufgewerteter Anspruch besteht", als Gegenstand einer zulässigen Vereinbarung der Zuständigkeit der Aufwertungsstelle bezeichnet. Im übrigen hat aber das Gesetz den unklaren Ausdruck: „für andere mit der Aufwertung zusammenhängende Ansprüche" (nicht Fragen, wie in dem vorhergehenden Satzteile) beibehalten. Mit der Aufwertung zusammenhängen etwaige Schadenersatzansprüche oder auch Bereicherungsansprüche, die wegen ungerechtfertigter Vorenthaltung der Aufwertung geltend gemacht werden können. Ferner die Frage (die aber kein Anspruch ist, sondern eine Vorfrage für den Aufwertungsanspruch), ob ein Vorbehalt bei der Annahme der Leistung gemacht oder die Annahme vorbehaltlos erfolgt ist (§§ 14, 15). Doch dürfte es (wie schon in der ersten Auflage a. a. O. angenommen ist, ebenso Mügel 2. Aufl. Anm. 1, Schlegelberger Anm. 16 zu § 9), besonders im Hinblick auf den Ausdruck: „andere Ansprüche" (vgl. § 62) angängig sein, darunter die Aufwertung der in den §§ 62 ff. bezeichneten „anderen" Ansprüche zu verstehen, obwohl diese nicht „mit der Aufwertung zusammenhängen", sondern selbst aufgewertet sind. Dieser Sinn der Bestimmung kam zu viel klarerem Ausdruck in dem Entwurf zur 3. StNVO., wo sie einfach lautete: „Die Zuständigkeit der Aufwertungsstelle kann auch für Ansprüche (d. h. die Aufwertung von Ansprüchen) vereinbart werden, auf die sich die Vorschriften dieses Artikels nicht erstrecken" mit der Begründung: „Im Art. I § 9 ist eine Ermächtigung (für die Aufwertungsstelle) zur Regelung der Abwicklung von anderen als den in § 1 bezeichneten Vermögensanlagen vorgesehen."

II. Einrichtung der Aufwertungsstelle

§ 72.

Die Aufwertungsstelle wird von der Reichsregierung nach Anhörung des Reichsrats bestimmt[1, 2]. Die Reichsregierung kann mit Zustimmung des Reichsrats die obersten Landesbehörden zur Bezeichnung von Aufwertungsstellen ermächtigen[1, 3].

1. Vgl. Anm. 1 vor § 69. Der Reichsregierung ist die Bestimmung der Aufwertungsstelle „nach Anhörung des Reichsrats" (also ohne daß dieser zustimmen müßte) übertragen und sie ist weiter ermächtigt, in diesem Falle „mit Zustimmung des Reichsrats", also nicht gegen den Willen der Vertretung der Länder, die obersten Landesbehörden zur Bezeichnung von Aufwertungsstellen zu ermächtigen. — Wenn im Satz 1 von der Bestimmung „der Aufwertungsstelle" in der Einzahl die Rede ist, so kann es sich selbstverständlich nicht um Schaffung einer einzigen zentralen Stelle handeln, sondern nur um eine Vielheit gleichartiger, wenn auch (was zulässig ist) einheitlich gegliederter und organisierter Stellen. Die Verfassung dieser Stellen, ihre Organisation und die Dienstaufsicht über sie werden von der Reichsregierung oder den zu ihrer Bezeichnung ermächtigten obersten Landesbehörden zu bestimmen sein. — Sowohl die Reichsregierung wie die obersten Landesbehörden können beliebige richterliche und andere Behörden, aber auch nicht behördliche Stellen, z. B. Banken oder Treuhandgesellschaften, als Aufwertungsstellen bestimmen; in der Begründung (S. 14) ist jedoch erklärt worden, es sei für den Regelfall beabsichtigt, auch in Zukunft die Gerichte als Aufwertungsstellen zu bestimmen. Es ist denn auch durch die Verordnung über die Einrichtung und das Verfahren der Aufwertungsstellen vom 21. Juli 1925 (abgedruckt als Anhang X) in § 1*) wieder bestimmt

*) Jetzt Art. 117 der DurchfVO. vom 29. November 1925.

daß Aufwertungsstellen die Amtsgerichte sind; den obersten Landesbehörden ist aber die Ermächtigung erteilt, zu bestimmen, daß an Stelle der Amtsgerichte andere Landesbehörden (also nicht private Stellen) zuständig sind oder daß die Amtsgerichte einzelne Verrichtungen den Notaren übertragen können oder daß für mehrere Amtsgerichtsbezirke eine gemeinsame Aufwertungsstelle errichtet (d. h. ein Amtsgericht als Aufwertungsstelle für die mehreren Bezirke bestellt) wird. — Darüber, in welcher Zusammensetzung die Amtsgerichte als Aufwertungsstellen entscheiden, ist im Gesetze nichts gesagt; es wird daher anzunehmen sein, daß, wie es im GVG. (§ 22) für die ordentliche Gerichtsbarkeit bestimmt ist, auch die Geschäfte der Aufwertungsstellen durch Amtsrichter als Einzelrichter zu erledigen sind. Bei Amtsgerichten, die mit mehreren Richtern besetzt sind, wird die Bestimmung des oder der Richter für die Aufwertungsstelle Sache der Landesjustizverwaltung sein.

2. Die Aufwertungsstellen sind, obwohl keineswegs ihre Ausstattung mit Garantien für richterliche Vorbildung und Unabhängigkeit, wie bei den ordentlichen Gerichten, gesichert ist, richterliche Behörden, Gerichte, da sie über Rechtsansprüche nach Rechtsgrundsätzen zu entscheiden haben. Sie sind aber keine Ausnahmegerichte, sondern Sondergerichte, da sie generell für gewisse Klassen von Rechtsstreitigkeiten, nicht für einzelne Fälle bestellt sind.

3. Da bereits auf Grund der 3. StNVO. Aufwertungsstellen bestellt und in Tätigkeit getreten waren und nunmehr auf Grund des Aufwertungsgesetzes eine Neubestellung zu erfolgen hat, so war es erforderlich, über das Verhältnis der alten zu den neuen Stellen und die Überleitung der bei jenen anhängigen Sachen auf diese Bestimmung zu treffen. Da als Aufwertungsstellen wieder wie früher, vorbehaltlich anderweiter Bestimmung durch die obersten Landesbehörden, die Amtsgerichte bestellt sind, so wird sich insoweit der Übergang einfach in der Weise vollziehen, daß die bisher als Aufwertungsstellen tätig gewesenen Abteilungen der Amtsgerichte weiter als solche tätig bleiben und die bei ihnen bereits anhängigen Sachen weiter erledigen. Dementsprechend ist in § 9 Abs. 1 der VO. vom 21. Juli 1925 (Anhang X)*) bestimmt, daß die auf Grund der 3. StNVO. und ihrer Durchführungsverordnungen bei einer Aufwertungsstelle oder in der Beschwerdeinstanz anhängigen Verfahren als Verfahren gelten, die auf Grund des Aufwertungsgesetzes und dieser Verordnung anhängig sind. Daraus folgt, daß sie auf Grund der jetzt geltenden Vorschriften bei der Stelle weiterzuführen sind. Besondere Überleitungsvorschriften waren erforderlich für das Beschwerdeverfahren, da dieses gegenüber der 3. StNVO. sachliche Änderungen erfahren hat; vgl. darüber zu § 74 Anm. 8. Über die ausgesetzten Verfahren vgl. zu § 83 Anm. 2.

III. Verfahren vor der Aufwertungsstelle[1]

1. Allgemeine Vorschriften

§ 73.

(1) Soweit nicht in diesem Abschnitt oder auf Grund des § 64 etwas anderes bestimmt ist, finden auf das Verfahren[1] die Vorschriften des Reichsgesetzes über die Angelegenheiten der freiwilligen Gerichtsbarkeit sinngemäß Anwendung[1,2]; die Reichsregierung kann mit Zustimmung des Reichsrats die Bestimmungen treffen, die sie zum Zwecke der Anpassung an die besonderen Bedürfnisse des Aufwertungsverfahrens für nötig erachtet[3].

---

*) Jetzt Art. 127 Abs. 1 DurchfVO. vom 29. November 1925.

(2) Die Aufwertungsstelle hat den Versuch einer gütlichen Einigung zu machen, sofern nicht die Erfolglosigkeit des Sühneverfahrens mit Bestimmtheit vorherzusehen ist[2b].

1. Wie mehrfach im Aufwertungsgesetze (vgl. zu Abschnitt 6), so deckt sich auch hier die Überschrift nicht völlig mit dem Inhalte der darunter fallenden Paragraphen. Diese regeln nicht nur das Verfahren vor der Aufwertungsstelle, sondern auch das Verfahren in den Rechtsmittelinstanzen vor den Beschwerdegerichten. Für dieses Verfahren sollen nach § 73 Abs. 1, soweit nichts anderes bestimmt ist, die Vorschriften des Gesetzes über die Angelegenheiten der freiwilligen Gerichtsbarkeit vom 17. Mai 1898 (RGBl. S. 189) sinngemäße Anwendung finden. Dieses Gesetz enthält im ersten Abschnitt (§§ 1—34) allgemeine Vorschriften; in den folgenden Abschnitten Vorschriften, welche die einzelnen Gattungen von Angelegenheiten der freiwilligen Gerichtsbarkeit (Vormundschafts-, Nachlaß-, Teilungssachen usw.) betreffen. Zur sinngemäßen Anwendung auf das Verfahren in Aufwertungssachen werden sich nur die allgemeinen Vorschriften des ersten Abschnittes eignen. In diesen fehlen aber Vorschriften über die örtliche Zuständigkeit, da die Zuständigkeit für die einzelnen Gattungen von Sachen in den besonderen Abschnitten geordnet ist. Inwieweit die Vorschriften der Zivilprozeßordnung herangezogen werden konnten, erschien nach der 3. StNVO. nicht unzweifelhaft (vgl. erste Auflage Anm. 5 zu § 9). Die Reichsregierung hat deshalb bereits in der II. DurchführungsVO. zur 3. StNVO. vom 24. Mai 1924 (§ 1 Abs. 2, 3) auf Grund der ihr in § 64 VO. erteilten Ermächtigung Vorschriften über die örtliche Zuständigkeit der Aufwertungsstellen erlassen. Sie hat nunmehr auf Grund der ihr in § 73 Abs. 1 Halbsatz 2 des Aufwertungsgesetzes erteilten Ermächtigung in der Verordnung über die Einrichtung und das Verfahren der Aufwertungsstellen vom 21. Juli 1925 (Anhang X) in § 2 wiederum auch Vorschriften über die örtliche Zuständigkeit erlassen, die sich mit den bisherigen im wesentlichen decken. Danach ist, soweit es sich um die Aufwertung von dinglichen Rechten, bei den akzessorischen Pfandrechten einschließlich der gesicherten persönlichen Forderung, handelt, als Aufwertungsstelle das Amtsgericht zuständig, in dessen Bezirk das Grundbuch, Schiffsregister oder Bahngrundbuch geführt wird (dinglicher Gerichtsstand). Auf Grund der allerdings nicht ganz klaren Fassung wird anzunehmen sein, daß für die durch ein akzessorisches Pfandrecht dinglich gesicherte Forderung der dingliche Gerichtsstand auch dann begründet ist, wenn sie allein den Gegenstand der Aufwertung bildet, da ihre Aufwertung, wenn sie auch nicht stets in der gleichen Weise erfolgt, wie die des dinglichen Rechts, doch mit dieser eng verknüpft ist und in vielen Beziehungen gegenseitige Abhängigkeit besteht; vgl. zu Abschnitt 2. Das Grundbuch ist dasjenige, das für das Grundstück, das Schiff oder die Bahneinheit, an der das aufgewertete dingliche Recht besteht, geführt wird; daß dieses selbst darin eingetragen sei (was z. B. bei Reallasten nicht immer und bei gelöschten Hypotheken zurzeit nicht der Fall ist), wird zur Begründung der Zuständigkeit nicht erfordert. Wird „das Grundbuch" im Inlande nicht geführt, so tritt hilfsweise der allgemeine Gerichtsstand des Schuldners ein (Abs. 2 Satz 1 Halbsatz 2). Es wird dadurch ermöglicht, auch die Entscheidung über die Aufwertung dinglicher Rechte an früher inländischen Grundstücken, die infolge Abtretung jetzt im Auslande belegen sind, für die aber ein im Inlande wohnender Schuldner persönlich haftet, zur Entscheidung einer inländischen Aufwertungsstelle zu bringen. Im übrigen besteht aber neben dem dinglichen Gerichtsstand nicht auch der allgemeine Gerichtsstand des Schuldners (Eigentümers) für die Aufwertung der dinglichen Rechte. Für den Fall einer Gesamtbelastung in den Bezirken mehrerer Aufwertungsstellen soll die Priorität der Anrufung entscheiden (§ 2 Abs. 1 Halbsatz 2). Für die Aufwertung aller anderen

Ansprüche ist die Zuständigkeit im allgemeinen Gerichtsstande des Schuldners begründet; hilfsweise im Gerichtsstande des Vermögens; falls für mehrere Schuldner ein gemeinschaftlicher allgemeiner Gerichtsstand nicht begründet ist, erfolgt Bestimmung durch das gemeinschaftliche obere Gericht (§ 2 Abs. 2). Die Gerichtsstände sind zwar nicht als ausschließliche bezeichnet; doch wird die Vereinbarung eines Gerichtsstandes, wie sie in der Zivilprozeßordnung (§ 38) zugelassen ist, dem Offizialcharakter des Verfahrens nicht entsprechen*).

2. Im übrigen wird die sinngemäße Anwendung des FGG. für das Verfahren vor den Aufwertungsstellen in Verbindung mit den für dieses getroffenen besonderen Bestimmungen folgendes ergeben:

a) Das Verfahren wird nur auf Antrag eingeleitet, aber das eingeleitete Verfahren wird bis zur Zurücknahme des Antrags von Amts wegen betrieben. Die Entscheidung hat nur über die gestellten Anträge zu erfolgen. Wenn daher die Anträge sich nur auf die dingliche Seite des Rechtsverhältnisses erstrecken, ist die Aufwertungsstelle weder verpflichtet, noch berechtigt, auf die persönliche Forderung einzugehen (KG. in JW. 1924, 2103). Doch hat sie, auch wenn keine ziffernmäßigen Anträge gestellt sind oder die Beträge unrichtig berechnet sind, die Höhe der Aufwertung selbständig zahlenmäßig festzusetzen (KG. 8. Januar 1925; DJZ. 438).

b) Nach § 73 Abs. 2 hat die Aufwertungsstelle zunächst den Versuch einer gütlichen Einigung zu machen, sofern nicht die Erfolglosigkeit des Sühneverfahrens mit Bestimmtheit vorherzusehen ist. In aller Regel soll hiernach ein Güteverfahren stattfinden, weil gerade in Aufwertungssachen eine gütliche Erledigung auch im allgemeinen Interesse besonders erwünscht erscheint. Die Aufwertungsstelle wird davon nur absehen dürfen, wenn ganz besondere Umstände vorliegen, die es bestimmt als aussichtslos erscheinen lassen. Daß diese Voraussetzung vorliegt, muß ausdrücklich festgestellt werden. — In der Regel wird zum Zwecke der Einigung eine mündliche Verhandlung zweckmäßig sein; doch kann davon auch abgesehen und die Herbeiführung einer Einigung auf schriftlichem Wege versucht werden, namentlich wenn beide Parteien oder eine von ihnen in weiter Entfernung vom Sitze der Aufwertungsstelle wohnen oder sonstige Schwierigkeiten dem persönlichen Erscheinen entgegenstehen (KG. 9. April 1925; DJZ. 823). Ist ein Beteiligter zum Einigungstermine nicht gehörig geladen gewesen, so kann das Verfahren wegen Verletzung der zwingenden Vorschrift eines Einigungsversuchs im Beschwerdewege angefochten werden (KG. 13. November 1924; DJZ. 1925, 438).

c) In sinngemäßer Anwendung des § 11 FGG. werden Anträge und Erklärungen, also auch der das Verfahren einleitende Antrag auf Entscheidung über die Höhe der Aufwertung oder die Herabsetzung des Aufwertungsbetrags, zum Protokolle der Geschäftsstelle der zuständigen oder einer anderen Aufwertungsstelle oder auch eines Amtsgerichts, das nicht Aufwertungsstelle ist, erfolgen können. Nach § 12 findet ein Offizialermittlungsverfahren zur Feststellung der Tatsachen und eine von Amts wegen anzuordnende und zu betreibende Beweisaufnahme statt. Mündliche Verhandlung ist nicht vorgeschrieben; doch wird die Aufwertungsstelle die Beteiligten in geeigneten Fällen persönlich zu hören haben und kann ihr persönliches Erscheinen

*) Die Durchführungsverordnung vom 29. November 1925 hat in Art. 118 über die örtliche Zuständigkeit der Aufwertungsstellen im wesentlichen die gleichen Vorschriften getroffen. Doch ist neben dem hilfsweisen Gerichtsstande des Vermögens des Schuldners wahlweise auch der Gerichtsstand des Wohnsitzes (Sitzes) des Gläubigers zugelassen, falls der Schuldner im Inlande keinen allgemeinen Gerichtsstand hat und ein dinglicher Gerichtsstand nicht besteht; unter mehreren hiernach zuständigen Aufwertungsstellen (Amtsgerichten) entscheidet die Priorität der Anrufung.

anordnen. Anwaltszwang findet nicht statt; die Beteiligten können mit Beiständen erscheinen, sich auch durch Bevollmächtigte vertreten lassen (§ 13 FGG.). Entsprechende Anwendung finden die Vorschriften der ZPO. (§§ 114—127) über das Armenrecht; desgleichen die §§ 34—36 der Rechtsanwaltsordnung (§ 14 FGG.); ferner die Vorschriften der Zivilprozeßordnung über den Zeugenbeweis (§§ 373—401), den Beweis durch Sachverständige (§§ 402—414) und über das Verfahren bei der Abnahme von Eiden (§§ 478—484), nicht bei der Auferlegung, die sonach durch einfachen Beschluß erfolgen kann. Über die Beeidigung von Zeugen und Sachverständigen entscheidet freies Ermessen der Aufwertungsstelle, jedoch unbeschadet der Vorschriften der §§ 358, 393 ZPO. (§ 15 Abs. 1 Satz 2 FGG.). Danach werden die in § 393 Abs. 1 ZPO. bezeichneten Personen als Zeugen auch vor der Aufwertungsstelle zunächst unbeeidigt vernommen werden müssen, jedoch kann diese ihre nachträgliche Vereidigung gemäß Abs. 2 anordnen; die Beeidigung von Sachverständigen hat nach der jetzigen Fassung des § 410 ZPO., sofern nicht verzichtet wird, vor oder nach der Erstattung des Gutachtens zu erfolgen. Behufs Glaubhaftmachung einer tatsächlichen Behauptung kann ein Beteiligter zur Versicherung an Eides Statt zugelassen werden (§ 15 Abs. 2).

Die Aufwertungsstelle kann aber auch ihrerseits von einem Beteiligten die Glaubhaftmachung einer tatsächlichen Behauptung verlangen (§ 3 VO. vom 21. Juli 1925). — Die Ermittlungspflicht der Aufwertungsstelle erstreckt sich besonders auch darauf, daß die Parteien bestimmte Anträge stellen; der Angabe bestimmter Summen oder Prozentsätze bedarf es dabei nicht (so auch KG. 8. Januar 1925; DJZ. 438), doch müssen die Anträge derart bestimmt und klar sein, daß sie zur Grundlage der zu treffenden Entscheidung dienen können, da das Verfahren insoweit ein Antragsverfahren ist (KG. 22. Januar 1925; DJZ. 516). Die Aufwertungsstelle hat auch darauf hinzuwirken, daß sämtliche Beteiligte hinzugezogen werden; die Entscheidung ist der Regel nach nur für die zugezogenen Beteiligten verbindlich; Ausnahme für Teilschuldverschreibungen in § 46; vgl. Anm. dazu. — Die Aufwertungsstelle kann die Verbindung mehrerer bei ihr gegen denselben Schuldner anhängiger Aufwertungsverfahren anordnen und diese Verbindung wieder aufheben (§ 3 VO. vom 21. Juli 1925). — Soweit weder Bestimmungen des FGG. noch des Aufwertungsgesetzes oder der Reichsregierung eingreifen, wird die Aufwertungsstelle bei der Gestaltung des Verfahrens freie Hand haben. Sie wird insbesondere zu befinden haben, ob eine mündliche Verhandlung angezeigt erscheint; ob, wenn ein Beteiligter nicht erscheint, ohne ihn zu verhandeln und zu entscheiden ist (Versäumnisverfahren gibt es nicht) usw.

d) Sobald die Aufwertungsstelle die Sache für genügend aufgeklärt hält, erläßt sie, ohne an Beweisanträge der Parteien gebunden zu sein, die Entscheidung. Die Entscheidungen des Gerichts sind im FGG. als „Verfügungen" bezeichnet (§ 16); doch wird nichts im Wege stehen, die Entscheidungen der Aufwertungsstelle als „Beschlüsse" zu bezeichnen. Urteile sind es nicht, auch wenn mündliche Verhandlung ihnen zugrunde liegt. Eine besondere Form ist nicht vorgeschrieben. Doch ist auch jetzt wieder durch § 5 VO. vom 21. Juli 1925*), wie schon in § 3 der II. DurchfVO. zur 3. StNVO. geschehen war, vorgeschrieben, daß die Entscheidung mit Gründen zu versehen ist, wodurch die jetzt zugelassene Nachprüfung in tatsächlicher und rechtlicher Beziehung erleichtert werden soll. Die Bekanntmachung der Entscheidung erfolgt, da mit ihr der Lauf der Beschwerdefrist beginnt, durch Zustellung nach den für die Zustellungen von Amts wegen geltenden Vorschriften der ZPO. (§§ 208—213); jedoch kann die Landesjustizverwaltung für Zustellungen im Auslande eine einfachere Form der Zustellung anordnen, was

*) Jetzt Art. 123 DurchfVO. vom 29. November 1925.

zur Beschleunigung des Verfahrens in Aufwertungssachen sehr zweckmäßig sein wird (Aufgabe zur Post, eingeschrieben). An einen Anwesenden kann die Bekanntmachung mit der Wirkung des Wirksamwerdens und des Beginnes des Fristenlaufes auch zu Protokoll erfolgen; auf Verlangen ist in diesem Falle ihm eine Abschrift der Verfügung zu erteilen (§ 16). Für die Berechnung der Fristen gelten die Vorschriften des BGB. (§ 186 ff. BGB.; § 17 FGG.).

Eine Abänderung der Entscheidung durch die Aufwertungsstelle ist, nachdem sie durch die Bekanntmachung wirksam geworden (§ 16), gemäß § 18 Abs. 2 FGG. nicht mehr zulässig, da sie der sofortigen Beschwerde unterliegt (§ 74).

3. Auf Grund dieser Ermächtigung sind die Vorschriften der §§ 2—6 der VO. vom 21. Juli 1925 (Anhang X) ergangen*).

2. Rechtsmittel[1]

§ 74.

(1) Gegen die Entscheidung der Aufwertungsstelle findet die sofortige Beschwerde statt[2]. Über die sofortige Beschwerde entscheidet das Landgericht[3]. Gegen die Entscheidung des Beschwerdegerichts ist die sofortige weitere Beschwerde an das Oberlandesgericht zulässig, wenn die Entscheidung auf einer Verletzung des Gesetzes beruht[4]. Die Frage, ob im einzelnen Falle die Vorschriften der §§ 8 Abs. 1, 15, 34, 52 richtig angewendet sind, unterliegt nicht der Nachprüfung durch das Oberlandesgericht[5]. Die Vorschriften des § 28 Abs. 2, 3 und des § 199 des Reichsgesetzes über die Angelegenheiten der freiwilligen Gerichtsbarkeit finden entsprechende Anwendung[6].

(2) Gegen die Entscheidung der Aufwertungsstelle kann unter Übergehung der Beschwerdeinstanz unmittelbar die sofortige weitere Beschwerde eingelegt werden, wenn der Gegner einwilligt[7]. Die schriftliche Erklärung der Einwilligung ist bei der Einlegung der sofortigen weiteren Beschwerde einzureichen[7, 8].

1. Die 3. StNVO. hatte gegen die Entscheidungen der Aufwertungsstelle nur eine Rechtsbeschwerde zugelassen, die an das Oberlandesgericht ging und nur darauf gestützt werden konnte, daß die Entscheidung auf einer Verletzung des Gesetzes beruhe (§ 9 Abs. 4 VO.). Das Fehlen einer zweiten Tatsacheninstanz wurde, namentlich wegen der ganz in das Ermessen der Aufwertungsstelle gestellten Sachermittlung, vielfach als Mangel empfunden; vgl. v. d. Trenck in JW. 1924 S. 2104. Der Vorschlag der Regierung, die es bei der bisherigen Regelung belassen wollte, fand deshalb im Reichstagsausschusse keine Billigung; auf Antrag der Kompromißparteien wurde an ihrer Stelle beschlossen, eine Tatsachenbeschwerde und eine weitere Rechtsbeschwerde, bei Einverständnis des Gegners Sprungbeschwerde an das Oberlandesgericht zu geben (Bericht S. 16). Diesem Beschlusse entspricht der jetzige § 74 des Gesetzes.

2. Die Entscheidung, gegen welche die sofortige Beschwerde stattfindet, ist nur die Endentscheidung in der Sache selbst. Gegen Zwischenverfügungen, insbesondere Beweisanordnungen, aber auch etwaige Beschlüsse, die (was zuläsig ist) nach Art der Zwischenurteile einzelne Elemente für die künftige Entscheidung festlegen, findet

---

*) Jetzt Artt. 118—125 DurchfVO. vom 29. November 1925.

kein Rechtsmittel statt. Doch ist gegen einen Beschluß, der die Bewilligung d es Armenrechts ablehnt, gemäß § 127 ZPO. in Verbindung mit § 14 FGG. die einfache Beschwerde statthaft. Die Beschwerde steht nach § 20 FGG., wenn und soweit dem Antrage stattgegeben ist, jedem zu, dessen Recht durch die Entscheidung „beeinträchtigt" ist; es muß danach ein Eingriff in ein ihm zustehendes subjektives Recht schuldrechtlicher oder dinglicher Art vorliegen; ein bloßes rechtliches oder gar nur wirtschaftliches Interesse genügt zur Legitimation nicht. Ist der Antrag abgewiesen, so steht die Beschwerde nur dem Antragsteller zu. Die Beschwerde kann bei der Aufwertungsstelle, welche die anzufechtende Entscheidung erlassen hat, oder bei dem Beschwerdegericht (Anm. 3) eingelegt werden, und zwar durch Einreichung einer Beschwerdeschrift oder durch Erklärung zum Protokolle des Gerichtsschreibers der Aufwertungsstelle, deren Entscheidung angefochten wird, oder des Gerichtsschreibers des Beschwerdegerichts (§ 21 FGG.). In § 6 der VO. vom 21. Juli 1925*) ist ferner bestimmt, daß die Einlegung auch erfolgen kann zum Protokolle des Gerichtsschreibers irgendeines Amtsgerichts. Als sofortige Beschwerde ist sie binnen einer Frist von zwei Wochen seit der Bekanntmachung an den Beschwerdeführer (vgl. Anm. 2 zu § 73) einzulegen; Wiedereinsetzung kann erfolgen, wenn der Beschwerdeführer ohne sein Verschulden verhindert war, die Frist einzuhalten, also unter erheblich erleichterten Voraussetzungen gegenüber der Wiedereinsetzung der ZPO.; § 22 FGG. Wird Beschwerde eingelegt, so kann die Aussetzung der „Vollziehung" der Entscheidung durch die Aufwertungsstelle oder das Beschwerdegericht angeordnet werden. Eine Vollziehung von Entscheidungen der Aufwertungsstellen (über deren Inhalt vgl. Anm. 3 zu § 69) wird namentlich durch Eintragung in das Grundbuch in Frage kommen; diese hat in solchem Falle zu unterbleiben.

3. Zur Entscheidung über die sofortige Beschwerde ist jetzt das Landgericht berufen. Dieses hat die Entscheidung in tatsächlicher und rechtlicher Hinsicht nachzuprüfen. Es hat dabei gleichfalls nach den Vorschriften des FGG. zu verfahren, vgl. Anm. 1 zu § 73, also namentlich, soweit nötig, weitere Ermittlungen des Sachverhalts auch von Amts wegen vorzunehmen. Insbesondere unterliegt seiner Nachprüfung auch die Anwendung der Härtevorschriften. Das Landgericht kann aber ausgeschaltet werden durch die Anwendung der Sprungbeschwerde; vgl. Abs. 2 und Anm. 7.

4. Gegen die Entscheidung des Landgerichts, im Falle von Abs. 2 unmittelbar gegen die Entscheidung der Aufwertungsstelle, findet die weitere sofortige Beschwerde an das Oberlandesgericht statt. Sie ist eine Rechtsbeschwerde und daher nach der Fassung des Satzes 3 von Abs. 1 nur „zulässig", wenn die Entscheidung (des Landgerichts oder der Aufwertungsstelle) auf einer Verletzung des Gesetzes beruht. In der 3. StNVO. (§ 9 Abs. 3) war, in Übereinstimmung mit der Fassung der Bestimmungen der Zivilprozeßordnung über die Revision, gesagt: die Beschwerde könne nur darauf gestützt werden, daß die Entscheidung auf einer Verletzung des Gesetzes beruhe. Die geänderte Fassung entspricht mehr dem Charakter des Offizialverfahrens des FGG., das auch für das Verfahren vor dem Oberlandesgerichte anwendbar ist (vgl. Anm. 1 zu § 73). Demgemäß wird das Oberlandesgericht, ohne Beschränkung auf die von dem Beschwerdeführer vorgebrachten Beschwerdegründe, von Amts wegen zu prüfen haben, ob in irgendeiner Richtung, bei Anwendung des materiellen oder des prozessualen Rechts, eine Verletzung des Gesetzes — Gesetz ist jede Rechtsnorm — vorliegt, auf welcher die Entscheidung beruhen kann; vgl. jedoch Satz 3 und Anm. 5. In prozessualer Hinsicht wird namentlich in Betracht kommen, ob der Einigungsversuch ordnungsmäßig erfolgt ist; ferner ob den Beteiligten hinreichendes Gehör gewährt worden ist und ob die sachliche Zu-

*) Jetzt Art. 124 Abs. 1 Satz 2 DurchfVO. vom 29. November 1925.

ständigkeit nicht überschritten worden ist (vgl. zu § 69 Anm. 3), während im übrigen in prozessualer Beziehung die Aufwertungsstelle und das Landgericht freie Hand haben.

Für die Einlegung der weiteren Beschwerde gelten wie für die Einlegung der Beschwerde an das Landgericht (vgl. Anm. 2) die Vorschriften des § 21 FGG.; außerdem ist aber durch § 6 VO. vom 21. Juli 1925*) bestimmt, daß sie von einem Rechtsanwalte unterzeichnet sein muß, sofern sie nicht von einer Behörde eingelegt wird oder von einem Notar, der in der Angelegenheit für den Beschwerdeführer einen Antrag bei der Aufwertungsstelle gestellt hat.

Die in Satz 3 angeordnete entsprechende Anwendung des § 199 FGG. ermöglicht es den Ländern, in denen mehrere Oberlandesgerichte errichtet sind (Preußen, Bayern), die Entscheidung über die sofortige weitere Beschwerde einem der mehreren Oberlandesgerichte oder dem obersten Landesgerichte, falls ein solches besteht, zu überweisen. Auf Grund dieser Bestimmung ist für Preußen durch die VO. vom 27. August 1925 (Ges.-Samml. S. 109) für die Entscheidung über die sofortige weitere Beschwerde das Kammergericht als zuständig erklärt. An der Verpflichtung, im Falle des § 28 Abs. 2 FGG. die Beschwerde dem Reichsgerichte zur Entscheidung vorzulegen (vgl. Anm. 6) wird hierdurch nichts geändert.

5. Der Nachprüfung des Oberlandesgerichts entzogen ist die Frage, ob die in den angeführten Paragraphen enthaltenen Härtebestimmungen, die eine Herabsetzung (§§ 8, 34, 52) oder auch einen gänzlichen Ausschluß der Aufwertung (§ 15) zugunsten des Schuldners (Eigentümers) mit Rücksicht auf seine wirtschaftliche Lage zulassen, richtig — d. h. ohne Rechtsirrtum — angewendet worden sind. Auch die Nachprüfung ihrer Nichtanwendung wird danach ausgeschlossen sein. Nicht ausgeschlossen ist die Nachprüfung der richtigen Anwendung der Härtebestimmungen der §§ 26, 27, von denen der erstere zugunsten des Schuldners eine Verlängerung der Stundung, der letztere zugunsten des Gläubigers eine Abkürzung derselben zuläßt. Die 3. StNVO. enthielt bereits die gleiche Beschränkung (§ 9 Abs. 4 Satz 3). Mehrfache Versuche im Reichstagsausschusse (Anträge Dr. Best), sie zu beseitigen, hatten keinen Erfolg.

6. **Die Vorschriften des § 28 Abs. 2, 3**, deren entsprechende Anwendung in diesem Satze angeordnet wird, sind von besonderer Bedeutung für die ganze Aufwertungsfrage, da sie die Aufrechterhaltung der Rechtseinheit in grundsätzlichen Fragen bis zu einem gewissen Grade sicherstellen. Sie ergeben nämlich bei entsprechender Anwendung, daß das Oberlandesgericht, falls es bei der Entscheidung über die Beschwerde bei der Auslegung einer reichsgesetzlichen Vorschrift, welche die Aufwertung betrifft, von der auf Beschwerde ergangenen Entscheidung eines anderen Oberlandesgerichts oder aber, falls über die Rechtsfrage bereits eine Entscheidung des Reichsgerichts ergangen ist, von dieser abweichen will, die Beschwerde unter Begründung seiner Rechtsauffassung dem Reichsgerichte vorzulegen und den Beschluß über die Vorlegung dem Beschwerdeführer bekanntzumachen hat. Es muß begrüßt werden, daß durch die Vorschrift dem Reichsgerichte wenigstens noch eine gewisse Einwirkung auf die Entwicklung der Aufwertungsfrage, wenn auch innerhalb der materiellen Schranken des Aufwertungsgesetzes, belassen worden ist.

7. In Abs. 2 ist der (jetzt auch in das Recht der Zivilprozeßordnung eingeführte) **Sprungregreß** zugelassen, der es dem Beschwerdeführer ermöglicht, mit Einwilligung des Gegners die zweite Tatsacheninstanz auszuschalten und unmittelbar gegen die Entscheidung der Aufwertungsstelle die „sofortige weitere Beschwerde" als Rechtsbeschwerde an das Oberlandesgericht einzulegen. Die Einwilligung des Gegners muß schriftlich erklärt werden und ist bei der Einlegung der sofortigen

*) Jetzt Art. 124 Abs. 2 Satz 3, 4 DurchfVO. vom 29. November 1925.

weiteren Beschwerde einzureichen. Für die zahlreichen Fälle, in denen das Sachverhältnis unstreitig ist und nur Rechtsfragen zu entscheiden sind, wird hierdurch eine raschere endgültige Entscheidung ermöglicht werden.

8. Für die Überleitung des Beschwerdeverfahrens gegen Entscheidungen der Aufwertungsstellen aus Anlaß der durch das Aufwertungsgesetz eintretenden Änderungen der bisher geltenden Bestimmungen der 3. StNVO. ist in § 9 Abs. 2 bis 4 der VO. vom 21. Juli 1925 (Anhang X)*) Vorsorge getroffen. Danach gelten, soweit Beschwerde gegen eine auf Grund der bisherigen Vorschriften ergangene Entscheidung „noch nicht" eingelegt ist (d. h. bis zum Inkrafttreten der VO., die gemäß § 12 mit Wirkung vom 15. Juli 1925 in Kraft getreten ist, nicht eingelegt war) für die Einlegung der Beschwerde und den Rechtsmittelzug die Vorschriften des Aufwertungsgesetzes. Eine am oder nach dem 15. Juli 1925 bis zur Bekanntmachung der VO. eingelegte Beschwerde muß danach den neuen Vorschriften entsprechen. Das wird der Fall sein, wenn sie gemäß § 4 der bisher in Geltung gewesenen II. DurchfVO. zur 3. StNVO. bei der Aufwertungsstelle eingelegt worden ist; nicht dagegen, wenn die Einlegung gemäß der gleichen Vorschrift bei dem Oberlandesgericht erfolgt ist. In letzterem Falle wird möglicherweise eine Fristversäumung eingetreten sein, der aber nach § 22 Abs. 2 FGG. (vgl. Anm. 2 zu § 74) durch Wiedereinsetzung abgeholfen werden kann. — War die Beschwerde bei dem Inkrafttreten der VO. schon eingelegt, so gilt das Verfahren in der Beschwerdeinstanz (also vor dem Oberlandesgerichte) als ein Verfahren auf Grund sofortiger weiterer Beschwerde. Es tritt also hier zunächst das gleiche Ergebnis ein, wie im Falle der nach den neuen Vorschriften zulässigen Sprungbeschwerde, die landgerichtliche Instanz wird ausgeschaltet, ohne daß es einer „Nachweisung" der in § 24 Abs. 2 vorgeschriebenen schriftlichen Einwilligung des Gegners bedarf. Doch hat auf Antrag einer Partei das Beschwerdegericht (Oberlandesgericht) die Sache an das Landgericht zu verweisen, so daß die neu eingeführte zweite Tatsacheninstanz auch in diesen Fällen nur mit Zustimmung beider Parteien ausgeschaltet werden kann. Zur Stellung dieses Antrags kann das Beschwerdegericht den Beteiligten eine Ausschlußfrist setzen. Nach Verweisung vor das Landgericht gilt das Verfahren vor diesem als ein Verfahren auf sofortige (erste) Beschwerde (§ 9 Abs. 2—4).

3. Rechtskraft und Vollstreckbarkeit[1]

§ 75.

Die rechtskräftige Entscheidung[2] der Aufwertungsstelle ist für die Gerichte und Verwaltungsbehörden bindend[3]. Aus der rechtskräftigen Entscheidung der Aufwertungsstelle über die Kosten sowie aus einem vor der Aufwertungsstelle abgeschlossenen Vergleich findet die Zwangsvollstreckung nach den Vorschriften der Zivilprozeßordnung statt[4]; das gleiche gilt für rechtskräftige Entscheidungen, für die die Zuständigkeit der Aufwertungsstelle vereinbart ist[5].

1. Die 3. StNVO. hatte (in § 9 Abs. 5) bestimmt, daß die rechtskräftige Entscheidung der Aufwertungsstelle vollstreckbar und für die Gerichte bindend sei. Demgegenüber wurde darauf hingewiesen, daß die Entscheidungen der Aufwertungsstelle in der Regel einen vollstreckbaren Inhalt (im Sinne der prozessualen Zwangsvollstreckung zur Erzwingung einer Leistung des Schuldners) nicht haben werden; vgl. Anm. 3 zu § 69. Dementsprechend sind in § 75 nur einzelne Entscheidungen

*) Jetzt Art. 127 Abs. 2—4 DurchfVO. vom 29. November 1925.

bestimmten Inhalts als solche bezeichnet, aus denen die Zwangsvollstreckung stattfindet (Satz 2). Im allgemeinen ist nur ihre Eigenschaft, bindend zu sein, festgelegt (Satz 1).

2. Rechtskräftig ist eine Entscheidung der Aufwertungsstelle, wenn ein Rechtsmittel gegen sie nicht statthaft oder die für die Einlegung des statthaften Rechtsmittels bestimmte Frist abgelaufen oder das Rechtsmittel endgültig zurückgewiesen ist. Ob diese Voraussetzungen vorliegen, hat die Geschäftsstelle (Gerichtsschreiberei) der Aufwertungsstelle, welche die Entscheidung erlassen hat, bei der in entsprechender Anwendung des § 31 FGG. ihr obliegenden Erteilung von Rechtskraftbescheinigungen zu prüfen. Von der Rechtskraft ist die Wirksamkeit der Entscheidung zu unterscheiden, die bereits mit der Bekanntmachung eintritt; vgl. § 73 Anm. 2d. Sowohl die Bindung (Satz 1), wie auch in den Fällen, wo sie in Betracht kommt, die Vollstreckbarkeit (Satz 2) treten erst mit der Rechtskraft ein.

3. Die bindende Kraft der Entscheidung für die Gerichte und Verwaltungsbehörden bedeutet, daß von diesen Stellen bei den von ihnen zu treffenden Entscheidungen und Anordnungen die Richtigkeit und das Bestehen des von der Aufwertungsstelle festgestellten Rechtsverhältnisses zugrunde zu legen ist, nämlich im Falle des § 69 und des § 70 Ziff. 5 der von ihr festgestellten gesetzlichen Aufwertungshöhe, § 70 Ziff. 1 des von ihr ermittelten Wehrbeitragswerts, Ziff. 2 der auf Grund der Härtevorschriften von ihr bewilligten Herabsetzung, Ziff. 3 des der Aufteilung der Gesamthypothek zugrunde zu legenden Betrags, Ziff. 4 der zu leistenden Teil- oder Vorleistung. Im Rechtsstreite vor den ordentlichen Gerichten hat die Bindung die Bedeutung der materiellen Rechtskraft (§ 322 ZPO.) in der Weise, daß Parteibehauptungen und Anträge, die mit dem Inhalte der Entscheidung im Widerspruch stehen, von den Gerichten nicht berücksichtigt werden dürfen, ohne daß es der Erhebung einer Einrede der Rechtskraft bedarf. Doch ist Voraussetzung, daß die Entscheidung von den Parteien zur Kenntnis des Gerichts gebracht wird; eine anderweit erlangte Kenntnis darf im ordentlichen Rechtsstreite wegen der Verhandlungsmaxime nicht berücksichtigt, auch nicht etwa auf Grund der Entscheidung über die gestellten Anträge hinausgegangen werden. Als unter den „Gerichten" begriffen werden auch die Grundbuchämter anzusehen sein, die nicht wohl als „Verwaltungsbehörden" bezeichnet werden können. Die vom Aufwertungsgesetze neu hinzugefügte Bindung der Verwaltungsbehörden wird hauptsächlich in Betracht kommen bei der Genehmigung des Teilungsplanes in den Fällen der konkursmäßigen Aufwertung der Sparguthaben (§ 55) und Versicherungsansprüche (§ 60) durch die Aufsichtsbehörde. Zu prüfen ist sowohl von den Gerichten wie von den Verwaltungsbehörden, ob die Aufwertungsstelle sich in den Grenzen ihrer sachlichen Zuständigkeit gehalten hat; die ausdrückliche oder stillschweigende Bejahung dieser Frage durch die Aufwertungsstelle oder die Beschwerdeinstanzen wird für die Gerichte und Verwaltungsbehörden nicht bindend sein.

4. Die Zwangsvollstreckung nach den Vorschriften der ZPO. (§§ 704—945) findet aus Verfügungen der Gerichte, die im Wege eines Verfahrens der freiwilligen Gerichtsbarkeit ergangen sind, auf Grund des FGG. grundsätzlich nicht statt; eine Erzwingung von auf Grund solcher Verfügungen zu machenden Leistungen kann nur durch Ordnungsstrafen (§ 33 FGG.) oder durch eine auf sie gegründete Klage im Wege des streitigen Rechtsverfahrens erfolgen. Abweichend hiervon verleiht Satz 2 den rechtskräftigen Entscheidungen der Aufwertungsstelle über die Kosten — vgl. zu § 76 — sowie allen rechtskräftigen Entscheidungen der Aufwertungsstelle, die auf Grund vereinbarter Zuständigkeit — vgl. zu § 71 — ergehen, sowie ferner Vergleichen, die vor der Aufwertungsstelle abgeschlossen sind, die Eigenschaft von Vollstreckungstiteln im Sinne der ZPO. Voraussetzung ist, daß sie einen vollstreckbaren Inhalt haben, also die Verurteilung eines Beteiligten zu einer Lei-

stung beziehungsweise die Übernahme einer solchen Leistung enthalten. Das kann bei Entscheidungen der Aufwertungsstelle, die auf Grund vereinbarter Zuständigkeit ergangen sind, der Fall sein, wenn ihr durch die Vereinbarung auch die Entscheidung über das Bestehen des aufgewerteten Anspruchs oder über andere mit der Aufwertung zusammenhängende Ansprüche übertragen ist; vgl. zu § 71. Die durch Zwangsvollstreckung zu erzwingende Leistung wird in der Regel eine Geldleistung sein, kann aber auch in einer anderen Leistung bestehen, namentlich im Falle eines Vergleichs, aber auch bei Entscheidungen in der Verpflichtung zur Vornahme einer Handlung (z. B. Einräumung des Vorranges) oder zur Duldung einer Handlung oder zu einer Unterlassung. Ob die Zuständigkeit vereinbart war, wird von der zur Zwangsvollstreckung berufenen Behörde (Gerichtsvollzieher und Vollstreckungsgericht) zu prüfen sein und nur bejaht werden können, wenn es in der Entscheidung ausdrücklich festgestellt ist. — Da der Vergleich vor der Aufwertungsstelle geschlossen sein muß, setzt er ein mündliches Verhandeln vor dieser, sei es im Einigungstermin (§ 73 Abs. 2) oder einem späteren Termine, voraus.

4. Kosten

§ 76.

(1) Die Aufwertungsstelle erhebt nach Maßgabe der Durchführungsbestimmungen eine Gebühr[1] und verteilt die Kosten auf die Beteiligten nach billigem Ermessen[2].

(2) Die Reichsregierung wird ermächtigt, weitere Vorschriften über die in Aufwertungssachen erwachsenden Gebühren und Kosten zu erlassen[3].

1. Über die Erhebung von Gebühren und die Tragung der Kosten des Verfahrens sind im FGG. keine Bestimmungen getroffen. Die Regelung der Gebührenerhebung ist bisher auf dem Wege der Landesgesetzgebungen erfolgt. Das Aufwertungsgesetz, wie schon die 3. StNVO. (§ 9 Abs. 6), bestimmt, daß eine Gebühr zu erheben ist nach Maßgabe der Durchführungsbestimmungen. Die Einzahl soll wohl auf möglichste Einfachheit der Gebührenvorschriften hinwirken; die Erhebung mehrfacher Gebühren je nach der Gestaltung des Verfahrens (Prozeßgebühr, Beweisgebühr, Entscheidungsgebühr) wird deshalb zu vermeiden und nur eine einheitliche, nach Maßgabe des Streitgegenstandes abzustufende Gebühr zu erheben sein; doch wird es zulässig sein, diese Gebühr ganz oder nur zu einem Teile zu erheben, je nachdem umfangreiche Verhandlungen oder Ermittlungen stattgefunden haben. Die Durchführungsbestimmungen sind die von der Reichsregierung auf Grund des § 76 Abs. 2 zu erlassenden „weiteren Vorschriften". Diese sind erlassen in § 7 VO. vom 21. Juli 1925*). Danach ist „die Gebühr" im Aufwertungsverfahren nach dem Werte des Streitgegenstandes zu erheben; dieser wird von der Aufwertungsstelle unter Berücksichtigung der gestellten Anträge nach freiem Ermessen festgesetzt; die näheren Bestimmungen über die Bemessung der Gebühr treffen die obersten Landesbehörden. Auf Grund der gleichlautenden Ermächtigungsvorschrift in § 5 II. DurchfVO. zur 3. StNVO. war die Gebührenerhebung in den einzelnen Ländern näher geregelt; entsprechende Vorschriften werden nunmehr auf Grund des Aufwertungsgesetzes zu erlassen sein.

2. Über die Kostentragung bestimmt § 76, daß die Aufwertungsstelle die Kosten auf die Beteiligten nach billigem Ermessen verteilt. Sie ist also nicht verpflichtet, dem unterliegenden Teile die gesamten Kosten aufzuerlegen, kann sie

*) Jetzt Art. 129 DurchfVO. vom 29. November 1925.

vielmehr auch im Falle gänzlichen Unterliegens einer Partei „nach billigem Ermessen" verteilen, so insbesondere wenn der unterliegende Teil ohne grobes Verschulden sich in einer zweifelhaften Rechtsfrage auf einen Standpunkt gestellt hat, mit dem er nicht durchgedrungen ist. Anderseits braucht keineswegs in allen Fällen eine Verteilung der Kosten stattzufinden; sie können auch einem Beteiligten ganz auferlegt werden, wenn das billige Ermessen dazu führt. Die Entscheidung über die Kosten wird in der Regel mit der Entscheidung über die Hauptsache zu verbinden sein; kann aber auch gesondert erfolgen. Ein besonderes Kostenfestsetzungsverfahren findet nicht statt; sind die Beteiligten in Streit über die Höhe der Kosten, so wird auf Antrag eine Entscheidung der Aufwertungsstelle darüber stattzufinden haben; diese Entscheidung ist nach § 75 Satz 2 (vgl. Anm. 4 dazu) vollstreckbar nach Maßgabe der Zivilprozeßordnung. Ob die Kosten eines Rechtsanwalts zu erstatten sind, wird im Einzelfalle nach billigem Ermessen zu entscheiden sein; notwendig erstattungsfähig (wie im Zivilprozesse, § 91 Abs. 2 ZPO.) sind sie nicht.

3. Abs. 2 ist bei der zweiten Lesung im Plenum des Reichstags beigefügt auf einen Antrag Dr. Heintze u. Gen. in der ausgesprochenen Absicht, daß die Gebührenerhebungsvorschriften gleichmäßig für alle Länder durch die Reichsregierung erlassen werden sollten, damit sie nicht im Interesse der Finanzen der Länder zu hoch gegriffen würden (Sitzungsberichte S. 3098). Diese Absicht hat jedoch in der Vorschrift keinen hinreichenden Ausdruck gefunden, da ihre Fassung nicht ausschließt, daß die Reichsregierung die ihr erteilte Ermächtigung ganz oder teilweise an die Länder weiter überträgt, wie in § 7 Abs. 2 VO. vom 21. Juli 1925 (vgl. Anm. 1) geschehen ist.

IV. Aussetzung des Verfahrens vor dem Prozeßgericht

§ 77.

In bürgerlichen Rechtsstreitigkeiten ist das Verfahren auf Antrag auszusetzen, soweit die Entscheidung von der Höhe der Aufwertung eines der in den §§ 4 bis 61, § 64 bezeichneten Ansprüche abhängt[1]. Der Antrag auf Aussetzung kann vor dem Gerichtsschreiber zu Protokoll erklärt werden[2, 3].

1. Die Vorschrift des § 77 ist die einzige, die in das Verfahren vor den ordentlichen Gerichten in bürgerlichen Rechtsstreitigkeiten (das ist hier unter „bürgerlichen Rechtsstreitigkeiten" gemeint) abändernd eingreift. Sie ist ohne sachliche Änderung aus der 3. StNVO. übernommen. Sie ist eine Folgerung aus der in § 69 vorgeschriebenen „ausschließlichen" Zuständigkeit der Aufwertungsstelle zur Entscheidung über die Höhe der Aufwertung und zugleich eine Beschränkung der Ausschließlichkeit. Der Streit über die Höhe der Aufwertung bildet, wenn er im Laufe eines vor einem ordentlichen Gerichte anhängigen Rechtsstreits entsteht, einen „einzelnen Streitpunkt", einen Inzidentstreit, der einer anderen Zuständigkeit überwiesen ist, von dessen Entscheidung aber die Entscheidung des Rechtsstreits abhängt. In solchen Fällen ist durch § 148 ZPO. den Gerichten bereits die Befugnis gegeben, die Aussetzung der Verhandlung bis zur Feststellung des Rechtsverhältnisses durch die zuständige Verwaltungsbehörde oder das zuständige Verwaltungsgericht anzuordnen. Verwaltungsbehörde oder Verwaltungsgericht in diesem Sinne ist auch die Aufwertungsstelle, da sie ihre Befugnis zur Entscheidung des in Frage stehenden Streitpunktes aus dem Willen der Staatsgewalt herleitet, die ihr diese Befugnis durch Gesetz mit Ausschluß der ordentlichen Gerichte übertragen hat (RGZ. 23 340; 75 428). Jedoch besteht im allgemeinen keine Pflicht des Gerichtes zur Aussetzung; es kann vielmehr über den Inzidentpunkt auch selbst entscheiden; nur in einzelnen

Fällen (so in § 901 Abs. 2 RVO. vom 19. Juli 1911) ist den Gerichten die Aussetzung zur Pflicht gemacht. Eine solche Pflicht zur Aussetzung wird nun auch durch § 77 Aufwertungsgesetz, entsprechend § 10 3. StNVO., geschaffen. Diese Pflicht ist jedoch davon abhängig, daß ein entsprechender Antrag gestellt wird. Wird ein solcher Antrag nicht gestellt, so kann das Verfahren vor dem ordentlichen Gerichte fortgeführt werden und ist dann dieses auch zur Entscheidung über die streitige Höhe des Aufwertungsbetrags zuständig. Auf diesem Wege kann also eine Vereinbarung der Zuständigkeit der ordentlichen Gerichte zur Entscheidung auch über die Höhe des Aufwertungsbetrags erfolgen. Auf diesem Standpunkte steht ersichtlich auch das Urteil des 5. Zivilsenats des RG. vom 1. März 1924 — V 129/1923 — (abgedruckt als Anh. II), das unter Anerkennung der Rechtsgültigkeit und der rückwirkenden Kraft der 3. StNVO. die streitige Höhe des Aufwertungsbetrags feststellt.

2. Dadurch, daß der Antrag zu Protokoll des Gerichtsschreibers gestellt werden kann, ist er vom Anwaltszwange befreit (§ 78 Abs. 2 ZPO.). Daß über ihn ohne mündliche Verhandlung entschieden werden könne, ist nicht (wie in § 248 ZPO. für das Gesuch um Aussetzung des Verfahrens) bestimmt. Es wird daher zur Entscheidung über den Antrag, wie in anderen Fällen des § 148 ZPO. (RGZ. 40 373; anders im Falle des § 149, RGZ. 29, 383), einer mündlichen Verhandlung bedürfen und die Entscheidung durch verkündeten Beschluß zu erfolgen haben, sofern nicht gemäß § 7 der Bekanntmachung zur Entlastung der Gerichte die Parteien mit der Entscheidung ohne mündliche Verhandlung einverstanden sind.

3. Die Aussetzung hat nur zu erfolgen, soweit die Entscheidung von der Höhe der Aufwertung abhängt. Die Entscheidung über den Aussetzungsantrag braucht daher erst zu erfolgen und kann erst erfolgen, wenn feststeht, daß ein Anspruch überhaupt besteht und daß er der Aufwertung unterliegt. Es ist zulässig und wird durchaus zweckmäßig sein, bei der Aussetzung über diese Fragen durch Zwischenurteil (§ 303 ZPO.) zu entscheiden. Auch die Anwendung des § 148 ZPO. setzt übrigens voraus, daß der Rechtsstreit vorher soweit durchgeführt wird, daß feststeht, ob die Entscheidung von dem Inzidentpunkte abhängig ist; a. M. anscheinend Mügel, Aufwertungsrecht, zu § 77 Anm. 2.

Zwölfter Abschnitt

Schluß- und Übergangsbestimmungen

I. Leistungen aus der Zeit vor dem Inkrafttreten des Gesetzes[1]

§ 78.

Eine Aufwertung nach den Vorschriften dieses Gesetzes findet auch dann statt, wenn der Gläubiger nach dem 13. Februar 1924 eine Leistung angenommen hat[1]. Dies gilt auch dann, wenn die Leistung auf Grund einer gerichtlichen Entscheidung bewirkt ist[3]. Die Leistung ist in Höhe des Geldmarkbetrags (§§ 2, 3) auf den Aufwertungsbetrag anzurechnen[4]. Die Vorschriften der §§ 16, 18 bis 24 finden entsprechende Anwendung[2].

1. Daß die Annahme einer nicht oder nicht entsprechend aufgewerteten Leistung die Aufwertung nicht ausschließt, entspricht den in der Rechtsprechung des Reichsgerichts anerkannten Rechtsgrundsätzen. Vgl. vor § 14 Anm. 1, zu § 15 Anm. 1. Durch die 3. StNVO. war diese Rechtsnorm in ihr Gegenteil verkehrt worden; nach vorbehaltloser Annahme einer Leistung (bei dinglichen Rechten jedenfalls, wenn Lö-

schungsbewilligung dazugekommen war) war die Aufwertung ausgeschlossen. Das Aufwertungsgesetz hat sie in §§ 15, 31, 32, 60 mit gewissen Einschränkungen wiederhergestellt für Hypotheken, ferner für die im dritten Abschnitte bezeichneten sonstigen dinglichen Rechte, sowie für Versicherungsansprüche, sofern die Annahme der Leistung in der Zeit vom 15. Juni 1922 bis zum 14. Februar 1924 erfolgt ist. Daraus müßte geschlossen werden, daß eine Aufwertung nicht stattzufinden habe, wenn die Annahme der Leistung nicht zwischen den genannten beiden Zeitpunkten liegt. Dieser Schlußfolgerung wird der Boden entzogen, soweit es sich um nach dem 13. Februar 1924 angenommene Leistungen handelt, durch § 78 Satz 1. Ungeachtet der Annahme solcher Leistungen findet die Aufwertung „nach den Vorschriften dieses (des Aufwertungsgesetzes)" statt. Der aus § 15 zu entnehmende Schluß aus dem Gegenteil muß danach insoweit außer Betracht bleiben.

2. Zweifelhaft könnte ohne ausdrückliche Bestimmung bleiben, ob auf die Aufwertung nach Annahme von Leistungen, wenn die Annahme nach dem 13. Februar 1924 erfolgt ist, auch die besonderen Vorschriften Anwendung zu finden haben, die in den §§ 16—24 für die Fälle der Aufwertung auf Grund des Vorbehalts der Rechte oder kraft Rückwirkung gegeben sind, also unmittelbar doch wohl — abgesehen von § 17, vgl. unten — nur für die in § 15 geregelte Rückwirkung bei in der Zeit vom 15. Juni 1922 bis 14. Februar 1924 erfolgten Zahlungsannahmen. Diese Zweifel werden beseitigt durch Satz 4 des § 78, der ausdrücklich bestimmt, daß die Vorschriften der §§ 16, 18—24 auf die Fälle der vorhergehenden Sätze entsprechende Anwendung zu finden haben. Sonach besteht auch für Zahlungsannahmen nach dem 13. Februar 1924 der Anmeldezwang (§ 16), der Ausschluß weitergehender Rechtsbehelfe (§ 19), die Einschränkung des Ranges wiedereinzutragender oder wiederumzuschreibender Hypotheken einschließlich des Schutzes gegen gewisse zwischenzeitliche Eintragungen (§§ 20—23). Wegen der Anrechnung der Zahlungen vgl. Anm. 3. Nicht angeführt ist der § 17, da die in diesem Paragraphen für den Fall der Abtretung des Anspruchs angeordnete Verteilung des Aufwertungsbetrags unter die mehreren zeitlich aufeinander gefolgten Gläubiger dort bereits ausdrücklich für alle nach dem 14. Juni 1922 erfolgten Annahmen der Gegenleistung, ohne die Zeitgrenze des 13. Februar 1924 als Endpunktes, bestimmt ist.

3. Ist eine Aufwertung des Anspruchs bereits auf Grund des der Annahme der Leistung zugrunde liegenden Kausalgeschäfts ausgeschlossen, so kann eine Aufwertung nicht stattfinden, wenn dieses Kausalgeschäft bestehen bleibt. Die Aufwertung ist somit ausgeschlossen, wenn die Zahlungsannahme nach dem 13. Februar 1924 in Erfüllung eines Vergleichs erfolgt ist, der vor dem 15. Juni 1922 oder nach dem 13. Februar 1924 abgeschlossen ist; vgl. Anm. 5 zu § 67. Gleiches müßte ohne ausdrückliche Vorschrift gelten, wenn die Annahme der Leistung auf Grund einer rechtskräftigen gerichtlichen Entscheidung erfolgt ist, die nach § 68 Abs. 1 unberührt bleibt, obwohl nach Abs. 2 eine solche Entscheidung der Anwendung der §§ 15—24 über die Aufwertung kraft Rückwirkung nicht entgegensteht, da § 15 sich nicht auf die nach dem 13. Februar 1924 erfolgten Leistungsannahmen bezieht. Satz 2 des § 78 bestimmt aber ausdrücklich, daß die Vorschrift des Satzes 1 auch dann gelten soll, wenn die Leistung auf Grund einer gerichtlichen Entscheidung bewirkt und — wie hinzuzufügen — angenommen ist.

4. In Satz 3 ist vorgeschrieben, daß die Leistung in Höhe des Goldmarkbetrags, der nach den Vorschriften der §§ 2, 3 berechnet wird, auf den Aufwertungsbetrag anzurechnen ist. Dieser Vorschrift hätte es wohl nicht bedurft, da bereits aus dem nach Satz 4 (vgl. Anm. 2) anwendbaren § 18 sich ergibt, daß Zahlungen, die nicht vor dem 15. Juni 1922 angenommen worden, in Höhe ihres Goldmarkbetrags auf den Aufwertungsbetrag anzurechnen sind.

§ 79.

(1) Dem Verwalter eines fremden Vermögens fällt ein zum Schadenersatze verpflichtendes Verschulden nicht zur Last, wenn er im Vertrauen auf den Stand der Gesetzgebung oder der Rechtsprechung bei der Annahme von Leistungen oder den sonstigen Verfügungen[2] über Ansprüche, die der Aufwertung nach den Vorschriften dieses Gesetzes unterliegen, mit einer Aufwertung nicht gerechnet hat[1].

(2) Die Vorschrift des Abs. 1 findet entsprechende Anwendung auf Personen, die bei der Erteilung von Rat oder Auskunft mit einer Aufwertung nicht gerechnet haben[3].

1. Verwalter fremden Vermögens können als solche durch privates Rechtsgeschäft (Auftrag, Dienstvertrag, Annahme der Bestellung als Testamentsvollstrecker) oder durch öffentlich-rechtlichen Auftrag (Vater, Ehemann, Vormund) bestellt sein. In beiden Fällen sind sie dem Inhaber des Vermögens zum Schadenersatze verpflichtet, wenn ihnen bei der Verwaltung Verschulden — Vorsatz oder Fahrlässigkeit, § 272 BGB. — zur Last fällt. Die Entscheidung darüber, ob ein solches Verschulden im Einzelfalle vorliegt, wird in der Regel im wesentlichen auf tatsächlichem Gebiete liegen und der Nachprüfung in der Revisionsinstanz entzogen sein. Auf diesem Gebiete liegt auch in der Hauptsache die Beurteilung, ob es jemandem, insbesondere einem Verwalter fremden Vermögens, als Verschulden anzurechnen ist, wenn er mit einer Aufwertung nicht gerechnet hat. Dabei wird es hauptsächlich auf die Zeit ankommen, zu der die Handlung oder Unterlassung, die als Verschulden angesprochen wird, erfolgt ist, und darauf, in welcher Weise sich zu dieser Zeit die Rechtsprechung, die Gesetzgebung und die öffentliche Meinung gegenüber der Aufwertungsfrage verhalten hat. Das Reichsgericht hat in einem Beschlusse vom 13. März 1925 (JW. 1925 S. 1391), als es sich um eine im Oktober 1923 auf Grund einer Löschungsbewilligung, aus der ersichtlich war, daß Zahlung zum Nennbetrage erfolgt war, erfolgte Löschung handelte, ausgesprochen, es könne selbstverständlich von einer Fahrlässigkeit des Grundbuchamtes keine Rede sein, da bei der allgemeinen Unsicherheit, die damals hinsichtlich der Aufwertung von Hypothekenforderungen und namentlich der dinglichen Rechte selbst bestanden habe, niemandem daraus ein Vorwurf gemacht werden könne, wenn er in dieser Hinsicht eine Rechtsansicht vertreten habe, die nachträglich durch die Rechtsprechung als unrichtig verworfen worden ist. Dieser Ausspruch bezog sich nur auf die in dem damaligen Falle in Frage stehende Zeit und die dabei in Frage stehende, übrigens ganz besonders zweifelhafte und erst spät in ihrer Bedeutung erkannte und in bestimmtem Sinne entschiedene Rechtsfrage; vgl. über sie vor § 14 Anm. 1. Wie die Sache in anderen Fällen zu beurteilen sei, blieb nach wie vor im wesentlichen Sache des Tatrichters. Angeblich haben einzelne Oberlandesgerichte die dabei an die Sorgfalt des Vermögensverwalters zu stellenden Anforderungen überspannt. Im Reichstagsausschusse (Bericht S. 27 und 28) wurde deshalb von den Kompromißparteien angeregt, im Gesetze auszusprechen, daß der Verwalter eines fremden Vermögens, der im Vertrauen auf die Gesetzgebung und Rechtsprechung mit einer Aufwertung nicht gerechnet hat, nicht für einen Schaden verantwortlich gemacht werden kann, der mit einer späteren Veränderung der Rechtsauffassung zusammenhängt. Dieser Satz war nur solange unbedenklich, als hinreichend zum Ausdruck gebracht war, daß nicht ein bloß subjektives Vertrauen genügte, sondern dieses Vertrauen auch durch den zur Zeit der in Frage kommenden Handlung oder Unterlassung be-

stehenden Stand der Gesetzgebung und Rechtsprechung objektiv gerechtfertigt gewesen sein müsse. Das konnte in der Fassung des Berichts daraus entnommen werden, daß der Schaden mit einer späteren Veränderung der Rechtsauffassung zusammenhängen mußte. Gerade das ist aber in der Gesetz gewordenen Fassung weggeblieben. Es wird danach nur erfordert, daß der Vermögensverwalter im Vertrauen auf den Stand der Gesetzgebung oder Rechtsprechung mit einer Aufwertung nicht gerechnet hat. Doch wird man nicht anzunehmen brauchen, daß damit eine sachliche Änderung beabsichtigt war, und der Wortlaut wird auch nicht dazu nötigen, jedes subjektive Vertrauen, auch wenn es durch die Gesetzgebung oder Rechtsprechung bereits überholt war, als Grund für die Ausschließung der Verantwortlichkeit zu behandeln. Selbstverständlich wird dabei auch viel auf die Persönlichkeit des Verwalters anzukommen haben. Wenn z. B. ein Rechtsanwalt noch längere Zeit nach dem Urteile des Reichsgerichts vom 28. November 1923 Verfügungen getroffen hat, bei denen er auf die angebliche Geltung des Satzes „Mark = Mark" in der Gesetzgebung und die frühere, diesem Satze zugeneigte Rechtsprechung vertraute, so wird man ihn kaum von einem Verschulden freisprechen können und dazu auch durch den § 79 nicht genötigt sein. Anders würde die Sache bei einem ländlichen Vormunde liegen. Vgl. übrigens Anm. 2.

2. Die Vorschrift findet Anwendung, wenn es sich um eine Annahme von Leistungen handelt, durch welche die Aufwertung, die sonst nach den Vorschriften des Gesetzes für den in Frage stehenden Anspruch stattgefunden haben würde, ausgeschlossen wird, also um vorbehaltlose Annahme der Leistung vor dem 15. Juni 1922, zu einer Zeit, als das in § 79 vorausgesetzte Vertrauen in der Tat wohl noch einigermaßen gerechtfertigt war. Als „sonstige Verfügungen" kommen Vergleiche in Frage, die vor dem 15. Juni 1922, aber auch nach dem 13. Februar 1924 abgeschlossen sind — vgl. zu § 67 Anm. 3; bei letzteren würde es sich um das Vertrauen auf die Fortdauer des durch die 3. StNVO. geschaffenen Rechtszustandes handeln; dieses wird nach § 79 zur Ausschließung der Verantwortung genügen müssen, obwohl es wenigstens in der späteren Zeit ihrer Geltungsdauer objektiv kaum mehr gerechtfertigt war. Weitere Verfügungen, die in Betracht kommen, sind Verzichte, Erlasse, negative Schuldanerkenntnisse u. dgl.

3. Personen, die einem anderen einen Rat oder eine Empfehlung erteilt haben, sind nach § 676 BGB. dadurch allein zum Ersatze des aus der Befolgung des Rats oder der Empfehlung entstehenden Schadens nicht verpflichtet; dasselbe muß von der Erteilung einer Auskunft gelten, die den anderen zu einer bestimmten Handlung oder Unterlassung veranlaßt hat. Anders liegt aber die Sache, wenn sich eine Verantwortlichkeit aus einem Vertragsverhältnisse oder einer unerlaubten Handlung — bei welcher jedoch nur ein vorsätzliches, den guten Sitten widerstreitendes Verhalten (§ 826 BGB.) in Betracht kommen wird — ergibt. Es kommen namentlich Rechtsanwälte, gewerbsmäßige Rechtsberater, Syndici, Gutachter in Frage. Auch bei ihnen ist die Verantwortlichkeit ausgeschlossen, wenn die Voraussetzungen des Abs. 1 (vgl. Anm. 1, 2) vorliegen.

II. Bilanzvorschriften

§ 80.

Ist vor dem Inkrafttreten dieses Gesetzes eine Bilanz nach Maßgabe der bisherigen Vorschriften über die Aufwertung aufgestellt worden, so hat es hierbei sein Bewenden[1]. Eine auf die Vorschriften dieses Gesetzes gegründete Beanstandung der Bilanz durch die Beteiligten wird, soweit eine hierfür bestimmte Frist beim Inkraft-

treten dieses Gesetzes noch nicht abgelaufen ist, hierdurch nicht ausgeschlossen[2].

1. Für die der Aufwertung unterliegenden dinglich (durch Hypothek, Bahnpfandrecht oder Schiffspfandrecht) gesicherten Forderungen war in § 7 Abs. 8 I. DurchfVO. zur 3. StNVO. bestimmt, daß sie als Aktiva wie als Passiva in die Bilanz mit Beträgen eingestellt werden sollten, die unter Zugrundelegung des Aufwertungssatzes von 15 v. H. des Goldmarkbetrages errechnet würden, solange nicht durch abweichende Vereinbarung oder durch rechtskräftige Entscheidung der Aufwertungsstelle eine höhere oder geringere Aufwertung bestimmt sei. In der Regierungsvorlage (Art. II § 2) war vorgeschlagen, daß, wenn nach Maßgabe dieser Vorschrift vor dem Inkrafttreten des die 3. StNVO. abändernden Gesetzes eine Bilanz aufgestellt sei, es dabei sein Bewenden behalten solle. Im Reichstagsausschusse (Bericht S. 29, 69) wurde diese Vorschrift auf die nach Maßgabe der bisherigen Vorschriften über die Aufwertung überhaupt aufgestellten Bilanzen ausgedehnt. Der Kaufmann, der bei Aufstellung einer Bilanz die aufgewerteten Forderungen und Schulden zu dem nach der 3. StNVO. geltenden Satze von 15 v. H. eingesetzt hat, ist danach nicht verpflichtet, nunmehr für das gleiche Geschäftsjahr eine neue Bilanz aufzustellen, bei der sie zum Satze von 25 v. H. eingesetzt würden. Im Reichstagsausschusse (a. a. O.) wurde besonders hervorgehoben, daß unter den „bisherigen Vorschriften" auch die Verordnungen mitverstanden seien, deren Gültigkeit teilweise beanstandet wurde. Das bezog sich hauptsächlich auf den § 7 der I. DurchfVO.; vgl. zu § 9 Anm. 1. Nach dieser wohl nicht zu beanstandenden Auffassung ist die Neuaufstellung der Bilanz auch dann nicht erforderlich, wenn durch Hypothek, Schiffs- oder Bahnpfandrecht gesicherte Forderungen, die gemäß § 3 der 3. StNVO. nach allgemeinen Vorschriften aufgewertet waren, nicht mit dem ihnen nach diesen Vorschriften zukommenden Aufwertungsbetrage, sondern nach Maßgabe des § 7 Abs. 1 Satz 1 der genannten Durchführungsverordnung mit einem auf 15 v. H. des Goldmarkbetrags aufgewerteten Betrage eingesetzt waren.

2. Diese Vorschriften gelten für Einzelkaufleute sowohl wie für handelsrechtliche Gesellschaften. Nach Satz 2 sollen aber die Beteiligten nicht gehindert sein, auf die Vorschriften des neuen Gesetzes eine Beanstandung der Bilanz zu gründen, sofern eine hierfür bestimmte Frist bei Inkrafttreten des Gesetzes noch nicht abgelaufen war. Eine Frist zur Beanstandung der Bilanz ist bestimmt bei Aktiengesellschaften und Kommanditgesellschaften auf Aktien, bei denen der von der Generalversammlung gefaßte Genehmigungsbeschluß von den Aktionären innerhalb eines Monats im Wege der Klage angefochten werden kann (§§ 260, 271, 320 HGB.). Ist diese Frist zur Zeit des Inkrafttretens des Gesetzes noch nicht abgelaufen, so kann die Beanstandung (Anfechtung) noch bis zum Ablaufe der Frist auf dem vorgeschriebenen Wege erfolgen und zur Aufstellung einer anderen Bilanz führen. Das gleiche muß aber auch gelten, wenn die Bilanz zu dem genannten Zeitpunkte noch nicht von der Generalversammlung genehmigt, die Frist also noch nicht in Lauf gesetzt war. Aber auch in den Fällen, in welchen einem Beteiligten ein Recht auf Beanstandung der Bilanz zusteht, ohne daß dafür eine bestimmte Ausschlußfrist gesetzt ist, wird das gleiche gelten müssen. — Über die Befugnis der Aktiengesellschaften zur Einstellung von Aufwertungsausgleichposten in die (nächste) Bilanz vgl. § 81 und Anm. 1 dazu.

§ 81.

(1) Hat eine Aktiengesellschaft einen der Aufwertung unterliegenden Anspruch als Passivum in die Bilanz[2] eingestellt und er-

gibt sich auf Grund der Vorschriften dieses Gesetzes für den Anspruch eine höhere Aufwertung als bisher, so ist die Aktiengesellschaft berechtigt, den Unterschied zwischen dem nach den bisherigen Vorschriften maßgebenden Aufwertungsbetrag und dem höheren Betrage, der sich auf Grund der neuen Vorschriften ergibt, als Aufwertungsausgleichsposten in die Aktiva der Bilanz[2] einzustellen[1]. Entsprechendes gilt, wenn ein in der Bilanz nicht berücksichtigter Anspruch erst durch dieses Gesetz aufgewertet ist[1].

(2) Macht die Gesellschaft von dieser Befugnis Gebrauch, so ist sie verpflichtet[1],

1. in der Bilanz den Bestand an den durch dieses Gesetz erhöht oder neu aufgewerteten Schulden gesondert anzugeben und sie gesondert von anderen Schulden zu bewerten;
2. das Aufwertungsausgleichskonto durch jährliche Abschreibungen nach den Grundsätzen kaufmännischer Geschäftsgebarung zu tilgen. Die Länder können allgemein oder für den einzelnen Fall den Mindestbetrag der Abschreibungen festsetzen.

(3) Diese Vorschriften finden auf eingetragene Genossenschaften, auf Unternehmungen anderer Art, für deren Bilanzen kraft Gesetzes oder auf Grund der Satzung die für Aktiengesellschaften geltenden bilanzrechtlichen Bestimmungen des Handelsgesetzbuchs maßgebend sind[3], sowie auf Gesellschaften mit beschränkter Haftung entsprechende Anwendung.

(4) Der Reichsminister der Justiz wird ermächtigt, Unternehmungen, die den Verpflichtungen gemäß Abs. 2, 3 zuwiderhandeln, die im Abs. 1 gewährte Befugnis zu entziehen.

1. § 81 behandelt, wie § 80 einen Fall, in dem in eine Bilanz ein der Aufwertung unterliegender Anspruch unter Bewertung nach Maßgabe der vor dem Inkrafttreten des Aufwertungsgesetzes in Geltung gewesenen Bestimmungen, also mit einem den damals geltenden Vorschriften entsprechenden Aufwertungsbetrage eingestellt worden ist und nunmehr auf Grund der Vorschriften des Aufwertungsgesetzes eine höhere Aufwertung des Anspruchs eintritt. Er bezieht sich nur auf Aktiengesellschaften und ihnen bilanzmäßig gleichgestellte Gesellschaften, eingetragene Genossenschaften sowie Gesellschaften mit beschränkter Haftung (Abs. 3). Diesen Gesellschaften soll (wie die Begründung S. 17 in Ergänzung des nichts weniger als deutlichen Gesetzestextes darlegt) ermöglicht werden, die bilanzmäßigen Nachteile, die ihnen durch die auf Grund des Aufwertungsgesetzes eintretende erhöhte Aufwertung eines mit geringerem Aufwertungsbetrage in eine frühere Bilanz als Passivum eingesetzten gegen sie bestehenden Anspruchs verursacht sind, auf einen längeren Zeitraum dadurch zu verteilen, daß sie in die späteren Bilanzen als Aktivum einen „Aufwertungsausgleichsposten" in Höhe des Unterschiedes zwischen dem nach den bisherigen Vorschriften maßgebenden Aufwertungsbetrag und dem höheren Betrage, der sich auf Grund der neuen Vorschriften ergibt, einsetzen und das Aufwertungsausgleichskonto durch jährliche Abschreibung nach den Grundsätzen kaufmännischer Geschäftsgebarung tilgen. Im

einzelnen lehnt sich die Regelung an die Vorschriften des Gesetzes über die Bilanzierung wertbeständiger Schulden vom 17. Dezember 1923 (RGBl. I S. 1233) an.

2. Nach dem Wortlaute sollte man annehmen, daß es sich in dem Vordersatze (Bedingungssatz) um die gleiche Bilanz („die Bilanz") handle, wie in dem Nachsatze (dem bedingten Satze). Das ist jedoch, wie das in Anm. 1 Gesagte ergibt, nicht der Fall.

3. Auf Grund Gesetzes (§ 320 Abs. 3 HGB.) sind die bilanzrechtlichen Bestimmungen des HGB. über Aktiengesellschaften maßgebend für die Kommanditgesellschaften auf Aktien.

III. Anhängige Rechtsstreitigkeiten

1. Erledigung[1]

§ 82.

Findet infolge der Vorschriften dieses Gesetzes ein anhängiger Rechtsstreit seine Erledigung[2,3], so trägt jede Partei die ihr entstandenen außergerichtlichen Kosten[3]. Die Gerichtskosten werden niedergeschlagen[4].

1. In der 3. StNVO. (§ 11 Satz 2) war bestimmt, daß, wenn infolge der in Satz 1 daselbst getroffenen Regelung, durch welche eine Aufwertung nach vorbehaltloser Zahlungsannahme auch auf Grund der besonderen Rechtsbehelfe des bürgerlichen Rechts für unstatthaft erklärt wurde (vgl. vor § 14 Anm. 1), ein anhängiger Rechtsstreit seine Erledigung finde, jede Partei die ihr entstandenen außergerichtlichen Kosten zu tragen habe. Die gleiche Bestimmung war in § 7 II. DurchfVO. für den Fall getroffen, daß ein nach § 10 3. StNVO. ausgesetztes Verfahren infolge einer nach dem 14. Februar 1924 getroffenen Vereinbarung oder einer Entscheidung der Aufwertungsstelle in der Hauptsache seine Erledigung finde; zugleich war vorgeschrieben, daß die Gerichtskosten niedergeschlagen werden. Zur Vermeidung von Härten war dem Gerichte die Befugnis erteilt, über die außergerichtlichen Kosten anderweit zu entscheiden. Im Aufwertungsgesetze ist auf Grund eines Beschlusses der Kompromißparteien im Reichstagsausschusse (Bericht S. 29, 69/70) eine Vorschrift über die Kostenverteilung für alle Fälle getroffen, in denen ein anhängiger Rechtsstreit durch die Vorschriften des Aufwertungsgesetzes seine Erledigung findet.

2. Die Vorschrift setzt voraus, daß die materiellrechtlichen Vorschriften des Aufwertungsgesetzes auf den anhängigen Rechtsstreit Anwendung zu finden haben. Das wird anzunehmen sein, auch wenn der Rechtsstreit bereits in die Revisionsinstanz gediehen ist. Der Rechtsstreit findet seine Erledigung, wenn in ihm nur oder nur noch die Aufwertung streitig war und durch das Aufwertungsgesetz die streitige Frage zugunsten der einen oder der anderen Partei entschieden wird, sei es im Wege der Abänderung oder der Klarstellung der bisherigen Rechtslage. Stellt sich hiernach der Anspruch als unbegründet dar, so müßte nach den gewöhnlichen prozeßrechtlichen Grundsätzen der Kläger die ganzen Prozeßkosten tragen, auch wenn der Anspruch zur Zeit der Klagerhebung begründet war (RGZ. 101 388). Andererseits würde, wenn der vorher unbegründete Klaganspruch nunmehr begründet ist, dem Beklagten die Kostentragung obliegen, da er unterliegen würde (§ 91 ZPO.). Diese Folgerungen werden durch § 82 ausgeschlossen. Seine Anwendung setzt jedoch voraus, daß eine Entscheidung zur Hauptsache von keiner Seite mehr verlangt wird. Dagegen wird auf Verlangen einer Partei das Gericht

über die Kostentragung nach Maßgabe des § 82 zu entscheiden haben. Ist unter den Parteien bestritten, daß der streitige Rechtspunkt durch das Aufwertungsgesetz geändert oder geklärt worden sei, so wird das Gericht über diese Frage entscheiden müssen. Die durch diese Entscheidung verursachten besonderen Kosten werden derjenigen Partei zur Last zu legen sein, welche hinsichtlich dieser Frage unterliegt. Verlangt eine Partei die Fortführung des Prozesses in der Hauptsache, so kann § 82 keine Anwendung finden; es treten die gewöhnlichen Regeln für die Kostentragung (§§ 91ff. ZPO.) ein.

3. Die Vorschrift würde an sich auch auf das Verfahren vor der Aufwertungsstelle anzuwenden sein, da auch vor dieser es sich um anhängige Rechtsstreitigkeiten handelt, wenn sie auch in einem Verfahren erledigt werden, auf das in erster Linie die Vorschriften des FGG. Anwendung finden. Die unmittelbare Anwendung wird jedoch ausgeschlossen durch die besondere Vorschrift des § 76, derzufolge die Kosten von der Aufwertungsstelle nach billigem Ermessen zu verteilen sind. Dieses wird allerdings häufig zu der gleichen Entscheidung führen. — Im übrigen ist die Vorschrift auf alle Arten von Rechtsstreitigkeiten anwendbar, nicht nur auf solche, deren unmittelbaren Gegenstand ein Aufwertungsanspruch bildet. Insbesondere gilt sie auch für Rechtsstreitigkeiten vor den ordentlichen oder Finanzgerichten über Steueransprüche, wenn die Steuerpflicht oder ihre Höhe von der Frage der Aufwertung abhängig war.

4. Die Niederschlagung der Gerichtskosten wird durch einen besonderen Beschluß des Gerichts zu erfolgen haben, bei welchem unabhängig von den Behauptungen der Parteien festzustellen sein wird, daß die Voraussetzung des § 82 vorliegt.

2. Fortbetrieb[1]

§ 83.

Hat in einem anhängigen Rechtsstreit auf Grund des Gesetzes, betreffend Aussetzung des Verfahrens vor Gerichten und Aufwertungsstellen, vom 17. Februar 1925 (Reichsgesetzblatt I S. 15) eine Aussetzung der Verhandlung stattgefunden, so hat das Gericht auf Antrag einer Partei die Anordnung der Aussetzung wieder aufzuheben[1]; entsprechendes gilt für das Verfahren vor der Aufwertungsstelle[2]. Dies gilt nicht für das Rechtsmittelverfahren vor den Finanzgerichten und dem Reichsfinanzhof, soweit es sich um Ansprüche auf Grund der Vorschriften der Dritten Steuernotverordnung über den Geldentwertungsausgleich bei Schuldverschreibungen und der zu ihrer Durchführung erlassenen Bestimmungen handelt[3].

1. In der Zeit, als durch den Kampf, den die Reichsregierung im Wege der Durchführungsverordnungen und der Einsetzung der außerordentlichen Gewalt des Reichspräsidenten gegen die Rechtsprechung führte (vgl. Einleitung VI), eine außerordentliche Verwirrung und Unsicherheit eingetreten war und die endgültige Regelung der Aufwertungsfrage sich immer noch hinauszog, erschien es nicht mehr angängig, daß dieser Regelung gegen den Willen einer Partei durch Einzelentscheidungen vorgegriffen werde. Deshalb wurde durch das Gesetz vom 17. Februar 1925 (RGBl. S. 15) angeordnet, daß in Rechtsstreitigkeiten vor Gerichten und Aufwertungsstellen über die Aufwertung von Vermögensanlagen im Sinne der 3. StNVO. (§ 1 Abs. 2 Ziff. 1—10) sowie von Ansprüchen der im § 12 Abs. 3 und im § 16 der VO. bezeichneten Art (Ansprüche aus Kontokorrenten und öffentlichen Anleihen) auf Antrag einer Partei die Verhandlung einstweilen

auszusetzen sei. Auf die in § 12 Abs. 1 und 2 bezeichneten Ansprüche (Vermögensanlagen anderer als derjenigen Arten, die nach § 1 Abs. 2 Vermögensanlagen im Sinne der VO. waren, und Ansprüche, die auch im Sinne des Abs. 1 des § 12 keine Vermögensanlagen waren, wie Ansprüche aus gegenseitigen Verträgen usw.) bezog sich das Gesetz nicht. Das Gesetz ist nach § 4 und den entsprechenden Verlängerungsgesetzen (RGBl. I 29, I 92) mit dem Inkrafttreten des Aufwertungsgesetzes außer Kraft getreten. Die Gesetze sind als **Anhang IX 1—3** zu diesem Buche abgedruckt. Die erfolgte Aussetzung würde nach den Bestimmungen der ZPO. solange fortdauern, bis das Verfahren von einer Partei durch Zustellung eines Schriftsatzes wiederaufgenommen wird (§ 250 ZPO.); die Erklärung der Aufnahme in einer Eingabe an das Gericht würde nicht genügen (Sydow-Busch, ZPO., zu § 250 Anm. 1). An Stelle dieses Verfahrens ordnet § 83 an, daß das Gericht auf Antrag einer Partei durch Beschluß die Anordnung der Aussetzung wiederaufzuheben hat. Wie diese Anordnung nach § 1 Satz 3 des Aussetzungsgesetzes, so wird auch die Aufhebung ohne mündliche Verhandlung erfolgen können; einer Anhörung des Gegners wird es aber nicht bedürfen, da aus dem Außerkrafttreten des Gesetzes sich ohne weiteres ergibt, daß die Voraussetzung für die Aufhebung vorliegt.

2. Entsprechendes soll für das **Verfahren vor der Aufwertungsstelle** gelten. Auch in diesem Verfahren ist sonach durch Beschluß die Aufhebung der auf Grund des Aussetzungsgesetzes erfolgten Aussetzung auf Antrag einer Partei anzuordnen. Von Amts wegen hat also die Weiterführung des Offizialverfahrens nicht zu erfolgen. In § 6 Abs. 4 der VO. vom 21. Juli 1925 (Anhang X) ist dazu noch ausdrücklich bestimmt, daß die Vorschriften des § 83 über die Aufhebung einer Anordnung der Aussetzung des Verfahrens „unberührt bleiben", nämlich durch die in den vorhergehenden Absätzen enthaltenen Vorschriften über die Überleitung des Verfahrens vor den auf Grund der 3. StNVO. gebildeten Aufwertungsstellen auf die auf Grund des Aufwertungsgesetzes neu zu bildenden. Die neu gebildete Stelle wird danach auf Antrag den Aussetzungsbeschluß der früheren aufzuheben haben.

3. Das Gesetz vom 17. Februar 1925 hatte in § 3 in entsprechender Weise auch die Aussetzung der Rechtsmittelverfahren vor den Finanzgerichten und dem Reichsfinanzhof angeordnet, soweit es sich um Ansprüche auf Grund der Vorschriften der 3. StNVO. über den Geldentwertungsausgleich bei Schuldverschreibungen (Art. III A §§ 17—37; vgl. die erste Auflage dieses Buches S. 182ff.) handelt, weil die nach diesen Vorschriften als Geldentwertungsausgleich zu erhebende Steuer wesentlich von der Gestaltung der Aufwertungsvorschriften abhängt. Für die in solchen Verfahren erfolgte Aussetzung soll nach § 83 Satz 2 die Aufhebungsvorschrift des Satzes 1 nicht gelten; die Verfahren können also einstweilen nicht weitergeführt werden; ersichtlich aus dem Grunde, weil als Folge der eingreifenden Änderungen, die durch das Aufwertungsgesetz in der Regelung der Aufwertungsfrage eingetreten sind, auch die Vorschriften über den Geldentwertungsausgleich einer Änderung werden unterzogen werden müssen, deren Ergebnis erst abgewartet werden soll. Allerdings ist auch für diese Verfahren das Aussetzungsgesetz außer Kraft getreten; daraus folgt aber nicht, daß die bereits ausgesetzten Verfahren ohne weiteres weitergeführt werden müssen.

IV. Aufwertungsansprüche Hilfsbedürftiger[1]

§ 84.

Bei der Festsetzung einer Unterstützung öffentlich-rechtlicher Art bleibt das Einkommen[2] des Hilfsbedürftigen[3] aus Ansprüchen,

die der Aufwertung nach diesem Gesetz unterliegen, außer Ansatz, soweit es den Betrag von 270 Reichsmark für das Jahr nicht übersteigt[3]. Erhält der Hilfsdürftige zugleich eine Vorzugsrente nach Maßgabe §§ 18 bis 26, 37 des Gesetzes über die Ablösung öffentlicher Anleihen[4], so bleiben die im Satz 1 bezeichneten Einnahmen und die Vorzugsrente bis zum Gesamtbetrage von 270 Reichsmark für das Jahr außer Ansatz[4].

1. Es konnte nicht unbeachtet bleiben, daß sich unter den Gläubigern der Ansprüche, deren Aufwertung durch das Aufwertungsgesetz geregelt wird, wie auch unter den Gläubigern der im Ablösungsgesetze geregelten öffentlichen Anleihen, eine große Anzahl von Personen befindet, die infolge des durch die Geldentwertung eingetretenen Verlustes ihres Kapitals **hilfsbedürftig** im Sinne der Vorschriften über die öffentliche Fürsorge geworden sind. Durch die in dem Aufwertungsgesetze angeordnete Aufwertung ihrer Ansprüche könnten unter Umständen die bisher gegebenen formellen Voraussetzungen für die Hilfsbedürftigkeit wegfallen, wenn die Aufwertungsansprüche und die ihnen etwa auf Grund des Ablösungsgesetzes aus ihrem Besitze aus öffentlichen Anleihen zufließenden Vermögens- und Einkommenswerte bei der Prüfung dieser Voraussetzungen voll angerechnet würden, ohne daß ihre Vermögenslage durch die Aufwertung und Ablösung in einer einigermaßen ihren früheren Verhältnissen entsprechenden oder auch nur zu einem notdürftigen Lebensunterhalte hinreichenden Weise wirklich aufgebessert wird. Daß das mit der als angestrebt bezeichneten „sozialen Lösung" der Aufwertungsfrage nicht vereinbar sein würde, konnte nicht verkannt werden. Deshalb wurden im Reichstagsausschusse Vorschriften in das Gesetz eingeschaltet, welche die Anrechnung der den Hilfsbedürftigen auf diese Weise zufließenden Beträge an Vermögen und Einkommen bei der Prüfung ihrer Hilfsbedürftigkeit einschränken sollten. Zu diesem Zwecke war zunächst der § 84 dahin gefaßt worden, daß bei der Festsetzung von Unterstützungen öffentlich-rechtlicher Art das Einkommen der Hilfsbedürftigen aus Ansprüchen, die der Aufwertung nach dem Aufwertungsgesetz unterliegen, außer Ansatz bleibt, soweit es den Betrag von 180 Reichsmark für das Jahr nicht übersteigt (Bericht S. 102). Bei der dritten Lesung im Reichstagsausschusse wurde hervorgehoben (Bericht S. 45), daß es notwendig sei, die Aufwertungsansprüche der Gläubiger des Aufwertungs- und des Ablösungsgesetzes mit dem Fürsorgerecht in Einklang zu bringen, und daß es zweckmäßig sei, die beiden gleichartigen Bestimmungen in beiden Gesetzen „zusammenzuschweißen" und damit gleichzeitig auf einen anrechnungsfreien Gesamtbetrag hinauszukommen, der so gewählt wurde, daß er „die Mitte" bilde zwischen den nach jedem von beiden Gesetzen nicht anrechnungspflichtigen Beträgen von je 180, also 270 RM., richtiger: daß der nach beiden Gesetzen zusammen nicht anzurechnende Betrag von 360 RM. um ein Drittel gekürzt wird. Der Vertreter der Reichsregierung erklärte, daß die Summe von 270 RM. die Höchstgrenze darstelle, deren Nichtanrechnung die Fürsorgeverbände tragen könnten. Dementsprechend erhielten die §§ 84, 85 ihre Gesetz gewordene Fassung.

2. „**Hilfsbedürftig**" im Sinne der Fürsorgebestimmungen (Fürsorgepflichtverordnung vom 13. Februar 1924, RGBl. I S. 100, und Reichsgesetz vom 4. Dezember 1924 über Voraussetzung, Art und Maß der öffentlichen Fürsorge, RGBl. I S. 765 — Reichsgrundsätze —) ist, wer nicht in der Lage ist, sich aus eigenen Kräften und Mitteln den notwendigen Lebensunterhalt für sich und die unterhaltsberechtigten Angehörigen zu verschaffen oder ihn von anderer Seite, insbesondere von Angehörigen, zu erhalten (§ 5 der Reichsgrundsätze). Für die solchen Personen zu gewährende Fürsorge gelten die Vorschriften der Fürsorgepflichtverordnung und der Reichsgrund-

sätze. Nach § 8 Abs. 1 der Reichsgrundsätze sollen die laufenden Einnahmen zur Deckung des Lebensbedarfs voll eingesetzt werden. Doch soll nach Abs. 5 bei Alten und Erwerbsbeschränkten ein angemessener Teil des Arbeitsverdienstes bei Berechnung des laufenden Einkommens zum Zwecke der Prüfung der Hilfsbedürftigkeit außer Ansatz bleiben. Dagegen müßten ohne die Vorschrift des § 84 die den Hilfsbedürftigen, auch den Alten und Erwerbsbeschränkten, aus den aufgewerteten Ansprüchen und abgelösten Anleihen zufließenden laufenden Beträge voll angerechnet werden. Diese Anrechnung wird durch § 89 für den Betrag von jährlich 270 RM. ausgeschlossen.

3. Einkommen (Satz 1) sind die laufenden Erträge aus den dem Hilfsbedürftigen auf Grund des Aufwertungsgesetzes zukommenden Kapitalansprüchen — Zinsen und Renten —, die zum Verbrauche bestimmt sind. Tilgungsbeträge werden nicht darunter fallen, da sie Teile des Kapitals darstellen und als solche zur Wiederanlage verwendet werden sollen. Über die Anrechnung von Kapital vgl. zu § 85. Einkommen aus Ansprüchen, die nicht nach Maßgabe des Aufwertungsgesetzes, sondern unbeschränkt nach allgemeinen Vorschriften aufgewertet werden, weil sie weder zu den in den §§ 4—61 bezeichneten Ansprüchen gehören, noch Vermögensanlagen im Sinne des § 62 Abs. 1 sind, fallen nicht unter die Vorschrift des § 84. Der Anrechnung solcher Einkommensbeträge bei der Prüfung der Hilfsbedürftigkeit steht deshalb diese Vorschrift nicht entgegen.

4. Die Vorzugsrente wird nach den §§ 18—26, 37 des Ablösungsgesetzes bedürftigen inländischen Inhabern von Ablösungsschuld des Reiches oder Ablösungsanleihen der Länder gewährt, die gegen Altbesitz von Markanleihen umgetauscht sind. Vgl. Näheres zu den genannten Paragraphen im zweiten Teile dieses Buches. Hat der Hilfsbedürftige nur Einkommen nach Satz 1, so bleibt dieses bis zum Betrage von 270 RM. außer Ansatz. Hat er außerdem die Vorzugsrente nach Satz 2, so bleiben von dem Gesamtbetrage beider Einkommensquellen gleichfalls nur 270 RM. außer Ansatz.

§ 85.

Soweit die öffentliche Fürsorge ihre Hilfe davon abhängig machen darf, daß die Rückzahlung der für den Hilfsbedürftigen aufgewendeten Kosten sichergestellt wird (§ 9 der Reichsgrundsätze über Voraussetzung, Art und Maß der öffentlichen Fürsorge vom 4. Dezember 1924, Reichsgesetzbl. I S. 765), dürfen Ansprüche des Hilfsbedürftigen, die der Aufwertung nach diesem Gesetz unterliegen, nur nach Maßgabe von Vorschriften herangezogen werden, die die Reichsregierung mit Zustimmung des Reichsrats hierüber erläßt[1].

1. Gegen die Heranziehung etwa vorhandenen kleinen Kapitals bei Prüfung der Hilfsbedürftigkeit und Berechnung der Unterstützung sind die Hilfsbedürftigen einigermaßen durch § 8 Abs. 2 der Reichsgrundsätze geschützt. Nach § 9 dieser Reichsgrundsätze kann aber, wenn die öffentliche Fürsorge um deswillen eintreten muß, weil das vorhandene Vermögen oder Einkommen desjenigen, der sie in Anspruch nimmt, vorerst nicht verwertet werden kann, die Hilfe von der Verpflichtung abhängig gemacht werden, die aufgewendeten Beträge zurückzuzahlen, und es kann Sicherstellung der Rückzahlung verlangt werden. Um eine schematische und unbillige Anwendung dieser Vorschriften auf Hilfsbedürftige, die nach Maßgabe des Aufwertungsgesetzes aufgewertete Kapitalansprüche besitzen, zu verhüten, bestimmt § 85, daß die Heranziehung solcher Kapitalbeträge nur nach Maßgabe von Vorschriften erfolgen darf, die die Reichsregierung nach Anhörung des Reichsrats zu erlassen hat.

Der Erlaß solcher Vorschriften steht noch bevor; sie werden soweit möglich als Anhang oder Nachtrag abgedruckt werden.

V. Fremdenrecht[1]

§ 86.

(1) Soweit Reichsangehörige in einem fremden Staate hinsichtlich der Aufwertung ungünstiger behandelt werden als dessen eigene Angehörigen, wird die Reichsregierung ermächtigt, eine entsprechende unterschiedliche Behandlung der Angehörigen dieses Staates anzuordnen[2].

(2) Sofern nach der Gesetzgebung eines fremden Staates dieser Staat oder seine Angehörigen nicht verpflichtet sind, Reichsangehörigen einen höheren Betrag zu zahlen, als den, der ihnen im Deutschen Reiche unter den gleichen Bedingungen auf Grund der deutschen Aufwertungsbestimmungen zufallen würde, wird die Reichsregierung ermächtigt, einem solchen Staate gegenüber eine entsprechende Regelung zu treffen[3].

(3) Die Reichsregierung wird ermächtigt, die Aufwertung der im § 1 bezeichneten Ansprüche zugunsten der Angehörigen solcher Staaten auszuschließen, nach deren Recht diese Ansprüche einer Aufwertung nicht unterliegen[4].

1. Die Aufwertung findet nach Maßgabe des Aufwertungsgesetzes grundsätzlich ohne Rücksicht darauf statt, ob die Gläubiger der aufgewerteten Ansprüche Inländer — deutsche Reichsangehörige — oder Ausländer sind. Auch Ausländer sind den im Aufwertungsgesetze enthaltenen Einschränkungen der nach allgemeinen Vorschriften begründeten Aufwertung unterworfen, soweit nicht etwa internationale Vereinbarungen (vgl. zu § 87) entgegenstehen. Anderseits können Ausländer auf die durch das Aufwertungsgesetz angeordnete Aufwertung sich in der gleichen Weise berufen wie Inländer. Doch hat das Aufwertungsgesetz auf Vorschlag der Reichsregierung, wohl veranlaßt durch das Verhalten anderer Staaten in Aufwertungsfragen, dieser die Ermächtigung erteilt zur Ausübung eines Vergeltungsrechts gegenüber Ausländern, das als „Fremdenrecht" bezeichnet wird, und zwar nach drei verschiedenen Richtungen:

2. a) (Absatz 1): Diese Vorschrift richtet sich gegen eine ungünstigere Behandlung deutscher Reichsangehöriger in einem fremden Staate gegenüber den Angehörigen dieses Staates hinsichtlich der Aufwertung, durch welche die Gegenseitigkeit der Gleichbehandlung, die das deutsche Recht den Ausländern und Inländern zuteil werden läßt (vgl. Anm. 1), ausgeschlossen wird. In solchem Falle ist die Reichsregierung ermächtigt, eine entsprechende unterschiedliche Behandlung der Angehörigen dieses Staates anzuordnen. Ist die ungünstigere Behandlung der deutschen Reichsangehörigen in dem fremden Staate eine allgemeine — werden sie z. B. von der Aufwertung ganz ausgeschlossen —, so kann die Vergeltungsmaßnahme gleichfalls eine allgemeine sein. Bezieht sie sich nur auf einzelne Punkte, z. B. Ausschluß der Aufwertung von Hypotheken oder ungünstigere Verzinsung, spätere Rückzahlung und dergleichen, so wird die Vergeltungsmaßnahme möglichst auch diesen Punkt zu betreffen haben. Besteht keine vollständig gleichartige Vorschrift im deutschen Rechte hinsichtlich des kritischen Punktes, so wird die Vergeltungsmaßregel sich auch auf

einen anderen, nach Bedeutung und Umfang möglichst ähnlichen Punkt beziehen können.

3. b) (Absatz 2): Diese Vorschrift betrifft einen Spezialfall der ungünstigeren Behandlung von Reichsangehörigen im Vergleich mit den eigenen Angehörigen des fremden Staates. Die Differenzierung (Diskriminierung) besteht hier darin, daß das Recht des fremden Staates für reichsangehörige Gläubiger insoweit nicht zur Anwendung gebracht wird, als ihnen danach ein höherer Betrag zufallen würde, wie der, den nach den deutschen Aufwertungsbestimmungen ein dem fremden Staate angehöriger Gläubiger vor deutschen Gerichten „unter den gleichen Bedingungen" (Voraussetzungen) zu beanspruchen hat. Es handelt sich dabei um eine Anwendung des Personalstatuts des Gläubigers, soweit dieses ihm ungünstiger ist, an Stelle des im internationalen Privatrechte für Schuldverpflichtungen üblichen Personalstatuts des Schuldners. Eine solche Bestimmung enthält z. B. das polnische Gesetz vom 14. Mai 1924 (Gesetzblatt der Republik Polen N. 427; mitgeteilt in JW. 1924 S. 1354 XVIII), indem es bestimmt, daß der polnische Staatsbürger nicht angehalten werden kann, an den Ausländer mehr zu zahlen, als er in dem fremden Staate von den Staatsbürgern dieses Staates erhalten würde. Ähnlich bestimmt das Aufwertungsgesetz der Freien Stadt Danzig vom 7. April 1925 (GBl. S. 111) in § 11:

„Schuldner, gegen welche Ansprüche nach Maßgabe dieses Gesetzes geltend gemacht werden, können sich einem ausländischen Gläubiger gegenüber darauf berufen, daß in dem Staate des ausländischen Gläubigers eine für den Schuldner günstigere Regelung besteht und verlangen, daß die Gesetze des betreffenden Staates zur Anwendung kommen. Als günstigere Regelung gilt auch eine Kapital- oder Zinsstundung."

In § 86 Abs. 2 ist nur die Rede von der Zahlung eines „höheren Betrags"; doch wird dem die Zahlung des gleichen Betrags ohne Stundung des Kapitals oder mit höherer Verzinsung gleichzustellen sein.

4. c) Absatz 3: Die Aufwertung ist ein Problem, das sich nur in solchen Staaten aufdrängt, die eine über die Grenzen des Normalen erheblich hinausgehende Entwertung ihrer Währung durchmachen. Solange die Entwertung nicht in ganz außergewöhnlichem Grade vorgeschritten ist, wird eine Aufwertung von Geldforderungen aus dem geltenden Rechte, das auf dem Grundsatze der Maßgeblichkeit des Nennbetrags beruht, nicht entnommen werden können und auch von dem öffentlichen Rechtsbewußtsein nicht gefordert werden, auch wo nicht, wie in Frankreich, ausdrückliche Vorschriften eine Erhöhung des zu zahlenden Nennbetrags im Falle der Geldentwertung auszuschließen scheinen. Vgl. die Einleitung unter II. Die Ausübung eines Vergeltungsrechts wird deshalb nicht schon um deswillen gerechtfertigt sein, weil ein anderer Staat, dessen Währung gleichfalls eine Entwertung in mehr oder weniger erheblichem Umfange durchgemacht hat, eine Aufwertung der in seiner Währung begründeten Geldforderungen nicht als in seinem Rechte begründet anerkennt. Im Sinne eines solchen Vergeltungsrechts ist auch Abs. 3 nicht gemeint. Er bezieht sich vielmehr, wie die Bezugnahme auf § 1 des Aufwertungsgesetzes ergibt, auf Geldansprüche, die in deutscher Markwährung begründet und in dem durch den Verfall dieser Währung hervorgerufenem Maße entwertet sind. So weit das Recht des fremden Staates die Aufwertung solcher Markansprüche ablehnt (wie in dem Berichte S. 42 mitgeteilt wird, soll dies durch dänische, wahrscheinlich früher deutsche, Sparkassen geschehen sein), da soll die Reichsregierung ermächtigt sein, einem solchen Staate gegenüber eine entsprechende Regelung zu treffen, also die Aufwertung der Markansprüche von Gläubigern, die diesem Staate angehören, auszuschließen. Die Zubilligung einer geringeren, als der im deutschen Rechte vorgeschriebenen Aufwertung wird zur Ausübung des Vergeltungsrechts nicht ge-

nügen. Ist dagegen in dem fremden Rechte die Aufwertung für einzelne Arten der im Aufwertungsgesetz geregelten Ansprüche ausgeschlossen, so wird für diese Arten von Ansprüchen die Aufwertung im Vergeltungswege ausgeschlossen werden können.

VI. Internationale Vereinbarungen[1]

§ 87.

Rechte, Ansprüche und Befugnisse, die auf internationalen Vereinbarungen oder den zu ihrer Durchführung erlassenen Gesetzen beruhen, oder die zur Erfüllung von Verpflichtungen aus solchen Vereinbarungen begründet sind, bleiben unberührt[1, 2].

1. Die Vorschrift des § 87 über internationale Vereinbarungen war, mit Einschränkung auf die vor dem Inkrafttreten der VO. abgeschlossenen derartigen Vereinbarungen, bereits in der 3. StNVO. (§ 15) enthalten. Sie macht, ersichtlich zur Vermeidung auswärtiger Komplikationen und um allen zwischenstaatlichen Verpflichtungen Rechnung zu tragen, einen möglichst allgemein gehaltenen Vorbehalt zugunsten international begründeter „Ansprüche, Rechte und Befugnisse". Neben den Ansprüchen und Rechten sind auch „Befugnisse" genannt, das sind aus den Verträgen oder Gesetzen sich ergebende Betätigungsmöglichkeiten von Regierungen oder einzelnen, die nicht als subjektive Rechte im Sinne des privaten oder öffentlichen Rechts ausgestaltet sind. Darunter werden namentlich Befugnisse auf Grund des Versailler Friedensvertrages fallen, der den Ententestaaten und ihren Angehörigen so viele und erhebliche „Befugnisse" gegenüber Deutschland beigelegt hat. Der Ausdruck „internationale Vereinbarungen" ist auch offenbar absichtlich in weitestem Sinne gebraucht und umfaßt nicht nur die zu inneren Gesetzen gewordenen Staatsverträge, sondern alle Vereinbarungen, die von Regierung zu Regierung oder auch von einzelnen (Deutschen) mit einer fremden Regierung (wie neuerdings die sog. Micumverträge) oder von einer deutschen Regierung mit einzelnen Ausländern abgeschlossen sind. Doch ist dem ausländischen Gläubiger keineswegs grundsätzlich eine Sonderstellung gegenüber dem Aufwertungsgesetze eingeräumt; er wird vielmehr, soweit internationale Vereinbarungen nicht entgegenstehen, von ihm ebenso betroffen wie der deutsche Gläubiger; vgl. zu § 86 Anm. 1. Internationale Vereinbarungen, die hier in Betracht kommen, bestehen namentlich hinsichtlich der sog. Schweizer Goldhypotheken, das sind die mit Goldklauseln versehenen Hypotheken von Gläubigern, die schweizerische Staatsangehörige sind, auf deutschen Grundstücken. Diese Hypotheken waren, soweit sie vor dem 31. Juli 1914 begründet waren, durch die Bundesratsverordnung vom 28. September 1914, welche die bis dahin vereinbarten Goldklauseln bis auf weiteres für unwirksam erklärte, zu einfachen Markhypotheken geworden, und das RG. (RGZ. 101 141) hatte, indem es verneinte, daß in der Goldklausel eine hilfsweise Goldwertklausel gefunden werden müßte, ihre Rückzahlung durch Papiermark zum Nennwerte für berechtigt erklärt. Auf Drängen der Schweizer Gläubiger kam aus diesem Anlasse zwischen dem Deutschen Reiche und der Schweiz das Abkommen vom 9. Dezember 1920 zustande, das durch Reichsgesetz vom 10. Dezember 1920 (RGBl. S. 2024) Gesetzeskraft erhalten hat. Abgedruckt als Anhang XIII 1 dieses Buches. Nach diesem Abkommen (Art. 3) sind Gläubiger von Schweizer Goldhypotheken, wenn sie gewisse Erklärungen abgeben (Art. 2), berechtigt, nach Ablauf einer bestimmten Frist die Rückzahlung der Hypothek in Gold zum Satze der deutschen Goldwährung oder dergestalt in Papiermark zu verlangen, daß sie für 100 geschuldete Mark 123,45 Schweizer Franken erhalten. Es entstanden jedoch Zweifel darüber, ob diese „Aufwertung" sich auch auf das dingliche Hypotheken-

recht erstrecke, und diese Frage wurde vom RG. (RGZ. 104 352) verneint. Die Folge davon war der Abschluß eines **Zusatzabkommens**, das durch Gesetz vom 23. Juni 1923 (RGBl. II S. 284) Gesetzeskraft für Deutschland erhielt. Abgedruckt als Anhang XIII 2 dieses Buches. Nach diesem Abkommen wird, wenn die Gläubiger die in Art. 2 des ersten Abkommens vorgesehenen Erklärungen abgeben, die Goldhypothek in eine **Gläubigergrundschuld** in Schweizer Franken umgewandelt; es erlischt dadurch die Haftung des persönlichen Schuldners, der nicht Eigentümer ist, und für die aufgewertete Forderung haftet nur das Grundstück. Besondere Bestimmungen sind getroffen, um der Frankengrundschuld dinglichen Rang zu gewähren, ohne die Rechte der Nachhypothekare zu beeinträchtigen. Wegen der Berücksichtigung dieser Frankengrundschulden bei der Berechnung der Geldentwertungsausgleichssteuer vgl. § 28 Abs. 3 Satz 2 der 3. StNVO.

Eine Ausnahmestellung ist ferner durch Art. 296 des Versailler Friedensvertrages eingeräumt für die dem dort eingeführten **Ausgleichsverfahren** unterliegenden Forderungen von Staatsangehörigen derjenigen „alliierten und assoziierten" Mächte, welche sich an dem Verfahren beteiligen, gegen deutsche Schuldner, indem dort bestimmt ist, daß solche Schulden (**und zwar auch die auf deutsche Währung lautenden**) in der Währung des jeweils beteiligten alliierten oder assoziierten Staates zu bezahlen oder gutzuschreiben sind, unter Umwandlung zu dem vor dem Kriege geltenden Umrechnungskurse. Es fallen unter diese Bestimmung die **vor** dem Kriege fällig gewordenen und solche **während** des Krieges fällig gewordenen Schulden, die aus Geschäften und Verträgen zwischen Angehörigen einander feindlicher Staaten herrühren, sofern die Ausführung des Geschäfts oder Vertrags infolge des Krieges ausgesetzt war. Auf solche Forderungen, auch wenn sie aus Vermögensanlagen im Sinne des Aufwertungsgesetzes herrühren, kann daher das Aufwertungsgesetz keine Anwendung finden. Sie werden übrigens nicht direkt zwischen Gläubiger und Schuldner, sondern durch Vermittlung der Ausgleichsämter erledigt, und das Reich rechnet darüber mit den deutschen Schuldnern nach den neuesten Bestimmungen — Reichsausgleichsgesetz in der Fassung des Reichsentlastungsgesetzes vom 4. Juni 1923 laut Bekanntmachung vom 6. Juni 1923 (RGBl. I 334), abgeändert durch VO. vom 28. Oktober 1923 (RGBl. I 1011), § 26 — zu dem für diese immer noch recht günstigen Satze von einem Zweihundertstel des Friedenskurses ab, während dem Reiche die Schuldbeträge in ausländischer Valuta zum Kurse des Tages der Abrechnung zur Last geschrieben werden.

2. Wie Schlegelberger (Anm. 2 zu § 15 3. StNVO.) mitgeteilt hat, ist der Ausdruck „Internationale Vereinbarungen" statt „Staatsverträge" gewählt, um klarzustellen, daß die durch **Konkordate** (Vereinbarungen mit dem päpstlichen Stuhle) aus Anlaß der Säkularisation von Kirchengütern der katholischen Kirche gegenüber begründeten oder übernommenen **staatlichen Dotationslasten** unberührt bleiben. Ihre Aufwertung regelt sich nach den **allgemeinen Vorschriften**; vgl. den dritten Teil dieses Buches. Dies gilt insbesondere für alle Dotationslasten, die mittelbar oder unmittelbar auf dem Reichsdeputationshauptschluß und den den Zirkumskriptionsbullen zugrunde liegenden Abmachungen mit der Kurie beruhen.

VII. Inkrafttreten[1] und Durchführung[2] des Gesetzes

§ 88.

(1) Dieses Gesetz tritt mit Wirkung vom 15. Juli 1925 in Kraft[1].

(2) Die Reichsregierung wird ermächtigt, die zur Durchführung dieses Gesetzes, insbesondere auch zur Erleichterung des Grundbuch-

verkehrs, erforderlichen Rechtsverordnungen und allgemeinen Verwaltungsvorschriften zu erlassen; sie kann die Erteilung eines Hypotheken- oder Grundschuldbriefs für Rechte, deren Aufwertungsbeträge ein gewisses Maß nicht übersteigen, nachträglich ausschließen[3]. Die Reichsregierung oder die von ihr bestimmte Stelle kann ferner besondere Vorschriften über den Ausgleich von Ansprüchen und Gegenansprüchen zwischen denselben Parteien[4a] und über die Zulässigkeit und Anrechnung von Sachleistungen[4b] sowie die Berücksichtigung eines mit Rücksicht auf eine vorzeitige Zahlung angemessenen Zwischenzinses[4c] erlassen[5].

1. Das am 17. Juli 1925 (RGBl. I S. 117) verkündete Gesetz ist „mit Wirkung vom 15. Juli 1925" in Kraft getreten. Diese in neuerer Zeit üblich gewordene Rückwirkung eines Gesetzes auf einen vor seiner Verkündung liegenden Zeitpunkt ist verfassungsrechtlich nicht zu beanstanden. Sie war in diesem Falle notwendig geworden zur Vermeidung des leeren Zeitraumes, der sonst zwischen dem Außerkrafttreten der Art. I und II der 3. StNVO., das laut Gesetz vom 28. Juni 1925 (RGBl. I S. 92) (Anhang IX 3) zu diesem Buche mit dem 15. Juli erfolgt war, und dem Inkrafttreten des neuen Gesetzes zu vermeiden.

2. Durch § 64 3. StNVO. war die Reichsregierung ermächtigt worden, die zur Durchführung der VO. erforderlichen Rechtsverordnungen und allgemeinen Verwaltungsvorschriften zu erlassen; auch, soweit es sich als notwendig erweisen sollte, für besondere Fälle allgemeine Anordnungen ergänzenden oder abweichenden Inhalts zu treffen. Die Rechtsgültigkeit einer solchen Ermächtigung, die sich die Reichsregierung auf Grund des damals noch in Geltung befindlichen Ermächtigungsgesetzes selbst erteilt hatte, soweit sie sich auf den Erlaß von Rechtsverordnungen bezog, über die Dauer der Gültigkeit des bereits am 15. Februar 1923 abgelaufenen Ermächtigungsgesetzes hinaus mußte von vornherein beanstandet werden (vgl. die erste Auflage dieses Buches zu § 64 Anm. 1) und es ist dann auch die auf Grund dieser Ermächtigung am 1. Mai 1924 erlassene Durchführungsverordnung, soweit sie neues, von der 3. StNVO. abweichendes Recht schaffen wollte (§ 7), von der Rechtslehre und Rechtsprechung für ungültig erklärt worden. Vgl. darüber zu § 9 Anm. 1. Der § 64 3. StNVO. ist, soweit er sich auf die Aufwertungsbestimmungen dieser VO. (Art. I, II) bezog, mit diesen auf Grund des Gesetzes vom 27. März 1925 in Verbindung mit dem Gesetze vom 28. Juni 1925 (Anhänge IX 2, 3) am 15. Juli 1925 außer Kraft getreten. Es bedurfte deshalb einer neuen Ermächtigung der Reichsregierung zum Erlasse von Durchführungsvorschriften. Diese enthält der § 88 Abs. 2.

3. Die Vorschrift enthält zunächst eine allgemeine Ermächtigung der Reichsregierung, die zur Durchführung des Gesetzes erforderlichen Rechtsverordnungen und allgemeinen Verwaltungsvorschriften zu erlassen. Rechtsverordnungen sind solche, die neues, die Staatsbürger und sonstigen der inländischen Gesetzgebung unterworfenen Personen bindendes Recht schaffen, während die Verwaltungsvorschriften nur die Bedeutung von Anweisungen an die Verwaltungsorgane haben; vgl. über den Unterschied Laband, Staatsrecht, 5. Aufl. Bd. II S. 85ff. Als Durchführungsverordnungen dürfen aber auch die Rechtsverordnungen keine von den Vorschriften des Gesetzes, zu dessen Durchführung sie dienen sollen, abweichenden Rechtsvorschriften enthalten (in diesem Sinne äußerte sich auch der Regierungskommissar Dr. Schlegelberger bei der zweiten Lesung der Vorlage im Reichstage, Sitzungsberichte S. 3100). Die Ermächtigung ist aber ausdrücklich auch erteilt zum Erlasse der „zur Erleichterung des Grundbuch-

verkehrs" für die Durchführung des Gesetzes erforderlichen Rechtsverordnungen; durch diese kann, soweit erforderlich, das bestehende Grundbuchrecht, insbesondere die Grundbuchordnung, geändert werden. Das ist bereits geschehen in § 11 der VO. vom 21. Juli 1925 (Anhang X), wo für den Nachweis des Erwerbstages und des Erwerbspreises bei der Eintragung der Aufwertung im Grundbuch, sowie für die Berichtigung einer von den Vorschriften des Gesetzes abweichend erfolgten Eintragung erleichternde, die Vorschriften der GBO. abändernde Vorschriften getroffen sind. Eine besondere Ermächtigung ist ferner erteilt zur Ausschließung der Erteilung eines Hypotheken- und Grundschuldbriefes für Rechte, deren Aufwertungsbeträge ein gewisses Maß nicht übersteigen, also zu Abänderungen von Vorschriften des BGB. (§ 1116).

4. In Satz 2 des Abs. 2 wird der Reichsregierung oder der von ihr bestimmten Stelle eine Anzahl weiterer Ermächtigungen erteilt zur Regelung von Einzelfragen, nämlich:

a) über den zum Zwecke der Aufwertung erforderlichen Ausgleich von Ansprüchen und Gegenansprüchen zwischen denselben Parteien, wobei namentlich an den vom Landgericht Frankfurt entschiedenen, in JW. 1925, S. 153 mitgeteilten Fall gedacht ist, daß ein Grundstückseigentümer bei der Sparkasse, die eine Hypothek an dem Grundstücke hat, Gelder angesammelt hat zum Zwecke der Rückzahlung, die als Sparguthaben nur konkursmäßig aufgewertet werden können;

b) über die Zulässigkeit und Anrechnung von Sachleistungen, insbesondere wenn nach den Satzungen einer Hypothekenbank usw. die Hypothekenforderung auch in Pfandbriefen gezahlt werden kann;

c) über die Berücksichtigung eines mit Rücksicht auf eine vorzeitige Zahlung angemessenen Zwischenzinses auch in anderen Fällen, als dem in § 27 (vgl. Anmerkung dazu) geregelten Falle, behufs Ermöglichung beschleunigter Erledigung der Aufwertungsansprüche.

5. Neben den in § 88 erteilten Ermächtigungen bestehen die bei Behandlung der einzelnen Ansprüche erteilten zahlreichen Ermächtigungen der Reichsregierung und anderer Stellen. Vgl. über diese und die auf Grund ihrer erlassenen oder noch zu erwartenden Durchführungsverordnungen bei den einzelnen Paragraphen des Gesetzes.

Berlin, den 16. Juli 1925.

Der Reichspräsident

von Hindenburg

Der Reichsminister der Justiz

Dr. Frenken

Anlage.[1]

1. Vgl. § 2 Abs. 1 Satz 2, Abs. 2 Satz 2, und Anm. 4 zu § 2. Die Tabelle gibt das Umrechnungsverhältnis an, nach welchem der Nennbetrag bzw. der Erwerbspreis des Anspruchs, der in Papiermark ausgedrückt ist, für den in Betracht kommenden Stichtag (vgl. Anm. 1 zu § 2) in Goldmark umzurechnen ist, um den Goldmarkbetrag des Anspruchs zu errechnen. Das Umrechnungsverhältnis ist für die Jahre 1918 und 1919 für jeden Monat, für 1920—1922 und die Monate Januar bis Mai von 1923 für zehntägige Perioden, von da ab für jeden Werktag angegeben. Ist der Stichtag ein Tag, für welchen ein Umrechnungsverhältnis nicht angegeben ist, so ist das letzte vorhergehende Umrechnungsverhältnis zugrunde zu legen, z. B. für den 3. Juni 1923 das Umrechnungsverhältnis vom 2. Juni.

Anlage

Zeit		Wert von ... Papiermark	in GM.
1918			
Januar—Juni . . .		10	8,00
Juli		10	7,14
August		10	6,90
September—Oktober		10	6,45
November		10	5,71
Dezember		10	5,00
1919			
Januar		10	5,13
Februar		10	4,65
März		10	4,00
April		10	3.41
Mai		10	3,32
Juni		10	3,11
Juli		10	2,86
August		10	2,29
September		10	1,88
Oktober		10	1,66
November		10	1.26
Dezember		10	1,04
1920			
Januar	1.—10.	100	9,67
	11.—20.	100	7,75
	21.—31.	100	5,76
Februar	1.—10.	100	4,90
	11.—20.	100	5,06
	21.—29.	100	4,86
März	1.—10.	100	4,87
	11.—20.	100	6,12
	21.—31.	100	5,79
April	1.—10.	100	7,00
	11.—20.	100	6,99
	21.—30.	100	7,10
Mai	1.—10.	100	7,86
	11.—20.	100	8,79
	21.—31.	100	11,01
Juni	1.—10.	100	10,32
	11.—20.	100	10,64
	21.—30.	100	11,19
Juli	1.—10.	100	11,10
	11.—20.	100	10,91
	21.—31.	100	10,05

Zeit		Wert von ... Papiermark	in GM.
August	1.—10.	100	9,23
	11.—20.	100	8,83
	21.—31.	100	8,40
September	1.—10.	100	8,24
	11.—20.	100	6,80
	21.—30.	100	6,80
Oktober	1.—10	100	6,87
	11.—20.	100	6,39
	21.—31.	100	6,22
November	1.—10.	100	5,57
	11.—20.	100	5,83
	21.—30.	100	6,65
Dezember	1.—10.	100	6,38
	11.—20.	100	6,27
	21.—31.	100	6,20
1921			
Januar	1.—10.	100	6,05
	11.—20.	100	6,62
	21.—31.	100	7,41
Februar	1.—10.	100	6,90
	11.—20.	100	7,26
	21.—28.	100	7,01
März	1.—10	100	7,01
	11.—20.	100	7,09
	21.—31.	100	7,12
April	1.—10.	100	7,24
	11.—20.	100	7,15
	21.—30.	100	6,77
Mai	1.—10.	100	6,77
	11.—20.	100	7,42
	21.—31.	100	7,32
Juni	1.—10.	100	6,88
	11.—20.	100	6,61
	21.—30.	100	6,39
Juli	1.—10.	100	6,34
	11.—20.	100	6,25
	21.—31.	100	5,88
August	1.—10.	100	5,32
	11.—20.	100	4 96
	21.—31.	100	5,01
September	1.—10.	100	4,82
	11.—20.	100	4,31
	21.—30.	100	4,07

Zeit		Wert von … Papiermark	Wert in GM.
Oktober	1.–10.	100	3,58
	11.—20	100	3,23
	21.—31	100	2,98
November	1.—10.	100	2,24
	11 —20.	100	2,06
	21.–30.	100	1,92
Dezember	1.–10.	100	2,37
	11.—20.	100	2,56
	21.—31.	100	2,55
1922			
Januar	1.—10.	100	2 52
	11.–20.	100	2,50
	21.–31.	100	2,28
Februar	1.–10.	100	2,30
	11.—20	100	2,24
	21.—28	100	2,08
März	1.—10	100	1,86
	11.—20.	100	1,70
	21.—31.	100	1,43
April	1.–10.	100	1,43
	11. · 20.	100	1,50
	21.–30.	100	1,59
Mai	1.—10.	100	1,50
	11.—20.	100	1,49
	21.— 31.	100	1,51
Juni	1.—10	100	1,52
	11. - 20.	100	1,37
	21.—30.	100	1,26
Juli	1.—10.	1 000	9,50
	11.—20	1 000	9,70
	21.–31.	1 000	8,46
August	1.—10	1 000	6,06
	11.- 20.	1 000	4,88
	21.–31.	1 000	3 16
September	1.—10.	1 000	3 33
	11.—20.	1 000	3 09
	21.–30.	1 000	3,05
Oktober	1.—10.	1 000	2,13
	11.—20.	1 000	1,65
	21.—31.	1 000	1,11
November	1.–10.	10 000	7,60
	11.—20.	10 000	6,79
	21.—30.	10 000	6,62
Dezember	1.—10.	10 000	5 80
	11.—20.	10 000	6,18
	21.–31.	10 000	6,34

Zeit		Wert von … Papiermark	Wert in GM.
1923			
Januar	1.—10.	10 000	4,94
	11.—20	10 000	3,22
	21.—31.	10 000	1,87
Februar	1.–10.	10 000	1,35
	11.–20.	10 000	1,87
	21.–28.	10 000	1,86
März	1.–10.	10 000	1,95
	11.–20.	10 000	2,06
	21.—31.	10 000	2,04
April	1.—10.	10 000	2,02
	11.–20	10 000	1,92
	21.—30.	10 000	1,57
Mai	1.—10	10 000	1,29
	11.–20.	10 000	1,09
	21.—31.	100 000	8,40
Juni	1. . .	100 000	6,47
	2. . .	100 000	6 82
	4. . .	100 000	6,83
	5. . .	100 000	6,71
	6. . .	100 000	6,30
	7. . .	100 000	6 17
	8. . .	100 000	6,18
	9. . .	100 000	6,09
	11. . .	100 000	5,79
	12. . .	100 000	5,29
	13. . .	100 000	4,94
	14. . .	100 000	4,73
	15. . .	100 000	4,26
	16. . .	100 000	3 86
	18. . .	100 000	3,66
	19. . .	100 000	3,80
	20. . .	100 000	3,79
	21. . .	100 000	3,82
	22. . .	100 000	3 89
	23. . .	100 000	3,94
	25. . .	100 000	3,58
	26. . .	100 000	3,26
	27. . .	100 000	3,03
	28. . .	100 000	3,00
	29. . .	100 000	2,92
	30. . .	100 000	2,87
Juli	2. . .	100 000	2,73
	3. . .	100 000	2,68
	4. . .	100 000	2,54
	5. . .	100 000	2 43
	6. . .	100 000	2,37
	7. . .	100 000	2,32
	9. . .	100 000	2,28

Zeit	Wert von … Papiermark	Wert in GM.	Zeit	Wert von … Papiermark	Wert in GM.
Juli 10. . .	100 000	2.25	September 26. . .	100 Millionen	2,94
11. . .	100 000	2,25	27. . .	100 „	2,31
12. . .	100 000	2,21	28. . .	100 „	1,78
13. . .	100 000	2,10	Oktober 1. . .	100 „	1,35
16. . .	100 000	1,99	2. . .	100 „	1,07
17. . .	100 000	1,75	3. . .	1 Milliarde	9,21
19. . .	100 000	1,52	4. . .	1 „	7.71
20. . .	100 000	1,33	5. . .	1 „	6 10
23. . .	1 Million	9.83	8. . .	1 „	3.38
24. . .	1 „	8,39	9. . .	1 „	1,93
26. . .	1 „	6.01	10. . .	1 „	1,41
27. . .	1 „	5,16	11. . .	1 „	1,27
30. . .	1 „	4,49	12. . .	1 „	1,31
31. . .	1 „	4,37	15. . .	1 „	1.12
August 1. . .	1 „	3,98	16. . .	10 Milliarden	8,06
3. . .	1 „	2.63	17. . .	10 „	5,44
6. . .	1 „	1,68	18. . .	10 „	2,26
7. . .	1 „	1,32	19. . .	10 „	1.23
8. . .	1 „	1,18	22. . .	100 „	8,18
9 . .	1 „	1,20	23. . .	100 „	7,02
10. . .	1 „	1,33	24. . .	100 „	6,65
13. . .	1 „	1,42	25. . .	100 „	6,65
14. . .	1 „	1,50	26. . .	100 „	6.72
15. . .	1 „	1,47	27. . .	100 „	6,79
16. . .	1 „	1,25	29. . .	100 „	6.60
17. . .	10 Millionen	9 81	30. . .	100 „	5,05
20. . .	10 „	8,44	31. . .	100 „	2,57
21. . .	10 „	7,98	November 1. . .	100 „	1,53
22. . .	10 „	8.51	2. . .	100 „	1,14
23. . .	10 „	8,46	3. . .	100 „	1,04
24. . .	10 „	7 90	5. . .	1 Billion	8 85
27. . .	10 „	6,86	6. . .	1 „	7,69
28. . .	10 „	5,45	7. . .	1 „	6,97
29. . .	10 „	4,86	8. . .	1 „	7,12
30. . .	10 „	4,67	9. . .	1 „	7,28
31. . .	10 „	4,53	10. . .	1 „	6,70
September 3. . .	10 „	3.62	12. . .	1 „	5,27
4. . .	10 „	2,42	13. . .	1 „	3,19
5. . .	10 „	1,51	14. . .	1 „	2,19
6. . .	10 „	1,17	15. . .	1 „	1,72
7. . .	100 „	9.43	16. . .	1 „	1,67
10. . .	100 „	7.52	17. . .	1 „	1,36
11. . .	100 „	6.29	19. . .	1 „	1,15
12. . .	100 „	5,52	20. . .	1 „	1,00
13. . .	100 „	4,70	21. . .	1 „	1,00
14. . .	100 „	3 84	22. . .	1 „	1,00
17. . .	100 „	2.97	23. . .	1 „	1,00
18. . .	100 „	2,59	24. . .	1 „	1,00
19. . .	100 „	2,73	26. . .	1 „	1,00
20. . .	100 „	2 87	27. . .	1 „	1,00
21. . .	100 „	3.33	28. . .	1 „	1,00
24. . .	100 „	3,20	29. . .	1 „	1,00
25. . .	100 „	3,23	30. und folgende Tage	1 „	1,00

II. Gesetz über die Ablösung öffentlicher Anleihen[2]

Vom 16. Juli 1925 (RGBl. I S. 137)

Der Reichstag hat das folgende Gesetz beschlossen, das mit Zustimmung des Reichsrats hiermit verkündet wird[1–6]:

1. Über die Entstehungsgeschichte des Gesetzes vgl. die Einleitung unter VI und Anm. 5.

2. „Anleihe" im Rechtssinne bedeutet die Hereinnahme eines größeren Geldbetrags (Kapitals) auf Zeit aus fremden Wirtschaften in die eigene durch Ausnutzung des Kredits im Wege der Beschaffung auf öffentlichem Markte, also in der Weise, daß der Kapitalsuchende sich nicht an einzelne individuell bestimmte Kapitalisten, sondern an eine unbestimmte Vielheit von Personen mit der Aufforderung wendet, Teilbeträge des gewünschten Gesamtkapitals ihm zur Verfügung zu stellen. Die Öffentlichkeit, an die sich der Kapitalsuchende wendet, kann eine allgemeine oder auch nach einer oder der anderen Richtung, z. B. auf gewisse Kreise oder Klassen von Personen oder auch örtlich auf gewisse Bezirke (Inland, Ausland) beschränkte sein. Eine derart auf öffentlichem Markte erfolgende Kapitalsbeschaffung wurde in der bisherigen Rechtssprache des Handelsrechts meist als „öffentliche Anleihe" bezeichnet, auch wenn sie nicht vom Staat oder einer sonstigen öffentlich-rechtlichen Korporation, sondern von privaten Gesellschaften oder Einzelpersonen aufgenommen worden ist (vgl. G. Cohn in Endemanns Handbuch III S. 859). Neuerdings scheint aber die Rechtssprache dahin zu neigen, den Ausdruck: „öffentliche Anleihe" auf die von Personen des öffentlichen Rechts aufgenommenen Anleihen zu beschränken. In diesem Sinne war der Ausdruck bereits in der 3. StNVO. (§ 16) gebraucht und auch das Ablösungsgesetz versteht unter „öffentlichen Anleihen", wie sein Inhalt ergibt, lediglich die von öffentlichen Körperschaften aufgenommenen Anleihen. — Über den Begriff der Ablösung vgl. Anm. 2 zu § 1.

2a. Der Ausdruck: „Anleihe", „Anleihen" wird in der Rechtssprache und in der Sprache des geldlichen Verkehrs technisch im Sinne der Gesamtheit eines einheitlichen, unter gleichen Bedingungen und gleichzeitig auf den Markt gebrachten, in abgerundete Abschnitte (Teilschuldverschreibungen) zerlegten Anlehens, beziehungsweise einer Mehrheit von solchen Anlehen gebraucht. In diesem Sinne braucht ihn auch das Gesetz an den Stellen, wo es die Anlehen als Gesamtheit bezeichnen will. Außerdem aber wendet das Gesetz die gleichen Ausdrücke auch an für die aus einem Gesamtanlehen entstandenen Einzelforderungen der Gläubiger, und zwar versteht es darunter sowohl Teilschuldverschreibungen wie Schuldbuchforderungen; so namentlich deutlich in den Zusammensetzungen „Altbesitzanleihen" (§§ 9, 11), wo es ausgeschlossen ist, daß Gesamtanleihen gemeint sein könnten; ferner „Ablösungsanleihen, die zu gewähren sind", in § 31 und sonst.

3. Die Aufnahme einer Anleihe durch den Staat und durch andere Körperschaften des öffentlichen Rechts bildet, wie jetzt, wenigstens soweit es sich nicht um „Zwangsanleihen" handelt (die in Wirklichkeit eine Art der Besteuerung bedeuten), allgemein anerkannt ist, einen Akt des Privatrechts. Auch der Staat tritt dabei dem einzelnen nicht in obrigkeitlicher Eigenschaft, sondern als Subjekt des Privatrechts (Fiskus), als gleichberechtigter Vertragskontrahent, gegenüber. Das Reich bedarf

dazu schon nach der früheren Reichsverfassung (Art 73) und ebenso nach der jetzigen (Art. 87) der Ermächtigung durch ein Reichsgesetz; auch die übrigen öffentlichen Körperschaften bedürfen der Regel nach einer durch Gesetz oder Verwaltungsakt ihrer Aufsichtsbehörde zu erteilenden Ermächtigung. Aber die Aufnahme der Anleihe ist der Abschluß eines privatrechtlichen Rechtsgeschäfts und das Rechtsverhältnis der öffentlichen Körperschaft zu den Anleihegläubigern in allen Fällen ein rein privatrechtliches. Für die Verfolgung und Durchführung der daraus entspringenden Forderungen gelten die Grundsätze des bürgerlichen Rechts und Verfahrens (vgl. Laband, Staatsrecht, 5. Aufl., Bd. 4 S. 362, 371; Giese, Reichsverfassung von 1919, zu Art. 87 Anm. 7). Das Verhältnis des Reiches zu seinen Anleihegläubigern ist durch die Reichsschuldenordnung vom 19. März 1900 (RGBl. S. 129) zusammenfassend geregelt und diese auf alle künftigen Anleihen für anwendbar erklärt. An ihre Stelle ist durch die auf Grund des Ermächtigungsgesetzes vom 18. Dezember 1923 erlassene Verordnung vom 13. Februar 1924 (RGBl. I S. 95) eine neue Reichsschuldenordnung getreten. Dem Anleihegläubiger haftet demgemäß das gesamte Vermögen der öffentlichen Körperschaft für seine Forderung, und er kann, sobald diese fällig ist, nach Erlangung eines vollstreckbaren Titels grundsätzlich Befriedigung im Wege der Zwangsvollstreckung nach Maßgabe der ZPO. suchen; für die Zwangsvollstreckung sind jedoch auf Grund des Vorbehalts in Art. 15 Ziff. 3 EG. z. ZPO., soweit landesgesetzliche Vorschriften bestehen, diese maßgebend. Solche Vorschriften sind für Bayern (AG. z. ZPO. vom 23. Februar 1879) und Württemberg (AG. z. ZPO. vom 18. August 1879) getroffen. Ob ein Konkurs über das Vermögen öffentlicher Körperschaften, insbesondere von Gemeinden, möglich sei, ist eine in der Theorie bestrittene, durch die positive Gesetzgebung nirgends klar beantwortete Frage. Vgl. Meili, Die Schuldexekution und der Konkurs gegen Gemeinden. Im ganzen ist bereits früher erkannt und ausgesprochen, daß die Durchführung von Forderungen gegen öffentliche Körperschaften, namentlich gegen den Staat, wegen der diesem gegebenen Möglichkeit, sich im Wege der Gesetzgebung von seinen Schulden zu befreien, eine recht unsichere, von dem guten Willen oder dem Können des Schuldners abhängige Sache ist (vgl. Meili, a. a. O. S. 58; auch schon Nebenius, Der öffentliche Kredit, 1829). Während bei privaten Schuldnern im Falle der Zahlungsunfähigkeit oder Zahlungseinstellung die gesamten im Vermögen des Schuldners befindlichen Aktiva zur individuellen oder konkursmäßigen Befriedigung der Gläubiger in Anspruch genommen werden, vermag der Staat im Wege der Gesetzgebung dieses Vermögen für sich und die ihm nahestehenden Körperschaften zu erhalten und seine Gläubiger leer ausgehen zu lassen. Es haben denn auch früher bereits häufig Staaten, die in Not befindlich waren, im Wege der Gesetzgebung durch Einstellung der Zahlungen oder Moratorien sich ihrer Schulden dauernd oder für eine längere Zeit entledigt (Türkei, Spanien, Ägypten, zuletzt Rußland).

4. Eine solche Maßnahme (Anm. 3) enthielt bereits die 3. StNVO. in ihrem Artikel II (§ 16). Sie proklamierte die Einstellung der Zahlungen an Kapital und Zinsen aus öffentlichen Anleihen für das Reich, die Länder und die Gemeinden unmittelbar, für andere öffentliche Körperschaften, soweit es von der Reichsregierung angeordnet werden würde. Diese Einstellung sollte bis zur Erledigung sämtlicher Reparationsverpflichtungen dauern. Die Bestimmungen gingen sonach in der Beschränkung der Rechte der Gläubiger von Anleihen öffentlich-rechtlicher Körperschaften insofern weiter als die des ersten Artikels der VO. über die Aufwertung von Ansprüchen gegen private Schuldner, als sie ein Moratorium für Hauptsache und Zinsen nicht nur wie diese auf eine bestimmt begrenzte Zahl von Jahren, sondern auf eine ganz unbestimmte, jedenfalls aber außerordentlich lange Reihe von Jahren einführten. Anderseits wurde aber der Anspruch selbst seiner Substanz nach weder hinsichtlich des ursprünglichen Nennbetrags noch hinsichtlich der ihm

nach allgemeinen Rechtsgrundsätzen zukommenden Aufwertung durch die damalige Regelung berührt; er blieb als solcher rechtlich (de iure) bestehen und es war in der Begr. (vgl. die erste Auflage d. Komm. Anm. 6 zu § 16 S. 172) hervorgehoben, daß es sich nur um eine vorläufige Maßregel handle und die endgültige Entscheidung darüber, ob und in welchem Umfange die Zahlung einmal wieder aufgenommen werden könne, einem späteren Reichsgesetze vorbehalten werden solle. Es konnte deshalb die Frage, ob die damalige Vorschrift sich innerhalb der Grenzen der Verfassung und damit des Ermächtigungsgesetzes gehalten habe, unbedenklich bejaht werden; vgl. Vorbem. 4 vor § 16 in der ersten Auflage d. Komm. S. 171. — Einigermaßen anders liegt die Sache für die Bestimmungen des Ablösungsgesetzes. Durch sie wird der den Anleihegläubigern öffentlich-rechtlicher Körperschaften zustehende Anspruch, ein wohlerworbenes Privatrecht (vgl. Anm. 3), in seiner rechtlichen Substanz betroffen, wesentlich umgestaltet und unter Ausschluß der im bürgerlichen Rechte begründeten Rechtssätze über die Aufwertung nach Treu und Glauben erheblichst eingeschränkt, also zu einem großen Teile den Gläubigern endgültig entzogen. Es bedarf deshalb auch hier, wie bei dem Aufwertungsgesetze, der Prüfung (vgl. Anm. 2 vor § 1 Aufwertungsgesetz), ob das als einfaches Reichsgesetz, ohne Feststellung des Vorhandenseins der zu Verfassungsänderungen erforderlichen Mehrheit, zustande gekommene Ablösungsgesetz nicht etwa von den Vorschriften der Verfassung abweicht und deshalb ungültig ist. Das wird jedoch ebenso wie hinsichtlich der Aufwertung von Ansprüchen gegen private Schuldner (vgl. Anm. 5 vor § 1 Aufwertungsgesetz) zu verneinen sein. Allerdings ist die hier getroffene Maßregel insofern noch auffälliger und ungewöhnlicher, als das Reich selbst, das der Schuldner ist, durch einen Gesetzgebungsakt sich der ihm obliegenden Schuldverbindlichkeiten entledigt und zugleich die rechtlich und finanziell, wenn auch nicht mit ihm identischen, so doch aufs engste mit ihm verbundenen Länder und Gemeinden von ihren Schuldverbindlichkeiten befreit. Es trifft aber auch hier zu, was oben — Anm. 5 vor § 1 Aufwertungsgesetz gesagt und vom Reichsgerichte in dem Urteile vom 1. März 1924 (Anhang II) — ausgesprochen worden ist. Danach werden Eingriffe in das Eigentum (im weiteren Sinne) durch einfache Reichsgesetze von der Verfassung (Art. 153 Abs. 1) nicht ausgeschlossen und auch eine Enteignung, falls man eine solche in den Vorschriften finden wollte, würde ohne Entschädigung nach Art. 153 Abs. 2 statthaft sein, da es sich zweifellos um eine Maßregel handelt, die nach der maßgebenden ernstlichen Absicht des Gesetzgebers subjektiv „zum Wohle der Allgemeinheit" getroffen worden ist; nämlich zur Verhütung der aus einem finanziellen Zusammenbruch des Reiches und der übrigen öffentlichen Körperschaften für die Allgemeinheit befürchteten unheilvollen Folgen, also keineswegs etwa in einem wesentlich fiskalischen Interesse. Vgl. darüber die Ausführungen der Regierungsvertreter in der Denkschrift und der Begründung der Regierungsvorlage sowie im Reichstage, Anm. 5. Ein Urteil über ihre moralische Berechtigung und ihre objektive Zweckmäßigkeit aus höheren staatspolitischen Rücksichten ist damit in keiner Weise abgegeben. Daß etwa die Rechtsprechung, wie angedeutet worden ist, sie daraufhin prüfen und wegen Verstoßes gegen die guten Sitten ihre Anwendung ablehnen könnte, muß entschieden verneint werden; vgl. Anm. 5 vor § 1 Aufwertungsgesetz.

5. In der Denkschrift des Finanzministeriums (vgl. die Einleitung unter VI) ist darauf hingewiesen, daß der Gedanke einer aufgewerteten Verzinsung oder gar einer Aufwertung des Kapitals der Anleihen des Reiches und der Länder anfänglich mit Rücksicht auf den als Folge zu befürchtenden „Staatsbankrott" auch von solchen Kreisen abgelehnt worden sei, die eine Aufwertung privater Schuldforderungen für möglich gehalten hätten, und daß erst nach Erlaß der 3. StNVO. ein Umschwung in der öffentlichen Meinung hervorgetreten sei und die Aufwertungsbewegung die Anleihegläubiger ergriffen habe, weil es hieß, daß angesichts der eingetretenen Stabilität der

Währung und der sich mehr und mehr durchsetzenden Gesundung der Wirtschaft die deutsche Volkswirtschaft wenigstens eine sofortige Aufnahme des Zinsendienstes tragen könne. Daraus habe sich dann „die unerfreuliche Erscheinung ergeben, daß die Börsenkurse mit wilden Sprüngen das Hin und Her des Meinungsstreits begleiteten und daß in den emporschnellenden Kursen die weniger Urteilsfähigen unter den Anleihegläubigern eine Bestätigung dafür zu erblicken geneigt waren, daß die Aufwertungswelle im Steigen sei". Dieser von ihr als „Aufwertungstaumel" bezeichneten Bewegung — die übrigens bis zum Erlasse des Ablösungsgesetzes keineswegs zur Ruhe gekommen ist, vielmehr immer weitere Wellen geschlagen und zuletzt geradezu gewaltsame und groteske Formen angenommen hat, — stellte die Denkschrift eine zahlenmäßige Darlegung der Höhe der Anleiheschulden und der Belastung der deutschen Volkswirtschaft entgegen, welche, wie sie meint, eine „ernüchternde Sprache" redeten. Sie berechnet den Gesamtbetrag der Vorkriegs-, Kriegs- und Nachkriegsschulden des Reiches und der Länder auf 77—78 Milliarden Mark, für deren Verzinsung auch nur zu einem Zinsfuße von 0,5 v. H. ein Aufwand von jährlich 390, bei Beschränkung auf die Kriegsanleihen (51 Milliarden) 255 Millionen Reichsmark erforderlich sein würde, und legt dar, daß auf der deutschen Wirtschaft bereits sehr hohe Lasten ruhen und daß die Auferlegung neuer schwerer Lasten zum Zweck der Wiederaufnahme des Zinsendienstes für die Anleihen, insbesondere die Schaffung einer Sondersteuer zu diesem Zwecke, dem entgegenwirken würde, was in heutiger Zeit eine Lebensfrage für das deutsche Volk sei, nämlich daß „die produktiven Kräfte, die in der deutschen Wirtschaft ruhen, wieder zu voller Entfaltung gelangen". Die Begründung zu der Reichstagsvorlage (Drucksachen des Reichstags Nr. 805) stand im wesentlichen auf dem gleichen Standpunkte und suchte namentlich darzulegen, daß eine unbedingte Notwendigkeit vorliege, jetzt eine abschließende Entscheidung über die Höhe der Anleiheschuld zu treffen und für die nächsten Jahrzehnte die aus ihr erwachsenden jährlichen Lasten festzusetzen. Sie ist in ihrem allgemeinen Teile als Anhang XIV abgedruckt. Im Reichstagsausschusse fand die Vorlage bei den Aufwertungsfreunden lebhaften Widerspruch; sie wurde von Dr. Best als „der ungeheuerlichste Rechtsbruch, den die deutsche Geschichte kenne" bezeichnet. In dem Kompromiß der Regierungsparteien (Anhang VI, vgl. die Einleitung unter VI) wurden die Grundsätze für die schließliche Gestaltung des Gesetzes festgelegt. Die im Ausschusse gestellten Anträge wurden, soweit sie von diesen Grundsätzen wesentliche Abweichungen enthielten, abgelehnt. So der Antrag des Abg. v. Richthofen, der dem Anleihegläubiger die Möglichkeit geben wollte, an Stelle der im Entwurfe vorgesehenen 5 prozentigen (später auf 2½ v. H. herabgesetzten) Anleiheablösung wahlweise eine andere Aufwertung durch Eintragung in das Reichsschuldbuch zu verlangen, die 25 v. H. des Goldwertes der Anleihe betragen und jährlich zunächst mit 2½ v. H. verzinst und mit 1 v. H. getilgt werden sollte. Der Antrag bezweckte besonders, den für bedenklich erachteten Unterschied zwischen dem Aufwertungssatz für private und öffentliche Forderungen in Wegfall zu bringen. Der Antrag wurde von dem Finanzminister als finanziell für das Reich untragbar bekämpft. Er erklärte, daß nicht mehr als 125 Millionen Reichsmark jährlich für die Anleihe-Aufwertung aufgebracht werden könnten, während der Abg. v. Richthofen den durch seinen Antrag erforderlichen Betrag selbst auf 175 Millionen bezifferte. Abgelehnt wurden auch sozialdemokratische Anträge, die dahin gingen, den Neubesitz ganz zu streichen und für den Altbesitz einen Umtausch zu gewähren in Höhe von 20 v. H., die sich bei den Bedürftigen auf 25 v. H. erhöhen sollte, sowie eine Verzinsung von 5 v. H. jährlich; zur Beschaffung der erforderlichen Mittel, die auf 400—500 Millionen Reichsmark jährlich geschätzt wurden, sollte eine Vermögens-Sondersteuer auf das in der Kriegs- und Nachkriegszeit erworbene Vermögen und aus dem Gewinne bei Grundstücksveräußerungen erhoben werden. Auch diese Vorschläge wurden von der Regierung als untragbar bezeichnet. Dagegen beschloß der Ausschuß, um größere Mittel für den Altbesitz bereitstellen zu können, die Herabsetzung der allgemeinen Ablösung von 25 auf 12,5 für 1000 Mark des Goldmarkbetrages der Anleihen. Vgl. Näheres zu den einzelnen Abschnitten und Paragraphen des Gesetzes. Bei der zweiten und dritten Beratung im Plenum wurden an der Vorlage nur noch einige unwesentliche Änderungen vorgenommen (vgl. Sitzungsberichte 3110ff., 3218ff.).

6. Das Gesetz ist in drei Teile gegliedert, von denen der erste (§§ 1—29) die Ablösung der Markanleihen des Reiches, der zweite in zwei Abschnitten die Ablösung der Markanleihen der Länder (§§ 30—39) und die der Markanleihen der Gemeinden und Gemeindeverbände (§§ 40—46) regelt, während der dritte Teil (§§ 47—58) Schluß- und Strafvorschriften enthält. Der wesentliche Inhalt des Gesetzes kann wie folgt übersichtlich zusammengefaßt werden: Die „Ablösung" erfolgt durch Umtausch der bisherigen Schuldverschreibungen in ein neues Papier, die „Ablösungsschuld" des Reiches (§ 1) bzw. die Ablösungsanleihen der Länder und Gemeinden (§§ 30, 40). Ansprüche bestehen fortan gegen das Reich nur nach Maßgabe des Ablösungsgesetzes; gegen die Länder und Gemeinden können weitergehende Ansprüche landesgesetzlich begründet werden (§§ 30 Abs. 2, 40 Abs. 2). Soweit es sich um die Länder und Gemeinden handelt, erfolgt die Ablösung nicht nur von Anleihen, sondern auch von Schulden aus Darlehen, über die Schuldscheine ausgestellt sind (§§ 30 Abs. 3, 40 Abs. 3). Der Umtausch erfolgt in der Regel im Verhältnis von 1000 Mark Nennbetrag bzw. Goldwert zu 25 Reichsmark, also zu 2½ v. H.; einzelne Reichsanleihen werden in etwas anderem Verhältnisse umgetauscht (§§ 5 Abs. 1, 31, 41). Ein Anspruch auf Umtausch besteht nur, soweit Ablösungsschuld(anleihe) im Betrage von 12½ Reichsmark oder ein Vielfaches davon zu gewähren ist (§§ 5 Abs. 2, 30 Abs. 1 Satz 2, 40 Abs. 1 Satz 2); die Gläubiger von Beträgen unter 500 Mark erhalten also keine Ablösungsanleihe; doch ist den Bedürftigen unter ihnen durch die unten noch zu erwähnende Barabfindung (§ 47) ein gewisser Ersatz gewährt. Der Umtausch von Markanleihen des Reiches erfolgt nur auf Anmeldung innerhalb einer Ausschlußfrist (§ 6); für den Umtausch der Anleihen der Länder und Gemeinden sind die Länder ermächtigt, eine Ausschlußfrist festzusetzen (§ 51). Gewisse Anleihen, so die Zwangsanleihe, sind vom Umtausch ausgeschlossen (§ 3). Die Ablösungsschuld des Reiches ist unkündbar von seiten der Gläubiger, und eine Verzinsung kann bis zum Erlöschen der Reparationsverpflichtungen nicht gefordert werden (§ 4 Abs. 2). Weitere Rechte dem Reiche gegenüber sind nur den Altbesitzern gewährt, d. h. denjenigen, die Markanleihen nachweislich vor dem 1. Juli 1920 erworben haben, die ihnen dann bis zur Anmeldung ununterbrochen gehört haben (§§ 9, 10, 11). Diese Rechte sind: a) das Auslosungsrecht (§§ 12 bis 17), das dem Altbesitzer das Recht auf Teilnahme an der in 30 Jahren durchzuführenden Tilgung der Ablösungsschuld durch Ziehung und Einlösung der gezogenen Rechte gewährt. Die Einlösung erfolgt zum Fünffachen des Nennbetrags durch Barzahlung. Der Nennbetrag des Auslosungsrechts ist bis zu einem gewissen Höchstbetrage in der Hand einer Person gleich dem Nennwerte der Ablösungsschuld; darüber hinaus ist er geringer (§ 12). Dieser Einlösungsbetrag ist vom 1. Januar 1926 ab bis zum Ende des Jahres, in dem das Auslosungsrecht gezogen wird, mit 4½ v. H. zu verzinsen; die Zinsen werden aber erst bei der Einlösung gezahlt. b) die Vorzugsrente bzw. die Wohlfahrtsrente (§§ 18 bis 27). Die Vorzugsrente wird bedürftigen Reichsangehörigen, d. h. solchen, deren Jahreseinkommen 800 Reichsmark nicht übersteigt, gewährt und beträgt 80 v. H. des Nennbetrags des Auslosungsrechts. Näheres bestimmen die §§ 18 bis 26. An ihre Stelle tritt für die in § 27 genannten, der öffentlichen Wohlfahrtspflege oder der Förderung wissenschaftlicher Ausbildung und Forschung dienenden Anstalten und Einrichtungen eine Wohlfahrtsrente, über welche die Reichsregierung nähere Vorschriften zu erlassen hat. Zur Verstärkung der Tilgung der Anleiheablösungsschuld

über das zur Tilgung innerhalb 30 Jahren (§ 13) erforderliche Maß hinaus soll ein Anleihesonderfonds gebildet werden, dem gewisse Einnahmen des Reiches zuzuführen sind und der zur Einlösung der Auslosungsrechte in bestimmter Weise zu verwenden ist (§§ 28, 29). — Die gegen Altbesitz von Markanleihen umgetauschten Ablösungsanleihen der Länder und Gemeinden werden durch Auslosung innerhalb 30 Jahren getilgt und durch Barzahlung des Fünffachen ihres Nennwertes eingelöst; die Tilgungsfrist kann bei Gemeinden je nach der Leistungsfähigkeit des Schuldners bis auf 20 Jahre herabgesetzt oder mit Rücksicht auf seine wirtschaftliche Lage und die Erfüllung seiner öffentlichen Aufgaben verlängert werden (§§ 34, 42). Über die Tilgung der nicht im Umtausch gegen Altbesitz ausgegebenen Ablösungsanleihen bestimmen die Landesregierungen (§§ 34 Abs. 2, 44). Der Einlösungsbetrag ist bei Ablösungsanleihen aus Altbesitz vom 1. Januar 1926 bis zum Ende des Jahres der Auslosung, wo die Einlösung zu erfolgen hat, von den Ländern mit $4^1/_2$, von den Gemeinden mit 5 v. H. jährlich zu verzinsen; die Zinsen sind aber erst zahlbar bei der Einlösung (§§ 34, 43 Abs. 1). Bei Gemeinden kann der Einlösungsbetrag bis auf das Zehnfache des Nennwertes erhöht werden, sofern dies dem Anleiheschuldner nach seiner finanziellen Leistungsfähigkeit und unter Berücksichtigung seiner öffentlichen Aufgaben zugemutet werden kann (§ 43). Bedürftige inländische Altbesitzer von Ablösungsanleihen der Länder haben außerdem Anspruch auf eine Vorzugsrente, entsprechend wie bei der Ablösungsschuld des Reiches (§§ 37, 38). Für Gemeinden kann zur Wahrnehmung der Rechte der Gläubiger ein Treuhänder bestellt werden (§ 40 Abs. 4). Auf die Markanleihen anderer öffentlich-rechtlicher Körperschaften können die Vorschriften des Gesetzes über die Markanleihen der Gemeinden und Gemeindeverbände für anwendbar erklärt werden (§ 46).

In den Schlußvorschriften ist ein einmaliger Betrag von 150 Millionen Reichsmark ausgeworfen zu dem Zwecke, bedürftigen Kleinaltbesitzern von Markanleihen im Betrage von weniger als 1000 Mark statt des Umtausches eine Barabfindung von 15 Mark, sowie solchen, die nicht über 1500 Reichsmark Jahreseinkommen haben, eine solche von 8 Mark auf 100 Mark zu gewähren (§ 47). Die Reichsregierung ist zum Erlasse von Durchführungsverordnungen ermächtigt (§ 48), der Reichsfinanzminister desgleichen (§ 49) sowie die Länder hinsichtlich der Ablösung der Markanleihen der Länder, Gemeinden und Gemeindeverbände (§ 51). Die Schlußparagraphen enthalten Strafvorschriften wegen Zuwiderhandlungen gegen Durchführungsvorschriften (§ 55), wegen unrichtiger Angaben zur Begründung von Anträgen (§ 56) und zur Verhinderung des Handels mit Markanleihen während der Umtauschfrist (§ 57).

Zur Durchführung bzw. Ausführung des Ablösungsgesetzes sind bisher die folgenden Verordnungen ergangen: 1. Bekanntmachung des Reichsministers der Finanzen über die Erklärung von Schulden zu Markanleihen des Reiches vom 8. September 1925 (RGBl. 332), auf Grund des § 2 Ziff. 3 des Gesetzes; 2. Erste Verordnung der Reichsregierung zur Durchführung des Gesetzes über die Ablösung öffentlicher Anleihen vom 8. September 1925 (RGBl. 335), auf Grund des § 48 des Gesetzes; 3. Erste Verordnung des Reichsministers der Finanzen zur Ausführung des Gesetzes über die Ablösung öffentlicher Anleihen, vom 8. September 1925 (RGBl. 345), auf Grund der §§ 6, 10, 12, 49 und 55 des Gesetzes. Ferner ist ergangen eine Verordnung des Reichspräsidenten über den Reichskommissar für die Ablösung der Reichsanleihen alten Besitzes, vom 17. August 1925 (RGBl. 346). Die Verordnungen sind als **Anhang XV 1–4** abgedruckt und in den Anmerkungen zu den betreffenden Paragraphen erläutert. Eine zweite VO. des Reichsministers der Finanzen zur Ausführung des Ablösungsgesetzes ist erlassen vom 29. September 1925 (RGBl. S. 383) und als **Anhang XXII** abgedruckt. Die noch ergehenden weiteren Durchführungs- und Ausführungs-Verordnungen werden als weitere Anhänge zum Abdruck gelangen.

Erster Teil

Die Ablösung der Markanleihen des Reichs

Erster Abschnitt

Die Anleiheablösungsschuld des Deutschen Reichs

§ 1.

(1) Die Markanleihen des Reichs[1] werden, soweit dieses Gesetz nicht ein anderes bestimmt[2], in die Anleiheablösungsschuld des Deutschen Reichs umgetauscht[3].

(2) Ansprüche aus Markanleihen des Reichs bestehen nur nach Maßgabe dieses Gesetzes[4].

1. Was **„Markanleihen des Reichs"** im Sinne des Gesetzes sind, wird in § 2 bestimmt; vgl. die Anmerkungen zu diesem Paragraphen.

2. Das Gesetz knüpft an den äußeren Vorgang des Umtausches der Schuldverschreibungen an, die über die Anleihen ausgestellt sind und in denen das bisherige Schuldverhältnis verkörpert ist. Rechtlich stellt sich der als **„Ablösung"** bezeichnete Vorgang als eine Schuldumwandelung (Novation) dar, die sich in folgender Weise vollzieht: Zunächst wird unmittelbar durch das Gesetz der bisherige Inhalt der Schuldverpflichtungen des Reiches aus den Markanleihen geändert; es bleibt von ihm nichts weiter übrig, als ein Anspruch auf Umtausch der über sie ausgestellten Schuldverschreibungen in solche der „Anleiheablösungsschuld", der nach Maßgabe des Gesetzes geltend gemacht werden muß; dieser Anspruch wird erfüllt durch die Aushändigung der neuen Schuldverschreibungen oder Eintragung der Ablösungsschuld in das Reichsschuldbuch (§ 5 Abs. 5). Damit sind die Ansprüche aus den Markanleihen untergegangen und es ist ein neues selbständiges Schuldverhältnis aus der Ablösungsschuld mit dem vom Gesetze normierten Inhalt begründet. An die Stelle der hinsichtlich ihrer Verzinsung, Tilgung und sonstiger Bedingungen verschiedenartig gestalteten Markanleihen des Reiches tritt eine einheitliche **„Anleiheablösungsschuld des Reichs"**. Durch die Vereinheitlichung ergibt sich, wie die Begr. (S. 15) hervorhebt, eine bedeutende Vereinfachung der Anleiheverwaltung. Das durch das Ablösungsgesetz begründete Schuldverhältnis würde nach den bisher für Anleihen von Staaten in Geltung gewesenen Rechtsgrundsätzen (vgl. Anm. 3 vor § 1), wie dasjenige aus den alten Anleihen es war, ein rein privatrechtliches sein und die aus ihm sich ergebenden Ansprüche könnten vor den ordentlichen Gerichten geltend gemacht werden. Im Gesetze selbst ist der Ausschluß des Rechtsweges nicht in so klarer und bestimmter Weise zum Ausdruck gekommen, wie es für eine so eingreifende, grundlegende Rechtssätze des öffentlichen und bürgerlichen Rechts außer Kraft setzende, in einem Rechtsstaate ungewöhnliche Maßregel gefordert werden muß, insbesondere auch nicht (wie die Begr. S. 15 meint) in § 6 Satz 1. Aber das Ablösungsgesetz hat es der Regierung ermöglicht, das die Ablösung betreffende Rechtsverhältnis dadurch anders zu gestalten, daß der Rechtsweg vor den ordentlichen Gerichten ausgeschlossen und die Entscheidung über die aus ihm hervorgehenden Ansprüche lediglich Verwaltungsstellen übertragen wird, die zu diesem Zwecke gebildet werden und keinerlei Garantien für eine gegenüber den finanziellen Interessen der Schuldner, des Reichsfiskus und der mit ihm eng verknüpften Länder und Gemeinden, unabhängige Entscheidung bieten. Das ist geschehen durch die in § 48 Ziff. 1 und 5 der Reichsregierung erteilten Ermächtigungen; vgl. die Anmerkungen zu diesem Paragraphen. Sie hat davon Gebrauch gemacht in § 6 der ersten DurchfVO. (Anhang XV 2), in dem dort bestimmt

ist, daß Ansprüche gegen das Reich auf Grund des Ablösungsgesetzes nur in den Verfahren geltend gemacht werden können, die in den zur Durchführung des Gesetzes zu erlassenden Verordnungen geregelt werden, und daß der ordentliche Rechtsweg ausgeschlossen ist. — Eine Folge des Erlöschens des alten Schuldverhältnisses muß sein, daß auch etwaige Nebenrechte, namentlich Bürgschaften und dingliche Sicherheiten, die für die Markanleihen bestanden haben, erlöschen; vgl. RGRKomm. zu § 767 Anm. 1. Das muß namentlich auch gelten für die in dem Gesetze vom 29. Juli 1922 vorgesehene Mithaftung der Länder für ihre vom Reiche übernommenen Eisenbahnschulden; sie erlischt mit dem Umtausch; alleiniger Schuldner der Anleiheablösungsschuld ist das Reich. Wegen des Überganges der an den Markanleihen bestehenden dinglichen Rechte Dritter auf die Ablösungsschuld trifft § 7 Bestimmung.

3. Ein anderes ist in dem Gesetze bestimmt für die in § 3 aufgeführten Anleihen, die vom Umtausch ausgeschlossen sind; ferner in § 5 Abs. 2 für die Beträge der Markanleihen, die bei dem Umtausch nicht mindestens 12,50 Reichsmark oder ein Vielfaches davon ausmachen würden. Vgl. die Anmerkungen zu diesen Paragraphen.

4. Abs. 2 hebt noch besonders die Ausschließung aller, nicht aus dem Ablösungsgesetze selbst sich ergebenden Ansprüche aus den Markanleihen hervor; vgl. Anm. 2. Wegen der Markanleihen der Länder und Gemeinden vgl. zu § 30 Anm. 6.

§ 2.

Markanleihen des Reichs[1] im Sinne dieses Gesetzes sind:

1. die auf Mark lautenden Schuldverschreibungen, Buchschulden und Schatzanweisungen des Deutschen Reichs[2];
2. solche Schulden der Länder, die das Reich im Zusammenhange mit dem Übergange der Staatseisenbahnen übernommen hat (Gesetz vom 29. Juli 1922 — Reichsgesetzbl. II S. 693 —)[3];
3. die Schulden, die der Reichsminister der Finanzen mit Zustimmung des Reichsrats zu Markanleihen des Reichs erklärt[4].

1. „Markanleihen des Reiches" im Wortsinne sind nur solche, die auf Mark lauten und vom Reiche aufgenommen worden sind. Das Gesetz legt aber dieser Bezeichnung einen weiteren Sinn unter, in welchem auch Anleihen, die nicht auf Mark, sondern auf eine andere früher in Deutschland in Geltung gewesene Währung (Taler, südd. Gulden, Hamburger Mark Banko) lauten und nicht vom Reiche, sondern von einem Lande aufgenommen, aber vom Reiche übernommen sind, darunter fallen; vgl Nr. 2 Ziff. 2 und 3 und Anmerkungen.

2. Über den Begriff der Schuldverschreibungen vgl. Anm. 3 zu § 33 Aufwertungsgesetz. — Schuldbuchforderungen (Buchschulden) sind die auf Grund des Reichsschuldbuchgesetzes vom 31. Mai 1891 (RGBl. 321) unter Umwandlung von Inhaberschuldverschreibungen durch Eintragung in das Reichsschuldbuch entstandenen Forderungen, bei denen für das Rechtsverhältnis nur die Eintragung maßgebend ist. — Schatzanweisungen sind die für kurzfristige Anleihen, die zur vorübergehenden Verstärkung der Betriebsmittel der Reichskassen aufgenommen werden, ausgestellten, innerhalb bestimmter Fristen einlösbaren, teils verzinslichen, teils unverzinslichen Schuldurkunden. In den letzten Jahren wurden Schatzanweisungen auch ausgegeben an Stelle der Barzahlung bei Entschädigungen für Kriegsschäden, soweit der Entschädigungsbetrag eine gewisse Summe überstieg. Auch diese sind nach Maßgabe des Gesetzes in Ablösungsschuld umzutauschen (§ 5 Abs. 2). Im übrigen aber fallen —

vorbehaltlich einer nach § 2 Ziff. 3 (vgl. Anm. 4 zu § 2) vom Reichsfinanzminister zu treffenden Bestimmung — Schulden des Reiches, die nicht im Wege der Anleihe, d. h. durch Inanspruchnahme des Kredits auf öffentlichem Markte, aufgenommen, sondern im Wege individueller Kreditoperationen durch Kontrahieren mit Einzelpersonen begründet worden sind: Schatzwechsel, Darlehen bei der Reichsbank oder anderen Banken oder bei Privaten usw., nicht unter das Gesetz. Ihre Aufwertung erfolgt, soweit sie Vermögensanlagen sind, nach den Bestimmungen des Aufwertungsgesetzes, anderenfalls nach allgemeinen Vorschriften. Doch werden durch § 3 Abs. 1 Ziff. 2 und Abs. 2 unverzinsliche Schatzanweisungen, soweit sie nicht als Entschädigung für Kriegsschäden ausgegeben sind, vom Umtausch in Ablösungsschuld ausgeschlossen und gänzlich annulliert (vgl. Anm. 2 zu § 3). Auch die Aufwertung von Schuldverschreibungen, die das Reich als Unternehmer wirtschaftlicher Betriebe ausgestellt hat, erfolgt jetzt (anders nach der 3. StNVO.) nicht mehr nach den Vorschriften des Aufwertungsgesetzes, sondern durch Umtausch in Ablösungsschuld. Vgl. zu § 51 Aufwertungsgesetz Anm. 2 und zu § 54 Ablösungsgesetz — Verwaltungsschulden (Laband, Staatsrecht, IV 362, II 188) aus gegenseitigen Verträgen, insbesondere Lieferungs- und Dienstverträgen, sowie aus dem Beamtenverhältnis (Gehälter, Pensionen) werden durch das Ablösungsgesetz nicht berührt. — „Mark" ist die aus einer Goldmark (d. h. einer in festem Wertverhältnisse zum Golde stehenden Währungseinheit) zur Papiermark gewordene Rechnungseinheit der früheren Reichswährung; vgl. die Einleitung I. Die von dem Reiche ausgegebenen Goldanleihen und Dollarschatzanweisungen, die von der Geldentwertung der Mark nicht betroffen sind, fallen nicht unter das Ablösungsgesetz.

3. Im Zusammenhange mit dem Übergange der Staats-Eisenbahnen hat das Reich in Anrechnung auf die den Ländern zustehende Abfindung Eisenbahnschulden der Länder Preußen, Bayern, Sachsen, Baden, Hessen und Mecklenburg-Schwerin übernommen; für Eisenbahnschulden der Länder Württemberg und Oldenburg ist es dagegen nur als selbstschuldnerischer Bürge eingetreten (§ 5 des Gesetzes vom 29. Juli 1922). Wie in der Begr. (S. 15) bemerkt ist, werde zwischen den beteiligten Regierungen die Übernahme auch dieser Anleihen auf das Reich als Schuldner erörtert; falls diese Erörterungen zum Ziele führten, werde es gerechtfertigt sein, diese neu zu übernehmenden Anleihen in der gleichen Weise abzulösen, wie die übrigen übernommenen Eisenbahnanleihen (vgl. Anm. 4). Bis dahin wird die Ablösung der Eisenbahnanleihen der Länder Württemberg und Oldenburg nach den Vorschriften des zweiten Teiles zu erfolgen haben, vgl. zu § 39 Anm. 1a; mit dem Umtausche in Ablösungsanleihen des Landes wird die Bürgschaft des Reichs erlöschen; vgl. Anm. 2 zu § 1.

4. Es ist das eine sehr weitgehende Ermächtigung für den Reichsfinanzminister, die es ihm, allerdings unter der Voraussetzung, daß der Reichsrat zustimmt, ermöglicht, irgendwelche „Schulden" — auch solche anderer Schuldner als des Reiches — für Markanleihen des Reiches zu erklären und dadurch der Aufwertung nach privatrechtlichen Grundsätzen zu entziehen. In Betracht kommen namentlich solche Schulden des Reiches, die nicht im Wege der Anleihe, sondern durch individuelle Inanspruchnahme von Kredit bei der Reichsbank, anderen Banken oder Privaten entstanden sind; aber auch Schulden anderer Schuldner, für die das Reich etwa Bürgschaft übernommen hat, aus der es in aufgewertetem Betrage in Anspruch genommen werden könnte. Nach der Begründung (S. 15, vgl. Anm. 3) könnte man freilich annehmen, daß die Ermächtigung sich nur auf die Eisenbahnschulden der Länder Württemberg und Oldenburg beziehe, für welche das Reich die selbstschuldnerische Bürgschaft übernommen hat; doch geht der Wortlaut viel weiter. — In der Bekanntmachung vom 8. September 1925 (Anhang XV 1) hat der Reichsfinanzminister eine Anzahl von Anleihen und sonstigen Schuldverpflichtungen der Länder Preußen, Bayern, Sachsen, Württemberg, Baden,

Oldenburg für Markanleihen des Reiches erklärt. Diese Schuldverpflichtungen werden sonach nicht in Ablösungsanleihen der Länder, sondern in die Ablösungsschuld des Reichs umgetauscht (§§ 1, 38 Ziff. 1); die Verpflichtung des betreffenden Landes aus ihnen erlischt damit (vgl. Anm. 2 zu § 1). In welcher Weise sich das Reich mit den Ländern wegen dieser Schuldverpflichtungen auseinandergesetzt hat, ist aus der Bekanntmachung nicht ersichtlich. Unter den in dieser Bekanntmachung aufgeführten Schuldverpflichtungen befinden sich auch solche der Länder Württemberg und Oldenburg (vgl. Anm. 3). Die in dieser Bekanntmachung zu Markanleihen des Reichs erklärten Schuldverpflichtungen sind sodann bereits in das Verzeichnis der **Reichsanleihen** das der VO. der **Reichsregierung** vom gleichen Tage beigefügt ist (vgl. Anm. 5) aufgenommen.

5. Der auf Grund des § 48 des Ablösungsgesetzes erlassenen Verordnung der Reichsregierung vom 8 September 1925 (Anhang XV 3) ist ein **Verzeichnis der für die Ablösung auf Grund des Gesetzes über die Ablösung öffentlicher Anleihen in Betracht kommenden Reichsanleihen** beigefügt und in § 1 der VO. ist erklärt, daß die in dem Verzeichnis aufgeführten Forderungen **Markanleihen des Reiches** sind. Die Erklärung hat nicht die Bedeutung einer anordnenden Rechtsvorschrift, sondern die einer Zusammenfassung und Bekanntgabe dessen, was auf Grund der Vorschriften in § 2 Ziff. 1 bis 3 und § 3 des Ablösungsgesetzes Rechtens ist.

§ 3.

Ausgeschlossen von dem Umtausch sind

1. die Schuldverschreibungen der Zwangsanleihe (Gesetz vom 20. Juli 1922 — Reichsgesetzbl. I S. 601 —)[1];
2. die unverzinslichen Schatzanweisungen des Deutschen Reichs, soweit sie nicht für Kriegsschäden im Entschädigungsverfahren ausgegeben sind[2];
3. die Reichskassenscheine (Gesetze vom 30. April 1874 — Reichsgesetzbl. S. 40 —, vom 3. Juli 1913 — Reichsgesetzbl. S. 521 — und vom 22. März 1915 — Reichsgesetzbl. S. 179 —)[3];
4. Die Darlehnskassenscheine (Gesetz vom 4. August 1914 — Reichsgesetzbl. S. 340 — und Verordnung des Oberbefehlshabers Ost vom 16. Januar 1918 — Befehls- und Verordnungsblatt des Oberbefehlshabers Ost S. 721 —)[4].

Aus diesen Schuldurkunden können Ansprüche nicht hergeleitet werden[5].

1. Durch das **Gesetz vom 20. Juli 1922** wurde die Auflegung einer Zwangsanleihe in Höhe von 70 Milliarden Mark angeordnet, über die Schuldverschreibungen auf den Inhaber ausgegeben wurden, die vom 1. November 1925 ab zu steigendem Zinsfuße verzinslich sein und von da ab durch Rückkauf zum Börsenkurs oder durch Auslosung zum Nennwert in bestimmten Terminen getilgt werden sollten. Zur Zeichnung wurden alle natürlichen und juristischen Personen usw. verpflichtet erklärt, die vermögenssteuerpflichtig sind, und zwar in nach Maßgabe ihres Vermögens abgestuften Beträgen. Eine solche Zwangsanleihe ist, ihrer Form nach, wie andere Anleihen, ein privatrechtliches Rechtsgeschäft, aus dem der Staat (Fiskus) nach den Rechtsgrundsätzen des bürgerlichen Rechts als Schuldner verpflichtet wird. Der Sache nach ist sie aber ein **Akt der Besteuerung**, die in dem Zwange zum Kontrahieren zum

Ausdruck kommt. Wegen dieses Charakters einer durch das öffentliche Recht auferlegten Steuer, bei der freilich die Substanz des hingegebenen Betrags den Steuerpflichtigen in Form einer Forderung an das Reich auf Verzinsung und Rückzahlung erhalten bleiben sollte, hat der Gesetzgeber des Ablösungsgesetzes sich für berechtigt gehalten, dieser Forderung auch den geringwertigen Anspruch auf Umtausch in Ablösungsschuld zu versagen und sie gänzlich zu annullieren (§ 3 Abs. 1 Ziff. 1).

2. Über den Begriff der Schatzanweisungen vgl. Anm. 2 zu § 2. Soweit sie verzinslich sind, fallen sie unter §§ 1, 2 Ziff. 1 Ablösungsgesetz und sind in Ablösungsschuld umzutauschen. Gleiches gilt für unverzinsliche Schatzanweisungen, die im Entschädigungsverfahren für Kriegsbeschädigte ausgegeben worden sind; über deren Goldmarkberechnung vgl. § 5 Abs. 3. Dagegen werden andere unverzinsliche Schatzanweisungen durch § 3 Abs. 1 Ziff. 2, Abs. 2 vom Umtausche ausgeschlossen und gänzlich annulliert.

3. Die Reichskassenscheine wurden durch das Gesetz vom 4. August 1914 zu gesetzlichen Zahlungsmitteln erklärt und zugleich wurde „bis auf weiteres" die Reichshauptkasse von der Verpflichtung zur Einlösung dieser Scheine entbunden. Vgl. die Einleitung I. Sie waren danach keine Schuldverschreibungen, sondern Papiergeld; ihre Aufwertung ist deshalb, wie die der Reichsbanknoten, ausgeschlossen. Durch § 3 Abs. 1 Ziff. 3, Abs. 2 werden sie auch vom Umtausch in Ablösungsschuld ausgeschlossen und annulliert.

4. Auch die Darlehenskassenscheine, zu deren Ausgabe die durch das Gesetz vom 4. August 1914 gegründeten Darlehenskassen durch das gleiche Gesetz behufs Entlastung der Reichsbank von der Versorgung des Verkehrs mit Zahlungsmitteln ermächtigt wurden, waren zum Umlaufe bestimmtes Papiergeld, keine Schuldverschreibungen. Von ihnen gilt das gleiche wie von den Reichskassenscheinen und Reichsbanknoten; vgl. Anm. 3 (§ 3 Abs. 1 Ziff. 4). Ebenso von den auf Grund der im Texte bezeichneten VO. des Oberbefehlshabers Ost ausgegebenen Darlehnskassenscheinen.

5. Die Regierungsvorlage hatte den nach § 3 Abs. 1 (in der Vorlage § 7 Abs. 1) vom Umtausch ausgeschlossenen Papieren noch ein gewisses Scheinleben bewahren wollen durch die Bestimmung, daß aus ihnen Forderungen nur in Höhe ihres Nennwerts, also zu einem Betrage, der auch bei großen Abschnitten oder Massen von ihnen ein ganz minimaler, so gut wie nichts und in Wertzeichen der neuen Währung zumeist nicht darstellbar, sonach auch nicht zahlbar war, bestehen sollten; daß diese Forderungen aber spätestens mit dem Inkrafttreten des Gesetzes fällig werden und (soweit sie nicht vorher etwa bezahlt worden waren, was schwerlich vorkommen konnte) mit dem Ablauf des 30. September 1925 erlöschen sollten. Der Reichstagsausschuß hat diesen Umweg nicht mitgemacht, vielmehr unverhüllt die Forderungen annulliert durch die Bestimmung, daß aus diesen Papieren Rechte nicht hergeleitet werden können (Bericht S. 23).

§ 4.

(1) Die Anleiheablösungsschuld lautet auf Reichsmark. Sie kann von den Gläubigern nicht gekündigt werden[1].

(2) Eine Verzinsung der Anleiheablösungsschuld kann bis zum Erlöschen der Reparationsverpflichtungen nicht gefordert werden[1]. Das Erlöschen der Reparationsverpflichtungen wird durch Gesetz festgestellt[1].

(3) Auf die Anleiheablösungsschuld finden die Vorschriften der Reichsschuldenordnung über Schuldverschreibungen Anwendung[2].

Die Schuldverschreibungen der Anleiheablösungsschuld können in Buchschulden des Reichs umgewandelt werden[2].

1. § 4 bestimmt den Inhalt der neuen „**Anleiheablösungsschuld**", soweit er für alle Gläubiger — Anleihe-Alt- und -Neubesitzer — in Betracht kommt. Die besonderen Rechte der Altbesitzer sind im zweiten Abschnitte behandelt; vgl. §§ 8ff. und die Anmerkungen dazu. Die Ablösungsschuld lautet danach auf **Reichsmark**, d. h. auf die durch das Münzgesetz vom 30. August 1924 und das Bankgesetz vom gleichen Tage eingeführte Rechnungseinheit der neuen gesetzlichen Reichswährung; vgl die Einleitung I. Sie ist **für den Gläubiger unkündbar**; er hat also kein Recht. die Zahlung des Kapitals zu verlangen, solange nicht die Kündigung von seiten des Reiches erfolgt ist. Das war auch bei den alten Reichsanleihen in der Regel der Fall. Der Gläubiger kann aber weiter auch eine **Verzinsung nicht fordern bis zum Erlöschen der Reparationsverpflichtungen.** Es sind das die Verpflichtungen, die durch den Abschnitt VIII des Friedensvertrages von Versailles Deutschland auferlegt worden sind und die in dem dort bestimmten Umfange und Maße wohl niemals vollständig zu erfüllen gewesen wären. Die in der ersten Auflage dieses Buches (S. 174) ausgesprochene Hoffnung, daß durch schließliche Festsetzung im Wege einer internationalen Vereinbarung diese Reparationsverpflichtungen — wie nicht lediglich im Interesse Deutschlands liege — auf ein erfüllbares Maß herabgesetzt werden würden, so daß wenigstens für künftige Geschlechter der Anleihegläubiger einige Aussicht auf Wiederaufnahme der Verzinsung eröffnet werde, ist ihrer Erfüllung einigermaßen nähergerückt durch das auf Grund des Dawes-Gutachtens zustande gekommene Londoner Übereinkommen, das durch das Reichsgesetz vom 30. August 1924 (RGBl. II 289) Gesetzeskraft erlangt hat. An Stelle der in der 3. StNVO. (§ 16) und noch in der Regierungsvorlage geforderten „Erledigung" ist im Gesetze das „Erlöschen" der Reparationsverpflichtungen getreten. Eine sachliche Änderung dürfte dadurch nicht eingetreten sein, da auch ein anders als durch Erfüllung, nämlich durch gänzlichen oder teilweisen Erlaß oder vergleichsweise erfolgender Wegfall der Verpflichtung eine „Erledigung" bedeuten würde. Der **Zeitpunkt**, zu welchem die Reparationsverpflichtungen als erloschen anzusehen sein werden, soll durch Gesetz festgestellt werden. Auch nach diesem Zeitpunkte besteht aber auf Grund des Ablösungsgesetzes kein Rechtsanspruch der Gläubiger auf Verzinsung oder Tilgung; es liegt durchaus im Belieben des Reiches, ob und in welcher Höhe es alsdann eine Verzinsung oder Tilgung der Ablösungsschuld eintreten lassen oder ob es die Schuld unverzinst fortbestehen lassen will. Nach alledem sind die Ablösungsschuldverschreibungen, soweit die Neubesitzer in Betracht kommen, die ja allerdings, wenigstens in der Zeit der vorgeschrittenen Geldentwertung, die Anleihen gegen geringwertiges Entgelt und zum großen Teil, aber doch nicht ausschließlich aus Spekulation erworben haben, kaum als wirkliche Rechtstitel für die Gläubiger zu bezeichnen; es sind Scheinrechte, durch die die gänzliche Streichung ihrer früheren Anleiheansprüche nur notdürftig verdeckt wird. Daß sie irgendwelchen Verkehrswert erhalten und von den Gläubigern im Wege der Diskontierung verwertet werden könnten, ist kaum anzunehmen.

2. Die **Vorschriften der Reichsschuldenordnung über Schuldverschreibungen**, die auf die Anleiheablösungsschuld Anwendung finden, sind enthalten in der neuen Reichsschuldenordnung, die von der Reichsregierung auf Grund des Ermächtigungsgesetzes vom 8. Dezember 1923 durch Verordnung vom 13. Februar 1924 (RGBl. I S. 95) erlassen worden ist. Die nach der Verfassung (Art. 87) für die Ausgabe von Schuldverschreibungen des Reichs erforderliche Grundlage eines Reichsgesetzes ist hier durch das Ablösungsgesetz gegeben. Soweit dieses Gesetz keine Vorschriften enthält, sind die Bestimmungen über den Zeitpunkt der Ausgabe, die Beträge (Ab-

schnitte) und Bedingungen durch den Reichsminister der Finanzen zu treffen (§ 3 RSchO.). Dieser wird insbesondere zu bestimmen haben, ob die Ablösungsschuldverschreibungen auf den Inhaber, auf den Namen eines bestimmten Berechtigten oder an Order auszustellen sind; in letzterem Falle sind sie durch Indossament übertragbar, für dessen Form und Wirkungen die Vorschriften der WO. gelten (§§ 8, 9). Auf Namen gestellte Schuldverschreibungen sind nur durch Umschreibung von seiten der Reichsschuldenverwaltung übertragbar (§ 7). Die Ausstellung der Schuldverschreibungen erfolgt durch die Reichsschuldenverwaltung; die näheren Vorschriften über die dabei zu beobachtenden Formen treffen die §§ 5, 6 RSchO. Die nach dem BGB. (§ 796) für Inhaberschuldverschreibungen geltenden Vorschriften über die zulässigen Einwendungen gelten auch für die auf Namen oder an Order gestellten Schuldverschreibungen des Reichs (§ 9); es wird demzufolge der Aufnahme der gesetzlichen und der vom Finanzminister getroffenen Bestimmungen über Verzinsung, Rückzahlung usw. in die Schuldurkunden bedürfen, damit Einwendungen daraus den Gläubigern entgegengesetzt werden können; ausgenommen ist nur der Einwand, daß eine Schuldverschreibung, deren Unterschriften (was an sich zulässig ist) im Wege der mechanischen Vervielfältigung hergestellt sind, ungültig sei, weil sie nicht vorschriftsmäßig ausgefertigt worden sei; diese Bestimmung bedarf nicht der Aufnahme in die Urkunde (§ 6 Abs. 1 Satz 2 RSchO.). Das Reich ist zur Leistung (wenn einmal eine solche in Frage kommen sollte) auch bei den auf Namen oder an Order gestellten Schuldverschreibungen nur gegen Aushändigung der Urkunde verpflichtet (§ 9 Abs. 2); auch für solche ist, wie für auf Inhaber gestellte (§ 799 BGB.), das Aufgebotsverfahren zum Zwecke der Kraftloserklärung zugelassen (§§ 14—16). — Daß die Ablösungsschuldverschreibungen in Buchschulden des Reiches umgewandelt werden können, ist in § 4 Abs. 3 Ablösungsgesetz noch besonders bestimmt; die Umwandlung wird hiernach (abweichend von § 21 RSchO.) auch für auf Namen oder an Order gestellte Stücke zulässig sein. Die Umwandlung erfolgt durch Eintragung in das Reichsschuldbuch gegen Einlieferung der Schuldverschreibungen in der durch das Reichsschuldbuchgesetz vom 31. Mai 1891 (RGBl. 321) näher geregelten Weise. — Gemäß § 1807 Abs. 1 Ziff. 2 BGB. wird auch die Anlegung von Mündelgeld in Ablösungsschuldverschreibungen kraft Gesetzes nicht ausgeschlossen sein, tatsächlich aber wegen ihres geringen Rechts- und Sicherungsgehalts durch einen pflichtmäßig handelnden Vormund nicht erfolgen dürfen.

§ 5.

(1) Je 1 500 Mark Nennbetrag der Sparprämienanleihe,
je 16 700 000 Mark Nennbetrag der 8- bis 15prozentigen Schatzanweisungen K 1923,
je 50 Milliarden Mark Nennbetrag der 8- bis 15prozentigen Schatzanweisungen K 1924,
je 1 000 Goldmark der im Entschädigungsverfahren für Kriegsschäden ausgegebenen unverzinslichen Schatzanweisungen,
je 1000 Mark Nennbetrag der übrigen Markanleihen des Reichs werden in 25 Reichsmark Nennbetrag der Anleiheablösungsschuld umgetauscht[1, 2].

(2) Ein Anspruch auf den Umtausch besteht nur, soweit Anleiheablösungsschuld im Nennbetrage von 12,50 Reichsmark oder einem Vielfachen davon zu gewähren ist[3].

(3) Der Goldmarkbetrag der im Entschädigungsverfahren für Kriegsschäden ausgegebenen unverzinslichen Schatzanweisungen wird dadurch festgestellt, daß ihr Nennbetrag nach Maßgabe des Wertverhältnisses umgerechnet wird, das in der Anlage zu dem Aufwertungsgesetz vom 16. Juli 1925 (Reichsgesetzbl. I S. 117) für den Tag der Ausstellung bestimmt ist[1].

(4) Soweit Markanleihen auf eine frühere Landeswährung lauten, ist ihr Nennbetrag der Markbetrag, der ihrem Nennwert nach § 15 des Münzgesetzes vom 1. Juni 1909 (Reichsgesetzbl. S. 507) entspricht[2].

(5) Für Schuldbuchforderungen der Markanleihen kann, soweit ihr Betrag durch 500 nicht teilbar ist, die Ausreichung von Schuldverschreibungen solcher Anleihen verlangt werden. Statt der Schuldverschreibungen können Ersatzurkunden ausgestellt werden[3].

1. § 5 bestimmt das Verhältnis, in welchem der in Papiermark ausgedrückte Nennbetrag der alten Anleihen des Reiches bei dem Umtausche zu dem in Reichsmark der neuen Währung (vgl. § 4 Abs. 1 Satz 1) auszudrückenden Nennbetrage der Ablösungsschuldverschreibungen stehen soll. Wegen dieser direkten Umrechnung in die neue Währung erscheint die Umstellung auch äußerlich nicht, wie es bei den Ansprüchen gegen Privatpersonen, solange der sich ergebende Betrag in Papiermark auszudrücken war (vgl. Anm. 4 vor § 1 Aufwertungsgesetz), der Fall war, als eine ziffernmäßige Erhöhung des zu zahlenden Betrags (Aufwertung), sondern als eine prozentuale Herabsetzung des Nennbetrags (Abwertung), was ihre sachliche Bedeutung deutlicher zum Ausdruck bringt. Für die vor dem Eintritt einer erheblicheren Entwertung der Mark ausgegebenen Anleihen, insbesondere die Vorkriegs- und Kriegsanleihen, konnte, wie bei den vor dem 1. Januar 1918 ausgegebenen Schuldverschreibungen privater Schuldner (vgl. § 2 Abs. 2 Aufwertungsgesetz und Anm. 6 dazu), ununterschiedlich ein einheitlicher Nennbetrag (1000 Mark) als Ausgangspunkt für die Bestimmung des Ablösungsbetrags gewählt werden in der Annahme, daß ihr Nennbetrag ihrem Werte in einer wertbeständigen Rechnungseinheit (Goldmark) entsprach. Dagegen mußte für die später ausgegebenen Anleihen, nämlich die Sparprämienanleihe von 1919 und die verzinslichen, sowie die im Entschädigungsverfahren für Kriegsschäden ausgegebenen unverzinslichen Schatzanweisungen, eine Berechnung ihres Goldmarkwertes zur Zeit der Ausgabe erfolgen. Das ist für die Sparprämienanleihe in der Weise geschehen, daß 1500 Mark ihres Nennwerts 1000 Mark des Nennwerts der früheren Anleihen gleichgestellt sind. In gleicher Weise ist bei den in den Jahren 1923 und 1924 ausgegebenen verzinslichen Schatzanweisungen ein bestimmter, dem Goldmarkwerte von 1000 Mark zur Zeit ihrer Ausgabe entsprechend berechneter Nennbetrag — 16700000 Mark der 8—15prozentigen Schatzanweisungen K 1923, 50 Milliarden Mark der 8—15prozentigen Schatzanweisungen K 1924 — dem Nennbetrage von 1000 Mark der früheren Anleihen gleichgesetzt, während für die im Kriegsentschädigungsverfahren ausgegebenen unverzinslichen Schatzanweisungen der Betrag von 1000 Goldmark durch Umrechnung nach dem im Aufwertungsgesetze bestimmten Umrechnungsverhältnisse (vgl. § 2 Aufwertungsgesetz und Anmerkungen dazu, sowie die Anlage zum Aufwertungsgesetze) für den Tag der Ausstellung festzusetzen und der Bestimmung des Ablösungsbetrags zugrunde zu legen ist (Abs. 3).

2. Der nach dieser Berechnung einem Werte von 1000 Goldmark entsprechende Nennbetrag wird umgetauscht in 25 Reichsmark der Anleiheablösungsschuld, also unter der Voraussetzung, daß die Reichsmark der Goldmark gleichsteht, in $2\frac{1}{2}$ vom Hundert des Goldmarkbetrages. Doch stellt selbstverständlich der Nennbetrag der Ablösungsschuldverschreibung keineswegs ihren wirklichen Wert dar, da die aus ihr sich ergebenden Rechte sehr geringfügig sind (vgl. Anm. 1 zu § 4); das Papier wird kaum zu irgendeinem Kurse im Börsenverkehr zu verwerten sein. In der Reichstagsvorlage war ein Umtausch von 1000 Mark Goldmarkwert in 50 Reichsmark Ablösungsschuld vorgeschlagen; im Reichstagsausschusse wurde in der zweiten Lesung zum Ausgleiche der den Altbesitzern gewährten größeren Sonderrechte der Betrag auf 25 Reichsmark herabgesetzt (Bericht S. 16/17). Ein Antrag der Sozialdemokraten (Keil), den Neubesitz von Anleihen zugunsten des Altbesitzes auch formell ganz zu streichen, war schon bei der ersten Lesung abgelehnt worden (Bericht S. 5).

3. In der Regierungsvorlage war vorgeschlagen, daß ein Anspruch auf Umtausch in Ablösungsschuld nur bestehen solle, soweit der zu gewährende Betrag 50 Reichsmark oder ein Vielfaches davon übersteige. Die Vorschrift wurde damit begründet, daß man nicht Stücke unter 50 Reichsmark schaffen könne und daß die schwierige Unterscheidung von Alt- und Neubesitz technisch unmöglich werden würde, wenn man die kleinsten Stücke mit hereinziehen wollte. Nachdem aber im Reichstagsausschusse der zu gewährende Ablösungsbetrag auf 25 Reichsmark für 1000 Goldmark herabgesetzt war (vgl. Anm. 2), wurde mit Zustimmung der Regierung beschlossen, den Betrag der kleinsten Anleihestücke auf 12,50 herabzusetzen, damit den Besitzern von 500 Mark früherer Anleihen die Möglichkeit des Umtausches gewahrt bleibe. Außerdem ist Altbesitzern von weniger als 1000 Mark im Falle der Bedürftigkeit die Aussicht auf eine Barabfindung aus einem zur Verfügung des Reichsfinanzministers stehenden Fonds eröffnet (§ 47, vgl. die Anmerkung dazu). Die Besitzer kleinerer Beträge können zum Umtausche gelangen dadurch, daß sie Stücke zukaufen oder daß sie sich mit anderen Besitzern zu gemeinschaftlichem Umtausche verbinden und zu diesem Zwecke eine Person, etwa eine Bank, als Gläubiger legitimieren, was bei Inhaberschuldverschreibungen durch bloße Übergabe geschehen kann. — Vom Umtausch ausgeschlossen sind Beträge, für die nicht 12,50 Reichsmark oder ein Vielfaches davon zu gewähren ist, also bei Beträgen über 12,50 die darüber hinausgehenden, nicht durch 12,50 teilbaren Spitzen. Das gilt an sich auch für die Besitzer von Schuldbuchforderungen, so daß für Beträge solcher Forderungen, die auf weniger als 500 Mark lauten oder auf Beträge, die durch 500 nicht teilbar sind, Ablösungsschuldverschreibungen nicht ausgeliefert werden können. Doch ist, um solchen Gläubigern von Schuldbuchforderungen, die auch Schuldverschreibungen besitzen, den Umtausch zu erleichtern, vorgeschrieben (Abs. 5), daß sie für die nicht durch 500 teilbaren Beträge ihrer Schuldbuchforderungen die Aushändigung von Schuldverschreibungen der alten Markanleihen, und zwar in jedem Betrage, verlangen können, die sie dann in Verbindung mit den in ihrem Besitze befindlichen Schuldverschreibungen in Ablösungsschuld umtauschen können, soweit insgesamt ein Betrag von 12,50 Reichsmark oder ein Vielfaches davon ihnen zukommt. Statt der Schuldverschreibungen der einzelnen Markanleihen können Ersatzurkunden ausgestellt werden, die für alle Markanleihen den gleichen Wortlaut haben, um den Gläubigern der Schuldbuchforderungen zum Zwecke des Umtausches in Ablösungsschuld zu dienen (§ 5 Abs. 5 Satz 2 in Verbindung mit § 22 der I. DurchfVO.).

4. **Auf eine frühere Landeswährung**, d. h. eine Währung der zum Deutschen Reiche gehörigen Einzelstaaten (Länder) — Taler, süddeutsche Gulden, Mark Banko — lauten die vor der Einführung einer einheitlichen Reichswährung (vgl. Einleitung I) von den Bundesstaaten aufgenommenen Anleihen. Sie sind „**Markanleihen**" im Sinne des Gesetzes, soweit sie unter § 2 Ziff. 2 fallen oder gemäß § 2 Ziff. 3 für Markanleihen (des Reiches) erklärt sind. Der Nennbetrag im Sinne des § 1, d. h. der

Nennbetrag in Mark, welcher dem Umtausch in Anleiheablösungsschuld zugrunde gelegt wird, ist der Markbetrag, in den die Münzen der Landeswährungen nach § 15 des Münzgesetzes vom 1. Juni 1909 umzurechnen waren, nämlich: der Taler zum Werte von 3, der Gulden südd. Währung zum Werte von $1^5/_7$, die Mark lübischer oder Hamburger Kurrentwährung zum Werte von $1^1/_5$ Mark.

§ 6.

Der Anspruch auf den Umtausch der Markanleihen ist durch Anmeldung innerhalb einer Ausschlußfrist[2] geltend zu machen[1]. Der Anmeldung sind die ausgestellten Schuldurkunden der umzutauschenden Anleihen beizufügen[3]. Der Reichsminister der Finanzen bestimmt die Ausschlußfrist und die Anmeldungsstellen[4, 5].

1. § 6 schreibt vor, daß der Anspruch auf den Umtausch der Markanleihen **durch Anmeldung innerhalb einer Ausschlußfrist geltend zu machen ist.** Die Anmeldung ist hier als das Mittel für die Geltendmachung des Anspruchs bezeichnet, und zwar als das einzige Mittel zu seiner Erhaltung. Unterbleibt sie, so ist der Anspruch erloschen. Andererseits wird durch die Anmeldung der Anspruch gewahrt. Die Geltendmachung auf anderem Wege ist auch nach erfolgter Anmeldung, falls diese zurückgewiesen wird, ausgeschlossen durch § 6 der ersten DurchfVO. (Anhang XV 2); vgl. Anm. 2 zu § 1. Eine Ausnahme von dem Anmeldungszwange kann begründet werden durch eine Anordnung des Reichsministers der Finanzen auf Grund des § 49 Ziff. 2, die bestimmt, daß Schuldbuchforderungen von Markanleihen des Reiches von Amts wegen umgetauscht werden. In diesem Falle soll der erste Tag der von dem Reichsfinanzminister auf Grund des § 6 Satz 3 bestimmten Frist als Tag der Anmeldung gelten. Die Bestimmung dieses Tages ist von Bedeutung für die Feststellung des Altbesitzes gemäß §§ 9, 11, die erfordert, daß die vor dem 1. Juli 1920 bzw. 1. Juli 1923 erworbenen Markanleihen dem Gläubiger bis zur Anmeldung ununterbrochen gehört haben. An Stelle der in § 49 Ziff. 3 Ablösungsgesetz vorgesehenen Anordnung des Reichsfinanzministers enthält die I. DurchfVO. der Reichsregierung (Anhang XV, 2) in § 16 die Anordnung, daß Schuldbuchforderungen der Markanleihen des Reichs von Amts wegen in Buchschulden der Anleiheablösungsschuld umzutauschen sind, und die näheren Vorschriften über das dabei zu beobachtende Verfahren. Da bei der Reichsregierung auch der Reichsfinanzminister beteiligt ist und die VO. mitunterschrieben hat, werden gegen die Rechtswirksamkeit dieser Vorschriften keine Bedenken bestehen.

2. Die Frist ist eine **Ausschlußfrist**; als solche wird sie vom Gesetze ausdrücklich bezeichnet. Es gelten deshalb für sie nicht die Bestimmungen des BGB. über die Hemmung der Versicherung, §§ 203, 204, 206, 207; vgl. zu § 8 Aufwertungsgesetz Anm. 2. Sie sind auch nicht, wie im Aufwertungsgesetz mehrfach (vgl. §§ 8, 12 27, 34), besonders für anwendbar erklärt. Die Frist läuft deshalb auch gegen Minderjährige, die ohne gesetzlichen Vertreter sind, und gegen Nachlässe vor der Erbschaftsannahme. Doch wird auf Grund der Bestimmung des § 48 Satz 2 Ziff. 5 die Reichsregierung in der Lage sein, die Hemmung anzuordnen, um entsprechend der Billigkeit den Ablauf der Frist in solchen Fällen zu verhüten. Außerdem kann auf Grund des § 49 Abs. 1 Ziff. 1 der Reichsfinanzminister in besonderen Fällen (als welche sich die oben bezeichneten darstellen werden) aus Gründen der Billigkeit den Umtausch von Markanleihen vornehmen, obwohl die Anmeldefrist des § 6 nicht eingehalten ist.

3. Die Beifügung der ausgestellten Schuldurkunden der umzutauschenden Anleihen ist vorgeschrieben. Die Form dieser Bestimmung ist eine imperative: „sind beizufügen", keine bloße Sollvorschrift. Es wird deshalb angenommen

werden müssen, daß zur ordnungsmäßigen Anmeldung die Beifügung erforderlich und deshalb die Frist versäumt ist, wenn die Beifügung nicht stattgefunden hat. Ist die Schuldverschreibung für kraftlos erklärt, so wird an ihrer Stelle das Ausschlußurteil mit Rechtskraftbescheinigung vorzulegen sein. § 10 der ersten Durchführungsverordnung (Anhang XV 2) enthält nähere Bestimmungen über die beizufügenden Schuldurkunden.

4. Die Bestimmung der Ausschlußfrist und der Anmeldungsstellen ist dem Reichsfinanzminister übertragen. Solche Bestimmungen sind erfolgt durch die erste Ausführungsverordnung des Reichsfinanzministers vom 8. September 1925 (Anhang XV 3) in den §§ 1 und 2.

α) Nach § 1 Abs. 1 läuft die Frist für die Anmeldung zum Umtausch, sofern die Anmeldung im Reichsgebiete, mit Ausnahme des Saargebietes, erfolgt und gleichzeitig mit der Anmeldung die Gewährung von Auslosungsrechten auf Grund der anzumeldenden Markanleihen beantragt wird, vom 5. Oktober 1925 bis zum 28. Februar 1926. Es ist das der gleiche Zeitraum, der in Satz 2 daselbst für die Beantragung von Auslosungsrechten bestimmt ist; vgl. zu § 12 Anm. 5. Die Fristbestimmung bezieht sich aber nur auf diejenigen Anmeldungen, für welche die beiden darin genannten Voraussetzungen: a) Anmeldung innerhalb des Reichsgebietes und b) gleichzeitige Beantragung von Auslosungsrechten zutreffen. Für Anmeldungen, die bei außerhalb des Reichsgebietes bestellten Anmeldungsstellen (vgl. unter β) erfolgen, ist eine Frist in der VO. noch nicht bestimmt. Ebensowenig für Anmeldungen, mit denen nicht ein Antrag auf Gewährung von Auslosungsrechten verbunden ist, was namentlich der Fall sein wird bei Anmeldung von Nicht-Altbesitz (vgl. §§ 8ff). Die Bestimmung der Frist für solche Anmeldungen, die nach § 6 Satz 3 zu erfolgen hat, ist noch zu erwarten. Zu einer solchen Trennung der Fristbestimmung war der Reichsfinanzminister durch § 7 der VO. der Reichsregierung vom gleichen Tage (Anhang XV 2) besonders ermächtigt. — Da ausdrücklich ein Anfangstermin (5. Oktober) für die Frist gesetzt ist, wird eine Anmeldung vor diesem Termin als unzulässig beanstandet werden können und deshalb zu vermeiden sein. Da es sich um eine Ausschlußfrist handelt und die Vorschriften des BGB. über die Hemmung der Verjährung nicht ausdrücklich für anwendbar erklärt sind, wird die Frist auch gegen Minderjährige, die keinen Vertreter haben, und in den anderen Hemmungsfällen laufen; vgl. zu § 8 Aufwertungsgesetz Anm. 2. —

β) In § 2 VO. sind als Anmeldungsstellen im Reichsgebiete, mit Ausnahme des Saargebietes, die Reichshauptbank und die Reichsbankanstalten bestimmt. Diese sind dadurch gemäß § 2 Ziff. 1 der VO. der Reichsregierung vom gleichen Tage „Behörden des Umtauschverfahrens“, und es gilt daher für sie § 5 dieser VO., wonach sie im Namen des Reichs handeln und für ihre Tätigkeit als solche den Anleihegläubigern allein das Reich verantwortlich ist. Die Anmeldung hat jedoch gemäß § 9 der ersten DurchfVO. der Reichsregierung vom gleichen Tage (Anhang XV 2), soweit es sich um Inhaberschuldverschreibungen handelt, nicht unmittelbar bei den Anmeldungsstellen, sondern durch eine der in § 9 a. a. O. genannten Vermittlungsstellen zu erfolgen. Als solche ist außer den dort aufgeführten Anstalten und Kassen auch jeder Kaufmann, der in das Handelsregister eingetragen ist und Bankiergeschäfte betreibt, zugelassen; ein solcher kann sonach seine eigenen Anleihen ohne weitere Vermittlung anmelden, ebenso öffentliche Sparkassen usw. die ihrigen. Die Reichsbank selbst ist als Vermittelungsstelle nur zugelassen für Anleihen, die sich im Depot des Kontors der Reichshauptbank für Wertpapiere befinden oder Mündeldepots bei einer Reichsbankanstalt sind. Die Vermittelungsstellen sind Beauftragte des Reichs, für deren Handlungen aber das Reich nicht haftet (!) (§ 9 Abs. 1 Satz 2); eine den Grundsätzen des bürgerlichen Rechts (§ 278 BGB.) widersprechende Konstruktion, deren Rechtsgültigkeit bezweifelt werden kann. Folgerichtiger wäre es gewesen zu erklären, daß die Vermittelungsstellen Beauftragte der Gläubiger sind. — Das weitere Verfahren der Vermittelungs- und Anmeldungsstellen ist in den §§ 11—14 der VO. geregelt. — Für die Anmeldung der auf den Namen gestellten Schuldurkunden von Markanleihen des Reichs ist das Verfahren in § 15 der I. DurchfVO. geregelt. Danach ist die Anmeldung unter Beifügung der Schuldurkunden unmittelbar an diejenige Landesbehörde zu richten, die die umzutauschenden Markanleihen gemäß § 4 des Gesetzes zur Ausführung des Staatsvertrages über den Übergang der Staatseisenbahnen auf das Reich vom 29. Juli 1922 verwaltet; anscheinend handelt es sich also bei den Namensschuldverschreibungen nur um solche, die auf Grund des genannten Staatsvertrags vom Reiche übernommen sind.

5. Über die Anmeldungen von Markanleihen des Reiches zum Umtausch, die außerhalb des Reichsgebietes und im Saargebiete erfolgen, sind Bestimmungen getroffen in der zweiten Verordnung des Reichsministers der Finanzen zur Ausführung des Ablösungsgesetzes, vom 29. Sept. 1925 (RGBl. I 383), abgedruckt als Anhang XXII. Danach (§ 1) werden in den „auswärtigen Ländern" — worunter hier wegen des Gegensatzes zu § 1 Abs. 1 der ersten Ausführungsverordnung, vgl. Anm. 4a, auch das Saargebiet zu verstehen sein wird — für den Umtausch der Inhaberschuldverschreibungen von Markanleihen des Reichs besondere Vermittlungsstellen errichtet*). Für die durch diese Vermittlungsstelle zur Anmeldung zum Umtausch gelangenden Schuldverschreibungen ist zuständige Anmeldungsstelle die Reichshauptbank in Berlin. Als Tag der Anmeldung zum Umtausch gilt nicht, wie bei durch inländische Vermittlungsstellen erfolgenden Anmeldungen, der Tag des Eingangs der Anmeldung bei der Anmeldungsstelle, sondern der Tag, an dem die Anmeldung der Vermittlungsstelle zugeht.

§ 7.

Insoweit dingliche Rechte Dritter oder Verfügungsbeschränkungen in bezug auf einzelne Schuldurkunden oder Schuldbuchforderungen der Markanleihen bestehen, treten die für sie ausgegebenen Schuldverschreibungen oder die für sie eingetragenen Schuldbuchforderungen der Anleiheablösungsschuld an ihre Stelle[1,2].

1. Dingliche Rechte Dritter (d. h. anderer Personen als der Gläubiger) können an einzelnen Schuldurkunden oder Schuldbuchforderungen der Markanleihen bestehen, namentlich in Gestalt des Nießbrauchs an den durch die Urkunden oder die Eintragung verbrieften Rechten (§§ 1068ff.) und des Pfandrechts an diesen Rechten (§§ 1273ff. BGB). Durch den infolge der Schuldumwandlung (Anm. 2 zu § 1) eintretenden Untergang der Forderungen aus den Markanleihen würden diese Rechte erlöschen; ein Übergang auf die an die Stelle jener Forderungen tretende Anleiheablösungsschuld würde nicht stattfinden, da das BGB. den Grundsatz der Surrogation nur für einzelne Fälle, nicht als generelle Regel durchgeführt hat. § 7 ordnet aber die Anwendung dieses Grundsatzes auf den hier vorliegenden Fall an. Demnach erlöschen die Rechte nicht, sondern sie gehen auf die Schuldverschreibungen der Ablösungsschuld oder die für diese eingetragenen Schuldbuchforderungen über und bestehen mit dem früheren Inhalte an diesen fort. — Gleiches gilt von Verfügungsbeschränkungen, d. h. rechtlichen Behinderungen oder Einschränkungen in der Befugnis des Berechtigten zur unmittelbaren Einwirkung auf das ihm zustehende Recht durch Rechtsgeschäft (Übertragung, Belastung, Aufhebung, Inhaltsveränderung). Sie

*) Die Vermittlungsstellen und Anleihealtbesitzstellen für die einzelnen auswärtigen Länder sind bestimmt in der zweiten Bekanntmachung über die Durchführung des Anleiheablösungsgesetzes im Auslande vom 26. November 1925, veröffentlicht im Reichsanzeiger vom 27. November 1925, hier abgedruckt als Anhang XXVII.

können auf Gesetz, gerichtlicher Anordnung oder Rechtsgeschäft beruhen; zwar kann die Befugnis zur Verfügung über ein veräußerliches Recht nach § 137 BGB. durch Rechtsgeschäft nicht ausgeschlossen oder eingeschränkt werden, aber das gilt nur für die Wirkung nach außen; die schuldrechtliche Bindung unter den Vertragsparteien ist wirksam (vgl. RGRKomm. Anm. 2 zu § 137). Sowohl die dinglich (gegenüber dem Schuldner) wie die nur schuldrechtlich (unter den die Verfügungsbeschränkung vereinbarenden Vertragsparteien) wirkenden Beschränkungen in der Verfügung über die Markanleihen gehen auf die Ablösungsschuld über. In Betracht kommt als dinglich wirkend namentlich die gerichtliche Beschlagnahme, die Pfändung, die Konkurseröffnung. Die Beschränkung der Ehefrau in der Verfügung über Schuldverschreibungen, die zum eingebrachten Gute gehören, gemäß § 1395 BGB. ist jedoch dem Reiche gegenüber nicht wirksam (§ 10 RSchO.). — Zur Anmeldung, zum Umtausche und zur Stellung des Antrags auf das Auslosungsrecht sind die dinglich Berechtigten neben dem Eigentümer berechtigt (§ 23 I. DurchfVO.).

2. Die Schuldverschreibungen oder Schuldbuchforderungen der Anleiheablösungsschuld treten an die Stelle der Markanleihen. Soweit der Berechtigte zum Besitze an diesen berechtigt war, hat er jetzt den Besitz an jenen zu beanspruchen. Hatte er die Schuldverschreibungen unter Nachweis seiner Berechtigung eingereicht, so werden sie auch ihm wieder auszuhändigen sein. Der Berechtigte kann seine Befriedigung aus den neuen Schuldverschreibungen in der gleichen Weise suchen wie bisher aus den alten.

Zweiter Abschnitt

Die Rechte der Anleihealtbesitzer[1, 2]

1. Titel

Allgemeine Vorschriften

1. Der zweite Abschnitt des ersten Teiles des Gesetzes regelt in den §§ 8—29 die Rechte der Anleihealtbesitzer, d. h. die besonderen Rechte derjenigen Gläubiger von Markanleihen, die als Altbesitzer im Sinne des Gesetzes zu gelten haben. Und zwar enthält der erste Titel unter der Überschrift: „Allgemeine Vorschriften" (§§ 8—11) die Aufzählung der Sonderrechte (§ 8) und die Voraussetzungen für die Eigenschaft als Altbesitz (§§ 9—11), während die Titel 2 und 3 die einzelnen Sonderrechte behandeln, nnd zwar Titel 2 (§§ 12—17) das Auslosungsrecht, Titel 3 (§§ 18—27) die Vorzugs- uud Wohlfahrtsrente.

2. Der Vorschlag einer Unterscheidung zwischen Alt- und Neubesitz der Markanleihen war bereits in der Regierungsvorlage enthalten. Im Ausschusse fand er einmütige Zustimmung (Bericht S. 2). Der als Sachverständiger von dem Ausschusse zugezogene Reichsbankpräsident erklärte, die Unterscheidung scheine ihm technisch zwar sehr schwer durchführbar, aber nicht unmöglich; die Reichsbank werde jedenfalls, wenn in diesem Sinne beschlossen werden sollte, in entsprechender Weise mitwirken. Die Vorzugsstellung des Altbesitzes war in der Regierungsvorlage in der Weise vorgeschlagen, daß die Altbesitzer erhalten sollten: a) das Recht auf eine Anleiherente in Höhe von jährlich 5 vom Hundert des Nennbetrags der Anleiheablösungsschuld, die jedoch zunächst nur für drei Jahre gezahlt werden sollte; b) das Auslosungsrecht mit Teilnahmerecht an Prämienauslosungen; c) soweit sie Kriegsanleihealtbesitzer und bedürftig sind, eine Vorzugsrente. Nach den Beschlüssen des Reichstagsausschusses ist die Anleiherente fortgefallen; das Auslosungsrecht und die Vorzugsrente sind erheblich anders ausgestaltet worden.

§ 8.

Wer Anleiheablösungsschuld im Umtausch gegen Altbesitzanleihen (§§ 9 bis 11) erhält (Anleihealtbesitzer)[1], hat nach näherer Bestimmung dieses Gesetzes

1. das Recht, an der Tilgung der Anleiheablösungsschuld teilzunehmen (Auslosungsrecht) (§§ 12 bis 17)[2],

2. das Recht auf die Vorzugsrente (§§ 18 bis 26)[2].

1. § 8 bestimmt zunächst den Begriff des **Anleihealtbesitzers** dahin: „wer Anleiheablösungsschuld im Umtausch gegen Altbesitzanleihen erhält". Erforderlich ist also: a) daß er Markanleihen (§§ 2, 3) besessen hat, die in Anleiheablösungsschuld (§ 4) nach Maßgabe der §§ 5—7 umgetauscht worden sind; b) daß die umgetauschten Markanleihen Altbesitzanleihen waren, wofür die Voraussetzungen in den §§ 9—11 bestimmt sind.

2. Liegen diese Voraussetzungen vor, so hat der Anleihealtbesitzer zwei Rechte:

a) das Recht auf Teilnahme an der Tilgung der Anleiheablösungsschuld, die durch Auslosung erfolgt (Auslosungsrecht);

b) das Recht auf Vorzugsrente.

Diese Rechte stehen ihm jedoch nur zu **„nach näherer Bestimmung des Gesetzes"**. Aus dieser ergibt sich, daß die Vorzugsrente (§§ 18ff.) ihm nur unter bestimmten Voraussetzungen (Bedürftigkeit) und nur ihm für seine Person sowie einer bestimmten Klasse von Rechtsnachfolgern zusteht (§ 18 Abs. 1 Satz 1), während das Auslosungsrecht grundsätzlich frei übertragbar ist und jedem zusteht, der den Besitz des Auslosungsscheines, der als Inhaberpapier ausgestellt wird (§ 17), erlangt hat. Die beiden Rechte sind insofern voneinander abhängig, als das Auslosungsrecht ruht, solange eine Vorzugsrente gewährt wird und andererseits die Vorzugsrente nur gewährt wird, falls der Anleihealtbesitzer ein Auslosungsrecht erlangt hat (§ 18 Abs. 1 Satz 1) und noch Inhaber des Auslosungsscheines oder doch in der Lage ist, diesen zu hinterlegen (§ 23). Auch tritt eine Erhöhung der Vorzugsrenten ein, wenn der Altbesitzer auf das Auslosungsrecht verzichtet (§ 20 Abs. 2) und kann er andererseits auf die Teilnahme an der Auslosung zeitweise verzichten, um sich für den Fall seiner Bedürftigkeit die Vorzugsrente zu wahren (§ 24). Über das Auslosungsrecht und die Vorzugsrente werden besondere Urkunden ausgestellt (§§ 17, 25).

§ 9.

Altbesitzanleihen sind Markanleihen des Reichs, die der Gläubiger nachweislich vor dem 1. Juli 1920 erworben hat[1] und die ihm von dem Erwerbe bis zur Anmeldung ununterbrochen gehört haben[2].

1. Die §§ 9—11 bestimmen, unter welchen Voraussetzungen Markanleihen des Reiches (§§ 1, 2) als Altbesitzanleihen zu gelten haben. Dafür ist nach § 9 zunächst maßgebend, daß der Gläubiger sie nachweislich vor dem 1. Juli 1920 erworben hat. Das Gesetz geht davon aus, daß ein Erwerb, der nach diesem Zeitpunkte liegt, in der Regel gegen ein sehr geringes Entgelt (der Kurs der Kriegsanleihe betrug am 1. Juli 1920 79,70 v. H.; 100 Mark waren nach dem für diesen Tag im Aufwertungsgesetz bestimmten Umrechnungsverhältnis = 9,02 Goldmark) und in spekulativer Absicht erfolgt ist und daß ihm deshalb die Vorzugsrechte des Altbesitzes nicht zukommen. Der Stichtag vom 1. Juli 1920 wurde aber besonders zur Erleichterung des Nachweises des Altbesitzes gewählt in der Erwägung, daß zu dieser Zeit die Vorschriften

der Verordnung über Maßnahmen gegen die Kapitalflucht vom 24. Oktober 1919 (RGBl. 1820), die am 1. Dezember 1919 in Kraft getreten war, bereits durchgeführt waren, denen zufolge Zins- und Gewinnanteilscheine von Wertpapieren nur durch Banken und nur dann eingelöst werden durften, wenn das Wertpapier oder der Zinsscheinbogen mit dem Erneuerungsschein bei der Bank hinterlegt oder das Wertpapier in ein bei dem zuständigen Finanzamt eingereichtes Verzeichnis des Vermögens des Inhabers des Zinsscheines aufgenommen war. Die Begr. führt aus, es könne damit gerechnet werden, daß in Auswirkung dieser Verordnung vom 1. Juli 1920 an fast der gesamte Besitz an öffentlichen Anleihen entweder bei einer Bank deponiert oder in ein von einem Finanzamte bestätigtes Verzeichnis aufgenommen war, womit für die große Mehrzahl der Altanleihebesitzer die Möglichkeit gegeben sei, ihren Besitz am 1. Juli 1920 nachzuweisen. Es ist das die gleiche Erwägung, die auch im Aufwertungsgesetze dazu geführt hat, den Stichtag für den Altbesitz der industriellen Schuldverschreibungen, dem das Genußrecht zu gewähren ist, auf den 1. Juli 1920 zu bestimmen. Vgl. § 37 Aufwertungsgesetz und Anm. 2 dazu. Der Nachweis des Altbesitzes wird sonach in der Regel zu führen sein durch Vorlage einer Bescheinigung einer Bank, derzufolge das Anleihestück vor dem 1. Juli 1920 bei ihr als Eigentum des Gläubigers, der das Altbesitzrecht in Anspruch nimmt, hinterlegt war, oder durch Vorlage des bei dem zuständigen Finanzamte von ihm eingereichten Vermögensverzeichnisses, in welchem das Anleihestück aufgeführt ist. Vielfach wird freilich bei der Bank nur der Zinsscheinbogen mit dem Erneuerungsschein hinterlegt gewesen sein; doch wird das bei freier Beweiswürdigung hinreichen, da es höchst unwahrscheinlich ist, daß die Mäntel ohne die Zinsscheinbogen veräußert worden sein könnten. Doch kann der Nachweis des Altbesitzes auch auf jede andere Weise geführt werden; außer dem Urkundenbeweis ist auch der Beweis durch Zeugen grundsätzlich nicht ausgeschlossen. Die Reichsregierung bzw. der Reichsfinanzminister sind in der Lage, auf Grund der ihnen in §48 unter Ziff. 5 bzw. in § 49 Abs. 1 Ziff. 4 erteilten Ermächtigungen näher zu bestimmen, in welcher Weise der Nachweis zu führen ist, und ihn dabei auch auf bestimmte Beweismittel (Urkunden) einzuschränken. Die Zulassung einer Versicherung an Eides Statt in geeigneten Fällen dürfte dabei zweckmäßig sein, wozu die Möglichkeit durch § 48 Satz 2 Ziff. 2 gegeben ist. Zur weiteren Erleichterung der Beweisführung bieten die Ziff. 3 und 4 des § 48 die Handhabe. Die Reichsregierung hat dementsprechend in den §§ 27 und 28 der ersten DurchfVO. (Anhang XV 2) eine allgemeine Verpflichtung zur Auskunfterteilung an die Behörden des Verfahrens zur Gewährung von Auslosungsrechten eingeführt (§ 27 Abs. 3) und den Behörden die Befugnis erteilt, eidesstattliche Versicherungen von dem Antragsteller und Auskunftspersonen zu verlangen (§ 28 Abs. 2), auch die Amtsgerichte um eidliche Vernehmungen zu ersuchen (§ 28 Abs. 2); auch den Auskunftverpflichteten die weitere Verpflichtung auferlegt, auf Verlangen ihre Geschäftsbücher vorzulegen (§ 28 Abs. 3). — In welchen Fällen ein späterer Erwerb als Erwerb vor dem 1. Juli 1920 zu gelten hat, ist in § 10 bestimmt. — „**Erwerb**" der Anleihen ist der Erwerb des Gläubigerrechts aus ihnen. Dieser Erwerb tritt, soweit über die Anleihen Schuldverschreibungen ausgestellt sind, die Wertpapiere und Träger der Forderung sind, mit dem Erwerbe des Eigentums an diesen Papieren ein. Gemäß § 1006 BGB. wird zugunsten des Besitzers einer beweglichen Sache vermutet, daß er Eigentümer der Sache sei. Zum Nachweise des Erwerbs der Anleiheschuldverschreibungen wird sonach der Nachweis des Erwerbes des Besitzes, und zwar des unmittelbaren oder mittelbaren (§ 868 BGB.), genügen. Der mittelbare Besitz kann dadurch erworben sein, daß die Bank, die den Ankauf besorgt hat, die Stücke für den Kunden in Verwahrung genommen hat. Dabei war sie nach § 3 des Bankdepotgesetzes vom 5. Juli 1896 verpflichtet, ihm ein Nummernverzeichnis zu übersenden, sofern nicht der Kunde darauf ausdrücklich und schriftlich verzichtet hatte. Die Übersendung des Nummernverzeichnisses bildet jedoch kein materielles Erfordernis für den Erwerb des mittelbaren Besitzes und damit des Eigentums an den Stücken; es genügt, wenn die Bank die Stücke für den Kunden ausgesondert und in sein Depot (offenes Depot) bei ihr gelegt hat (§ 7 Depotgesetz in Verbindung mit § 930 BGB.). Im Falle des sog. „Sammeldepots" ist der einzelne Kunde nur Miteigentümer an den zu dem Depot gehörigen Wertpapieren und wird daher die Altbesitzrechte nur gemeinschaftlich mit den übrigen Miteigentümern geltend machen können. Handelt es sich um ein bloßes „Summendepot" oder „Stückekonto", so bestand nur ein schuldrechtlicher Anspruch gegen die Bank auf Lieferung von Stücken aus der Gattung; dem Kunden steht in solchem Fall kein Anspruch auf Umtausch in Ablösungsschuld, demnach auch kein Altbesitzrecht zu. — Für die in das Reichsschuldbuch eingetragenen Forderungen gilt § 10 Abs. 1 Ziff. 4; vgl. Anm. 1c zu § 10.

2. Weiteres Erfordernis für den Altbesitz ist, daß dem Gläubiger die von ihm vor dem 1. Juli 1920 erworbenen Anleihen „von dem Erwerbe bis zur Anmeldung ununterbrochen gehört haben". Das Wort „nachweislich", das in der ersten Hälfte des Relativsatzes steht, die sich auf den Erwerb vor dem 1. Juli bezieht, ist hier nicht wiederholt und deshalb grammatisch nicht auf diesen Teil des Satzes zu beziehen. Das ist wohl kaum eine bloß zufällige Weglassung. Jedenfalls entspricht sie durchaus der Sache. Denn ein besonderer Nachweis der ununterbrochenen Fortdauer des durch den Erwerb begründeten Eigentums an den Anleihen kann von dem Gläubiger nach allgemeinen Rechtsgrundsätzen nicht verlangt werden. Es ist vielmehr im Rechte anerkannt, daß, wenn der Nachweis des Bestehens eines Zustandes zu zwei Zeitpunkten, die den Anfangs- und Endpunkt eines Zeitraumes bilden, geführt wird, die Fortdauer dieses Zustandes während der Zwischenzeit zu vermuten ist. Dieser Rechtssatz ist für den Besitz beweglicher Sachen, um den es sich auch hier handelt, in § 938 BGB. bei der Regelung der Ersitzung ausgesprochen, wo es heißt:

„Hat jemand eine Sache am Anfang und am Ende eines Zeitraumes im Eigenbesitz gehabt, so wird vermutet, daß sein Eigenbesitz auch in der Zwischenzeit bestanden habe."

Es ist deshalb Sache desjenigen, der eine Unterbrechung behauptet, nachzuweisen, daß eine solche erfolgt ist. Das muß hier um so mehr gelten, als dem Gläubiger mit dem Beweise der ununterbrochenen Fortdauer — also der Nichtunterbrechung, einer Negation — eine in den meisten Fällen (abgesehen etwa von dem Falle, daß die Papiere ununterbrochen seit 30. Juni 1920 bis zur Anmeldung bei der gleichen Bank in Verwahr gewesen sind) nicht zu führende probatio diabolica aufgebürdet würde, die ihm die Erlangung des Altbesitzerrechts unmöglich machen würde. Vgl. die Erörterung der gleichen Frage für die Industrieobligationen in Anm. 2 zu § 37 Aufwertungsgesetz. — Unterbrochen ist der Zustand, wenn der Gläubiger die Anleihen in der Zwischenzeit veräußert und später wiedererworben hat. Die Stücke müssen noch die gleichen sein; es genügt nicht, daß der Gläubiger die jetzigen Stücke gegen früher in seinem Eigentume befindliche der gleichen Art eingetauscht hat, abgesehen von den Ausnahmefällen des § 10 Ziff. 2, 6. Doch wird man nicht so weit zu gehen brauchen, daß ein bloßer Umtausch der Stücke, der im Falle einer Konversion oder sonstigen Änderung der Anleihebedingungen durch das Reich erfolgt ist, wenn die Nummern geändert sind, einen Neuerwerb gebildet habe, da doch in diesem Falle keine Aufhebung des bisherigen und Begründung eines neuen Schuldverhältnisses, sondern nur eine Änderung einzelner Bestimmungen des bisherigen, im übrigen fortbestehenden Schuldverhältnisses vorliegt. Über den Fall der Umwandlung von Schuldverschreibungen in Schuldbuchforderungen und umgekehrt vgl. § 10 Abs. 1 Ziff. 4. Durch § 49 Ziff. 4 ist dem Reichsfinanzminister die Möglichkeit geboten, über diese Fragen eine Klärung herbeizuführen und unberechtigte Anforderungen an die Führung des Nachweises durch die mit der Anerkennung des Altbesitzes beauftragten Stellen zu verhindern. Vgl. zu § 10 Anm. 2.

§ 10.

(1) Markanleihen gelten als vor dem 1. Juli 1920 erworben,

1. wenn sie der Gläubiger nach dem 30. Juni 1920 von einer Bank, einem Bankier, einer Sparkasse oder einer Versicherungsgesellschaft in Erfüllung eines vor dem 1. Juli 1920 begründeten Anspruchs erworben hat[1a],
2. wenn sie dem Gläubiger eine Bank nach dem 30. Juni 1920 in Erfüllung eines darlehnsartigen Verwahrungsvertrags übereignet hat, sofern der Gläubiger der Bank früher auf Grund des gleichen Vertrags das Eigentum an Markanleihen übertragen hat, die er vor dem 1. Juli 1920 erworben hatte, und er gegen sie einen Anspruch auf Markanleihen gleicher Art und gleichen Betrags von dieser Übertragung bis zum Erwerbe der umzutauschenden Anleihen ununterbrochen gehabt hat; der Bank steht ein Bankier oder eine Sparkasse gleich[1a],
3. wenn sie nach dem 30. Juni 1920 in das Schuldbuch eingetragen sind, ihre Eintragung aber der Gläubiger vor dem 1. Juli 1920 beantragt hat[1b],
4. wenn sie der Gläubiger bei einer Umwandlung von Schuldverschreibungen in Schuldbuchforderungen oder von Schuldbuchforderungen in Schuldverschreibungen nach dem 30. Juni 1920 erworben hat, sofern ihm die umgewandelten Schuldverschreibungen oder Schuldbuchforderungen vom 1. Juli 1920 an bis zur Umwandlung ununterbrochen gehört haben[1c],
5. wenn sie der Gläubiger von Todes wegen, durch Gütergemeinschaft, bei Auseinandersetzung einer Erbengemeinschaft oder einer Gütergemeinschaft, als Ausstattung mit Rücksicht auf ein künftiges gesetzliches Erbrecht, als Geschäftsherr von einem Treuhänder oder durch Übertragung eines Vermögens als Ganzes nach dem 30. Juni 1920, der Erblasser oder der sonstige Rechtsvorgänger aber vor dem 1. Juli 1920 erworben hat und sie diesem bis zum Rechtsübergang ununterbrochen gehört haben[1d],
6. wenn sie der Gläubiger im Tausche gegen Markanleihen, die er vor dem 1. Juli 1920 erworben hat, nach dem 30. Juni 1920 von einer Behörde oder von der Reichsanleihe Aktiengesellschaft erlangt hat[1e],
7. wenn sie dem Gläubiger zur Erstattung von Steuern, die er mit Markanleihen entrichtet hatte, nach dem 1. Juli 1920 übereignet worden sind[1f].

(2) Der Reichsminister der Finanzen wird ermächtigt, andere

Arten des Erwerbes von Markanleihen nach dem 30. Juni 1920 einem vor dem 1. Juli 1920 vollzogenen Erwerbe gleichzusetzen[a].

1. § 10 führt unter den Ziffern 1—7 eine Anzahl von Fällen auf, in denen ein Erwerb der Anleihen durch den Gläubiger, der in Wirklichkeit nicht vor dem 1. Juli 1920 erfolgt ist, als vor dem 1. Juli 1920 erfolgt gilt, also eine gesetzliche Fiktion dieses Inhalts stattfindet. Zu diesen Fällen ist folgendes zu bemerken:

a) Die Ziffern 1 und 2 betreffen die gleichen Fälle, in denen nach § 38 Ziff. 1 u. 2 AufwGes. für die Eigenschaft als Altbesitzer industrieller Schuldverschreibungen, mit welcher das Genußrecht verbunden ist, Schuldverschreibungen, die nicht vor dem 1. Juli 1920 erworben sind, als vor dem 1. Juli 1920 erworben gelten. Es kann deshalb hier auf Anm. 1 a und b zu § 38 Aufwertungsgesetz Bezug genommen werden.

b) Ziffer 3 erklärt Markanleihen, die erst nach dem 30. Juni 1920 in das Reichsschuldbuch eingetragen sind, als vor dem 1. Juli 1920 erworben, wenn der Antrag auf Eintragung vor diesem Tage gestellt worden ist, obwohl das Gläubigerrecht erst mit der Vollziehung der Eintragung erworben wird.

c) Ziffer 4 betrifft den Fall der Umwandlung von Schuldverschreibungen in Schuldbuchforderungen und umgekehrt. Ist eine Umwandlung von Schuldverschreibungen in Schuldbuchforderungen am oder nach dem 1. Juli 1920 erfolgt, so ist das Recht des Gläubigers aus den Schuldverschreibungen untergegangen; das Recht aus den Schuldbuchforderungen ist aber nicht vor dem 1. Juli 1920 erworben; Altbesitz würde sonach nicht vorliegen. Entsprechend liegt die Sache im umgekehrten Falle; hier ist das Recht aus den Schuldbuchforderungen durch die Löschung untergegangen und das Recht aus den Schuldverschreibungen nicht vor dem 1. Juli 1920 erworben. Für beide Fälle bestimmt aber Ziff. 4, daß die Markanleihen, nämlich im ersteren Falle die Schuldbuchforderungen, im letzteren die Schuldverschreibungen, als vor dem 1. Juli 1920 erworben gelten, sofern dem Gläubiger im ersteren Falle die Schuldverschreibungen, welche in die Schuldbuchforderungen umgewandelt worden sind, im letzteren Falle die Schuldbuchforderungen, welche in die Schuldverschreibungen umgewandelt worden sind, vom 1. Juli 1920 an bis zur Umwandlung ununterbrochen gehört (zugestanden) haben. Daß hier der 1. Juli als Anfangstag der Zugehörigkeit genannt ist, während sonst immer Erwerb vor dem 1. Juli verlangt wird, ist wohl eine unbeabsichtigte Ungenauigkeit. Es sind durch diese Vorschrift, wie es der Sache und der Billigkeit entspricht, die beiden zeitlich aufeinandergefolgten Schuldverhältnisse für die Frage des Altbesitzes zu einem einheitlichen Schuldverhältnisse zusammengelegt und der erste Erwerb des Gläubigerrechts aus ihm für maßgebend erklärt.

d) Ziffer 5 betrifft die gleichen Fälle, in denen für den Altbesitz von Industrieobligationen nach § 39 Ziff. 3 in Verbindung mit dem dort in bezug genommenen § 8 Abs. 1 Ziff. 2—8 Aufwertungsgesetz ein nicht vor dem 1. Juli 1920 erfolgter Erwerb des Gläubigers als vor diesem Zeitpunkte erfolgt gilt mit Rücksicht darauf, daß ein Rechtsvorgänger des Gläubigers die Schuldverschreibung vorher erworben hatte. Es kann deshalb auf die Anmerkung 1 c zu § 39 Aufwertungsgesetz Bezug genommen werden. Zur Vermeidung eines Mißverständnisses soll noch bemerkt werden, daß im Gesetzestexte zwischen den Satzteilen: „als Ausstattung" und „mit Rücksicht auf ein künftiges gesetzliches Erbrecht" ein (im RGBl. weggebliebenes) Komma stehen muß, da jeder dieser Satzteile einen besonderen Fall des Erwerbes angibt.

e) Ziffer 6 begünstigt solche Fälle des Tausches von Markanleihe-Schuldverschreibungen, in denen der Tausch zwischen dem derzeitigen Gläubiger und einer Behörde oder der Reichsanleihe-Aktiengesellschaft stattgefunden hat.

In solchen Fällen soll der Erwerb der gegen andere umgetauschten Schuldverschreibungen maßgebend sein.

f) Ziffer 7 sieht den Fall der Rückerstattung von Steuern, die der Gläubiger mit Markanleihe-Schuldverschreibungen bezahlt hatte, in Markanleihen vor und bestimmt daß in diesem Falle die als Erstattung erhaltenen Anleihe-Schuldverschreibungen als erworben gelten sollen vor dem 1. Juli 1920, falls die seiner Zeit in Zahlung gegebenen Anleihe-Schuldverschreibungen vor diesem Zeitpunkte erworben waren.

2. Dem Reichsfinanzminister ist die Ermächtigung erteilt, noch in anderen als den in Abs. 1 aufgeführten Fällen einen nicht vor dem 1. Juli 1920 stattgehabten Erwerb einem vor diesem Zeitpunkte erfolgten gleichzusetzen. Er hat von dieser Ermächtigung Gebrauch gemacht in § 3 seiner ersten AusfVO. vom 8. September 1925 (Anhang XV 3). Dort werden Markanleihen als vor dem 1. Juli 1920 erworben erklärt in 3 Fällen:

a) (Ziffer 1): Wenn der Gläubiger vor dem 1. Juli 1920 Markanleihen besessen und diese nach dem 30. Juni 1920 veräußert, aber in unmittelbarem zeitlichen und wirtschaftlichen Zusammenhange damit denselben Nennbetrag der gleichen oder anderer Markanleihen des Reiches erworben hat, so sollen diese als vor dem 1. Juli 1920 erworben gelten. Das ist wohl nicht so aufzufassen, daß das Anschaffungsgeschäft unbedingt den gleichen Nennbetrag gehabt haben muß wie die veräußerten Anleihen; hatten die erworbenen Anleihen einen größeren oder geringeren Nennbetrag, so wird die Vorschrift insoweit angewendet werden können, als die beiden Nennbeträge sich decken, sofern nur der zeitliche und wirtschaftliche Zusammenhang vorhanden ist, d. h. die Neuanschaffung zur Deckung der durch die Veräußerung eingetretenen Verminderung der Vermögensanlage in Reichsanleihen erfolgt ist.

b) (Ziffer 2): Der hier vorgesehene Fall entspricht dem in § 3 Abs. 1 Ziff. 10 Aufwertungsgesetz geregelten Falle, in welchem bei Übernahme eines Versicherungsbestandes oder einzelner Versicherungen zwischen Versicherungsunternehmungen für die Berechnung des Goldmarkbetrags nicht der Erwerb durch den derzeitigen Gläubiger, sondern der Erwerb durch den früheren Gläubiger maßgebend ist. Auf die Anmerkung 2 i zu § 3 Aufwertungsgesetz wird deshalb Bezug genommen.

c) (Ziffer 3): Ein nach dem 30. Juni 1920 im Zusammenhange mit der Auflösung eines Familiengutes erfolgter Erwerb von Markanleihen des Reiches soll als vor dem 1. Juli 1920 erfolgt gelten, wenn die Markanleihen vom 1. Juli 1920 an (vgl. oben Anm. 1 c) bis zur Auflösung ununterbrochen zu dem Familiengute gehört haben.

§ 11.

(1) Markanleihen, die nicht gemäß den Vorschriften der §§ 9 und 10 Altbesitzanleihen sind, gelten, wenn sie der Gläubiger vor dem 1. Juli 1923 auf Grund gesetzlichen Zwanges zur mündelsicheren Anlage erworben hat[1] und sie ihm von diesem Erwerbe bis zur Anmeldung ununterbrochen gehört haben, als Altbesitzanleihen in Höhe des doppelten Goldmarkbetrags ihres Erwerbspreises, soweit dieser Betrag durch 500 teilbar ist[2]. Die Vorschriften des § 10 finden entsprechende Anwendung[3]. Der Goldmarkbetrag wird dadurch festgestellt, daß der Erwerbspreis nach Maßgabe des Wertverhältnisses umgerechnet wird, das in der Anlage zu dem Aufwertungsgesetze vom 16. Juli 1925 für den Tag des Erwerbes bestimmt ist; ist ein Umrechnungsverhältnis für diesen Tag nicht be-

stimmt, so ist das letzte vorhergehende Umrechnungsverhältnis maßgebend[3].

(2) Bei einer ausschließlich gemeinnützigen, mildtätigen, ethischen oder religiösen Zwecken dienenden inländischen Anstalt, Stiftung, Körperschaft oder sonstigen Personenvereinigung oder Vermögensmasse steht dem gesetzlichen Zwange der Zwang durch die Vorschriften der Satzung oder der sonstigen Verfassung gleich[3].

1. Ein gesetzlicher Zwang zur mündelsicheren Anlage besteht nach dem BGB. für den Vormund hinsichtlich des zum Vermögen des Mündels gehörenden Geldes, soweit es nicht zur Bestreitung von Auslagen bereitzuhalten ist (§ 1806) — der vom Vater ernannte Vormund kann nach § 1852 Abs. 2 von diesem Zwange durch den Vater befreit werden —; in gleicher Weise für den Ehemann hinsichtlich des zum eingebrachten Gute gehörigen Geldes (§ 1377 Abs. 2); für den Vater hinsichtlich des seiner Verwaltung unterliegenden Geldes des Kindes (§ 1642); für den Beistand der Mutter hinsichtlich der in seinen Wirkungskreis fallenden Anlegung des zum Vermögen des Kindes gehörenden Geldes (§ 1691); für den Vorerben hinsichtlich des zum Nachlasse gehörigen Geldes, das nach den Regeln einer ordnungsmäßigen Wirtschaft dauernd anzulegen ist (§ 2119); für den Pfandgläubiger und den Gläubiger einer verpfändeten Forderung hinsichtlich des von dem Schuldner an sie gemeinschaftlich geleisteten Geldes (§§ 1288, 1281); wohl auch für den Nachlaßverwalter in gleicher Weise wie für den Vormund (so RGRKomm. zu § 1985 Anm. 2; a. M. Planck, Erl. 1a). Ob die Anlegung auf Grund eines durch diese Vorschriften begründeten Zwanges oder darüber hinaus freiwillig erfolgt ist, wird nicht immer leicht festzustellen sein. Ein gesetzlicher Zwang zur mündelsicheren Anlage wird auch durch Sondergesetze außerhalb des BGB. begründet; so für Versicherungsgesellschaften durch § 59 des Privatversicherungsgesetzes; ferner für Anlagen der Versicherungsträger der Reichsversicherung durch § 26 RVO. Der gesetzliche Zwang des BGB. geht nicht gerade auf die Anlage in Reichsanleihen, sondern läßt auch andere Anlagen als mündelsicher zu; doch waren es zumeist Anlagen in Geldforderungen, die der Entwertung verfallen sind. Nur aus „besonderen Gründen" konnte früher das Vormundschaftsgericht dem Vormunde eine andere Anlage gestatten (§ 1811 BGB.); dafür wurde jedoch das Vorliegen ganz besonderer Umstände des Einzelfalles gefordert und von einem Oberlandesgerichte nicht einmal die eingetretene Geldentwertung als hinreichend anerkannt. Eine Erleichterung trat erst, viel zu spät, ein durch das Gesetz vom 23. Juni 1923 über die Anlegung von Mündelgeld (RGBl. S. 411), durch welches der § 1811 dahin geändert worden ist, daß die Worte „aus besonderen Gründen" gestrichen und hinzugefügt wurde, die Erlaubnis solle nur verweigert werden, wenn die beabsichtigte Art der Anlegung nach Lage des Falles den Grundsätzen einer wirtschaftlichen Vermögensverwaltung zuwiderlaufen würde.

2. Markanleihen, die auf Grund eines solchen Zwanges (Anm. 1) erworben sind, sollen nach § 11 als Altbesitzanleihen unter erleichterten Voraussetzungen gelten. Als Stichtag wird nämlich statt des 1. Juli 1920 der 1. Juli 1923 bestimmt, das ist ein unmittelbar mit dem Inkrafttreten des Gesetzes vom 23. Juni 1923 (Anm. 1) zusammenfallender Zeitpunkt. Die vor diesem Zeitpunkte unter dem gesetzlichen Zwange erworbenen Anleihen, die nicht Altbesitzanleihen im Sinne der §§ 9, 10 sind — nämlich nicht vor dem 1. Juli 1920 erworben sind oder als erworben gelten — sollen als Altbesitzanleihen gelten, wenn sie dem Gläubiger vom 1. Juli 1923 ab ununterbrochen gehört haben. Da diese Anleihen erst zu einer Zeit — zwischen 1. Juli 1920 und 1. Juli 1923 — erworben sind, als die Entwertung der Mark bereits weniger oder mehr, in dem

letzten Teile dieser Periode sehr stark, vorgeschritten war, so ist der Berechnung der aus dem Altbesitz für sie sich ergebenden Rechte nicht der für den Umtausch in Ablösungsschuld in den Regelfällen maßgebende Satz von 25 Reichsmark auf je 1000 Mark Nennbetrag (§ 5 Abs. 1) zugrunde zu legen, sondern nach der Bestimmung des Gesetzes der doppelte Goldmarkbetrag ihres Erwerbspreises, der für den Tag des Erwerbs nach dem im Aufwertungsgesetze bestimmten Umrechnungsverhältnis (vgl. zu § 2 Aufwertungsgesetz und die Anlage zum Aufwertungsgesetz) zu berechnen ist. Der doppelte Goldmarkbetrag des Erwerbspreises kommt jedoch nur soweit in Betracht, als er durch 500 teilbar ist; die Spitzen fallen aus und für einen Betrag unter 500 Goldmark wird überhaupt kein Auslosungsrecht gewährt. Sind also für einen Minderjährigen am 15. Juni 1923 5 Millionen Mark Kriegsanleihe zum Kurse von 94,50 erworben worden, wofür nach dem Umrechnungsverhältnis für diesen Tag (100000 Papiermark = 4,26 Goldmark) ein Goldmarkbetrag von 201 GM. aufzuwenden war, so erhält er kein Auslosungsrecht, da der doppelte Goldmarkbetrag seines Erwerbspreises nur 402 GM. ausmacht, also den Betrag von 500 Goldmark nicht erreicht, sonach durch 500 nicht teilbar ist.

3. Dem gesetzlichen Zwange ist für die in Absatz 2 bezeichneten Personenvereinigungen und Vermögensmassen, die ausschließlich gemeinnützigen und diesen gleichgestellten Zwecken dienen, der in ihrer Satzung oder Verfassung begründete Zwang zu mündelsicherer Anlage gleichgestellt.

2. Titel

Das Auslosungsrecht[1]

§ 12.

(1) Das Auslosungsrecht (§ 8)[1,6] ist dem Anleihealtbesitzer auf Antrag in Höhe eines bestimmten Nennbetrags zu gewähren[2]. Der Nennbetrag ist der Betrag der Anleiheablösungsschuld, den der Anleihealtbesitzer im Umtausch gegen seine Altbesitzanleihen erhält, soweit ihr Nennbetrag durch 500, bei der Sparprämienanleihe durch 750 teilbar ist[2]. Erhält jedoch eine natürliche Person für ihre Altbesitzanleihen mehr als 12500 Reichsmark Nennbetrag der Anleiheablösungsschuld, so sind ihr für die ersten 25000 Reichsmark des Mehrbetrags auf je 2000 Reichsmark, für die nächsten 25000 Reichsmark auf je 3000 Reichsmark, für die weiteren Beträge auf je 4000 Reichsmark der Anleiheablösungsschuld Auslosungsrechte im Nennbetrage von nur 1000 Reichsmark zu gewähren[3]. Hat sie nachweislich zum Zwecke der Zeichnung von Schuldverschreibungen, Schatzanweisungen oder Schuldbuchforderungen der Kriegsanleihen des Reichs eine Verbindlichkeit begründet, die der Aufwertung unterliegt, so gilt als Mehrbetrag höchstens die Summe, um die der Gesamtbetrag ihrer Anleiheablösungsschuld den Aufwertungsbetrag der Verbindlichkeit übersteigt[4].

(2) In den Fällen des § 11 ist der Nennbetrag des Auslosungsrechts 2½ vom Hundert des Betrags, zu dem die Markanleihen als Altbesitzanleihen gelten. Abs. 1 Satz 3 und 4 finden entsprechende Anwendung[4].

(3) Der Antrag auf Gewährung eines Auslosungsrechts kann nur innerhalb der Frist gestellt werden, die der Reichsminister der Finanzen bestimmt [5a].

1. **Das Auslosungsrecht** ist in seiner Gesetz gewordenen Gestalt im Reichstagsausschusse entstanden. Es ist an die Stelle zweier gesonderter Rechte, die in der Regierungsvorlage für den Altbesitz vorgesehen waren, getreten, nämlich: des Rechts auf eine Anleiherente und des Rechts, an der Prämienauslosung der Anleiheablösungsschuld teilzunehmen (§ 8 Ziff. 1 u. 2 der Reichstagsvorlage), und stellt eine abgeänderte Zusammenfassung dieser beiden Rechte dar. Nach der Regierungsvorlage sollten die Eigentümer von Altbesitzanleihen einmal eine „Anleiherente" erhalten, nämlich eine Verzinsung des Kapitals der aus dem Umtausch ihrer Markanleihen erhaltenen Anleiheablösungsschuld in Höhe von jährlich 5 vom Hundert des Nennbetrags der ihnen zugeteilten Anleiheablösungsschuld; jedoch sollte ihnen diese Rente zunächst nur auf 3 Jahre, für die Zeit vom 1. Januar 1926 bis 31. Dezember 1928, zugesichert werden. Außerdem sollten sie mit dem zwanzigfachen Jahresbetrage ihrer Rente (also mit dem Nennbetrage ihrer Ablösungsschuld) an der Tilgung der Anleiheablösungsschuld teilnehmen, die durch Prämienauslosung von jährlich 5 v. H. des Gesamtbetrags der entstandenen Auslosungsrechte, jedoch unter Beschränkung der Gesamtausgabe für die Anleiherenten und die Prämienauslosung auf 100 Millionen Reichsmark in jedem Jahre, stattfinden und im Jahre 1926 beginnen, aber ausgesetzt werden sollte, sofern die Finanzlage des Reiches es erfordern würde. Gegen die jährliche Auszahlung der Zinsen wurden im Reichstagsausschusse Bedenken erhoben, namentlich von den Sachverständigen der Reichsbank aus technischen Gründen, und statt dessen eine Akkumulierung der Zinsen empfohlen; es wurde allerdings dabei betont, daß für die Kursbildung, also für die Möglichkeit der Verwertung, ein fortlaufend verzinsliches Papier besser sei. Daraufhin wurde in erster Lesung die Beseitigung der Anleiherente und an ihrer Stelle die Gewährung eines Sondergeldes beschlossen, das dem Inhaber eines Auslosungsrechts bei dessen Einlösung, also nachdem es gezogen worden, als Ersatz der Verzinsung gewährt werden und aus einer festen Summe gleich dem $1^1/_2$ fachen Nennbetrage des Auslosungsrechts und einem Zuschlage bestehen sollte, der entsprechend der früheren oder späteren Ziehung des Auslosungsrechts berechnet werden sollte mit $11^1/_2$ v. H. seines Nennbetrags, vervielfacht mit der Zahl der vom 1. Januar 1926 bis zu der Zeit, zu der das Auslosungsrecht fällig wird (Ende des Kalenderjahres seiner Ziehung) verflossenen Jahre (Bericht S. 27). Die Bezeichnung und Berechnung als Sondergeld wurde aber dann fallen gelassen und statt dessen Einlösung der gezogenen Auslosungsrechte zum 5 fachen ihres Nennbetrags, Verzinsung des Einlösungsbetrags des Auslosungsrechts mit jährlich $4^1/_2$ v. H. vom 1. Januar 1926 ab bis zur Einlösung und die Akkumulierung der Zinsen bis zur Einlösung beschlossen. Die Prämienauslosung wurde aufgegeben (Bericht S. 45 bis 46, §§ 13, 14 der Beschlüsse zweiter Lesung). In dieser Gestalt ist das Auslosungsrecht Gesetz geworden.

2. **Das Auslosungsrecht**, d. h. das Recht, an der Tilgung der Anleiheablösungsschuld, die durch Auslosung erfolgt, teilzunehmen — vgl. § 8 Ziff. 2 —, wird in Höhe **eines bestimmten Nennbetrags** gewährt (Satz 1). Auf diesen Nennbetrag lautet der auszustellende Auslosungsschein, in welchem das Auslosungsrecht beurkundet wird (§ 17). Der Nennbetrag hat die Bedeutung, daß er die Grundlage bildet für die Berechnung des Einlösungsbetrages, d. h. desjenigen Betrages, mit dem das Auslosungsrecht, wenn es gezogen ist, eingelöst wird, und der bei der Einlösung zu zahlenden Zinsen (vgl. § 14 und Anm. 1 dazu). Den Nennbetrag des Auslosungsrechts bildet der Betrag der Anleiheablösungsschuld, den der Anleihe-

altbesitzer im Umtausch gegen seine Altbesitzanleihen erhält, jedoch nur insoweit, als ihr Nennbetrag — d. h. der Nennbetrag der Altbesitzanleihen, nicht etwa, wie man nach der grammatischen Konstruktion des Satzes annehmen könnte, der Nennbetrag der Ablösungsschuld — durch 500, bei der Sparprämienanleihe durch 750 teilbar ist. Es fallen sonach Spitzen von weniger als 750 Mark der Sparprämienanleihe bzw. 500 Mark der übrigen Markanleihen des Altbesitzes des Gläubigers aus, auf die bei dem Umtausche in Ablösungsschuld nach § 5 Abs. 1 weniger als 12,50 RM. entfallen würden. Das entspricht der Vorschrift des § 5 Abs. 2, wonach ein Anspruch auf Umtausch in Ablösungsschuld für solche Spitzen nicht besteht. Besitzt sonach ein Gläubiger 100400 Markanleihen (außer Sparprämienanleihe), die alle Altbesitz sind, so erhält er 2500 RM. Ablösungsschuld und ein Auslosungsrecht zum gleichen Betrage. Sind davon nur 80400 Mark Altbesitz, so beträgt sein Auslosungsrecht 2000 RM. Besitzt er 100400 RM. Sparprämienanleihe, die ganz Altbesitz ist, so erhält er Ablösungsschuld im Betrage von 1662,50 RM. und Auslosungsrecht im gleichen Betrage. Sind davon nur 80400 RM. Altbesitz, so beträgt das Auslosungsrecht 1333,33 RM.

3. Eine Staffelung (Degression) des an eine Person zu gewährenden Auslosungsrechts tritt jedoch gemäß Satz 3 ein, wenn diese Anleiheablösungsschuld in Höhe von mehr als 12 500 Reichsmark erhält, also mehr als 500000 Mark alter Reichsanleihen ohne Sparprämienanleihe oder, falls Sparprämienanleihe darunter war, einen entsprechend höheren Betrag besessen hat. Eine solche Person erhält an Auslosungsrechten, soweit der Betrag von 12500 RM. überschritten wird, für die ersten 25000 RM. des Mehrbetrags, d. i. bis zu 37500 RM., statt je 2000 RM. nur je 1000 RM., also die Hälfte; für die nächsten 25000 RM., d. i. bis zu 62500 RM. statt je 3000 nur je 1000, also ein Drittel; für die weiteren Beträge auf je 4000 nur 1000 RM., also ein Viertel. Besaß sonach die Person 1 Million alter Reichsmarkanleihen (außer Sparprämienanleihe), so erhält sie für die ersten 500000 M. 12500 RM., für die zweiten 500000 M. aber nur 6750, zusammen 19250 RM. an Auslosungsrechten. — Die Beschränkung bezieht sich nur auf natürliche Personen. Sind mehrere natürliche Personen Miteigentümer von Markanleihen oder gehören diese zu einer Gesamthandgemeinschaft (Gesellschaft, eheliche Gütergemeinschaft, Erbengemeinschaft), so wird die Staffelung nach der Zahl der Beteiligten zu berechnen sein. — Die Einschränkung im Wege der Degression soll nicht eintreten, wenn die Person nachweislich, um Kriegsanleihe zu zeichnen, eine Schuld aufgenommen hat, die der Aufwertung unterliegt. In diesem Falle soll sie für denjenigen Betrag ihrer Altbesitzanleihen (nicht nur der gezeichneten Kriegsanleihe), der den von ihr zurückzuzahlenden Aufwertungsbetrag der Verbindlichkeit nicht übersteigt, Auslosungsrechte im vollen Betrage erhalten und nur für den darüber hinausgehenden Betrag die Degression eintreten (Satz 4). Hat also der Besitzer von 1 Million Markanleihen zum Zwecke der Zeichnung von Kriegsanleihe vor dem 1. Januar 1918 eine Hypothek in Höhe von 500000 M. aufgenommen, die er mit 25 v. H. des Nennbetrages aufgewertet zurückzahlen muß (§ 4 AufwGes.), so erhält er auf die ihm zustehende Ablösungsschuld von 25000 Reichsmark ein Auslosungsrecht im vollen Nennbetrage der Ablösungsschuld, also für 25000 RM., da der Gesamtbetrag der Ablösungsschuld (25000 RM.) den Aufwertungsbetrag der Verbindlichkeit (125000 RM.) bei weitem nicht erreicht, sonach nicht übersteigt.

4. Vgl. zu § 11 Anm. 1, 2. — Nach § 12 Abs. 2 Satz 1 in Verbindung mit § 11 ist der Nennbetrag des Auslosungsrechts von Markanleihen, die auf Grund gesetzlichen oder diesem gleichgestellten Zwanges zu mündelsicherer Anlage vor dem 1. Juli 1923 erworben sind, $2^1/_2$ v. H. des Betrages, zu dem sie als Altbesitzanleihen gelten, nämlich des doppelten Goldmarkbetrags ihres Erwerbspreises. Der Nennbetrag

des Auslosungsrechts beträgt sonach in diesen Fällen 5 v. H. des Erwerbspreises der Markanleihen. Die in Satz 2 angeordnete entsprechende Anwendung der Sätze 3 und 4 des Abs. 1 ergibt die Anwendung der dort in Satz 3 angeordneten Degression, soweit der Nennbetrag der Auslosungsrechte, der in diesen Fällen nicht gleich dem Nennbetrage der Ablösungsschuld ist, 12500 RM. übersteigt, sowie die dort in Satz 4 angeordnete Nichtanwendung der Degression, soweit für die Person, für die die Anleihen erworben sind, Verbindlichkeiten zum Zwecke der Zeichnung von Kriegsanleihe aufgenommen worden sind.

5. Das Auslosungsrecht wird in der Regel nur **auf Antrag** gewährt, der **innerhalb der vom Reichsfinanzminister zu bestimmenden Frist** zu stellen ist. Diese Frist ist bestimmt worden in der I. AusfVO. des Reichsfinanzministers vom 8. September 1925 (§ 1 Abs. 2) für Anträge, die im Reichsgebiete, mit Ausnahme des Saargebietes, gestellt werden; sie läuft für solche vom 5. Oktober 1925 bis zum 28. Februar 1926. Wegen der Einhaltung der Frist und der Folgen der Nichteinhaltung gilt das zu § 6 Anm. 2 über die Anmeldungsfrist Gesagte. Für Anträge, die außerhalb des Reichsgebietes gestellt werden (vgl. Anm. 5a) ist die Bestimmung der Frist noch zu erwarten.

5a. Über die Stellen, bei denen die Anträge zu stellen sind und die über sie zu entscheiden haben, sowie über das Verfahren sind auf Grund des § 48 des Gesetzes Vorschriften getroffen in der I. DurchfVO. der Reichsregierung vom 8. September 1925 (Anhang XV 2) in den §§ 3 und 23—40. Danach sind Behörden des Verfahrens für die Gewährung von Auslosungsrechten die **Anleihebesitzstellen** (richtiger wohl: „Anleihealtbesitzstellen", wie sie in §§ 31, 32 genannt werden), die vom Reichsfinanzminister im Inlande (außer Saargebiet) bei den Finanzämtern, außerdem im Saargebiet und im Auslande zu errichten sind; der durch die VO. des Reichspräsidenten vom 17. August 1925 (Anhang XV 4) eingesetzte **Reichskommissar für die Ablösung der Reichsanleihen alten Besitzes** sowie die Reichsschuldenverwaltung und die Landesbehörden, welche Markanleihen des Reichs (auf Grund des Staatsvertrags über den Übergang der Staatseisenbahnen auf das Reich) verwalten (§ 9). Diese handeln im Namen des Reichs und für ihre Tätigkeit ist den Anleihegläubigern allein das Reich verantwortlich (§ 5). Der Antrag ist bei Inhaberschuldverschreibungen nicht direkt bei diesen Behörden, sondern durch eine der im § 9 VO. für die Anmeldung von Markanleihen zum Umtausche zugelassenen Vermittlungsstellen, und zwar bei derjenigen einzureichen, durch deren Vermittlung der Umtausch beantragt wird, gleichzeitig mit dieser Anmeldung, unter Beifügung der Beweisurkunden (§ 29). Die Vermittlungsstelle übermittelt den Antrag an die nach § 30 zuständige Anleihe(alt)besitzstelle. Der Antrag gilt als an dem Tage gestellt, an dem er bei der Altbesitzstelle eingeht (§ 31); die Frist wird also erst durch diesen Eingang gewahrt. Über die Gewährung entscheidet grundsätzlich der Reichskommissar; er kann aber die Entscheidung für bestimmte Arten von Fällen den Anleihealtbesitzstellen übertragen (§ 32). Über die Antragsberechtigung und die Form der Anträge sowie das Verfahren bestimmen die §§ 23—26; über die Grundsätze, nach denen die Entscheidung zu fällen ist, die §§ 27, 28 VO. Danach dürfen die Behörden ein Auslosungsrecht nur gewähren, wenn sie nach Prüfung aller Umstände die Überzeugung davon erlangt haben, daß Altbesitz vorliegt. Die Beweismittel sind nicht beschränkt; an bestimmte Beweisregeln sind die Behörden nicht gebunden. Wegen des Beweises der ununterbrochenen Fortdauer vgl. zu § 9 Abl.Ges. Anm. 2. Auch in Rechtsfragen sind sie an die Anweisungen des Reichsfinanzministers nicht gebunden. Gegen die Entscheidungen der Anleihealtbesitzstellen ist befristete Beschwerde an den Reichskommissar, gegen die (erstinstanzlichen) Entscheidungen des Reichskommissars an die Reichsschuldenverwaltung zulässig; weitere Beschwerde findet nicht statt (§ 34). — Für Namensschuldurkunden sind die Anträge gleichzeitig mit der Anmeldung zum Umtausch gemäß § 15 bei der dort bestimmten Stelle (vgl. Anm. 4 β zu § 6) einzureichen; diese entscheidet, sofern die umzutauschenden Markanleihen von ihr verwaltet werden; andernfalls ein Mitglied der Reichsschuldenverwaltung; Beschwerdeinstanz ist die Reichsschuldenverwaltung (§ 36). Auf Grund von Schuldbuchforderungen erfolgt, soweit sich der Altbesitz aus dem Schuldbuch oder den Schuldbuchakten ergibt, die Gewährung von Auslosungsrechten von Amts wegen; andernfalls auf Antrag des Gläubigers, der unmittelbar an die Verwaltung der Schuldbuchforderung zu richten ist; die Entscheidung erfolgt entsprechend wie bei Namensschuldverschreibungen (§§ 37—40).

Über die Anleihealtbesitzstellen im Auslande sind Bestimmungen getroffen durch §§ 4—6 der zweiten Ausführungsverordnung des Reichsfinanzministers vom 29. September 1925 (Anhang XXII). Danach sind Anleihealtbesitzstellen im Auslande: 1. die von ihm bestellten „Sonderkommissare für die deutschen Reichsanleihen"; 2. die besonders beauftragten diplomatischen und konsularischen Vertretungen des Reichs. Außerdem sind in dieser Verordnung Bestimmungen getroffen über die im Auslande zu bewirkenden Zustellungen (§ 5) und über die Beschwerdefrist gegen im Auslande zuzustellende Entscheidungen über einen Antrag auf Gewährung von Auslosungsrechten (§ 6).

6. Es wird nur ein einheitliches Auslosungsrecht („das Auslosungsrecht") jedem Anleihealtbesitzer für den Nennbetrag der Anleiheablösungsschuld gewährt, die er in Umtausch gegen seinen gesamten Altbesitz an Markanleihen des Reiches erhält, auch wenn diese nicht zu einem und demselben Anlehen (Anleihe in diesem Sinne, vgl. Anm. 2a vor § 1) gehört haben. Es muß deshalb ein einheitlicher Antrag gestellt und einheitlich entschieden werden. Doch wird eine Ergänzung des Antrags innerhalb der Frist zuzulassen sein. — Eine Person kann aber mehrere Auslosungsrechte besitzen, davon eines, das ihr selbst als Altbesitzer gewährt worden ist, und andere, die sie von anderen Personen erworben hat, da die Auslosungsrechte frei veräußerlich sind. Wegen der Vorzugsrente auf Grund erworbener Auslosungsrechte vgl. Anm. 2a zu § 18.

§ 13.

(1) Die Anleiheablösungsschuld wird bis zur Höhe des Gesamtbetrags der Auslosungsrechte getilgt[1]. Die Tilgung wird in 30 Jahren durchgeführt, sie beginnt im Jahre 1926[1].

(2) Die Tilgung wird durch Ziehung von Auslosungsrechten und durch deren Einlösung vollzogen[2]. Wer ein Auslosungsrecht einlöst, hat in Höhe seines Nennbetrags Anleiheablösungsschuld abzuliefern[3].

1. Die §§ 13—15 enthalten die Bestimmungen über die Tilgung desjenigen Teiles der Anleiheablösungsschuld, für den Auslosungsrechte auf Grund Altbesitzes gewährt sind. Über die Tilgung desjenigen Teiles, der nicht Altbesitz ist, ist keine Bestimmung getroffen; vgl. Anm. 1 zu § 4. Die Tilgung ist vielmehr nur vorgeschrieben bis zur Höhe des Gesamtbetrags der Auslosungsrechte. Sie soll in 30 Jahren durchgeführt sein und im Jahre 1926 beginnen. Eine bestimmte Verteilung der Tilgung innerhalb der 30 Jahre auf Grund eines Planes ist nicht vorgeschrieben; die Tilgung kam also zu beliebigen Teilen des Gesamtbetrags innerhalb dieses Zeitraumes erfolgen. Der in § 15 erwähnte „Tilgungsplan" hat nur etats-

rechtliche Bedeutung. In der Reichstagsvorlage (§ 18) war vorgesehen, daß die Tilgung (Auslosung) ausgesetzt werden könne, sofern die Finanzlage des Reiches es erfordere; daß aber die Aussetzung nur auf dem Wege der Gesetzgebung angeordnet werden könne. Diese Bestimmung ist im Gesetze weggeblieben. Daß die Aussetzung durch die Gesetzgebung angeordnet werden kann, ist selbstverständlich; eine Aussetzung auf dem Verwaltungswege kann nur erfolgen innerhalb der 30 Jahre, nicht aber über diese hinaus. Um die Tilgung der Anleiheablösungsschuld verstärken zu können, ist ein für diesen Zweck besonders bestimmter „Anleihesonderfonds" zu bilden; § 28, vgl. Näheres zu diesem Paragraphen.

2. Die Tilgung vollzieht sich durch a) Bestimmung der einzulösenden Auslosungsrechte im Wege der Auslosung und b) Einlösung der ausgelosten Rechte (Abs. 2 Satz 1). Die Durchführung der Auslosung liegt nach den Bestimmungen der Reichsschuldenordnung der Reichsschuldenverwaltung ob. Über die Einlösung vgl. zu § 14. Die Einlösung kann verlangt werden durch jeden Inhaber des Auslosungsscheines (§ 17) und durch Leistung an diesen wirksam vollzogen werden. Wer aber „ein Auslosungsrecht einlöst" — richtiger: die Einlösung verlangt — hat Ablösungsschuld in Höhe des Nennbetrags des Auslosungsrechts abzuliefern. Dies ist notwendig, da durch die Einlösung des Auslosungsrechts ein seinem Nennbetrage entsprechender Betrag der Ablösungsschuld getilgt werden soll. Es brauchen aber nicht diejenigen Stücke der Ablösungsschuld abgeliefert zu werden, auf Grund deren der Altbesitzer das Auslosungsrecht erhalten hat. Ablösungsschuld und Auslosungsrecht können, nachdem das letztere gewährt ist, ihre eigenen Wege gehen und jedes für sich übertragen werden.

§ 14.

(1) Ein gezogenes Auslosungsrecht wird durch Barzahlung des Fünffachen seines Nennbetrags eingelöst[1]. Der Einlösungsbetrag ist mit jährlich 4½ vom Hundert vom 1. Januar 1926 an bis zum Ende des Jahres, in dem das Auslosungsrecht gezogen wird, zu verzinsen; die Zinsen sind bei der Einlösung zu zahlen[1].

(2) Die Einlösung kann am Ende des Jahres verlangt werden, in dem das Auslosungsrecht gezogen wird[1].

1. Nach der Reichstagsvorlage (§ 17) sollte die Tilgung durch Prämienauslosung erfolgen; der Betrag der einzulösenden Auslosungsrechte also verschieden sein, je nachdem sie mit einer höheren oder niederen Prämie oder ohne Prämie gezogen worden sein würden. Dieser Spielcharakter der Auslosung wurde im Reichstagsausschusse beseitigt (Bericht S. 26). Die gezogenen Auslosungsrechte werden alle zum gleichen Betrage, und zwar zum Fünffachen ihres Nennbetrages eingelöst (Satz 1). Da der Nennbetrag gleich der Ablösungsschuld ist, die in den Regelfällen $2^1/_2$ v. H. des Goldmarkbetrags ausmacht, so stellt das Auslosungsrecht des Altbesitzers eine Aufwertung (richtiger Abwertung) des Goldmarkbetrags der Markanleihen auf $12^1/_2$ v. H. dar. Dazu kommen die akkumulierten Zinsen, die vom 1. Januar 1926 ab zu laufen beginnen und bis zum Schlusse des Kalenderjahres, in welchem die Auslosung erfolgt ist, also bis zum Zeitpunkte, in welchem nach Satz 2 die Einlösung verlangt werden kann, in Höhe von jährlich $4^1/_2$ v. H. laufen. Mit diesem Zeitpunkte hört die Verzinsung auf, auch wenn die Einlösung erst später verlangt wird. Eine Verjährung der Zinsen kann nicht eintreten, da sie kraft Gesetzes gestundet sind (§ 202 BGB.).

Für ein Auslosnngsrecht von 25 RM. stellt sich sonach der Einlösungsbetrag:

a) wenu es im Jahre 1926 gezogen wird, auf:

	5 × 25	= 125,—	RM.,
dazu Zinsen $4^1/_2$ v. H. für 1 Jahr		= 5,625	RM.,
		130,625	RM.;

b) wenn es im Jahre 1931 gezogen wird:

	5 × 25	= 125,—	RM.,
dazu Zinsen $4^1/_2$ v. H. für 6 Jahre		= 33,75	RM.,
		158,75	RM.;

c) wenn es im Jahre 1941 gezogen wird:

	5 × 25	= 125,—	RM.,
Zinsen für 16 Jahre zu $4^1/_2$ v. H.		= 90,—	RM.,
		215,—	RM.;

d) wenn es im Jahre 1955 gezogen wird:

	5 × 25	= 125,—	RM.,
Zinsen für 30 Jahre zu $4^1/_2$ v. H.		= 67,75	RM.,
		293,75	RM.

§ 15.

Für die Einlösung der Auslosungsrechte ist jährlich ein gleicher Betrag in dem Reichshaushaltsplan einzusetzen. Die Beträge sind einem Tilgungsfonds zuzuführen[1]. Soweit der Inhalt des Tilgungsfonds nach dem Tilgungsplan erst in späteren Rechnungsjahren zu verausgaben ist, ist er verzinslich anzulegen[1]. Die dem Tilgungsfonds zuzuführenden Beträge sind so zu bemessen, daß sie unter Hinzurechnung der Zinseinnahmen, die bei einem Zinssatz von 6 vom Hundert zu erzielen sind, den gesamten Tilgungsaufwand erreichen[1, 2].

1. § 15 betrifft die etats- und finanzmäßige Behandlung der Einlösung der Auslosungsrechte. Danach ist in den 30 Jahren 1926—1955 für jedes Jahr ein gleicher Betrag dafür im Reichshaushaltsplan einzusetzen und einem Tilgungsfonds zuzuführen (Satz 1, 2). Mit diesem Betrage kann in den früheren Jahren ein größerer Nennbetrag an Ablösungsschuld getilgt werden, als in den späteren, da die Zinsenlast der einzulösenden Auslosungsrechte sich verstärkt. Ob dies geschehen soll oder ob die Tilgung in den sämtlichen Jahren in gleicher Höhe erfolgen soll, ist in dem aufzustellenden Tilgungsplane festzusetzen. Ist danach von dem Betrage, der in einem Jahre dem Tilgungsfonds zuzuführen ist, ein Teil erst in einem späteren Jahre zu verausgaben, so ist er verzinslich anzulegen (Satz 3). Die dem Tilgungsfonds zuzuführenden Beträge sollen derart bemessen werden, daß sie unter Hinzurechnung der bei einem Zinssatze von 6 v. H. zu erzielenden Zinseinnahmen den gesamten Tilgungsaufwand erreichen, also die Durchführung der Auslosung innerhalb 30 Jahren ermöglichen. Ein dementsprechender Betrag soll jährlich dem Tilgungsfonds zugeführt werden. Dabei wurde mit einem Altbesitz von 20 Milliarden Mark gerechnet, dem Auslosungsrechte in Höhe von 500 Millionen Reichsmark entsprechen würden. Für den Fall, daß die Auslosungsrechte unter 500 Millionen betragen, ist durch § 28 Abs. 2 Satz 2 (vgl. Anm. 3 zu § 28) besondere Bestimmung getroffen.

2. Neben dem Tilgungsfonds, der die Durchführung der ordentlichen Tilgung sichern soll, ist noch die Bildung weiterer Sonderfonds zur außerordentlichen

Verstärkung der Tilgung vorgeschrieben, und zwar des „Anleihesonderfonds" (§§ 28, 29, vgl. die Anmerkungen zu diesen Paragraphen) und des Fonds zu einer einmaligen Ausgabe in § 47 (vgl. die Anmerkungen dazu).

§ 16.

(1) Die Auslosungsrechte sind selbständig veräußerlich[1].

(2) Dingliche Rechte Dritter oder Verfügungsbeschränkungen, die gemäß § 7 in bezug auf Schuldverschreibungen oder Schuldbuchforderungen der Anleiheablösungsschuld entstehen, erstrecken sich auch auf die Auslosungsrechte, die auf Grund dieser Schuldverschreibungen oder Schuldbuchforderungen gewährt werden[2].

1. Das Auslosungsrecht ist als ein von der Anleiheablösungsschuld aus Altbesitz, für die es gewährt ist, unabhängiges Recht gestaltet, das in einer besonderen Urkunde — dem **Auslosungsschein** (§ 17) — verbrieft wird und selbständig frei an beliebige Personen übertragen werden kann, gleichviel ob diese Anleihealtbesitzer waren oder überhaupt Anleiheablösungsschuld besitzen (Begr. S. 18). Das Recht auf Vorzugsrente geht jedoch auf den Erwerber in der Regel nicht über; vgl. zu § 18. — Die Reichsregierung (Bericht S. 5) legte besonderen Wert darauf, daß das „**Kapitalpapier**" (die Anleiheablösungsschuld) von dem Auslosungsrechte getrennt bleibe, weil auf diese Weise jeder, ob Alt- oder Neubesitzer, einen gleichen Teil an der **Ablösungsschuld** erhalte und das bei Altbesitz hinzukommende Auslosungsrecht eine Art von **Entschädigung** bilde, die von dem „Inhaberpapier" vollständig getrennt sei. Dadurch sollte den Bedenken entgegengetreten werden, welche gegen die Unterscheidung von Alt- und Neubesitz als unvereinbar mit dem Charakter der Markanleihen als Inhaberpapiere erhoben worden sind. Die Beibehaltung dieser „rechtlichen Konstruktion" war nach Ansicht der Regierung auch aus praktischen Gründen geboten. Die Begründung (a. a. O.) meint, es werde sich für das Rentenrecht (jetzt Auslosungsrecht) voraussichtlich ein Handels- oder Börsenkurs bilden, so daß sich die Altbesitzer jederzeit durch Verkauf seinen jeweiligen Kapitalwert würden verschaffen können. Eine solche Verwertung ist freilich durch den Wegfall der laufenden Verzinsung und der Auslosungsprämien erschwert worden. Sie wird auch dadurch für die Praxis eingeschränkt, daß der auf Grund umgetauschten Altbesitzes Auslosungsberechtigte durch die Übertragung des Auslosungsrechts den Anspruch auf Vorzugsrente für den Fall der Bedürftigkeit verliert (vgl. zu § 18).

2. Vgl. zu § 7 Anm. 1, 2. Die dinglichen Rechte und Verfügungsbeschränkungen, mit denen die alten Markanleihen belastet waren, gehen auf die Anleiheablösungsschuld über, die im Umtausch gegen sie gewährt wird (§ 7). Sie erstrecken sich aber nicht nur auf diese, sondern auch auf die im übrigen von ihr unabhängigen **Auslosungsrechte** und bestehen an dem Auslosungsschein, in welchem diese verbrieft sind. Sie sind jedoch Dritten gegenüber nicht wirksam, die den Auslosungsschein in gutem Glauben erworben haben (§ 936 BGB.). Zur Stellung des Antrags auf Gewährung des Auslosungsrechts werden die dinglich Berechtigten legitimiert sein, und zwar auf Grund des § 1070 BGB. der Nießbraucher, auf Grund des § 1275 BGB. der Pfandgläubiger.

§ 17.

(1) Über die Auslosungsrechte werden auf den Inhaber lautende Auslosungsscheine ausgestellt[1]. Auf die Auslosungsscheine finden die Vorschriften über Schuldverschreibungen auf den Inhaber

sowie die Vorschriften der Reichsschuldenordnung über Schuldverschreibungen Anwendung[1].

(2) Der Gläubiger kann unter Verzicht auf einen Auslosungsschein oder gegen Ablieferung eines zum Umlauf brauchbaren Auslosungsscheins die Eintragung seines Auslosungsrechts in das Reichsschuldbuch verlangen, sofern ein dem Betrage des Auslosungsrechts entsprechender Nennbetrag der Anleiheablösungsschuld für ihn im Reichsschuldbuch eingetragen ist[2]. Über ein eingetragenes Auslosungsrecht und über den entsprechenden Nennbetrag der Anleiheablösungsschuld kann nur einheitlich verfügt werden[3].

1. Zur Erleichterung der Übertragung des Auslosungsrechts wird dieses in einem Inhaberpapier — dem Auslosungsscheine — verbrieft. Die Auslosungsscheine werden etwa folgenden Inhalt haben:

„Auslosungsrecht Serie.. Nr... zum Nennbetrage von ... Reichsmark.

Der Inhaber dieses Auslosungsscheines ist berechtigt, mit dem oben bezeichneten Auslosungsrechte an den Ziehungen von Auslosungsrechten zur Tilgung der Anleiheablösungsschuld des Reichs teilzunehmen.

(Datum ...) Reichsschuldenverwaltung."

Auf diese Auslosungsscheine sollen die Vorschriften über Schuldverschreibungen auf den Inhaber Anwendung finden. Es sind das die §§ 793ff. BGB. Danach werden insbesondere dem Inhaber des Auslosungsscheines nur solche Einwendungen entgegengesetzt werden können, welche die Gültigkeit der Ausstellung betreffen oder sich aus dem Scheine ergeben oder dem Schuldner — dem Reiche — unmittelbar gegen den Inhaber zustehen (§ 796). Anwendung finden ferner die Vorschriften der Reichsschuldenordnung über Schuldverschreibungen (des Reiches). Die nach dieser in Gemäßheit des Art. 87 RVerf. erforderliche Ermächtigung zur Ausgabe von Schuldverschreibungen durch ein Reichsgesetz ist hier durch das Ablösungsgesetz gegeben, das die Ausstellung der Auslosungsscheine zum Zwecke der Ablösung der Markanleihen anordnet. Die Ausstellung erfolgt durch die Reichsschuldenverwaltung (§ 4 RSchO.); für die Unterzeichnung ist die Namensunterschrift von mindestens zweien ihrer Mitglieder erforderlich; sind die Unterschriften im Wege der mechanischen Vervielfältigung hergestellt, so hängt ihre Gültigkeit davon ab, daß sie vorschriftsmäßig ausgefertigt sind, ohne daß es der Aufnahme dieser Bestimmung in die Schuldurkunde bedarf (§§ 5, 6 Abs. 1). Die Form für die Ausfertigung und Entwertung der Schuldurkunden ist von der Reichsschuldenverwaltung zu bestimmen und im Reichsanzeiger bekanntzumachen (§ 6 Abs. 2). Die RSchO. gibt ferner Vorschriften über die Umschreibung der Inhaberschuldverschreibungen auf einen bestimmten Berechtigten (§ 11, 12) und über Ersatzleistung für vernichtete Schuldurkunden (§ 13). Die Zulässigkeit des Aufgebotsverfahrens zum Zwecke der Kraftloserklärung ergibt sich aus § 799 ZPO.

2. Die Eintragung der Auslosungsrechte in das Reichsschuldbuch ist, wie die Begründung (S. 18) ausführt, zugelassen im Interesse der weniger geschäftskundigen Personen, denen die Verwaltung ihrer Rechte Schwierigkeiten bereitet; jedoch ist „aus verwaltungstechnischen Gründen" die Schuldbucheintragung eines Auslosungsrechts davon abhängig gemacht, daß auch ein dem Auslosungsrechte entsprechender Kapitalbetrag der Ablösungsschuld für den Gläubiger eingetragen

ist (Abs. 2 Satz 1). Aus demselben Grunde kann über ein eingetragenes Auslosungsrecht nur gemeinschaftlich mit einem eingetragenen entsprechenden Nennbetrage der Ablösungsschuld verfügt werden, sei es durch Umschreibung auf einen anderen als Gläubiger oder durch Löschung gegen Ausreichung von Schuldverschreibungen (Satz 2). Voraussetzung für die Eintragung ist ferner, daß der Gläubiger, falls er noch keinen Auslosungsschein erhalten hat, auf einen Auslosungsschein verzichtet oder im anderen Falle einen zum Umlauf brauchbaren Auslosungsschein — da der Auslosungsschein Inhaberpapier ist, braucht es nicht der ihm erteilte zu sein — einliefert.

3. Titel

Die Vorzugsrente. Die Wohlfahrtsrente[1]

1. Die Vorschriften des 3. Titels (§§ 18—27) über die Vorzugs- und die Wohlfahrtsrente bilden das Kernstück der von manchen Seiten als allein mögliches und erstrebenswertes Ziel bezeichneten „sozialen Lösung" der Aufwertungsfrage bei öffentlichen Anleihen. Nach der Reichstagsvorlage (§ 19) sollte sie nur den Besitzern von Kriegsanleihen des Reiches gewährt werden. Dementsprechend ist darüber in der Begründung (S. 19) gesagt, sie solle den Personen, die ihr Vermögen in des Vaterlandes höchster Not hingegeben haben, eine Hilfe in den Tagen ihrer Not bringen. Dieser Grundgedanke ist vollständig verschoben worden dadurch, daß die Vorzugsrente nach den Beschlüssen des Reichstagsausschusses auch den Altbesitzern anderer Markanleihen des Reiches (der Vorkriegsanleihen) gewährt wird. Sie kann jetzt nur dadurch gerechtfertigt werden (und diese Rechtfertigung dürfte vollständig ausreichen), daß denjenigen Personen Hilfe gebracht werden soll, die ihr Vermögen im Vertrauen auf die Zuverlässigkeit und Sicherheit der Einrichtungen des Reichs, seiner Finanzen und seiner Währung, zur Förderung der Reichszwecke hergegeben haben und durch seinen Verlust in äußerste Not geraten sind. Im übrigen ist in der Begründung noch hervorgehoben, daß die Vorzugsrente eine rein soziale Maßregel sei und daraus sich die Notwendigkeit ergebe, sie an die Person des Gläubigers zu knüpfen, ihre Veräußerung nicht zuzulassen und den Übergang auf die Erben in besonderer Form zu begrenzen. Im Reichstagsausschusse wurde beantragt, die Bedürftigkeitsgrenze auf 1200 bzw. 2400 RM. jährliches Einkommen zu erhöhen und die Vorzugsrente, die nach der Vorlage nur 40 v. H. des Nennbetrags der Ablösungsschuld betragen haben würde, auf 100 v. H. zu erhöhen. Diese Anträge wurden von dem Vertreter des Reichsfinanzministeriums als unannehmbar bezeichnet, weil dadurch Mehraufwendungen entstehen würden, die für das Reich untragbar seien (Bericht S. 7). Die Bedürftigkeitsgrenze, die nach der Vorlage nur 600 RM. betragen sollte, wurde dann doch auf 800 RM. und der Prozentsatz der Vorzugsrente auf jährlich 80 v. H. erhöht; die weitergehenden Anträge wurden abgelehnt. Dementsprechend ist die Vorzugsrente im Gesetze ausgestaltet; vgl. Näheres zu den einzelnen Paragraphen. In der unzureichenden und dürftigen Gestalt, die sie erhalten hat, stellt sie sich mehr als ein auf die Ärmsten der Armen beschränktes, auch diesen kaum eine wirkliche Hilfe bringendes Almosen dar, unter Ausschluß gerade der sozial wertvollen Schichten des einstigen Mittelstandes, denen noch ein kleines, aber auch nur zum notdürftigen Unterhalte durchaus unzureichendes Einkommen (aus Arbeit oder kleinem Besitz) zur Verfügung steht. Daß sie in dieser Gestalt geeignet wäre, die durch das Ablösungsgesetz geschaffene Regelung als eine „soziale Lösung" der Aufwertungsfrage für die öffentlichen Anleihen erscheinen zu lassen, kann nicht mit Fug behauptet werden.

§ 18.

(1) Einem bedürftigen (§ 19) im Inland wohnenden deutschen Reichsangehörigen[2] ist auf Antrag[3] eine Vorzugsrente zu gewähren, wenn ihm ein Auslosungsrecht zusteht, das er

a) als Anleihealtbesitzer oder

b) als Rechtsnachfolger seines verstorbenen Ehegatten oder eines verstorbenen Verwandten ersten Grades, dem das Auslosungsrecht als Anleihealtbesitzer gewährt worden ist,

erlangt hat[2,2a]. Hat er das Auslosungsrecht von seinem Vater oder von seiner Mutter erlangt, so ist ihm die Vorzugsrente nur zu gewähren, solange er nicht volljährig ist, es sei denn, daß er wegen geistiger oder körperlicher Gebrechen dauernd erwerbsunfähig ist[2].

(2) Der Reichsminister der Finanzen wird ermächtigt, in besonders begründeten Fällen eine Vorzugsrente auch dann zu gewähren, wenn einzelne Voraussetzungen des Abs. 1 nicht gegeben sind[4].

(3) Die Vorzugsrente läuft von dem Beginne des Kalendermonats an, in dem sie zuerkannt wird[5].

2. § 18 stellt die Voraussetzungen für die Gewährung der Vorzugsrente fest Es sind:

a) Bedürftigkeit; was darunter zu verstehen, ist in § 19 geregelt; vgl. die Anmerkungen dazu;

b) Wohnsitz im Inlande und deutsche Reichsangehörigkeit. In der Begründung (S. 19) ist dazu bemerkt, daß dem „sozialen Charakter" der Vorzugsrente die Beschränkung auf die im Inlande wohnenden Deutschen entspreche und daß auch Erwägungen über die Durchführbarkeit eine Erweiterung des Kreises der Berechtigten auf im Ausland wohnende Personen (also auch die Auslandsdeutschen) ausschließe.

c) ein dem Bedürftigen zustehendes Auslosungsrecht (§ 12), das er entweder selbst durch Umtausch ihm gehörig gewesener Markanleihen als Anleihealtbesitzer oder das er als Rechtsnachfolger einer zu ihm in nahen Beziehungen (als Ehegatte oder Verwandter ersten Grades) gestandenen verstorbenen Person erhalten hat, der es als Anleihealtbesitzer gewährt worden ist. Erforderlich ist, daß die Person verstorben ist; ob die Rechtsnachfolge von Todes wegen oder unter Lebenden — durch Schenkung oder auch entgeltliches Rechtsgeschäft — eingetreten, ist unerheblich*). Verwandte ersten Grades sind Eltern (Vater und Mutter) oder Kinder. Hat der Bedürftige aber das Auslosungsrecht von Vater oder Mutter erlangt, so wird ihm die Vorzugsrente nur bis zur Volljährigkeit gewährt, weiter nur dann, wenn er wegen geistiger oder körperlicher Gebrechen dauernd erwerbsunfähig ist (Abs. 1 Satz 2). Sind Vater oder Mutter, die Anleihealtbesitzer waren, gestorben, bevor sie das Auslosungsrecht erlangt haben, wenn auch nach der Anmeldung ihres Altbesitzes zum Umtausch in Ablösungsschuld und zur Erlangung des Auslosungsrechts (§§ 6, 12 Abs. 3), so hat der Bedürftige, dem das Auslosungsrecht gewährt wird, es nicht von Vater

*) Die Begründung (a. a. O.) spricht zwar nur vom „Übergang auf die Erben"; aber eine solche Beschränkung hat, wenn sie beabsichtigt war, im Gesetze keinen Ausdruck gefunden. „Rechtsnachfolger" umfaßt auch die Rechtsnachfolge in einzelne Vermögensgegenstände.

oder Mutter, sondern selbst erlangt als Eigentümer von Markanleihen, die als Altbesitz gelten (§ 10 Abs. 1 Ziff. 5), da das Eigentum dem Vater bzw. der Mutter auch nach der Anmeldung verblieben und mit dem Tode auf den Bedürftigen übergegangen ist. Er hat deshalb Anspruch auf die Vorzugsrente über die Großjährigkeit hinaus.

2a. Hat der bedürftige Gläubiger sowohl auf Grund eigenen Altbesitzes wie auch von einem verstorbenen Ehegatten oder Verwandten ersten Grades oder auch nur von solchen verstorbenen Personen mehrere Auslosungsrechte erlangt, so hat er Anspruch auf mehrere Vorzugsrenten. Diese dürfen jedoch in ihrer Gesamthöhe die in § 20 genannten Höchstbeträge von 800, 1000 bzw. 1200 RM. nicht überschreiten. Das ist bestimmt in § 38; vgl. die Anmerkungen dazu.

3. Die Vorzugsrente wird „auf Antrag" gewährt. Darüber, bei welcher Stelle und in welcher Form der Antrag zu stellen ist, bestimmt das Gesetz nichts. Auf Grund des § 48 Ziff. 5 kann die Reichsregierung mit Zustimmung des Reichsrats die erforderlichen Bestimmungen treffen und auf Grund des § 48 Ziff. 1 kann sie auch Stellen mit der Entscheidung über den Antrag beauftragen. Eine Frist (Ausschlußfrist) kann für den Antrag nicht bestimmt werden, da die Voraussetzungen, insbesondere die Bedürftigkeit, auch in Zukunft noch jederzeit eintreten können und in diesem Falle der Antrag noch zulässig sein muß. Doch kann der Antrag nur solange gestellt werden, als der Antragsteller noch im Besitze des Auslosungsrechts ist.

Die Reichsregierung hat von den ihr erteilten Ermächtigungen in den §§ 4, 41—52 der ersten DurchfVO. vom 8. September 1925 (Anhang XV 2) Gebrauch gemacht. Danach sind Behörden des Vorzugsrentenverfahrens die Bezirksfürsorgestellen, die Ausschüsse und Oberausschüsse für Vorzugsrenten und die Reichsschuldenverwaltung; diese handeln im Namen des Reichs und für ihre Tätigkeit ist das Reich allein den Gläubigern verantwortlich (§ 5). Der Antrag ist bei der Bezirksfürsorgestelle des Wohnsitzes oder nicht nur vorübergehenden Aufenthaltsorts des Gläubigers zu stellen unter Angaben über die persönlichen Verhältnisse und mit dem sonst erforderlichen Inhalte (§§ 42—44). Auf den Antrag entscheidet zunächst der Ausschuß für Vorzugsrenten über die Voraussetzungen der Bedürftigkeit, des inländischen Wohnsitzes und der Reichsangehörigkeit (§ 46 VO.); vgl. Anm. 2 zu diesem § und die Anmerkungen zu § 19. Gegen eine ablehnende Entscheidung findet befristete Beschwerde an den Oberausschuß statt (§ 47). Werden die genannten Voraussetzungen als gegeben festgestellt, so entscheidet über den Antrag auf Gewährung der Vorzugsrente die Reichsschuldenverwaltung, die dabei an die Feststellungen des Ausschusses oder Oberausschusses gebunden ist (§ 49).

4. Für „besonders begründete Fälle" ist in Abs. 2 dem Reichsfinanzminister die Ermächtigung erteilt, eine Vorzugsrente auch dann zu gewähren, wenn einzelne Voraussetzungen des Abs. 1 nicht gegeben sind. Es dürfen sonach nicht alle Voraussetzungen fehlen; im übrigen wird von jeder der in Abs. 1 aufgestellten Voraussetzungen abgesehen werden können, wenn die übrigen vorhanden sind und der Fall dazu geeignet ist. Abgesehen werden kann z. B. von dem Erfordernisse des Wohnsitzes im Inlande, aber auch von dem der deutschen Reichsangehörigkeit, insbesondere bei ehemaligen Reichsangehörigen, die die Reichsangehörigkeit ohne ihren Willen, namentlich infolge von Gebietsabtretung, verloren haben. Abgesehen werden kann auch davon, daß der Gläubiger das Auslosungsrecht als Anleihealtbesitzer selbst oder von einem Ehegatten oder Verwandten ersten Grades erlangt haben muß, wenn der Fall so liegt, daß aus besonderen Gründen der Erwerb von einem anderen nahen Verwandten als gleichwertig für die Gewährung der Vorzugsrente angesehen werden kann. Auch von dem Erfordernisse der Bedürftigkeit im Sinne des § 19, also eines Einkommens von nicht über 800 RM., wird aus besonderen Gründen im Billigkeitsinteresse abgesehen werden können, z. B. wenn jemand ein etwas höheres Einkommen hat, das aber stark belastet ist. Allerdings darf die

Vorschrift nicht dazu benutzt werden, die Bedürftigkeitsgrenze, weil sie überhaupt zu niedrig und deshalb unbillig erscheint, allgemein heraufzusetzen. Doch wird eine allzu bürokratische Engherzigkeit dabei nicht angebracht sein.

5. Nach Abs. 3 soll die Vorzugsrente von dem Beginne des Kalendermonats an laufen, in dem sie zuerkannt ist. Als zuerkannt wird sie zu gelten haben in dem Zeitpunkte, mit welchem der Zuerkennungsbescheid für den Gläubiger wirksam geworden ist. Die Wirksamkeit tritt ein mit der Bekanntmachung der Entscheidung der Reichsschuldenverwaltung über die Gewährung der Vorzugsrente gemäß § 49 der ersten DurchfVO. Nach dieser Bestimmung (Abs. 3) darf die Urkunde über die Vorzugsrente ihm erst ausgehändigt werden und „die Zahlung erst beginnen", nachdem die Ausschließung des Auslosungsrechts von der Ziehung gemäß § 23 sichergestellt, bei erhöhter Vorzugsrente (§ 20 Abs. 2) auch der Verzicht erklärt und Ablösungsschuld dem Reiche übertragen ist. Dadurch wird aber der Beginn des Laufes der Vorzugsrente von einem früheren Tage ab gemäß § 18 Abs. 3 nicht gehindert werden. Durch § 7 der ersten AusfVO. des Reichsfinanzministers (Anhang XV 3) ist übrigens bestimmt, daß die Behörden, denen die Zahlung der Vorzugsrente obliegt, eine zuerkannte Vorzugsrente, deren Gewährung vor dem 1. April 1926 beantragt wird, so zu behandeln haben, als wenn die Rente bereits in dem auf die Antragstellung folgenden Monat zuerkannt wäre. Es ist dadurch der unausbleiblichen Verzögerung der Entscheidung über die Rente Rechnung getragen, die durch den Andrang von Anträgen in den ersten Monaten nach dem Inkrafttreten des Gesetzes eintreten wird.

§ 19.

(1) Bedürftig ist eine Person, deren Jahreseinkommen den Betrag von 800 Reichsmark nicht übersteigt[1]. Maßgebend ist das Einkommen des Kalenderjahrs, das der Stellung des Antrags auf Gewährung der Vorzugsrente vorhergeht.

(2) Bei der Berechnung des Einkommens bleiben außer Ansatz[2]:

1. Leistungen, die ein anderer auf Grund gesetzlicher Unterhaltspflicht oder ohne rechtliche Verpflichtung gewährt, sofern er nicht als Ehegatte, als geschiedener Ehegatte oder als Verwandter aufsteigender Linie unterhaltspflichtig ist, und die Leistungen ohne Gefährdung seines eigenen standesgemäßen Unterhalts gewähren kann[2a];
2. Versorgungsbezüge von Kriegsbeschädigten und Kriegshinterbliebenen[2b];
3. Renten der Reichsversicherung[2c];
4. Vorzugsrenten, die auf Grund dieses Gesetzes gewährt werden[2d].

(3) Bedürftigkeit liegt nicht vor, wenn Tatsachen die Annahme rechtfertigen, daß eine Hilfe nicht benötigt wird[3].

1. § 19 bestimmt, wer als **bedürftig** im Sinne der Vorschriften des § 18 anzusehen ist. Als obere Grenze der Bedürftigkeit soll ein Jahreseinkommen von 800 Mark gelten. Für den Begriff des Einkommens werden die Vorschriften des Einkommensteuergesetzes vom 10. August 1925 (RGBl. I 189) in Betracht kommen, soweit nicht Abs. 2 des § 19 Abweichendes bestimmt. Nach § 6 EStGes.

unterliegen der Besteuerung des Einkommens nach diesem Gesetze nur die Einkünfte aus den dort einzeln bezeichneten Einkommensquellen; einmalige Vermögensanfälle sind von der Besteuerung des Einkommens ausgeschlossen; die in § 8 aufgeführten Einkünfte bleiben außer Ansatz. Das Vorhandensein von Vermögen ist für die Frage der Bedürftigkeit an sich nicht maßgebend; doch kann diese Tatsache gemäß Abs. 3 die Annahme rechtfertigen, daß eine Hilfe nicht benötigt wird, und deshalb die Bedürftigkeit ausschließen. Zeitlich ist dasjenige Einkommen maßgebend, das im letzten Kalenderjahre vor der Stellung des Antrags auf Gewährung der Vorzugsrente bezogen worden ist. Eine Veranlagung zur Einkommensteuer wird in der Regel nicht vorliegen, da nach § 50 EStGes. die Einkommensteuer nicht festgesetzt wird, wenn die Einnahmen des Steuerpflichtigen weniger als 1100 Reichsmark im Jahre betragen. Das Einkommen wird also für die Feststellung der Bedürftigkeit besonders ermittelt werden müssen, da die Grenze (800 RM.) mit der Steuerfreiheitsgrenze nicht übereinstimmt. Dabei wird ein „näheres Eindringen in die persönlichen Verhältnisse des Antragstellers", das die Begründung (S. 19) als unerwünscht bezeichnet, nicht zu vermeiden sein.

2. Bei der **Berechnung des Einkommens** haben die in § 8 EStGes. bezeichneten Einkünfte außer Ansatz zu bleiben (vgl. Anm. 1). Außer diesen haben aber nach Abs. 2 noch gewisse weitere Einkünfte außer Ansatz zu bleiben, die in Ziff. 1—4 von Abs. 2 aufgezählt sind. Das wird mit der „begrenzten Höhe" der Vorzugsrente (§ 20) begründet (Begründung S. 19). Zu den einzelnen Ziffern ist folgendes zu bemerken:

a) Zu Ziffer 1: Leistungen, die ein anderer auf Grund gesetzlicher Unterhaltspflicht oder ohne rechtliche Verpflichtung (zu ergänzen ist: „zum Unterhalte") gewährt, bleiben grundsätzlich außer Ansatz. In Ansatz zu bringen sind jedoch Leistungen zum Unterhalte, die Ehegatten, auch geschiedene, Eltern oder Großeltern auf Grund gesetzlicher Unterhaltungspflicht machen. Auch solche Leistungen haben aber außer Ansatz zu bleiben, wenn der Unterhaltspflichtige sie nicht ohne Gefährdung seines eigenen standesgemäßen Unterhalts gewähren kann. Die Vorzugsrente soll nicht zu einer Befreiung leistungsfähiger Unterhaltsverpflichteter führen (Begründung S. 19). Unterhaltsleistungen, die ohne rechtliche Verpflichtung erfolgen, bleiben ausnahmslos außer Ansatz. Doch können sie für Abs. 3 (vgl. Anm. 3) in Betracht gezogen werden.

b) Zu Ziffer 2: Die Versorgungsbezüge von Kriegsbeschädigten und Kriegshinterbliebenen bleiben schon nach § 8 Ziff. 1—3 EStGes. außer Ansatz.

c) Zu Ziffer 3: Renten der Reichsversicherung sind die auf Grund der Reichsversicherungsordnung durch die Versicherungsträger gewährten Alters-, Invaliditäts- und Unfallrenten. Renten aus sonstigen privaten und öffentlichen Versicherungen kommen in Ansatz.

d) Zu Ziffer 4: Es wird hier vorausgesetzt, daß der Person, die den Antrag auf Gewährung einer Vorzugsrente gestellt hat und deren Bedürftigkeit deshalb festgestellt werden soll, bereits andere Vorzugsrenten auf Grund des AblGes. gewährt werden. Das kann vorkommen, wenn der Antragsteller bereits eine Vorzugsrente erhält auf Grund des Auslosungsrechts, das ihm selber als Anleihealtbesitzer gewährt worden ist (§ 18 Abs. 1 unter a), und wenn ihm nun ein weiteres Auslosungsrecht als Rechtsnachfolger seines verstorbenen Ehegatten, Elternteiles oder Kindes zugefallen ist (§ 18 Abs. 1 unter b). In solchem Falle soll die bereits bestehende Vorzugsrente auf das Einkommen nicht angerechnet werden. Er kann also die weitere Vorzugsrente erhalten, wenn sein Einkommen ohne die bereits bestehende Vorzugsrente 800 RM. nicht übersteigt. In diesem Falle können die ihm gewährten Vorzugsrenten insgesamt den Betrag von 800 RM. übersteigen. Vgl. zu § 20 Anm. 1. Doch kann die Tatsache, daß dem Antragsteller bereits eine Vorzugsrente zusteht, die Annahme rechtfertigen, daß eine weitere Hilfe nicht erforderlich sei (Abs. 3; vgl. Anm. 3).

3. Durch Abs. 3 ist der entscheidenden Stelle anheimgegeben, die Bedürftigkeit auch in solchen Fällen zu verneinen, in denen die Voraussetzungen der Bedürftigkeit nach Abs. 1 u. 2 gegeben sind. Erforderlich sind für die Annahme, daß eine Hilfe nicht benötigt wird, rechtfertigende Tatsachen. Diese werden, sofern die Entscheidung mit Gründen zu versehen ist, in diesen festzustellen, im übrigen aktenkundig zu machen sein. Als solche Tatsachen werden insbesondere in Betracht kommen das Vorhandensein von Vermögen (vgl. Anm. 1), Leistungen verwandter oder nicht verwandter Personen zum Unterhalt, Renten der Reichsversicherung, sowie bereits gewährte Vorzugsrenten; vgl. Anm. 2 zu den einzelnen Ziffern.

§ 20.

(1) Die Vorzugsrente beträgt 80 vom Hundert des Nennbetrags des Auslosungsrechts, auf Grund dessen sie gewährt wird, für eine Person jedoch höchstens jährlich 800 Reichsmark[1].

(2) Der Betrag einer Vorzugsrente erhöht sich um 25 vom Hundert bis höchstens auf 1000 Reichsmark, wenn der Gläubiger auf das Auslosungsrecht, auf Grund dessen seine Vorzugsrente gewährt wird, verzichtet und in Höhe des Nennbetrags seines Auslosungsrechts Anleiheablösungsschuld auf das Reich überträgt[2]. Der Betrag erhöht sich um 50 vom Hundert bis höchstens auf 1200 Reichsmark, wenn der Gläubiger zur Zeit des Verzichts das 60. Lebensjahr vollendet hat[3].

1. § 20 bestimmt über die Höhe der Vorzugsrente. Sie beträgt im Regelfalle 80 v. H. des Nennbetrags des Auslosungsrechts, auf Grund dessen sie gewährt wird (Satz 1). Sonach erhält ein Bedürftiger, der 25000 Mark-Anleihen als Altbesitz besessen hat, die in 625 RM. Anleiheablösungsschuld umgetauscht sind, und der ein Auslosungsrecht in diesem Betrage erhalten hat, eine Vorzugsrente von $^{80}/_{100}$ von 625 = 500 RM. Der Höchstbetrag der Vorzugsrente ist jedoch für eine Person jährlich 800 Reichsmark (Satz 2). Demnach erhält ein Bedürftiger, der 100000 Mark-Anleihen als Altbesitz besessen hat, die in 2500 RM. Ablösungsschuld umgetauscht sind, für die er ein Auslosungsrecht in gleichem Betrage erlangt hat, nicht 2000 RM., sondern nur 800 RM. jährliche Vorzugsrente. Erhält er aber bereits eine Vorzugsrente, so kann der Gesamtbetrag der mehreren Vorzugsrenten über 800 RM. hinausgehen; vgl. Anm. 2 zu § 19 Ziff. 4.

2. Durch Abs. 2 wird dem Bedürftigen die Möglichkeit geboten, eine höhere Vorzugsrente als 800 RM. auf sein Auslosungsrecht zu erhalten. Um dies zu erreichen, ist erforderlich, daß er auf das Auslosungsrecht, auf Grund dessen seine Vorzugsrente gewährt wird, verzichtet und in Höhe des Nennbetrags seines Auslosungsrechtes Anleiheablösungsschuld auf das Reich überträgt. Er wird sich dabei zu überlegen haben, ob das Auslosungsrecht, das, solange als ihm die Vorzugsrente gewährt wird, gesperrt ist (vgl. zu § 23) und deshalb an der Auslosung nicht teilnimmt, auch von ihm nicht verwertet werden kann, für ihn nach etwaigem Wegfall der Vorzugsrente, wenn etwa seine Bedürftigkeit nur vorübergehend ist, in Zukunft einen Wert bedeutet, der größer ist als der Unterschied zwischen der erhöhten und der normalen Vorzugsrente. Verzichtet er, so erhöht sich der Betrag seiner Vorzugsrente um 25 v. H. und der Höchstbetrag auf 1000 RM. (Abs. 2 Satz 1). Er erhält also, wenn er 25000 Markanleihen besessen hat, nunmehr statt 500 RM. 625 RM.

und, wenn er 100000 PM. besessen hat, nunmehr statt 800 RM. 1000 RM. Vorzugsrente. Eine größere Erhöhung tritt ein, wenn der Gläubiger zur Zeit des Verzichts das 60. Lebensjahr vollendet hat; in diesem Falle erhöht sich die Vorzugsrente um 50 v. H. bis zur Höchstgrenze von 1200 RM., also im ersten Beispiele auf 750 RM., im zweiten auf 1200 RM. Sinngemäß wird man annehmen können, daß, wenn der Gläubiger zur Zeit des Verzichts das 60. Lebensjahr noch nicht vollendet hat, die Erhöhung von dem Zeitpunkte ab eintritt, an dem er es vollendet.

§ 21.

(1) Die Vorzugsrente erlischt
1. wenn der Gläubiger die deutsche Reichsangehörigkeit verliert,
2. wenn der Gläubiger nicht mehr im Inland wohnt oder
3. wenn bei einer Prüfung festgestellt wird, daß der Gläubiger nicht mehr bedürftig ist[1].

Die Bedürftigkeit ist zum ersten Male 5 Jahre nach dem Beginne der Vorzugsrente und sodann nach je drei Jahren zu prüfen. Eine Prüfung der Bedürftigkeit findet nicht statt, wenn der Gläubiger bei Zuerkennung der Vorzugsrente das 60. Lebensjahr vollendet hat oder es während des Bezugs der Vorzugsrente vollendet[1].

(2) Treten die Voraussetzungen für die Gewährung der Vorzugsrente (§ 18) von neuem ein, so kann die Vorzugsrente unbeschadet der Vorschrift des § 18 Abs. 1 Satz 2 wieder entstehen[2].

(3) Der Reichsminister der Finanzen wird ermächtigt, in besonders begründeten Fällen die Vorzugsrente fortzugewähren, auch wenn die Voraussetzungen für ihr Erlöschen eingetreten sind[3].

1. Das Erlöschen der Vorzugsrente tritt ein, wenn eine der für ihre Gewährung erforderlichen Voraussetzungen (§§ 18, 19) weggefallen ist, nämlich wenn der Bedürftige:

a) die Reichsangehörigkeit verliert,
b) nicht mehr im Inlande wohnt, oder
c) nicht mehr bedürftig ist.

Um festzustellen, ob die Bedürftigkeit noch vorhanden ist, sollen Prüfungen stattfinden in der in Abs. 2 näher bezeichneten Weise. Sinngemäß wird die Vorzugsrente auch erlöschen, wenn festgestellt wird, daß eine der Voraussetzungen, deren Vorhandensein bei der Zuerkennung der Vorzugsrente angenommen wurde, überhaupt nicht vorhanden war. Mit dem Erlöschen der Vorzugsrente tritt das dem Gläubiger zustehende Auslosungsrecht, das bis dahin geruht hat (§ 23), wieder in Kraft; der hinterlegte Auslosungsschein ist ihm zurückzugeben und das Auslosungsrecht nimmt wieder an den Ziehungen teil. Fraglich ist aber, in welcher Weise das Erlöschen der Vorzugsrente auf die früher bestandenen Rechte des Gläubigers, die Ablösungsschuld und das Auslosungsrecht, einwirkt, wenn er gemäß § 20 Abs. 2, um eine höhere Vorzugsrente zu erlangen, auf das Auslosungsrecht verzichtet und Anleiheablösungsschuld abgeliefert hat. Diese Rechte werden nicht ohne weiteres wieder in Kraft treten; jedoch wird ein Bereicherungsanspruch des Gläubigers auf Wiedergewährung des Auslosungsrechts, Rückgabe des Auslosungsscheines und Rückgewähr von Ablösungsschuld in dem eingelieferten Betrage, abzüglich des Mehrbetrags an Vorzugsrente, den der Gläubiger erlangt hat, sich rechtfertigen lassen (condictio causa finita). Die Gewährung und das Bestehen der Vorzugsrente war der rechtliche Grund (die causa) für den Verzicht und die Ablieferung der Ablösungsschuld; nachdem dieser weggefallen, kann gemäß § 812 Abs. 1 Satz 2 BGB. die Leistung zurückverlangt werden; die Verpflichtung zur Herausgabe ist aber gemäß § 818 Abs. 3 ausgeschlossen, soweit der Empfänger nicht mehr bereichert ist. Infolgedessen hat nach der Rechtsprechung des Reichsgerichts ein Ausgleich der beiderseitigen Leistungen stattzufinden und ist nur der Überschuß herauszugeben; vgl. Anm. 8 zu § 818 im RGRKomm. zum BGB. Die gezahlte Mehrrente stellt die abzuziehende Gegenleistung dar.

2. Durch eine neue Änderung in den Verhältnissen des ehemals zum Bezuge der Vorzugsrente Berechtigten können die **Voraussetzungen für die Vorzugsrente wieder gegeben** sein, sei es, daß er die deutsche Reichsangehörigkeit wieder erwirbt oder seinen Wohnsitz wieder ins Inland verlegt oder (was am häufigsten vorkommen wird), daß er von neuem bedürftig wird. In solchem Falle „kann die Vorzugsrente wieder entstehen". In welcher Weise das Wiederentstehen geltend zu machen ist, sagt das Gesetz nicht. Es wird ein neuer Antrag zu stellen und über diesen durch die dafür bestimmte Stelle zu entscheiden sein. Die Vorzugsrente wird dann entsprechend § 18 Abs. 3 wieder zu laufen beginnen. Jedoch tritt die Wiederentstehung nur ein „unbeschadet der Vorschrift des § 18 Abs. 1 Satz 2", d. h. wenn es sich um ein von dem Vater oder der Mutter erhaltenes Auslosungsrecht handelt und der Gläubiger inzwischen großjährig geworden, auch nicht dauernd erwerbsunfähig ist, so kann die Vorzugsrente nicht wieder entstehen.

3. Wie im Falle des § 18 Abs. 2 zur Gewährung, so ist im Falle des Erlöschens der Vorzugsrente zur Fortgewährung der Reichsfinanzminister „in besonders begründeten Fällen" ermächtigt, auch wenn die Voraussetzungen für das Erlöschen eingetreten sind. Vgl. zu § 18 Anm. 4.

§ 22.

Die Vorzugsrente ist, sofern ihr Jahresbetrag 100 Reichsmark übersteigt, in zwei gleichen Teilbeträgen halbjährlich, im übrigen einmal jährlich im voraus zu zahlen. Für die ersten Rentenzahlungen kann der Reichsminister der Finanzen etwas anderes bestimmen.

§ 23.

Solange eine Vorzugsrente gewährt wird, nimmt das Auslosungsrecht, auf Grund dessen sie gewährt wird, an der Ziehung nicht teil[1]. Der ausgestellte Auslosungsschein ist bei der Reichsschuldenverwaltung für diese Zeit zu hinterlegen[2]. Ist das Auslosungsrecht im Reichsschuldbuch eingetragen, so ist es für diese Zeit von Amts wegen zu sperren[3].

1. Die Vorzugsrente ist mit dem Auslosungsrechte in der Weise verknüpft, daß sie nur dauern kann, solange dieses besteht. Sie müßte daher untergehen, wenn das Auslosungsrecht gezogen und eingelöst wird. Um das zu verhüten, bestimmt § 24, daß das Auslosungsrecht, auf Grund dessen die Vorzugsrente gewährt wird, während der Dauer der Gewährung an der Ziehung nicht teilnimmt. Der bedürftige Gläubiger muß sich sonach entscheiden, ob er es für vorteilhafter hält, mit

seinem Auslosungsrechte an den Ziehungen teilzunehmen und dadurch die Aussicht zu haben, daß im Falle der Ziehung sein Auslosungsrecht mit dem Fünffachen des Nennbetrages zuzüglich der aufgelaufenen Zinsen (§ 14) eingelöst wird, wodurch ihm ein Kapitalbetrag zufließt, oder sich den ohne weiteres eintretenden Bezug einer jährlichen Rente in Höhe von 80 v. H. des Nennbetrags seines Auslosungsrechts zu verschaffen. Die Bedürfnisse der Gegenwart werden ihn häufig nötigen, zunächst die Rente zu wählen an Stelle der unsicheren Aussicht, bald ein kleines Kapital zu erlangen. Übrigens wird diese Aussicht dadurch zwar hinausgeschoben, aber nicht dauernd verbaut. Denn sobald er auf den weiteren Bezug der Vorzugsrente verzichtet oder die Vorzugsrente gemäß § 21 erlischt, tritt sein Auslosungsrecht wieder in Kraft und nimmt an der Ziehung wieder teil. Wird es gezogen, so erhalten er oder auch seine Erben das Kapital mit den aufgelaufenen Zinsen, ohne daß darauf die bezogene Vorzugsrente angerechnet wird.

2. Die Hinterlegung des Aufwertungsscheines ist für die Dauer des Ruhens des Aufwertungsrechts vorgeschrieben, weil er als Inhaberpapier in die Hände eines gutgläubigen Erwerbers kommen könnte, demgegenüber das Reich den Einwand des Ruhens des Auslosungsrechts zu erheben nicht berechtigt sein würde. Vgl. zu § 17 Anm. 1. An seiner Stelle erhält der Gläubiger die Urkunde über die Vorzugsrente (§ 25).

3. Über die Eintragung des Auslosungsrechts in das Reichsschuldbuch vgl. § 17 Abs. 2. Die Sperrung hat zur Folge, daß der Gläubiger das eingetragene Recht nicht rechtswirksam abtreten oder sonstige Verfügungen darüber treffen kann.

§ 24.

Wer ein Auslosungsrecht hat, auf Grund dessen ihm eine Vorzugsrente im Falle seiner Bedürftigkeit zu gewähren ist (§ 18)[*], kann auf die Teilnahme an der Auslosung verzichten, um sich das Recht auf eine Vorzugsrente zu wahren[1]. Der Verzicht ist der Reichsschuldenverwaltung zu erklären; er ist widerruflich[1]. Der Verzicht ist auf dem ausgestellten Auslosungsschein ersichtlich zu machen; ist das Auslosungsrecht im Schuldbuch eingetragen, so ist er in diesem zu vermerken[1].

1. Einem Gläubiger, der zurzeit noch nicht „bedürftig" im Sinne des § 19 ist, der aber befürchtet, daß er durch Alter, Krankheit oder aus sonstigen Gründen in diese Lage kommen könnte, soll durch § 24 die Möglichkeit geboten werden, sich für den Fall des Eintritts dieser Sachlage die Vorzugsrente dadurch zu wahren, daß er auf die Teilnahme an der Auslosung verzichtet (Satz 1). Er vermeidet dadurch, daß sein Auslosungsrecht gezogen und eingelöst und ihm dadurch das Recht auf die Vorzugsrente für den Fall des Eintritts der Voraussetzungen für diese entzogen wird; vgl. § 18 Anm. 3. Dieser Verzicht, der der Reichsschuldenverwaltung gegenüber zu erklären ist, ist ebenso wie das Ruhen des Auslosungsrechts im Falle des § 23, nur ein zeitweiliger; er kann jederzeit widerrufen werden (Satz 2) und es tritt dann die Beteiligung des Auslosungsrechts an der Ziehung wieder in Kraft (Satz 2). Statt der Hinterlegung des Auslosungsscheines, die im Falle des § 23 stattfindet, ist in diesem Falle vorgeschrieben, daß der Verzicht auf dem Auslosungsschein ersichtlich zu machen ist (Satz 3 Halbsatz 1). Der Gläubiger bleibt dadurch im Besitze des Scheines und befugt, über das Auslosungsrecht durch Übertragung des Eigentums an dem Scheine zu verfügen; der Erwerber erwirbt aber dieses Recht nur belastet mit dem darauf vermerkten Verzichte und muß diesen gegen sich gelten

lassen, solange nicht der ursprünglich Auslosungsberechtigte den Verzicht widerruft, wozu er allein berechtigt bleibt. An Stelle der Sperrung im Falle des § 23 tritt bei einem in das Reichsschuldbuch eingetragenen Auslosungsrechte hier die mildere Form des Vermerks in diesem (Satz 3 Halbsatz 2), die eine Verfügung über das eingetragene Recht, das mit dem Verzichte belastet bleibt, nicht ausschließt. Wird der Verzicht nach Satz 2 widerrufen, so wird auch diese Tatsache auf dem Auslosungsschein bzw. in dem Reichsschuldbuche zu vermerken sein.

2. Vorausgesetzt wird in § 24, daß dem Gläubiger ein Auslosungsrecht zusteht, auf Grund dessen ihm im Falle der Bedürftigkeit eine Vorzugsrente zu gewähren ist (§ 18). Es kommt daher nur ein Auslosungsrecht in Frage, das ihm auf Grund eigenen Altbesitzes von Markanleihen oder als Rechtsnachfolger einer der in § 18 Abs. 1 Satz 1 unter b genannten verstorbenen Personen, die zu ihm in nahen Beziehungen gestanden haben, gewährt worden ist; vgl. zu § 18 Anm. 2.

§ 25.

(1) Über die Vorzugsrente ist eine auf den Namen des Gläubigers lautende Urkunde auszustellen[1]. Die Urkunde ist nach dem Erlöschen der Vorzugsrente zurückzugeben[2].

(2) Die Vorzugsrente ist unveräußerlich und nicht vererblich. Sie unterliegt der Pfändung nicht[3].

1. Die Vorzugsrente wird, wie das Auslosungsrecht in einer besonderen Urkunde verbrieft (Abs. 1 Satz 1), die aber, entsprechend der streng persönlichen Natur der Vorzugsrente (vgl. Anm. 1 vor § 18), auf den Namen des Gläubigers ausgestellt wird. Sie ist kein Wertpapier, sondern nur Beweisurkunde; das Recht auf die Vorzugsrente kann daher rechtlich auch ohne sie ausgeübt werden; doch kann die Vorlegung der Urkunde zur Legitimation bei der Erhebung der Vorzugsrente vorgeschrieben werden.

2. Die Rückgabe der Urkunde nach dem Erlöschen der Vorzugsrente ist vorgeschrieben (Abs. 1 Satz 2); in welcher Weise der Gläubiger dazu angehalten werden kann, ist aber nicht gesagt; es wird erforderlichenfalls, sofern das Reich Interesse an der Rückgabe hat, darauf geklagt werden müssen.

3. Wegen des „sozialen" Charakters der Vorzugsrente sollte sie, wie in der Begründung ausgeführt ist (vgl. Anm. 1 vor § 18), an die Person des Gläubigers geknüpft bleiben. Es ist deshalb ihre Veräußerung und Vererbung ausgeschlossen und sie ist auch der Pfändung, und zwar jeder Pfändung entzogen (Abs. 2). Unter die Veräußerung fällt auch die Verpfändung und sonstige Belastung (Bestellung von Nießbrauch usw.). Es handelt sich hier nur um die einem Gläubiger bereits gewährte Vorzugsrente. Das mit dem Auslosungsrecht verbundene gesetzlich bedingte Recht auf die Vorzugsrente kann in den Fällen des § 18 Abs. 1 Satz 1 unter b auf gewisse Rechtsnachfolger, auch auf Erben, übergehen.

§ 26.

Bei der Festsetzung einer Unterstützung öffentlich-rechtlicher Art für den Gläubiger bleibt die Vorzugsrente als Einkommen außer Ansatz, soweit sie den Betrag von 270 Reichsmark für das Jahr nicht übersteigt[1]. Hat der Gläubiger neben der Vorzugsrente Einnahmen aus Ansprüchen, die der Aufwertung nach dem Aufwertungsgesetze vom 16. Juli 1925 unterliegen, so bleiben diese Einnahmen und die Vorzugsrente bis zum Gesamtbetrage von 270 Reichsmark für das Jahr außer Ansatz[1].

1. § 26 entspricht dem § 84 AufwGes. Die beiden Vorschriften sind so ausgestaltet worden, daß sie sich gegenseitig ergänzen. Vgl. Näheres zu § 84 AufwGes. Nicht aufgenommen ist eine dem § 85 AufwGes. (vgl. Anmerkungen dazu) entsprechende Vorschrift um deswillen, weil sich bereits aus der Unveräußerlichkeit und Unpfändbarkeit der Vorzugsrente (§ 25 Abs. 2) ergibt, daß eine Sicherstellung der Rückzahlung von Kosten, welche durch die öffentliche Fürsorge für den Hilfsbedürftigen aufgewendet worden sind, durch die Vorzugsrente nicht erfolgen und daher auch die Unterstützung von einer solchen Sicherstellung nicht abhängig gemacht werden kann.

§ 27[1].

(1) Anstalten und Einrichtungen der freien und kirchlichen (Artikel 137 der Reichsverfassung) Wohlfahrtspflege[2], die Aufgaben der öffentlichen Wohlfahrtspflege erfüllen, sowie Anstalten und Einrichtungen zur Förderung wissenschaftlicher Ausbildung und Forschung ist, sofern ihnen Auslosungsrechte zustehen, die sie als Anleihealtbesitzer erlangt haben[3], auf Antrag 15 Jahre hindurch eine Wohlfahrtsrente zu gewähren[1, 2]. § 23 findet entsprechende Anwendung[3a]. Die Mittel für die Wohlfahrtsrente sind nach näherer gesetzlicher Bestimmung den Einnahmen aus Zöllen auf landwirtschaftliche Erzeugnisse zu entnehmen[5]. Sie dürfen den jährlichen Betrag von 10 Millionen Reichsmark nicht übersteigen[4]. Drei Viertel der zur Ausgabe gelangenden Mittel sind den Anstalten und Einrichtungen der Wohlfahrtspflege zuzuwenden[4a].

(2) Die Reichsregierung erläßt mit Zustimmung des Reichsrats die näheren Vorschriften über die Wohlfahrtsrente, insbesondere über die Höhe und den Kreis der Gläubiger[4].

1. Die Bedürftigkeit, die nach § 18 Voraussetzung für die Vorzugsrente ist, kommt nur für physische Personen in Frage. Durch die Geldentwertung sind aber nicht zum geringsten Teile auch Körperschaften, Anstalten und Einrichtungen derart betroffen worden, daß sie die ihnen nach ihren Satzungen obliegenden Zwecke nicht mehr verfolgen können und in diesem Sinne „bedürftig" geworden sind. Soweit an der Verfolgung dieser Zwecke die Allgemeinheit ein Interesse hat, muß die Aufrechterhaltung solcher Einrichtungen Aufgabe einer vernünftigen Staatspolitik in der gleichen Weise sein, wie es die Aufrechterhaltung eines lebensfähigen Mittelstandes sein müßte. Da diese Aufgabe durch die Regelung der Aufwertung privater Schulden und der Ablösung öffentlicher Anleihen, wie sie die Gesetze gebracht haben, für solche Einrichtungen ebensowenig wie für physische Gläubiger gelöst worden ist, so wurde im Reichstagsausschusse wenigstens das Bedürfnis empfunden, auch auf diesem Gebiete eine „soziale Lösung" in ähnlicher Weise zu finden, wie es für bedürftige physische Altbesitzer öffentlicher Anleihen durch die „Vorzugsrente" geschehen ist. Diesem Gedanken verdankt die Wohlfahrtsrente ihre Entstehung. Danach sollen Mittel bereitgestellt werden, aus denen den in § 27 bezeichneten Anstalten und Einrichtungen, die ihre Vermögenswerte vor Beginn der Inflation in Markanleihen des Reiches angelegt hatten und denen deshalb Auslosungsrechte zustehen (§§ 12ff.), eine Rente — Wohlfahrtsrente — auf die Dauer von fünf-

zehn Jahren in ähnlicher Weise gewährt werden soll, wie die Vorzugsrente den physischen Bedürftigen. In dem Beschlusse des Ausschusses bei der ersten Lesung (Bericht S. 8, 29; § 27a) waren die Einrichtungen, denen die Wohlfahrtsrente zufließen sollte, bezeichnet als „Anstalten und Einrichtungen der freien Wohlfahrtspflege, die Aufgaben der öffentlichen Wohlfahrtspflege erfüllen". Es wurden damit alle nicht in den Staat oder eine andere gesetzlich zur Pflege der öffentlichen Wohlfahrt verpflichtete Organisation (Länder, Gemeinden) eingegliederten Einrichtungen getroffen, die aus freiem Entschlusse, ohne gesetzlichen Zwang, Aufgaben der öffentlichen Wohlfahrtspflege erfüllen. Darunter wären wohl unbedenklich auch die kirchlichen Einrichtungen dieser Art zu rechnen gewesen, und zwar auch dort, wo die betreffenden Kirchen als Körperschaften des öffentlichen Rechts anerkannt sind. Es wurde aber für richtig erachtet, die kirchlichen Einrichtungen ausdrücklich hervorzuheben. Das geschah zunächst in dem in der dritten Lesung des Ausschusses angenommenen Antrage Mumm (Bericht S. 19, 49; § 27 Abs. 2) in der Weise, daß diesen Einrichungen, getrennt von den anderen, eine besondere Rente von insgesamt 5 Millionen Reichsmark — der gleichen Summe, wie sie für die sämtlichen anderen Einrichtungen zusammen als Höchstsumme vorgesehen war — als feste jährliche Rente zugewiesen werden sollte. Bei der zweiten Lesung im Plenum wurde auf Antrag des Abg. Hergt (Drucksachen 1167) die Gesetz gewordene Fassung angenommen, in der auch Anstalten und Einrichtungen zur Förderung wissenschaftlicher Ausbildung und Forschung einbezogen sind.

2. **„Freie Wohlfahrtspflege"** vgl. Anm. 1. Für den Begriff der Anstalten und Einrichtungen der **„kirchlichen" Wohlfahrtspflege** ist auf Art. 137 RVerf. hingewiesen, wo die kirchlichen und kirchenähnlichen Gemeinschaften aufgeführt sind, die als öffentliche Körperschaften anerkannt werden. Es sind das außer den bereits bei Inkrafttreten der RVerf. als solche anerkannten Religionsgesellschaften andere Religionsgesellschaften, denen von den Landesregierungen auf Antrag die gleichen Rechte gewährt worden sind, weil sie durch ihre Verfassung und die Zahl ihrer Mitglieder die Gewähr der Dauer bieten, wodurch auch kleineren Kirchengemeinschaften, Unterkirchen und Sekten, die Möglichkeit der Erlangung der Rechte einer öffentlichen Körperschaft geboten ist. Den Religionsgesellschaften sind gleichgestellt die Vereinigungen, die sich die gemeinschaftliche Pflege einer Weltanschauung zur Aufgabe machen (z. B. der Monistenbund); auch sie können durch landesrechtliche Bestimmungen die Eigenschaft einer öffentlich-rechtlichen Körperschaft erlangen. Soweit kirchliche oder kirchenähnliche Gemeinschaften diese Eigenschaft nicht erlangt haben, werden sie, wenn sie Aufgaben der öffentlichen Wohlfahrtspflege erfüllen, als Anstalten oder Einrichtungen der „freien" Wohlfahrtspflege anzusehen sein; vgl. Anm. 1. Zur öffentlichen Wohlfahrtspflege gehört aber nicht etwa nur die öffentliche Fürsorge für Hilfsbedürftige (Wohltätigkeit, caritas), sondern auch die Sorge für die seelische, geistige und körperliche Wohlfahrt ihrer Angehörigen, also auch für Schulen, Kirchengebäude, kirchliche Versorgung usw. Besonders hervorgehoben sind Anstalten und Einrichtungen zur Förderung wissenschaftlicher Ausbildung und Forschung; auch hier muß es sich aber um freie Wohlfahrtspflege handeln; staatliche und gemeindliche Einrichtungen kommen nicht in Betracht.

3. Voraussetzung ist ferner, daß die Anstalten oder Einrichtungen Altbesitzer von Markanleihen gewesen sind (§§ 9—11; auch § 11, vgl. Abs. 2, kommt in Betracht, soweit nach den Satzungen ein Zwang zur mündelsicheren Anlegung bestanden hat) und daß sie durch Umtausch Anleiheablösungsschuld (§ 1), sowie das Auslosungsrecht (§ 12) erlangt haben. In welcher Höhe das Auslosungsrecht besteht, ist für die Frage, ob sie eine Wohlfahrtsrente erhalten können, unerheblich; für die Höhe der Rente wird es aber von Erheblichkeit sein, vgl. Anm. 4. Erforderlich wird ferner sein, daß die Anstalten und Einrichtungen, soweit sie nicht Körperschaften des öffentlichen Rechtes sind, die Eigenschaft einer juristischen Person, als rechtsfähiger

Verein oder Stiftung (§§ 21—89 BGB.) oder einer sonstigen Personenvereinigung, die unter ihrem Namen Rechte erwerben kann (Gesellschaft mit beschränkter Haftung; eingetragene Genossenschaft; die Form der offenen Handelsgesellschaft dürfte nach ihrem Zwecke ausgeschlossen sein), besitzen.

3a. Die entsprechende Anwendung des § 23 (Satz 2) bedeutet, daß, solange die Wohlfahrtsrente gewährt wird, das Auslosungsrecht an den Ziehungen nicht teilnimmt; vgl. Anm. 1 zu § 23. Dadurch dürfte die Wohlfahrtsrente, die wohl kaum zu einem erheblichen Betrage einer einzelnen Anstalt wird gewährt werden können (vgl. Anm. 4), an Anziehungskraft für die Anstalten erheblich verlieren.

4. Den nach Anm. 2 in Betracht kommenden Anstalten und Einrichtungen soll ein Betrag als Rente zukommen, der für alle zusammen jährlich 10 Millionen Mark nicht übersteigen soll (Satz 4). Das dürfte ein Tropfen auf einen heißen Stein sein und eine „soziale" Lösung ebensowenig darstellen, wie die Vorzugsrente. Alle „näheren Vorschriften" über die Wohlfahrtsrente, insbesondere über die Höhe und den Kreis der Gläubiger sind der Reichsregierung mit Zustimmung des Reichsrats übertragen (Abs. 2). Sie hat sich aber dabei in dem Rahmen der gesetzlichen Vorschriften zu halten und darf nichts bestimmen, was von diesen abweicht; das ergibt schon der Ausdruck: „nähere Bestimmungen". Insbesondere wird sie den „Kreis" der an der Wohlfahrtsrente zu beteiligenden Anstalten und Einrichtungen nicht in einer Weise einschränken oder ausdehnen dürfen, die mit den Vorschriften des Gesetzes nicht in Einklang steht. Für die „Höhe", d. i. die Verteilung unter die einzelnen Anstalten, sind bestimmte Vorschriften — abgesehen von Satz 5, vgl. unten — im Gesetze nicht gegeben; doch dürfte es dem Sinne des Gesetzes allein entsprechen, daß die Verteilung im Verhältnisse der Auslosungsrechte erfolgt, nicht nach Bedürftigkeit und Würdigkeit, die zur Willkür führen müßten. Ist doch auch für die bedürftigen physischen Personen nicht etwa der Grad der Bedürftigkeit maßgebend, sondern die Höhe des ihnen zustehenden Auslosungsrechts.

4a. Auch insoweit ist die Verordnungsbefugnis der Reichsregierung hinsichtlich der „Höhe" eingeschränkt, als drei Viertel der zur Ausgabe gelangenden Mittel den Anstalten und Einrichtungen der Wohlfahrtspflege zuzuwenden sind (Abs. 1 Satz 5). Den Gegensatz bilden hier ersichtlich die Anstalten und Einrichtungen zur Förderung wissenschaftlicher Ausbildung und Forschung, obwohl auch diese in weiterem Sinne zur „Wohlfahrtspflege" gehören. Diese dürfen danach zusammen nur ein Viertel des Gesamtbetrags erhalten.

5. Satz 3 von Abs. 1 bestimmt, woher die Mittel für die Wohlfahrtsrente zu nehmen sind. Sie sollen „nach näherer gesetzlicher Bestimmung" den Einnahmen aus Zöllen auf landwirtschaftliche Erzeugnisse entnommen werden. Diese Bestimmung steht in Zusammenhang mit den ungefähr gleichzeitig mit dem Aufwertungs- und Ablösungsgesetz verabschiedeten großen Zoll- und Steuergesetzen. Die näheren gesetzlichen Bestimmungen, auf die hier Bezug genommen ist, finden sich in § 7 des Gesetzes über Zolländerungen vom 17. August 1925. Diese Vorschrift lautet:

„Die Reineinnahmen aus den Zöllen auf Roggen, Weizen und Spelz, Rindvieh, Schafe, Schweine, Fleisch, Schweinespeck und Mehl (Nr. 1, 2, 103, 104, 106, 108, 109 und 162 des Zolltarifs) sind für Zwecke der Invalidenversicherung und zur Gewährung von Wohlfahrtsrenten an Anstalten und Einrichtungen der freien und kirchlichen (Art. 137 der RV.) Wohlfahrtspflege, die Aufgaben der öffentlichen Wohlfahrtspflege erfüllen, sowie Anstalten und Einrichtungen zur Förderung wissenschaftlicher Ausbildung und Forschung zu verwenden. Hierzu sind aus den von dem Kommissar für die verpfändeten Einnahmen zurücküberwiesenen Beträgen an verpfändeten Abgaben alljährlich vom 1. April 1926 ab bis zum 31. März 1935 40 Millionen Reichsmark für Zwecke der Invalidenversicherung und vom 1. April 1926 bis zum 31. März 1941 10 Millionen Reichsmark zur Gewährung von Wohlfahrtsrenten an die vorbezeichneten Anstalten in den ordentlichen Haushalt bei den fortdauernden Ausgaben einzustellen."

Dritter Abschnitt

Der Anleihesonderfonds[1]

1. Nach § 13 Abs. 1 Satz 2 soll die Tilgung der Auslosungsrechte durch Ziehung innerhalb 30 Jahren, beginnend mit dem Jahre 1926, durchgeführt werden. Zum Zwecke dieser Durchführung wird nach § 15 ein Tilgungsfonds gebildet, der so bemessen werden soll, daß er zur Bestreitung des gesamten Tilgungsaufwandes in der Tilgungsfrist von 30 Jahren ausreicht. Außer dieser ordentlichen Tilgung soll aber, wie die Begründung (S. 20) bemerkt, den Anleihegläubigern des Reichs eine Beteiligung gewährt werden an einer allgemeinen Besserung der Wirtschaftsverhältnisse, insoweit sie in Überschüssen des größten deutschen Verkehrsunternehmens — der Reichseisenbahngesellschaft — ihren Ausdruck findet. Es soll damit — das geschieht allerdings in sehr unvollkommenem Maße — die Benachteiligung der Gläubiger des Reiches ausgeglichen werden, die darin liegt, daß ihre früheren Rechte ihnen durch die Ablösung endgültig entzogen werden ohne Rücksicht darauf, ob nicht in Zukunft die Verhältnisse ihres Schuldners, des Reiches, sich bessern und er deshalb zu größeren Leistungen fähig sein würde (vgl. die Einleitung unter VI am Schlusse S. 29). Die Beteiligung an der Besserung der wirtschaftlichen Verhältnisse des Reiches, die durch Erzielung von Einnahmen aus dem Betriebe der Reichseisenbahnen etwa entsteht, soll in der Form einer beschleunigten Tilgung der Auslosungsrechte erfolgen, die durch einen besonderen Fonds — den Anleihesonderfonds — ermöglicht wird, der hauptsächlich durch die dem Reiche zufließenden Dividenden gespeist wird (§ 28). Der Fonds soll verwendet werden in erster Linie zur Einlösung der Auslosungsrechte von öffentlichen Sparkassen und ähnlichen Kassen, in zweiter Linie für außerordentliche Ziehungen von Auslosungsrechten (§ 29).

§ 28.

Zur Verstärkung der Tilgung der Anleiheablösungsschuld ist ein besonderer Fonds (Anleihesonderfonds) zu bilden.

Dem Anleihesonderfonds sind zuzuführen:

1. die Hälfte der Dividenden, die dem Reiche als Eigentümer von Stammaktien der Deutschen Reichsbahn-Gesellschaft während der Dauer ihrer Reparationsverpflichtungen zufließen. Von den Dividenden sind die Teilbeträge abzuziehen, die das Reich nach besonderer Vereinbarung an die Länder abführt; hinzuzurechnen sind die Beträge, die die Länder von den ihnen zufließenden Dividenden der Deutschen Reichsbahn-Gesellschaft dem Reiche nach besonderer Vereinbarung erstatten[2],
2. die Summe, um welche die jährlichen Zahlungen für den Tilgungsfonds (§ 15) hinter den Beträgen zurückbleiben, die dem Fonds bei einem Gesamtbetrage der Auslosungsrechte von 500 Millionen Reichsmark zuzuführen wären[3].

2. Das Reich und die Länder sind nach § 3 des Gesetzes über die Deutsche Reichsbahngesellschaft vom 30. August 1924 und nach § 6 der Satzung der Deutschen Reichsbahngesellschaft (RGBl. 1924 II S. 272ff.) Eigentümer der Stammaktien der Gesellschaft und erhalten nach Maßgabe des § 25 der Satzung die auf diese Aktien nach Deckung der Betriebsausgaben, der für den Zins- und Tilgungsdienst der Reparationsschuldverschreibungen und der sonstigen Schuldverschreibungen der Gesellschaft bestimmten Zahlungen, der satzungsmäßigen Rücklagen und der für die Vorzugsaktien auszuschüttenden Vorzugsdividende einen Anteil von zwei Dritteln an der Verteilung des weiteren Reingewinnes, falls der Verwaltungsrat eine solche Verteilung beschließt. Von den hierdurch dem Reiche etwa zufließenden Dividenden soll eine Hälfte dem Anleihesonderfonds zugeführt werden, nach Abzug der an die Länder abzuführenden und Zurechnung der von den Ländern aus den ihnen zufließenden Dividenden zu erstattenden Beträge (Abs. 2 Ziff. 1).

3. Vgl. zu § 15 Anm. 1. Wie dort bemerkt, soll der Tilgungsfonds für die ordentliche Tilgung der Auslosungsrechte durch jährliche gleiche Zahlungen gespeist werden, die berechnet sind auf der Grundlage, daß die zu tilgenden Auslosungsrechte insgesamt 500 Millionen Reichsmark betragen. Es wird aber damit gerechnet, daß der Betrag der Auslosungsrechte geringer sein könnte und deshalb jährliche Zahlungen für den Tilgungsfonds nur in geringerem Betrage erforderlich sein würden. In diesem Falle soll der dadurch ersparte Betrag nicht für allgemeine Reichsausgaben, sondern zur verstärkten Tilgung der Auslosungsrechte verwendet und deshalb dem Anleihesonderfonds zugeführt werden.

§ 29.

Der Anleihesonderfonds ist zu verwenden:

zunächst für die Einlösung der Auslosungsrechte, die die öffentlichen oder unter Staatsaufsicht stehenden Sparkassen, die Träger der Reichsversicherung, die reichs- oder landesrechtlich zugelassenen Ersatzkassen, die Zuschuß-, Pensions- und Werkkassen sowie die Pensions- und Unterstützungskassen von Berufsverbänden als Anleihealtbesitzer erlangt haben, soweit diese Auslosungsrechte nicht auf Grund des § 47 Abs. 3 eingelöst werden[1];

sodann für eine außerordentliche Tilgung der Anleiheablösungsschuld durch Ziehung von Auslosungsrechten nach Maßgabe der Vorschriften des § 13 Abs. 2 und des § 14[2].

1. Der Anleihesonderfonds soll in erster Linie der vorzugsweisen Einlösung der Auslosungsrechte der in § 29 in Halbsatz 1 bezeichneten Kassen, insbesondere der öffentlichen Sparkassen, der Träger der Reichsversicherung (Krankenkassen, Berufsgenossenschaften usw.) dienen. Im Reichstagsausschusse (Bericht S. 18) wurde die Frage aufgeworfen, ob zu den dort genannten „Pensions- und Unterstützungskassen von Berufsverbänden" auch die von der Preußischen Landeskirche durch besonderen Zweckverband für die Witwen und Waisen sowie die pensionierten Pfarrer gebildeten Berufs-Unterstützungskassen gehörten. Von der Regierung wurden gegen eine solche Ausdehnung des Begriffes Bedenken erhoben. Die Entscheidung der Frage wird davon abhängen, ob der „Zweckverband" sich seiner Organisation nach als ein „Berufsverband", d. h. eine Zusammenschließung der Angehörigen eines Berufes darstellt; grundsätzlich

ist der Begriff nicht auf die Angehörigen industrieller oder sonstiger wirtschaftlicher Berufe zu beschränken.— Die Einlösung aus dem Anleihesonderfonds erfolgt nur soweit, als die Auslosungsrechte nicht aus dem Fonds zu einmaligen Ausgaben gemäß § 47 Abs. 4) im Text des Reichsgesetzblatts ist offenbar versehentlich Abs. 3 angeführt; vgl. Anm. 4) zu § 47 eingelöst werden; die Mittel aus diesem letzteren Fonds sind also zunächst zu verwenden. — Darüber, in welcher Weise die Mittel des Anleihesonderfonds auf die in Betracht kommenden Kassen zu verteilen sind, ist in dem Gesetze nichts gesagt; eine Auslosung soll offenbar nicht stattfinden; das ergibt sich aus dem Gegensatze zu Halbsatz 2 (vgl. Anm. 2). Es wird daher eine anteilsmäßige Einlösung nach Maßgabe des Betrags der einzelnen Auslosungsrechte stattzufinden haben. Der aus diesem Fonds eingelöste Teilbetrag wird auf den nach Ziehung des Auslosungsrechts gemäß § 14 zu zahlenden Einlösungsbetrag anzurechnen sein.

2. In zweiter Linie sind die Mittel des Anleihesonderfonds zu verwenden zur außerordentlichen allgemeinen Tilgung der Anleiheablösungsschuld durch Ziehung von Auslosungsrechten nach Maßgabe von § 13 Abs. 2 und § 14; vgl. die Anmerkungen zu diesen Paragraphen.

Zweiter Teil

Die Ablösung der Markanleihen der Länder, Gemeinden und Gemeindeverbände[1, 2]

1. Der zweite Teil des Gesetzes regelt die Ablösung der Markanleihen der Länder, Gemeinden und Gemeindeverbände. Wie das Reich, so wurden auch diese öffentlichen Schuldner von der Regierung ohne weiteres als durch die Kriegsereignisse und ihre Folgen zahlungsunfähig geworden angesehen, obwohl sie von den Reparationsverpflichtungen nicht unmittelbar betroffen wurden und im Besitze der ihnen gehörigen, von der Geldentwertung unberührten Sachwerte geblieben waren. Es wurde daraus die Folgerung hergeleitet, daß eine Aufwertung bei ihnen nach den Grundsätzen der reichsgerichtlichen Entscheidung vom 28. November 1923 nicht in Frage kommen könne. Vgl. die Erklärung des Reichsjustizministers vom 18. Januar 1924 (Anhang V und Einleitung S. 23—24). Dabei war freilich außer acht gelassen, daß die Entscheidung des Reichsgerichts keineswegs daraus, daß ein Schuldner infolge der Kriegsereignisse „zahlungsunfähig" geworden, ohne weiteres seine Befreiung von der Schuld folgern läßt, sondern daß sie eine Berücksichtigung aller Verhältnisse des Einzelfalles und eine der Billigkeit und Treu und Glauben entsprechende Verteilung der Geldentwertungsschäden zwischen Gläubiger und Schuldner voraussetzt; daß auch die Verhältnisse keineswegs so einheitlich für alle öffentlichen Schuldner einschließlich der Gemeinden liegen, um generell ihre Zahlungsunfähigkeit behaupten zu können, ohne im einzelnen die ihnen verbliebenen Vermögenswerte und die Steuerkraft ihrer Einwohner zu prüfen und festzustellen, ob und inwieweit sie ihren Verpflichtungen nachkommen können, ohne daß die Erfüllung wirklich notwendiger öffentlicher Aufgaben (manches, was an sich erwünscht wäre, muß dabei freilich zurückstehen) beeinträchtigt würde. Die Prüfung dieser Fragen, die im Rechtsstaate in geordneten Verhältnissen den ordentlichen Gerichten obliegt, wurde ihnen in noch weitergehender Weise, wie für die Aufwertung der Ansprüche an private Schuldner, durch § 16 der 3. StNVO. auch für die Anleiheforderungen an Länder und Gemeinden entzogen, der die generelle Bestimmung enthielt, daß die Verzinsung und Einlösung auch ihrer Anleihen bis zur Erledigung sämtlicher Reparationsverpflichtungen nicht gefordert werden

könne. Von dem in Abs. 3 daselbst enthaltenen Vorbehalte, durch Reichsgesetz oder in Einzelfällen durch die obersten Landesbehörden für Anleihen von Gemeinden etwas anderes zu bestimmen, ist, soviel bekanntgeworden, bis jetzt kein Gebrauch gemacht. Vielmehr suchte die Denkschrift des Finanzministeriums (vgl. die Einleitung unter VI S. 27 und Anm. 5 vor § 1 AblGes.) darzulegen, daß die in der Öffentlichkeit verbreitete Ansicht, es sei für die Kommunalanleihen eine alsbaldige Wiederaufnahme des Zinsendienstes, wenigstens in beschränktem Umfange, möglich, unbegründet sei, weil sie die Gemeinden dazu nötigen würde, sich erhöhte Einnahmen durch Steuererhebung zu verschaffen und dadurch die gleiche Gefahr einer zu starken Belastung der Wirtschaft, wie bei der etwaigen Wiederaufnahme der Verzinsung der Reichsanleihen sich ergeben würde. Der von der Reichsregierung vorgelegte Gesetzentwurf ging sogar so weit, daß er den Ländern verbieten wollte, für ihre Anleihen und die ihrer Gemeinden eine höhere Aufwertung zuzulassen, als der Entwurf für sie, im wesentlichen in gleichem Maße wie für die Reichsanleihen, vorsah; § 31 Abs. 1 Satz 2 der Reichstagsvorlage. Vgl. die Rechtfertigung dafür in der Begründung der Reichstagsvorlage, Anhang XIV. Aus verfassungsrechtlichen Bedenken die im Reichstagsausschusse erhoben wurden, ist von einer solchen Bindung der Länder und Gemeinden abgesehen worden; vgl. Näheres zu §§ 30 Abs. 2 und 40 Abs. 2. Auch im übrigen ist die Regierungsvorlage im Reichstagsausschusse einer Umarbeitung unterzogen und auch sachlich in manchen Punkten abgeändert worden (vgl. den Bericht S. 21 ff.). Das Gesetz, wie es zustande gekommen ist, regelt die Aufwertung der Anleihen der Länder, Gemeinden und Gemeindeverbände in der Hauptsache übereinstimmend mit der Regelung für die Reichsanleihen; doch ist in einigen Punkten (§§ 42, 43) der verschiedenen finanziellen Leistungsfähigkeit der Gemeinden Rechnung getragen und insoweit eine beschränkte „individuelle Aufwertung" zugelassen. Auch ist den Ländern für ihre Anleihen und die ihrer Gemeinden eine für die Gläubiger günstigere Aufwertung freigestellt (§§ 30 Abs. 2, 40 Abs. 2). Die Grundlage der reichsgesetzlichen Regelung bildet auch in diesem Teile des Gesetzes die Ablösung durch Umtausch in Ablösungsanleihen zum gleichen Satze (2½ v. H. des Goldmarkbetrags) wie für die Reichsanleihen (§§ 30, 31, 40, 41); über deren Verzinsung und Tilgung, soweit sie nicht aus Altbesitz herrühren, bestimmen die Landesregierungen (§ 34 Abs. 2). Auch hier wird zwischen Alt- und Neubesitz unterschieden und der Altbesitz, und zwar in der Regel innerhalb 30 Jahren, durch Auslosung zum Fünffachen des Nennwerts zuzüglich 4½, bei Gemeinden 5 v. H. akkumulierter Zinsen getilgt (§§ 34 Abs. 1, 42, 43 Abs. 1); bei Gemeinden und Gemeindeverbänden kann mit Rücksicht auf ihre wirtschaftliche Lage im Einzelfalle die Tilgungsfrist abgekürzt, aber auch verlängert (§ 42 Abs. 2, 3) und der Einlösungsbetrag bis auf das Zehnfache des Nennwertes erhöht werden (§ 43 Abs. 2); für die Vorzugsrente gelten bei den Anleihen der Länder Bestimmungen, die denjenigen bei den Reichsanleihen entsprechen (§§ 37 ff.); bei den Ablösungsanleihen der Gemeinden und Gemeindeverbände ist eine Vorzugsrente nicht vorgesehen. Vgl. Näheres zu den einzelnen Paragraphen.

2. Gegen die Verfassungsmäßigkeit, die auch für diesen Teil des Gesetzes zu prüfen ist (vgl. Anm. 4 vor § 1), sind im Reichstagsausschusse (Bericht S. 8) Bedenken erhoben von dem Gesichtspunkte aus, daß die Vorlage in die Finanzhoheit der Länder und Gemeinden eingreife. Diese Bedenken bezogen sich hauptsächlich auf die in dem Entwurfe enthaltene Bindung der Länder und Gemeinden an das Maß der Aufwertung der Reichsanleihen (Bericht S. 8). Von seiten der Regierungsparteien wurde erwidert, daß nach ihrer Auffassung die Aufwertungsvorschriften einen Teil des allgemeinen bürgerlichen Rechts und des Währungsrechtes bildeten und deshalb ihre Regelung ausschließlich dem Reiche zustehe. Von seiten der Regierung wurde hervorgehoben, daß nach der neuen Fassung des § 30 (vgl. Anm. 1

und Anm. 6 zu § 30) die Länder in der Gebarung ihres Etatwesens vollständig frei seien, wie dies den Bestimmungen der Reichsverfassung entspreche, während allerdings bei Aufrechterhaltung der Regierungsvorlage die Frage der Verfassungsmäßigkeit hätte geprüft werden müssen; bei Annahme der Anträge der Regierungsparteien, die eine wichtige materielle Änderung enthalte, könne von einer Verfassungsänderung keine Rede sein. Dieser Standpunkt dürfte richtig sein; daß die Aufwertungsfragen, auch gegenüber öffentlichen Schuldnern, dem bürgerlichen Rechte und dem Währungsrechte angehören, ist auch in diesem Buche überall vertreten worden; vgl. Einleitung unter II S. 6ff. und Anm. 3, 4 vor § 1 AblGes.

Erster Abschnitt

Die Ablösung der Markanleihen der Länder[3]

§ 30.

(1) Die Gläubiger der auf Mark oder auf eine andere nicht mehr geltende Währung lautenden Anleihen (Markanleihen)[3] der Länder können deren Umtausch in Ablösungsanleihen verlangen[4, 4a]. Ein Anspruch auf den Umtausch besteht nur, soweit der zu gewährende Betrag der Ablösungsanleihen 12,50 Reichsmark oder ein Vielfaches davon ausmacht[5].

(2) Ansprüche aus Markanleihen der Länder bestehen unbeschadet einer weitergehenden landesgesetzlichen Regelung nur nach Maßgabe dieses Gesetzes[6].

(3) Anleihen im Sinne des Abs. 1 sind die Schuldverpflichtungen aus Schuldverschreibungen, Buchschulden und verzinslichen Schatzanweisungen sowie aus Darlehen, über die Schuldscheine ausgestellt sind[7].

3. Als Markanleihen der Länder sind hier solche bezeichnet, die auf Mark oder eine andere nicht mehr geltende Währung lauten. Die „Mark" gilt nicht mehr seit dem Münzgesetze vom 30. August 1924; vgl. Einleitung unter II S. 5. Unter „anderen nicht mehr geltenden" Währungen sind die vor Einführung der (alten) Reichsmarkwährung in Geltung gewesenen Währungen der Länder (süddeutscher Gulden, Taler, Mark Banko) zu verstehen, in welchen die älteren Anleihen der Länder ausgestellt sind. Vgl. Anm. 1 zu § 2 und Anm. 4 zu § 5 AblGes.

4. Die Gläubiger können deren Umtausch in Ablösungsanleihen verlangen. Der Umtausch erfolgt danach nur auf Verlangen; eine Ausschlußfrist für das Verlangen ist im Gesetze nicht bestimmt und auch nicht, wie für Reichsanleihen durch § 6, bestimmt, daß es innerhalb einer durch den Finanzminister zu bestimmenden Ausschlußfrist gestellt werden müsse. Doch wird die Reichsregierung auf Grund der ihr in § 48 Ziff. 5 erteilten Ermächtigung in der Lage sein, auch für den Umtausch der Markanleihen der Länder und Gemeinden eine Ausschlußfrist zu bestimmen oder andere Stellen (etwa die obersten Landesbehörden) zur Bestimmung einer solchen Frist zu ermächtigen. Auch durch die Länder können gemäß § 51 (vgl. die Anm. 1 dazu) Ausschlußfristen bestimmt werden. Solange der Umtausch nicht erfolgt ist, bleibt die alte Markanleiheforderung bestehen, jedoch geht ihr Inhalt, falls die Landesgesetze nicht etwas anderes bestimmen (vgl. Abs. 2), auf nichts anderes mehr als auf den Umtausch in Ablösungsanleihen; nach Ablauf einer etwa bestimmten Ausschlußfrist ist auch dieser Anspruch und damit die alte Markanleiheforderung erloschen.

4a. Der Umtausch erfolgt in „Ablösungsanleihen“, nicht wie bei den Markanleihen des Reiches in eine einheitliche Ablösungsschuld (vgl. zu § 1 Anm. 2). Die Länder sind sonach und auf Grund der ihnen in Abs. 2 gelassenen Freiheit (vgl. Anm. 6) in der Lage, mehrere einzelne Anleihen mit verschiedenartigen Rückzahlungs- und Verzinsungsbedingungen zur Ablösung der Markanleihen auszugeben.

5. Satz 2 des Abs. 1 entspricht dem § 5 Abs. 2 AblGes.; es wird deshalb auf Anm. 2 zu § 5 verwiesen.

6. Während für die Reichsanleihen der Satz, daß Ansprüche aus Markanleihen nur nach Maßgabe des Ablösungsgesetzes bestehen, ausnahmslos gilt (vgl. § 1 Abs. 2) ist dieser Satz für die Anleihen der Länder in § 30 Abs. 2 — und ebenso für die der Gemeinden in § 40 Abs. 2 — eingeschränkt durch den Vorbehalt: „unbeschadet einer weitergehenden landesgesetzlichen Regelung“. Diese Worte sind, nachdem die Ablehnung der in der Regierungsvorlage vorgeschlagenen Bindung der Länder und Gemeinden an das für die Reichsanleihen bestimmte Höchstmaß des Umtauschverhältnisses (vgl. vor § 30 Anm. 1) beschlossen war, in das Gesetz eingefügt auf Veranlassung des Abg. Hergt und in dritter Lesung aufrechterhalten gegen den Widerspruch des Preußischen Regierungsvertreters, der geltend machte, daß durch die Hinzufügung der Worte den Ländern gewissermaßen eine „moralische Auflage“ gemacht werde, über das Maß der Reichsablösung hinauszugehen, während, im Gegensatze dazu, die Länder vereinbart hätten, auch nach der Freigabe einer höheren Ablösung nicht über die Reichsaufwertung hinauszugehen; er bitte daher um Streichung dieser Worte, damit festgestellt werde, daß ein Rechtsanspruch auf eine höhere Aufwertung nicht bestehe. Die Reichsregierung hatte diese Anregung unterstützt; die Rechtslage sei zwar klar, aber die Worte könnten so ausgelegt werden, als wenn der Reichstag der Meinung sei, daß grundsätzlich eine höhere Aufwertung durch die Länder erfolgen solle, und das sei bedenklich. Der ungeachtet dieser Bedenken stehengebliebene Satzteil gibt wohl einer Mißdeutung nach keiner Richtung Raum; von einem Rechtsanspruche kann keine Rede sein; aber auch eine moralische Bindung der Länder ist daraus nicht zu entnehmen; ob eine kartellartige Vereinbarung, nicht höher zu gehen, ohne Rücksicht auf die Verschiedenheiten der Finanzlage der einzelnen Länder, dem Aufwertungsgedanken entspricht, ist eine andere Frage, die mit dem Zusatze nicht in Beziehung steht. — Den Ländern ist eine „weitergehende gesetzliche Regelung“ freigestellt. Sie können demgemäß den Umtausch in Ablösungsanleihen in einem höheren Verhältnis als zu $2\frac{1}{2}$ v. H. (§ 31) vornehmen, eine Verzinsung und Tilgung der Ablösungsanleihen auch für Nicht-Altbesitz vorschreiben u. dgl.*). Sie werden aber auch vorschreiben können, daß ohne Umtausch die alten Markanleihen auf einen für die Gläubiger günstigeren Satz aufgewertet oder günstiger verzinst und getilgt werden; ferner daß eine höhere Vorzugsrente (§ 37) gewährt wird, daß die Bedürftigkeitsgrenze höher angesetzt wird usw. Ob die Regelung „weitergehend“ ist, d. h. dem Gläubiger mehr an Rechten gibt als das Gesetz, wird

*) Von der Regierung wurde im Reichstagsausschusse auf Anfrage erklärt, daß die den Ländern durch den (angenommenen) Antrag der Regierungsparteien gewährte Freiheit dieselbe sei, wie sie jeder Privatmann bezüglich einer freiwilligen Aufwertung nach oben habe; es stehe ihnen daher durchaus frei, ihre Ablösungsanleihen günstiger zu gestalten, als es das Reich tue, sie mit Zinsen oder höheren Tilgungsquoten auszugestatten, wie es der Finanzlage der einzelnen Länder entspreche. (Bericht S. 8.) Jetzt, nach Annahme des Gesetzes, sucht, zufolge Zeitungsberichten, der Reichsfinanzminister einen Druck auf die Länder auszuüben, daß sie nicht über die Sätze der Reichsablösung hinausgehen und auch ihren leistungsfähigen Gemeinden ein solches Hinausgehen nicht gestatten sollen!

nach der Gesamtheit ihrer Bestimmungen zu entscheiden sein. Eine gleich günstige anderweite Regelung ist nicht statthaft.

7. Abs. 3 bestimmt den Begriff der „Anleihen" (Markanleihen) im Sinne des Abs. 1, d. h. für die Umtauschfrage, weiter als § 2 für die Markanleihen des Reiches. Über den Begriff der Schuldverschreibungen, Buchschulden, Schatzanweisungen (von letzteren sind nur die verzinslichen umzutauschen) vgl. Anm. 3 zu § 33 AufwGes.; Anm. 2 zu § 2 AblGes. Für die Länder treten aber noch hinzu Darlehen, über die Schuldscheine ausgestellt sind; ebenso für Gemeinden gemäß § 40 Abs. 1 Satz 1, wo für den Begriff der Markanleihen auf § 30 bezug genommen ist. Im Reichstagsausschusse (Bericht S. 8/9) wurde beantragt, die Schuldscheindarlehen der Länder und Gemeinden aus der Ablösung herauszunehmen und den allgemeinen gesetzlichen Vorschriften zu unterstellen; von der Reichsregierung wurde dagegen Widerspruch erhoben, namentlich mit Rücksicht auf die kleineren Gemeinden, die ihren Kredit zum größten Teile durch einfache Darlehen auf Schuldscheine gedeckt hätten und in ihrer Existenz gefährdet werden würden, wenn sie diese Darlehen nach allgemeinen Vorschriften aufwerten sollten. — Auch hypothekarisch gesicherte Anleihen und Darlehensforderungen unterliegen der Ablösung, da das Gesetz das zwar nicht ausdrücklich sagt, wie §§ 33, 51 AufwGes., aber keinen Unterschied macht; daraus folgt aber, daß auch das dingliche Hypothekenrecht nicht in anderer Weise, die sich als eine höhere Aufwertung darstellen würde, aufgewertet werden kann (§ 4 AufwGes.)*. — Im Ausschuß (Bericht S. 9) wurde die Frage angeregt, ob § 30 auch anzuwenden sei, wenn einem Schuldscheindarlehen ein anderes Geschäft, z. B. ein aus einem Kaufvertrag entstandenes Restkaufgeld, zugrunde liege. Von der Reichsregierung wurde erwidert, daß die Frage nicht eindeutig entschieden werden könne und es darauf ankomme, ob die Ausstellung des Schuldscheines novierenden Charakter habe. Das wird in der Regel anzunehmen sein, wenn ein Schuldscheindarlehen vorliegt, was voraussetzt, daß in dem Schuldscheine die Schuld als eine Darlehensschuld bezeichnet ist; einer besonderen Feststellung des Novierungswillens wird es in solchem Falle nicht bedürfen; a. M. RGRKomm. zu § 607 Anm. 6.

§ 31.

(1) Bei dem Umtausch sind Ablösungsanleihen im Nennbetrage von 2½ vom Hundert des Goldwertes, den die umzutauschenden Markanleihen zur Zeit ihrer Begründung hatten, zu gewähren, und zwar ohne Rücksicht darauf, ob die Markanleihen durch dingliche Rechte gesichert sind[1].

(2) Der Goldwert der bis zum 1. Januar 1919 begründeten Markanleihen ist ihrem Nennbetrag oder dem Markbetrage gleich, der ihrem Nennwert nach § 15 des Münzgesetzes vom 1. Juni 1909 entspricht[2]. Der Goldwert einer später begründeten Schuldverpflichtung ist gleich dem Goldwert des Geldbetrags, der dem Schuldner aus der Begründung der Schuldverpflichtung zugeflossen ist[3]. Der Goldwert dieses Betrags wird dadurch festgestellt, daß der zugeflossene

*) Die Begründung (S. 21) steht auf dem gleichen Standpunkte, den sie damit rechtfertigt, daß das Ablösungsgesetz gegenüber der 3. StNVO. (nicht diese, sondern das Aufwertungsgesetz kommt jetzt in Frage) eine lex specialis sei, was in dieser Allgemeinheit wohl nicht zutreffen dürfte. Vgl. übrigens § 31 Abs. 1 Schlußhalbsatz.

Betrag nach Maßgabe des Wertverhältnisses umgerechnet wird, das in der Anlage zu dem Aufwertungsgesetze vom 16. Juli 1925 für den Tag des Einganges des Betrags bestimmt ist; ist ein Umrechnungsverhältnis für diesen Tag nicht bestimmt, so ist das letzte vorhergehende Umrechnungsverhältnis maßgebend[3].

1. Wie § 5 (vgl. Anm. 1 dazu) für die Markanleihen des Reichs, so bestimmt § 31 für diejenigen der Länder das Verhältnis, in welchem ihr in Papierm ark aus gedrückter Nennbetrag zu dem in Reichsmark der neuen Währung auszudrückenden Nennbetrage der Ablösungsanleihen stehen soll. Da Anleihen und sonstige unter die Ablösung fallende Schulden (vgl. § 30 Abs. 3) der Länder und Gemeinden zu sehr verschiedenen Zeiten und auch noch bei vorgeschrittener Geldentwertung aufgenommen worden sind, so konnte nicht, wie in § 5 für die älteren Reichsmarkanleihen, der Nennbetrag ohne weiteres als ihrem Goldwerte gleich angesehen und zum Ausgangspunkte der Umrechnung genommen werden, vielmehr mußte die Umrechnungsgrundlage der Goldwert bilden, den die umzutauschenden Markanleihen zu einem bestimmten Zeitpunkte hatten, und zwar ist als maßgebend der Zeitpunkt ihrer Begründung angenommen. Damit ist nicht der Zeitpunkt der Begründung des Anspruchs für den derzeitigen Gläubiger, also des Erwerbs durch diesen gemeint, sondern der Zeitpunkt der Begründung der Schuld, also bei Schuldscheindarlehen der Tag der Hingabe und des Empfanges des Darlehensbetrages, bei eigentlichen Anleihen der Tag der Ausgabe. Vgl. über diesen Anm. 6 zu § 2 AufwGes. Eine Ermächtigung der Reichsregierung, die näheren Bestimmungen über die Feststellung des Ausgabe-(Begründungs-)tages zu treffen, ist hier nicht (wie in § 2 Abs. 2 Schlußsatz des AufwGes.) erteilt; doch werden solche Bestimmungen von den Ländern auf Grund des § 51 AblGes. getroffen werden können. — Darüber, wie der Goldwert für den Tag der Begründung zu berechnen ist, bestimmt Abs. 2. — Der reichsgesetzliche Ablösungssatz ist $2\frac{1}{2}$ v. H., entsprechend dem in § 5 für Reichsanleihen dem Umtausch zugrunde gelegten Satze (vgl. zu § 5 Anm. 2). Durch landesgesetzliche Bestimmungen kann dieser Satz erhöht, aber nicht erniedrigt werden; vgl. Anm. 6 zu § 30. Ausdrücklich ausgesprochen ist hier (vgl. Anm. 7 zu § 30), daß es unerheblich ist, ob die Markanleihen durch dingliche Rechte gesichert sind.

2. Weitergehend als im Aufwertungsgesetz (§ 2 Abs. 1 u. 2: „1. Januar 1918"; vgl. Anm. 2 dazu) ist hier der 1. Januar 1919 als Grenze für die Gleichstellung des Nennbetrages mit dem Goldwerte angesetzt. In diesem Zeitpunkte stand der Dollar auf 7,95, also immerhin noch nicht auf dem Doppelten der Friedensparität; die innere Kaufkraft der Mark war auch damals noch höher. Zugunsten der Gläubiger ist deshalb, wohl auch mit Rücksicht auf den geringen Aufwertungssatz, die Gleichstellung erfolgt. — Für Markanleihen in ehemaligen Landeswährungen ist der Umrechnungssatz des Münzgesetzes vom 1. Juni 1909 maßgebend; vgl. Näheres in Anm. 6 zu § 5, der die gleiche Bestimmung enthält.

3. Für später begründete Schuldverpflichtungen — d. h. später aufgenommene Markanleihen im Sinne des § 30 Abs. 3, also einschließlich der Schuldscheindarlehen — muß der Goldwert nach dem Tage ihrer Begründung festgestellt werden. Dabei wird aber nicht, wie im Aufwertungsgesetze bei industriellen und sonstigen Schuldverschreibungen gemäß § 2 Abs. 2 AufwGes., von dem Nennbetrage ausgegangen, sondern von dem Betrage, der dem Schuldner zugeflossen ist. Sind also die Anleihen unter oder über pari ausgegeben, so ist der Ausgabehundertsatz des Nennbetrags zugrunde zu legen. Die Umrechnung dieses Markbetrags erfolgt nach dem für das Aufwertungsgesetz bestimmten, in der Anlage zu diesem Gesetze errechneten Umrechnungsverhältnis für den Stichtag. Vgl. Näheres in Anm. 4 zu § 2 AufwGes.

§ 32.

(1) Hat sich ein Gläubiger getilgter Markanleihen bei der Annahme des Tilgungsbetrags seine Rechte vorbehalten, so kann er die Gewährung von Ablösungsanleihen verlangen, wie wenn ihm die getilgten Markanleihen noch zuständen[1].

(2) Ein Gläubiger von Markanleihen, die gekündigt oder ausgelost sind, aber sich noch in seinem mittelbaren oder unmittelbaren Besitz befinden, hat einen Anspruch auf ihren Umtausch auch dann, wenn bereits eine Abrechnung mit dem Schuldner oder eine Hinterlegung zugunsten des Gläubigers stattgefunden hat[1].

(3) Markanleihen, die bei Banken zur Einlösung eingereicht sind und sich noch in deren Besitz befinden, sind zugunsten des einreichenden Gläubigers auch dann umzutauschen, wenn bereits eine Abrechnung mit dem Gläubiger oder mit dem Schuldner oder eine Hinterlegung zugunsten des Gläubigers stattgefunden hat. Der Bank steht ein Recht auf den Umtausch nicht zu. Ablieferungen aus dem Besitze der Bank, die seit dem 1. Juni 1925 erfolgt sind, gelten als nicht geschehen. Entsprechendes gilt für Bankiers und andere Unternehmungen, die die Aufbewahrung und Verwaltung fremder Wertpapiere gewerbe- oder geschäftsmäßig betreiben[1].

(4) Gezahlte Beträge sind in den Fällen der Abs. 1 bis 3 in Höhe ihres Goldmarkbetrags, soweit dieser durch 12½ teilbar ist, auf den Betrag der zu gewährenden Ablösungsanleihen zu verrechnen; im übrigen sind sie in dieser Höhe bar zu erstatten. Der Goldmarkbetrag wird dadurch festgestellt, daß der gezahlte Betrag nach Maßgabe des Wertverhältnisses umgerechnet wird, das in der Anlage zu dem Aufwertungsgesetze vom 16. Juli 1925 für den Tag der Zahlung gilt; ist ein Umrechnungsverhältnis für diesen Tag nicht bestimmt, so ist das letzte vorhergehende Umrechnungsverhältnis maßgebend[2].

1. § 32 sieht den (für die Reichsanleihen nicht geregelten, weil wohl nicht praktischen) Fall vor, daß während der Inflationszeit Anleihen der Länder — und entsprechend gemäß § 40 Abs. 3 der Gemeinden — in entwertetem Gelde ohne oder mit nicht entsprechender Aufwertung zurückgezahlt („getilgt") worden sind. Durch die Annahme einer solchen Zahlung als Erfüllung hat, da die Leistung unvollständig war, eine wirkliche Tilgung nach den in der Rechtsprechung des Reichsgerichts anerkannten Rechtsgrundsätzen nicht stattfinden können. Vgl. vor § 14 AufwGes. Anm. 1, zu § 14 AufwGes. Anm. 2 und zu § 15 AufwGes. Anm. 1. Das Ablösungsgesetz schließt aber eine dementsprechende Zulassung der in dieser Weise zurückgezahlten Anleihen der Länder und Gemeinden zum Ablösungsumtausche — vorbehaltlich etwaiger landesgesetzlicher Zulassung gemäß § 30 Abs. 2 — für den Fall vorbehaltloser Annahme der Zahlung — die sog. Rückwirkung — aus und läßt solche Anleihen zum Umtausche nur zu, falls bei der Annahme ein Vorbehalt gemacht ist (Abs. 1) und ferner, sofern bei gekündigten oder ausgelosten Markanleihen bereits gewisse vorbereitende Schritte zur Einlösung getan sind, ohne daß aber die Schuld-

verschreibungen bereits in den unmittelbaren Besitz des Schuldners zurückgelangt sind (Abs. 2, 3). Im Reichstagsausschusse (Bericht S. 9) hatten sich die Kompromißparteien (vgl. Einleitung S. 28) dahin geeinigt, die für die Industrieobligationen im Aufwertungsgesetz getroffene Regelung auch auf die öffentlichen Anleihen auszudehnen. Dem entspricht der Inhalt der Abs. 1—3 des § 32. Es kann deshalb auf die Anmerkungen 1—6 zu § 35 des Aufwertungsgesetzes Bezug genommen werden.

2. Die Anrechnung der bei der Rückzahlung von Anleihen, die nach § 35 Abs. 1 u. 2 trotz Rückzahlung zum Umtausche zugelassen werden, gezahlten Beträge ist in Abs. 3 in entsprechender Weise geregelt, wie in § 35 Abs. 4 AufwGes. für Industrieobligationen, insofern als die Anrechnung in Höhe ihres Goldmarkbetrags stattfindet, der nach Maßgabe des § 31 Abs. 2 Satz 3 (vgl. Anm. 3 zu § 31) festgestellt wird. Da jedoch ein bar zu zahlender „Aufwertungsbetrag", auf den die Zahlungen angerechnet werden könnten, hier bis auf weiteres nicht in Frage kommt, so kann eine Anrechnung nur erfolgen durch Verrechnung auf den Betrag der zu gewährenden Ablösungsanleihen in der Weise, daß ein entsprechend geringerer Nennbetrag dieser Anleihen gewährt wird, und zwar ist das nur insoweit möglich, als der Goldmarkbetrag der gezahlten Beträge durch $12\frac{1}{2}$ teilbar ist, da nur für solche Abschnitte Ablösungsanleihen ausgestellt werden (§ 30 Abs. 1 Satz 2). Überschießende Beträge hat der Gläubiger in Höhe ihres Goldmarkbetrags bar zu erstatten. Das ist der Inhalt des Abs. 4.

§ 33.

Die Ablösungsanleihen der Länder lauten auf Reichsmark; sie können von den Gläubigern nicht gekündigt werden[1].

1. § 33 entspricht dem § 4 Abs. 1. Es wird auf Anm. 1 zu § 4 Bezug genommen.

§ 34[1].

(1) Der Teil der Ablösungsanleihen, der im Umtausch gegen Markanleihen alten Besitzes (§ 35) ausgegeben wird[1], ist in 30 gleichen Jahresraten von dem Kalenderjahr an, das auf das Inkrafttreten dieses Gesetzes folgt, mittels Auslosung zu tilgen. Die ausgelosten Teilbeträge sind durch Barzahlung des Fünffachen ihres Nennwerts einzulösen[2]. Der Einlösungsbetrag ist mit 4½ vom Hundert jährlich vom 1. Januar 1926 an bis zum Ende des Jahres, in dem die Teilbeträge ausgelost werden, zu verzinsen; die Zinsen sind bei der Einlösung zu zahlen[2].

(2) Die Landesregierungen erlassen Bestimmungen über die Art und den Zeitpunkt der Tilgung des Teiles der Ablösungsanleihen, der nicht im Umtausch gegen Markanleihen alten Besitzes ausgegeben wird[3]. Sofern die Tilgung mittels Auslosung vorgenommen wird, muß die Einlösung mindestens zum Nennbetrag erfolgen[3].

1. Der Unterschied zwischen Alt- und Neubesitz, auf dem sich das Ablösungsgesetz aufbaut (vgl. über die Entstehungsgeschichte Anm. 5 vor § 1, Anm. 2 zu § 8 und Anm. 1 zu § 9), ist auch für die Markanleihen der Länder, sachlich im wesentlichen in der gleichen Weise wie für die Markanleihen des Reiches (§§ 8—26 des Ges.), durchgeführt. Der Begriff des Altbesitzes ist in § 35 festgelegt. Die besonderen

Rechte der Altbesitzer ergeben sich aus den §§ 34 und 37, 38. Diese Rechte sind: 1. das Recht auf Teilnahme an der durch Auslosung erfolgenden Tilgung des gegen Altbesitz umgetauschten Teiles der Markanleihen und auf Einlösung nach erfolgter Ziehung ihres Besitzes sowie auf Zahlung der aufgelaufenen Zinsen, entsprechend dem „Auslosungsrecht" für den Altbesitz der Reichsanleihen — dieses Recht ist in § 34 geregelt —; 2. das Recht auf Vorzugsrente im Falle der Bedürftigkeit, geregelt in den §§ 37, 38. Die Landesgesetzgebung ist nicht gehindert, den Altbesitzern noch weitere Rechte zu gewähren (§ 30 Abs. 2 u. Anm. 6).

2. Die Tilgung desjenigen Teiles der Ablösungsanleihen der Länder, der im Umtausch gegen Markanleihen alten Besitzes ausgegeben ist, mittels Auslosung, die Einlösung der ausgelosten Teilbeträge und die Verzinsung des Einlösungsbetrags sowie die Zahlung der Zinsen erfolgen sachlich vollständig in der gleichen Weise wie bei dem Altbesitz der Reichsanleihen. Es kann deshalb auf die Anmerkungen zu den §§ 12—15 Bezug genommen werden. Zu bemerken ist nur in bezug auf § 15 (vgl. Anm. 1 zu diesem Paragraphen), daß nicht nur, wie dort vorgeschrieben, etatsrechtlich ein gleicher Betrag in jedem Jahre einem Tilgungsfonds für die Auslosung zuzuführen ist, ohne daß eine gleichmäßige Ziehung in jedem Jahre stattzufinden braucht, sondern daß hier für jedes der 30 Jahre eine Ziehung von 30 gleichen Jahresraten vom Jahre 1926 ab (dem Kalenderjahr, das auf das Inkrafttreten des Gesetzes folgt) vorgeschrieben ist. Ein Unterschied besteht aber in bezug auf die formelle Behandlung des „Auslosungsrechts". Das Auslosungsrecht wird nicht, wie bei den Reichsanleihen, von der Ablösungsanleihe getrennt behandelt und in einer besonderen, zum selbständigen Umlauf bestimmten Urkunde, dem Auslosungsschein, verbrieft (vgl. zu § 16 Anm 1, § 17 Anm. 1), sondern es bleibt, soweit die Landesgesetzgebung nichts anderes bestimmt, mit den Ablösungsanleihen verbunden und kann nur mit ihnen und an der Hand der über sie ausgestellten Urkunden ausgeübt werden.

3. Über die Verzinsung und Tilgung des Neubesitzes, d. h. der im Umtausch gegen Markanleihen, die nicht Altbesitz waren, ausgegebenen Ablösungsanleihen, trifft das Ablösungsgesetz keine Bestimmungen. Es beauftragt aber die Landesregierungen, Bestimmungen über die Art und den Zeitpunkt der Tilgung zu erlassen (Abs. 2). Es handelt sich dabei nicht um eine Ermächtigung, sondern um einen Auftrag; die Landesregierungen sind verpflichtet, solche Bestimmungen zu erlassen, die aber nicht eine bestimmte Tilgung vorzuschreiben brauchen, sondern auch dahin gehen können, daß eine Tilgung „bis auf weiteres" oder „bis zum Erlöschen der Reparationsverpflichtungen" nicht stattfindet. Das Gesetz schreibt nur vor, daß, sofern die Tilgung mittels Auslosung vorgenommen wird, die Einlösung mindestens zum Nennbetrag erfolgen muß (Abs. 2 Satz 2). Findet die Tilgung auf andere Weise (im Wege der Kündigung) statt, so kann auch unter den Nennbetrag (also unter 2,5 v. H. des Goldmarkbetrags der Markanleihen) heruntergegangen werden. Die Bestimmungen sind von den Landesregierungen zu treffen; eine Mitwirkung der gesetzgebenden Körperschaften ist durch das Ablösungsgesetz nicht vorgeschrieben; ob sie einer solchen etwa aus etatsrechtlichen Gründen bedürfen, bestimmt sich nach Landesrecht. Von der Verzinsung spricht das Gesetz nicht; zu bestimmen, ob, in welcher Höhe und von wann ab eine solche eintreten soll, werden die Länder auf Grund des § 51 ermächtigt sein. Unterbleibt eine solche Bestimmung, so wird eine Verzinsung nicht einzutreten haben.

§ 35.

Markanleihen alten Besitzes sind solche Markanleihen, die der Gläubiger nachweislich vor dem 1. Juli 1920 erworben hat und die ihm von dem Erwerbe bis zum Umtausch ununterbrochen zugestan-

den haben[1]. Die Vorschriften der §§ 10 und 11 sowie die auf Grund des § 10 Abs. 2 erlassenen Bestimmungen finden auf die Markanleihen der Länder entsprechende Anwendung[1].

1. § 35 bestimmt darüber, was als Markanleihen alten Besitzes zu gelten hat, in vollständig gleichem Sinne, wie es § 9 hinsichtlich der Reichsanleihen tut. Es kann deshalb auf die Anmerkungen zu § 9 verwiesen werden. Auch die Bestimmungen des § 10 über die Fälle, in denen Markanleihen, die nicht vor dem 1. Juli 1920 erworben sind, als vor diesem Zeitpunkte erworben gelten, einschließlich der darüber von dem Reichsfinanzminister gemäß Abs. 2 daselbst etwa erlassenen ergänzenden Bestimmungen, sind für entsprechend anwendbar erklärt. Vgl. darüber die Anmerkungen zu § 10.

§ 36.

Ein Umtausch der unverzinslichen Schatzanweisungen der Länder kann nicht verlangt werden. Ansprüche können aus ihnen nicht hergeleitet werden[1].

1. In § 30 Abs. 3 sind nur verzinsliche Schatzanweisungen als unter den Begriff der Anleihen im Sinne des Abs. 1 fallend und deshalb dem Umtausche unterliegend bezeichnet. Nach § 36 kann ein Umtausch unverzinslicher Schatzanweisungen, die von den Ländern ausgegeben sind, nicht verlangt werden; auch sonstige Ansprüche können aus ihnen nicht hergeleitet werden; sie sind also für null und nichtig erklärt. Hinsichtlich der unverzinslichen Schatzanweisungen des Reiches vgl. Anm. 2 zu § 3.

§ 37[1].

(1) Ein bedürftiger, im Inland wohnender deutscher Reichsangehöriger hat ein Recht auf eine Vorzugsrente, wenn ihm ein Teilbetrag der Ablösungsanleihe eines Landes gehört, den er

a) im Umtausch gegen Markanleihen alten Besitzes erlangt hat oder

b) als Rechtsnachfolger seines verstorbenen Ehegatten oder eines verstorbenen Verwandten ersten Grades, der den Teilbetrag der Ablösungsanleihe im Umtausch gegen Markanleihen alten Besitzes erworben hat[2].

Hat er den Teilbetrag der Ablösungsanleihe von seinem Vater oder seiner Mutter erlangt, so kann er die Vorzugsrente nur verlangen, solange er nicht volljährig ist, es sei denn, daß er wegen geistiger oder körperlicher Gebrechen dauernd erwerbsunfähig ist[2]

(2) Die Vorschriften des § 18 Abs. 3, der §§ 19, 20, des § 21 Abs. 1 und 2, des § 23 Satz 1 und des § 25 Abs. 2 und des § 28 finden auf die Vorzugsrente entsprechende Anwendung[3].

1. Über die Vorzugsrente bei Reichsanleihen vgl. die §§ 18—25 und die Anmerkungen zu diesen Paragraphen. Die Regierungsvorlage hatte für die Anleihen der Länder eine Vorzugsrente nicht vorgesehen, entsprechend ihrem Standpunkte, daß auch für die Anleihen des Reiches, mit Ausnahme der Kriegsanleihen, keine Vorzugsrente gewährt werden sollte; vgl. Anm. 1 vor § 18. Nachdem aber durch die Beschlüsse des Reichstagsausschusses die Vorzugsrente allen Anleihealtbesitzern zugänglich ge-

macht war und da die Anleihen der Länder denen des Reichs gleich behandelt werden sollten, erklärte die Regierung es für notwendig, daß auch den Anleihealtbesitzern von Anleihen der Länder das gleiche Recht gewährt werde (Bericht S. 8). Dementsprechend wurden die Bestimmungen der §§ 37, 38 in das Gesetz aufgenommen, welche teils selbständige Vorschriften über die Vorzugsrente enthalten (§ 37 Abs. 1, § 38), teils Vorschriften über die Vorzugsrente bei Reichsanleihen für entsprechend anwendbar erklären (§ 37 Abs. 2).

2. § 37 Abs. 1 bestimmt die **Voraussetzungen für das Recht auf Vorzugsrente** sachlich übereinstimmend mit § 18 Abs. 1 mit der in der verschiedenen Gestaltung des Auslosungsrechts (Anm. 2 zu § 34) begründeten Abweichung, daß das Recht auf die Rente nicht an den Besitz des besonderen „Auslosungsrechtes", sondern an den Besitz eines Teilbetrags der Ablösungsanleihe eines Landes geknüpft wird. Es kann daher im übrigen auf die Anm. 2 zu § 18 verwiesen werden.

3. Abs. 2 erklärt eine Anzahl von Vorschriften über die Vorzugsrente bei Reichsanleihen für entsprechend anwendbar, nämlich:

a) den § 18 Abs. 3 hinsichtlich des Beginnes des Laufes der Rente; vgl. Anm. 5 zu § 18;

b) den § 19, der bestimmt, unter welchen Voraussetzungen eine Person als bedürftig anzusehen ist; vgl. die Anmerkungen zu § 19;

c) den § 20 über die Höhe der Vorzugsrente und ihre Erhöhung; vgl. die Anmerkungen zu diesem Paragraphen;

d) den § 21 Abs. 1 und 2 über das Erlöschen der Rente; vgl. Anm. 1 u. 2 zu § 21;

e) den § 23 Satz 1 über das Ruhen des Auslosungsrechts während der Dauer der Gewährung der Rente; vgl. Anm. 1 zu § 23;

f) den § 25 Abs. 2 über die Unveräußerlichkeit, Unvererblichkeit und Unpfändbarkeit der Rente; vgl. Anm. 3 zu § 25;

g) den § 26 über die Nichtanrechnung der Vorzugsrente auf Unterstützungen öffentlich-rechtlicher Art. Vgl. die Anm. 1 zu diesem Paragraphen.

Nicht für anwendbar erklärt sind insbesondere die Vorschriften über die Zahlbarkeit der Rente (§ 22) und über die Ausstellung einer besonderen Urkunde über sie (§ 25 Abs. 1). Die Länder können hierüber gemäß § 51 Bestimmung treffen.

§ 38.

Ein Gläubiger hat einen Anspruch auf mehrere Vorzugsrenten des Reichs oder der Länder nur, soweit ihr Gesamtbetrag die im § 20 bezeichneten Höchstsätze nicht übersteigt[1]. Eine hiernach erforderliche Beschränkung tritt bei der Vorzugsrente ein, deren Gewährung der Gläubiger zuletzt beantragt hat[1].

1. Mehrere Vorzugsrenten des Reiches kann eine Person gemäß § 18 haben, wenn sie sowohl auf Grund eigenen Altbesitzes, wie auch als Rechtsnachfolger einer der dort unter b bezeichneten, ihr nahestehenden Personen oder auch nur als Rechtsnachfolger mehrerer solcher Personen Auslosungsrechte erlangt hat. In der gleichen Weise kann sie mehrere Vorzugsrenten eines Landes gemäß § 37 erlangt haben. Sie kann aber auch Vorzugsrenten im Reich und in einem oder mehreren Ländern oder nur in mehreren Ländern erlangt haben. In allen diesen Fällen darf eine Kumulierung der mehreren Vorzugsrenten nur bis zu den in § 20 festgesetzten Höchstbeträgen von 800, 1000 oder 1200 RM. (vgl. Anm. 1, 2 zu § 20) erfolgen (Satz 1). Bei welcher Vorzugsrente eine etwa in solchem Falle erforderliche Einschränkung einzutreten hat, bestimmt Satz 2.

§ 39.

Die Vorschriften der §§ 30 bis 38 finden keine Anwendung[1]

1. auf solche Schuldverpflichtungen der Länder, die das Reich übernommen hat oder übernimmt[1a],
2. auf solche Schuldverpflichtungen der Länder, die in Mark zu erfüllen sind, deren Höhe aber nach einer anderen Rechnungseinheit als der Mark bestimmt wird[1b],
3. auf solche Schuldverpflichtungen der Länder, die sie als Inhaber staatlicher Grundkreditanstalten oder als Inhaber solcher öffentlich-rechtlichen Kreditanstalten begründet haben, deren Schuldverschreibungen nach § 51 Abs. 3 des Aufwertungsgesetzes vom 16. Juli 1925 auf der Grundlage der §§ 47 bis 50 dieses Gesetzes aufgewertet werden[1c].

1. § 39 schließt die Anwendung der Vorschriften der §§ 30—38, also der gesamten Vorschriften über die Ablösung der Markanleihen der Länder und die aus der Ablösung sich ergebenden Rechtsverhältnisse, auf gewisse Arten von Schuldverpflichtungen der Länder aus. Es sind das:

a) (Ziffer 1): solche Schuldverpflichtungen der Länder, die das Reich übernommen hat oder übernimmt. Die Schuldverpflichtungen der Länder, die das Reich übernommen hat, werden nach § 2 Ziff. 2 als Markanleihen des Reiches von diesem abgelöst; für die Ablösungsschuld haften die Länder nicht. Vgl. zu § 2 Anm. 3 und zu § 1 Anm. 1. Durch die Worte „oder übernimmt" soll wohl auf die in der Begründung (vgl. Anm. 3 zu § 2) erwähnten Verhandlungen des Reiches mit den Ländern Württemberg und Oldenburg über die Übernahme auch ihrer Eisenbahnschulden durch das Reich hingewiesen werden. Falls eine Übernahme nicht erfolgt, sind die Eisenbahnschulden dieser Länder nach den Vorschriften der §§ 30—38 abzulösen.

b) (Ziffer 2): Es sind das die sog. wertbeständigen Anleihen und sonstigen Schuldverpflichtungen, die auf Zahlung in Mark lauten, bei denen aber die Höhe der zu zahlenden Marksumme sich nach einem anderen wirtschaftlichen Gute (Gold, Dollar, Kohle, Roggen usw.) bestimmt. Sie sind vom Währungsverfalle der Mark nicht betroffen und eine Aufwertung oder Ablösung kommt deshalb für sie nicht in Frage. Vgl. wegen der wertbeständigen Markanleihen des Reiches Anm. 2 zu § 2.

c) (Ziffer 3): Aus Schuldverschreibungen, welche die Länder als Inhaber einer staatlichen Grundkreditanstalt oder einer öffentlich-rechtlichen Kreditanstalt aufgenommen haben, sind sie als Schuldner verpflichtet, da die Anstalt kein von ihnen verschiedenes Rechtssubjekt ist. Solche Schuldverschreibungen würden infolgedessen nicht nach dem Aufwertungsgesetze, sondern nach dem Ablösungsgesetze zu behandeln sein, das hier als lex specialis für öffentlich-rechtliche Schuldner dem Aufwertungsgesetze vorgehen würde. Vgl. zu § 54 AblGes. Anm. 1 und zu § 51 AufwGes. Anm. 6. § 39 Ziff. 3 schließt sie indessen von der Ablösung nach Maßgabe des Ablösungsgesetzes aus, und zwar die Schuldverschreibungen der staatlichen Grundkreditanstalten, die als pfandbriefähnliche Schuldverschreibungen unter die §§ 47—50 AufwGes. fallen, unbedingt, die der öffentlichen Kreditanstalten, die als Schuldverschreibungen von juristischen Personen des öffentlichen Rechts als Unternehmer wirtschaftlicher Betriebe unter die §§ 51—54 AufwGes. fallen würden, nur unter der Voraussetzung, daß das betreffende Land von der den Ländern in § 51 Abs. 3 AufwGes. erteilten Ermächtigung Gebrauch gemacht hat, die Aufwertung von Schuldverschreibungen öffentlicher Kreditanstalten abweichend von den Vorschriften der §§ 51—54 auf der Grundlage der §§ 47—50 AufwGes., d. h. der für pfandbriefähnliche Schuldverschreibungen gegebenen Vorschriften, zu regeln. Sonach findet die Aufwertung der Schuldverschreibungen solcher Anstalten (der öffentlichen Kreditanstalten unter der angegebenen Voraussetzung) in dem konkursmäßigen Verfahren statt, das in den §§ 47—50 AufwGes. vorgeschrieben ist. Trifft dagegen die angegebene Voraussetzung für die Schuldverschreibungen der öffentlich-rechtlichen Kreditanstalten nicht zu, so werden sie nicht nach den Vorschriften der §§ 51—54 AufwGes. behandelt — also auf 15 v. H. des Goldmarkbetrages aufgewertet —, sondern nach den Vorschriften des Ablösungsgesetzes abgelöst. In diesem Falle trifft § 54 AblGes. (vgl. die Anmerkung dazu) auf sie zu.

Zweiter Abschnitt

Die Ablösung der Markanleihen der Gemeinden und Gemeindeverbände

§ 40.

(1) Die Gläubiger der Markanleihen (§ 30)[1] der Gemeinden und Gemeindeverbände können deren Umtausch in Ablösungsanleihen verlangen[2]. Ein Anspruch auf den Umtausch besteht nur, soweit der zu gewährende Betrag der Ablösungsanleihe 12,50 Reichsmark oder ein Vielfaches davon ausmacht[2].

(2) Ansprüche aus Markanleihen der Gemeinden und Gemeindeverbände bestehen unbeschadet einer weitergehenden landesgesetzlichen Regelung nur nach Maßgabe dieses Gesetzes[3].

(3) Die Vorschriften des § 30 Abs. 3 und des § 32 finden entsprechende Anwendung[4].

(4) Die oberste Landesbehörde oder die von ihr bestimmte Stelle kann einen Treuhänder zur Wahrnehmung der Rechte der Anleihegläubiger einer Gemeinde oder eines Gemeindeverbandes (§§ 41, 42, 43) bestellen[5]. Ein Treuhänder ist zu bestellen, wenn ein Gläubiger dies innerhalb eines Monats nach dem Inkrafttreten dieses Gesetzes bei der obersten Landesbehörde oder bei der von ihr bestimmten Stelle beantragt[5].

1. Für den Begriff der „Markanleihen“ wird in § 40 auf § 30 verwiesen; vgl. Anm. 3 und 7 zu § 30.

2. Abs. 1 Satz 1 u. 2 entsprechen dem § 30 Abs. 1 Satz 1 u. 2; vgl. Anm. 4, 5 zu § 30 und Anm. 2 zu § 5.

3. Abs. 2 entspricht dem § 30 Abs. 2; vgl. Anm. 6 zu § 30.

4. § 30 Abs. 3 bestimmt, welche Schuldverpflichtungen unter den Begriff der „Anleihen“ fallen; vgl. Anm. 7 zu § 30. — § 32 regelt die Ablösung nach Annahme von Zahlungen unter Vorbehalt sowie von gekündigten und ausgelosten Schuldverschreibungen; vgl. die Anmerkungen zu diesem Paragraphen.

5. Zur Wahrnehmung der Rechte der Anleihegläubiger von Gemeinden hat das Gesetz es für nötig befunden, die Bestellung eines gemeinsamen Vertreters zu ermöglichen, der als Treuhänder bezeichnet wird. Seine Stellung ist ähnlich derjenigen eines gemeinsamen Vertreters der Gläubiger von Teilschuld-

verschreibungen, der auf Grund des Reichsgesetzes vom 4. Dezember 1899 betreffend die gemeinsamen Rechte der Besitzer von Schuldverschreibungen, § 1 Abs. 2, ernannt wird, das auf die Anleihen öffentlicher Körperschaften keine Anwendung findet (§ 24 des Gesetzes). Er wird aber nicht wie dort von einer Gläubigerversammlung, sondern von der obersten Landesbehörde bestellt. Die Bestellung kann von Amts wegen erfolgen und hat zu erfolgen, wenn auch nur ein Gläubiger sie innerhalb der allerdings sehr kurzen Frist von einem Monat nach dem Inkrafttreten des Gesetzes, also spätestens am 15. August 1925, beantragt hat, einer Frist, innerhalb deren wohl kaum viele Gläubiger von der Befugnis, einen derartigen Antrag zu stellen, Kenntnis erhalten haben werden. Auch hier wieder eine Vorschrift, in der das Gesetz ein Recht verleiht und gleichzeitig seine Ausübung derart erschwert, daß es von den meisten Berechtigten nicht ausgeübt werden kann. Durch die Anführung der §§ 41, 42, 43 ist zum Ausdruck gebracht, daß die Wahrnehmung der Rechte der Gläubiger durch den Treuhänder sich auf die Ausübung der ihm in diesen Paragraphen zugewiesenen einzelnen Befugnisse beschränken soll. Vgl. Näheres zu diesen Paragraphen.

§ 41.

(1) Auf den Umtausch der Markanleihen der Gemeinden und Gemeindeverbände finden die Vorschriften des § 31[1], auf ihre Ablösungsanleihen finden die Vorschriften des § 33 entsprechende Anwendung[1].

(2) Auf Antrag des Treuhänders (§ 40 Abs. 4) entscheidet die oberste Landesbehörde oder die von ihr bestimmte Stelle, ob die Festsetzung des Goldwerts einer nach dem 1. Januar 1919 begründeten Markanleihe den gesetzlichen Vorschriften entspricht. Die Entscheidung ist endgültig[2].

1. Die entsprechende Anwendung des § 31 ergibt, daß der Umtausch der Markanleihen der Gemeinden zu dem gleichen Satze wie bei denen der Länder — $2\frac{1}{2}$ vom Hundert des Goldmarkwerts — zu erfolgen hat; vgl. Näheres zu § 31 Anm. 1—3. — Wegen der entsprechenden Anwendung des § 33 vgl. zu diesem Paragraphen.

2. Dem Treuhänder, falls ein solcher bestellt, ist die Befugnis verliehen, eine Entscheidung der obersten Landesbehörde darüber herbeizuführen, ob der durch die Gemeinde, die Schuldnerin ist, festgestellte Goldwert einer nach dem 1. Januar 1919 begründeten Markanleihe den gesetzlichen Vorschriften, nämlich dem § 31 Abs. 2 Satz 2, 3 entspricht. Vgl. Anm. 3 zu § 31.

§ 42[1].

(1) Der Teil der Ablösungsanleihen, der im Umtausch gegen Markanleihen alten Besitzes (§ 35) ausgegeben wird[1], ist in höchstens 30 gleichen Jahresraten von dem Jahre an, das auf das Inkrafttreten dieses Gesetzes folgt, mittels Auslosung zu tilgen[2].

(2) Der Treuhänder (§ 40 Abs. 4) kann bei der obersten Landesbehörde oder bei der von ihr bestimmten Stelle beantragen, daß die Dauer der Tilgung bis auf 20 Jahre herabgesetzt wird, wenn dies der Leistungsfähigkeit des Schuldners entspricht[3].

(3) Der Schuldner kann bei der obersten Landesbehörde oder bei der von ihr bestimmten Stelle beantragen, daß die Dauer der

Tilgung auf einen Zeitraum von mehr als 30 Jahren festgesetzt wird, wenn eine solche Regelung mit Rücksicht auf die wirtschaftliche Lage des Schuldners und die Erfüllung seiner öffentlichen Aufgaben unabweisbar ist und seine Leistungsfähigkeit durch die Vorschriften des Vertrags von Versailles in besonders starkem Maße beeinträchtigt ist[3].

1. Die §§ 42, 43 regeln die besonderen Rechte des Altbesitzes für die Anleihen der Gemeinden in der Weise, daß den Gläubigern ein Recht auf Teilnahme an der Tilgung des Anleihe-Altbesitzes im wesentlichen in gleicher Weise gewährt wird, wie den Gläubigern der Anleihen der Länder. Dagegen ist ihnen ein Recht auf Vorzugsrente im Bedürftigkeitsfalle nicht gewährt, obwohl die für die Gewährung eines solchen Rechts an die Altbesitzer von Länderanleihen im Reichstagsausschusse von der Regierung angeführten Gründe (vgl. Anm. 1 zu § 37) wohl in der gleichen Weise auch für die Anleihen der Gemeinden zutreffen.

2. Die Tilgung mittels Auslosung soll in „höchstens 30 gleichen Jahresraten" (§ 34: „in 30 gleichen Jahresraten") erfolgen (§ 42 Abs. 1), die auf Antrag des Treuhänders bis auf 20 Jahre herabgesetzt werden können, wenn dies der Leistungsfähigkeit des Schuldners (der Gemeinde oder des Gemeindeverbandes) entspricht. Von seiten der wirtschaftlichen Vereinigung war im Reichstagsausschusse beantragt, den Begriff der finanziellen Leistungsfähigkeit der Gemeinden fester zu begrenzen durch die Worte: „nach der durch dauernde Einnahmen bestimmten finanziellen Leistungsfähigkeit", weil sonst die Gefahr bestehe, daß die Städte neue Steuern zu Lasten der Gewerbetreibenden und des Mittelstandes erheben müßten (Bericht S. 10). Dem wurde entgegengehalten, daß bei Bestimmung der Leistungsfähigkeit auch die Vermögenslage der Gemeinden in Betracht gezogen werden müsse, da sich bei vielen von ihnen das Stammvermögen infolge der Inflation vermehrt habe und eine Gemeinde, wie jeder Privatmann, zur Tilgung ihrer Schulden auch in die Substanz eingreifen müsse (ein durchaus richtiger Grundsatz, der aber sonst im Aufwertungs- und Ablösungsgesetz, insbesondere bei der Aufwertung der Industrieobligationen, keine Beachtung gefunden hat). Der Antrag der Wirtschaftspartei wurde abgelehnt. Es wird sonach, entsprechend dem Wortlaute der Vorschrift, die Leistungsfähigkeit nach jeder Richtung zu prüfen sein, insbesondere dahin, ob eine Gemeinde ohne Gefährdung ihrer wirtschaftlichen Existenz die Substanz ihres Vermögens insoweit heranziehen kann, daß eine schnellere Tilgung erfolgt.

3. Andererseits ist auch den Gemeinden die Möglichkeit gegeben, die Tilgung auf einen längeren Zeitraum als 30 Jahre zu erstrecken (Abs. 3). Die Voraussetzung dafür ist eine zweifache: a) die Erstreckung muß mit Rücksicht auf ihre wirtschaftliche Lage und die Erfüllung ihrer öffentlichen Aufgaben sich als unabweisbar erweisen; durch das Erfordernis der Unabweisbarkeit wird ähnlich wie in § 8 AufwGes., vgl. Anm. 1 dazu, die Anlegung eines strengen Maßstabes geboten. Dazu muß aber kommen: b) daß die Leistungsfähigkeit durch die Vorschriften des Vertrags von Versailles in besonders starkem Maße beeinträchtigt ist. Es genügt also nicht die allgemeine Beeinträchtigung der Wirtschaftslage, die für Deutschland durch den Friedensvertrag und die Reparationsverpflichtungen entstanden ist; vielmehr müssen diese Verhältnisse die in Frage stehende Gemeinde in besonderem Maße, mehr als andere, betroffen haben. Es ist dabei hauptsächlich an die Gemeinden im besetzten Gebiet, einschließlich der Ruhr, gedacht, die durch die Besetzung erheblich schwerere Lasten zu tragen haben oder hatten, als das übrige Deutschland. Die Entscheidung erfolgt auf Antrag des Schuldners (Gemeinde oder Gemeindeverband) durch die oberste Landesbehörde oder die von ihr bestimmte Stelle.

§ 43.

(1) Die ausgelosten Teilbeträge der Ablösungsanleihen, welche gemäß der Vorschrift des § 42 zu tilgen sind, sind durch Barzahlung des Fünffachen ihres Nennwerts einzulösen[1]. Der Einlösungsbetrag ist mit 5 vom Hundert jährlich vom 1. Januar 1926 an bis zum Ende des Jahres, in dem die Teilbeträge ausgelost werden, zu verzinsen; die Zinsen sind bei der Einlösung zu zahlen[2].

(2) Der Einlösungsbetrag ist auf Antrag[2] bis auf das Zehnfache des Nennwerts zu erhöhen, sofern dies dem Anleiheschuldner nach seiner finanziellen Leistungsfähigkeit und unter Berücksichtigung seiner öffentlichen Aufgaben zugemutet werden kann[1]. Dies gilt nicht, soweit die Markanleihen auf Grund des

§ 59 Abs. 3 des Landessteuergesetzes vom 30. März 1920 (RGBl. S. 402)

§ 68 Abs. 3 des Finanzausgleichgesetzes vom 23. Juni 1923 (RGBl. I S. 494)

für Rechnung des Reichs aufgenommen sind[1].

(3) Antragsberechtigt sind der Anleiheschuldner und der Treuhänder (§ 40 Abs. 4)[2]. Der Antrag kann nur innerhalb von 4 Monaten nach dem Inkrafttreten dieses Gesetzes gestellt werden. Der Antrag ist bei der obersten Landesbehörde oder bei der von ihr bestimmten Stelle einzureichen[2].

(4) Die obersten Landesbehörden bezeichnen die Stellen, die für die Entscheidung über den Antrag zuständig sind. Gegen die Entscheidung steht den Antragsberechtigten innerhalb eines Monats nach der Zustellung die Beschwerde an eine kollegiale Behörde zu, die die obersten Landesbehörden bestimmen. Die Entscheidung der kollegialen Behörde ist endgültig. Die Landesregierungen erlassen die näheren Vorschriften über das Verfahren[2].

1. §43 bestimmt über die Einlösung der zum Zwecke der Tilgung gemäß § 42 ausgelosten Ablösungsanleihen der Gemeinden und Gemeindeverbände. Der Einlösungsbetrag ist, wie bei den Ländern (§ 34 Abs. 1 Satz 2) für die Regelfälle auf das Fünffache des Nennwerts festgesetzt (Abs. 1 Satz 1); doch ist eine Erhöhung **bis auf das Zehnfache** vorgeschrieben, sofern dies dem Anleiheschuldner nach seiner finanziellen Leistungsfähigkeit **und unter Berücksichtigung seiner öffentlichen Aufgaben** zugemutet werden kann (Abs. 2 Satz 1). Über den Begriff der finanziellen Leistungsfähigkeit vgl. zu § 42 Anm. 2. Welche öffentlichen Aufgaben den Gemeinden obliegen und welche Mittel ihnen dafür zu Gebote stehen, bestimmt sich nach den Reichs- und Landesgesetzen; darüber hinausgehende freiwillig übernommene Aufgaben werden nicht in Betracht gezogen werden können; auch wird verlangt werden müssen, daß sie von den ihnen zustehenden Besteuerungsrechten in angemessener Weise Gebrauch machen. Ausgeschlossen ist die Erhöhung des Einlösungsbetrags bei denjenigen Anleihen, welche die Gemeinden auf Grund des **Landessteuergesetzes** vom 30. März 1920 und des **Finanzausgleichsgesetzes** vom 23. Juni 1923 für Rechnung des **Reiches** aufgenommen haben. In dem genannten Finanzausgleichgesetze (§ 68 Abs. 3) hatte das Reich eine Anzahl von Ausgaben, die bisher von den Ländern und Gemeinden

geleistet worden waren, insbesondere auf dem Gebiete der Kriegswohlfahrtspflege und Beamtenfürsorge, übernommen mit der Maßgabe, daß es die damit übernommenen Verpflichtungen auch erfüllen könne durch Ermächtigung der Länder und Gemeinden zur Aufnahme von Anleihen für Rechnung des Reiches bis zur Höhe ihrer Ansprüche. Es wurde damals angenommen, daß nach der jeweiligen Lage des Goldmarktes auf diesem Wege unter Umständen günstigere Anleihebedingungen erzielt werden könnten, als im Wege der Aufnahme von Anleihen unmittelbar durch das mit den Reparationsverpflichtungen belastete Reich. Da durch die Erhöhung des Einlösungsbetrags für solche Anleihen das Reich belastet werden würde, ist die Erhöhung ausgeschlossen.

2. Die Erhöhung erfolgt auf Antrag (Abs. 2 Satz 1), den zu stellen außer dem Treuhänder (vgl. zu § 40 Anm. 5) der Anleiheschuldner selbst, also die Gemeinde zu stellen berufen ist, die daran zur Hebung ihres Kredits oder aus sonstigen Gründen ein Interesse haben kann. Für die Stellung des Antrags ist eine Ausschlußfrist von 4 Monaten nach dem Inkrafttreten des Gesetzes, also bis zum 15. November 1925, bestimmt; er ist bei der obersten Landesbehörde einzureichen (Abs. 3). Die Entscheidung steht aber nicht ihr selbst zu, sondern einer von ihr zu bestimmenden Stelle, gegen deren Entscheidung Beschwerde statthaft ist an eine kollegiale Behörde, die gleichfalls von der obersten Landesbehörde bestimmt wird und deren Entscheidung endgültig ist (Abs. 4). Der Rechtsweg ist hiernach ausgeschlossen. Die im Reichstagsausschusse (Bericht S. 10) von dem Abg. Dr. Best geäußerten Bedenken wegen der Unabhängigkeit der zur Entscheidung über den Antrag berufenen Behörden wurden von seiten der Regierung durch den Hinweis darauf zu beschwichtigen versucht, daß die Unabhängigkeit von den jeweiligen politischen und Verwaltungsinstanzen erreicht sei durch die Bestimmung, daß eine kollegiale Behörde zu entscheiden habe; denn es sei ein Grundsatz des Verwaltungsrechts, daß die kollegial zusammengesetzten Behörden nach freiem Ermessen zu entscheiden hätten.

3. Der Einlösungsbetrag ist, wie bei den Anleihen der Länder (vgl. zu § 34 Anm. 2) zu verzinsen mit der Abweichung, daß der Zinssatz statt $4\frac{1}{2}$ v. H. 5 v. H. jährlich beträgt. Die Akkumulierung der Zinsen erfolgt in der gleichen Weise wie dort. (Abs. 1 Satz 2.)

§ 44.

Die Landesregierungen erlassen Bestimmungen über die Art und den Zeitpunkt der Tilgung des Teiles der Ablösungsanleihen, der nicht im Umtausch gegen Markanleihen alten Besitzes ausgegeben wird; sofern die Tilgung mittels Auslosung vorgenommen wird, muß die Einlösung mindestens zum Nennbetrag erfolgen[1].

1. § 44 entspricht vollständig dem § 34 Abs. 2 des Gesetzes; es wird deshalb auf Anmerkung 3 zu § 34 Bezug genommen.

§ 45.

Die Vorschriften der §§ 40 bis 44 finden keine Anwendung auf

1. solche Schuldverpflichtungen der Gemeinden und Gemeindeverbände, die in Mark zu erfüllen sind, deren Höhe aber nach einer anderen Rechnungseinheit als der Mark bestimmt wird,

2. auf solche Schuldverpflichtungen, die Gemeinden und Gemeindeverbände als Inhaber kommunaler Grundkreditanstalten oder als Inhaber solcher öffentlich-rechtlichen Kreditan-

stalten begründet haben, deren Schuldverschreibungen nach § 51 Abs. 3 des Aufwertungsgesetzes vom 16. Juli 1925 auf der Grundlage der §§ 47 bis 50 dieses Gesetzes aufgewertet werden[1].

1. § 45 entspricht dem § 39 Ziff. 2 und 3 des Gesetzes; es wird deshalb auf Anm. 1b und 1c zu § 39 Bezug genommen.

§ 46.

Die Reichsregierung kann mit Zustimmung des Reichsrats die Vorschriften dieses Gesetzes über die Markanleihen der Gemeinden und Gemeindeverbände auf Markanleihen anderer öffentlich-rechtlicher Körperschaften für anwendbar erklären[1].

1. Über den Begriff der öffentlich-rechtlichen Körperschaften (Körperschaften des öffentlichen Rechts) vgl. zu § 33 Aufwertungsgesetz Anm. 6. „Andere" öffentlich-rechtlichen Körperschaften als die Gemeinden sind (abgesehen vom Reiche und den Ländern, die für § 46 nicht in Frage kommen) solche Körperschaften, die auf Grund gesetzlicher Bestimmung öffentliche Aufgaben erfüllen, aber nicht in den Organismus des Reiches, eines Landes, einer Gemeinde oder eines Gemeindeverbandes derart eingegliedert sind, daß sie Teile von deren Rechtspersönlichkeit bilden, die vielmehr selbständige juristische Personen sind. Die Anleihen solcher Körperschaften fallen nicht unter die Vorschriften des Aufwertungsgesetzes über Industrieobligationen und verwandte Schuldverschreibungen (Abschnitt 4), da diese Vorschriften nach § 33 nur Anwendung finden auf juristische Personen des Privatrechts. Dagegen fallen sie an sich, soweit sie von der Körperschaft als Unternehmerin eines wirtschaftlichen Betriebes ausgegeben sind, unter die Vorschriften des 6. Abschnitts (§§ 51 bis 54); falls aber diese Voraussetzung nicht gegeben ist, sofern sie dinglich gesichert sind, unter die Vorschriften des 2. oder 3. Abschnittes über die Aufwertung der Hypotheken und sonstigen dinglichen Rechte, sonst unter die „anderen Vermögensanlagen" im Sinne der §§ 62, 63 Aufwertungsgesetz. Macht aber die Reichsregierung von der ihr in § 46 Ablösungsgesetz erteilten Ermächtigung Gebrauch, so ist die Anwendung des Aufwertungsgesetzes insoweit ausgeschlossen und die Schuldverpflichtungen der Körperschaft sind nach Maßgabe der Vorschriften des Ablösungsgesetzes über die Markanleihen der Gemeinden abzulösen. Das gilt (vorbehaltlich anderer Bestimmung der Reichsregierung) auch dann, wenn die Schuldverschreibungen von den Körperschaften als Unternehmern wirtschaftlicher Betriebe ausgestellt sind; die §§ 51—54 Aufwertungsgesetz finden alsdann gemäß § 54 Ablösungsgesetz keine Anwendung.

Dritter Teil

Schluß- und Strafvorschriften

§ 47.

(1) Der Reichsminister der Finanzen wird ermächtigt, einmalig einen Betrag von hunderfünfzig Millionen Reichsmark zu verausgaben[1].

(2) Aus diesen Mitteln ist bedürftigen (§ 19), im Inland wohnenden deutschen Reichsangehörigen, die Altbesitzanleihen (§§ 0

bis 11) im Gesamtnennbetrage von weniger als 1000 Mark haben, auf Antrag unter Fortfall eines ihnen etwa nach § 5 zustehenden Anspruchs auf Anleiheablösungsschuld eine Barabfindung von 15 Reichsmark für je 100 Mark des Nennbetrags zu gewähren. Die Vorschrift des § 12 Abs. 3 findet entsprechende Anwendung[2].

(3) Von dem hiernach verbleibenden Betrag ist im Inland wohnenden deutschen Reichsangehörigen, die Altbesitzanleihen (§§ 9 bis 11) im Gesamtnennbetrage von weniger als 1000 Mark haben, auf Antrag eine Barabfindung von 8 Reichsmark für je 100 Mark des Nennbetrags zu gewähren, sofern ihr Jahreseinkommen den Betrag von 1500 Reichsmark nicht übersteigt. Die Vorschriften des § 19 Abs. 1 Satz 2 und des § 12 Abs. 3 finden entsprechende Anwendung[3].

(4) Der Restbetrag ist für die Einlösung der Auslosungsrechte, die die öffentlichen oder unter Staatsaufsicht stehenden Sparkassen, die Träger der Reichsversicherung, die reichs- oder landesrechtlich zugelassenen Ersatzkassen sowie die Pensions- und Unterstützungskassen von Berufsverbänden als Anleihealtbesitzer erlangt haben, zu verwenden[4].

1. Der Gesetzgeber hat ersichtlich das Bedürfnis gefühlt, gewisse äußerste Härten, die durch die gleichmäßige Anwendung der Vorschriften über die Ablösung entstehen, durch Aufwendung außerordentlicher Mittel einigermaßen abzumildern. Zu diesem Zwecke ist außer dem Anleihesonderfonds der §§ 28, 29 (vgl. die Anmerkungen dazu) und den für die Wohlfahrtsrente besonders vorbehaltenen Einnahmen (§ 27, vgl. die Anmerkungen dazu) in § 47 eine einmalige Ausgabe von 150 Millionen Reichsmark vorgesehen und der Reichsfinanzminister zur Verausgabung dieses Betrags ermächtigt (Abs. 1). Die Verwendung soll stufenweise zu drei verschiedenen Zwecken erfolgen, die in den Absätzen 2 bis 4 aufgeführt sind.

2. In erster Linie sollen die Mittel dazu Verwendung finden, gewissen Kleinaltbesitzern von Anleihen statt der Anleiheablösungsschuld eine Barabfindung zu gewähren. Aus dem Hinweise auf die §§ 9—11, sowie daraus, daß die Barabfindung an Stelle von Ablösungsschuld gewährt werden soll, ist zu entnehmen, daß es sich nur um den Altbesitz von Anleihen des Reiches, nicht auch der Länder oder Gemeinden handelt, zumal ja auch nur Reichsmittel Verwendung finden. Voraussetzung ist Bedürftigkeit im Sinne des § 19 — vgl. die Anmerkungen dazu —; in der zweiten Lesung im Reichstagsausschusse war diese Voraussetzung gestrichen, sie wurde aber bei der dritten Lesung wiederhergestellt (Bericht S. 18/19, 20); ferner Wohnsitz im Inlande und Reichsangehörigkeit; außerdem Altbesitz im Sinne der §§ 9—11 (vgl. die Anmerkungen dazu), der insgesamt weniger als 1000 Mark Nennbetrag ausmacht, für den also der Gläubiger eine Ablösungsschuld von höchstens 12,50 Reichsmark erhalten könnte (§ 5 Abs. 1 und 2). Auf Grund dieser Ablösungsschuld würde er Anspruch haben auf ein Auslosungsrecht im gleichen Betrage (§ 12) und auf eine Vorzugsrente in Höhe von jährlich 10 Reichsmark. Es ist ihm zur Wahl gestellt, statt dessen die Barabfindung von 15 v. H. des Nennbetrags seines Altbesitzes, also, falls er 900 Mark besitzt, 135 Reichsmark in bar zu erhalten. Die Barabfindung wird aber auch denen gewährt, die weniger als 500 Mark Altbesitzanleihen haben und deshalb keine Ablösungsschuld, infolgedessen weder Auslosungsrecht noch Vorzugsrente erhalten könnten (vgl. Anm. 3 zu § 5);

für diese hat sie besonderen Wert. Der Antrag kann nur innerhalb einer Frist gestellt werden, die der Reichsfinanzminister bestimmt (Abs. 2 Satz 2 in Verbindung mit § 12 Abs. 3). Besitzt ein bedürftiger Altbesitzer mehr als 999 Mark, so wird es ihm freistehen, auf den Mehrbetrag zu verzichten oder sich seiner zu entledigen, um die Barabfindung zu erhalten. Die entsprechende Anwendung des § 12 Abs. 3 bedeutet, daß der Antrag auf Gewährung der Barabfindung nur innerhalb einer von dem Reichsfinanzminister zu bestimmenden Frist gestellt werden kann.

3. Soweit nach der in Anm. 2 erörterten Abfindung von den 150 Millionen noch etwas übrig bleibt, soll der verbleibende Betrag zu einer weiteren Barabfindung von Kleinaltbesitzern verwendet werden (Abs. 3), die Voraussetzungen sind die gleichen, — Wohnsitz im Inland, Reichsangehörigkeit, Altbesitz von weniger als 1000 Mark — nur daß an Stelle der „Bedürftigkeit", die ein Einkommen von nicht mehr als 800 RM. voraussetzt, eine Einkommensgrenze von 1500 RM. tritt, bei deren Berechnung die Vorschriften des § 19 Abs. 1 Satz 2 (vgl. die Anmerkung dazu) entsprechende Anwendung finden (Schlußsatz). Auch in diesem Falle ist der Antrag innerhalb einer von dem Reichsfinanzminister zu bestimmenden Frist zu stellen (Schlußsatz in Verbindung mit § 12 Abs. 3). Nicht wiederholt ist im Abs. 3, daß ein dem Altbesitzer etwa zustehender Anspruch auf Ablösungsschuld fortfällt, wenn die Barabfindung gewährt wird; doch ergibt sich das von selbst aus dem Begriffe der „Abfindung".

4. In dritter Linie sollen aus den 150 Millionen RM. bedacht werden die öffentlichen oder unter Staatsaufsicht stehenden Sparkassen, die Träger der Reichsversicherung und die sonstigen in Abs. 4 genannten Kassen. Wegen des Begriffs der öffentlichen usw. Sparkassen vgl. zu § 55 Aufwertungsgesetz Anm. 2. Die Träger der Reichsversicherung sind die Krankenkassen, Berufsgenossenschaften, Anstalten der Invaliditätsversicherung; ihnen sind gleichgestellt die reichs- oder landesgesetzlich zugelassenen Ersatzkassen. Wegen der „Pensions- und Unterstützungskassen von Berufsverbänden" vgl. zu § 29 Anm. 1. Nicht besonders genannt sind hier die in § 29 erwähnten „Zuschuß-, Pensions- und Werkkassen"; vgl. a. a. O. Der nach Erledigung der Barabfindungen gemäß Abs. 2 und 3 etwa noch übrig bleibende Betrag soll verwendet werden zur Einlösung der Auslosungsrechte dieser Kassen; für die Art und Weise, in welcher die Einlösung zu erfolgen hat, gilt das darüber in Anm. 1 zu § 29 Gesagte. Soweit zur vollen Einlösung der Restbetrag der 150 Millionen nicht ausreicht, tritt hilfsweise der freilich etwas problematische Anleihesonderfonds der §§ 28, 29 ein, an dem die genannten Kassen in erster Linie beteiligt werden.

§ 48.

Die Reichsregierung erläßt unbeschadet der §§ 49 und 50[1] mit Zustimmung des Reichsrats die für die Durchführung dieses Gesetzes erforderlichen Rechtsverordnungen und allgemeinen Verwaltungsvorschriften[1]. Durch diese Bestimmungen können insbesondere[2]

1. Stellen mit der Durchführung dieses Gesetzes, besonders mit dem Umtausch der Markanleihen des Reichs und mit der Entscheidung über die Gewährung von Auslosungsrechten und Vorzugsrenten beauftragt werden[2a];
2. die mit der Durchführung dieses Gesetzes beauftragten Stellen für zuständig erklärt werden, Versicherungen an Eides Statt entgegenzunehmen und die Amtsgerichte um eidliche Vernehmungen zu ersuchen[2b];

3. die mit der Durchführung dieses Gesetzes beauftragten Stellen zur Einsichtnahme in die Geschäftsbücher und Geschäftspapiere von Personen, die die Aufbewahrung von Wertpapieren oder ihren Ankauf und Verkauf für fremde Rechnung gewerbsmäßig betreiben, ermächtigt werden[2b];
4. den in Ziffer 3 bezeichneten Personen Verpflichtungen auferlegt werden, Behörden und Privatpersonen Auskünfte und Bescheinigungen zu erteilen, die für die Durchführung dieses Gesetzes, insbesondere für die Geltendmachung oder Prüfung von Ansprüchen, die auf Grund der Vorschriften dieses Gesetzes erhoben werden, erheblich sind[2c];
5. Vorschriften über die Geltendmachung der durch dieses Gesetz begründeten Ansprüche getroffen werden[2d];
6. Verstöße gegen die Durchführungsvorschriften mit Geldstrafe bis zu 10 000 Reichsmark und mit Gefängnis bis zu drei Monaten oder mit einer dieser Strafen bedroht werden[2e].

1. Wie die Vorschriften des Aufwertungsgesetzes, so bedürfen auch diejenigen des Ablösungsgesetzes, um in praktische Wirksamkeit treten zu können, in vielen Beziehungen der Ergänzung im Wege von **Durchführungsverordnungen.** Die Reichsregierung ist deshalb in § 48 beauftragt (nicht nur ermächtigt) worden, die für die Durchführung des Gesetzes erforderlichen Rechtsverordnungen und allgemeinen Verwaltungsvorschriften zu erlassen. Über den Unterschied zwischen diesen beiden Arten von Vorschriften vgl. zu § 88 Aufwertungsgesetz Anm. 3. Daß sie keine Abweichungen vom Ablösungsgesetze enthalten dürfen, folgt daraus, daß sie zu dessen Durchführung bestimmt sind. Gewisse Bestimmungen sind in Satz 2 unter Ziff. 1—6 als zulässig ausdrücklich aufgeführt; dadurch wird aber der zulässige Inhalt nicht erschöpft; es liegt im Ermessen der Reichsregierung, ihn innerhalb der ebenerwähnten Schranken zu bestimmen. Insbesondere können die Bestimmungen als Rechtsverordnungen Abweichungen von anderen Gesetzen wirksam anordnen. Der Erlaß der Vorschriften erfolgt „unbeschadet der §§ 49 und 50". In § 49 ist dem Reichsfinanzminister die Ermächtigung zu gewissen Anordnungen und Rechtshandlungen erteilt; in diese Zuständigkeit sollen die Vorschriften der Reichsregierung nicht eingreifen. § 50 gibt der Regierung die Ermächtigung zur Ausübung eines Vergeltungsrechts gegen Ausländer; der hierauf bezügliche Vorbehalt soll wohl bedeuten, daß insoweit die Reichsregierung auch Vorschriften erlassen kann, die von den sonstigen Vorschriften des Ablösungsgesetzes abweichen, und daß sie diese Vorschriften ohne die im übrigen erforderliche Zustimmung des Reichsrats erlassen kann. — Auf Grund des ihr in § 48 erteilten Auftrags und der ihr dort erteilten Ermächtigungen hat die Reichsregierung die erste Durchführungsverordnung vom 8. September 1925 (abgedruckt als Anhang XV 2) erlassen, deren Bestimmungen im einzelnen in den Anmerkungen zu den in Betracht kommenden Paragraphen angeführt und erläutert sind.

2. Zu den in Satz 2 unter Ziffer 1—6 der Reichsregierung erteilten besonderen Ermächtigungen ist folgendes zu bemerken:

a) (Zu Ziffer 1): Die mit der Durchführung des Gesetzes zu beauftragenden „Stellen" brauchen keine behördlichen Stellen zu sein; es können auch Private, namentlich Banken und ähnliche Anstalten, aber auch einzelne mit der Durchführung einzelner Bestimmungen beauftragt oder zur Hilfeleistung dabei herangezogen werden.

Dementsprechend sind in der ersten DurchfVO. private Stellen als Vermittelungsstellen für den Umtausch der Markanleihen bestimmt (vgl. zu § 6 Anm. 4). Ferner sind auf Grund dieser Vorschrift in der I. DurchfVO. die Behörden für das Umtauschverfahren (vgl. zu § 6 Anm. 4) und für die Entscheidung über die Gewährung von Auslosungsrechten (vgl. zu § 12 Anm. 5) und von Vorzugsrenten (vgl. zu § 18 Anm. 3) bezeichnet und ihr Wirkungskreis sowie ihr Verfahren geregelt.

b) Nach Ziffer 2 und 3 können die mit der Durchführung des Gesetzes beauftragten Stellen zu gewissen prozessualen Handlungen, die sonst nur den Gerichten zustehen, ermächtigt werden, nämlich zur Entgegennahme von eidesstattlichen Versicherungen, Ersuchen der Amtsgerichte um eidliche Vernehmungen (also nicht dazu, selbst solche Vernehmungen vorzunehmen), sowie zur Einsichtnahme in Geschäftsbücher und Geschäftspapiere der in Ziff. 3 bezeichneten Personen. Davon hat die I. DurchfVO. für die Behörden zur Entscheidung über die Gewährung von Auslosungsrechten Gebrauch gemacht; vgl. zu § 12 Anm. 5a.

c) Nach Ziffer 4 können den in Ziff. 3 bezeichneten Personen durch die Bestimmungen der Reichsregierung Verpflichtungen auferlegt werden in Bezug auf die Erteilung von Bescheinigungen usw., die für die Durchführung des Gesetzes erforderlich sind. Es handelt sich dabei hauptsächlich um die Mitwirkung der Banken bei der Feststellung des Altbesitzes. Auch hiervon ist in gleicher Weise, wie zu Ziff. 2, 3 (vgl. unter b) Gebrauch gemacht.

d) Von besonderer Wichtigkeit ist Ziffer 5, der zufolge die Reichsregierung ermächtigt ist, Vorschriften über die Geltendmachung der durch das Gesetz begründeten Ansprüche zu treffen. Diese Vorschriften können sich auf die Fristen und Formen dieser Geltendmachung beziehen, soweit nicht die Bestimmung darüber im Gesetze selbst enthalten oder bereits einzelnen Stellen, insbesondere in § 49 und sonst (§ 6 Satz 3, 12 Abs. 3) dem Reichsfinanzminister übertragen ist. Sie können aber auch den ordentlichen Rechtsweg, der an sich, da es sich um ein privatrechtliches Verhältnis zwischen dem Reiche und seinen Gläubigern handelt, zulässig und durch das Gesetz selbst nicht ausgeschlossen ist (vgl. Anm. 2 zu § 1) einschränken oder ausschließen. Das ist geschehen in § 6 der ersten Durchführungsverordnung; vgl. Näheres in Anm. 2 zu § 1.

e) (Ziffer 6): Die Reichsregierung kann Zuwiderhandlungen gegen die von ihr erlassenen Durchführungsvorschriften mit Strafen innerhalb der in Ziff. 6 genannten Grenzen bedrohen. Das hat sie getan in § 57 der I. DurchfVO. für Zuwiderhandlungen gegen die Bestimmungen in § 27 Abs. 3 und § 28 Abs. 3 der VO. über die Verpflichtungen zur Auskunfterteilung und zur Vorlegung von Urkunden, Schriftstücken und Geschäftsbüchern und zur Gestattung der Einsichtnahme in diese; ferner in § 58 VO. zur Ergänzung der Strafvorschrift in § 57 des Gesetzes; vgl. Anm. 1 zu diesem Paragraphen.

§ 49.

Der Reichsminister der Finanzen wird ermächtigt[1],

1. in besonderen Fällen aus Gründen der Billigkeit auch dann den Umtausch von Markanleihen des Reichs vorzunehmen oder Auslosungsrechte zu gewähren, wenn die in den §§ 6 und 12 vorgesehenen Fristen nicht eingehalten werden[1a];
2. zu bestimmen, daß die Schuldbuchforderungen von Markanleihen des Reichs von Amts wegen in Schuldbuchforderungen der Anleiheablösungsschuld umgetauscht werden; wird dieses bestimmt, so gilt der erste Tag der im § 6 bezeichneten Frist

für die Schuldbuchforderungen als Zeitpunkt der Anmeldung[1b];

3. zu bestimmen, daß den Anleihealtbesitzern von Schuldbuchforderungen die Auslosungsrechte von Amts wegen zu gewähren sind[1b];

4. Grundsätze für die Führung des Nachweises aufzustellen, daß Schuldverschreibungen, Schatzanweisungen oder Schuldbuchforderungen von Markanleihen des Reichs Altbesitzanleihen sind. Der Beweis durch Urkunden darf nicht beschränkt werden[1c].

Die Reichsschuldenverwaltung wird ermächtigt, Schuldverschreibungen der Anleiheablösungsschuld und Auslosungsscheine den mit der Ausreichung beauftragten Stellen in Höhe des voraussichtlichen Bedarfs im voraus zur Verfügung zu stellen[2].

1. Dem Reichsminister der Finanzen sind bereits in mehreren vorhergehenden Paragraphen (§§ 6 Satz 3, 10 Abs. 2, 18 Abs. 2, 21 Abs. 3) Ermächtigungen zur Vornahme von Rechtshandlungen und zum Erlaß von Bestimmungen, die sich auf die Ablösung der Reichsanleihen beziehen, erteilt. In § 49 werden ihm weitere Ermächtigungen dieser Art erteilt. Im einzelnen ist dazu folgendes zu bemerken:

a) (Ziffer 1): Umtausch von Anleihen (§ 1) und Gewährung von Auslosungsrechten (§ 12) trotz Nichteinhaltung der für die Anmeldung (§ 6) bzw. den Antrag (§ 12 Abs. 3) bestimmten Fristen. Der Umtausch und die Gewährung kann, wenn die Fristen versäumt sind, nicht durch die sonst dafür zuständigen Stellen (vgl. zu § 48 Anm. 2a), sondern nur durch den Minister erfolgen; bestimmte Wiedereinsetzungsgründe sind nicht vorgesehen, doch soll die Gewährung nur in besonderen Fällen aus Gründen der Billigkeit erfolgen; ob diese Voraussetzungen vorliegen, ist dem pflichtmäßigen Ermessen des Reichsfinanzministers anheimgegeben.

b) (Ziffer 2 und 3): Für den Umtausch von Schuldbuchforderungen statt des in § 6 vorgeschriebenen Anmeldungsverfahrens Bestimmung des Umtausches von Amts wegen. Für diesen Fall ist bestimmt, daß der erste Tag der im § 6 bezeichneten, für die Anmeldung bestimmten Frist als Tag der Anmeldung gilt, was von Bedeutung ist für die Feststellung der für den Altbesitz erforderlichen ununterbrochenen Fortdauer des Besitzes bis zur Anmeldung (§ 9). Gleiche Bestimmung für die Gewährung der Auslosungsrechte an Altbesitzer von Schuldbuchforderungen (§ 12). Hiervon hat statt des Reichsfinanzministers die Reichsregierung in der I. DurchfVO. Gebrauch gemacht; vgl. zu § 6 Anm. 1 und zu § 12 Anm. 5a.

c) (Ziffer 4): Der in § 9 (vgl. Anmerkung dazu) erforderte Nachweis des Erwerbs vor dem 1. Juli 1920 kann an sich durch alle Beweismittel geführt werden und unterliegt der freien Beweiswürdigung der Entscheidungsstelle. Das kann der Reichsfinanzminister ändern durch Aufstellung von Grundsätzen für die Führung des Nachweises, namentlich auch durch Einschränkung des Zeugenbeweises oder Ausschließung sonstiger Beweismittel; nur der Beweis durch Urkunden darf nicht beschränkt werden. Auf Grund dieser Ermächtigung hat der Reichsminister der Finanzen in seiner ersten AusfVO. (Anhang XV3) in § 4 für den Fall der Übertragung einer Schuldbuchforderung auf Antrag des jetzigen Gläubigers auf sein Konto von einem anderen Konto, auf dem er als zweite Person eingetragen war, eine Vermutung dahin aufgestellt, daß die Übertragung auf Grund eines Erwerbs von Todes wegen erfolgt ist. Es ist hierdurch der Tatsache Rechnung getragen, daß die Bezeichnung einer zweiten Person als verfügungsberechtigt über ein Konto in der Regel in dem Sinne erfolgt, daß diese nach dem Tode des Erstberechtigten über das Konto verfügen soll.

2. § 49 enthält ferner noch eine zur Beschleunigung des Verfahrens dienende Ermächtigung der Reichsschuldenverwaltung, die sonst die Schuldverschreibungen der Ablösungsschuld und die Auslosungsscheine nur Zug um Zug gegen Einlieferung der Markanleihen ausreichen dürfte, solche Urkunden im voraus auf Vorrat den mit der Ausreichung an die Gläubiger beauftragteu Stellen zur Verfügung zu stellen. Hiervon ist Gebrauch gemacht für die Ersatzurkunden in § 22 Abs. 2 der I. DurchfVO.

§ 50[1].

(1) Soweit Reichsangehörige in einem fremden Staate hinsichtlich der Ablösung öffentlicher Anleihen ungünstiger behandelt werden als seine Staatsangehörigen, wird die Reichsregierung ermächtigt, eine entsprechende unterschiedliche Behandlung der Angehörigen dieses Staates durch Verordnung zu bestimmen.

(2) Sofern nach der Gesetzgebung eines fremden Staates dieser Staat oder seine öffentlich-rechtlichen Körperschaften nicht verpflichtet sind, Reichsangehörigen eine höhere Ablösung ihrer Anleihen zu gewähren, als die, welche ihnen im Deutschen Reiche unter den gleichen Bedingungen auf Grund der deutschen Bestimmungen zufallen würde, wird die Reichsregierung ermächtigt, einem solchen Staate gegenüber durch Verordnung eine entsprechende Regelung zu treffen.

(3) Die Reichsregierung wird ermächtigt, die Ablösung der Markanleihen des Reichs, der Länder, der Gemeinden und Gemeindeverbände zugunsten der Angehörigen solcher Staaten auszuschließen, nach deren Recht Markanleihen öffentlich-rechtlicher Körperschaften einer Aufwertung oder Ablösung nicht unterliegen.

1. Das in § 50 der Reichsregierung verliehene Vergeltungsrecht Ausländern gegenüber bei der Ablösung von öffentlichen Anleihen entspricht dem in § 86 Aufwertungsgesetz hinsichtlich der Aufwertung von Ansprüchen gegen Privatschuldner gewährten Vergeltungsrechte (Fremdenrecht). Es kann deshalb auf die Anmerkungen zu § 86 Aufwertungsgesetz Bezug genommen werden.

§ 51.

Die Länder werden ermächtigt, die näheren Bestimmungen über die Ablösung der Markanleihen der Länder, Gemeinden und Gemeindeverbände zu treffen[1]. Sie können insbesondere Vorschriften über die Geltendmachung der durch den Zweiten Teil dieses Gesetzes begründeten Ansprüche erlassen und die Bestimmung von Ausschlußfristen für die Erhebung dieser Ansprüche gestatten[1]. Die Vorschrift des § 49 Ziffer 4 Satz 2 gilt entsprechend[1].

1. Für die Ablösung der Markanleihen der Länder, Gemeinden und Gemeindeverbände ist in § 50 den Ländern der Erlaß „der näheren Bestimmungen“ vorbehalten. Diese Bestimmungen können Rechtsverordnungen und Ver-

waltungsvorschriften (vgl. über den Unterschied Anm. 3 zu § 88 Aufwertungsgesetz) enthalten; je nachdem werden sie von den nach Maßgabe der Staatsverfassung des einzelnen Landes zuständigen Organen der Gesetzgebung oder der Verwaltung zu erlassen sein. Abweichungen von Vorschriften des Ablösungsgesetzes dürfen sie nicht enthalten; doch dürfen sie in andere Gesetze, auch in Reichsgesetze, insbesondere in das allgemeine bürgerliche Recht und das Prozeßrecht eingreifen. Auf Grund des in §§ 30 Abs. 2, 40 Abs. 2 enthaltenen Vorbehalts einer „weitergehenden landesgesetzlichen Regelung" — vgl. § 30 Anm. 6 — können sie eine weitergehende Ablösung oder sonstige Aufwertung der Länder- und Gemeindeanleihen vorschreiben; nicht aber eine geringere. Doch dürfen sie auf Grund der besonderen Vorschriften des Satzes 2 die Rechte der Gläubiger über das, was im Gesetze bestimmt ist, hinaus einschränken dadurch, daß sie Vorschriften über die Geltendmachung der durch den zweiten Teil des Gesetzes begründeten Ansprüche erlassen (vgl. zu § 48 Ziff. 5 Anm. 2), also auch den Rechtsweg einschränken oder ausschließen und die Beweismittel einschränken; jedoch nicht den Beweis durch Urkunden beschränken (§ 51 Schlußsatz in Verbindung mit § 49 Ziff. 4 Satz 2); ferner dadurch, daß sie die Bestimmung von Ausschlußfristen für die Erhebung der Ansprüche „gestatten", d. h. die Bestimmung solcher Fristen durch ihnen unterstehende Organe, insbesondere für Gemeindeanleihen durch die Gemeinden, zulassen; auch werden sie nicht gehindert sein, selbst solche Ausschlußfristen zu bestimmen.

§ 52.

(1) Auf das Aufgebotsverfahren zum Zwecke der Kraftloserklärung von umzutauschenden Schuldurkunden der Markanleihen finden die Vorschriften der §§ 1010 bis 1014 der Zivilprozeßordnung keine Anwendung[1]. Der Aufgebotstermin soll, unbeschadet der Vorschrift des § 1015 der Zivilprozeßordnung, nicht über das Ende der in den §§ 6 und 51 vorgesehenen Fristen hinaus anberaumt werden[1].

(2) Wer vor dem Ablauf der im § 6 vorgesehenen Frist das Aufgebotsverfahren zum Zwecke der Kraftloserklärung von umzutauschenden Schuldurkunden der Markanleihen des Reichs beantragt, das Ausschlußurteil aber erst einen Monat vor diesem Zeitpunkt oder später erwirkt, kann die Zuteilung der Anleiheablösungsschuld auf die für kraftlos erklärten Schuldurkunden sowie die Gewährung eines auf diese gegründeten Auslosungsrechts innerhalb von drei Monaten nach Rechtskraft des Ausschlußurteils verlangen[2].

1. Die **Kraftloserklärung** abhanden gekommener oder vernichteter Schuldurkunden der Markanleihen (§§ 1, 2) kann nach § 799 BGB. im Wege des Aufgebots erfolgen, soweit sie auf den Inhaber gestellt sind. Das Verfahren richtet sich nach den Vorschriften der §§ 1003—1024 ZPO.; doch sollen nach Abs. 1 des § 52 auf solche Schuldurkunden, die der Ablösung im Wege des Umtausches unterliegen (§§ 1—3), die Vorschriften der §§ 1010—1014 ZPO. keine Anwendung finden. Diese Vorschriften betreffen die Bestimmung des Aufgebotstermines bei Wertpapieren, für welche von Zeit zu Zeit Zins-, Renten- oder Gewinnanteilscheine ausgegeben werden, und gehen dahin, daß der Aufgebotstermin so bestimmt werden muß, daß bis zu demselben der

erste einer Reihe von solchen Scheinen, die seit der Zeit, für welche der Verlust der Urkunde glaubhaft gemacht ist, neu ausgegeben worden sind (§ 1010), oder, wenn zuletzt Scheine für länger als 4 Jahre ausgegeben sind, von den zuletzt ausgegebenen Scheinen solche für 4 Jahre fällig geworden (§ 1011) und seit der Fälligkeit sechs Monate verstrichen sind. Durch diese Hinausschiebung des Aufgebotstermines und des Ausschlußurteils soll eine möglichst sichere Vermutung dafür geschaffen werden, daß die Schuldurkunden nicht in die Hände eines gutgläubigen Dritten gelangt sind, da anzunehmen ist, daß ein solcher bis dahin den Erneuerungsschein (Talon) oder einen oder mehrere Zins- usw. Scheine zur Einlösung vorgelegt haben würde. Bei Aufrechterhaltung dieser Vorschriften für Schuldurkunden von Markanleihen, die in Ablösungsschuld oder Ablösungsanleihen umzutauschen sind, würde eine erhebliche, über Jahre hinausgehende Verzögerung der vollständigen Abwickelung des Umtauschgeschäftes entstanden sein. Deshalb hat § 52 Abs. 1 diese Vorschriften insoweit außer Kraft gesetzt (Satz 1) und an ihrer Stelle (Satz 2) bestimmt, daß der Aufgebotstermin nicht über das Ende der in den §§ 6 und 51 vorgesehenen Fristen hinaus bestimmt werden soll. Es konnte das deshalb unbedenklich geschehen, weil ein gutgläubiger Dritter, in dessen Hände etwa die Schuldurkunden gelangt sein könnten, sie innerhalb der bezeichneten Fristen seinerseits zum Umtausch anmelden müßte, andernfalls keine Ansprüche aus ihnen mehr geltend machen könnte (§§ 6, 51). Die bezeichneten Fristen sind diejenigen Ausschlußfristen, die für Markanleihen des Reiches der Reichsfinanzminister zu bestimmen hat, für Markanleihen der Länder und Gemeinden die Länder bestimmen oder bestimmen lassen können. Jedoch gilt die Vorschrift des Satzes 2 nur unbeschadet des § 1015 ZPO., wo bestimmt ist, daß die Aufgebotsfrist mindestens 6 Monate betragen muß. Da nun die bezeichneten Fristen in der Regel nicht über 6 Monate hinausgehen werden (vgl. Anm. 4 zu § 6), wird die Vorschrift des Satzes 2 in den meisten Fällen nicht eingehalten werden können. Soweit für die Länder Ausschlußfristen nicht bestimmt werden, kann Satz 2 keine Anwendung finden; doch ist auch in diesem Falle die Bestimmung des Aufgebotstermines nicht an die Vorschriften der §§ 1010—1014 ZPO. gebunden.

2. Ungeachtet der in Abs. 1 angeordneten kurzfristigen Anberaumung des Aufgebotstermines wird häufig das Ausschlußurteil nicht so rechtzeitig erwirkt werden können, daß noch innerhalb der für den Umtausch bestimmten Ausschlußfrist die Anmeldung der für kraftlos erklärten Schuldverschreibung durch denjenigen, der das Ausschlußurteil erwirkt hat, zum Umtausch stattfinden kann. In Berücksichtigung dieser Schwierigkeit bestimmt Abs. 2 für Markanleihen des Reiches, daß die Zuteilung der Ablösungsschuld auf eine für kraftlos erklärte Schuldurkunde und die Gewährung eines auf diese gegründeten Auslosungsrechts noch innerhalb von drei Monaten nach Rechtskraft des Ausschlußurteils verlangt werden kann, falls das Aufgebotsverfahren innerhalb der Ausschlußfrist des § 6 beantragt war, das Ausschlußurteil aber nicht früher als einen Monat vor dem Ablaufe der Frist „erwirkt" worden ist. Ob die Verzögerung von dem Antragsteller selbst veranlaßt war (z. B. dadurch, daß er in dem ersten Aufgebotstermin nicht erschienen ist und auch vorher keinen Antrag auf Erlaß des Ausschlußurteils gestellt hatte, § 954 ZPO.) ist unerheblich. Für die Anleihen der Länder und Gemeinden ist eine entsprechende Vorschrift im Gesetze nicht getroffen; es steht aber den Ländern gemäß § 51 (vgl. die Anmerkung dazu) frei, eine entsprechende Regelung zu treffen. — Das „Verlangen" des Umtausches wird innerhalb der Frist von drei Monaten nach Rechtskraft des Ausschlußurteils, die mit dessen Verkündung eintritt (§ 957 ZPO.), durch Anmeldung nach § 6 zu stellen sein; innerhalb dieser Frist muß aber auch der Antrag auf Gewährung des Auslosungsrechts gemäß § 12 Abs. 1 Satz 1, Abs. 3 gestellt sein, falls Anspruch auf ein solches erhoben wird.

§ 53.

Das Gesetz, betreffend die Beseitigung kleiner im Reichsschuldbuch eingetragener Forderungen, vom 19. Mai 1923 (Reichsgesetzbl. I S. 296) wird aufgehoben[1]. Soweit auf Grund dieses Gesetzes Schuldbuchforderungen gelöscht worden sind, ohne daß dafür eine Ausreichung von Schuldverschreibungen stattgefunden hat, gelten die Löschungen als nicht erfolgt[1].

1. Um die Überlastung des Reichsschuldbuches mit kleinen Papiermarkforderungen gegen das Reich, die, da eine Aufwertung damals für unmöglich erklärt wurde (vgl. die Einleitung unter IV S. 15), als wertlos angesehen wurden, zu vermeiden, wurde durch das in § 53 bezeichnete Gesetz der Reichsfinanzminister unter anderem ermächtigt, die Löschung eingetragener Schuldbuchforderungen, bis zu einer von ihm zu bestimmenden Mindesthöhe, die jedoch ohne Zustimmung des Reichsrats 5000 Mark nicht übersteigen sollte, gegen Ausreichung von (Papiermark-) Schuldverbungen anzuordnen; ferner aber den Gläubigern statt der Schuldverschreischreibungen die Auszahlung eines Barbetrags anzubieten. Im letzteren Falle galt das Angebot als angenommen, wenn nicht innerhalb einer bestimmten Frist nach der Bekanntmachung ein Antrag auf Ausreichung von Schuldverschreibungen gestellt war, und es erfolgte dann die Löschung der Forderungen ohne solche Ausreichung. Es wäre höchst unbillig gewesen, den Gläubigern der auf diese Weise beseitigten Schuldbuchforderungen die durch die neue Gesetzgebung gebotene Möglichkeit einer Aufwertung im Wege der Ablösung zu entziehen. Deshalb wird in § 53 das bezeichnete Gesetz aufgehoben und zwar mit rückwirkender Kraft insofern als, soweit auf Grund dieses Gesetzes die Löschung von Schuldbuchforderungen ohne Ausreichung von Schuldverschreibungen stattgefunden hat, die Löschungen als nicht erfolgt gelten. Die Eintragungen der gelöschten Schuldbuchforderungen treten dadurch, ohne daß es einer Neueintragung bedarf, wieder in Kraft; die Gläubiger können sie zum Umtausche in der gleichen Weise anmelden, als wenn die Löschung nicht erfolgt wäre, und müssen das innerhalb der Anmeldungsfrist tun, soweit nicht gemäß § 49 Ziff. 2 (vgl. Anm. 1b) dazu bestimmt ist, daß der Umtausch von Amts wegen zu erfolgen hat. Die Annahme des Angebots der Barzahlung und der Auszahlung des Barbetrags steht dem Umtausch nicht entgegen; eine Auszahlung dürfte übrigens kaum stattgefunden haben, da die in der Regel in Frage kommenden Beträge (für jede einzelne Schuldbuchforderung nicht mehr als 5000 Papiermark) in Zahlungsmitteln wohl meist nicht mehr darstellbar gewesen sein werden. Aus diesen Gründen wird auch ein „Bereicherungsanspruch" des Reiches auf Rückzahlung wohl nicht praktisch werden.

§ 54.

Die §§ 51 bis 54 des Aufwertungsgesetzes vom 16. Juli 1925 finden auf die Markanleihen, die auf Grund dieses Gesetzes in Ablösungsanleihen umzutauschen sind, keine Anwendung[1].

1. Vgl. vor § 51 Aufwertungsgesetz Anm. 2. — Nach der 3. StNVO. wurden auch die Schuldverschreibungen (Anleihen) von juristischen Personen des öffentlichen Rechts, einschließlich des Staates (des Reichs und der Länder) und der Gemeinden, in der gleichen Weise, wie die Schuldverschreibungen privatrechtlicher Schuldner, nämlich auf einen bestimmten Hundertsatz ihres Goldmarkbetrags, und zwar auf 15 v. H., aufgewertet, sofern sie von dem öffentlich-rechtlichen Schuldner als Unternehmer eines wirtschaftlichen Betriebes ausgegeben waren.

Das war in § 1 Abs. 2 Ziff. 8 in Verbindung mit § 4 vorgeschrieben. Diese Vorschriften hatten als lex specialis den Vorrang vor der allgemeinen Vorschrift des § 16 über „öffentliche Anleihen". Zweifelhaft konnte sein, in welchen Fällen ein von der sonstigen Staats- oder Gemeindeverwaltung gesonderter wirtschaftlicher Betrieb vorlag, für den besondere Schuldverschreibungen ausgegeben wurden; vgl. darüber in der ersten Auflage dieses Buches Anm. 16 zu § 1. Die Entscheidung darüber war übrigens dem Reichsminister der Justiz mit Zustimmung des Reichsrats vorbehalten. Auch nach der jetzt geltenden Aufwertungsgesetzgebung würden, falls keine besondere Vorschrift bestände, die Vorschriften des Aufwertungsgesetzes über die Aufwertung von Schuldverschreibungen, die von juristischen Personen des öffentlichen Rechts als Unternehmern wirtschaftlicher Betriebe ausgestellt sind, nach allgemeinen Auslegungsregeln als das speziellere Gesetz den Vorschriften vorgehen, die das Ablösungsgesetz über die Aufwertung (Ablösung) der Schuldverschreibungen gewisser Arten von öffentlichen Schuldnern (des Reichs, der Länder und Gemeinden) im allgemeinen aufstellt. Dieses Verhältnis wird in sein Gegenteil umgekehrt durch die Vorschrift des § 54 Ablösungsgesetz, demzufolge die §§ 51—54 Aufwertungsgesetz, welche die Aufwertung von Schuldverschreibungen juristischer Personen des öffentlichen Rechts als Unternehmer wirtschaftlicher Betriebe regeln, keine Anwendung finden auf die Markanleihen, die auf Grund des Ablösungsgesetzes in Ablösungsanleihen umzuwandeln sind. Unter „Ablösungsanleihen" wird hier die „Ablösungsschuld" des Reichs mitzuverstehen sein, die allerdings sonst im Gesetze den „Ablösungsanleihen" der Länder gegenübergestellt ist. Sonach können die §§ 51—54 Aufwertungsgesetz (abgesehen von der gleich zu erwähnenden Ausnahme) keine Anwendung finden auf die Anleihen des Reichs, der Länder und der Gemeinden, da diese auf Grund des Ablösungsgesetzes in Ablösungsanleihen umzutauschen sind. Diese sind also auch dann nicht nach den §§ 51—54 aufzuwerten, sondern nach dem Ablösungsgesetze in Ablösungsanleihen umzutauschen, wenn sie von den genannten öffentlich-rechtlichen Schuldnern als Unternehmern wirtschaftlicher Betriebe — also vom Reiche oder Lande für seine Eisenbahnen, Bergwerke, Kraftwerke u. dgl., von den Gemeinden für Wasserwerke, Gaswerke, Schlachthöfe, Elektrizitätswerke und ähnliche werbende Betriebe — ausgegeben sind, und zwar ohne Unterschied ob sie durch Hypothek gesichert sind oder nicht. Eine Ausnahme besteht nur für die in § 39 Ziff. 3 bezeichneten Schuldverpflichtungen der Länder und die in § 45 Ziff. 2 bezeichneten Schuldverpflichtungen der Gemeinden, die nach Art der Pfandbriefe aufgewertet werden, da auf sie die Vorschriften des Ablösungsgesetzes nach § 39 bzw. 45 keine Anwendung finden. Vgl. Näheres zu § 39 Anm. 1 unter c.

§ 55[1].

Wer den Durchführungsbestimmungen des im § 48 Ziffer 4 bezeichneten Inhalts zuwiderhandelt, obwohl ihm die Erteilung der erforderten Auskunft oder Bescheinigung auf Grund seiner Geschäftsbücher oder Geschäftspapiere möglich ist und zugemutet werden kann[2], oder wer sich der Einsicht in seine Geschäftsbücher oder Geschäftspapiere durch eine auf Grund des § 48 Ziffer 3 ermächtigte Stelle widersetzt[2], kann mit einer Ordnungsstrafe bis zu 10 000 Reichsmark bestraft werden. Die Vorschriften des Reichsstrafgesetzbuchs bleiben unberührt[3]. Zuständig für die Festsetzung der Ordnungsstrafe ist der Reichsminister der Finanzen oder die von ihm bestimmte Stelle[1]. Innerhalb von zwei Wochen nach Zu-

stellung der Straffestsetzung kann der Antrag auf Entscheidung des Reichswirtschaftsgerichts gestellt werden.

1. Die §§ 55—57 enthalten Strafvorschriften wegen Zuwiderhandlungen gegen Vorschriften des Ablösungsgesetzes. Diese Strafvorschriften sind von verschiedener Art: in den §§ 55 und 56 sind Ordnungsstrafen angedroht, die von den Verwaltungsbehörden (dem Reichsminister der Finanzen oder der von ihm bestimmten Stelle) festzusetzen sind und über die ein Verwaltungsgericht, das Reichswirtschaftsgericht, unter Ausschluß der ordentlichen Strafgerichte entscheidet (§ 55 Satz 3, 4; 56 Satz 2). Der Reichsfinanzminister hat in seiner ersten AusfVO. (Anhang XV 3) auch die Reichsschuldenverwaltung und den Reichskommissar für die Ablösung der Reichsanleihen alten Besitzes (vgl. zu § 12 Anm. 5) für zuständig zur Verhängung der Ordnungsstrafen, also in Konkurrenz mit ihm selbst, erklärt. Dagegen hat die in § 57 angedrohte Strafe kriminellen Charakter und ist von den ordentlichen Strafgerichten zu verhängen.

2. § 55 will die Durchführung der nach § 48 Ziff. 3, 4 von der Reichsregierung zu erlassenden Durchführungsbestimmungen sichern, denen zufolge von Personen, die die Aufbewahrung von Wertpapieren (Depotgeschäft) oder ihren Ankauf und Verkauf für fremde Rechnung (sei es in eigenem oder fremdem Namen, also als Kommissionäre oder Agenten) gewerbsmäßig betreiben, die mit der Durchführung des Gesetzes beauftragten Stellen die Einsichtnahme der Geschäftsbücher verlangen können (Ziff. 3) und solche Personen zur Erteilung von Auskünften und Bescheinigungen für die Durchführung des Gesetzes verpflichtet sind (Ziff. 4). Die Ordnungsstrafe wird verwirkt durch Widersetzen gegen die Einsichtnahme der Geschäftsbücher bzw. durch Nichterteilung oder unrichtige Erteilung der erforderten Auskünfte oder Bescheinigungen, letzteres jedoch nur insoweit als die Erteilung oder die richtige Erteilung dem Verpflichteten möglich ist und zugemutet werden kann, also nicht, wenn ihm die erforderlichen Unterlagen fehlen oder ihre Beschaffung und Benutzung mit unverhältnismäßigem Zeitverlust oder erheblicheren Kosten verbunden ist und ihm Schadloshaltung nicht zugesichert wird.

3. Die Vorschriften des Reichsstrafgesetzbuchs bleiben unberührt. Neben der Ordnungsstrafe kann sonach eine Bestrafung wegen einer durch die gleiche Handlung begangenen Verletzung des ordentlichen Strafgesetzes einhergehen; Strafkonsumtion (§ 73 StGB.) findet zwischen ihnen nicht statt. Eine strafbare Handlung solcher Art kann insbesondere vorliegen bei der Widersetzung gegen die Einsichtnahme der Geschäftsbücher als Widerstand gegen die Staatsgewalt (§ 113 StGB.), bei der unrichtigen Erteilung von Auskünften oder Bescheinigungen als Betrug, Betrugsversuch, Anstiftung oder Beihilfe dazu (§§ 263, 43, 49 StGB.).

§ 56.

Wer zur Begründung eines Antrags auf Gewährung eines Auslosungsrechts, einer Vorzugsrente oder einer Wohlfahrtsrente leichtfertig oder wider besseres Wissen unrichtige Angaben macht, kann mit einer Ordnungsstrafe bis zu 10000 Reichsmark bestraft werden[1]. Die Vorschriften des § 55 Satz 2 bis 4 finden entsprechende Anwendung[1].

1. Vgl. zu § 55 Anm. 1. Die Strafvorschrift richtet sich gegen den Versuch der Erschleichung der durch das Ablösungsgesetz begründeten Rechte (Auslosungsrecht, Vorzugsrente, Wohlfahrtsrente) durch unrichtige Angaben, die leichtfertig oder wider besseres Wissen gemacht werden. Zur „Leichtfertigkeit“ genügt bloßes schuldhaftes

Verhalten (einfache Fahrlässigkeit) nicht; es muß ein an den Eventualdolus grenzender Leichtsinn (luxuria) sein. Für die Zuständigkeit findet § 55 Satz 3 und 4, für die Konkurrenz mit strafbaren Verletzungen des ordentlichen Rechts § 55 Satz 2 Anwendung; vgl. Anm. 1, 3 zu § 55. Als konkurrierende Straftat kann hier namentlich Betrug oder Betrugsversuch in Frage kommen.

§ 57.

Wer bis zum Ablauf der im § 6 bestimmten Frist den Ankauf oder den Verkauf von bestimmten, nach Nummern gekennzeichneten Stücken der Schuldverschreibungen oder Schatzanweisungen der Markanleihen des Reichs öffentlich anbietet oder nach solchen Stücken öffentlich Nachfrage hält, oder die Verbreitung von Angeboten oder Nachfragen dieser Art fördert, wird, sofern nach den allgemeinen Strafgesetzen keine höhere Strafe angedroht ist, mit Geldstrafe bis zu 10 000 Reichsmark und mit Gefängnis bis zu drei Monaten oder mit einer dieser Strafen bestraft[1].

1. § 57 will dem Versuch entgegentreten, Altbesitzrechte dadurch zu erschleichen, daß ein früherer Besitzer bestimmter Stücke, der sie veräußert hat, sie sich wiederverschafft und auf Grund des Nachweises früheren und jetzigen Besitzes die Vermutung der ununterbrochenen Fortdauer während der Zwischenzeit — vgl. zu § 9 Anm. 2 — für sich geltend macht. Er verbietet deshalb und bedroht mit Strafe bis zum Ablauf der Umtauschfrist (§ 6) das öffentliche Anbieten bestimmter, nach Nummern gekennzeichneter Stücke der umzutauschenden Anleihen zum Ankauf oder Verkauf sowie die Förderung der Verbreitung von Angeboten oder Nachfragen dieser Art, also besonders ihre Aufnahme als Inserate in Zeitungen. Über die Art der Strafe und die Zuständigkeit zu ihrer Verhängung vgl. zu § 55 Anm. 1.

§ 58.

Dieses Gesetz tritt gleichzeitig mit dem Aufwertungsgesetze vom 16. Juli 1925 in Kraft[1].

1. Das Aufwertungsgesetz ist mit Wirkung vom 15. Juli 1925 in Kraft getreten; vgl. § 88 Aufwertungsgesetz und Anm. 1 dazu. Mit demselben Zeitpunkte ist daher auch das Ablösungsgesetz in Kraft getreten. Über die Versuche, die Aussetzung des Inkrafttretens der beiden Gesetze zu erreichen, vgl. die Einleitung VI S. 28.

Berlin, den 16. Juli 1925.

Der Reichspräsident
von Hindenburg

Der Reichsminister der Finanzen
v. Schlieben

III. Das Aufwertungsrecht außerhalb der Aufwertungsgesetze.

A. Allgemeines.

1. In der Einleitung ist dargelegt worden, welche Schicksale die deutsche Währung durchgemacht hat und in welcher Weise diese Schicksale eingewirkt haben auf Geldforderungen, die in deutscher Währung ausgedrückt waren. Es ist ferner dort dargelegt, wie sich aus diesen Schicksalen heraus allmählich der Gedanke entwickelt hat, daß eine Geldforderung unter solchen Umständen auch rechtlich nicht in dem Beharrungszustande ihres Nennbetrags (Mark = Mark) verblieben sein könne, und welchen Kampf dieser Gedanke — der Gedanke der Aufwertung — mit der herrschenden Theorie von der alleinigen Maßgeblichkeit des Nennbetrags zu führen und in welcher Weise er sich mit der bestehenden Währungsgesetzgebung, welche die Mark ungeachtet ihrer gänzlichen Umwandlung aus einer Goldmark in eine ungeheuerlich entwertete Papiermark als gesetzliches Zahlungsmittel beibehalten hatte, auseinandersetzen mußte. Dargelegt ist dort weiter, in welcher Weise sich die Rechtsprechung, insbesondere die des Reichsgerichts, zu den durch diesen Gang der Dinge aufgeworfenen dringlichen Problemen verhalten hat und wie sie in allmählicher Entwicklung über die Anwendung der Klausel der veränderten Umstände bei gegenseitigen Verträgen hinweg bis zu dem Urteile des 5. Zivilsenats vom 28. November 1923 gelangt ist, das den Aufwertungsgedanken auch auf anderen Gebieten, insbesondere dem der einseitigen Geldforderungen und der zu ihrer Sicherung dienenden dinglichen Rechte, als berechtigt anerkannte und ihm eine feste rechtliche Grundlage verlieh. Auf diese Darlegungen kann hier einfach Bezug genommen werden. In der Einleitung ist aber weiter geschildert, wie die zur damaligen Zeit der Regierung delegierte Gesetzgebungsgewalt, nachdem sie allzulange in passiver Untätigkeit und kleinmütiger Resignation der zur Gefahr einer Katastrophe des Rechts führenden Entwicklung zugeschaut hatte, nunmehr plötzlich — durch die 3. StNVO. — mit rauher Hand eingriff und dem, was in schwerem Ringen als Recht erkannt und zur Geltung gebracht war, ihr Machtgebot entgegensetzte, das sie mit der dringenden Not rechtfertigte; wie sie dann allen Einwendungen und Widerständen Trotz bot und mit ungewöhnlicher Energie an dem von ihr als notwendig Befundenen festhielt unter Anwendung außerordentlicher Mittel, und wie sie schließlich es erreicht hat, daß durch die ordentliche Gesetzgebung — Aufwertungs- und Ablösungsgesetz — der durch die 3. StNVO. geschaffene und der noch darüber hinaus von der Regierung gewollte Rechtszustand in seinen wesentlichen Grundlagen aufrechterhalten und bestätigt wurde.

Der Eingriff der Gesetzgebung hat sich aber nicht auf das gesamte Gebiet der Aufwertung erstreckt. Er beschränkte sich vielmehr im wesentlichen auf das Gebiet der

Vermögensanlagen, das der Aufwertung nach Treu und Glauben unter Berücksichtigung des Einzelfalles zu entziehen im Interesse der privaten und öffentlichen Geldschuldner, bei denen die Vermögen angelegt waren, für erforderlich erachtet wurde, um die produktiven Kräfte der Nation, die sogenannte „Wirtschaft", aufrechtzuerhalten und wiederaufzurichten ohne Rücksicht auf die wirtschaftliche Vernichtung derjenigen Schichten, die ihr Vermögen in Geldforderungen angelegt hatten. Vgl. über den Begriff der Vermögensanlagen und die Stellungnahme der Aufwertungsgesetzgebung zu diesen im ersten Teile dieses Buches Anm. 3 zu § 1 und Anm. 1 zu § 63 Aufwertungsgesetz. Danach hat das Gesetz nur die Aufwertung der einzelnen, von ihm in den Abschnitten 2—9 behandelten Arten von Ansprüchen — Hypotheken und sonstige auf Geldleistungen gerichtete dingliche Rechte, Schuldverschreibungen der Industrie und sonstiger privater, sowie in eingeschränktem Maße auch öffentlicher Wirtschaftsbetriebe, Pfandbriefe, Sparkassenguthaben und gewisser Arten von Versicherungen — geregelt, die regelmäßig Vermögensanlagen darstellen; für die Aufwertung „anderer Ansprüche" verweist es selbst ausdrücklich auf die Anwendung der „allgemeinen Vorschriften" (§ 62) und beschränkt diese Anwendung nur in gewisser Weise, namentlich hinsichtlich des Höchstbetrages, für solche anderen Ansprüche, die „Vermögensanlagen" sind (§ 63 Abs. 1), wobei es aber bestimmte einzelne Arten von Ansprüchen, die es in § 63 Abs. 2, 3 aufführt, insbesondere solche aus gegenseitigen Verträgen, ausdrücklich als Nicht-Vermögensanlagen im Sinne von Abs. 1 erklärt, auf die sonach die Beschränkungen keine Anwendung finden, auch wenn sie wirtschaftlich sich als Vermögensanlagen darstellen. Außerdem ordnet es selbst die Anwendung der „allgemeinen Vorschriften", allerdings gleichfalls mit wesentlichen Einschränkungen, an für gewisse einzelne Arten von dinglich gesicherten Forderungen, insbesondere Kaufgeldforderungen für das belastete Grundstück (§ 10). Vgl. Näheres zu den §§ 62, 63, 10 des Aufwertungsgesetzes. Der Aufwertung außerhalb der Aufwertungsgesetze entzogen sind ferner die in dem Ablösungsgesetz (Teil II dieses Buches) geregelten Anleihen öffentlich-rechtlicher Schuldner, namentlich des Reichs, der Länder und Gemeinden.

Für die Betätigung des Aufwertungsgedankens ohne die durch die positive Gesetzgebung der Jetztzeit geschaffenen, nicht in rechtlichen Erwägungen begründeten Einschränkungen ist sonach noch ein erheblicher Raum übrig geblieben. Er umfaßt das ganze Gebiet der gegenseitigen Verträge; ferner die einseitigen Verträge, soweit sie nicht im Aufwertungsgesetze einzeln geregelt sind oder sich wirtschaftlich als Vermögensanlagen darstellen; sodann die auf Geldleistungen gerichteten außervertraglichen Rechtsverhältnisse (familien- und erbrechtliche Ansprüche, Bereicherungs- und Schadenersatzansprüche; bei den beiden letztgenannten handelt es sich allerdings nicht um Aufwertung im eigentlichen Sinne). Die Aufwertung auf diesen Gebieten soll im folgenden insbesondere an der Hand der Rechtsprechung des Reichsgerichts, dargestellt werden.

2. Was unter „Aufwertung" zu verstehen ist, auf welcher rechtlichen Grundlage sie beruht und in welcher Weise sie sich vollzieht, ist in der Einleitung zu diesem Buche und in den Erläuterungen zu den grundlegenden Bestimmungen des Aufwertungsgesetzes dargelegt worden. Vgl. über den Begriff der Aufwertung besonders Anm. 4

der § 1 Aufwertungsgesetz. Es wird genügen, hier die hauptsächlichsten Grundsätze zusammenfassend hervorzuheben. Danach ist Aufwertung die durch die Veränderung des Wertes des gesetzlichen Zahlungsmittels (Mark) erforderlich gewordene anderweite Bestimmung der von dem Schuldner einer Geldforderung zu machenden, in dem entwerteten Zahlungsmittel ausgedrückten Leistung. Sie hat zu erfolgen auf Grund und in Anwendung des geltenden Rechts, das in § 242 BGB. vorschreibt, daß der Schuldner die Leistung so zu bewirken hat, wie Treu und Glauben mit Rücksicht auf die Verkehrssitte es erfordern. Sie setzt eine über normale Schwankungen des Geldwerts erheblich hinausgehende, ungewöhnliche Entwertung des gesetzlichen Zahlungsmittels voraus, die eine Leistung des Schuldners in dem entwerteten Gelde zum Nennbetrage als mit den das Rechtsleben beherrschenden Grundsätzen von Treu und Glauben nicht vereinbar erscheinen läßt. Unter solchen Umständen stehen ihr auch die Vorschriften der Währungsgesetzgebung nicht entgegen. Sie stellt sich dar als eine ziffermäßige Erhöhung des in dem entwerteten Gelde ausgedrückten Nennbetrags der Geldforderung, solange auch der nunmehr zu zahlende Betrag in diesem Gelde auszudrücken ist; wird dieser dagegen in eine andere Währung umgerechnet, so kann der ziffermäßige Betrag ebensowohl ein geringerer oder der gleiche sein. Da bei der Frage der Höhe der zu machenden Leistung auch die persönliche n Verhältnisse des Schuldners, wie des Gläubigers, zu berücksichtigen sind, so kann die Aufwertung, und wird sie sogar in den meisten Fällen, hinter dem ursprünglichen Werte der Forderung (gemessen an einem wertbeständigen Maßstabe wie das Gold oder die „Goldmark" oder noch richtiger an der Kaufkraft des Geldes) zurückbleiben (darüber ob sie diesen Wert auch übersteigen kann, vgl. unten) und deshalb in Wirklichkeit nicht eine Aufwertung, sondern eine Abwertung bedeuten. Die Änderung der zu machenden Leistung, also die Aufwertung, hat sich unmittelbar durch die Veränderung des Geldwerts vollzogen; Aufgabe der Gerichte ist es lediglich, sie zu erkennen, festzustellen und deklarativ in der auszusprechenden Verurteilung zum Ausdrucke zu bringen. Abzulehnen sind die Auffassungen, die in der Aufwertung die Schaffung neuen, in der bisherigen Gesetzgebung nicht begründeten, ihr vielmehr widersprechenden Rechts durch die Rechtsprechung, eine „rechtsschöpferische" Tätigkeit der Gerichte in diesem Sinne, also ein mit Recht als solches gekennzeichnetes (Abraham in Jur. Rundschau 1925, 233) „revolutionäres" Notrecht (ebenso Roth, die Aufwertung) sehen wollen, das einen Übergriff der Rechtsprechung in die Sphäre des Gesetzgebers bedeuten würde, der als unzulässig zurückgewiesen werden müßte. Anderseits muß auch die Ansicht Zeilers (Jur. Rundschau 1925, 449), der zufolge überhaupt nicht der Nennwert, sondern der Kurswert des Geldes maßgebend wäre und deshalb auch bei geringeren Schwankungen der Währung eine entsprechende Änderung des zu zahlenden Betrags einzutreten hätte, als mit der geltenden Gesetzgebung nicht vereinbar abgelehnt worden. Das RG. hat zutreffend in dem Urteil vom 29. Oktober 1923 (RGZ. 107 129) ausgesprochen, daß ein Aufwertungsanspruch nicht bei jeder Einbuße an Kaufkraft besteht, die das Geld nach dem Vertragsschlusse erfährt, sondern erst wenn es infolge andauernden Anwachsens seiner Einbuße an Kaufkraft nur noch einen so geringen Bruchteil des beim Vertragsabschluß vorhandenen und vorausgesetzten Verkehrswerts besitzt, daß die vereinbarte Summe im Verhältnis zu der Sachleistung, deren Entgelt sie darstellen soll, keine Bedeutung mehr hat. Ebenso RG. 5. Januar 1925 (DRZ. 94) und 11. März 1925 (DRZ. 202). Dementsprechend hat das RG. (RGZ. 109 39) angenommen, daß für um Mitte Januar 1920 zu machende Lieferungen ein Aufwertungsanspruch noch nicht gegeben war, ebensowenig für Oktober und November 1921 (Urt. v. 9. Januar 1925); wohl aber für Oktober und November 1922 (Urt. v. 12. Dezember 1924); ebenso für Mitte November 1922 (Urt. v. 28 Oktober 1924); auch schon für den 14. März 1922 (RGZ. 109 375); mindestens für die letzten Monate des Jahres 1922 (Urt. v. 13. März 1925, DRZ Nr. 204). — Im übrigen sind die dargelegten Grundsätze über das Wesen und die Bedeutung der Aufwertung nunmehr vom Reichsgerichte in ständiger Rechtsprechung anerkannt und ausgebaut worden, und zwar außer in den in der Einleitung angeführten und besprochenen Entscheidungen besonders noch in den Urteilen vom 26. Januar 1923 (RGZ. 106, 7); 29. Oktober 1923 (R GZ. 107 124); 17. November 1923 (RGZ. 107 186); 21. November 1924 (RGZ. 109 225); 3. Dezember 1924 (RGZ. 109 111); 17. März 1925 (JurWoch. 1380) und sonst. — Das Maß (die Höhe) der Aufwertung richtet sich, wie sich aus diesen Grundsätzen ohne weiteres ergibt, ganz nach der Lage des Einzelfalles und den gesamten Umständen, die für ihn zutreffen; die Aufwertung wird deshalb auch als „individuelle" Aufwertung bezeichnet, im Gegensatze zu der durch die Aufwertungsgesetzgebung an ihre Stelle gesetzten gleichförmigen Aufwertung auf bestimmte Hundertsätze des Goldmarkbetrags. Sie wird in der Regel nicht zu einer vollen Herstellung des ursprünglichen Goldmarkwerts der Forderung führen können, da die eingetretene allgemeine Herabsetzung der wirtschaftlichen Kraft, von der auch die Geldschuldner in der Regel mehr oder weniger betroffen sind, das meistens nicht gestatten wird; vgl. RGZ. 108 122. Es kann auch nicht allgemein die Umrechnung nach einem und demselben Umrechnungsmaßstab (Index) als die für alle Fälle richtige angesehen werden; vielmehr wird für die eine Art von Ansprüchen dabei ein anderer Maßstab anzulegen sein, als für die andere. Der Dollarindex, den die Dritte Steuernotverordnung für die Aufwertung von Vermögensanlagen zu Grunde gelegt hatte, hat sich nicht als geeignet erwiesen, da er mit der Kaufkraft der Mark im Inlande keineswegs übereinstimmte oder auch nur ihr entsprechend verlief (vgl. Anm. 4 zu § 2 Aufwertungsgesetz S. 42). Das ist auch vom Reichsgericht in der unten noch zu besprechenden Entscheidung der Ver. Zivilsenate vom 31. März 1925 (RGZ. 110 374) eingehend dargelegt worden. Der von dem Aufwertungsgesetze an seine Stelle gesetzte Umrechnungsmaßstab, der das arithmetische Mittel zwischen dem Dollarindex und dem Großhandelsindex, soweit der letztere geringer ist, bilden soll (vgl. § 2 Aufwertungsgesetz und Anm. 4 dazu) ist ein recht willkürlich gewählter und der inneren Kaufkraft der Mark keineswegs hinreichend Rechnung tragender Maßstab Für gegenseitige Verträge vgl. die Darlegungen unter B. Im ganzen wird der in den Reichsrichtzahlen statistisch festgestellte Lebenshaltungsindex, d. h. die Vergleichung der allgemeinen Kosten der Lebenshaltung in Deutschland, ausgedrückt in Mark, in einem Zeitpunkte, der vor dem Beginne ihrer Entwertung liegt, mit diesen Kosten zu dem für die Aufwertung in Betracht kommenden Zeitpunkte, gleichfalls in Mark ausgedrückt, für die Durchschnittsfälle einen geeigneten Anhaltspunkt zur Feststellung der inneren Kaufkraft der Mark bieten, obwohl auch gegen ihn nicht von der

Hand zu weisende Bedenken erhoben worden sind; vgl. RGZ. 108 382 109 146; 158, 242; 13. März 1925 DRZ. Nr. 203. In RGZ. 109 163 hat aber das RG. ausgesprochen, daß gegen die Verwendung der Reichsrichtzahl an und für sich rechtliche Bedenken nach der damaligen Sachlage (es handelte sich um einen Grundstückskaufvertrag) nicht zu erheben seien; daß jedoch ein etwa darin mitenthaltenes Moment der Teuerung, zu deren Ausgleich die Aufwertung nicht bestimmt sei, beachtet werden müsse. Die Umrechnung nach einem solchen Index hat aber keineswegs die Bedeutung daß der sich aus ihr rechnerisch ergebende Betrag ohne weiteres die von dem Schuldner zu zahlende Summe darstellte; ebensowenig daß diese Summe nach einem bestimmten Hundertsatze von dem durch die Umrechnung ermittelten Betrage zu bestimmen wäre (wie es in den Aufwertungsgesetzen geschehen ist); vielmehr kommen diese Umstände nur als Anhaltspunkte (Faktoren) für die unter Berücksichtigung aller Umstände zu bestimmende Leistung in Betracht. In gleichem Sinne wird auch die Frage zu beantworten sein, welcher Zeitpunkt als Ausgangspunkt der Aufwertung für den ursprünglichen Wert der Forderung zugrunde zu legen ist, wenn die Forderung, insbesondere durch Abtretung, auf einen anderen Gläubiger übergegangen ist. Das Aufwertungsgesetz (§§ 2, 3) legt hier für die Mehrzahl der von ihm geregelten Ansprüche — nicht für die in Massen ausgegebenen Schuldverschreibungen — in der Regel den Tag des Erwerbs der Forderung durch den derzeitigen Gläubiger und den von diesem bezahlten Erwerbspreis zugrunde; diese Regelung ist in der Begr. als die Treu und Glauben entsprechende bezeichnet. Vgl. zu § 2 Aufwertungsgesetz Anm. 3 und zu § 3 ebenda Anm. 1. Das kann freilich in dieser Allgemeinheit nicht zugegeben werden. Es wird dadurch allerdings verhütet, daß der Erwerber, der die Forderung gegen ein geringes Entgelt erworben hat, einen sachlich ungerechtfertigten (weil auf Spekulation beruhenden) Vorteil durch die Aufwertung erlangt; aber dem steht gegenüber, daß dem Schuldner dadurch ein mindestens ebenso ungerechtfertigter Vorteil zugewendet wird, und zwar auf Kosten des Gläubigers, der die Forderung abgetreten hat. Das Aufwertungsgesetz hat diese Unbilligkeit zu vermeiden gesucht dadurch, daß es den früheren Gläubiger an der Aufwertung in gewissem Umfange beteiligt; vgl. § 17 Aufwertungsgesetz und die Anmerkungen dazu. Für eine solche Beteiligung wird mangels einer ausdrücklichen gesetzlichen Vorschrift außerhalb des Aufwertungsgesetzes kein Raum sein; die Beteiligung des früheren Gläubigers vielmehr einer Ausgleichung zwischen dem Zedenten und dem Zessionar durch Anfechtung der Zession wegen Irrtums oder auf sonstige etwa rechtlich zu begründende Weise vorbehalten bleiben müssen. Demnach wird grundsätzlich auch bei Wechsel des Gläubigers der Tag der Begründung der Forderung maßgebend sein. Aber es wird der tatsächlich gezahlte Erwerbspreis immerhin als ein nicht unwesentlicher Faktor bei der Bemessung der Höhe der Aufwertung in Betracht gezogen werden können.

B. Gegenseitige Verträge.

a) Allgemeines.

Vgl. über den Begriff des gegenseitigen Vertrags Anm. 6 zu § 63 Aufwertungsgesetz. Die gegenseitigen Verträge haben den Ausgangspunkt gebildet für die Rechtsprechung des Reichsgerichts über die Anwendung der Clausula rebus sic stantibus auf die durch den Krieg, namentlich für langfristige Lieferungsverträge, eingetretene Umwälzung der Verhältnisse. Vgl. darüber die Einleitung unter III. S. 10ff. Die Rechtsprechung bezog sich zunächst nur auf die Änderungen, die auf der Warenseite infolge knappen Angebots und schwieriger Beschaffung der zu liefernden Ware für den Verkäufer (Lieferer) eingetreten waren und für diesen ein Recht zum Abgehen von dem Vertrage begründeten. Später erst drang die Erkenntnis durch, daß der Verkäufer auch wegen der Entwertung des Nennwertes der von dem Käufer zu machenden Gegenleistung in Geld nicht gehalten sein könne, den Vertrag seinerseits zu erfüllen, wenn nicht die Gegenleistung entsprechend erhöht (aufgewertet) werde. Es war das die Erkenntnis des Äquivalenzgedankens, der allen gegenseitigen Verträgen wesentlich ist. Er bedeutet nicht etwa (wie er oft mißdeutet worden ist), daß bei solchen Verträgen nicht jede Partei die Absicht hätte, einen Gewinn zu machen, und deshalb der Verkäufer zu möglichst hohem Preise verkaufen, der Käufer zu möglichst billigem Preise kaufen möchte, und entsprechend bei anderen gegenseitigen Verträgen. Der Sinn des Äquivalenzgedankens ist vielmehr nur der, daß im redlichen Geschäftsverkehr, der vorausgesetzt werden muß, kein Teil die Absicht haben darf, daß der andere ihm eine Leistung machen solle gegen Empfang einer Gegenleistung, die in Wirklichkeit so gering ist, daß sie als Entgelt für die Leistung überhaupt nicht gelten kann, wie das bei der eingetretenen gänzlichen Entwertung der Mark für die Nennbeträge der in dieser Währung vereinbarten Geldleistungen der Fall geworden war. Es setzte sich aber weiterhin auch die Auffassung durch, daß die Anwendung der Klausel allein, insofern sie nur zu einer Aufhebung des Vertragsverhältnisses führen könne, den bei der Ausgleichung der Folgen der Geldentwertung zu berücksichtigenden Interessen beider Teile nicht genüge, daß vielmehr sowohl dem Sachgläubiger (Geldschuldner) das Recht zuerkannt werden müsse, gegen Zahlung eines angemessen erhöhten Nennbetrags in Mark die Sachleistung zu fordern, wie anderseits dem Sachschuldner (Geldgläubiger), die Sachleistung zu bewirken und dafür den angemessen erhöhten Nennbetrag in Geld zu fordern. Das war anfangs wohl verkannt worden, weil man in der Erhöhung des Nennbetrags einer entwerteten Markforderung eine Neugestaltung des Rechtsverhältnisses erblickte, und der 3. Zivilsenat hatte in dem in der Einleitung S. 11/12 angeführten Urteile ausgesprochen, daß eine Aufrechterhaltung gegenseitiger Verträge unter Erhöhung der Geldleistung nur stattfinden könne, wenn beide Parteien mit der Fortsetzung des Vertragsverhältnisses einverstanden seien. Aber bereits in RGZ. 103 333 ist ausgesprochen, daß auch bei Bejahung des Fortfalls der Geschäftsgrundlage noch der Versuch gemacht werden müsse, den Vertrag mit entsprechender Änderung aufrechtzuerhalten und daß der Sachschuldner, bevor er wegen grundsätzlicher Verschiebung des Wertverhältnisses zwischen Leistung und Gegenleistung vom Vertrage zurücktrete oder den Vertrag kündige, den Sachgläubiger zur Erhöhung der Gegenleistung in Geld aufzufordern habe; erst wenn dieser sich weigere, sei er frei. In dem gleichen Sinne ist seitdem eine große Zahl anderer Urteile ergangen; u. a. RGZ. 107 240; 107 151; 107 182; 106 13; 16. April 1924 (JW. S. 1425). Diese ständige Rechtsprechung, die ihre Begründung findet in § 326 BGB., da die aufgewertete Leistung die dem Geldschuldner in Wirklichkeit obliegende ist, ist bestätigt worden in der Entscheidung der Vereinigten Zivilsenate vom 31. März 1925 (RGZ. 110 376/77), wo ausgeführt ist, daß die Möglichkeit des Rücktritts des Verkäufers vom Vertrage für sich allein als allgemeine Regel ein volkswirtschaftlich billigenswertes Ergebnis nicht herbeiführt; daß vielmehr Verträge nach Möglichkeit gehalten werden müssen und die Interessen des Käufers, der ohne sein Verschulden bis dahin die Lieferung der gekauften Ware entbehren mußte und jetzt noch ein erhebliches Interesse an der Lieferung, wenn auch zu aufgewertetem Preise, habe, nicht außer acht gelassen werden dürfen; eine Begründung, die freilich mehr auf wirtschaftliche, als auf rechtliche Gesichtspunkte abstellt. Alle diese Entscheidungen behandeln ausdrücklich nur die Frage, ob der Käufer von dem Verkäufer die Lieferung zum aufgewerteten Preise verlangen könne; sie führen aber folgerichtig auch dazu, daß dem Verkäufer bei vorhandenem Interesse das Recht zugestanden werden muß, von dem Käufer die Entgegennahme der Lieferung und die Zahlung des aufgewerteten Kaufpreises zu verlangen.

Die von dem Sachschuldner an den Geldschuldner zu richtende Aufforderung zur (ziffermäßigen) Erhöhung des Preises erübrigt sich aber, wenn dieser die Aufwertung ernstlich und endgültig verweigert hat. Darüber, wann eine solche Weigerung als erfolgt anzunehmen sei, besteht gleichfalls eine reichhaltige Rechtsprechung des Reichsgerichts; vgl. die Zusammenstellung in der Spruchsammlung der DJZ. zur Aufwertungsfrage Teil II Nr. 18—28. Danach kann sie nicht darin gefunden werden, daß der Geldschuldner ein ungenügendes Aufwertungsangebot macht; doch steht das Angebot eines ungenügenden Betrags der Ablehnung gleich, wenn er zugleich zum Ausdrucke gebracht hat, daß er auf keinen Fall mehr bewilligen wolle. Lehnt der Geldschuldner jede Aufwertung ab, so kann der Sachschuldner auch dann zurücktreten, wenn er eine zu hohe Aufwertung verlangt hat. Darüber, welche Wirkung die Ablehnung der Aufwertung hat, wenn sie zu einer Zeit erfolgt ist, als die Rechtsprechung einen Aufwertungsanspruch noch nicht anerkannt hatte, besteht keine einheitliche Auffassung. Der I. Zivilsenat hat in RGZ. 109 39 angenommen, daß eine zu solcher Zeit erfolgte Ablehnung den Rücktritt nicht rechtfertige, weil der Käufer sich damals so verhalten habe, wie Treu und Glauben es erforderten. Dagegen hat der 5. Zivilsenat in dem Urteile vom 4. Juni 1924 (Warn. 1923/24 Nr. 175) den Rücktritt des Sachschuldners auch in solchem Falle für gerechtfertigt erklärt; auch der 4. Zivilsenat hat in einem Urteile vom 6. April 1925 (DRZ. Nr. 269) eine Ablehnung jeder Aufwertung, die zu einer Zeit erklärt worden war, als die Aufwertungsgrundsätze sich in der Rechtsübung noch nicht durchgesetzt hatten, als rechtfertigenden Grund zum Rücktritt des Sachschuldners zwar nicht wegen schuldhafter positiver Vertragsverletzung durch den Geldschuldner, wohl aber aus dem Gesichtspunkte der Clausula rebus sic stantibus erklärt. Daß durch die Aufwertungsgrundsätze die Anwendung dieser Klausel in geeigneten Fällen nicht ausgeschlossen wird, hat auch der 6. Zivilsenat in einem Urteil vom 27. März 1925 (DRZ. Nr. 267) ausgesprochen. Es wird, auch wenn keine Ablehnung der Aufwertung erfolgt ist, immer noch zu prüfen sein, ob wegen der eingetretenen Änderung der wirtschaftlichen Verhältnisse einerseits dem Sachschuldner die Lieferung gegen den aufgewerteten Kaufpreis, anderseits dem Geldschuldner die Zahlung des aufgewerteten Kaufpreises unter Empfangnahme der Sache noch zugemutet werden kann. — Eine weitere Frage ist, ob bei gegenseitigen Verträgen der Sachschuldner das Recht, eine Aufwertung der Gegenleistung zu verlangen, dadurch verliert, daß er sich mit der Lieferung der Sache in Verzug befindet. Diese Frage stand zur Entscheidung in solchen Fällen, in denen der Sachschuldner in dem auf Lieferung der Sache gegen ihn angestrengten Rechtsstreite sachliche Einwendungen gegen seine Lieferungspflicht erhoben hatte, die sich als unbegründet erwiesen, und während dieser Zeit der Nennbetrag der vom Kläger (Sachgläubiger) zu machenden Gegenleistung durch die Geldentwertung entwertet worden war. Diese nicht voraussehbare Folge seines Verzugs konnte freilich dem Sachschuldner nicht als Verschulden angerechnet werden. Aber § 287 Satz 2 BGB. bestimmt, daß der Schuldner auch für die während des Verzugs durch Zufall eintretende Unmöglichkeit der Leistung verantwortlich ist, es sei denn, daß der Schaden auch bei rechtzeitiger Leistung entstanden wäre. Der Unmöglichkeit der Leistung muß die während des Verzugs eingetretene Veränderung in dem Verhältnisse zwischen der Leistung und der dafür zu machenden Gegenleistung — das Fortfallen der Äquivalenz zwischen beiden, vgl. oben — gleichgestellt werden. Diese Veränderung fällt daher grundsätzlich dem in Verzug befindlichen Sachschuldner zur Last, und er kann sich auf sie nicht berufen, um eine ihr entsprechende ziffermäßige Erhöhung der Gegenleistung (Aufwertung) zu verlangen. Jedoch wird in § 287 die Haftung des im Verzuge befindlichen Schuldners nicht absolut ausgesprochen, sondern nur, sofern nicht der Schaden auch bei rechtzeitiger Leistung eingetreten sein würde. Den Beweis für diesen, seine Haftung ausschließenden Umstand muß der säumige Sachschuldner führen. Er kann diesen Beweis auch in der Weise führen, daß durch seinen Verzug ein Schaden (der von der Bestimmung vorausgesetzt wird) für den Sachgläubiger (Geldschuldner) überhaupt nicht entstanden ist, also z. B. dahin, daß dieser das Geld in der Zwischenzeit in Sachwerten angelegt und dadurch die Entwertung vermieden hat. In diesem Sinne ist es richtig, daß durch den Eintritt des Lieferungsverzugs des Sachschuldners dieser des Rechts, sich auf die eingetretene Geldentwertung zu berufen, „nicht schlechthin" verlustig geht (RGZ. 106 425), wie bis dahin allgemeine Rechtsüberzeugung gewesen war; vgl. RG. 8. April 1925 DRZ. Nr. 271. Richtig ist auch, daß es, wirtschaftlich betrachtet, nicht ohne weiteres ein dem Geldschuldner durch den Schuldnerverzug zugefügter Schaden ist, wenn dieser jetzt mehr an Mark zur Abdeckung seiner Kaufschuld aufwenden soll (RGZ. 106 425). Deshalb hat das RG. in diesem Urteile und seitdem in ständiger Rechtsprechung die Nichtberücksichtigung des (ausdrücklich erhobenen oder zu supplierenden, vgl. unten) Einwandes der Geldentwertung lediglich aus dem Grunde des Leistungsverzugs des Sachschuldners mißbilligt. Vgl. RGZ. 107 127; 107 22; 107 149; 107 160; 109 222; ferner 29. Januar 1924 (Recht Nr. 332); 6. Februar 1924 (Recht Nr. 604). Freilich scheinen einzelne dieser Urteile zu weit zu gehen, wenn sie positiv aussprechen, daß auch der im Leistungsverzug befindliche Sachschuldner nicht zur Leistung gegen eine gänzlich entwertete Gegenleistung verurteilt werden dürfe oder gar (wie in RGZ. 109 225) dem Geldschuldner („Lieferungsgläubiger") der Beweis auferlegt wird, daß er nicht durch das Unterbleiben der Aufwertung des Kaufpreises ungerechtfertigt bereichert werden würde. Insbesondere wird sehr ins Gewicht fallen, ob nicht die Erwägung, daß der Geldschuldner das Geld, dessen er zur Zahlung der Lieferung bedurfte, während des Rechtsstreits in mehr oder weniger naher Bereitschaft halten mußte und daher nicht dauernd wertbeständig anlegen konnte, die Annahme rechtfertigt, daß ihm durch den Leistungsverzug ein Geldentwertungsschaden entstanden ist. — Die gleichen Grundsätze wie für den Verzug haben, wie RG. VI vom 26. Mai 1925 (DRZ. Nr. 315) ausgesprochen hat, auch Anwendung zu finden im Falle eines sonstigen Vertragsbruches des Sachschuldners; auch aus diesem Grunde darf ihm nicht ohne weiteres die Aufwertung überhaupt versagt werden. — Im Zusammenhange mit dem Satze, daß es Treu und Glauben widerspreche, die Verurteilung zu einer Leistung gegen eine gänzlich entwertete Gegenleistung auszusprechen, steht auch die weit entgegenkommende Art, in der das Reichsgericht die prozessuale Geltungmachung der Aufwertung bei gegenseitigen Verträgen behandelt. In RGZ. 107 20 wird zunächst (was ganz unbedenklich ist) das Vorbringen des Beklagten, daß die Lieferung der im Oktober 1921 für 95 Mark je Zentner verkauften Kartoffeln jetzt wirtschaftlich ein aliud bedeuten würde, dahin aufgefaßt, daß gegenüber der auf Lieferung zum Vertragspreise gerichteten Klage geltend gemacht werden sollte, mit Rücksicht auf die fortschreitende Geldentwertung könne dem Beklagten die Lieferung zum Vertragspreise nicht mehr zugemutet werden. Dann aber wird bereits hilfsweise ausgeführt, man werde für gewöhnlich davon ausgehen dürfen, daß, falls der auf Lieferung nur gegen Zahlung des Vertragspreises gerichtete Klagantrag nach dem Vorbringen der Parteien und der gerichtsbekannten Lage der wirtschaftlichen Verhältnisse, insbesondere im Hinblick auf das ständige Fortschreiten der Markentwertung, dem Beklagten offensichtlich etwas zumutet, was gemäß § 242 BGB. mit Treu und Glauben nicht ohne weiteres in Einklang zu bringen ist, der Richter dem Klagbegehren auch dann nicht schlechthin entsprechen dürfe, wenn ein ausdrücklicher Einwand wegen des Mißverhältnisses zwischen Leistung und Gegenleistung vom Beklagten nicht erhoben worden sei. Man könne nicht, jedenfalls nicht ohne weiteres, sagen, daß der Beklagte, der das Klagbegehren nur aus anderen Gründen bekämpft, damit zum Ausdrucke gebracht habe, daß er auf das ihm zustehende Aufwertungsrecht kein Gewicht lege. Ähnlich ist vom 6. Zivilsenate in RGZ. 107 149 der Einwand der Aufwertung, der in den Vorinstanzen nicht erhoben war, noch in der Revisionsinstanz zugelassen worden mit der Begründung, daß dieser Einwand lediglich in das rechtliche Gebiet falle und eine Verletzung des materiellen Rechts rüge, wenn die Sache so liege, daß der Käufer, für jeden erkennbar, die Folgen der nach dem Vertragsschlusse eingetretenen Geldentwertung allein auf den Verkäufer abwälzen wolle und die Sache für einen Preis verlange, der zu ihrem Werte infolge der Wirtschaftsumwälzung in einem offenbaren Mißverhältnis stehe; ein solches Verlangen verstoße gegen Treu und Glauben und damit gegen die Vorschrift des § 242. Daß dem Kläger ein so ungeheurer Gewinn, wie er sich bei Nichtberücksichtigung der Aufwertung ergeben würde, auf Kosten des

Beklagten zufalle, stehe mit der Rechtsordnung in Widerspruch; selbstverständlich dürfe auch der Sachgläubiger keinen Schaden erleiden. Der gleiche Senat hat folgerichtig in RGZ. 108 75, obwohl auch in der Revisionsinstanz ein Einwand aus der Nichtberücksichtigung der Aufwertung überhaupt nicht erhoben war, das die Aufwertung nicht berücksichtigende Urteil wegen Verletzung materieller Rechtsnormen aufgehoben. Die Auffassung der Senate war und blieb jedoch keine einheitliche; in einer Reihe von Urteilen ist daran festgehalten, daß das Vorbringen des Beklagten wenigstens irgendeinen Anhalt dafür ergeben müsse, daß er nicht gegen den unaufgewerteten Vertragspreis liefern wolle. Vgl. die Zusammenstellung in der Spruchsammlung der DJZ. zur Aufwertung, 7. Teil Nr. 3, 4. Der 7. Zivilsenat hat noch in einem Urteile vom 30. November 1923 (JurWoch. 1924, 292[3]) ausgesprochen (es handelte sich um eine Klage auf Herausgabe eines für 70000 Mark verpfändeten Kraftwagens), daß die Geldentwertung ohne Vorbringen der Parteien nicht berücksichtigt werden könne, weil es gegen den Verhandlungsgrundsatz verstoßen würde, Rechtsbehelfe, die von dem Beklagten zur Verteidigung gegen den Klaganspruch nicht geltend gemacht worden sind, von Amtswegen zu berücksichtigen. Eine Berücksichtigung der Aufwertung von Amts wegen ist jedenfalls nicht statthaft, wenn mit der Klage ein bestimmter Geldanspruch erhoben wird; über den gestellten ziffermäßigen Antrag darf der Richter nicht hinausgehen (RG. 6. Dezember 1924; DRZ. 45). Daß in einem Verfahren auf eine Vollstreckungsgegenklage nach § 767 ZPO. die Tatsache der Geldentwertung nicht von Amts wegen berücksichtigt werden darf, ist in RGZ. 109 69 ausgesprochen. Die Neigung des Reichsgerichts, hier über den strengen Verhandlungsgrundsatz hinauszugehen, erklärt sich daraus, daß die in die Revision gelangten Rechtsstreitigkeiten in den Vorinstanzen vielfach zu einer Zeit verhandelt worden waren, in der man trotz vorgeschrittener Geldentwertung an die rechtliche Möglichkeit einer Aufwertung nicht dachte und deshalb die Erhebung von Einwendungen aus diesen Gesichtspunkten unterblieben war.

b) Einzelne gegenseitige Verträge.

1. **Kauf- und Lieferungsverträge.** Für diese Geschäfte hat die Frage des der Aufwertung zugrunde zu legenden Umrechnungsverhältnisses, des sogenannten „Index" — vgl. oben unter A — eine besondere Bedeutung gewonnen, und zwar nebeneinander hergehend auf zwei Gebieten, dem der Grundstücksverkäufe und dem der Großhandelsgeschäfte. Auf dem erstgenannten Gebiete kam besonders der Umstand in Betracht, daß während der Inflationszeit Grundstücke vielfach in Verkennung der bereits eingetretenen Geldentwertung zu außerordentlich niedrigen Realpreisen, die aber ziffermäßig Millionen- und Milliardenbeträge darstellten, verkauft wurden und so gegen unverhältnismäßig geringes Entgelt in die Hände der Käufer, unter denen sich viele valutastarke Ausländer befanden, übergingen. Diesem der Billigkeit und dem Rechtsgefühl widersprechenden Ergebnisse war durch eine Aufwertung bis zu 100 v. H. des nach dem Dollarkurse oder auch einem anderen Index berechneten Goldmarkbetrags des vereinbarten Kaufpreises nicht abzuhelfen, da der vereinbarte Preis auch in seinem Goldmarkwerte häufig ein unverhältnismäßig geringer

war. Unter Führung des **Kammergerichts** entwickelte sich deshalb eine Rechtsauffassung, die dahin ging, daß bei Grundstücksverkäufen eine Aufwertung auch **über** 100 v. H. des **Goldmarkbetrags hinaus** stattfinden könne. Sie ist vom Kammergericht besonders in den beiden Beschlüssen vom 24. November 1924 (JW. 2002) und vom 5. Februar 1925 (JW. 630[1]) dargelegt worden und geht dahin, daß bei hypothekarisch gesicherten Restkaufgeldforderungen **von dem jetzigen Werte des Grundstücks**, nach Abzug inzwischen vorgenommener Verbesserungen, derselbe Bruchteil des Wertes berechnet wird, den die Restkaufgeldforderung im Verhältnisse zu dem **Grundstückswerte zur Zeit des Kaufabschlusses** darstellt; diese Summe stelle den **Normalbetrag** für die Aufwertung oder den Ausgangspunkt für die Berechnung des Aufwertungsbetrags dar; je nach Lage des Einzelfalles seien von diesem Betrage mehr oder weniger erhebliche Abschläge zu machen. Diese Art der Aufwertung wird von dem Kammergerichte in erster Linie mit den engen rechtlichen und wirtschaftlichen Beziehungen begründet, die auch nach dem Übergange des Grundstücks in das Eigentum des Käufers zwischen dem Hypothekengläubiger und dem Hypothekenschuldner beständen und fortbauerten, Beziehungen, denen die Auffassung, daß die Restkaufgeldforderung nach Erfüllung des Vertrages durch den Verkäufer ihren Charakter als Anspruch aus einem synallagmatischen Vertrage eingebüßt habe und lediglich eine einseitige Geldforderung geworden sei, nicht gerecht werde. Das KG. verwahrt sich dagegen, daß diese Auffassung eine Erweckung der, wie es selbst sagt, als falsch erkannten **Wertparzellentheorie** sei; in Wirklichkeit bedeutet sie aber doch, besonders da das KG. mit Recht auch die **Dinglichkeit** der Beziehungen hervorhebt, nichts anderes als diese (übrigens keineswegs als grundlos zu bezeichnende) Auffassung von den fortdauernden Beziehungen des Verkäufers zu dem **Grundstücke**. Die Frage ist nur die, ob die rechtliche Bedeutung dieser Beziehungen auf dem Wege der **Aufwertung** zur Geltung gebracht werden kann oder ob das nicht über den Aufwertungsgedanken, der nur die Geldentwertung ausgleichen soll, hinausgeht und einer etwaigen weiteren Ausbildung der Lehre von der Anfechtung wegen Irrtums oder der Clausula-Lehre überlassen bleiben muß. Der 5. **Zivilsenat des Reichsgerichts** ist denn auch der kammergerichtlichen Auffassung bereits in dem Urteile vom 12. November 1924 (RGZ. 109 163) durch den Hinweis darauf entgegengetreten, daß gegen die Verwendung der „Reichsrichtzahl“ an und für sich nach der Sachlage rechtliche Bedenken nicht zu erheben seien; daß aber grundsätzlich die Aufwertung nur **den Geldentwertungsschaden** auszugleichen bestimmt sei und daß grundsätzlich der **vertragsmäßig bedungene** Kaufpreis aufzuwerten sei in der Weise, daß, wenn dieser erheblich **über** dem angemessenen Werte des Grundstücks liege, dies dem **Verkäufer** zugute kommen müsse; **daß aber anderseits die Aufwertung nicht dazu bestimmt sei, etwa einen zu billigen und unvorteilhaften Verkauf für den Verkäufer nachträglich vorteilhafter zu gestalten**. Ebenso V 689/23, Urt. v. 17. Dezember 1924 (Warn. 1925 Nr. 35). Diese Auffassung hat der 5. Zivilsenat in dem Beschlusse vom 17. Juni 1925 (DRZ. Nr. 319) (also nach dem gleich zu erwähnenden Plenarbeschlusse des Reichsgerichts) aufrechterhalten und bestätigt, indem er zwar die Mitberücksichtigung der weiteren Entwickelung der Grundstückspreise bei der Festsetzung der Aufwertungshöhe nicht ausschließt, aber es namentlich für rechtsirrig erklärt, wenn dem Verhältnisse, in welchem der vereinbarte Preis, in Goldmark umgerechnet, zu dem gegenwärtigen Werte des Grundstücks steht, die Bedeutung eines Normalbetrags der Aufwertung beigelegt werde, weil das mit der durch § 242 BGB. gebotenen Berücksichtigung der auf beiden Seiten vorhandenen Interessen nicht vereinbar sei. — Auf dem anderen erwähnten Gebiete, dem der Großhandelsgeschäfte, war die Frage zwischen dem 6. Zivilsenat des Reichsgerichts einerseits und dem 1. und 2. Zivilsenat anderseits streitig geworden. Der 1. und 2. Zivilsenat hatten in den Entscheidungen vom 17. September 1924 (RGZ. 108 379), 27. Oktober 1924 (RGZ. 109 97) und 27. November 1924 (RGZ. 109 241) übereinstimmend die Ansicht vertreten, daß bei solchen Geschäften für die Aufwertung des Kaufpreises weder der Lebenshaltungsindex noch der Dollarkurs (vgl. oben unter A) eine geeignete Grundlage bilden, sondern daß grundsätzlich vom heutigen Marktpreis der zu liefernden Ware auszugehen sei; diesen wollten die Senate freilich nicht unter allen Umständen in ganzer Höhe an Stelle des vereinbarten Kaufpreises setzen, sondern es sollte, wenn die besonderen Umstände es rechtfertigten, der aufzuwertende Kaufpreis auf einen geringeren Betrag festgesetzt werden; je nach Umständen hielten sie eine gewisse Kürzung des Marktpreises für geboten; insbesondere sollte, wenn der heutige Marktpreis nicht allein auf Geldentwertung, sondern auch auf „Warenkonjunktur" beruhe, der Vorteil der Warenkonjunktur dem Käufer zufallen. Der 6. Zivilsenat hat dagegen in dem Urteile vom 7. November 1924 (RGZ. 109 146), an seiner bereits früher ausgesprochenen Ansicht festgehalten, daß bei solchen Geschäften die Aufwertung des vereinbarten Kaufpreises keinesfalls höher bemessen werden dürfe als bis zum vollen Ausgleiche der eigentlichen Geldentwertung, also des Verlustes des Geldes an seinem inneren oder Goldwerte. Eine Aufwertung nach dem Lebenshaltungsindex verwarf auch der 6. Zivilsenat für solche Geschäfte, aber er sah als geeigneten Maßstab der eigentlichen Geldentwertung, „der Verminderung des inneren Geldwerts", den Kurs des Dollars oder einer annähernd ebenso wertbeständig gebliebenen Währung an. Dagegen war er der Meinung, daß der heutige Marktpreis der zu liefernden Ware einen geeigneten Ausgangspunkt für die Aufwertung des Kaufpreises nicht abgeben könne, daß jedenfalls über den kursmäßigen Goldbetrag des vereinbarten Kaufpreises hinaus ein höherer Marktpreis nicht für die Aufwertung in Frage kommen könne. Der 6. Zivilsenat hat deshalb die Entscheidung der Vereinigten Zivilsenate angerufen, welche die ihnen vorgelegten Fragen wie folgt formulierten:

1. Findet bei Großhandelsgeschäften, die beiderseits noch unerfüllt sind, die Aufwertung des vereinbarten Kaufpreises in dem für die Zeit des Vertragsschlusses amtlich festgestellten Berliner Mittelkurs einer wertbeständig gebliebenen ausländischen Währungseinheit (Dollar, englisches Pfund, holländischer Gulden) ihre Höchstgrenze?

2. Darf ein heutiger höherer Marktpreis neben anderen Umständen als Anhaltspunkt für die Höhe der Aufwertung berücksichtigt werden?

Die Vereinigten Zivilsenate haben in dem Beschlusse vom 13. März 1925 (RGZ.

110, 371 die erste Frage verneint, die zweite bejaht. Sie lehnen in den Gründen des Beschlusses den „inneren Tauschwert des Geldes" oder eine andere „Geldtheorie" als Ausgangspunkt für die Beantwortung der gestellten Fragen ab (der 6. Zivilsenat hatte, soweit aus den Gründen des Urteils vom 7. November 1924 ersichtlich ist, nicht eine Geldtheorie, sondern die von der „Teuerung" zu unterscheidende Geldentwertung zum Ausgangspunkt nehmen wollen, die, wie er meinte, in dem jeweilig amtlich festgestellten Kurse der Mark zum Ausdruck komme, der allerdings nicht immer dem wirklichen „inneren Werte", d. h. doch wohl der inländischen Kaufkraft, entsprochen habe, ohne daß aber die Unterschiede zwischen Kurs und wirklichem Wert so erheblich gewesen wären, daß die Kurse nicht als geeigneter Maßstab für die Bemessung der Aufwertung angesehen werden könnten). Im übrigen gelangten die Vereinigten Zivilsenate zu dem Ergebnisse, daß die amtlich festgestellten Dollarkurse für Aufwertungsfragen nicht maßgebend sein könnten, weder in der Weise, daß die Höhe der Aufwertung nach den genannten Kursen zu berechnen sei, noch in der Weise, daß die Kurse wenigstens das Höchstmaß für die Höhe der Aufwertung abzugeben hätten. Dafür führen sie drei Gründe an: a) die mit statistischen Feststellungen begründete Tatsache, daß die Dollarkurse sich weder zu der Veränderung der Warenpreise in Deutschland noch zu der Veränderung des Wertes der deutschen Währung parallel bewegt haben; b) daß die Aufwertung nach dem Dollarkurs zu geringe Ergebnisse gegenüber den heutigen Warenpreisen ergeben würde, und zwar so geringe, daß sie mit der heutigen wirtschaftlichen Lage unverträglich erschienen; c) daß bei Anwendung des § 242 BGB. auf die Aufwertung nach der Rechtsprechung des Reichsgerichts die Gesamtlage der auf beiden Seiten vorhandenen berechtigten Interessen zu berücksichtigen sei und daß deshalb aus § 242 jedenfalls nichts dafür entnommen werden könne, daß bei den Geschäften des Großhandels diese Bestimmung nur im Sinne eines geringeren Maßes der Aufwertung, als der Umrechnung nach dem Dollarstande entspreche, nicht aber im Sinne einer darüber hinausgehenden Aufwertung in Betracht zu kommen habe. Es stünden vielmehr keine rechtlichen Bedenken entgegen, auch über den Dollarkurs hinauszugehen, wenn eine billige Abwägung der Interessenlage beider Parteien dazu führte. Insbesondere seien Bedenken aus dem Begriffe der Aufwertung nicht zu entnehmen, da die Aufwertung ein rechtlich bestimmter Begriff überhaupt nicht sei; vgl. über diese Bemerkung Anm. 8 vor § 1 Aufwertungsgesetz. — Diese Erwägungen führen die Vereinigten Zivilsenate ohne weiteres zur Bejahung der zweiten Frage, ob die Berücksichtigung der heutigen Warenpreise zulässig sei, aber nur für beiderseits noch unerfüllte Großhandelsgeschäfte. Die rechtliche Möglichkeit dafür wird aus der Überlegung hergeleitet, daß die damals (1920—1923) in Deutschland herrschenden Warenpreise übermäßig niedrig im Vergleiche zu denen des Auslandes waren; diese niedrigen Preise seien die Quelle der heute zu lösenden Zweifel. Die Ursachen der niedrigen Preise von damals seien verschiedene. Einmal sei die Preisspannung zwischen den deutschen und ausländischen Preisen nicht klar erkannt worden, die Erkenntnis habe sich nur langsam durchgesetzt, die Preise hätten ein ausgesprochenes Beharrungsvermögen gezeigt. Außerdem aber seien in erheblichem Umfange Regierungsmaßnahmen und Bestrebungen der Rechtsprechung zur Niedrighaltung der Preise auf den Preisstand von Einfluß gewesen. Dieser niedrige Preisstand ergebe, daß durch eine Aufwertung nach dem Dollarkurse die aufgewerteten Preise nicht entfernt den heutigen Preisen gleich kommen, vielmehr nur einen Bruchteil von ihnen bedeuten würden; dieses Ergebnis werde aber den berechtigten Interessen der Verkäufer im Großhandel nicht gerecht. Dieser letzte Teil der Begründung zeigt recht deutlich, daß das Reichsgericht hier über den Begriff der Aufwertung, der aus dem ihr zugrunde liegenden Rechtsgedanken der Ausgleichung für die Geldentwertung zu entnehmen ist, hinausgeht, indem es eine Korrektur der niedrigen Preise vornehmen will, zu denen damals die Geschäfte, auch des Großhandels, abgeschlossen wurden*). Durchaus zuzustimmen ist dagegen dem Teile der Erwägungen, der sich darauf bezieht, daß der Dollarkurs keine ausreichende Ausgleichung der Geldentwertung biete, da er der inneren (inländischen) Kaufkraft der Mark nicht entsprochen hat. Der 6. Zivilsenat hat lediglich darin geirrt, daß er das verkannt hat. Über den Dollarkurs, aber nicht über die wirkliche innere Kaufkraft der Mark darf die Aufwertung hinausgehen, will man nicht die abgeschlossenen Verträge durch Richterspruch korrigieren. Was für die Aufwertung nach dem Aufwertungsgesetz aus rein äußeren Gründen abgelehnt wurde (vgl. Anm. 4 zu § 2 Aufwertungsgesetz), muß für die freie individuelle Aufwertung die Grundlage bilden. Die Feststellung dieser inneren Kaufkraft wird sich allerdings hauptsächlich an den Lebenshaltungsindex anschließen müssen, der den besten durchschnittlichen Anhaltspunkt für sie geben wird, ohne daß dadurch die Berücksichtigung der besonderen Art des einzelnen Geschäfts ausgeschlossen wird, insbesondere der Großhandelsgeschäfte, bei denen Devisenzahlungen an das Ausland für die Einkäufe in Rechnung gezogen werden müssen, für die der Dollarkurs maßgebend ist. — Auch Mügel (JW. 1925 Sp. 462 Anmerkung zu 4 und Aufwertungsrecht S. 105ff.) geht zutreffend davon aus, daß die Grundlage der Aufwertung der vereinbarte Preis bleiben müsse und daher zu berücksichtigen sei, ob dieser Preis ein hoher oder ein niedriger war. Er erachtet aber im übrigen bei gegenseitigen Verträgen, die beiderseits erst in der Jetztzeit zu erfüllen sind, volle Aufwertung nach den heutigen Verhältnissen für geboten, unter Ausschluß der Veränderungen, die nicht auf der Geldseite, sondern auf der Warenseite liegen, und will vom Geldwerte ganz absehen und von einer Vergleichung der Preise der verkauften Sache oder der sonstigen Leistung zur Zeit des Vertragsschlusses und heute ausgehen. Auch das scheint mir, wenn auch in anderer Richtung, über den Aufwertungsgedanken hinauszugehen, der eine Berücksichtigung aller eingetretenen Veränderungen auf beiden Seiten und einen billigen Ausgleich der beiderseitigen Interessen schaffen will.

Ist ein Kauf- oder Lieferungsvertrag von seiten des Sachschuldners

*) In einem Urteile vom 26. Mai 1925 (DJZ. Sp. 1657) hat der 3. Zivilsenat des Reichsgerichts unter Bezugnahme auf die Entscheidung der Ver. Zivilsenate die Ablehnung jeder Berücksichtigung des gegenwärtigen Marktpreises der Ware für rechtsirrig erklärt, und zwar für beiderseits unerfüllte Lieferungsgeschäfte, auch wenn es sich nicht um Großhandelsgeschäfte im eigentlichen Sinne handelt.

erfüllt worden zu einer Zeit, als die Geldentwertung noch nicht begonnen oder noch nicht ihr volles Maß erreicht hatte, so ist bei der Aufwertung der noch ausstehenden Leistung des Geldschuldners in Betracht zu ziehen, ob und in welchem Maße der Sachwert, den dieser durch die Leistung erhalten hat, ihm erhalten geblieben ist, ohne durch die Geldentwertung berührt zu sein. Von diesem Gesichtspunkte aus ist ein billiger Ausgleich zu erstreben mit Rücksicht auf die durch die außerordentlichen Ereignisse geschaffene Schicksalsgemeinschaft des deutschen Volkes (Zeiler). Ist andererseits die Geldleistung zu einer Zeit gemacht, da sie noch als ein in Betracht kommendes Entgelt für die noch ausstehende Gegenleistung gelten konnte, so kann der Sachschuldner aus einer seitdem eingetretenen Geldentwertung keinen Anspruch auf Erhöhung der Geldleistung durch Nachzahlung machen, auch dann nicht, wenn es ihm nicht gelungen ist, den vereinnahmten Geldbetrag vor dem Währungsverfalle zu schützen. Dieser Grundsatz ist vom RG. in ständiger Rechtsprechung festgehalten; vgl. die Zusammenstellung in der Spruchsammlung der DJZ. zur Aufwertung II 1b Nr. 3 (S. 14). War nur ein Teil des Betrages zu solcher Zeit bezahlt, so kann Aufwertung des Restbetrags verlangt werden (a. a. O. Nr. 5). War das Geld bei der Zahlung bereits entwertet, so braucht der Sachschuldner es nur zu dem entwerteten Betrage in Anrechnung zu bringen (ebenda Nr. 6). Hat der Sachschuldner aber nach der Zahlung die Lieferung, wenn auch unberechtigterweise, abgelehnt und den Geldbetrag zurückgezahlt und der Geldschuldner die Zurückzahlung angenommen, so ist der Vertrag beiderseits noch unerfüllt und kann der Sachschuldner deshalb Aufwertung verlangen (RG. 10. Oktober 1924, DRZ. 522; 20. Juni 1924, JW. 1925 S. 137[3]), wobei allerdings hinzugefügt werden muß, daß er darauf einen Anspruch nur insoweit hat, als dem Geldschuldner nicht durch den Verzug Schaden erwachsen ist (vgl. oben). Auch ist bei der Aufwertung zu berücksichtigen, wie lange der Geldschuldner den gezahlten Betrag bis zur Rückzahlung entbehrt hat (RG. 13. Oktober 1924 DRZ. 1924 S. 522; 20. Juni 1924 JW. 1925 S. 137[3]). Ebenso, wenn ein zahlungshalber gegebenes Akzept von dem Sachschuldner nicht zur Einlösung vorgelegt und infolgedessen nicht eingelöst ist (RG. 13. November 1924; DJZ. Sp. 188). Ungeachtet der Vorauszahlung in gutem Gelde kann der Sachschuldner die Lieferung verweigern, wenn durch andere Umstände als die Geldentwertung sie so erschwert worden ist, daß sie ihm nicht mehr zugemutet werden kann (RG. 19. Juni 1924, Warn. 1923/24 Nr. 58; 31. Mai 1923 ebenda Nr. 67). Hat bei einem langfristigen Grundstücksangebote der Sachschuldner in Kenntnis der veränderten Sachlage seine Leistungsverpflichtung erfüllt und die Gegenleistung in Geld angenommen, wenn auch nur zu einem wesentlichen Teil (Anzahlung der Hälfte des Preises), so kann er nicht mehr wegen Ablehnung der Aufwertung zurücktreten; er hat mit der Annahme der Leistung den Nachteil der Geldentwertung nachträglich auf sich genommen; die vollzogenen Leistungen sind aus dem synallagmatischen Verhältnis herausgetreten und können die Entwicklung des Vertragsverhältnisses nicht mehr beeinflussen (RGZ. 106 12). Wie sich aus dieser Begründung ergibt, bezieht sich die Entscheidung nur auf den bezahlten Teil des Kaufpreises; wegen des noch ausstehenden Restes kann Aufwertung verlangt und im Falle der Ablehnung der Rücktritt erklärt werden.

Für Grundstückskaufverträge hat der 5. Zivilsenat (RGZ. 107 186) den Grundsatz aufgestellt, daß in Fällen, wo der Kaufpreis für ein Grundstück teils in bar, teils durch Übernahme von Hypotheken zu belegen ist die Aufwertung sich auf den bar zu zahlenden Teil des Kaufpreises zu beschränken hat, da der Verkäufer hinsichtlich dieses Teiles nur Anspruch darauf habe, daß der Käufer ihn von den übernommenen Hypotheken befreie, selbst aber nichts von dem Gelde in die Hand bekommen solle und deshalb auch infolge der Geldentwertung nichts davon einbüße; sollte der Hypothekengläubiger einen Anspruch auf Aufwertung der Hypothek (gegen den Verkäufer als persönlichen Schuldner) geltend machen, so müsse der Käufer dafür aufkommen. Ebenso im Urteile vom 11. März 1925 (DRZ. 201), nachdem durch die 3. StNVO. die Aufwertung der Hypotheken auf 15 v. H. eingeführt war. Dagegen ist eine Hypothek für den gestundeten Kaufpreisrest aufgewertet einzutragen, und zwar in der Weise, daß von dem aufgewerteten Gesamtbetrage des Kaufpreises ein dem Verhältnisse des gestundeten Teils zu dem Gesamtkaufpreise entsprechender Betrag in das Grundbuch eingetragen wird; denn hier handelt es sich um eine an den Verkäufer zu leistende, dem Käufer nur gestundete Zahlung (RG. 12. November 1924, JW. S. 462[4]). Ist die Kaufgeldforderung für ein Grundstück hypothekarisch gesichert, so kann ihre Aufwertung nicht unbeschränkt nach allgemeinen Vorschriften erfolgen, sondern ist durch § 10 Abs. 3 Aufwertungsgesetz (vgl. Anm. 5 dazu im ersten Teile dieses Buches), falls die Forderung vor dem 1. Januar 1912 begründet worden ist, auf 75 v. H. und, falls sie vor dem 1. Januar 1922 begründet worden ist, auf 100 v. H. des nach den Vorschriften des Aufwertungsgesetzes (§§ 2, 3) zu berechnenden Goldmarkbetrags der Forderung beschränkt. Doch finden diese Beschränkungen keine Anwendung, wenn es sich nicht um Aufwertung einer bereits eingetragenen Hypothek oder der durch sie gesicherten Kaufpreisforderung handelt, sondern um Erfüllung des Kaufvertrags durch Auflassung gegen Eintragung einer Hypothek für den gestundeten ganzen Kaufpreis oder einen Restbetrag davon; in solchem Falle steht lediglich ein Anspruch aus einem gegenseitigen Vertrage in Frage, der unbeschränkt aufgewertet werden kann (so RGZ. 109 164 unter der Herrschaft der 3. StNVO; gleiches gilt unter der Herrschaft des Aufwertungsgesetzes). — Eine Aufwertung findet auch statt, wenn der Kaufvertrag in Ausübung eines Vorkaufsrechts gemäß § 505 BGB. zwischen dem Vorkaufsberechtigten und dem Vorkaufsverpflichteten zustande gekommen ist (RG. 12. November 1924 in RGZ. 109 158; ebenso für die Vereinbarung eines Wiederkaufrechts 1. Oktober 1924 V 209/23).

Sondervorschriften über die Aufwertung bei Lieferungsgeschäften enthalten die Verordnungen über die Erhöhung und Berechnung der Preise von elektrischer Arbeit, Gas- und Leitungswasser; vgl. darüber zu § 1 Aufwertungsgesetz Anm. 6. Soweit diese Vorschriften eingreifen, ist die Aufwertung nach den allgemeinen Vorschriften ausgeschlossen.

2. **Für Miet- und Pachtverträge** ist die Anwendung der allgemeinen Vorschriften auf die Aufwertung der sich aus ihnen ergebenden Geldansprüche insoweit beschränkt, als Sondervorschriften bestehen. Als solche kommt für das Mietverhältnis das Reichsmietengesetz vom 24. März 1922 in Betracht, das bestimmt, daß der

Vermieter wie der Mieter eines Gebäudes oder Gebäudeteiles jederzeit dem anderen Vertragsteile gegenüber erklären kann, daß die Höhe des Mietzinses nach den Vorschriften dieses Gesetzes berechnet werden soll (gesetzliche Miete, § 1) und nach welchem, in Verbindung mit § 27 Abs. 3 Z. StNVO., die Höhe der gesetzlichen Miete zu berechnen ist in Hundertsätzen des Goldmarkbetrags der Friedensmiete, die von den dazu bestimmten Behörden periodisch festgesetzt werden. Der Goldmarkbetrag der Friedensmiete — das ist der am 1. Juli 1914 vereinbart gewesenen Miete (§ 2) — ist ihr Nennbetrag, der bis zur Einführung der neuen Reichswährung für den Tag der Zahlung in Papiermark umzurechnen war und sonach wertbeständig blieb, so daß eine Aufwertung nicht in Frage kam, und der jetzt mit dem gleichen Nennbetrage in neuer Reichsmark bezahlt werden kann. Soweit die Vorschriften des Reichsmietengesetzes keine Anwendung finden — nämlich wenn es sich nicht um ein Gebäude oder einen Gebäudeteil handelt, sondern um eine unbebaute Fläche oder um eine bewegliche Sache, ferner bei Neu- und Umbauten gemäß § 16 RMG. und auch im übrigen solange nicht eine Vertragspartei die in § 1 vorgesehene Erklärung abgegeben hat —, regelt sich die Aufwertung nach den Grundsätzen für die Aufwertung bei gegenseitigen Verträgen. Der Vermieter kann danach die ihm obliegende Leistung — Gewährung des Gebrauchs der vermieteten Sache — verweigern, falls der Mietzins infolge der eingetretenen Geldentwertung sich nach Treu und Glauben nicht mehr als eine in Betracht kommende (äquivalente) Gegenleistung darstellt, sofern nicht der Mieter zu einer entsprechenden Aufwertung bereit ist. Doch ist dieses Verweigerungsrecht durch die Vorschriften über den Mieterschutz erheblich eingeschränkt. Ist der Mietzins für eine Zeit, in der der Gebrauch der Sache gewährt worden ist, rückständig, so kann der Vermieter Zahlung eines entsprechend der seit Fälligkeit eingetretenen Geldentwertung erhöhten Betrags in der gleichen Weise fordern, wie der Verkäufer nach Lieferung der Sache — vgl. oben unter 1; vgl. auch das in dem unten zu 3 zu besprechenden Urteile des 3. Zivilsenats des Reichsgerichts angeführte Urteil des gleichen Senats III 345/23 vom 8. April 1924 —, also nicht nur unter dem Gesichtspunkte des Verzugsschadens, sondern auch unter dem der Aufwertung. Wegen der Aufwertung bereits geleisteter Zahlungen durch Nachzahlung werden gleichfalls die oben unter 1 für Kauf- und Lieferungsverträge entwickelten Rechtssätze entsprechend zur Anwendung zu kommen haben. — Für **Pachtverträge** bestehen Sondervorschriften in den Pachtschutzordnungen, vgl. Anm. 6 zu § 1 Aufwertungsgesetz; eine neue Fassung der Pachtschutzordnung vom 9. Juni 1920 ist durch das Gesetz vom 23. Juli 1925, RGBl. I 151, eingeführt. Sie ist vom Reichsarbeitsminister bekanntgemacht (RGBl. I 152) und als **Anhang XVII** zu diesem Buche abgedruckt. Danach können die Pachteinigungsämter Leistungen für pachtweise Überlassungen, die unter den veränderten wirtschaftlichen Verhältnissen nicht mehr entsprechend sind, anderweit festsetzen, falls dies der Billigkeit entspricht; also eine individuelle Aufwertung in einem besonderen Verfahren. Mit Rücksicht auf die hierdurch gegebene Möglichkeit, eine den veränderten Verhältnissen angemessene anderweite Festsetzung des Pachtzinses zu erreichen, hat das Reichsgericht in dem Urteile vom 10. November 1923 (RGZ. 107 151) dem Verpächter den Rücktritt vom Vertrage aus dem Gesichtspunkte der Clausula rebus sic stantibus versagt. In diesem Urteile ist auf ein anderes Urteil (vom 26. Juni 1923) Bezug genommen, in welchem für das Mietverhältnis mit Rücksicht auf die Mieterschutzbestimmungen das gleiche angenommen worden sei. Darauf, daß der Pachtzins nach der Roggenskala festgesetzt werde, hat der Verpächter in Sachsen gemäß § 1 des Gesetzes zur Verlängerung der Pachtschutzordnung vom 29. Juni 1922 in Verbindung mit § 2 der entsprechenden sächsischen Landespachtschutzordnung vom 9. Dezember 1922 mangels Zustimmung des Pächters kein Recht; RG. 10. November 1923 a. a. O. Ist ein Grundstück zu landwirtschaftlicher, obstbaulicher oder gewerbsmäßiger gärtnerischer Nutzung verpachtet und liegt es im Bereiche eines Pachteinigungsamtes, so kann nach § 1 Abs. 4 der Reichspachtschutzordnung in der Fassung der VO. vom 13. Februar 1924 (RGBl. 68), entsprechend § 1 Abs. 4 der neuesten Fassung, der Pachtzins nur durch das Pachteinigungsamt geändert werden, unter Ausschluß des Rechtswegs, während die ursprüngliche Fassung vom 9. Juni 1920 und das Verlängerungsgesetz vom 29. Juni 1922 den Rechtsweg nicht ausschlossen; RG. 4. Juni 1924 (Warn. 1923/24 Nr. 167). — Eine Aufwertung hat auch stattzufinden bei der gemäß § 589 Abs. 3 BGB. erfolgenden Abschätzung der zurückzugewährenden im Verhältnis zu den übernommenen Stücken des Inventars in der Weise, daß die seiner Zeit in Goldmark erfolgte Abschätzung des übernommenen Inventars in die entwertete Papiermark für die Zeit der Verpflichtung zur Rückgewähr umgerechnet und mit der Abschätzung des zurückzugewährenden Inventars, die in Papiermark erfolgt, verglichen wird (RGZ. 104 394). — Für die Verträge des Staates mit Privaten über die Gewinnung von Mineralien und sonstigen Bodenbestandteilen (Abbauverträge) sind in der als Anhang XVII abgedruckten Verfügung des Preußischen Ministers für Landwirtschaft, Domänen und Forsten vom 24. Oktober 1924 Richtlinien dafür gegeben, in welcher Weise die Aufwertung der vertragsmäßigen Geldleistungen der Berechtigten im Verhandlungswege angestrebt und, wenn nötig, im Prozeßwege verfolgt werden soll.

3. Für **Dienstverträge** tritt eine Besonderheit ein, sofern die Vergütung auf Grund seiner gesetzlich bestimmten Vergütungsordnung (Tarif) erfolgt, wie es die Gebührenordnungen für Gerichtsvollzieher, Rechtsanwälte usw. sind. Das RG. hat in dem Urteile vom 30. Januar 1925 (RGZ. 110 139), in welchem es sich um die Gebühren eines Rechtsanwalts handelte, ausgesprochen, daß, solange eine solche Gebührenordnung auf der Papiermarkwährung aufgebaut ist, wie es bei der Gebührenordnung für Rechtsanwälte bis zu der Verordnung vom 13. Dezember 1923 der Fall war, der Auftraggeber sich durch Zahlung der in der Gebührenordnung bestimmten, nach dem Streitwerte berechneten Papiermarksumme befreite, ohne Rücksicht darauf, ob das Ergebnis der Billigkeit entsprach und eine einigermaßen angemessene Vergütung für die Mühewaltung des Anwalts darstellte oder nicht; diesem Gesichtspunkte sei lediglich durch von Zeit zu Zeit erfolgenden (aber der Entwicklung des Geldwertes naturgemäß immer erheblich nachhinkenden) Erhöhungen der Gebühr durch Änderungen des Gesetzes Rechnung zu tragen gewesen und Rechnung getragen worden; an Stelle des ihm hiernach zukommenden Papiermarkbetrages andere Beträge, etwa auf der

Grundlage der Dollar-, Goldmark- oder einer sonstigen sog. wertbeständigen Währung zu fordern, sei der Anwalt nicht berechtigt gewesen. Vorausgesetzt ist hierbei offenbar, daß nicht eine Vereinbarung in dieser Richtung in den von der Gebührenordnung zugelassenen Formen und Grenzen erfolgt war. Das Reichsgericht nimmt ferner an, daß die Maßgeblichkeit der Gebührenordnung bis zu der regelmäßig mit der Beendigung des Rechtsstreits (§ 85 RAGebO.) eintretenden Fälligkeit der Gebührenforderung bestanden habe; daß aber von diesem Zeitpunkte ab, falls die Forderung nicht befriedigt worden sei, eine der weiteren Geldentwertung entsprechende Erhöhung der Papiermarksumme verlangt werden könne, und zwar ohne Rücksicht auf einen etwaigen Schuldnerverzug vom Gesichtspunkte der Aufwertung. Durch die Vorleistung des Anwalts sei der Anspruch mit der Fälligkeit zu einer einseitigen Geldschuld geworden, gerade wie rückständige Mietzinsen (vgl. unter 2), deren Aufwertung verlangt werden könne. Deshalb erklärt das RG. es für rechtsirrig, daß das Ber.Gericht die Aufwertung einer Gebührenforderung des Rechtsanwalts grundsätzlich für ausgeschlossen erklärt hatte. Die Zäsur, die das RG. hier mit dem Zeitpunkte der Fälligkeit macht, scheint eines hinreichenden Rechtsgrundes zu entbehren; die Forderung bleibt nach wie vor eine gesetzlich bestimmte Gebührenforderung; hält man (was wohl zutrifft) diese nicht für aufwertbar, so wird man auch nach der Fälligkeit eine Erhöhung des Nennbetrags nur aus dem Gesichtspunkte des Schadensersatzes wegen Verzugs bewilligen können. Beim freien Dienstvertrage werden dagegen die allgemeinen Vorschriften für die Aufwertung bei gegenseitigen Verträgen gelten: der Dienstverpflichtete wird die Dienste gegen eine infolge der Geldentwertung kein Äquivalent darstellende Vergütung verweigern und für geleistete Dienste eine entsprechend aufgewertete Vergütung verlangen können. Hat der Dienstverpflichtete die vereinbarte Vergütung im voraus erhalten, so kann er aus der Geldentwertung, die bis zur Leistung der Dienste eingetreten ist, kein Recht zur Aufwertung herleiten; RGZ. 108 156, entsprechend dem, was für Kaufverträge erkannt ist, vgl. oben unter B 1. Auch rückständige Dienst- und Versorgungsbezüge der Beamten unterliegen grundsätzlich der Aufwertung; diese wird auch durch Art. 7 VO. über die zwölfte Ergänzung des Besoldungsgesetzes vom 12. Dezember 1923 (RGBl. 1181) nicht ausgeschlossen, wo bestimmt ist, daß gegen das Reich die Länder, die Gemeinden und sonstigen öffentlichen Körperschaften, wenn sie Dienstbezüge ihrer Beamten, Arbeiter und Angestellten sowie Versorgungsbezüge verspätet, nämlich nach dem Tage der Fälligkeit auszahlen, kein Rechtsanspruch auf Verzinsung oder Ersatz des durch die spätere Auszahlng entstandenen Schadens besteht; denn die Aufwertung sei weder Verzinsung noch Schadensersatz, sondern Bewirkung der wirklich geschuldeten Leistung. So RG. 28. Oktober 1924 (RGZ. 109 122), 29. Oktober 1924 (DJZ. 106/107) und 13. Februar 1925 (Warn. 1925 Nr. 77), entsprechend der vom RG. vertretenen grundsätzlichen Auffassung der Aufwertung, vgl. oben unter A. — Ist in einem Privatdienstvertrage ein Ruhegehalt, Witwen- oder Waisengeld zugesichert, so kann der Dienstverpflichtete bzw. seine Witwe und Waisen eine angemessene Erhöhung der Bezüge verlangen, wenn sich der Geldwert derart ändert, daß es dem Berechtigten auch nicht annähernd mehr möglich ist, sich aus den festgesetzten Beträgen das Maß des zum Unterhalt Notwendigen zu verschaffen, das nach dem dem Vertrage zugrunde liegenden Gedanken den Berechtigten, entsprechend dem Geldwerte, verschafft werden sollte. Das Maß der Aufwertung ist nach den Gesamtumständen unter Berücksichtigung des Leistungsvermögens des Verpflichteten und der allgemeinen Herabdrückung der Lebenshaltung des deutschen Volkes zu bestimmen; dabei können als geeigneter Aufwertungsmaßstab die Ruhestandsbezüge von Beamten herangezogen werden, die gleichartige Dienste zu leisten haben; RG. 4. Januar 1924 (Warn. 1923/24 Nr. 84) und 27. Juni 1924 (ebenda Nr. 170). Die Entscheidungen entsprechen dem, was über die Aufwertung von Unterhaltsrenten auch sonst vom RG. ausgesprochen ist (vgl. unten unter C); doch ist die Heranziehung der Ruhegehälter von Beamten als Aufwertungsmaßstab bedenklich, da diese Gehälter mit Rücksicht auf die besondere Lage der öffentlich-rechtlichen Körperschaften längere Zeit erheblich hinter der durch die Geldentwertung gebotenen Erhöhung zurückgeblieben waren.

4. Auch für **Werkverträge** kommen bei der Aufwertung die gleichen rechtlichen Gesichtspunkte in Betracht, die für gegenseitige Verträge im allgemeinen und Kauf- und Lieferungsverträge im besonderen gelten; vgl. oben unter Ba und Bb1. Das gilt insbesondere für Werklieferungsverträge (§ 651 BGB.). Der Unternehmergewinn bildet einen Teil des einheitlich vereinbarten Lieferungspreises, dessen Kalkulation im einzelnen in der Regel nicht Vertragsgegenstand wird, und kann deshalb, auch wenn der Lieferungsverpflichtete im Verzuge ist, soweit in diesem Falle überhaupt Aufwertung zu seinen Gunsten zulässig ist (vgl. darüber oben unter Ba), von der Aufwertung nicht ausgeschlossen werden; RG. 21. November 1924, DRZ. 1925, Nr. 40. Wegen des Schadenersatzanspruchs im Eisenbahnfrachtrecht vgl. unter F.

5. **Gesellschaftsverträge** sind im Aufwertungsgesetze, obwohl sie zu den gegenseitigen Verträgen (§ 63 Abs. 3) gehören, in § 63 Abs. 2 Ziff. 1 noch besonders genannt als Grundlage von Ansprüchen, die nicht als Vermögensanlage im Sinne des § 63 Abs. 1 gelten und auf deren Aufwertung deshalb die Beschränkung auf höchstens 25 v. H. des Goldmarkbetrags keine Anwendung findet. Vgl. zu § 63 Aufwertungsgesetz Anm. 5a. Ein Anspruch aus dem Gesellschaftsvertrage auf Geldzahlung besteht für die etwa dem Gesellschafter zustehende Verzinsung und Rückzahlung seiner Einlage in bestimmter Höhe sowie für die Auszahlung der zu verteilenden Gewinnanteile nach deren Festsetzung; soweit diese Ansprüche nach ihrer Entstehung unerfüllt bleiben, unterliegen sie der Aufwertung nach allgemeinen Vorschriften; dabei wird für das Maß die Vermögenslage und Entwicklung der Gesellschaft, an der ja der Gläubiger beteiligt ist, in Betracht zu ziehen sein. Soweit der Anteil eines Gesellschafters am Gesellschaftsvermögen bisher durch einen bestimmten Nennbetrag in Papiermark zum Ausdruck gekommen ist, wie bei Aktien, hat die Umstellung in einen Goldmark- oder Reichsmarkbetrag nach den Vorschriften der Goldbilanzenverordnung vom 28. Dezember 1923 (RGBl. I 253) zu erfolgen. War einem Gesellschafter das Recht auf den Bezug von Aktien oder sonstigen Gesellschaftsanteilen zum Nennwerte eingeräumt, so kann er nach eingetretener Geldentwertung nicht den Bezug gegen Zahlung

des Nennbetrags in Papiermark verlangen; es hat vielmehr eine entsprechende Aufwertung stattzufinden (RG. 4. Dezember 1923 in JW. 1924, 1148). Der bei der Umstellung festgestellte Nennbetrag in Goldmark oder Reichsmark wird, da bei der Umstellung die Verhältnisse der Gesellschaft bereits berücksichtigt sind, als „entsprechende" Aufwertung angesehen werden können.

6. Für Ansprüche aus **Versicherungsverträgen** ist das Gebiet der freien Aufwertung eingeschränkt durch die Bestimmungen der §§ 59—61 Aufwertungsgesetz, welche die Aufwertung der dort bezeichneten Arten von Versicherungsansprüchen geregelt haben. Es sind das die Ansprüche aus Lebensversicherungs- und ähnlichen Verträgen; vgl. Näheres in Anm. 1—4 zu § 59 Aufwertungsgesetz Im übrigen unterliegen die Ansprüche aus Versicherungsverträgen als Ansprüche aus gegenseitigen Verträgen gemäß § 63 Abs. 3 Aufwertungsgesetz der Aufwertung ohne Beschränkung auf den Höchstbetrag von 25 v. H. des Goldmarkbetrags. Soweit bei Eintritt des Versicherungsfalles bestimmte Summen als Kapital oder Rente in Papiermark zu zahlen sind, hat eine Erhöhung dieser Summen nach Treu und Glauben unter Berücksichtigung aller Verhältnisse, insbesondere des Umstandes, ob und zu welchem Teile die Prämien noch in gutem oder schon in entwertetem Gelde gezahlt worden sind, stattzufinden; anderseits kann auch der Versicherer für rückständig gebliebene oder weiter noch verfallende Prämien eine entsprechende Aufwertung verlangen. Sofern die Versicherung dahin geht, daß der durch ein bestimmtes Ereignis entstehende Schaden zu ersetzen ist (Schadensversicherung), handelt es sich nicht um eigentliche Aufwertung, sondern um einen Schadenersatzanspruch; vgl. darüber unten unter F. Doch ist dieser Schadenersatzanspruch in der Regel der Höhe nach eingeschränkt in der Weise, daß er nicht über die versicherte Summe, nach deren Höhe die Prämien berechnet werden, hinausgehen darf, und es fragt sich, inwieweit dieser Höchstbetrag, die Versicherungssumme, infolge der Geldentwertung sich erhöht (aufgewertet wird). Dieser Anspruch richtet sich nach den Grundsätzen über die Aufwertung bei gegenseitigen Verträgen, die von einer Seite — nämlich von dem Versicherten durch Vorleistung der Prämien — erfüllt worden sind (vgl. oben); doch kommt wesentlich in Betracht, daß auch die Leistungen der Partei, die vorgeleistet hat, keine Sachleistungen waren, sondern Geldleistungen, die bei dem Versicherer, soweit er sie nicht wertbeständig anlegen konnte, der Entwertung verfallen sind. Es muß deshalb bei der Aufwertung der Versicherungssumme ein billiger Ausgleich unter Berücksichtigung dieser und der sonstigen Verhältnisse gesucht und danach bestimmt werden, in welchem Maße der vom Versicherer zu zahlende Betrag über die Versicherungssumme hinausgehen kann. Vgl. RG. 23. Mai 1924 in RGZ. 108 173 (Glasversicherung); RG. 21. Mai 1924, Warn. 1923/24 Nr. 176 (Transportversicherung). Auch für die Frage, ob eine Unterversicherung vorliegt, kommt die aufgewertete Versicherungssumme in Betracht. Auch bei der Haftpflichtversicherung kann nur eine Aufwertung der Versicherungssumme nach diesen Grundsätzen in Betracht kommen, auch wenn die Entwertung der Versicherungssumme dadurch herbeigeführt worden ist, daß auf Verlangen des Versicherers nach Maßgabe der Versicherungsbedingungen zunächst die Haftpflicht in einem Prozesse mit dem Haftpflicht-

gläubiger durchgeführt werden mußte; die Gefahr eines dadurch entstandenen Schadens hat der Versicherer mit dem Verlangen der Prozeßführung nicht übernommen; nur wenn ihm ein zu vertretendes Verschulden zur Last fiele, würde er über die aufgewertete Versicherungssumme hinaus für den Schaden haftbar sein (RG. 10. März 1925 in DJZ. Sp. 738). — Auf Lebensversicherungen, die in ausländischer Währung abgeschlossen sind (*echte Valutaversicherungen*) findet die 3. StNVO. keine Anwendung, da sie von dem Währungsverfalle nicht betroffen sind; ebensowenig die allgemeinen Aufwertungsgrundsätze; die Versicherungssumme ist in der vereinbarten Währung zu zahlen, auch wenn die Versicherungsgesellschaft die in dieser Währung gezahlten Prämien in dem Prämienreservefonds in Markwerten hat anlegen müssen; das gilt auch von der *Rückkaufsumme* bei vereinbarungsgemäßem Rückkaufe der Versicherung; RG. 6. Juli 1923 in RGZ. 107 111; RG. 25. März 1924 (JW. 1364 [3]); RG. 17. Juni 1924 (JW. 1366[14]).

C. Nicht gegenseitige Verträge.

Daß eine Aufwertung auch von Ansprüchen aus anderen als gegenseitigen Verträgen stattfinden könne, ist vom Reichsgerichte zum ersten Male in dem *Urteile vom 28. November 1923* ausgesprochen, in welchem es sich um eine hypothekarisch gesicherte Darlehnsforderung handelte (vgl. die Einleitung S. 20 und Anhang I). Es hing das damit zusammen, daß die Rechtsprechung des Reichsgerichts in Aufwertungsfragen sich bis dahin auf dem Gebiete des Rücktritts wegen veränderter Umstände und des äquivalenten *Verhältnisses* von Leistung und Gegenleistung bewegt hatte, auf welchem hauptsächlich gegenseitige Verträge in Frage standen. Seitdem aber ist der Grundsatz anerkannt und festgehalten worden, daß auch bei Geldforderungen die auf *einseitigen* Verträgen beruhen, eine Aufwertung Platz zu greifen habe, durch welche die Leistung des Schuldners gemäß § 242 BGB. nach Treu und Glauben unter Berücksichtigung der Verkehrssitte bestimmt werde. Vgl. namentlich RG. 8. November 1923, RGZ. 107 148; 27. Juni 1924 (Recht Nr. 1460); 31. Mai 1924 (Warn. 1923/24 Nr. 141; 13. November 1924 (JW. 1975[7]); 1. April 1924 (Warn. 1925 S. 7 Nr. 6); 8. April 1924 (Warn. 1923/24 S. 162 Nr. 138). Gerade diese Rechtsprechung aber wurde durch den Eingriff der Gesetzgebung betroffen, der in der 3. StNVO. erfolgte und in dem Aufwertungs- und Ablösungsgesetze aufrechterhalten worden ist, da diese Gesetzgebung im wesentlichen *Vermögensanlagen*, also einseitige Hingaben von Geld, zum Gegenstande hatte. Vgl. oben unter A, sowie über den Begriff der Vermögensanlage zu § 63 Aufwertungsgesetz Anm. 1. — Für Vermögensanlagen in Geldforderungen ist das typische Geschäft das *Darlehen* (§ 607 BGB). Dieses stellt denn auch in aller Regel eine Vermögensanlage dar; vgl. über Darlehen, die ausnahmsweise keine Vermögensanlage sind (Gefälligkeitsdarlehen) zu § 63 Aufwertungsgesetz Anm. 1. Das *Darlehen* bildet häufig die Grundlage für einen der Ansprüche, deren Aufwertung in den Abschnitten 1—8 Aufwertungsgesetz und im Ablösungsgesetze geregelt ist, insbesondere für hypothekarisch oder durch Schiffs- oder Bahnpfandrecht gesicherte Forderungen, für Schuldverschreibungen privater und öffentlich-rechtlicher Schuldner, für Pfandbriefe und Sparkassenguthaben; alsdann wird es lediglich nach diesen Vorschriften aufgewertet. Vgl. Näheres in den Erläuterungen zu den genannten Abschnitten des Aufwertungsgesetzes. Handelt es sich nicht um einen solchen Anspruch, so ist zu prüfen, ob es wirtschaftlich „Vermögensanlage" ist; wird das, was die Regel sein wird, bejaht, so unterliegt es zwar der Aufwertung nach allgemeinen Vorschriften, aber mit der Beschränkung, daß die Aufwertung 25 v. H. nicht übersteigen darf (§ 63 Abs. 1 Aufwertungsgesetz). Doch können gewisse Darlehnsarten überhaupt nicht aufgewertet werden, nämlich Kontokorrentforderungen (§ 65) und Darlehen an Banken oder Bankiers (§ 66). Soweit hiernach eine Aufwertung nach allgemeinen Vorschriften stattfinden kann, müssen diese dahin führen, daß, wie bei Geldleistungen aus gegenseitigen Verträgen nach Erfüllung von seiten des Sachschuldners (vgl. oben unter Bb 1), der aufgewertete Betrag in Anwendung des § 242 BGB. nach Treu und Glauben unter Berücksichtigung aller Verhältnisse zu bestimmen ist. Dabei wird namentlich der Verwendungszweck, zu dem das Darlehen gegeben worden ist, und die Art, in welcher es wirklich verwendet worden, insbesondere ob sein Wert dem Schuldner in Form eines Sachwerts erhalten geblieben ist, in Betracht zu ziehen sein. Diese Aufwertung ist nicht abhängig von einem Verzuge des Schuldners; falls Verzug eintritt, findet sie insoweit nicht statt, als der für den Gläubiger eingetretene Schaden nach den Grundsätzen der Verzugshaftung ausgeglichen werden kann, da sie ein außerordentlicher Rechtsbehelf ist, der nur zur Anwendung kommt, soweit andere Rechtsbehelfe versagen; RGZ. 109 61; RG. 1. April 1924 (Warn. 1925 S. 7 Nr. 6). Es handelt sich bei der Aufwertung nicht um Wert- oder Schadenersatz, sondern um die Erfüllung der vertragsmäßigen Verbindlichkeit; ihr kann sich der Schuldner nicht mit dem Einwand entziehen, daß im Falle früherer Rückzahlung (oder auch falls das Darlehen gar nicht gegeben worden wäre) der Gläubiger das Geld nicht der Entwertung hätte entziehen können; RG. 1. April 1924 a. a. O. Ausgeschlossen ist die Aufwertung, wenn die Auslegung des Vertrags ergibt, daß der Gläubiger eine Geldentwertungsgefahr in dem Maße, wie sie sich tatsächlich entwickelte, auf sich genommen hat (RG. 13. November 1924, JW. 1975 (1976[7]). Die Leistung des Nennbetrags stellt, falls die Forderung aufgewertet ist, nur eine Teilleistung dar; hat der Gläubiger sie als Erfüllung angenommen, so ist er nicht gehindert, Nachzahlung zu fordern, auch wenn er keinen Vorbehalt gemacht hat, sofern nicht eine Willenseinigung der Parteien dahin anzunehmen ist, daß eine Aufwertung nicht stattzufinden habe; RG. 3. Dezember 1924 (JW. 1925[15]). Es sind dies die gleichen Grundsätze, von denen das RG. bei Anwendung der Vorschriften der 3. StNVO. über die Wirkungen einer vorbehaltlosen Zahlungsannahme ausgegangen ist; vgl. Näheres vor § 14 Aufwertungsgesetz Anm. 1. — Bei Darlehen, die in die Form einer Sicherungsübereignung mit Rückkaufsrecht gekleidet sind, kann der Schuldner das Rückkaufsrecht nur gegen Aufwertung des Rückkaufpreises (Darlehensbetrags) ausüben; RG. 26. März 1923 (JW. 919[1]). — Darlehen mit Goldklauseln (Goldmünzklauseln), die vor dem 31. Juli 1914 vereinbart und deshalb unwirksam sind (vgl. zu § 1 Aufwertungsgesetz Anm. 2) unterliegen der Aufwertung, sofern nicht, was naheliegt, aber vom Reichsgerichte als auf tatsächlichem Gebiete liegend nicht ausgesprochen ist, die Goldklausel in eine Goldwertklausel umzudeuten ist (vgl. darüber zu § 1 Aufwertungsgesetz Anm. 2); ebenso aber auch Darlehen mit solchen Klauseln, die nach diesem Zeitpunkte vereinbart sind, da Goldmünzen nicht mehr im Umlaufe sind und deshalb die Zahlung so zu leisten ist, wie wenn die Münzsorte nicht bestimmt wäre (§ 245 BGB.). Darlehen mit Goldwert- oder Kursgarantieklauseln (vgl. zu § 1 Aufwertungsgesetz Anm. 2) fallen weder unter die Vorschriften des Aufwertungsgesetzes noch sind sie nach allgemeinen Vorschriften aufzuwerten, da sie von der Geldentwertung nicht betroffen sind; zu zahlen ist ein Betrag in Papiermark, jetzt Reichsmark, der dem Goldwerte oder garantierten Kurse ihres Nennbetrags zur Zeit der Zahlung entspricht. Gleiches gilt von Darlehen, die in ausländischer Währung ausgedrückt und im Inlande zahlbar sind; bei ihnen erfolgt, falls sie gemäß § 244 Abs. 1 BGB. in deutscher Währung zurückgezahlt werden sollen, die Umrechnung gemäß Abs. 2 nach dem Kurswerte der deutschen Mark zur Zeit der Zahlung (nicht der Fälligkeit, RGZ. 101 312; abweichend Art. 37 WO., vgl. darüber das unten noch zu besprechende Urteil des RG. in RGZ. 108 337). — Auch für selbständige (abstrakte) Schuldversprechen und Schuldanerkenntnisse (§§ 780, 781) kann eine Aufwertung grundsätzlich nicht als ausgeschlossen gelten; auch in solchen Fällen stellt sich eine Leistung des entwerteten Papiermarkbetrages in der Regel nicht als den nach § 242 BGB. maßgebenden Anforderungen von Treu und Glauben und der Verkehrssitte entsprechend dar, ohne daß auf das zugrunde liegende Rechtsverhältnis (Kausalverhältnis) zurückgegriffen werden müßte; in besonderen Fällen kann allerdings dieses Rechtsverhältnis ein solches sein, daß es die Aufwertung ausschließt. Die Aufwertungsmöglichkeit von abstrakten Geldversprechen ist vom RG. anerkannt bei Schuldverschreibungen auf den Inhaber (Zinsscheinen von Roggenrentenpfandbriefen; Urteil des 4. Zivilsenats vom 13. November 1924 in JW. 1975[3]). Dagegen hat der 2. Zivilsenat in dem Urteile vom 17. März 1925 (RGZ. 110 40), in welchem es sich um Aufwertung einer Wechselsumme handelte, einen die Möglichkeit der Aufwertung abstrakter Geldforderungen kategorisch verneinenden Standpunkt eingenommen, indem er ausführt, das Wesen der abstrakten Verbindlichkeit lasse keinen Raum für eine auf dem Grundsatz der Billigkeit beruhende Aufwertung, da die Frage, ob diese Voraussetzung gegeben sei, sich nur nach der Natur der einzelnen (kausalen) Forderung richten könne, das Kausalgeschäft aber bei der abstrakten Verbindlichkeit keine Rolle spielen solle, bei diesem vielmehr über den Inhalt der Schuld allein die urkundliche Feststellung entscheide und niemals die Wechselforderung sich „über ihren in der Urkunde verbrieften Inhalt ausdehnen könne", vielmehr einen „unabänderlichen festen Wert darstelle, der bei Wechseln, die auf Mark lauten, der Papiermarkbetrag sei". Auch die wirtschaftliche Funktion des Wechsels als Umlaufsmittel stehe der Aufwertungsmöglichkeit entgegen; die für Gläubiger und Schuldner unbedingte Geltung des bestimmten Urkundeninhalts verbürge die Sicherheit des Wechselverkehrs; mit dem gleichen Rechte, mit dem man die Aufwertung eines Wechsels verlange, würde man auch die Aufwertung entwerteten Papiergeldes verlangen können. Schließlich scheitere die Möglichkeit der Aufwertung an den Bestimmungen der Art. 50, 51 WO., die das gesamte Interesse des Gläubigers an der rechtzeitigen Einlösung des Wechsels festsetzten und unter Ausschluß weiteren Verzugsschadens die wechselmäßig allein zulässigen Ansprüche auf Zahlung fester Beträge bestimmten. Die Begründung scheint nicht in allen Punkten mit der sonstigen Auffassung des Reichsgerichts über die rechtliche Natur der Aufwertung im Einklang zu stehen. Nach dieser handelt es sich dabei nicht um eine Ausdehnung der Forderung über ihren in der Urkunde verbrieften Inhalt und den aus ihr sich ergebenden „festen Wert" hinaus, sondern um die Bestimmung dieses Inhalts gegenüber dem nicht mehr zutreffenden Ausdruck, den er in der ziffermäßigen Papiermarksumme gefunden hat. Auch die Rücksicht auf die Sicherheit des Verkehrs befremdet einigermaßen angesichts der Tatsache, daß die Aufwertung sogar bei Hypotheken gegenüber dem eingetragenen festen Nennbetrag zugelassen und nicht als Durchbrechung des öffentlichen Glaubens des Grundbuches empfunden worden ist. Wer die Zahlung eines Papiermarkbetrages zu einer Zeit, als dieser noch eine wirkliche vermögensrechtliche Bedeutung hatte, wechselmäßig versprochen hat, kann nicht Schutz beanspruchen für seinen angeblichen guten Glauben in der Richtung, daß er dieses Versprechen unter allen Umständen einlösen könne mit einem gänzlich entwerteten, ein Nichts bedeutenden ziffermäßig gleichen Nennbetrage. Es wird vielmehr Treu und Glauben entsprechen, bei der Bestimmung der zu zahlenden Summe darauf Rücksicht zu nehmen, welchen Einfluß die in der Zwischenzeit eingetretene Geldentwertung auf seine Vermögenslage im ganzen gehabt hat. Auch die Gleichstellung des Wechsels mit dem Papiergelde hinsichtlich der Aufwertung dürfte den sonstigen Anschauungen über die Unterschiede in der rechtlichen Natur dieser beiden Rechtsgebilde schwerlich entsprechen. Alles in allem ist vielleicht das letzte Wort in dieser Frage vom Reichsgerichte noch nicht gesprochen. Über die Frage der Umrechnung einer in ausländischer Währung ausgedrückten Wechselsumme im Falle der Hinterlegung nach Art. 40 WO. vgl. unten. —

Bei dem Verwahrungs (Hinterlegungs-) Vertrage (§§ 688 ff. BGB.) kommt eine Aufwertung nur in Frage, wenn es sich um einen darlehensartigen Verwahrungsvertrag, ein sog. unregelmäßiges Depositum (§ 700 BGB.) handelt, bei welchem Geld in der Art hinterlegt wird, daß das Eigentum auf den Verwahrer übergehen und dieser verpflichtet sein soll, Geld „von gleicher Art, Güte und Menge" zurückzugewähren. In diesem Falle greifen für die Aufwertung die gleichen Grundsätze Platz wie bei dem Darlehen. Zweifel sind entstanden über die Frage, ob der Staat zur Aufwertung von Beträgen verpflichtet ist, die bei den dazu bestimmten staatlichen Kassen auf Grund gesetzlicher Vorschrift hinterlegt worden sind. Einige preußische Gerichte haben anscheinend die Frage in bejahendem Sinne entschieden (vgl. das Urteil des Landgerichts Lüneburg vom 12. Februar 1925; JW. 1925, 1046). Demgegenüber hat der Preußische Justizminister in einer Rundverfügung vom 22. Juni 1925 I 1173, Juristische Rundschau S. 685 — abgedruckt als Anhang XVIII zu diesem Buche —, auf die Gesichtspunkte hingewiesen, die dieser Rechtsauffassung entgegenständen. Sein Ausgangspunkt, daß es sich bei diesen Hinterlegungen um ein dem öffentlichen Rechte angehöriges Rechtsverhältnis zwischen dem Staate und den Hinterlegern handelt, dürfte unbedenklich zutreffen; doch ist auch bei solchen Rechtsverhältnissen eine Aufwertung nicht ausgeschlossen (vgl. die in der Verfügung angeführten Urteile des Reichsgerichts; a. M. sind allerdings die in der Spruchbeilage zur DJZ. zum

Recht der Aufwertung 9. Teil Nr. 1 aufgeführten Verwaltungsgerichte sowie OLG. Düsseldorf 28. Oktober 1924 (JW. 275[11]) für Fälle, in denen eine Aufwertung nicht durch besondere gesetzliche Bestimmungen zugelassen oder geboten ist. Für die Aufwertung der Hinterlegungsbeträge wird aber zu berücksichtigen sein, daß die Hinterlegung nicht im Interesse des Staates (Fiskus), sondern in dem der Hinterleger erfolgt und daß der Staat gesetzlich genötigt ist, die Hinterlegungsbeträge anzunehmen; auch daß er zu wertbeständiger Anlage kaum in der Lage und jedenfalls nicht verpflichtet war. Eine Aufwertung wird unter diesen Umständen wohl nur dann gerechtfertigt sein, wenn festgestellt werden kann, daß der Staat den empfangenen Geldwert sich wertb ständig erhalten oder so verwendet hat und ohne Aufwertung mit dem Schaden der Hinterleger sich bereichern würde. Soweit die Verfügung (unter Ziff. 4) aus der Art des staatlichen Verwaltungsbetriebes und dem Verhältnisse des preußischen Staates zum Reiche darzulegen sucht, daß der preußische Staat nicht bereichert sein könne, dürften ihre Ausführungen schwerlich überzeugend wirken. Ob und in welchen Fällen der Hinterleger von dem Prozeßgegner (in Strafsachen auch von dem Staate) Ersatz verlangen kann, ist keine Aufwertungs-, sondern eine Schadensersatzfrage; vgl. unter F 1. Das RG. hat in einem Urteile vom 8. April 1925 (DRZ. 270) ausgesprochen, daß es, abgesehen von einem etwa vorliegenden Verschulden, an einem Rechtsgrunde fehlt, aus welchem der Urteilsgläubiger, der zum Zwecke der Vollstreckung eines Urteils eine prozessuale Sicherheit hinterlegt hat, von dem Urteilsschuldner Aufwertung der hinterlegten Sicherheit verlangen könnte; denn es habe von dem freien Belieben des Gläubigers abgehangen, ob er sich zur Hinterlegung entschließen wollte, und demgemäß sei es auch seine Sache gewesen, der Entwertung des hinterlegten Geldes vorzubeugen, was durch Umtausch in wertbeständige Zahlungsmittel hätte geschehen können; deshalb sei der Urteilsschuldner für die Entwertung der Sicherheit nicht verantwortlich zu machen, solange er die Einwilligung in die Rückzahlung nicht verzögert habe. — Werden zum Zwecke der Sicherheitsleistung für vertragliche Verpflichtungen aus Dienst-, Kauf-, Werk-, Miet- oder Pachtverträgen Gelder dem anderen Vertragsteile übereignet (Kautionen), so liegt in der Regel keine Vermögensanlage vor, auch wenn Verzinsung gewährt wird, sondern ein Anspruch aus einem gegenseitigen Vertrage, der der unbeschränkten Aufwertung unterliegt, bei der hauptsächlich zu berücksichtigen ist, ob der Empfänger des Geldes in der Lage war, es wertbeständig durch Umsatz zu benutzen oder anzulegen und sich auf diese Weise den Wert zu erhalten. Auch ist es, wie das RG. in einem Urteile vom 15. Dezember 1924 (DRZ. 1925 Nr. 43) ausgesprochen hat, belanglos, ob die Gewährung der Sicherheit auf einem gegenseitigen oder einseitigen Vertrage beruht; denn in beiden Fällen sei ein Aufwertungsanspruch gegeben, da es der Billigkeit (§ 242 BGB.) widersprechen würde, wenn der Sicherheitleistende, dessen Leistung in das Vermögen des Sicherheitempfängers übergegangen sei und ihm zinslos behufs geschäftlicher Verwendung zur Verfügung gestanden habe, sich mit der Zurückzahlung eines gänzlich entwerteten Betrags begnügen müßte; ebenso wie bei Darlehensforderungen die Aufwertbarkeit grundsätzlich anerkannt sei, müsse nach der Regel des § 242 BGB. der Anspruch auf Rückzahlung einer in Geld geleisteten Sicherheit aufwertbar sein, wenn sie, noch dazu ohne die Pflicht der Verzinsung, in das Vermögen des Empfängers gelangt sei. Wohl nicht ganz im Einklange damit hat aber der 2. Zivilsenat (Urteil vom 14. November 1924, DRZ. 1925 Nr. 22) in einem Falle, in dem ein Juwelier einen Schmuck, den er von einem andern gekauft, diesem zu gewissen Zwecken gegen Sicherheitsleistung im Betrage von 100000 Mark herausgegeben (also wohl geliehen) hatte, ohne nähere Begründung ausgesprochen, eine eigentliche Aufwertung komme nicht in Betracht, und die Entscheidung lediglich auf die Frage abgestellt, ob es dem Empfänger der Sicherheit als Verschulden anzurechnen sei, daß er das Geld nicht wertbeständig angelegt habe. Die Pflicht zur Rückzahlung eines höheren als des Nennbetrags wäre wohl in erster Linie vom Gesichtspunkte der Aufwertung zu prüfen gewesen, für die ein Verschulden nicht erforderlich ist. — Eine Bürgschaft ist, wie das RG. in einem Urteile vom 21. Mai 1924 (JW. S. 1867[12]) ausgesprochen hat, niemals eine Vermögensanlage im Sinne der 3. StNVO., jetzt des Aufwertungsgesetzes; der Anspruch aus ihr kann daher unbeschränkt aufgewertet werden, sofern der Hauptanspruch gegen den Schuldner keine Vermögensanlage ist; der jeweilige Bestand der Hauptschuld, auch im aufgewerteten Zustande, ist für die Haftung des Bürgen maßgebend. — Über die Aufwertung von Ansprüchen aus Unterhaltsverträgen wird im Zusammenhange bei der Aufwertung familienrechtlicher Ansprüche (unter E) gehandelt werden.

D. Familien- und erbrechtliche Verhältnisse.

1. Auf dem Gebiete des Familienrechts kommt die Aufwertung hauptsächlich für die Ansprüche auf Gewährung des Unterhalts in Betracht. Eine gesetzliche Unterhaltspflicht besteht nach den §§ 1601 ff. BGB. gegenseitig für Verwandte in gerader Linie, zu denen im Verhältnisse zur Mutter und deren Verwandten auch die unehelichen Kinder gehören (§ 1705); ferner nach § 1708 für den Vater eines unehelichen Kindes gegenüber diesem; nach §§ 1360ff. im Verhältnis zwischen Ehegatten, nach §§ 1578ff. zwischen geschiedenen Ehegatten. Soweit der Anspruch sich unmittelbar auf diese gesetzlichen Vorschriften gründet, bedarf es einer Aufwertung nicht, da er nicht auf eine bestimmte Geldsumme gerichtet ist, sondern auf Gewährung des Lebensunterhalts in Natur oder (was hier allein in Betracht kommt) in Gestalt einer Geldrente, deren Höhe sich nach ihrem Zwecke und nach den Vorschriften des Gesetzes richtet und bei entwertetem Gelde ohne weiteres einen entsprechend erhöhten Nennbetrag darstellt. Eine Aufwertung kommt aber in Frage, sofern die Höhe der Unterhaltsrente durch einen Vergleich oder eine sonstige Vereinbarung oder ein gerichtliches Urteil vor Beginn oder während der Dauer der Inflationsperiode festgesetzt oder wenn eine Verpflichtung zur Leistung einer Unterhaltsrente in bestimmter Höhe ohne Bestehen einer gesetzlichen Unterhaltspflicht durch Vertrag übernommen ist. Gleiches gilt in den Fällen der §§ 843, 844 BGB. und des Haftpflichtgesetzes, in welchen eine zum Unterhalte des Berechtigten bestimmte Geldrente als Schadensersatz geschuldet wird. Ist die Festsetzung der Geldrente in einem gerichtlichen Urteile oder in einer nach Maßgabe des § 794 Ziff. 1, 2, 5 ZPO. vollstreckbaren Urkunde erfolgt, so bietet § 323 ZPO., der sich in seiner ursprünglichen Fassung nur auf Urteile bezog, aber

durch Art. 1 des Gesetzes vom 13. August 1919 (RGBl. 1448) auf andere vollstreckbare Urkunden ausgedehnt ist (Abs. 6), die erforderliche Handhabe für ihre anderweite Festsetzung. Danach ist jeder Teil berechtigt, im Wege der Klage eine Abänderung der in einem Urteile oder einer sonstigen vollstreckbaren Urkunde erfolgten Festsetzung künftig fällig werdender wiederkehrender Leistungen zu verlangen, wenn eine wesentliche Veränderung derjenigen Verhältnisse eintritt, welche für die Bestimmung der Höhe der Leistungen maßgebend waren. Daß diese Voraussetzung durch den eingetretenen Währungsverfall erfüllt worden ist, kann keinem begründeten Bedenken unterliegen. Die Bedeutung des § 323 ZPO. ist jedoch nur eine formelle Gestattung einer anderweiten Festsetzung der Leistung; eine materielle Bestimmung darüber, ob und in welcher Höhe die anderweite Festsetzung zu erfolgen hat, ist darin nicht enthalten (RGZ. 106 234). Dafür müssen sonach auch in diesen Fällen, wie in denjenigen, in welchen die Festsetzung in einer einfachen Privaturkunde erfolgt ist, die Aufwertungsgrundsätze herangezogen werden. Daß diese gerade für Geldrenten zu Unterhaltszwecken zu einer Erhöhung des Nennbetrags führen müssen, liegt auf der Hand und ist auch schon früh erkannt worden. Das RG. hat die in Betracht kommenden Grundsätze bereits in einem Urteile des 4. Zivilsenats vom 26. Mai 1921 (Warn. 118[99]) dargelegt, sodann in einer ganzen Reihe von Entscheidungen zur Anwendung gebracht und neuerlich in einem in der amtlichen Sammlung (RGZ. 108 292) veröffentlichten Urteile zusammengefaßt und bestätigt. Diese Entscheidungen gehen von dem Gedanken aus, daß bei der Festsetzung von Geldrenten, die zur Bestreitung des Lebensunterhalts des Berechtigten dienen sollen, den eigentlichen Gegenstand nicht sowohl der anzusetzende Geldbetrag, als die für den Unterhaltsberechtigten zu schaffende Möglichkeit bilde, sich eine gewisse Menge von Dingen zu verschaffen, deren er zur Fristung seines Lebens unbedingt bedürfe, daß sich also in dem Geldwert der vereinbarten Rente das Maß dessen ausdrücke, was dem Berechtigten an Lebensunterhalt gewährt werden solle, und daß bei starkem Sinken des Geldwertes, das dem Rentenempfänger die Möglichkeit nehme, sich aus der festgesetzten Rentensumme das bestimmte Maß des zum Unterhalt Notwendigen anzuschaffen, durch Zahlung einer gleichbleibenden Rente das nicht mehr erfüllt werde, was die Parteien gewollt hätten und was der Schuldner nach Treu und Glauben mit Rücksicht auf die Verkehrssitte gemäß § 242 BGB. zu leisten habe. Diesen Standpunkt hat das Reichsgericht für Unterhaltsverträge sowohl zwischen geschiedenen Ehegatten (Warn. 1921 Nr. 99, 1923 Nr. 36; Seuff. Arch. Bd. 87 Nr. 84, 190) wie auch zwischen anderen Personen (Warn. 1923/24 Nr. 3 bei einem Ehe- und Erbvertrag; RGZ. 106 233 bei einem Vergleich über eine Haftpflichtrente); insbesondere auch bereits vor dem Inkrafttreten des Sondergesetzes (vgl. unten) für Altenteilsverträge (V 87/22, 20. Februar 1923; V 427/23, 22. September 1923; V 865/22, 3. Oktober 1923) eingenommen. Weitere Entscheidungen vgl. in der Spruchsammlung der DJZ. über die Aufwertungsfragen 5. Teil unter Ziff. 1 und 2. Ferner Urteil vom 23. Januar 1925 (RGZ. 110 100). Ob es sich um eine Geldrente handelt, die dem Zwecke des Lebensunterhalts dienen soll, ist im Einzelfalle festzustellen und wird namentlich dann anzunehmen sein, wenn der Vertrag unter Verwandten abgeschlossen und mit einer Guts- oder Hof-Übergabe verbunden, als „Altenteilsvertrag" bezeichnet oder die Rente als „Leibrente", „Leibzucht" usw. bezeichnet ist; insbesondere auch dann, wenn die Geldrente an die Stelle von Naturalleistungen, die dem Unterhalte dienten, getreten ist (RGZ. 108 294). Daß bei dem Vertragsschlusse, wenn er zu einer Zeit erfolgt ist, als die Geldentwertung bereits begonnen hatte, kein Vorbehalt für den Fall weiterer Geldentwertung gemacht ist, schließt die Aufwertung nicht aus; auch ein ausdrücklicher „Verzicht auf weitergehende Ansprüche" ist im Zweifel nur dahin zu verstehen, daß der Berechtigte auf ein höheres Maß von Unterhalt, als dem zur Zeit bestehenden Geldwerte (der Kaufkraft) des vereinbarten Nennbetrags entspreche, keinen Anspruch erheben wolle (RGZ. 106 236). Nur wenn positiv festgestellt werden kann, daß es nach dem Vertragswillen der Parteien unter allen Umständen bei dem festgesetzten Nennbetrage verbleiben solle, insbesondere wenn der Vertrag eine dahingehende Klausel enthält, ist eine Erhöhung ausgeschlossen (RGZ. 106 235). Mit Rücksicht auf die Zweckbestimmung der Rente wird es in diesen Fällen schon ausreichen, wenn die Geldentwertung seit ihrer Festsetzung einen derartigen Umfang erreicht hat, daß die Rente den Zweck der Unterhaltsbeschaffung auch nicht annähernd mehr zu erfüllen vermag. War die Rente nur zur Beschaffung eines Teiles des Unterhalts bestimmt, so ist zur Aufwertung erforderlich, daß dieser Teil durch sie nicht mehr beschafft werden kann. Ob sie derart zu erhöhen ist, daß sie zum standesmäßigen oder nur zum notdürftigen Unterhalt ausreicht, richtet sich gleichfalls nach ihrer Zweckbestimmung. Daß bei der Bestimmung des Maßes der Aufwertung auch die allgemein eingetretene geringere Gestaltung der Lebenshaltung, sowie die Verhältnisse des Schuldners, insbesondere ob er sich den etwa empfangenen Gegenwert wertbeständig erhalten konnte, zu berücksichtigen sind, ergibt sich aus den allgemeinen Aufwertungsgrundsätzen. Danach darf der Rentenpflichtige nicht in höherem Maße durch die Aufwertung belastet werden als sich sein Einkommen seit dem Vertragsschluß ziffermäßig dem Nennbetrage nach erhöht, also wertbeständig, gehalten hat; RG. 26. Mai 1921, Warn. 1921, Nr. 99; 23. Februar 1923, Warn. 1923/24, Nr. 36; 20. März 1924, Warn. Nr. 116. Daß (wie in diesen Urteilen ausgeführt ist) eine Verbesserung der Vermögensverhältnisse des Rentenschuldners, die in anderen Umständen als der Geldentwertung ihren Grund hat, außer Betracht gelassen werden soll, dürfte mit dem das Aufwertungsrecht beherrschenden Grundsatze von Treu und Glauben schwerlich in Einklang zu bringen sein. — Die Aufwertung der persönlichen Forderung auf eine Unterhaltsrente nach den allgemeinen Aufwertungsgrundsätzen wird dadurch nicht ausgeschlossen oder eingeschränkt, daß mit der Rente ein Grundstück in der Form einer Rentenschuld oder Reallast belastet ist. Die Vorschriften des Aufwertungsgesetzes (§ 10), welche eine Abweichung von dem normalen Höchstsatze für die durch Hypothek gesicherte persönliche Forderung nur eingeschränkt zulassen, sind auf Reallasten und Rentenschulden nicht anwendbar (vgl. zu § 31 Aufwertungsgesetz Anm. 2, 3). Das dingliche Recht selbst aber wird nach den Vorschriften des Aufwertungsgesetzes über Rentenschulden und Reallasten (§§ 31, 4—8), also regelmäßig auf 25 v. H. des Goldmarkbetrags, aufgewertet. — Auch die in § 63 Abs. 1 Aufwertungsgesetz angeordnete Beschränkung der Aufwertung von Vermögensanlagen auf höchstens 25 v. H. des

Goldmarkbetrags wird auf Unterhaltsrenten keine Anwendung finden, da sie, soweit sie auf gesetzlicher Verpflichtung beruhen, schon um deswillen keine Vermögensanlagen sind und, soweit die Unterhaltsverpflichtung durch Vertrag begründet ist, nach § 63 Abs. 2 Ziff. 3, 4 oder aber auf alle Fälle nach § 63 Abs. 3 (vgl. die Anmerkungen zu diesem Paragraphen) als Ansprüche aus gegenseitigen Verträgen keine Vermögensanlagen im Sinne des § 63 Abs. 1 sein werden. — Für Altenteilsverträge (Leibgedings-, Leibzuchts- oder Auszugsverträge), die mit der Überlassung eines Grundstücks in Verbindung stehen, kommt in erster Linie das Gesetz vom 18. August 1923 in Betracht; vgl. zu § 1 Aufwertungsgesetz Anm. 6; ebenso für die Versorgungsansprüche von Familienmitgliedern gegenüber Fideikommissinhabern. Dieses Gesetz ist als Anhang XVI abgedruckt. Sehr bestritten und in der Tat recht zweifelhaft ist die Frage, ob eine Aufwertung auch noch stattfinden kann, wenn der Unterhaltsberechtigte durch eine Kapitalleistung abgefunden worden ist. Eine solche Abfindung ist nicht zulässig für die gesetzliche Unterhaltspflicht der Verwandten, da für diese ein Verzicht auf den Unterhalt für die Zukunft nicht wirksam ist (§ 1614 Abs. 1 BGB.). Sie kann aber erfolgt sein auf Grund Vertrags zwischen dem Vater und dem unehelichen Kinde, der mit Genehmigung des Vormundschaftsgerichts geschlossen ist, gemäß § 1714 BGB. Ebenso zwischen geschiedenen Eheleuten durch Vertrag oder auf Verlangen eines Teiles, falls ein wichtiger Grund vorlag, durch gerichtliche Entscheidung (§ 1580 Abs. 2). Ebenso bei Schadensersatzansprüchen gemäß §§ 843, 844 durch Vertrag oder auf Grund des § 843 Abs. 3 durch gerichtliche Entscheidung. Das RG. (7. Zivilsenat, Urteil vom 23. März 1923, RGZ. 106 396 und 4. Zivilsenat Urteil vom 16. Juni 1924, Warn. 1923/24 Nr. 142) haben die Möglichkeit einer Aufwertung für solche Fälle verneint, wo der Abfindungsvertrag auf die endgültige Erledigung des Verpflichtungsverhältnisses abzielte und nicht etwa nur die Kapitalisierung und Vorauszahlung der gesetzlichen, bei dem unehelichen Kinde bis zur Vollendung des 16. Lebensjahres fortdauernden Rente bedeutet hat. Sie gehen davon aus, daß, anders wie bei vereinbarten Geldrenten, eine noch nach Abschluß des Vertrags fortbestehende Dauerverpflichtung hier nicht in Frage kommen könne, vielmehr der Vertrag durch die einmalige Leistung in einem nach den damals bestehenden Verhältnissen zum Unterhalte voraussichtlich ausreichenden Betrage voll erfüllt und damit das Rechtsverhältnis aus der Unterhaltspflicht erloschen sei; erloschene Rechtsverhältnisse aber könnten nicht im Wege der Aufwertung wiederhergestellt werden. Eine Anzahl von Oberlandesgerichten, auch der Oberste Gerichtshof Wien hat in anderem Sinne entschieden; vgl. die Zusammenstellung in der Spruchsammlung der DJZ. zur Aufwertungsfrage 5. Teil Ziff. 7. Auch im Schrifttum hat man mehrfach durch scharfsinnige Gedankengänge dem Rentenberechtigten, namentlich dem unehelichen Kinde, zu helfen versucht. Insbesondere hat Czolbe (Leipz. Z. 1921, 364) ausgeführt, der im Abfindungsvertrage enthaltene Verzicht des unehelichen Kindes auf Unterhaltsansprüche werde fortlaufend gegenüber den fortlaufend neu entstehenden gesetzlichen Unterhaltsforderungen wirksam und könne nicht für diejenigen künftigen Unterhaltsforderungen gelten, die infolge der Geldentwertung auf einen viel höheren Betrag zu bemessen wären als bei dem Abfindungsvertrage vorauszusehen gewesen sei. Man wird diesem Gedankengang schwerlich folgen können; die einzelnen Unterhaltsforderungen, auf die im voraus verzichtet ist, entstehen infolgedessen überhaupt nicht; das Rechtsverhältnis ist vollständig erloschen. Im Wege der Aufwertung aber kann nur der Nennbetrag noch in irgendeinem Betrage bestehender Ansprüche erhöht, nicht aber ein erloschener Anspruch ins Leben zurückgerufen werden (auch die sog. „Rückwirkung" im Aufwertungsgesetze hat es ja nach der feststehenden Auffassung mit in Wirklichkeit noch nicht erloschenen Ansprüchen zu tun; vgl. vor § 14 Aufwertungsgesetz Anm. 1). Nicht ausgeschlossen erscheint dagegen, sofern es sich um einen Vergleich handelt, die (vom RG. in RGZ. 106 398 abgelehnte) Geltendmachung der Unwirksamkeit gemäß § 779 BGB. Beide Parteien sind doch wohl in der Tat von der als feststehend angesehenen Tatsache ausgegangen, daß das Abfindungskapital zum Unterhalte des Kindes während der Dauer der gesetzlichen Unterhaltsverpflichtung ausreichen werde; daß ihnen diese anscheinende Tatsache bewußt geworden sein müßte, ist nicht erforderlich; im Unterbewußtsein lag sie sicherlich. Bei vorausschauender Kenntnis der wirklichen Sachlage aber wäre der Vergleich nicht zustande gekommen.

2. Im **Erbrechte** kommt eine Aufwertung hauptsächlich in Frage für Ansprüche aus Vermächtnissen, die auf eine bestimmte Summe Geldes lauten. Es ist davon auszugehen, daß der Erblasser bei der Anordnung von Vermächtnissen mit der Fortdauer der bestehenden Geldwertverhältnisse im wesentlichen gerechnet und sonach den Nichteintritt einer umstürzenden Geldentwertung, wie sie tatsächlich eingetreten ist, erwartet hat und daß er dadurch zu der Festsetzung der an den Vermächtnisnehmer zu zahlenden Geldsumme bestimmt worden ist. Daraus wird gefolgert, daß gemäß § 2078 Abs. 2 BGB. wegen der seit der letztwilligen Anordnung eingetretenen Geldentwertung das Vermächtnis angefochten werden kann. RG. 12. Juli 1923 (Leipz. Zeitsch. 1923, 603[6]); RG. 22. März 1923 in RGZ. 106 395. Eine solche Anfechtung könnte jedoch nur zur Beseitigung des Vermächtnisses führen, nicht zur Erhöhung seines Nennbetrags. Es entspricht aber dem Rechtsgedanken der Aufwertung, wie auch dem das Erbrecht beherrschenden Gedanken der möglichsten Erfüllung der Absichten des Erblassers, daß ein Vermächtnis unter solchen Umständen nach Treu und Glauben in Anwendung des § 242 BGB., der auch die erbrechtlichen Schuldverhältnisse beherrscht (RGZ. 108 86), aufgewertet wird. Dabei wird besonders zu berücksichtigen sein, welche Vermögenswerte der mit der Auszahlung des Vermächtnisses Belastete aus der Erbschaft erhalten hat und ob sie ihm wertbeständig erhalten geblieben sind. — Eine Aufwertung kommt ferner in Frage, wenn einem Miterben durch letztwillige Verfügung das Recht eingeräumt ist, einen Nachlaßgegenstand zu einem ziffermäßig bestimmten Betrage in Mark zu übernehmen; in diesem Falle können die andern Miterben — ähnlich wie beim Bezugsrechte eines Aktionärs, vgl. oben unter Bb 5 — die Aufwertung des Übernahmepreises verlangen, entsprechend der vermutlichen Absicht des Erblassers und Treu und Glauben, die es verbieten, daß der Miterbe den ihm vermachten Gegenstand gegen eine wertlose Papiermarkleistung übernimmt. Bei der Festsetzung der Höhe des aufgewerteten Übernahmepreises wird besonders zu berücksichtigen sein, in welchem Verhältnis zur Zeit der letztwilligen Verfügung der Übernahmepreis zu dem Werte des zu übernehmenden Gegenstandes

(Grundstücks) stand. RG. 21. Februar 1924 in RGZ. 108, 83; RG. 9. Oktober 1924 in JW. 1925, 359[12]. — Hinsichtlich der Ausgleichung oder Anrechnung von Zuwendungen unter den Miterben, wobei es sich nicht um eigentliche Aufwertung im Sinne der Erhöhung eines geschuldeten Nennbetrags in Mark handelt, vgl. unten unter F 2.

E. Uneigentliche Aufwertungsfälle.

Die Berücksichtigung der eingetretenen außerordentlichen Entwertung des inländischen Währungsgeldes — der Mark — hat sich nicht nur da erforderlich gemacht, wo eine Geldschuld von vornherein in einem bestimmten Nennbetrage des entwerteten Geldes ausgedrückt ist, sondern auch da, wo die Höhe einer zu machenden Geldleistung bestimmt wird durch den Zweck, der mit der Leistung erreicht werden soll, Ersatz zu bieten für eine eingetretene Vermögensminderung. Diesen Zweck kann die Geldleistung nur erfüllen, wenn sie in einem Betrage erfolgt, der nach der zur Zeit, wo ihn der Gläubiger erhält, bestehenden Kaufkraft des Geldes entweder unmittelbar einen Ausgleich der zu seinen Ungunsten eingetretenen Vermögensgestaltung bildet oder es ihm ermöglicht, diese Gestaltung durch den Erwerb von Ersatzwerten auszugleichen. Die Höhe der hiernach zu zahlenden Summe bleibt, in der geltenden Währung ausgedrückt, nur solange die gleiche, als die Kaufkraft des Geldes — der Geldwert — im Wesentlichen der gleiche bleibt; sie ändert sich aber, sobald in der Zeit zwischen der Entstehung des Ersatzanspruchs und der Zahlung eine erhebliche Entwertung des Geldes eingetreten ist. Der Berücksichtigung dieser Änderung steht die Eigenschaft des Währungsgeldes als gesetzliches Zahlungsmittel — der sog. Zwangskurs, vgl. die Einleitung S. 9 — nicht entgegen, da das Währungsgeld — die Mark — hier zunächst nicht als Zahlungsmittel, sondern nur als Maßstab für den zu erzielenden Ausgleich — als Wertmesser — in Frage kommt. Es besteht deshalb kein gesetzliches Hindernis, die Höhe des zu leistenden Markbetrags derart festzusetzen, daß sie dem Ausgleichungszwecke entspricht, ohne daß es erforderlich wäre, die besonderen Aufwertungsgrundsätze heranzuziehen, welche die Erhöhung des von vornherein bestimmten Nennbetrags einer Papierschuld gestatten. Das gilt auch, wenn der Ausgleichung der Wert einer Sache oder eines sonstigen Vermögensgegenstandes zu einem bestimmten, in der Vergangenheit liegenden Zeitpunkte zugrunde zu legen ist. In diesem Falle wird der Wert des Vermögensgegenstandes zu diesem Zeitpunkte in Geld nach Maßgabe des zum gleichen Zeitpunkte bestehenden Geldwertes ausgedrückt; eine nach dieser Zeit eintretende Änderung des Wertes bei gleichbleibendem Geldwerte (also von der Seite der Sache her) kann nicht mehr in Betracht kommen; hat sich aber der Geldwert selbst, also der Wertmesser, geändert, so muß dieser Änderung Rechnung getragen werden. Das kann nur geschehen in der Weise, daß an Stelle der als Wertmesser unbrauchbar gewordenen Mark ein anderer Wertmesser eingeschaltet wird, der unverändert (stabil) geblieben ist. Auf diesen rechtlichen Gesichtspunkten beruht die Rechtsprechung des Reichsgerichts in den hier in Betracht kommenden Fällen von Ersatzansprüchen. Diese Fälle lassen sich einteilen in Schadensersatzansprüche, bei denen grundsätzlich ein voller und unbeschränkter Ausgleich einer eingetretenen Vermögenseinbuße zu erfolgen hat, **Wertansprüche**, bei denen nur der Wert eines bestimmten einzelnen Vermögensgegenstandes zu ersetzen ist, und **Bereicherungsansprüche**, bei denen eine Ausgleichung nur insoweit zu erfolgen hat, als auf Kosten des einen Teiles der andere „etwas" — einen Vermögenszuwachs — erlangt hat.

1. Wer Schadensersatz zu leisten verpflichtet ist, hat nach § 249 BGB. den Zustand herzustellen, der bestehen würde, wenn das schädigende Ereignis nicht eingetreten wäre. Dieser Grundsatz führt in erster Linie zur Naturalrestitution; nur soweit die Voraussetzungen des § 251 BGB. vorliegen — nämlich die Herstellung entweder unmöglich oder zur Entschädigung des Gläubigers nicht ausreichend oder nur mit unverhältnismäßigen Aufwendungen möglich ist — hat Ersatzleistung in Geld einzutreten. Diese muß aber den Zweck der Herstellung eines dem früheren gleichkommenden Vermögenszustandes des Geschädigten zu erfüllen geeignet sein. Deshalb hat, sofern es sich um Schadensersatz für den Verlust oder die Beschädigung einer **Sache** handelt, der Geschädigte Anspruch auf den Geldbetrag, der zur Zeit der Leistung zur Anschaffung eines Ersatzgegenstandes bzw. zur Beseitigung der Beschädigung erforderlich ist. Ist über die Höhe der Geldleistung durch Urteil zu entscheiden, so ist der Zeitpunkt des Urteils bzw. der letzten mündlichen Verhandlung, auf welche dieses ergeht, zugrunde zu legen, vorbehaltlich der Geltendmachung eines weiteren Erhöhungsanspruchs für die Zeit bis zur wirklichen Zahlung, sofern nicht im Urteil selbst schon der zu zahlende Geldbetrag wertbeständig — etwa nach den Reichsrichtzahlen — bestimmt worden ist, was auch schon vor Inkrafttreten des § 26a der Bekanntmachung zur Entlastung der Gerichte in der Fassung der Verordnung vom 22. Dezember 1923 (RGBl. I 1239) zulässig war (RGZ. 108 396). Daß **der Zeitpunkt des schädigenden Ereignisses oder der Klageerhebung** der Bemessung des Schadens nicht zugrunde zu legen ist, weil er bei fortschreitender Teuerung oder Geldentwertung nicht zum vollen Ersatze führt, hat das RG. schon in den Anfangsstadien der Geldentwertung, als sie noch als Teuerung (Preissteigerung) angesehen wurde, erkannt und ausgesprochen (Urt. v. 17. Januar 1920, RGZ. 98 55 für Bergbauschaden; 12. März 1921, RGZ. 101 418; 13. Juni 1921, RGZ. 102 383; 12. April 1922, RGZ. 105 117; 10. Januar 1923, RGZ. 106 184; 15. Mai 1922, RGZ. 105 151 für Beschädigung von Sachen. Ebenso RG. 5. Juni 1924, Warn. 1923/24 Nr. 181, für Schadensersatzansprüche wegen Rücktritts von einem Verlöbnisse, und 20. März 1924, Warn. 1923/24 Nr. 114, für immateriellen Schaden; ferner 11. Oktober 1924 RGZ. 109 61. Das zuletzt genannte Urteil des 1. Zivilsenats betrifft einen Schadensersatzanspruch gegen die Eisenbahn und das Reichsgericht hat dabei ausgesprochen, daß wegen § 88 Abs. 1 EisVerkOrdn., wonach für die Bemessung des Schadensersatzes der Zeitpunkt der Annahme zur Beförderung zu entscheiden hat, die Möglichkeit entfalle, eine nachträglich eingetretene Geldentwertung auf Grund von § 249 BGB. zu berücksichtigen, so daß nur die Gesichtspunkte des Verzugsschadens und der Aufwertung übrig blieben. Ebenso Urteil desselben Senats vom 30. Mai 1923 Warn. 1923/24 Nr. 69) unter Bezugnahme auf § 475 HGB. und § 88 EisVerkOrdn., wonach der „**gemeine Handelswert**" zu ersetzen ist, den Gut derselben Art und Beschaffenheit am Orte der Absendung in dem Zeitpunkte der Annahme zur Beförderung hatte. In gleichem Sinne, und zwar auch für das **internationale** Eisenbahn-

frachtrecht trotz Art. 34 des Intern. Übereink., hat sich der Senat in den Urteilen vom 5. Januar 1925 und 11. März 1925 (DRZ. 94 und 202) ausgesprochen. Diese Auffassung scheint aber nicht im Einklang zu stehen mit den oben entwickelten, auch vom RG. in anderen Entscheidungen (vgl. unter 2, Enteignungsentschädigung) vertretenen Grundsätzen, nach denen die Geldentwertung ohne weiteres auch bei solchen Ersatzansprüchen zu berücksichtigen ist, bei denen die Bemessung des zu leistenden Ersatzes nach einem in der Vergangenheit liegenden Zeitpunkte zu erfolgen hat. A. M. auch OLG. Hamburg 16. April 1924 (JW. 1189 [24]). — Zu den Schadensersatzansprüchen gehören auch die Ansprüche auf Ersatz des Schadens, den der Gläubiger durch Verzug des Schuldners mit der Leistung erlitten hat (Verzugsschaden, § 286 BGB.). Dieser Schaden kann auch darin bestehen, daß infolge des Verzugs der in Papiermark bestimmte Nennbetrag der Schuld durch den Währungsverfall entwertet ist. Soweit bereits nach Aufwertungsgrundsätzen eine Erhöhung des Nennbetrags, und zwar von Rechts wegen, stattgefunden hat, die Forderung also „aufgewertet" ist, ist, wie Mügel, Aufwertungsrecht, S. 91 richtig bemerkt, ein Verzugsschaden durch die Geldentwertung für den Gläubiger nicht entstanden; nur eine Geldentwertung, die darüber hinaus geht, könnte daher folgerichtig als Verzugsschaden geltend gemacht werden. Damit steht es allerdings nicht im Einklang, wenn das RG. an mehreren Stellen (RGZ. 109 63; 110 37) erklärt, daß für die allgemeine Aufwertung nach § 242 als „außerordentlichen Rechtsbehelf" erst Raum sei, wenn die den Anspruch stützenden besonderen Rechtssätze versagen. Doch ist das Vorgehen des Reichsgerichts, das in erster Linie prüft, ob durch die Geldentwertung ein Verzugsschaden entstanden ist, vom praktischen Gesichtspunkte nicht zu beanstanden, da anzunehmen ist (und vom Reichsgerichte offenbar vorausgesetzt wird), daß die Zubilligung des Verzugsschadens nach den für diesen geltenden Vorschriften zu einer gleichen oder größeren Erhöhung des Papiermarkbetrags führt, wie die Aufwertung nach Aufwertungsgrundsätzen. Freilich wird auch der Verzugsschadensgesichtspunkt in der Regel nicht dazu führen, daß eine Erhöhung bis zum Goldmarkbetrage erfolgen kann, da es als ein allgemeiner Erfahrungssatz gelten muß, daß Deutschen im Inlande die volle Erhaltung von Geldbeträgen in ihrem Werte gegenüber dem Währungsverfalle im allgemeinen nicht möglich war und sonach eine Vermutung dafür spricht, daß der inländische Gläubiger, wenn er das Geld rechtzeitig vom Schuldner erhalten hätte, es nicht vollständig vor Entwertung hätte schützen können, und zwar auch nicht in den Verhältnissen des Großhandels (RGZ. 108 122; 108 381). Aber diese Erwägung würde auch bei der Aufwertung in Betracht zu ziehen sein. Diese Regel gilt übrigens nicht ausnahmslos, und es muß jedenfalls dem Gläubiger der Beweis offengehalten werden, daß er das gesamte Geld sofort in einem Sachwerte oder in einer wertbeständig gebliebenen Währung angelegt haben und dadurch der Geldentwertung entzogen haben würde. Dazu ist vom Reichsgerichte als genügend bezeichnet worden die Darlegung, daß der Gläubiger nach der Art seines Geschäftsbetriebs in der Regel Beträge, die er erhält, ganz oder zu einem gewissen Teil in Waren oder anderen beständigen Werten anlege; es sei dann anzunehmen, daß er es im vorliegenden Falle ebenso gemacht haben würde, und Sache des Schuldners würde es sein darzulegen, daß der Gläubiger im vorliegenden Falle eine andere Anlage gewählt haben würde; nicht aber könne von dem Gläubiger der Nachweis verlangt werden, daß er gerade den in Frage stehenden Betrag in solcher Weise angelegt haben würde (RGZ. 107 284; ähnlich RGZ. 107 213). Ist ein Gläubigerwechsel eingetreten und macht der neue Gläubiger geltend, daß er in solcher Weise gehandelt haben würde, so muß er darlegen, daß und wann der Schuldner von dem Gläubigerwechsel Kenntnis erhalten hat, da anderenfalls diese Verzugsfolge dem Schuldner nicht zugerechnet werden könnte (RGZ. 107 188). Anders jedoch für den Fall des Speditions- und Frachtvertrags in RGZ. 109 21. Auf das Erfordernis eines „adäquaten" Zusammenhanges ist auch hingewiesen in dem Urteile vom 21. Mai 1924 (Warn. 1923/24 Nr. 176). Bei einem im Inlande ansässigen Gläubiger kann nicht ohne weiteres angenommen werden, daß er den erhaltenen Markbetrag sofort in ausländische wertbeständige Währung umgewechselt haben würde (RGZ. 102 61) Dagegen ist, wenn der Gläubiger ein Ausländer war, vom Reichsgerichte in zahlreichen Fällen das Bestehen einer Vermutung angenommen worden, daß er das Geld in seine heimische Währung umgesetzt haben würde; vgl. Urteil vom 8. Januar 1924 bei Warn. 1925 Nr. 10 und die dort angeführten früheren Entscheidungen. Handelt es sich um eine im Auslande ansässige Versicherungsgesellschaft, die aber in erheblichem Umfange in Deutschland Geschäfte betreibt und dafür Markguthaben bereithalten muß, so kann die Vermutung nicht Platz greifen (RG. 12. Dezember 1923, Recht 1924 S. 221); ebensowenig bei einem im Elsaß ansässigen Kaufmanne, der in reger Geschäftsverbindung mit Deutschland steht (RGZ. 107 189). Auch bei deutschen Waren-Importeuren oder -Exporteuren ist anzunehmen, daß sie alle eingehenden Markbeträge alsbald in Waren oder Devisen umsetzen; RG. 7. Dezember 1923, JW. 1924, 672[5]; 12. Februar 1924, Leipz. Z. 416[6]. Auch ist als allgemeine Erfahrungstatsache zu berücksichtigen, daß bei bereits fortgeschrittener Geldentwertung im geschäftlichen Verkehr stehende Personen ihr nicht hilflos zugesehen, sondern ihr, wenn nicht vollständig, so doch teilweise zu begegnen gewußt haben (Warn. 1923/24 Nr. 176 S. 224, Schlußsatz). — Auch bei Schadensersatzforderungen, die auf einem öffentlichen Rechtsverhältnisse beruhen, wie die Entschädigung wegen unschuldig erlittener Untersuchungshaft, ist der zu leistende Betrag nach Maßgabe der oben dargelegten Grundsätze unter Berücksichtigung der Geldentwertung zu bestimmen; RG. 16. Februar 1925 (Warn. 1925 Nr. 78). — Wird Schadensersatz wegen Nichterfüllung verlangt (§§ 325, 326 BGB.) so kommt die Geldentwertung als Faktor für die Berechnung des einseitigen Geldanspruchs des Schadensersatzberechtigten in Betracht, der nach der Rechtsprechung des Reichsgerichts (Differenztheorie) an die Stelle der beiderseitigen Vertragspflichten getreten ist (RGR.Komm. zu § 325 Anm. 1; RGZ. 102 61). Hieraus hat das eben genannte Urteil des Reichsgerichts die Folgerung abgeleitet, daß den Gegenstand dieses Anspruchs stets nur deutsches Geld bilde, auch wenn die ursprüngliche Vertragsforderung des Ersatzberechtigten auf Leistung in ausländischer Währung gerichtet und ihm ein Schaden (Gewinnentgang) in ausländischer Währung entstanden ist; es soll deshalb nicht darauf ankommen, ob der Ersatzberechtigte den ausländischen Währungsbetrag, der bei Erfüllung des Vertrags seinen Vertragsgewinn dargestellt hätte, in der ausländischen Währung belassen oder in Mark umgewandelt haben würde, sondern umgekehrt nur darauf, ob er das ihm als Schadensersatz wegen Nichterfüllung zustehende deutsche Geld, das er infolge Verzugs des anderen Teils nicht rechtzeitig erhalten hat, in die ausländische Währung umgesetzt haben würde. Die Begründung erscheint nicht recht einleuchtend. — Wird Schadensersatz in Gestalt einer **Rente** in der Weise zugesprochen, daß dabei der Geldentwertungsschaden bis zum Tage der Zahlung zu berücksichtigen ist (wertbeständiges Urteil, vgl. oben), so dürfen die geleisteten **Vorauszahlungen** nicht lediglich nach ihrem Papiermarkbetrage in Abzug gebracht, sondern müssen gleichfalls nach dem Wert, den sie an den Zahlungstagen hatten, unter Zugrundelegung der Reichsrichtzahlen aufgewertet und in dem aufgewerteten Betrage von der Gesamtsumme abgezogen werden; RGZ. 108, 395. — Die **Verjährung** des Aufwertungsanspruchs bei Schadensersatzforderungen beginnt nach RG. I 428/23 vom 12. März 1924 (JW. 1924 S. 1434) nicht früher als mit dem Eintritte des Verfalls der deutschen Währung im Frühjahr 1922, da dieses Ereignis eine von niemandem voraussehbare und deshalb neue Schadensfolge darstelle. Nach RG. I 468/24 vom 22. Juni 1925 (DJZ. Sp. 1657) muß aber der Beginn der Verjährung noch später gesetzt werden, nämlich erst in die erste Zeit des Jahres 1923, da frühestens zu diesem Zeitpunkte ein positiver Aufwertungsanspruch von der Rechtsprechung grundsätzlich und allgemein anerkannt worden sei und deshalb eine früher erhobene Klage zu einem Erfolge nicht geführt haben würde.

2. Ansprüche auf **Werterſatz (Wertschulden)**. Sie unterscheiden sich dadurch von den Schadensersatzansprüchen, daß nicht die volle Vermögenseinbuße, sondern nur der **Wert** (gemeine Wert) zu ersetzen ist, den eine Sache zu einer bestimmten Zeit gehabt hat. Ein solcher Anspruch ist der Anspruch auf die **Enteignungsentschädigung**, die nach § 8 des Preuß. Enteignungsgesetzes den vollen Wert der enteigneten Sache zur Zeit der Zustellung des Entschädigungsfeststellungsbeschlusses umfaßt. Hier hat das RG. (Urt. vom 15. Januar 1924, RGZ. 107 228) ausgesprochen, diese Vorschrift habe nicht die Bedeutung, daß der Wert auch in der Ziffer auszudrücken sei, in der er nach dem Geldstande von damals zum Ausdruck kam; vielmehr komme, wie bei allen Entschädigungsansprüchen, auch hier die innere Kaufkraft des Geldes zur Zeit des Urteils in Betracht, ohne daß dazu erst auf die Frage der eigentlichen Aufwertung zurückgegriffen zu werden brauche; tatsächlich werde dadurch nur der nach dem Enteignungsgesetze maßgebende Wert zur Erstattung gebracht; der Enteignete habe ein Recht auf Berechnung des Werts nach dem Geldstande zur Zeit der Zahlung, weil er nur auf diese Weise die Entschädigung erhalte, die ihm zugeflossen wäre, wenn er den vollen Wert der enteigneten Sache schon am Tage der Zustellung des Entschädigungsfeststellungsbeschlusses erhalten hätte. Auf die Frage, ob es ihm gelungen sein würde, das Geld, wenn er es damals empfangen hätte, sich wertbeständig zu erhalten, geht dieses Urteil nicht ein. Ebenso Urt. vom 1. Februar 1924, Warn. 1923/24, Nr. 83; 12. Februar 1924, Warn. Nr. 113; 4. April 1924, Warn. Nr. 112; 11. April 1924, Warn. 1925 Nr. 8. Der Gedanke der Aufwertung klingt in diesen Urteilen insofern an, als sie ausführen, daß es gegen Treu und Glauben verstoßen würde, wenn die Enteignungsbehörde jetzt unter Berufung auf den längst als unhaltbar erwiesenen Grundsatz Mark = Mark den Enteigneten mit einer gänzlich wertlosen Papiermarksumme,

die nur im Nennbetrage dem ermittelten Grundstückswerte entsprechen würde, abfinden wollte. Daß es auf den Verzug dabei nicht ankomme, wird ausdrücklich hervorgehoben. — Ein Anspruch auf Werterſatz ist auch der Anspruch des Beauftragten und Geschäftsführers ohne Auftrag auf Erstattung seiner Aufwendungen (§§ 670, 683 BGB.); doch wird die Berücksichtigung der Geldentwertung bei solchen Ansprüchen in der Rechtsprechung des Reichsgerichts durchweg nur von den Gesichtspunkten der Aufwertung und des Verzugs behandelt (RG. 8. November 1923 in RGZ. 107 148; 3. November 1924 in DJZ. 1925 Sp. 187; 26. März 1923 bei Warn. 1923/24 Nr. 70). Sind Aufwendungen in ausländischer Währung gemacht worden, so wird angenommen, daß auch der Erstattungsanspruch in der ausländischen Währung entstanden und nach dem Kurse dieser Währung nicht zur Zeit der Aufwendung, sondern zur Zeit der Erstattung zu bestimmen sei. RG. 17. März 1924 JW. 1590[6]; 28. April 1924, JW. 1593[9]; 22. Oktober 1924, RGZ. 109 85. — Werterstattungsansprüche sind ferner die Ansprüche von Miterben untereinander auf Anrechnung von Zuwendungen, die zur Ausgleichung zu bringen sind, bei der Auseinandersetzung, wobei der Wert der Zuwendung sich nach der Zeit bestimmt, zu der die Zuwendung erfolgt ist (§ 2055 BGB.), sowie die Ansprüche des Erben gegen den Pflichtteilsberechtigten auf Anrechnung der Zuwendungen, die dieser erhalten hat, auf den Pflichtteil, wobei der Wert der Zuwendung gleichfalls sich nach der Zeit bestimmt, zu der die Zuwendung erfolgt ist (§ 2315 BGB.). Auch für solche Ansprüche gilt die Regel, daß für die Berechnung des anzurechnenden Betrages zwar der Sachwert zur Zeit der Zuwendung maßgebend ist, aber der ihm entsprechende Geldbetrag nach Maßgabe der inneren Kaufkraft der Mark zur Zeit der Auseinandersetzung bzw. Anrechnung zu bestimmen ist (RGZ. 108 340).—Eine Art Werterstattungsanspruch liegt auch vor, wenn eine Schuld im Inlande in ausländischer Währung, aber nicht effektiv, zahlbar ist und der Schuldner von dem ihm nach § 244 BGB., Art. 37 WO. zustehenden Rechte Gebrauch macht, in inländischer Währung zu zahlen, unter Umrechnung nach dem Kurswerte, der zur Zeit der Zahlung für den Zahlungsort maßgebend ist. Daß in solchem Falle nicht der Zeitpunkt der Fälligkeit, sondern der der wirklichen Zahlung maßgebend ist, wurde durch die Entscheidung der Vereinigten Zivilsenate in RGZ. 101 312 ausgesprochen. Der Zahlung steht die auf Grund des Art. 40 WO. dem Akzeptanten bei Nichtvorlegung des Akzeptes gestattete Hinterlegung gleich. Es muß also ein Betrag in inländischer Währung hinterlegt werden, der dem Kurswerte der ausländischen Währung am Tage der Hinterlegung, nicht am Verfalltage des Wechsels entspricht. Geschieht das nicht, so wird der Wechselschuldner durch die Hinterlegung nicht befreit und er hat nunmehr eine Marksumme zu zahlen, die dem Kurse der ausländischen Währung zur Zeit der wirklichen Zahlung entspricht. Dementsprechend hat das RG. in dem Urteile vom 1. Juli 1924 (RGZ. 108 337) ausgesprochen, daß in solchem Falle eine doppelte Umrechnung stattzufinden habe; nämlich zunächst der Betrag der Wechselsumme am Verfalltage umzurechnen sei in eine stabile Währung, etwa den Dollar, und der so gewonnene Betrag umgerechnet werde in Papiermark nach dem Werte des Hinterlegungstages; erweise sich danach der hinterlegte Betrag als zu niedrig, so werde durch sie der Akzeptant auch nicht zum Teile befreit. Diese doppelte Umrechnung rechtfertigt das Urteil mit dem Hinweis darauf, daß die Mark ihre Eigenschaft, als Wertmesser zu dienen, verloren habe.

3. Auch die Höhe des Bereicherungsanspruchs bemißt sich nach dem Zwecke der Ausgleichung der dem Bereicherungsgläubiger entstandenen Vermögenseinbuße, aber unter Beschränkung auf die dem Bereicherungsschuldner entstandene Vermögensvermehrung. In beiden Richtungen muß der Tag maßgebend sein, an dem die Ausgleichung durch Erstattung der Bereicherung stattfindet. Zu erstatten ist deshalb nicht unbedingt der volle Goldmarkwert des Empfangenen, sondern nur so viel als davon in dem Vermögen des Bereicherungsschuldners ungeachtet der Geldentwertung erhalten geblieben ist. Bei der Ermittlung dieses Betrags muß der Erfahrungssatz beachtet werden, daß innerhalb des ordnungsmäßigen und erlaubten wirtschaftlichen Handelns ein in Mark empfangenes Kapital in der Regel nicht auf der vollen Höhe seines Goldmarkbetrages durch die Inflationszeit hindurch erhalten werden konnte. Auch ist das, was aus dem Empfangenen durch außerordentliche Glücksfälle (Lotteriegewinn) oder Spekulationen oder besondere Tätigkeit erzielt worden ist, nicht herauszugeben. Soweit aber das durch einen Kaufmann grundlos Empfangene so angelegt worden ist, wie es in kaufmännischen Geschäften üblich ist und ohne weiteres Zutun ein Goldmarkwert sich dadurch erhalten hat, ist es als Bereicherung herauszugeben, also ein höherer als der Papiermarknennbetrag zu erstatten. RG. 12. März 1924, RGZ. 108 120. Dieses Ergebnis ist in dem genannten Urteile durch den Hinweis darauf begründet, daß nach § 818 BGB. auch die „Nutzungen" des Empfangenen herauszugeben sind. Die Begründung könnte den Anschein erwecken, als wenn es sich dabei um eine wirkliche Vermehrung des Empfangenen handelte, während in Wirklichkeit nur die Erhaltung des Empfangenen auf seiner Werthöhe in Frage steht. Ist die Anlegung in Sachwerten erfolgt, so ist der dadurch erlangte Sachwert für die Höhe des herauszugebenden Betrags in Betracht zu ziehen. Sind von beiden Seiten Leistungen erfolgt, so bildet nach der ständigen Rechtsprechung des Reichsgerichts (Saldotheorie, vgl. RGRKomm. zu § 818 Anm. 8) nur dasjenige, was sich nach Vergleich der beiderseitigen Leistungen als Überschuß ergibt, den Gegenstand des Bereicherungsanspruchs. Gegenüber einem Anspruche auf Herausgabe einer Sachleistung, z. B. des Grundstücks (der Auflassung) wegen Nichtigkeit des Kaufvertrags, kann der Beklagte Erstattung der Geldleistung Zug um Zug insoweit in erhöhtem Nennbetrage verlangen, als es dem Kläger gelungen ist, das empfangene Geld wertbeständig in seinem Vermögen zu erhalten (RG. 14. November 1923, RGZ. 107 180). Der Anspruch auf Rückerstattung zuviel bezahlter Steuern ist ein Bereicherungsanspruch (RGZ. 76, 275) und sonach an sich (im uneigentlichen Sinne) aufzuwerten. Für Preußen sind jedoch durch die Landesaufwertungsverordnung vom 7. November 1923 (GS. S. 501) besondere Bestimmungen über die Aufwertung der Steuern, Abgaben usw. erlassen worden. In § 1 Abs. 2 daselbst ist bestimmt: „Einer Aufwertung nach den Vorschriften dieser VO. unterliegen nicht; e) Zahlungen auf dem Gebiete der Stempelsteuer." Danach sollte zunächst eine Aufwertung weder von Stempelsteuern noch von Rückerstattungsansprüchen auf solche (§ 8 VO.) erfolgen. Erst die VO. vom

18. Januar 1924 (GS. S. 43) läßt die Aufwertung auch von Stempelsteuern in bestimmtem Umfange zu und schreibt in Art. 2 unter Nr. 5 vor: „Stempelerstattungen auf Grund von Zahlungen, die nach dem 30. November 1923 geleistet worden sind, sind nach dem Goldwerte zu bewirken". Diese Bestimmungen sind ergangen auf Grund der in § 16 der VO. des Reichspräsidenten über Steueraufwertung vom 11. Oktober 1923 (RGBl. I 939) den Landesregierungen erteilten Ermächtigung und gegen ihre Rechtsgültigkeit bestehen keine Bedenken (RG. 2. Dezember 1924, RGZ. 109 264). Für die Rückerstattung von Reichssteuern ist in § 8 der ebengenannten VO. bestimmt, daß Erstattungen und Vergütungen, die nach dem 31. August 1923 geleistet worden sind, nach dem Goldwert zu bewirken sind, im übrigen ist der Reichsminister der Finanzen durch § 17 ermächtigt, die Bestimmungen zu treffen, die für die Umstellung der Steuerzahlung und Steuerrückzahlung nach Papiermark auf die Steuerzahlung und Steuerrückzahlung nach Goldmark erforderlich sind. Auf Grund die er Ermächtigung konnte und kann er die Aufwertung von Rückforderungsansprüchen aus bis zum 31. August 1923 geleisteten Zahlungen ausschließen.

F. Prozessuales.

Auf prozessualem Gebiete führt die Aufwertung in manchen Beziehungen zu eigenartigen Erscheinungen. Darüber, ob und inwieweit sie von Amts wegen zu berücksichtigen ist, vgl. oben unter Ba. Ist mit der Klage ein Geldanspruch in einem Betrage erhoben, der den gesamten aus einem bestimmten Ereignisse entstandenen Schaden nach Maßgabe des zur Zeit der Klagerhebung bestehenden Geldwerts umfassen sollte, so ist auch die später eintretende ziffermäßige Erhöhung infolge Geldentwertung Gegenstand des Rechtsstreits und rechtshängig geworden; die entsprechende Erweiterung des Klagantrags ist keine Erhebung eines neuen Anspruchs (§ 529 Abs. 2 ZPO.) und kann daher noch in der Berufungsinstanz erfolgen; die Verjährung ist auch hinsichtlich der Erhöhung durch die Klagerhebung unterbrochen (RGZ. 106, 184; 108 38). Ist auf Leistung Zug um Zug gegen eine entwertete Papiermarkleistung geklagt worden und wird die Aufwertung der Gegenleistung im Rechtsstreit von dem Beklagten beantragt oder vom Gerichte von Amts wegen angeregt, so stellt sich die hilfsweise Erklärung des Klägers, daß er die Gegenleistung aufgewertet bewirken wolle, und die entsprechende Änderung des Klagantrags nicht als Klagänderung dar, sondern als eine Ermäßigung seines Klaganspruchs (RGZ. 108 86). Nach RG. II Urteil vom 23. Dezember 1924 (RGZ. 109, 375) soll ein rechtskräftiges Urteil, durch das eine Geldforderung unaufgewertet zugesprochen worden ist, keine Rechtskraft schaffen hinsichtlich des Bestehens und der Fälligkeit der Forderung für den späteren Prozeß, in welchem die Aufwertung geltend gemacht wird; das Vorprozeßurteil soll diesem gegenüber nur die Bedeutung einer Entscheidung über einen eingeklagten Teilbetrag der Forderung gehabt haben und demgemäß sollen in dem Nachprozesse, der sich auf einen anderen Teil der Forderung beziehe, auch die Einwendungen gegen den Bestand der Forderung wieder vorgebracht werden können. Es fragt sich, ob diese Entscheidung der im Schrifttum sehr bestrittenen Frage in Einklang zu bringen ist mit den oben erwähnten Entscheidungen über die Unterbrechung der Verjährung, die davon ausgehen, daß durch die Einklagung der unaufgewerteten Forderung der ganze Anspruch Gegenstand des Rechtsstreits geworden ist. Eine andere Frage ist, ob auch die Aufwertung selbst infolge des rechtskräftigen Vorprozeßurteils nicht mehr geltend gemacht werden kann. Das ist zu verneinen, da in dem Vorprozeßurteile eine Abweisung des Aufwertungsanspruchs nicht erfolgt ist. Nur wenn etwa der Kläger in dem Vorprozeßverfahren auf den Mehranspruch ausdrücklich oder durch ein entsprechendes unzweideutiges Verhalten (stillschweigend) verzichtet haben sollte (was schwerlich vorkommen wird), ist die Geltendmachung der Aufwertung in dem späteren Verfahren ausgeschlossen; RG. 20. Januar 1923, Warn. 1923/24 Nr. 75. — Die allgemeinen Erfahrungstatsachen, welche für die Aufwertung in Betracht kommen — namentlich die allgemeine Wirtschaftsentwicklung, die immer schneller fortgeschrittene Geldentwertung — sind dem Gerichte kraft seiner allgemeinen Lebenserfahrung bekannt, daher offenkundig und bedürfen deshalb keines Beweises, auch nicht im Urkundenprozesse gemäß §§ 592, 598 ZPO.; soweit aber für die Aufwertung die Feststellung anderer Tatsachen erforderlich ist, ist der Aufwertungsanspruch als im Urkundenprozesse unstatthaft zurückzuweisen und dem Nachverfahren vorzubehalten (RGZ. 109 70).

Anhänge.

I. Urteil des 5. Zivilsenats des Reichsgerichts vom 28. November 1923 in Sachen Stolz (Beklagter und Revisionskläger) gegen Reinshagen (Kläger und Revisionsbeklagter) — V 31 1923 — (RGZ. 107, 78).

Das Urteil des 18. Zivilsenats des Kammergerichts in Berlin vom 25. November 1922 wird aufgehoben und die Sache zur anderweitigen Verhandlung und Entscheidung an das Berufungsgericht zurückverwiesen. Die Entscheidung über die Kosten der Revisionsinstanz wird dem Endurteil vorbehalten.

Von Rechts wegen.

Tatbestand.

Der Kläger ist Eigentümer eines im Grundbuche des vormaligen deutschen Bezirksgerichts von Lüderitzbucht Bd. I Bl. 26 eingetragenen Grundstücks, der Beklagte seit dem Jahre 1913 als Gläubiger einer auf diesem in Abt. III Nr. 3 vermerkten Hypothek von 13 000 M. eingetragen. Die Forderung ist am 1. April 1920 fällig geworden. Der Kläger hat dem Beklagten für Hauptforderung und rückständige Zinsen einen Betrag von 18 980 M. durch eine Bank überwiesen. Er begehrt deshalb die Verurteilung des Beklagten zur Herausgabe des Hypothekenbriefes und zur Löschungsbewilligung. Der Beklagte verweigert diese, da die Schuld in der im früheren deutschen Schutzgebiete Südwestafrika geltend gewesenen Hartgeldwährung oder in entsprechenden Kurswerten zu entrichten sei. Das Landgericht hat ihn nach dem Klageantrage verurteilt, das Kammergericht seine Berufung zurückgewiesen. Mit der Revision beantragt er, dieses Urteil aufzuheben und nach seinem Berufungsantrage (auf Abweisung der Klage) zu erkennen. Der Kläger bittet um Zurückweisung des Rechtsmittels.

Entscheidungsgründe.

Die angefochtene Entscheidung wird durch die ihr vom Kammergerichte gegebene Begründung nicht getragen und kann nicht aufrechterhalten bleiben. Das Kammergericht geht davon aus, daß mangels einer ausdrücklichen Vereinbarung nach der Natur der Sache und dem zu vermutenden vernünftigen Willen der Parteien für das unter deutschen Reichsangehörigen in Berlin begründete Darlehn und die Bestellung der Hypothek mit dem im damaligen deutschen Schutzgebiete Südwestafrika belegenen Grundstücke ein anderes als das deutsche Recht, insbesondere englisches Recht, nicht in Frage komme sowie daß nicht ein besonderes deutsches Kolonialrecht, sondern deutsches Inlandsrecht zur Anwendung zu gelangen habe.

(Folgt Erörterung der Bedenken, welche gegen die Annahme des Berufungsgerichts bestehen, daß Berlin Erfüllungsort und deshalb das im eigentlichen Reichsgebiete geltende deutsche Recht anzuwenden sei. Ob diese Bedenken für sich allein zur Aufhebung des Berufungsurteils nötigen würden, läßt das Reichsgericht dahingestellt, um dann wie folgt fortzufahren:)

Denn wenn selbst diese Bedenken . . . für sich allein nicht zur Aufhebung des angefochtenen Urteils nötigen würden, so muß dieses doch in jedem Falle der Aufhebung verfallen, mag nun Lüderitzbucht oder Berlin als Erfüllungsort zu gelten haben:

im ersteren Falle, weil nach dem im früheren Schutzgebiete Südwestafrika in Geltung gewesenen Rechte, wenigstens nach den Gesetzen und Reichskanzlerverordnungen, Papiergeld kein gesetzliches Zahlungsmittel darstellte, der Beklagte also zu dessen Annahme nicht verpflichtet wäre,

im zweiten Falle, weil das Kammergericht ohne weiteres davon ausgegangen ist, daß nach deutschem Rechte der Kläger auch trotz der inzwischen eingetretenen Entwertung des Papiergeldes befugt sei, den Beklagten mit solchem zum Nennbetrag der Darlehnsforderung rechtswirksam zu befriedigen.

Im einzelnen ist dabei von folgendem auszugehen:

A. Falls Lüderitzbucht Erfüllungsort war...

B. Falls Berlin Erfüllungsort war.

In diesem Falle, wenn also lediglich das im eigentlichen Reichsgebiete geltende Recht der Entscheidung zugrunde zu legen ist, war eine Stellungnahme zu der Frage geboten, ob nach diesem Rechte der Beklagte als Hypothekengläubiger mit Rücksicht auf die starke Entwertung des deutschen Papiergeldes eine Aufwertung seiner hypothekarisch gesicherten Forderung beanspruchen kann.

Mit ausdrücklichen Worten hatte der Beklagte im vorliegenden Falle in den Vorinstanzen die Frage der Hypothekenaufwertung allerdings nicht zur Entscheidung gestellt. Aber er hatte doch schon in der Klagebeantwortung darauf hingewiesen, es könne ihm nicht zugemutet werden, die Zahlung in minderwertigem deutschen Papiergelde anzunehmen, da er dadurch auf einen erheblichen Teil des Wertes seiner Forderung verzichten müßte. Weiter hatte er im Schriftsatze vom 4. November 1920 ausgeführt: es wäre der reine Hohn, wenn die Eigentümer südwestafrikanischer Grundstücke berechtigt wären, ihre Hypothekengläubiger in fast wertlos gewordener deutscher Papiermark abzufinden, und sie sich den aus der Umgestaltung der politischen Verhältnisse entstandenen Wertzuwachs allein zuführen wollten. Damit hatte er seinen Standpunkt hinreichend deutlich zum Ausdruck gebracht, daß er sich nach dem geltenden Rechte für befugt erachtete, bei Zahlung in Papiergeld die Entrichtung eines entsprechend höheren Betrages als den Nennwert der Forderung zu beanspruchen. Daraus entsprang die Verpflichtung des Gerichts, dieses Verlangen des Beklagten nach allen in Betracht kommenden rechtlichen Gesichtspunkten zu prüfen.

Aus der rein negativen Bemerkung des Kammergerichts am Ende seiner Urteilsgründe: der Beklagte selbst stelle nicht in Abrede, daß die Zahlung in Papiermark dem geltenden deutschen Münzgesetze entsprochen habe, ist nichts Gegenteiliges zu entnehmen. Dem Wortlaut nach bezog sich diese Erklärung des Beklagten nur auf das deutsche Münzgesetz, also die Frage der Währung, nicht auf die Frage der Hypothekenaufwertung; mit diesem Vermerke ist also keinesfalls bestimmt zum Ausdruck gebracht, daß der Beklagte den Gesichtspunkt der Hypothekenaufwertung, der nach dem oben Ausgeführten ebenfalls zu prüfen war, von der gerichtlichen Entscheidung hätte ausnehmen, auf eine Prüfung nach dieser Richtung hätte verzichten wollen.

Es kann auch nicht angenommen werden, daß die Geldentwertung bei der Fälligkeit der Hypothek (am 1. April 1920) so gering gewesen wäre, daß die rechtliche Möglichkeit einer Aufwertung der Hypothekenforderung von vornherein ausscheiden müßte. Denn schon damals hatte der Lebenshaltungsindex sich auf rund 10 erhöht; die Goldmark ist (bei einem Stande des Dollars für den April 1920 von etwa 60 M. — im Februar und März 1920 hatte er noch höher gestanden — und des Pfund Sterling von 270 M.) für April 1920 auf rund 15 M. berechnet. Die Kaufkraft des Papiergeldes war also am 1. April 1920 bereits in nicht unerheblichem Maße verringert. Immerhin wird es zunächst Sache des Berufungsgerichts sein, darüber zu entscheiden, ob die tatsächlichen Voraussetzungen für eine

Aufwertung der Hypothekenforderung (über die weiter unten noch näher zu sprechen ist) zu jener Zeit vorlagen. Dabei wird es Gelegenheit haben, eine Unklarheit in seinem Tatbestande zu beheben, die die Revision nicht ohne Grund rügt. Dort ist nämlich als unstreitig mitgeteilt, daß das in Rede stehende Darlehn am 1. April 1920 „zurückgezahlt“ sei; das stimmt nicht überein mit der Behauptung der — im selben Tatbestande in Bezug genommenen — Klagebeantwortung, der Kläger habe eine solche Rückzahlung in Papiergeld zwar versucht, der Beklagte die Annahme dieser Zahlung aber zurückgewiesen, und auch nicht mit dem Tatbestande des kammergerichtlichen Urteils vom 22. Januar 1921, nach welchem die Verweigerung ihrer Annahme unbestritten war.

Sollte das Berufungsgericht dabei zu dem Ergebnisse gelangen, daß die tatsächlichen Voraussetzungen einer Aufwertung der Forderung im Frühjahr 1920 nach Lage der Verhältnisse noch nicht gegeben waren und daß der Beklagte durch die Weigerung der Annahme des ihm angebotenen Papiergeldbetrages in Annahmeverzug geraten war, so wird es weiter zu untersuchen haben, ob der Beklagte dadurch schlechthin das Recht verloren hat, mit Rücksicht auf die später eingetretene, überaus große Entwertung der deutschen Währung die Aufwertung seiner Forderung zu fordern (vergl. zu dieser Frage das Urteil des Feriensenats des Reichsgerichts vom 6. August 1923 — II 215. 23 — in RGZ. Bd. 106 S. 422).

Die rechtliche Möglichkeit einer Aufwertung von Hypothekenforderungen ist nach dem geltenden deutschen Rechte, insbesondere nach § 242 BGB., anzuerkennen. Es kommt dafür gerade bei Hypothekenforderungen in Betracht, daß der Schuldner regelmäßig in dem — wenigstens wenn man die Berechnung in Papiergeld zugrunde legt — erheblich gestiegenen Werte des Grundstücks einen entsprechenden Ausgleich erhalten hat. Ob eine solche Wertsteigerung auch bei dem hier in Rede stehenden, in Lüderitzbucht gelegenen Grundstücke eingetreten ist, wird gegebenenfalls vom Kammergericht festzustellen sein.

Unerheblich ist es, ob — wie der Kläger hervorhebt, — die Zulässigkeit einer Hypothekenaufwertung im Jahre 1920 bereits in der Rechtswissenschaft erkannt war oder ob diese Erkenntnis erst später unter dem Einfluß der immer mehr gesteigerten Geldentwertung, sich durchgesetzt hat. Unrichtige Rechtsauffassungen des Jahres 1920 können jetzt nicht mehr ausschlaggebend sein.

Nach § 242 BGB. ist zu berücksichtigen, was Treu und Glauben mit Rücksicht auf die Verkehrssitte im einzelnen Falle erfordern. Diese erfordern billige Rücksichtnahme auf die Interessen b e i d e r Teile. Daraus folgt, daß nicht schlechthin der Grundsatz aufgestellt werden kann, daß allgemein j e d e Hypothekenforderung ohne weiteres aufgewertet werden müsse oder daß bei allen die Aufwertung in g l e i c h e m Maße, etwa gar im Wertverhältnis der Papiermark zur Goldmark, stattzufinden habe. Es werden vielmehr neben dem — bei Zugrundelegung der Papiermarkrechnung — gesteigerten Werte des Grundstücks, der hauptsächlich von Bedeutung sein wird, auch die anderen Umstände des Falles in Betracht kommen müssen, z. B. je nach der Sachlage die wirtschaftliche Leistungsfähigkeit des Schuldners, ferner der Umstand, ob es sich um landwirtschaftliche, industrielle oder städtische Grundstücke handelt; ebenso werden die Lasten, namentlich öffentlicher Art, die dem Grundbesitz auferlegt sind, bei Mietgrundstücken auch die Verminderung ihres Ertrages durch die zum Schutze der Mieter ergangenen Bestimmungen Berücksichtigung verdienen.

Die Bestimmungen des deutschen Währungsrechts stehen der Zulässigkeit der Aufwertung nicht entgegen. Zwar sind nach dem Gesetze über die Abänderung des Bankgesetzes vom 1. Juni 1909 (RGBl. S. 515) die Noten der Reichsbank gesetzliches Zahlungsmittel. Das gleiche gilt bis auf weiteres für die Reichskassenscheine nach dem Gesetze vom 4. August 1914 (RGBl. S. 347). Durch § 2 dieses Gesetzes ist ferner bis auf weiteres die Pflicht der Reichsbank zur Einlösung ihrer Noten aufgehoben; vgl. ferner das Gesetz vom gleichen Tage im RGBl. S. 326 und die Bundesratsverordnung vom 28. September 1914 (RGBl. S. 417). Aber alle diese Bestimmungen beruhten auf der zur Zeit ihres Erlasses bei dem gesunden Zustande der deutschen Volkswirtschaft durchaus begründeten Auffassung, daß die Banknoten und die Kassenscheine an Wert dem Metallgelde gleichstanden. Noch die Verordnung vom 28. September 1914 ist damit begründet, daß der Verkehr die Vollwertigkeit der Noten unbeschränkt anerkenne und daß die vorübergehende Außerkraftsetzung der Goldklausel den Gläubiger in keiner Weise benachteilige (Denkschrift über wirtschaftliche Maßnahmen aus Anlaß des Krieges; Drucksachen des Reichstages, 13. Legislaturperiode, II. Session, Nr. 26, S. 7). An eine wesentliche Entwertung des Papiergeldes, noch dazu an eine derart hohe, wie sie nach dem unglücklichen Ausgange des Weltkrieges und nach dem Umsturze immer mehr und mehr Wirklichkeit geworden ist, hat also der Gesetzgeber beim Erlasse jener Vorschriften nicht gedacht. Nach dem Eintritt des Verfalls der Papiermark entstand nunmehr ein Widerstreit zwischen diesen Währungsvorschriften einerseits, auf der anderen Seite denjenigen sonstigen Gesetzesbestimmungen, die verhüten wollen, daß der Schuldner in der Lage sei, sich seiner Verbindlichkeit in einer Weise zu entledigen, die mit den Anforderungen von Treu und Glauben sowie mit der Verkehrssitte nicht vereinbar ist, also namentlich mit der das Rechtsleben beherrschenden Vorschrift des § 242 BGB. Bei diesem Widerstreit muß diese letztere Vorschrift den Vorrang haben und müssen die Währungsvorschriften zurücktreten, weil, wie dargetan, bei ihrem Erlasse die Möglichkeit eines derartigen Währungsverfalls, infolgedessen die aus den Währungsbestimmungen sich ergebenden Folgerungen mit den Grundsätzen von Treu und Glauben sowie der Billigkeit nicht mehr vereinbar sind, nicht in Betracht gezogen, ein starres Festhalten an ihnen für diesen Fall also nicht vorgesehen war. Tatsächlich hat denn auch die Reichsgesetzgebung in der letzten Zeit immer mehr und mehr gezeigt, daß sie den Grundsatz „Mark gleich Mark" nicht ohne Einschränkung aufrechterhalte, weil eben gegenüber den Anforderungen des Wirtschaftslebens und dem Einflusse der Veränderung der wirtschaftlichen Verhältnisse an den Währungsgesetzen, soweit sie die Papiermark der Goldmark gleichstellen, nicht mehr festgehalten werden kann. So bildet nach § 16 des Finanzausgleichsgesetzes vom 23. Juni 1923 (RGBl. I S. 494) zur Feststellung des steuerbaren Wertzuwachses im Falle des Überganges von Grundstückseigentum bei dem Erwerbs- und dem Verkaufspreis die innere Kaufkraft der Mark an den beiden Zeitpunkten die Grundlage der Wertbemessung. Nach § 1 des Gesetzes über die anderweitige Festsetzung von Geldbezügen aus Altenteilsverträgen vom 28. August 1923 (RGBl. I S. 815) können die obersten Landesbehörden bestimmen, daß solche Geldleistungen (ebenso die Versorgungsansprüche, welche einzelnen Familiengliedern gegenüber den Inhabern von bisherigen Stammgütern und Familienfideikommissen zustehen) entsprechend den veränderten Verhältnissen anderweit festgesetzt werden, soweit dies der Billigkeit entspricht; in § 4 daselbst ist auch die Erweiterung eines dinglichen Rechtes für solche Geldleistungen zugelassen, dabei im Abs. 2 die Erhöhung infolge der allgemeinen Geldentwertung berücksichtigt und in Abs. 3 eine Eintragung der Erweiterung an der nächstbereiten Stelle im Grundbuche vorgesehen. Die Verordnung des Reichspräsidenten über Steueraufwertung usw. vom 11. und 18. Oktober 1923 (RGBl. I S. 936 und 979; vgl. auch die Durchführungsbestimmungen das. S. 951, S. 1032, S. 1089, S. 1098) schreibt in § 2 vor, daß bei gewissen Steuern die Zahlung auch dann nach dem Goldwert zu leisten ist, wenn die Steuer selbst nicht in Gold berechnet wird, und läßt in § 10 für Nachforderungen von Steuern, bei denen die Schuld vor dem 1. September 1923 entstanden ist, eine Aufwertung des Steuerbetrages unter Berücksichtigung der seit der Entstehung der Steuerschuld eingetretenen Geldentwertung zu. Nach Art. IV des Gesetzes über Vermögensstrafen und Bußen vom 13. Oktober 1923 (RGBl. I S. 943) ändert sich, falls nach der Verurteilung zu einer in einem bestimmten Geldbetrage ausgedrückten Vermögensstrafe oder nach der Festsetzung einer an den Verletzten zu zahlenden Buße eine Veränderung des Geldwertes eintritt, der zu zahlende Betrag in dem gleichen Verhältnis, in dem sich die vom Statistischen Reichsamt veröffentlichte Reichsrichtzahl für die Lebenshaltungskosten seit dem Erlasse der Entscheidung ändert, durch welche die Vermögensstrafe oder Buße festgesetzt worden ist. Ähnlich treten nach der vierten Verordnung zur Erhöhung der Gerichtskosten vom 23. Oktober 1923 (RGBl. I S. 1040; vgl. auch die entsprechende Verordnung über die Gebühren der Gerichtsvollzieher, das. S. 1042, und die dritte Verordnung zur Entlastung der Gerichte vom gleichen Tage, das. S. 1041) an die Stelle der im Gerichtskostengesetze ziffernmäßig bestimmten Gebührensätze und Wertgrenzen die Beträge, die sich durch Vervielfältigung der (näher bestimmten) Grundzahlen mit der jeweiligen Teuerungszahl ergeben. Die große Zahl dieser Anpassungsvorschriften (deren Aufführung unschwer noch erweitert werden könnte; vgl. § 2 der Verordnung über die Berechnung des Preises bei der Lieferung von elektrischer Arbeit usw. vom 24. Oktober 1923, RGBl. I S. 997; § 1b des Tabaksteuergesetzes in der Fassung vom 30. Oktober 1923, RGBl. I S. 1045, u. a. m.) zeigt deutlich, daß sie nicht für besondere Verhältnisse besondere, vom allgemeinen Recht abweichende Regeln treffen, aus denen sich ein Rückschluß darauf ergeben könnte, daß in anderen Fällen eine Aufwertung nicht zulässig sei; sie lassen vielmehr klar erkennen, daß der Gesetzgeber den Grundsatz, daß die Papiermark mit befreiender Wirkung zu ihrem Nennwert in Zahlung gegeben werden dürfe, durchbrochen hat, weil er ihn den tatsächlichen wirtschaftlichen Verhältnissen gegenüber aufgeben mußte.

In gleicher Richtung hat sich die Rechtsprechung des Reichsgerichts in immer steigendem Maße bewegt. So ist im Urteil vom 27. Juni 1922 (RGZ. Bd. 104 S. 394) hinsichtlich der Rückgewähr von Pachtinventar ausgesprochen, daß die Goldmark, die der früheren Schätzung zugrunde lag, und die Papiermark, in der jetzt die Ausgleichung erfolgen muß, trotz ihrer gesetzlichen Gleichstellung wirtschaftlich nicht vergleichbar sind. Ähnlich ist für Ansprüche aus Unterhalts- und Altenteilsverträgen mehrfach entschieden, daß, falls der Stand des Geldwertes sich nachträglich derart geändert hat, daß es dem Berechtigten auch nicht annähernd mehr möglich ist, aus der ziffernmäßig festgesetzten Rentensumme sich das bestimmte Maß des zum Lebensunterhalt Notwendigen zu verschaffen, durch Zahlung einer summenmäßig gleichbleibenden Rente nicht mehr das geleistet wird, was die Vertragschließenden gewollt haben, und daher der Berechtigte grundsätzlich einen Anspruch darauf hat, daß die vereinbarte Rente der verminderten Kaufkraft des Geldes entsprechend erhöht wird (Warneyer, Ergänzungsband 1921 Nr. 99, 1923 Nr. 3 und Nr. 36; Urteile des jetzt erkennenden Senats vom 22. September 1923 — V 427. 23 — und vom 3. Oktober 1923 — V 865. 22 —). In RGZ. Bd. 106 S. 7 ist für langfristige Grundstückskaufverträge anerkannt, daß eine infolge der Geldentwertung eingetretene erhebliche Verschiebung des Wertverhältnisses zwischen Leistung und Gegenleistung den Einwand der veränderten Umstände rechtfertigen kann, weil infolge des Sturzes der Mark die Geldleistungen wirtschaftlich nur noch einen geringen Bruchteil des Wertes darstellen, der vor Jahren bei ihrer Vereinbarung der Bemessung der Gegenleistung zugrunde gelegt wurde, und weil mit der grundstürzenden Verschlechterung der deutschen Währung die Geschäftsgrundlage, auf der die beiderseitigen Leistungen bestimmt worden sind, weggefallen ist (auch

Warneyer 1923 Nr. 29). Weiter ist im Urteile vom 16. März 1923 — VII 156. 22 — (auszugsweise in JW. 1923 S. 919 wiedergegeben) für den Fall einer vor mehreren Jahren erfolgten Sicherungsübereignung der Standpunkt des Klägers (des Übereignenden), daß er die Aufwendungen des damaligen Beklagten nur zu dem Nennbetrage zu erstatten brauche, den dieser aufgewendet hatte, für ungerechtfertigt erklärt mit der Begründung: der Kläger verstoße gegen Treu und Glauben, indem er den Beklagten, der seine Auslagen in vollwertigem Gelde gemacht habe, nunmehr mit einer Summe abfinden wolle, die nur einen kleinen Bruchteil des vom Beklagten aufgewendeten Vermögenswertes darstelle. Auch in der Rechtsprechung der Strafsenate des Reichsgerichts ist wiederholt der Unterschied zwischen Nennwert und Verkehrswert, Papiermark und Goldmark anerkannt worden (RGSt. Bd. 56 S. 309, 310; Bd. 57 S. 35, 40).

Die vorerwähnten Urteile der Zivilsenate des Reichsgerichts behandeln zwar Ansprüche aus gegenseitigen Verträgen, während hier ein Darlehn gegen Hypothekenbestellung in Frage steht. Es kann aber nach dem oben Ausgeführten keinem begründeten Bedenken unterliegen, auf Grund des § 242 BGB. die in jenen Entscheidungen anerkannte Zulässigkeit der Aufwertung der Forderung auch bei hypothekarisch gesicherten Darlehnsforderungen für gegeben zu erklären. Auch beim Darlehn besteht seinem Wesen nach die Voraussetzung einer Gleichwertigkeit zwischen Leistung und Gegenleistung; auch bei ihm soll die Substanz dem Gläubiger erhalten bleiben. Das tritt deutlich zutage in der Vorschrift des § 607 BGB., nach welcher der Darlehnsempfänger verpflichtet ist, dem Darleiher das Empfangene in Sachen von gleicher Art, Güte und Menge zurückzugewähren. Auch bei Darlehnsgeldschulden geht also die Verpflichtung des Schuldners (und regelmäßig auch der Vertragswille der Parteien) auf Rückzahlung des Geldes nicht nur in gleicher Menge, sondern weiter in gleicher Güte. Wenn die Beteiligten den zurückzuzahlenden Betrag in der Währung ihres Landes bezeichnen, so tun sie das in dem Vertrauen, daß diese Währung einen innerhalb der Grenzen gewisser normaler Schwankungen festen und beständigen Wertmesser darstellt. In gewissem Umfange wird allerdings der Grundsatz, daß der Empfänger eines Gelddarlehns das Empfangene in Sachen von gleicher Güte zurückzugewähren habe, durch die Währungsvorschriften durchbrochen. Denn der Gesetzgeber gibt dadurch, daß er den gesetzlichen Zahlungsmitteln einen Zwangskurs verleiht, seinen Willen kund, daß, wenigstens unter normalen wirtschaftlichen Verhältnissen, eine Zahlung mit ihnen als Zahlung in der in § 607 BGB. erforderten „Güte" zu gelten habe. Insoweit trifft es zu, daß der Gläubiger bei der Gewährung von Kredit die Gefahr einer Geldentwertung zu tragen hat. Aber dieser Grundsatz muß aus den schon oben dargelegten Erwägungen zurücktreten, falls er infolge einer außerordentlich starken, beim Erlaß der Währungsvorschriften nicht vorausgesehenen Entwertung der gesetzlichen Zahlungsmittel zu Ergebnissen führen würde, die mit § 242 BGB. nicht mehr vereinbar wären. Bei welchem Grade der Geldentwertung sich die Notwendigkeit einer Aufwertung der Forderung des Gläubigers als dem Gesetze entsprechend herausstellt, wird im einzelnen Falle nach den Grundsätzen von Treu und Glauben zu ermessen sein.

Zur Bejahung der Zulässigkeit der Aufwertung gelangt man übrigens auch in wesentlich gleicher Weise auf dem Wege der ergänzenden Auslegung des Vertrags, wenn nämlich vom Gericht geprüft wird, was die Parteien in Gemäßheit des gesamten Vertragszweckes vereinbart haben würden, wenn sie die Möglichkeit einer außergewöhnlich hohen Geldentwertung vorausgesehen, diesen Fall gleichfalls geregelt hätten und dabei dem Gebote von Treu und Glauben gefolgt wären (§ 157 BGB.), und wenn untersucht wird, ob nach diesem Parteiwillen beim Vertragsschlusse der Gläubiger Befriedigung nur nach dem Nennwerte des damals festgesetzten Betrages zu beanspruchen haben sollte, ganz gleichgültig, welchen wirtschaftlichen Wert das gesetzliche Zahlungsmittel jeweils haben würde, oder ob die Absicht dahin ging, daß bei außerordentlicher Entwertung desselben der Anspruch des Gläubigers sich gegenüber der ziffernmäßigen Festlegung der Geldsumme im Vertrage in angemessenem Umfange vergrößern sollte. Die Zulässigkeit einer Vereinbarung des letzteren Inhalts ist bereits in RGZ. Bd. 100 S. 79, 81 anerkannt. Die Währungsvorschriften stehen dem keineswegs entgegen, daß die Geltung des Zwangskurses vertraglich wegbedungen wird und daß eine solche Wegbedingung stillschweigend erfolgt. Weder aus dem Wortlaute noch aus dem Zwecke der Gesetze vom 1. Juni 1909 oder vom 4. August 1914 kann entnommen werden, daß für Reichsbanknoten oder Reichskassenscheine ein Zwangskurs in dem Sinne eingeführt werden sollte, daß damit eine, ausdrückliche oder stillschweigende, abweichende Vereinbarung hinsichtlich der Höhe des vom Schuldner zu leistenden Betrages ausgeschlossen wurde.

Nach alledem muß die rechtliche Zulässigkeit einer Aufwertung hypothekarisch gesicherter Darlehnsforderungen mit Rücksicht auf die starke Entwertung des deutschen Papiergeldes bejaht werden.

Nur eine solche bildet hier den Gegenstand des Rechtsstreits. Demgemäß bedarf es hier keiner Stellungnahme zu der Frage der Zulässigkeit einer Aufwertung bei anderen als Hypothekenforderungen, insbesondere bei Anleiheforderungen von Privatunternehmungen oder Körperschaften des öffentlichen Rechtes, bei Sparkassenguthaben, Pfandbriefforderungen usw.

Weiter braucht im vorliegenden Urteile nicht entschieden zu werden, welche Forderungen aus der Aufwertung der Hypothekenforderungen, deren Zulässigkeit nach der schuldrechtlichen Seite anzuerkennen ist, in bezug auf deren dingliche Sicherung sich ergeben; insbesondere kann von einer Erörterung der Frage abgesehen werden, ob dem Hypothekengläubiger für seine aufgewertete Forderung ein unmittelbares dingliches Recht an dem Grundstück, gegebenenfalls ob ihm ein solches dingliches Recht an derselben Rangstelle, wie die bereits für ihn eingetragene Hypothek, also mit dem Vorrange vor den dieser nachstehenden dinglich Berechtigten, zuzubilligen ist, oder ob den Bestimmungen des Liegenschaftsrechts, namentlich der Grundsatz der Spezialität, entgegenstehen würden. Ebensowenig braucht für den vorliegenden Rechtsstreit entschieden zu werden, welche Ansprüche etwa aus dem Gesichtspunkte der ungerechtfertigten Bereicherung hergeleitet werden können und wie die Rechtslage sich gestaltet, wenn der Eigentümer und der persönliche Schuldner nicht oder nicht mehr dieselbe Person ist.

Im vorliegenden Falle verlangt nicht der Gläubiger Befriedigung aus dem Grundstück für seine aufgewertete Forderung oder dingliche Sicherstellung ihres aufgewerteteten Teiles; vielmehr klagt der Schuldner, der zugleich der Eigentümer des belasteten Grundstückes ist, gegen den Gläubiger auf Einwilligung in die Löschung der Hypothek und Zurückgabe des Hypothekenpfandbriefes gegen Zahlung des Nennbetrages der Hypothekenforderung in der im Frühjahr 1920 in Deutschland geltenden gesetzlichen Währung. Dieses Klagebegehren ist, wenn — wie vom Berufungsgericht noch zu prüfen ist — auch die tatsächlichen Voraussetzungen einer Aufwertung der Hypothekenforderung gegeben sind, in jedem Falle ungerechtfertigt. Durch den schuldrechtlichen Vertrag der Parteien, der der Umwandlung der Eigentümergrundschuld von 13000 M. in eine Hypothek für eine gleichhohe Darlehnsforderung des Beklagten zugrunde lag, hatte der Kläger sich seinerzeit verpflichtet, für die ganze Forderung des Beklagten Sicherheit durch eine Hypothek zu gewähren. Wenn diese Forderung sich durch die infolge des Verfalles der deutschen Währung notwendig werdende Aufwertung ziffernmäßig erweitert hat, so ergeben die Gebote von Treu und Glauben die persönliche Verpflichtung des Schuldners, die hypothekarische Belastung seines Grundstücks für diese Forderung fortbestehen zu lassen, solange, bis der Gläubiger wegen seiner ganzen Forderung befriedigt ist, und es würde mit diesen Geboten nicht vereinbar sein, wenn er die Löschung der Hypothek lediglich gegen Zahlung des Nennbetrages in der eingetragenen Höhe beansprucht. Unter allen Umständen ist aber auch dem Gläubiger das Recht zuzugestehen, wegen seiner aufgewerteten persönlichen Forderung, die, sofern sie nicht bereits fällig war, durch die Kündigung der Hypothek von seiten des Schuldners fällig geworden ist und aus demselben rechtlichen Verhältnisse, aus der Darlehnshingabe und dem dieser zugrunde liegenden Vertrage, hervorgegangen ist, die Löschungsbewilligung und die Herausgabe des Hypothekenbriefes in Ausübung des Zurückbehaltungsrechts gemäß § 273 BGB. zu verweigern. Richtig ist zwar, daß der Gläubiger wegen anderer Ansprüche gegen den Eigentümer die Aushändigung der in § 1144 BGB. bezeichneten Urkunden nicht versagen darf, weil ein solches Recht den tatsächlichen Erfolg haben würde, daß der Gläubiger wegen der anderen Ansprüche ebenfalls durch die Hypothek gesichert wäre (RGR.Komm. Anm. 2 zu § 1144 BGB. am Ende); hier steht aber gerade eine Forderung aus dem Darlehn, zu dessen Sicherheit die Hypothek bestellt war, in Frage.

Danach kann auch bei Anwendung des im Reichsgebiete geltenden deutschen Rechtes die Entscheidung des Kammergerichts nicht aufrechterhalten bleiben.

II. Urteil des Reichsgerichts, 5. Zivilsenat vom 1. März 1924 — V 129/1923 — in Sachen Schultze, Eheleute, (Kläger und Revisionskläger) gegen die Basler Versicherungsgesellschaft gegen Feuerschaden (Auszug).

Aus den Gründen:

Die Rechtsgültigkeit der Dritten Steuernotverordnung ist allerdings von mehreren Seiten bestritten und insbesondere angeführt worden, daß sie mit grundlegenden Bestimmungen der Reichsverfassung nicht vereinbar sei. Diese Bedenken gegen ihre Gültigkeit können jedoch grundsätzlich nicht als berechtigt anerkannt werden, jedenfalls nicht hinsichtlich der hier allein in Frage stehenden Vorschriften über die Aufwertung von Hypotheken. Die Bestimmungen hierüber gehen, wie der Reichsjustizminister in der Reichstagssitzung vom 27. Februar 1924 (Reichsanzeiger 1924 Nr. 51) ausdrücklich hervorgehoben hat, aus von dem in RGZ. Bd. 107 S. 78 ff. ausgesprochenen und dort näher entwickelten Grundgedanken, daß die Aufwertung hypothekarisch gesicherter Forderungen rechtlich, besonders gemäß § 242 und auch § 157 BGB., zulässig ist; sie wollen auf dieser Grundlage die Aufwertungsfrage „auf eine dem allgemeinen Volksempfinden, der Ethik und Sittlichkeit entsprechende Weise" gesetzgeberisch lösen. Die Lösung weicht allerdings nicht unwesentlich von dem Ergebnisse ab, zu dem der jetzt erkennende Senat in dem vorerwähnten Urteile — für die Frage der Aufwertung der hypothekarisch gesicherten Forderungen, noch nicht für die Frage der Aufwertung der dinglichen Belastung — gelangt war. Er hatte dort aus der damaligen Gesetzeslage entnommen, daß hinsichtlich der Zulässigkeit der Aufwertung der Hypothekenforderungen maßgebend sein müsse, was Treu und Glauben mit Rücksicht auf die Verkehrssitte im einzelnen Falle fordern, und daß auf Grund der Gesetzesbestimmungen nicht schlechthin der Grundsatz aufgestellt werden könne, daß allgemein jede Hypothekenforderung ohne weiteres aufgewertet werden müsse oder daß bei allen die Aufwertung in gleichem Maße, etwa gar im Wertverhältnis der Papiermark zur Goldmark, stattzufinden habe (a. a. O. S. 87). Eine solche

Prüfung in jedem einzelnen Falle, ob und in welcher Höhe eine Aufwertung geboten ist, konnte indessen, wie nicht verkannt werden kann und auch vom Senate nicht verkannt war, ohne gesetzgeberisches Eingreifen, insbesondere ohne ein vereinfachtes Verfahren vor besonderen Stellen, zu einer großen Zahl von Rechtsstreitigkeiten führen, die nicht nur einen erheblichen Kostenaufwand verursachen, deren Durchführung vielmehr auch eine geraume Zeit in Anspruch nehmen würde. Diese Schwierigkeiten mußten bei der Frage der dinglichen Seite der Aufwertung noch wachsen. Die Reichsregierung hatte das Bedenken, daß eine kaum zu bewältigende Menge von Rechtsstreitigkeiten entstehen würde, die auf lange Zeit hinaus Unsicherheit mit sich bringen und, auch abgesehen von den Kosten, den Realkredit wegen des zweifelhaften Bestands der Grundstücksbelastung gefährden würden. Sie hat weiter (vgl. die Reichstagsverhandlungen vom 26. und 27. Februar 1924; Reichsanzeiger 1924 Nr. 49 und 51) erwogen, daß das deutsche Wirtschaftsleben zu seiner Gesundung vor allem ruhiger und gesicherter wirtschaftlicher Verhältnisse bedürfe, daß solche die erste Voraussetzung für ausreichenden Kredit, der ein Lebensbedürfnis unseres Volkes sei, darstelle, sowie daß die Beschaffung dieses Kredits nicht nur für die Industrie, sondern auch für den Hausbesitz und die Landwirtschaft ohne baldige Klarheit über die Aufwertung und damit über die Höhe der Belastung der Grundstücke nicht möglich sei; die Erhaltung der deutschen Wirtschaft verlange daher eine rasche und somit eine möglichst einfache Durchschnittslösung. Infolgedessen sei es keine unzulässige Entrechtung, vielmehr eine der Gerechtigkeit und wirtschaftlichen Notwendigkeit entsprechende Maßnahme, wenn darauf verzichtet werde, in jedem einzelnen Falle zu prüfen, was billig sei, sondern wenn durch Festsetzung von Durchschnittssätzen der Aufwertung eine schädliche Ungewißheit in praktischer Weise beseitigt werde.

Demnach handelt es sich bei der in der Dritten Steuernotverordnung getroffenen Regelung der Hypothekenaufwertung um eine Maßnahme, welche die Reichsregierung „im Hinblick auf die Not von Volk und Reich für erforderlich und dringend erachtet" hat. Zu einer solchen Maßnahme war sie nach § 1 Satz 1 des Ermächtigungsgesetzes vom 8. Dezember 1923 (RGBl. I S. 1179) befugt. Ob die getroffene Regelung zweckentsprechend und zur Erreichung des erstrebten Zieles tatsächlich geeignet ist, kann vom Gericht bei der Prüfung ihrer Rechtsgültigkeit nicht untersucht werden.

Nach Satz 2 a. a. O. war eine Abweichung von den Vorschriften der Reichsverfassung nicht zulässig. Seitens der Gegner der Rechtsgültigkeit der Verordnung wird behauptet, daß sie gegen Verfassungsvorschriften verstoße. Einer der hauptsächlichsten Angriffe geht dahin, daß sie eine unzulässige Enteignung enthalte, also mit Art. 153 der Reichsverfassung in Widerspruch stehe. Dem kann nicht beigetreten werden. Es kann schon zweifelhaft sein, ob die Regelung der Hypothekenaufwertung überhaupt eine Enteignung, d. h. eine zwangsweise Entziehung von Rechten darstellt oder nicht vielmehr auf die gesetzliche Normierung des streitig gewordenen zivilrechtlichen Rechtsverhältnisses zwischen Hypothekengläubiger und Hypothekenschuldner sich beschränkt. Doch kann dieser Zweifel dahinstehen, da in keinem Falle eine verfassungsmäßig *unzulässige* Entziehung von Gläubigerrechten in Frage steht. Art. 153 Abs. 1 der Reichsverfassung stellt allerdings den Grundsatz auf, daß das Eigentum von der Verfassung gewährleistet werde, und es mag zutreffen, daß der Begriff „Eigentum" im Sinne dieses Artikels auch dingliche wie persönliche Ansprüche mitumfaßt. In Satz 2 daselbst wird aber sogleich hinzugefügt, daß sich der Inhalt und die Schranken des Eigentums „aus den Gesetzen" ergeben, und im Abs. 2 wird dann eine Enteignung für zulässig erklärt, die somit durch den Schutz, den die Verfassung dem Eigentum zusichert, nicht ausgeschlossen wird. Die im Abs. 2 aufgestellten Voraussetzungen für die Zulässigkeit einer Enteignung sind hier erfüllt. Die Regelung der Hypothekenaufwertung in der Dritten Steuernotverordnung soll, wie die oben mitgeteilten Ausführungen des Reichskanzlers und des Reichsjustizministers ergeben, zur Erhaltung und baldigen Gesundung der deutschen Volkswirtschaft dienen, also „zum Wohle der Allgemeinheit" erfolgen. Auch hierbei muß es genügen, daß die Maßnahme dem Wohle der Allgemeinheit zu dienen bestimmt ist; nicht dagegen kann ihre Gültigkeit davon abhängen, inwieweit dieses Ergebnis tatsächlich erreicht wird. Die Anordnung erfolgte weiter „auf gesetzlicher Grundlage", nämlich durch die Dritte Steuernotverordnung, die wieder auf dem Ermächtigungsgesetz vom 8. Dezember 1923 beruht. Ihrer Zulässigkeit steht auch nicht entgegen, daß eine angemessene Entschädigung der Hypothekengläubiger dabei nicht vorgesehen ist, da „ein Reichsgesetz etwas anderes bestimmt". Als ein solches Reichsgesetz hat auch eine reichsrechtliche Rechtsverordnung, als welche Art. 1 der Dritten Steuernotverordnung sich darstellt, zu gelten (RGSt. Bd. 55 S. 88, 91; RGZ. Bd. 102, S. 161, 165 und ein zum Abdruck bestimmtes Urteil des jetzt erkennenden Senats vom 8. Dezember 1923, V. 110. 23). In Art. 153 Abs. 2 Satz 2 der Reichsverfassung wird nicht vorgeschrieben, daß die „andere Bestimmung" nur durch ein verfassungänderndes Gesetz (Art. 76 das.) erfolgen dürfe; es genügt hiernach auch ein einfaches Reichsgesetz, dem eine reichsrechtliche Rechtsverordnung gleichsteht. Daß das Ermächtigungsgesetz vom 8. Dezember 1923 in § 1 Abs. 1 Satz 2 in dieser Hinsicht etwas Abweichendes hätte anordnen wollen, ist nicht ersichtlich.

Im Zusammenhang damit ist weiter der Zweifel angeregt worden, ob nicht die Art der Beschränkung der Rechte der Hypothekengläubiger durch die Dritte Steuernotverordnung als Verstoß gegen Treu und Glauben oder, weil sie zu Ergebnissen führe, die dem Anstandsgefühl aller billig und gerecht Denkenden widersprächen, als Verstoß gegen die guten Sitten rechtsunwirksam wäre. Zur Widerlegung dieses Angriffs bedarf es keiner Erörterung der strittigen Frage, ob und wieweit überhaupt Fälle denkbar sind, in denen ein Gesetz wegen eines solchen Verstoßes einer den Richter bindenden Kraft entbehren könnte. Denn bei der Regelung der Hypothekenaufwertung in der Dritten Steuernotverordnung kann von einem solchen Verstoße füglich nicht die Rede sein. Es handelt sich um die Lösung einer schwierigen rechtlichen und wirtschaftlichen Aufgabe, die, gleichviel wie der einzelne sie beurteilen mag, keinesfalls den Gerichten einen Anlaß bieten kann, sie aus allgemeinen Erwägungen für rechtsunwirksam zu erklären.

Die Regelung der Hypothekenaufwertung enthält weiter keinen Verstoß gegen Art. 105 der Reichsverfassung, nach welchem niemand seinem gesetzlichen Richter entzogen werden darf. Wenn nach Maßgabe von §§ 9, 10 der Verordnung über die Höhe der Aufwertung ausschließlich die Aufwertungsstelle zu entscheiden hat und in bürgerlichen Rechtsstreitigkeiten auf Antrag das Verfahren auszusetzen ist, soweit die Entscheidung von der Höhe der Aufwertung abhängt, so wird damit allerdings ein einzelner Streitpunkt zur schnelleren Erledigung einem besonderen Verfahren vor einer besonderen Stelle zugewiesen. Das kann aber ohne verfassungänderndes Gesetz, also auch durch eine reichsrechtlich zugelassene Verordnung geschehen. Denn die Abgrenzung der ordentlichen Gerichtsbarkeit und der Tätigkeit anderer Behörden ist nicht in der Verfassung selbst erfolgt, sondern Aufgabe der Gesetzgebung.

Endlich muß auch die Behauptung zurückgewiesen werden, daß die Bestimmungen über die Hypothekenaufwertung eine nach Art. 134 der Reichsverfassung unzulässige Sonderbesteuerung darstellen. Der Art. I der Dritten Steuernotverordnung, der die rechtlichen Beziehungen zwischen Gläubiger und Schuldner hinsichtlich der Aufwertung regelt, enthält überhaupt keine Bestimmung über Besteuerung. Steuervorschriften finden sich erst in den späteren Artikeln III ff.

Aber auch dort wird den Hypothekengläubigern als solchen keine Abgabe auferlegt; die Steuer ist insbesondere in Art. III B dem Eigentümer bzw. dem Mieter auferlegt. Und selbst wenn man aus dem Zusammenhange der Vorschriften den Schluß ziehen wollte, daß es sich bei der Begrenzung der Aufwertung im Ergebnisse teilweise um eine Heranziehung der Hypothekengläubiger zur Tragung öffentlicher Lasten handele, so bedeutet doch „ohne Unterschied" in Art. 134 der Reichsverfassung nur, daß die bisherigen Ausnahmen von der Beitragspflicht zu den allgemeinen Lasten (z. B. die Steuerprivilegien der fürstlichen Häuser) beseitigt sind und neue Unterschiede dieser Art nicht eingeführt werden dürfen; keinesfalls folgt daraus, daß alle Staatsbürger notwendig in gleichem Maße zu allen Steuern heranzuziehen sind. Ihre Beitragspflicht bestimmt sich vielmehr „im Verhältnis ihrer Mittel" und „nach Maßgabe der Gesetze". Der Gesetzgeber ist somit befugt (wie er es auch schon vorher getan hat), bestimmte Vermögensteile mit besonderen Abgaben zu belegen.

III. Eingabe des Vorstandes des Richtervereins beim Reichsgericht an den Reichsjustizminister, betreffend das angeblich geplante Verbot der Hypothekenaufwertung.

Vom 8. Januar 1924.

Nach Zeitungsnachrichten erwägt die Reichsregierung eine Maßnahme, durch die eine Aufwertung von Hypotheken (und wohl auch anderer Geldansprüche) verboten werden soll. Der unterzeichnete Vorstand des Richtervereins des Reichsgerichts würde glauben, gegen seine Pflicht zu verstoßen, wenn er es unterließe, seine warnende Stimme hiergegen zu erheben.

Niemand wird dem Reichsgericht den Vorwurf machen, daß es vorschnell und unüberlegt die Gleichung Mark gleich Mark aufgehoben habe. Langsam und vorsichtig hat es zunächst auf einzelnen Rechtsgebieten die Notwendigkeit einer Aufwertung anerkannt. Aber immer entschlossener und allgemeiner hat sich die neue Auffassung durchgesetzt. Von besonderer Bedeutung ist die Entscheidung des 5. Zivilsenats vom 28. November 1923, die im Grundsatz dem Schuldner die Befugnis abspricht, eine in besserem Geld begründete Schuld in entwerteter Papiermark abzutragen und die Löschung der Hypothek zu fordern. Die zurückhaltende Art, wie dieses Urteil begründet ist, ist ein Zeugnis davon, wie sehr sich der Senat seiner Verantwortung angesichts der Tragweite der Entscheidung bewußt gewesen ist.

Wenn der höchste Gerichtshof des Reiches nach sorgfältiger Erwägung des Für und Wider zu einer solchen Entscheidung gelangt ist, so glaubt er von der Reichsregierung erwarten zu dürfen, daß die von ihm vertretene Auffassung nicht durch einen Machtspruch des Gesetzgebers umgestoßen wird.

Gestützt ist die Entscheidung auf den großen Gedanken von Treu und Glauben, der unser Rechtsleben beherrscht, gestützt auf die Erkenntnis, daß ein ferneres Festhalten an der Vorstellung, Mark sei gleich Mark, zu einem höchsten Maße des Unrechts führen würde, unerträglich in einem Rechtsstaat. Von demselben Gedanken war aber zugleich die Auffassung des Gerichts über das Maß der gebotenen Aufwertung getragen: wonach die Folgen der Geldentwertung angemessen auf Gläubiger und Schuldner zu verteilen sind, dem Gläubiger also — wenigstens für die Regel — keine volle Umwertung auf dem Goldfuße zukommt.

Dieser Gedanke von Treu und Glauben steht außerhalb des einzelnen Gesetzes, außerhalb einer einzelnen positiv-rechtlichen Bestimmung. Keine Rechtsordnung, die diesen Ehrennamen verdient, kann ohne jenen Grundsatz bestehen. Darum darf der Gesetzgeber nicht ein Ergebnis, das Treu und Glauben gebieterisch fordern, durch sein Machtwort vereiteln.

Das ist der Gedankengang, der für das weite Gebiet der Geldentwertungsfrage beim Reichsgericht immer allgemeineren Eingang gefunden hat. Darum ist die Kunde von der geplanten gesetzgeberischen Maßnahme in den Kreisen des Reichsgerichts mit Befremden aufgenommen worden.

Auch in der Tages- und Fachpresse ist scharfer Widerspruch erhoben, zum Teil gestützt auf die Behauptung, starke Einflüsse eigensüchtiger Art seien die treibenden Kräfte. Es ist dem unterzeichneten Vorstand eine ernste Sorge, die Reichsregierung möchte solchen Einflüssen nachgebend eine Rechtslage herbeiführen, die gegen Treu und Glauben verstieße.

Eine gesetzgeberische Maßnahme, die die Betroffenen schädigt, kann sich vom Standpunkte des Ganzen nachträglich als unzweckmäßig herausstellen. Der Gefahr solcher Mißgriffe kann kein Gesetzgeber entgehen. Aber ein schwerer Stoß nicht nur für das Ansehen der Regierung, sondern für das Rechtsgefühl im Volke und für den Glauben an das Recht wäre es, wenn es dazu kommen müßte, daß jemand, der sich im Rechtsstreit auf die neue gesetzliche Vorschrift beriefe, damit von den Gerichten mit der Begründung abgewiesen würde, seine Berufung auf die Vorschrift verstoße gegen Treu und Glauben.

Schon ist in der Öffentlichkeit mehrfach und eindringlich die Frage erörtert worden, ob nicht der geplante Eingriff selbst als ein Verstoß gegen Treu und Glauben, als unsittlich seiner unsittlichen Folgen wegen, als eine verfassungwidrige Enteignung oder als eine dem verfassungsmäßig gewährleisteten Grundsatz der Allgemeinheit der Besteuerung hohnsprechende Steuer rechtsunwirksam wäre. Die ernste Gefahr einer solchen oder ähnlichen richterlichen Beurteilung der geplanten Maßnahme — auch durch das höchste Gericht — besteht, und sie besteht auch dann, wenn die Regierung, unter dem Druck der aufgetretenen Widerstände die ursprünglich geplante Schroffheit mildernd, die im Recht begründete Aufwertung nur zum Teil verbieten sollte.

Der unterzeichnete Vorstand bittet, dieses Bild von der Stimmung beim Reichsgericht so ernst, wie es geschildert ist, zu würdigen.

Leipzig, den 8. Januar 1924.

Der Vorstand des Richtervereins des Reichsgerichts.

IV. Antwort des Reichsjustizministers.

Auf das an den Herrn Reichskanzler gerichtete und hierher weitergeleitete Schreiben vom 8. Januar beehre ich mich folgendes ergebenst zu erwidern: In dem Schreiben warnt der Richterverein die Reichsregierung vor Maßnahmen, die einen schweren Stoß nicht nur für das Ansehen der Reichsregierung, sondern für das Rechtsgefühl im Volke und für den Glauben an das Recht bedeuten könnten. Damit sind die hohen Güter treffend gekennzeichnet, deren Erhaltung im Lebensinteresse des deutschen Volkes liegt, und ich danke dem Richterverein dafür, daß er sich mit der Reichsregierung für dieses Ziel einsetzt. Gerade deshalb aber, weil über das gemeinsame Ziel volle Klarheit besteht, halte ich es für meine Pflicht, meiner Sorge Ausdruck zu geben, daß einzelne Ausführungen des gef. Schreibens geeignet sein könnten, in der entgegengesetzten Richtung zu wirken. Anlaß zu der Warnung bieten dem Richterverein Zeitungsnachrichten über eine in Aussicht stehende Regelung der Aufwertungsfrage, also nicht verbürgte Kundgebungen über noch nicht abgeschlossene Erwägungen der Reichsregierung zur Lösung einer Frage, deren Notwendigkeit ebenso allgemein anerkannt wird, wie andererseits über die Zweckmäßigkeit der

Art der Regelung die Ansichten geteilt sind, geteilt auch nach der Verkündung des Reichsgerichtsurteils, dessen Bedeutung nach dem Wesen des Richterspruchs darin liegt, mit der Autorität des höchsten Gerichtshofes die gegenwärtige Rechtslage festzustellen und damit eine zweifelsfreie Grundlage für die künftige Gesetzgebung zu geben. Es hieße diese Bedeutung verkennen, wollte man in der Abänderung eines vom Reichsgericht maßgebend ausgelegten Gesetzes eine Umstoßung der Auffassung des Reichsgerichts durch Machtspruch des Gesetzgebers finden. Auf der andern Seite würde es zur Auflösung der Rechtsordnung und zu einer unheilvollen Erschütterung des Staatsgefüges führen, wollte ein Gericht für sich das Recht in Anspruch nehmen, ein verfassungsmäßig zustande gekommenes Gesetz nicht anzuwenden, weil es nach der Ansicht der Mehrheit seiner Mitglieder mit dem allgemeinen Sittengesetz nicht im Einklang stehe. Kundgebungen aus den verschiedensten Kreisen der Bevölkerung bestätigen die Einmütigkeit der Überzeugung, daß es dem schwer um seine Existenz und für seine Erneuerung ringenden deutschen Volke jeden Halt nehmen müßte, wollte man nur einen Zweifel daran bestehen lassen, daß sich das Leben des einzelnen und der Gesamtheit nach den Gesetzen zu richten hat und die Gerichte nach den bestehenden Gesetzen Recht sprechen. Ich würde es tief bedauern, wenn nach dieser Richtung die Ausführungen des gef. Schreibens zu Mißverständnissen Anlaß geben sollten, und weiß mich mit dem Richterverein in dem Wunsche einig, solchen Mißdeutungen durch offene Aussprache vorzubeugen. Ich habe deshalb die Veröffentlichung dieses Schreibens veranlaßt.

V. Erklärung des Reichsjustizministers vom 18. Januar 1924.

(Nach der „Deutschen Juristenzeitung" 1924 Sp. 1221.)

Die Entscheidung des Reichsgerichts vom 28. November 1923 hält eine Aufwertung der Hypothekenforderungen unter Berücksichtigung der persönlichen Verhältnisse von Gläubiger und Schuldner sowie unter Berücksichtigung der öffentlichen Lasten des Grundstücks nach Lage des Einzelfalls für berechtigt.

Die Durchführung dieses Grundsatzes allein der Rechtsentwicklung zu überlassen, würde bedeuten, Deutschland in den nächsten Monaten in Millionen von Prozessen zu stürzen. Auch ein beabsichtigtes vereinfachtes Verfahren zur Regelung dieser Streitfragen würde für sich allein dieser Gefahr nicht begegnen.

Es erscheint daher notwendig, ein mehr das Durchschnittliche berücksichtigendes Verfahren zu schaffen sowie eine Unterbrechung der bereits zahlreich anhängig gewordenen Prozesse herbeizuführen.

Bei Berechnung des Durchschnittssatzes wird zu berücksichtigen sein, daß für die Landwirtschaft jetzt schwere wirtschaftliche Verhältnisse entstanden sind, daß der städtische Grundbesitz infolge der Inflation vollständig verarmt und der Wert seiner Anwesen schwer herabgedrückt ist, ferner, daß bereits bisher die dem gesamten Grundbesitz auferlegten erheblichen Steuerlasten zum Teil mit der durch die Papiergeldwirtschaft herbeigeführten allgemeinen Entschuldung begründet worden sind.

Eine alsbaldige rasche Klärung erscheint auch deshalb notwendig, damit nicht aus der Ungeklärtheit steuerliche Verluste für Reich, Länder und Gemeinden entstehen; dies um so mehr, als die Lage der Reichsfinanzen nach wie vor eine sehr ernste ist.

Hierüber kann auch das scheinbar günstige Ergebnis der ersten Steuerdekade des Jahres 1924 nicht hinwegtäuschen. Denn es traf eine Reihe von Steuerfälligkeitsterminen mit der Tatsache zusammen, daß in dieser Dekade keine Gehaltszahlungen an die Beamten und vergleichsweise nur geringe Überweisungen an die

Länder vorzunehmen waren. In Wirklichkeit macht der Überschuß der ersten Dekade nur etwa den dritten Teil der in der folgenden Dekade fällig werdenden Besoldungszahlungen und Überweisungen an die Länder aus.

Eine Aufwertung der Schuldverpflichtungen von Reich, Ländern und Gemeinden kommt nach den Grundsätzen der reichsgerichtlichen Entscheidung nicht in Frage, da diese öffentlichen Schuldner infolge des verlorenen Krieges und der Verpflichtungen aus dem Friedensvertrage zahlungsunfähig sind."

VI. Aufwertungskompromiß vom 14. Mai 1925.

I.

1. Der Aufwertungsbetrag (§ 2 des Aufwertungsgesetzentwurfes) wird für alle Hypotheken und andere dingliche Rechte auf 25 v. H. erhöht.

2. Der Aufwertungsbetrag von 25 v. H. ist ohne Unterscheidung zwischen Aufwertung und Zusatzaufwertung einheitlich in der alten Rangstelle des Rechts einzutragen.

Soweit der nach dem Verhältnis des berichtigten Wehrbeitragswertes zum gegenwärtigen Grundstückswert herabgesetzte Goldmarkbetrag der ersten Hypothek deren Aufwertungsbetrag übersteigt, ist dem Eigentümer eine Eigentümergrundschuld vorzubehalten.

Der Rang der neueingetragenen Reichsmarkhypotheken, Feingold-, Roggenrenten- und anderen wertbeständigen Hypotheken bleibt gewahrt.

3. Bezüglich der Verzinsung verbleibt es bei der Regierungsvorlage.

4. Der Rückwirkungstermin wird bis zum 15. Juni 1922 zurückverlegt. Dabei ist die Härteklausel zweckentsprechend zu erweitern.

Bei der Rückwirkung findet die Aufwertung nicht nur zur Hälfte, sondern in voller Höhe des Aufwertungsbetrags statt.

5. Der Aufwertungssatz der Industrieobligationen wird für Altbesitzer, d. h. für Personen, die bereits am 1. Juli 1920 Inhaber der Obligationen waren, um 10 Prozent auf 25 Prozent erhöht. Die Erhöhung des Aufwertungsbetrages um 10 Prozent wird in der Form von Genußscheinen gewährt, die folgende Rechte haben: Nachdem vom Reingewinn zunächst ein Betrag von 6 Prozent an die Aktionäre als Dividende ausgeschüttet ist, wird der diesen Betrag übersteigende Reingewinn in folgender Weise verteilt: Bei jedem Prozent Überdividende auf die Aktien müssen 2 Prozent auf die Genußscheine verwandt werden bis zu einem Höchstbetrage von 6 Prozent des Betrages, auf den die Genußscheine lauten. Von den auf die Genußscheine entfallenden Beträgen werden Ausschüttungen auf die Genußscheine in Höhe der alten Zinssätze der Obligationen gemacht. Der verbleibende Rest wird zu Auslosungen zu Pari verwandt, die mindestens jedes zweite Jahr erfolgen müssen. Die erhöhte Aufwertung kommt auch den Altbesitzern zugute, deren Obligationen nach dem 14. Februar 1924 eingelöst worden sind. Im übrigen findet eine Rückwirkung bei der Aufwertung von Industrieobligationen nicht statt.

6. Entsprechend der Höheraufwertung von Hypotheken auf 25 v. H erhöht sich auch das im § 12 Abs. 1 des Entwurfs vorgesehene Maß für die Aufwertung anderer Vermögensanlagen auf 25 v. H.

II.

7. Die Anleihen des Reiches werden durch eine neue Anleihe zum Satze von 5 v. H. abgelöst. Der Teil der Ablösungsanleihe, welcher gegen Markanleihen alten Besitzes ausgegeben ist, wird durch Auslosung zum doppelten Nennbetrag (an

Stelle des einfachen) zuzüglich 5 v. H. des Auslosungsbetrages für jedes Jahr seit dem Beginn der Auslosung getilgt. Diese Tilgung soll innerhalb 30 Jahren (statt 40 Jahren) durchgeführt werden, sofern das Ergebnis der schwebenden Verhandlungen über die Steuerreform, den Finanzausgleich und den Reichshaushalt dies möglich macht. Die in der Regierungsvorlage vorgesehene Anleiherente fällt fort. Die Vorzugsrente für die bedürftigen Anleihebesitzer bleibt bestehen.

8. Die Markanleihen der Länder werden in der gleichen Weise behandelt wie die Anleihen des Reiches.

9. Die Markanleihen der Gemeinden und Gemeindeverbände werden durch neue Anleihen zum Satze von 5 v. H. abgelöst. Der Teil der Ablösungsanleihe, welcher gegen Markanleihen alten Besitzes ausgegeben ist, wird durch Auslosung nicht zum einfachen, sondern zum zweieinhalbfachen Nennbetrag zuzüglich 5 v. H. des Auslosungsbetrages für jedes Jahr seit dem Beginn der Auslosung getilgt. Die Tilgungsdauer beträgt nach näherer Festsetzung der obersten Landesbehörde 20 bis 30 Jahre. Die Gemeindeaufsichtsbehörde kann einen Treuhänder zur Wahrnehmung der Interessen der Anleihegläubiger bestellen. Auf Antrag der Gemeinde oder eines Anleihegläubigers oder des Treuhänders ist der feste Rückzahlungsbetrag bis auf 25 v. H. des Nennbetrages der abzulösenden Markanleihen zu erhöhen, sofern dies dem Anleiheschuldner nach seiner finanziellen Leistungsfähigkeit und unter Berücksichtigung seiner öffentlichen Aufgaben zugemutet werden kann. Die Entscheidung über den Antrag erfolgt durch die von der obersten Landesbehörde zu bestimmende Stelle. Gegen deren Entscheidung ist die Beschwerde an eine von der obersten Landesbehörde zu bestimmende Beschlußbehörde innerhalb einer Frist von einem Monat zulässig. Über die Unterscheidung zwischen Gemeindeanleihen alten und neuen Besitzes Bestimmungen zu treffen, bleibt den Ländern vorbehalten.

VII. Wirtschaftliche Begründung für die Meßzahl zur Goldmarkberechnung.

(Aus der Begründung des Entwurfs zum Aufwertungsgesetz S. 18.)

Zur Wahl des Index, nach dem aufgewertet werden soll, wird von Gläubigerseite der Gedanke vertreten, daß eine Aufwertung der in den Inflationsjahren entstandenen Ansprüche nach dem Goldwert bzw. nach dem Dollarkurs insofern unbillig sei, als das Geld in dieser Zeit in der inneren deutschen Wirtschaft eine wesentliche höhere Kaufkraft gehabt habe, als der Goldwert ergebe. Dies ist im allgemeinen richtig; seit 1919 sind die Preise in Deutschland gegenüber dem Friedensstand in der Regel nicht unerheblich niedriger gewesen, als sie nach dem Dollarkurse hätten sein können. Die innere Markentwertung kam zeitlich gewissermaßen immer erst mit einiger Verspätung auf dem vom Dollarkurs erreichten Stande an. Dies gilt in erster Linie von den Kleinhandelspreisen, wie sie sich im Lebenshaltungsindex darstellen, wobei zu beachten ist, daß die zwangsmäßig niedrig gehaltenen Mieten, die zunächst noch beibehaltene Zwangswirtschaft auf manchen Lebensmittelgebieten, ferner die Preistreibereigesetzgebung sowie die Außenhandelskontrolle starke Hemmnisse gegenüber dem an sich vorhandenen Drange nach Angleichung an den Goldwert bildeten. Ein geringeres Zurückbleiben hinter den Dollarkurs wies der Großhandelsindex auf, bei dem die großen Massengüter, insbesondere soweit sie aus dem Auslande stammten, eine raschere Angleichung an den Dollar herbeiführten, trotzdem auch hier die Preise der landwirtschaftlichen Erzeugnisse eine hemmende Wirkung ausübten.

Es ergibt sich zunächst die Frage, ob der Lebenshaltungsindex zur Berechnung der Aufwertung herangezogen werden kann. Das ist zu verneinen. Von der Seite des kapitalausleihenden Gläubigers aus betrachtet, müßte man unterstellen, daß der Gläubiger, wenn er sein Kapital nicht ausgeliehen hätte, es zu Käufen von Kleinhandelswaren verwandt hätte. Er hätte dies entweder zu Zwecken der Konsumtion oder zu Zwecken der Kapitalanlage tun können. Ersteres kommt praktisch nicht in Betracht, da der Konsumtion natürliche Grenzen gezogen sind, und jemand, der Kapital anlegt, damit gerade kundgibt, daß er seine Konsumtion nicht zu steigern wünscht. Ein Ankauf von Konsumgütern zur Kapitalanlage aber kann erst recht hier nicht in Betracht gezogen werden; das wäre unwirtschaftliche Spekulation gewesen, die dem Konsum notwendige Güter entzogen, preistreibend gewirkt und gegebenenfalls auch gegen die Preistreibereigesetzgebung verstoßen hätte. Auch die objektive Möglichkeit zur Anhäufung von Kleinhandelswaren als Kapital war begrenzt; wäre sie stärker erfolgt, so wären die Preise und damit der Lebenshaltungsindex in nicht abzuschätzendem Maße gestiegen.

Noch augenfälliger wird, von der Schuldnerseite aus gesehen, die Unmöglichkeit, den Lebenshaltungsindex zugrunde zu legen. Eine Kreditaufnahme kann nur in wenigen Ausnahmefällen zum Zwecke der Konsumtion erfolgt sein; bei solchen Zwecken ist der Kredit gefährdet, und der Gläubiger würde ihn bei Kenntnis dieser Anwendungsabsicht nicht bewilligt haben. In der Regel haben die Kreditnehmer Geld zum Zwecke des Betriebs eines Unternehmens aufgenommen. Für solche Anlagen aber kommen regelmäßig nur Erwerbungen auf Grund des Großhandels- oder des Dollarindexes in Betracht. Wenn aber der Schuldner aus dem Kredit Nutzungen nicht ziehen konnte, die auf der Basis des Lebenshaltungsindexes beruhen, und dies auch der Gläubiger nicht von ihm erwarten durfte, so erscheint es nicht vertretbar und unwirtschaftlich, gewissermaßen rückwärts die Möglichkeit des Mehrverzehrs nach dem Lebenshaltungsindex gegen ihn zu verwerten; die Möglichkeit einer Kapitalanlage gemäß dem Lebenshaltungsindex schaltet aus gleichen Gründen aus, wie sie oben für den Gläubiger dargelegt sind.

Man kann auch nicht von der für den Gläubiger günstigen Kapitalanlage in Aktien oder Grundstücken als Normalfall ausgehen; denn abgesehen davon, daß es für Grundstücke keinen Index für jene Zeit gibt, besteht doch eben die Tatsache, daß auch von der Anlagemöglichkeit in Papiermarkwerten in größtem Umfang Gebrauch gemacht worden ist. Diese kann daher bei dem Finden einer billigen mittleren Grundlage keineswegs ausgeschaltet werden; hierdurch würde aber die Berücksichtigung von Aktien und Grundstücken wieder aufgewogen werden. Weiter aber kommt in Betracht, daß man bei Berücksichtigung von Aktien und Grundstückswerten den Schuldner so behandeln würde, als ob er derartige Werte erworben hätte, während er doch den Kredit in der Regel zum Weiterbetrieb eines Unternehmens verwendet hat. Da die Aufwertung gegenüber dem damals geltenden Rechte, Mark gleich Mark, ein weitergehendes Recht neu schaffen soll, muß dieses neue Recht notwendig seine Grenze da finden, wo es für den Neubelasteten (Schuldner) nicht mehr in Einklang steht mit der damals für ihn praktisch gegebenen Verwertungsmöglichkeit des Geldes. Wie weit man in der Belastung überhaupt gehen will, ist eine Frage des Aufwertungssatzes; es darf jedoch nicht im Interesse der Gläubiger eine wirtschaftlich nicht tragbare Rechnungsgrundlage gewährt werden.

Es bleiben nach allem zur Berechnung nur der Großhandels- und der Dollarindex übrig. Es erschien angezeigt, das Mittel daraus zu wählen. Wenngleich dies für diejenigen Schuldner, die lediglich Einfuhrwaren handelten, die sich nach Dollar richteten, eine Gefahr bedeuten könnte, so kann doch davon ausgegangen werden, daß auch diese Schuldner für Löhne und Gehälter Aufwendungen haben machen müssen, die sich nach einem unter dem Dollarwerte liegenden Maßstab berechnen. Wenn gegen jede Berücksichtigung der inneren Kaufkraft der Einwand erhoben wird, daß derjenige, der ein Nominaldarlehen gegeben hat, dann besser führe, wie derjenige, der einen wertbeständigen Betrag in Gold oder Dollar wirklich vereinbart habe, so ist dieser Einwand grundsätzlich jedenfalls berechtigt; er kann aber beiseite gelassen werden im Hinblick darauf, daß bei der hier gewählten Berechnung die Abweichung vom Dollarindex keine besonders starke ist (vgl. Unteranlage 1b) und daß ja überhaupt der Goldwert nur zu einem Bruchteil wiederhergestellt werden soll.

VIII.

1. Zweite Steuernotverordnung.

Vom 19. Dezember 1923 (RGBl. I 1205).

Artikel II § 3.

(Auszug.)

(1) Für die Wertermittlung gilt folgendes:

1. Grundstücke sind mit dem Wehrbeitragswert zu bewerten, zu dessen Berichtigung Bestimmungen zu erlassen sind, um eine gleichmäßige Belastung aller Steuerpflichtigen zu erreichen.

2. Beim Betriebsvermögen ist das Anlagekapital mit dem Preise, der Ende des Jahres 1913 zur Anschaffung oder Herstellung des Gegenstandes aufzuwenden gewesen wäre, abzüglich eines angemessenen Betrags für Abnützung, zu bewerten.

7. Soweit für die Bewertung der Wehrbeitragswert oder Vorkriegspreise zugrunde zu legen sind (Nr. 1, 2), hat der Reichsminister der Finanzen mit Zustimmung des Reichsrats für Gegenstände oder für Gruppen von Gegenständen, bei denen der Wert oder Preis am 31. Dezember 1923 den Wehrbeitragswert oder Vorkriegspreis übersteigt, Zuschläge zu dem Wehrbeitragswert oder Vorkriegspreis zu bestimmen, wenn anzunehmen ist, daß das Übersteigen des Wehrbeitragswerts oder Vorkriegspreises nicht nur vorübergehend sein wird. Entsprechend hat der Reichsminister der Finanzen mit Zustimmung des Reichsrats für Gegenstände oder für Gruppen von Gegenständen, bei denen der Wert oder Preis am 31. Dezember 1923 den Wehrbeitragswert oder Vorkriegspreis nicht erreicht hat, Abschläge zu bestimmen, wenn anzunehmen ist, daß das Zurückbleiben hinter dem Wehrbeitragswert oder Vorkriegspreis nicht nur vorübergehend sein wird.

Soweit der Wehrbeitragswert oder Vorkriegspreise nicht vorhanden sind, oder soweit seit dem Wehrbeitragsstichtag in der Beschaffenheit des Grundstücks wesentliche Veränderungen eingetreten sind, hat der Reichsminister der Finanzen mit Zustimmung des Reichsrats die näheren Bestimmungen über die Wertermittlung zu treffen.

2. Durchführungsbestimmungen für die Vermögensteuer 1924.

Vom 8. März 1924 (ReichsMinBl. S. 103).

(Artikel II der Zweiten Steuernotverordnung.)

(Auszug.)

Auf Grund des Artikels II § 16 der Zweiten Steuernotverordnung vom 19. Dezember 1923 (RGBl. I S. 1205) wird, soweit erforderlich mit Zustimmung des Reichsrats, folgendes bestimmt:

II. Bewertung des Grundvermögens.

Inländische Grundstücke.

§ 3. (1) Bei inländischen Grundstücken ist von dem Wehrbeitragswert (§ 4) auszugehen, der nach den §§ 5 bis 18 erforderlichenfalls zu berichtigen oder nachträglich zu ermitteln ist. Von diesen Werten sind die in den §§ 19 bis 28 vorgesehenen Abschläge zu machen.

(2) Abs. 1 findet keine Anwendung auf Grundstücke, die zu einem industriellen, gewerblichen oder Handelsbetriebe gehören und mit diesem eine wirtschaftliche Einheit bilden. Auf diese finden die Bestimmungen der §§ 31 ff. über die Bewertung des Betriebsvermögens Anwendung.

Wehrbeitragswert.

§ 4. Wehrbeitragswert ist der Wert, der auf Grund des Wehrbeitragsgesetzes oder des Gesetzes über Steuernachsicht für das Grundstück ohne Abzug von Schulden und Lasten endgültig zugrunde gelegt worden ist.

Berichtigung des Wehrbeitragswerts.

§ 5. Wo es zur gleichmäßigen Belastung aller Steuerpflichtigen erforderlich ist, wird der Wehrbeitragswert (§ 4) nach den §§ 7 bis 18 berichtigt. Findet eine Berichtigung des Wehrbeitragswerts statt, so tritt für die Bewertung an die Stelle des ursprünglichen Wehrbeitragswerts der berichtigte Wehrbeitragswert.

Nachträgliche Ermittlung des Wehrbeitragswerts.

§ 6. Hat eine Veranlagung zum Wehrbeitrag nicht stattgefunden (z. B. weil der Wert des Grundstücks am Wehrbeitragsstichtage hinter der Freigrenze zurückgeblieben oder weil das Grundstück erst nach dem Wehrbeitragsstichtag urbar gemacht worden ist), so gilt als Wehrbeitragswert der Wert, der im Falle einer Veranlagung zum Wehrbeitrag unter Beücksichtigung der §§ 7 bis 18 zugrunde zu legen gewesen wäre.

Allgemeiner Grundsatz für die Berichtigung.

§ 7. (1) Für die Berichtigung des Wehrbeitragswerts ist der Wert maßgebend, den das Grundstück am Wehrbeitragsstichtag (31. Dezember 1913) gehabt haben würde, wenn es nach seinem tatsächlichen Zustande am 31. Dezember 1923 (Beschaffenheit, Lage, Umfang usw.) zum Wehrbeitrag herangezogen worden wäre.

(2) Abs. 1 gilt entsprechend für die Berichtigung des Wehrbeitragswerts von Berechtigungen, auf welche die Vorschriften des bürgerlichen Rechtes über Grundstücke Anwendung finden.

a) Berichtigung bei landwirtschaftlichen Grundstücken.

Ertragsklassen. Rahmensätze.

§ 8. (1) Zur Prüfung, ob eine Berichtigung des Wehrbeitragswerts stattzufinden hat (§ 5), und gegebenenfalls als Grundlage für die Berichtigung des Wehrbeitragswerts werden Grundstücke, die dauernd landwirtschaftlichen Zwecken zu dienen bestimmt sind, in Ertragsklassen eingereiht (§ 9). Nach der Einreihung eines Grundstücks in eine Ertragsklasse ist zur Berechnung des Wehrbeitragswerts der Wert für den Hektar mit einem Betrag anzusetzen, der innerhalb des Rahmens der Ertragsklasse liegt. Weicht der so gewonnene Wert von dem bei der Wehrbeitragsveranlagung festgesetzten Wert nach oben oder nach unten ab, so hat die Berichtigung auf diesen höheren oder niederen Wert zu erfolgen. Der danach maßgebende Wert gilt als berichtigter Wehrbeitragswert im Sinne des Artikel II § 3 Abs. 1 Nr. 1 der Zweiten Steuernotverordnung.

(2) Aus der Bestimmung des Abs. 1 folgt, daß im Rechtsmittelverfahren, soweit die Berichtigung des Wehrbeitragswerts angegriffen wird, nur geltend gemacht werden kann, daß

a) bei der Berechnung des Werts von unrichtigen tatsächlichen Verhältnissen (z. B. hinsichtlich der Grundstücksgröße) ausgegangen sei, oder
b) das Grundstück nach seinem Wert in eine andere Ertragsklasse einzureihen gewesen wäre, oder
c) für das Grundstück innerhalb des Rahmens der Ertragsklasse ein anderer Satz zugrunde zu legen gewesen wäre.

(3) Der Reichsminister der Finanzen wird ermächtigt, für die einzelnen Landesfinanzamtsbezirke oder Teile der Landesfinanzamtsbezirke Ertragsklassen und Rahmensätze aufzustellen. Dabei sollen sowohl die bei der Wehrbeitragsveranlagung in den Bezirken tatsächlich festgestellten Wehrbeitragswerte als auch die bei der letzten Veranlagung zur Reichseinkommensteuer angewandten Güteklassen berücksichtigt werden. Es ist darauf Bedacht zu nehmen, daß es Ziel der Berichtigung ist, Grundstücke gleichen Ertragswerts innerhalb des Reichsgebiets möglichst gleichmäßig zu bewerten. Die vom Reichsminister der Finanzen bekanntgegebenen Ertragsklassen und Rahmensätze sind für die Berichtigung des Wehrbeitragswerts nach Maßgabe der Abs. 1 und 2 zugrunde zu legen[1]).

Einreihung in die Ertragsklassen.

§ 9. (1) Bei der Einreihung in die Ertragsklassen (§ 8) sind Grundstücke, die innerhalb eines landwirtschaftlichen Betriebs eine wirtschaftliche Einheit bilden, als ein Grundstück anzusehen. Dies gilt auch dann, wenn zu dem landwirtschaftlichen Betriebe forstwirtschaftlich oder gärtnerisch genutzte Grundstücksflächen gehören, die die Eigenschaft des Betriebs als eines landwirtschaftlichen nicht wesentlich beeinflussen. Die Landesfinanzämter können für ihren Bezirk oder für Teile ihres Bezirkes bestimmen, daß die zu einem landwirtschaftlichen Betriebe gehörenden Grundstücksteile, die für sich eine geschlossene Abgrenzung gestatten (z. B. Vorwerk) oder deren Ertragsfähigkeit (Abs. 2) von den übrigen wesentlich abweicht, gesondert in Ertragsklassen einzureihen sind.

(2) Für die Einreihung eines Grundstücks in die Ertragsklassen ist von der Beschaffenheit des Grundstücks, insbesondere den Bodenverhältnissen (z. B. der Bodengüte, der bergigen oder ebenen Lage) und den örtlichen Verhältnissen (z. B. der Verkehrs- und Absatzlage), am 31. Dezember 1923 auszugehen. Für die Einreihung ist die durchschnittliche Ertragsfähigkeit des Grundstücks bei Zugrundelegung einer gemeinüblichen Bewirtschaftung maßgebend. Dabei ist zu beachten, ob und welche Sonderkulturen oder Nebenbetriebe vorhanden sind, und welchen Umfang und welche Ertragsfähigkeit sie haben. Die Größenverhältnisse sind unberücksichtigt zu lassen. Persönliche Verhältnisse des Grundstückseigentümers (z. B. Arbeitskraft, Kreditfähigkeit) scheiden aus.

(3) Die Einreihung in die Ertragsklassen kann statt für die einzelnen Grundstücke für alle in einer Gemeinde, Teilen einer Gemeinde, in mehreren Gemeinden (Kreisen, Finanzamtsbezirken usw.) belegenen Grundstücke vorgenommen werden, soweit die durchschnittliche Ertragsfähigkeit der dort belegenen Grundstücke bei Zugrundelegung einer gemeinüblichen Bewirtschaftung im wesentlichen die gleiche ist.

(4) Die Landesfinanzämter können nähere Bestimmungen über die Einreihung der Grundstücke in die Ertragsklassen erlassen.

Bedeutung der Rahmensätze.

§ 10. (1) Die Spannungen der für die Ertragsklassen maßgebenden Rahmensätze (§ 8) dienen zum Ausgleich der Unterschiede, welche die der gleichen Ertragsklasse angehörigen Grundstücke im Verhältnis zueinander aufweisen. Innerhalb der Spannungen sind also die besonderen, die Ertragsfähigkeit eines Grundstücks steigernden oder mindernden Umstände (z. B. Bodengüte, verschiedene Boden- und Kulturarten eines Betriebs, bergige oder ebene Lage, klimatische Verhältnisse, Ver-

---

[1]) Zur Ausführung des § 8 Abs. 3 der Durchführungsbestimmungen ist die Verordnung des Reichsministers der Finanzen vom 8. März 1924, veröffentlicht im Reichsministerialblatt S. 110, ergangen, in welcher die Ertragsklassen und Rahmensätze für die Berichtigung des Wehrbeitrags in den einzelnen Landesfinanzamtsbezirken festgesetzt werden.

kehrslage, Wert der Sonderkulturen und Nebenbetriebe, Abrundung des Besitzes) zu berücksichtigen, sofern sie nicht so erheblich sind, daß sie die Einreihung in eine andere Ertragsklasse rechtfertigen; § 9 Abs. 2 Satz 4, 5 finden Anwendung.

(2) Da die der Landwirtschaft dienenden Gebäude und Betriebsmittel innerhalb des Rahmens der Ertragsklasse bereits insoweit berücksichtigt sind, als sie der Lage, Größe und Beschaffenheit des Grundstücks entsprechen, ist ein normaler Bestand an Gebäuden und Betriebsmitteln nicht besonders zu bewerten; hierbei ist zu beachten, daß der Wert des Bestandes an Gebäuden und Betriebsmitteln bei kleineren Grundstücken im Verhältnis zur Fläche im allgemeinnen höher ist als bei größeren Grundstücken. In den Fällen, in denen der tatsächliche Bestand an Gebäuden und Betriebsmitteln wesentlich über einen normalen Bestand hinausgeht, hinter diesem wesentlich zurückbleibt oder ganz fehlt, kann dies, sofern nicht besondere Verhältnisse vorliegen, durch Einreihung des Grundstücks in eine andere Ertragsklasse oder auch durch Bewertung außerhalb der Ertragsklassen berücksichtigt werden.

Anhörung von Sachverständigen.

§ 11. Vor der Einreihung der Grundstücke in die einzelnen Ertragsklassen und innerhalb des Rahmens einer Ertragsklasse sollen landwirtschaftliche Sachverständige, und zwar insbesondere die von der amtlichen Berufsvertretung bezeichneten Personen, tunlichst aus dem Finanzamtsbezirk, gehört werden; ferner sollen nach Möglichkeit die Gemeindevorstände und die mit der Registrierung, Vermessung oder Bewertung der Grundstücke betrauten Organe (insbesondere Katasterämter, Grundsteuerämter oder Grundsteuerausschüsse) beteiligt werden.

Rechtsmittel.

§ 12. Die endgültige Einreihung eines Grundstücks in eine Ertragsklasse und innerhalb des Rahmens einer Ertragsklasse erfolgt bei der Veranlagung zur Vermögensteuer. Vor dem Abschlusse der Veranlagung kann die in Aussicht genommene Einreihung nur im Wege der Dienstaufsichtsbeschwerde und nicht im ordentlichen Rechtsmittelverfahren angegriffen werden.

Richtsätze.

§ 13. Die Landesfinanzämter können durch Verwaltungsanordnung innerhalb der Rahmen, die für die einzelnen Ertragsklassen ihres Bezirkes vorgesehen sind, einheitliche Sätze für den berichtigten Wehrbeitragswert einer in die betreffende Ertragsklasse fallenden Normalwirtschaft aufstellen (Richtsätze). Die Richtsätze können je nach der Lage der örtlichen Verhältnisse nach Gemeinden, Teilen von Gemeinden oder mehreren Gemeinden (Kreisen, Finanzamtsbezirken usw.) gesondert aufgestellt werden. Für die Aufstellung der Richtsätze findet der § 11 entsprechende Anwendung.

Verpachtete Grundstücke.

§ 14. Verpachtete landwirtschaftliche Grundstücke sind vorbehaltlich der Bestimmung im § 29 bei der Berichtigung des Wehrbeitragswerts so zu behandeln, als wenn es sich um eigenbewirtschaftete Grundstücke handelte.

b) Berichtigung bei forstwirtschaftlichen Grundstücken.

§ 15. Bei Grundstücken, die dauernd forstwirtschaftlichen Zwecken zu dienen bestimmt sind, ist der Wehrbeitragswert zu berichtigen, wenn seit dem Wehrbeitragsstichtage (31. Dezember 1913) bis zum 31. Dezember 1923 wesentliche Veränderungen im Waldbestand (Bodenfläche und Holzmenge) eingetreten sind und durch diese Veränderungen der bei der Wehrbeitragsveranlagung festgesetzte Wert von dem nach dem Waldbestand am 31. Dezember 1923 zu ermittelnden Wert um mehr als 15 v. H. nach oben oder unten abweicht. Darüber hinaus können die

Landesfinanzämter nach Anhörung von forstwirtschaftlichen Sachverständigen nähere Bestimmungen über die Berichtigung treffen.

c) Berichtigung bei gärtnerischen Grundstücken.

§ 16. (1) Bei Grundstücken, die dauernd gärtnerischen Zwecken zu dienen bestimmt sind, hat eine Berichtigung des Wehrbeitragswerts insbesondere dann stattzufinden, wenn das Grundstück bei der Veranlagung zum Wehrbeitrag statt mit dem Ertragswert mit dem gemeinen Werte veranlagt worden ist, sofern der zum Wehrbeitrag festgesetzte Wert von dem damaligen Ertragswert um mehr als 10 v. H. abweicht; entsprechendes gilt, wenn seit dem Wehrbeitragsstichtag (31. Dezember 1913) bis zum 31. Dezember 1923 wesentliche Änderungen im Bestande des Grundstücks eingetreten sind (z. B. durch Bauten von Treibhäusern u. dgl.). Darüber hinaus können die Landesfinanzämter nähere Bestimmungen über eine Berichtigung des Wehrbeitragswerts erlassen. Dabei ist zu beachten, daß für Kulturen unter Glas (kalte und warme Kästen, Mistbeetfenster, Gewächshäuser usw.) gegenüber Freilandkulturen regelmäßig ein höherer Wert in Betracht kommen wird.

(2) Als gärtnerische Grundstücke gelten auch Grundstücke, die dauernd dem Wein- oder Hopfenbau zu dienen bestimmt sind.

d) Berichtigung bei bebauten Grundstücken.

§ 17. Bei bebauten Grundstücken, die Wohnzwecken oder gewerblichen Zwecken zu dienen bestimmt sind, hat eine Berichtigung des Wehrbeitragswerts insbesondere dann stattzufinden, wenn das Grundstück bei der Veranlagung zum Wehrbeitrag statt mit dem Ertragswert mit dem gemeinen Werte veranlagt worden ist, sofern der zum Wehrbeitrag festgesetzte Wert von dem damaligen Ertragswert um mehr als 10 v. H. abweicht; entsprechendes gilt, wenn seit dem Wehrbeitragsstichtage (31. Dezember 1913) bis zum 31. Dezember 1923 wesentliche Änderungen im Bestande des Grundstücks eingetreten sind (z. B. durch Erweiterungsbauten, Vernichtung einzelner, nicht wieder aufgebauter Teile durch Brand u. dgl.) Die allgemeine Verschlechterung des baulichen Zustandes der Grundstücke begründet eine Berichtigung des Wehrbeitragswerts nicht, da diesem Umstand durch die Bemessung der Abschläge (§§ 23 bis 25) Rechnung getragen wird.

e) Berichtigung bei Grundstücken, die als Bauland herangezogen worden sind.

§ 18. Bei Grundstücken, die zum Wehrbeitrag als Bauland oder als Land zu Verkehrszwecken mit dem gemeinen Werte bewertet worden sind, ist der Wehrbeitragswert insbesondere dann zu berichtigen, wenn das Grundstück nach den am 31. Dezember 1923 obwaltenden Verhältnissen die Eigenschaft als Bauland oder als Land zu Verkehrszwecken nicht mehr besitzt, sondern lediglich als dauernd landwirtschaftlichen, forstwirtschaftlichen oder gärtnerischen Zwecken dienendes oder als bebautes Grundstück anzusehen ist, das Wohnzwecken oder gewerblichen Zwecken zu dienen bestimmt ist. In diesem Falle finden auf die Berichtigung des Wehrbeitragswerts die §§ 5, 7 bis 17 entsprechende Anwendung.

IX.

1. Gesetz, betreffend Aussetzung des Verfahrens vor Gerichten und Aufwertungsstellen.

Vom 17. Februar 1925 (RGBl. I S. 15).

Der Reichstag hat das folgende Gesetz beschlossen, das mit Zustimmung des Reichsrats hiermit verkündet wird:

§ 1. In Rechtsstreitigkeiten über die Aufwertung von Vermögensanlagen im Sinne der Dritten Steuernotverordnung sowie von Ansprüchen der im § 12 Abs. 3, § 16 der Dritten Steuernotverordnung bezeichneten Art ist die Verhandlung auf Antrag einer Partei einstweilen auszusetzen. Der Antrag ist abzulehnen, wenn er nach Auffassung des Gerichts sich als ein offenbarer Mißbrauch darstellt. Die Entscheidung kann ohne mündliche Verhandlung ergehen; der Gegner ist vor der Entscheidung zu hören.

§ 2. Die Vorschriften des § 1 finden auf das Verfahren vor der Aufwertungsstelle entsprechende Anwendung.

§ 3. Die Vorschriften des § 1 Satz 1 finden entsprechende Anwendung auf das Rechtsmittelverfahren vor den Finanzgerichten und dem Reichsfinanzhof, soweit es sich um Ansprüche auf Grund der Vorschriften der Dritten Steuernotverordnung über den Geldentwertungsausgleich bei Schuldverschreibungen und der zu ihrer Durchführung erlassenen Bestimmungen handelt.

§ 4. Dieses Gesetz tritt mit dem Tage der Verkündung in Kraft. Es tritt außer Kraft mit dem Inkrafttreten des zu erlassenden Aufwertungsgesetzes, spätestens am 30. April 1925.

2. Gesetz über die Verlängerung der Fristen der Dritten Steuernotverordnung.

Vom 27. März 1925 (RGBl. I S. 29).

Der Reichstag hat das folgende Gesetz beschlossen, das mit Zustimmung des Reichsrats hiermit verkündet wird:

Artikel I.

Die im § 2 Abs. 1 Satz 3, § 7 Abs. 1 Satz 1 der Dritten Steuernotverordnung, § 7 Abs. 3 der Ersten Durchführungsverordnung, § 6 Abs. 1 Satz 1 der Zweiten Durchführungsverordnung und im § 16 Abs. 1 Satz 2 der Dritten Durchführungsverordnung bestimmten Fristen werden weiter bis zum 30. Juni 1925 verlängert.

Artikel II.

Im § 4 des Gesetzes, betreffend Aussetzung des Verfahrens vor Gerichten und Aufwertungsstellen, vom 17. Februar 1925 (RGBl. I S. 15) werden die Worte „30. April 1925" durch die Worte „30. Juni 1925" ersetzt.

Artikel III.

Die Artikel I und II der Dritten Steuernotverordnung vom 14. Februar 1924 sowie der § 64 der Verordnung, soweit er sich auf die vorgenannten Bestimmungen bezieht oder bezüglich der übrigen Vorschriften der Verordnung die Regierung ermächtigt, allgemeine Anordnungen ergänzenden oder abweichenden Inhalts zu treffen, treten mit der gesetzlichen Neuregelung der Aufwertung, jedoch spätestens am 30. Juni 1925, außer Kraft. Dasselbe gilt von den zur Durchführung, Ergänzung und Änderung der vorausgeführten Bestimmungen erlassenen Vorschriften.

Die Verordnung zur einstweiligen Regelung der Aufwertung vom 4. Dezember 1924 ist mit dem im Abs. 1 bezeichneten Zeitpunkt aufzuheben.

Artikel IV.

Dieses Gesetz tritt mit dem Tage seiner Verkündung in Kraft.

3. Gesetz zur Verlängerung der Geltungsdauer der Dritten Steuernotverordnung.

Vom 28. Juni 1925 (RGBl. I S. 92).

Der Reichstag hat das folgende Gesetz beschlossen, das mit Zustimmung des Reichsrats hiermit verkündet wird:

Artikel I.

Der im Artikel I und III des Gesetzes über die Verlängerung der Fristen der Dritten Steuernotverordnung vom 27. März 1925 (RGBl. I S. 29) auf den 30. Juni 1925 bestimmte Termin wird auf den 15. Juli 1925 verlegt.

Artikel II.

Die im Artikel I des Gesetzes über die Verlängerung der Fristen der Dritten Steuernotverordnung vom 27. März 1925 (RGBl. I S. 29) bezeichneten Fristen werden aufgehoben.

Artikel III.

Die gemäß § 5 der Dritten Steuernotverordnung geschuldeten Zinsen werden nicht vor dem 1. August 1925 fällig. Der Gläubiger kann die Annahme einer früheren Zahlung ablehnen.

Artikel IV.

Dieses Gesetz tritt mit dem Tage der Verkündung in Kraft.

X. Verordnung über die Einrichtung und das Verfahren der Aufwertungsstellen.

Vom 21. Juli 1925 (RGBl. I S. 154)*).

Auf Grund der §§ 72, 73, 88 des Aufwertungsgesetzes vom 16. Juni 1925 (RGBl. I S. 117) wird nach Zustimmung des Reichsrats verordnet:

§ 1. (1) Aufwertungsstelle ist das Amtsgericht.

(2) Die obersten Landesbehörden können bestimmen, daß an Stelle der Amtsgerichte andere Landesbehörden zuständig sind oder daß die Amtsgerichte einzelne Verrichtungen den Notaren übertragen können oder daß für mehrere Amtsgerichtsbezirke eine gemeinsame Aufwertungsstelle errichtet wird.

§ 2. (1) Zuständig ist, soweit es sich um die Aufwertung von Hypotheken, Schiffs- oder Bahnpfandrechten einschließlich der gesicherten persönlichen Forderungen, um Grundschulden, Rentenschulden oder Reallasten handelt (§§ 4 bis 32 des Aufwertungsgesetzes), das Amtsgericht, in dessen Bezirk das Grundbuch, Schiffsregister oder Bahngrundbuch geführt wird; im Falle einer Gesamtbelastung bleibt dasjenige Gericht, welches zuerst angegangen ist, auch für die Entscheidung über die Aufwertung hinsichtlich der mitbelasteten Grundstücke, Schiffe oder Bahneinheiten zuständig.

(2) In allen anderen Fällen ist das Amtsgericht zuständig, bei welchem der Schuldner seinen allgemeinen Gerichtsstand hat; dasselbe gilt für die Aufwertung der durch Hypothek, Schiffspfandrecht oder Bahnpfandrecht gesicherten persönlichen Forderung, wenn das Grundbuch, Schiffsregister oder Bahngrundbuch im Inland nicht geführt wird. Hat der Schuldner im Inland keinen allgemeinen Gerichtsstand, so ist das Gericht zuständig, in dessen Bezirk sich sein Vermögen ganz oder zum Teil befindet. Ist nach diesen Vorschriften für mehrere Schuldner ein gemeinschaftlicher Gerichtsstand nicht begründet, so wird das zuständige Amtsgericht durch das gemeinschaftliche obere Gericht und, falls dieses das Reichsgericht ist, durch dasjenige Oberlandesgericht bestimmt, zu dessen Bezirk das zuerst angegangene Gericht gehört.

§ 3. Die Aufwertungsstelle kann die Verbindung mehrerer bei ihr gegen denselben Schuldner anhängiger Aufwertungsverfahren zum Zwecke der gleichzeitigen Verhandlung und Entscheidung anordnen; die Aufwertungsstelle kann eine solche Anordnung wieder aufheben.

---

*) Geändert durch die VO. vom 27. November 1925, Anhang XXV.

§ 4. Die Aufwertungsstelle kann von den Beteiligten die Glaubhaftmachung einer tatsächlichen Behauptung verlangen.

§ 5. Die Entscheidung der Aufwertungsstelle ist mit Gründen zu versehen.

§ 6. (1) Die sofortige Beschwerde kann bei der Aufwertungsstelle oder beim Landgericht eingelegt werden. Die Einlegung erfolgt durch Einreichung einer Beschwerdeschrift oder durch Erklärung zum Protokoll des Gerichtsschreibers des zuständigen Gerichts oder eines Amtsgerichts.

(2) Die sofortige weitere Beschwerde kann bei der Aufwertungsstelle, dem Landgericht oder dem Oberlandesgericht eingelegt werden. Die Einlegung erfolgt durch Einreichung einer Beschwerdeschrift oder durch Erklärung zum Protokoll des Gerichtsschreibers des zuständigen Gerichts oder eines Amtsgerichts. Die Beschwerdeschrift muß von einem Rechtsanwalt unterzeichnet sein. Der Zuziehung eines Rechtsanwalts bedarf es nicht, wenn die Beschwerde von einer Behörde oder von einem Notar eingelegt wird, der in der Angelegenheit für den Beschwerdeführer einen Antrag bei der Aufwertungsstelle gestellt hat.

(3) Wird die Beschwerde durch Erklärung zum Protokoll des Gerichtsschreibers eingelegt, so genügt es zur Wahrung der Beschwerdefrist, daß die Erklärung innerhalb der Frist erfolgt.

(4) Erfolgt die Einlegung der sofortigen Beschwerde oder der sofortigen weiteren Beschwerde durch Erklärung zum Protokoll des Gerichtsschreibers eines Amtsgerichts, so hat der Gerichtsschreiber dieses Gerichts innerhalb 24 Stunden dem Gerichtsschreiber der Aufwertungsstelle von der Einlegung Nachricht zu geben. Diese Vorschrift findet entsprechende Anwendung, sofern die sofortige weitere Beschwerde beim Oberlandesgericht unter Übergehung des Landgerichts eingelegt wird.

(5) Der Gerichtsschreiber der Aufwertungsstelle darf Zeugnisse über die Rechtskraft erst eine Woche nach Ablauf der Beschwerdefrist erteilen.

§ 7. (1) Die Gebühr im Aufwertungsverfahren ist nach dem Werte des Streitgegenstandes zu erheben. Der Wert des Streitgegenstandes wird von der Aufwertungsstelle unter Berücksichtigung der gestellten Anträge nach freiem Ermessen festgesetzt.

(2) Die näheren Bestimmungen über die Bemessung der Gebühr treffen die obersten Landesbehörden.

§ 8. Die Aufwertungsstelle hat jedem, der ein berechtigtes Interesse darlegt, auf Antrag eine Bescheinigung darüber zu erteilen, ob bei ihr

bis zum 1. Januar 1926 ein Anspruch auf Aufwertung auf Grund des Vorbehalts der Rechte, kraft Rückwirkung oder im Falle der Annahme der Leistung nach dem 13. Februar 1924 oder ein Anspruch auf Aufwertung zugunsten des früheren Gläubigers (§§ 16, 17, 78 des Aufwertungsgesetzes) angemeldet, oder bis zum 1. April 1926 ein Antrag auf Herabsetzung des Aufwertungsbetrags (§§ 8, 34, 52 des Aufwertungsgesetzes) oder auf eine von dem normalen Höchstsatz abweichende Aufwertung der durch Hypothek gesicherten persönlichen Forderung (§§ 12, 32 des Aufwertungsgesetzes)

eingegangen ist. Die Bescheinigung ist gebührenfrei.

(2) Die obersten Landesbehörden können bestimmen, daß die Bescheinigung auch ohne Darlegung eines berechtigten Interesses erteilt werden kann, und daß in diesem Falle eine Gebühr erhoben wird.

§ 9. (1) Die auf Grund der Dritten Steuernotverordnung und ihrer Durchführungsverordnungen bei einer Aufwertungsstelle oder in der Beschwerdeinstanz anhängigen Verfahren gelten als Verfahren, die auf Grund des Aufwertungsgesetzes und dieser Verordnung anhängig sind.

(2) Ist gegen eine Entscheidung, die auf Grund der bisherigen Vorschriften

ergangen ist, Beschwerde noch nicht eingelegt, so gelten für die Einlegung der Beschwerde und den Rechtsmittelzug die Vorschriften des Aufwertungsgesetzes.

(3) Ist die Beschwerde bereits eingelegt, so gilt das Verfahren in der Beschwerdeinstanz als ein Verfahren auf Grund sofortiger weiterer Beschwerde. Einer Nachreichung der Einwilligung des Gegners gemäß § 74 Abs. 2 des Aufwertungsgesetzes bedarf es nicht. Auf Antrag eines Beteiligten hat das Beschwerdegericht die Sache an das Landgericht zu verweisen. Das Verfahren gilt in diesem Falle als ein Verfahren auf Grund sofortiger Beschwerde. Das Beschwerdegericht kann den Beteiligten zur Stellung des Antrags eine Ausschlußfrist setzen.

(4) Die Vorschriften des § 83 des Aufwertungsgesetzes über die Aufhebung einer Anordnung der Aussetzung des Verfahrens bleiben unberührt.

§ 10. Soweit auf Grund der Vorschriften des Artikels I der Dritten Steuernotverordnung und der dazu erlassenen Durchführungsverordnungen Ansprüche angemeldet, oder Anträge gestellt sind, für die es nach den entsprechenden Vorschriften des Aufwertungsgesetzes der Einhaltung bestimmter Fristen bedarf, gelten diese Fristen als gewahrt.

§ 11. (1) Der Nachweis des Erwerbstages und des Erwerbspreises bedarf für die Eintragung der Aufwertung im Grundbuch, Schiffsregister oder Bahngrundbuch nicht der im § 29 der Grundbuchordnung und der im § 107 Abs. 2 des Reichsgesetzes über die Angelegenheiten der freiwilligen Gerichtsbarkeit vorgeschriebenen Form.

(2) Die Kosten der Eintragung der Aufwertung trägt der Eigentümer.

(3) Soweit eine Aufwertung bereits abweichend von den Vorschriften des Aufwertungsgesetzes eingetragen ist, ist die Eintragung auf Antrag zu berichtigen; der Antrag bedarf keiner Form. Die Berichtigung erfolgt gebührenfrei.

§ 12. Diese Verordnung tritt mit Wirkung vom 15. Juli 1925 in Kraft.

XI. Verordnung über die Anmeldung, den Nachweis und den Ausschluß von Rechten aus aufgewerteten Industrieobligationen und verwandten Schuldverschreibungen.

Vom 10. August 1925 (RGBl. I S. 187).

Auf Grund der § 35 Abs. 3, § 88 Abs. 2 des Aufwertungsgesetzes vom 16. Juli 1925 (RGBl. I S. 117) verordnet die Reichsregierung:

§ 1. (1) Ansprüche auf Herausgabe von ausgelosten oder gekündigten Schuldverschreibungen im Sinne des § 33 des Gesetzes, die darauf gestützt werden, daß die Schuldverschreibungen bei einer Bank zur Einlösung eingereicht sind und daß sie sich noch im Besitze der Bank befinden (§ 35 Abs. 3 des Gesetzes), sind bei der Stelle, bei der sie eingereicht sind, anzumelden. Einer Anmeldung bedarf es nicht, wenn der Anspruch auf Herausgabe bereits anerkannt ist.

(2) Die Anmeldung hat bis zum 30. September 1925 zu erfolgen; sie soll die erforderlichen Angaben, insbesondere Namen, Wohnort und Wohnung des Einreichenden, den Zeitpunkt der Einreichung, die Bezeichnung der Schuldverschreibungen nach Zahl der Stücke, Nennwert, Schuldner, Ausgabejahr, Zinssatz, Serie und Nummer, und wenn der Anmeldende nicht der Einreichende gewesen ist, auch Angaben über die Berechtigung des Anmeldenden zur Geltendmachung des Anspruchs enthalten. Die erforderlichen Beweisstücke (Quittungen, Nummernverzeichnisse usw.) sollen beigefügt oder bezeichnet werden.

(3) War die Stelle, bei der die Einreichung stattgefunden hat, nicht eine vom Schuldner bezeichnete Einlösungsstelle und hatte sie die Schuldverschreibung unmittelbar oder mittelbar zur Einlösung weitergereicht, so hat sie die Anmeldung unverzüglich an die Einlösungsstelle weiterzugeben. Die gleiche Verpflichtung liegt den etwa sonst noch an der Vermittlung der Einlösung beteiligten Stellen ob.

§ 2. (1) Die Bank hat die angemeldeten Ansprüche auf Grund der eingereichten und der sonst bei ihr vorhandenen Unterlagen zu prüfen und im Falle ihrer Anerkennung die Schuldverschreibungen an den Anmeldenden gegen Vergütung des Goldwerts (§ 2 des Gesetzes) eines etwa ausgezahlten Einlösungsbetrags herauszugeben. Liegen die Schuldverschreibungen im Depot des Schuldners, so ist die Herausgabe nur mit seiner Zustimmung zulässig. Ist die Schuldverschreibung vor dem 1. Juni 1925 an den Schuldner abgeliefert worden oder erscheint der Anspruch aus einem anderen Grunde nicht begründet, so ist dies dem Anmeldenden unverzüglich mitzuteilen; diesem bleibt es überlassen, seine Rechte im Klagewege geltend zu machen.

(2) Bereits entwertete Schuldverschreibungen sind vor der Herausgabe durch den Schuldner oder einen Beauftragten des Schuldners mit einem mit Unterschrift versehenen Vermerke des Inhalts zu versehen, daß die Rechte aus der Schuldverschreibung trotz der Entwertung nach Maßgabe des Aufwertungsgesetzes vom 16. Juli 1925 (RGBl. I S. 117) ausgeübt werden können; die Unterschrift kann im Wege der mechanischen Vervielfältigung hergestellt werden. Der Schuldner ist berechtigt, an Stelle der mit dem Vermerke zu versehenden Stücke Ersatzstücke zu liefern.

§ 3. Hat die Bank die Schuldverschreibung seit dem 1. Juni 1925 an den Schuldner abgeliefert, so ist sie vom Schuldner unverzüglich an die Bank zurückzugeben; vor der Rückgabe ist sie im Falle der Entwertung mit dem im § 2 Abs. 2 bezeichneten Vermerke zu versehen. Für vernichtete Schuldverschreibungen sind Ersatzstücke zu liefern.

§ 4. (1) Schuldverschreibungen, aus denen Ansprüche gemäß § 1 nicht bis zum 30. September 1925 angemeldet sind, dürfen an den Anmeldenden nicht herausgegeben werden; das gleiche gilt für Schuldverschreibungen, aus denen solche Ansprüche zwar rechtzeitig angemeldet, aber von der Bank nicht anerkannt worden sind, und auf deren Anerkennung oder Herausgabe auch nicht bis zum 30. November 1925 Klage erhoben worden ist.

(2) In den Fällen des Abs. 1 sind die Schuldverschreibungen unverzüglich nach dem 30. November 1925 an den Schuldner zur Vernichtung abzuliefern.

§ 5. Sind Ansprüche gemäß § 1 angemeldet worden, so tritt ein Verlust des Anspruchs auf Genußrechte (§ 37 Abs. 1 des Gesetzes) unerachtet des Ablaufs der im § 39 Abs. 1 des Gesetzes vorgesehenen Fristen frühestens einen Monat nach Herausgabe der Schuldverschreibungen an den Anmeldenden und im Falle der Klageerhebung nach § 2 Abs. 1, § 4 frühestens einen Monat nach rechtskräftiger Entscheidung über den Klageanspruch ein.

§ 6. Hat der Gläubiger seinen Wohnsitz oder gewöhnlichen Aufenthalt außerhalb Europas, so kann die Anmeldung bis zum 31. Dezember 1925 und die Klageerhebung (§ 2 Abs. 1, § 4) bis zum 28. Februar 1926 erfolgen.

§ 7. Hat der Gläubiger seinen Wohnsitz oder gewöhnlichen Aufenthalt außerhalb Europas, so tritt an die Stelle der im § 39 Abs. 1 Satz 1 des Gesetzes bezeichneten Frist von einem Monat eine solche von 4 Monaten.

§ 8. Den Banken stehen im Sinne dieser Verordnung Bankiers und andere Unternehmungen, die die Aufbewahrung und Verwaltung fremder Wertpapiere gewerbs- oder geschäftsmäßig betreiben, gleich.

XII. Verordnung über die Aufforderung zur Anmeldung des Altbesitzes von Industrieobligationen.

Vom 29. August 1925 (Reichsanzeiger Nr. 202; RGBl. I S. 384).

Auf Grund des § 88 des Aufwertungsgesetzes vom 16. Juli 1925 — RGBl. I S. 117 — verordnet die Reichsregierung:

§ 1. Die Aufforderung zur Anmeldung des Altbesitzes von Schuldverschreibungen auf Grund des § 39 des Aufwertungsgesetzes hat in nachstehender Form zu erfolgen:

„Aufforderung zur Anmeldung des Altbesitzes von Industrieobligationen.

Gemäß § 39 des Aufwertungsgesetzes vom 16. Juli 1925 — RGBl. I S. 117 — fordern wir die Altbesitzer unserer

. . . . . prozentigen Anleihe vom Jahre . . . . .

bzw. der nachstehend aufgeführten Anleihen:

1 . . . . .

2 . . . . .

auf, ihre Schuldverschreibungen, für die die Vorrechte des Altbesitzes in Anspruch genommen werden, zur Vermeidung des Verlustes des Genußrechts, innerhalb einer Frist von einem Monat seit dem Erscheinen dieser Aufforderung im Deutschen Reichsanzeiger bei:

1 . . . . . oder

2 . . . . .

anzumelden.

Der Anmeldung sind die Mäntel der Schuldverschreibungen oder der Nachweis ihrer Hinterlegung beizufügen.

Altbesitzer sind die Inhaber von Schuldverschreibungen, die ihre Schuldverschreibungen vor dem 1. Juli 1920 erworben haben, und die bis zur Anmeldung Obligationsgläubiger geblieben sind. Den Altbesitzern stehen gleich die Inhaber von Schuldverschreibungen, die gemäß § 38 des Aufwertungsgesetzes als vor dem 1. Juli 1920 erworben anzusehen sind.

Beweismittel für den Altbesitz sind binnen einer Frist von zwei Monaten seit dem Erscheinen dieser Aufforderung im Deutschen Reichsanzeiger einzureichen."

§ 2. In der Aufforderung im Deutschen Reichsanzeiger ist ferner der Zeitpunkt der Veröffentlichung in den übrigen von den Unternehmern gewählten Zeitungen anzugeben, und zwar in folgender Form:

„Die Aufforderung ist in den nachstehenden Gesellschaftsblättern erschienen:

1 . . . . . am . . . . .

2 . . . . . am . . . . .

§ 3. Die in § 39 des Aufwertungsgesetzes vorgesehene Frist von einem Monat wird nur durch eine Aufforderung im Deutschen Reichsanzeiger, die der in §§ 1 und 2 vorgesehenen Fassung entspricht, in Lauf gesetzt. Der Lauf der Frist beginnt mit der Veröffentlichung im Reichsanzeiger.

§ 4. Diese Verordnung tritt mit Wirkung vom 16. Juli 1925 in Kraft.

Berlin, den 29. August 1925.

Der Reichsminister der Justiz.
J. V.: Bumke.

Der Reichswirtschaftsminister.
J. V.: Trendelenburg.

XIII.

1. Gesetz über das Abkommen zwischen dem Deutschen Reiche und der Schweizerischen Eidgenossenschaft, betreffend schweizerische Goldhypotheken in Deutschland und gewisse Arten von Frankenforderungen an deutsche Schuldner.

Vom 9. Dezember 1920 (RGBl S. 2023).

Der Reichstag hat das folgende Gesetz beschlossen, das mit Zustimmung des Reichsrat hiermit verkündet wird:

§ 1. Dem am 6. Dezember 1920 unterzeichneten Abkommen zwischen dem Deutschen Reiche und der Schweizerischen Eidgenossenschaft, betreffend schweizerische Goldhypotheken in Deutschland und gewisse Arten von Frankenforderungen an deutsche Schuldner wird zugestimmt. Der Wortlaut des Abkommens wird nachstehend veröffentlicht.

§ 2. Die Reichsregierung wird ermächtigt, die zur Ausführung dieses Abkommens erforderlichen Maßnahmen zu treffen.

§ 3. Dieses Gesetz tritt mit dem Tage der Verkündung in Kraft.

Abkommen zwischen dem Deutschen Reiche und der Schweizerischen Eidgenossenschaft, betreffend schweizerische Goldhypotheken in Deutschland und gewisse Arten von Frankenforderungen an deutsche Schuldner.

I.

Artikel 1.

Goldhypotheken im Sinne dieses Abkommens sind die vor dem 31. Juli 1914 entstandenen, auf Mark lautenden und durch Hypothek an einem deutschen Grundstück gesicherten Geldforderungen, die nach dem Beleihungsvertrage durch Rückzahlung der Leihsumme oder dieser und der Zinsen „in Gold“, „in deutschem Golde“, „in deutschem Reichsgoldgelde“, „in deutscher Goldwährung“, „in Reichsgoldwährung“, „in klingender Münze“, „in klingendem Gelde“ zu erfüllen sind oder für die eine ähnliche zum Schutze des ausländischen Gläubigers gegen die Entwertung der deutschen Mark dienende, die Erfüllung der Verpflichtungen in Gold vorsehende Klausel (Goldklausel) vereinbart ist.

Artikel 2.

Die Regierung der Schweizerischen Eidgenossenschaft wird den in Betracht kommenden schweizerischen Gläubigern solcher Goldhypotheken empfehlen:

a) für die Dauer von zehn Jahren seit dem Inkrafttreten dieses Abkommens auf die Einziehung von Goldhypotheken zu verzichten und sich bereit zu erklären, die Goldhypotheken auf Wunsch des Schuldners auf anschließende weitere fünf Jahre zu verlängern, falls nach Ablauf der zehn Jahre die Mark in der Schweiz auf 65 Centimes oder darunter stehen sollte;

b) für die Berechnung und Zahlung der Zinsen angemessene Erleichterungen zu gewähren (gemäß Anlage I);

c) hierüber dem Schuldner eine schriftliche Erklärung zu übermitteln und in dieser die Eintragung eines Widerspruchs gegen die Richtigkeit der Fälligkeitsbedingungen auf Grund der §§ 892 und 899 des Deutschen Bürgerlichen Gesetzbuchs in das Grundbuch des belasteten Grundstücks mit der Maßgabe zu bewilligen, daß der Gläubiger die Kosten dieser Urkunde, der Schuldner dagegen die Kosten der Eintragung in das Grundbuch trägt. Die Unterschrift unter der Erklärung ist nach Maßgabe des deutsch-schweizerischen Staatsvertrags vom 14. Februar 1907 über die Beglaubigung öffentlicher Urkunden durch eine schweizerische Behörde zu beglaubigen;

d) zum Zwecke der Eintragung des Widerspruchs des Schuldners den Hypothekenbrief beim Grundbuchamt einzureichen.

Artikel 3.

Goldhypotheken, deren Gläubiger nach den Vorschlägen des Artikels 2 verfahren, sind gemäß lit. b zu verzinsen und nach Ablauf der in lit. a vorgesehenen Frist unter Einhaltung der vereinbarten Kündigungsfrist entweder in Gold zum Satze der deutschen Goldwährung nach Maßgabe des deutschen Münzgesetzes vom 1. Juni 1909 oder dergestalt in Papiergeld zu bezahlen, daß der Gläubiger für 100 geschuldete Mark 123,45 Schweizerfranken erhält.

Der Schuldner kann jederzeit unter Beobachtung der vereinbarten Kündigungsfrist die Goldhypothek kündigen, wobei die Zahlung gemäß Abs. 1 zu leisten ist.

Artikel 4.

Dieses Abkommen findet auf Goldhypotheken auch insoweit Anwendung, als sie vom Schuldner bereits gekündigt worden oder aus Anlaß der Goldklausel Gegenstand von gerichtlichen Urteilen gewesen sind, sofern der Gläubiger die Bedingungen von Artikel 2 erfüllt.

Zahlungen (Kapital und Zinsen) aus Goldhypotheken, die zur Zeit des Inkrafttretens dieses Abkommens bereits erfolgt sind, gelten als Erfüllung, wenn sie vorbehaltlos angenommen worden sind. Das gesetzliche Recht des Hypothekengläubigers auf Eintrag von Zwangshypotheken wegen nicht gezahlter Zinsen (§§ 866 und 867 der deutschen Zivilprozeßordnung) bleibt unberührt.

Artikel 5.

Besondere Vereinbarungen zwischen Gläubiger und Schuldner bleiben unberührt und vorbehalten; dies gilt insbesondere für die Eintragung von Maximalhypotheken im Sinne des § 1190 des deutschen Bürgerlichen Gesetzbuchs.

II.

Artikel 6.

Die Regierung der Schweizerischen Eidgenossenschaft erklärt sich bereit, der Schweizerischen Bankiervereinigung von dem im nachstehenden und in der Anlage II zum gegenwärtigen Abkommen vorgesehenen Verfahren Kenntnis zu geben und sich dafür zu verwenden, daß in bezug auf folgende vier Arten von Frankenforderungen schweizerischer Banken gegenüber in Deutschland wohnenden Schuldnern, nämlich:

a) gegenüber deutschen Beamten,
b) gegenüber deutschen Internierten,
c) gegenüber deutschen Wehrmännerfamilien,
d) gegenüber deutschen Staatsangehörigen, die zur Ermöglichung des Besuchs schweizerischer Heilanstalten solche Frankendarlehen aufgenommen haben,

in einem alsbald zu erlassenden Rundschreiben den Banken Empfehlungen im Sinne der Anlage II zum gegenwärtigen Abkommen gemacht werden.

Artikel 7.

Die Regierung der Schweizerischen Eidgenossenschaft erklärt sich bereit, die von der Deutschen Regierung unterstützten Bemühungen der deutschen Länder, Gemeinden und anderer Verbände (Landwirtschaftskammern, Tierzuchtverbände usw.), die durch Bezug von Vieh, Milch und anderen Nahrungsmitteln entstandenen Frankenschulden in der Schweiz durch Lieferung von Waren nach der Schweiz abzubürden, auch ihrerseits in geeigneter Weise zu unterstützen und zu fördern und sich dafür zu verwenden, daß eine überstürzte Beitreibung dieser Schulden unterbleibt.

Anlage I
zum Abkommen vom 6. Dezember 1920, betreffend schweizerische Goldhypotheken in Deutschland und gewisse Arten von Frankenforderungen an deutsche Schuldner.

Ziffer 1. Während der Dauer der im Artikel 3 dieses Abkommens vorgesehenen Stundungsfrist ist der Schuldner verpflichtet, die seit dem Inkrafttreten dieses Abkommens fällig werdenden Zinsen in Papiermark mit einem Aufschlag zu entrichten. Dieser Aufschlag berechnet sich nach dem Kursverhältnisse der deutschen Mark zum schweizerischen Franken. Hierbei wird der Geldkurs der Mark in der Schweiz nach der Notierung der Schweizerischen Nationalbank im Durchschnitt der fünf Tage, die dem Fälligkeitstage des Zinses vorangehen, zugrunde gelegt. Der Aufschlag beträgt:

bei einem Kurse bis einschl. 10	den Unterschied zwischen diesem Kurse und dem Kurse von 20
bei einem Kurse über 10 bis einschl. 40	100 v. H.
Gesamtleistung höchstens zum Kurse von 70	
bei einem Kurse von über 40 bis einschl. 60	75 v. H.
Gesamtleistung höchstens zum Kurse von 90	
bei einem Kurse von über 60 bis einschl. 80	50 v. H.
Gesamtleistung höchstens zum Kurse von 100	
bei einem Kurse von über 80	25 v. H.
Gesamtleistung höchstens zum Kurse von 123,45.	

Durch Zahlung der mit dem vorerwähnten Aufschlag vermehrten Zinsen gilt die Zinsenschuld als endgültig getilgt, sofern nicht auf Grund der Prüfung der Verhältnisse des Einzelfalls Vertrauensstellen der in Anlage II dieses Abkommens vorgesehenen Art der Auffassung sind, daß die tatsächlichen Erträgnisse der mit der Goldhypothek belasteten Liegenschaften oder die persönlichen Verhältnisse des Schuldners eine Zinszahlung mit einem höheren Aufschlag rechtfertigen.

Ziffer 2. Die in Ziffer 1 aufgestellte Regel findet auch Anwendung auf bereits fällig gewordene und noch nicht bezahlte oder gestundete oder nur unter Vorbehalt genommene Zinsen. In diesen Fällen ist die Kursberechnung auf den Fälligkeitstag der noch ausstehenden Zinsen abzustellen.

Anlage II
zum Abkommen vom 6. Dezember 1920, betreffend schweizerische Goldhypotheken in Deutschland und gewisse Arten von Frankenforderungen an deutsche Schuldner.

In Anwendung des vorerwähnten Abkommens wird die Regierung der Schweizerischen Eidgenossenschaft der Schweizerischen Bankiervereinigung empfehlen, an die schweizerischen Banken ein Rundschreiben folgenden Inhalts zu erlassen:

Ziffer 1. a) Von einer überstürzten Beitreibung von Frankenforderungen schweizerischer Banken gegenüber in Deutschland wohnenden Schuldnern, nämlich

a) gegenüber deutschen Beamten,
b) gegenüber deutschen Internierten,
c) gegenüber deutschen Wehrmännerfamilien,
d) gegenüber deutschen Staatsangehörigen, die zur Ermöglichung des Besuchs schweizerischer Heilanstalten solche Frankendarlehen aufgenommen haben,

ist mit Rücksicht auf die gegenwärtigen Valutaverhältnisse des schweizerischen Franken zur deutschen Mark Abstand zu nehmen;

b) den Schuldnern solcher Frankenforderungen ist, soweit bereits eine Kündigung erfolgt ist, auf Wunsch wenigstens für so lange Stundung zu gewähren, bis die von den beiderseitigen Regierungen einzusetzenden Vertrauensstellen Gelegenheit zur Äußerung erhalten haben;

c) für die Berechnung und Zahlung der Zinsen sind angemessene Erleichterungen zu gewähren (gemäß Anlage III).

Ziffer 2. Sofern die Schuldner solcher Frankenforderungen ihre Verpflichtung zur Zahlung der Schuldsumme in einer vollstreckbaren Urkunde im Sinne des § 794 Nr. 5 der Zivilprozeßordnung anerkennen, werden die Banken gegen diese Schuldner mit dem Ziele der Einziehung der Schulden nicht vorgehen, bevor sie den von den beiderseitigen Regierungen einzusetzenden Vertrauensstellen Gelegenheit gegeben haben, sich über die wirtschaftlichen Verhältnisse des Schuldners zu äußern. Würde nach der übereinstimmenden Äußerung der beiderseitigen Vertrauensstellen durch die sofortige Beitreibung der Forderung die wirtschaftliche Existenz des Schuldners bedroht, so wird die Bank unter billiger Berücksichtigung der Vorschläge der Vertrauensstellen dem Schuldner weiteren Aufschub gewähren und ihm die allmähliche Abtragung seiner Schuld ermöglichen und in solchen Fällen auch für die Berechnung und Zahlung der Zinsen solche Erleichterungen gewähren, die den Schuldner in den Stand setzen, die Zinsen laufend zu zahlen, um ein Anwachsen der Schuld durch Zinszuschläge tunlichst zu verhindern.

Diese Erleichterungen für Kapital und Zinsen sollen denjenigen Schuldnern nicht zugestanden werden, für deren Schuld nicht bereits eine Bankgarantie besteht und die eine Ergänzung der Sicherheit verweigern, obwohl sie nach der Feststellung der beiderseitigen Vertrauensstellen in der Lage sind, eine solche Ergänzung zu beschaffen.

Ziffer 3. Zur Prüfung der Verhältnisse der Schuldner solcher Frankenforderungen werden eine deutsche und eine schweizerische Vertrauensstelle eingesetzt, die sich in den einzelnen Fällen miteinander ins Benehmen setzen und sich gegenseitig alle Mitteilungen unterbreiten, die geeignet sind, über die wahren Verhältnisse des Schuldners Aufschluß zu erteilen.

Ziffer 4. Das vorgesehene Verfahren soll längstens während 5 Jahren, vom Inkrafttreten dieses Abkommens an gerechnet, zur Anwendung kommen. Mit dieser Fristbestimmung wird der Dauer der in einzelnen Fällen zu gewährenden Stundung nicht vorgegriffen.

§ 794 Nr. 5 der deutschen Zivilprozeßordnung lautet:

Die Zwangsvollstreckung findet ferner statt: aus Urkunden, welche von einem deutschen Gericht oder von einem deutschen Notar innerhalb der Grenzen seiner Amtsbefugnisse in der vorgeschriebenen Form aufgenommen sind, sofern die Urkunde über einen Anspruch errichtet ist, welcher die Zahlung einer bestimmten Geldsumme oder die Leistung einer bestimmten Quantität anderer vertretbarer Sachen oder Wertpapiere zum Gegenstande hat, und der Schuldner sich in der Urkunde der sofortigen Zwangsvollstreckung unterworfen hat. Als ein Anspruch, welcher die Zahlung einer Goldsumme zum Gegenstande hat, gilt auch der Anspruch aus einer Hypothek, einer Grundschuld oder einer Rentenschuld.

2. Gesetz über das Zusatzabkommen zum Abkommen vom 6. Dezember 1920 zwischen dem Deutschen Reiche und der Schweizerischen Eidgenossenschaft, betreffend schweizerische Goldhypotheken in Deutschland und gewisse Arten von Frankenforderungen an deutsche Schuldner.

Vom 23. Juni 1923 (RGBl. II S. 284).

Der Reichstag hat das folgende Gesetz beschlossen, das mit Zustimmung des Reichsrats hiermit verkündet wird:

Artikel I.

Dem am 25. März 1923 unterzeichneten Zusatzabkommen zum Abkommen vom 6. Dezember 1920 zwischen dem Deutschen Reiche und der Schweizerischen Eidgenossenschaft, betreffend schweizerische Goldhypotheken in Deutschland und gewisse

Arten von Frankenforderungen an deutsche Schuldner, wird zugestimmt. Der Wortlaut des Zusatzabkommens wird nachstehend veröffentlicht.

Artikel II.

Zur Ausführung des Zusatzabkommens wird folgendes bestimmt:

§ 1. Die für den Grundstückseigentümer gemäß Artikel 7 des Zusatzabkommens eingetragene Frankengrundschuld (Eigentümergrundschuld) wird, sofern gemäß Artikel 10 des Zusatzabkommens Reallasten, Hypotheken, Grundschulden oder Rentenschulden zu löschen sind oder ihr Rücktritt hinter die Frankengrundschulden herbeigeführt werden muß, von einem durch die Reichsregierung zu bestimmenden Treuhänder verwaltet. Zur Verfügung über die Grundschuld und zu ihrer gerichtlichen Geltendmachung ist in diesem Falle nicht der Eigentümer, sondern nur der Treuhänder berechtigt; die Beschränkung des § 181 des Bürgerlichen Gesetzbuchs findet auf den Treuhänder keine Anwendung. Unentgeltliche Verfügungen durch den Treuhänder sind unwirksam.

Bei der Eintragung der Eigentümergrundschuld ist das Recht des Treuhänders von Amts wegen mit einzutragen.

§ 2. Das Recht des Treuhänders erlischt, sobald die der ehemaligen Goldhypothek im Range nachstehenden, der Frankengrundschuld des Goldhypothekengläubigers (Gläubigergrundschuld) im Range vorgehenden Reallasten, Hypotheken, Grundschulden und Rentenschulden im Grundbuche gelöscht sind oder der Vorrang der Frankengrundschuld vor jenen Rechten im Grundbuch eingetragen worden ist (Artikel 10 des Zusatzabkommens).

§ 3. Der Grundstückseigentümer ist berechtigt, die Gläubiger der im § 2 bezeichneten der Gläubigergrundschuld im Range vorgehenden Reallasten, Hypotheken, Grundschulden und Rentenschulden einen Monat nach Eintragung der Frankengrundschulden auch vor Eintritt der vereinbarten Fälligkeit zu befriedigen. Macht der Grundstückseigentümer von diesem Rechte innerhalb eines weiteren Monats keinen Gebrauch, so ist der Treuhänder (§ 1) berechtigt, den Gläubiger zu befriedigen. Der Gläubiger kann die Annahme der Leistung mit der Wirkung verweigern, daß es bei der vereinbarten Fälligkeit verbleibt, wenn er gleichzeitig unter Vorlegung der zur Eintragung erforderlichen Urkunden der Gläubigergrundschuld den Vorrang vor seinem Rechte einräumt.

§ 4. Die Reichsregierung oder die von ihr bezeichnete Stelle (Enteignungsbehörde) wird ermächtigt, die im § 2 bezeichneten Reallasten, Hypotheken, Grundschulden und Rentenschulden zugunsten des Reichs oder einer von ihr bestimmten Stelle zu enteignen und unter die Verwaltung des Treuhänders zu stellen, wenn die Rechte nicht innerhalb von drei Monaten seit der Eintragung der Frankengrundschulden gelöscht oder hinter die Gläubigergrundschuld zurückgetreten sind. Ist das Recht unter die Verwaltung des Treuhänders gestellt, so ist der Treuhänder berechtigt, die Löschung des Rechtes zu bewilligen.

§ 5. Die Enteignung erfolgt durch Bescheid an den Gläubiger des zu enteignenden Rechtes. Der Bescheid ist dem Gläubiger nach den Vorschriften der Zivilprozeßordnung zuzustellen. Mit der Zustellung des Bescheids geht das Recht auf das Recht oder auf die Stelle über, zu deren Gunsten die Enteignung erfolgt.

§ 6. Die Enteignung erfolgt gegen angemessene Entschädigung. Eine Entschädigung ist nicht zu gewähren, wenn sich ergibt, daß das Recht nur zum Schein oder in unredlicher Absicht begründet worden ist. Ob und in welchem Umfang eine Entschädigung zu gewähren ist, bestimmt die Enteignungsbehörde.

Die Gerichte und Behörden des Reichs, der Länder und Gemeinden leisten der Enteignungsbehörde Amtshilfe nach Maßgabe der hierfür geltenden allgemeinen Vorschriften. Zeugen und Sachverständige sind auf Ersuchen der Enteignungsbehörde durch die Gerichte eidlich zu vernehmen.

Gegen die Entscheidung der Enteignungsbehörde über die Entschädigung ist innerhalb von drei Monaten seit ihrer Zustellung die Klage vor den ordentlichen Gerichten zulässig. Ausschließlich zuständig ist das Gericht, in dessen Bezirk das Grundstück liegt.

§ 7. Der Grundstückseigentümer ist verpflichtet, in den Fällen der §§ 3, 6 dem Reiche oder derjenigen Stelle, aus deren Mitteln die Zahlung an den Gläubiger geleistet worden ist, den gezahlten Betrag nebst Zinsen vom Tage der Zahlung ab zu erstatten. Die Höhe der Zinsen richtet sich nach dem jeweiligen Reichsbankdiskont. Die hiernach zu erstattenden Beträge werden auf Veranlassung des Treuhänders nach den landesrechtlichen Vorschriften über die Beitreibung öffentlicher Abgaben beigetrieben. Führt die Beitreibung zu keinem Ergebnis oder erscheint die Durchführung des Beitreibungsverfahrens aus besonderen Gründen nicht angezeigt, so ist in Höhe des gezahlten Betrags nebst den aufgelaufenen Zinsen die Eigentümergrundschuld auf Ersuchen der zuständigen Reichsbehörde auf das Reich oder auf diejenige Stelle, aus deren Mitteln die Zahlung geleistet worden ist, sicherungshalber umzuschreiben. Der als Entschädigung gezahlte Betrag ist nach dem Mittelkurse für Auszahlungen in Zürich am Zahlungstage nach der Notierung der Berliner Börse in schweizerische Franken umzurechnen.

§ 8. Die von dem Treuhänder dem Grundbuchamte gegenüber abgegebenen Erklärungen bedürfen nicht der in § 29 der Grundbuchordnung vorgeschriebenen Form.

§ 9. Der Treuhänder ist berechtigt, nach Durchführung seiner Aufgabe die ihm durch die Verwaltung der Eigentümergrundschulden entstehenden besonderen Unkosten auf die Grundstückseigentümer umzulegen, deren Eigentümergrundschulden er gemäß § 1 verwaltet hat. Die Umlegung erfolgt im Verhältnis der Höhe der einzelnen Eigentümergrundschulden zu deren Gesamthöhe. Die Gesamtsumme dieser Unkosten setzt der Reichswirtschaftsminister fest; sie werden auf Veranlassung des Treuhänders nach den landesrechtlichen Vorschriften über die Beitreibung öffentlicher Abgaben beigetrieben.

§ 10. Ist auf Grund des Artikel 10 des Zusatzabkommens eine Hypothek gelöscht worden und war der Grundstückseigentümer weder persönlicher Schuldner der Hypothek noch dem persönlichen Schuldner gegenüber verpflichtet, den Gläubiger zu befriedigen, so kann der Grundstückseigentümer von dem persönlichen Schuldner Ersatz verlangen, soweit der Gläubiger von ihm oder auf seine Kosten befriedigt worden ist.

§ 11. War der Grundstückseigentümer weder persönlicher Schuldner der Goldhypothek noch dem persönlichen Schuldner gegenüber verpflichtet, den Gläubiger zu befriedigen, so kann er von dem persönlichen Schuldner Ersatz dafür verlangen, daß dieser durch die Eintragung der Gläubigergrundschuld von der Schuld befreit worden ist.

War der Grundstückseigentümer zwar nicht persönlicher Schuldner der Goldhypothek, jedoch dem persönlichen Schuldner gegenüber verpflichtet, den Gläubiger zu befriedigen, so kann er von dem persönlichen Schuldner Ersatz dafür verlangen, daß dieser durch die Eintragung der Gläubigergrundschuld von der Schuld vor Eintritt der Fälligkeit befreit worden ist.

Ein Ersatzanspruch ist insoweit nicht gegeben, als die Gefahr der Haftung des Grundstücks zum Goldwert der Hypothek bei der Festsetzung der Bedingungen des Grundstückserwerbes berücksichtigt worden ist.

Die Höhe des Ersatzes sowie die Art und die Zeit der Ersatzleistung werden im Streitfall von dem Prozeßgerichte nach billigem Ermessen bestimmt.

§ 12. Sofern die mit der Goldhypothek belasteten Grundstücke ganz oder teilweise vermietet sind und die Höhe des Mietzinses nach den Vorschriften des Reichsmietengesetzes vom 24. März 1922 (RGBl. S. 273) berechnet wird, sind die Grundstückseigentümer berechtigt, von den Mietern der Gebäude oder Gebäudeteile als Zuschlag zur gesetzlichen Miete die Erstattung der gemäß Artikel 18 und 23 des Zusatzabkommens für die Dauer ihrer Nutzung zu zahlenden Zinsen bis zur Höhe des Dreifachen der einfachen Zinsen der Goldhypothek in Papiermark nach dem Verhältnis zu verlangen, in welchem die Grundmiete der von ihnen genutzten Räume (§ 2 Abs. 1 des Reichsmietengesetzes) zu der Summe der Grundmiete des gesamten Gebäudes steht.

§ 13. Die gemäß Artikel 21 Abs. 1 dem Deutschen Reiche aus der Zuziehung von Sachverständigen zur Festsetzung des Reinertrags der Grundstücke entstehenden Kosten werden alljährlich bis zum 31. März für das vergangene Jahr von dem deutschen Mitglied der Vertrauensstelle (Artikel 28 Abs. 1) auf die Grundstückseigentümer umgelegt, für deren Grundstücke eine Festsetzung des Reinertrags unter Zuziehung von Sachverständigen stattgefunden hat. Die Umlegung erfolgt im Verhältnis der Höhe der auf den Grundstücken für den Gläubiger der Goldhypothek eingetragenen Frankengrundschulden.

Gegen die Umlegung findet innerhalb von zwei Wochen nach deren Bekanntgabe an den Zahlungspflichtigen die Beschwerde an den Reichswirtschaftsminister statt, der endgültig entscheidet.

Endgültig festgesetzte Umlagebeträge werden auf Veranlassung des Reichswirtschaftsministers nach den landesrechtlichen Vorschriften über die Beitreibung öffentlicher Abgaben beigetrieben.

§ 14. Einigen sich Gläubiger und Schuldner einer Hypothek, die zwar keine Goldhypothek im Sinne des Hauptabkommens und des Zusatzabkommens ist, bei der aber die unbegrenzte Kursdifferenzklausel gemäß Artikel 4 Abs. 2 des Zusatzabkommens vereinbart ist, durch schriftliche Erklärungen dahin, daß auf das Schuldverhältnis die Bestimmungen des Zusatzabkommens ganz oder teilweise Anwendung finden sollen, so finden vorbehaltlich abweichender Vereinbarungen auf die Eintragung von Frankengrundschulden die Bestimmungen der Artikel 13 und 14 hinsichtlich der Zustimmung der Landeszentralbehörde und der Kosten der Eintragung entsprechende Anwendung.

§ 15. Werden im Falle der Veräußerung eines mit einer Gläubigerfrankengrundschuld im Sinne des Zusatzabkommens belasteten Grundstücks Steuern, Abgaben oder Kosten nach Maßgabe des Veräußerungspreises berechnet, und wird bei Bestimmung des Veräußerungspreises der Wert der Gläubigerfrankengrundschuld mit angerechnet, so ist ihr Betrag in Mark zum Kurse von 100 Franken = 81 Mark umzurechnen.

§ 16. Die Reichsregierung wird ermächtigt, die zur Durchführung dieses Gesetzes erforderlichen weiteren Bestimmungen zu treffen.

§ 17. Dieses Gesetz trifft mit dem auf die Verkündung folgenden Tage in Kraft.

Zusatzabkommen zum Abkommen vom 6. Dezember 1920 zwischen dem Deutschen Reiche und der Schweizerischen Eidgenossenschaft, betreffend schweizerische Goldhypotheken in Deutschland und gewisse Arten von Frankenforderungen an deutsche Schuldner.

Artikel 1.

Dieses Abkommen (Zusatzabkommen) findet auf die im Artikel 1 des Abkommens vom 6. Dezember 1920 (Hauptabkommen) bezeichneten Goldhypotheken Anwendung, sofern der Gläubiger dem Schuldner die im Artikel 2 lit. c des Hauptabkommens vorgesehene Erklärung übermittelt hat.

Die Übermittlung der im Artikel 2 lit. c des Hauptabkommens vorgesehenen

Erklärung kann binnen drei Monaten seit Inkrafttreten des Zusatzabkommens erfolgen. Sie ist in diesen Fällen nur wirksam, wenn der Gläubiger gleichzeitig den im Artikel 11 Abs. 1 vorgesehenen Eintragungsantrag stellt.

Die nachträgliche Erklärung ist an die Frist von drei Monaten nicht gebunden, soweit es sich um Goldhypotheken auf landwirtschaftlich genutzten Grundstücken handelt, die in Gemeindebezirken an der schweizerischen Grenze liegen, über deren Bezeichnung im einzelnen die beiden Regierungen sich verständigen werden.

Die Wirksamkeit der bereits abgegebenen oder noch abzugebenden Erklärungen ist an eine Beglaubigung der Unterschrift nicht gebunden.

Artikel 2.

Als Goldhypotheken im Sinne des Artikel 1 des Hauptabkommens gelten Hypotheken nur dann, wenn sie am 31. Juli 1914 einem Gläubiger schweizerischer Nationalität, der damals in der Schweiz seinen Wohnsitz hatte, oder einer juristischen Person zugestanden haben, die in diesem Zeitpunkt ihren Hauptsitz in der Schweiz hatte; dabei ist es gleichgültig, wer ursprünglicher Gläubiger der Hypothek gewesen ist.

Für die Anwendbarkeit des Hauptabkommens und des Zusatzabkommens macht es keinen Unterschied, ob der Eigentümer des belasteten Grundstücks zugleich persönlicher Schuldner der Hypothekenforderung ist oder nicht.

Artikel 3.

Goldhypotheken, die nach dem 31. Juli 1914 verlängert worden sind, sind von der Anwendung des Hauptabkommens und des Zusatzabkommens nur dann ausgenommen, wenn einwandfrei nachgewiesen wird, daß bei der Verlängerung der Wegfall der Goldklausel vereinbart worden ist.

Die Goldklausel gilt insbesondere dann nicht als aufgehoben, wenn die Goldhypothek ohne Erwähnung der Goldklausel, sei es unter Bezugnahme auf die „bisherigen Bedingungen", sei es ohne eine solche Bezugnahme, verlängert worden ist.

Artikel 4.

Als Goldhypotheken im Sinne des Hauptabkommens und des Zusatzabkommens gelten auch diejenigen Hypotheken, für die im Beleihungsvertrage neben der Goldklausel eine Kursdifferenzklausel des Inhalts vereinbart ist, daß, falls der Kurs der deutschen Währung im Zeitpunkt des Eintreffens der Zahlung am Erfüllungsorte tiefer stehen sollte als am Tage der Auszahlung des Darlehens, der Schuldner den aus der Kursdifferenz sich ergebenden Betrag in begrenzter Höhe an den Gläubiger zu entrichten hat (begrenzte Kursdifferenzklausel).

Das Hauptabkommen und das Zusatzabkommen finden auch Anwendung auf Goldhypotheken mit unbegrenzter Kursdifferenzklausel, soweit sie Gläubigern zustehen, die von der Schweizerischen Regierung der Deutschen Regierung besonders benannt werden.

Hinsichtlich der im Abs. 2 bezeichneten Goldhypotheken gilt die im Artikel 2 lit. c des Hauptabkommens vorgesehene Erklärung als in der vorgeschriebenen Form abgegeben.

Bei Goldhypotheken mit begrenzter Kursdifferenzklausel hat der Gläubiger nur Anspruch auf die Hälfte der in Artikeln 18 und 19 festgesetzten Zinsleistungen.

In Rechtsstreitigkeiten, in denen die Anwendbarkeit des Hauptabkommens wegen der Verbindung der Goldklausel mit einer begrenzten Kursdifferenzklausel streitig ist, gilt die Klage als mit Zustimmung des Beklagten zurückgenommen. Bezüglich der Kosten finden die Bestimmungen des Artikel 24 Anwendung.

Artikel 5.

Ist das Rechtsverhältnis zwischen dem Gläubiger und dem Grundstückseigentümer oder zwischen dem Gläubiger und dem persönlichen Schuldner in seinen wesentlichen Beziehungen durch besondere Vereinbarung selbständig oder in Verbindung mit dem Hauptabkommen geregelt worden, so behält es bei dieser Regelung sein Bewenden; das Zusatzabkommen findet, soweit nicht etwa Abweichendes vereinbart worden ist, in diesen Fällen keine Anwendung mit Ausnahme der Bestimmungen der Artikel 13 und 14 über die Zustimmung der Behörden und die Kosten der Eintragung.

Bei Meinungsverschiedenheiten unter den Beteiligten darüber, ob das Rechtsverhältnis in seinen wesentlichen Beziehungen geregelt worden ist, entscheidet auf Anrufen beider Parteien die Vertrauensstelle als Schiedsgericht. Diese Entscheidung ist endgültig. Einigen die Parteien sich auf das Schiedsgericht nicht, so bleibt beiden Parteien die Anrufung der ordentlichen Gerichte vorbehalten.

Artikel 6.

Für den Gläubiger der Goldhypothek wird eine Grundschuld in Schweizerfranken eingetragen (Gläubigergrundschuld). Ihre Höhe ergibt sich aus der Umrechnung des Markbetrags der Goldhypothek in Schweizerfranken unter Zugrundelegung eines Umrechnungskurses von 100 Mark = 123,45 Franken. Die Gläubigergrundschuld geht den der Goldhypothek im Range nachstehenden Rechten in der Höhe des Markbetrags der Goldhypothek im Range vor.

Die Gläubigergrundschuld ist nach Maßgabe der Artikel 18 und 19 zu verzinsen, jedoch nicht höher als zu dem für die Goldhypothek vereinbarten Zinssatz.

Gleichzeitig mit der Eintragung der Gläubigergrundschuld ist die Goldhypothek zu löschen. Damit erlischt vorbehaltlich der Bestimmung des Artikel 23 die persönliche Forderung aus der Goldhypothek, mag sie sich gegen den Grundstückseigentümer oder gegen dritte Personen richten. Bürgschaften erlöschen, Sicherheiten sind frei zu geben, zur weiteren Sicherheit bestellte Hypotheken sind auf einseitigen Antrag des Eigentümers des belasteten Grundstücks zu löschen.

Artikel 7.

Im Range gleichstehend mit der Gläubigergrundschuld wird für den Grundstückseigentümer eine unverzinsliche Grundschuld in Schweizerfranken eingetragen (Eigentümergrundschuld).

Die Eigentümergrundschuld beträgt:

a) 10 v. H. des Betrags der Gläubigergrundschuld bei Goldhypotheken im Betrage von 700 000 M. und darüber auf den überwiegend gewerblich genutzten Grundstücken, über deren Bezeichnung im einzelnen die beiderseitigen Regierungen sich verständigen werden, sowie auf den im Artikel 1 Abs. 3 erwähnten landwirtschaftlich genutzten Grundstücken;

b) 20 v. H. des Betrags der Gläubigergrundschuld bei den übrigen Goldhypotheken.

Artikel 8.

Steht der Goldhypothek eine andere Hypothek im Range gleich (Nebenhypothek), so ist die Eigentümergrundschuld in Höhe eines Teiles im Range hinter der Gläubigergrundschuld einzutragen. Dieser Teil wird bemessen nach dem Verhältnis des Betrags der Nebenhypothek zu der Summe der Beträge der Goldhypothek und der Nebenhypothek.

Die Verlängerung der Nebenhypothek über den nächsten Fälligkeitstermin hinaus ist unzulässig. Hängt der Eintritt der Fälligkeit der Nebenhypothek von einer Kündigung ab, so wird er unabhängig davon, ob tatsächlich gekündigt wird, die Nebenhypothek zum nächstzulässigen Kündigungstermin fällig.

Wird die Nebenhypothek gelöscht, so ist auf einseitigen Antrag des Grundstückseigentümers im Grundbuch einzutragen, daß die Eigentümergrundschuld in voller Höhe der Gläubigergrundschuld gleichsteht.

Artikel 9.

Lasten auf einem Grundstück mehrere Goldhypotheken im Sinne des Hauptabkommens und des Zusatzabkommens, so stehen die entsprechenden Gläubigergrundschulden und Eigentümergrundschulden untereinander im Range gleich.

Artikel 10.

Innerhalb einer Frist von 6 Monaten nach Eintragung der Gläubigergrundschuld und der Eigentümergrundschuld hat der Grundstückseigentümer die Löschung der der früheren Goldhypothek im Range nachstehenden Reallasten, Hypotheken Grundschulden und Rentenschulden herbeizuführen oder die Bewilligung der Berechtigten nebst den zur Eintragung erforderlichen Urkunden beizubringen, daß die Gläubigergrundschuld in voller Höhe den Vorrang vor diesen Rechten erhält.

Erfüllt der Grundstückseigentümer diese Verpflichtung nicht, so ist die Eigentümergrundschuld auf Antrag des Gläubigers zu löschen.

Artikel 11.

Für die Eintragung der Gläubigergrundschuld und die Löschung der Goldhypothek sowie für die Eintragung der Eigentümergrundschuld genügt der Antrag des Gläubigers oder des Grundstückseigentümers. Die Eintragung der Gläubigergrundschuld kann nicht ohne gleichzeitige Eintragung der Eigentümergrundschuld und Löschung der Goldhypothek, die Eintragung der Eigentümergrundschuld nicht ohne gleichzeitige Eintragung der Gläubigergrundschuld beantragt werden.

Ist der Eintragungsantrag binnen drei Monaten seit Inkrafttreten des Zusatzabkommens nicht gestellt worden, so ist der persönliche Schuldner, der nicht gleichzeitig Eigentümer des belasteten Grundstücks ist, berechtigt, vom Gläubiger binnen weiterer drei Monate zu verlangen, daß er den Eintragungsantrag stellt.

Artikel 12.

Über die Gläubigergrundschuld wird ein Grundschuldbrief erteilt. Der Gläubiger erwirbt die Grundschuld bereits mit der Eintragung in das Grundbuch.

Die Erteilung eines Grundschuldbriefs über die Eigentümergrundschuld ist ausgeschlossen.

Die Umwandlung der Eigentümergrundschuld in eine Hypothek ist unzulässig. Bei einem Eigentumswechsel geht die Eigentümergrundschuld von Rechts wegen auf den neuen Eigentümer des Grundstücks über. Ohne gleichzeitige Übertragung des Eigentums an dem Grundstück kann die Eigentümergrundschuld nur mit Zustimmung der Reichsregierung oder einer von ihr bestimmten Stelle abgetreten werden. Entsprechendes gilt für die Verpfändung. Diese Verfügungsbeschränkungen sind im Grundbuch zu vermerken.

Artikel 13.

Der in den §§ 1 bis 3 der deutschen Verordnung über die Eintragung von Hypotheken in ausländischer Währung vom 13. Februar 1920 vorgesehenen Einwilligung der Landeszentralbehörde und der im Range gleich- oder nachstehenden Berechtigten bedarf es zur Eintragung der Gläubigergrundschuld und der Eigentümergrundschuld nicht. Ebensowenig bedarf es einer behördlichen Genehmigung, falls der Gläubiger das Grundstück in der Zwangsversteigerung erwirbt.

Artikel 14.

Für die Eintragung der Gläubigergrundschuld, die Löschung der Goldhypothek und die Eintragung der Eigentümergrundschuld sowie für die dazu erforderlichen gerichtlichen Beurkundungen werden neben den Auslagen Gebühren nur in Höhe von einem Zehntel des Gebührensatzes erhoben. Dabei wird der Schweizerfranken zum Kurse von 100 Franken = 81 Mark umgerechnet.

Die Kosten der Grundbuchbehörden werden im Verhältnis der Gläubigergrundschuld zur Eigentümergrundschuld auf den Gläubiger und den Eigentümer verteilt; die übrigen Kosten trägt jeder Beteiligte für sich.

Artikel 15.

Der Gläubiger kann die Gläubigergrundschuld während der im Artikel 2 lit. a des Hauptabkommens vorgesehenen Frist nicht kündigen. Mit dem Ablauf der Frist wird die Gläubigergrundschuld, ohne daß es einer Kündigung bedarf, fällig.

Wird der Gläubiger bis zum Ablauf dieser Frist nicht voll befriedigt, so ist er berechtigt, die Fälligkeit durch einseitige Erklärung gegenüber dem Eigentümer weiter hinauszuschieben. Dieses Recht steht ihm auch an den späteren Fälligkeitsterminen zu.

Der Eigentümer ist jederzeit berechtigt, die Gläubigergrundschuld ganz oder teilweise abzulösen.

Artikel 16.

Solange die Gläubigergrundschuld gestundet ist, wird auch die Eigentümergrundschuld nicht fällig.

Artikel 17.

Eine Zwangsvollstreckung in das Grundstück findet auf Antrag des Inhabers einer der Goldhypothek im Range nachstehenden Reallast, Hypothek, Grundschuld oder Rentenschuld nicht statt, solange dieses Recht nicht gemäß Artikel 10 Abs. 1 hinter die Gläubigergrundschuld im Range zurückgetreten ist.

Der Gläubiger der Eigentümergrundschuld darf eine Zwangsvollstreckung in das Grundstück nicht betreiben, solange nicht die Gläubigergrundschuld abgelöst worden ist. Das gleiche gilt für alle diejenigen, denen ein Pfandrecht oder ein Nießbrauch an der Eigentümergrundschuld zusteht oder die aus einem anderen Grunde zur Geltendmachung von Rechten aus der Eigentümergrundschuld befugt sein sollten.

Artikel 18.

Die Zinsen der Gläubigergrundschuld betragen mindestens

a) bei den im Artikel 7 Abs. 2 lit. a bezeichneten Gläubigergrundschulden $1/3$ v. H in Schweizerfranken. Vom 1. Januar 1928 an erhöht sich dieser Satz auf $1/2$ v. H. in Schweizerfranken. Die Zinsen können in Papiermark entrichtet werden. Maßgebend für die Umrechnung ist dabei der Geldkurs der Mark in der Schweiz nach den Notierungen der Schweizerischen Nationalbank an dem dem Zahlungstage vorangehenden Tage;

b) bei allen übrigen Gläubigergrundschulden (Artikel 7 Abs. 2 lit. b) das Vierfache der einfachen Zinsen der Goldhypothek in Papiermark. Soweit dem Gläubiger im Falle verspäteter Zahlung der Zinsen ein Anspruch auf Ersatz des Kursverlustes zusteht, bleibt dieser Anspruch vorbehalten.

Das Höchstmaß der Zinsen ergibt sich aus Artikel 6 Abs. 2.

Artikel 19.

Als Normalzins der Gläubigergrundschuld sollen entrichtet werden:

a) 90 v. H. des Reinertrags des Grundstücks für die im Artikel 7 Abs. 2 lit. a bezeichneten Gläubigergrundschulden,

b) 80 v. H. des Reinertrags des Grundstücks für alle übrigen Gläubigergrundschulden (Artikel 7 Abs. 2 lit. b).

Artikel 20.

Für die Berechnung des Reinertrags des Grundstücks ist die objektive Ertragsfähigkeit des Grundstücks maßgebend.

Bei zur Vermietung oder Verpachtung bestimmten Grundstücken ist für die Berechnung vom Bruttomiet- oder -pachtzins auszugehen. Ist dieser Zins kleiner als der bei umsichtiger Bewirtschaftung erzielbare Zins, so ist letzterer zugrunde zu legen. Vom Bruttomiet- oder -pachtzins sind abzuziehen die auf das Grundstück entfallenden Steuern und anderen öffentlichen Abgaben, die notwendigen Ausgaben für Unterhaltung und Reparaturen sowie die Zinsen für vorgehende dingliche Lasten.

Wird das Grundstück vom Eigentümer ganz oder teilweise selbst genutzt, so ist für die Berechnung des Reinertrags von dem Miet- oder Pachtertrag auszugehen, der bei umsichtiger Vermietung oder Verpachtung an einen Dritten erzielt werden könnte.

Bei Grundstücken, die für den Betrieb eines besonderen bestimmten Gewerbes eingerichtet sind (z. B. Fabriken, Hotels, Warenhäusern, Landwirtschaftliche Grundstücke), ist der Reinertrag nach den für solche Objekte maßgebenden Berechnungsgrundsätzen in jedem Falle besonders festzustellen.

Keinesfalls darf der Reinertrag kleiner festgesetzt werden, als er bei umsichtiger Vermietung oder Verpachtung des Grundstücks für die Zwecke einer auf längere Dauer gesicherten Nutzung durch einen gleichartigen anderen Betrieb zu erzielen sein würde.

Artikel 21.

Soweit die Beteiligten sich über den Reinertrag des Grundstücks nicht geeinigt haben, wird er durch die Vertrauensstelle festgesetzt. Diese kann zuverlässige unparteiische Sachverständige zuziehen; die dadurch entstandenen Kosten tragen die vertragschließenden Staaten je zur Hälfte.

Die Festsetzung erfolgt alljährlich. Für die im Artikel 7 Abs. 2 lit. a bezeichneten Grundstücke hat stets eine besondere Festsetzung stattzufinden. Für die im Artikel 7 Abs. 2 lit. b bezeichneten Grundstücke darf die Festsetzung für einzelne Arten gleichartiger Objekte allgemein erfolgen, es sei denn, daß der Gläubiger oder der Grundstückseigentümer bis zum 31. Januar bei der Vertrauensstelle eine besondere Festsetzung beantragt.

Die Festsetzung im Jahre 1923 hat nur in den Fällen zu erfolgen, in denen der Gläubiger es ausdrücklich beantragt.

Artikel 22.

Der jeweilige Eigentümer des mit der Gläubigergrundschuld belasteten Grundstücks haftet für die während der Dauer seines Eigentums fällig gewordenen Zinsen auch persönlich.

Durch die Bezahlung der Zinsen nach Maßgabe der Artikel 18 und 19 gilt die Zinsenschuld als endgültig getilgt.

Artikel 23.

Soweit Zinsen und Zinsaufschläge der Goldhypothek auf Grund des Hauptabkommens bis zum 31. Dezember 1922 zu bezahlen waren, jedoch rückständig geblieben sind, sind sie in den Fällen des Artikel 7 Abs. 2 lit. a gemäß den Bestimmungen der Anlage I Ziffer 1 des Hauptabkommens, in den Fällen des Artikel 7 Abs. 2 lit. b in Höhe des Vierfachen der einfachen Zinsen der Goldhypothek in Papiermark, und zwar unabhängig vom Kursverhältnis der Mark zum Schweizerfranken, zu entrichten. Durch Zahlung dieser Beträge gelten die rückständigen Zinsen als endgültig getilgt. Ansprüche auf Schadensersatz wegen des bis zum Inkrafttreten des Zusatzabkommens eingetretenen Verzugs können nicht erhoben werden. Zinsen und Zinsaufschläge, die mit oder ohne Vorbehalt freiwillig oder im Wege der Zwangsvollstreckung bezahlt worden sind, können nicht zurückgefordert werden. Dies gilt auch für den Fall der Zwangsvollstreckung auf Grund eines vorläufig vollstreckbaren Urteils.

Die nach Abs. 1 und 2 noch zu zahlenden rückständigen Zinsen und Zinsenaufschläge sind zu einer Hälfte spätestens bis zum Ablauf von drei Monaten nach Inkrafttreten des Zusatzabkommens, zur anderen Hälfte spätestens bis zum Ablauf von sechs

Monaten nach Inkrafttreten des Zusatzabkommens zu entrichten. Erfolgt die Zahlung der ersten Hälfte nicht innerhalb der festgesetzten Frist, so wird der ganze Betrag zur Zahlung fällig unter Erhöhung um 25 v. H. der ganzen noch rückständigen Schuld. Wird zwar die erste Hälfte, nicht aber die zweite Hälfte fristgemäß bezahlt, so ist letztere mit einem Aufschlag von 50 v. H. der noch rückständigen Schuld zu bezahlen. Der Anspruch auf einen darüber hinausgehenden Verzugsschaden bleibt unberührt.

Artikel 24.

Bei anhängigen Rechtsstreitigkeiten über Goldhypotheken, die durch das Zusatzabkommen ihre Erledigung finden, wird für die Berechnung der Kosten der Streitwert nach dem Nennbetrage der Mark festgesetzt. Schweizerfranken sind in diesem Falle zum Kurse von 100 Franken = 81 Mark umzurechnen. Gerichtliche Gebühren und Auslagen werden nicht erhoben. Die außergerichtlichen Kosten trägt jede Partei für sich, auf Anwaltsgebühren entrichtete Kostenvorschüsse werden nicht zurückerstattet.

Anhängige Vollstreckungsverfahren sind einzustellen; gerichtliche Gebühren und Auslagen werden nicht erhoben. Jede Partei hat die ihr entstandenen außergerichtlichen Kosten zu tragen.

Soweit nach Inkrafttreten des Zusatzabkommens Rechtsstreitigkeiten anhängig werden, wird der Streitwert nach den bestehenden Vorschriften berechnet. Er darf jedoch nicht höher festgesetzt werden, als nach dem Werte, den der Klageanspruch in dem für die Kostenberechnung maßgebenden Zeitpunkt hat und nicht höher als auf fünf Sechstel, in den Fällen des Artikel 7 Abs. 2 lit. a als auf zehn Elftel des Steuerwerts des Grundstücks.

Artikel 25.

Für die Gläubigergrundschulden und die Eigentümergrundschulden gelten hinsichtlich der Zwangsvollstreckung die Vorschriften der §§ 5 bis 11 der deutschen Verordnung über die Eintragung von Hypotheken in ausländischer Währung vom 13. Februar 1920. Diese Bestimmungen gelten als Bestandteil des Zusatzabkommens.

Artikel 26.

Der Grundstückseigentümer ist verpflichtet, die Gebäude nebst dem mitverhafteten Zubehör ausreichend gegen Feuerschaden versichert zu halten und dem Gläubiger hierüber auf Verlangen den Nachweis zu führen.

Kommt der Eigentümer dieser Verpflichtung nicht nach, so greift die Vorschrift des § 1134 des deutschen Bürgerlichen Gesetzbuchs Platz.

Artikel 27.

Die Zahlung sowohl des Kapitals als auch der rückständigen und der in Zukunft fällig werdenden Zinsen sämtlicher unter das Hauptabkommen sowie das Zusatzabkommen fallenden Goldhypotheken oder Gläubigergrundschulden erfolgt frei von allen gegenwärtigen und zukünftigen Steuern und Abgaben des Deutschen Reichs, der Länder und Gemeinden, sofern der Gläubiger seinen Sitz (Hauptwohnsitz oder Hauptniederlassung) in der Schweiz hat. Außerdem sind diese Goldhypotheken und Gläubigergrundschulden frei von allen Sondersteuern auf die Anlage von ausländischem Kapital im Deutschen Reiche.

Die Befreiungen erstrecken sich nicht auf die allgemeinen Personalsteuern, die im Deutschen Reiche erhoben werden, insbesondere nicht auf die Einkommensteuer und die Körperschaftsteuer.

Artikel 28.

Die Vertrauensstelle (Artikel 5 Abs. 2 und Artikel 21) besteht aus zwei Mitgliedern, von denen jede der beiden Regierungen eines ernennt.

Der Gläubiger und der Grundstückseigentümer sind verpflichtet, der Vertrauensstelle jede gewünschte Auskunft wahrheitsgetreu zu erteilen sowie auf Verlangen sämtliche auf das Grundstück bezügliche Geschäftsbücher und Akten vorzulegen. Im Falle des Zuwiderhandelns kann die Vertrauensstelle auf Grund des einseitigen Vorbringens der nichtsäumigen Partei entscheiden. Die Behörden der vertragschließenden Staaten sind gehalten, der Vertrauensstelle jede für die Erfüllung ihrer Aufgaben notwendige Auskunft zu erteilen.

Die Vertrauensstelle erläßt mit Genehmigung der beiden Regierungen die erforderlichen allgemeinen Geschäfts- und Verfahrensvorschriften.

Die Entscheidungen der Vertrauensstelle sind endgültig; sie sind kurz zu begründen.

Artikel 29.

Streitigkeiten zwischen den vertragschließenden Staaten über die Auslegung des Hauptabkommens oder des Zusatzabkommens sind nach dem Schieds- und Vergleichsvertrage vom 3. Dezember 1921 zu erledigen.

Artikel 30.

Dieses Zusatzabkommen soll ratifiziert werden. Die Ratifikationsurkunden sollen so bald als möglich in Bern ausgetauscht werden.

Das Zusatzabkommen tritt mit Wirkung vom 1. Januar 1923 ab in Kraft. Für die Anwendung der Artikel 1 Abs. 2, 8 Abs. 2, 11 Abs. 2, 23 Abs. 2 und 24 gilt als Tag des Inkrafttretens des Zusatzabkommens der Tag des Austausches der Ratifikationsurkunden.

Zahlungen, die auf Grund des Hauptabkommens nach dem 1. Januar 1923 auf die seit diesem Tage fällig gewordenen Zinsen geleistet worden sind, werden, soweit sie die nach dem Zusatzabkommen zu leistenden Zinsen übersteigen, auf die nächstfälligen Zinsen angerechnet.

3. Verordnung des Reichswirtschaftsministers zur Ausführung des Gesetzes über das Zusatzabkommen vom 25. März 1923 zum deutsch-schweizerischen Abkommen vom 6. Dezember 1920, betreffend schweizerische Goldhypotheken in Deutschland vom 23. Juni 1923.

Vom 25. Juni 1923 (RGBl. II S. 291)

Auf Grund des § 16 des Gesetzes über das Zusatzabkommen zum Abkommen vom 6. Dezember 1920 zwischen dem Deutschen Reiche und der Schweizerischen Eidgenossenschaft, betreffend schweizerische Goldhypotheken in Deutschland und gewisse Arten von Frankenforderungen an deutsche Schuldner, vom 23. Juni 1923 (RGBl. II S. 284) wird im Einvernehmen mit den Reichsministern des Auswärtigen und der Finanzen folgendes bestimmt:

§ 1. Als Treuhänderin im Sinne des Artikel II § 1 des Gesetzes vom 23. Juni 1923 wird die Reichskredit-Gesellschaft m. b. H. in Berlin bestimmt, als Enteignungsbehörde im Sinne des Artikel II § 4 desselben Gesetzes der Reichswirtschaftsminister bezeichnet. Zuständige Reichsbehörde im Sinne des Artikel II § 7 des Gesetzes ist der Reichsminister der Finanzen.

§ 2. In der Bekanntmachung, die gemäß § 55 der Grundbuchordnung an die Treuhänderin zu erfolgen hat, sind die nach Artikel 10 des Zusatzabkommens zu löschenden oder in ihrem Range zu verändernden Reallasten, Hypotheken, Grundschulden und Rentenschulden zu bezeichnen.

§ 3. Diese Verordnung tritt zugleich mit dem Gesetze vom 23. Juni 1923 in Kraft.

XIV. Begründung des Entwurfs zum Ablösungsgesetze.

(Drucksachen des Reichstags Nr. 805.) Allgemeiner Teil.

I. Endgültige und einheitliche Regelung der Markanleihen des Reichs, der Länder und der Gemeinden.

1. Für die Regelung der privatrechtlichen Forderungen, deren Nennbetrag durch den Verfall der deutschen Währung seinen Wert verloren hat, haben die Rechtsprechung und die 3. Steuernotverordnung maßgebende Grundsätze aufgestellt. Dagegen ist bei dem Erlasse der 3. Steuernotverordnung davon abgesehen worden, über den Inhalt der auf Markwährung gestellten Anleiheverpflichtungen der öffentlichen Hand Bestimmung zu treffen. Der Artikel II der 3. Steuernotverordnung gibt dem Reiche, den Ländern und den Gemeinden ein Moratorium für die Erfüllung ihrer Anleiheschulden; er befreit aber auch die Gläubiger von der Rechtspflicht, eine Zahlung des Nennbetrags der Anleiheforderungen als Schulderfüllung anzunehmen. Beide Vorschriften sollten den Weg zur endgültigen Ordnung dieser Schuldverpflichtungen offenhalten. Maßgebend hierfür war die Erwägung, daß die Regelung der Anleiheverpflichtungen sich allein nach der Leistungsfähigkeit der Schuldner richten kann und daß zur Zeit des Erlasses der 3. Steuernotverordnung kurz nach dem Beginne der Sanierung der öffentlichen Finanzen nicht übersehen werden konnte, ob und welche Mittel für den Dienst der alten Anleihen in naher oder ferner Zukunft aufgebracht werden können.

Inzwischen hat der erste Teil der Ordnung der öffentlichen Finanzen mit der Aufnahme der Auslandsanleihe vom Oktober 1924 seinen Abschluß gefunden. Das Reich geht daran, durch eine Neugestaltung seines Steuersystems und des Finanzausgleichs die dauernde Grundlage für die Finanzwirtschaft des Reichs, der Länder und der Gemeinden zu schaffen. In diesem Augenblick muß auch eine Entscheidung darüber gefunden werden, mit welchen Lasten aus den Anleiheverpflichtungen zu rechnen ist. Die Steuergesetzgebung und die Verteilung der Steuereinnahmen können nur dann auf die Dauer festgelegt werden, wenn der normale Bedarf der nächsten Zukunft veranschlagt werden kann.

Aus dieser Lage ergibt sich die Notwendigkeit, jetzt eine abschließende Entscheidung über die Höhe der Anleiheschuld zu treffen und für die nächsten Jahrzehnte die aus ihr erwachsenden jährlichen Lasten festzusetzen, denn ein Voranschlag der Einnahmen und Ausgaben auf weitere Sicht kann nicht aufgestellt werden, wenn beständig die Möglichkeit unvorhergesehener Ausgaben für den Anleihedienst droht. Die Endgültigkeit der Regelung der Anleiheschuld ist aber auch aus einem weiteren Grunde notwendig. Der Grundsatz, daß in einer geordneten Finanzwirtschaft die außerordentlichen Ausgaben durch Begebung von Anleihen aufzubringen sind, muß für das Reich, die Länder und die Gemeinden wieder zur Geltung gebracht werden. Ein Staat ist aber ebenso wie ein Privatschuldner in seiner Kreditfähigkeit beschränkt, solange seine Verpflichtungen nicht feststehen und daher ein Urteil über seine Zahlungsfähigkeit nicht gewonnen werden kann.

2. Die Ablösung der Markanleihen des Reichs, der Länder und der Gemeinden muß grundsätzlich in derselben Weise geordnet werden. Das Reich, die Länder und die Gemeinden decken ihren Bedarf aus einer Quelle, deren Erträge unter die Beteiligten nach ihren Bedürfnissen aufgeteilt werden. Dies ist der Grundgedanke des Finanzausgleichs. Da die finanziellen Kräfte aller drei Schuldnergruppen auf das engste miteinander verflochten sind, so kann auch die Befriedigung der Ansprüche ihrer Gläubiger nur nach Gesichtspunkten vorgenommen werden, welche für die Verpflichtungen der drei Schuldnergruppen übereinstimmen.

Der Grundsatz der Einheitlichkeit der Regelung darf indessen nicht nur als Richtlinie aufgestellt werden, es müssen Abweichungen von ihm gesetzlich ausgeschlossen werden. Wollte man sich nur auf die Festlegung von Mindestsätzen für die Behandlung der Anleihen von Ländern und Gemeinden beschränken und zulassen, daß im übrigen jeder einzelne dieser Schuldner in der Regelung seiner Anleihen selbständig vorgeht, so würde sich die unhaltbare Folgerung ergeben, daß die Schuldner, welche ihren Anleihegläubigern eine günstigere Ablösung gewähren, bei der Aufteilung der Einnahmen im Finanzausgleich mit einem stärkeren Bedarfe berücksichtigt werden müßten. Die Bevorzugung der günstiger bedachten Anleihegläubiger wäre also nur zu Lasten der Allgemeinheit und zum Nachteil der übrigen Gläubiger möglich. Schließlich ist diese straffe Durchführung einer einheitlichen Regelung auch ein Erfordernis der zukünftigen Anleihepolitik. Die verschiedenartige Behandlung der Schulden der Vergangenheit darf nicht zu einem Instrument werden, mit dem die einzelnen Schuldner bei der Begebung neuer Anleihen in Wettbewerb treten.

Es ist vielfach hervorgehoben worden, daß die finanzielle Lage einzelner Gemeinden wesentlich günstiger sei als die des Reichs und der Länder, und daß daher eine bessere Behandlung der Gemeindeanleihen gerechtfertigt sei. Daß sich die Finanzverhältnisse einiger Gemeinden in der letzten Zeit vorteilhaft gestaltet haben, mag richtig sein. Für diesen Zustand besteht aber keine Gewähr der Dauer, und er ist auch nur bei einer beschränkten Anzahl von Gemeinden vorhanden. Zahlreiche Gemeinden leben dagegen in schwierigen Finanzverhältnissen. Die bessere Lage einzelner Gemeinden hat ihren Grund in Mängeln des zurzeit bestehenden Finanzausgleichs. Bei der neuen Regelung des Finanzausgleichs wird darauf Bedacht genommen werden müssen, derartige Ungleichheiten in den finanziellen Verhältnissen der Gemeinden zu beseitigen. Aus dieser nur vorübergehenden, durch einen erkannten Mangel entstandenen besseren Lage einzelner Gemeinden kann nichts gegen die entscheidende Tatsache hergeleitet werden, daß die Finanzkraft einer jeden Gemeinde ihre Wurzel in demselben Boden hat, auf dem die Haushalte des Reichs und der Länder stehen, und daß daher die Leistungsfähigkeit von Reich, Ländern und Gemeinden auf die Dauer die gleiche ist.

Man hat auch eine günstigere Ablösung der Gemeindeanleihen damit zu begründen versucht, daß viele Gemeinden werbende Betriebe unterhalten, die mit dem Aufkommen aus den Markanleihen errichtet sind und aus denen den Gemeinden Einnahmen zufließen. Eine Inanspruchnahme dieser Einnahmen für den Dienst der Ablösungsanleihen der Gemeinden würde nicht nur die Einheitlichkeit der Anleiheablösung für alle drei Schuldnergruppen (Reich, Länder, Gemeinden) beeinträchtigen, sondern auch eine Verschiedenartigkeit der Ablösung der einzelnen Gemeinden im Verhältnis zueinander herbeiführen und damit den bereits oben als mißlich gekennzeichneten „Wettbewerb“ der einzelnen Schuldner ermöglichen. Eine besondere Heranziehung der Einnahmen der Gemeinden aus werbenden Betrieben würde aber auch die Grundlagen des Finanzausgleichs in Frage stellen, da die Einnahmen der Gemeinden aus werbenden Betrieben bereits bei dem Finanzausgleich als regelmäßige Einnahmen berücksichtigt sind, durch die der aus allgemeinen Steuern zu deckende Finanzbedarf der Gemeinden eine Minderung erfährt und die daher mittelbar als Einnahmen der großen Finanzgemeinschaft zu gelten haben, zu der sich Reich, Länder und Gemeinden zusammengeschlossen haben.

II Der Anleihebestand.

A. Die Anleiheschulden des Reichs.

Die Anleihen des Reichs setzen sich aus zwei Gruppen zusammen; die eine hat das Reich als Schuldner ausgegeben, die andere ist von den einzelnen Ländern begründet und von dem Reiche im Zusammenhange mit der Übernahme der Eisenbahnen in Anrechnung auf den Kaufpreis übernommen (vgl. Gesetz zur Ausführung des Staats-

B. Die Anleiheschulden der Länder*)

Land	Vorkriegsanleihen, welche nicht vom Reich übernommen sind Mark	Nachkriegsanleihen Nennwert Mark	Umgerechnet in Goldmark**)	Gesamtbetrag der Spalten 2 und 4
Preußen	82 000,—	9 925 301 965,—	15 056 835	15 138 835,—
Bayern	82 289 255,50	2 522 383 594,53	28 028 952	110 318 207,50
Sachsen		24 058 704 730 705,—	3 273 130	3 273 130,—
Württemberg	734 546 800,—	11 222 954 330,—	13 186 329	747 733 129,—
Baden	61 585,—	924 716 415,—	1 157 136	1 218 721,—
Thüringen	21 716 012,—	13 743 200,—	5 721 826	26 897 838,—
Hessen	188 137,—	18 300 372 051 946,—	21 618 554	21 806 691,—
Hamburg	772 504 625,—	822 973 500,—	100 000 000	872 504 625,—
Mecklenburg-Schwerin	2 702 244,—	229 108 732 944 039 417,—	18 388 318	21 090 562,—
Braunschweig	19 230 300,—	1 025 000 000,—	204 028	19 434 328,—
Oldenburg	78 607 713,48	49 504 968,10	4 705 643	83 313 356,48
Anhalt	—	45 750 800,—	21 092 575	21 092 575,—
Bremen	255 722 500,—	1 161 305 000,—	61 889 401	317 611 901,—
Lippe	—	—	—	—
Lübeck	55 429 916,51	845 869 590,32	30 095 638	85 525 554,51
Mecklenburg-Strelitz	2 646 200,—	13 112 171 551 033 361,—	2 622 434	5 268 634,—
Waldeck-Pyrmont	886 800,—	—	—	886 800,—
Schaumburg-Lippe	—	3 500 000,—	7 795	7 795,—
Summe	2 026 074 088,49	242 263 299 535 858 791,95	327 048 594	2 353 122 682,—

*) Die Zusammenstellung enthält nicht die Währungs- und Sachwertanleihen der Länder.

**) Die Umrechnung der Nachkriegsanleihen in Goldmark ist auf der Grundlage des durchschnittlichen Dollarkurses zur Zeit der Begebung der Anleihen erfolgt. Die meisten Nachkriegsanleihen sind in längeren Zeiträumen begeben. Die Art der Feststellung des Goldwerts entspricht nicht allgemein den Grundsätzen des § 27 Abs. 2 des Entwurfs; mit Abweichungen muß daher gerechnet werden.

vertrags über den Übergang der Staatseisenbahnen auf das Reich vom 29. Juli 1922 — RGBl. Teil II S. 693 —). Der Stand der Reichsschuld war, soweit es sich um die noch nicht fällig gewordenen Verbindlichkeiten handelt, am 31. Dezember 1924 folgender:

1. Von dem Reich begründete Schulden.

a) Vorkriegsschulden.

1. 4prozentige Reichsanleihen von 1908 bis 1914	1156872700,—	M.
2. 3½prozentige Reichsanleihen von 1877 bis 1909	1973793700,—	„
3. 3prozentige Reichsanleihen von 1890 bis 1903	1674842200,—	„
Zusammen:	4805508600,—	M.

b) Kriegsschulden.

1. 5prozentige Reichsanleihen von 1914 bis 1918	44938261700,—	M.
2. 4½prozentige Reichsschuldverschreibungen, ausgegeben nach den Bedingungen der 4½prozentigen Schatzanweisungen der IV. und V. Kriegsanleihe an Stelle ausgeloster Stücke.	110000,—	„
3. 4½prozentige Reichsschatzanweisungen von 1916/18	6316465700,—	„
Zusammen:	51254837400,—	M.

c) Nachkriegsschulden.

1. Sparprämienanleihe von 1919		3840000000,—	M.
2. Zwangsanleihe von 1922		307780810000,—	„
3. Für Entschädigungszwecke ausgegebene Schatzanweisungen:			
a) Unverzinsliche Schatzanweisungen mit verschiedener Fälligkeit (bis 1. Juli 1933)	490438736,37 M.		
b) Unverzinsliche Schatzanweisungen K versch. Zahlungssysteme (Fälligkeiten bis 1. August 1934)	20376106000,— „		
c) 8—15 prozentige Schatzanweisungen K Ausgabe 1923, fäll. 1. September 1927	4393991600000,— „		
d) 8—15prozentige Schatzanweisungen K, Ausgabe 1924, fäll. 1. März 1928	818501500000000 „	822916358144736,37	„
Zusammen:		823227978954736,37	M.

2. Von dem Reich übernommene Schulden:

vormals preußische Schulden	9637320430	M
„ bayerische Schulden	2393757542	„
„ sächsische Schulden	947923158	„
„ badische Schulden	622762700	„
„ hessische Schulden	532766063	„
„ mecklenburgisch-schwerinsche Schulden	112021150	„
Zusammen:	14246551043	M.

Außerdem sind von der bereits fällig gewordenen Reichsschuld noch nicht zur Einlösung gelangt und daher noch im Umlauf:

1. unmittelbare Reichsschuld:	
a) Vorkriegsschulden	2405000 M.
b) Kriegsschulden	92756200 „
c) Nachkriegsschulden (mit Ausnahme der unter Ziffer 3 angeführten)	51113000 „
2. von dem Reich übernommene Länderschulden.	57044700 „
3. Unverzinsliche Schatzanweisungen, die nicht für Entschädigungszwecke verausgabt worden sind	8910633185300 „

C. Die Anleihen der Gemeinden und Gemeindeverbände.

Sie werden unter Vorbehalt auf etwa 9 Milliarden Goldmark geschätzt. Die genaue Erhebung über den Anleihebestand dieser Körperschaften ist noch nicht zum Abschluß gebracht*).

III. Art und Höhe der Ablösung.

Die Ablösung der alten Anleihen durch eine ihren Marknennbetrag im Werte übersteigende Leistung kann nur durch die Hingabe neuer Anleihen geschehen. Maßgebend für das Umtauschverhältnis, nach dem die Markanleihen in Anleihen neuer Währung abgelöst werden sollen, kann allein die Leistungsfähigkeit der Schuldner sein. Daß eine Umwandlung der gesamten Markschulden der öffentlichen Hand in eine Reichsmarkschuld gleichen Betrages vorgenommen wird, die zu irgendeinem Zeitpunkt zu einem noch so geringen Satze verzinst und getilgt werden könnte, kann nicht in Erwägung gezogen werden. Schon eine Verzinsung von nur 3 v. H. dieses Betrages erfordert eine Jahresleistung von rund 2,5 Milliarden Reichsmark, einem Betrag, der der normalen Annuität der Reparationsleistungen nach dem Sachverständigenplan entspricht, und der mehr als ein Drittel der gesamten Jahresausgaben des Reichs im Rechnungsjahr 1925/26 ausmacht. Wenn also die öffentlichen Finanzen Bestand haben sollen, so kann nur ein Umtausch unter einer sehr erheblichen Herabsetzung der Schuld in Betracht kommen.

Die volle Leistungsfähigkeit des Reichs, der Länder und der öffentlichen Körperschaften ist erst wiederhergestellt, wenn das Reich von auswärtigen Lasten frei ist. Die Verpflichtungen, die Deutschland in dem Londoner Abkommen übernommen hat, werden etwa 37 bis 38 Jahre hindurch zu erfüllen sein. Welche neue öffentliche Verschuldung und welche aus ihr sich ergebenden laufenden Verpflichtungen nach dem Ablauf dieser 37 Jahre bestehen werden und wie sich danach die finanzielle Lage der öffentlichen Schuldner gestalten wird, läßt sich aus der Entwicklung der Vergangenheit schließen.

Die Zeit von der Reichsgründung bis zum Jahre 1908 umspannt einen gleichen Zeitraum wie die vor uns liegende Periode der Erfüllung des Londoner Abkommens. Zum Beginn der Reichsgründung war die öffentliche Verschuldung gering; sie wird kaum den Gesamtbetrag erreicht haben, den die sogenannten wertbeständigen Schulden

---

*) Die nach Abschluß der Erhebung dem Reichstage vorgelegte Zusammenstellung der Anleihen der Gemeinden und Gemeindeverbände ergibt folgende Gesamtsummen:

Vorkriegsanleihen, welche nicht vom Reiche übernommen sind	2026074088,49 M.
Nachkriegsanleihen, umgerechnet in Goldmark	327048594,— „
Im ganzen	2353122682,49 M.

der öffentlichen Hand in der Gegenwart ausmachen. In den auf die Reichsgründung folgenden 37 Jahren wuchs

die Reichsschuld auf	4253	Millionen Mark
die Schuld der Bundesstaaten auf rund	14000	" "
die der Gemeinden auf rund	7500	" "
Summe:	25753	Millionen Mark.

Die Zinsenlast aus dieser Verschuldung betrug 1908 rund 1 Milliarde Mark, d. h. auf den Kopf der Bevölkerung rund 15,30 Mark. Der Zinsfuß von über 99 v. H. der deutschen Kommunalanleihen lag im Jahre 1907 noch unter $4\frac{1}{2}$ v. H., einem Satze, zu dem für lange Zeit ein Anleihekredit nicht mehr zu erhalten sein dürfte.

Diese Anleihelast war für das blühende Deutschland im Jahre 1907 unerträglich drückend geworden. Die Aufwendungen für den Anleihedienst standen nicht mehr in einem angemessenen Verhältnis zu den übrigen öffentlichen Ausgaben. Der Kursstand der Anleihen war vor allem wegen der Höhe des Anleihebestandes beständig gesunken. Ein Besitzer von 20000 Mark 3prozentiger Reichsanleihen hatte durch Kurseinbuße vom Jahre 1895 bis zum Jahre 1908 3000 M. verloren. Der Zinssatz stieg andauernd und beeinträchtigte die Konkurrenzfähigkeit des heimischen Gewerbes auf den ausländischen Märkten. Durch die Reichsfinanzreform von 1908 wurde eine laufende Minderung der Schuld angestrebt, weil es allgemein, in Parlament und Regierung, in Wissenschaft und Wirtschaft, klar geworden war, daß eine Beibehaltung dieser Schuld zu einer Gefährdung der deutschen Volkswirtschaft führen müsse.

Der Anleihebedarf wird während der Durchführung des Londoner Abkommens größer sein als während der Periode von 1871 bis 1908, einer Zeit, in der die Steuerkraft des deutschen Volkes ausschließlich für die inneren Bedürfnisse der Staatswirtschaft bereitstand. Ausgaben, die in normalen Zeiten aus Steuereingängen gedeckt werden können, werden bei der Vorbelastung der Steuerkraft durch die Reparationslasten durch Anleihen aufgebracht werden müssen. Mittel zur Tilgung der neuen Anleihen werden in noch geringerem Maße frei sein als in jener Zeit vor dem Kriege. Auf viele Jahre hinaus wird langfristiger Anleihekredit nur zu einem Zinssatze zu beschaffen sein, der das Doppelte des früheren Durchschnittssatzes erreicht, oft vielleicht übersteigt. Die Verpflichtungen aus den neuen Anleihen werden auf diese Weise bis an die äußerste Grenze des Erträglichen steigen und zur Abtragung der neuen Schulden werden, um eine geordnete Finanzwirtschaft aufrechtzuerhalten, Maßnahmen angewandt werden müssen, deren Schwere die Belastung der Reichsfinanzreform von 1908 weit übersteigen wird. So ergibt sich denn, daß auch in der Zeit nach Abtragung der Reparationsverpflichtungen, bedeutende Lasten für die Anleihen der Vergangenheit neben denen aus den neuen Anleiheschulden nicht getragen werden können. Diese Erkenntnis zwingt zu zwei Folgerungen: Die Markanleihen können nur mit einer Anleiheschuld abgelöst werden, die in ihrer Höhe so begrenzt ist, daß der Dienst für sie die Anleihelasten der Zukunft nicht sehr erheblich vermehrt, und ferner, die Leistungen, die in den nächsten Jahrzehnten für die Ablösungsschuld aufgebracht werden können, müssen auch zu einem Teile für eine Tilgung der Schuld verwandt werden. Unter diesen Umständen erscheint ein Betrag von 5 v. H. des Nennbetrags der noch ungetilgten öffentlichen Markschulden als das Höchste, was selbst bei günstiger Gestaltung der Finanzlage in der Zukunft als erträglich angesehen werden kann. Eine Ablösung der alten Schulden zu diesem Satze ergibt bereits eine Verschuldung von rund 4 Milliarden Reichsmark.

IV. Unterscheidung zwischen altem und neuem Anleihebesitz.

1. Die Gründe für die Unterscheidung und ihre Durchführung.

Ein Hauptzweck der Anleiheablösung ist es, den Anleihegläubigern, die durch das Festhalten an ihrem Anleihebesitz im Zusammenhange mit der Geldentwertung

Vermögensverluste erlitten haben, einen Ausgleich für diesen Schaden zu geben. Diesem Zwecke widerspräche es, wenn durch die Art der Ablösung zahlreichen Gläubigern ein unverdienter Vorteil erwachsen würde. Eine solche Lösung wäre ohne Zusammenhang mit den Gedanken der Billigkeit, die den Aufwertungsbestrebungen zugrunde liegen; sie würde von der großen Mehrheit des deutschen Volkes als ungerecht verworfen werden. Dazu kommt ein weiteres. Die Mittel, die das Reich auf absehbare Zeit für seine Anleihen aufwenden kann, sind gering. Wollte man sie auf den ganzen Kreis der Anleihegläubiger verteilen, so erhielte der einzelne geringwertige Beträge, die keinem Erleichterung bringen können. So ergibt sich die Notwendigkeit, bei der Ablösung der Anleihen zwischen den Anleihebesitzern nach der Dauer ihres Anleihebesitzes zu unterscheiden.

Gegen eine unterscheidende Methode bei der Durchführung der Anleiheablösung spricht die Erwägung, daß es sich bei den abzulösenden Anleihen zum großen Teile um Inhaberpapiere handelt, und daß daher das Recht auf Umwandlung der Anleihe selbst für alle Gläubiger in derselben Weise geregelt werden muß.

Um diesem Gesichtspunkt gerecht zu werden, anderseits aber die Forderungen der Billigkeit und des sozialen Ausgleichs zu erfüllen, soll nach dem Entwurfe grundsätzlich jeder Besitzer von Reichsanleihen einen Anspruch auf eine neue Anleihe (Anleiheablösungsschuld) nach einem gleichen Ablösungssatz erhalten. Es sollen aber außerdem den Altbesitzern, die durch ihr Festhalten an dem Anleihebesitze den größten Schaden erlitten haben, weitere vermögenswerte Vorteile zugewendet werden, die nach ihrer technischen Ausgestaltung von der Anleiheablösungsschuld abgesondert sind.

Die Rücksicht auf die technische Durchführbarkeit der Unterscheidung zwischen altem und neuem Besitz macht es notwendig, ein objektives Kriterium für diese Unterscheidung zu wählen, welches die Gewähr für ihre Durchführbarkeit bietet. Die Unterscheidung soll in der Weise vorgenommen werden, daß als Altbesitzer die Personen gelten, welche ihre Anleihen seit einem bestimmten Stichtage ununterbrochen besitzen. Daß die Trennung nach einem solchen Stichtage nicht den berechtigten Interessen jedes Anleihebesitzers gerecht wird, muß anerkannt, aber als durch das Wesen einer generellen Lösung begründet hingenommen werden. Für die Berücksichtigung besonderer Härten soll Vorsorge getroffen werden. In dem Entwurf ist der 1. Juli 1920 als maßgebender Stichtag für die Unterscheidung zwischen alten und neuen Anleihen gewählt worden. An die Zeichnung der Anleihen anzuknüpfen, erschien nicht zweckmäßig. Bei den Vorkriegsanleihen, deren Begebung zum Teil viele Jahrzehnte zurückliegt, wird ein Beweis der Zeichnung nur selten geführt werden können; aber auch die Zeichnung der Kriegsanleihen ist oft nur unter größten Schwierigkeiten nachweisbar. Vielfach sind die Kriegsanleihezeichnungen durch Sammelzeichnungen in Schulen, Truppenteilen oder bei Sparkassen vorgenommen worden. Schon die Annahme der nur selbstgezeichneten Kriegsanleihen als Zahlung auf das Reichsnotopfer hat sich als schwer durchführbar erwiesen, obwohl diese nur wenig Jahre nach der Zeichnung der Kriegsanleihen lag.

Maßgebend für die Auswahl des 1. Juli 1920 war die Verordnung über Maßnahmen gegen die Kapitalflucht vom 24. Oktober 1919 — RGBl. S. 1820 —. Nach § 1 und § 3 dieser Verordnung durften Zinsscheine von inländischen Wertpapieren von einer Bank nur dann zur Einlösung angenommen werden, wenn bei ihr das ganze Wertpapier oder der Zinsscheinbogen mit dem Erneuerungsschein hinterlegt war, oder wenn der Eigentümer des Zinsscheins ein von dem zuständigen Finanzamt bestätigtes Verzeichnis vorlegte, in dem das Wertpapier, zu dem der einzulösende Zinsschein gehörte, aufgeführt war. Die Verordnung trat am 1. Dezember 1919 in Kraft. Es kann damit gerechnet werden, daß in Auswirkung dieser Verordnung vom 1. Juli 1920 an fast der gesamte Besitz an öffentlichen Anleihen entweder bei einer Bank deponiert oder in ein von einem Finanzamt bestätigtes Verzeichnis aufgenommen war. Die große Mehrzahl der Altanleihebesitzer wird daher ihren Besitz am 1. Juli 1920 nachweisen können. Die Fortdauer des Anleihebesitzes von diesem Zeitpunkt bis zum Umtausch wird in der Regel durch Bescheinigung der Banken nachgewiesen werden können, denen die Anleihen als reguläres oder irreguläres Depot übergeben waren, oder die sie dem Besitzer ausgehändigt haben. Eine Beweisführung durch eidesstattliche Versicherung soll nach Möglichkeit vermieden werden und wird sich auch in der Mehrzahl der Fälle vermeiden lassen*).

Die Auswahl des 1. Juli 1920 als maßgebenden Stichtags wird in der praktischen Auswirkung dahin führen, daß als Altbesitzer die Personen anerkannt werden, die ihre Anleihen spätestens bis zum Ende des Krieges erworben haben; denn nach Feststellungen sind in dem Jahre 1919 und in der ersten Hälfte des Jahres 1920 öffentliche Anleihen in nennenswertem Umfange von Privaten nicht gekauft worden.

Gegen die technische Durchführbarkeit der Unterscheidung zwischen Anleihen alten und neuen Besitzes sind aus den Kreisen des Bankgewerbes Bedenken geltend gemacht worden. Diese Bedenken sind eingehend geprüft worden. Erhebliche Schwierigkeiten sind unzweifelhaft vorhanden. Durch sie wird die Durchführung der Unterscheidung langwierig und kostspielig werden. Aber es besteht nach sorgfältiger Prüfung die Auffassung, daß die Schwierigkeiten nicht als unüberwindlich angesehen zu werden brauchen. Den banktechnischen Bedenken ist durch die Fassung des Entwurfs Rechnung getragen. Sie werden auch bei Abfassung der Durchführungsbestimmungen möglichst zu berücksichtigen sein.

Der Entwurf schlägt, wie vorstehend ausgeführt, eine verschiedene Behandlung für den alten und neuen Besitz der Reichsanleihen vor. Den Ländern und Gemeinden ist es überlassen, eine gleiche Unterscheidung zu treffen.

2. Die Vorteile des Anleihealtbesitzes und die finanzielle Belastung des Reichs durch sie.

Der Entwurf bringt für die Altbesitzer den Vorteil, daß die regelmäßigen Aufwendungen, die das Reich während der Erfüllung der Reparationsverpflichtungen macht, allein den Altbesitzern zugute kommen.

Um die Durchführung der Aufwertung von Sparkassenguthaben zu beschleunigen und um die Leistungsfähigkeit der Träger der Sozialversicherung möglichst bald wiederherzustellen, sieht der Entwurf (§ 47, § 50) eine vorzeitige Ablösung der Altbesitzrechte der Sparkassen und der Träger der Sozialversicherung vor.

Die Belastung des Reichs aus den Aufwendungen für die Anleihealtbesitzer wird auf etwa 140 Millionen Reichsmark jährlich veranschlagt.

XV.

1. Bekanntmachung über die Erklärung von Schulden zu Markanleihen des Reichs.

Vom 8. September 1925 (RGBl. I S. 332).

Auf Grund des § 2 Ziffer 3 des Gesetzes über die Ablösung öffentlicher Anleihen vom 16. Juli 1925 (Reichsgesetzbl. I S. 137) erkläre ich mit Zustimmung des Reichsrats folgende Anleihestücke und die nachbezeichneten Anleihen zu Markanleihen des Reichs:

I. Preußische Anleihen.

1. Folgende Serien der 4prozentigen auslosbaren Schatzanweisungen vom 11. April 1914 (1. und 2. Ausgabe):
   II, V, VI, VIII, XV;

---

*) Das dürfte keineswegs im Sinne des Gesetzes liegen; vgl. Anm. 2 zu § 37 AufwGes. Der Verfasser.

2. folgende Stücke der Magdeburg-Halberstädter Eisenbahnschulden:
   a) von den $2\frac{1}{2}$ prozentigen Köthen-Bernburger Aktien (Rente):
      Nummern 179, 185, 186, 3486;
   b) von den 3 prozentigen Magdeburg-Wittenbergischen Aktien (Rente):
      Nummern 103, 105, 106, 8995, 9001, 9002, 9091, 9192, 9200, 14832;
3. folgende Stücke der Bergisch-Märkischen Eisenbahnschulden, $3\frac{1}{2}$ prozentige Prioritäts-Obligationen III. Serie, III. Serie Lit. B und III. Serie Lit. C, 1. und 2. Ausgabe:

III. Serie:

Nummern 3628, 5148, 5218, 5222, 5223, 6127, 8328, 15932, 18075, 26192, 26444, 26453, 26507, 26508, 26509, 26510, 28376, 28380, 30057, 30058, 30450, 30728, 30730 bis 30740, 33220, 33888, 33889, 33890, 33891, 37706, 37707, 37708, 38342, 38345, 38346, 38347, 38348, 38349, 38382, 41686, 45001, 45026, 45028, 45513, 45516, 45517, 45518, 45519, 49838, 49840, 49841, 49842, 49843, 49844, 49845, 49846, 51291, 54593, 54594, 54618, 54619, 54620, 54621, 55688, 60702, 60704, 60705, 60706, 60708, 60710, 60711, 64955, 64958, 66226, 66865, 66970, 67603, 67604, 68138, 68139, 68140, 68142, 68143, 68144, 68145, 68146, 68449, 69193, 71250, 72641, 72642, 73930 bis 73939, 76643, 85710, 85894, 85895, 85896, 85897, 93246, 93247, 98599, 98600, 104516, 111401, 115586, 115742 bis 115749, 115751, 115752, 115753, 115754, 115755, 115757, 115758, 119525, 119917, 119938.

III. Serie, Lit. B:

Nummern 124871, 128919, 128921, 128922, 131069, 131635, 133767, 133831, 133875, 134215, 140390, 140398, 143469, 143470, 143513, 144469, 144470, 150652, 153752, 153753, 153754, 153755, 153756, 153757, 154527.

III. Serie Lit. C, 1. und 2. Ausgabe:

Nummern 14833, 14834, 14835, 14836, 68233;

4. die noch im Verkehr befindlichen Stücke der 4 prozentigen Schatzanweisungen von 1907, 1908, 1911, 1912 und 1913;
5. die noch im Verkehr befindlichen Stücke der 5 prozentigen Schatzanweisungen von 1915 und 1916;
6. die noch im Verkehr befindlichen Stücke der $3\frac{1}{2}$ prozentigen Waldeck-Pyrmontschen Domanialanleihe von 1905.

II. Bayerische Anleihen.

1. Folgende Stücke der 4 prozentigen Pfalzbahnprioritätsanlehen:

Jahrgang	Buchstabe	Nummer
	Ludwigsbahn	
1848	Lit. D	202
1856	„ M	349, 363
1861	„ A	498
1862	„ F	122, 1204
1865	„ J	281
1899	„ UU	1077
1901	„ BBB	671
1907	„ NNN	738, 1327
	„ PPP	318

Jahrgang	Buchstabe		Nummer
			Nordbahnen
1892	Lit.	K	365
	„	M	251
1900	„	U	843

2. folgende Stücke der $3^1/_2$prozentigen Pfalzbahnprioritätsanlehen:

Jahrgang	Buchstabe		Nummer
			Ludwigsbahn
1881	Lit.	A	8316, 8457, 8458, 8471, 8907, 11532
	„	B	1624, 2711
	„	C	646, 2277, 3194, 3731, 4478, 4943, 5132
	„	D	2116, 7506
	„	E	99, 1755, 2216, 4929, 5466, 7789
1885	„	J	328
1888	„	N	394
1889	„	S	1237, 1308, 1309
	„	U	459
1894	„	EE	444
1895	„	HH	990, 1064, 1743
	„	JJ	1013, 1400
	„	KK	717
1898	„	RR	1165, 1927, 2215
1903	„	HHH	34
			Maximiliansbahn
1881	Lit.	A	827, 1307
	„	B	213, 604, 700, 1408
	„	C	600
	„	D	1082, 1175, 2084, 3925, 3947, 4558
	„	E	2600, 2812
1888	„	G	271
	„	H	45
1899	„	T	155
1905	„	HH	255
			Nordbahnen
1880	Lit.	B	1490, 1916
1881	„	A	556, 678
	„	B	2046
	„	C	1044
	„	D	1452, 1534, 2302, 2464, 3184, 4206, 5943, 6683
	„	E	89, 783, 1903
	„	F	254, 975, 2834, 4318
1894	„	P	427
1903	„	AA	58
1905	„	FF	103

III. Sächsische Anleihen.

1. Folgende Stücke der $3\frac{1}{2}$prozentigen (vormals 4prozentigen) vereinigten Staatsanleihen von 1852 bis 1868:

Serie I:

Nummern 12201, 19509, 29689, 40790, 44575, 49265.

Serie II:

Nummern 1071, 1086, 1189, 12964, 19918, 22414, 22722, 23671, 24512, 33790, 36082, 51455, 55135, 55602, 72274, 91944, 93919, 99368, 108224, 115721, 116536, 123144, 125187, 132745, 132814, 134501, 138020, 139693, 140780, 142216, 142340, 145878, 154068, 155269, 155715, 166812;

2. folgende Stücke der 3prozentigen Staatsanleihe von 1855:
Nummern 263, 416, 1004, 1636, 2131, 3357, 3944, 4457, 5773, 5774, 10097, 11077, 11328, 12329, 14292, 14603, 14888, 17927, 21309, 23111, 25857, 26546, 28845, 29976, 31318, 32354, 33567, 36781, 41098, 42194;

3. folgende Stücke der $3\frac{1}{2}$prozentigen vormals Löbau-Zittauer Eisenbahn-Aktien Lit. A:
Nummern 6656, 11720, 14259;

4. folgende Stücke der 4prozentigen vormals Löbau-Zittauer Eisenbahn-Aktien Lit. B:
Nummern 7185, 7731, 7732, 9158, 14014, 14015, 15418, 18509, 19776;

5. die noch im Verkehr befindlichen Stücke der $3\frac{1}{2}$prozentigen Staatsanleihe von 1867;

6. die noch im Verkehr befindlichen Stücke der $3\frac{1}{2}$prozentigen Staatsanleihe von 1869.

IV. Württembergische Anleihen.

A. Konsolidierte Anleihen.

1. Das 3prozentige Anlehen von 1896, Buchstabe A bis E;
2. das 3prozentige Anlehen von 1911ff., Serie 26 bis 30;
3. die 3prozentige Buchschuld;
4. das $3\frac{1}{2}$prozentige Anlehen von 1875 bis 1880, Buchstabe T bis W;
5. das $3\frac{1}{2}$prozentige Anlehen von 1881 bis 1885, Buchstabe L bis O;
6. das $3\frac{1}{2}$prozentige Anlehen von 1885 bis 1887, Buchstabe EE bis HH;
7. das $3\frac{1}{2}$prozentige Anlehen von 1888 bis 1895, Buchstabe P bis S;
8. das $3\frac{1}{2}$prozentige Anlehen von 1900, Buchstabe F bis K;
9. das $3\frac{1}{2}$prozentige Anlehen von 1903ff., Serie 1 bis 5 und Serie 21 bis 25;
10. die $3\frac{1}{2}$prozentige Buchschuld;
11. das 4prozentige Anlehen, Serie 6 bis 10 und Serie 16 bis 20;
12. das 4prozentige Anlehen, Serie 11 bis 15;
13. das 4prozentige Anlehen, Serie 31 bis 35;
14. die 4prozentigen Buchschulden und die 4prozentige Buchschuld für die Landeswasserversorgung.

B. Sonstige Schulden.

1. Das $3\frac{3}{4}$prozentige Anlehen bei der Deutschen Lebensversicherungsbank „Arminia“ in München gegen Schuldschein vom 1. März 1920;
2. die 4prozentigen Anlehen bei der Allgemeinen Rentenanstalt zu Stuttgart, Lebens- und Rentenversicherungsverein a. G. gegen Schuldscheine vom 5. September 1914 und 18. November 1919;
3. die 4prozentigen Anlehen bei dem Allgemeinen Deutschen Versicherungsverein a. G. in Stuttgart gegen Schuldscheine vom 23. Dezember 1914 und 20. Februar 1920;

4. die 4prozentigen Anlehen bei der Stuttgarter Lebensversicherungsbank a. G. (Alte Stuttgarter) in Stuttgart gegen Schuldscheine vom 22. August 1919, vom 19. November 1919 und vom 22. März 1920;
5. das 4prozentige Anlehen bei der Reichsversicherungsanstalt für Angestellte in Berlin gegen Schuldschein vom 15. Oktober 1919;
6. das 4prozentige Anlehen bei der Württembergischen Girozentrale in Stuttgart gegen Schuldschein vom 3. Februar 1920;
7. das 4prozentige Anlehen bei der Gothaer Lebensversicherungsbank a. G. in Gotha gegen Schuldschein vom 26. Februar 1920;
8. das 4prozentige Anlehen bei der „Iduna" Lebens-, Pensions- und Leibrenten-Versicherungsgesellschaft a. G. zu Halle a. S. gegen Schuldschein vom 6. April 1920;
9. das $4^1/_4$prozentige Anlehen bei der Städtischen Sparkasse in Schwenningen gegen Schuldschein vom 22. August 1919;
10. das $4^1/_4$prozentige Anlehen bei der Pfälzischen Hypothekenbank in Ludwigshafen a. Rh. gegen Schuldschein vom 8. Dezember 1919;
11. das $4^1/_4$prozentige Anlehen bei der Deutschen Lebensversicherungsgesellschaft „Atlas" in Ludwigshafen a. Rh. gegen Schuldschein vom 15. Dezember 1919.

V. Badische Anleihen.

1. Folgende Stücke der $3^1/_2$prozentigen (vormals 4prozentigen) Eisenbahnanleihe von 1875:

Buchstabe A Nummern 4741, 4953
„ B „ 874, 2031, 4495, 5538
„ C „ 3850, 3868, 4485, 6079
„ D „ 1299, 1561, 4502, 4506, 4717
„ E „ 259, 2704, 3924, 3960, 4971, 5018, 5181, 6598;

2. folgende Stücke der $3^1/_2$prozentigen (vormals 4prozentigen) Eisenbahnanleihe von 1878:

Buchstabe A Nummern 3037, 4156
„ B Nummer 1189
„ C Nummern 36, 7098
„ D „ 1791, 3298, 5587, 6359
„ E „ 1567, 1829, 6595, 7051;

3. folgende Stücke der $3^1/_2$prozentigen (vormals 4prozentigen) Eisenbahnanleihe von 1879:

Buchstabe A Nummern 2576, 4513, 9666
„ B „ 2012, 5779, 9223, 11303, 13035
„ C Nummer 5328
„ D Nummern 196, 268, 1630, 2297, 3512, 3634, 4264, 8810, 8880, 9956, 12024
„ E „ 4359, 5080, 8644, 8983, 8986, 13509, 13827, 14742;

4. folgende Stücke der $3^1/_2$prozentigen (vormals 4prozentigen) Eisenbahnanleihe von 1880:

Buchstabe AA Nummern 15, 19, 7641
„ A „ 3238, 11486
„ B „ 2180, 2289, 5309, 5314, 5857, 8166, 8861, 10935
„ C „ 527, 2546, 3628, 5188, 5859, 8817
„ D „ 2160, 3355, 3661, 5529, 6412, 8973, 10661
„ E „ 688, 852, 1278, 6254, 6255, 8508, 11700;

5. folgende Stücke der $3\frac{1}{2}$prozentigen (vormals 4prozentigen) Eisenbahnanleihe von 1886:
   Buchstabe A Nummern 837, 1074
   „ E „ 1598, 1604;
6. folgende Stücke der $3\frac{1}{2}$prozentigen Eisenbahnanleihe von 1892 bis 1894:
   Buchstabe A Nummern 2174, 5036
   „ C Nummer 6997
   „ D Nummern 1869, 6984, 7313
   „ F „ 410, 7416, 7708;
7. folgende Stücke der $3\frac{1}{2}$prozentigen Eisenbahnanleihe von 1900:
   Buchstabe A Nummer 3951
   „ D Nummern 338, 2444
   „ E Nummer 2348;
8. folgende Stücke der 4prozentigen Eisenbahnanleihe von 1901:
   Buchstabe D Nummern 31587, 31588
   „ F Nummer 44378;
9. die noch im Verkehr befindlichen Stücke der $3\frac{1}{2}$prozentigen Eisenbahnanleihe von 1859 bis 1861;
10. die noch im Verkehr befindlichen Stücke der $3\frac{1}{2}$prozentigen Eisenbahnanleihe von 1862 bis 1864;
11. die noch im Verkehr befindlichen Stücke der 4prozentigen Prämienanleihe von 1867.

VI. Oldenburgische Anleihen.

A. Inhaberanleihen.

1. Die $3\frac{1}{2}$prozentigen konsolidierten Staatsanleihen A bis C und E bis G von 1873 bis 1903;
2. die 3prozentige konsolidierte Staatsanleihe D von 1894;
3. die 4prozentige konsolidierte Staatsanleihe H und J von 1909 und 1912;
4. die 4prozentige abtragbare konsolidierte Staatsanleihe K von 1919;
5. die 3prozentige Eisenbahnprämienanleihe von 1871.

B. Sonstige Schulden.

Die 4prozentige Anleihe bei der Reichsversicherungsanstalt für Angestellte in Berlin von 1920.

Berlin, den 8. September 1925

Der Reichsminister der Finanzen
In Vertretung
Fischer

2. Erste Verordnung zur Durchführung des Gesetzes über die Ablösung öffentlicher Anleihen.

Vom 8. September 1925 (RGBl. I 335).

Auf Grund des § 48 des Gesetzes über die Ablösung öffentlicher Anleihen vom 16. Juli 1925 (Reichsgesetzbl. I 137) verordnet die Reichsregierung, soweit erforderlich, nach Zustimmung des Reichsrats:

I. Allgemeine Vorschriften.

§ 1. Die in dem anliegenden Verzeichnis aufgeführten Forderungen sind Markanleihen des Reichs.

§ 2. Behörden des Umtauschverfahrens sind

1. die vom Reichsminister der Finanzen bestimmten Anmeldungsstellen;

2. die Reichsschuldenverwaltung und die Landesbehörden, welche Markanleihen des Reichs verwalten.

§ 3. Behörden des Verfahrens für die Gewährung von Auslosungsrechten sind
1. die vom Reichsminister der Finanzen bei den Finanzämtern, im Saargebiet und im Ausland errichteten Anleihebesitzstellen;
2. der Reichskommissar für die Ablösung der Reichsanleihen alten Besitzes;
3. die Reichsschuldenverwaltung und die Landesbehörden, welche Markanleihen des Reichs verwalten.

§ 4. Behörden des Vorzugsrentenverfahrens sind
1. die Bezirksfürsorgestellen;
2. die Ausschüsse für Vorzugsrenten;
3. die Oberausschüsse für Vorzugsrenten;
4. die Reichsschuldenverwaltung.

§ 5. Die in den §§ 2 bis 4 genannten Behörden handeln im Namen des Reichs. Für ihre Tätigkeit bei dem Umtausch der Markanleihen des Reichs sowie in dem Verfahren für die Gewährung von Auslosungsrechten und Vorzugsrenten ist den Anleihegläubigern allein das Reich verantwortlich.

§ 6. Ansprüche gegen das Reich können auf Grund des Gesetzes über die Ablösung öffentlicher Anleihen nur in den Verfahren geltend gemacht werden, die in den zur Durchführung dieses Gesetzes zu erlassenden Verordnungen geregelt werden. Der ordentliche Rechtsweg ist ausgeschlossen.

Gebühren oder Auslagen dürfen von den Behörden innerhalb dieser Verfahren nicht in Ansatz gebracht werden.

§ 7. Der Reichsminister der Finanzen kann die Fristen für die Anmeldung zum Umtausch der Markanleihen des Reichs verschieden danach bestimmen, ob gleichzeitig mit der Anmeldung die Gewährung von Auslosungsrechten beantragt wird oder nicht. Die Fristen für die Anmeldung zum Umtausch und für die Anträge auf Gewährung von Auslosungsrechten können auch für die einzelnen Teile des Reichs und für Gebiete des Auslandes verschieden bestimmt werden.

II. Der Umtausch der Markanleihen des Reichs in die Anleiheablösungsschuld des Deutschen Reichs.

1. Der Umtausch der Inhaberschuldurkunden von Markanleihen des Reichs.

§ 8. Der Anspruch auf den Umtausch der Markanleihen ist durch Anmeldung innerhalb der Fristen, die der Reichsminister der Finanzen bestimmt, geltend zu machen.

§ 9. Die Anmeldung ist durch Vermittlung einer öffentlich-rechtlichen Kreditanstalt, einer öffentlichen oder unter Staatsaufsicht stehenden oder von der obersten Landesbehörde zur Vermittlung zugelassenen Sparkasse, eines in das Handelsregister eingetragenen Kaufmanns, der Bankiergeschäfte betreibt, einer den Revisionsverbänden des Deutschen Genossenschaftsverbandes angehörenden Kreditgenossenschaft, einer Zentralkasse landwirtschaftlicher Genossenschaften, der Raiffeisenbank Aktiengesellschaft in Berlin oder einer ihrer Zweigstellen oder Hauptgeschäftsstellen (Vermittlungsstellen) an eine Anmeldungsstelle zu richten. Die Vermittlungsstellen sind Beauftragte des Reichs, das Reich haftet für ihre Handlungen nicht; die Vermittlungsstellen dürfen von den Anmeldenden für die Vermittlung Gebühren nicht erheben.

Die Reichsbank ist als Vermittlungsstelle nur zugelassen, wenn die anzumeldenden Markanleihen sich im Depot des Kontors der Reichshauptbank für Wertpapiere befinden oder Mündeldepots bei einer Reichsbankanstalt sind.

Die Anmeldungsstellen werden von dem Reichsminister der Finanzen bestimmt.

§ 10. Der Anmeldung sind die umzutauschenden Schuldurkunden nebst Erneuerungs- und Zinsscheinen und, wenn auf Grund der anzumeldenden Markanleihen die Gewährung von Auslosungsrechten beantragt wird, ein nach den verschiedenen Anleihen geordnetes und die Beträge, die Anzahl und die Serien, Buchstaben und Nummern der Schuldurkunden enthaltendes Verzeichnis beizufügen; der Reichsminister der Finanzen wird ermächtigt, besondere Bestimmungen für den Fall zu treffen, daß die Gewährung eines Auslosungsrechts nicht beantragt wird. Die eingereichten Schuldurkunden sind mit einem deutlichen, die Firma der Vermittlungsstelle angebenden Stempelaufdruck zu versehen.

Mit Zustimmung des Reichsministers der Finanzen kann von der Beifügung der Schuldurkunden zum Antrag abgesehen werden, wenn in sonstiger Weise sicher gestellt wird, daß Markanleihen der angemeldeten Art und des angemeldeten Betrags für den Anmeldenden an das Reich abgeliefert werden.

§ 11. Die Vermittlungsstelle erteilt dem Anmeldenden über die ihr übergebenen Schuldurkunden eine Empfangsbescheinigung. Sie prüft die Anträge, bescheinigt die rechnerische Richtigkeit und die Übereinstimmung der eingelieferten Stücke mit dem Nummernverzeichnis. Die Vermittlungsstelle sammelt die Anträge und stellt sie in besonderen Listen für die Anmeldungsstelle zusammen. Die Weiterleitung der Anträge mit den Schuldurkunden nebst Erneuerungs- und Zinsscheinen an die Anmeldungsstelle darf nur mit den vorgesehenen Listen erfolgen. Für die Beifügung der Schuldurkunden und der Verzeichnisse gelten die Vorschriften des § 10 Abs. 1 Satz 1 und Abs. 2 entsprechend. Die zu den einzelnen Anträgen gehörenden Schuldurkunden sind bei der Ablieferung voneinander getrennt zu halten, sofern auf Grund der angemeldeten Markanleihen die Gewährung von Auslosungsrechten beantragt wird. Die Vermittlungsstelle hat in kurzen Zwischenräumen die bei ihr vorliegende Anzahl der Anträge mit dem ungefähren Gesamtnennwert mittels eines vorgesehenen Formulars der zuständigen Anmeldungsstelle aufzugeben. Diese ruft die Anträge mit den Schuldurkunden von den Vermittlungsstellen ihres Bezirkes unter Berücksichtigung des Zeitpunkts des Einganges der bei ihr erfolgten Anmeldung ab.

Die Anmeldungsstelle erteilt der Vermittlungsstelle über die erhaltenen Schuldurkunden, nachdem sie diese in bankmäßiger Weise geprüft hat, eine Empfangsbescheinigung.

Beantragt der Anmeldende auf Grund der angemeldeten Schuldurkunden die Gewährung von Auslosungsrechten, so übersendet die Anmeldungsstelle der für den Anmeldenden zuständigen Anleihealtbesitzstelle (§ 30) eine Bescheinigung darüber, daß Nennbetrag und Nummern der für den Antragsteller eingelieferten Wertpapiere mit den Angaben der Anmeldung übereinstimmen.

§ 12. Als Tag der Anmeldung gilt der Tag, an dem die Anmeldung der Anmeldungsstelle zugeht.

§ 13. Die Anmeldungsstelle übersendet die bei ihr angemeldeten Schuldurkunden nebst Zins- und Erneuerungsscheinen an die Reichsschuldenverwaltung. Die Anmeldungen bleiben bei der Anmeldungsstelle.

Sofern der Anmeldende gleichzeitig mit der Anmeldung zum Umtausch die Eintragung der ihm zu gewährenden Anleiheablösungsschuld in das Reichsschuldbuch beantragt, erfolgt die Eintragung in das Reichsschuldbuch auf Grund einer Bescheinigung einer Anleihealtbesitzstelle, des Reichskommissars für die Ablösung der Reichsanleihen alten Besitzes oder einer Anmeldungsstelle, aus der sich die Ablieferung eines entsprechenden Betrags der Markanleihen ergibt. Auf die Eintragung und die eingetragenen Forderungen finden die Vorschriften des Reichsschuldbuchgesetzes in der Fassung der Bekanntmachung vom 31. Mai 1910 (Reichsgesetzbl. S. 840) Anwendung. Von der Eintragung hat die Reichsschuldenverwaltung der Anmeldungsstelle und diese der Vermittlungsstelle Kenntnis zu geben.

Soweit gleichzeitig mit der Anmeldung ein Antrag auf Gewährung einer Vorzugsrente unter Verzicht auf das Auslosungsrecht gestellt wird (§ 20 Abs. 2 des Gesetzes), unterbleibt die Ausstellung von Schuldverschreibungen der Anleiheablösungsschuld, soweit die Vorzugsrente gewährt wird. Die Reichsschuldenverwaltung gibt der Anmeldungsstelle und diese der Vermittlungsstelle von der Gewährung der Vorzugsrente und dem Verzichte Kenntnis.

§ 14. Die Reichsschuldenverwaltung übermittelt der Anmeldungsstelle die für die angemeldeten Schuldurkunden zu gewährenden Schuldverschreibungen der Anleiheablösungsschuld; die Anmeldungsstelle leitet diese Schuldverschreibungen an die Vermittlungsstelle zur Aushändigung an den Anmeldenden.

2. Der Umtausch der Namensschuldurkunden von Markanleihen des Reichs.

§ 15. Die Anmeldung zum Umtausch der auf den Namen gestellten Schuldurkunden der Markanleihen des Reichs ist unter Beifügung der Schuldurkunden unmittelbar an diejenige Landesbehörde zu richten, die die umzutauschenden Markanleihen gemäß § 4 des Gesetzes zur Ausführung des Staatsvertrags über den Übergang der Staatseisenbahnen auf das Reich vom 29. Juli 1922 (Reichsgesetzbl. II S. 693) verwaltet. Diese sendet die Anmeldung nebst den Schuldurkunden nach Prüfung an die Reichsschuldenverwaltung. Die Reichsschuldenverwaltung reicht die für die angemeldeten Markanleihen zu gewährenden Schuldverschreibungen der Anleiheablösungsschuld durch Vermittlung der Landesbehörde dem Anmeldenden aus oder nimmt die Eintragung der Anleiheablösungsschuld in das Reichsschuldbuch vor. Die Vorschriften des § 13 Abs. 2 Satz 2 und 3 und Abs. 3 finden entsprechende Anwendung.

3. Der Umtausch der Schuldbuchforderungen von Markanleihen des Reichs.

§ 16. Schuldbuchforderungen der Markanleihen des Reichs sind von Amts wegen in Buchschulden der Anleiheablösungsschuld umzutauschen. Hierfür gelten die Vorschriften der §§ 17 bis 20.

§ 17. Der Umtausch der Schuldbuchforderungen von Markanleihen des Reichs erfolgt durch die Eintragung der für die Markanleihen gemäß § 5 des Gesetzes zu gewährenden Schuldbuchforderungen der Anleiheablösungsschuld.

§ 18. Die Reichsschuldenverwaltung trägt die auf die ursprünglich im Reichsschuldbuch und im früheren preußischen Staatsschuldbuch eingetragenen Schuldbuchforderungen der Markanleihen des Reichs zu gewährenden Schuldbuchforderungen der Anleiheablösungsschuld in ein neues Reichsschuldbuch ein.

§ 19. Die Schuldenverwaltungen der Länder haben über die bei ihnen geführten Reichsschuldbuchkonten jedes Gläubigers eine Bescheinigung auszufertigen, die in diese Bescheinigung aufgenommenen Konten zu löschen und die gelöschten Konten der Reichsschuldenverwaltung mittels Übersendung dieser Bescheinigung zu überweisen. In der Bescheinigung ist der Gesamtbetrag der Markanleihen der für denselben Gläubiger eingetragenen Konten unter Hervorhebung des bei der Zusammenrechnung verbleibenden, durch 500 nicht teilbaren Restbetrags anzugeben. In den Bescheinigungen sind ferner die in bezug auf die Markanleihen bestehenden Beschränkungen, die gemäß § 7 des Gesetzes auf die Anleiheablösungsschuld übergehen, sowie die Eintragungen einer zweiten Person oder einer Vollmacht zu vermerken.

§ 20. Die Reichsschuldenverwaltung vereinigt die ihr überwiesenen und die von ihr selbst verwalteten Schuldbuchforderungen desselben Gläubigers und trägt die auf diese Schuldbuchforderungen zu gewährende Anleiheablösungsschuld in das neue Reichsschuldbuch ein.

§ 21. Auch nach der Überweisung einer Schuldbuchforderung kann für einen durch 500 nicht teilbaren Restbetrag innerhalb der für die Anmeldung zum Umtausch bestimmten Fristen Ausreichung von Schuldverschreibungen oder Ersatzurkunden verlangt werden. Wird der Antrag an eine Landesschuldenverwaltung gerichtet, so ist er von dieser an die Reichsschuldenverwaltung weiterzugeben.

§ 22. Die Ausstellung der Ersatzurkunden (§ 5 Abs. 5 Satz 2 des Gesetzes) erfolgt durch die Reichsschuldenverwaltung. Sie können für alle Markanleihen den gleichen Wortlaut haben. Die Vorschriften der §§ 5 und 6 der Reichsschuldenordnung vom 13. Februar 1924 (Reichsgesetzbl. I S. 95) finden Anwendung.

Die Reichsschuldenverwaltung wird ermächtigt, Ersatzurkunden in Höhe des voraussichtlichen Bedarfs im voraus zur Verfügung zu halten.

III. Die Gewährung der Auslosungsrechte.

1. Der Antrag.

§ 23. Zur Stellung eines Antrags auf Gewährung von Auslosungsrechten auf Grund von Schuldurkunden der Markanleihen ist berechtigt, wer an den Schuldurkunden, auf Grund deren die Auslosungsrechte beantragt werden, ein dingliches Recht hat oder diese zu verwalten befugt ist. Antragsberechtigt sind nicht die ausländischen Zwangsverwalter deutschen Vermögens.

§ 24. In den Anträgen sind die Tatsachen darzulegen, aus denen sich ergibt, daß die Markanleihen, auf Grund deren die Auslosungsrechte beantragt werden, Altbesitzanleihen sind oder als solche zu gelten haben. Der Antragsteller hat zu erklären, ob und welche Markanleihen für den Anleihegläubiger im Schuldbuch eingetragen sind und ob für den Anleihegläubiger noch weitere Anträge auf Gewährung von Auslosungsrechten gestellt worden sind. Der Antragsteller hat zu bestätigen, daß er die Angaben des Antrags nach bestem Wissen und Gewissen gemacht hat und sich bereit zu erklären, die Richtigkeit dieser Angaben an Eides Statt zu versichern.

§ 25. Der Antragsteller hat die Beweislast dafür, daß die angemeldeten Markanleihen Altbesitzanleihen sind. Der Beweis kann auf jede Weise geführt werden; nach Möglichkeit sollen Urkunden, insbesondere von Banken, Sparkassen, Genossenschaften oder Behörden ausgestellte Nummernverzeichnisse, als Beweismittel verwendet werden. Die Beweismittel, aus denen sich die Richtigkeit der zur Begründung des Antrags angeführten Tatsachen ergibt, sind in dem Antrag anzuführen und ihm, soweit möglich, beizufügen.

§ 26. Wer die Aufbewahrung von Wertpapieren oder ihren Ankauf und Verkauf für fremde Rechnung gewerbsmäßig betreibt oder betrieben hat, ist verpflichtet, den Antragstellern auf Erfordern mündliche und schriftliche Auskünfte und Bescheinigungen über Tatsachen zu erteilen, die zur Begründung von Anträgen auf Gewährung von Auslosungsrechten erheblich sind, sofern ihm eine solche Erteilung auf Grund der Geschäftsbücher oder Geschäftspapiere möglich ist und unter Berücksichtigung der für die Erteilung erforderlichen Arbeiten zugemutet werden kann.

Die Erteilung der Auskünfte und Bescheinigungen erfolgt für die Antragsteller grundsätzlich gebührenfrei. Eine Gebühr darf für sie nur erhoben werden, wenn die für die Erteilung nötigen Vorarbeiten ungewöhnlich zeitraubend sind, insbesondere außer Verhältnis zu dem Werte der zu beantragenden Auslosungsrechte und Vorzugsrenten stehen; die Erhebung der Gebühr ist nicht zulässig, wenn die Auskunft oder Bescheinigung lediglich auf Grund einer Einsichtnahme in die Geschäftsbücher erteilt wird.

2. Die Entscheidung.

§ 27. Die Behörden des Verfahrens für die Gewährung von Auslosungsrechten (§ 3) dürfen einem Antrag nur stattgeben, wenn sie unter Berücksichtigung des gesamten Inhalts des Antrags und der beigebrachten Beweismittel sowie aller sonstigen ihnen bekannten Umstände die Überzeugung gewonnen haben, daß die Markanleihen, auf Grund deren die Auslosungsrechte beantragt werden, Altbesitzanleihen sind oder als solche zu gelten haben. Bei der Entscheidung von Rechtsfragen sind die entscheidenden Behörden an die Anweisungen des Reichsministers der Finanzen nicht gebunden.

Die Behörden sollen vor einer Ablehnung auf eine Ergänzung des Antrags und der Beweismittel hinwirken, sofern sie nicht die Überzeugung haben, daß eine solche Ergänzung nicht zu erwarten ist.

Jedermann, mit Ausnahme der nahen Angehörigen (§ 178 Abs. 2 der Reichsabgabenordnung) des Anleihegläubigers und, sofern der Antrag von einem anderen Antragsberechtigten (§ 23) gestellt wird, des Antragstellers hat den Behörden des Verfahrens zur Gewährung von Auslosungsrechten über Tatsachen Auskunft zu erteilen, die für die Entscheidung über einen Antrag von Bedeutung sind. Die Auskunft ist wahrheitsgemäß nach bestem Wissen und Gewissen zu erteilen. Die Vorschriften der §§ 177 Abs. 1 Satz 3 und 4, Abs. 2 und 3 sowie der §§ 178 bis 183 der Reichsabgabenordnung finden entsprechende Anwendung.

§ 28. Die Behörden des Verfahrens für die Gewährung von Auslosungsrechten sind verpflichtet und berechtigt, die Angaben der Antragsteller und die beigebrachten Beweismittel in jeder geeigneten Weise nachzuprüfen.

Die Behörden können verlangen, daß ein Antragsteller oder eine Auskunftsperson die Wahrheit der Angaben an Eides Statt versichert. Sie können ferner die Amtsgerichte um eidliche Vernehmung von Auskunftspersonen ersuchen; in diesem Falle finden die Vorschriften der Zivilprozeßordnung über den Zeugenbeweis und über das Verfahren bei der Abnahme von Eiden entsprechende Anwendung. Die Auskunftspersonen gelten als Zeugen im Sinne des Strafgesetzbuchs.

Wer Auskunft zu erteilen hat, hat auf Verlangen diejenigen Urkunden und Schriftstücke einschließlich der einschlägigen Stellen seiner Geschäftsbücher zur Einsicht vorzulegen, die sich auf bestimmt zu bezeichnende Vorgänge beziehen, oder in seinen Geschäftsräumen die Einsicht in die Urkunden, Schriftstücke und Geschäftsbücher zu gewähren. Der Anleihegläubiger und, soweit der Antrag von einem andern Antragsberechtigten gestellt wird, der Antragsteller kann die Vorlegung oder die Gewährung der Einsicht verweigern, desgleichen die Auskunftsperson, soweit sie die Auskunft über die Vorgänge verweigern könnte.

3. Das Verfahren.

a) Gewährung von Auslosungsrechten auf Grund von Inhaberschuldurkunden.

§ 29. Der Antrag auf Gewährung von Auslosungsrechten ist durch diejenige Vermittlungsstelle (§ 9), durch deren Vermittlung der Antragsteller die Markanleihen, auf Grund deren die Auslosungsrechte beantragt werden, zum Umtausch anmeldet, an die zuständige Anleihealtbesitzstelle zu richten. Der Antrag ist bei der Vermittlungsstelle gleichzeitig mit der Anmeldung der Markanleihen zum Umtausch zu stellen. Dem Antrag sind die Beweisurkunden und ein nach den verschiedenen Anleihen geordnetes und die Beträge, die Anzahl und die Serien, Buchstaben und Nummern der zum Umtausch angemeldeten Schuldurkunden enthaltendes Verzeichnis beizufügen. Die Vermittlungsstelle hat zu bescheinigen, daß die in dem Antrag bezeichneten Schuldurkunden für den Antragsteller eingereicht sind. Die Vorschrift des § 9 Abs. 1 Satz 2 gilt entsprechend.

§ 30. Hat der Anleihegläubiger einen Wohnsitz oder einen gewöhnlichen Aufenthalt im Inland, so ist der Antrag an die bei dem Finanzamt errichtete Anleihealtbesitzstelle zu richten, das für die Einkommen- oder Körperschaftsbesteuerung des Anleihegläubigers zuständig ist.

Hat der Anleihegläubiger einen Wohnsitz oder einen gewöhnlichen Aufenthalt nur im Ausland, so ist der Antrag an die für das Land seines Wohnsitzes oder Aufenthalts errichtete Anleihealtbesitzstelle zu richten. Befinden sich die Markanleihen, auf Grund deren die Gewährung von Auslosungsrechten beantragt wird, im Inland, so kann der Antrag auch an die bei dem Finanzamt errichtete inländische Anleihealtbesitzstelle gerichtet werden, in dessen Bezirk sich die Vermittlungsstelle befindet.

§ 31. Der Antrag gilt als an dem Tage gestellt, an dem er bei der Anleihealtbesitzstelle eingeht.

Die Anleihealtbesitzstelle hat den Antrag und die beigefügten Beweismittel vorzuprüfen und den Antragsteller erforderlichenfalls zu einer Ergänzung zu veranlassen. Sie kann die Beistandsleistung anderer Behörden in Anspruch nehmen, insbesondere Gemeindebehörden und Amtsgerichte um Vernehmungen ersuchen. Sodann legt die Anleihealtbesitzstelle den Antrag mit seinen Anlagen dem Reichskommissar für die Ablösung der Reichsanleihen alten Besitzes mit einem bestimmten Vorschlag vor.

§ 32. Der Reichskommissar für die Ablösung der Reichsanleihen alten Besitzes entscheidet über die Anträge auf Gewährung von Auslosungsrechten. Er kann die Entscheidung für bestimmte Arten von Fällen den Anleihealtbesitzstellen übertragen.

§ 33. Die Entscheidung über den Antrag auf Gewährung von Auslosungsrechten ist dem Antragsteller schriftlich mitzuteilen. Die ablehnende Entscheidung ist zu begründen und dem Antragsteller zuzustellen. Für die Zustellung gelten die Vorschriften der Zivilprozeßordnung über Zustellungen von Amts wegen sowie die Vorschriften des § 70 Abs. 2 bis 4 der Reichsabgabenordnung.

§ 34. Dem Antragsteller steht die Beschwerde gegen die Entscheidung innerhalb zweier Wochen nach der Zustellung zu; sie ist schriftlich bei der Stelle einzulegen, die die angefochtene Entscheidung erlassen hat. Die Beschwerde kann auch auf neue Tatsachen und neue Beweismittel gestützt werden.

Erachtet die Stelle, die die angefochtene Entscheidung erlassen hat, die Beschwerde für begründet, so hat sie der Beschwerde abzuhelfen, andernfalls hat sie diese der Beschwerdestelle unverzüglich vorzulegen. Beschwerdestelle gegen Entscheidungen der Anleihealtbesitzstellen ist der Reichskommissar für die Ablösung der Reichsanleihen alten Besitzes, Beschwerdestelle gegen Entscheidungen des Reichskommissars für die Ablösung der Reichsanleihen alten Besitzes ist die Reichsschuldenverwaltung. An der Beschlußfassung der Reichsschuldenverwaltung dürfen nur ihre Mitglieder und ständigen Hilfsarbeiter (§ 25 Abs. 3 der Reichsschuldenordnung) teilnehmen. Eine weitere Beschwerde findet nicht statt.

§ 35. Wird einem Antrag auf Gewährung von Auslosungsrechten stattgegeben, so hat die entscheidende Stelle die Entscheidung der Reichsschuldenverwaltung mitzuteilen. Diese veranlaßt, vorbehaltlich der besonderen Regelung für die Vorzugsrente, die Ausreichung der Auslosungsscheine an den Antragsteller oder die Eintragung der Auslosungsrechte in das Reichsschuldbuch. Die Eintragung erfolgt auf Grund der Mitteilung der entscheidenden Stelle.

Die Vermittlungsstelle hat dem Anleihegläubiger eine Bescheinigung über die Aushändigung des Auslosungsscheins zu erteilen, aus welcher Buchstabe, Gruppe und Nummer des Auslosungsscheins ersichtlich ist. Der Antragsteller hat der Vermittlungsstelle bei der Aushändigung eine Empfangsbescheinigung zu erteilen, in der der Auslosungsschein nach Buchstabe, Gruppe und Nummer vermerkt ist; diese Empfangsbescheinigung hat die Vermittlungsstelle 30 Jahre lang aufzubewahren und, falls sie ihren Geschäftsbetrieb vorher aufgibt, an die Reichsschuldenverwaltung abzuliefern.

b) Gewährung von Auslosungsrechten auf Grund von Namensschuldurkunden.

§ 36. Der Antrag ist gleichzeitig mit der Anmeldung zum Umtausch der Schuldurkunden (§ 15) unmittelbar an diejenige Landesbehörde zu richten, die die umzutauschenden Markanleihen gemäß § 4 des Gesetzes zur Ausführung des Staatsvertrags über den Übergang der Staatseisenbahnen auf das Reich vom 29. Juli 1922 verwaltet. Dieser steht die Entscheidung über den Antrag zu. Soweit die umzutauschenden Markanleihen von der Reichsschuldenverwaltung verwaltet werden, erfolgt die Entscheidung durch ein Mitglied oder einen Hilfsarbeiter (§ 25 Abs. 3 der Reichsschuldenordnung) der Reichsschuldenverwaltung.

Die Vorschriften der §§ 33 bis 35 finden entsprechende Anwendung. Beschwerdestelle ist die Reichsschuldenverwaltung.

c) Gewährung von Auslosungsrechten auf Grund von Schuldbuchforderungen.

§ 37. Anleihealtbesitzern von Schuldbuchforderungen sind, soweit sich der Altbesitz aus dem Schuldbuch oder den Schuldbuchakten ergibt, die Auslosungsrechte von Amts wegen zu gewähren. Hierfür gelten die Vorschriften der §§ 38 und 39.

§ 38. Die Schuldbuchverwaltungen haben für jede Schuldbuchforderung, die sie verwalten, auf Grund der Schuldbücher und der von ihnen geführten Schuldbuchakten zu entscheiden, ob sie Altbesitzanleihe ist oder als solche zu gelten hat, und ob und in welcher Höhe für sie Auslosungsrechte zu gewähren sind. Soweit die Schuldbuchforderungen von der Reichsschuldenverwaltung verwaltet werden, trifft die Entscheidung ein Mitglied oder ein Hilfsarbeiter (§ 25 Abs. 3 der Reichsschuldenordnung) der Reichsschuldenverwaltung.

Werden die Auslosungsrechte durch ein Mitglied oder einen Hilfsarbeiter der Reichsschuldenverwaltung gewährt, so trägt die Reichsschuldenverwaltung die Auslosungsrechte in das neue Reichsschuldbuch ein; werden die Auslosungsrechte von der Schuldenverwaltung eines Landes gewährt, so vermerkt diese die Auslosungsrechte in der Bescheinigung, durch die die Schuldbuchforderung der Reichsschuldenverwaltung überwiesen wird (§ 19), oder in einer an die Reichsschuldenverwaltung zu übersendenden Nachtragsbescheinigung. Die Reichsschuldenverwaltung trägt diese Auslosungsrechte in das neue Reichsschuldbuch ein.

Ergibt sich, daß der Gesamtbetrag der einem Anleihegläubiger auf Grund von mehreren Schuldbuchforderungen oder auf Grund von Schuldurkunden in Verbindung mit einer oder mehreren Schuldbuchforderungen gewährten Auslosungsrechte den ihm nach § 12 Abs. 1 Satz 2 bis 5 des Gesetzes zustehenden Nennbetrag überschreitet, so hat die Reichsschuldenverwaltung durch eine Ergänzungsentscheidung den Betrag der auf Grund der Schuldbuchforderung gewährten Auslosungsrechte entsprechend herabzusetzen.

§ 39. Den Gläubigern der Schuldbuchforderungen sind die Eintragungen der auf Grund ihrer Schuldbuchforderungen gewährten Auslosungsrechte sowie die Entscheidungen, daß ihre Schuldbuchforderungen nicht Altbesitzanleihen sind, schriftlich mitzuteilen.

§ 40. Soweit Anleihealtbesitzern die Auslosungsrechte nicht von Amts wegen zu gewähren sind, hat der Gläubiger die Gewährung der Auslosungsrechte zu beantragen; auch im übrigen kann der Gläubiger einen solchen Antrag stellen.

Der Antrag auf Gewährung der Auslosungsrechte auf Grund von Schuldbuchforderungen ist unmittelbar an die Schuldenverwaltung zu richten, bei der die Schuldbuchforderung verwaltet wird. Die Entscheidung über den Antrag trifft, soweit die Schuldbuchforderung von der Reichsschuldenverwaltung verwaltet wird, ein Mitglied oder ein Hilfsarbeiter der Reichsschuldenverwaltung, im übrigen die zuständige Landesschuldenverwaltung. Die Vorschriften der §§ 33, 34 und 38 Abs. 2 und 3 finden entsprechende Anwendung. Beschwerdestelle ist die Reichsschuldenverwaltung. An der Beschlußfassung der Reichsschuldenverwaltung dürfen nur ihre Mitglieder und ständigen Hilfsarbeiter (§ 25 Abs. 3 der Reichsschuldenordnung) teilnehmen. Ausgeschlossen von der Teilnahme an der Beschlußfassung ist, wer die angefochtene Entscheidung erlassen hat.

IV. Gewährung von Vorzugsrenten.

§ 41. Der Ausschuß für Vorzugsrenten besteht aus einem Beamten der Bezirksfürsorgestelle (§ 3 Abs. 1 der Verordnung über die Fürsorgepflicht vom 13. Februar 1924 — Reichsgesetzbl. I S. 100 —) und einem Beamten desjenigen Versorgungsamts, in dessen Bezirk die Bezirksfürsorgestelle ihren Sitz hat.

Der Oberausschuß für Vorzugsrenten besteht aus einem Beamten des Hauptversorgungsamts und einem Beamten der Landesfürsorgestelle oder einer anderen, von der obersten Landesbehörde bestimmten höheren Verwaltungsbehörde.

Für die Entscheidungen der Ausschüsse ist Übereinstimmung ihrer beiden Mitglieder erforderlich. Wird eine solche nicht erzielt, so gilt der Antrag, über den entschieden werden soll, als abgelehnt, im Beschwerdeverfahren die Beschwerde als zurückgewiesen.

Die Geschäfte des Ausschusses für Vorzugsrenten werden bei der Fürsorgestelle, diejenigen des Oberausschusses bei der Landesfürsorgestelle oder, falls die oberste Landesbehörde einen Beamten einer anderen Behörde bestimmt, bei dieser Behörde geführt.

§ 42. Der Antrag auf Gewährung einer Vorzugsrente ist bei der Bezirksfürsorgestelle zu stellen, in deren Bezirk der Anleihegläubiger wohnt oder sich nicht nur vorübergehend aufhält.

§ 43. Der Anleihegläubiger hat in dem Antrag Tag und Ort seiner Geburt, seine Staatsangehörigkeit und seinen Wohnsitz sowie die Höhe und die Quellen seines Einkommens in dem der Stellung des Antrags vorhergehenden Kalenderjahr anzugeben. Soweit die Einkünfte den Betrag von 800 Reichsmark übersteigen, ist zu begründen, weshalb einzelne der Einkünfte außer Ansatz zu bleiben haben (§ 19 Abs. 2 des Gesetzes). Der Anleihegläubiger hat anzugeben, ob und gegebenenfalls in welcher Höhe er eine Vorzugsrente von einem Lande bezieht oder eine solche beantragt hat.

In dem Antrag ist ferner anzugeben, welche Auslosungsrechte dem Anleihegläubiger gehören und wann und auf welche Weise er sie erworben hat; soweit über sie Auslosungsscheine ausgegeben sind, ist deren Nummer zu bezeichnen.

Hat der Anleihegläubiger die Gewährung von Auslosungsrechten beantragt und ist über diesen Antrag noch nicht entschieden worden, so hat er anzugeben, welchen Betrag von Markanleihen des Reichs er zum Umtausch in die Anleiheablösungsschuld angemeldet hat, wann und bei welcher Anmeldungsstelle die Anmeldung vorgenommen und bei welcher Anleihealtbesitzstelle die Gewährung von Auslosungsrechten für ihn beantragt ist.

§ 44. Wird die Gewährung einer erhöhten Vorzugsrente (§ 20 Abs. 2 des Gesetzes) beantragt, so hat der Anleihegläubiger für den Fall der Gewährung einer Vorzugsrente in seinem Antrag den Verzicht auf die die Vorzugsrente begründenden Auslosungsrechte auszusprechen und sich zur Übertragung von Anleiheablösungsschuld in Höhe des Nennbetrags seiner Auslosungsrechte auf das Reich zu verpflichten.

Sofern der Anleihegläubiger Anleiheablösungsschuld und Auslosungsrechte für seine Altbesitzanleihen noch nicht erhalten hat, hat er für den Fall der Gewährung einer Vorzugsrente auf die ihm zustehenden Auslosungsrechte, soweit sie die Vorzugsrente begründen, zu verzichten und seinen Anspruch auf Gewährung von Anleiheablösungsschuld auf das Reich zu übertragen.

§ 45. Die Bezirksfürsorgestelle prüft die Angaben des Antragstellers über die Person und die Einkommensverhältnisse des Anleihegläubigers nach. Den Antrag und das Ergebnis der Prüfung legt sie dem Ausschuß für Vorzugsrenten vor.

§ 46. Der Ausschuß für Vorzugsrenten entscheidet darüber, ob der Anleihegläubiger nach den §§ 18, 19 des Gesetzes als bedürftiger im Inland wohnender deutscher Reichsangehöriger zu gelten hat.

§ 47. Eine ablehnende Entscheidung ist dem Antragsteller zuzustellen. Für die Zustellung gelten die Vorschriften der Zivilprozeßordnung über Zustellungen von Amts wegen sowie die Vorschriften des § 70 Abs. 2 bis 9 der Reichsabgabenordnung. Gegen diese Entscheidung steht dem Antragsteller innerhalb von zwei Wochen nach der Zustellung die Beschwerde an den Oberausschuß für Vorzugsrenten zu. Die Beschwerde ist bei der Bezirksfürsorgestelle einzulegen. Erachtet der Ausschuß für Vorzugsrenten die Beschwerde für begründet, so hat er der Beschwerde abzuhelfen, andernfalls hat er die Beschwerde dem Oberausschuß unverzüglich vorzulegen.

§ 48. Die Entscheidung des Ausschusses oder Oberausschusses für Vorzugsrenten, daß der Anleihegläubiger als bedürftiger im Inland wohnender Reichsangehöriger zu gelten hat (§ 46), ist der Reichsschuldenverwaltung unter Beifügung des Antrags mitzuteilen. Der Antragsteller ist zu benachrichtigen.

§ 49. Über den Antrag auf Gewährung der Vorzugsrente entscheidet die Reichsschuldenverwaltung. Sie ist hierbei an die Entscheidungen der Ausschüsse und der Oberausschüsse für Vorzugsrenten und der Behörden des Verfahrens für die Gewährung von Auslosungsrechten gebunden.

Die Reichsschuldenverwaltung hat die Urkunden über die Vorzugsrenten auszustellen und die Vorzugsrente zu zahlen. Für die Ausstellung der Urkunden gilt § 5 der Reichsschuldenordnung.

Die Urkunde über eine Vorzugsrente darf erst ausgehändigt werden, und die Zahlung der Rente darf erst beginnen, nachdem sichergestellt ist, daß das Auslosungsrecht auf Grund dessen die Vorzugsrente gewährt werden soll, von der Teilnahme an der Ziehung ausgeschlossen ist. Wird die Gewährung einer erhöhten Vorzugsrente beantragt (§ 20 Abs. 2 des Gesetzes), so darf die Urkunde über die erhöhte Rente erst ausgehändigt werden und die Zahlung der erhöhten Rente erst beginnen, nachdem der Verzicht auf das Auslosungsrecht erklärt und Anleiheablösungsschuld oder der Anspruch auf deren Gewährung auf das Reich in Höhe des Nennbetrags des Auslosungsrechts übertragen ist.

§ 50. Die Reichsschuldenverwaltung überwacht, ob ein Grund für das Erlöschen einer Vorzugsrente eintritt. Stellt sie fest, daß ein solcher Grund eingetreten ist, so hat sie die Vorzugsrente für erloschen zu erklären.

Ist eine Vorzugsrente erloschen, so zieht die Reichsschuldenverwaltung die über die Vorzugsrente ausgestellte Urkunde ein und händigt dem Berechtigten einen Auslosungsschein aus oder hebt die Sperre des Auslosungsrechts im Reichsschuldbuch auf, sofern der Vorzugsrentengläubiger nicht auf sein Auslosungsrecht verzichtet hat.

§ 51. Die Bezirksfürsorgestellen haben dem Ersuchen der Ausschüsse und der Oberausschüsse für Vorzugsrenten und der Reichsschuldenverwaltung in den die Vorzugsrenten betreffenden Angelegenheiten zu entsprechen.

§ 52. Den Bezirksfürsorgeverbänden sind für ihre Tätigkeit die ihnen hierdurch entstehenden Kosten und Auslagen vom Reiche zu erstatten. Die näheren Bestimmungen trifft die Reichsregierung mit Zustimmung des Reichsrats.

V. Schluß- und Strafvorschriften.

§ 53. Der Reichsminister der Finanzen wird ermächtigt, für die Durchführung des Gesetzes im Saargebiete sowie im Ausland von den das Verfahren betreffenden Vorschriften dieser Verordnung abweichende Bestimmungen zu erlassen.

Der Reichsminister der Finanzen wird ferner ermächtigt, Bestimmungen zur Ergänzung der das Verfahren regelnden Vorschriften dieser Verordnung zu erlassen. Die Bestimmungen sind dem Reichsrat sofort mitzuteilen und auf sein Verlangen außer Kraft zu setzen.

Der Reichsminister der Finanzen wird ferner ermächtigt, zu bestimmen, daß zuerkannte Vorzugsrenten, deren Gewährung vor dem 1. April 1926 beantragt wird, so zu behandeln sind, als wenn sie bereits in dem auf die Antragstellung folgenden Monat zuerkannt worden wären.

§ 54. Der Reichsminister der Finanzen oder die von ihm bezeichneten Stellen können bestimmen, daß für die Anmeldungen zum Umtausch, für die Stellung von Anträgen und für die Abgabe von Erklärungen bestimmte Formulare zu verwenden sind.

§ 55. Der Reichsminister der Finanzen wird ermächtigt, im Einvernehmen mit den beteiligten Landesregierungen Aufgaben, die die Vorzugsrenten betreffen und durch diese Verordnung der Reichsschuldenverwaltung zugewiesen sind, Landesbehörden zu übertragen. Die Landesbehörden führen diese Geschäfte als Beauftragte der Reichsschuldenverwaltung. Sie sind bei der Auslegung der Gesetze an die Auffassung der Reichsschuldenverwaltung gebunden.

§ 56. Für die im Reichsschuldbuch eingetragenen Auslosungsrechte gelten die Vorschriften des Reichsschuldbuchgesetzes in der Fassung der Bekanntmachung vom 31. Mai 1910 mit folgenden Maßgaben:

1. Von der Ziehung des eingetragenen Auslosungsrechts soll der Gläubiger von Amts wegen benachrichtigt werden mit dem Anheimstellen, Zahlungsweg und Empfänger zu bezeichnen. Sofern nicht eingetragene Rechte Dritter oder Verfügungsbeschränkungen entgegenstehen, erfolgt die Auszahlung des ausgelosten Betrags zum Fälligkeitstermin an den Gläubiger oder den bezeichneten Empfänger unter entsprechender Anwendung des § 23 Abs. 1 des Reichsschuldbuchgesetzes. Gleichzeitig werden das Auslosungsrecht und die gemäß § 13 Abs. 2 des Gesetzes über die Ablösung öffentlicher Anleihen zu übertragende Anleiheablösungsschuld von Amts wegen im Reichsschuldbuche gelöscht.
2. Teillöschungen und Teilübertragungen von Auslosungsrechten im Schuldbuch sind nur in den Abschnitten zulässig, mit denen das Auslosungsrecht eingetragen ist.

§ 57. Mit Geldstrafe wird bestraft, wer eine von ihm auf Grund des § 27 Abs. 3 oder des § 28 Abs. 3 erforderte Auskunft oder die Vorlegung von Urkunden, Schriftstücken und Geschäftsbüchern oder die Einsicht in diese verweigert.

§58. Wer bis zum Ablauf der im § 6 des Gesetzes bestimmten Fristen sich oder einen andern öffentlich als jetzigen oder früheren Eigentümer von bestimmt gekennzeichneten Schuldverschreibungen oder Schatzanweisungen der Markanleihen des Reichs in offener oder verschleierter Form angibt, oder wer öffentlich nach solchen Eigentümern in offener oder verschleierter Form Nachfrage hält oder die Verbreitung von Angaben oder Nachfragen dieser Art fördert, wird, sofern nach den allgemeinen Strafgesetzen keine höhere Strafe angedroht ist, mit Geldstrafe und mit Gefängnis bis zu drei Monaten oder mit einer dieser Strafen bestraft.

§ 59. In den Fällen der §§ 55 und 56 des Gesetzes ist der Antrag auf Entscheidung des Reichswirtschaftsgerichts bei der Stelle zu stellen, welche die Ordnungsstrafe festgesetzt hat.

Berlin, den 8. September 1925.

Der Reichsminister der Finanzen	Der Reichsarbeitsminister
In Vertretung: Fischer	In Vertretung: Dr. Geib

Verzeichnis der für die Ablösung auf Grund des Gesetzes über die Ablösung öffentlicher Anleihen in Betracht kommenden Reichsanleihen*).

I. Unmittelbare Reichsanleihen.

a) 5prozentige Anleihe des Deutschen Reichs.
b) 4prozentige Anleihe des Deutschen Reichs.
c) $3\frac{1}{2}$prozentige (vormals 4prozentige) und $3\frac{1}{2}$prozentige Anleihe des Deutschen Reichs.
d) 3prozentige Anleihe des Deutschen Reichs.
e) $4\frac{1}{2}$prozentige Schuldverschreibungen des Deutschen Reichs.
f) 5prozentige Schatzanweisungen des Deutschen Reichs von 1914, 1915, 1917.
g) $4\frac{1}{2}$prozentige Schatzanweisungen des Deutschen Reichs von 1916 bis 1918.
h) $4\frac{1}{2}$prozentige Schatzanweisungen des Deutschen Reichs von 1918, Folge VIII, fällig gewesen am 1. April 1924.
i) 4prozentige Schatzanweisungen von 1907, 1911, 1912 und 1914.
k) Deutsche Sparprämienanleihe 1919.
l) 8- bis 15prozentige Schatzanweisungen des Deutschen Reichs „K", Ausgabe II von 1923.
m) 8- bis 15prozentige Schatzanweisungen des Deutschen Reichs „K", Ausgabe I von 1924.
n) Unverzinsliche Schatzanweisungen des Deutschen Reichs „K".
 α) von 1922:
  Folge 1, 2 mit den Gruppen A, I bis X,
  Folge 7 mit den Gruppen A, B, C, I bis X.
  Folge 9, 10 und 11 mit den Gruppen A, B, C, D, I bis X,
  Folge 3, 4 und 5 mit den Gruppen A, I bis V,
  Folge 6 und 12 mit den Gruppen A, I bis VIII,
  Folge 8 mit den Gruppen A, B, C, D, I bis XII,
 β) von 1923:
  Folge 1 mit den Gruppen D, A, I bis VIII,
  Folge 2 bis 6 mit den Gruppen A, I bis VIII.
o) Unverzinsliche Schatzanweisungen des Deutschen Reichs von 1920 bis 1922 mit folgenden Reihen**):

Jahrgang	Reihen**)
1920...........	976, 1042, 1444
1921...........	1617, 1618, 1619, 1620, 1784, 1785, 1786, 1787, 2139, 2269, 2281, 2282, 2283, 2284, 2386, 2387, 2388, 2389, 3713, 3714, 3715
1922...........	422, 423, 424, 563, 564, 594, 595, 596, 597, 652, 653, 779, 780, 781, 782, 783, 784, 1001, 1002, 1003, 1004, 1005, 1006, 1007, 1008, 1009, 1010, 1018, 1019, 1020, 1021, 1022, 1023, 1036, 1037, 1038, 1040, 1041, 1042, 1043, 1044, 1045, 1050, 1051, 1052, 1053, 1054, 1055, 1056, 1057, 1058, 1059, 1060, 1061, 1062, 1063, 1075, 1076, 1077, 1078, 1079, 1080, 1081, 1082, 1083, 1086, 1090, 1091, 1092, 1093, 1094, 1095, 1096, 1114, 1115, 1116, 1117, 1118, 1119, 1243, 1244, 1245, 1246, 1247, 1248, 1249, 1250, 1268, 1270.

*) In der berichtigten Fassung vom 12. November 1925 (RGBl. S. 390).
**) So laut Berichtigung vom 12. November 1925 statt „Nummern" „Nummer".

II. Vormals Preußische Staatsschuld.

1. Konsolidierte Anleihen und Schatzanweisungen.

a) 4prozentige konsolidierte Staatsanleihe.
b) 3½prozentige (vormals 4, später 3¾prozentige) konsolidierte Staatsanleihe.
c) 3½prozentige (vormals 4prozentige) und 3½prozentige konsolidierte Staatsanleihe.
d) 3prozentige konsolidierte Staatsanleihe.
e) 5prozentige Schatzanweisungen von 1915, 1916.
f) 5prozentige Schatzanweisungen vom 9. Januar 1917, Serie I.
g) 5prozentige Schatzanweisungen vom 14. Februar 1917, Serie II.
h) 5prozentige Schatzanweisungen vom 2. Januar 1918, Serie I.
i) 5prozen ige Schatzanweisungen vom 1. April 1919, Serie I.
k) 4½prozentige Schatzanweisungen vom 8. März 1917, Serie III.
l) 4prozentige auslosbare Schatzanweisungen vom 11. Ap ril 1914 (1. und 2. Ausgabe).
m) 4prozentige Schatzanweisungen von 1907, 1908, 1911, 1912, 1913.

2. Aktien und Obligationen verstaatlichter Eisenbahnen.

a) Magdeburg-Halberstädter Eisenbahnschulden
 α) 2½prozentige Köthen-Bernburger Aktien (Rente),
 β) 3prozentige Magdeburg-Wittenbergische Aktien (Rente).
b) 3½prozentige Prämienanteilscheine der Prioritäts-Anleihe der Köln-Mindener Eisenbahngesellschaft.
c) Bergisch-Märkische Eisenbahnschulden, 3½prozentige Prioritäts-Obligationen III. Serie, III. Serie Lit. B und III. Serie Lit. C, 1. und 2. Ausgabe.

3. Vormals Hannoversche Schulden.

A. Schulden der vormaligen Generalsteuerkasse.

a) 5prozentige Kalenberg-Grubenhagensche (von Münchhausensche Armengelder).
b) 5prozentiges von Grote-Stillhornsches Lehnkapital.
c) 5prozentige Lüneburgsche (Langenbecksche Stiftungsgelder).
d) 4prozentige Kalenberg-Grubenhagensche (von Marenholzsche Stiftungsgelder).
e) 4prozentige Lüneburgsche (von Grote-Stillhornsches Lehnkapital).
f) 3½prozentige Obligationen Lit. D (desgleichen).

B. Schulden der vormaligen Generalkasse.

a) 5prozentige Obligationen Lit. A
 α) von Grote-Stillhornsches Lehnkapital,
 β) Meinhelfsches Stiftungskapital.
b) 4prozentige Obligationen Lit. S.

4. Sonstiges.

3½prozentige Waldeck-Pyrmontsche Domanialanleihe 1905.

III. Vormals bayerische Staatsschuld.

1. Allgemeine Anlehen.

a) 4prozentiges Allgemeines Anlehen.
b) 3½prozentiges (vormals 4prozentiges) und 3½prozentiges Allgemeines Anlehen.

2. Eisenbahnanlehen.

a) 4prozentige Staatseisenbahnanlehen.
b) 3½prozentige (vormals 4prozentige) und 3½prozentige Staatseisenbahnanlehen

c) 3 prozentiges Staatseisenbahnanlehen.
d) 4 prozentige Pfalzbahnprioritätsanlehen.
e) 3½ prozentige Pfalzbahnprioritätsanlehen.

3. Sonstige Schulden.

a) 4 prozentige Schuld an Stiftungen und Gemeinden vom Jahre 1882.
b) 3½ prozentige Schuld an Stiftungen und Gemeinden von 1841 bis 1884.
c) 3½ prozentige Herzogliche Klementinsche Fideikommisschuld von 1842.
d) 3½ prozentige Pachtbahnschuld für die Strecke Landesgrenze—Meiningen (Staatsvertrag vom 3. März 1895).

IV. Vormals sächsische Staatsschuld.

1. Anleihen.

a) 4 prozentige Staatsanleihe vom Jahre 1919 mit Ausnahme folgender Stücke, die, soweit sie zur Ausgabe gelangt sind, den Aufdruck „Sächsische Landesschuld" tragen:

Buchstabe A Nummern 7765 bis 7770, 7792, 7795, 7796, 7797, 8740 bis 8758, 8909 bis 14820
„ B „ 4857 bis 4860, 4914 bis 22600
„ C „ 15518 bis 15535, 15674 bis 15685, 15691 bis 15700, 15705 bis 15730, 19824 bis 19843, 20396, 20398 bis 31500
„ D „ 8091 bis 8150, 8249 bis 8254, 8266 bis 25000
„ E „ 4250 bis 4285, 4355 bis 4360, 4362 bis 4390, 10089 bis 10178, 10596, 10733 bis 15600
„ F „ 4209 bis 4230, 4310, 4312 bis 4350, 6472 bis 15800.

b) 3½ prozentige (vormals 4 prozentige) vereinigte Staatsanleihen von 1852 bis 1868 und 3½ prozentige Staatsanleihen von 1867 und 1869.
c) 3 prozentige Staatsanleihe von 1855.
d) 3 prozentige Rentenanleihen von 1876 bis 1902.

2. Aktien verstaatlichter Eisenbahnen.

a) 3½ prozentige vormals Löbau-Zittauer Eisenbahn-Aktien Lit. A.
b) 4 prozentige vormals Löbau-Zittauer Eisenbahn-Aktien Lit. B.

3. Sonstige Schulden.

4 prozentiges Schuldscheindarlehn der Reichsversicherungsanstalt für Angestellte in Berlin-Wilmersdorf.

V. Vormals württembergische Staatsschuld.

1. Konsolidierte Anleihen.

a) 3 prozentiges Anlehen von 1896, Buchstabe A bis E.
b) 3 prozentiges Anlehen von 1911 ff., Serie 26 bis 30.
c) 3 prozentige Buchschuld.
d) 3½ prozentiges Anlehen von 1875 bis 1880, Buchstabe T bis W.
e) 3½ prozentiges Anlehen von 1881 bis 1885, Buchstabe L bis O.
f) 3½ prozentiges Anlehen von 1885 bis 1887, Buchstabe EE bis HH.
g) 3½ prozentiges Anlehen von 1888 bis 1895, Buchstabe P bis S.
h) 3½ prozentiges Anlehen von 1900, Buchstabe F bis K.
i) 3½ prozentiges Anlehen von 1903 ff., Serie 1 bis 5 und Serie 21 bis 25.
k) 3½ prozentige Buchschuld.
l) 4 prozentiges Anlehen, Serie 6 bis 10 und Serie 16 bis 20.
m) 4 prozentiges Anlehen, Serie 11 bis 15.

n) 4 prozentiges Anlehen, Serie 31 bis 35.
o) 4 prozentige Buchschulden und die
4 prozentige Buchschuld für die Landeswasserversorgung.

2. Sonstige Schulden.

a) $3^3/_4$ prozentiges Anlehen bei der Deutschen Lebensversicherungsbank „Arminia" in München, gegen Schuldschein vom 1. März 1920.
b) 4 prozentige Anlehen bei der Allgemeinen Rentenanstalt, Lebens- und Rentenversicherungsverein a. G. zu Stuttgart, gegen Schuldscheine vom 5. September 1914 und 18. November 1919.
c) 4 prozentige Anlehen bei dem Allgemeinen Deutschen Versicherungsverein a. G. in Stuttgart, gegen Schuldscheine vom 23. Dezember 1914 und 20. Februar 1920
d) 4 prozentige Anlehen bei der Stuttgarter Lebensversicherungsbank a. G. (Alte Stuttgarter) in Stuttgart gegen Schuldscheine vom 22. August 1919, 19. November 1919 und 22. März 1920.
e) 4 prozentiges Anlehen bei der Reichsversicherungsanstalt für Angestellte in Berlin gegen Schuldschein vom 15. Oktober 1919.
f) 4 prozentiges Anlehen bei der Württembergischen Girozentrale in Stuttgart gegen Schuldschein vom 3. Februar 1920.
g) 4 prozentiges Anlehen bei der Gothaer Lebensversicherungsbank a. G. in Gotha gegen Schuldschein vom 26. Februar 1920.
h) 4 prozentiges Anlehen bei der „Iduna" Lebens-, Pensions- und Leibrenten-Versicherungsgesellschaft a. G. zu Halle a. S., gegen Schuldschein vom 6. April 1920.
i) $4^1/_4$ prozentiges Anlehen bei der Städtischen Sparkasse in Schwenningen gegen Schuldschein vom 22. August 1919.
k) $4^1/_4$ prozentiges Anlehen bei der Pfälzischen Hypothekenbank in Ludwigshafen (Rhein) gegen Schuldschein vom 8. Dezember 1919.
l) $4^1/_4$ prozentiges Anlehen bei der Deutschen Lebensversicherungsgesellschaft „Atlas" in Ludwigshafen (Rhein) gegen Schuldschein vom 15. Dezember 1919.

VI. Vormals badische Staatsschuld.

Konsolidierte Anleihen.

a) $3^1/_2$ prozentige (vormals 4 prozentige) Eisenbahnanleihen von 1875 bis 1886 und $3^1/_2$ prozentige Eisenbahnanleihen von 1859 bis 1861, 1862 bis 1864, 1892 bis 1894, 1900, 1902 bis 1907.
b) 3 prozentige Eisenbahnanleihe von 1896.
c) 4 prozentige Eisenbahnanleihe von 1901, 1908 bis 1909, 1911 bis 1912, 1913, 1914 und 1919.
d) 4 prozentige Prämienanleihe von 1867.

VII. Vormals hessische Staatsschuld.

1. Anleihen.

a) 4 prozentige Staatsanleihen von 1899 bis 1919 (umfassend die Serien V, X, XI, XII, XIV, XV und XVI).
b) $3^1/_2$ prozentige Eisenbahnanleihe vom 1. Juni 1876.
c) $3^1/_2$ prozentige Staatsanleihe von 1882 bis 1909 (umfassend die Anleihen vom 1. Juli 1882, 3. November 1897, die Serien I, II, IV, VI und XIII sowie die Serien A vom 1. Oktober 1891*), B vom 9. Mai 1893, C vom 30. Mai 1894, D vom 31. Mai 1897**) und E vom 1. Juli 1899).

---

*) So laut Berichtigung vom 12. November 1925 statt: „29. Mai 1891".
**) So laut Berichtigung vom 12. November 1925 statt „März".

d) 3prozentige Staatsanleihen von 1896 bis 1905 (umfassend die Anleihe vom 3. Oktober 1896 und die Serien III, VII, VIII und IX).

2. Darlehen usw.

a) $4^{1}/_{2}$prozentiges Darlehen der Hessischen Landes-Hypothekenbank A.-G. in Darmstadt 1919 (Reihe XIX).

b) $4^{1}/_{4}$prozentiges desgleichen 1918 (Reihe VIIIa).

c) $4^{1}/_{2}$prozentiges desgleichen 1919 (Reihe XVII).

d) $4^{1}/_{2}$prozentiges Darlehen der Deutschen Lebensversicherungsbank „Arminia" in München 1919 (Reihe XXII).

e) 4prozentiges Darlehen der deutschen Girozentrale Berlin 1919 (Reihe XXI).

3. Sonstiges.

Das $3^{1}/_{2}$prozentige Restkaufgeld vom Erwerbe der Fürstlich Isenburg-Birsteinschen Besitzungen vom Jahre 1887.

VIII. Vormals Mecklenburg-Schwerinsche Staatsschuld.

a) $3^{1}/_{2}$prozentige Eisenbahnschuld von 1870.

b) $3^{1}/_{2}$prozentige konsolidierte Anleihe von 1886.

c) $3^{1}/_{2}$prozentige Salomon-Heine-Anleihe von 1843.

d) $3^{1}/_{2}$prozentige konsolidierte Landes-Anleihe von 1890 bis 1905.

e) $3^{1}/_{2}$prozentige Prioritäts-Anleihe der früheren Mecklenburgischen Friedrich-Franz-Eisenbahn-Gesellschaft.

f) $3^{1}/_{2}$prozentige Prioritäts-Anleihe der früheren Wismar-Karower Eisenbahn-Gesellschaft.

g) 4prozentige Landesanleihe von 1914.

IX. Vormals oldenburgische Staatsschuld.

1. Inhaberanleihen.

a) $3^{1}/_{2}$prozentige konsolidierte Staatsanleihen A bis C und E bis G von 1873 bis 1903.

b) 3prozentige konsolidierte Staatsanleihe D von 1894.

c) 4prozentige konsolidierte Staatsanleihe H und J von 1909 und 1912.

d) 4prozentige abtragbare konsolidierte Staatsanleihe K von 1919.

e) 3prozentige Eisenbahnprämienanleihe von 1871.

2. Sonstige Schulden.

4prozentige Anleihe bei der Reichsversicherungsanstalt für Angestellte in Berlin von 1920.

3. Erste Verordnung des Reichsministers der Finanzen zur Ausführung des Gesetzes über die Ablösung öffentlicher Anleihen.

Vom 8. September 1925 (RGBl. I 345).

Auf Grund der §§ 6, 10, 12, 49 und 55 des Gesetzes über die Ablösung öffentlicher Anleihen vom 16. Juli 1925 (Reichsgesetzbl. I S. 137) und auf Grund des § 53 der Ersten Verordnung zur Durchführung des Gesetzes über die Ablösung öffentlicher Anleihen vom 8. September 1925 (Reichsgesetzbl. I S. 335) wird verordnet:

§ 1. (Zu §§ 6 und 12 des Gesetzes.) Die Frist für die Anmeldung der Markanleihen des Reichs zum Umtausch in die Anleiheablösungsschuld des Deutschen Reichs läuft, sofern die Anmeldung im Reichsgebiete, mit Ausnahme des Saargebiets, erfolgt und gleichzeitig mit der Anmeldung die Gewährung von Auslosungsrechten auf Grund der anzumeldenden Markanleihen beantragt wird, vom 5. Oktober 1925 bis zum 28. Februar 1926.

Die Frist für die Beantragung von Auslosungsrechten läuft, sofern der Antrag im Reichsgebiete, mit Ausnahme des Saargebiets, gestellt wird, vom 5. Oktober 1925 bis zum 28. Februar 1926.

§ 2. (Zu § 6.) Anmeldungsstellen für den Umtausch der Markanleihen des Reichs sind im Reichsgebiete, mit Ausnahme des Saargebiets, die Reichshauptbank und die Reichsbankanstalten.

§ 3. (Zu § 10 Abs. 2.) Markanleihen gelten als vor dem 1. Juli 1920 erworben,

1. wenn sie der Gläubiger nach dem 30. Juni 1920 in unmittelbarem zeitlichen und wirtschaftlichen Zusammenhange mit einer Veräußerung desselben Nennbetrags der gleichen oder anderer Markanleihen des Reichs erworben hat und ihm die veräußerten Markanleihen vom 1. Juli 1920 bis zur Veräußerung ununterbrochen gehört haben; dies gilt nicht, wenn der Gläubiger zur Zeit des Erwerbes ein Handelsgewerbe betrieben und den Erwerb im Betriebe seines Handelsgewerbes vorgenommen hat;
2. wenn sie der Gläubiger als Versicherungsunternehmung im unmittelbaren Zusammenhange mit der Übernahme eines Versicherungsbestandes oder mit einer durch Währungsschwierigkeiten bedingten Übernahme einzelner Versicherungen von der übertragenden Versicherungsunternehmung nach dem 30. Juni 1920, die übertragende Versicherungsunternehmung sie aber vor dem 1. Juli 1920 erworben hat und sie dieser bis zum Rechtsübergang ununterbrochen gehört haben;
3. wenn sie der Gläubiger als Inhaber oder Anwärter eines Familienguts nach dem 30. Juni 1920 im Zusammenhange mit dessen Auflösung erworben und sie zum Familiengute vom 1. Juli 1920 an bis zur Auflösung ununterbrochen gehört haben.

§ 4. (Zu § 49 Ziffer 4.) Ist eine Schuldbuchforderung auf den jetzigen Gläubiger auf dessen Antrag von einem andern Konto, auf dem er als zweite Person eingetragen war, übertragen, so wird vermutet, daß die Übertragung auf Grund eines Erwerbes von Todes wegen erfolgt ist.

§ 5. (Zu § 55.) Zuständig für die Festsetzung der Ordnungsstrafe auf Grund der §§ 55 und 56 des Gesetzes sind auch die Reichsschuldenverwaltung und der Reichskommissar für die Ablösung der Reichsanleihen alten Besitzes.

§ 6. (Zu § 54*) der Verordnung.) Für das Verfahren beim Umtausch von Altbesitzanleihen und bei der Gewährung von Auslosungsrechten und Vorzugsrenten sind die Vordrucke zu verwenden, die den Vermittlungsstellen auf Anordnung des Reichsministers der Finanzen zur Verfügung gestellt werden.

Die Verwendung bestimmter Vordrucke kann auch von der Reichsschuldenverwaltung und dem Reichskommissar für die Ablösung der Reichsanleihen alten Besitzes vorgeschrieben werden.

§ 7. Die Behörden, denen die Zahlung der Vorzugsrenten obliegt, haben eine zuerkannte Vorzugsrente, deren Gewährung vor dem 1. April 1926 beantragt wird, so zu behandeln, als wenn die Rente bereits in dem auf die Antragstellung folgenden Monat zuerkannt worden wäre.

Berlin, den 8. September 1925.

Der Reichsminister der Finanzen

In Vertretung

Fischer

*) So laut Berichtigung vom 12. November 1925 (RGBl. S. 390) statt „53“.

4. Verordnung des Reichspräsidenten über den Reichskommissar für die Ablösung der Reichsanleihen alten Besitzes.

Vom 17. August 1925 (RGBl. I 346).

Zur Durchführung des Gesetzes über die Ablösung öffentlicher Anleihen vom 16. Juli 1925 (Reichsgesetzblatt I S. 137) wird eine Behörde mit der Bezeichnung „Der Reichskommissar für die Ablösung der Reichsanleihen alten Besitzes" errichtet. Der Reichskommissar wird dem Reichsminister der Finanzen unmittelbar unterstellt. Dieser erläßt die näheren Anordnungen.

Dietramszell, den 17. August 1925.

Der Reichspräsident	Der Reichsminister der Finanzen
von Hindenburg	v. Schlieben

XVI. Gesetz über die anderweitige Festsetzung von Geldbezügen aus Altenteilsverträgen.

Vom 18. August 1923 (RGBl. I 815).

Der Reichstag hat das folgende Gesetz beschlossen, das mit Zustimmung des Reichsrats hiermit verkündet wird:

§ 1. Die obersten Landesbehörden können bestimmen, daß wiederkehrende Geldleistungen aus einem mit der Überlassung eines Grundstücks in Verbindung stehenden Altenteilsvertrage (Leibgedings-, Leibzuchts- oder Auszugsvertrag) entsprechend den veränderten Verhältnissen anderweit festgesetzt werden, soweit dies der Billigkeit entspricht.

Dasselbe gilt entsprechend von den Versorgungsansprüchen, welche einzelnen Familiengliedern gegenüber den Inhabern von bisherigen Stammgütern und Familienfideikommissen entweder nach dem noch geltenden früheren Rechte aus Gesetz, Fideikommißstiftung oder Vertrag zustehen oder im Zusammenhange mit der Auflösung der gebundenen Familiengüter begründet worden sind.

§ 2. Die anderweite Festsetzung soll nach Möglichkeit in der Form erfolgen, daß die Geldleistung in eine Naturalleistung umgewandelt oder in dem Werte einer Menge von Naturalerzeugnissen ausgedrückt wird (Naturalwertrente).

§ 3. Soweit Naturalleistungen aus einem Altenteilsvertrage nachträglich in wiederkehrende Leistungen umgewandelt sind, findet § 1 entsprechende Anwendung.

§ 4. Ist für Geldleistungen der im § 1 oder 3 bezeichneten Art ein dingliches Recht an einem Grundstück bestellt, so kann auch dieses Recht nach Maßgabe des § 1 erweitert werden.

Ist der Eigentümer des belasteten Grundstücks nicht zugleich der aus dem Vertrage persönlich Verpflichtete, so kann die Erweiterung des dinglichen Rechtes höchstens in dem Verhältnis erfolgen, in dem sich seit dem Erwerbe des Grundstücks durch den derzeitigen Eigentümer die Geldsumme, welche den Wert des Grundstücks ausdrückt, infolge der allgemeinen Geldentwertung erhöht hat.

Die Erweiterung ist an der nächstbereiten Stelle im Grundbuch einzutragen.

Die Vorschrift des § 9 des Einführungsgesetzes zu dem Gesetz über die Zwangsversteigerung und die Zwangsverwaltung gilt mit der Maßgabe, daß an Stelle des Landesgesetzes die Anordnung der obersten Landesbehörde tritt.

§ 5. Die Entscheidung gemäß §§ 1 bis 4 erfolgt durch das Amtsgericht in einem Einigungsverfahren. Das Nähere, auch insbesondere wegen der Zulässigkeit, von Rechtsmitteln, sowie wegen der Eintragung im Grundbuch, wird durch die obersten Landesbehörden geregelt.

Die Entscheidung gemäß § 1 Abs. 2 kann durch die obersten Landesbehörden an Stelle des Amtsgerichts der Fideikommißauflösungsbehörde übertragen werden, wo eine solche eingerichtet ist.

§ 6. Dieses Gesetz tritt mit dem Tage der Verkündung in Kraft.

Die Reichsregierung bestimmt mit Zustimmung des Reichsrats den Zeitpunkt, zu dem das Gesetz außer Kraft tritt.

XVII. Bekanntmachung der neuen Fassung der Pachtschutzordnung.

Vom 23. Juli 1925 (RGBl. I 152).

Auf Grund des Artikel 2 des Gesetzes vom 23. Juli 1925 (RGBl. I S. 151) wird die Pachtschutzordnung in der vom 1. Oktober 1925 ab gültigen Fassung bekanntgegeben.

Berlin, den 23. Juli 1925.

Der Reichsarbeitsminister
Dr. Brauns

Pachtschutzordnung.

§ 1. (1) Die obersten Landesbehörden werden ermächtigt, für ihr gesamtes Gebiet oder für Teile davon Pachteinigungsämter zu errichten.

(2) Diese Pachteinigungsämter können für Grundstücke, die zu landwirtschaftlicher, obstbaulicher oder gewerbsmäßiger gärtnerischer Nutzung verpachtet oder verliehen sind, oder bei denen sonst die Übertragung des Genusses der Erzeugnisse — gegen Entgelt — erfolgt ist, bestimmen, daß Leistungen, die unter den veränderten allgemeinen wirtschaftlichen Verhältnissen nicht mehr gerechtfertigt sind, anderweit festgesetzt werden, soweit dies der Billigkeit entspricht. Sie haben hierbei den Ertrag, den das Grundstück bei ordnungsmäßiger Bewirtschaftung nachhaltig zu gewähren vermag, die Pachtpreisrichtlinien der Landwirtschaftskammer sowie die wirtschaftlichen Verhältnisse beider Vertragsteile angemessen zu berücksichtigen. Zur Umwandlung eines Pachtvertrages in einen Heuerlingsvertrag oder umgekehrt sowie zur Beseitigung von Bestimmungen über ein Arbeitsverhältnis aus dem Pachtvertrag ist die Zustimmung beider Teile erforderlich.

(3) Beträgt die Größe des Pachtlandes weniger als 10 Hektar, so können die Pachteinigungsämter, wenn und soweit es bei Abwägung der Interessen beider Teile der Billigkeit entspricht, außerdem bestimmen, daß

a) gekündigte Verträge bis zur Dauer von zwei Jahren fortzusetzen sind;
b) ohne Kündigung ablaufende Verträge bis zur Dauer von zwei Jahren verlängert werden;
c) Verträge vor Ablauf der vereinbarten Zeit aufgehoben werden.

Ein Vertrag soll, soweit nicht der Pächter oder Nutzungsberechtigte das Land besonders schlecht bewirtschaftet, regelmäßig dann verlängert werden, wenn dem Pächter oder Nutzungsberechtigten sonst nicht insgesamt 10 Hektar Land zur Bewirtschaftung verbleiben würden; eigenes oder sonst genutztes Land ist dabei anzurechnen. Dasselbe gilt für alle Sammelpachtverträge, wenn der einzelne Pächter nicht mehr als 10 Hektar bewirtschaftet. Verlängert das Pachteinigungsamt den Vertrag, so hat es zugleich auf Antrag den Pachtzins neu festzusetzen, und zwar auf den Betrag, der nach dem Ertrag angemessen erscheint, den das Grundstück bei ordnungsmäßiger Bewirtschaftung nachhaltig zu gewähren vermag. Ein gekündigter oder abgelaufener Vertrag kann wiederholt verlängert werden. Die obersten

Landesbehörden können für ihr gesamtes Gebiet oder einzelne Teile des Landes die Größengrenzen (Satz 1, 2 und 3) nach den örtlichen Boden- und Betriebsverhältnissen auf den Umfang einer selbständigen Ackernahrung herauf- oder herabsetzen.

(4) Zur Entscheidung der zur Zuständigkeit der Pachteinigungsämter gehörenden Pachtstreitigkeiten können die ordentlichen Gerichte nicht angerufen werden.

(5) Die Zuständigkeit der Pachteinigungsämter wird nicht dadurch ausgeschlossen, daß sich der Vertrag auch auf Wohn- und Wirtschaftsräume erstreckt. In diesem Falle kommt die Zuständigkeit einer anderen Stelle nicht in Betracht.

§ 2. (1) Die obersten Landesbehörden können ohne Rücksicht auf die Grundstücksgröße die Befugnis der Pachteinigungsämter unter Ausschluß der Zuständigkeit einer anderen Stelle auf Verträge (§ 1) ausdehnen, die gleichzeitig ein Arbeitsverhältnis enthalten, insbesondere auf Heuerlingsverträge. Liegt durch Verschulden des zur Arbeit Verpflichteten (des Heuerlings) ein wichtiger Grund zur fristlosen Kündigung des Arbeitsverhältnisses vor, so darf von der Befugnis, einen solchen Vertrag zu verlängern oder seine Kündigung für unwirksam zu erklären, kein Gebrauch gemacht werden.

(2) Die Befugnis nach Abs. 1 Satz 1 kann den Pachteinigungsämtern für Verträge (§ 1) beigelegt werden, bei denen der Pächter das Pachtgrundstück oder erhebliche Teile davon selbst kultiviert hat oder bei denen das Pachtgrundstück oder erhebliche Teile davon durch seine Vorfahren kultiviert worden sind.

§ 3. (1) Die Einrichtung der Pachteinigungsämter und die Regelung des Verfahrens ist Aufgabe der obersten Landesbehörden. Gegen Schlußentscheidungen der Pachteinigungsämter muß bei Verträgen, bei denen der Jahrespachtzins 500 Reichsmark übersteigt, das Rechtsmittel der Berufung zugelassen sein. Im übrigen ist die Rechtsbeschwerde zuzulassen, wobei die Rechtsmittelstelle die Befugnis hat, in Fällen, in denen es ihr notwendig erscheint, von Amts wegen die Nachprüfung oder Vornahme einzelner tatsächlicher Feststellungen anzuordnen. Die Pachteinigungsämter und die Rechtsmittelstellen können den ordentlichen Gerichten eingegliedert werden. Der Vorsitzende muß zum Richteramt oder zum höheren Verwaltungsdienste befähigt sein. Die Beisitzer sind je zur Hälfte dem Kreise der Verpächter und Pächter, welche möglichst selbstwirtschaftende Landwirte sind, zu entnehmen und sollen für Klein-, Mittel- und Großpachtungen besonders ausgewählt werden. Bei der Auswahl der Beisitzer sollen etwaige Berufsvertretungen der Verpächter und der Pächter (Heuerlinge, § 2) gutachtlich gehört und ihre Vorschläge berücksichtigt werden. Soweit ein Bedürfnis dazu besteht, können an Stelle von Verpächtern auch selbstwirtschaftende Eigentümer zu Beisitzern bestellt werden. Die obersten Landesbehörden können bestimmen, daß als Beisitzer Beamte des Reichs, der Länder, Gemeinden und Kirchen sowie gesetzliche Vertreter von gemeinnützigen Stiftungen und Anstalten und sonstigen öffentlich-rechtlichen Körperschaften zugezogen werden können, wenn sie Grundstücke der im § 1 bezeichneten Art verpachtet oder gepachtet haben, ferner in der landwirtschaftlichen Verwaltung eines Großverpächters oder Großpächters in leitender Stellung tätige Angestellte; den Körperschaften steht ein eigenes Vorschlagsrecht zu; im übrigen bestimmt die oberste Landesbehörde, von wem das Vorschlagsrecht auszuüben ist. Ist eine Körperschaft Partei, so sind ihre Beamten oder gesetzlichen Vertreter von der Ausübung des Amtes als Beisitzer ausgeschlossen; das gleiche gilt für die in der landwirtschaftlichen Verwaltung eines Großverpächters oder Großpächters in leitender Stellung tätigen Angestellten, wenn der Dienstberechtigte Partei ist. Hat ein Verpächter an mehrere Pächter Grundstücke verpachtet, so sind seine sämtlichen Pächter von der Ausübung des Amtes als Beisitzer ausgeschlossen, wenn der Verpächter Partei ist. Mit Zustimmung der Parteien kann die Zuziehung von Beisitzern unterbleiben.

Dem Pächter steht das Recht zu, sich durch seine Berufsorganisation vor dem Pachteinigungsamt und der Rechtsmittelstelle vertreten zu lassen.

(2) Die obersten Landesbehörden treffen die Bestimmungen über die Kosten des Verfahrens und die Stempelpflicht. Von einem Beteiligten, der außerstande ist, ohne Beeinträchtigung des für ihn und seine Familie notwendigen Unterhalts die Kosten des Verfahrens zu bestreiten, dürfen Gebühren nicht erhoben werden, sofern die Rechtsverfolgung oder Rechtsverteidigung nicht mutwillig oder aussichtslos war.

(3) Aus Vergleichen, die vor dem Pachteinigungsamt oder vor der Rechtsmittelstelle oder vor deren Vorsitzenden zwischen dem Verpächter, dem Pächter oder einem Dritten abgeschlossen sind, findet die gerichtliche Zwangsvollstreckung statt.

(4) Die obersten Landesbehörden können bestimmen, daß auch die Entscheidungen der Pachteinigungsämter und der Rechtsmittelstellen, insbesondere über die Kosten und die Kostenerstattung, vollstreckbar sind.

(5) Der Inhalt des Vergleichs und der rechtskräftigen Entscheidungen über den Pachtstreit gilt unter den Beteiligten als Vertragsinhalt.

(6) Der Antrag auf Abänderung einer Vertragsleistung ist abzuweisen, wenn er nicht spätestens binnen zwei Monaten nach Ablauf des Pachtjahrs, für das die Abänderung verlangt wird, bei dem zuständigen Pachteinigungsamt eingeht. Die Entscheidung steht dem Vorsitzenden des Pachteinigungsamts zu.

(7) Für die Zeit bis zur rechtskräftigen Entscheidung kann das Pachteinigungsamt sowie außerhalb der mündlichen Verhandlung der Vorsitzende durch einstweilige Anordnung das streitige Pachtverhältnis regeln. Das gleiche gilt für die Rechtsmittelstelle. Eine solche Anordnung muß getroffen werden, wenn eine der im Abs. 1 bezeichneten Körperschaften es beantragt.

(8) Gegen die auf Grund der Abs. 6 und 7 erfolgenden Entscheidungen des Vorsitzenden kann binnen zwei Wochen nach ihrer Bekanntgabe die Entscheidung des Pachteinigungsamts (der Rechtsmittelstelle) angerufen werden. Diese ist endgültig.

§ 4. Auf die nach diesem Gesetz und den dazu erlassenen landesrechtlichen Vorschriften den Vertragsteilen zustehenden Rechte kann nicht verzichtet werden. Die Vereinbarung schiedsrichterlicher Entscheidung ist zulässig. Eine Vereinbarung, nach der einem Vertragsteil bei Ausübung der Rechte besondere Nachteile erwachsen sollen, ist unwirksam.

§ 5. Die obersten Landesbehörden können die Pachteinigungsämter, und zwar auch für das laufende Vertragsjahr, zu Bestimmungen der im § 1 Abs. 2 bezeichneten Art auch für Verträge ermächtigen, welche die Überlassung von Jagden oder Fischereien oder von Grundstücken zur Ausübung der Jagd oder Fischerei sowie die Gewinnung von Bodenbestandteilen, soweit sie dem Abbaurechte des Grundeigentümers unterliegen, gegen Entgelt zum Gegenstande haben. In diesem Falle gelten die Vorschriften dieses Gesetzes entsprechend; doch können für die Zusammensetzung der Pachteinigungsämter von den obersten Landesbehörden besondere Anordnungen getroffen werden, jedoch muß auch hier regelmäßig die Hälfte der Beisitzer aus Vertretern der Verpächter bestehen.

§ 6. Die obersten Landesbehörden werden ermächtigt, die Verpachtung von Grundstücken unter 10 Hektar im Wege der Versteigerung sowie die öffentliche Ankündigung einer solchen Versteigerung unter Strafandrohung zu verbieten. Diese Anordnung darf nicht getroffen werden für Verpachtungen durch die im § 3 bezeichneten öffentlich-rechtlichen Körperschaften.

§ 7. (1) Die Pachtschutzordnung gilt in der vorstehenden Fassung vom 1. Oktober 1925 ab.

(2) Die vor diesem Zeitpunkt gestellten Anträge werden, wenn das Pachteinigungsamt darüber noch zu entscheiden hat, nach den neuen Vorschriften, andernfalls nach dem bisherigen Rechte beurteilt.

(3) Pachtverträge, die in der Zeit vom 1. März 1924 bis 30. September 1925 abgeschlossen sind, bleiben vom Pachtschutz befreit. Dies gilt nicht für die im § 2 bezeichneten Verträge.

§ 8. Die Pachtschutzordnung tritt am 30. September 1927 außer Kraft.

XVIII. Verfügung des Preußischen Ministers für Landwirtschaft, Domänen und Forsten vom 24. Oktober 1923, betr. Aufwertung der Vertragsleistungen bei Abbauverträgen.

(LandwMBl. 1923 Nr. 45).

In meiner allgemeinen Verfügung vom 3. März 1923 — II 2 1540 III 3664 — (nicht veröffentlicht) habe ich die Nachprüfung aller Nutzungsverträge angeordnet, die außerhalb der Pachtschutzordnung stehen. Hierbei sind im letzten Absatz der Verfügung die Abbauverträge ausgenommen worden, weil damals eine Ausdehnung des Pachtschutzgesetzes auch auf solche Vertragsverhältnisse in Kürze zu erwarten stand. Die noch immer nicht erfolgte gesetzliche Regelung kann nunmehr nicht länger abgewartet werden, vielmehr ist im fiskalischen Interesse auch jetzt schon eine schnelle Abänderung dieser Verträge unter Wiederherstellung der ursprünglichen Vertragsgrundlage erforderlich.

Zu diesem Zwecke sind die früher vereinbarten Pachtzinse und sonstigen in Geld bedungenen Leistungen der Nutzungsberechtigten (Sicherheiten, Vertragsstrafen usw.) nach Maßgabe der zur Zeit des Vertragsabschlusses geltenden Preise in eine bestimmte Mengenzahl derjenigen Erzeugnisse (Kohle, Kali, Petroleum, Schwerspat, Torf, Ton usw.) umzurechnen, deren Ausbeutung den hauptsächlichen Zweck der Verträge bildet. Die so errechneten Erzeugnismengen müssen als Unterlagen für den laufenden Pachtzins dienen, und zwar grundsätzlich in voller Höhe der Friedensnaturalpacht. Die Umrechnung der Erzeugnisse in Papiermark muß dabei in der Weise erfolgen, daß der für die Berechnung maßgebende Zeitpunkt oder die für Berechnungen nach Durchschnittspreisen maßgebende Frist dem Zahlungstage unmittelbar vorangeht.

Die obige Regelung wird insbesondere für solche Vertragsverhältnisse anzustreben sein, bei denen die Erzeugnispreise über dem Friedensgoldstand liegen, wie z. B. bei der Kohle. Jedoch will ich mich bei der Möglichkeit einer etwaigen analogen Anwendung des § 1 Abs. 1b Satz 2 der Reichspachtschutzordnung (Naturalpacht nur bei Vereinbarung*) durch die Rechtsprechung, auch mit einer Umrechnung des Friedenspachtzinses nach dem jeweiligen Dollarkurs einverstanden erklären, wenn dadurch Prozesse vermieden werden. Ebenso wird sich diese Regelung bei Vertragsverhältnissen empfehlen, bei denen die Erzeugnisse keine geeignete Grundlage für die Umrechnung des Pachtzinses bilden. Bei Erzeugnissen, deren Preis unter Friedensstand liegt, ist die Natural- oder Geldwertpacht in der Weise zu ermäßigen, wie dies dem Verhältnis der heutigen Preise zu den Preisen zur Zeit der Vertragsabschlüsse entspricht. Bei der schwankenden Wirtschaftslage sind hierbei jedoch besondere Sicherungen am Platze, die eine Nachprüfung des Pachtzinses im Laufe des Vertragsverhältnisses bei Änderung der Preisgestaltung zulassen.

---

*) Die Einschränkung ist inzwischen durch die Verordnung zur Änderung der PSchO. beseitigt.

Etwaige Einwendungen der Nutzungsberechtigten auf Grund der Wirtschaftslage, insbesondere unter Hinweis auf die Gestehungskosten, dürfen nur insoweit berücksichtigt werden, als diese Gestehungskosten im Verhältnis zu den Erzeugnispreisen seit dem Abschluß des Vertrages übermäßig gestiegen sind und dieser Umstand seine Begründung nicht in einer vorübergehenden schwankenden Marktlage, sondern in den anscheinend beständig bleibenden allgemeinen Wirtschaftsverhältnissen findet.

In ähnlicher Weise sind die Leistungen aus Verträgen aufzuwerten, die während des Krieges und nach dem Kriege abgeschlossen sind. Selbst bei Verträgen mit gleitenden Pachtzinsen wird darauf zu achten sein, daß die für die Umrechnung maßgebenden Zeitpunkte und Fristen zur Vermeidung der Geldentwertung den obigen Grundsätzen angepaßt werden.

Die Neuregelung der Vertragsverhältnisse nach diesen Gesichtspunkten ist zunächst im Verhandlungswege anzustreben. Sollten sich die Nutzungsberechtigten dem an sie gestellten Verlangen auf Wiederherstellung der ursprünglichen Vertragsgrundlagen gegenüber völlig ablehnend verhalten, so sind die Verträge auf Grund der clausula rebus sic stantibus unter Festsetzung einer angemessenen Kündigungsfrist für aufgehoben zu erklären, und die betreffenden Nutzungen anderweitig öffentlich auszubieten. Hierauf ist bereits in der förmlichen Aufforderung zur Annahme des Natural- oder Goldpachtzinses hinzuweisen. In zweifelhaften Fällen ist zunächst meine Entscheidung einzuholen.

Sollten die Nutzungsberechtigten das Verlangen nach Anpassung des Pachtzinses an die Geldentwertung zwar dem Grunde nach, aber nicht in dem von der Regierung nach Lage des Einzelfalles geforderten Umfang anerkennen, so ist unter Aufrechterhaltung der Verträge und unter vorbehaltlicher Annahme der angebotenen unzureichenden Gegenleistungen auf angemessene Aufwertung nach obigen Grundsätzen zu klagen.

Von der Anstrengung mehrerer Prozesse bei gleichartigen Fällen kann dabei dann abgesehen werden, wenn die Pächter sich verpflichten, das Ergebnis des einen Rechtsstreites und der dabei als berechtigt erkannten Umrechnungsart auch gegen sich gelten zu lassen, wobei ein möglichst typischer und für den Staat auch wirtschaftlich günstig liegender Fall gegebenenfalls im Instanzenzuge durchgefochten werden muß.

Sollte demnächst die preußische Pachtschutzordnung auch auf die gewerblichen Nutzungsverträge ausgedehnt werden, so wird für die Überleitung der etwa angestrengten Prozesse in das Verfahren vor den Pachteinigungsämtern besondere Verfügung getroffen werden.

XIX. Rundverfügung des Preußischen Justizministers vom 22. Juni 1925, betr. Aufwertungsansprüche gegen den Justizfiskus aus gerichtlichen Hinterlegungen — I 1173 —.

In letzter Zeit haben Hinterlegungsbeteiligte verschiedentlich gegen den Staat Klage auf Aufwertung hinterlegter Gelder erhoben. Die Entscheidung der Gerichte über diese Klagen sind nicht einheitlich; soweit dem Klagebegehren stattgegeben ist, sind in der Begründung vielfach unzutreffende Erwägungen angestellt worden.

Um eine einheitliche Stellungnahme des Fiskus in diesen Rechtsstreitigkeiten zu erzielen, die bei einer Mehrung die Staatskasse erheblich belasten würden, ersuche ich Eure Hochwohlgeboren, in jedem einzelnen Falle zu prüfen, ob unbeschadet weiterer Anführungen die Geltendmachung der nachfolgenden Gesichtspunkte nach Lage des Falles Erfolg verspricht, und gegebenenfalls das Erforderliche zu veranlassen. Falls die Möglichkeit der Anrufung des Reichsgerichts gegeben ist, ist diese keinesfalls zu versäumen.

I. Wie ich schon in meinem Erlasse vom 27. Oktober 1924 hervorgehoben habe, wird zunächst geprüft werden müssen, ob die Einrede der Unzulässigkeit des Rechtsweges Erfolg verspricht.

II. Auch wenn die Zulässigkeit des Rechtsweges bejaht wird, ist auf die öffentlich-rechtliche Natur des Hinterlegungsverhältnisses hinzuweisen. Der Staat schließt mit dem Hinterleger keinen privatrechtlichen Verwahrungsvertrag, auch kein sogenanntes depositum irregulare, sondern er hat bestimmte Kassen im öffentlichen Interesse auf Grund eines besonderen Gesetzes zur Hinterlegung zur Verfügung gestellt und sie zur Annahme unter bestimmten Voraussetzungen verpflichtet. Der Hinterleger benutzt lediglich diese öffentliche Einrichtung. Seine Rechte aus dem Hinterlegungsverhältnis beruhen ausschließlich auf dem für die Benutzung maßgebenden Sondergesetz, der Hinterlegungsordnung vom 21. April 1913. Eine erweiternde Auslegung der sich aus dem Hinterlegungsverhältnis ergebenden Verbindlichkeiten erscheint danach ausgeschlossen; denn die Hinterlegungsstellen sind zur Annahme nur unter den gesetzlich bestimmten Bedingungen berechtigt und verpflichtet.

Aus der öffentlich-rechtlichen Natur des Hinterlegungsverhältnisses ergibt sich auch weiter die besondere Behandlung der Aufwertungsfrage. Das Reichsversicherungsamt hat in einer grundsätzlichen Entscheidung vom 5. März 1924 (ANRVA. Nr. 3161 S. 73, vgl. Lindemann im „Recht" 1924 Sp. 220) ausgesprochen, daß die Regelung der Aufwertung auf dem Gebiet des öffentlichen Rechts dem Gesetzgeber vorbehalten und die Rechtsprechung danach nicht in der Lage sei, die Aufwertung für Gebiete und Gruppen von Fällen zuzulassen, für die eine gesetzliche Regelung fehle. Das Reichsgericht teilt allerdings diese Auffassung in dieser Allgemeinheit nicht, sondern hat für bestimmte öffentlich-rechtliche Ansprüche eine Aufwertung auch ohne positive gesetzliche Grundlage zugelassen; so für Entschädigungsansprüche des öffentlichen Rechts, insbesondere aus Enteignung (RG. 107 S. 228) und aus unschuldig erlittener Untersuchungshaft (Warneyer, Rechtspr. des RG., 1925, S. 98 Nr. 78), sowie für rückständige Dienst- und Versorgungsbezüge (RG. 109 S. 127, auch JW. 1925 S. 54 Nr. 11). Immerhin aber handelt es sich hierbei um Ausnahmen, um Ansprüche von besonderer Eigenart, die von besonderen rechtlichen Gesichtspunkten beherrscht werden. Diese Gesichtspunkte sind zu finden für die Entschädigungsforderungen in der Eigenart der Schadensersatzleistung, dem sie beherrschenden Prinzip der Naturalherstellung; für die Dienst- und Versorgungsansprüche in ihrem unterhaltsähnlichen Charakter, der Zweckbestimmung zur Deckung des Lebensbedarfs. Bekanntlich hat die Rechtsprechung auch auf dem Gebiet des Privatrechts zu allererst für Schadensersatz- und Unterhaltsansprüche unter diesen Gesichtspunkten die Aufwertung durchgeführt (vgl. für Schadensersatzansprüche RG. 98 S. 55, 101 S. 418, 102 S. 383, 106 S. 184, JW. 1923 S. 147 und 457), es lag nahe, diese Gesichtspunkte auch auf einigermaßen ähnliche öffentlich-rechtliche Ansprüche anzuwenden. Wo aber auf Ansprüche des öffentlichen Rechts solche besonderen Gesichtspunkte nicht zutreffen, da muß daran festgehalten werden, daß bei ihnen eine Aufwertung ohne ausdrückliche gesetzliche Vorschrift nicht zulässig und es insbesondere verfehlt ist, die privatrechtlichen allgemeinen Grundsätze der Aufwertung ohne weiteres analog zur Anwendung zu bringen. So liegt die Sache bezüglich der Ansprüche aus Hinterlegungen. Die privatrechtlichen Grundsätze, deren analoge Anwendung hier allein in Frage kommen kann, sind diejenigen über die Aufwertung von deposita irregularia und damit von Darlehen. Wenn nun Art. I § 16 der 3. StNVO. sogar die Aufwertung der alten Staatsanleihen bis auf weiteres ausschließt, die doch im ausschließlichen Interesse des Staates aufgenommen worden sind, und bisweilen auch zu werbenden Anlagen, z. B. zum Bau von Eisenbahnen, Verwendung gefunden haben, so muß daraus der Schluß a majore ad minus gezogen werden, daß bei Hinterlegungsgeldern, die lediglich im Interesse der Hinterleger angenommen worden sind, und bei denen eine Verwendung zu werbenden Anlagen nicht in Frage kam, von einer Aufwertung ohne eine sie ausdrücklich anordnende gesetzliche Vorschrift erst recht nicht die Rede sein kann.

III. Selbst wenn man aber auf das Hinterlegungsverhältnis die Grundsätze entsprechend anwendet, auf die bei bürgerlichen Rechtsverhältnissen die Aufwertung gestützt wird, kommt eine Aufwertung nicht in Frage.

1. Bei der Frage, ob Treu und Glauben eine Aufwertung verlangt, ist in erster Linie der bei Abschluß des Rechtsgeschäfts bestehende und geäußerte Wille der Beteiligten zu berücksichtigen. Auf seiten des Fiskus kann nun kein Zweifel darüber bestehen, daß bei allen Beträgen, die z. Z. des Währungsverfalles hinterlegt worden sind, der Fiskus keine andere Verpflichtung übernehmen wollte, und nach den bestehenden gesetzlichen Bestimmungen übernehmen konnte, als die gleiche Summe Papiermark zurückzuzahlen. Diese ständig eingehaltene Übung des Fiskus war auch jedem Hinterleger bekannt, und es darf füglich behauptet werden, daß vor der Festigung der Währung — abgesehen vielleicht von der allerletzten Zeit des Währungsverfalls im Herbst 1923 — kein Hinterleger daran gedacht hat, daß er etwas anderes als die gleiche Summe in Papiermark zurückfordern könne. Angesichts dieser ständigen Übung des Fiskus, die klar erkennen ließ, daß er eine Verpflichtung, den gleichen Wert zurückzuerstatten, nicht übernehmen wolle, muß jeder vorbehaltlose Hinterlegungsantrag nach Treu und Glauben dahin verstanden werden, daß der Hinterleger mit der Rückzahlung in Papiermark einverstanden war.

2. Dem Fiskus kann auch nicht etwa ein Vorwurf daraus gemacht werden, daß er die hinterlegten Gelder nicht wertbeständig angelegt habe. Ganz abgesehen davon, daß Möglichkeiten einer „wertbeständigen" Anlage nur in beschränktem Maße vorhanden und stets mit einem erheblichen Risiko verbunden waren, das der Fiskus nicht übernehmen konnte, war er zu einer wertbeständigen Anlage hinterlegter Gelder weder verpflichtet noch auch nur berechtigt, da er sein Vorgehen nach den gesetzlichen Vorschriften zu bestimmen hatte.

Es wäre vielmehr Sache der Hinterleger gewesen, der Entwertung vorzubeugen. In vielen Fällen hätten sie von vornherein Kostbarkeiten oder Wertpapiere, die ihnen wertbeständig zu sein schienen, anschaffen und dann diese hinterlegen können. Soweit dies nicht möglich oder jedenfalls nicht geschehen, also Geld hinterlegt war, bestand für die Beteiligten in vielen Fällen schon nach § 235 BGB., in fast allen aber gemäß § 20 der Ausführungsvorschrift zur HO. die Möglichkeit, eine Umwandlung der hinterlegten Masse herbeizuführen. Auf diesem Wege hätten auch diejenigen, die vor der Zeit der Markentwertung hinterlegt hatten, durch rechtzeitigen Umtausch der Entwertung ihrer Hinterlegungsmassen begegnen können.

Diese Erwägung, daß es Sache des Hinterlegers gewesen sei, der Entwertung in der vorgenannten Weise vorzubeugen, ist für das Verhältnis der Hinterlegungsbeteiligten unter einander auch von dem Reichsgericht in einem vom „Tag" am 3. Juni 1925 (Nr. 132) mitgeteilten Urteil vom 8. April 1925 — I/363/24 — anerkannt.

3. Ferner steht einer Aufwertung hinterlegter Beträge der Umstand entgegen, daß es sich in aller Regel um täglich fällige Verbindlichkeiten handelt. Bei ihnen entspricht eine Aufwertung nicht den Erfordernissen von Treu und Glauben und ist — soweit bekannt — von dem Reichsgericht auch nie zugebilligt worden. Denn einmal ist die Anlagemöglichkeit täglich fälliger Gelder so beschränkt, daß sie nicht wirksam der Entwertung entzogen werden konnten, woran auch der Umstand nichts

ändert, daß erfahrungsgemäß ein größerer Teil der Gelder längere Zeit liegen bleibt. Vor allem aber hat der Gläubiger bei täglich fälligen Geldern jederzeit die Möglichkeit, sein Geld zurückzunehmen und es so der Geldentwertung zu entziehen. Tut er dies nicht, läßt er in Kenntnis der Geldentwertung sein Geld stehen, so ist er mit der Entwertung seines Guthabens einverstanden und verstößt seinerseits gegen Treu und Glauben, wenn er nachträglich eine Aufwertung fordert, die er während der ganzen Dauer des Rechtsverhältnisses verabsäumt hat, geltend zu machen. So schließt auch der Entwurf des Aufwertungsgesetzes — Drucksache des Reichstags III 1924/25 Nr. 804 — in § 12 der Aufwertung von Kontokorrentguthaben aus.

Diese Erwägung trifft unverändert auch auf die Fälle zu, in denen die Herausgabe der hinterlegten Beträge an dem Widerspruch eines Hinterlegungsbeteiligten scheiterte. Für den dadurch entstandenen Schaden kann der Fiskus nicht verantwortlich gemacht werden; es muß vielmehr dem Geschädigten überlassen bleiben, sich an den widersprechenden Beteiligten zu halten. Die Natur einer täglich fälligen Verbindlichkeit verliert der Anspruch des Hinterlegers damit nicht. Etwas anders ist die Rechtslage nur in den Fällen, in denen — wie in Strafsachen — die Herausgabe der hinterlegten Beträge von der Genehmigung einer staatlichen Behörde abhängig gemacht war. Aber auch in diesen Fällen hatte der Geschädigte die Möglichkeit, die hinterlegten Beträge gegen mindestens gleichwertige, aber wertbeständige Wertpapiere umzutauschen, und ebenso wäre seinem Antrage, das hinterlegte Geld in einer von ihm bestimmten wertbeständigen Weise anzulegen, stets entsprochen worden, soweit nicht die Gefahr bestand, daß die Sicherheit durch die gewünschte Anlage gemindert würde. Unterließ der Geschädigte die Stellung eines derartigen Antrages, so hat er selbst die Entwertung des Geldes zu verantworten und kann nicht von dem Staat eine Aufwertung verlangen. „Keinesfalls durfte er“ — wie das Landgericht Karlsruhe in Sachen Weil gegen Fiskus JZH. 163/23 in seinem Urteil vom 27. Mai 1924 zutreffend ausführt — „die Gefahr der Geldentwertung einfach als auf den Staat abgewälzt ansehen.“

Hinzu kommt bei den in einem Strafverfahren erfolgten Hinterlegungen noch die Erwägung, auf die gleichfalls das oben bezeichnete Urteil hinweist, daß der Betroffene grundsätzlich die durch die strafprozessualen Zwangsmittel des Staates ohne Verschulden eines Beamten entstandenen Nachteile tragen muß, soweit nicht das Gesetz, wie z. B. bei der Entschädigung für unschuldig erlittene Untersuchungshaft, eine Ausnahme macht. Eine Erweiterung dieser gesetzlich bestimmten Entschädigungsfälle erscheint nicht zulässig.

In Fällen der vorgenannten Art wird bisweilen eine Billigkeitsentschädigung gewährt, ein Rechtsanspruch auf Ersatz des entstandenen Schaden besteht aber nicht.

4. Die meisten der mir bisher bekannt gewordenen verurteilenden Erkenntnisse stützen sich darauf, daß der Fiskus die hinterlegten Beträge ganz oder teilweise für sich verwendet habe und insofern bereichert sei. Auch diese Urteilsgrundlage hält näherer Prüfung nicht stand. Ganz abgesehen davon, daß der Beweis, daß der Fiskus einen bestimmten Hinterlegungsbetrag für sich verwendet habe und dadurch noch jetzt bereichert sei, sich kaum je wird erbringen lassen, und daß es unzulässig sein dürfte, sich mit einer bloßen Vermutung zu begnügen, die durch keinerlei sichere Erfahrungen bestätigt ist, ist eine Aufwertung selbst dann nicht gerechtfertigt, wenn die Verwendung als geschehen unterstellt wird.

Die Urteile verkennen den grundsätzlichen Unterschied zwischen dem Geschäftsbetriebe des Privatmannes und dem Verwaltungsbetrieb des Staates. Der Privatmann, der einkommende Gelder wertbeständig anlegt, oder sie in seinem Geschäft arbeiten läßt, zieht aus den Geldern Nutzen und wird deshalb z. B. in RGZ. 108 S. 120 mit Recht für verpflichtet erachtet, diesen Nutzen dem Bereicherungsgläubiger wieder herauszugeben. Der Staat verwendet im Verwaltungsbetriebe seine Einnahmen nicht nutzbringend, sondern bestreitet damit seine Staatsausgaben, bezahlt Gehälter, Löhne, Zeugen- und Sachverständigengebühren u. a. m., ohne sich durch diese Ausgaben neue Einnahmen zu verschaffen. Bei ihm kann es sich deshalb nur darum handeln, ob er durch die Verwendung der Hinterlegungsgelder die Aufbringung anderer Gelder erspart und dadurch bereichert ist. Das ist aber gerade nicht der Fall.

In vielen Fällen werden die verfügbaren Barmittel des Staates auch ohne Zuhilfenahme der Hinterlegungsgelder ausgereicht haben, um die Ausgaben zu decken. In diesen Fällen haben die Hinterlegungsbeträge nur zu einer Erhöhung der Kassenbestände geführt; denn es wären in diesen Fällen ohne die Eingänge an Hinterlegungsgeldern die übrigen Barmittel des Staates ausgegeben worden. Von der Erhöhung der Kassenbestände hatte aber der Staat keinen Nutzen, da diese der Entwertung anheimfielen.

Selbst wenn aber ein Hinterlegungsbetrag den Erfolg gehabt haben sollte, was kaum nachzuweisen sein wird, den Zuschußbedarf des Preußischen Staates zu mindern, so hatte der Staat davon keinen Nutzen und ist jetzt jedenfalls deswegen nicht mehr bereichert. Denn während der ganzen Zeit des Währungsverfalls überstiegen die Ausgaben des Staates seine Einnahmen aus Steuern und Gebühren. Der Mehrbetrag wurde durch Zuschüsse von seiten des Reichs gedeckt, das seinerseits die erforderlichen Mittel unter Inanspruchnahme der Notenpresse aufbrachte. Da diese Zuschüsse in der für die notwendigen Bedürfnisse der Staatsverwaltung erforderlichen Höhe stets verfügbar waren, und eine Rückzahlungspflicht nicht bestand, so hatte der Preußische Staat keinerlei Vorteil davon, wenn sich der Zuschußbedarf infolge der Einnahme von Hinterlegungsgeldern verringerte.

In allen Fällen, sei es, daß die von dem Hinterleger gegebenen Geldscheine in den Kassen der Hinterlegungsstellen entwertet sind, sei es, daß sie zwar ausgegeben wurden, dadurch aber nur die Ausgabe anderer Geldzeichen unterblieben ist, die nun ihrerseits entwerteten, sei es schließlich, daß die Hinterlegungsgelder zu einer Minderung des Zuschußbedarfs des Staates geführt haben, in allen Fällen hat also der Staat von den Hinterlegungsgeldern keinen Nutzen gehabt und ist jetzt nicht bereichert.

Hatte aber der Staat von der Verwendung der Hinterlegungsgelder keinen Nutzen, so kann auch das Aufwertungsverlangen nicht auf diesen Umstand gestützt werden. Denn dieser Umstand ist nur insofern rechtlich erheblich, als es der Billigkeit nicht entsprechen würde, wenn der Staat sich an den Hinterlegungsgeldern bereichert hätte. Das ist aber nicht der Fall.

Das Aufwertungsbegehren kann also nicht auf den allgemeinen Grundsatz der Billigkeit gestützt werden, vielmehr dürfte es unbillig sein, den Staat, der die bei ihm hinterlegten, in sein Eigentum übergegangenen Gelder selbst ohne eigene Schuld verloren hat, zu zwingen, die Hinterlegungsgläubiger, die nicht mehr als alle anderen Papiermarkbesitzer gelitten haben, aus eigenen Mitteln zu entschädigen.

XX. Preußische Verordnung über das Kostenwesen bei den Aufwertungsstellen.

Vom 28. Juli 1925 (GS. S. 103).

Auf Grund des § 7 Abs. 2 der Verordnung über die Einrichtung und das Verfahren der Aufwertungsstellen vom 21. Juli 1925 (RGBl. I S. 154) wird folgendes verordnet:

§ 1. Für das Verfahren vor der Aufwertungsstelle werden Gebühren und Auslagen nach Maßgabe der folgenden Vorschriften berechnet.

§ 2. Für die Gebührenberechnung ist der Wert des Streitgegenstandes maßgebend. Dieser Wert ist von der Aufwertungsstelle, im Beschwerdeverfahren von dem Beschwerdegericht, unter Berücksichtigung der gestellten Anträge nach freiem Ermessen festzusetzen.

§ 3. Schuldner der Gebühren und Auslagen ist derjenige, dem durch eine Entscheidung der Aufwertungsstelle oder des Beschwerdegerichts die Kosten des Verfahrens auferlegt worden sind (§ 76 Abs. 1 des Aufwertungsgesetzes vom 16. Juli 1925 — RGBl. I S. 117). In Ermangelung einer solchen Entscheidung kommen die Vorschriften der §§ 1, 2, 4 und 5 des Preußischen Gerichtskostengesetzes vom 28. Oktober 1922 (Gesetzsamml. 1922 S. 363, 1923 S. 107) entsprechend zur Anwendung.

§ 4. Soweit nicht in dieser Verordnung besondere Bestimmungen über die Fälligkeit getroffen sind, werden die Gebühren bei Beendigung des Verfahrens, die Auslagen bei ihrer Entstehung fällig. Im übrigen richtet sich die Berechnung und Einziehung der Kosten sowie das Erinnerungs- und Beschwerdeverfahren über den Kostenansatz nach den Vorschriften, welche für die nach dem Preußischen Gerichtskostengesetze zu erhebenden Gerichtskosten maßgebend sind. Der § 8 des Preußischen Gerichtskostengesetzes vom 28. Oktober 1922 (Gesetzsamml. 1922 S. 363, 1923 S. 107) ist entsprechend anwendbar.

§ 5. Volle Gebühr im Sinne dieser Verordnung ist die im § 32 des Preußischen Gerichtskostengesetzes vom 28. Oktober 1922 (Gesetzsamml. 1922 S. 363, 1923 S. 107) bestimmte Gebühr. Der Mindestbetrag einer Gebühr ist zwei Reichsmark.

§ 6. Für die Entgegennahme des Antrags auf Einleitung des Verfahrens gemäß §§ 69, 70 des Aufwertungsgesetzes werden von dem Antragsteller zwei Zehnteile der vollen Gebühr erhoben. Die Gebühr ist bei Eingang des Antrags fällig; sie wird auf die für das Verfahren zu erhebende Gebühr (§ 7 Abs. 1) angerechnet.

§ 7. (1) Für das Verfahren vor der Aufwertungsstelle einschließlich der Anordnung und Vornahme von Beweisverhandlungen und der Beurkundung eines Vergleichs werden fünf Zehnteile der vollen Gebühr erhoben.

(2) Wird eine das Verfahren abschließende Entscheidung der Aufwertungsstelle getroffen, so werden weitere fünf Zehnteile der vollen Gebühr erhoben.

(3) Bei Einleitung des Verfahrens kann ein Vorschuß in Höhe von drei Zehnteilen der vollen Gebühr erhoben werden.

§ 8. (1) Für die Entscheidung einschließlich des vorangegangenen Verfahrens in der Beschwerdeinstanz (§ 74 des Aufwertungsgesetzes) werden fünf Zehnteile der vollen Gebühr erhoben.

(2) Wird die Beschwerde zurückgenommen, bevor eine Entscheidung ergangen ist, so werden zwei Zehnteile der vollen Gebühr erhoben.

§ 9. (1) Wird vom Beschwerdegericht eine Sache zur anderweiten Verhandlung an die Vorinstanz zurückgewiesen, so gilt die Fortsetzung des Verfahrens in dieser Instanz hinsichtlich der Gebührenerhebung nicht als ein neues Verfahren.

(2) Werden gemäß § 3 der Verordnung über die Einrichtung und das Verfahren der Aufwertungsstellen vom 21. Juli 1925 (RGBl. I S. 154) mehrere gegen denselben Schuldner anhängige Aufwertungsverfahren zum Zwecke der gleichzeitigen Verhandlung und Entscheidung verbunden, so sind die Gebühren während der Dauer der Verbindung von dem Gesamtwerte zu berechnen.

§ 10. (1) Für die Erhebung der Auslagen gelten die Vorschriften der §§ 109 bis 112 und 114 des Preußischen Gerichtskostengesetzes vom 28. Oktober 1922 (Gesetzsamml. 1922 S. 363, 1923 S. 107). Zur Deckung der baren Auslagen kann von dem Antragsteller ein angemessener Vorschuß erhoben werden.

(2) Eine Erhebung von Stempeln findet nicht statt. Urkunden, von denen im Verfahren Gebrauch gemacht wird, sind nur insoweit einem Stempel unterworfen, als sie es ohne diesen Gebrauch sein würden. Für die Behandlung dieser Stempel gilt der § 29 des Preußischen Gerichtskostengesetzes sinngemäß.

§ 11. Diese Verordnung tritt mit Wirkung vom 15. Juli 1925 in Kraft.

XXI. Verordnung über die Verlegung der zur Durchführung der Aufwertung von Industrieobligationen und verwandten Schuldverschreibungen bestimmten Termine.

Vom 29. September 1925*) (RGBl. I 383).

Auf Grund des § 35 Abs. 3, § 88 Abs. 2 des Aufwertungsgesetzes vom 16. Juli 1925 (Reichsgesetzbl. I S. 117) verordnet die Reichsregierung:

Artikel I.

Die in der Verordnung über die Anmeldung, den Nachweis und den Ausschluß von Rechten aus aufgewerteten Industrieobligationen und verwandten Schuldverschreibungen vom 10. August 1925 (Reichsgesetzbl. I S. 187) bestimmten Termine werden wie folgt verlegt:

der Termin vom 30. September 1925 (§§ 1, 4) auf den 30. November 1925;
der Termin vom 30. November 1925 (§ 4) auf den 31. Januar 1926;
der Termin vom 31. Dezember 1925 (§ 6) auf den 28. Februar 1926;
der Termin vom 28. Februar 1926 (§ 6) auf den 30. April 1926.

Artikel II.

Diese Verordnung tritt mit dem Tage der Verkündung in Kraft.

Berlin, den 29. September 1925.

Der Reichsminister der Justiz
Dr. Frenken
Der Reichswirtschaftsminister
J. V.: Trendelenburg

XXII. Zweite Verordnung des Reichsministers der Finanzen zur Ausführung des Gesetzes über die Ablösung öffentlicher Anleihen.

Vom 29. September 1925 (RGBl. I 383).

Auf Grund des § 6 des Gesetzes über die Ablösung öffentlicher Anleihen vom 16. Juli 1925 (Reichsgesetzbl. I S. 137) und auf Grund des § 53 Abs. 1 der Ersten Verordnung zur Durchführung des Gesetzes über die Ablösung öffentlicher Anleihen vom 8. September 1925 (Reichsgesetzbl. I S. 335) wird verordnet:

§ 1. In den auswärtigen Ländern werden besondere Vermittlungsstellen für den Umtausch der Inhaberschuldverschreibungen von Markanleihen des Reichs errichtet. Für die Inhaberschuldverschreibungen von Markanleihen des Reichs, die durch eine im Ausland belegene Vermittlungsstelle zum Umtausch angemeldet werden, ist die zuständige Anmeldestelle die Reichshauptbank in Berlin.

§ 2. Die ausländischen Vermittlungsstellen haben die bei ihnen eingegangenen Anträge auf Umtausch der alten Markanleihen des Reichs, nachdem sie die vorgesehenen Prüfungsbescheinigungen erteilt haben, zusammen mit Sammellisten in kurzen Zwischenräumen an die Reichshauptbank (Zeichnungsabteilung), Berlin SW 111, eingeschrieben einzusenden. Die dazugehörigen und mit dem Firmenstempel der

*) Veröffentlicht in Nr. 229 des Deutschen Reichsanzeigers und Preußischen Staatsanzeigers vom 30. September 1925

Vermittlungsstelle zu versehenden Wertpapiere sind von den Vermittlungsstellen durch mindestens ein durch die Mitte der Wertpapiere zu stanzendes Loch zu entwerten und gleichzeitig mit den Sammellisten und Anträgen, aber in besonderer Sendung, innerhalb deren die Wertpapiere nach den einzelnen Anträgen getrennt zu halten sind, ebenfalls an die Reichshauptbank (Zeichnungsabteilung), Berlin SW 111, abzuschicken. Die Versicherung dieser Wertpapiersendung hat zu dem niedrigsten Satze des Posttarifs zu erfolgen.

Beantragt der Anmeldende auf Grund der angemeldeten Schuldurkunden die Gewährung von Auslosungsrechten, so übersendet die Anmeldestelle die nach § 11 der Ersten Verordnung zur Durchführung des Gesetzes über die Ablösung öffentlicher Anleihen vom 8. September 1925 vorgesehene Bescheinigung an den Reichskommissar für die Ablösung der Reichsanleihen alten Besitzes in Berlin.

§ 3. Als Tag der Anmeldung von Markanleihen des Reichs zum Umtausch in die Anleiheablösungsschuld gilt, sofern sie durch eine im Ausland belegene Vermittlungsstelle erfolgt, der Tag, an dem die Anmeldung der Vermittlungsstelle zugeht.

§ 4. Anleihealtbesitzstellen im Ausland sind:

1. die von mir bestellten „Sonderkommissare für die deutschen Reichsanleihen",
2. die besonders beauftragten diplomatischen und konsularischen Vertretungen des Reichs.

§ 5. Eine im Ausland zu bewirkende Zustellung erfolgt durch eingeschriebenen Brief, und zwar, soweit zulässig, gegen Rückschein. Ist ein Antrag auf Gewährung von Auslosungsrechten durch eine im Ausland belegene Vermittlungsstelle gestellt, so erfolgt die öffentliche Zustellung eines auf den Antrag bezüglichen Schriftstücks durch Anheftung einer beglaubigten Abschrift des zuzustellenden Schriftstücks in den Geschäftsräumen der konsularischen Vertretung des Deutschen Reichs, in deren Bezirk die Vermittlungsstelle belegen ist, durch welche der Antrag gestellt ist.

§ 6. Die Beschwerdefrist gegen eine im Ausland zuzustellende Entscheidung über einen Antrag auf Gewährung von Auslosungsrechten beträgt drei Wochen. Die Beschwerde kann auch bei der zuständigen Anleihealtbesitzstelle eingelegt werden.

Berlin, den 29. September 1925.

Der Reichsminister der Finanzen
J. A.: von Brandt

XXIII. Verordnung über die Eintragung der Aufwertungsbeträge von Hypotheken und anderen dinglichen Rechten.

Vom 9. Oktober 1925 (Reichsanz. Nr. 237, RGBl. I 385).

Auf Grund des § 88 Abs. 2 des Aufwertungsgesetzes vom 16. Juli 1925 (RGBl. I S. 117) wird hiermit verordnet:

§ 1. Die Höhe der Geldsumme, die auf Grund eines nach den §§ 4 bis 32 des Aufwertungsgesetzes aufgewerteten Rechtes zu zahlen ist, wird in der Weise bestimmt, daß eine Goldmark des Aufwertungsbetrags dem jeweiligen Preise von $^1/_{2790}$ kg Feingold gleichgesetzt wird. Maßgebend ist der für den Tag der Fälligkeit amtlich festgestellte Preis; § 2 der Verordnung zur Durchführung des Gesetzes über wertbeständige Hypotheken vom 29. Juni 1923 (RGBl. I S. 482) findet Anwendung.

§ 2. Bei der Eintragung der Aufwertung im Grundbuch, Schiffsregister oder Bahngrundbuch ist der Aufwertungsbetrag in Goldmark einzutragen; eine Goldmark ist die Bezeichnung für den amtlich festgestellten Preis von $^1/_{2790}$ kg Feingold.

§ 3. Soweit eine Aufwertung bereits abweichend von den Vorschriften der §§ 1 und 2 eingetragen ist, ist die Eintragung von Amts wegen zu berichtigen; die Berichtigung erfolgt gebührenfrei.

Berlin, den 9. Oktober 1925.

Der Reichsminister der Justiz
J. V.: Dr. Joel

XXIV. Preußische Erste Verordnung zur Durchführung der Aufwertung der Sparguthaben.

Vom 24. Oktober 1925 (GS. S. 151).

Auf Grund des § 58 des Gesetzes über die Aufwertung von Hypotheken und anderen Ansprüchen (Aufwertungsgesetz) vom 16. Juli 1925 (Reichsgesetzblatt I S. 117) wird folgendes angeordnet:

§ 1. Die Aufwertung der Sparguthaben erfolgt bei allen öffentlichen oder unter Staatsaufsicht stehenden Sparkassen Preußens ohne Bildung einer Teilungsmasse und ohne Bestellung eines Treuhänders zu einem Aufwertungssatze von 12½ v. H. des Goldmarkbetrags der Sparguthaben.

§ 2. (1) Wird nach Inkrafttreten dieser Verordnung eine Markanleihe des Gewährleistungsverbandes, die nach den Vorschriften des Reichsgesetzes über die Ablösung öffentlicher Anleihen vom 16. Juli 1925 (Reichsgesetzbl. I S. 137) der Ablösung unterliegt, in der Weise getilgt, daß hierbei ein Aufwertungssatz von mehr als 12½ v. H. des Goldwerts (§ 41 Abs. 1, § 31 Abs. 2 des Gesetzes über die Ablösung öffentlicher Anleihen) erreicht wird, so ist dieser höhere Satz auch für die Aufwertung der Sparguthaben bei der Sparkasse des Gewährleistungsverbandes als Aufwertungssatz maßgebend. Das Entsprechende gilt, soweit bei der Tilgung der für eine Markanleihe ausgegebenen Ablösungsanleihe ein Aufwertungssatz von 12½ v. H. des Goldwerts der Markanleihe überschritten wird.

(2) Die Vorschrift des Abs. 1 findet keine Anwendung, soweit sich ein Aufwertungssatz von mehr als 12½ v. H. des Goldwerts auf Grund des § 11 des Gesetzes über die Ablösung öffentlicher Anleihen ergibt.

§ 3. (1) Werden bei einer Sparkasse Sparguthaben zu einem höheren als dem im § 1 bezeichneten Aufwertungssatz aufgewertet, so ist ein Beitrag in Höhe der Hälfte desjenigen Betrags, der für die über 12½ v. H. des Goldmarkbetrags hinausgehende Aufwertung erforderlich ist, an einen Sparkassenausgleichsstock abzuführen, aus dem leistungsschwache Sparkassen bei der Aufbringung des im § 1 vorgeschriebenen Aufwertungssatzes zu unterstützen sind.

(2) Die Verpflichtung der Leistung des im Abs. 1 bezeichneten Beitrags sowie dessen Höhe wird durch den für die im Abs. 1 bezeichnete Sparkasse zuständigen Regierungspräsidenten endgültig festgestellt.

(3) Die Verwaltung und Verwendung des Sparkassenausgleichsstocks wird vom Minister des Innern geregelt.

§ 4. Diese Verordnung tritt eine Woche nach der Verkündung in Kraft.

Berlin, den 24. Oktober 1925.

Der Preußische Minister des Innern.
Severing.

XXV. Verordnung zur Änderung der Verordnung über die Einrichtung und das Verfahren der Aufwertungsstellen.

Vom 27. November 1925*) (RGBl. I S. 392).

Auf Grund des § 72 des Aufwertungsgesetzes wird nach Zustimmung des Reichsrats verordnet:

Artikel I.

Die Verordnung über die Einrichtung und das Verfahren der Aufwertungsstellen vom 21. Juli 1925 (Reichsgesetzbl. I S. 154) wird wie folgt geändert:

§ 1. Im § 2 Abs. 1 wird folgender Satz angefügt:

Dies gilt für die persönliche Forderung auch dann, wenn eine Wiedereintragung des dinglichen Rechtes nicht stattfindet.

§ 2. Im § 2 Abs. 2 erhält Satz 2 folgende Fassung:

Hat der Schuldner im Inland keinen allgemeinen Gerichtsstand, so ist das Gericht zuständig, in dessen Bezirk sich sein Vermögen ganz oder zum Teil befindet oder in dessen Bezirk der Gläubiger seinen Wohnsitz (Sitz) hat; unter mehreren zuständigen Gerichten gebührt dem Gerichte der Vorzug, welches zuerst in der Sache tätig geworden ist.

§ 3. Es werden folgende Vorschriften eingefügt:

§ 2a. (1) Die Anrufung der Aufwertungsstelle ist, sofern es sich um die Aufwertung von Teilschuldverschreibungen (§ 46 des Aufwertungsgesetzes) handelt, von der Aufwertungsstelle einmal im Deutschen Reichsanzeiger öffentlich bekanntzumachen. Die Aufwertungsstelle kann anordnen, daß die Bekanntmachung auch in anderen Blättern und zu mehreren Malen erfolge. Die Kosten der Bekanntmachung gelten als Kosten des Verfahrens.

(2) Diese Vorschriften finden auf die Entscheidung der Aufwertungsstelle mit der Maßgabe entsprechende Anwendung, daß eine Bekanntmachung der Entscheidungsgründe nicht stattfindet.

(3) Dem Verfahren kann sich jeder Gläubiger als Beteiligter anschließen.

§ 6a. (1) Für die Mitteilungen nach § 16 Abs. 1 Satz 2 des Aufwertungsgesetzes sind die Vorschriften der Zivilprozeßordnung über die Zustellung von Amts wegen maßgebend. Soweit Mitteilungen bereits erfolgt sind, behält es bei ihnen sein Bewenden. Der Zeitpunkt, an dem diese Vorschrift in Kraft tritt, wird durch die Reichsregierung bestimmt.

(2) Wohnt ein Beteiligter nicht im Deutschen Reiche, so hat er bis zum 31. März 1926 einen im Deutschen Reiche wohnenden Zustellungsbevollmächtigten zu bestellen, falls er nicht einen daselbst wohnenden Bevollmächtigten bestellt hat. § 175 Abs. 1 Satz 2, 3, Abs. 2 der Zivilprozeßordnung findet entsprechende Anwendung. Dies gilt auch für die Mitteilungen nach § 16 Abs. 1 Satz 2 des Aufwertungsgesetzes.

§ 8a. Die Aufwertungsstelle hat jedem, der ein berechtigtes Interesse darlegt, auf Antrag eine Bescheinigung darüber zu erteilen, wann die Anmeldung nach § 16 dem Eigentümer oder dem persönlichen Schuldner mitgeteilt ist und ob bei ihr ein Einspruch gemäß § 16 Abs. 1 Satz 3 oder ein Antrag gemäß § 23 Abs. 2 des Aufwertungsgesetzes innerhalb der dort vorgesehenen Frist eingegangen ist. Die Bescheinigung ist gebührenfrei. § 8 Abs. 2 findet Anwendung.

---

*) Veröffentlicht in Nr. 279 des Deutschen Reichsanzeigers und Preußischen Staatsanzeigers vom 28. November 1925.

Artikel II.

Diese Verordnung tritt mit Wirkung vom 15. Juli 1925 in Kraft. Die Reichsregierung wird ermächtigt, die Vorschriften der Verordnung über die Einrichtung und das Verfahren der Aufwertungsstellen in die Durchführungsverordnung zum Aufwertungsgesetz aufzunehmen und ihre Fassung diesem Zwecke anzupassen.

Berlin, den 27. November 1925.

Der Reichsminister der Justiz.
In Vertretung:
Dr. Joel.

XXVI. Durchführungsverordnung zum Aufwertungsgesetze.

Vom 29. November 1925 (RGBl. I S. 392).

Auf Grund des § 2 Abs. 2, des § 7 Abs. 4, der §§ 31, 32, des § 35 Abs. 3, des § 36, des § 48 Abs. 2, des § 49 Abs. 3, der §§ 50, 61, 72, des § 73 Abs. 1, des § 76 Abs. 2, des § 88 Abs. 2 des Aufwertungsgesetzes vom 16. Juli 1925 (Reichsgesetzblatt I S. 117) sowie des Artikel II der Verordnung zur Änderung der Verordnung über die Einrichtung und das Verfahren der Aufwertungsstellen vom 27. November 1925 (Reichsgesetzbl. I S. 154) wird hiermit verordnet, und zwar nach Zustimmung des Reichsrats zu den Artikeln 3 (27), 25 Satz 1. 3, 4, 117 bis 129, 130 Satz 1:

Erster Abschnitt.

Aufwertung von Hypotheken.

1. Eintragung des Aufwertungsbetrags.

Artikel 1.

(1) Die Höhe der Geldsumme, die auf Grund einer aufgewerteten Hypothek oder der durch sie gesicherten persönlichen Forderung zu zahlen ist, wird in der Weise bestimmt, daß eine Goldmark des Aufwertungsbetrags dem jeweiligen Preise von $^1/_{2790}$ kg Feingold gleichgesetzt wird. Maßgebend ist der für den Tag der Fälligkeit amtlich festgestellte Preis; § 2 der Verordnung zur Durchführung des Gesetzes über wertbeständige Hypotheken vom 29. Juni 1923 (Reichsgesetzbl. I S. 482) findet Anwendung.

(2) Bei der Eintragung der Aufwertung im Grundbuch ist der Aufwertungsbetrag vorbehaltlich der Vorschrift des Artikel 33 Abs. 2 in Goldmark einzutragen; eine Goldmark ist die Bezeichnung für den amtlich festgestellten Preis von $^1/_{2790}$ kg Feingold.

Artikel 2.

Der Nachweis des Erwerbstags und des Erwerbspreises bedarf für die Eintragung der Aufwertung im Grundbuch nicht der im § 29 der Grundbuchordnung vorgeschriebenen Form.

Artikel 3.

Bei der Eintragung der Aufwertung im Grundbuch wird vermutet, daß nur die von dem Gläubiger angegebenen Zahlungen, und zwar zu den von ihm angegebenen Zeiten, angenommen sind.

Artikel 4.

Bei der Eintragung im Grundbuch wird auch in den Fällen des § 1155 des Bürgerlichen Gesetzbuchs vermutet, daß ein dem aufgewerteten Rechte im Range gleichstehendes oder nachgehendes Recht demjenigen zusteht, für den es eingetragen ist.

Artikel 5.

Der Eintragung der Aufwertung im Grundbuch steht es nicht entgegen, daß ein Antrag auf Herabsetzung der Aufwertung (§ 8 des Gesetzes) gestellt oder daß die Frist für den Antrag auf Herabsetzung noch nicht abgelaufen ist.

Artikel 6.

(1) Die Erteilung eines Hypothekenbriefes gilt als nachträglich ausgeschlossen, wenn der Aufwertungsbetrag der Hypothek 500 Goldmark nicht übersteigt. Die Ausschließung ist im Grundbuch zu vermerken. Das Grundbuchamt hat den Hypothekenbrief unbrauchbar zu machen und zu diesem Zwecke den Besitzer des Briefes zur Vorlegung anzuhalten.

(2) Die Befugnis aus § 1116 Abs. 3 des Bürgerlichen Gesetzbuchs bleibt unberührt.

Artikel 7.

Die Eintragung des Verzichts auf das aufgewertete Recht und einer Vorrangseinräumung vor diesem Rechte ist auch dann zulässig, wenn der Aufwertungsbetrag noch nicht eingetragen ist. Zur Eintragung bedarf es nicht des Nachweises, daß das Recht aufgewertet ist.

Artikel 8.

Die Vorschriften der Artikel 1 bis 7 gelten auch für den Fall der Wiedereintragung gemäß §§ 20, 21 des Gesetzes.

II. Eintragung des Rangvorbehalts für den Eigentümer.

Artikel 9.

Hypotheken und Grundschulden, die der Eigentümer auf Grund der ihm im § 7 des Gesetzes eingeräumten Befugnis an den ihm vorbehaltenen Rangstellen eintragen läßt, sind in Goldmark einzutragen; eine Goldmark ist die Bezeichnung für den amtlich festgestellten Preis von $^1/_{2790}$ kg Feingold.

Artikel 10.

(1) Für die Eintragung der Befugnis des Eigentümers, an der ihm vorbehaltenen Rangstelle eine Hypothek oder Grundschuld eintragen zu lassen, sowie für die Eintragung dieser Rechte bedarf es nicht der Vorlegung des über eine im Range vor- oder nachgehende Hypothek, Grundschuld oder Rentenschuld gebildeten Briefes.

(2) Ist bei der Eintragung des Rechtes der Brief über eine gleichstehende oder nachgehende Hypothek, Grundschuld oder Rentenschuld nicht vorgelegt, so hat das Grundbuchamt den Besitzer des Briefes zur Vorlegung anzuhalten, um nachträglich die Eintragung auf dem Briefe zu vermerken; dies gilt nicht, wenn der Brief unbrauchbar gemacht ist.

Artikel 11.

(1) Die Befugnis des Eigentümers, an der ihm vorbehaltenen Rangstelle eine Hypothek oder Grundschuld eintragen zu lassen, ist unter Beifügung der Worte „mit dem üblichen Zinsfuß" einzutragen. Der Eintragung bei den im Range nachgehenden Rechten bedarf es nicht.

(2) Üblicher Zinsfuß ist bis auf weiteres ein Zinsfuß von 11 vom Hundert. Jede Änderung dieses Zinsfußes wird vom Reichswirtschaftsminister im Reichsgesetzblatte veröffentlicht; sie tritt mit Ablauf des zweiten Tages nach der Veröffentlichung in Kraft. Änderungen des Zinsfußes, die nach Eingang des Eintragungsantrags bei dem Grundbuchamt in Kraft treten, stehen der Eintragung nach dem Antrag nicht entgegen.

Artikel 12.

Zur Berechnung des Goldmarkwerts im Sinne des § 7 Abs. 4 Satz 3 des Gesetzes werden folgende Umrechnungssätze festgesetzt:

1 Reichsmark	=	1,00 Goldmark
1 nordamerikanischer Dollar	=	4,20 "
1 englisches Pfund	=	20,416 "
100 Schweizer Franken	=	81,56 "
100 holländische Gulden	=	168,37 "
1 Tonne Roggen	=	225,00 "
1 Tonne Weizen	=	264,00 "
1 Tonne Fettförderkohle des Rheinisch-westfälischen Kohlensyndikats	=	15,00 "
1 Tonne gewaschene Fettnuß IV des Rheinisch-westfälischen Kohlensyndikats	=	17,50 "
1 Tonne oberschlesische Flammstückkohle	=	16,75 "
1 Tonne niederschlesische Stückkohle	=	22,30 "
1 Tonne niederschlesische gewaschene Nußkohle I	=	22,30 "
1 Doppelzentner Kalidüngesalz 40 vom Hundert	=	7,67 "

Artikel 13.

(1) Ist der Eigentümer nach § 7 Abs. 1 des Gesetzes befugt, an der ihm vorbehaltenen Rangstelle eine Hypothek oder Grundschuld im Range nach einer Rentenschuld oder einer Reallast eintragen zu lassen, so wird für die Berechnung des Goldmarkbetrags der Rentenschuld die Ablösungssumme zugrunde gelegt. Das gleiche gilt für eine Reallast, wenn für sie eine Ablösungssumme bestimmt ist; ist eine Ablösungssumme nicht bestimmt, so ist der Wert nach den Vorschriften des § 9 der Zivilprozeßordnung zu berechnen.

(2) Diese Vorschrift findet entsprechende Anwendung für die Berechnung des Goldmarkwerts einer Rentenschuld oder Reallast im Falle des § 7 Abs. 4 Satz 3 des Gesetzes.

Artikel 14.

(1) Der Verzicht auf die Befugnis, an der vorbehaltenen Rangstelle eine Hypotkek oder Grundschuld eintragen zu lassen (§ 7 Abs. 5 des Gesetzes), kann einheitlich bezüglich aller in Betracht kommenden Rangstellen eingetragen werden.

(2) Die Eintragung des Verzichts ist auch dann zulässig, wenn der Aufwertungsbetrag noch nicht eingetragen ist; dies gilt auch für den Fall der Wiedereintragung gemäß §§ 20, 21 des Gesetzes.

(3) Die Vorschriften des Abs. 2 finden entsprechende Anwendung, wenn der Eigentümer mit der Befugnis hinter ein einzelnes Recht zurücktritt.

III. Aufwertung bei Vorbehalt der Rechte — Rückwirkung.

Artikel 15.

Zur Wiedereintragung des aufgewerteten Rechtes nach § 16 Abs. 2 des Gesetzes bedarf es des Ablaufs der Einspruchsfrist gegen den persönlichen Schuldner nicht. Findet die Wiedereintragung vor Ablauf der Einspruchsfrist gegen den persönlichen Schuldner statt, so ist auf Antrag des Eigentümers ein Widerspruch einzutragen. Der Widerspruch ist von Amts wegen zu löschen, wenn auch die Einspruchsfrist gegen den persönlichen Schuldner abgelaufen ist, ohne daß dieser Einspruch eingelegt hat, oder nachdem durch rechtskräftige Entscheidung festgestellt ist, daß ein wirksamer Vorbehalt der Rechte vorliegt oder eine Rückwirkung stattfindet.

IV. Gemeinsame Vorschriften.

Artikel 16.

Die Vorschriften des § 41 der Grundbuchordnung finden entsprechende Anwendung, wenn der Aufwertungsbetrag, der Verzicht auf das aufgewertete Recht, die Einräumung des Vorranges vor diesem Rechte, ein Widerspruch gemäß § 8, § 16 Abs. 2, 3 des Gesetzes oder Artikel 15 dieser Verordnung, die Befugnis des Eigentümers, an der ihm vorbehaltenen Rangstelle eine Hypothek oder Grundschuld eintragen zu lassen, der Verzicht auf diese Befugnis oder ein Rangrücktritt mit dieser Befugnis in das Grundbuch eingetragen werden soll.

Artikel 17.

(1) Die Vorlegung des Hypothekenbriefs ist nicht erforderlich:

1. für die Eintragung der Aufwertung der Hypothek, wenn der Antrag auf Eintragung in den Fällen der §§ 14, 15, 78 des Gesetzes von dem Gläubiger und im Falle des § 17 des Gesetzes von dem früheren Gläubiger gestellt wird;
2. für die Eintragung eines Widerspruchs in den Fällen des § 8 Abs. 2 und des § 16 Abs. 3 des Gesetzes sowie des Artikel 15 dieser Verordnung.

(2) Ist in den Fällen des Abs. 1 sowie im Falle des § 6 Abs. 1 des Gesetzes der Brief nicht vorgelegt, so hat das Grundbuchamt den Besitzer des Briefes zur Vorlegung anzuhalten, um nachträglich die Eintragung auf dem Briefe zu vermerken; dies gilt nicht, wenn der Brief unbrauchbar gemacht ist.

V. Rückzahlung, Verzinsung, Tilgung.

1. Anrechnung von Sachleistungen.

Artikel 18.

(1) Sind zur Erfüllung statt barer Zahlung ganz oder teilweise Anleihen, Pfandbriefe oder sonstige Schuldverschreibungen, die auf den Inhaber lauten oder durch Indossament übertragbar sind, hingegeben worden, so werden diese in Höhe ihres Nennbetrags auf den Nennbetrag des Rechtes angerechnet. Haben die Beteiligten einen geringeren Anrechnungswert vereinbart, so behält es dabei sein Bewenden.

(2) Ist im Falle des Abs. 1 die Leistung in der Zeit vom 15. Juni 1922 bis zum 13. Februar 1924 oder unter Vorbehalt der Rechte angenommen (§§ 14, 15 des Gesetzes), so ist der Goldmarkwert der hingegebenen Anleihe, des Pfandbriefs oder der sonstigen Schuldverschreibung auf den Goldmarkwert des aufgewerteten Rechtes anzurechnen. Sind in der Zeit vom 15. Juni 1922 bis zum 13. Februar 1924 oder unter Vorbehalt der Rechte Markanleihen des Reichs oder andere Anleihen im Sinne des Gesetzes über die Ablösung öffentlicher Anleihen angenommen, so hat die Aufwertungsstelle über die Anrechnung der Leistung nach freiem Ermessen unter Berücksichtigung der Interessen beider Teile zu entscheiden; sie hat dabei insbesondere zu berücksichtigen, welchen Wert die hingegebene Anleihe gegenwärtig für den Eigentümer oder Schuldner haben würde. Über die Frage, ob der Eigentümer oder Schuldner Altbesitzer im Sinne des Gesetzes über die Ablösung öffentlicher Anleihen sein würde, wenn die Anleihe ihm noch gehören würde, entscheidet auf Ersuchen der Aufwertungsstelle endgültig die Reichsschuldenverwaltung.

(3) Über die Höhe der Anrechnung von anderen Sachleistungen entscheidet die Aufwertungsstelle nach freiem Ermessen unter Berücksichtigung der Interessen beider Teile. Sind Aktien anzurechnen, so ist vor der Entscheidung die Spruchstelle (Vierte Verordnung zur Durchführung der Verordnung über Goldbilanzen vom 28. August 1924, Reichsgesetzbl. I S. 697) zu hören.

2. Aufrechnung.

Artikel 19.

(1) Hat der Eigentümer oder der persönliche Schuldner gegen die Forderung des Aufwertungsgläubigers eine zur Aufrechnung geeignete Gegenforderung, die er oder in den Fällen des § 3 Abs. 1 Ziffer 2 bis 11 des Gesetzes sein Rechtsvorgänger vor dem 15. Juni 1922 erworben hat, und ist oder wird eine Aufrechnung erklärt, so gilt das aufgewertete Recht zum Nennbetrag in Höhe des Nennbetrags der Gegenforderung als erloschen. Ist die Gegenforderung nach dem 14. Juni 1922 erworben, so tritt für beide Forderungen an die Stelle des Nennbetrags der sich auf Grund einer gesetzlichen Vorschrift über die Aufwertung ergebende Betrag.

(2) Ist die Gegenforderung gegen eine öffentliche oder unter Staatsaufsicht stehende Sparkasse gerichtet, so findet die Vorschrift des Abs. 1 nur insoweit Anwendung, als die Gegenforderung aus Einzahlungen herrührt, die nach Maßgabe einer unter den Beteiligten getroffenen Vereinbarung zur Abtragung einer Hypothek oder Grundschuld zu dienen bestimmt sind. Unbeschadet dieser Vorschrift findet die Vorschrift des Abs. 1 keine Anwendung, wenn die Gegenforderung aus einer Teilungsmasse (Aufwertungsstock) zu befriedigen ist.

(3) Die Vorschriften des Artikel 18 bleiben unberührt.

3. Vergleich.

Artikel 20.

Sind durch einen Vergleich, der nach § 67 Abs. 2 des Gesetzes der Aufwertung nicht entgegensteht, Forderungen und Gegenforderungen gegeneinander ganz oder teilweise ausgeglichen, so sind für die Feststellung, ob und in welcher Höhe dem Aufwertungsgläubiger ein Guthaben zusteht, die Vorschriften des Artikel 19 entsprechend anzuwenden.

Zwischenzins bei vorzeitiger Zahlung.

Artikel 21.

(1) Zahlt der Eigentümer oder der Schuldner den Aufwertungsbetrag vor Eintritt der gesetzlichen oder vertraglichen Fälligkeit zurück, so ist der Barwert des Aufwertungsbetrags und der nach § 28 des Gesetzes zu zahlenden Zinsen unter Berücksichtigung eines Zwischenzinses zu entrichten, für dessen Berechnung bis zur anderweiten Regelung durch die Reichsregierung ein Zinsfuß von 9 vom Hundert jährlich zugrunde zu legen ist. Als frühester Fälligkeitstag gilt der 1. Januar 1932. Eine auf Grund des § 26 Abs. 1 des Gesetzes erfolgte Hinausschiebung des Fälligkeitstags über den 1. Januar 1932 hinaus bleibt für die Berechnung des Zwischenzinses außer Betracht. Für die am 1. Januar 1932 fällig werdenden Ansprüche ist der sich hiernach ergebende Barwert in der Anlage I festgestellt.

(2) Über die Höhe des nach Abs. 1 zu entrichtenden Betrags entscheidet auf Antrag die Aufwertungsstelle.

(3) Auf Tilgungsbeträge (§ 29 des Gesetzes) finden die Vorschriften der Abs. 1, 2 keine Anwendung.

Artikel 22.

Eine Berücksichtigung des Zwischenzinses nach Maßgabe des Artikel 21 Abs. 1 findet auch im Konkursverfahren und im Zwangsversteigerungsverfahren statt.

5. Gemeinsame Vorschrift.

Artikel 23.

Ergibt die Anwendung der Vorschriften der Artikel 18 bis 20, 21 Abs. 1, daß der Eigentümer oder der Schuldner bereits mehr geleistet hat, als er nach den Vorschriften des Gesetzes und dieser Verordnung zu leisten verpflichtet war, so behält es dabei sein Bewenden.

VI. Erteilung einer vollstreckbaren Ausfertigung der Schuldurkunde über den Aufwertungsbetrag.

Artikel 24.

(1) Hat sich der Eigentümer in einer Urkunde im Sinne des § 794 Abs. 1 Nr. 5 der Zivilprozeßordnung der sofortigen Zwangsvollstreckung wegen eines Anspruchs aus einer Hypothek unterworfen, deren Betrag in früherer Reichswährung bestimmt ist, so kann eine vollstreckbare Ausfertigung über den Aufwertungsbetrag erteilt werden, wenn seit der Eintragung der Aufwertung in das Grundbuch ein Monat verstrichen ist.

(2) Die Erteilung der vollstreckbaren Ausfertigung ist unzulässig, solange wegen der Höhe der Aufwertung ein Verfahren bei der Aufwertungsstelle oder einem Beschwerdegericht anhängig ist.

(3) Die vollstreckbare Ausfertigung über den Aufwertungsbetrag ist auch dann zu erteilen, wenn eine vollstreckbare Ausfertigung hinsichtlich des in der Urkunde in früherer Reichswährung bestimmten Betrags bereits erteilt war.

(4) Über Einwendungen des Schuldners gegen die Erteilung der vollstreckbaren Ausfertigung entscheidet das im § 797 Abs. 3 der Zivilprozeßordnung bezeichnete Gericht. Ist ein Verfahren vor der Aufwertungsstelle noch nicht anhängig, so hat das Gericht auf Antrag unter Bestimmung einer Frist, innerhalb deren die Einleitung des Verfahrens vor der Aufwertungsstelle nachzuweisen ist, eine einstweilige Anordnung dahin zu erlassen, daß die Zwangsvollstreckung gegen oder ohne Sicherheitsleistung einstweilen einzustellen oder nur gegen Sicherheitsleistung fortzusetzen sei.

VII. Übergangsvorschriften.

Artikel 25.

Ist eine Aufwertung bereits abweichend von den Vorschriften des Gesetzes oder dieser Verordnung in das Grundbuch eingetragen, so ist die Eintragung zu berichtigen. Weicht die Eintragung von den Vorschriften der Artikel 1 oder 9 dieser Verordnung ab, so erfolgt die Berichtigung von Amts wegen. Bei Abweichungen anderer Art erfolgt die Berichtigung auf Antrag; der Antrag bedarf keiner Form. Die Berichtigungen sind gebührenfrei.

Artikel 26.

Ist in den Fällen des Artikel 6 Abs. 1 Satz 1 ein Hypothekenbrief bereits auf den Aufwertungsbetrag umgeschrieben oder über den Aufwertungsbetrag neu erteilt, so behält es dabei sein Bewenden.

Zweiter Abschnitt.

Aufwertung von Grundschulden, Rentenschulden, Reallasten, Schiffs- und Bahnpfandrechten.

Artikel 27.

Auf Grundschulden, Rentenschulden, Reallasten, Schiffs- und Bahnpfandrechte finden die Vorschriften der Artikel 1 bis 8, 16 bis 26 entsprechende Anwendung. Bei der entsprechenden Anwendung des Artikel 2 tritt für Schiffspfandrechte an die Stelle des § 29 der Grundbuchordnung der § 107 Abs. 2 des Reichsgesetzes über die Angelegenheiten der freiwilligen Gerichtsbarkeit.

Artikel 28.

Findet auf Grund des Vorbehalts der Rechte oder kraft Rückwirkung die Aufwertung einer abgelösten Reallast oder Rentenschuld statt, so ist der Goldmarkbetrag der Ablösungssumme auf die zunächst fällig werdenden Jahresleistungen anzurechnen.

Dritter Abschnitt.

Aufwertung von Industrieobligationen und verwandten Schuldverschreibungen.

Artikel 29.

Für die Aufwertung von Schuldverschreibungen der im § 33 des Gesetzes bezeichneten Art gelten die Vorschriften der Artikel 30 bis 56.

I. Ausgabetag.

Artikel 30.

(1) Schuldverschreibungen, auf denen ein vor dem 1. Januar 1918 liegender Tag als Ausstellungstag angegeben ist, gelten als am Ausstellungstag ausgegeben.

(2) Ist der Gegenwert von Schuldverschreibungen, auf denen ein vor dem 1. Januar 1918 liegender Tag als Ausstellungstag angegeben ist, ganz oder zum Teil dem Schuldner erst zu einem nach dem 31. Dezember 1917 liegenden Tage zur Verfügung gestellt worden, so kann der Schuldner die gemäß der Vierten Verordnung zur Durchführung der Verordnung über Goldbilanzen vom 28. August 1924 (Reichsgesetzbl. I S. 697) gebildete Spruchstelle zum Zwecke anderweitiger Feststellung des Ausgabetags anrufen. Die Anrufung ist nur bis zum 31. Januar 1926 zulässig.

(3) Die Spruchstelle hat den Ausgabetag unter entsprechender Anwendung der Vorschriften des Artikel 31 festzustellen. Sie kann, wenn der Gegenwert von Schuldverschreibungen teils vor dem 1. Januar 1918, teils später dem Schuldner zur Verfügung gestellt worden ist, verschiedene Ausgabetage feststellen; die Feststellung kann für jede der beiden Gruppen der Schuldverschreibungen nur einheitlich erfolgen. Der Schuldner hat die Feststellung der Spruchstelle binnen einer von ihr zu bestimmenden Frist im Deutschen Reichsanzeiger und in den Gesellschaftsblättern bekanntzumachen. Nach fruchtlosem Ablauf der Frist hat die Spruchstelle die Bekanntmachung auf Kosten des Schuldners zu bewirken.

Artikel 31.

(1) Für Schuldverschreibungen, auf denen ein nach dem 31. Dezember 1917 liegender Tag als Ausstellungstag angegeben ist, hat der Schuldner den Ausgabetag festzustellen.

(2) Als Ausgabetag ist festzustellen:

1. falls die Schuldverschreibungen von einer Bank oder einem Bankenkonsortium für eigene Rechnung übernommen worden sind und der gesamte Gegenwert dem Schuldner zu demselben Tage einmalig zur Verfügung gestellt worden ist, dieser Tag,
2. falls die Schuldverschreibungen zur allgemeinen Zeichnung unter Festsetzung einer Zeichnungsfrist aufgelegt und sämtlich innerhalb dieser Frist abgesetzt worden sind, der letzte Tag der Zeichnungsfrist,
3. falls die Schuldverschreibungen
   a) von einer Bank oder einem Bankenkonsortium für eigene Rechnung übernommen worden sind und der Gegenwert dem Schuldner zu verschiedenen Tagen zur Verfügung gestellt worden ist,
   b) durch eine Bank oder ein Bankenkonsortium für Rechnung des Schuldners abgesetzt worden sind,
   c) zur allgemeinen Zeichnung unter Festsetzung einer Zeichnungsfrist aufgelegt und zum Teil nach Ablauf der Zeichnungsfrist abgesetzt worden sind,

d) zur allgemeinen Zeichnung unter Festsetzung verschiedener Zeichnungsfristen aufgelegt worden sind,

e) ohne Vermittlung von Banken und ohne Festsetzung einer Zeichnungsfrist zur Zeichnung aufgelegt worden sind,

der früheste Tag, für den der Goldmarkwert der Schuldverschreibungen, der sich bei durchschnittlicher Berechnung ergibt, in der Anlage zum Gesetz als Umrechnungsverhältnis bestimmt ist. Ist der ermittelte Goldmarkwert als Umrechnungsverhältnis in der Anlage zum Gesetze nicht vorgesehen, so ist das ihm am nächsten kommende Umrechnungsverhältnis, bei zwei gleich nahestehenden das für die Gläubiger günstigere Umrechnungsverhältnis, maßgebend. Der durchschnittliche Goldmarkwert der Schuldverschreibungen wird in der Weise berechnet, daß die dem Schuldner zur Verfügung gestellten Beträge in Goldmark umgerechnet und der Gesamtbetrag durch die Zahl der ausgegebenen Schuldverschreibungen geteilt wird; die Umrechnung erfolgt nach Maßgabe des Umrechnungsverhältnisses, das in der Anlage zum Gesetze für den Tag bestimmt ist, zu dem der Betrag dem Schuldner zur Verfügung gestellt ist, oder, falls ein Umrechnungsverhältnis für diesen Tag nicht bestimmt ist, nach Maßgabe des letzten vorhergehenden Umrechnungsverhältnisses; bei der Teilung des so errechneten Gesamtbetrags durch die Zahl der ausgegebenen Schuldverschreibungen ist eine Schuldverschreibung, die auf ein Vielfaches des Betrags der auf den niedrigsten Betrag ausgestellten Schuldverschreibung lautet, mit dem entsprechend Vielfachen anzusetzen.

(3) In andern als den im Abs. 2 bezeichneten Fällen ist der Ausgabetag unter entsprechender Anwendung der Grundsätze des Abs. 2 festzustellen.

(4) Der Schuldner hat den festgestellten Ausgabetag unter Angabe der seiner Berechnung zugrunde liegenden Tatsachen bis zum 28. Februar 1926 im Deutschen Reichsanzeiger und in den Gesellschaftsblättern bekanntzumachen. Die Bekanntmachung hat eine Angabe über den gesamten Marknennbetrag der zur Zeit der Veröffentlichung im Umlauf befindlichen Schuldverschreibungen zu enthalten; als im Umlauf befindlich gelten auch ausgeloste oder gekündigte Schuldverschreibungen, sofern bei ihnen die Voraussetzungen vorliegen, unter denen eine Aufwertung nach § 35 des Gesetzes stattfindet.

(5) Bis zum Ablauf von drei Monaten seit der Bekanntmachung im Deutschen Reichsanzeiger können Gläubiger, die mindestens 5 vom Hundert des gesamten Marknennbetrags der im Umlauf befindlichen Schuldverschreibungen besitzen, die Spruchstelle (Artikel 30) zum Zwecke anderweitiger Feststellung des Ausgabetags anrufen. Erfolgt die Bekanntmachung des Ausgabetags nicht rechtzeitig oder unterläßt der Schuldner die nach Abs. 4 erforderlichen Angaben, so kann jeder Gläubiger die Spruchstelle anrufen. Die Anrufung ist nur bis zum 30. April 1926 zulässig. Die Spruchstelle hat den Ausgabetag nach Maßgabe der Abs. 2, 3 festzustellen. Die Vorschriften des Artikel 30 Abs. 3 Satz 3, 4 finden entsprechende Anwendung.

Artikel 32.

(1) Hat der Gläubiger oder in den Fällen des § 3 Abs. 1 Ziffer 2 bis 11 des Gesetzes sein Rechtsvorgänger die Schuldverschreibung auf Grund eines Umtauschangebotes des Schuldners Zug um Zug in Umtausch gegen eine andere Schuldverschreibung (§ 33 des Gesetzes) desselben Schuldners erhalten, so gilt, sofern dies für den Gläubiger günstiger ist, für die vom Gläubiger in Umtausch erhaltene Schuldverschreibung der Ausgabetag der von ihm in Umtausch gegebenen Schuldverschreibung; dabei ist der Berechnung des Goldmarkbetrags der Nennbetrag der vom Gläubiger in Umtausch gegebenen Schuldverschreibung zugrunde zu legen.

(2) Darüber, ob die Voraussetzungen des Abs. 1 vorliegen, entscheidet im Streitfall die Aufwertungsstelle.

II. Bestimmung des Nennbetrags der aufgewerteten Schuldverschreibung.

Artikel 33.

(1) Die Höhe der Geldsumme, die auf Grund eines aufgewerteten Anspruchs aus einer Schuldverschreibung zu zahlen ist, wird in der Weise bestimmt, daß eine Goldmark des Aufwertungsbetrags einer Reichsmark gleichgesetzt wird.

(2) Entsprechendes gilt für eine nach den §§ 4 bis 30 des Gesetzes aufgewertete Hypothek sowie für ein nach § 32 aufgewertetes Schiffspfandrecht, wenn die Hypothek oder das Schiffspfandrecht für den Anspruch aus einer solchen Schuldverschreibung bestellt ist. Bei der Eintragung der Aufwertung im Grundbuch, Schiffsregister oder Bahngrundbuch ist der Aufwertungsbetrag in Reichsmark einzutragen; Artikel 25 findet Anwendung. Die Vorschrift des Artikel 9 bleibt unberührt.

Artikel 34.

(1) Der Schuldner hat den dem Aufwertungsbetrag entsprechenden Reichsmarkbetrag als Nennbetrag auf den Urkunden durch Stempelaufdruck zu vermerken oder neue Urkunden über den Nennbetrag auszustellen.

(2) Um neue Urkunden nach Abs. 1 in den Verkehr zu bringen, bedarf es nicht der staatlichen Genehmigung.

III. Rückzahlung, Verzinsung, Tilgung.

1. Rückzahlung.

Artikel 35.

Ergibt sich als Nennbetrag einer Schuldverschreibung ein nicht auf zehn Reichsmark oder ein Vielfaches von fünf oder zehn Reichsmark lautender Betrag, so ist der Schuldner berechtigt, den Nennbetrag entsprechend zu erhöhen oder den Spitzenbetrag in bar zum Nennbetrag abzulösen. Die Erhöhung oder Ablösung kann nur einheitlich mit Wirkung für alle Gläubiger erfolgen.

Artikel 36.

(1) Findet nach den Ausgabebedingungen von Zeit zu Zeit eine Rückzahlung von Teilbeträgen der Anleihe statt, insbesondere auf Grund einer Auslosung, so kann die Feststellung der zurückzuzahlenden Schuldverschreibungen, soweit sie bis zum 31. Dezember 1931 zu erfolgen hat, einheitlich, und zwar im Laufe des Jahres 1931, erfolgen.

(2) Einer Auslosung bedarf es nicht, wenn die Auslosungen nach dem Auslosungsplane sämtlich vor dem 1. Januar 1932 zu erfolgen haben.

Artikel 37.

(1) Der Schuldner kann die Spruchstelle (§ 1) mit dem Antrag anrufen, ihm die Barablösung der Anleihe unter Einhaltung einer dreimonatigen Kündigungsfrist zu gestatten. Die Spruchstelle hat als Ablösungsbetrag den Barwert des Aufwertungsbetrags und der nach Artikel 38 zu zahlenden Zinsen zu bestimmen. Bei der Berechnung des Barwerts wird als Zinsfuß bis zur anderweiten Regelung durch die Reichsregierung der Satz von 9 vom Hundert zugrunde gelegt. Als Fälligkeitstag des Aufwertungsbetrags gilt bei der Berechnung der 1. Januar 1932; endet die Tilgung der Schuldverschreibungen nach den Ausgabebedingungen erst nach dem 1. Januar 1932 oder ist der Schuldner nach den Ausgabebedingungen berechtigt, die Schuldverschreibungen erstmalig an einem nach dem 1. Januar 1932 liegenden Tage zur Rückzahlung zu bringen, so wird der der Berechnung des Barwerts zugrunde zu legende Tag von der Spruchstelle festgesetzt. Für die am

1. Januar 1932 fällig werdenden Ansprüche ist der sich hiernach ergebende Barwert in der Anlage II festgestellt.

(2) Durch die Barablösung wird das Genußrecht nicht berührt.

(3) Die Vorschriften der §§ 26, 27 des Gesetzes finden keine Anwendung.

2. Verzinsung.

Artikel 38.

(1) Der Anspruch aus der Schuldverschreibung ist bis zum 1. Januar 1925 unverzinslich. Rückständige Zinsen gelten als erlassen. Der Zinssatz beträgt vom 1. Januar 1925 ab 2 vom Hundert, vom 1. Januar 1926 ab 3 vom Hundert und vom 1. Januar 1928 ab 5 vom Hundert.

(2) Die Zinsen für das Jahr 1925 sind am 2. Januar 1926, die Zinsen für die späteren Jahre am 1. Juli für das laufende Kalenderjahr zu zahlen, jedoch braucht die Zahlung nicht vor Ablauf eines Monats, nachdem die Feststellung des Ausgabetags endgültig geworden ist, zu erfolgen. Sind Zinsscheine mit andern Fälligkeitsterminen ausgegeben, so bedarf es einer Ausgabe neuer Zinsscheine an ihrer Stelle nicht; die Zahlung der Zinsen erfolgt in diesem Falle auf die für den letzten Teil des Kalenderjahres fälligen Zinsscheine.

(3) Die Vorschriften des § 28 Abs. 1 Satz 3, 4, Abs. 2 des Gesetzes finden keine Anwendung.

Artikel 39.

Beträgt der Nennbetrag einer Schuldverschreibung weniger als zwanzig Reichsmark, so sind die Zinsen zuzüglich Zinseszinsen erst bei Fälligkeit des Kapitals zu zahlen; als Zinsfuß für die Berechnung der Zinseszinsen wird der jeweilige Reichsbankdiskontsatz zugrunde gelegt. Gläubiger, welche Schuldverschreibungen dieser Art im Gesamtnennbetrage von zwanzig Reichsmark und darüber besitzen, können die Zahlung laufender Zinsen verlangen, wenn und solange sie ihre Schuldverschreibungen beim Schuldner oder der von ihm bezeichneten Stelle hinterlegen.

3. Tilgung.

Artikel 40.

Die Rückzahlung von Teilbeträgen einer Anleihe auf Grund einer Auslosung gilt nicht als Tilgung im Sinne des § 29 des Gesetzes.

IV. Aufwertung ausgeloster oder gekündigter Schuldverschreibungen, die sich im Besitz einer Bank befinden.

Artikel 41.

Ansprüche auf Herausgabe von ausgelosten oder gekündigten Schuldverschreibungen im Sinne des § 33 des Gesetzes, die darauf gestützt werden, daß die Schuldverschreibungen bei einer Bank zur Einlösung eingereicht sind und daß sie sich noch im Besitze der Bank befinden (§ 35 Abs. 3 des Gesetzes), sind bei der Stelle, bei der sie eingereicht sind, anzumelden. Einer Anmeldung bedarf es nicht, wenn der Anspruch auf Herausgabe bereits anerkannt ist.

Artikel 42.

In der Verordnung vom 10. August 1925 in der Fassung der Verordnung vom 29. September 1925 (Reichsgesetzbl. I S. 187, 383) ist für die Anmeldung eine Frist bis zum 30. November 1925 bestimmt worden. Hat der Gläubiger seinen Wohnsitz oder gewöhnlichen Aufenthalt außerhalb Europas, so kann die Anmeldung bis zum 30. April 1926 erfolgen.

Artikel 43.

Die Anmeldung soll die erforderlichen Angaben, insbesondere Namen, Wohnort und Wohnung des Einreichenden, den Zeitpunkt der Einreichung, die Bezeichnung der Schuldverschreibungen nach Zahl der Stücke, Nennwert, Schuldner, Ausgabejahr, Zinssatz, Serie und Nummer, und wenn der Anmeldende nicht der Einreichende gewesen ist, auch Angaben über die Berechtigung des Anmeldenden zur Geltendmachung des Anspruchs enthalten. Die erforderlichen Beweisstücke (Quittungen, Nummernverzeichnisse usw.) sollen beigefügt oder bezeichnet werden.

Artikel 44.

War die Stelle, bei der die Einreichung stattgefunden hat, nicht eine vom Schuldner bezeichnete Einlösungsstelle und hatte sie die Schuldverschreibung unmittelbar oder mittelbar zur Einlösung weitergereicht, so hat sie die Anmeldung unverzüglich an die Einlösungsstelle weiterzugeben. Die gleiche Verpflichtung liegt den etwa sonst noch an der Vermittlung der Einlösung beteiligten Stellen ob.

Artikel 45.

(1) Die Bank hat die angemeldeten Ansprüche auf Grund der eingereichten und der sonst bei ihr vorhandenen Unterlagen zu prüfen und im Falle ihrer Anerkennung die Schuldverschreibungen an den Anmeldenden gegen Vergütung des Goldwerts (§ 2 des Gesetzes) eines etwa ausgezahlten Einlösungsbetrags herauszugeben. Liegen die Schuldverschreibungen im Depot des Schuldners, so ist die Herausgabe nur mit seiner Zustimmung zulässig. Ist die Schuldverschreibung vor dem 1. Juni 1925 an den Schuldner abgeliefert worden oder erscheint der Anspruch aus einem anderen Grunde nicht begründet, so ist dies dem Anmeldenden unverzüglich mitzuteilen; diesem bleibt es überlassen, seine Rechte im Klagewege geltend zu machen.

(2) Bereits entwertete Schuldverschreibungen sind vor der Herausgabe durch den Schuldner oder einen Beauftragten des Schuldners mit einem mit Unterschrift versehenen Vermerke des Inhalts zu versehen, daß die Rechte aus der Schuldverschreibung trotz der Entwertung nach Maßgabe des Gesetzes ausgeübt werden können; die Unterschrift kann im Wege der mechanischen Vervielfältigung hergestellt werden. Der Schuldner ist berechtigt, an Stelle der mit dem Vermerke zu versehenden Stücke Ersatzstücke zu liefern.

Artikel 46.

Hat die Bank die Schuldverschreibung seit dem 1. Juni 1925 an den Schuldner abgeliefert, so ist sie vom Schuldner unverzüglich an die Bank zurückzugeben; vor der Rückgabe ist sie im Falle der Entwertung mit dem im Artikel 45 Abs. 2 bezeichneten Vermerke zu versehen. Für vernichtete Schuldverschreibungen sind Ersatzstücke zu liefern.

Artikel 47.

(1) Schuldverschreibungen, aus denen Ansprüche gemäß Artikel 41 nicht bis zum 30. November 1925 angemeldet sind, dürfen an den Anmeldenden nicht herausgegeben werden. Das gleiche gilt für Schuldverschreibungen, aus denen solche Ansprüche zwar rechtzeitig angemeldet, aber von der Bank nicht anerkannt worden sind und auf deren Anerkennung oder Herausgabe auch nicht bis zum 31. Januar 1926 Klage erhoben worden ist; hat der Gläubiger seinen Wohnsitz oder gewöhnlichen Aufenthalt außerhalb Europas, so kann die Klageerhebung bis zum 30. April 1926 erfolgen.

(2) In den Fällen des Abs. 1 sind die Schuldverschreibungen unverzüglich nach dem 31. Januar 1926 an den Schuldner zur Vernichtung abzuliefern.

Artikel 48.

Den Banken stehen im Sinne der Artikel 41 bis 47 Bankiers und andere Unternehmungen, die die Aufbewahrung und Verwaltung fremder Wertpapiere gewerbs- oder geschäftsmäßig betreiben, gleich.

V. Genußrecht.

Artikel 49.

Der Gläubiger kann behufs Glaubhaftmachung des Altbesitzes Versicherungen an Eides Statt vor einem Gericht oder vor einem Notar abgeben.

Artikel 50.

(1) Sind Ansprüche gemäß Artikel 41 angemeldet worden, so tritt ein Verlust des Anspruchs auf Genußrechte unerachtet des Ablaufs der im § 39 Abs. 1 des Gesetzes vorgesehenen Fristen frühestens einen Monat nach Herausgabe der Schuldverschreibungen an den Anmeldenden und im Falle der Klageerhebung nach Artikel 45 Abs. 1, Artikel 47 frühestens einen Monat nach Rechtskraft der Entscheidung über den Klageanspruch ein.

(2) Hat der Gläubiger seinen Wohnsitz oder gewöhnlichen Aufenthalt außerhalb Europas, so tritt an die Stelle der im § 39 Abs. 1 Satz 1 des Gesetzes bezeichneten Frist von einem Monat eine solche von 4 Monaten.

Artikel 51.

Der Nennwert des Genußrechts (§ 37 Abs. 1 Satz 2 des Gesetzes) ist auf Reichsmark zu stellen; dabei ist eine Goldmark einer Reichsmark gleichzusetzen.

Artikel 52.

Werden über die Nennbeträge der Schuldverschreibungen neue Urkunden ausgestellt (Artikel 34 Abs. 1), so bedarf es, falls über sie besondere Genußscheine ausgegeben sind oder gleichzeitig ausgegeben werden, weder eines Vermerkes über die Anerkennung als Altbesitz noch eines solchen über die Ausgabe der Genußscheine.

Artikel 53.

Auf Gewinnanteilscheine von Genußscheinen finden die Vorschriften des § 803 des Bürgerlichen Gesetzbuchs entsprechende Anwendung. Der Schuldner ist berechtigt, für Gewinnanteilscheine eines Geschäftsjahrs, für das der Gewinnbezug der Genußrechtsinhaber noch nicht festgestellt ist, einen unter Zugrundelegung des ursprünglichen Zinssatzes, höchstens jedoch eines Zinssatzes von 5 vom Hundert, berechneten Betrag zurückzubehalten. Der Inhaber des Gewinnanteilscheins kann jederzeit gegen Vorlegung des Gewinnanteilscheins die Zahlung des auf diesen in Abzug gebrachten Betrags verlangen.

VI. Zuständigkeit, Zusammensetzung und Verfahren der Spruchstelle.

Artikel 54.

Für die nach § 41, § 43 Ziffer 2 des Gesetzes sowie nach den Artikeln 30, 31, 37 dieser Verordnung zuständige Spruchstelle gelten die Vorschriften der §§ 1 bis 7, 10 bis 14 der Vierten Verordnung zur Durchführung der Verordnung über Goldbilanzen vom 28. August 1924 (Reichsgesetzbl. I S. 697) unbeschadet der nachfolgenden Vorschriften entsprechend.

Artikel 55.

(1) Sind mehrere Anleihen eines Schuldners zum Handel an mehreren staatlich anerkannten Börsen zugelassen, so ist, wenn der Schuldner im Ortsgebiet einer dieser Börsen seinen Sitz hat, für sämtliche Anleihen die Spruchstelle zuständig, in deren Bezirk diese Börse sich befindet. Andernfalls wird die zuständige Spruchstelle, und zwar einheitlich für sämtliche Anleihen, von der obersten Landesbehörde oder der von ihr bestimmten Stelle oder, wenn die Börsen verschiedener Länder in Betracht kommen, von dem Reichswirtschaftsminister bestimmt. Für die Abgrenzung des Ortsgebiets der Börsen sind die §§ 146, 147 der Ausführungsbestimmungen zum Kapitalverkehrsteuergesetze vom 27. November 1922 (Zentralblatt für das

Deutsche Reich S. 1043) und die auf Grund dieser Vorschriften erlassenen Bestimmungen maßgebend.

(2) Die Vorschrift des Abs. 1 findet entsprechende Anwendung, wenn von mehreren Anleihen eines Schuldners nicht sämtliche zum Handel an einer staatlich anerkannten Börse zugelassen sind.

(3) Im Falle des Artikel 30 Abs. 2 ist die bei dem Kammergerichte gebildete Spruchstelle zuständig. Bei der Aufstellung der Liste (§ 4 der Vierten Verordnung zur Durchführung der Verordnung über Goldbilanzen) für das Kammergericht sind neben den Mitgliedern der Zulassungsstelle der Berliner Börse die Mitglieder der Zulassungsstellen der außerhalb Preußens gelegenen Börsen besonders zu berücksichtigen.

Artikel 56.

(1) Die Anrufung der Spruchstelle ist von dieser einmal im Deutschen Reichsanzeiger öffentlich bekanntzumachen. Die Spruchstelle kann anordnen, daß die Bekanntmachung auch in anderen Blättern und zu mehreren Malen erfolge. Die Kosten der Bekanntmachung gelten als Kosten des Verfahrens.

(2) Im Falle der Anrufung der Spruchstelle gemäß Artikel 30 Abs. 2 kann sich jeder Gläubiger, im Falle der Anrufung gemäß Artikel 31 jeder Gläubiger sowie der Schuldner der Anrufung anschließen. Hat der Schuldner sich innerhalb der für die Anrufung vorgesehenen Frist der Anrufung angeschlossen, so wird er so angesehen, als habe er selbst die Spruchstelle angerufen.

Vierter Abschnitt.

Aufwertung von Pfandbriefen und verwandten Schuldverschreibungen.

I. Schuldverschreibungen der Hypothekenbanken.

Artikel 57.

Für die Aufwertung von Ansprüchen aus Pfandbriefen und andern Schuldverschreibungen der im § 47 des Gesetzes bezeichneten Art gelten, wenn sie von Hypothekenbanken im Sinne des Hypothekenbankgesetzes ausgegeben sind, die Vorschriften der Artikel 58 bis 92.

1. Allgemeine Bestimmungen.

Artikel 58.

In die Teilungsmasse (§ 48 des Gesetzes) fließen

a) die Erträge aus den im § 48 Abs. 1 des Gesetzes bezeichneten Werten,

b) sämtliche zur Tilgung der Anlagen (§ 48 Abs. 1 Nr. 1, 2 des Gesetzes) eingehenden Leistungen,

c) die durch die Anlegung der Teilungsmasse gewonnenen Erträge.

Artikel 59.

(1) Die Teilungsmasse ist von der Hypothekenbank gesondert von ihrem sonstigen Vermögen zu verwalten. Geldbeträge sind bis zu ihrer Ausschüttung verzinslich anzulegen. Die Aufsichtsbehörde (§ 3 des Hypothekenbankgesetzes) kann eine anderweite Anlegung der Teilungsmasse gestatten.

(2) Während der Dauer des Verteilungsverfahrens finden die Vorschriften der §§ 6, 22, 23, 30, 31 und des § 37 Abs. 2 des Hypothekenbankgesetzes in Ansehung der aufgewerteten Pfandbriefe und anderen Schuldverschreibungen sowie der Teilungsmasse keine Anwendung.

(3) Während der Dauer des Verteilungsverfahrens finden Arreste und Zwangsvollstreckungen in die Teilungsmasse nicht statt. Ist über das Vermögen der Hypothekenbank Konkurs eröffnet, so findet in Ansehung der Befriedigung aus der Teilungsmasse § 35 Abs. 1 des Hypothekenbankgesetzes entsprechende Anwendung.

Artikel 60.

(1) Innerhalb des zweiten Monats eines jeden Kalenderhalbjahrs, erstmalig bis zum 30. April 1926, hat die Hypothekenbank den Gesamtgoldmarkbetrag der Pfandbriefe und anderen Schuldverschreibungen, welche nach dem Stande vom letzten Tage des vergangenen Kalenderhalbjahrs an der Verteilung teilnehmen, und den am letzten Tage des vergangenen Kalenderhalbjahrs vorhandenen Gesamtbestand der Teilungsmasse im Deutschen Reichsanzeiger und in den für die Veröffentlichung der Hypothekenbank bestimmten Blättern bekanntzumachen.

(2) Hypotheken, Grundschulden und Reallasten sind, soweit nicht ein anderer Aufwertungsbetrag durch Gesetz, rechtskräftige Entscheidung oder durch Vereinbarung festgesetzt ist, mit 25 vom Hundert des Goldmarkbetrags anzusetzen.

Artikel 61.

(1) Ansprüche auf Herausgabe von ausgelosten oder gekündigten Schuldverschreibungen im Sinne des § 47 des Gesetzes, die darauf gestützt werden, daß die Schuldverschreibungen bei einer Bank zur Einlösung eingereicht sind, und daß sie sich noch im Besitze der Bank befinden (§ 49 Abs. 3 des Gesetzes), sind bei der Stelle, bei der sie eingereicht sind, anzumelden. Einer Anmeldung bedarf es nicht, wenn der Anspruch auf Herausgabe bereits anerkannt ist.

(2) Die Anmeldung hat bis zum 30. April 1926 zu erfolgen; sie soll die erforderlichen Angaben, insbesondere Namen, Wohnort und Wohnung des Einreichenden, den Zeitpunkt der Einreichung, die Bezeichnung der Schuldverschreibungen nach Zahl der Stücke, Nennwert, Schuldner, Ausgabejahr, Zinssatz, Serie und Nummer, und wenn der Anmeldende nicht der Einreichende gewesen ist, auch Angaben über die Berechtigung des Anmeldenden zur Geltendmachung des Anspruchs enthalten. Die erforderlichen Beweisstücke (Quittungen, Nummernverzeichnisse usw.) sollen beigefügt oder bezeichnet werden.

(3) War die Stelle, bei der die Einreichung stattgefunden hat, nicht eine vom Schuldner bezeichnete Einlösungsstelle und hatte sie die Schuldverschreibung unmittelbar oder mittelbar zur Einlösung weitergereicht, so hat sie die Anmeldung unverzüglich an die Einlösungsstelle weiterzugeben. Die gleiche Verpflichtung liegt den etwa sonst noch an der Vermittlung der Einlösung beteiligten Stellen ob.

Artikel 62.

(1) Die Bank hat die angemeldeten Ansprüche auf Grund der eingereichten und der sonst bei ihr vorhandenen Unterlagen zu prüfen und im Falle ihrer Anerkennung die Schuldverschreibungen an den Anmeldenden gegen Vergütung des Goldwerts (§ 2 des Gesetzes) eines etwa ausgezahlten Einlösungsbetrags herauszugeben. Liegen die Schuldverschreibungen im Depot des Schuldners, so ist die Herausgabe nur mit seiner Zustimmung zulässig. Ist die Schuldverschreibung vor dem 1. Juni 1925 an den Schuldner abgeliefert worden oder erscheint der Anspruch aus einem anderen Grunde nicht begründet, so ist dies dem Anmeldenden unverzüglich mitzuteilen; diesem bleibt es überlassen, seine Rechte im Klagewege geltend zu machen.

(2) Bereits entwertete Schuldverschreibungen sind vor der Herausgabe durch den Schuldner oder einen Beauftragten des Schuldners mit einem mit Unterschrift versehenen Vermerke des Inhalts zu versehen, daß die Rechte aus der Schuldverschreibung trotz der Entwertung nach Maßgabe des Gesetzes ausgeübt werden können; die Unterschrift kann im Wege der mechanischen Vervielfältigung hergestellt werden. Der Schuldner ist berechtigt, an Stelle der mit dem Vermerke zu versehenden Stücke Ersatz zu liefern.

Artikel 63.

Hat die Bank die Schuldverschreibung seit dem 1. Juni 1925 an den Schuldner abgeliefert, so ist sie vom Schuldner unverzüglich an die Bank zurückzugeben; vor der Rückgabe ist sie im Falle der Entwertung mit dem im Artikel 62 Abs. 2 bezeichneten Vermerke zu versehen. Für vernichtete Schuldverschreibungen sind Ersatzstücke zu liefern.

Artikel 64.

(1) Schuldverschreibungen, aus denen Ansprüche gemäß Artikel 61 nicht bis zum 30. April 1926 angemeldte sind, dürfen an den Anmeldenden nicht herausgegeben werden; das gleiche gilt für Schuldverschreibungen, aus denen solche Ansprüche zwar rechtzeitig angemeldet, aber von der Bank nicht anerkannt worden sind und auf deren Anerkennung oder Herausgabe auch nicht bis zum 30. Juni 1926 Klage erhoben worden ist.

(2) In den Fällen des Abs. 1 sind die Schuldverschreibungen unverzüglich nach dem 30. Juni 1926 an den Schuldner zur Vernichtung abzuliefern.

Artikel 65.

Hat der Gläubiger seinen Wohnsitz oder gewöhnlichen Aufenthalt außerhalb Europas, so kann die Anmeldung bis zum 31. Juli 1926 und die Klageerhebung (Artikel 62 Abs. 1, Artikel 64) bis zum 30. September 1926 erfolgen.

Artikel 66.

Den Banken stehen im Sinne der Artikel 61 bis 65 Bankiers und andere Unternehmungen, die die Aufbewahrung und Verwaltung fremder Wertpapiere gewerbs- oder geschäftsmäßig betreiben, gleich.

2. Pfandbriefe.

Artikel 67.

Soweit Tilgungshypotheken zur Teilungsmasse gehören, gelten die besonderen Vorschriften der Artikel 68 bis 70.

Artikel 68.

(1) Für die Berechnung des Aufwertungsbetrags bleiben die nach dem 31. Dezember 1922 angenommenen planmäßigen Tilgungsbeträge außer Betracht.

(2) Die in der Zeit vom 15. Juni 1922 bis zum 31. Dezember 1922 angenommenen planmäßigen Tilgungsbeträge werden in Höhe ihres Goldmarkbetrags auf den Aufwertungsbetrag angerechnet, auch wenn die im § 16 des Gesetzes vorgeschriebene Anmeldung nicht erfolgt ist.

Artikel 69.

(1) Auf Antrag der Hypothekenbank kann die Aufwertungsstelle, falls nicht die wirtschaftliche Lage des Eigentümers des belasteten Grundstücks oder des persönlichen Schuldners es untunlich erscheinen lassen, bestimmen:

a) daß die Tilgungshypothek unter Aufhebung des Tilgungsplans in eine durch bestimmte Zahlungen zu tilgende Hypothek umgewandelt wird,

b) daß die Tilgungshypothek in eine am 1. Januar 1932 fällige Hypothek umgewandelt wird, wenn der zu tilgende Restbetrag 500 Goldmark nicht übersteigt oder gegenüber der ursprünglichen Schuld verhältnismäßig geringfügig ist.

(2) Die Änderungen des Inhalts der Hypothek nach Maßgabe der Entscheidung der Aufwertungsstelle sind auf Antrag der Hypothekenbank oder des Eigentümers auf Kosten der Hypothekenbank in das Grundbuch einzutragen.

Artikel 70.

(1) Die Hypothekenbank ist nicht verpflichtet, vor dem 1. Januar 1928 Tilgungsbeträge einzufordern.

(2) Zugleich mit der ersten Tilgungsrate ist auf Verlangen der Hypothekenbank der Teil des Aufwertungsbetrags zu zahlen, der die letzten vollen 100 Goldmark des Aufwertungsbetrags übersteigt.

(3) In jedem Falle kann die Rückzahlung einer Tilgungshypothek unter Einhaltung einer Kündigungsfrist von einem Jahre spätestens zum 1. Januar 1938 verlangt werden. Auf Antrag der Hypothekenbank oder des Eigentümers ist die entsprechende Änderung des Inhalts der Hypothek auf Kosten der Hypothekenbank in das Grundbuch einzutragen.

Artikel 71.

Auf Grundschulden und Reallasten finden die Vorschriften der Artikel 68 bis 70 entsprechende Anwendung.

Artikel 72.

Vereinbarungen über die Aufwertung der im § 48 Abs. 1 des Gesetzes bezeichneten Werte bedürfen der Zustimmung der Aufsichtsbehörde. Ist die Zustimmung erteilt, so steht den Gläubigern wegen solcher Vereinbarungen gegen die Hypothekenbank ein Schadensersatzanspruch nicht zu.

Artikel 73.

Der Schuldner ist berechtigt, den Aufwertungsbetrag in bar zu leisten, auch wenn er nach dem Vertrage verpflichtet ist, das Kapital der Hypothek oder Grundschuld in Pfandbriefen zurückzuzahlen.

Artikel 74.

(1) Der Schuldner kann vom 1. Januar 1927 ab das Kapital der Hypothek oder Grundschuld, soweit sie zur Teilungsmasse gehört, in Pfandbriefen zurückzahlen, wenn er Pfandbriefe in der Menge leistet, die von der Hypothekenbank mit Zustimmung der Aufsichtsbehörde auf Grund des Verhältnisses des Gesamtbestandes der Teilungsmasse und des Goldmarkbetrags des Pfandbriefumlaufs öffentlich bekanntgemacht ist.

(2) Vor dem 1. Januar 1927 kann der Schuldner das Kapital der Hypothek oder Grundschuld nur in bar zurückzahlen, auch wenn er nach dem Vertrage zur Rückzahlung in Pfandbriefen berechtigt oder verpflichtet ist.

Artikel 75.

(1) Auf Verlangen der Hypothekenbank sind die gemäß § 28 des Gesetzes geschuldeten Zinsen, solange der Zinssatz weniger als 4 vom Hundert beträgt, jährlich, und zwar am 1. Juli eines jeden Jahres für das laufende Kalenderjahr, zu entrichten.

(2) Die Vorschrift des Abs. 1 findet auf Reallasten entsprechende Anwendung, solange der gemäß § 31 Abs. 2 des Gesetzes zu entrichtende Betrag der Jahresleistung 200 Goldmark nicht übersteigt.

Artikel 76.

Die Hypothekenbank hat zu der Teilungsmasse aus ihrem sonstigen Vermögen einen Beitrag zu leisten, wenn es die wirtschaftlichen Verhältnisse der Hypothekenbank angemessen erscheinen lassen. Der Beitrag wird von der Aufsichtsbehörde

Artikel 77.

(1) Die Hypothekenbank ist berechtigt, von allen in die Teilungsmasse fließenden Eingängen vorweg 8 vom Hundert als Verwaltungskostenbeitrag in Anspruch zu nehmen.

(2) Hat die Hypothekenbank den ihr nach den bisherigen Vorschriften zustehenden Anspruch auf einen Verwaltungskostenbeitrag in die Aktiva der Bilanz aufgenommen und erweist sich der eingestellte Betrag mit Rücksicht auf die Herabsetzung des Verwaltungskostenbeitrags als zu hoch, so ist die Hypothekenbank, wenn sie aus diesem Grunde einen niedrigeren Betrag in die Bilanz einstellt, berechtigt, den Unterschied zwischen dem bisher und dem neu eingestellten Betrag als Ausgleichsposten in die Aktiva der Bilanz aufzunehmen. Macht die Hypothekenbank von dieser Befugnis Gebrauch, so ist sie verpflichtet, den Ausgleichsposten als solchen in der Bilanz kenntlich zu machen und durch jährliche Abschreibungen nach den Grundsätzen kaufmännischer Geschäftsgebarung zu tilgen. Die Aufsichtsbehörde kann den Mindestbetrag der Abschreibungen festsetzen. Sie kann einer Hypothekenbank, die diesen Verpflichtungen zuwiderhandelt, die im Satz 1 gewährte Befugnis entziehen.

Artikel 78.

Zinsscheine der Pfandbriefe werden nicht eingelöst. Neue Zinsscheine werden nicht ausgegeben.

Artikel 79.

(1) Für die Berechnung des Goldmarkbetrags gilt als Ausgabetag jeder Pfandbriefserie oder jeden Pfandbriefjahrganges der Tag, an dem der Treuhänder zuerst Pfandbriefe dieser Serie oder dieses Jahrganges mit der durch § 30 Abs. 3 des Hypothekenbankgesetzes vorgeschriebenen Bescheinigung versehen hat. Interimsscheine können auf Antrag der Hypothekenbank mit Zustimmung der Aufsichtsbehörde hinsichtlich des Ausgabetags den Pfandbriefen gleichgestellt werden.

(2) Verteilt sich die Ausgabe einer Serie oder eines Jahrganges auf verschiedene Zeitpunkte, die ganz oder teilweise nach dem 31. Dezember 1917 liegen, so kann die Aufsichtsbehörde auf Antrag der Hypothekenbank nach einer von dieser auf Grund der verschiedenen Ausgabetage aufzustellenden Berechnung das Umrechnungsverhältnis festsetzen, nach welchem die Umrechnung des Nennbetrags dieser Pfandbriefe in den Goldmarkbetrag zu erfolgen hat.

Artikel 80.

(1) Hat der Gläubiger oder in den Fällen des § 3 Abs. 1 Ziffer 2 bis 11 des Gesetzes sein Rechtsvorgänger die Pfandbriefe auf Grund eines Umtauschangebots der Hypothekenbank Zug um Zug in Umtausch gegen andere Pfandbriefe erhalten, so kann er verlangen, daß bei der Aufwertung seiner Pfandbriefe der Goldmarkbetrag der von ihm in Umtausch gegebenen Pfandbriefe berücksichtigt wird. Das Verlangen ist, wenn dies nicht bereits auf Grund der bisher geltenden Vorschriften geschehen ist, bis zum 30. Juni 1926 bei der Hypothekenbank zu stellen, widrigenfalls eine Berücksichtigung des Goldmarkbetrags der in Umtausch gegebenen Pfandbriefe nicht stattfindet.

(2) Sind die gegeneinander umgetauschten Pfandbriefe von verschiedenen Hypothekenbanken ausgegeben, so kann die Aufsichtsbehörde einen Ausgleich zwischen sprechende Anwendung, wenn die Pfandbriefe bei verschiedenen Teilungsmassen den Teilungsmassen der Hypothekenbanken anordnen. Diese Vorschrift findet ent- (Artikel 89) zu berücksichtigen sind. Sind mehrere Aufsichtsbehörden zuständig, so entscheiden sie im gegenseitigen Einvernehmen.

Artikel 81.

Die von der Hypothekenbank mit verfügbaren Mitteln angekauften Pfandbriefe nehmen an der Verteilung teil.

Artikel 82.

Mit Pfandbriefen, die im Wege des Umtausches gegen andere Pfandbriefe oder im Wege der Einlösung in den Besitz der Hypothekenbank gelangt sind, nimmt die

Hypothekenbank an der Verteilung nicht teil. Dasselbe gilt für Pfandbriefe, die die Hypothekenbank bei der Rückzahlung von Hypotheken erhalten hat; jedoch nimmt sie mit solchen Pfandbriefen an der Verteilung teil, die sie gemäß Artikel 77 Abs. 1 als Verwaltungskostenbeitrag für sich in Anspruch nehmen kann.

Artikel 83.

Mit der Verteilung der Teilungsmasse ist zu beginnen, sobald nach der Entscheidung der Aufsichtsbehörde hinreichende bare Masse vorhanden ist.

Artikel 84.

(1) Soweit hinreichende bare Masse noch nicht vorhanden ist, soll die Hypothekenbank bei Zustimmung der Aufsichtsbehörde den Gläubigern Goldpfandbriefe aushändigen, die in Höhe ihres Nennbetrags auf den endgültigen Anteil anzurechnen sind.

(2) In Höhe des Nennbetrags der auszugebenden Goldpfandbriefe kann die Hypothekenbank der Teilungsmasse Hypotheken, Grundschulden und Reallasten entnehmen, um sie einer besonderen Deckung im Sinne der §§ 6, 22 des Hypothekenbankgesetzes zuzuführen. Dabei sind die entnommenen Werte mit ihrem Aufwertungsbetrag anzusetzen. Zur Abrundung der Deckung darf auch Geld der Teilungsmasse entnommen werden.

(3) Die Hypothekenbank ist mit Zustimmung der Aufsichtsbehörde berechtigt, bis zu 20 vom Hundert des Gesamtnennbetrags der auszugebenden Goldpfandbriefe zurückzubehalten. Die zurückbehaltenen Goldpfandbriefe gehören zur Teilungsmasse; § 22 findet insoweit keine Anwendung.

(4) Die Goldpfandbriefe müssen

1. auf Goldmark lauten, wobei eine Goldmark dem Preise von $^1/_{2790}$ kg Feingold entspricht (§ 2 der Verordnung zur Durchführung des Gesetzes über wertbeständige Hypotheken vom 29. Juli 1923, Reichsgesetzbl. I S. 482),
2. mit mindestens 4½ vom Hundert jährlich zu verzinsen und
3. zum Nennbetrag einzulösen sein.

(5) Die Hypothekenbank hat die auf die Deckung bei ihr eingehenden ordentlichen und außerordentlichen Rückzahlungen zur Einlösung der Goldpfandbriefe im Wege der Auslosung zum Nennbetrage zu verwenden, soweit nicht die Pfandbriefe gemäß Abs. 3 zur Teilungsmasse gehören; diese Pfandbriefe werden erst nach Einlösung der übrigen Goldpfandbriefe derselben Ausgabe und nur mit dem Überschuß eingelöst, den die auf Grund des Abs. 2 aus der Teilungsmasse entnommenen Deckungswerte ergeben.

(6) Kündigt die Hypothekenbank für einen bestimmten Zeitpunkt die Aushändigung von Goldpfandbriefen an, so kann sie frühestens drei Monate vor diesem Zeitpunkt die Annahme von Pfandbriefen zur Schuldtilgung (Artikel 74) ablehnen. Die Ablehnung bedarf der Genehmigung der Aufsichtsbehörde. Ablehnung und Genehmigung sind öffentlich bekanntzumachen.

(7) Die Goldpfandbriefe können zur Rückzahlung der Hypotheken und Grundschulden verwendet werden. Dabei sind sie in Höhe ihres Nennbetrags auf den Aufwertungsbetrag anzurechnen.

(8) Von den als Deckung dienenden Hypotheken, Grundschulden und Reallasten ist der Verwaltungskostenbetrag (Artikel 77) durch Entnahme von Goldpfandbriefen abzuziehen. Soweit Goldpfandbriefe gemäß Abs. 3 zurückbehalten werden, ist der Verwaltungskostenbeitrag nicht durch Entnahme von Goldpfandbriefen, sondern erst bei Eingang des Überschusses in die Teilungsmasse (Abs. 5) von dem eingegangenen Betrage zu erheben.

Artikel 85.

(1) Bietet die Hypothekenbank mit Zustimmung der Aufsichtsbehörde den Gläubigern eine Abfindung an, so gilt das Angebot als von allen Gläubigern angenommen, wenn es dreimal im Deutschen Reichsanzeiger eingerückt worden ist und seit der letzten Einrückung drei Monate verstrichen sind, ohne daß ein Teil der Gläubiger, dessen Goldmarkansprüche mindestens 15 vom Hundert der Goldmarkansprüche sämtlicher bei der Verteilung zu berücksichtigenden Gläubiger beträgt, schriftlich bei der Aufsichtsbehörde widersprochen hat.

(2) Der Widerspruch ist nur wirksam, wenn ihm eine Bescheinigung eines deutschen Notars oder einer amtlichen Hinterlegungsstelle über die erfolgte Hinterlegung der Pfandbriefe beigefügt ist; die Bescheinigung muß den Nennbetrag sowie die Nummern und Serienbezeichnung der Pfandbriefe enthalten. Die Rückgabe der Pfandbriefe darf nicht vor Ablauf der Frist erfolgen.

(3) Die Vorschriften des Abs. 2 finden im Falle des § 49 Abs. 1, 3 des Gesetzes keine Anwendung.

(4) In dem Angebot ist auf die Zulässigkeit und die Art der Ausübung des Widerspruchs sowie auf die Folgen der Nichtausübung hinzuweisen.

(5) Werden als Abfindung Pfandbriefe angeboten, so finden die Vorschriften des Artikel 84 Abs. 4, 5 Anwendung.

Artikel 86.

(1) Werden den Gläubigern gemäß Artikel 84, 85 Pfandbriefe ausgehändigt, so ist die Hypothekenbank, sofern sie sich bereit erklärt, die aufgewerteten Hypotheken als ihrerseits dauernd unkündbare Tilgungshypotheken den Schuldnern zu belassen, befugt, mit Wirkung vom 1. Januar 1928 neben den nach § 28 des Gesetzes zu entrichtenden Zinsen 3 vom Hundert jährliche Tilgung zu verlangen. Weigert sich der Schuldner, die entsprechende Änderung des Inhalts der Hypothek zu bewilligen, so wird die Bewilligung auf Antrag der Hypothekenbank durch die Entscheidung der Aufwertungsstelle ersetzt.

(2) Der Eigentümer und der persönliche Schuldner können, wenn dies mit Rücksicht auf ihre wirtschaftliche Leistungsfähigkeit unerläßlich erscheint, die Herabsetzung des Tilgungssatzes in halbprozentigen Stufen oder den gänzlichen Wegfall der Tilgung verlangen. Im Falle des gänzlichen Wegfalls der Tilgung kann die Hypothekenbank die Zahlung des aufgewerteten Kapitalbetrags verlangen, jedoch nicht vor dem 1. Januar 1932. Die Kündigungsfrist beträgt, sofern nichts Abweichendes vereinbart ist, sechs Monate. Das Verlangen auf Herabsetzung oder auf Wegfall der Tilgung muß spätestens sechs Monate, nachdem die Hypothekenbank von der Befugnis gemäß Abs. 1 Satz 1 dem Schuldner gegenüber Gebrauch gemacht hat, bei der Aufwertungsstelle gestellt werden.

(3) Die bisherigen vertraglichen Kündigungs- und Rückzahlungsrechte des Schuldners bleiben unberührt.

(4) Streitigkeiten über die Ausgestaltung der als Deckung der Goldpfandbriefe dienenden Hypotheken entscheidet die Aufwertungsstelle.

(5) Die Vorschriften der Abs. 1 und 4 finden auf Grundschulden und Reallasten entsprechende Anwendung.

(6) Änderungen des Inhalts eingetragener Rechte nach Maßgabe der Bewilligung der Beteiligten oder der Entscheidung der Aufwertungsstelle sind auf Antrag der Hypothekenbank oder des Eigentümers auf Kosten der Hypothekenbank in das Grundbuch einzutragen.

Artikel 87.

(1) Erläßt die Hypothekenbank in den Fällen der Artikel 83 bis 86 eine dreimalige Aufforderung im Deutschen Reichsanzeiger an die Gläubiger, ihre An-

sprüche anzumelden und die Pfandbriefe zur Geltendmachung ihrer Rechte vorzulegen, so kann sie den Anteil, der auf die bis zum Ablauf von drei Monaten nach der letzten Veröffentlichung nicht eingereichten Pfandbriefe entfällt, hinterlegen, sofern nicht innerhalb der Frist der Antrag auf Einleitung eines Aufgebotsverfahrens oder auf Zahlungssperre nachgewiesen ist.

(2) Im Falle des § 49 Abs. 1, 3 des Gesetzes ist die Hypothekenbank zur Hinterlegung befugt, wenn der Gläubiger die Anmeldung seines Anspruchs innerhalb der Frist unterlassen hat.

(3) In der Aufforderung ist auf die Folgen der Nichteinhaltung der Frist hinzuweisen.

Artikel 88.

Das Gesetz, betreffend die gemeinsamen Rechte der Besitzer von Schuldverschreibungen vom 4. Dezember 1899 (Reichsgesetzbl. S. 691) findet auf die nach Maßgabe dieser Verordnung aufgewerteten Pfandbriefe keine Anwendung.

Artikel 89.

Auf Antrag der Hypothekenbank kann die Aufsichtsbehörde bestimmen, daß für verschiedene Ausgaben von Pfandbriefen verschiedene Teilungsmassen gebildet werden, wenn die Deckung auch bisher getrennt verwaltet wurde oder wenn die Pfandbriefe erkennbar auf Grund einer besonderen Deckung ausgegeben sind.

Artikel 90.

Die Aufsichtsbehörde kann die ihr nach dieser Verordnung zustehenden Befugnisse auf eine andere Stelle übertragen.

Artikel 91.

Soweit nach diesem Abschnitt die Zuständigkeit der Aufwertungsstelle begründet ist, finden die Vorschriften der §§ 72 bis 76 des Gesetzes Anwendung.

3. Andere Schuldverschreibungen.

Artikel 92.

(1) Für die Aufwertung der Ansprüche aus den in den §§ 41, 42 des Hypothekenbankgesetzes bezeichneten Schuldverschreibungen gelten die Artikel 67 bis 91 entsprechend.

(2) Für die Schuldverschreibungen gemäß § 41 des Hypothekenbankgesetzes und die Schuldverschreibungen gemäß § 42 des Hypothekenbankgesetzes wird je eine besondere Teilungsmasse gebildet.

(3) Sind Pfandbriefe in Umtausch gegen die in den §§ 41, 42 des Hypothekenbankgesetzes bezeichneten Schuldverschreibungen oder solche Schuldverschreibungen in Umtausch gegen Pfandbriefe gegeben worden, so finden die Vorschriften des Artikel 80 entsprechende Anwendung.

II. Schuldverschreibungen anderer privatrechtlicher Anstalten als Hypothekenbanken.

Artikel 93.

(1) Auf Pfandbriefe und andere Schuldverschreibungen und Schuldurkunden der im § 47 des Gesetzes bezeichneten Art, die von anderen privatrechtlichen Grundkreditanstalten als Hypothekenbanken im Sinne des Hypothekenbankgesetzes, von privatrechtlichen Kommunalkreditanstalten, von Schiffsbeleihungsbanken sowie von privatrechtlichen Ablösungsanstalten ausgegeben sind, finden die Vorschriften der Artikel 58 bis 60, 67 bis 92, auf Pfandbriefe und andere Schuldverschreibungen auch die Vorschriften der Artikel 61 bis 66 dieser Verordnung entsprechende Anwendung.

(2) Die näheren Anordnungen treffen die obersten Landesbehörden.

III. Schuldverschreibungen öffentlich-rechtlicher Grundkredit- und Ablösungsanstalten.

Artikel 94.

(1) Auf Pfandbriefe und andere Schuldverschreibungen der im § 47 des Gesetzes bezeichneten Art, die von öffentlich-rechtlichen Grundkredit- und Ablösungsanstalten ausgegeben sind, finden die Vorschriften der Artikel 61 bis 66 Anwendung.

(2) Die obersten Landesbehörden werden ermächtigt, über die Aufwertung der Pfandbriefe, Schuldverschreibungen und Schuldurkunden öffentlich-rechtlicher Grundkredit- und Ablösungsanstalten die im § 50 des Gesetzes vorgesehenen Bestimmungen zu treffen.

Fünfter Abschnitt.

Aufwertung von Versicherungsansprüchen.

I. Private Versicherungsunternehmungen.

Artikel 95.

Der Aufwertung unterliegen sämtliche Ansprüche der Versicherten (Versicherungsnehmer, Bezugsberechtigten) aus Lebensversicherungsverträgen, ferner aus solchen Kranken-, Unfall- und Haftpflichtversicherungsverträgen, für die nach gesetzlichen Bestimmungen oder nach Vorschrift der Aufsichtsbehörde vor dem 14. Februar 1924 ein Prämienreservefonds im Sinne der §§ 56 ff. des Versicherungsaufsichtsgesetzes zu bilden war. Die Ansprüche müssen aus vor dem 14. Februar 1924 begründeten Rechtsverhältnissen herrühren und die Zahlung einer bestimmten in Mark oder einer andern nicht mehr geltenden inländischen Währung ausgedrückten Geldsumme zum Gegenstande haben. Ansprüche aus Haftpflichtversicherungsverträgen mit unbegrenzter Deckung und aus lebenslänglichen Haftpflichtversicherungsverträgen bleiben von dieser Regelung unberührt.

Artikel 96.

(1) Die im Artikel 95 bezeichneten Ansprüche werden nach Maßgabe der verfügbaren Mittel unter Zugrundelegung der auf sie entfallenden Reserven (technische Reserven, Prämiendepots usw.) unter Berücksichtigung der beiderseitigen Rückstände und Leistungen aufgewertet. Die Reserven, die Rückstände und die Leistungen werden hierbei nach ihrem Goldmarkbetrag in sinngemäßer Anwendung des § 2 Abs. 1 des Gesetzes berechnet.

(2) Für die Durchführung der vorstehenden Vorschriften kann die Aufsichtsbehörde nähere Bestimmungen erlassen.

Artikel 97.

(1) Das dem Treuhänder zu überweisende Vermögen der Versicherungsunternehmung bildet den Aufwertungsstock für den eigenen Bestand der Unternehmung. Es bildet zugleich den Aufwertungsstock für die vor dem 14. Februar 1924 auf die Unternehmung übertragenen, nach Artikel 95 aufgewerteten Versicherungen, soweit sich nicht aus dem Übernahmevertrag oder den Umständen, unter denen die Übernahme erfolgt ist, etwas anderes ergibt oder eine abgesonderte Regelung für übernommene Bestände zur Vermeidung einer groben Unbilligkeit geboten erscheint. Zur Vermeidung einer solchen Unbilligkeit kann auch zugelassen werden, daß übernommene Bestände oder übertragene Einzelversicherungen einer anderen Unternehmung aus Mitteln des Aufwertungsstocks der übertragenden Unternehmung in dem Maße berücksichtigt werden, daß diese Versicherungen bei der Aufwertung nicht schlechter gestellt sind als vor der Übertragung. Die Entscheidung darüber, ob solche Ausnahmen vorliegen, trifft die Aufsichtsbehörde.

(2) Hat nach dem 13. Februar 1924 eine Bestandsübertragung stattgefunden, so wird auf dem aufgewerteten, aus Anlaß der Bestandsübertragung der übernehmenden Gesellschaft zugeflossenen Vermögen ein besonderer Aufwertungsstock für die übernommenen Versicherten gebildet.

(3) In den Aufwertungsstock fließt unbeschadet der aus den vorstehenden Bestimmungen sich ergebenden Beschränkung und der Vorschrift des Artikel 102 das gesamte aufgewertete Vermögen der Versicherungsunternehmung, das ihr bei Ablauf des 13. Februar 1924 gehörte, soweit es nicht verpfändet oder gemäß § 57 Abs. 1 Satz 2 des Versicherungsaufsichtsgesetzes als besondere Sicherheit gestellt ist.

Artikel 98.

Sind mit Rücksicht auf eine gesetzliche oder vertragliche Verpflichtung auf Veranlassung der Aufsichtsbehörde Vermögenswerte einer Versicherungsunternehmung zum Zwecke der Bedeckung des Prämienreservefonds einer ihr angegliederten Pensionskasse übertragen, so ist für die Berechnung des Goldmarkbetrags dieser Werte der Tag maßgebend, an dem der Anspruch für die übertragende Unternehmung begründet wurde. Eine Aufwertung zugunsten der übertragenden Unternehmung findet nicht statt.

Artikel 99.

Soweit Hypotheken, Grundschulden oder Reallasten zum Aufwertungsstock gehören, finden die Vorschriften der Artikel 67 bis 71 entsprechende Anwendung.

Artikel 100.

Wenn es die wirtschaftlichen Verhältnisse der Unternehmung angemessen erscheinen lassen, sind auf Verlangen und nach näherer Bestimmung der Aufsichtsbehörde Beiträge aus dem sonstigen Vermögen der Unternehmung in den Aufwertungsstock zu leisten. Die Beiträge sind auf Antrag des Treuhänders nach den landesrechtlichen Vorschriften über die Beitreibung öffentlicher Abgaben einzuziehen. Im Falle einer solchen Beitragsleistung kann die Aufsichtsbehörde die Bildung eines Aufwertungsausgleichskontos im Sinne des § 81 des Gesetzes zulassen und in diesem Falle über Tilgung dieses Kontos durch jährliche Abschreibungen Bestimmungen treffen. Auch kann sie zulassen, daß der Beitrag in Teilbeträgen geleistet wird.

Artikel 101.

(1) Der Treuhänder ist mit Zustimmung der Aufsichtsbehörde berechtigt und auf ihre Weisung verpflichtet, Teile des Aufwertungsstocks für die Befriedigung anderweitiger Verpflichtungen der Unternehmung (Verwaltungskosten, Fremdwährungsverpflichtungen, Verpflichtungen aus Kriegs- und Sparprämienanleiheversicherungen sowie Ansprüche aus Kranken-, Unfall- und Haftpflichtversicherungsverträgen, soweit sie nicht unter Artikel 95 fallen usw.) freizugeben, wenn die beabsichtigte Verwendung des freizugebenden Teiles zur wirtschaftlichen Erhaltung der Unternehmung oder zur Abwendung einer groben Unbilligkeit geboten oder nach der Gesamtlage der Unternehmung für die Versicherten vorteilhaft erscheint.

(2) Der Treuhänder hat den Aufwertungsstock festzustellen. Die Unternehmung ist verpflichtet, ihm zu diesem Zwecke Einsicht in die Geschäftsbücher und in sonstige Unterlagen der Unternehmung zu gestatten; sie hat dem Treuhänder die erforderlichen Auskünfte zu erteilen und die entsprechenden Bücher und Unterlagen vorzulegen. Dieselben Verpflichtungen hat der Treuhänder der Unternehmung gegenüber hinsichtlich seiner Geschäftsführung.

(3) Streitigkeiten, die zwischen dem Treuhänder und der Unternehmung über den Aufwertungsstock entstehen, werden durch die Aufsichtsbehörde unter Ausschluß des Rechtswegs in dem durch die §§ 73, 74 und 84 des Versicherungsaufsichts-

gesetzes geregelten Verfahren entschieden. Das gleiche Verfahren greift Platz, wenn eine der in den Artikeln 100, 101 Abs. 1 vorgesehenen Maßnahmen der Aufsichtsbehörde getroffen oder ein dahingehender Antrag eines Beteiligten abgelehnt oder eine Entscheidung nach Artikel 97 Abs. 1 Satz 4 getroffen werden soll. Die Entscheidungen sind mit Gründen zu versehen.

Artikel 102.

(1) Kommen bei einer Unternehmung mehrere Versicherungszweige in Betracht, so werden für die auf Mark oder eine andere nicht mehr geltende inländische Währung lautenden Versicherungen die im Artikel 97 bezeichneten Vermögenswerte auf Antrag des Treuhänders nach Anhörung der Unternehmung auf die verschiedenen Versicherungszweige im Verhältnis der Goldmarkbeträge der auf sie entfallenden technischen Reserven aufgeteilt; Artikel 96 Abs. 1 Satz 2, Abs. 2 gelten entsprechend. Bei der Aufteilung darf auf die Aufwertungsstöcke der Lebensversicherung, der Kranken-, Unfall- und Haftpflichtversicherung nicht weniger entfallen, als die zugehörigen Prämienreservefonds an aufgewerteten Vermögensanlagen enthalten haben.

(2) Die Aufteilung bedarf der Genehmigung der Aufsichtsbehörde. Artikel 101 Abs. 3 findet Anwendung. Ergeben sich bei der Aufteilung nach Abs. 1 offenbare Unbilligkeiten, so hat auf Verlangen der Aufsichtsbehörde eine andere Aufteilung zu erfolgen.

Artikel 103.

(1) Der Treuhänder hat den Aufwertungsstock in Besitz zu nehmen und zu verwalten. Die Unternehmung ist verpflichtet, den Aufwertungsstock auf Verlangen des Treuhänders zu verwahren. Der Treuhänder ist berechtigt, aus dem Aufwertungsstocke Vorschüsse auf die Ansprüche der Versicherten zu zahlen und über ihn zu verfügen, soweit diese Verfügung im Interesse der Versicherten, insbesondere einer beschleunigten endgültigen oder vorläufigen Durchführung der Aufwertung zweckdienlich erscheint; er soll vor dieser Verfügung die Unternehmung anhören und bei ihrem Widerspruche die Entscheidung der Aufsichtsbehörde einholen.

(2) Der Treuhänder hat die am Aufwertungsstocke beteiligten Versicherungen festzustellen und für die Verwendung des Aufwertungsstocks nach Anhörung der Unternehmung einen Teilungsplan aufzustellen. Aus dem Teilungsplane muß sich die Berechnungsweise der auf die Versicherungen entfallenden Aufwertungsanteile ergeben. Soweit die Versicherungsansprüche noch nicht fällig sind, wird für sie, unbeschadet der Vorschrift des Artikel 105, vom Treuhänder eine beitragsfreie oder beitragspflichtige Versicherung auf Reichsmark im Teilungsplane berechnet. Die von deutschen Unternehmungen im Ausland abgeschlossenen, unter Artikel 95 fallenden Versicherungen sind am Aufwertungsstock nicht beteiligt, wenn gemäß § 57 Abs. 1 Satz 2 des Versicherungsaufsichtsgesetzes im Ausland eine besondere Sicherheit zu bilden war.

(3) Bei der Berechnung der neuen Versicherungsansprüche können die Versicherungsformen geändert, insbesondere kann der Ablauf der Versicherungen bis Ende 1932 hinausgeschoben und eine Gewinnbeteiligung vorgesehen, ausgeschlossen oder neu geregelt werden. Beim Rückkauf ist dem Versicherungsnehmer die volle Prämienreserve zu gewähren, soweit die aus dem Aufwertungsanteile hergestellte Versicherung in Frage kommt.

(4) Die Fortsetzung des Versicherungsverhältnisses als beitragspflichtige Versicherung gilt nur dann als vereinbart, wenn die nach dem Teilungsplane zu leistende erste Prämienzahlung innerhalb der gestellten Frist bewirkt ist; andernfalls ist der Aufwertungsanteil auszuzahlen, es sei denn, daß der Teilungsplan für diesen Fall eine beitragsfreie Versicherung vorsieht.

(5) Mit Genehmigung der Aufsichtsbehörde können Zahlungen auf die aus dem Teilungsplane sich ergebenden Leistungn bis zum 31. Dezember 1932 ganz oder teilweise abgelehnt werden. Dies gilt nicht bei beitragspflichtigen Versicherungen für den aus der Prämienzahlung sich ergebenden Teil der Versicherungssumme.

(6) Finden Zahlungen statt, so sind Bezugsberechtigte in höherem Lebensalter, insbesondere aus Rentenversicherungen, in bevorzugter Weise zu berücksichtigen.

Artikel 104.

Im Teilungsplane kann vorgesehen werden, daß die Ansprüche für gewisse Gruppen von Versicherungsnehmern oder für die Versicherungsnehmer aller oder einzelner Jahrgänge der seit dem 1. Januar 1919 abgeschlossenen Versicherungen aus der allgemeinen Verteilung ausscheiden und abgesondert geregelt werden. In diesem Falle kann insbesondere dem Versicherungsnehmer an Stelle seiner bisherigen Versicherung eine neue beitragspflichtige Versicherung mit einem von der Aufsichtsbehörde festgesetzten Mindestbeitrag unter Berücksichtigung seines Aufwertungsanteils angeboten werden. Lehnt der Versicherungsnehmer dieses Angebot ab, so wird ihm nach Wahl der Untenehmung der Aufwertungsanteil auf seine Kosten bar ausgezahlt oder eine entsprechende beitragsfreie Versicherung eingeräumt. Die Vorschriften des Artikel 103 Abs. 3 bis 5 finden entsprechende Anwendung.

Artikel 105.

Bleibt der Aufwertungsanteil unter einem von der Aufsichtsbehörde im Teilungsplane zugelassenen Mindestbetrag oder ist damit zu rechnen, daß die Unternehmung alsbald aufgelöst wird, und erlöschen in diesem Falle die Versicherungsverhältnisse, so kann in dem Teilungsplan angeordnet werden, daß unter Aufhebung des Versicherungsverhältnisses der Aufwertungsanteil dem Bezugsberechtigten auszuzahlen ist. Beträgt der Aufwertungsanteil bei Versicherungen über eine Summe von mehr als 2000 Mark oder eine Jahresrente von mehr als 100 Mark weniger als 10 Reichsmark, bei andern Versicherungen weniger als 3 Reichsmark, so kann an Stelle der Auszahlung aus solchen Anteilen eine Rücklage gebildet werden, die der Treuhänder zum Ausgleich besonderer Härten mit Zustimmung der Aufsichtsbehörde für die Versicherten zu verwenden hat. Hierbei sollen vor allem Bezugsberechtigte in höherem Lebensalter, insbesondere aus Rentenversicherungen, berücksichtigt werden.

Artikel 106.

Der Treuhänder hat mit Genehmigung der Aufsichtsbehörde den Aufwertungsstock ganz oder teilweise an die Unternehmung herauszugeben, wenn und soweit eine besondere Regelung bestimmter Ansprüche nach Artikel 104 erfolgt oder erfolgt ist, oder wenn Vereinbarungen mit Genehmigung der Aufsichtsbehörde getroffen werden.

Artikel 107.

Der Teilungsplan und der ihm zugrunde liegende Bestand des Aufwertungsstocks wird durch Genehmigung der Aufsichtsbehörde unter Ausschluß des Rechtswegs festgestellt. Vor der Genehmigung ist der Teilungsplan vom Treuhänder in geeigneter Weise bekanntzumachen; das Nähere bestimmt die Aufsichtsbehörde. Die Genehmigung des Teilungsplans erfolgt, sofern die beteiligte Unternehmung es beantragt oder bei der Aufsichstbehörde Bedenken bestehen, in dem durch die §§ 73, 74 und 84 des Versicherungsaufsichtsgesetzes geregelten Verfahren. Die Entscheidung ist mit Gründen zu versehen.

Artikel 108.

Nach Genehmigung des Teilungsplans hat der Treuhänder den Aufwertungsstock an die Unternehmung zurückzugeben, die Unternehmung hat ihn zu übernehmen. Sie hat für die neu, und zwar zum 14. Februar 1924 berechneten Versicherungsansprüche gemäß §§ 56 ff. des Versicherungsaufsichtsgesetzes die Prämienreserven zu berechnen und die erforderlichen Beträge dem Prämienreservefonds zuzuführen. Die Zuführung kann in der jeweiligen Höhe des Aufwertungsausgleichskontos (Artikel 100) unterbleiben. Bis zu ihrer Zuführung finden die Vorschriften des § 61 des Versicherungsaufsichtsgesetzes zugunsten der neu berechneten Versicherungsansprüche auf den Aufwertungsstock Anwendung; Arreste und Zwangsvollstreckungen finden in den Aufwertungsstock nicht statt.

Artikel 109.

(1) Sind bei einer deutschen Unternehmung unzureichend gedeckte Fremdwährungsverpflichtungen vorhanden, so wird der Aufwertungsstock, unbeschadet der Vorschriften der Artikel 100, 101 Abs. 1, zwischen den Versicherungen in Fremdwährung und in früherer Reichswährung im Einvernehmen mit dem Treuhänder im Verhältnis der in sinngemäßer Anwendung des Artikel 96 Abs. 1 berechneten Goldmarkbeträge der auf sie entfallenden technischen Reserven nach Maßgabe der folgenden Vorschriften aufgeteilt.

(2) Versicherungen in Fremdwährung, die nicht am Prämienreservefonds (§ 57 des Versicherungsaufsichtsgesetzes) beteiligt sind, werden nur bei der Aufteilung des nicht zum Prämienreservefons gehörigen Teiles des Aufwertungsstocks und nur mit dem Teil ihrer Ansprüche berücksichtigt, der nicht durch die für sie im Ausland gestellten Sicherheiten gedeckt ist.

(3) Die übrigen Versicherungen in Fremdwährung werden bei der Verteilung des zum Prämienreservefonds gehörigen Teiles des Aufwertungsstocks berücksichtigt, Außerdem gebührt ihnen der auch nach Durchführung des Artikel 100 nicht zum Aufwertungsstock gehörige Teil des Prämienreservefonds und eine etwaige für sie besonders gestellte Sicherheit.

(4) Soweit die im Abs. 3 bezeichneten Versicherungen in Fremdwährung nicht gedeckt sind, nehmen sie auch bei der Verteilung des nicht zum Prämienreservefonds gehörigen Teiles des Aufwertungsstocks neben den Versicherungen in früherer Reichswährung teil; beide Arten von Versicherungen werden nur in Höhe des Ausfalls bei dieser Verteilung berücksichtigt.

(5) Der auf die Versicherungen in früherer Reichswährung entfallende Anteil wird auch im Konkurs der Unternehmung oder bei Maßnahmen nach § 69 des Versicherungsaufsichtsgesetzes ausschließlich zugunsten der Versicherungen in Reichswährung mit Genehmigung der Aufsichtsbehörde verwendet.

(6) Das Verteilungsverfahren ist auszusetzen, wenn mit Zustimmung der Aufsichtsbehörde Verhandlungen über eine Regelung der Fremdwährungsverpflichtungen im Vergleichsweg schweben. Kommt ein Vergleich zustande, so entfällt für die davon betroffenen Versicherungen das Verfahren nach Abs. 1 bis 4.

Artikel 110.

(1) Der Treuhänder wird nach Anhörung der Unternehmung durch die Aufsichtsbehörde bestellt. Er darf nicht Mitglied des Vorstandes oder des Aufsichtsrats oder Angestellter der Unternehmung sein und auch nicht zu ihren Aktionären gehören. Der Treuhänder erhält eine Bestallung. Die nach den Vorschriften des Versicherungsaufsichtsgesetzes der Aufsichtsbehörde obliegende Überwachung des Geschäftsbetriebs der Unternehmung erstreckt sich auch auf die Geschäftsführung des Treuhänders. Er kann bei Vorliegen eines wichtigen Grundes entlassen werden.

(2) Die Vergütung für den Treuhänder wird nach Anhörung der Unternehmung durch die Aufsichtsbehörde festgesetzt; die Vergütung und die übrigen Kosten des Aufwertungsverfahrens gehen zu Lasten des Aufwertungsstocks. Der Treuhänder kann bei Ausübung seiner Obliegenheiten die Mitwirkung der Unter-

nehmung gegen eine angemessene Vergütung in Anspruch nehmen. Die Höhe dieser Vergütung ist der Aufsichtsbehörde anzuzeigen. Im Streitfall oder wenn Bedenken bei der Aufsichtsbehörde vorliegen, finden die Vorschriften des Artikel 101 Abs. 3 Anwendung.

(5) Das Amt des Treuhänders endigt, sobald der Aufwertungsstock der Unternehmung gemäß Artikel 108 zur Verfügung gestellt ist. Der Treuhänder hat nach Beendigung seines Amtes die Bestallung der Aufsichtsbehörde zurückzugeben.

Artikel 111.

Die Aufsichtsbehörde kann auf Antrag der Unternehmung oder des Treuhänders eine Ausschlußfrist für die Anmeldung der im Teilungsplan zu berücksichtigenden Ansprüche festsetzen. Die Ausschlußfrist ist nach näherer Vorschrift der Aufsichtsbehörde bekanntzumachen.

Artikel 112.

Bei den kleineren Vereinen im Sinne des § 53 des Versicherungsaufsichtsgesetzes und bei den nach dem Angestelltenversicherungsgesetze zugelassenen Ersatzkassen kann auf Antrag der Unternehmung von der Bestellung eines Treuhänders abgesehen werden. In diesem Falle wird die Verwendung der im Artikel 97 bezeichneten Vermögenswerte durch den Geschäftsplan geregelt, der der Genehmigung der Aufsichtsbehörde bedarf. Die Aufstellung des Geschäftsplans erfolgt durch übereinstimmenden Beschluß von Vorstand und Aufsichtsrat oder, wenn ein Aufsichtsrat nicht vorhanden ist, durch den Vorstand.

Artikel 113.

Bei einer Entscheidung nach den §§ 73, 74 und 84 des Versicherungsaufsichtsgesetzes auf Grund dieser Verordnung gelten die Unternehmung und der Treuhänder im Sinne des § 73 Abs. 7, § 74 des Versicherungsaufsichtsgesetzes als Beteiligte.

Artikel 114.

Wenn bei der Durchführung der Artikel 95 bis 113 dieser Verordnung im Einzelfall eine anderweitige Regelung im Interesse der Versicherten sich als angezeigt erweist, so kann ausnahmsweise von der Aufsichtsbehörde im Einvernehmen mit dem Treuhänder und der Unternehmung eine von den vorstehenden Vorschriften abweichende Regelung im Rahmen des § 61 des Gesetzes getroffen werden.

Artikel 115.

Auf Ansprüche aus Lebensversicherungsverträgen, die mit ausländischen, nicht unter Reichsaufsicht stehenden Unternehmungen abgeschlossen sind, finden die Vorschriften der Artikel 95 bis 114 keine Anwendung. Für diese Ansprüche bewendet es bei den für sie geltenden allgemeinen gesetzlichen Bestimmungen. Darüber, ob eine Unternehmung im Sinne dieser Bestimmung als nicht unter Reichsaufsicht stehend anzusehen ist, entscheidet endgültig das Reichsaufsichtsamt für Privatversicherung; das im Artikel 101 Abs. 3 vorgesehene Verfahren findet entsprechende Anwendung.

II. Öffentliche Versicherungsunternehmungen.

Artikel 116.

Die Vorschriften der Artikel 95 bis 115 finden entsprechende Anwendung, wenn der Anspruch aus dem Versicherungsvertrage gegen eine auf Grund landesgesetzlicher Vorschriften errichtete öffentliche Versicherungsanstalt gerichtet ist. Die obersten Landesbehörden werden ermächtigt, die zur Durchführung dieser Vorschriften erforderlichen Anordnungen zu treffen. Dabei ist in den Fällen, in denen nach den Vorschriften dieser Verordnung ein Verfahren gemäß §§ 73, 74 oder 84 des Versicherungsaufsichtsgesetzes stattfindet, das Verwaltungsstreitverfahren für anwendbar zu erklären. Wo ein Verwaltungsstreitverfahren nicht besteht, finden die Vorschriften der §§ 20, 21 der Gewerbeordnung mit der Maßgabe Anwendung, daß die den Landesgesetzen vorbehaltenen Bestimmungen von den obersten Landesbehörden getroffen werden können.

Sechster Abschnitt.

Einrichtung und Verfahren der Aufwertungsstellen.

Artikel 117.

(1) Aufwertungsstelle ist das Amtsgericht.

(2) Die obersten Landesbehörden können bestimmen, daß an Stelle der Amtsgerichte andere Landesbehörden zuständig sind oder daß die Amtsgerichte einzelne Verrichtungen den Notaren übertragen können oder daß für mehrere Amtsgerichtsbezirke eine gemeinsame Aufwertungsstelle errichtet wird.

Artikel 118.

(1) Zuständig ist, soweit es sich um die Auwertung von Hypotheken, Schiffs- oder Bahnpfandrechten einschließlich der gesicherten persönlichen Forderungen, um Grundschulden, Rentenschulden oder Reallasten handelt (§§ 4 bis 32 des Gesetzes), das Amtsgericht, in dessen Bezirke das Grundbuch, Schiffsregister oder Bahngrundbuch geführt wird; im Falle einer Gesamtbelastung bleibt dasjenige Gericht, welches zuerst angegangen ist, auch für die Entscheidung über die Aufwertung hinsichtlich der mitbelasteten Grundstücke, Schiffe oder Bahneinheiten zuständig. Dies gilt für die persönliche Forderung auch dann, wenn eine Wiedereintragung des dinglichen Rechtes nicht stattfindet.

(2) In allen andern Fällen ist das Amtsgericht zuständig, bei welchem der Schuldner seinen allgemeinen Gerichtsstand hat; dasselbe gilt für die Aufwertung der durch Hypothek, Schiffspfandrecht oder Bahnpfandrecht gesicherten persönlichen Forderung, wenn das Grundbuch, Schiffsregister oder Bahngrundbuch im Inland nicht geführt wird. Hat der Schuldner im Inland keinen allgemeinen Gerichtsstand, so ist das Gericht zuständig, in dessen Bezirke sich sein Vermögen ganz oder zum Teil befindet oder in dessen Bezirke der Gläubiger seinen Wohnsitz (Sitz) hat; unter mehereren zuständigen Gerichten gebührt dem Gerichte der Vorzug, welches zuerst in der Sache tätig geworden ist. Ist nach diesen Vorschriften für mehrere Schuldner ein gemeinschaftlicher Gerichtsstand nicht begründet, so wird das zuständige Amtsgericht durch das gemeinschaftliche obere Gericht und, falls dieses das Reichsgericht ist, durch dasjenige Oberlandesgericht bestimmt, zu dessen Bezirke das zuerst angegangene Gericht gehört.

Artikel 119.

Für die Mitteilungen nach § 16 Abs. 1 Satz 2 des Gesetzes sind die Vorschriften der Zivilprozeßordnung über die Zustellung von Amts wegen maßgebend. Soweit Mitteilungen bereits in anderer Art ergangen sind, behält es dabei sein Bewenden.

Artikel 120.

Wohnt ein Beteiligter nicht im Deutschen Reiche, so hat er bis zum 31. März 1926 einen im Deutschen Reiche wohnenden Zustellungsbevollmächtigten zu bestellen, falls er nicht einen daselbst wohnenden Bevollmächtigten bestellt hat. Die Vorschriften des § 175 Abs. 1 Satz 2, 3, Abs. 2 der Zivilprozeßordnung finden entsprechende Anwendung. Dies gilt auch für die Mitteilungen nach § 16 Abs. 1 Satz 2 des Gesetzes.

Artikel 121.

Die Aufwertungsstelle kann die Verbindung mehrerer bei ihr gegen denselben Schuldner anhängiger Aufwertungsverfahren zum Zwecke der gleichzeitigen Verhandlung und Entscheidung anordnen; die Aufwertungsstelle kann eine solche Anordnung wieder aufheben.

Artikel 122.

Die Aufwertungsstelle kann von den Beteiligten die Glaubhaftmachung einer tatsächlichen Behauptung verlangen.

Artikel 123.

Die Entscheidung der Aufwertungsstelle ist mit Gründen zu versehen.

Artikel 124.

(1) Die sofortige Beschwerde kann bei der Aufwertungsstelle oder beim Landgericht eingelegt werden. Die Einlegung erfolgt durch Einreichung einer Beschwerdeschrift oder durch Erklärung zum Protokoll des Gerichtsschreibers des zuständigen Gerichts oder eines Amtsgerichts.

(2) Die sofortige weitere Beschwerde kann bei der Aufwertungsstelle, dem Landgericht oder dem Oberlandesgericht eingelegt wurden. Die Einlegung erfolgt durch Einreichung einer Beschwerdeschrift oder durch Erklärung zum Protokoll des Gerichtsschreibers des zuständigen Gerichts oder eines Amtsgerichts. Die Beschwerdeschrift muß von einem Rechtsanwalt unterzeichnet sein. Der Zuziehung eines Rechtsanwalts bedarf es nicht, wenn die Beschwerde von einer Behörde oder von einem Notar eingelegt wird, der in der Angelegenheit für den Beschwerdeführer einen Antrag bei der Aufwertungsstelle gestellt hat.

(3) Wird die Beschwerde durch Erklärung zum Protokoll des Gerichtsschreibers eingelegt, so genügt es zur Wahrung der Beschwerdefrist, daß die Erklärung innerhalb der Frist erfolgt.

(4) Erfolgt die Einlegung der sofortigen Beschwerde oder der sofortigen weiteren Beschwerde durch Erklärung zum Protokoll des Gerichtsschreibers eines Amtsgerichts, so hat der Gerichtsschreiber dieses Gerichts innerhalb 24 Stunden dem Gerichtsschreiber der Aufwertungsstelle von der Einlegung Nachricht zu geben. Diese Vorschrift findet entsprechende Anwendung, sofern die sofortige weitere Beschwerde beim Oberlandesgericht unter Übergehung des Landgerichts eingelegt wird.

(5) Der Gerichtsschreiber der Aufwertungsstelle darf Zeugnisse über die Rechtskraft erst eine Woche nach Ablauf der Beschwerdefrist erteilen.

Artikel 125.

(1) Die Anrufung der Aufwertungsstelle ist, sofern es sich um die Aufwertung von Teilschuldverschreibungen handelt (§ 46 des Gesetzes), von der Aufwertungsstelle einmal im Deutschen Reichsanzeiger bekanntzumachen. Die Aufwertungsstelle kann anordnen, daß die Bekanntmachung auch in anderen Blättern und zu mehreren Malen erfolge. Die Kosten der Bekanntmachung gelten als Kosten des Verfahrens.

(2) Die Vorschriften des Abs. 1 finden auf die Entscheidung der Aufwertungsstelle mit der Maßgabe Anwendung, daß eine Bekanntmachung der Entscheidungsgründe nicht stattfindet.

(3) Jeder Gläubiger kann sich dem Verfahren als Beteiligter anschließen.

Artikel 126.

(1) Die Aufwertungsstelle hat jedem, der ein berechtigtes Interesse darlegt, auf Antrag eine Bescheinigung darüber zu erteilen,

a) ob bei ihr bis zum 1. Januar 1926 ein Anspruch auf Aufwertung auf Grund des Vorbehalts der Rechte, kraft Rückwirkung oder im Falle der Annahme der Leistung nach dem 13. Februar 1924 oder ein Anspruch auf Aufwertung zugunsten des früheren Gläubigers (§§ 16, 17, 78 des Gesetzes) angemeldet ist,

b) wann die Anmeldung nach § 16 des Gesetzes dem Eigentümer und dem persönlichen Schuldner mitgeteilt ist,

c) ob und wann bei ihr ein Einspruch gemäß § 16 Abs. 1 Satz 3 des Gesetzes eingegangen ist,

d) ob bei ihr bis zum 1. April 1926 ein Antrag auf Herabsetzung des Aufwertungsbetrags (§§ 8, 84, 52 des Gesetzes) oder

e) ein Antrag auf eine von dem normalen Höchstsatz abweichende Aufwertung der durch Hypothek gesicherten persönlichen Forderung (§§ 12, 32 des Gesetzes) eingegangen ist,

f) ob bei ihr innerhalb der im § 23 Abs. 2 des Gesetzes bestimmten Frist ein Antrag nach § 23 Abs. 1 des Gesetzes eingegangen ist.

Die Bescheinigung ist gebührenfrei.

(2) Die obersten Landesbehörden können bestimmen, daß die Bescheinigung auch ohne Darlegung eines berechtigten Interesses erteilt werden kann, und daß in diesem Falle eine Gebühr erhoben wird.

Artikel 127.

(1) Die auf Grund der Dritten Steuernotverordnung und ihrer Durchführungsverordnungen bei einer Aufwertungsstelle oder in der Beschwerdeinstanz anhängigen Verfahren gelten als Verfahren, die auf Grund des Gesetzes und dieser Verordnung anhängig sind.

(2) Ist gegen eine Entscheidung, die auf Grund der bisherigen Vorschriften ergangen ist, Beschwerde noch nicht eingelegt, so gelten für die Einlegung der Beschwerde und den Rechtsmittelzug die Vorschriften des Gesetzes.

(3) Ist die Beschwerde bereits eingelegt, so gilt das Verfahren in der Beschwerdeinstanz als ein Verfahren auf Grund sofortiger weiterer Beschwerde. Einer Nachreichung der Einwilligung des Gegners gemäß § 74 Abs. 2 des Gesetzes bedarf es nicht. Auf Antrag eines Beteiligten hat das Beschwerdegericht die Sache an das Landgericht zu verweisen. Das Verfahren gilt in diesem Falle als ein Verfahren auf Grund sofortiger Beschwerde. Das Beschwerdegericht kann den Beteiligten zur Stellung des Antrags eine Ausschlußfrist setzen.

(4) Die Vorschriften des § 83 des Gesetzes über die Aufhebung einer Anordnung der Aussetzung des Verfahrens bleiben unberührt.

Artikel 128.

Soweit auf Grund der Vorschriften des Artikel I der Dritten Steuernotverordnung und der dazu erlassenen Durchführungsverordnungen Ansprüche angemeldet oder Anträge gestellt sind, für die es nach den entsprechenden Vorschriften des Gesetzes der Einhaltung bestimmter Fristen bedarf, gelten diese Fristen als gewahrt.

Siebenter Abschnitt.

Kostenvorschriften.

Artikel 129.

(1) Die Gebühr im Aufwertungsverfahren ist nach dem Werte des Streitgegenstandes zu erheben. Der Wert des Streitgegenstandes wird von der Aufwertungsstelle unter Berücksichtigung der gestellten Anträge nach freiem Ermessen festgesetzt.

(2) Die näheren Bestimmungen über die Bemessung der Gebühr treffen die obersten Landesbehörden.

Artikel 130.

Soweit durch die Eintragung der Aufwertung Kosten entstehen, trägt sie der Eigentümer. Dasselbe gilt für Kosten der Eintragung oder Löschung eines Widerspruchs gemäß § 8 Abs. 2, § 16 Abs. 2, 3 des Gesetzes oder Artikel 15 dieser Verordnung.

Achter Abschnitt.

Schlußbestimmungen.

Artikel 131.

(1) Von der Wertpapiersteuer sind befreit auf Reichsmark oder Goldmark lautende Industrieobligationen, Pfandbriefe und verwandte Schuldverschreibungen (neue Schuldverschreibungen), die vom Schuldner zur Abgeltung des Anspruchs auf Aufwertung der in den §§ 33, 47 des Gesetzes bezeichneten Art (alte Schuldverschreibungen) gewährt werden. Die Befreiung ist von der Innehaltung der in den Artikeln 132 bis 134 vorgesehenen Förmlichkeiten abhängig.

(2) Die Befreiung des Abs. 1 gilt nicht, soweit der Gläubiger zum Erwerbe der neuen Schuldverschreibungen Zahlungen zu leisten hat. In diesem Falle ist die Wertpapiersteuer von dem Betrage der Zahlungen des Gläubigers zu berechnen.

Artikel 132.

(1) Die neuen Schuldverschreibungen sind dem Finanzamt vor der Ausgabe zur Abstempelung anzumelden und vorzulegen. Zuständig ist das zur Versteuerung von Wertpapieren befugte Finanzamt, in dessen Bezirk der Ort der Leitung des Unternehmens des Schuldners liegt.

(2) In der Anmeldung sind die Voraussetzungen für die Steuerbefreiung darzulegen. Werden als Abfindung für Pfandbriefe oder verwandte Schuldverschreibungen gleichartige Schuldverschreibungen ausgegeben, so genügt eine Bescheinigung der Aufsichtsbehörde oder einer von ihr bezeichneten Stelle. Bei Hypothekenbanken kann die Bescheinigung vom Treuhänder ausgestellt werden.

(3) Die neuen Schuldverschreibungen sind vom Finanzamt mit dem im § 97 der Ausführungsbestimmungen zum Kapitalverkehrsteuergesetze bezeichneten Stempel abzustempeln.

Artikel 133.

(1) Die alten Schuldverschreibungen sind mit den neuen Schuldverschreibungen dem Finanzamt vorzulegen. Das Finanzamt hat auf den alten Schuldverschreibungen die Steuerzeichen zu vernichten, soweit sie nicht bereits vernichtet sind.

(2) Bei Pfandbriefen und verwandten Schuldverschreibungen, für die als Abfindung gleichartige Schuldverschreibungen gewährt werden, bedarf es einer Vorlegung nicht. Die Steuerzeichen auf ihnen sind vom Schuldner zu vernichten; die Vernichtung ist von der Aufsichtsbehörde oder einer von ihr bezeichneten Stelle, bei Hypothekenbanken vom Treuhänder dem Finanzamt anzuzeigen.

Artikel 134.

In den Fällen der Artikel 131 bis 133 finden auf das Verfahren im übrigen die §§ 88 bis 97, 112 Abs. 4, 113 der Ausführungsbestimmungen zum Kapitalverkehrsteuergesetz entsprechende Anwendung. Soweit die zur Abgeltung des Anspruchs auf Aufwertung gewährten Schuldverschreibungen gemäß § 26 zu a des Kapitalverkehrsteuergesetzes von der Wertpapiersteuer befreit sind, bewendet es bei dem Verfahren nach §§ 109, 110 bis 113 der Ausführungsbestimmungen zum Kapitalverkehrsteuergesetze.

Artikel 135.

(1) Die Vorschriften der Artikel 18 bis 20, 29 bis 40, 49, 51 bis 116, 131 bis 134 treten mit Wirkung vom 15. Juli 1925 in Kraft. Die Bestimmung des Zeitpunkts, mit dem die Vorschrift des Artikels 119 in Kraft tritt, bleibt vorbehalten.

(2) Im übrigen tritt diese Verordnung am 10. Dezember 1925 in Kraft. Sie tritt gleichzeitig an die Stelle

1. der Verordnung über die Einrichtung und das Verfahren der Aufwertungsstellen vom 21. Juli 1925 (Reichsgesetzbl. I S. 154) in der Fassung der Verordnung vom 27. November 1925 (Reichsgesetzbl. I S. 392),
2. der Verordnung über die Anmeldung, den Nachweis und den Ausschluß von Rechten aus aufgewerteten Industrieobligationen und verwandten Schuldverschreibungen vom 10. August 1925 (Reichsgesetzbl. I S. 187) in der Fassung der Verordnung vom 29. September 1925 (Reichsgesetzbl. I S. 383),
3. der Verordnung über die Eintragung der Aufwertungsbeträge von Hypotheken und anderen dinglichen Rechten vom 9. Oktober 1925 (Reichsgesetzbl. I S. 385).

Berlin, den 29. November 1925.

Der Reichsminister der Justiz. **Der Reichsminister der Finanzen.**

Mit der Führung der Geschäfte beauftragt:

Dr. Luther

Reichskanzler.

Anlage I

(zu Artikel 21)

Barwert einer am 1. Januar 1932 fälligen Aufwertungsforderung

Zeit der Rückzahlung	1926 vom Hundert	1927 vom Hundert	1928 vom Hundert	1929 vom Hundert	1930 vom Hundert	1931 vom Hundert
1. Januar	77,86	82,04	86,61	89,52	92,70	96,19
1. Februar	78,19	82,40	86,84	89,77	92,98	96,49
1. März	78,53	82,77	87,07	90,03	93,26	96,80
1. April	78,87	83,14	87,31	90,29	93,55	97,11
1. Mai	79,21	83,51	87,55	90,55	93,83	97,42
1. Juni	79,55	83,89	87,79	90,81	94,12	97,74
1. Juli	79,90	84,27	88,03	91,08	94,41	98,05
1. August	80,25	84,65	88,27	91,34	94,70	98,37
1. September	80,60	85,04	88,52	91,61	94,99	98,69
1. Oktober	80,96	85,42	88,77	91,88	95,29	99,01
1. November	81,31	85,82	89,01	92,15	95,59	99,34
1. Dezember	81,67	86,21	89,27	92,43	95,89	99,77

Anmerkung: Es ist mit einer monatlichen Zahlung der Zinsen des aufgewerteten Rechtes gerechnet. Bei längeren Zahlungsperioden tritt für jeden Monat, für den am Auszahlungstermine noch keine Zinsen gezahlt sind, in der Zeit bis 31. Dezember 1927: 0,25 vom Hundert, ab 1. Januar 1925: 0,42 vom Hundert hinzu.

Anlage II

(zu Artikel 37)

Barwert einer am 1. Januar 1932 fälligen Aufwertungsforderung

unter Zugrundelegung eines Zinsfußes von 9 vom Hundert, bei Fälligkeit der Zinsen von 3 vom Hundert für 1926 und 1927 bzw. 5 vom Hundert für 1928 bis 1931 jeweils am 30. Juni für das ganze Kalenderjahr.

Zeit der Rückzahlung	1926 vom Hundert	1927 vom Hundert	1928 vom Hundert	1929 vom Hundert	1930 vom Hundert	1931 vom Hundert
1. Januar	77,86	82,04	86,61	89,52	92,70	96,19
1. Februar	78,44	82,65	87,25	90,19	93,40	96,91
1. März	79,03	83,27	87,91	90,86	94,10	97,63
1. April	79,62	83,89	88,56	91,54	94,80	98,36
1. Mai.	80,21	84,51	89,21	92,21	95,50	99,09
1. Juni	80,80	85,14	89,87	92,89	96,20	99,82
1. Juli	78,40	82,77	85,53	88,58	91,91	95,55
1. August.	79,00	83,40	86,19	89,26	92,62	96,29
1. September	79,60	84,04	86,85	89,94	93,33	97,02
1. Oktober	80,21	84,67	87,52	90,63	94,04	97,76
1. November	80,81	85,32	88,18	91,32	94,75	98,51
1. Dezember	81,42	85,96	88,85	92,01	95,47	99,25

XXVII. Zweite Bekanntmachung über die Durchführung des Anleiheablösungsgesetzes im Auslande.

Vom 26. November 1925 (Deutscher Reichsanzeiger Nr. 278).

Auf Grund der §§ 6 und 12 des Gesetzes über die Ablösung öffentlicher Anleihen vom 16. Juli 1925 (RGBl. I S. 137), des § 53 Abs. 1 der Ersten Verordnung zur Durchführung des Gesetzes über die Ablösung öffentlicher Anleihen vom 8. September 1925 (RGBl. I S. 335) und §§ 1, 2 und 4 der Zweiten Verordnung des Reichsministers der Finanzen zur Durchführung des Gesetzes über die Ablösung der öffentlichen Anleihen vom 29. September 1925 (RGBl. I S. 383) wird bestimmt:

1. Vermittlungsstellen für den Umtausch der Inhaberschuldverschreibungen von Markanleihen des Reiches sind:

a) in Dänemark und Island:
Nationalbanken i Kjobenhavn (Dänische Staatsbank) in Kopenhagen,

b) in Norwegen:
Norges Bank (Norwegische Staatsbank) in Oslo,

c) in Schweden:
Skandinaviska Kreditaktiebolaget in Stockholm,
Stockholms Enskilda Bank in Stockholm,
Aktiebolaget Svenska Handelsbanken in Stockholm,
Aktiebolaget Göteborgs Bank in Stockholm,

d) in Belgien:
Banque Nationale de Belgique (Belgische Staatsbank) in Brüssel,

e) in Litauen:
Lietuvos Bankas (Litauische Staatsbank) in Kowno,

f) im Memelgebiet:
Memeler Kreditbank A.-G. (Stadtbank) in Memel,

g) in Lettland:
Rigaer Börsenbank in Riga,
h) in Estland:
Bankhaus G. Scheel & Co., Aktiengesellschaft in Reval,
i) in Finnland:
Finlands Bank (Finnische Staatsbank) in Helsingfors,
k) in der Tschecho-Slowakei:
Böhmische Eskompte-Bank und Credit-Anstalt in Prag,
Deutsche Agrar- und Industriebank in Prag,
Centralbank der Deutschen Sparkassen in der Czechoslowakischen Republik in Prag,
Bankhaus L. Wolfrum & Co. in Aussig.

2. Anleihealtbesitzstellen sind:
a) für Litauen:
Deutsche Gesandtschaft in Kowno,
b) für das Memelgebiet:
Deutsches Generalkonsulat in Memel,
c) für Lettland:
Deutsche Gesandtschaft in Riga,
d) für Estland:
Deutsche Gesandtschaft in Reval,
e) für Finnland:
Deutsche Gesandtschaft in Helsingfors,
f) für die Tschecho-Slowakei:
Deutsche Gesandtschaft in Prag,
g) für Dänemark und Island:
Der Sonderkommissar für die Deutschen Reichsanleihen, Handelsattachés Dr. Krüger, Kopenhagen, Deutsche Gesandtschaft, Kastelsvej 20c,
h) für Norwegen:
Der Sonderkommissar für die Deutschen Reichsanleihen, Handelsattachés Dr. Krüger, Deutsche Gesandtschaft, Oslo,
i) für Schweden:
Der Sonderkommissar für die Deutschen Reichsanleihen, J. Steinbach, Stockholm, Arsenalsgatan 2, I,
k) für Belgien:
Der Sonderkommissar für die Deutschen Reichsanleihen, Gesandter a. D. von Loehr, Brüssel, Rue de la Banque 2 (Nationalbank von Belgien).

Die Frist für die Anmeldung von Markanleihen des Reichs zum Umtausch in die Anleiheablösungsschuld des Deutschen Reichs läuft, falls gleichzeitig mit der Anmeldung die Gewährung von Auslosungsrechten auf Grund der anzumeldenden Anleihen beantragt wird

a) sofern die Anmeldung durch eine für Dänemark, Island, Norwegen, Schweden, Belgien oder die Tschecho-Slowakei errichtete Vermittlungsstelle erfolgt, vom 30. November 1925 bis zum 1. März 1926,
b) sofern die Anmeldung durch ein für Litauen, Lettland, Estland, Finnland oder das Memelgebiet errichtete Vermittlungsstelle erfolgt, vom 5. Dezember 1925 bis zum 1. März 1926.

Die Frist für die Beantragung von Auslosungsrechten läuft

a) sofern der Antrag an eine für Dänemark, Island, Norwegen, Schweden, Belgien oder die Tschecho-Slowakei errichtete Anleihealtbesitzstelle gerichtet wird, vom 30. November 1925 bis zum 1. März 1926,

b) sofern der Antrag an eine für Litauen, Lettland, Estland, Finnland oder das Memelgebiet errichtete Anleihealtbesitzstelle gerichtet wird, vom 5. Dezember 1925 bis zum 1. März 1926.

Berlin, den 26. November 1925.

Der Reichsminister der Finanzen.

J. A.: von Brandt.

XXVIII. Erste Verordnung über die Aufwertung der Ansprüche aus Pfandbriefen und Schuldverschreibungen landschaftlicher (ritterschaftlicher) Kreditanstalten, von Stadtschaften, Pfandbriefämtern und gleichartigen öffentlich-rechtlichen Kreditanstalten für den städtischen Grundkredit und von Landeskulturrentenbanken.

Vom 10. Dezember 1925 (Preuß. Gesetzsamml. S. 169).

Auf Grund der Artikel 94 Abs. 2 und 117 Abs. 2 der Durchführungsverordnung vom 29. November 1925 zum Aufwertungsgesetze (Reichsgesetzbl. I S. 392) wird hiermit verordnet.

Erster Abschnitt.

Schuldverschreibungen landschaftlicher (ritterschaftlicher) Kreditanstalten.

§ 1. Für die Aufwertung von Ansprüchen aus den von landschaftlichen (ritterschaftlichen) Kreditanstalten ausgegebenen Pfanbriefen und anderen Schuldverschreibungen, für die eine besondere Deckung vorgeschrieben ist, gelten die nachstehenden Vorschriften.

§ 2. (1) Hat eine landschaftliche (ritterschaftliche) Kreditanstalt mehrere Arten von Pfandbriefen oder anderen Schuldverschreibungen ausgegeben, so kann sie mit Zustimmung der Aufsichtsbehörde für jede Art von Pfandbriefen oder Schuldverschreibungen oder für Gruppen von Pfandbriefen oder Schuldverschreibungen oder für Jahrgänge von Pfandbriefen oder Schuldverschreibungen besondere Teilungsmassen bilden.

(2) Die Teilungsmasse besteht aus:

a) den bei Ablauf des 13. Februar 1924 als Deckung für die aufgewerteten Pfandbriefe und anderen Schuldverschreibungen bestimmten Hypotheken und Darlehnsforderungen;

b) den Hypotheken und Darlehnsforderungen, die früher zur Deckung gehört haben, soweit die Aufwertung nach § 14 oder § 15 des Aufwertungsgesetzes über die Aufwertung auf Grund Vorbehaltes der Rechte oder kraft Rückwirkung erfolgt ist;

c) den nach den Satzungen der Kreditanstalt der Sicherung von Ansprüchen aus Pfandbriefen oder Schuldverschreibungen dienenden Sicherheitsfonds, soweit sie nicht aus Pfandbriefen oder Schuldverschreibungen der Kreditanstalt bestehen;

d) den ersatzweise der Deckung zugeführten Beträgen.

§ 3. In die Teilungsmasse fließen:

a) die Erträge aus den im § 2 Abs. 2 bezeichneten Werten;

b) sämtliche zur Tilgung der Hypotheken oder Darlehnsforderungen (§ 2 Abs. 2a und b) eingehenden Leistungen, mit Ausnahme der zu Tilgungszwecken nach § 9 Abs. 2 eingelieferten Pfandbriefe oder Schuldverschreibungen;

c) die durch die Anlegung der Teilungsmasse gewonnenen Erträge.

§ 4. (1) Die Teilungsmasse ist von der Kreditanstalt gesondert von ihrem sonstigen Vermögen zu verwalten. Geldbeträge sind bis zu ihrer Ausschüttung verzinslich anzulegen. Die Aufsichtsbehörde kann eine anderweite Anlegung der Teilungsmasse gestatten.

(2) Stehen Vorschriften der Satzungen der Kreditanstalten mit dem Aufwertungsgesetz oder den zur Durchführung dieses Gesetzes ergehenden Verordnungen nicht im Einklange, so finden sie während der Dauer des Verteilungsverfahrens in Ansehung der aufgewerteten Pfandbriefe und anderen Schuldverschreibungen sowie der Teilungsmasse keine Anwendung; dies gilt insbesondere für die Satzungsvorschriften über

a) die Deckung der Pfandbriefe oder Schuldverschreibungen durch einen gleich hohen Betrag von Hypotheken oder Darlehnsforderungen und die darüber auszustellenden amtlichen Bescheinigungen und Erklärungen, auch soweit sie für Eintragungen und Löschungen im Grundbuche von Bedeutung sind, sowie über die Vorlegung der auf den Namen einzelner Güter lautenden Pfandbriefe oder von Ausschließungsbeschlüssen,
b) die Eintragung der Deckung in Register oder Bücher,
c) die Kündigung von Pfandbriefen oder Schuldverschreibungen,
d) die Tilgungsfonds.

(3) Während der Dauer des Verteilungsverfahrens finden Arreste und Zwangsvollstreckungen in die Teilungsmasse nicht statt.

§ 5. (1) Innerhalb des zweiten Monats eines jeden Kalenderhalbjahrs, erstmalig bis zum 30. April 1926, hat die Kreditanstalt den Gesamtgoldmarkbetrag der Pfandbriefe und anderen Schuldverschreibungen, welche nach dem Stande vom letzten Tage des vergangenen Kalenderhalbjahrs an der Verteilung teilnehmen, und den am letzten Tage des vergangenen Kalenderhalbjahrs vorhandenen Gesamtbestand der Teilungsmasse im Deutschen Reichsanzeiger und Preußischen Staatsanzeiger und in den für die Veröffentlichungen der Kreditanstalt bestimmten Blättern bekanntzumachen.

(2) Hypotheken und Darlehnsforderungen sind, soweit nicht ein anderer Aufwertungsbetrag durch Gesetz, rechtskräftige Entscheidung oder durch Vereinbarung festgesetzt ist, mit 25 vom Hundert des Goldmarkbetrags anzusetzen.

(3) Die Kreditanstalten haben bei den Veröffentlichungen (Abs. 1), die nach dem 1. Januar 1927 erfolgen, anzugeben, ob und in welchem Ausmaße Herabsetzungen vom Aufwertungsbetrag auf Grund des § 8 oder des § 15 des Aufwertungsgesetzes und sonstiger Ausfälle der Teilungsmasse eingetreten oder zu erwarten sind.

(4) Die Aufsichtsbehörde bestimmt, ob und inwieweit die Vorschriften der Abs. 1 bis 3 auf die Westpreußische Landschaft und die Neue Westpreußische Landschaft Anwendung finden.

§ 6. (1) Bei den Hypotheken oder Darlehnsforderungen (§ 2 Abs. 2a und b) ist für die Berechnung ihres Goldmarkbetrags im Sine des § 2 Abs. 1 des Aufwertungsgesetzes der Darlehnsrest maßgebend, welcher nach der dem 15. Juni 1922 zuletzt vorhergehenden Belegung des Tilgungsfonds durch Pfandbriefe oder Schuldverschreibungen vorhanden war. Sind planmäßige oder nichtplanmäßige Bareinzahlungen oder Einlieferungen von Pfandbriefen oder Schuldverschreibungen zu Tilgungszwecken nach dem Zeitpunkte dieser Belegung und vor Ablauf des 14. Juni 1922 vorbehaltlos angenommen, oder ist eine Belegung des Tilgungsfonds in der Satzung nicht vorgesehen oder ist sie nicht erfolgt, so sind die bis zum Ablaufe des 14. Juni 1922 vorbehaltlos angenommenen Bareinzahlungen oder Einlieferungen von Pfandbriefen oder Schuldverschreibungen zu Tilgungszwecken gleichfalls mit ihrem Nennbetrage vom Nennbetrage der Hypothek oder Darlehnsforderung abzuziehen.

(2) Sind planmäßige oder nichtplanmäßige Bareinzahlungen zu Tilgungszwecken unter Vorbehalt der Rechte oder nach Ablauf des 14. Juni 1922 angenommen, so sind sie nur zu ihrem nach der Anlage zum § 2 des Aufwertungsgesetzes ermittelten Goldmarkbetrag am Tage der Einzahlung auf den Aufwertungsbetrag der Hypothek oder Darlehnsforderung anzurechnen, auch wenn die im § 16 des Aufwertungsgesetzes vorgeschriebene Anmeldung nicht erfolgt ist. Nach Ablauf des 31. Dezember 1922 erfolgte planmäßige Bareinzahlungen zu Tilgungszwecken bleiben außer Ansatz.

(3) Sind Pfandbriefe oder Schuldverschreibungen unter Vorbehalt der Rechte oder nach Ablauf des 14. Juni 1922 und vor Ablauf des 14. Juli 1925 angenommen, so sind sie mit ihrem Goldmarkbetrag auf den Goldmarkbetrag der Hypothek oder Darlehnsforderung anzurechnen. Kann der Goldmarkbetrag von Pfandbriefen oder Schuldverschreibungen, die zur Tilgung von mehreren Hypotheken oder Darlehnsforderungen eingeliefert sind, nur gemeinschaftlich festgestellt werden, so ist der Goldmarkbetrag der Pfandbriefe oder Schuldverschreibungen anteilsmäßig auf die Goldmarkbeträge dieser Hypotheken oder Darlehnsforderungen zu verteilen. Läßt sich der Goldmarkbetrag der angenommenen Pfandbriefe oder Schuldverschreibungen nicht mehr ermitteln, so sind sie zu einem durchschnittlichen Goldmarkbetrag anzurechnen. Dieser bestimmt sich nach dem Verhältnisse des Gesamtgoldmarkbetrags aller am 14. Juni 1922 im Umlaufe befindlichen und seitdem ausgegebenen Pfandbriefe oder Schuldverschreibungen zu deren Gesamtnennbetrage. Führt diese Berechnung zu einer offenbaren Unbilligkeit, so kann die Generalversammlung (der Generallandtag) mit Genehmigung des Staatsministeriums den durchschnittlichen Goldmarkbetrag anderweitig festsetzen.

(4) Bei der Berechnung des Goldmarkbetrags der Pfandbriefe oder Schuldverschreibungen nach der Vorschrift des Abs. 3 bleibt der Zinsfuß der Pfandbriefe oder Schuldverschreibungen unberücksichtigt.

(5) Ergibt die Anwendung der vorstehenden Vorschriften, daß der Eigentümer des belasteten Grundstücks oder der sonstige Darlehnsschuldner bereits mehr geleistet hat, als er nach den Vorschriften des Gesetzes und dieser Verordnung zu leisten verpflichtet war, so behält es dabei sein Bewenden.

§ 7. Bei der Eintragung der Aufwertung im Grundbuche wird vermutet, daß die Hypothek nur in der von der Kreditanstalt angegebenen Höhe getilgt ist.

§ 8. (1) Durch die oberste Verwaltungsdirektion der Kreditanstalt kann bestimmt werden, daß

a) eine Tilgungshypothek oder ein Tilgungsdarlehen unter Aufhebung des Tilgungsplans in eine durch bestimmte Zahlungen zu tilgende Hypothek oder Darlehnsforderung umgewandelt wird, in welchem Falle die Summe der angeordneten Zahlungen innerhalb eines Jahres höchstens 10 vom Hundert des Aufwertungsbetrags erreichen und 1000 Reichsmark nicht übersteigen darf,

b) eine Tilgungshypothek oder ein Tilgungsdarlehen in eine am 1. Januar 1932 fällige Hypothek oder Darlehnsforderung umgewandelt wird, wenn der zu tilgende Restbetrag 500 Goldmark nicht übersteigt oder gegenüber der ursprünglichen Schuld verhältnismäßig geringfügig ist.

(2) Besteht nach der Satzung der Kreditanstalt ein Ausschuß, so bedarf es seiner Zustimmung zu einer Anordnung der obersten Verwaltungsdirektion im Sinne des Abs. 1.

(3) Trifft die oberste Verwaltungsdirektion der Kreditanstalt eine Anordnung im Sinne des Abs. 1a oder b, so ist der Eigentümer des belasteten Grundstücks

oder der sonstige Darlehnsschuldner hiervon durch Einschreibebrief gegen Rückschein zu benachrichtigen; Artikel 120 der Durchführungsverordnung vom 29. November 1925 findet entsprechende Anwendung.

(4) Der Eigentümer des belasteten Grundstücks oder der sonstige Darlehnsschuldner kann, abgesehen von den nach § 28 des Aufwertungsgesetzes zu entrichtenden Zinsen, die Wiederherstellung der satzungsmäßigen oder vertraglichen Zahlungsbedingungen mit der sich aus § 11 Abs. 1 dieser Verordnung ergebenden Änderung des Tilgungssatzes verlangen, wenn die wirtschaftliche Lage des Eigentümers des belasteten Grundstücks oder des sonstigen Darlehnsschuldners die Umwandlung der Schuld untunlich erscheinen läßt. Der Antrag muß innerhalb dreier Monate nach Zugang der Benachrichtigung von der Anordnung der obersten Verwaltungsdirektion der Kreditanstalt an den Eigentümer des belasteten Grundstücks oder den sonstigen Darlehnsschuldner bei der Aufwertungsstelle gestellt werden. In den Fällen der §§ 203, 206 und 207 des Bürgerlichen Gesetzbuchs kann das Verlangen noch bis zum Ablaufe von drei Monaten nach Fortfall des Hindernisses gestellt werden.

(5) Änderungen des Inhalts der im § 2 Abs. 2a und b bezeichneten Hypotheken auf Grund von Vereinbarungen über die Aufwertung zwischen der Kreditanstalt und dem Eigentümer des belasteten Grundstücks oder dem sonstigen Darlehnsschuldner oder auf Grund einer Anordnung der obersten Verwaltungsdirektion der Kreditanstalt im Sinne des Abs. 1 oder einer Entscheidung der Aufwertungsstelle nach Abs. 4 sind auf Antrag der Kreditanstalt oder des Eigentümers in das Grundbuch einzutragen. Soweit durch die Bewilligung oder durch die Eintragung Kosten entstehen, trägt diese die Kreditanstalt.

§ 9. (1) Der Schuldner kann den Aufwertungsbetrag der Hypothek oder Darlehnsforderung unbeschadet der folgenden Vorschriften nur in bar leisten.

(2) Der Schuldner kann sich vom 1. Januar 1927 ab von der Schuld ganz oder teilweise dadurch befreien, daß er Pfandbriefe oder Schuldverschreibungen der Kreditanstalt einliefert, deren Ablösungswert dem Aufwertungsbetrage der Hypothek oder Darlehnsforderung entspricht. Als Ablösungswert eines Pfandbriefs oder einer Schuldverschreibung gilt der Teil seines Goldwerts, den die oberste Verwaltungsdirektion der Kreditanstalt mit Zustimmung der Aufsichtsbehörde entsprechend dem Verhältnisse des Aufwertungsbetrags der nach § 2 Abs. 2 zur Teilungsmasse gehörenden Hypotheken oder Darlehnsforderungen zum Goldmarkbetrag aller an der Teilungsmasse berechtigten Pfandbriefe oder Schuldverschreibungen unter Berücksichtigung der nach § 8 und § 15 des Aufwertungsgesetzes zu erwartenden Herabsetzungen der Teilungsmasse und der sonst zu erwartenden Ausfälle festsetzt. Bei der Berechnung des Ablösungswerts bleibt der Zinsfuß der Pfandbriefe oder Schuldverschreibungen unberücksichtigt. Der Ablösungswert eines Pfandbriefs oder einer Schuldverschreibung beträgt höchstens den vierten Teil seines Goldmarkbetrags.

(3) Der Ablösungswert der Pfandbriefe und der Schuldverschreibungen ist im Deutschen Reichsanzeiger und Preußischen Staatsanzeiger sowie in den für die Veröffentlichungen der Kreditanstalt bestimmten Blättern bekanntzumachen. Die erste Bekanntmachung des Ablösungswerts hat bis zum 31. Dezember 1926 zu erfolgen.

(4) Macht eine Kreditanstalt den Ablösungswert der Pfandbriefe oder Schuldverschreibungen vor dem 31. Dezember 1926 bekannt, so beginnt die Befugnis des Schuldners zur Ablösung der Hypothek oder Darlehnsforderung mit Pfandbriefen oder Schuldverschreibungen mit dem Tage der Bekanntmachung im Deutschen Reichsanzeiger und Preußischen Staatsanzeiger.

(5) Die Aufsichtsbehörde wird ermächtigt, den Ablösungswert der Pfandbriefe der Westpreußischen Landschaft und der Neuen Westpreußischen Landschaft nach Anhörung des Verwaltungsrats dieser Landschaften festzusetzen. Die Vorschriften der Abs. 3 und 4 finden entsprechende Anwendung.

§ 10. Vereinbarungen über die Aufwertung der im § 2 Abs. 2a und b bezeichneten Hypotheken oder Darlehnsforderungen und Grundsätze für solche Vereinbarungen bedürfen der Zustimmung der Aufsichtsbehörde. Ist die Zustimmung erteilt, so steht den Gläubigern wegen solcher Vereinbarungen gegen die Kreditanstalt ein Schadensersatzanspruch nicht zu.

§ 11. (1) Soweit Tilgungshypotheken oder Tilgungsdarlehen bestehen bleiben, kann mit Wirkung vom 1. Januar 1928 ab die oberste Verwaltungsdirektion der Kreditanstalt neben dem nach § 28 des Aufwertungsgesetzes zu entrichtenden Zinsen eine jährliche Tilgung bis zu 4 vom Hundert des Aufwertungsbetrags festsetzen. § 8 Abs. 2 findet auf die Festsetzung entsprechende Anwendung. Weigert sich der Schuldner, die Änderung des Inhalts der Hypothek oder der Darlehnsforderung zu bewilligen, so wird die Bewilligung auf Antrag der Kreditanstalt durch die Entscheidung der Aufwertungsstelle ersetzt.

(2) Die Kreditanstalt ist nicht verpflichtet, vor dem 1. Januar 1928 Tilgungsbeträge einzufordern.

(3) Zugleich mit der ersten Tilgungsrate ist der Teil des Aufwertungsbetrags zu entrichten, der die letzten vollen 100 Goldmark des Aufwertungsbetrags übersteigt.

(4) Im übrigen bleiben die vertraglichen oder satzungsmäßigen Zahlungsbedingungen sowie die Kündigungs- und Rückzahlungsrechte des Schuldners unberührt.

(5) Änderungen des Inhalts eingetragener Rechte im Sinne des Abs. 1 nach Maßgabe der Bewilligung der Beteiligten oder der Entscheidung der Aufwertungsstelle sind auf Antrag der Kreditanstalt oder des Eigentümers in das Grundbuch einzutragen. Soweit durch die Bewilligung oder durch die Eintragung Kosten entstehen, trägt diese die Kreditanstalt.

§ 12. Auf Grundschulden und Reallasten finden die vorstehenden Vorschriften über Hypotheken entsprechende Anwendung.

§ 13. Nach § 28 des Aufwertungsgesetzes geschuldete Zinsen sind, solange der Zinssatz weniger als 5 vom Hundert beträgt, jährlich, und zwar am 1. Juli eines jeden Jahres für das laufende Kalenderjahr zu entrichten. Im übrigen gelten die Satzungsvorschriften auch hinsichtlich des Verwaltungskostenbeitrags, jedoch mit der Maßgabe, daß dieser nur von dem Aufwertungsbetrage der Hypothek oder Darlehnsforderung zu leisten ist und ½ vom Hundert des Aufwertungsbetrags jährlich nicht übersteigen darf; schreibt die Satzung der Kreditanstalt einen geringeren Hundertsatz vor, so behält es dabei sein Bewenden.

§ 14. Die Kreditanstalt ist berechtigt, von allen in die Teilungsmasse fließenden Eingängen vorweg 5 vom Hundert als Beitrag zur Deckung der Kosten des Aufwertungsverfahrens in Anspruch zu nehmen. Diese Bestimmung findet auf die Erträge der Teilungsmasse im Sinne des § 3c und bei der Ablösung der Aufwertungsschuld durch Einlieferung von Pfandbriefen oder Schuldverschreibungen nach § 9 Abs. 2 keine Anwendung.

§ 15. (1) Bei der Verteilung werden auch bereits gekündigte oder ausgeloste Pfandbriefe und Schuldverschreibungen nach § 49 Abs. 2 des Aufwertungsgesetzes berücksichtigt; hierbei steht die Präklusion von Pfandbriefen oder Schuldverschreibungen der Hinterlegung gleich. Dies gilt auch dann, wenn die Pfandbriefe oder Schuldverschreibungen in den Besitz der Kreditanstalt zurückgelangt sind, ohne daß der frühere Inhaber seinen Aufwertungsanspruch verloren hat (§ 49 Abs. 1 des Aufwertungsgesetzes).

(2) Für die Ansprüche auf Herausgabe von ausgelosten oder gekündigten Pfandbriefen und Schuldverschreibungen gegen Banken gelten die Artikel 61 bis 66 der Durchführungsverordnung vom 29. November 1925.

§ 16. Zinsscheine der Pfandbriefe oder Schuldverschreibungen werden nicht eingelöst. Neue Zinsscheine werden nicht ausgegeben.

§ 17. (1) Für die Berechnung des Goldmarkbetrags der Pfandbriefe oder Schuldverschreibungen gilt als Ausgabetag im Sinne des § 2 Abs. 2 des Aufwertungsgesetzes der Tag der Deckungsbescheinigung des Syndikus der Kreditanstalt. Bei der Landschaft der Provinz Sachsen, der Pommerschen Landschaft und der Neuen Pommerschen Landschaft, der Landschaft der Provinz Westfalen sowie bei dem Bremenschen ritterschaftlichen Kreditvereine gilt als Ausgabetag der Ausstellungstag des Pfandbriefs oder der Schuldverschreibung, bei der Schlesischen Landschaft, dem Landschaftlichen Kreditverbande für die Provinz Schleswig-Holstein, dem Kalenberg-Göttingen-Grubenhagen-Hildesheimschen ritterschaftlichen Kreditverein und dem ritterschaftlichen Kreditinstitute für das Fürstentum Lüneburg der Tag der Eintragung der Pfandbriefe oder Schuldverschreibungen in die hierfür bestimmten Register oder Bücher.

(2) Bei der Berechnung des Goldmarkbetrags im Sinne des Abs. 1 bleibt der Zinsfuß der Pfandbriefe oder Schuldverschreibungen unberücksichtigt.

§ 18. Die von der Kreditanstalt mit verfügbaren Mitteln angekauften oder als Verwaltungskostenbeitrag vereinnahmten Pfandbriefe oder Schuldverschreibungen nehmen an der Verteilung teil. Pfandbriefe oder Schuldverschreibungen der Sicherheitsfonds (§ 2 Abs. 2c) und die zur Ablösung eines Darlehns eingelieferten Pfandbriefe oder Schuldverschreibungen (§ 9 Abs. 2) nehmen an der Verteilung nicht teil.

§ 19. (1) Die Teilungsmasse wird gleichzeitig unter die Gläubiger im Verhältnisse der nach Maßgabe des § 2 des Aufwertungsgesetzes und des § 17 dieser Verordnung festzustellenden Goldmarkbeträge ihrer Ansprüche verteilt.

(2) Die Verteilung erfolgt nach Wahl der Kreditanstalt

a) entweder durch die Ausschüttung der Teilungsmasse an die Gläubiger nach dem Verhältnisse der Goldmarkbeträge ihrer Ansprüche im Sinne des Abs. 1,

b) oder durch Verwendung aller zu Tilgungszwecken oder zur Rückzahlung eingehenden Bareinzahlungen zur Auslosung der Pfandbriefe oder Schuldverschreibungen.

(3) Die Verteilung der Teilungsmasse im Wege der Ausschüttung nach Abs. 2a oder der Auslosung nach Abs. 2b regelt eine besondere Verordnung. Mit der Verteilung ist nach Erlaß der Verordnung zu beginnen, sobald nach der Entscheidung der Aufsichtsbehörde hinreichend bare Masse vorhanden ist.

§ 20. Aufwertungsstelle für die Ansprüche aus den im § 1 genannten Pfandbriefen und Schuldverschreibungen ist der Oberpräsident, in dessen Bezirk die oberste Verwaltungsdirektion der Kreditanstalt ihren Sitz hat, für die Westpreußische Landschaft und die Neue Westpreußische Landschaft der Regierungspräsident des Regierungsbezirks Westpreußen. Über die Beschwerde gegen Entscheidungen des Oberpräsidenten oder Regierungspräsidenten entscheidet das Landgericht, in dessen Bezirk der Oberpräsident oder Regierungspräsident seinen Sitz hat.

§ 21. Soweit nach dieser Verordnung die Zuständigkeit der Aufwertungsstelle begründet ist, finden die Vorschriften der §§ 73 bis 76 des Aufwertungsgesetzes und der Artikel 117 bis 128 der Durchführungsverordnung vom 29. November 1925 Anwendung.

§ 22. Die Zwangsvollstreckungsrechte der Kreditanstalten gelten auch für die sich aus der Aufwertung dieser Verordnung ergebenden Verpflichtungen der Schuldner.

Zweiter Abschnitt.

Schuldverschreibungen der Stadtschaften, Pfandbriefämter und gleichartigen öffentlich-rechtlichen Kreditanstalten für den städtischen Grundkredit.

§ 23. Für die Aufwertung von Ansprüchen aus Pfandbriefen oder anderen Schuldverschreibungen oder aus verbrieften Darlehen für Grundkreditzwecke von Stadtschaften, Pfandbriefämtern und gleichartigen öffentlich-rechtlichen Kreditanstalten für den städtischen Grundkredit gelten, soweit eine besondere Deckung vorgeschrieben ist, die §§ 2 bis 22 entsprechend mit nachstehenden Sondervorschriften.

§ 24. Zur Teilungsmasse (§ 2 Abs. 2a) gehören auch die bei Ablauf des 13. Februar 1924 als Deckung für die aufgewerteten verbrieften Darlehen (§ 23) bestimmten Hypotheken und Darlehnsforderungen.

§ 25. Als Tilgungsfonds (§ 6) gelten auch die Guthaben der Grundstückseigentümer an den für sie neben den Tilgungsfonds gebildeten Sicherheitsfonds.

§ 26. (1) Für die Berechnung des Goldmarkbetrags der Pfandbriefe oder Schuldverschreibungen (§ 17 Abs. 1) gilt als Ausgabetag im Sinne des § 2 Abs. 2 des Aufwertungsgesetzes der Tag der Eintragung der Pfandbriefe oder Schuldverschreibungen in die hierfür bestimmten Register oder Bücher. Bei dem Westfälischen Pfandbriefamte für Hausgrundstücke gilt als Ausgabetag des Pfandbriefs der Ausstellungstag.

(2) Für die nach Ablauf des 31. Dezember 1917 ausgegebenen Pfandbriefe oder Schuldverschreibungen kann die Aufsichtsbehörde auf Antrag der Kreditanstalt nach einer von dieser auf Grund der verschiedenen Ausgabetage aufzustellenden Berechnung einen Stichtag festsetzen, der für die Berechnung des Goldmarkbetrags dieser Pfandbriefe oder Schuldverschreibungen oder einzelner Jahrgänge oder Abschnitte derselben einheitlich zugrunde gelegt wird.

Dritter Abschnitt.

Schuldverschreibungen der Landeskulturrentenbanken.

§ 27. (1) Für die Aufwertung der Ansprüche aus den von den Landeskulturrentenbanken ausgegebenen Schuldverschreibungen gelten die §§ 2 bis 22 dieser Verordnung entsprechend.

(2) Für die Berechnung des Goldmarkbetrags der Schuldverschreibungen gilt als Ausgabetag im Sinne des § 17 Abs. 1 dieser Verordnung der Tag der Eintragung der Schuldverschreibung in die hierfür bestimmten Register oder Bücher.

(3) Die Vorschriften der §§ 6, 33, 36, 39, 41 und 42 des Gesetzes, betreffend die Errichtung von Landeskulturrentenbanken, vom 13. Mai 1879 (Gesetzsamml. S. 367) finden während der Dauer des Verteilungsverfahrens in Ansehung der aufzuwertenden Schuldverschreibungen sowie der Teilungsmasse keine Anwendung.

Vierter Abschnitt.

Schlußbestimmung.

§ 28. § 20 und § 21 dieser Verordnung treten mit dem Tage ihrer Verkündung, die übrigen Vorschriften mit Wirkung vom 15. Juli 1925 in Kraft.

Berlin, den 10. Dezember 1925.

Der Preußische Justizminister.
In Vertretung: Fritze.

Der Preußische Minister für Volkswohlfahrt.
Hirtsiefer.

Der Preußische Finanzminister.
Höpker Aschoff.

Der Preußische Minister für Landwirtschaft, Domänen und Forsten.
Steiger.

Aufwertungsfristentabelle
von
Rechtsanwalt Dr. H. Hoormann, Berlin.

Vorbemerkung.

Die Tabellen sind gedacht für den juristisch vorgebildeten Laien und sollen den Leitern größerer Betriebe die Möglichkeit geben, sich jederzeit zu vergewissern, ob und welche Handlungen zur Erhebung der Aufwertungsansprüche zu unternehmen sind. Gleichzeitig sollen sie aber auch einen Überblick gewähren, welchen Einfluß an gewissen Tagen vorgenommene Handlungen auf das Aufwertungsrecht ausüben und welche Modifikationen spätere Termine hinsichtlich der Aufwertungsansprüche herbeiführen.

Aus diesen Gründen ist die Tabelle etwas ausführlicher gehalten, als es sonst wohl üblich ist. Insbesondere sind in der Spalte Anmerkungen Ausnahmefälle sowie sonstige Modifikationen angedeutet.

Soweit nur der Begriff Hypothek erwähnt ist ist es aus dem Grunde notwendiger Kürze geschehen. Entsprechendes gilt selbstverständlich auch — soweit es dem Sinn nach auf das Institut angewandt werden kann — für Grundrentenschulden sowie Reallasten, Schiffs- und Bahnpfandrechte (§ 31).

Schließlich sei bemerkt, daß, um ein Übersehen der Frist möglichst zu vermeiden, jeweils der für eine Handlung maßgebende erste oder letzte Tag festgelegt worden ist und nicht — da die im Gesetz genannten Termine bald als einschließliche, bald als ausschließliche bezeichnet sind — der im Gesetzestext genannte. Letzterer ist, falls er von dem in der Tabelle fixierten abweicht, in Klammern hinzugesetzt.

Soweit Paragraphen ohne weitere Angabe genannt sind, handelt es sich um die Vorschriften des Gesetzes über die Aufwertung von Hypotheken und anderen Ansprüchen, während die Paragraphen des Gesetzes über die Ablösung öffentlicher Anleihen durch Hinzufügen der Worte AblG. kenntlich gemacht sind.

Lfd. Nr.	Jahrestag	Bedeutung des Termins	Paragraph	Bemerkung
1	1. Januar 1909 (nach dem 31. Dezember 1908)	Seit diesem Tage begründete Kaufgeldforderungen für den Erwerb eines mit Hypothek belasteten Grundstücks können nach allgemeinen Vorschriften auf Antrag abweichend von dem normalen Höchstsatz aufgewertet werden	10 Abs. 1 Ziff. 5	Diese Art der Aufwertung gilt auch für bei Begründung in Darlehn umgewandelten Forderungen. Sie ist unzulässig bei Gläubigerwechsel vor dem 14. Februar 1924, es sei denn, daß es sich um Rechtsübergang der im § 3 Abs. 1 Ziff. 2—11 bezeichneten Art handelt

Lfd. Nr.	Jahrestag	Bedeutung des Termins	Paragraph	Bemerkung
2	31. Dezember 1911 (vor dem 1. Januar 1912)	Spätestens an diesem Tage, jedoch nicht vor dem 1. Januar 1909 begründete, hypothekarisch gesicherte Restkaufgeldforderungen dürfen nicht über 75 % ihres Goldmarkbetrages aufgewertet werden	10 Abs. 3	
3	31. Dezember 1917 (vor dem 1. Januar 1918)	Der Nennbetrag für bis dahin begründete Ansprüche sowie ausgegebener Industrieobligationen, Pfandbriefe und ähnliche Schuldverschreibungen gilt als Goldmarkbetrag	2 Abs. 1 u. 2	Bei späterer Ausgabe Umrechnung auf Grund des Ausgabetages. Näheres bestimmt Reichsregierung
4	31. Dezember 1918 (bis zum 1. Januar 1919)	Bei spätestens an diesem Tage begründeten Markanleihen gilt der Nenn- oder Markbetrag als Goldmarkbetrag	31 AblG.	
5	30. Juni 1920 (vor dem 1. Juli 1920)	Spätestens an diesem Tage erworbene Schuldverschreibungen (§ 33) und Markanleihen (§ 2 AblG.) gelten, falls sie bis zur Anmeldung im Besitz des Gläubigers geblieben sind, als Altbesitz	37 Abs. 1 38 Ziff. 1 bis 3, 9, 35 AblG.	Als Altbesitz gilt auch Erwerb nach diesem Tage, falls Erwerb auf Grund gewisser Geschäfte mit einer Bank, einem Bankier, einer Sparkasse oder Versicherungsgesellschaft, sowie durch Erbgang erfolgt ist; ferner Erwerb in den Fällen § 3 Abs. 1 Ziff. 2—11. Ferner auch Eintragung ins Schuldbuch auf Grund eines vor dem 1. Juli gestellten Antrags, Erwerb auf Grund von Umwandlungen, Umtausch, sowie als Steuererstattung. Andere Erwerbsarten können durch den Finanzminister gleichgesetzt werden (§§ 9, 10 Ziff. 1 bis 7 AblG.).

Lfd. Nr.	Jahrestag	Bedeutung des Termins	Paragraph	Bemerkung
6	31. Dezember 1921 (vor dem Januar 1922)	Spätestens an diesem Tage, jedoch nicht vor dem 1. Januar 1912 begründete, hypothekarisch gesicherte Restkaufgeldforderungen dürfen nicht über 100% ihres Goldmarkbetrages aufgewertet werden	10 Abs. 3	
7	14. Juni 1922 (vor dem 15. Juni 1922)	Bis zu diesem Tage vorbehaltlos angenommene Zahlungen von Hypothekengeldern werden zum Nennbetrag angerechnet	18 Abs. 1	
8	15. Juni 1922 (nach dem 14. Juni 1922)	Bei einer seit diesem Tage angenommenen Gegenleistung für die Abtretung einer Hypothek findet auch zugunsten des Zessionars eine Aufwertung statt	17	Ausnahme: Aufwertung zugunsten des früheren Gläubigers findet nicht statt, falls die Höhe der Aufwertung gemäß § 2 Abs. 1 oder nach § 3 Abs. 1 Ziff. 2—11 bereits zugunsten des Erwerbers sich nach der Zeit des Erwerbes des früheren Gläubigers richtet
9	15. Juni 1922	1. Eine frühestens an diesem Tage, jedoch spätestens am 14. Februar 1924 vorbehaltlos angenommene Leistung hindert nicht nachträgliche Aufwertung der Hypothek und der persönlichen Forderung sowie die Beteiligung am Aufwertungsstock bei Versicherungsansprüchen (Rückwirkung)	15 60 Abs. 3	1. Keine Rückwirkung, falls diese für Eigentümer oder Schuldner wesentliche Erschwerung oder unbillige Härte bedeuten würde (§ 15 Ziff. 1—3)

Lfd. Nr.	Jahrestag	Bedeutung des Termins	Paragraph	Bemerkung
10	15. Juni 1922	2. Frühestens an diesem Tage erfolgte Ein- und Auszahlungen können bei der Aufwertung von Sparkassenguthaben unberücksichtigt bleiben	58 Ziff. 3	2. Genauen Stichtag bestimmt die oberste Landesbehörde
11	„	3. Ein frühestens an diesem Tage geschlossener Vergleich hindert nicht eine Aufwertung	67 Abs. 2	3. Ausnahme: Vergleich eines Kaufmanns im Betrieb seines Handelsgewerbes. Unterausnahme: Auch dann Aufwertung, falls diese zugunsten einer Teilungsmasse (Aufwertungsstock) erfolgt (§§ 48, 51 Abs. 3, §§ 56, 60)
12	30. Juni 1923	Spätestens an diesem Tage auf Grund gesetzlichen Zwanges zur mündelsicheren Anlage erworbene Markanleihen gelten bei ständiger Innehabung als Altbesitz	11 AblG.	Altbesitz in Höhe des doppelten Goldmarkbetrages ihres Erwerbspreises
13	13. Februar 1924	Spätestens an diesem Tage als Deckung bestimmte Werte gehören zur Teilungsmasse bei Aufwertung der Pfandbriefe und verwandten Schuldverschreibungen	48 Abs. 1 Ziff. 1	
14	13. Februar 1924 (vor dem 14. Februar 1924)	1. Nur spätestens an diesem Tage begründete Ansprüche unterliegen dem Aufwertungsgesetz	1 Abs. 1	
15	„	2. Ein bis zu diesem Tage erfolgter Gläubigerwechsel hindert auch bei grundsätzlich zugelassener	11	Ausnahme: Rechtsübergang im § 3 Abs. 1 Ziff. 2—11 bezeichneten Art

Lfd. Nr.	Jahrestag	Bedeutung des Termins	Paragraph	Bemerkung
		Abweichung (§ 10 Ziff. 1 bis 5) eine vom Normalsatz abweichende Aufwertung persönlicher, hypothekarisch gesicherter Forderungen		
16	13. Februar 1924	3. Kranken-, Unfall- und Haftpflichtversicherungsverträge, für die spätestens an diesem Tage eine Verpflichtung zur Bildung eines Prämienreservefonds bestand, unterliegen den Vorschriften des Aufwertungsgesetzes	59 Abs. 1	
17	14. Februar 1924 (nach dem 13. Februar 1924)	1. Erwerbe seit diesem Tage bleiben bei Berechnung des Goldmarkbetrages außer Betracht	2 Abs. 1	
18	"	2. Keine Festsetzung früherer Fälligkeitstermine bei von diesem Tage ab erworbenen Forderungen	27 Abs. 3	Ausnahme: Rechtserwerb gemäß § 3 Abs. 1 Ziff. 2—11
19	"	3. Seit diesem Tage zurückgezahlte Schuldverschreibungen werden rückwirkend aufgewertet werden und können eingeschränkt Genußrechte erhalten	45	
20	14. Februar 1924	1. Von diesem Tage bis spätestens 1. Oktober 1924 erworbene oder vorgemerkte Rechte gehen der aufgewerteten Hypothek insoweit vor, als sich nach dem Aufwertungsgesetz gegenüber der Dritten Steuernotverordnung eine höhere Aufwertung ergibt	6 Abs. 2	Lediglich auf Grund des neuen Umrechnungsverhältnisses beruhende Erhöhung bleibt unberücksichtigt

Lfd. Nr.	Jahrestag	Bedeutung des Termins	Paragraph	Bemerkung
21	14. Februar 1924	2. Nur bis zu diesem Tage vorbehaltlos angenommene Leistung hindert nicht rückwirkende Aufwertung der Hypothek und der persönlichen Forderung sowie die Beteiligung am Aufwertungsstock bei Versicherungsansprüchen	15 60 Abs. 3	
22	„	3. Ein spätestens an diesem Tage geschlossener Vergleich hindert nicht eine Aufwertung	67 Abs. 2	Ausnahme: Vergleich eines Kaufmanns im Betriebe seines Handelsgewerbes. Unterausnahme: Auch dann Aufwertung, falls diese zugunsten einer Teilungsmasse (Aufwertungsstock) erfolgt (§§ 48, 51 Abs. 3, §§ 56, 60)
23	„	4. Auch von diesem Tage an angenommene Leistungen unterliegen der Aufwertung gemäß dem Aufwertungsgesetz	78	
24	1. Oktober 1924	Spätestens an diesem Tage, jedoch nicht vor dem 14. Februar 1924 erworbene oder vorgemerkte Rechte gehen der aufgewerteten Hypothek insoweit vor, als sich nach dem Aufwertungsgesetz gegenüber der Dritten Steuernotverordnung eine höhere Aufwertung ergibt	6 Abs. 2	Lediglich auf Grund des neuen Umrechnungsverhältnisses beruhende Erhöhung bleibt unberücksichtigt

Lfd. Nr.	Jahrestag	Bedeutung des Termins	Paragraph	Bemerkung
25	1. Januar 1925	1. Von diesem Tage an erfolgte Grundstücksverfügungen sind im Falle solcher Absicht durch Gläubiger eines aufzuwertenden, aber bereits gelöschten oder umgeschriebenen Rechts anfechtbar	22 Abs. 3	
26	„	2. Beginn der 1,2 prozentigen Verzinsung aufgewerteter Hypotheken	28 Abs. 1	
27	2. Januar 1925 (nach dem 1. Januar 1925)	Von diesem Tage an durch den Eigentümer oder gewisse nahe Verwandte erworbene Rechte hindern nicht Wiedereintragung gelöschter Hypotheken usw. an bisheriger Rangstelle	22 Abs. 1	Ausnahme: Nachweis des Erwerbers, daß ihm Absicht einer Gläubigerschädigung nicht bekannt war oder Übergang des Rechtes vor dem 1. Juni 1925 auf unverdächtige Person
28	30. Mai 1925 (vor dem 1. Juni 1925)	Spätestens an diesem Tage auf eine „unverdächtige" Person übergegangene Rechte hindern Wiedereintragung gelöschter Hypotheken an alter Rangstelle	22 Abs. 1	
29	1. Juni 1925	Seit diesem Tage erfolgte Lieferungen von Wertpapieren an Banken oder aus dem Besitz von Banken gelten als nicht geschehen	35 Abs. 3 49 Abs. 3 53 Abs. 3; 32 Abs. 2 Abl.Ges.	
30	30. Juni 1925 (vor dem 1. Juli 1925)	Spätestens an diesem Tage erworbene Grundstücksrechte hindern im Falle des öffentlichen Glaubens des Grundbuchs sowie des § 21 Abs. 2 Eintragung des Aufwertungsbetrages	22 Abs. 2	Reichsregierung bestimmt Zeitpunkt des Außerkrafttretens dieser Vorschrift

Lfd. Nr.	Jahrestag	Bedeutung des Termins	Paragraph	Bemerkung
31	1. Juli 1925	1. Beginn der 2,5prozentigen Verzinsung aufgewerteter Hypotheken	28 Abs. 1	
32	"	2. Erwerbstag einer Beteiligung am Reingewinn und am Liquidationserlöse für Altbesitzer von Schuldverschreibungen (Genußrecht)	37 Abs. 1	
		3. Beginn des für diese zur Beteiligung am Reingewinn berechtigenden Geschäftsjahres	40 Abs. 1	Ausnahme: Vor dem 31. Dezember 1925 endendes Geschäftsjahr
33	15. Juli 1925	Tag des Inkrafttretens des Aufwertungsgesetzes		
34	30. September 1925	Spätester Termin zur Aufforderung durch den Schuldner zur Anmeldung beanspruchter Genußrechte	39 Abs. 1	
35	31. Dezember 1925	Spätester Termin für Gläubiger eines aufgewerteten Grundstücksrechts zur Anfechtung von seit dem 1. Januar 1925, und zwar nach Löschung oder Umschreibung des Rechts erfolgten Grundstücksverfügungen	22 Abs. 3	1. Voraussetzung: Kenntnis einer fraudulösen Absicht. 2. Teilweise analoge Anwendung der Vorschriften des Anfechtungsgesetzes
36	31. Dezember 1925 (bis zum 1. Januar 1926)	1. Letzter Termin zur Anmeldung des Aufwertungsanspruches auf Grund eines Rechtsvorbehalts oder einer Rückwirkung	16 Abs. 1	

Lfd. Nr.	Jahrestag	Bedeutung des Termins	Paragraph	Bemerkung
37	31. Dezember 1925 (bis zum 1. Januar 1926)	2. Letzter Termin zwecks Stellung des Antrags auf Verteilung des Betrages einer Gesamthypothek auf die einzelnen Grundstücke	23 Abs. 2	Die eine Verjährung hindernden Umstände lassen Antrag auch 3 Monate nach Fortfall des Hindernisses noch zu
38	1. Januar 1926	1. Frühestens für diesen Termin kann Zahlung des Aufwertungsbetrages angeordnet werden	27 Abs. 1	Voraussetzung: Wirtschaftliche Lage des Gläubigers keine erhebliche Beschwerung des Eigentümers oder des Schuldners
39	„	2. Beginn der 3prozentigen Verzinsung aufgewerteter Hypotheken	28 Abs. 1	
40	„	3. Beginn der Verpflichtung zur Leistung von Tilgungsbeträgen	29	
41	„	4. Beginn der 60prozentigen Leistung bei aufgewerteten Rentenschulden und Reallasten	31 Abs. 2	
42		5. Beginn der Tilgung der Anleiheablösungsschuld	13 AblG.	Dauer der Tilgung 30 Jahre
43	31. März 1926 (bis zum 1. April 1926)	6. Beginn einer $4^1/_2$ bez. $5^0/_0$ Verzinsung des Einlösungsbetrages	14, 34 AblG.	
44		Letzter Tag für Antragstellung: 1. zwecks einer vom normalen Höchstsatz abweichenden Aufwertung; 2. des Hypothekengläubigers auf vorzeitige Zahlung;	8, 52 34, 27 Abs. 2	1. Die eine Verjährung hindernden Umstände lassen Antrag auch 3 Monate nach Fortfall des Hindernisses noch zu. 2. Antrag zu 2 unzulässig, falls Ertrag des Grundstücks durch Zwangswirtschaft beschränkt ist

Lfd. Nr.	Jahrestag	Bedeutung des Termins	Paragraph	Bemerkung
		3. auf Herabsetzung des Aufwertungsbetrages bei Industrieobligatio-uen und verwandten Schnldverschreibungen		
45	31. Dezember 1926 (bis zum 1. Januar 1927)	Letzter Tag zwecks Stellung des Antrags auf Bewilligung von Teilzahlungen	26 Abs. 2	Die eine Verjährung hindernden Umstände lassen Antrag auch 3 Monate nach Fortfall des Hindernisses noch zu
46	1. Januar 1928	1. Beginn der 5prozentigen Verzinsung aufgewerteter Hypotheken	28 Abs. 1	
47	„	2. Beginn der vollen Leistung bei aufgewerteten Rentenschulden und Reallasten	31 Abs. 2	
48	1. Januar 1930	Frühester Termin für von der Aufwertungsstelle angeordnete Teilzahlungen	26 Abs. 1	Voraussetzung: Wirtschaftliche Lage des Eigentümers oder Schuldners
49	1. Januar 1932	1. Frühester Termin für Auszahlungsforderung des Hypothekenaufwertungsbetrages	25 Abs. 1	Eigentümer u. Schuldner sind berechtigt, mit dreimonatlicher Kündigungsfrist bereits vor diesem Termin zu zahlen (§ 25 Abs. 2)
50	„	2. Über diesen Termin hinaus gestundete Hypothekengelder sind von diesem Tage an höher als 5 % zu verzinsen	28 Abs. 1	Höhe des Zinssatzes bestimmt die Reichsregierung
51	31. Dezember 1937 (bis zum 1. Januar 1938)	Letzter Fälligkeitstermin für von der Aufwertungsstelle bewilligte Teilzahlungen	26 Abs. 1	Voraussetzung der Teilzahlungsbewilligung: Wirtschaftliche Lage des Eigentümers oder des Schuldners

Sachregister.

(Die arabischen Ziffern ohne Zusatz verweisen auf die Seitenzahlen; die römischen Ziffern mit Zusatz A auf die Nummern der Anhänge.)

A.

B.

C.

D.

E.

F.

G.

H.

J.

K.

S.

W.

Z.

Gedruckt bei A. W. Hayn's Erben, Potsdam

FSC
www.fsc.org
MIX
Papier | Fördert gute Waldnutzung
FSC® C083411

Kolibri 360 GmbH
Ferdinand-Jühlke-Straße 7
99095 Erfurt, Deutschland
produktsicherheit@kolibri360.de